DIREITO CIVIL
DIREITO DE FAMÍLIA
5

O GEN | Grupo Editorial Nacional – maior plataforma editorial brasileira no segmento científico, técnico e profissional – publica conteúdos nas áreas de concursos, ciências jurídicas, humanas, exatas, da saúde e sociais aplicadas, além de prover serviços direcionados à educação continuada.

As editoras que integram o GEN, das mais respeitadas no mercado editorial, construíram catálogos inigualáveis, com obras decisivas para a formação acadêmica e o aperfeiçoamento de várias gerações de profissionais e estudantes, tendo se tornado sinônimo de qualidade e seriedade.

A missão do GEN e dos núcleos de conteúdo que o compõem é prover a melhor informação científica e distribuí-la de maneira flexível e conveniente, a preços justos, gerando benefícios e servindo a autores, docentes, livreiros, funcionários, colaboradores e acionistas.

Nosso comportamento ético incondicional e nossa responsabilidade social e ambiental são reforçados pela natureza educacional de nossa atividade e dão sustentabilidade ao crescimento contínuo e à rentabilidade do grupo.

FLÁVIO TARTUCE

DIREITO CIVIL
DIREITO DE FAMÍLIA

20ª edição revista, atualizada e ampliada

- O autor deste livro e a editora empenharam seus melhores esforços para assegurar que as informações e os procedimentos apresentados no texto estejam em acordo com os padrões aceitos à época da publicação, e todos os dados foram atualizados pelo autor até a data de fechamento do livro. Entretanto, tendo em conta a evolução das ciências, as atualizações legislativas, as mudanças regulamentares governamentais e o constante fluxo de novas informações sobre os temas que constam do livro, recomendamos enfaticamente que os leitores consultem sempre outras fontes fidedignas, de modo a se certificarem de que as informações contidas no texto estão corretas e de que não houve alterações nas recomendações ou na legislação regulamentadora.

- Fechamento desta edição: *31.12.2024*

- O autor e a editora se empenharam para citar adequadamente e dar o devido crédito a todos os detentores de direitos autorais de qualquer material utilizado neste livro, dispondo-se a possíveis acertos posteriores caso, inadvertida e involuntariamente, a identificação de algum deles tenha sido omitida.

- **Atendimento ao cliente: (11) 5080-0751 | faleconosco@grupogen.com.br**

- Direitos exclusivos para a língua portuguesa
  Copyright © 2025 by
  Editora Forense Ltda.
  Uma editora integrante do GEN | Grupo Editorial Nacional
  Travessa do Ouvidor, 11 – Térreo e 6º andar
  Rio de Janeiro – RJ – 20040-040
  www.grupogen.com.br

- Reservados todos os direitos. É proibida a duplicação ou reprodução deste volume, no todo ou em parte, em quaisquer formas ou por quaisquer meios (eletrônico, mecânico, gravação, fotocópia, distribuição pela Internet ou outros), sem permissão, por escrito, da Editora Forense Ltda.

- Capa: Fabricio Vale

CIP-BRASIL. CATALOGAÇÃO NA PUBLICAÇÃO
SINDICATO NACIONAL DOS EDITORES DE LIVROS, RJ

T198d
20. ed.

Tartuce, Flávio, 1976
Direito civil : direito de família / Flávio Tartuce. - 20. ed., rev., atual. e ampliada. -Rio de Janeiro : Forense, 2025.
736 p. ; 24 cm. (Direito civil ; 5)

Inclui bibliografia
ISBN 978-85-3099-608-6

1. Direito civil - Brasil. 2. Direito de família - Brasil. I. Título. II. Série.

24-95579   CDU: 347.6(81)

Meri Gleice Rodrigues de Souza - Bibliotecária - CRB-7/6439

Às famílias Ragusa (*Itália*),
Tartuce (*Líbano*), Danesi (*Itália*) e Silva (*Brasil*).

...Razões das nossas origens...
À Leia, ao Enzo, ao Pietro e à Laís.

NOTA DO AUTOR À 20.ª EDIÇÃO

As edições 2025 desta minha coleção de Direito Civil, com mais de duas décadas, chegam ao meio editorial brasileiro totalmente atualizadas com o Projeto de Reforma do Código Civil, tendo sido muito intenso e desafiador o trabalho de atualização neste último ano.

Em 24 de agosto de 2023, o Presidente do Senado Federal, Rodrigo Pacheco, nomeou e formou uma Comissão de Juristas para empreender os trabalhos de reforma e de atualização do Código Civil de 2002. Como se sabe, o projeto que gerou a atual codificação privada é da década de 1970, estando desatualizada em vários aspectos, sobretudo em questões relativas ao Direito de Empresa, ao Direito de Família, ao Direito das Sucessões e diante das novas tecnologias.

Voltou-se a afirmar, com muita força, que o atual Código Civil "já nasceu velho". Trata-se de um texto com mais de cinquenta anos de elaboração e que, por óbvio, encontra-se muito desatualizado, como se pode perceber da leitura desta coleção.

A Comissão de Juristas teve a Presidência do Ministro Luis Felipe Salomão e a Vice-Presidência do Ministro Marco Aurélio Bellizze, ambos do Superior Tribunal de Justiça. Tive a honra de atuar como Relator-Geral da Comissão, ao lado da Professora Rosa Maria Andrade Nery.

O prazo para o desenvolvimento dos trabalhos foi de cento e oitenta dias, com a possibilidade de eventual prorrogação. De todo modo, os trabalhos da Comissão de Juristas foram entregues no prazo, cumprindo-se a sua missão institucional, e com a entrega formal ao Congresso Nacional em 17 de abril de 2024.

Foram formados nove grupos de trabalho, de acordo com os livros respectivos do Código Civil e também com a necessidade de inclusão de um capítulo específico sobre o *Direito Civil Digital*, o que nos foi pedido no âmbito do Congresso Nacional.

As composições das Subcomissões, com os respectivos sub-relatores, foram as seguintes, conjugando Ministros, Desembargadores, Juízes, Advogados, Professores e os principais doutrinadores do Direito Privado Brasileiro.

Na Parte Geral, Professor Rodrigo Mudrovitsch (relator), Ministro João Otávio de Noronha, Professora Estela Aranha e Juiz Rogério Marrone Castro Sampaio.

Em Direito das Obrigações, Professor José Fernando Simão (relator) e Professor Edvaldo Brito.

Em Responsabilidade Civil, Professor Nelson Rosenvald (relator), Ministra Maria Isabel Gallotti e Juíza Patrícia Carrijo.

Quanto ao Direito dos Contratos, Professor Carlos Eduardo Elias de Oliveira (relator), Professora Angélica Carlini, Professora Claudia Lima Marques e Professor Carlos Eduardo Pianovski.

Em Direito das Coisas, Desembargador Marco Aurélio Bezerra de Melo (relator), Professor Carlos Vieira Fernandes, Professora Maria Cristina Santiago e Desembargador Marcelo Milagres.

Em Direito de Família, Juiz Pablo Stolze Gagliano (relator), Ministro Marco Buzzi, Desembargadora Maria Berenice Dias e Professor Rolf Madaleno.

No Direito das Sucessões, Professor Mário Luiz Delgado (relator), Ministro Cesar Asfor Rocha, Professora Giselda Maria Fernandes Novaes Hironaka e Professor Gustavo Tepedino.

Para o novo livro especial do *Direito Civil Digital*, Professora Laura Porto (relatora), Professor Dierle Nunes e Professor Ricardo Campos.

Por fim, para o Direito de Empresa, Professora Paula Andrea Forgioni (relatora), Professor Marcus Vinicius Furtado Coêlho, Professor Flavio Galdino, Desembargador Moacyr Lobato e Juiz Daniel Carnio.

Também foram nomeados como membros consultores da Comissão de Juristas os Professores de Direito Ana Cláudia Scalquette, Layla Abdo Ribeiro de Andrada e Maurício Bunazar, a Defensora Pública Fernanda Fernandes da Silva Rodrigues, o Professor de Língua Portuguesa Jorge Miguel e o Juiz Federal e também Professor Vicente de Paula Ataide Jr., especialista na causa animal.

No ano de 2023, foram realizadas três audiências públicas, em São Paulo (OABSP, em 23 de outubro), Porto Alegre (Tribunal de Justiça do Rio Grande do Sul, em 20 de novembro) e Salvador (Tribunal de Justiça da Bahia, em 7 de dezembro). Além da exposição de especialistas e debates ocorridos nesses eventos, muitos outros seminários jurídicos foram realizados em reuniões de cada Subcomissão.

Foram também abertos canais para envio de sugestões pelo Senado Federal e oficiados mais de quatrocentos institutos e instituições jurídicas. Mais de duzentos deles mandaram propostas para a Comissão de Juristas, em um sistema democrático de participação não visto em processos anteriores, de elaboração e alteração da Lei Geral Privada Brasileira, inclusive com ampla participação feminina.

Após um intenso trabalho no âmbito de cada grupo temático, em dezembro de 2023 foram consolidados os textos dos dispositivos sugeridos, enviados para revisão dos Relatores-Gerais.

Em 2024, foi realizada mais uma audiência pública, em Brasília, com a presença do Ministro da Suprema Corte Argentina Ricardo Lorenzetti e da Professora Aída Kemelmajer. Na oportunidade, os juristas argentinos compartilharam conosco um pouco da sua experiência com a elaboração do Novo Código Civil daquele País, de 2014.

Ocorreram, sucessivamente, os debates entre todos os membros da Comissão de Juristas, a elaboração de "emendas de consenso", a votação dos textos, em abril de 2024, e a sua elaboração final, com a posterior entrega.

Nesse momento, nos dias iniciais de abril de 2024, tivemos o *ponto alto* das nossas discussões, estando os vídeos desses encontros disponíveis para acesso nos canais do Senado Federal, com muito conteúdo técnico, cultura jurídica e interessantes embates.

Sendo assim, apresentado o Anteprojeto, a partir da edição de 2025 desta coleção de Direito Civil, trago para estudo as normas projetadas, com comentários pontuais e exposição dos debates que travamos, sendo imperiosa, sem dúvida, uma reforma e uma atualização do Código Civil de 2002 diante dos novos desafios contemporâneos e por tudo o que está exposto neste livro. Esperamos, assim, que o Projeto seja debatido no Parlamento Brasileiro ano que vem, e aprovado logo a seguir.

Como o leitor poderá perceber desta obra, é evidente a afirmação de não se tratar de uma projeção de um "Novo Código Civil", mas apenas de uma ampla reforma, com atualizações fundamentais e necessárias, para que o Direito Civil Brasileiro esteja pronto para enfrentar os desafios do século XXI.

Na grande maioria das vezes, como ficará evidente pelos estudos destes livros da coleção, as propostas apenas confirmam o entendimento majoritário da doutrina e da jurisprudência brasileiras.

Foram mantidos a organização, a estrutura e os princípios da atual Lei Geral Privada, assim como dispositivos fundamentais, que não sofreram qualquer alteração. Em muitos deles, houve apenas a correção do texto – como naqueles relativos ao Direito de Família, em que se incluiu o convivente ao lado do cônjuge –, e a atualização diante de leis recentes, de decisões dos Tribunais Superiores e dos enunciados aprovados nas *Jornadas de Direito Civil*; além da retomada do Código Civil como *protagonista legislativo* em matéria do Direito Privado, o que foi esvaziado, nos últimos anos.

Muitos dos temas e institutos tratados há tempos nesta coleção possivelmente serão incorporados pela Reforma, havendo consenso quanto a vários deles. Por certo que essa deve ser a tônica do debate e do estudo do Direito Privado Brasileiro nos próximos anos, até a aprovação do projeto.

Compreender as proposições representa entender também o sistema vigente, em uma metodologia muito útil para os estudantes e para os profissionais do Direito.

Além de um amplo estudo do texto da Reforma do Código Civil, com análise detalhada e até mesmo crítica em alguns aspectos, procurei, como sempre, atualizar os meus livros com as leis recentes que surgiram no último ano com destaque para a Lei 14.905/2024 – que trata dos juros e da correção monetária –, com as principais decisões da jurisprudência nacional e novas reflexões doutrinárias.

Espero, assim, que os meus livros continuem o seu papel de efetivação do Direito Civil, como foram nos último vinte e um anos.

Como tenho afirmado sempre, se a minha história como jurista se confunde com a própria História do Código Civil de 2002, o mesmo deve ocorrer com as transformações que virão, pela minha participação neste grupo de Reforma e Atualização da codificação privada, que marcou a minha vida para sempre.

Bons estudos a todos, uma excelente leitura e que os livros mudem a vida de vocês, como mudaram a minha.

São Paulo, dezembro de 2024.

O autor.

PREFÁCIO

Pede-me para prefaciar sua bela obra, para minha imensa alegria e honra sem-fim, esse jovem – mas já tão destacado – valor das letras e do pensamento jurídico contemporâneo, Flávio Tartuce.

É ele como um *filho* para mim, e, se houvesse a possibilidade de se dizer sobre *filiação academicamente afetiva*, ele estaria nesta minha relação de parentalidade, indubitavelmente. Trata-se de um jovem expoente do pensamento jurídico transformador – se assim quisermos chamar o percurso epistemológico, associado ao perfil inovador, vivenciado pelo direito como um todo, especialmente pelo Direito Civil – que me tem honrado muito com a possibilidade de tê-lo sempre por perto, em meu grupo de estudos e na lida acadêmica, mormente na docência da disciplina, vista agora por esse novo e tão corajoso perfil.

Flávio Tartuce personifica aquilo que se poderia enunciar como a mais prodigiosa estirpe franciscana (referindo-me à Faculdade de Direito do Largo São Francisco – USP), revelada pelos atávicos dons da docência e da literatura jurídica. Representa, hoje, o que tantos outros juristas já representaram no nosso glorioso passado e ao tempo de suas brilhantes mocidades, e certamente será, no futuro, o que esses mesmos juristas foram e nos deixaram em registro, visando à reconstrução eterna e indispensável das matrizes fundamentais da nossa ciência, a ciência do justo.

O autor tem talento natural para a docência em Direito; nasceu assim. Foi orientado, em suas primeiras investidas na área da pós-graduação, pela Professora Maria Helena Diniz, no seu mestrado na PUCSP, e foi orientado por mim em seu doutorado na USP. É doutor, neste momento, mas com os olhos postos no prosseguimento de sua carreira docente. É professor-coordenador da área de Direito Civil da Escola Paulista de Direito – EPD, em São Paulo, na qual igualmente ministro aulas e coordeno a área, há mais de dez anos. Mais recentemente, tornou-se professor titular permanente do programa de mestrado e doutorado da FADISP, onde também sou coordenadora-geral.

Flávio tende para o justo, ainda que em prejuízo do seguro, pois sente dentro de si que a magnitude própria do Direito se prefere *justa a segura*, se houver necessidade de separação entre um e outro dos essenciais atributos desta nossa ciência. Porque assim deve ser, segundo tenho tanto pensado. E assim penso porque verifico, como resultado de minhas reflexões (as quais compartilho – com muito sucesso e grande lucro para mim mesma – com esse jovem autor desta obra cujo prefácio escrevo), que tem ocorrido, hodiernamente, uma profunda alteração axiológica na concepção do Direito, transformação esta que passa pela *crise* do sujeito de direito em favor de uma melhor e mais consentânea consagração da pessoa humana e sua dignidade, tudo sob o matiz dos direitos sociais embutidos na nossa atual Carta Constitucional.

Um olhar atento, atualmente, demonstra-nos que está havendo uma funcionalização de todos os institutos privados, na busca de adequá-los ao prisma novo. Em termos de Direito de Família – mote e linha fundamentais desta bela obra –, a travessia do século nos leva, obrigatoriamente, a repensar as suas matrizes e os seus matizes, refazendo um discurso outrora puramente patrimonializado, para reescrevê-lo, agora centrado no afeto, nos laços de amor, nos liames de família, preocupando-se essencialmente com o projeto pessoal de felicidade de cada um dos membros que compõem o núcleo familiar.

Não há mais, propriamente, um espaço reservado e exclusivo para a propriedade ou para o contrato, e esses espaços impregnando as relações de família. E, assim, urge que se leve a efeito a reorganização das categorias específicas do Direito de Família – como se faz tão bem nesta obra – realizando uma releitura que tenha relação estreita com a visão constitucional acerca da dignidade humana. E é sob esta reflexiva amplitude de visões que Flávio Tartuce escreveu esta obra que se denomina *Direito civil – Direito de família*, v. 5, publicada pela excelente casa editorial das letras jurídicas, a Editora Forense.

No primeiro capítulo, à guisa de introdução, o autor já estrutura o novo conceito de *Direito de Família*, os novos princípios do Direito de Família e a concepção constitucional de família. Procura mostrar a nova visão desse segmento da ciência do direito e do direito privado, abordando a influência que a transformação recebe das reflexões que são levadas a cabo, contemporaneamente, especialmente pelo Instituto Brasileiro de Direito de Família (IBDFAM), destacando a preocupação com a ética e com o apreço pelo social.

No segundo capítulo, o autor explora as questões técnicas relacionadas com o conceito de casamento, os princípios do casamento, a incapacidade matrimonial, os impedimentos matrimoniais, as causas suspensivas, a invalidade do casamento, os seus deveres, a sua prova e a responsabilidade pré-casamentária. Esse capítulo tem um perfil mais técnico que principiológico, propriamente dito, e o seu tratamento dispensado é suficientemente aprofundado.

O terceiro capítulo vai cuidar do regime de bens que rege o casamento, cuidando das principais questões patrimoniais, depois de passar pelo exame dos princípios, das regras, do conceito, do pacto antenupcial. Segue pela análise minuciosa das regras especiais acerca dos quatro regimes e da possibilidade de alterá-los, no curso do matrimônio, inclusive no que diz respeito a casamentos anteriores à vigência da lei nova.

No capítulo subsequente, o quarto, o autor analisa muito bem a dissolução do casamento e da sociedade conjugal, trabalhando o assunto de modo interessante, aprofundado e de agradável leitura. Trata de questões intrincadas, como a que se refere à mitigação da culpa, além da mediação como forma de solução de controvérsias. Cuidou também, com especial atenção, das questões controvertidas quanto ao divórcio e à guarda dos filhos, especialmente tendo em vista a emergência da Emenda Constitucional do Divórcio (EC 66/2010).

A união estável foi abordada no quinto capítulo, com forte influência do magistério de Álvaro Villaça Azevedo, o precursor do tratamento doutrinário da questão, entre nós. O autor desta obra também avança para a análise cuidadosa e corajosa do tema sobre a união homoafetiva e o estado da arte de seu trato doutrinário e jurisprudencial, no Brasil.

O capítulo subsequente, o sexto, é o mais longo de todos os capítulos e revela o cuidado extremo que teve o autor com o tratamento das relações familiares na órbita da parentalidade, com análise pontual e profunda sobre a filiação, o reconhecimento de filhos, a adoção e o poder familiar. Analisou também – e de modo muito instigante e atual – o importantíssimo tema da parentalidade socioafetiva, enfrentando com bom resultado a questão intrincada da relativização da coisa julgada.

O sétimo capítulo foi dedicado ao exame completo acerca dos alimentos, elevando a análise para além do direito material e enfrentando questões processuais.

O bem de família e a atualíssima questão sobre a discussão da possibilidade de penhora do imóvel do fiador – se for bem de família – foram os assuntos que habitaram, em competentes letras, o oitavo capítulo da obra.

No capítulo nono, o direito assistencial – tutela, curatela e guarda, inclusive sob as luzes do Estatuto da Criança e do Adolescente – foi muito bem esmiuçado pelo autor, fechando com chave de ouro a boa obra que se dedicou a escrever, para sorte da comunidade jurídica profissional e para deleite dos estudiosos em geral.

Revelo-me encantada com o resultado obtido pelo esforço desse jovem e promissor jurista, registrando que este bom livro está presente em minhas indicações bibliográficas e referências literárias.

Por tudo isso, sinto-me à vontade para indicar à comunidade de estudiosos e de aplicadores do direito esta obra, de perfil inovador e transformador, que é exatamente o seu traço fundamental.

Giselda Maria Fernandes Novaes Hironaka
Professora Titular da Faculdade de Direito da USP.
Diretora Nacional da Região Sudeste do Instituto Brasileiro de Direito de Família – IBDFAM.

SUMÁRIO

1. **DIREITO DE FAMÍLIA – INTRODUÇÃO** 1
    1.1 Conceito de direito de família. Estágio atual 1
    1.2 O novo direito de família. Princípios 5
        1.2.1 Direito Civil Constitucional e Direito de Família 5
        1.2.2 Princípio de proteção da dignidade da pessoa humana (art. 1.º, inc. III, da CF/1988) 6
        1.2.3 Princípio da solidariedade familiar (art. 3.º, inc. I, da CF/1988) 13
        1.2.4 Princípio da igualdade entre filhos (art. 227, § 6.º, da CF/1988 e art. 1.596 do CC) 14
        1.2.5 Princípio da igualdade entre cônjuges e companheiros (art. 226, § 5.º, da CF/1988 e art. 1.511 do CC) 15
        1.2.6 Princípio da igualdade na chefia familiar (arts. 1.566, incs. III e IV, 1.631 e 1.634 do CC e art. 226, §§ 5.º e 7.º, da CF) 18
        1.2.7 Princípio da não intervenção ou da liberdade (art. 1.513 do CC) ... 19
        1.2.8 Princípio do melhor interesse da criança e do adolescente (art. 227, *caput*, da CF/1988 e arts. 1.583 e 1.584 do CC) 20
        1.2.9 Princípio da afetividade 22
        1.2.10 Princípio da função social da família 26
        1.2.11 Princípio da boa-fé objetiva 27
    1.3 Concepção constitucional de família e a reforma do Código Civil 34
    1.4 Resumo esquemático 40
    1.5 Questões correlatas 41
    Gabarito 42

2. **CASAMENTO – CONCEITO, NATUREZA JURÍDICA, ELEMENTOS CONSTITUTIVOS, INVALIDADE E EFEITOS DO CASAMENTO** 43
    2.1 Conceito e natureza jurídica do casamento. Regras iniciais 43
    2.2 Da capacidade para o casamento. Diferenças entre incapacidade e impedimentos ... 47
    2.3 Impedimentos matrimoniais no Código Civil de 2002 55
    2.4 As causas suspensivas do casamento 60

2.5 Do processo de habilitação e da celebração do casamento. Alterações promovidas pela Lei do SERP (LEI 14.382/2022) 64
    2.5.1 Casamento nos casos de moléstia grave 76
    2.5.2 Casamento nuncupativo (em viva voz) ou *in extremis vitae momentis*, ou *in articulo mortis* 77
    2.5.3 Casamento por procuração 80
    2.5.4 Casamento religioso com efeitos civis 81
    2.5.5 Casamento perante autoridade consular 83
2.6 Da invalidade do casamento 84
    2.6.1 Introdução 84
    2.6.2 Do casamento inexistente 85
    2.6.3 Do casamento nulo 93
    2.6.4 Do casamento anulável 99
    2.6.5 Do casamento putativo 113
2.7 Prova do casamento 117
2.8 Efeitos e deveres do casamento 118
2.9 Responsabilidade pré-negocial no casamento. A quebra de promessa de casamento. A aplicação da boa-fé objetiva 126
2.10 Resumo esquemático 131
2.11 Questões correlatas 133
Gabarito 142

3. **CASAMENTO. DIREITO PATRIMONIAL – REGIME DE BENS** 143
3.1 Introdução. Conceito e princípios dos regimes de bens. Da ação de alteração do regime de bens 143
3.2 Regras gerais quanto ao regime de bens 157
3.3 Pacto antenupcial. Conceito e regras 183
3.4 Regras especiais quanto ao regime de bens 193
    3.4.1 Regime da comunhão parcial 193
    3.4.2 Regime da comunhão universal 210
    3.4.3 Regime da participação final nos aquestos 214
    3.4.4 Regime da separação de bens 220
3.5 Resumo esquemático 225
3.6 Questões correlatas 226
Gabarito 236

4. **DISSOLUÇÃO DO CASAMENTO E DA SOCIEDADE CONJUGAL. ANÁLISE COM A EMENDA CONSTITUCIONAL 66/2010 E COM O CÓDIGO DE PROCESSO CIVIL DE 2015** 237
4.1 Introdução. Conceitos iniciais. O sistema introduzido pelo Código Civil de 2002 e as alterações fundamentais instituídas pela EC 66/2010. A infeliz reafirmação da separação de direito pelo CPC/2015 e o julgamento do Tema n. 1.053 do STF, com repercussão geral 237

4.2	Questões pontuais relativas ao tema da dissolução da sociedade conjugal e do casamento após a Emenda Constitucional 66/2010	260
	4.2.1 O fim da separação de direito em todas as suas modalidades e a manutenção da separação de fato. Aprofundamentos necessários	260
	4.2.2 Preservação do conceito de sociedade conjugal. A situação das pessoas separadas juridicamente antes da EC 66/2010	267
	4.2.3 A existência de modalidade única de divórcio. Fim do divórcio indireto. Regras fundamentais quanto ao divórcio extrajudicial. O divórcio unilateral	270
	4.2.4 Da possibilidade de se discutir culpa para o divórcio do casal. Do julgamento parcial de mérito nas ações de divórcio (art. 356 do CPC/2015)	291
	4.2.5 A questão do uso do nome pelo cônjuge após a EC 66/2010	299
	4.2.6 O problema da guarda na dissolução do casamento. Análise atualizada com a EC 66/2010 e com a Lei da Guarda Compartilhada Obrigatória (Lei 13.058/2014). A guarda de animais de estimação e a aplicação das mesmas regras previstas para os filhos. Visão crítica	304
	4.2.7 Alimentos na dissolução do casamento e a EC 66/2010. O problema dos alimentos pós-divórcio	328
	4.2.8 A responsabilidade civil em decorrência da dissolução do casamento	330
	4.2.8.1 Introdução. Direito de Família e responsabilidade civil. Premissas fundamentais para a compreensão do tema	330
	4.2.8.2 A responsabilidade civil nas relações casamentárias. Os danos reparáveis	333
	4.2.8.3 A possibilidade anterior de discussão da reparação de danos em sede de separação judicial. Impacto com a EC 66/2010 e com o CPC/2015	336
	4.2.8.4 A reparação dos danos por quebra da fidelidade (antigo adultério)....	338
	4.2.8.5 A reparação dos danos por infidelidade virtual	343
	4.2.8.6 A reparação dos danos por conduta violenta entre os cônjuges. A incidência da Lei Maria da Penha e seus mecanismos de tutela (Lei 11.340/2006)	350
	4.2.8.7 O abuso de direito e sua incidência na relação casamentária. Os casos dos maridos enganados pela gravidez da mulher	355
4.3	Resumo esquemático	358
4.4	Questões correlatas	359
	Gabarito	363

5. DA UNIÃO ESTÁVEL 365

5.1	Introdução	365
5.2	Conceito de união estável e seus requisitos	371
5.3	Diferenças entre união estável e concubinato. A questão das uniões estáveis plúrimas ou paralelas. A monogamia como princípio da união estável	384
5.4	Efeitos pessoais e patrimoniais da união estável	402
5.5	União de pessoas do mesmo sexo ou união homoafetiva	437

5.6	Resumo esquemático	449
5.7	Questões correlatas	450
	Gabarito	458

6. DAS RELAÇÕES DE PARENTESCO. DISPOSIÇÕES GERAIS, FILIAÇÃO, RECONHECIMENTO DE FILHOS, ADOÇÃO E PODER FAMILIAR 459

6.1	Disposições gerais quanto ao parentesco	459
6.2	Filiação. Regras gerais. As antigas presunções de paternidade e as questões de biodireito. O criticável art. 1.601 do Código Civil e a parentalidade socioafetiva. Aprofundamentos quanto à posse de estado de filhos. A multiparentalidade como realidade jurídica da filiação. Impactos da decisão do STF, prolatada em repercussão geral (STF, RE 898.060/SC, julgado em 21.09.2016 – Tema n. 622)	467
6.3	Reconhecimento de filhos	516
	6.3.1 Introdução	516
	6.3.2 Reconhecimento voluntário	517
	6.3.3 Reconhecimento judicial	524
	6.3.3.1 Foro competente para apreciar a ação investigatória	528
	6.3.3.2 Legitimidade ativa para a ação investigatória	529
	6.3.3.3 Legitimidade passiva para a ação investigatória	531
	6.3.3.4 Fundamentos jurídicos do pedido	532
	6.3.3.5 Valor da causa e outros efeitos	532
	6.3.4 Questões controvertidas quanto à ação investigatória de paternidade	534
	6.3.4.1 Os alimentos na ação investigatória	534
	6.3.4.2 A discussão da parentalidade socioafetiva na ação investigatória	534
	6.3.4.3 A relativização da coisa julgada na ação investigatória	537
	6.3.4.4 A obrigatoriedade do exame de DNA e a presunção de paternidade	540
6.4	Adoção	545
6.5	Poder familiar	567
6.6	Resumo esquemático	582
6.7	Questões correlatas	584
	Gabarito	594

7. DOS ALIMENTOS 595

7.1	Conceito de alimentos e pressupostos da obrigação alimentar	595
7.2	Características da obrigação alimentar e do direito aos alimentos	606
7.3	Principais classificações dos alimentos	632
7.4	Modalidades contemporâneas de alimentos. Alimentos compensatórios, gravídicos e *intuitu familiae*	636
7.5	Outras regras previstas no Código Civil de 2002. Revisão e extinção da obrigação de alimentos. Culpa e alimentos	646

7.6	Regras previstas na Lei 5.478/1968. Aspectos materiais e processuais atualizados perante o CPC/2015	661
7.7	Resumo esquemático	686
7.8	Questões correlatas	687
	Gabarito	695

8. DO BEM DE FAMÍLIA 697

8.1	Introdução. O bem de família na perspectiva civil-constitucional	697
8.2	O bem de família convencional ou voluntário	701
8.3	Bem de família legal	704
8.4	Resumo esquemático	724
8.5	Questões correlatas	724
	Gabarito	728

9. DO DIREITO ASSISTENCIAL – DA TUTELA, DA CURATELA E DA GUARDA. ESTUDO ATUALIZADO PERANTE O CPC/2015 E O ESTATUTO DA PESSOA COM DEFICIÊNCIA 729

9.1	Introdução	729
9.2	Da tutela	733
9.3	Da curatela	751
9.4	Da guarda	776
9.5	Resumo esquemático	779
9.6	Questões correlatas	779
	Gabarito	784

BIBLIOGRAFIA 785

DIREITO DE FAMÍLIA - INTRODUÇÃO

Sumário: 1.1 Conceito de Direito de Família. Estágio atual – 1.2 O novo Direito de Família. Princípios: 1.2.1 Direito Civil Constitucional e Direito de Família; 1.2.2 Princípio de proteção da dignidade da pessoa humana (art. 1.º, III, da CF/1988); 1.2.3 Princípio da solidariedade familiar (art. 3.º, I, da CF/1988); 1.2.4 Princípio da igualdade entre filhos (art. 227, § 6.º, da CF/1988 e art. 1.596 do CC); 1.2.5 Princípio da igualdade entre cônjuges e companheiros (art. 226, § 5.º, da CF/1988 e art. 1.511 do CC); 1.2.6 Princípio da igualdade na chefia familiar (arts. 1.566, III e IV, 1.631 e 1.634 do CC e art. 226, §§ 5.º e 7.º, da CF); 1.2.7 Princípio da não intervenção ou da liberdade (art. 1.513 do CC); 1.2.8 Princípio do melhor interesse da criança e do adolescente (art. 227, *caput*, da CF/1988 e arts. 1.583 e 1.584 do CC); 1.2.9 Princípio da afetividade; 1.2.10 Princípio da função social da família; 1.2.11 Princípio da boa-fé objetiva – 1.3 Concepção constitucional de família e a Reforma do Código Civil – 1.4 Resumo esquemático – 1.5 Questões correlatas – Gabarito.

1.1 CONCEITO DE DIREITO DE FAMÍLIA. ESTÁGIO ATUAL

O Direito de Família pode ser conceituado como o ramo do Direito Civil que tem como conteúdo o estudo dos seguintes institutos jurídicos: *a)* casamento; *b)* união estável; *c)* relações de parentesco; *d)* filiação; *e)* alimentos; *f)* bem de família; *g)* tutela, curatela e guarda. Como se pode perceber, tornou-se comum na doutrina conceituar o Direito de Família relacionando-o aos institutos que são estudados por esse ramo do Direito Privado. Assim também o faremos.

Além desse conteúdo, constante do atual Código Civil, acrescente-se a investigação contemporânea das novas manifestações familiares (*novas famílias*), conforme será demonstrado neste trabalho.

Pois bem, é cediço que as normas de Direito de Família são essencialmente normas de ordem pública ou cogentes, uma vez que estão relacionadas com o *direito existencial*, com a própria concepção da pessoa humana. No tocante aos seus efeitos jurídicos, diante da natureza dessas normas, pode-se dizer que é nula qualquer previsão que traga renúncia aos direitos existenciais de origem familiar, ou que afaste normas que protegem a pessoa.

Ilustrando, é nulo o *contrato de namoro* nos casos em que existe entre as partes envolvidas uma união estável, eis que a parte renuncia por esse contrato e de forma indireta a alguns direitos essencialmente pessoais, como acontece no direito a alimentos. Esse contrato é nulo por fraude à lei imperativa (art. 166, inc. VI, do CC), e também por ser o seu objeto ilícito (art. 166, inc. II, do CC). Sobre o tema em questão, indaga e conclui há tempos Pablo Stolze Gagliano:

> "Nesse contexto o 'contrato de namoro' poderia ser considerado como uma alternativa para aqueles casais que pretendessem manter a sua relação fora do âmbito da incidência das regras da união estável? Poderiam, pois, por meio de um documento, tornar firme o reconhecimento de que aquela união é apenas um namoro, sem compromisso de constituição de família? Em nosso pensamento, temos a convicção de que tal contrato é completamente desprovido de validade jurídica. A união estável é um fato da vida, uma situação fática reconhecida pelo Direito de Família que se constitui durante todo o tempo em que as partes se portam como se casados fossem, e com indícios de definitividade" (GAGLIANO, Pablo Stolze. *Contrato...*, Disponível em: <www.flaviotartuce.adv.br>, Seção artigos de convidados. Acesso em: 31 dez. 2012).

Cumpre anotar que a jurisprudência já afastou os efeitos do chamado contrato de namoro, em decisão da 7.ª Câmara do Tribunal de Justiça do Rio Grande do Sul, em que foi relator o Des. Luiz Felipe Brasil Santos (Proc. 70006235287, j. 16.06.2004). Segundo o magistrado, "esses abortos jurídicos que andam surgindo por aí, que são nada mais que o receio de que um namoro espontâneo, simples e singelo, resultante de um afeto puro, acaba se transformando em uma união com todos os efeitos patrimoniais indesejados ao início".

Em data mais próxima, o Tribunal de Justiça de São Paulo julgou extinta uma ação de dissolução de contrato de namoro, por impossibilidade jurídica do pedido e falta de interesse processual (TJSP, Apelação 1025481-13.2015.8.26.0554, Acórdão 9559002, 3.ª Câmara de Direito Privado, Santo André, Rel. Des. Beretta da Silveira, j. 28.06.2016, *DJESP* 11.07.2016). O acórdão acabou por confirmar a sentença, no sentido de que "a impossibilidade jurídica do pedido decorre da ausência de previsão legal que reconheça o denominado 'contrato de namoro'. Ademais, a hipótese não se assemelha ao reconhecimento e dissolução de sociedade de fato para que os autos possam ser encaminhados a uma das Varas de Família da comarca, haja vista que se trata de 'contrato', diga-se, não juntado aos autos, parecendo se tratar de contrato verbal. (...) A preocupação dos requerentes, notadamente a do autor, no sentido de encerrar a relação havida de modo a prevenir outras demandas, o que o requerente não quer que ocorra 'em hipótese nenhuma' [sic] (último parágrafo de fl. 2), não basta para pedir provimento jurisdicional, desnecessário para o fim colimado".

Porém, mais recentemente, surgiram julgados estaduais admitindo validade e efeitos para o contrato de namoro. Do Tribunal Paulista, destaco, mas em hipótese fática em que se verificou não estarem presentes os requisitos da união estável:

> "Ação de reconhecimento e dissolução de união estável cumulada com partilha de bens. Sentença que julgou improcedente a ação. Inconformismo da parte autora. Não preenchidos os elementos essenciais caracterizadores da união estável previstos na Lei. Contrato de namoro firmado pelas partes. Caracterizado simples namoro, sem intenção de formação de núcleo familiar. Sentença mantida. Recurso desprovido" (TJSP, Apelação Cível 1000884-65.2016.8.26.0288, Acórdão 13687270, Ituverava, 9.ª Câmara de Direito Privado, Rel. Des. Rogério Murillo Pereira Cimino, j. 25.06.2020, *DJESP* 07.07.2020, p. 2.146).

Ou, ainda, do Tribunal de Justiça do Paraná: "de acordo com a Lei, doutrina e jurisprudência em direito de família, para que o contrato de namoro qualificado ou união estável seja válido, é necessário os agentes sejam capazes e o objeto seja lícito, possível, determinado ou determinável, observando forma prescrita ou não defesa em Lei (conforme dicção do art. 104 do Código Civil brasileiro). O documento poderá ser público ou privado" (TJPR, Apelação Cível 0002492-04.2019.8.16.0187, Curitiba, 11.ª Câmara Cível, Rel. Des. Sigurd Roberto Bengtsson, j. 30.11.2022, *DJPR* 1.º.12.2022).

Exposta a divergência jurisprudencial nas Cortes Estaduais, mesmo não havendo proibição para a lavratura de contratos de namoro pelos Tabelionatos nos Estados, a minha posição doutrinária é pela sua nulidade absoluta, diante do claro intuito de fraude presente em tais atos, que não podem prevalecer na prática.

Feitas essas observações sobre tema tão debatido, ressalto que, por outro lado, há também normas de Direito de Família que são normas de ordem privada, como aquelas relacionadas com o regime de bens, de cunho eminentemente patrimonial (arts. 1.639 a 1.688 do CC). Portanto, eventualmente, é possível que a autonomia privada traga previsões contrariando essas normas dispositivas.

A própria organização do Código Civil de 2002, no tocante à família, demonstra essa divisão. Primeiramente, os arts. 1.511 a 1.638 tratam do direito pessoal ou existencial. Por conseguinte, nos arts. 1.639 a 1.722, o Código Privado regulamenta o direito patrimonial e conceitos correlatos. É correto afirmar, na verdade, que essa divisão entre direito patrimonial e direito existencial atinge todo o Direito Privado.

Essa organização do Direito de Família, de imediato, demonstra a tendência de *personalização do Direito Civil*, ao lado da sua *despatrimonialização*, uma vez que a pessoa é tratada antes do patrimônio. Perde o patrimônio o papel de *ator principal* e se torna *mero coadjuvante*. Como não poderia ser diferente, no presente volume, o Direito Civil será analisado tendo como esteio a Constituição Federal de 1988 e os seus princípios fundamentais. Talvez o Direito Civil Constitucional salte aos olhos mais até do que nos volumes anteriores desta coleção.

Conforme é igualmente apontado pela doutrina contemporânea, o Direito de Família passou por profundas alterações nas últimas décadas, transformações essas que atingiram também o nosso país. O jurista Eduardo de Oliveira Leite, citando Jean Carbonnier, procurou analisar de forma didática as razões dessas alterações, apontando seis nítidos rumos (LEITE, Eduardo Oliveira. *Direito civil...*, 2005, p. 33):

a) A *estatização* – diante da comum e crescente ingerência do Estado nas relações familiares, o que traz uma tendência de publicização da disciplina, que sempre foi baseada no privatismo.

b) A *retratação* – nítida redução do grupo familiar em pais e filhos, substituição da família patriarcal pela família nuclear, com um número menor de pessoas.

c) A *proletarização* – o grupo doméstico perde sua característica plutocrática, ou seja, dominada pelo dinheiro.

d) A *desencarnação* – substituição do elemento carnal e religioso pelo elemento psicológico e afetivo.

e) A *dessacralização* – desaparecimento do elemento sagrado, da forte influência religiosa da Igreja Católica, o que dá larga margem à vontade individual, à autonomia privada. Ampliam-se a liberdade e o direito de manifestação das ideias.

f) A *democratização* – a sociedade familiar passa a ser uma sociedade igualitária, substituindo-se a hierarquia pelo companheirismo, e pela possibilidade de todos os membros da entidade familiar opinarem para as tomadas de decisões.

Complementando, o ilustre professor paranaense, interpretando os arts. 226 e 227 da CF/1988, apresenta interessante quadro comparativo para expor as principais alterações estruturais do Direito de Família (LEITE, Eduardo de Oliveira. *Direito civil...*, 2005, p. 34). O quadro, pela excelência do trabalho e de sua didática, está reproduzido a seguir, de forma integral:

Como era	Como ficou
Qualificação da família como legítima.	Reconhecimento de outras formas de conjugabilidade ao lado da família legítima.
Diferença de estatutos entre homem e mulher.	Igualdade absoluta entre homem e mulher.
Categorização de filhos.	Paridade de direitos entre filhos de qualquer origem.
Indissolubilidade do vínculo matrimonial.	Dissolubilidade do vínculo matrimonial.
Proscrição do concubinato.	Reconhecimento de uniões estáveis.

Diante de todas essas alterações históricas e estruturais e de outras que serão comentadas no presente trabalho, pode-se afirmar que há um *Novo Direito de Família*. Mais do que nunca, vale repetir, deve-se estudar esse ramo jurídico tendo como parâmetro os princípios constitucionais encartados no Texto Maior. Isso é amplamente reconhecido pela doutrina e pela jurisprudência contemporâneas.

Deve-se ter plena ciência desse novo dimensionamento que vem sendo dado à matéria, para melhor se preparar para as provas de todo o Brasil e para a prática forense. Em reforço, é preciso ter em mente que o direito à constituição da família é um direito fundamental, para que a pessoa *concretize* a sua dignidade. Justamente por isso, o Projeto de Lei que pretende instituir o *Estatuto das Famílias* (PL 470/2013), prevê em seu art. 2.º que "o direito à família é direito fundamental de todos". Como bem ensina Paulo Lôbo, "a família atual busca sua identificação na solidariedade (art. 3.º, I, da Constituição), como um dos fundamentos da afetividade, após o individualismo triunfante dos dois últimos séculos, ainda que não retome o papel predominante que exerceu no mundo antigo" (LÔBO, Paulo. *Famílias...*, 2008, p. 2).

Muitas das ideias expostas na presente obra são capitaneadas pelo Instituto Brasileiro de Direito de Família (IBDFAM). Hoje, tornou-se praticamente obrigatório àquele que atua na área da família e das sucessões ser membro desse instituto, que congrega juristas, professores, magistrados, promotores de justiça, defensores públicos, advogados, psicólogos, psicanalistas, assistentes sociais e pessoas interessadas no estudo da família no Brasil. O IBDFAM foi fundado em 1997 por um grupo de estudiosos brasileiros que acreditavam na busca de novas vertentes para o estudo e a compreensão da família brasileira. Atualmente, o IBDFAM conta com mais de 15 mil associados, sendo composto por alguns dos nossos maiores juristas.

Em síntese, o presente livro perseguirá o caminho trilhado pelo IBDFAM, pelos seus fundadores, pelos seus associados, pelas conclusões a que chegaram os seus membros quando da realização dos seus congressos brasileiros e estaduais, pelos seus enunciados, bem como pelos escritos publicados sob o seu selo.

Buscar-se-á analisar o Direito de Família do ponto de vista do afeto, do amor que deve existir entre as pessoas, da ética, da valorização da pessoa e da sua dignidade, do solidarismo social e da isonomia constitucional. Isso porque, no seu atual estágio, *o Direito de Família é baseado mais na afetividade do que na estrita legalidade*, frase que é sempre repetida e que pode ser atribuída a Giselda Maria Fernandes Novaes Hironaka, Professora Titular da Faculdade de Direito da USP e uma das fundadoras do IBDFAM. Tal premissa ficará evidenciada pela análise dos princípios básicos desse *Novo Direito de Família*.

Passa-se, assim, à abordagem dessa mudança de perspectiva diante de novos princípios que regem a matéria, sendo importante mencionar que para a sistematização a seguir foi precioso o trabalho de Rodrigo da Cunha Pereira, presidente nacional do IBDFAM, conforme a sua tese defendida na Faculdade de Direito da Universidade Federal do Paraná (*Princípios...*, 2006).

1.2 O NOVO DIREITO DE FAMÍLIA. PRINCÍPIOS

1.2.1 Direito Civil Constitucional e Direito de Família

Como outrora apontado nos outros volumes desta coleção, o Direito Civil Constitucional pode ser encarado como um novo caminho metodológico que procura analisar os institutos de Direito Privado, tendo como *ponto de origem* a Constituição Federal de 1988. Não se trata apenas de estudar os institutos privados previstos na Constituição Federal de 1988, mas sim de analisar a Constituição sob o prisma do Direito Civil, e vice-versa. Para tanto, deverão irradiar de forma imediata as normas fundamentais que protegem a pessoa, particularmente aquelas que constam nos arts. 1.º a 6.º do Texto Maior.

Relembre-se que tal ideia surgiu na Itália a partir da doutrina de Pietro Perlingieri (ver: PERLINGIERI, Pietro. *Perfis...*, 2007). No Brasil, são expoentes dessa escola, entre outros, Gustavo Tepedino, Maria Celina Bodin de Moraes, Heloísa Helena Barboza, Luiz Edson Fachin, Paulo Lôbo, Giselda Hironaka, entre outros.

Aqui, no estudo do Direito de Família, mais do nunca, será importante reconhecer a *eficácia imediata e horizontal dos direitos fundamentais*, a *horizontalização* das normas que protegem as pessoas, que devem ser aplicadas nas relações entre particulares, dirigidas que são, também, aos entes privados (sobre o tema: SARMENTO, Daniel. *Direitos...*, 2005; SARLET, Ingo Wolfgang. *A eficácia...*, 2005).

Nessa concepção, utilizando-se a tão conhecida simbologia de Ricardo Lorenzetti, o Direito Privado pode ser comparado a um sistema solar em que o *Sol* é a Constituição Federal de 1988, e o *planeta principal* o Código Civil. Em torno desse planeta principal estão os satélites, que são os microssistemas jurídicos ou estatutos, que também merecem especial atenção pelo Direito de Família, caso do Estatuto da Criança e do Adolescente, do Estatuto da Pessoa com Deficiência e do Estatuto da Pessoa Idosa (LORENZETTI, Ricardo Luís. *Fundamentos...*, 1998, p. 45). Nesse *Big Bang Legislativo*, é preciso buscar um diálogo possível de complementaridade entre todas essas leis (*diálogo das fontes*), o que será feito, por exemplo, quando do estudo da adoção.

Sem dúvidas, deve-se reconhecer também a necessidade da constitucionalização do Direito de Família, pois "grande parte do Direito Civil está na Constituição, que acabou enlaçando os temas sociais juridicamente relevantes para garantir-lhes efetividade. A intervenção do Estado nas relações de direito privado permite o revigoramento das instituições de direito civil e, diante do novo texto constitucional, forçoso ao intérprete redesenhar o tecido do Direito Civil à luz da nova Constituição" (DIAS, Maria Berenice. *Manual...*, 2007, p. 36).

Ainda no que interessa à constitucionalização do Direito Privado, leciona Paulo Lôbo que "liberdade, justiça, solidariedade são os objetivos supremos que a Constituição brasileira (art. 3.º, I) consagrou para a realização da sociedade feliz, após duzentos anos da tríade liberdade, igualdade e fraternidade da Revolução Francesa. Do mesmo modo, são valores fundadores da família brasileira atual, como lugar para a concretização da dignidade da pessoa humana de cada um dos seus membros, iluminando a aplicação do direito" (*Famílias...*, 2008, p. 16).

Portanto, alguns dos antigos princípios do Direito de Família foram aniquilados, surgindo outros, dentro dessa proposta de constitucionalização e personalização, remodelando esse ramo jurídico. Por isso, o Estatuto das Famílias pretende estabelecer os regramentos estruturais do Direito de Família, prescrevendo o seu art. 5.º que são seus princípios fundamentais a dignidade da pessoa humana, a solidariedade familiar, a igualdade de gêneros, de filhos e das entidades familiares, a convivência familiar, o melhor interesse da criança e do adolescente e a afetividade.

Como se verá da leitura até o final deste capítulo, a proposta legislativa está muito próxima dos princípios que aqui são expostos.

1.2.2 Princípio de proteção da dignidade da pessoa humana (art. 1.º, inc. III, da CF/1988)

Enuncia o art. 1.º, inc. III, da CF/1988 que o nosso Estado Democrático de Direito tem como fundamento a dignidade da pessoa humana. Trata-se daquilo que se denomina *princípio máximo*, ou *superprincípio*, ou *macroprincípio*, ou *princípio dos princípios*. Diante desse regramento inafastável de proteção da pessoa humana é que está em voga, atualmente, falar em *personalização*, *repersonalização* e *despatrimonialização* do Direito Privado (FACHIN, Luiz Edson. *Estatuto...*, 2001). Ao mesmo tempo em que o patrimônio perde a importância, a pessoa é supervalorizada.

Na concepção de dignidade humana, deve-se ter em mente a construção de Kant, segundo a qual se trata de um *imperativo categórico* que considera a pessoa humana como um ser racional, um fim em si mesmo.

Ora, não há ramo do Direito Privado em que a dignidade da pessoa humana tem maior ingerência ou atuação do que o Direito de Família. Por certo que é difícil a concretização exata do que seja o princípio da dignidade da pessoa humana, por tratar-se de uma cláusula geral, de um conceito legal indeterminado, com variantes de interpretações. Cabe destacar que o Código de Processo Civil de 2015 realça a valorização desse princípio, especialmente no seu art. 8.º, ao estabelecer que "ao aplicar o ordenamento jurídico, o juiz atenderá aos fins sociais e às exigências do bem comum, resguardando e promovendo a dignidade da pessoa humana e observando a proporcionalidade, a razoabilidade, a legalidade, a publicidade e a eficiência".

Reconhecendo a submissão de outros preceitos constitucionais à dignidade humana, Ingo Wolfgang Sarlet conceitua o princípio em questão como "o reduto intangível de cada indivíduo e, neste sentido, a última fronteira contra quaisquer ingerências externas. Tal não significa, contudo, a impossibilidade de que se estabeleçam restrições aos direitos e garantias fundamentais, mas que as restrições efetivadas não ultrapassem o limite intangível imposto pela dignidade da pessoa humana" (SARLET, Ingo Wolfgang. *A eficácia...*, 2005, p. 124). A partir desse conceito, entendemos que a dignidade humana é algo que se vê nos olhos da pessoa, na sua fala e na sua atuação social, no modo como ela interage com o meio que a cerca. Em suma, a dignidade humana concretiza-se socialmente, pelo contato da pessoa com a sua comunidade.

Especialmente quanto à interação *família-dignidade*, ensina Gustavo Tepedino que a família, embora tenha o seu prestígio ampliado pela Constituição da República, deixa de ter *valor intrínseco*, como uma instituição meramente capaz de merecer tutela jurídica pelo simples fato de existir. Mais do que isso, segundo o jurista, "a família passa a ser valorizada de maneira instrumental, tutelada como um núcleo intermediário de desenvolvimento da personalidade dos filhos e de promoção da dignidade de seus integrantes" (TEPEDINO, Gustavo. A disciplina..., *Temas*..., 2004, p. 398).

Pois bem, pode-se aqui trazer alguns exemplos de aplicação, pela jurisprudência nacional, do princípio da dignidade da pessoa humana no Direito de Família.

De início, pode ser citado o comum entendimento do Superior Tribunal de Justiça, no sentido de que o imóvel em que reside pessoa solteira é bem de família, estando protegido pela impenhorabilidade constante da Lei 8.009/1990. Por todos os antigos julgados, transcreve-se o seguinte:

"Processual. Execução. Impenhorabilidade. Imóvel. Residência. Devedor solteiro e solitário – Lei 8.009/1990. A interpretação teleológica do art. 1.º, da Lei 8.009/1990, revela que a norma não se limita ao resguardo da família. Seu escopo definitivo é a proteção de um direito fundamental da pessoa humana: o direito à moradia. Se assim ocorre, não faz sentido proteger quem vive em grupo e abandonar o indivíduo que sofre o mais doloroso dos sentimentos: a solidão. É impenhorável, por efeito do preceito contido no art. 1.º da Lei 8.009/1990, o imóvel em que reside, sozinho, o devedor celibatário" (STJ, EREsp 182.223/SP, j. 06.02.2002, Corte Especial, Rel. Min. Sálvio de Figueiredo Teixeira, Rel. acórdão Min. Humberto Gomes de Barros. *DJ* 07.04.2003, p. 209, *REVJUR*, vol. 306, p. 83; Veja: STJ, REsp 276.004/SP (*RSTJ* 153/273, *JBCC* 191/215), REsp 57.606/MG (*RSTJ* 81/306), REsp 159.851/SP – *LEXJTACSP* 174/615 –, REsp 218.377/ES – *LEXSTJ* 136/111, *RDR* 18/355, *RSTJ* 143/385).

Como reconhece a própria ementa da decisão, o que almeja a Lei 8.009/1990 é a proteção da pessoa e não de um grupo específico de pessoas como, por exemplo, a família em si. Com isso, protege-se a própria dignidade humana (art. 1.º, inc. III, da CF/1988) e o direito constitucional à moradia, direito social e fundamental (art. 6.º da CF/1988). O entendimento consolidado do Superior Tribunal de Justiça acabou por gerar a edição da Súmula 364 daquele Tribunal superior, *in verbis*: "o conceito de impenhorabilidade de bem de família abrange também o imóvel pertencente a pessoas solteiras, separadas e viúvas".

Por certo é que, pelo que consta no art. 226 da CF/1988, uma pessoa solteira não constituiria uma família, nos exatos termos do sentido legal. Um solteiro, como se sabe, não constitui uma entidade familiar decorrente de casamento, união estável ou família monoparental. Estaria, então, o julgador alterando o conceito de *bem de família*? A resposta parece ser positiva, estando ampliado o seu conceito para *bem de residência da pessoa natural* ou *bem do patrimônio mínimo*, utilizando-se a construção do Ministro Luiz Edson Fachin. Reside, nesse ponto, forte tendência de personalização do Direito Privado (FACHIN, Luiz Edson. *Estatuto*..., 2001).

Como segundo exemplo de aplicação da dignidade humana em sede de Direito de Família, pode ser citada a consolidada tendência doutrinária e jurisprudencial de relativização ou mitigação da culpa nas ações de separação judicial. Essa relação entre culpa e dignidade humana foi muito bem feita pelo promotor de justiça e saudoso jurista baiano Cristiano Chaves de Farias, quando do *IV Congresso Brasileiro de Direito de Família* do IBDFAM. Foram as suas palavras: "ora, como a cláusula geral de proteção da personalidade humana promove a dignidade humana, não há dúvida de que se é direito da pessoa humana constituir núcleo familiar, também é direito seu não manter a entidade formada, sob pena de comprometer-lhe a existência digna" (FARIAS, Cristiano Chaves. *Redesenhando*..., 2004,

p. 115). Anote-se que a jurisprudência nacional também estabelece há tempos a relação entre a mitigação da culpa e a proteção da dignidade, tema que ainda será aprofundado no Capítulo 4 da presente obra (TJMG, Apelação Cível 1.0024.04.355193-6/001, 1.ª Câmara Cível, Belo Horizonte, Rel. Des. Vanessa Verdolim Hudson Andrade, j. 03.05.2005, *DJMG* 20.05.2005).

Ressalte-se que, com a aprovação da Emenda Constitucional 66/2010, conhecida como *Emenda do Divórcio*, há quem entenda pela extinção total da culpa para a dissolução do casamento, conforme se verá em momento oportuno. De imediato, destaque-se que a Emenda alterou apenas o Texto Maior, sem qualquer modificação do Código Civil. Cabe à doutrina e à jurisprudência apontar quais as normas que prevalecem e quais estão revogadas no Código Civil de 2002 e na legislação extravagante. Com a inovação, vivificamos a grande revolução do Direito de Família deste século XXI, com enormes desafios para os aplicadores do Direito em geral.

Como terceiro exemplo de incidência da dignidade humana, pode ser invocada a tão comentada *tese do abandono paterno-filial*. Em mais de um caso, a jurisprudência pátria condenou pais a pagarem indenização aos filhos, pelo abandono afetivo, por clara lesão à dignidade humana. O julgado mais notório é do extinto Tribunal de Alçada Civil de Minas Gerais, no conhecido *caso Alexandre Fortes*, cuja ementa é a seguir transcrita, com referência expressa à dignidade humana:

"Indenização danos morais. Relação paterno-filial. Princípio da dignidade da pessoa humana. Princípio da afetividade. A dor sofrida pelo filho, em virtude do abandono paterno, que o privou do direito à convivência, ao amparo afetivo, moral e psíquico, deve ser indenizável, com fulcro no princípio da dignidade da pessoa humana" (Tribunal de Alçada de Minas Gerais, 7.ª Câmara de Direito Privado, Apelação Cível 408.555-5, decisão 01.04.2004, Rel. Unias Silva, v.u.).

Naquela ocasião, reformando a decisão de primeira instância, o pai foi condenado a pagar indenização de duzentos salários mínimos ao filho por tê-lo abandonado afetivamente. Isso porque, após a separação em relação à mãe do autor da ação, o seu novo casamento e o nascimento da filha advinda da nova união, o pai passou a privar o filho da sua convivência. Entretanto, o pai continuou arcando com os alimentos para sustento do filho, abandonando-o somente no plano do afeto, do amor. Consta do corpo da decisão que:

"No seio da família da contemporaneidade desenvolveu-se uma relação que se encontra deslocada para a afetividade. Nas concepções mais recentes de família, os pais de família têm certos deveres que independem do seu arbítrio, porque agora quem os determina é o Estado. Assim, a família não deve mais ser entendida como uma relação de poder, ou de dominação, mas como uma relação afetiva, o que significa dar a devida atenção às necessidades manifestas pelos filhos em termos, justamente, de afeto e proteção. Os laços de afeto e de solidariedade derivam da convivência e não somente do sangue. No estágio em que se encontram as relações familiares e o desenvolvimento científico, tende-se a encontrar a harmonização entre o direito de personalidade ao conhecimento da origem genética, até como necessidade de concretização do direito à saúde e prevenção de doenças, e o direito à relação de parentesco, fundado no princípio jurídico da afetividade. O princípio da afetividade especializa, no campo das relações familiares, o macroprincípio da dignidade da pessoa humana (art. 1.º, III, da CF), que preside todas as relações jurídicas e submete o ordenamento jurídico nacional" (A íntegra da decisão encontra-se disponível no *site*: <www.flaviotartuce.adv.br>. Jurisprudência. Acesso em: 31 maio 2005).

Contudo, tal decisão foi reformada pelo Superior Tribunal de Justiça, em 29 de novembro de 2005, que afastou a condenação por danos morais, nos seguintes termos:

"Responsabilidade civil. Abandono moral. Reparação. Danos morais. Impossibilidade. 1. A indenização por dano moral pressupõe a prática de ato ilícito, não rendendo ensejo à aplicabilidade da norma do art. 159 do Código Civil de 1916 o abandono afetivo, incapaz de reparação pecuniária. 2. Recurso especial conhecido e provido" (STJ, REsp 757.411/MG, Rel. Min. Fernando Gonçalves, votou vencido o Min. Barros Monteiro, que dele não conhecia. Os Ministros Aldir Passarinho Junior, Jorge Scartezzini e Cesar Asfor Rocha votaram com o Ministro relator. Brasília, 29 de novembro de 2005 – data de julgamento).

Em suma, entendeu-se, neste primeiro julgado superior, que não se poderia falar em dever de indenizar, pois o pai não estaria obrigado a conviver com o filho. Segundo este acórdão do Tribunal Superior, não haveria um ato ilícito no caso descrito. Em outras palavras, concluiu-se que o afeto de um pai em relação a um filho não poderia ser imposto.

Tal decisão gerou manifestações contrárias da doutrina, como a que foi enviada por mensagem eletrônica por Giselda Maria Fernandes Novaes Hironaka, Professora Titular do Departamento de Direito Civil da Faculdade de Direito da Universidade de São Paulo, no dia 30 de novembro de 2005:

"Queridos amigos e membros de meu grupo de estudos. (...) Hoje provavelmente é um dos dias mais tristes de minha carreira jurídica considerada em sua totalidade... Isso acontece comigo sempre que a fé que tenho nas instituições (e no Poder Judiciário em especial – o que me levou a produzir, com vocês, de meu grupo de estudos, o nosso livro *A outra face do Judiciário*: decisões inovadoras e mudanças de paradigmas) desaba por terra, como um nada precariamente sustentável... Muito triste... Refiro-me, certamente, à desastrada decisão do STJ, no caso Alexandre, sobre abandono afetivo (veja a decisão abaixo, no final desta mensagem). Quero duas coisas, acerca do assunto, para as nossas reflexões, queridos amigos do grupo de estudos. Primeiro, que releiam, se possível, o artigo que coloquei no nosso livro, e que escrevi a partir da decisão do Tribunal de Alçada de Minas (segue em anexo, o artigo, para facilitar a leitura, se preferirem). Segundo, que pensem em seus pais (e mães), em seus filhos (os que tiverem a sorte divina de tê-los) e que reflitam a respeito do que receberam (ou não), na condição de filhos, de seus próprios pais (e mães), neste contexto afetivo que corre em paralelo com o singelo e jurídico dever de alimentar. Pensem em seus filhos e analisem o que e o quanto vocês lhes oferecem, nesta mesma seara. Finalmente pensem no Alexandre (autor da ação recém-julgada) e analisem se ele se parece conosco e se seu pai se parece com os nossos pais. Se, depois de assim refletir, não acontecer nada em nossos corações, poderemos considerar que o STJ acertou em seu julgamento e que inexiste dano de qualquer espécie a ser reparado. Em consequência, devemos concluir que é normal que um pai (afinal, segundo o STJ, os pais não têm o dom da ubiquidade, lembrem-se!!!) deixe seu filho para seguir seu projeto pessoal de felicidade, custe o que custar. E, finalmente, devemos refletir acerca de um novo viés que pode estar hoje mesmo nascendo para a sociedade brasileira e para as famílias de nosso país: 'a Justiça autoriza que os homens (e as mulheres) abandonem afetivamente suas crias, se elas forem empecilhos em suas próprias trilhas de vida, punindo (será mesmo punição ou favor?) apenas com a cessação do poder familiar'!".

O artigo citado pela renomada professora pode ser lido no meu *site* (HIRONAKA, Giselda Maria Fernandes Novaes. Os contornos jurídicos... Disponível em: <www.flaviotartuce.adv.br>. Seção Artigos de Convidados. Acesso em: 30 nov. 2005). Sugere-se a leitura do trabalho para uma preciosa complementação, notadamente para que o estudioso chegue a uma conclusão sobre o tema.

A questão do abandono afetivo é uma das mais controvertidas do Direito de Família Contemporâneo. O argumento favorável à indenização está amparado na dignidade humana. Ademais, sustenta-se que o pai tem o dever de gerir a educação do filho, conforme o art. 229 da Constituição Federal e o art. 1.634 do Código Civil. A violação desse dever pode gerar um ato ilícito, nos termos do art. 186 da codificação material privada. O entendimento contrário ampara-se substancialmente na afirmação de que o amor e o afeto não se impõem; bem como em uma suposta monetarização do afeto na admissão da reparação imaterial. A questão é realmente muito controvertida.

Como destacado em edições anteriores desta obra, já existiam outras decisões de Tribunais Estaduais que concluíam pela possibilidade de reparação civil em tais situações. Assim, colacionava-se julgado do Tribunal de Justiça de São Paulo, que condenou um pai, em sentido muito próximo ao *caso Alexandre Fortes*, a indenizar um filho pela abstenção de convivência. O acórdão teve a relatoria do Des. Caetano Lagrasta, tendo sido desta forma resumido:

> "Responsabilidade civil. Dano moral. Autor abandonado pelo pai desde a gravidez da sua genitora e reconhecido como filho somente após propositura de ação judicial. Discriminação em face dos irmãos. Abandono moral e material caracterizados. Abalo psíquico. Indenização devida. Sentença reformada. Recurso provido para este fim" (TJSP, Apelação com Revisão 511.903-4/7-00, 8.ª Câm. de Direito Privado, Marília, Rel. Des. Caetano Lagrasta, j. 12.03.2008, v.u.).

Demonstrando evolução quanto ao assunto, surgiu, no ano de 2012, outra decisão do Superior Tribunal de Justiça em revisão ao acórdão anterior, ou seja, admitindo a reparação civil pelo abandono afetivo (caso *Luciane Souza*). A ementa foi assim publicada por aquele Tribunal Superior (*Informativo* n. 496 da Corte):

> "Civil e processual civil. Família. Abandono afetivo. Compensação por dano moral. Possibilidade. 1. Inexistem restrições legais à aplicação das regras concernentes à responsabilidade civil e o consequente dever de indenizar/compensar no Direito de Família. 2. O cuidado como valor jurídico objetivo está incorporado no ordenamento jurídico brasileiro não com essa expressão, mas com locuções e termos que manifestam suas diversas desinências, como se observa do art. 227 da CF/88. 3. Comprovar que a imposição legal de cuidar da prole foi descumprida implica em se reconhecer a ocorrência de ilicitude civil, sob a forma de omissão. Isso porque o *non facere*, que atinge um bem juridicamente tutelado, leia-se, o necessário dever de criação, educação e companhia – de cuidado – importa em vulneração da imposição legal, exsurgindo, daí, a possibilidade de se pleitear compensação por danos morais por abandono psicológico. 4. Apesar das inúmeras hipóteses que minimizam a possibilidade de pleno cuidado de um dos genitores em relação à sua prole, existe um núcleo mínimo de cuidados parentais que, para além do mero cumprimento da lei, garantam aos filhos, ao menos quanto à afetividade, condições para uma adequada formação psicológica e inserção social. 5. A caracterização do abandono afetivo, a existência de excludentes ou, ainda, fatores atenuantes – por demandarem revolvimento de matéria fática – não podem ser objeto de reavaliação na estreita via do recurso especial. 6. A alteração do valor fixado a título de compensação por danos morais é possível, em recurso especial, nas hipóteses em que a quantia estipulada pelo Tribunal de origem revela-se irrisória ou exagerada. 7. Recurso especial parcialmente provido" (STJ, REsp 1.159.242/SP, 3.ª Turma, Rel. Min. Nancy Andrighi, j. 24.04.2012, *DJe* 10.05.2012).

Em sua relatoria, a Ministra Nancy Andrighi ressalta, de início, ser admissível aplicar o conceito de dano moral nas relações familiares, sendo despicienda qualquer discussão a esse respeito, pelos naturais diálogos entre livros diferentes do Código Civil de 2002. Para ela, tal dano moral estaria presente diante de uma obrigação inescapável dos pais em dar auxílio psicológico aos filhos. Aplicando a ideia do cuidado como valor jurídico, Nancy Andrighi deduz pela presença do ilícito e da culpa do pai pelo abandono afetivo, expondo frase que passou a ser repetida nos meios sociais e jurídicos: "amar é faculdade, cuidar é dever". Concluindo pelo nexo causal entre a conduta do pai que não reconheceu voluntariamente a paternidade de filha havida fora do casamento e o dano a ela causado pelo abandono, a magistrada entendeu por reduzir o *quantum* reparatório que foi fixado pelo Tribunal de Justiça de São Paulo, de R$ 415.000,00 (quatrocentos e quinze mil reais) para R$ 200.000,00 (duzentos mil reais) (REsp 1.159.242/SP).

O acórdão proferido pelo Superior Tribunal de Justiça representa correta concretização jurídica dos princípios da dignidade e da solidariedade; sem perder de vista a *função pedagógica* que deve ter a responsabilidade civil. Aliás, tal *função educativa* afasta qualquer argumentação a respeito de uma suposta *monetarização do afeto*. Atente-se que esta última falsa premissa, levada às últimas instâncias, afastaria qualquer possibilidade de reparação imaterial em nosso País. Cumpre lembrar, em reforço, que a CF/1988 encerrou o debate sobre a reparação dos danos morais como compensação pelos males sofridos pela pessoa, notadamente pela expressão do seu art. 5.º, incs. V e X.

Espera-se, assim, que o posicionamento pela reparação dos danos morais em decorrência do abandono afetivo prevaleça na nossa jurisprudência, visando a evitar que outros pais abandonem os seus filhos. Conforme entrevista dada ao *Jornal Folha de S.Paulo*, de 5 de maio de 2012, a autora da ação, Luciane Souza, pretendia apenas um mínimo de atenção de seu pai, o que nunca foi alcançado. Diante das perdas imateriais irreparáveis que sofreu, não restava outro caminho que não o da indenização civil, o que deve ser acompanhado por outros julgados no futuro.

Na verdade, a jurisprudência do Superior Tribunal de Justiça, em sua atual composição, até tem entendido pela possibilidade de reparação dos danos morais por abandono afetivo, desde que comprovado o prejuízo imaterial suportado pela vítima.

De acordo com a afirmação n. 7, constante da Edição n. 125 da ferramenta *Jurisprudência em Teses* da Corte, publicada em 2019, "o abandono afetivo de filho, em regra, não gera dano moral indenizável, podendo, em hipóteses excepcionais, se comprovada a ocorrência de ilícito civil que ultrapasse o mero dissabor, ser reconhecida a existência do dever de indenizar". Além disso, somente tem sido reparado o dano moral por abandono afetivo após o reconhecimento da paternidade e não antes da sua ocorrência, como está na tese n. 8 da mesma publicação.

Outro *filtro* que tem sido utilizado pelo Tribunal Superior é a prescrição de três anos, prevista no art. 206, § 3.º, inc. V, do CC/2002, a contar da maioridade, como se extrai do seguinte acórdão, por todos: "hipótese em que a ação foi ajuizada mais de três anos após atingida a maioridade, de forma que prescrita a pretensão com relação aos atos e omissões narrados na inicial durante a menoridade. Improcedência da pretensão de indenização pelos atos configuradores de abandono afetivo, na ótica do autor, praticados no triênio anterior ao ajuizamento da ação" (STJ, REsp 1.579.021/RS, 4.ª Turma, Rel. Min. Maria Isabel Gallotti, j. 19.10.2017, *DJe* 29.11.2017).

Com o devido respeito, não estou filiado a essa forma de julgar, pois os danos decorrentes do abandono afetivo são continuados, não sendo o caso de se falar em prescrição, por ausência de um termo inicial para a contagem do prazo.

Como última nota sobre o abandono afetivo, ressalto que em 2021 surgiu outro acórdão da Terceira Turma do STJ admitindo a sua reparação, novamente sob a relatoria da Ministra Nancy Andrighi. Consoante a sua ementa:

"(...) É juridicamente possível a reparação de danos pleiteada pelo filho em face dos pais que tenha como fundamento o abandono afetivo, tendo em vista que não há restrição legal para que se apliquem as regras da responsabilidade civil no âmbito das relações familiares e que os arts. 186 e 927, ambos do CC/2002, tratam da matéria de forma ampla e irrestrita. Precedentes específicos da 3.ª Turma. A possibilidade de os pais serem condenados a reparar os danos morais causados pelo abandono afetivo do filho, ainda que em caráter excepcional, decorre do fato de essa espécie de condenação não ser afastada pela obrigação de prestar alimentos e nem tampouco pela perda do poder familiar, na medida em que essa reparação possui fundamento jurídico próprio, bem como causa específica e autônoma, que é o descumprimento, pelos pais, do dever jurídico de exercer a parentalidade de maneira responsável" (STJ, REsp 1.887.697/RJ, 3.ª Turma, Rel. Min. Nancy Andrighi, j. 21.09.2021, *DJe* 23.09.2021).

Como se percebe, a reparação foi confirmada, mesmo em havendo o cumprimento da obrigação de alimentos, tendo sido a indenização fixada, pelas peculiaridades do caso concreto, em R$ 30.000,00 (trinta mil reais).

Como quarto e último exemplo de aplicação da dignidade humana às relações familiares, mencione-se o *direito à busca pela felicidade*, citado como paradigma contemporâneo na impactante decisão do Supremo Tribunal Federal que reconheceu a igualdade entre a paternidade socioafetiva e a biológica, bem como a possibilidade de multiparentalidade, com vínculo concomitante (STF, RE 898.060/SC, Tribunal Pleno, Rel. Min. Luiz Fux, j. 21.09.2016, publicado no seu *Informativo* n. 840). Nos termos do voto do Ministro Relator, que merece destaque:

"A família, objeto do deslocamento do eixo central de seu regramento normativo para o plano constitucional, reclama a reformulação do tratamento jurídico dos vínculos parentais à luz do sobreprincípio da dignidade humana (art. 1.º, III, da CRFB) e da busca da felicidade. A dignidade humana compreende o ser humano como um ser intelectual e moral, capaz de determinar-se e desenvolver-se em liberdade, de modo que a eleição individual dos próprios objetivos de vida tem preferência absoluta em relação a eventuais formulações legais definidoras de modelos preconcebidos, destinados a resultados eleitos *a priori* pelo legislador. Jurisprudência do Tribunal Constitucional alemão (BVerfGE 45, 187). A superação de óbices legais ao pleno desenvolvimento das famílias construídas pelas relações afetivas interpessoais dos próprios indivíduos é corolário do sobreprincípio da dignidade humana. O direito à busca da felicidade, implícito ao art. 1.º, III, da Constituição, ao tempo que eleva o indivíduo à centralidade do ordenamento jurídico-político, reconhece as suas capacidades de autodeterminação, autossuficiência e liberdade de escolha dos próprios objetivos, proibindo que o governo se imiscua nos meios eleitos pelos cidadãos para a persecução das vontades particulares. Precedentes da Suprema Corte dos Estados Unidos da América e deste Egrégio Supremo Tribunal Federal: RE 477.554-AgR, Rel. Min. Celso de Mello, *DJe* 26.08.2011; ADPF 132, Rel. Min. Ayres Britto, *DJe* 14.10.2011. O indivíduo jamais pode ser reduzido a mero instrumento de consecução das vontades dos governantes, por isso que o direito à busca da felicidade protege o ser humano em face de tentativas do Estado de enquadrar a sua realidade familiar em modelos preconcebidos pela lei" (RE 898.060/SC, publicado no *Informativo* n. 840 da Corte – Tema 622).

Em repercussão geral, foi fixada a tese segundo a qual a paternidade socioafetiva, declarada ou não em registro, não impede o reconhecimento do vínculo de filiação concomitante, baseada na origem biológica, com os efeitos jurídicos próprios. O acórdão é revolucionário e emblemático, trazendo uma nova forma de pensar o Direito de Família e das Sucessões, como se verá em outros trechos deste e do próximo volume desta coleção.

1.2.3 Princípio da solidariedade familiar (art. 3.º, inc. I, da CF/1988)

A solidariedade social é reconhecida como objetivo fundamental da República Federativa do Brasil pelo art. 3.º, inc. I, da CF/1988, no sentido de construir uma sociedade livre, justa e solidária. Por razões óbvias, esse princípio acaba repercutindo nas relações familiares, eis que a solidariedade deve existir nesses relacionamentos pessoais. A importância da solidariedade social é tamanha que o princípio constituiu a temática principal do *VI Congresso Brasileiro do IBDFAM*, realizado em Belo Horizonte em novembro de 2007. Também diante dessa necessidade de tutela da solidariedade, no *XII Congresso*, em 2019, o tema central foi a proteção das vulnerabilidades. Deve-se entender por solidariedade o ato humanitário de *responder* pelo outro, de *preocupar-se* e de *cuidar* de outra pessoa.

A solidariedade familiar justifica, entre outros, o pagamento dos alimentos no caso da sua necessidade, nos termos do art. 1.694 do atual Código Civil. A título de exemplo, o Superior Tribunal de Justiça aplicou o princípio, considerando o dever de prestar alimentos mesmo em união estável constituída antes da entrada em vigor da Lei 8.971/1994, que concedeu aos companheiros o direito a alimentos e que veio tutelar os direitos sucessórios decorrentes da união estável:

> "Alimentos *x* união estável rompida anteriormente ao advento da Lei 8.971, de 29.12.1994. A união duradoura entre homem e mulher, com o propósito de estabelecer uma vida em comum, pode determinar a obrigação de prestar alimentos ao companheiro necessitado, uma vez que o dever de solidariedade não decorre exclusivamente do casamento, mas também da realidade do laço familiar. Precedente da Quarta Turma" (STJ, REsp 102.819/RJ, 4.ª Turma, Rel. Min. Barros Monteiro, j. 23.11.1998, *DJ* 12.04.1999, p. 154).

O que o julgado reconheceu é que normas de ordem pública podem retroagir, principalmente aquelas que visam à manutenção digna da pessoa humana, especialização da ideia de solidariedade patrimonial.

Mas vale lembrar que a solidariedade não é só patrimonial, é afetiva e psicológica. Nesse princípio, portanto, "ao gerar deveres recíprocos entre os integrantes do grupo familiar, safa-se o Estado do encargo de prover toda a gama de direitos que são assegurados constitucionalmente ao cidadão. Basta atentar que, em se tratando de crianças e adolescentes, é atribuído primeiro à família, depois à sociedade e finalmente ao Estado (CF 227) o dever de garantir com absoluta prioridade os direitos inerentes aos cidadãos em formação" (DIAS, Maria Berenice. *Manual...*, 2004, p. 64).

Entretanto, mesmo assim, nos termos do Texto Maior, "o Estado assegurará a assistência à família na pessoa de cada um dos que a integram, criando mecanismos para coibir a violência no âmbito de suas relações" (art. 226, § 8.º, da CF/1988), o que igualmente consagra a solidariedade social na ótica familiar. Frise-se que o princípio da solidariedade familiar também implica em respeito e consideração mútuos em relação aos membros da entidade familiar.

Por igual ilustrando, será discutida na presente obra a possibilidade de se pleitear os alimentos após o divórcio, cuja suposta viabilidade está amparada no princípio da solidariedade social, até porque o vínculo de família não existe mais.

Anote-se, por oportuno, que há julgados que aplicam a ideia também após o término do exercício do poder familiar, fazendo incidir o princípio em questão. A título de ilustração, do Tribunal de Justiça de Minas Gerais:

> "Direito de família. Ação de alimentos. Pensão fixada em percentuais específicos em favor da companheira, do filho menor impúbere e dos filhos maiores. Verba que não atende às necessidades da criança e dos demais filhos que, embora maiores, ainda estudam. Recurso provido em parte. 1) Como sabido, a obrigação alimentar decorrente do casamento e da união estável fundamenta-se no dever de mútua assistência, que existe durante a convivência e persiste mesmo depois de rompido o relacionamento. Já o dever dos pais de prestar alimentos aos filhos é contemporâneo ao exercício do poder familiar, de sorte que a obrigação de sustento só persiste enquanto presente a menoridade do alimentando. Todavia, mesmo após o fim do poder familiar pelo adimplemento da capacidade civil é possível a imposição do encargo alimentar ao genitor, o qual passa a ser devido por força da relação de parentesco, tendo em vista o princípio da solidariedade familiar. 2) Nos três casos aplica-se o art. 1.694 do Código Civil de 2002, que estabelece que os parentes e companheiros podem pedir uns aos outros os alimentos de que necessitem para viver de modo compatível com a sua condição de vida, devendo o encargo alimentar ser fixado na proporção das necessidades do reclamante e dos recursos da pessoa obrigada" (TJMG, Apelação Cível 1062457-23.2009.8.13.0382, 5.ª Câmara Cível, Lavras, Rel. Des. Mauro Soares de Freitas, j. 02.12.2010, *DJEMG* 12.01.2011).

O tema será aprofundado e estudado com incrementos no capítulo próprio deste livro, que trata dos alimentos.

1.2.4 Princípio da igualdade entre filhos (art. 227, § 6.º, da CF/1988 e art. 1.596 do CC)

Determina o art. 227, § 6.º, da CF/1988 que "os filhos, havidos ou não da relação do casamento, ou por adoção terão os mesmos direitos e qualificações, proibidas quaisquer designações discriminatórias relativas à filiação". Complementando o texto constitucional, o art. 1.596 do CC/2002 tem exatamente a mesma redação, consagrando ambos os dispositivos o princípio da igualdade entre filhos.

Esses comandos legais regulamentam especificamente na ordem familiar a isonomia constitucional, ou igualdade em sentido amplo, retirado do art. 5.º, *caput*, da CF/1988, um dos princípios do Direito Civil Constitucional ("Todos são iguais perante a lei, sem distinção de qualquer natureza, garantindo-se aos brasileiros e aos estrangeiros residentes no País a inviolabilidade do direito à vida, à liberdade, à igualdade, à segurança e à propriedade, nos termos seguintes").

Está superada, nessa ordem de ideias, a antiga discriminação de filhos que constava da codificação anterior, principalmente do art. 332 do CC/1916, cuja lamentável redação era a seguinte: "o parentesco é legítimo, ou ilegítimo, segundo procede, ou não de casamento; natural, ou civil, conforme resultar de consanguinidade, ou adoção". Como é notório, este dispositivo já havia sido revogado pela Lei 8.560/1992, que regulamentou a investigação de paternidade dos filhos havidos fora do casamento, regulamentando a isonomia constitucional entre os filhos.

Em suma, juridicamente, todos os filhos são iguais perante a lei, havidos ou não durante o casamento. Essa igualdade abrange também os filhos adotivos, os filhos socioafetivos e aqueles havidos por inseminação artificial heteróloga (com material genético de terceiro). Diante disso, não se pode mais utilizar as odiosas expressões *filho adulterino* ou *filho incestuoso* que são discriminatórias. Igualmente, não podem ser utilizadas, em hipótese alguma, as expressões *filho espúrio* ou *filho bastardo, comuns em passado não tão remoto.*

Apenas para fins didáticos utiliza-se o termo *filho havido fora do casamento*, eis que, juridicamente, todos são iguais. Isso repercute tanto no campo patrimonial quanto no pessoal, não sendo admitida qualquer forma de distinção jurídica, sob as penas da lei. Trata-se, desse modo, na ótica familiar, da primeira e mais importante especialidade da isonomia constitucional.

1.2.5 Princípio da igualdade entre cônjuges e companheiros (art. 226, § 5.º, da CF/1988 e art. 1.511 do CC)

Assim como há a igualdade entre os filhos, como outra forma de especialização da isonomia constitucional a lei reconhece a igualdade entre homens e mulheres no que se refere à sociedade conjugal ou convivencial formada pelo casamento ou pela união estável (art. 226, § 3.º, e art. 5.º, inc. I, da CF/1988).

Consigne-se que o art. 1.º do atual Código Civil utiliza a expressão *pessoa*, não mais o termo *homem*, como fazia o art. 2.º do CC/1916, deixando claro que não será admitida qualquer forma de distinção decorrente do sexo, mesmo que terminológica. Especificamente, prevê o art. 1.511 do CC/2002 que o casamento estabelece comunhão plena de vida, com base na igualdade de direitos e deveres dos cônjuges. Por óbvio, essa igualdade deve estar presente na união estável, também reconhecida como entidade familiar pelo art. 226, § 3.º, da CF/1988 e pelos arts. 1.723 a 1.727 do Código Civil.

Diante do reconhecimento dessa igualdade, como exemplo prático, o marido ou companheiro pode pleitear alimentos da mulher ou companheira, ou mesmo vice-versa. Além disso, um pode utilizar o nome do outro livremente, conforme convenção das partes (art. 1.565, § 1.º, do CC).

No que concerne aos alimentos, reconhecendo essa igualdade, há julgados anteriores do Tribunal de Justiça de São Paulo apontando que a mulher apta a trabalhar não terá direito a alimentos em relação ao ex-cônjuge. Em alguns casos, a jurisprudência paulista entende que haverá direito à pensão somente por tempo razoável para sua recolocação no mercado de trabalho:

> "Alimentos. Prova de dedicação da mulher ao lar, em prejuízo da atividade profissional para a qual se formou. Direito à pensão por tempo razoável para sua recolocação no mercado de trabalho. Recurso parcialmente provido" (TJSP, Apelação Cível 196.277-4/SP, 4.ª Câmara de Direito Privado, Rel. Aguilar Cortez, 23.08.2001, v.u.).

No entanto, o Superior Tribunal de Justiça vinha reformando essas decisões, que mereceriam análise caso a caso. Para ilustrar, transcreve-se o seguinte julgado:

> "Família. Alimentos entre cônjuges. Prazo. Se, na constância do casamento, a mulher não dispõe dos meios próprios para prover o seu sustento e se o seu marido tem capacidade para tanto, não se pode fixar o dever alimentício pelo prazo de apenas um ano,

apenas porque é jovem e capaz para o trabalho. Recurso conhecido e provido" (STJ, REsp 555.429/RJ, 4.ª Turma, Rel. Min. Cesar Asfor Rocha, j. 08.06.2004, v.u., *Boletim AASP* 2.413/1.010, abril de 2005).

Porém, mais recentemente, o mesmo STJ tem seguido o entendimento anterior do Tribunal Paulista, fixando por tempo razoável o que se convencionou denominar de *alimentos transitórios*. Vejamos o teor da publicação constante do *Informativo* n. 444, de agosto de 2010:

> "Alimentos transitórios. A estipulação de alimentos transitórios (por tempo certo) é possível quando o alimentando ainda possua idade, condição e formação profissional compatíveis com sua provável inserção no mercado de trabalho. Assim, a necessidade de alimentos perdura apenas até que se atinja a aguardada autonomia financeira, pois, nesse momento, não mais necessitará da tutela do alimentante, então, liberado da obrigação (que se extinguirá automaticamente)" (STJ, REsp 1.025.769/MG, Rel. Min. Nancy Andrighi, j. 24.08.2010).

Essa posição consolidou-se de tal forma que passou a compor a ferramenta *Jurisprudência em Teses* do Tribunal da Cidadania. Conforme a premissa número 14 da sua Edição 65, de 2016, "os alimentos devidos entre ex-cônjuges devem ter caráter excepcional, transitório e devem ser fixados por prazo determinado, exceto quando um dos cônjuges não possua mais condições de reinserção no mercado do trabalho ou de readquirir sua autonomia financeira" (acórdãos citados, como precedentes: REsp 1.370.778/MG, 4.ª Turma, Rel. Min. Marco Buzzi, j. 10.03.2016, DJE 04.04.2016; AgRg no AREsp 725.002/SP, 4.ª Turma, Rel. Min. Raul Araújo, j. 08.09.2015, DJE 01.10.2015; AgRg no REsp 1.537.060/DF, 4.ª Turma, Rel. Min. Maria Isabel Gallotti, j. 01.09.2015, DJE 09.09.2015; REsp 1.454.263/CE, 4.ª Turma, Rel. Min. Luis Felipe Salomão, j. 16.04.2015, DJE 08.05.2015; REsp 1.496.948/SP, 3.ª Turma, Rel. Min. Moura Ribeiro, j. 03.03.2015, DJE 12.03.2015).

Essa mudança de postura na jurisprudência superior merece aplausos, pois mais bem adaptada à emancipação plena da mulher, especialmente no plano profissional. Como se verá em capítulo próprio, tem-se entendido que os alimentos entre os cônjuges têm caráter excepcional e transitório.

Outra aplicação dessa igualdade pode repercutir no âmbito processual, especialmente no que diz respeito ao foro privilegiado da mulher para a propositura das ações de Direito de Família.

Ora, entendo há tempos que não haveria mais razão para se aplicar o art. 100, inc. I, do CPC/1973, que previa o foro privilegiado a favor da mulher para as ações correlatas ao casamento. E o fundamento da minha rejeição sempre foi a igualdade entre homem e mulher. Esse entendimento crescia entre os civilistas, principalmente entre aqueles que são adeptos do Direito Civil Constitucional. Entre os processualistas, Alexandre Freitas Câmara também não via mais suporte de aplicação do dispositivo, no seguinte sentido:

> "Em sentido contrário à manutenção do dispositivo, porém, tem-se manifestado a melhor doutrina, no nosso sentido com razão, uma vez que não pode haver, em razão do sexo, privilégio criado por norma infraconstitucional. Além disso, há outro argumento contrário à vigência do dispositivo aqui analisado. É que essa norma perdeu sua razão de ser. A competência para alguns feitos era fixada pela residência (e não domicílio) da mulher casada porque esta, antes da vigente Constituição, não podia fixar seu próprio domicílio. Isto porque, como sabido, antes da atual ordem constitucional o domicílio

conjugal era fixado pelo marido. Hoje, quando a administração do casal cabe a ambos os cônjuges, tendo desaparecido a figura do 'cabeça do casal', nada impede que a mulher fixe seu próprio domicílio. Sendo assim, deve-se aplicar aqui a regra geral, e, pois, nas ações de separação, conversão desta em divórcio, e anulação de casamento, será competente o juízo do foro de domicílio do réu" (CÂMARA, Alexandre Freitas. *Lições...*, 2006, p. 101).

No âmbito jurisprudencial, vale dizer que existiam decisões do Tribunal de Justiça de São Paulo não aplicando mais a norma:

"Ação de separação judicial. Propositura no foro de domicílio de seu autor, o varão. Exceção declinatória *fori* apresentada pelo cônjuge feminino, com base no artigo 100, *caput*, I, do Código de Processo Civil. O foro privilegiado da mulher não mais subsiste, ante a atual Constituição Federal. Mas a exceção havia que ser acolhida à luz da norma geral do artigo 94, *caput*, do Código de Processo Civil. Agravo de instrumento do autor insistindo no processamento da causa no foro de seu domicílio que se improvê, tornando insubsistente a liminar da fls. 61" (TJSP, Agravo de Instrumento 358.2502-4/1, 9.ª Câmara de Direito Privado, Rel. Marco César, 15.03.2005, v.u.).

"Competência. Ação de conversão de separação consensual em divórcio. Propositura pela mulher em seu alegado foro de domicílio, distinto o foro de domicílio do réu. Exceção de incompetência apresentada por este, declinando pelo foro de seu domicílio, a par de sustentar ser este o real domicílio da autora. Acolhimento em primeiro grau que se mantém, desprovido agravo de instrumento da autora. O artigo 100, *caput*, I, do CPC, não foi recepcionado pela Constituição Federal de 1988, e resolve-se a matéria pela regra geral do artigo 94, importando apenas perquirir qual o foro de domicílio do réu, aqui incontroverso" (TJSP, Agravo de Instrumento 328.152-4/0, 9.ª Câmara de Direito Privado, Campinas, Rel. Sérgio Gomes, 11.05.2004, v.u.).

Porém, o entendimento majoritário anterior, sobretudo entre os processualistas e nos Tribunais Superiores, era de que se tratava de uma norma especial de competência que continuava tendo aplicação (STF, RE 227.114/SP, Rel. Min. Joaquim Barbosa, j. 22.11.2011; STJ, CC 22.603/MT, 2.ª Seção, Rel. Min. Ruy Rosado de Aguiar, j. 23.09.1998, *DJ* 16.11.1998, p. 6; STJ, CC 8.189/RJ, 2.ª Seção, Rel. Min. Ruy Rosado de Aguiar, j. 31.08.1994, *DJ* 26.09.1994, p. 25.579). Como a jurisprudência ainda vinha aplicando normalmente o dispositivo, a corrente que pugnava pela sua manutenção era a que deveria ser tida como majoritária para os devidos fins, inclusive na prática familiarista.

De qualquer forma, já se destacava que a Lei 11.340/2006, conhecida como *Lei Maria da Penha* e que traz mecanismos para coibir a violência doméstica, flexibilizou aquela antiga regra do art. 100, inc. I, do CPC/1973. Isso porque o art. 15 da citada lei possibilita que a mulher promova ações cíveis no foro de domicílio ou de sua residência; no foro do lugar da ocorrência do fato que baseou a demanda ou no foro de domicílio do seu agressor.

Na verdade, no tocante ao princípio da igualdade entre homens e mulheres, a grande dificuldade reside em saber até que ponto vai essa *igualdade* no plano fático e concreto.

De toda sorte, o CPC/2015 não repetiu o foro privilegiado da mulher para as ações de Direito de Família, o que veio em boa hora. O art. 100, inc. I, do CPC/1973 equivale ao art. 53, inc. I, do CPC/2015, segundo o qual é competente o foro: para a ação de divórcio, separação, anulação de casamento e reconhecimento ou dissolução de união estável: *a)* de domicílio do guardião de filho incapaz; *b)* do último domicílio do casal, caso não haja filho incapaz; *c)* de domicílio do réu, se nenhuma das partes residir no antigo domicílio do casal; e *d)* de domicílio da vítima de violência doméstica e familiar, nos termos da Lei Maria da Penha, o que foi incluído pela Lei 13.894/2019, mitigando o teor do art. 15 da Lei 11.340/2016. Como se percebe, pela última alteração, somente se reconhece a vulnerabilidade da mulher sob violência doméstica, o que está correto tecnicamente, no meu entender.

Como se observa das mudanças legislativas, além da feliz inclusão da ação de dissolução de união estável, o dispositivo prevê o foro privilegiado a favor do guardião do filho incapaz ou da vítima de violência doméstica e familiar, sendo a incapacidade ou a vulnerabilidade, e não mais o sexo ou gênero, o fator a ser levado em conta. Não havendo filho incapaz, será competente o foro do último domicílio do casal. Não sendo possível o enquadramento das regras anteriores, será competente o foro de domicílio do réu, conforme a regra geral das ações pessoais (art. 46 do CPC/2015, correspondente ao art. 94 do CPC/1973).

A doutrina vinha entendendo que se tratava de *foros subsidiários* e não concorrentes. Nesse sentido, o Enunciado n. 108, aprovado na *II Jornada de Direito Processual Civil*, promovida pelo Conselho da Justiça Federal em setembro de 2018 e que contou com a minha atuação. Todavia, essa conclusão deve ser afastada a respeito do foro privilegiado da mulher sob violência doméstica, regra que deve prevalecer sobre as anteriores. Nessa linha, aliás, o Enunciado n. 163, aprovado na *III Jornada de Direito Processual Civil*, em setembro de 2023: "o foro de domicílio da vítima de violência doméstica tem prioridade para a ação de divórcio, separação, anulação de casamento e reconhecimento ou dissolução de união estável".

Seja como for, reafirme-se, a mudança do sistema processual vem em boa hora, buscando concretizar a igualdade constitucional entre homens e mulheres.

1.2.6 Princípio da igualdade na chefia familiar (arts. 1.566, incs. III e IV, 1.631 e 1.634 do CC e art. 226, §§ 5.º e 7.º, da CF)

Como decorrência lógica do princípio da igualdade entre cônjuges e companheiros, surge o princípio da igualdade na chefia familiar, que pode ser exercida tanto pelo homem quanto pela mulher em um regime democrático de colaboração, podendo inclusive os filhos opinar (conceito de *família democrática*). Substitui-se uma *hierarquia* por uma *diarquia*.

Assim sendo, pode-se utilizar a expressão *despatriarcalização do Direito de Família*, eis que a figura paterna não exerce o poder de dominação do passado. O regime é de companheirismo e de cooperação, não de hierarquia, desaparecendo a ditatorial figura do *pai de família* (*pater familias*), não podendo sequer se utilizar a expressão *pátrio poder*, substituída por *poder familiar*.

No Código Civil de 2002, o princípio em questão pode ser percebido pelo que consta dos incs. III e IV do art. 1.566. Isso porque são deveres do casamento a mútua assistência e o respeito e consideração mútuos, ou seja, prestados por ambos os cônjuges, de acordo com as suas possibilidades pessoais e patrimoniais.

Complementando, enuncia o art. 1.631 do CC/2002 que durante o casamento ou união estável compete o poder familiar aos pais. Na falta ou impedimento de um deles, o outro exercerá esse poder com exclusividade. Em caso de eventual divergência dos pais quanto ao exercício do poder familiar, é assegurado a qualquer um deles recorrer ao juiz para a solução do desacordo.

1.2.7 Princípio da não intervenção ou da liberdade (art. 1.513 do CC)

Dispõe o art. 1.513 do CC em vigor que "é defeso a qualquer pessoa, de direito público ou direito privado, interferir na comunhão de vida instituída pela família". Trata-se de consagração do *princípio da liberdade ou da não intervenção* na ótica do Direito de Família. O princípio é reforçado pelo art. 1.565, § 2.º, da mesma codificação, pelo qual o planejamento familiar é de livre decisão do casal, sendo vedada qualquer forma de coerção por parte de instituições privadas ou públicas em relação a esse direito. Segundo o Enunciado n. 99 do CJF/STJ, aprovado na *I Jornada de Direito Civil*, o último dispositivo deve ser aplicado às pessoas que vivem em união estável, o que é óbvio e com o qual se deve concordar.

Por certo que o princípio em questão mantém relação direta com o princípio da autonomia privada, que deve existir no âmbito do Direito de Família. A autonomia privada é muito bem conceituada por Daniel Sarmento como *o poder que a pessoa tem de regulamentar os próprios interesses.* Ensina o autor fluminense que "esse princípio tem como matriz a concepção do ser humano como agente moral, dotado de razão, capaz de decidir o que é bom ou ruim para si, e que deve ter a liberdade para guiar-se de acordo com estas escolhas, desde que elas não perturbem os direitos de terceiros nem violem outros valores relevantes para a comunidade" (SARMENTO, Daniel. *Direitos fundamentais...*, 2005, p. 188). Como se pode perceber, o fundamento constitucional da autonomia privada é a liberdade, um dos principais atributos do ser humano.

A autonomia privada não existe apenas em sede contratual, mas também na ótica familiar. Quando escolhemos, na *escalada do afeto* (conceito de Euclides de Oliveira), com quem ficar, com quem namorar, com quem noivar, com quem ter uma união estável ou com quem casar, estamos falando em autonomia privada (OLIVEIRA, Euclides. A escalada..., *Anais do V Congresso Brasileiro...*, 2006, p. 315).

Quanto ao *ato de ficar*, trata-se do *primeiro degrau da escalada do afeto*, sendo certo que o Superior Tribunal de Justiça entendeu que tal conduta pode influenciar na presunção de paternidade, principalmente se somada à recusa ao exame de DNA. Vejamos a ementa:

"Direito civil. Recurso especial. Ação de investigação de paternidade. Exame pericial (teste de DNA). Recusa. Inversão do ônus da prova. Relacionamento amoroso e relacionamento casual. Paternidade reconhecida. A recusa do investigado em se submeter ao teste de DNA implica a inversão do ônus da prova e consequente presunção de veracidade dos fatos alegados pelo autor. Verificada a recusa, o reconhecimento da paternidade decorrerá de outras provas, estas suficientes a demonstrar ou a existência de relacionamento amoroso à época da concepção ou, ao menos, a existência de relacionamento casual, hábito hodierno que parte do simples 'ficar', relação fugaz, de apenas um encontro, mas que pode garantir a concepção, dada a forte dissolução que opera entre o envolvimento amoroso e o contato sexual. Recurso especial provido" (STJ, REsp 557.365/RO, 3.ª Turma, Rel. Min. Nancy Andrighi, j. 07.04.2005, *DJ* 03.10.2005, p. 242).

Pois bem, retornando à análise do art. 1.513 do CC/2002, deve-se ter muito cuidado na sua leitura. Isso porque o real sentido do texto legal é que o Estado ou mesmo um ente privado não pode intervir coativamente nas relações de família. Porém, o Estado poderá incentivar o controle da natalidade e o planejamento familiar por meio de políticas públicas.

Repise-se que a Constituição Federal de 1988 incentiva a paternidade responsável e o próprio planejamento familiar, devendo o Estado propiciar recursos educacionais e científicos para o exercício desses direitos, vedada qualquer forma coercitiva por parte de instituições oficiais e privadas (art. 226, § 7.º, da CF/1988).

Além disso, o Estado deve assegurar a assistência à família na pessoa de cada um dos que a integram, criando mecanismos para coibir a violência no âmbito de suas relações (art. 226, § 8.º, da CF/1988). É importante ainda dizer que a Lei 9.263/1996 regulamentou o art. 226, § 7.º, da Constituição, que trata do planejamento familiar, proibindo que até mesmo o Estado utilize ações de regulação da fecundidade com o objetivo de realizar o controle demográfico.

Tudo isso consagra o *princípio da não intervenção*. Contudo, é pertinente apontar que esse princípio deve ser lido e ponderado perante outros princípios, como no caso do *princípio do melhor interesse da criança e do adolescente*, que será analisado a seguir.

Não se olvide, em complemento, uma tendência de intervenção do Estado nas relações de filiação, podendo ser citada a Lei 13.010/2014, conhecida como *Lei da Palmada* ou *Lei Menino Bernardo*, a ser abordada no capítulo 6 desta obra.

1.2.8 Princípio do melhor interesse da criança e do adolescente (art. 227, *caput*, da CF/1988 e arts. 1.583 e 1.584 do CC)

Prevê o art. 227, *caput*, da CF/1988, com redação dada pela Emenda Constitucional 65, de 13 de julho de 2010, que "é dever da família, da sociedade e do Estado assegurar à criança, ao adolescente e ao jovem, com absoluta prioridade, o direito à vida, à saúde, à alimentação, à educação, ao lazer, à profissionalização, à cultura, à dignidade, ao respeito, à liberdade e à convivência familiar e comunitária, além de colocá-los a salvo de toda forma de negligência, discriminação, exploração, violência, crueldade e opressão".

Essa proteção é regulamentada pelo Estatuto da Criança e do Adolescente (Lei 8.069/1990), que considera criança a pessoa com idade entre zero e 12 anos incompletos, e adolescente aquele que tem entre 12 e 18 anos de idade. Quanto ao jovem, foi promulgada, depois de longa tramitação, a Lei 12.825/2013, conhecida como Estatuto da Juventude, e que reconhece amplos direitos às pessoas com idade entre quinze e vinte e nove anos de idade, tidas como jovens.

Em reforço, o art. 3.º do próprio ECA determina que a criança e o adolescente gozam de todos os direitos fundamentais inerentes à pessoa humana, sem prejuízo da *proteção integral*, assegurando-lhes, por lei ou por outros meios, todas as oportunidades e facilidades, a fim de lhes facultar o desenvolvimento físico, mental, moral, espiritual e social, em condições de liberdade e de dignidade.

Complementando o que consta do Texto Maior, o art. 4.º do ECA enuncia que "é dever da família, da comunidade, da sociedade em geral e do poder público assegurar, com absoluta prioridade, a efetivação dos direitos referentes à vida, à saúde, à alimentação, à educação, ao esporte, ao lazer, à profissionalização, à cultura, à dignidade, ao respeito, à liberdade e à convivência familiar e comunitária".

Cite-se, em continuidade, e também com vistas à citada proteção, a Lei 13.257/2016, que trata das políticas públicas para a proteção da *primeira infância*. O art. 2.º da citada norma reconhece a primeira infância como o período que abrange os primeiros 6 (seis) anos completos ou 72 (setenta e dois) meses de vida da criança. A lei estabelece, ainda, que a prioridade absoluta em assegurar os direitos da criança, do adolescente e do jovem, nos termos do art. 227 da Constituição Federal e do art. 4.º do ECA, implica o dever do Estado de estabelecer políticas, planos, programas e serviços para a primeira infância que atendam às especificidades dessa faixa etária, visando a garantir seu desenvolvimento integral (art. 3.º).

As políticas públicas voltadas ao atendimento dos direitos da criança na primeira infância devem ser elaboradas e executadas de forma a: *a)* atender ao interesse superior da criança e à sua condição de sujeito de direitos e de cidadã; *b)* incluir a participação da criança na definição das ações que lhe digam respeito, em conformidade com suas características etárias e de desenvolvimento; *c)* respeitar a individualidade e os ritmos de desenvolvimento das crianças e valorizar a diversidade da infância brasileira, assim como as diferenças entre as crianças em seus contextos sociais e culturais; *d)* reduzir as desigualdades no acesso aos bens e serviços que atendam aos direitos da criança na primeira infância, priorizando o investimento público na promoção da justiça social, da equidade e da inclusão sem discriminação da criança; *e)* articular as dimensões ética, humanista e política da criança cidadã com as evidências científicas e a prática profissional no atendimento da primeira infância; *f)* adotar abordagem participativa, envolvendo a sociedade, por meio de suas organizações representativas, os profissionais, os pais e as crianças, no aprimoramento da qualidade das ações e na garantia da oferta dos serviços; *g)* articular as ações setoriais com vistas ao atendimento integral e integrado; *h)* descentralizar as ações entre os entes da Federação; e *i)* promover a formação da cultura de proteção e promoção da criança, com apoio dos meios de comunicação social (art. 4.º da Lei 13.257/2016).

Na ótica civil, essa proteção integral pode ser percebida pelo princípio de melhor ou maior interesse da criança, ou *best interest of the child*, conforme reconhecido pela Convenção Internacional de Haia, que trata da proteção dos interesses das crianças. O CC/2002, nos seus arts. 1.583 e 1.584, acaba por reconhecer tal princípio, ao regular a guarda durante o poder familiar. Esses dois dispositivos foram substancialmente alterados, inicialmente, pela Lei 11.698, de 13 de junho de 2008, que passou a determinar como regra a guarda compartilhada, a prevalecer sobre a guarda unilateral, aquela em que um genitor detém a guarda e o outro tem a regulamentação de vistas em seu favor.

Ampliou-se o sistema de proteção anterior, visando atender ao melhor interesse da criança e do adolescente na fixação da guarda, o que era reconhecido pelos Enunciados ns. 101 e 102 do CJF/STJ, aprovados na *I Jornada de Direito Civil*. Em 2014, tais dispositivos foram novamente alterados pela Lei 13.058, que ainda receberá a devida análise crítica nesta obra.

Insta esclarecer, de imediato, que na *guarda compartilhada* ou *conjunta* o filho convive com ambos os genitores. De toda sorte, haverá um lar único, não se admitindo, *a priori*, a guarda alternada ou fracionada, em que o filho fica um tempo com um genitor e um tempo com o outro de forma sucessiva (*guarda da mochila*, pois a criança fica o tempo todo de um lado para outro). A nova lei parece confundir ambos os conceitos, como se verá. Para a efetivação da guarda compartilhada, recomenda-se a medição interdisciplinar, uma vez que ela pressupõe certa harmonia mínima entre os genitores, muitas vezes distante na prática, o que parece não ter sido considerado pela Lei 13.058/2014.

Por fim, demonstrando a amplitude de aplicação do princípio de melhor interesse da criança e do adolescente, o Superior Tribunal de Justiça entendeu há tempos que não cabe qualquer alegação de nulidade processual, mesmo pelo Ministério Público, nos casos em que o processo de adoção for realizado de acordo com os ditames que protegem o menor. Destaque-se a ementa do julgado:

"Estatuto da Criança e do Adolescente – ECA. Adoção. Intimação do Ministério Público para audiência. Art. 166 da Lei 8.069/1990. Fim social da lei. Interesse do menor preservado. Direito ao convívio familiar. Ausência de prejuízo. Nulidade inexistente. Não se declara nulidade por falta de audiência do Ministério Público se – a teor do acórdão recorrido – o interesse do menor foi preservado e o fim social do ECA foi atingido. O art. 166 da Lei 8.069/1990 deve ser interpretado à luz do art. 6.º da mesma lei" (STJ, REsp 847.597/SC, 3.ª Turma, Rel. Min. Humberto Gomes de Barros, j. 06.03.2008, *DJ* 01.04.2008, p. 1).

Eis aqui outro tema que será ainda aprofundado, em capítulo próprio deste livro.

1.2.9 Princípio da afetividade

O afeto talvez seja apontado, atualmente, como o principal fundamento das relações familiares. Mesmo não constando a expressão *afeto* do Texto Maior como um direito fundamental, pode-se afirmar que ele decorre da valorização da dignidade humana. Por isso é que, para fins didáticos e metodológicos, ressalta-se o princípio em questão, como fazem Maria Berenice Dias (*Manual...*, 2007, p. 67) e Paulo Lôbo (*Famílias...*, 2008, p. 47).

Merecem destaque as palavras da *juspsicanalista* Giselle Câmara Groeninga, para quem "o papel dado à subjetividade e à afetividade tem sido crescente no Direito de Família, que não mais pode excluir de suas considerações a qualidade dos vínculos existentes entre os membros de uma família, de forma que possa buscar a necessária objetividade na subjetividade inerente às relações. Cada vez mais se dá importância ao afeto nas considerações das relações familiares; aliás, um outro princípio do Direito de Família é o da afetividade" (GROENINGA, Giselle Câmara. *Direito...*, 2008, p. 28).

Apesar de algumas críticas contundentes e de polêmicas levantadas por alguns juristas, não resta a menor dúvida de que a afetividade constitui um princípio jurídico aplicado ao âmbito familiar. Conforme bem aponta Ricardo Lucas Calderon, em sua precisa dissertação de mestrado defendida na UFPR:

"Parece possível sustentar que o Direito deve laborar com a afetividade e que sua atual consistência indica que se constitui em princípio no sistema jurídico brasileiro. A solidificação da afetividade nas relações sociais é forte indicativo de que a análise jurídica não pode restar alheia a este relevante aspecto dos relacionamentos. A afetividade é um dos princípios do direito de família brasileiro, implícito na Constituição, explícito e implícito no Código Civil e nas diversas outras regras do ordenamento" (CALDERON, Ricardo Lucas. *O percurso...* Disponível em: <http://dspace.c3sl.ufpr.br/dspace/bitstream/handle/1884/26808/dissertacao%20FINAL%2018-11-2011%20pdf.pdf?sequence=1>. Acesso em: 23 set. 2012. Ver, ainda: CALDERON, Ricardo Lucas. *Princípio...*, 2017).

Cabe anotar que o Professor Calderon teve destacada atuação, em nome do IBDFAM e como *amicus curiae*, no julgamento da repercussão geral da socioafetividade perante o STF (RE 898.060/SC, Tribunal Pleno, Rel. Min. Luiz Fux, j. 21.09.2016, publicado no seu *Informativo* n. 840).

Dessa forma, apesar da falta de sua previsão expressa na legislação, percebe-se que a sensibilidade dos juristas é capaz de demonstrar que a afetividade é um princípio do nosso sistema. Como é cediço, os princípios jurídicos são concebidos como abstrações realizadas pelos intérpretes, a partir das normas, dos costumes, da doutrina, da jurisprudência e de aspectos políticos, econômicos e sociais. Na linha do exposto por José de Oliveira Ascensão, os princípios são como "grandes orientações que se depreendem, não apenas do complexo legal, mas de toda a ordem jurídica" (ASCENSÃO, José de Oliveira. *Introdução...*, 2005, p. 404).

Os princípios estruturam o ordenamento, gerando consequências concretas, por sua marcante função para a sociedade. E não restam dúvidas de que a afetividade constitui um código forte no Direito Contemporâneo, gerando alterações profundas no modo de se pensar a família brasileira, como se verá pela presente obra. Do mesmo modo, concluindo que o afeto tem valor jurídico, aponta a Ministra Nancy Andrighi, em brilhante julgado de sua lavra:

"A quebra de paradigmas do Direito de Família tem como traço forte a valorização do afeto e das relações surgidas da sua livre manifestação, colocando à margem do sistema a antiga postura meramente patrimonialista ou ainda aquela voltada apenas ao intuito de procriação da entidade familiar. Hoje, muito mais visibilidade alcançam as relações afetivas, sejam entre pessoas de mesmo sexo, sejam entre o homem e a mulher, pela comunhão de vida e de interesses, pela reciprocidade zelosa entre os seus integrantes. Deve o juiz, nessa evolução de mentalidade, permanecer atento às manifestações de intolerância ou de repulsa que possam porventura se revelar em face das minorias, cabendo-lhe exercer raciocínios de ponderação e apaziguamento de possíveis espíritos em conflito. A defesa dos direitos em sua plenitude deve assentar em ideais de fraternidade e solidariedade, não podendo o Poder Judiciário esquivar-se de ver e de dizer o novo, assim como já o fez, em tempos idos, quando emprestou normatividade aos relacionamentos entre pessoas não casadas, fazendo surgir, por consequência, o instituto da união estável. A temática ora em julgamento igualmente assenta sua premissa em vínculos lastreados em comprometimento amoroso" (STJ, REsp 1.026.981/RJ, 3.ª Turma, Rel. Min. Nancy Andrighi, j. 04.02.2010, *DJe* 23.02.2010).

Na mesma linha, cite-se, mais uma vez, o revolucionário acórdão do Supremo Tribunal Federal na análise da repercussão geral a respeito da prevalência da filiação socioafetiva ou da filiação biológica (RE 898.060/SC, j. 21.09.2016, publicado no seu *Informativo* n. 840). Nos termos do voto do Ministro Luiz Fux, "a compreensão jurídica cosmopolita das famílias exige a ampliação da tutela normativa a todas as formas pelas quais a parentalidade pode se manifestar, a saber: (i) pela presunção decorrente do casamento ou outras hipóteses legais, (ii) pela descendência biológica ou (iii) pela afetividade. A evolução científica responsável pela popularização do exame de DNA conduziu ao reforço de importância do critério biológico, tanto para fins de filiação quanto para concretizar o direito fundamental à busca da identidade genética, como natural emanação do direito de personalidade de um ser. A afetividade enquanto critério, por sua vez, gozava de aplicação por doutrina e jurisprudência desde o Código Civil de 1916 para evitar situações de extrema injustiça, reconhecendo-se a posse do estado de filho, e consequentemente o vínculo parental, em favor daquele utilizasse o nome da família (*nominatio*), fosse tratado como filho pelo pai (*tractatio*) e gozasse do reconhecimento da sua condição de descendente pela comunidade (*reputatio*)" (STF, RE 898.060/SC).

Interessante mencionar o voto do Ministro Celso de Mello, que afirmou ser a afetividade um princípio implícito do sistema civil-constitucional brasileiro, com valor jurídico inquestionável.

De toda sorte, deve ser esclarecido que o *afeto* equivale à interação entre as pessoas, e não necessariamente ao amor, que é apenas uma de suas facetas. O amor é o *afeto positivo* por excelência. Todavia, há também o *ódio*, que constitui o lado negativo dessa fonte de energia do Direito de Família Contemporâneo.

Concretizando o princípio da afetividade, a sua valorização prática remonta ao brilhante trabalho do saudoso Professor João Baptista Villela, jurista de primeira grandeza, escrito em 1979, tratando da *desbiologização da paternidade*. Na essência, o trabalho procura dizer que o vínculo familiar constitui mais um vínculo de afeto do que um vínculo biológico. Assim surge uma nova forma de parentesco civil, a *parentalidade socioafetiva*, baseada na *posse de estado de filho*. É o resumo do trabalho:

> "A paternidade em si mesma não é um fato da natureza, mas um fato cultural. Embora a coabitação sexual, da qual pode resultar gravidez, seja fonte de responsabilidade civil, a paternidade, enquanto tal, só nasce de uma decisão espontânea. Tanto no registro histórico como no tendencial, a paternidade reside antes no serviço e no amor que na procriação. As transformações mais recentes por que passou a família, deixando de ser unidade de caráter econômico, social e religioso, para se afirmar fundamentalmente como grupo de afetividade e companheirismo, imprimiram considerável esforço ao esvaziamento biológico da paternidade. Na adoção, pelo seu caráter afetivo, tem-se a prefigura da paternidade do futuro, que radica essencialmente a ideia de liberdade" (VILLELA, João Baptista. Desbiologização..., Separada da *Revista da Faculdade de Direito*... Disponível em: <http://www.ibdfam.com.br/public/artigos.aspx?codigo=150>. Acesso em: 31 jul. 2007).

Sobre a valorização desse vínculo afetivo como fundamento do parentesco civil, escreve muito bem Paulo Lôbo o seguinte:

> "O modelo tradicional e o modelo científico partem de um equívoco de base: a família atual não é mais, exclusivamente, a biológica. A origem biológica era indispensável à família patriarcal, para cumprir suas funções tradicionais. Contudo, o modelo patriarcal desapareceu nas relações sociais brasileiras, após a urbanização crescente e a emancipação feminina, na segunda metade deste século. No âmbito jurídico, encerrou definitivamente seu ciclo após o advento da Constituição de 1988. O modelo científico é inadequado, pois a certeza absoluta da origem genética não é suficiente para fundamentar a filiação, uma vez que outros são os valores que passaram a dominar esse campo das relações humanas. (...) Em suma, a identidade genética não se confunde com a identidade da filiação, tecida na complexidade das relações afetivas, que o ser humano constrói entre a liberdade e o desejo" (LÔBO, Paulo. *Princípio jurídico*... Disponível em: <http://www.ibdfam.com.br/public/artigos.aspx?codigo=109>. Acesso em: 24 jan. 2006).

Compartilhando da mesma posição seguida pelo autor da presente obra, entende o citado doutrinador que o *princípio da afetividade* tem fundamento constitucional, particularmente na dignidade da pessoa humana (art. 1.º, inc. III, da CF/1988), na solidariedade social (art. 3.º, inc. I, da CF/1988) e na igualdade entre filhos (arts. 5.º, *caput*, e 227, § 6.º, da CF/1988). Em síntese, conclui o renomado jurista alagoano, um dos fundadores do Instituto Brasileiro do Direito de Família (IBDFAM), o seguinte:

> "Impõe-se a distinção entre origem biológica e paternidade/maternidade. Em outros termos, a filiação não é um determinismo biológico, ainda que seja da natureza humana o impulso à procriação. Na maioria dos casos, a filiação deriva-se da relação biológica; todavia, ela emerge da construção cultural e afetiva permanente, que se faz na convivência e na responsabilidade. No estágio em que nos encontramos, há de se distinguir o direito de personalidade ao conhecimento da origem genética, com esta dimensão, e o direito à filiação e à paternidade/maternidade, nem sempre genético. O afeto não é fruto da biologia. Os laços de afeto e de solidariedade derivam da convivência e não do sangue. A história do direito à filiação confunde-se com o destino do patrimônio familiar, visceralmente ligado à consanguinidade legítima. Por isso, é a história da lenta emancipação dos filhos, da redução progressiva das desigualdades e da redução do *quantum* despótico, na medida da redução da patrimonialização dessas relações" (LÔBO, Paulo. *Princípio jurídico*..., cit.).

A título de exemplo, um marido que reconhece como seu o filho de sua mulher, estabelecendo um vínculo de afeto, não poderá, depois de aperfeiçoada a *socioafetividade*, quebrar esse vínculo. Como se diz nos meios populares, "pai é aquele que cria".

A defesa de aplicação da paternidade socioafetiva, atualmente, é muito comum entre os doutrinadores do Direito de Família. Tanto isso é verdade que, por ocasião da *I Jornada de Direito Civil*, promovida pelo Conselho da Justiça Federal sob a chancela do Superior Tribunal de Justiça, foi aprovado o Enunciado n. 103, com a seguinte redação: "O Código Civil reconhece, no art. 1.593, outras espécies de parentesco civil além daquele decorrente da adoção, acolhendo, assim, a noção de que há também parentesco civil no vínculo parental proveniente quer das técnicas de reprodução assistida heteróloga relativamente ao pai (ou mãe) que não contribuiu com seu material fecundante, quer da paternidade socioafetiva, fundada na posse do estado de filho".

Na mesma Jornada doutrinária, aprovou-se o Enunciado n. 108 do CJF/STJ estabelecendo que: "no fato jurídico do nascimento, mencionado no art. 1.603, compreende-se à luz do disposto no art. 1.593, a filiação consanguínea e também a socioafetiva". Em continuidade, na *III Jornada de Direito Civil*, patrocinada pelo mesmo STJ e promovida em dezembro de 2004, foi aprovado o Enunciado n. 256 do CJF/STJ, pelo qual: "a posse de estado de filho (parentalidade socioafetiva) constitui modalidade de parentesco civil".

Na *IV Jornada de Direito Civil*, realizada em outubro de 2006, foram aprovados três enunciados doutrinários relativos ao tema. O primeiro, de número 339, prevê que "a paternidade socioafetiva, calcada na vontade livre, não pode ser rompida em detrimento do melhor interesse do filho". O segundo, de número 341, dispõe que, "para os fins do art. 1.696, a relação socioafetiva pode ser elemento gerador de obrigação alimentar". Por fim, em consonância com o princípio da igualdade entre filhos, que também deve ser aplicado quanto à guarda, foi aprovado o Enunciado n. 336 do CJF/STJ, prevendo que "o parágrafo único do art. 1.584 aplica-se também aos filhos advindos de qualquer forma de família".

Na *V Jornada de Direito Civil*, de 2011, mais um enunciado surgiu, prescrevendo com apurada técnica que "o reconhecimento judicial do vínculo de parentesco em virtude de socioafetividade deve ocorrer a partir da relação entre pai(s) e filho(s), com base na posse do estado de filho, para que produza efeitos pessoais e patrimoniais" (Enunciado n. 519).

Por igual, na jurisprudência, a adoção da *paternidade socioafetiva* vem encontrando uma ordem crescente de aplicação, caso inclusive do Tribunal de Justiça de São Paulo. Em voto vencedor proferido em 8 de julho de 2005, o Desembargador José Luiz Gavião de Almeida aponta que: "a assunção do vínculo parental não pode ser afastada simplesmente. Se alguém assume o papel de pai, não pode, mais tarde, dele desistir sob a alegação de que não o é biologicamente. Nem sempre a paternidade jurídica está espaldada por uma paternidade biológica" (Processo 353.002.4/4-00).

No Superior Tribunal de Justiça, há um crescente de decisões aplicando a socioafetividade para a determinação do vínculo de filiação (por todos, ver: STJ, REsp 1.088.157/PB, 3.ª Turma, Rel. Min. Massami Uyeda, j. 23.06.2009, *DJe* 04.08.2009; e REsp 234.833/MG, 4.ª Turma, Rel. Min. Hélio Quaglia Barbosa, j. 25.09.2007, *DJ* 22.10.2007, p. 276). Outros julgados serão expostos no decorrer deste livro, especialmente no seu Capítulo 6.

Contudo, não é o momento de aprofundarmos o tratamento do tema. Isso será feito em outras oportunidades, quando do estudo das formas de parentesco civil e do reconhecimento de filhos, especialmente com a análise do revolucionário julgado do STF, em repercussão geral, prolatado no ano de 2016. No presente momento, é interessante apenas deixar claro que a afetividade é um dos principais regramentos do *Novo Direito de Família* que desponta e que a *parentalidade socioafetiva* é uma tese que ganha força na doutrina e na jurisprudência.

1.2.10 Princípio da função social da família

Há algum tempo se afirmava, nas antigas aulas de *educação moral e cívica*, que *a família é a "celula mater" da sociedade*. Apesar de as aulas serem herança do período militar ditatorial, a frase destacada ainda serve como luva no atual contexto, até porque o art. 226, *caput*, da CF/1988 dispõe que a família é a base da sociedade, tendo especial proteção do Estado.

Desse modo, as relações familiares devem ser analisadas dentro do contexto social e diante das diferenças regionais de cada localidade. Sem dúvida que a socialidade também deve ser aplicada aos institutos de Direito de Família, assim como ocorre com outros ramos do Direito Civil. Nesse sentido, aliás, posicionou-se o saudoso Miguel Reale ao discorrer sobre a *função social da família no Código Civil* (*História...*, 2005, p. 254-257).

Entre os clássicos, Clóvis Beviláqua já demonstrava que a família estaria sujeita às influências biológicas e, sucessivamente, aos fatos sociais: "a família primitiva é vacilante, inconsistente, não toma um caráter fixo e dissolve-se em pouco tempo, ligada que se acha somente pelas energias biológicas. Mas a disciplina social, pouco a pouco, intervém, pela religião, pelos costumes, pelo direito, e a sociedade doméstica vai-se, proporcionalmente, aperfeiçoando por moldes mais seguros, mais definíveis e mais resistentes" (BEVILÁQUA, Clóvis. *Direito...*, 1916, p. 4) E arremata, com base em Spencer, argumentando que "a evolução dos tipos familiares está em correlação com a evolução da inteligência e do sentimento; que as relações domésticas mais elevadas, sob o ponto de vista ético, são também as mais elevadas sob o ponto de vista biológico e sociológico".

Na doutrina contemporânea, lecionam Pablo Stolze Gagliano e Rodolfo Pamplona Filho que "a principal função da família e a sua característica de meio para a realização dos nossos anseios e pretensões. Não é mais a família um fim em sim mesmo, conforme já afirmamos, mas, sim, o meio social para a busca de nossa felicidade na relação com o outro" (GAGLIANO, Pablo Stolze; PAMPLONA FILHO, Rodolfo. *Novo curso...*, 2011, p. 98).

A título de exemplo, a socialidade pode servir para fundamentar o parentesco civil decorrente da *paternidade socioafetiva*. Pode servir também para a conclusão de que há outras entidades familiares, caso da união homoafetiva, conforme reconheceu o Supremo Tribunal Federal em histórica decisão de maio de 2011 (publicada no seu *Informativo* n. 625). Isso tudo porque a sociedade muda, a família se altera e o Direito deve acompanhar essas transformações.

A jurisprudência, por diversas vezes, reconhece a necessidade de interpretação dos institutos privados de acordo com o contexto social. Com relação ao bem de família, particularmente quanto à impenhorabilidade dos bens móveis que guarnecem a residência da entidade familiar, pode-se transcrever o seguinte julgado do STJ:

> "Processual civil. Lei 8.009/1990. Bem de família. Hermenêutica. Aparelho de televisão, jogo de sofá, *freezer*, máquina de lavar roupa e máquina de lavar louça. Impenhorabilidade. Videocassete. Penhorabilidade. Precedentes. Hermenêutica. Recurso parcialmente provido.
> I – A Lei 8.009/1990, ao dispor que são impenhoráveis os equipamentos que guarnecem a residência, inclusive móveis, não abarca tão somente os indispensáveis à moradia, mas também aqueles que usualmente a integram e que não se qualificam como objetos de luxo

ou adorno. II – O aparelho de videocassete, no entanto, salvo situações excepcionais, não se inclui entre os bens impenhoráveis, consoante orientação acolhida pela turma. III – Ao juiz, em sua função de intérprete e aplicador da lei, em atenção aos fins sociais a que ela se dirige e às exigências do bem comum, como admiravelmente adverte o art. 5.º, LICC, incumbe dar-lhe exegese construtiva e valorativa, que se afeiçoe aos seus fins teleológicos, sabido que ela deve refletir não só os valores que a inspiraram mas também as transformações culturais e sócio-políticas da sociedade a que se destina" (STJ, REsp 162.998/PR, 4.ª Turma, Rel. Min. Sálvio de Figueiredo Teixeira, j. 16.04.1998, *DJ* 01.06.1998, p. 141).

Interessante verificar que a decisão é de 1998. Atualmente, o videocassete tornou-se até obsoleto, substituído que foi pelo aparelho de DVD e, sucessivamente, por programas digitais ligados à televisão. Será que esses objetos podem ser considerados essenciais à família? Uma televisão, às vésperas de uma Copa do Mundo, seria essencial a uma família? Para essa conclusão, recomenda-se a análise caso a caso das situações descritas, de acordo com o meio social que circunda a situação fática.

Em suma, não reconhecer função social à família e à interpretação do ramo jurídico que a estuda é como não reconhecer função social à própria sociedade.

1.2.11 Princípio da boa-fé objetiva

Após muita reflexão e estudo do tema, resolvemos incluir nesta obra, a partir da edição *solitária* de 2014, o princípio da boa-fé objetiva como um dos baluartes do Direito de Família brasileiro.

Como se extrai da sua Exposição de Motivos, o Código Civil de 2002 foi construído a partir de três princípios fundamentais: a *eticidade*, a *socialidade* e a *operabilidade*.

A *eticidade* representa a valorização do comportamento ético-socializante, notadamente pela boa-fé objetiva. A *socialidade* tem relação direta com a função social dos institutos privados, caso da família, o que foi estudado no tópico anterior. Por fim, a *operabilidade* tem dois sentidos. O primeiro é de facilitação ou simplicidade dos institutos civis, o que pode ser percebido de várias passagens da codificação. O segundo sentido é de efetividade, o que foi buscado pelo *sistema de cláusulas gerais* adotado pelo CC/2002, sendo essas janelas ou molduras abertas deixadas pelo legislador, para preenchimento pelo aplicador do Direito, caso a caso (sobre o tema, ver: REALE, Miguel. *História...*, 2005; e BRANCO, Gerson Luiz Carlos; MARTINS-COSTA, Judith. *Diretrizes...*, 2002).

O CPC/2015, seguindo a mesma trilha, também trouxe uma valorização considerável da boa-fé objetiva processual, em vários de seus dispositivos. De início, merece destaque o seu art. 5.º, segundo o qual aquele que de qualquer forma participa do processo deve comportar-se de acordo com a boa-fé. Ademais, foi incluído expressamente o dever de cooperação processual, eis que "todos os sujeitos do processo devem cooperar entre si para que se obtenha, em tempo razoável, decisão de mérito justa e efetiva" (art. 6.º do CPC/2015). Além disso, a boa-fé objetiva processual é fator integrante da decisão judicial (art. 489, § 3.º, do CPC/2015).

A boa-fé objetiva representa uma evolução do conceito de boa-fé, que saiu do plano da mera intenção – boa-fé subjetiva –, para o plano da conduta de lealdade das partes. O Enunciado n. 26, aprovado na *I Jornada de Direito Civil*, define a boa-fé objetiva como a exigência de comportamento leal das partes. Diante de seu desenvolvimento no Direito Alemão, notadamente por autores como Karl Larenz, a boa-fé objetiva está relacionada com os *deveres anexos* ou *laterais de conduta*, que são ínsitos a qualquer negócio jurídico, não havendo sequer a necessidade de previsão no instrumento negocial (MARTINS-COSTA, Judith. *A boa-fé...*, 1999). São considerados deveres anexos, entre outros:

- dever de cuidado em relação à outra parte negocial;
- dever de respeito;
- dever de informar a outra parte sobre o conteúdo do negócio;
- dever de agir conforme a confiança depositada;
- dever de lealdade e probidade;
- dever de colaboração ou cooperação;
- dever de agir com honestidade;
- dever de agir conforme a razoabilidade, a equidade e a boa razão.

Consoante também desenvolvido no Direito alemão, por Staub, a quebra desses deveres anexos gera a *violação positiva do contrato ou da obrigação*, com responsabilização civil objetiva daquele que desrespeita a boa-fé objetiva. Nesse sentido, no Brasil, o Enunciado n. 24, da *I Jornada de Direito Civil, in verbis*: "em virtude do princípio da boa-fé, positivado no art. 422 do novo Código Civil, a violação dos deveres anexos constitui espécie de inadimplemento, independentemente de culpa".

Essa responsabilização independentemente de culpa está amparada igualmente pelo teor do Enunciado n. 363, da *IV Jornada de Direito Civil*, segundo o qual "os princípios da probidade e da confiança são de ordem pública, sendo obrigação da parte lesada apenas demonstrar a existência da violação". O grande mérito do último enunciado doutrinário, de autoria do Professor Wanderlei de Paula Barreto, é a previsão de que a boa-fé objetiva é preceito de ordem pública.

Pois bem, o que se pretende sustentar nesta obra é que a boa-fé objetiva tem plena aplicação ao Direito de Família, conforme vêm entendendo doutrina e jurisprudência nacionais. Na doutrina, merecem destaque os trabalhos de Anderson Schreiber (O princípio..., *Anais do V Congresso Brasileiro...*, 2006), Jones Figueirêdo Alves (Abuso de direito..., *Anais do V Congresso Brasileiro...*, 2006), Fernanda Pessanha do Amaral Gurgel (*Direito de família...*, 2009) e Cristiano Chaves de Farias e Nelson Rosenvald (*Curso...*, 2012).

Da jurisprudência, extrai-se conclusão constante de ementa do Superior Tribunal de Justiça, da lavra da sempre citada Ministra Nancy Andrighi, a saber:

> "Nas relações familiares, o princípio da boa-fé objetiva deve ser observado e visto sob suas funções integrativas e limitadoras, traduzidas pela figura do *venire contra factum proprium* (proibição de comportamento contraditório), que exige coerência comportamental daqueles que buscam a tutela jurisdicional para a solução de conflitos no âmbito do Direito de Família. Na hipótese, a evidente má-fé da genitora e a incúria do recorrido, que conscientemente deixou de agir para tornar pública sua condição de pai biológico e, quiçá, buscar a construção da necessária paternidade socioafetiva, toma-lhes o direito de se insurgirem contra os fatos consolidados. A omissão do recorrido, que contribuiu decisivamente para a perpetuação do engodo urdido pela mãe, atrai o entendimento de que a ninguém é dado alegar a própria torpeza em seu proveito (*nemo auditur propriam turpitudinem allegans*) e faz fenecer a sua legitimidade para pleitear o direito de buscar a alteração no registro de nascimento de sua filha biológica" (STJ, REsp 1.087.163/RJ, 3.ª Turma, Rel. Min. Nancy Andrighi, j. 18.08.2011, *DJe* 31.08.2011).

O instituto do *venire contra factum proprium* será a seguir analisado, sem prejuízo de outros exemplos de sua incidência no Direito de Família, tratados em outros capítulos deste livro.

Como já se extrai do julgado supratranscrito e de toda a doutrina aqui citada, a boa-fé objetiva tem três funções no Código Civil de 2002, plenamente aplicáveis aos institutos familiares.

A primeira função da boa-fé objetiva é a *função de interpretação*, retirada do art. 113, *caput*, do Código Civil, eis que os negócios jurídicos devem ser interpretados conforme a boa-fé e os usos do lugar da sua celebração.

Nesse dispositivo, a boa-fé é consagrada como meio auxiliador do aplicador do direito para a interpretação dos negócios, da maneira mais favorável a quem esteja de boa-fé. Como os institutos familiares, caso do casamento, são negócios jurídicos, não haveria qualquer óbice de aplicação dessa função aos institutos objeto deste livro, até porque o dispositivo em comento está colocado na Parte Geral da codificação privada.

A segunda função é a de *controle*, retirada do art. 187 do CC, uma vez que aquele que contraria a boa-fé objetiva comete abuso de direito ("também comete ato ilícito o titular de um direito que, ao exercê-lo, excede manifestamente os limites impostos pelo seu fim econômico ou social, pela boa-fé ou pelos bons costumes"). Segundo a doutrina brasileira, consolidada pelo Enunciado n. 37, aprovado na *I Jornada de Direito Civil*, a responsabilidade civil que decorre do abuso de direito é objetiva, isto é, não depende de culpa, uma vez que o art. 187 do CC adotou o critério objetivo-finalístico.

Dessa forma, a quebra ou desrespeito à boa-fé objetiva conduz ao caminho sem volta da responsabilidade independentemente de culpa, seja pelo Enunciado n. 24 ou pelo Enunciado n. 37, ambos da *I Jornada de Direito Civil*. Pelas mesmas razões expostas anteriormente, não há qualquer óbice para aplicação desse comando aos institutos familiares. Muito ao contrário, tem-se afirmado que "a cláusula geral do art. 187 do Código Civil tem fundamento constitucional nos princípios da solidariedade, devido processo legal e proteção da confiança e aplica-se a todos os ramos do direito" (Enunciado n. 414 da *V Jornada de Direito Civil*).

A última função da boa-fé objetiva é a de *integração*, abstraída do art. 422 do CC/2002, segundo o qual: "os contratantes são obrigados a guardar, assim na conclusão do contrato, como em sua execução, os princípios de probidade e boa-fé". Relativamente à aplicação da boa-fé em todas as fases negociais, foram aprovados dois enunciados doutrinários pelo Conselho da Justiça Federal e pelo Superior Tribunal de Justiça. De acordo com o Enunciado n. 25 do CJF/STJ, da *I Jornada*, "o art. 422 do Código Civil não inviabiliza a aplicação pelo julgador do princípio da boa-fé nas fases pré-contratual e pós-contratual".

Nos termos do Enunciado n. 170 da *III Jornada*, "a boa-fé objetiva deve ser observada pelas partes na fase de negociações preliminares e após a execução do contrato, quando tal exigência decorrer da natureza do contrato". Apesar de serem parecidos, os enunciados têm conteúdos diversos, pois o primeiro é dirigido ao juiz, ao aplicador da norma no caso concreto, e o segundo é dirigido às partes do negócio jurídico.

Haveria um óbice formal para a aplicação dessa norma para os institutos familiares, eis que muitos acreditam não se tratar de *institutos contratuais*. A propósito do casamento, o tema será exposto no próximo capítulo. De qualquer forma, seria ilógico aplicar as duas funções anteriores da boa-fé objetiva e não aplicar a presente finalidade, razão pela qual se conclui que o dispositivo deve ser lido com menção aos *negociantes* e não somente aos *contratantes*.

No que toca a essa função integrativa da boa-fé objetiva, é preciso estudar os *conceitos parcelares da boa-fé objetiva*, advindos do Direito Comparado e retirados da obra do jurista lusitano Antonio Manuel da Rocha e Menezes Cordeiro (MENEZES CORDEIRO, Antônio Manuel da Rocha e. *Da boa-fé...*, 2001). No presente momento, é interessante tecer algumas palavras sobre a *supressio*, a *surrectio* e a máxima *venire contra factum proprium non potest*, aqui outrora mencionada.

A *supressio* (*Verwirkung*) significa a supressão, por renúncia tácita, de um direito ou de uma posição jurídica, pelo seu não exercício com o passar do tempo. O sentido pode ser notado pela leitura do art. 330 do CC/2002, ao estatuir que "o pagamento reiteradamente feito em outro local faz presumir renúncia do credor relativamente ao previsto no contrato".

Ilustrando, caso tenha sido previsto no instrumento obrigacional o benefício da obrigação portável (cujo pagamento deve ser efetuado no domicílio do credor), e tendo o devedor o costume de pagar no seu próprio domicílio de forma reiterada, sem qualquer manifestação do credor, a obrigação passará a ser considerada quesível (aquela cujo pagamento deve ocorrer no domicílio do devedor).

Ao mesmo tempo em que o credor perde um direito por essa supressão, surge um direito a favor do devedor, por meio da *surrectio* (*Erwirkung*), direito este que não existia juridicamente até então, mas que decorre da efetividade social, de acordo com os costumes. Em outras palavras, enquanto a *supressio* constitui a perda de um direito ou de uma posição jurídica pelo seu não exercício no tempo; a *surrectio* é o surgimento de um direito diante de práticas, usos e costumes. Ambos os conceitos constituem *duas faces da mesma moeda*, conforme afirma José Fernando Simão em suas exposições.

Julgados estaduais têm aplicado a *supressio* e a *surrectio* aos alimentos devidos aos cônjuges e companheiros, concluindo por sua renúncia tácita em decorrência do seu não exercício pelo credor em momento oportuno. De início, do Tribunal de Justiça de São Paulo:

"Ação de alimentos. Pleito ajuizado por esposa separada de fato. Improcedência da ação. Cabimento. Inércia da autora por aproximadamente seis anos, no exercício do direito de pretender alimentos, acarretou verdadeira supressio. Autora, ademais, que admite haver sido auxiliada, neste período, por sua filha. Ausência de demonstração do binômio necessidade/possibilidade. Recurso improvido" (TJSP, Apelação 0004121--24.2008.8.26.0024, Acórdão 6030240, 7.ª Câmara de Direito Privado, Andradina, Rel. Des. Ramon Mateo Júnior, j. 04.07.2012, DJESP 30.07.2012).

Do Tribunal Gaúcho, sempre pioneiro, podem ser extraídas as seguintes ementas, com grande relevância prática:

"Agravo de instrumento. Execução de alimentos. Prisão. Rito. Artigo 733. Ausência de relação obrigacional pelo comportamento continuado no tempo. Criação de direito subjetivo que contraria frontalmente a regra da boa-fé objetiva. *Supressio*. Em atenção à boa-fé objetiva, o credor de alimentos que não recebeu nada do devedor por mais de 12 anos permitiu com sua conduta a criação de uma legítima expectativa no devedor e na efetividade social de que não haveria mais pagamento e cobrança. A inércia do credor em exercer seu direito subjetivo de crédito por tão longo tempo, e a consequente expectativa que esse comportamento gera no devedor, em interpretação conforme a boa-fé objetiva, leva ao desaparecimento do direito, com base no instituto da *supressio*. Precedentes doutrinários e jurisprudenciais. No caso, o filho deixou de exercer seu direito a alimentos, por mais de 12 anos, admitindo sua representante legal que a paternidade e auxílio econômico ao filho era exercido pelo seu novo esposo. Caso em que se mostra ilegal o Decreto prisional com base naquele vetusto título alimentar. Deram provimento. Unânime" (TJRS, Agravo de Instrumento 156211-74.2011.8.21.7000, 8.ª Câmara Cível, Canoas, Rel. Des. Rui Portanova, j. 18.08.2011, *DJERS* 24.08.2011).

"Apelação cível. Embargos à execução de alimentos. Ausência de relação obrigacional pelo comportamento continuado no tempo. Criação de direito subjetivo que contraria frontalmente a regra da boa-fé objetiva. *Supressio*. Extinção material do vínculo de mútua assistência. Os atos e negócios jurídicos devem ser efetivados e interpretados conforme a boa-fé objetiva, e também encontram limitação nela, se a contrariarem. Inteligência dos artigos 113, 187 e 422 do Código Civil. Em atenção à boa-fé objetiva, o credor de alimentos que não recebeu nada do devedor por mais de 20 anos permitiu com sua conduta a criação de uma legítima expectativa – no devedor e na efetividade social – de que não haveria mais pagamento e cobrança. A inércia do credor em exercer seu direito subjetivo de crédito por tão longo tempo, e a consequente expectativa que esse comportamento gera no devedor, em interpretação conforme a boa-fé objetiva, leva ao desaparecimento do direito, com base no instituto da *supressio*. Precedentes doutrinários e jurisprudenciais. No caso, a exequente/embargada – por longos 24 anos – não recebeu alimentos do seu falecido pai e sequer buscou cobrar o débito. Caso em que deve ser mantida a sentença que extinguiu a execução, em razão da perda da eficácia do título de alimentos executado. Negaram provimento" (TJRS, Apelação Cível 70033073628, 8.ª Câmara Cível, São Leopoldo, Rel. Des. Rui Portanova, j. 03.12.2009, *DJERS* 11.12.2009, p. 85).

O último julgado transcrito tem o mérito de demonstrar as três funções da boa-fé objetiva, relacionando-as aos institutos familiares e processuais, conforme aqui foi proposto. De toda sorte, há argumento de que os alimentos envolvem ordem pública, devendo prevalecer sobre a boa-fé objetiva. Em verdade, como outrora demonstrado, a boa-fé objetiva também é princípio de ordem pública (Enunciado n. 363 da *IV Jornada de Direito Civil*), concluindo os julgadores dos acórdãos citados por sua prevalência nos casos expostos.

No ano de 2019 o tema chegou ao âmbito da Terceira Turma do STJ que, pelas peculiaridades do caso concreto e por maioria, concluiu pela não aplicação dos conceitos de *supressio* e *surrectio* para os alimentos (STJ, REsp 1.789.667/RJ, 3.ª Turma, Rel. Min. Paulo de Tarso Sanseverino, Rel. p/ Acórdão Min. Ricardo Villas Bôas Cueva, j. 13.08.2019, *DJe* 22.08.2019). Na hipótese fática, como se extrai do voto vencido, "o recorrente e a recorrida celebraram acordo, isso nos idos de 2001/2, segundo o qual se previu o dever de o recorrente prestar alimentos à recorrida pelo prazo de vinte e quatro meses, ou seja, até 2004. Findo o referido período, o devedor dos alimentos teria permanecido, voluntariamente, a prestá-los, isso até agosto de 2017, quando ajuizada a execução em relação a qual o presente recurso especial é interposto".

Os Ministros Paulo de Tarso Sanseverino e Nancy Andrighi votaram no sentido de ter havido renúncia tácita quanto ao não pagamento dos alimentos, eis que, conforme pontuou o primeiro, "diante da natureza jurídica da transação poderá, pois, dar azo à incidência reativa da boa-fé objetiva e, assim, virem a ser integradas, as obrigações nela previstas, pela *surrectio*".

Porém, seguindo o entendimento do Ministro Villas Bôas Cueva, votaram os Ministros Bellizze e Moura Ribeiro, afastando a sua incidência por duas razões. A primeira delas diz respeito à impossibilidade de incidência de tais institutos relativos à boa-fé objetiva às relações familiares, argumento ao qual não se filia. Como segunda razão, entendeu-se pela ausência de burla à confiança, uma vez que "a boa intenção do recorrente perante a ex-mulher não pode ser interpretada a seu desfavor. Há que prevalecer a autonomia da vontade ante a espontânea solidariedade em análise, cujos motivos são de ordem pessoal e íntima, e, portanto, refogem do papel do Judiciário, que deve se imiscuir sempre com cautela, intervindo o mínimo possível na seara familiar. Assim, ausente o mencionado exercício anormal ou irregular de direito. A liberalidade em questão não ensejou direito subjetivo algum, pois a própria beneficiária já tinha ciência de que o direito pleiteado era inexistente. A improcedência da ação revisional proposta pela recorrida com o intuito de prorrogação do pagamento dos alimentos é, por si só, fundamento suficiente para o provimento do recurso especial" (REsp 1.789.667/RJ).

Foi destacada uma peculiaridade especial do caso concreto, uma vez que a obrigação alimentar havia sido extinta, mas foi mantida por longo período de tempo por mera liberalidade do alimentante, não sendo o caso de ser perpetuada com fundamento no instituto da *surrectio*. De fato, esse argumento da liberalidade é forte juridicamente, e a situação julgada é diferente do que se analisou nos transcritos acórdãos estaduais. O que não se pode admitir, contudo, é a não incidência desses conceitos parcelares da boa-fé aos alimentos entre os cônjuges.

Em relação ao *venire contra factum proprium*, trata-se da vedação do comportamento contraditório, conforme a dicção do Enunciado n. 362 da *IV Jornada de Direito Civil*: "a vedação do comportamento contraditório (*venire contra factum proprium*) funda-se na proteção da confiança, tal como se extrai dos arts. 187 e 422 do Código Civil". Para Anderson Schreiber, que desenvolveu excelente trabalho específico sobre o tema no Brasil, podem ser apontados quatro pressupostos para aplicação da proibição do comportamento contraditório: 1.º) um fato próprio, uma conduta inicial; 2.º) a legítima confiança de outrem na conservação do sentido objetivo dessa conduta; 3.º) um comportamento contraditório com este sentido objetivo; 4.º) um dano ou um potencial de dano decorrente da contradição (SCHREIBER, Anderson. *A proibição...*, 2005, p. 124).

Como se extrai do acórdão do Superior Tribunal de Justiça antes transcrito, há plena inserção do conceito ao campo do Direito de Família, sem prejuízo de outras menções nos capítulos posteriores deste livro.

Por oportuno, como mais uma ilustração prática, a vedação do comportamento contraditório foi bem aplicada pelo Tribunal do Distrito Federal em caso envolvendo acordo de partilha entre ex-cônjuges. Vejamos os termos da sua ementa:

> "O princípio *nemo potest venire contra factum proprium* encerra proibição ao comportamento contraditório e a não aceitabilidade do *venire* não se firma apenas no comportamento conflitante, mas, sobretudo, na quebra da confiança que fora gerada em terceiros, conduta que não pode ser acobertada pelo Judiciário, que, diante de tais situações, deve comprometer-se com o caso e aplicar o direito de forma sistêmica, como um todo que é, e não de forma fragmentada, resultando que, pautadas as condições que nortearem a dissolução do vínculo conjugal, devem prevalecer, não se afigurando possível que o varão, após convencionar o rateio do patrimônio amealhado na constância do vínculo, almeje desconsiderar parcialmente o acordado e na parte em que lhe reputara prejudicial" (TJDF, Apelação Cível 20100110901256, 1.ª Turma, Rel. Teófilo Caetano, j. 04.09.2013).

Para findar as ilustrações sobre o *venire*, do ano de 2017, merece destaque aresto superior que afastou a possibilidade de um dos ex-companheiros rejeitar acordo que havia celebrado extrajudicialmente, a respeito da dissolução do primeiro período da união estável. Conforme trecho da sua ementa: "houve acordo extrajudicial acerca da dissolução do primeiro período da união estável entabulada pelas partes, que vieram a retomar a relação em momento subsequente, no qual restaram estabelecidas todas as questões relativas àquela fase, inclusive sob o prisma patrimonial, sem a interposição de nenhum recurso ou ressalva". Desse modo, ainda de acordo com o acórdão, "rediscutir questões concernentes ao acordo firmado revela manifesta violação do princípio da boa-fé objetiva tendo em vista a legítima expectativa de que a controvérsia já havia sido solucionada pelas partes quando da sua celebração" (STJ, REsp 1.620.710/GO, 3.ª Turma, Rel. Min. Ricardo Villas Bôas Cueva, j. 14.03.2017, *DJe* 21.03.2017). Apesar de não haver menção, o principal argumento parece ser a vedação do comportamento contraditório.

Existem outros conceitos parcelares, caso da máxima *tu quoque*, que igualmente será estudada nesta obra em momento oportuno. Também como desdobramento da boa-fé objetiva, o Superior Tribunal de Justiça debateu, no ano de 2018, a possibilidade de aplicação da *teoria do adimplemento substancial* para as verbas alimentares.

Por essa teoria, amplamente aplicada aos contratos, se a obrigação tiver sido quase toda cumprida, sendo a mora insignificante, não caberá a extinção do negócio jurídico, mas apenas outros efeitos, como a cobrança. O Enunciado n. 361, da *IV Jornada de Direito Civil*, estabelece uma relação entre a ideia e os princípios da função social do contrato – no sentido de conservação negocial – e da boa-fé objetiva.

No caso analisado pelo STJ, discutiu-se a possibilidade de afastamento da prisão civil diante do adimplemento substancial da obrigação alimentar, em cerca de 95% do montante devido, representando a dívida módicos R$ 205,43. O Ministro Luis Felipe Salomão votou pela aplicação da teoria, citando todos os desdobramentos do princípio da boa-fé objetiva e da razoabilidade, tendo sido seguido pelo Desembargador Lázaro Guimarães (Desembargador convocado do TRF da 5.ª Região). Porém, prevaleceu o Voto do Ministro Antonio Carlos Ferreira, seguido pelos Ministros Maria Isabel Gallotti e Marco Buzzi. Como constou da ementa do aresto:

> "A Teoria do Adimplemento Substancial, de aplicação estrita no âmbito do direito contratual, somente nas hipóteses em que a parcela inadimplida revela-se de escassa importância, não tem incidência nos vínculos jurídicos familiares, revelando-se inadequada para solver controvérsias relacionadas a obrigações de natureza alimentar. O pagamento parcial da obrigação alimentar não afasta a possibilidade da prisão civil. Precedentes. O sistema jurídico tem mecanismos por meio dos quais o devedor pode justificar o eventual inadimplemento parcial da obrigação (CPC/2015, art. 528) e, outrossim, pleitear a revisão do valor da prestação alimentar (L. 5.478/1968, art. 15; CC/2002, art. 1.699)" (STJ, HC 439.973/MG, 4.ª Turma, Rel. Min. Luis Felipe Salomão, Rel. p/ Acórdão Min. Antonio Carlos Ferreira, j. 16.08.2018, *DJe* 04.09.2018).

Com o devido respeito, apesar dos louváveis argumentos em contrário, fico com os julgadores vencidos, uma vez que a prisão civil do devedor de alimentos deve ser a última medida a ser tomada, a *ultima ratio*. Como constou do voto do Ministro Salomão, com a aplicação do adimplemento substancial, "impede-se o uso desequilibrado do direito – com a coerção pessoal – em prol da dignidade humana do alimentante que, de boa-fé, demonstra seu intento de saldar a obrigação, dando concretude ao finalismo ético buscado pelo ordenamento jurídico, impedindo o cerceamento da liberdade em razão de dívida insignificante" (HC 439.973/MG). Espera-se, assim, que o tema volte ao Tribunal da Cidadania e que tenha solução diversa, especialmente na Terceira Turma da Corte Superior.

Como se observa, todas essas aplicações e debates demonstram que, realmente, a boa-fé objetiva é um dos pilares do Direito de Família Contemporâneo, a encerrar o estudo dos seus princípios fundamentais.

1.3 CONCEPÇÃO CONSTITUCIONAL DE FAMÍLIA E A REFORMA DO CÓDIGO CIVIL

A Constituição Federal de 1988 tem um capítulo próprio que trata da família, da criança, do adolescente e do idoso (*Capítulo VII, do Título VIII – Da Ordem Social*). Interpretando-se um dos dispositivos constantes desse capítulo, o art. 226 do Texto Maior, pode-se dizer que a família é decorrente dos seguintes institutos:

- Casamento civil, sendo gratuita a sua celebração e tendo efeito civil o casamento religioso, nos termos da lei (art. 226, §§ 1.º e 2.º).
- União estável entre homem e mulher, devendo a lei facilitar a sua conversão em casamento (art. 226, § 3.º). A união estável está regulamentada nos arts. 1.723 a 1.727 do CC/2002, sem prejuízo de outros dispositivos da atual codificação.
- Entidade monoparental, ou seja, a comunidade formada por qualquer dos pais e seus descendentes (art. 226, § 4.º). Não há qualquer regulamentação específica dessa entidade no Código Civil ou em outra lei especial.

Alguns comentários práticos devem ser feitos em relação à concepção constitucional de família.

Primeiramente, a respeito da entidade monoparental, Eduardo de Oliveira Leite prefere utilizar a expressão *famílias monoparentais*, ensinando que "uma família é definida como monoparental quando a pessoa considerada (homem e mulher) encontra-se sem cônjuge ou companheiro, e vive com uma ou várias crianças. Enquanto na França determinou-se a idade-limite desta criança – menor de 25 (vinte e cinco) anos –, no Brasil, a Constituição limitou-se a falar em descendentes, tudo levando a crer que o vínculo pais × filhos dissolve-se naturalmente com a maioridade de 18 (dezoito) anos, conforme disposição constante no art. 5.º do CC brasileiro" (LEITE, Eduardo de Oliveira. *Famílias...*, 2003, p. 22). Concorda-se com a utilização dessa expressão e com o critério mencionado pelo jurista paranaense.

Imperioso ainda verificar que há uma tendência de ampliar o conceito de família para outras situações não tratadas especificamente pelo Texto Maior. Para demonstrar esses novos modelos de família, Maria Berenice Dias fala em *Famílias Plurais*, preferindo o termo *Direito das Famílias* para o seu *Manual*, no que é acompanhada por outros juristas, caso de Cristiano Chaves de Farias e Nelson Rosenvald (*Curso...*, 2012).

Afirma a doutrinadora e vice-presidente nacional do IBDFAM que: "o novo modelo de família funda-se sob os pilares da repersonalização, da afetividade, da pluralidade e do eudemonismo, impingindo uma nova roupagem axiológica ao direito de família (...) A família-instituição foi substituída pela família-instrumento, ou seja, ela existe e contribui tanto para o desenvolvimento da personalidade de seus integrantes, como para o crescimento e formação da própria sociedade, justificando, com isso, a sua proteção pelo Estado" (DIAS, Maria Berenice. *Manual...*, 2007, p. 41). Logo em seguida, a jurista traz as seguintes formas de entidades familiares:

a) *Família matrimonial*: decorrente do casamento.
b) *Família informal*: decorrente da união estável.
c) *Família homoafetiva*: decorrente da união de pessoas do mesmo sexo, já reconhecida por nossos Tribunais Superiores, inclusive no tocante ao casamento homoafetivo (ver *Informativo* n. 486 do STJ e *Informativo* n. 625 do STF). O tema ainda será devidamente aprofundado na presente obra.

d) *Família monoparental*: constituída pelo vínculo existente entre um dos genitores com seus filhos, no âmbito de especial proteção do Estado.

e) *Família anaparental*: decorrente "da convivência entre parentes ou entre pessoas, ainda que não parentes, dentro de uma estruturação com identidade e propósito", tendo sido essa expressão criada pelo professor Sérgio Resende de Barros (DIAS, Maria Berenice. *Manual...*, 2007, p. 46). Segundo as próprias palavras do Professor da USP: "que se baseia no afeto familiar, mesmo sem contar com pai, nem mãe. De origem grega, o prefixo 'ana' traduz ideia de privação. Por exemplo, 'anarquia' significa 'sem governo'. Esse prefixo me permitiu criar o termo 'anaparental' para designar a família sem pais" (BARROS, Sérgio Resende de. *Direitos humanos...* Disponível em: <http://www.srbarros.com.br/artigos.php?TextID=86>. Acesso em: 20 mar. 2007). Vale lembrar aqui a hipótese de duas irmãs idosas que vivem juntas, o que pode sim constituir uma família, conforme o entendimento do STJ a seguir exposto.

f) *Família eudemonista*: conceito que é utilizado para identificar a família pelo seu vínculo afetivo, pois, nas palavras de Maria Berenice Dias, citando Belmiro Pedro Welter, a família eudemonista "busca a felicidade individual vivendo um processo de emancipação dos seus membros" (*Manual...*, 2007, p. 52). A título de exemplo, pode ser citado um casal que convive sem levar em conta a rigidez dos deveres do casamento, previstos no art. 1.566 do CC.

Justamente diante desses novos modelos de família é que se tem entendido que a família não pode se enquadrar numa *moldura rígida*, em um suposto rol taxativo (*numerus clausus*), como aquele constante do Texto Maior. Em outras palavras, o rol do art. 226 da CF/1988 é meramente exemplificativo (*numerus apertus*).

Essa constatação faz com que seja inconstitucional qualquer projeto de lei que procure restringir o conceito de família, caso do *Estatuto da Família*, no singular, em trâmite no Congresso Nacional. Por essa proposição, somente constituiriam famílias as entidades formadas por pessoas de sexos distintos que sejam casadas ou vivam em união estável, e seus filhos.

A tendência de ampliação do conceito de família é confirmada pelo STJ, ao reconhecer que o imóvel em que residem duas irmãs é bem de família, pois ambas constituem uma entidade familiar:

"Execução. Bem de família. Ao imóvel que serve de morada as embargantes, irmãs e solteiras, estende-se a impenhorabilidade de que trata a Lei 8.009/1990" (STJ, REsp 57.606/MG, 4.ª Turma, Rel. Min. Fontes de Alencar, j. 11.04.1995, *DJ* 15.05.1995, p. 13.410).

O julgado mencionado reconhece como entidade familiar algo que não se enquadra em qualquer conceito do art. 226 da CF/1988, o que denota que o rol desse dispositivo não é fechado.

A mesma conclusão – pelo rol constitucional meramente exemplificativo – é retirada do reconhecimento consolidado da união homoafetiva como entidade familiar pela jurisprudência brasileira. Conforme se extrai de ementa do Superior Tribunal de Justiça que admitiu o casamento homoafetivo:

"Inaugura-se com a Constituição Federal de 1988 uma nova fase do direito de família e, consequentemente, do casamento, baseada na adoção de um explícito poliformismo familiar em que arranjos multifacetados são igualmente aptos a constituir esse núcleo doméstico chamado 'família', recebendo todos eles a 'especial proteção do Estado'. Assim, é bem de ver que, em 1988, não houve uma recepção constitucional do conceito histórico de casamento, sempre considerado como via única para a constituição de família e, por vezes, um ambiente de subversão dos ora consagrados princípios da igualdade e da dignidade da pessoa humana. Agora, a concepção constitucional do casamento – diferentemente do que ocorria com os diplomas superados – deve ser necessariamente plural, porque plurais também são as famílias e, ademais, não é ele, o casamento, o destinatário final da proteção do Estado, mas apenas o intermediário de um propósito maior, que é a proteção da pessoa humana em sua inalienável dignidade" (STJ, REsp 1.183.378/RS, 4.ª Turma, Rel. Min. Luis Felipe Salomão, j. 25.10.2011, *DJe* 01.02.2012).

Repise-se que o tema ainda será devidamente aprofundado neste livro, com a análise detalhada das consequências dos julgamentos superiores sobre essas uniões.

Quanto à doutrina, merece destaque o conceito de família, em sentido genérico, desenvolvido por Pablo Stolze Gagliano e Rodolfo Pamplona Filho, no sentido de tratar-se de "um núcleo existencial integrado por pessoas unidas por um vínculo socioafetivo, teleologicamente vocacionada a permitir a realização plena dos seus integrantes" (*Novo Curso...*, 2011, p. 45). Na esteira desses entendimentos, leis recentes trazem conceitos ampliados de família, havendo séria dúvida se tais construções devem ser utilizadas apenas nos limites das próprias legislações ou para todos os efeitos jurídicos.

De início, a *Lei Maria da Penha* (Lei 11.340/2006) dispõe no seu art. 5.º, inc. II, que se deve entender como família a comunidade formada por indivíduos que são ou se consideram aparentados, unidos por laços naturais, por afinidade ou por vontade expressa. Na mesma linha, a antes denominada *Nova Lei da Adoção* (Lei 12.010/2009) consagra o conceito de *família extensa ou ampliada*, que vem a ser aquela que se estende para além da unidade de pais e filhos ou da unidade do casal, formada por parentes próximos com os quais a criança ou adolescente convive e mantém vínculos de afinidade e afetividade (alteração do art. 25 do Estatuto da Criança e do Adolescente – Lei 8.069/1990).

Como se pode notar, as novas categorias valorizam o afeto, a interação existente entre as pessoas no âmbito familiar. Destaque-se que a tendência é a de que tais conceitos sejam utilizados em todos os âmbitos, em um sentido de complementaridade com as outras leis (*diálogo das fontes legais*).

De qualquer forma, é interessante deixar claro que alguns juristas e professores ainda entendem que esse rol é taxativo, *numerus clausus, muitas vezes por um apego a valores sociais e religiosos do passado*. A despeito desse posicionamento, é relevante a crítica de Cristiano Chaves de Farias que entende se tratar de um equívoco ou de um problema hermenêutico, "uma vez que a interpretação sistemática e teleológica dos preceitos constitucionais conduz, como mão segura, à ideia de inclusão de outros modelos familiares" (FARIAS, Cristiano Chaves. *Direito constitucional...*, 2004, p. 26). Mais à frente e no mesmo trabalho, conclui o doutrinador, com quem se concorda, que: "A entidade familiar deve ser entendida hoje como grupo social fundado, essencialmente, por laços de afetividade, pois a outra conclusão não se pode chegar à luz do texto constitucional" (p. 30).

Filia-se estritamente a tais palavras diante da tendência demonstrada de se admitir outras manifestações familiares, posicionamento este que já foi adotado pelo Superior Tribunal de Justiça e pelo Supremo Tribunal Federal, notadamente em relação à união homoafetiva e ao casamento homoafetivo.

Ressalte-se que tramitava há tempos no Congresso Nacional proposta de Emenda Constitucional, de autoria original do Deputado Antônio Carlos Biscaia, conforme proposição formulada pelo IBDFAM. Nela, seria dada nova redação ao § 4.º do art. 226 do Texto

Maior, nos seguintes termos: "entende-se, também, como entidade familiar a comunidade formada por qualquer dos pais e seus descendentes, ou união afetiva de convivência estável e com objetivo de constituição de família".

Ainda sobre a concepção de família, interessante tecer alguns comentários sobre o conceito de *família mosaico ou famílias pluriparentais*. O tema foi abordado no *V Congresso Brasileiro de Direito de Família*, realizado em 2005, por Jussara Suzi Assis Borges Nasser Ferreira, do Paraná (FERREIRA, Jussara Suzi Assis Borges Nasser; RÖRHMANN, Konstanze. As famílias..., *Anais do V Congresso Brasileiro*..., 2006, p. 507). Essa entidade familiar é aquela decorrente de vários casamentos, uniões estáveis ou mesmo simples relacionamentos afetivos de seus membros, tendo sido objeto de matéria da revista *Veja*, em agosto de 2004. Utiliza-se o símbolo do *mosaico*, diante de suas várias cores, que representam as várias origens.

A título de exemplo, imagine-se um caso em que *A* já foi casado por três vezes, tendo um filho do primeiro casamento, dois do segundo e um do terceiro. *A*, dissolvida a última união, passa a viver em união estável com *B*, que tem cinco filhos: dois do primeiro casamento, um do segundo, um do terceiro e um de união estável também já dissolvida. Na hipótese apresentada, haverá uma *família mosaico* que, sem dúvida, deve ser reconhecida como entidade familiar.

Encerrando o tópico, importante trazer comentários iniciais a respeito do atual Projeto de Reforma e Atualização do Código Civil, sugerida pela Comissão de Juristas nomeada no âmbito do Senado Federal, com propostas alinhadas para a ampliação do conceito de família na lei brasileira. A Subcomissão de Direito de Família foi formada pelos juristas Pablo Stolze Gagliano, Maria Berenice Dias, Rolf Madaleno e Ministro Marco Buzzi, com amplas, profundas e necessárias proposições para esse importante ramo do Direito Privado, visando a incluí-lo definitivamente no Século XXI.

De fato, diante das profundas alterações anteriormente assinaladas, sendo o projeto original do vigente Código Civil de 1972 e contando com mais de cinquenta anos, justifica-se plenamente a sua reforma e atualização, pois ele já "nasceu velho". Esse discurso voltou à tona com toda a força, sendo utilizado com frequência pelos dois principais líderes do processo de reforma, o Presidente do Senado Federal, Rodrigo Pacheco, e o Ministro do Superior Tribunal de Justiça, Luis Felipe Salomão.

Assim, além de alterações pontuais e específicas dos institutos de Direito de Família, é imperiosa uma mudança na estruturação no livro de Direito de Família, com vistas à proteção das entidades familiares, o que foi proposto pela Relatora-Geral, a Professora Rosa Maria de Andrade Nery, e acatado pela Comissão de Juristas, da seguinte forma:

> "Título I. Do direito pessoal. Subtítulo I. Do direito de constituir família. Capítulo I. Disposições gerais. Capítulo II. Das pessoas na família. Capítulo III. Do casamento. Seção I. Dos impedimentos. Seção II. Do procedimento pré-nupcial e da celebração do casamento. Seção III. Das formas especiais de celebração do casamento. Seção IV. Das provas do casamento. Seção V. Da invalidade do casamento. Capítulo IV. Da união estável. Capítulo V. Da eficácia do casamento e da união estável. Capítulo VI. Da dissolução da sociedade e do vínculo conjugais. Subtítulo II. Da filiação. Capítulo I. Da convivência entre pais e filhos e do exercício da autoridade parental. Capítulo II. Do reconhecimento dos filhos. Capítulo III. Da socioafetividade. Capítulo IV. Da adoção. Capítulo V. Da filiação decorrente de reprodução assistida. Seção I. Disposições gerais. Seção II. Doação de gametas. Seção III. Da cessão temporária de útero. Seção IV. Da reprodução assistida *post mortem*. Seção V. Do consentimento informado. Seção VI. Das ações de investigação de vínculo biológico e negatória de paternidade. Capítulo VI. Da autoridade parental.

Seção I. Disposições gerais. Seção II. Do exercício da autoridade parental. Seção III. Da suspensão e extinção da autoridade parental. Título II. Do direito patrimonial. Subtítulo I. Do regime de bens entre os cônjuges. Capítulo I. Disposições gerais. Capítulo II. Dos pactos conjugal e convivencial. Capítulo III. Do regime de comunhão parcial. Capítulo IV. Do regime de comunhão universal. Capítulo V. Do regime de separação de bens. Subtítulo II. Do usufruto e da administração dos bens de filhos menores. Subtítulo III. Dos alimentos. Capítulo I. Das disposições gerais. Capítulo II. Dos alimentos devidos a nascituro e gestante. Capítulo III. Dos alimentos devidos às famílias conjugais. Capítulo IV. Dos alimentos compensatórios. Título III. Da tutela, da curatela e da tomada de decisão apoiada. Capítulo I. Da tutela. Seção I. Dos tutores. Seção II. Dos incapazes de exercer a tutela. Seção III. Do exercício da tutela. Seção IV. Da cessação da tutela. Seção V. Dos bens do tutelado. Capítulo II. Da curatela. Seção I. Das pessoas sujeitas à curatela. Seção I-A. Da diretiva antecipada de curatela. Seção II. Da curatela de nascituro e de gestante. Capítulo III. Da tomada de decisão apoiada".

Além dessa reestruturação, a Comissão de Juristas chegou a votar a eventual alteração do nome do livro para o plural: *Direito das Famílias*, seguindo proposta sugerida por Maria Berenice Dias, tendo em vista justamente a inclusão das novas entidades familiares, aqui tratadas. Porém, por ampla maioria de votos e por razões diversas, manteve-se o termo como está: *Direito de Família*.

Com o devido respeito, penso que a alteração do nome do livro em nada modificaria a efetiva inclusão de novas entidades familiares, que já consta de trechos da Reforma, conforme será visto na presente obra.

Cumpre destacar que a Comissão de Juristas sugere que o Código Civil comece o seu livro do Direito de Família tratando das entidades familiares em geral, com a inclusão de novos comandos, novas letras do seu art. 1.511.

Consoante o novo art. 1.511-A, *caput*, "o planejamento familiar é de livre decisão do casal, competindo ao Estado propiciar recursos educacionais e financeiros para o exercício deste direito, vedada qualquer forma de coerção, por parte de instituições privadas ou públicas", o que representa uma especificação civil da regra já prevista no art. 226, § 7.º, da Constituição Federal. O § 1.º do novo preceito tutela a proteção do nascituro e do embrião no seio da família, tratando-os como pessoas desde a concepção, e confirmando a adoção da *teoria concepcionista*: "a potencialidade da vida humana pré-uterina e a vida humana pré-uterina e uterina são expressões da dignidade humana e de paternidade e maternidade responsáveis". A menção à potencialidade humana pré-uterina diz respeito aos gametas, óvulos e espermatozoides, tratados como expressões da dignidade humana, com vistas a vedar a sua venda ou comercialização.

A ampla e necessária proteção da gestante e, por via indireta, mais uma vez, do nascituro, passa a ser expressa na projeção de novo § 2.º ao art. 1.511-A, o que é salutar: "o cuidado físico e psíquico que se deva dar à gestante ou a quem pretende engravidar é tema concernente à intimidade da vida familiar com o suporte de assistência médica que o Estado deve prestar à família".

Sobre as famílias protegidas expressamente na legislação civil, o projetado art. 1.511-B do CC/2002 passará a prever que "são reconhecidas como famílias as constituídas pelo casamento, união estável, bem como a família parental". Sobre a última, o seu § 1.º estabelecerá que "a família parental é a composta por, pelo menos, um ascendente e seu descendente, qualquer que seja a natureza da filiação, bem como a que resulta do convívio entre parentes colaterais que vivam sob o mesmo teto com compartilhamento de responsabilidades familiares pessoais e patrimoniais".

Cite-se, de início e pelo que está no texto proposto, a *família monoparental*, constituída por um dos pais, *solo*, com os seus filhos. Há também a tutela da *família anaparental*, ou sem pais, formada, a título de ilustração, por irmãos ou primos que vivem sob o mesmo teto, compartilhando convivência, realidade cada vez mais comum em uma população que envelhece em nosso País, conforme antes pontuado.

Ainda de acordo com a sugestão da Comissão de Juristas, o art. 1.511-B receberá um § 2.º, segundo o qual, "para a preservação dos direitos atinentes à formação dessa família parental, é facultado a todos os seus membros declararem, em conjunto, por escritura pública, a assunção da corresponsabilidade pessoal e patrimonial entre seus membros e postularem a averbação dessa declaração nos respectivos assentos de nascimento, na forma do § 1.º do art. 10 deste Código, sem que essa providência lhes altere o estado familiar".

Portanto, passará a ser facultada a formalização da família parental, para ser ampliada a proteção, inclusive em face de terceiros, elaborando-se uma escritura pública, perante o Tabelionato de Notas, e fazendo o seu registro no Cartório de Registro Civil das Pessoas Naturais, nos termos da projeção de § 1.º ao art. 10: "no assento de nascimento da pessoa natural, nos termos da Lei 6.015, de 31 de dezembro de 1973, será reservado espaço para averbações decorrentes de vontade expressa pelo interessado que permitam a identificação de fato peculiar de sua vida civil, sem que isto lhe altere o estado pessoal, familiar ou político". Por fim, a respeito dessa família parental, ela "cria obrigações comuns e recíprocas de suporte, de sobrevivência e de sustento dos que dividem fraternalmente a mesma morada" (art. 1.511-B, § 3.º).

O *princípio da não intervenção*, atualmente previsto no art. 1.513 do Código Civil – e somente quanto ao casamento –, passará a ser regra expressa para qualquer entidade familiar, o que já é realidade doutrinária e jurisprudencial, nos termos do projetado art. 1.511-C: "é defeso a qualquer pessoa, de direito público ou privado: I – interferir na comunhão de vida instituída pela família; II – obstar os direitos da família parental; III – negar a quem vive sozinho ou às famílias parentais a proteção pessoal que a lei destina às famílias conjugais e ao seu patrimônio mínimo; IV – privar a mulher gestante de tratamento digno durante a gestação e de parto seguro, em companhia de quem ela escolher".

Destaco a impossibilidade de intervenção para se impedir o exercício dos direitos da família parental ou mesmo para as pessoas solteiras, na proteção do seu patrimônio mínimo, caso do bem de família, o que confirma a interpretação extensiva que se tem dado à Lei 8.009/1990 para a tutela da moradia, mesmo que de pessoas solteiras, divorciadas ou viúvas (Súmula 364 do STJ). Verifica-se na última proposta, mais uma vez, a proteção da mulher gestante, atendendo-se ao *protocolo de gênero* e à tutela dos direitos das mulheres.

Como outra proposta, a Comissão de Juristas pretende confirmar a afirmação hoje majoritária, na doutrina e na jurisprudência, no sentido de ser o divórcio um direito potestativo, conclusão que é retirada da Emenda Constitucional 66 e virá em boa hora: "ninguém pode ser obrigado a permanecer casado porque o direito ao divórcio é incondicionado, constituindo direito potestativo da pessoa" (art. 1.511-D).

Também há a intenção de se prever a gratuidade, para aqueles que necessitarem, na efetivação de atos familiares que são registrados perante o Cartório de Registro das Pessoas Naturais, no novo art. 1.511-E: "o trâmite legal para a procedimento pré-nupcial, celebração do casamento e registro da conversão da união estável em casamento são gratuitos, nos termos da lei". De toda sorte, não se pode pensar haver uma gratuidade automática, mas apenas daqueles que se encontram em situação de vulnerabilidade ou hipossuficiência econômica, diante do trecho final "nos termos da lei". Caberá, eventualmente, a regulamentação do tema pelo Conselho Nacional de Justiça (CNJ).

Como outro assunto de enorme relevância, a Comissão de Juristas concluiu que a temática do estado civil da pessoa natural deve estar prevista e regulada na codificação geral privada, que deve voltar a ter um protagonismo legislativo perdido em relação a leis específicas, caso da Lei de Registros Públicos (Lei 6.015/1973). Nesse contexto, o novo art. 1.511-F do Código Civil preverá que "o estado civil pessoal comprova-se pelos assentos do registro civil das pessoas naturais, lançados nos termos deste Código e da legislação em vigor". E mais, "alterações lançadas no registro civil de pessoas naturais, por vontade manifestada pelos interessados, nos termos do § 1.º do art. 10, deste Código, não prejudicam interesses de terceiros, nem alteram o estado civil do interessado" (art. 1.511-G ora projetado).

Como nota derradeira, o Projeto de Reforma e Atualização reconhece a família homoafetiva tanto decorrente do casamento como da união estável, afirmando que eles são constituídos por duas pessoas, não importando o gênero. Insere-se na lei civil, portanto, o casamento homoafetivo e também a união estável homoafetiva, como será aprofundado nos próximos capítulos deste livro.

1.4 RESUMO ESQUEMÁTICO

– *Conceito de Direito de Família:* ramo do Direito Civil que tem como conteúdo o estudo dos seguintes institutos jurídicos: casamento, união estável, relações de parentesco, filiação, reconhecimento de filhos, alimentos, bem de família, tutela, curatela e guarda. Acrescente-se o atual tema das *novas famílias*. O Direito de Família é constituído, na essência, por normas de ordem pública, relacionadas com o direito pessoal ou existencial. Mas há também normas de ordem privada, de cunho patrimonial. Nesse sentido, podemos compor o seguinte gráfico:

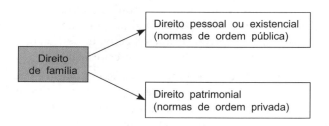

– *Transformações e princípios:* o Direito de Família vem passando por profundas transformações estruturais, diante de novos princípios que são aplicáveis a esse ramo jurídico, alguns de índole constitucional. Fazendo trabalho de sistematização, podemos apontar os seguintes regramentos básicos:

a) Princípio de proteção da dignidade da pessoa humana, incluindo a ideia de busca pela felicidade (art. 1.º, inc. III, da CF/1988).
b) Princípio da solidariedade familiar (art. 3.º, inc. I, da CF/1988).
c) Princípio da igualdade entre filhos (art. 227, § 6.º, da CF/1988 e art. 1.596 do CC).
d) Princípio da igualdade entre cônjuges e companheiros (art. 226, § 5.º, da CF/1988 e art. 1.511 do CC).
e) Princípio da igualdade na chefia familiar (arts. 226, § 5.º, e 226, § 7.º, da CF/1988 e arts. 1.566, incs. III e IV, 1.631 e 1.634 do CC).
f) Princípio da não intervenção ou da liberdade (art. 1.513 do CC).

g) Princípio do melhor interesse da criança (art. 227, *caput*, da CF/1988 e arts. 1.583 e 1.584 do CC).
h) Princípio da afetividade.
i) Princípio da função social da família.
j) Princípio da boa-fé objetiva.

– *Concepção constitucional de família:* a família, base da sociedade, pode decorrer de:

a) Casamento.
b) União estável.
c) Famílias monoparentais, ou seja, relações entre ascendentes e descendentes caracterizadas pela afetividade.

Observação importante: A doutrina e a jurisprudência majoritárias vêm apontando que o rol constante da Constituição Federal é exemplificativo (*numerus apertus*), e não taxativo (*numerus clausus*). Assim sendo, podem existir outras manifestações familiares, além daquelas expressas no Texto Maior. Exemplo: duas irmãs que residem em um imóvel constituem família e o imóvel é protegido pela impenhorabilidade da Lei 8.009/1990 (STJ). Trata-se de uma *família anaparental*. A jurisprudência superior brasileira já consolidou o reconhecimento da união homoafetiva como entidade familiar (ver *Informativo* n. 625 do STF e *Informativo* n. 486 do STJ). A tendência das leis contemporâneas é igualmente de reconhecer conceitos amplos de família, englobando a união homoafetiva.

Cite-se a Lei 11.340/2006, conhecida como *Lei Maria da Penha*, ao dispor no seu art. 5.º, inc. II, que se deve entender como família a comunidade formada por indivíduos que são ou se consideram aparentados, unidos por laços naturais, por afinidade ou por vontade expressa. Na mesma linha, a *Lei da Adoção* (Lei 12.010/2009) consagra o conceito de *família extensa ou ampliada*, que vem a ser aquela que se estende para além da unidade de pais e filhos ou da unidade do casal, formada por parentes próximos com os quais a criança ou adolescente convive e mantém vínculos de afinidade e afetividade (alteração do art. 25 do Estatuto da Criança e do Adolescente – Lei 8.069/1990).

1.5 QUESTÕES CORRELATAS

01. (DPE-MA – FCC – Defensor Público – 2015) Sobre a pluralidade do conceito de família, a Constituição da República Federativa do Brasil de 1988, em sua redação original, reconheceu expressamente como entidades familiares

(A) as uniões estáveis entre pessoas do mesmo sexo, chamadas pela doutrina de famílias homoafetivas, conforme decidiu o Supremo Tribunal Federal no ano de 2011.
(B) apenas as matrimoniais, informais e monoparentais, mas não impede o reconhecimento de outros possíveis arranjos familiares como decorrência dos princípios e direitos fundamentais.
(C) apenas as matrimoniais e informais, equiparando-as expressamente pelo princípio da igualdade entre cônjuges e companheiros, de modo que qualquer distinção que a lei estabeleça entre o casamento e a união estável é inconstitucional.
(D) as famílias anaparentais, que são aquelas formadas por pessoas sem ascendência ou descendência entre si, mas que se reúnem com base no afeto e no objetivo de juntos constituírem uma família.
(E) as famílias pluriparentais ou recompostas, como aquelas decorrentes de vários casamentos, uniões estáveis ou outros relacionamentos afetivos de seus membros.

02. (DPU – CESPE – Defensor Público Federal de Segurança Categoria – 2015) Tendo em vista que a diversidade e a multiplicidade de relações intersubjetivas têm se refletido na interpretação das normas jurídicas, julgue o item que se segue.

Conforme entendimento do STJ, a paternidade socioafetiva deve prevalecer em detrimento da biológica.
( ) Certo
( ) Errado

03. (DPU – CESPE – Defensor Público Federal de Segurança Categoria – 2015) Tendo em vista que a diversidade e a multiplicidade de relações intersubjetivas têm se refletido na interpretação das normas jurídicas, julgue o item que se segue.

Conforme o STF, não se deve considerar a orientação sexual das pessoas no que se refere à interpretação do conceito de família, de modo que o tratamento dado a casais heteroafetivos e a pares homoafetivos deve ser isonômico.
( ) Certo
( ) Errado

04. (MPE-PB – Promotor de Justiça Substituto – FCC – 2018) A respeito dos poderes do Estado, em matéria de direito de família, é correto afirmar:
(A) É defeso a qualquer pessoa de direito público interferir na comunhão de vida instituída pela família, sendo o planejamento familiar de livre escolha, competindo ao Estado propiciar recursos educacionais e financeiros para o exercício desse direito, vedado qualquer tipo de coerção por parte de instituições privadas ou públicas.
(B) É defeso a qualquer pessoa de direito público, mas não às de direito privado de natureza assistencial, interferir na comunhão de vida instituída pela família, e, no caso de planejamento familiar, incumbe ao Estado orientar o casal nas escolhas e assistir na decisão sobre métodos contraceptivos.
(C) É inconstitucional a regra que estabelece ser o casamento civil, porque as pessoas têm liberdade de optar pelo casamento religioso com a mesma eficácia, e independentemente de qualquer outra formalidade.
(D) A direção da sociedade conjugal será exercida exclusivamente em colaboração pelo marido e pela mulher, sempre no interesse do casal e dos filhos, sendo vedado recorrer à autoridade administrativa ou judiciária para dirimir eventuais controvérsias.
(E) A guarda compartilhada de filhos, no caso de divórcio, só pode ser decidida em acordo amigável, entre pai e mãe, e não por decreto do Juiz.

05. (Defensor Público – DPE-BA – FCC – 2021) Paula, 17 anos, ficou órfã de pai e mãe e reside juntamente com dois irmãos mais novos em um barraco construído por sua falecida mãe. Paula, apesar de muito jovem, assumia a responsabilidade da família, guardava os documentos dos irmãos, incluindo cartão de vacinação, e se apresentava para tratar das demandas de todos. Tal situação retrata claramente uma hipótese de família
(A) anaparental.
(B) pluriparental.
(C) monoparental.
(D) unipessoal.
(E) em mosaico.

GABARITO

01 – B	02 – ERRADO	03 – CERTO
04 – A	05 – A	

CASAMENTO – CONCEITO, NATUREZA JURÍDICA, ELEMENTOS CONSTITUTIVOS, INVALIDADE E EFEITOS DO CASAMENTO

> Sumário: 2.1 Conceito e natureza jurídica do casamento. Regras iniciais – 2.2 Da capacidade para o casamento. Diferenças entre incapacidade e impedimentos – 2.3 Impedimentos matrimoniais no Código Civil de 2002 – 2.4 As causas suspensivas do casamento – 2.5 Do processo de habilitação e da celebração do casamento. Alterações promovidas pela Lei do SERP (Lei 14.382/2022): 2.5.1 Casamento nos casos de moléstia grave; 2.5.2 Casamento nuncupativo (em viva voz) ou *in extremis vitae momentis*, ou *in articulo mortis*; 2.5.3 Casamento por procuração; 2.5.4 Casamento religioso com efeitos civis; 2.5.5 Casamento perante autoridade consular – 2.6 Da invalidade do casamento: 2.6.1 Introdução; 2.6.2 Do casamento inexistente; 2.6.3 Do casamento nulo; 2.6.4 Do casamento anulável; 2.6.5 Do casamento putativo – 2.7 Prova do casamento – 2.8 Efeitos e deveres do casamento – 2.9 Responsabilidade pré-negocial no casamento. A quebra de promessa de casamento. A aplicação da boa-fé objetiva – 2.10 Resumo esquemático – 2.11 Questões correlatas – Gabarito.

2.1 CONCEITO E NATUREZA JURÍDICA DO CASAMENTO. REGRAS INICIAIS

O casamento pode ser conceituado como a união de duas pessoas, reconhecida e regulamentada pelo Estado, formada com o objetivo de constituição de uma família e baseado em um vínculo de afeto. Na doutrina atual, destaca-se o interessante conceito oferecido por Maria Helena Diniz, para quem "o casamento é o vínculo jurídico entre o homem e a mulher que visa o auxílio mútuo material e espiritual, de modo que haja uma integração fisiopsíquica e a constituição de uma família" (DINIZ, Maria Helena. *Curso...*, 2005, p. 39). Consigne-se, de igual modo, o conceito anterior de Paulo Lôbo, para quem "o casamento é um ato jurídico negocial, solene, público e complexo, mediante o qual um homem e uma mulher constituem família por livre manifestação de vontade e pelo reconhecimento do Estado" (LÔBO, Paulo. *Famílias...*, 2008, p. 76).

Nota-se que, pela conceituação clássica, seguida em edições anteriores deste livro, o casamento exigiria diversidade de sexos. Todavia, desde 2011, com a decisão do STF sobre união homoafetiva, reconhece-se, no Brasil, o casamento entre pessoas do mesmo sexo ou *casamento homoafetivo*. A propósito, em edições mais recentes de sua obra, o Professor Paulo Lôbo substitui a expressão "um homem e uma mulher" pela palavra "casal" (*Direito Civil...* 2019, v. 5, p. 95). Por isso, destaco que o Projeto de Reforma do Código Civil, elaborado pela Comissão de Juristas nomeada no âmbito do Senado Federal, pretende tirar as menções a essas expressões, usando apenas duas pessoas, sem qualquer qualificação do gênero.

Nessa mesma linha de inclusão, posicionou-se o Superior Tribunal de Justiça, ao final daquele mesmo ano, conforme acórdão assim publicado no seu *Informativo* n. 486:

> "Casamento. Pessoas. Igualdade. Sexo. *In casu*, duas mulheres alegavam que mantinham relacionamento estável há três anos e requereram habilitação para o casamento junto a dois cartórios de registro civil, mas o pedido foi negado pelos respectivos titulares. Posteriormente ajuizaram pleito de habilitação para o casamento perante a vara de registros públicos e de ações especiais sob o argumento de que não haveria, no ordenamento jurídico pátrio, óbice para o casamento de pessoas do mesmo sexo. Foi-lhes negado o pedido nas instâncias ordinárias. O Min. Relator aduziu que, nos dias de hoje, diferentemente das constituições pretéritas, a concepção constitucional do casamento deve ser plural, porque plurais são as famílias; ademais, não é o casamento o destinatário final da proteção do Estado, mas apenas o intermediário de um propósito maior, qual seja, a proteção da pessoa humana em sua dignidade. Assim sendo, as famílias formadas por pessoas homoafetivas não são menos dignas de proteção do Estado se comparadas com aquelas apoiadas na tradição e formadas por casais heteroafetivos. O que se deve levar em consideração é como aquele arranjo familiar deve ser levado em conta e, evidentemente, o vínculo que mais segurança jurídica confere às famílias é o casamento civil. Assim, se é o casamento civil a forma pela qual o Estado melhor protege a família e se são múltiplos os arranjos familiares reconhecidos pela CF/1988, não será negada essa via a nenhuma família que por ela optar, independentemente de orientação sexual dos nubentes, uma vez que as famílias constituídas por pares homoafetivos possuem os mesmos núcleos axiológicos daquelas constituídas por casais heteroafetivos, quais sejam, a dignidade das pessoas e o afeto. Por consequência, o mesmo raciocínio utilizado tanto pelo STJ quanto pelo STF para conceder aos pares homoafetivos os direitos decorrentes da união estável deve ser utilizado para lhes proporcionar a via do casamento civil, ademais porque a CF determina a facilitação da conversão da união estável em casamento (art. 226, § 3.º). Logo, ao prosseguir o julgamento, a Turma, por maioria, deu provimento ao recurso para afastar o óbice relativo à igualdade de sexos e determinou o prosseguimento do processo de habilitação do casamento, salvo se, por outro motivo, as recorrentes estiverem impedidas de contrair matrimônio" (STJ, REsp 1.183.378/RS, Rel. Min. Luis Felipe Salomão, j. 25.10.2011).

Consigne-se que, na mesma linha da possibilidade jurídica do casamento homoafetivo, concluiu o Conselho Superior da Magistratura do Tribunal de São Paulo, em decisão publicada em 23 de outubro de 2012, com a seguinte ementa: "Registro civil das pessoas naturais – recurso interposto contra sentença que indeferiu a habilitação para o casamento entre pessoas do mesmo sexo – orientação emanada em caráter definitivo pelo Supremo Tribunal Federal (ADI 4277), seguida pelo Superior Tribunal de Justiça (REsp 1.183.378) – Impossibilidade de a via administrativa alterar a tendência sacramentada na via jurisdicional – Recurso provido" (Apelação Cível 0010043-42.2012.8.26.0562, da Comarca de Santos).

Conforme se extrai da precisa e técnica relatoria do Des. José Renato Nalini, que menciona as decisões dos Tribunais Superiores, "a partir da sinalização das Cortes Superiores, inúmeras as decisões amparadas e fundamentadas nesses julgados. Inclusive em São Paulo. Se, na via administrativa, fosse alterada essa tendência, o Judiciário se veria invocado a decidir, agora na esfera jurisdicional, matéria já sacramentada nos Tribunais com jurisdição para todo o território nacional. Como servos da Constituição – interpretada por aquele Colegiado que o pacto federativo encarregou guardá-la – os juízes e órgãos do Poder Judiciário não podem se afastar da orientação emanada em caráter definitivo pelo STF. É por isso que, doravante, os dispositivos legais e Constitucionais relativos ao casamento e à união estável não podem mais ser interpretados à revelia da nova acepção jurídica que lhes deram o Supremo Tribunal Federal e o Superior Tribunal de Justiça".

Ao final do mesmo ano de 2012, a Corregedoria do Tribunal de Justiça de São Paulo acabou por regulamentar a possibilidade do casamento homoafetivo diretamente nos Cartórios de Registro Civil, por meio do seu Provimento CG 41/2012, que disciplina que "aplicar-se-ão ao casamento ou à conversão de união estável em casamento de pessoas do mesmo sexo as normas disciplinadas nesta Seção". Desse modo, na porção geográfica de elaboração desta obra, admite-se, plenamente e desde 2012, o casamento homoafetivo.

Fez o mesmo, em âmbito nacional, o Conselho Nacional de Justiça (CNJ), por meio da sua Resolução n. 175, de 2013, que veda às autoridades competentes, caso dos responsáveis pelos Cartórios de Registro Civil de todo o País, a recusa de habilitação, celebração de casamento civil ou de conversão de união estável em casamento entre pessoas de mesmo sexo.

No âmbito doutrinário, na *VII Jornada de Direito Civil*, realizada pelo Conselho da Justiça Federal em 2015, aprovou-se enunciado segundo o qual é existente e válido o casamento entre pessoas do mesmo sexo (Enunciado n. 601). Cabe pontuar que desse evento participaram juristas com as mais variadas visões sobre o Direito de Família e, mesmo assim, a proposta aprovada conseguiu ampla maioria, o que demonstra uma sedimentação doutrinária a respeito do tema no País.

Frise-se que não houve ainda qualquer alteração legislativa no sentido de admissão da nova entidade familiar, o que não deve ser considerado como óbice para o seu amplo reconhecimento, pois cabe à doutrina e à jurisprudência a tarefa de adequar a norma ao fato social, o que vem ocorrendo. Confirmada a premissa de inclusão, todas as regras pessoais e patrimoniais do casamento entre pessoas de sexos distintos incidem para o casamento entre pessoas do mesmo sexo.

Feita tal pontuação importante, no que concerne à sua natureza jurídica do casamento, três são as teorias que procuram justificá-la.

a) *Teoria institucionalista:* para essa corrente, o casamento é uma *instituição social.* Essa concepção é defendida por Maria Helena Diniz, pois a ideia de matrimônio é oposta à de contrato (*Curso...*, 2005, p. 44). Haveria aqui uma forte carga moral e religiosa, que vem sendo superada pela doutrina e pela jurisprudência.

b) *Teoria contratualista:* o casamento constitui um contrato de natureza especial, e com regras próprias de formação. Parece-nos que a essa corrente está filiado Silvio Rodrigues, que assim define o instituto: "casamento é o contrato de direito de família que tem por fim promover a união do homem e da mulher, de conformidade com a lei, a fim de regularem suas relações sexuais, cuidarem da prole comum e se prestarem a mútua assistência" (*Direito civil...*, 2002, p. 19). É pertinente apontar que essa corrente é adotada pelo Código Civil português, que em seu art. 1.577.º traz a seguinte previsão: "casamento é o contrato celebrado entre duas pessoas de sexo diferente que pretendem constituir família mediante uma plena comunhão de vida, nos termos das disposições deste Código".

c) *Teoria mista ou eclética:* segundo essa corrente, o casamento é uma instituição quanto ao conteúdo e um contrato especial quanto à formação, corrente esta que é defendida por Eduardo de Oliveira Leite (*Direito civil...*, 2005, p. 50), Guilherme Calmon Nogueira da Gama (*Direito...*, 2008, p. 10-11), Roberto Senise Lisboa (*Manual...*, 2004, v. 5, p. 82), Flávio Augusto Monteiro de Barros (*Manual...*, 2005, p. 25), entre outros autores.

Das três correntes expostas, sou adepto da terceira (*teoria eclética ou mista*). Quanto à primeira corrente, entendo que ela se encontra superada pela aplicação da autonomia privada em sede de casamento e pelo reconhecimento de novas entidades familiares. No que concerne à segunda, acho exagerado afirmar que o casamento é um contrato. Isso porque o contrato ainda é conceituado, em uma visão clássica, como um negócio jurídico bilateral ou plurilateral que visa a criação, a modificação ou a extinção de direitos e deveres, com *conteúdo patrimonial*. Ora, quando as pessoas se casam não buscam esse intuito patrimonial, mas afetivo, para uma comunhão plena de vida (art. 1.511 do CC). Pelo menos é o que se espera. Em reforço, deve-se observar que a principiologia do casamento é totalmente diversa dos regramentos básicos aplicáveis aos contratos.

Desse modo, melhor considerar o casamento como um negócio jurídico bilateral *sui generis*, especial. Trata-se, portanto, de um negócio híbrido: na formação é um contrato, no conteúdo é uma instituição. Nesse sentido, Sílvio de Salvo Venosa ensina que, "em uma síntese das doutrinas, pode-se afirmar que o casamento-ato é um negócio jurídico bilateral; o casamento-estado é uma instituição" (*Direito...*, 2005, p. 45).

Superadas a conceituação e a análise da natureza jurídica do casamento, é interessante abordar os dispositivos iniciais que regulam o instituto no Código Civil de 2002.

Primeiramente, enuncia o art. 1.511 do CC/2002 que o casamento estabelece a comunhão plena de vida, com base na igualdade de direitos e deveres dos cônjuges. Como outrora exposto, esse dispositivo consagra a igualdade entre os cônjuges.

Na Reforma do Código Civil, anoto que a Comissão de Juristas sugere revogar o dispositivo e deslocar o seu conteúdo para o art. 1.514-A, que ficaria mais bem posicionado, com a seguinte redação, a respeito do casamento: "o casamento estabelece comunhão plena de vida, com base na igualdade de direitos e deveres dos cônjuges". Não há, como se nota, qualquer alteração de conteúdo na norma.

Complementando o que consta do Texto Maior, estabelece o atual Código Civil que o casamento é civil e gratuita a sua celebração (art. 1.512 do CC). Quanto à habilitação para o casamento, nossa lei civil dispõe que o registro e a primeira certidão serão isentos de selos, emolumentos e custas para as pessoas cuja pobreza for declarada, sob as penas da lei. Vê-se, aqui, traço de proteção das classes mais desfavorecidas, o *Direito Civil dos Pobres*, o que remonta à clássica obra de Antonio Menger (*El derecho civil...*, 1898). De toda sorte, consoante ementa doutrinária aprovada na *I Jornada de Direito Notarial e Registral*, em 2022, "em caso de suspeita ou dúvida acerca da declaração de pobreza para fins de habilitação de casamento, o Oficial de Registro Civil das Pessoas Naturais poderá solicitar documentos comprobatórios acerca da hipossuficiência" (Enunciado n. 9).

No Projeto de Reforma do Código Civil, diante da mudança estrutural do livro de Direito de Família, a Comissão de Juristas propõe a revogação do art. 1.512, passando o seu conteúdo a constar no antes citado art. 1.511-E, que traz a gratuidade para os que assim necessitarem, declarando-se pobres, e em relação a outros atos extrajudiciais familiares perante o Cartório de Registro Civil das Pessoas Naturais, além do procedimento de celebração do casamento. A proposta em nada muda o atual entendimento doutrinário e jurisprudencial a respeito do tema, tendo havido um alarde desnecessário, uma vez que essa gratuidade não será automática.

Conforme o outrora analisado art. 1.513 do CC/2002, é proibido a qualquer pessoa, seja de direito público ou de direito privado, intervir ou interferir nas relações familiares. O dispositivo consagra o *princípio da liberdade ou da não intervenção*. Na Reforma do Código Civil, como antes destacado, a Comissão de Juristas propõe a revogação do art. 1.513 do Código Civil, para que o *princípio da não intervenção* seja previsto não só para o casamento, como também para todas as entidades familiares, pela projeção no novo art. 1.511-C, outrora comentado.

A respeito do aperfeiçoamento desse negócio jurídico, este ocorre no momento em que o homem e a mulher manifestam, perante o juiz (autoridade celebrante), a sua vontade de estabelecer vínculo conjugal, e essa autoridade os declara casados (art. 1.514 do CC). Atente-se que antes da celebração do casamento deve ser realizado o processo de habilitação, que ainda será estudado (arts. 1.525 a 1.532 do CC).

Encerrando o estudo inicial da categoria jurídica casamento, cumpre lembrar que três são os princípios relacionados com o casamento, conforme aponta a nossa melhor doutrina (LEITE, Eduardo de Oliveira. *Direito civil...*, 2005, p. 51; e DINIZ, Maria Helena. *Curso...*, 2005, p. 47).

O primeiro deles é o *princípio da monogamia*, que continua vigente em nosso ordenamento jurídico para o casamento. Esse regramento pode ser retirado do art. 1.521, inc. VI, do CC, que dispõe que não podem casar as pessoas casadas, o que constitui um impedimento matrimonial a gerar a nulidade absoluta do casamento (art. 1.548, inc. II, do CC).

O segundo princípio é o da *liberdade de união*, que consubstancia a livre escolha da pessoa do outro cônjuge como manifestação da autonomia privada, princípio esse que também pode ser retirado do art. 1.513 do Código Civil em vigor.

Por fim, há o *princípio da comunhão de vida ou comunhão indivisa, regido pela igualdade entre os cônjuges*, pois "os nubentes comungam os mesmos ideais, renunciando os institutos egoísticos ou personalistas, em função de um bem maior que é a família" (LEITE, Eduardo de Oliveira. *Direito civil...*, 2005, p. 52).

Esse último princípio consta do art. 1.565 da atual codificação privada, eis que, pelo casamento, homem e mulher assumem mutuamente a condição de consortes, companheiros e responsáveis pelos encargos da família. Retira-se esse regramento também do art. 1.511 do CC/2002, pelo qual "o casamento estabelece comunhão plena de vida, com base na igualdade de direitos e deveres dos cônjuges".

2.2 DA CAPACIDADE PARA O CASAMENTO. DIFERENÇAS ENTRE INCAPACIDADE E IMPEDIMENTOS

Não se pode confundir a incapacidade para o casamento com os impedimentos matrimoniais. A primeira (incapacidade) impede que alguém se case com qualquer pessoa, enquanto os impedimentos somente atingem determinadas pessoas em determinadas situações. Em outras palavras, os impedimentos envolvem a *legitimação*, conceituada como uma capacidade ou condição especial para celebrar determinado ato ou negócio jurídico.

Aspecto que sempre mereceu críticas é o fato de o CC/2002 não trazer um rol específico a respeito das pessoas capazes (ou incapazes) de casar, tratando apenas da idade mínima para tanto (art. 1.517). *De lege ferenda*, esse rol sequer consta do Projeto de Lei 470/2013, conhecido como *Estatuto das Famílias* do IBDFAM, no plural, que pretende descodificar tal matéria, regulando-a em separado, em lei especial. Todavia, mostrando certa evolução, o texto do Estatuto das Famílias enuncia que os relativamente incapazes necessitam de autorização de ambos os pais ou de seus representantes legais.

Observo que no Projeto de Reforma do Código Civil, ora em tramitação, igualmente não há proposta de se incluir um rol dos incapazes para o casamento, apesar de que houve uma aproximação com tratamento da teoria da incapacidade da Parte Geral, como se verá. Quanto ao art. 1.517 do CC, a sugestão da Comissão de Juristas é que passe a mencionar duas pessoas e não mais o homem e a mulher, na linha da sugestão feita a outros dispositivos do Código Civil e pelo fato de ser proposta a regulamentação do casamento homoafetivo na lei civil, pelo menos implicitamente, confirmando a posição consolidada pela jurisprudência brasileira, pelo STF, pelo STJ e pelo CNJ. Assim, o comando passará a prever o seguinte: "a pessoa com dezesseis anos pode se casar, exigindo-se autorização de ambos os pais ou de seus representantes legais, enquanto não atingida a maioridade civil. Parágrafo único. Se houver divergência entre os pais, aplica-se o disposto no parágrafo único do art. 1.631".

Voltando-se ao sistema em vigor, como não há regras específicas a respeito da capacidade para o casamento, sempre foi necessário socorrer-se à Parte Geral do CC/2002, em complemento ao que consta do seu art. 1.517. Todavia, como exposto no Volume 1 desta Coleção, a teoria das incapacidades foi substancialmente alterada pela recente Lei 13.146, de julho de 2015, que instituiu o Estatuto da Pessoa com Deficiência.

A mudança estrutural que interessa em matéria de capacidade para o casamento diz respeito à revogação de todos os incisos do art. 3.º do Código Civil. No sistema anterior, eram tidos como absolutamente incapazes: *a)* os menores de dezesseis anos (menores impúberes); *b)* os enfermos e deficientes mentais sem o necessário discernimento para a prática dos atos da vida civil: e *c)* as pessoas que por causa transitória ou definitiva não pudessem exprimir sua vontade. Em edições anteriores deste livro afirmávamos que esses sujeitos também seriam os incapazes para o casamento.

Porém, o panorama legal mudou. Na nova redação do art. 3.º do Código Civil somente são absolutamente incapazes os menores de 16 anos, não mais havendo maiores que tenham tal condição. A antiga previsão do seu inc. II foi totalmente retirada do sistema. O seu anterior inc. III passou a compor o inc. III do art. 4.º, em substituição aos excepcionais com desenvolvimento completo. Em suma, as pessoas que por causa transitória ou definitiva não puderem exprimir vontade, caso do sujeito em coma, passaram a ser relativamente incapazes para os atos civis em geral.

Assim, com as mudanças citadas, parece que o sistema finalmente encontrou uma coerência técnica, pois os incapazes para o casamento são apenas os menores de 16 anos, nos termos do art. 1.517 do Código Civil e do novo art. 3.º do Código Civil, devidamente atualizado com a Lei 13.146/2015. Como se verá a seguir, o Estatuto da Pessoa com Deficiência também retirou do sistema a possibilidade de nulidade absoluta do casamento da pessoa enferma mental, tendo sido revogado o art. 1.548, inc. I, da codificação material. Isso também colaborou para a citada coerência técnica, na minha opinião doutrinária.

Oportuno ressaltar que as pessoas com deficiência tiveram uma *inclusão familiar plena* pelo seu estatuto protetivo. Conforme o art. 6.º da Lei 13.146/2015, a deficiência não afeta a plena capacidade civil da pessoa, inclusive para: *a)* casar-se e constituir união estável; *b)* exercer direitos sexuais e reprodutivos; *c)* exercer o direito de decidir sobre o número de filhos e de ter acesso a informações adequadas sobre reprodução e planejamento familiar; *d)* conservar sua fertilidade, sendo vedada a esterilização compulsória; *e)* exercer o direito à família e à convivência familiar e comunitária; e *f)* exercer o direito à guarda, à tutela, à curatela e à adoção, como adotante ou adotando, em igualdade de oportunidades com as demais pessoas.

O Estatuto da Pessoa com Deficiência, como se vê, pretendeu igualar a pessoa com deficiência para os atos existenciais, o que representa um notável avanço, na *opinium* deste autor.

Na tutela das pessoas com deficiência, substituiu-se a premissa da *dignidade-vulnerabilidade* pela *dignidade-igualdade*. Todavia, alguns reparos devem ser feitos na lei, especialmente perante o CPC/2015. Por isso, sou favorável, em parte, à aprovação do Projeto de Lei 757/2015, originário do Senado Federal, e que tem nosso parecer de apoio parcial. Na Câmara dos Deputados, o número dessa projeção é 11.091/2018, novamente com a minha atuação, com sugestões realizadas ao saudoso Deputado Luiz Flávio Gomes no ano de 2019. Também há propostas no atual Projeto de Reforma do Código Civil.

Feitas tais considerações, ainda a respeito da capacidade matrimonial e em complemento, o homem e a mulher com dezesseis anos (idade núbil) podem casar, exigindo-se autorização de ambos os pais, ou de seus representantes legais, enquanto não atingida a maioridade civil (18 anos) – art. 1.517 do CC. Havendo divergência entre os pais, a questão será levada ao juiz, que decidirá de acordo com o caso concreto, sempre buscando a proteção integral do menor e da família, ambos amparados constitucionalmente (art. 1.517, parágrafo único, do CC). Conforme esclarecedor enunciado doutrinário aprovado na *V Jornada de Direito Civil*, "o artigo 1.517 do Código Civil, que exige autorização dos pais ou responsáveis para casamento, enquanto não atingida a maioridade civil, não se aplica ao emancipado" (Enunciado n. 512 do CJF/STJ).

Previa originalmente o art. 1.518 do Código Civil que a autorização especial para o casamento poderia ser revogada pelos pais, tutores ou curadores até a celebração do casamento. Esse comando também foi alterado pela Lei 13.146/2015 (Estatuto da Pessoa com Deficiência), passando a enunciar que "até a celebração do casamento podem os pais ou tutores revogar a autorização". Como se percebe, não há mais menção aos curadores, uma vez que não se decreta mais a nulidade das pessoas que estavam mencionadas no art. 1.548, inc. I, do CC/2002, ora revogado pelo mesmo Estatuto, como antes destacado.

Se a denegação do consentimento for injusta, esta pode ser suprida pelo juiz, também sempre em busca da proteção integral do menor e da família (art. 1.519 do CC).

O art. 1.520 do CC/2002 foi alterado pela Lei 13.811, de 12 de março de 2019, de acordo com a seguinte tabela, elaborada para os devidos fins de esclarecimento dos conteúdos das normas:

Texto anterior	Texto atual
"Art. 1.520. Excepcionalmente, será permitido o casamento de quem ainda não alcançou a idade núbil (art. 1.517), para evitar imposição ou cumprimento de pena criminal ou em caso de gravidez."	"Art. 1.520. Não será permitido, em qualquer caso, o casamento de quem não atingiu a idade núbil, observado o disposto no art. 1.517 deste Código."

Mesmo antes da entrada em vigor da norma, o texto modificativo já vinha recebendo elogios de uns e críticas de outros, sendo certo que com a sua emergência os debates se intensificaram. Vale destacar, de imediato, pois relevante para as nossas conclusões, que não houve alteração ou revogação expressa de qualquer outro comando do Código Civil em vigor.

Como primeiro aspecto a ser destacado, a norma anterior, que excepcionava a possibilidade do casamento do menor de 16 anos, recebia abrandamentos por três leis penais que surgiram sucessivamente à codificação material: a Lei 11.106/2005, a Lei 12.015/2009 e a Lei 13.718/2018.

A verdade é que o casamento do menor de 16 anos – denominado por parcela da doutrina como *casamento infantil* – já era proibido pelo nosso sistema jurídico, mesmo antes da mudança e como premissa geral, havendo apenas duas exceções previstas no anterior art. 1.520 do Código Civil que tinham sido sobremaneira mitigadas, a saber: *a)* para evitar a imposição e o cumprimento de pena criminal; e *b)* em caso de gravidez.

Tal afirmação é retirada da dicção do art. 1.517 da codificação material, que não sofreu modificação pela norma emergente, segundo o qual "o homem e a mulher com dezesseis anos podem casar, exigindo-se autorização de ambos os pais, ou de seus representantes legais, enquanto não atingida a maioridade civil". Em suma, por este último preceito, a capacidade específica para o casamento é atingida aos 16 anos, sendo essa a idade núbil para todos os gêneros.

Reitere-se, devido à sua relevância, que não se pode confundir a incapacidade para o casamento com os impedimentos matrimoniais. A primeira impede que alguém se case com qualquer pessoa, enquanto os impedimentos somente atingem determinadas pessoas em situações específicas, previstas no art. 1.521 do CC/2002. Em outras palavras, os impedimentos envolvem a *legitimação*, conceituada como uma capacidade ou condição especial para celebrar determinado ato ou negócio jurídico.

Nesse contexto, não se pode dizer que a alteração do art. 1.520 do Código Civil tenha criado hipótese de impedimento matrimonial, estando no âmbito da incapacidade, que não foi alterada, pois não houve qualquer modificação do texto do art. 1.517.

Sobre as citadas leis penais que mitigaram as exceções de autorização judicial do casamento do menor de 16 anos, de início, a Lei 11.106/2005 afastou a extinção da punibilidade nos casos de estupro presumido (art. 107, incs. VII e VIII, do CP), ou seja, na hipótese de alguém manter uma relação sexual com uma criança com idade inferior a 14 anos, e depois se casar com ela. Como não há que se falar mais em extinção da punibilidade, muitos doutrinadores passaram a entender que o art. 1.520 do CC estaria revogado na parte que tratava da extinção da pena criminal.

Todavia, em edições anteriores deste livro, havia manifestação em sentido contrário, ou seja, ainda pela possibilidade do casamento, havendo o estupro presumido. A essa conclusão chegava Luiz Augusto Zamumer, em artigo publicado no *site* do autor desta obra, a quem se filiava (ZAMUMER, Luiz Augusto. A Lei 11.106/2005... Disponível em: <www.flaviotartuce.adv.br>. Acesso em: 7 fev. 2006). Vejamos os argumentos esposados anteriormente, naquele ano de 2005.

Primeiramente, não se poderia falar em revogação da norma civil, pois o menor poderia sim, em alguns casos, exercer a opção de se casar com aquele que praticou o crime contra os costumes. Como a ação penal, no caso do crime em questão, era considerada de natureza privada, estávamos diante de um caso de renúncia ou perdão tácito, que decorreria de fato incompatível com a pretensão de ver o agente punido, no caso, com a celebração do casamento.

Em casos tais, se a menor quisesse se casar, a sua vontade poderia ser considerada relevante para tal finalidade, conforme o Enunciado n. 138 do CJF/STJ, da *I Jornada de Direito Civil* ("a vontade dos absolutamente incapazes, na hipótese do inc. I do art. 3.º, é juridicamente relevante na concretização de situações existenciais a eles concernentes, desde que demonstrem discernimento bastante para tanto"). Com base nesse enunciado doutrinário, o magistrado poderia autorizar o casamento se a menor declarasse querer viver com o pai da criança e desde que demonstrasse discernimento bastante para tanto, o que seria provado por perícia psicológica.

Além desse argumento penal, poderia ser utilizado um argumento civil. Como a família deve ser analisada de acordo com o contexto social, o casamento com o autor do crime poderia ser tido como uma forma de abrandar o problema de uma gravidez indesejada. Ou melhor, seria adequado enviar o criminoso, pai dessa criança que ainda vai nascer, para a cadeia? Quanto a essa indagação, respondia Luiz Augusto Zamumer:

"Considerando que nossa Constituição Federal põe o casamento como instituição principal para a formação de família, sendo essa 'a base da sociedade' (art. 226), seria possível considerar inconstitucional a dita revogação das causas extintivas da punibilidade, pois elas representavam forma de proteção da entidade familiar. Aliás, *a priori*, seria razoável afastar a espada criminal do autor de crime sexual se a própria vítima concordou, posteriormente, em com esse constituir família. Isso porque o Direito Penal deve ser encarado como a *ultima ratio*, e nesse quadro apresentado já teria havido a estabilização social. Mas essa matéria ainda deve ser analisada cautelosamente pela jurisprudência, em casos concretos ou até mesmo pela via concentrada de controle de constitucionalidade".

Sem dúvida, o Direito Penal deve ser a *ultima ratio*, o último caminho a ser percorrido, enquanto o Direito de Família busca a pacificação social, a vida conjunta em harmonia. Em reforço, anteriormente, poderia ser citado o princípio de melhor interesse da criança e do adolescente (*best interest of the child*), bem como a *função social da família*, regramentos outrora estudados na introdução deste livro.

Ora, poderia ser ilustrado o caso de uma menina de 13 anos que teve relacionamento sexual com um homem de 18 anos e dele ficou grávida. O pai da criança não tem qualquer antecedente criminal e a menor quer casar com o *criminoso* a qualquer custo. Ambos se amam. Se a conclusão fosse simplesmente pela derrogação do dispositivo, esse casamento não poderia ser realizado. Como conclusão, o pai da criança iria para a cadeia e a menor ficaria em situação de desamparo.

Aliás, na prática, possivelmente constituiria uma união estável com o pai da criança, passando a visitá-lo na prisão. O casamento e a consequente extinção da punibilidade do agente eram então considerados a melhor solução para esse caso descrito. E justamente por poder ser aplicado a casos como esse é que o art. 1.520 do CC/2002 deveria permanecer incólume, naquele sistema anterior. Por esse entendimento, o Direito de Família acabaria prevalecendo sobre o Direito Penal.

Em edições anteriores, era explicada a possibilidade de aplicação do dispositivo do Código Civil em alguns casos, ou seja, a sua manutenção. De todo modo, como sempre adverti, por certo é que muitas situações que ocorreram na prática não são *românticas* como a aqui descrita...

De toda sorte, nos livros antecedentes era exposta corrente que já defendia a revogação parcial do dispositivo, trazendo do mesmo modo fundamentos que deveriam ser considerados, caso do promotor em Minas Gerais, Thales Tácito de Pontes Luz de Pádua Cerqueira:

"Portanto, o art. 1.520 do NCC, que versa sobre o casamento, excepcionando a regra da idade núbil, permitindo-o para evitar a imposição de pena criminal, realmente terá parte como letra-morta (e não derrogado) por força do desaparecimento jurídico do art. 107, VII e VIII, ou seja, prevalecerá apenas a parte que autoriza o casamento abaixo da idade núbia quando resulta gravidez, eis que a outra parte ficou sem 'alma'" (CERQUEIRA, Thales Tácito de Pontes Luz de Pádua. A Lei 11.106/2005... Disponível em: <http://www.ammp.com.br/headerCanal.php?IdCanal=MjM&id=Mg=> Acesso em: 6 mar. 2006).

No mesmo sentido, ensinava Maria Berenice Dias o seguinte:

"A transformação da mulher em excludente da criminalidade era algo denominado, no mínimo, odioso. Ainda que foram excluídos pela Lei 11.106/2005 os incisos VII e VIII do art. 107 do Código Penal, que previam o casamento da vítima como causa de extinção da punibilidade. Com isso restou derrogada a possibilidade de permitir o casamento de uma adolescente para evitar a imposição de pena criminal. Isso significava nada mais do que a descriminalização do estupro, absolvendo-se o estuprador se ele casasse com a vítima, mesmo que fosse ela menor de idade. Permanece tão só a possibilidade de ser autorizado o casamento quando das relações sexuais com quem ainda não atingiu a idade núbil (ou seja, tenha menos de 16 anos) resultem gravidez (CC 1.520)" (DIAS, Maria Berenice. *Manual...*, 2007, p. 98).

Destaca-se, ainda, que o Supremo Tribunal Federal já havia entendido que o fato do criminoso constituir união estável com a vítima não gerava a extinção da sua punibilidade penal em casos semelhantes ao aqui exposto:

"Extinção de punibilidade. Estupro de vítima menor de 14 anos e união estável. Em conclusão de julgamento, o Tribunal, por maioria, negou provimento a recurso extraordinário em que se discutia a possibilidade de se aplicar a regra prevista no inciso VII do art. 107 do CP em favor de condenado por estupro, que passou a viver em união estável com a vítima, menor de quatorze anos, e o filho, fruto da relação (CP: 'Art. 107. Extingue-se a punibilidade:... VII – pelo casamento do agente com a vítima, nos crimes contra os costumes...'). Entendeu-se que somente o casamento teria o condão de extinguir a punibilidade, e que a união estável sequer poderia ser considerada no caso, haja vista a menor ser incapaz de consentir. Ressaltaram-se, também, as circunstâncias terríveis em que ocorrido o crime, quais sejam, o de ter sido cometido pelo tutor da menor, e quando esta tinha nove anos de idade. Asseverou-se, por fim, o advento da Lei 11.106/2005, que revogou os incisos VII e VIII do art. 107 do CP. Vencidos os Ministros Marco Aurélio, relator, Celso de Mello e Sepúlveda Pertence que davam provimento ao recurso para declarar a extinção da punibilidade, reconhecendo a união estável, e aplicando, por analogia, em face do art. 226, § 3.º, da CF, o inciso VII do art. 107 do CP, tendo em vista o princípio da ultratividade da lei mais benéfica" (STF, RE 418.376/MS, Rel. orig. Min. Marco Aurélio, Rel. p/ acórdão Min. Joaquim Barbosa, 09.02.2006).

No passado, era ponderado que, no caso descrito no julgado, de relacionamento com uma menor de nove anos de idade, por óbvio, dever-se-ia entender que o casamento não poderia ser realizado. Isso porque a manifestação da vontade da menor não seria juridicamente relevante para tanto. Essa seria justamente uma das situações *não românticas* como mencionado outrora; muito ao contrário, haveria uma trágica situação, não se podendo extinguir a punibilidade penal daquele que manteve o relacionamento com a menor. No caso em questão, o art. 1.520 do CC, em sua redação anterior, não teria incidência.

A conclusão anterior, em suma, era na linha de se analisar caso a caso, o que traria a conclusão de que seria melhor considerar que o art. 1.520 do CC não foi derrogado ou revogado parcialmente de forma tácita. Nesse sentido, determinando uma leitura civil-constitucional do preceito, o teor do Enunciado n. 329 do CJF/STJ, aprovado na *IV Jornada de Direito Civil* ocorrida em Brasília em outubro de 2006, no seguinte sentido: "a permissão para casamento fora da idade núbil merece interpretação orientada pela dimensão substancial do princípio da igualdade jurídica, ética e moral entre o homem e a mulher, evitando-se, sem prejuízo do respeito à diferença, tratamento discriminatório".

A segunda lei penal que trouxe impactos sobre o tema, a Lei 12.015, de 7 de agosto de 2009, parece ter encerrado o debate anterior, não sendo mais possível o casamento da menor com aquele que cometeu o crime antes denominado como de estupro presumido, em hipótese alguma e desde então. Isso porque o Código Penal, ao tratar dos *crimes sexuais contra vulnerável*, passou a prever em seu art. 217-A que é crime "ter conjunção carnal ou praticar outro ato libidinoso com menor de 14 (catorze) anos". O tipo penal passou a ser denominado como *estupro de vulnerável*, sendo certo que a vulnerabilidade encerra uma presunção absoluta ou *iure et de iure*.

Outro ponto fulcral da alteração do panorama jurídico consta do novo art. 225, parágrafo único, do Código Penal, segundo o qual, havendo pessoa vulnerável, a ação penal do crime sexual é pública incondicionada. Desse modo, não sendo mais a ação penal de natureza privada, não pode o casamento funcionar como forma de perdão tácito do crime, conforme outrora era exposto. Em suma, desapareceu o fundamento principal da tese que era anteriormente defendida por alguns.

Em reforço, apesar das tentativas de alguns juristas e julgadores em mitigar a ideia de vulnerabilidade, essa realmente parece encerrar um conceito jurídico absoluto. A esse propósito, aliás, já me manifestei em outras obras, tratando de Direito do Consumidor, que a vulnerabilidade gera uma presunção absoluta, que não pode ser declinada ou afastada por interpretação do jurista (por todos: TARTUCE, Flávio; ASSUMPÇÃO NEVES, Daniel Amorim. *Manual...*, 2025). Dessa forma, deve ser mantida a coerência na análise da ideia de *parte vulnerável*.

Seguindo essa linha, entendeu a Terceira Seção do Superior Tribunal de Justiça, em agosto de 2015 e em sede de incidente de recursos repetitivos, que, "para a caracterização do crime de estupro de vulnerável, previsto no artigo 217-A do Código Penal, basta que o agente tenha conjunção carnal ou pratique qualquer ato libidinoso com pessoa menor de 14 anos. O consentimento da vítima, sua eventual experiência sexual anterior ou a existência de relacionamento amoroso entre o agente e a vítima não afastam a ocorrência do crime" (STJ, REsp 1.480.881/PI, 3.ª Seção, Rel. Min. Rogerio Schietti Cruz, j. 26.08.2015, *DJe* 10.09.2015, publicado no seu *Informativo* n. 568).

No mesmo sentido, posteriormente, a Súmula 593 da Corte, de outubro de 2017: "o crime de estupro de vulnerável se configura com a conjunção carnal ou prática de ato libidinoso com menor de 14 anos, sendo irrelevante eventual consentimento da vítima para a prática do ato, sua experiência sexual anterior ou existência de relacionamento amoroso com o agente".

Como se pode notar, a nova lei e a decisão superior destacada colocam o Direito Penal em posição de prestígio em relação ao Direito de Família, o que pode ser lamentável em algumas situações, para alguns juristas. A esse propósito, entendiam Pablo Stolze Gagliano e Rodolfo Pamplona Filho, que "as especificidades do caso concreto poderão determinar solução diversa. Verificando o juiz ter havido namoro sério, numa ambiência psicológica de maturidade inequívoca das partes envolvidas, especialmente a incapaz (e isso não é incomum nos dias de hoje) e concorrendo, ainda, a anuência dos pais, poder-se-ia, em tese, reconhecer a atipicidade do fato criminoso, o que justificaria, por consequência, a autorização para casar. Faltaria, nessa linha de intelecção, justa causa para a própria ação penal passível, portanto, de trancamento" (GAGLIANO, Pablo Stolze; PAMPLONA FILHO, Rodolfo. *Novo curso...*, 2011, p. 167).

Ressalve-se, contudo, que o Superior Tribunal de Justiça concluiu em 2015, na última decisão citada, que a ideia de vulnerabilidade não pode ser mitigada em casos tais, entendimento que deve ser considerado para os devidos fins práticos.

Em suma, por tudo o que foi exposto, parece-me que, de fato, o art. 1.520 do Código Civil encontrava-se já derrogado tacitamente em relação à hipótese fática de casamento envolvendo menor de 14 anos, somente sendo aplicado à pessoa entre essa idade e os 16 anos, o que passou a não ser mais permitido, de forma peremptória e inafastável.

Todas essas modificações comprovam a minha afirmação, no sentido de que o casamento do menor de 16 anos já não seria possível juridicamente antes da alteração de 2019, ou seja, era algo condenado e proibido como regra pelo nosso sistema jurídico. E, como consequência, diante de um tratamento específico, apesar dessa proibição, a lei previa a solução da anulabilidade, pela dicção expressa do art. 1.550 do Código Civil, segundo o qual "é anulável o casamento: (...) I – de quem não completou a idade mínima para casar". Esse dispositivo não foi revogado, expressa ou tacitamente, pela Lei 13.811/2019, e, sendo assim, a solução da anulabilidade ou nulidade relativa do casamento infantil continua em vigor.

O mesmo se diga quanto à possibilidade de convalidação do casamento, hipótese em que o ato inválido passará a ser válido caso tenha passado despercebida a proibição perante o Cartório de Registro Civil. Continua em vigor, nesse contexto, o art. 1.551 do Código Civil, segundo o qual não se anulará, por motivo de idade, o casamento de que resultou gravidez.

Afirmação idêntica deve ser feita em relação ao 1.553 da mesma codificação, que estabelece a possibilidade de convalidação do casamento do menor que não atingiu a idade núbil caso este, depois de completá-la, confirme a sua intenção de casar, com a autorização de seus representantes legais, se for necessária, ou com suprimento judicial. A possibilidade de convalidação, por óbvio, dar-se-á muitas vezes após a idade núbil ou mesmo a maioridade ser atingida, preservando uma família que pode estar constituída e que merece proteção, consoante o art. 226 do Texto Maior.

Também não estão revogados, expressa ou tacitamente, os dispositivos que consagram regras específicas a respeito da ação anulatória, caso do art. 1.552 do Código Civil: "a anulação do casamento dos menores de dezesseis anos será requerida: I – pelo próprio cônjuge menor; II – por seus representantes legais; III – por seus ascendentes". O mesmo se afirma quanto ao prazo decadencial de 180 dias para a demanda, conforme o art. 1.560, § 1.º, da Lei Geral Privada: "extingue-se, em cento e oitenta dias, o direito de anular o casamento dos menores de dezesseis anos, contado o prazo para o menor do dia em que perfez essa idade; e da data do casamento, para seus representantes legais ou ascendentes". Todos esses comandos são específicos quanto à anulação do casamento, negócio jurídico especial, devendo prevalecer sobre as regras gerais da teoria geral do negócio jurídico, previstas na Parte Geral da codificação privada.

Por tudo isso, não me convence a afirmação feita no âmbito doutrinário no sentido de ser agora o *casamento infantil* nulo de pleno direito, pois a lei proíbe a prática do ato sem cominar sanção, presente a chamada nulidade virtual, nos termos do art. 166, inc. VII, segunda parte, do Código Civil. Esse comando geral somente seria aplicado se não existissem todas essas disposições específicas, que, repise-se, não foram revogadas expressa ou tacitamente. Para afastar a alegação de revogação tácita, lembro e insisto: o casamento do menor de 16 anos já não era admitido pelo sistema jurídico nacional.

Como última nota a respeito do sistema em vigor, não se pode dizer que a alteração do art. 1.520 tenha criado hipótese de impedimento matrimonial, na linha do que pontuei. Primeiro, porque não houve qualquer inclusão nesse sentido no art. 1.521 do CC, sendo certo que os impedimentos não podem ser presumidos ou subentendidos, uma vez que a norma é restritiva da autonomia privada. Segundo, pelo fato de ser hipótese de incapacidade que já estava prevista no sistema, pelo art. 1.517 do Código Civil. Terceiro, porque os impedimentos são específicos, o que não é o caso.

De todo modo, como se verá, o Projeto de Reforma e Atualização do Código Civil pretende resolver esse dilema, revogando-se expressamente as previsões concernentes à nulidade relativa do casamento da pessoa com menos de 16 anos, e incluindo previsão no sentido de ser ele nulo, presente a nulidade absoluta de forma peremptória nessas situações. Nos termos do seu projetado art. 1.548, inc. I-A, será nulo o casamento contraído por quem ainda não atingiu a idade núbil. Voltarei ao tema mais à frente.

Superada a análise atualizada da incapacidade para o casamento, tendo em vista a modificação do art. 1.520 do Código Civil, em relação aos impedimentos, o CC/2002 inovou substancialmente no tocante à matéria. Isso porque o art. 183 do CC/1916 trazia em seus dezesseis incisos, de forma concentrada e confusa, todos os impedimentos. Com tom didático, diante da operabilidade, o Código Civil de 2002 trata apenas de uma espécie de impedimento e não mais de impedimentos absolutos, relativos e impedientes, como fazia a codificação material anterior.

Na verdade, as hipóteses antes tratadas como de impedimentos absolutos, agora são os únicos casos de impedimentos admitidos (art. 1.521 do CC/2002), e que continuam a gerar a nulidade absoluta do casamento (art. 1.548 do CC/2002). Os impedimentos que antes eram tidos como relativos, atualmente são tratados como causas de anulabilidade (art. 1.550 do CC/2002). Por fim, os antigos impedimentos impedientes são causas suspensivas pelo atual Código Privado (art. 1.523), apenas trazendo sanções aos cônjuges, não gerando a nulidade absoluta ou relativa do matrimônio celebrado.

Nesse sentido, é interessante visualizar o quadro comparativo a seguir:

Código Civil de 1916	Código Civil de 2002
Impedimentos dirimentes públicos ou absolutos (art. 183, I a VIII) – gerava o casamento nulo.	Impedimentos matrimoniais (art. 1.521) – casamento nulo.
Impedimentos dirimentes privados ou relativos (art. 183, IX a XII) – gerava o casamento anulável.	Causas de anulabilidade (art. 1.550) – casamento anulável.
Impedimentos impedientes (art. 183, XIII a XVI) – gerava o casamento irregular.	Causas suspensivas (art. 1.523) – apenas impõem sanções aos cônjuges.

Além dessa alteração estrutural, o atual Código Civil revisou as hipóteses que antes eram tratadas, principalmente diante das mudanças de costumes e da ética familiar. Isso poderá ser percebido a partir de agora, com o estudo específico da matéria.

2.3 IMPEDIMENTOS MATRIMONIAIS NO CÓDIGO CIVIL DE 2002

Como impedimentos para o casamento, o art. 1.521 do CC/2002 traz um rol taxativo (*numerus clausus*) daquelas pessoas que não podem casar em determinados casos. As situações são tidas como de maior gravidade, envolvendo ordem pública, além dos interesses das próprias partes. Vejamos essas hipóteses.

a) *Não podem casar os ascendentes com os descendentes até o infinito, no caso de parentesco natural (impedimento decorrente de parentesco consanguíneo).*

Dessa maneira, o filho não pode casar com a mãe, o neto com a avó, o bisneto com a bisavó, o trineto com a trisavó e assim sucessivamente, sem limites. Duas são as razões para tanto. A primeira visa a impedir o *incesto*, ou seja, relações sexuais entre pessoas da mesma família, tendo índole moral, sendo este um dos *negativos absolutos de Freud*. A segunda razão é evitar problemas congênitos à prole, comuns em casos tais, o que alguns ainda denominam *eugenia*. Conforme a clássica *Enciclopédia Saraiva de Direito*, em verbete de José Lopes Zarzuela, a eugenia significa "o conjunto de princípios científicos destinados à procriação hígida" (*Enciclopédia Saraiva...*, 1977, p. 242).

b) Não podem casar os colaterais até terceiro grau (impedimento decorrente de parentesco consanguíneo).

De acordo com esse impedimento, não podem se casar os irmãos, que são colaterais de segundo grau, sejam bilaterais (mesmo pai *e* mesma mãe) ou unilaterais (mesmo pai *ou* mesma mãe). A regra também se estende aos tios e sobrinhas, tias e sobrinhos, que são colaterais de terceiro grau (é a hipótese do chamado *casamento avuncular*). Sobre os últimos, continua em vigor o Decreto-lei 3.200/1941, no sentido de que o casamento entre colaterais de terceiro grau pode ser realizado se não houver risco à prole, o que deve ser aprovado por uma junta médica formada por dois profissionais da área.

O Enunciado n. 98 do CJF/STJ, aprovado na *I Jornada de Direito Civil* (2002), consubstanciando o entendimento doutrinário da maioria, aponta que não houve revogação dessa lei específica (norma especial anterior). Em síntese, o referido decreto-lei afasta o impedimento moral no caso de casamento entre colaterais de terceiro grau, devendo a junta médica esclarecer quanto ao impedimento científico. Da jurisprudência paulista, admitindo tal casamento, o que confirma o entendimento doutrinário antes esposado:

> "Casamento. Tio e sobrinha. Autorização judicial. Extinção do processo. Impossibilidade jurídica do pedido. Artigo 1.521, IV, do Código Civil. Prevalência do disposto no Decreto-lei n. 3.200/41. Ocorrência. Admissibilidade do enlace desde que autorizado por exames pré-nupciais. Prosseguimento do feito para realização de tais exames. Recurso parcialmente provido" (TJSP, Apelação Cível 414.053-4/0-00, 5.ª Câmara de Direito Privado, Mococa, Rel. Des. Francisco Casconi, j. 26.04.2006).

Atente-se ao fato de já constar proposta no antigo Projeto Ricardo Fiuza (PL 6.960/2002, atual PL 699/2011) no sentido de acrescentar ao art. 1.521 um parágrafo único admitindo o casamento entre tios e sobrinhos. A proposta tem a seguinte redação: "poderá o juiz, excepcionalmente, autorizar o casamento dos colaterais de terceiro grau, quando apresentado laudo médico que assegure inexistir risco à saúde dos filhos que venham a ser concebidos". No mesmo sentido, aliás, é o Projeto de Reforma do Código Civil, como comentarei a seguir.

Trata-se do que se denomina como *casamento avuncular*. O termo *avuncular* denota justamente o vínculo existente entre tios e sobrinhos, conforme pesquisa realizada por José Fernando Simão em edições anteriores desta obra. A expressão consta com esse sentido no *Dicionário Houaiss*.

Por fim, quanto aos *primos-irmãos*, ou primos, que são colaterais de quarto grau, esses podem se casar livremente.

c) Não podem casar os afins em linha reta (impedimento decorrente de parentesco por afinidade).

Nos termos do art. 1.595 do CC, há parentesco por afinidade entre um cônjuge (ou companheiro) e os parentes do outro consorte (ou convivente). Pelo texto legal, o impedimento existe somente na afinidade em linha reta até o infinito (sogra e genro, sogro e nora

– linha reta ascendente; padrasto e enteada, madrasta e enteado – linha reta descendente; e assim sucessivamente até o infinito). A razão é apenas moral. Tanto isso é verdade que os cunhados podem se casar, depois de terminado o casamento, pois são parentes afins colaterais, hipótese em que não há impedimento.

O Código Civil de 2002 inovou no ponto de reconhecer a afinidade também em decorrência da união estável (art. 1.595), não sendo esta forma de parentesco extinta na linha reta com a dissolução do casamento ou da união estável (art. 1.595, § 2.º, do CC). Em outras palavras, *sogra é para a vida inteira*: casado uma vez, o vínculo permanece eternamente e, com isso, o impedimento matrimonial. Esclareça-se, em reforço, que o parentesco por afinidade na linha reta é infinito, o que engloba o citado impedimento. Também não se pode casar com a mãe da sogra, a avó da sogra, a bisavó da sogra e assim sucessivamente, sem limitações.

No que concerne ao parentesco por afinidade na linha reta descendente, merece destaque a consolidada valorização social da afetividade, na relação constituída entre padrastos, madrastas e enteados, tema que ainda será aprofundado. Confirmando essa valorização, a Lei 11.924/2009, de autoria do Deputado Clodovil Hernandes, passou a admitir que o enteado utilize o sobrenome do padrasto ou madrasta, introduzindo no art. 57 da Lei de Registro Públicos (Lei 6.015/1976) o § 8.º, *in verbis*. A norma foi recentemente alterada pela Lei do SERP (Lei 14.382/2022), possibilitando a inclusão extrajudicial do sobrenome e tendo a seguinte redação neste momento: "o enteado ou a enteada, se houver motivo justificável, poderá requerer ao oficial de registro civil que, nos registros de nascimento e de casamento, seja averbado o nome de família de seu padrasto ou de sua madrasta, desde que haja expressa concordância destes, sem prejuízo de seus sobrenomes de família".

Diante dessa realidade, penso que se deve sustentar a impossibilidade de casamento entre irmãos socioafetivos, que foram *criados juntos* como tal desde a infância. Assim, devem eles ser tratados como irmãos biológicos, incidindo o impedimento matrimonial previsto no art. 1.521, inc. IV, do CC/2002. A afirmação ganha força com a decisão do Supremo Tribunal Federal, do ano de 2016, que equiparou a parentalidade socioafetiva à biológica (publicada no *Informativo* n. 840 da Corte). Em outubro de 2022, a Quarta Turma do Superior Tribunal de Justiça reconheceu vínculo socioafetivo entre irmãos, utilizando o termo "fraternidade socioafetiva".

Nos termos da publicação constante do Informativo n. 453 da Corte, que teve como Relator o Ministro Marco Buzzi, "inexiste qualquer vedação legal ao reconhecimento da fraternidade/irmandade socioafetiva, ainda que *post mortem*, pois a declaração da existência de relação de parentesco de segundo grau na linha colateral é admissível no ordenamento jurídico pátrio, merecendo a apreciação do Poder Judiciário". O número do processo não foi divulgado por questão de segredo de justiça.

Anoto, por fim, que o Projeto de Reforma do Código Civil pretende inserir impedimento matrimonial também nas situações envolvendo a parentalidade socioafetiva, suprindo a lacuna legislativa hoje existente.

d) Não podem casar o adotante com quem foi cônjuge do adotado e o adotado com quem o foi do adotante; os ascendentes e descendentes em casos envolvendo a adoção; o adotado com o filho do adotante (impedimentos em decorrência do parentesco civil formado pela adoção).

São aplicadas as mesmas regras do parentesco consanguíneo ou natural. Para fins didáticos pode-se dizer que *a adoção imita a família natural*. De qualquer sorte, o adotado pode se casar com a irmã do adotante, pois esta seria como se sua tia fosse. Como visto, não há esse impedimento na família natural se uma junta médica afastar os problemas congênitos à prole, que não estarão presentes por razões óbvias nos casos em questão. Em reforço, a lei não prevê expressamente esta última hipótese como caso de impedimento matrimonial.

e) Não podem casar as pessoas casadas (impedimento decorrente de vínculo matrimonial).

O Código em vigor continua consagrando o *princípio da monogamia para o casamento*. Mesmo sendo tratada como impedimento matrimonial – e assim deve ser visualizada como categoria jurídica criada pela lei –, a hipótese parece ser de incapacidade matrimonial. Isso porque a pessoa casada não pode contrair matrimônio com qualquer um que seja (CARVALHO NETO, Inacio de. *Incapacidade...*, 2004, p. 20).

f) Não podem casar o cônjuge sobrevivente com o condenado por homicídio ou tentativa de homicídio contra o seu consorte (impedimento decorrente de crime).

Filia-se à parcela da doutrina que considera existir o impedimento somente nos casos de crime doloso e havendo trânsito em julgado da sentença penal condenatória (DINIZ, Maria Helena. *Código Civil...*, 2005, p. 1.224; VENOSA, Sílvio de Salvo. *Código...*, 2010, p. 1.372; GAGLIANO, Pablo Stolze; PAMPLONA FILHO, Rodolfo. *Novo Curso...*, 2011, p. 230).

Assim, se o casamento ocorre ainda no curso do processo criminal, será reputado válido, pois quando da celebração não havia a limitação à autonomia privada, que somente pode decorrer de lei. O casamento permanece válido, mesmo no caso de sentença penal transitada em julgado superveniente, ou seja, posterior ao matrimônio. De qualquer forma, há quem veja desatualização nesse impedimento, sendo pertinente ressaltar que o Projeto de Estatuto das Famílias do IBDFAM retirava a hipótese como impedimento matrimonial (art. 24).

Por razões óbvias, o Código Civil em vigor não menciona mais o impedimento no caso do "cônjuge adúltero com o seu corréu, por tal condenado" (art. 183, inc. VII, do CC/1916). *Primeiro*, diante do fato do crime de adultério não ser mais tipificado. *Segundo*, em decorrência da consolidada relativização da culpa nas outrora ações de separação-sanção, que não são mais possíveis diante da aprovação da Emenda Constitucional 66/2010, conhecida como *Emenda do Divórcio*. *Terceiro*, por uma clara mudança nos costumes familiares nacionais.

Sabe-se que os impedimentos matrimoniais aqui transcritos geram a nulidade absoluta do casamento (art. 1.548, inc. II, do CC). No que concerne à sua oposição no Cartório de Registro das Pessoas Naturais, essa poderá ocorrer até o momento da celebração, por qualquer pessoa capaz (art. 1.522 do CC). Caso o oficial do registro e o juiz tenham conhecimento do impedimento, deverão reconhecê-lo de ofício (*ex officio*). Essa oposição é regulamentada pelos arts. 1.529 e 1.530 do CC que, como será visto, tratam do processo de habilitação para o casamento.

Aqui, interessante apontar que a expressão "juiz" constante do art. 1.522, parágrafo único, do CC, deve ser interpretada em sentido amplo, incluindo o juiz de paz, o juiz de casamento, ou eventual juiz de direito que tenha conhecimento do impedimento.

No Projeto de Reforma e Atualização do Código Civil elaborado por Comissão de Juristas, são formuladas propostas de alteração necessária a respeito dos impedimentos matrimoniais, exatamente na linha dos meus comentários doutrinários.

Como primeira proposição, no inc. IV do seu art. 1.521, sugere-se mencionar apenas os irmãos, não importando a sua origem, uma vez que o parentesco civil gera os mesmos efeitos do natural, a incluir a adoção, a parentalidade socioafetiva e a reprodução assistida. A esse propósito, a proposta de novo art. 1.512-A, caput e § 2.º, igualmente formulada pela Comissão de Juristas: "a relação de parentesco pode ter causa natural ou civil. [...]. § 2.º O parentesco é civil, conforme resulte de socioafetividade, de adoção ou de reprodução assistida em que há a utilização de material genético de doador". Assim, passará a haver impedimento matrimonial também nos casos de parentalidade socioafetiva, como já defendi, nas hipóteses envolvendo a reprodução assistida heteróloga, mantidos os impedimentos relativos à adoção. Ainda se retira do comando a menção aos irmãos bilaterais e unilaterais, uma vez que o impedimento matrimonial existe em qualquer hipótese de vínculo colateral de segundo grau.

Exclui-se, ainda, a expressão aos demais colaterais, até o terceiro grau, não havendo mais o citado impedimento, na linha do que comentei a respeito do Decreto-lei 3.200/1941, que, aliás, se propõe seja revogado, nas disposições finais da Reforma. Portanto, passará a ser possível juridicamente o casamento avuncular, entre tios e sobrinhos, o que já era realidade em nosso País em sua admissão, apesar da raridade na prática.

Seguindo-se no estudo das propostas da Reforma, revoga-se o inc. V do art. 1.521, que hoje menciona o adotado com o filho do adotante. De todo modo, a restrição se mantém, pelo inciso anterior, pois devem ser considerados irmãos adotivos. O mesmo valerá, na minha interpretação, importante frisar, quanto aos irmãos socioafetivos, por força do transcrito art. 1.512-A, § 2.º, ora proposto, não podendo eles se casarem, por conclusão inevitável diante das alterações legislativas.

A Comissão de Juristas entendeu ser necessária uma melhor redação do inc. VII do art. 1.521 do CC, passando a mencionar o viúvo ou a viúva com o condenado por homicídio contra o seu consorte. A vedação também passa a abranger o divorciado ou ex-convivente com quem foi condenado por tentativa de homicídio contra o seu ex-consorte ou ex-convivente, no novo inc. VIII, mantendo-se a coerência do sistema e a equiparação da união estável ao casamento para essa finalidade.

Por fim, a respeito do art. 1.521, pelo seu projetado inc. IX, não podem se casar "as pessoas que vivem na constância de união estável, ressalvada a hipótese de conversão da própria união estável em casamento". O objetivo é ampliar os impedimentos para a união estável, uma vez que o projeto seguiu a orientação do Supremo Tribunal Federal no sentido de que a monogamia se aplica tanto ao casamento quanto à união estável. Como foi julgado pela Corte quando da análise do Tema n. 529 de repercussão geral, "a preexistência de casamento ou de união estável de um dos conviventes, ressalvada a exceção do art. 1.723, § 1.º, do Código Civil, impede o reconhecimento de novo vínculo referente ao mesmo período, inclusive para fins previdenciários, em virtude da consagração do dever de fidelidade e da monogamia pelo ordenamento jurídico-constitucional brasileiro". Vale lembrar que a questão foi julgada em 18 de dezembro de 2020, prevalecendo o entendimento do Ministro Relator, Alexandre de Moraes, com votação apertada, de 6 votos contra 5.

No que diz respeito ao art. 1.522, diante de uma ampliação das pessoas que podem celebrar o casamento, em atendimento ao planejamento do casal para o ato matrimonial, o conhecimento do impedimento pode ser feito por qualquer um dos celebrantes, na proposta de alteração do comando, que passará a prever o seguinte, segundo a Comissão de Juristas: "se o celebrante ou o oficial de registro tiverem conhecimento da existência de algum impedimento, serão obrigados a declará-lo".

Encerrado o estudo dos impedimentos matrimoniais, passa-se às causas suspensivas para o casamento.

2.4 AS CAUSAS SUSPENSIVAS DO CASAMENTO

Como é normalmente apontado, as causas suspensivas do casamento são situações de menor gravidade, geralmente para impedir confusão patrimonial, envolvendo ordem privada. Justamente por isso, as causas suspensivas não geram nulidade absoluta ou relativa do casamento, mas apenas impõem sanções aos nubentes. Em regra, essas sanções são a imposição do regime da separação total legal ou obrigatória (art. 1.641, inc. I, do CC) e a suspensão do casamento (art. 1.524 do CC).

Isso quer dizer que, havendo casamento, sem que tenham sido alegadas as causas suspensivas, o casamento é válido, mas o regime de comunhão parcial de bens será ineficaz, tendo em vista que se aplicam as regras da separação de bens.

Curioso notar que, com relação à suspensão, a doutrina se divide a respeito do seu termo final. Para Carlos Roberto Gonçalves, a suspensão deve se verificar até o momento em que a causa suspensiva for afastada (GONÇALVES, Carlos Roberto. *Direito*..., 2005, p. 68).

Por outra via, Francisco Cahali, em atualização à obra de Silvio Rodrigues, entende que a suspensão deve ocorrer até que se verifique a existência ou não da causa suspensiva. Caso seja verificada, o casamento se realiza, mas o regime imposto será o da separação de bens. Caso inexista a causa, os cônjuges podem escolher livremente o regime (RODRIGUES, Silvio. *Direito civil*..., 2002, p. 46). Essa segunda corrente parece ser a mais correta, eis que a suspensão só dura até a apuração da procedência ou não da causa suspensiva.

São causas suspensivas, ou seja, *não devem casar*, conforme o art. 1.523 do CC:

a) Viúvo ou viúva que tiver filho do cônjuge falecido enquanto não fizer o inventário dos bens do casal com a respectiva partilha, o que visa a evitar confusão patrimonial.

Eventualmente, sendo feita a prova de ausência de prejuízo para os envolvidos, o casamento poderá ser celebrado por qualquer regime, sem a imposição de sanções (art. 1.523, parágrafo único, do CC). A título de exemplo, cite-se a elaboração de *inventário negativo*, inclusive extrajudicialmente (apontando que aquele casal dissolvido não tinha bens, ou sendo eventualmente provado que os bens já foram todos doados sem que haja qualquer nulidade.

Atente-se que a Resolução n. 35 do Conselho Nacional de Justiça, que visou a esclarecer dúvidas quanto à prática da então Lei 11.441/2007, que introduziu no sistema o inventário extrajudicial, por escritura pública, enuncia em seu art. 28 a possibilidade do inventário negativo extrajudicial, por este meio.

Esse entendimento deve ser mantido com o Código de Processo Civil de 2015 que reafirmou a possibilidade do inventário extrajudicial no seu art. 610, *in verbis*: "Havendo testamento ou interessado incapaz, proceder-se-á ao inventário judicial. § 1.º Se todos forem capazes e concordes, o inventário e a partilha poderão ser feitos por escritura pública, a qual constituirá documento hábil para qualquer ato de registro, bem como para levantamento de importância depositada em instituições financeiras. § 2.º O tabelião somente lavrará a escritura pública se todas as partes interessadas estiverem assistidas por advogado ou por defensor público, cuja qualificação e assinatura constarão do ato notarial".

Para essa primeira causa suspensiva, além da imposição do regime da separação legal ou obrigatória de bens, o art. 1.489, inc. II, do CC consagra a imposição de uma *hipoteca legal* a favor dos filhos sobre os bens imóveis dos pais que passarem a outras núpcias antes de fazerem o inventário do cônjuge falecido. Há, portanto, nessa primeira hipótese de causa suspensiva, uma *dupla sanção* aos cônjuges.

Vale dizer, ainda, que se o filho for apenas do cônjuge falecido, ou seja, não for filho do viúvo ou viúva que pretende se casar novamente, não se impõe a causa suspensiva ao cônjuge sobrevivente, pois se trata de limitação da autonomia privada que somente pode decorrer de lei, não admitindo interpretação extensiva ou analogia. O mesmo ocorre se o filho for apenas daquele que pretende se casar.

b) Viúva ou a mulher cujo casamento se desfez por nulidade absoluta ou relativa até dez meses depois do começo da viuvez ou da dissolução da sociedade conjugal.

O objetivo da previsão é evitar confusões sobre a paternidade do filho que nascer nesse espaço temporal (*turbatio* ou *confusio sanguinis*), sendo certo que a norma somente se aplica à mulher, por razões óbvias.

Todavia, se for provada a ausência de gravidez ou o nascimento de filho nesse período, esta causa suspensiva será afastada, uma vez que não haverá prejuízo (art. 1.523, parágrafo único, do CC). Parte da doutrina conclui que essa última regra também será aplicada se for provada a *existência de gravidez*, diante das presunções constantes do art. 1.597, incs. I e II, do CC (ALVES, Jones Figueirêdo; DELGADO, Mário Luiz. *Código Civil...*, 2005, p. 769).

Sobre esta última afirmação, na *II Jornada de Prevenção e Solução Extrajudicial de Litígios*, promovida pelo Conselho da Justiça Federal em agosto de 2021, aprovou-se o seguinte enunciado: "na hipótese prevista no art. 1.523, inciso II, do Código Civil, não será imposto o regime de separação obrigatória de bens ao novo casamento da mulher grávida quando os contraentes firmarem declaração de que são pais do nascituro, independentemente de autorização judicial" (Enunciado n. 139). Pontuo que alterei minha posição anterior e atualmente concordo com tal solução, com vistas à redução de burocracias e à desjudicialização.

Anote-se que, com os avanços da medicina, esta causa suspensiva tende a desaparecer, pois se busca cientificamente a realização eficiente de um exame que demonstre a parentalidade da criança via exame de DNA, sem que isso ofereça riscos à prole e à sua mãe. A propósito dessa busca, a Professora Silmara Chinellato aponta a sua viabilidade atual, com base na doutrina médica de João Lélio Peake de Mattos Filho, afirmando que "o exame de DNA intraútero permite afirmar a grande integração entre Direito e Ciência Médica, 'possibilitando suporte técnico para que a Justiça seja exercida em toda a sua plenitude'" (CHINELLATO, Silmara Juny. *Comentários...*, 2004, p. 131). O exame, segundo tais estudos, dá-se pela análise de amostras do vilo corial.

Por fim, frise-se que não havia previsão legal de imposição de causa suspensiva sobre as hipóteses de separação ou divórcio, pois estes exigiam prazos maiores do que aquele que consta do dispositivo aqui comentado (dez meses), não havendo razão plausível para as suas menções. Deve-se atentar ao fato de que a separação de direito foi extinta com a aprovação da *Emenda do Divórcio*, não havendo mais prazos mínimos para o pedido de dissolução do casamento. A premissa é mantida mesmo tendo sido a separação de direito reafirmada pelo CPC/2015, tema que ainda será aprofundado nesta obra. Assim, para manter a coerência do sistema, a norma deveria ser alterada para incluir a menção ao divórcio.

De toda sorte, a tendência de proposta legislativa é de se abolir as causas suspensivas do casamento, como consta do Projeto de *Estatuto das Famílias* do IBDFAM, no plural. Consta da justificativa da proposta, que conta com o meu apoio que "foram suprimidas as causas suspensivas do casamento, previstas no Código Civil, porque não suspendem o casamento, representando, ao contrário, restrições à liberdade de escolha de regime de bens". De fato, o instituto em estudo está superado pelo tempo, apegado a um patrimonialismo exagerado, que não pode mais prevalecer na atualidade. Por isso, no atual Projeto de Reforma do Código Civil igualmente se propõe a revogação expressa do art. 1.523 do CC.

c) O divorciado, enquanto não houver sido homologada ou decidida a partilha dos bens do casal, o que também visa a evitar confusões quanto ao patrimônio.

A razão da inclusão dessa previsão no atual Código Civil é que o divórcio poderá ser concedido sem que haja prévia partilha de bens (art. 1.581 do CC). Nos termos da Lei 11.441/2007, do art. 1.124-A do CPC/1973 e do art. 733 do CPC/2015 – este último atualmente em vigor –, atente-se ao fato de que o divórcio e também a partilha podem ser extrajudiciais, por escritura pública. Também aqui, não havendo prejuízo patrimonial, o casamento poderá ser celebrado por qualquer regime, cessando a causa suspensiva (art. 1.523, parágrafo único, do CC).

d) Tutor e o curador, bem como seus parentes (descendentes, ascendentes, irmãos, cunhados ou sobrinhos) com a pessoa tutelada ou curatelada, enquanto não cessada a tutela ou curatela, ou não estiverem saldadas as respectivas contas prestadas.

A *ratio* da causa suspensiva é moral, pois, supostamente, o tutor ou o curador poderia induzir o tutelado ou o curatelado a erro, diante de uma relação de confiança. De qualquer modo, o objetivo também é a proteção patrimonial. Mais uma vez demonstrada a inocorrência de prejuízo para a pessoa tutelada ou curatelada, o casamento poderá ser celebrado por qualquer regime, pois desaparece a causa suspensiva (art. 1.523, parágrafo único, do CC).

O Código Civil em vigor não faz menção ao impedimento impediente que constava do art. 183, inc. XVI, do Código Privado anterior, qual seja, o que obstava o casamento do "juiz, ou escrivão e seus descendentes, ascendentes, irmãos, cunhados ou sobrinhos, com órfão ou viúva, da circunscrição territorial onde um ou outro tiver exercício, salvo licença especial da autoridade judiciária superior". A lei previa este impedimento uma vez que o órfão ou a viúva poderia ter um sentimento de paixão pelo juiz ou escrivão de forma a viciar a sua vontade, razão pela qual o seu patrimônio deveria ser protegido. Diante da mudança nos costumes e do consciente coletivo nacional, tais previsões não mais se justificavam, razão de sua retirada da codificação privada.

Seguindo no estudo da matéria, anote-se que as causas suspensivas do casamento podem suspender a realização do matrimônio. Nesses casos, somente poderão ser arguidas por parentes em linha reta, consanguíneos ou afins (pais, avós, sogros, pais dos sogros etc.) e pelos colaterais em segundo grau, consanguíneos ou afins (irmãos ou cunhados). Isso porque as causas suspensivas incidem em situações de interesse particular ou ordem privada, à luz do disposto no art. 1.524 do CC. Assim sendo, não poderão ser declaradas de ofício por eventual juiz ou pelo oficial do registro civil.

De qualquer forma, pelo teor do Enunciado n. 330 do CJF/STJ, da *IV Jornada de Direito Civil*, realizada em 2006, o direito de alegar uma causa suspensiva se estende à hipótese de parentesco civil: "as causas suspensivas da celebração do casamento poderão ser arguidas inclusive pelos parentes em linha reta de um dos nubentes e pelos colaterais em segundo grau, por vínculo decorrente de parentesco civil".

Resumindo, quanto à oposição dos impedimentos e das causas suspensivas do casamento, observar o seguinte quadro comparativo:

		Momento da oposição	Legitimados
Oposição (em declaração escrita, assinada e com provas)	Impedimentos	No processo de habilitação e até o momento da celebração.	Juiz e oficial do registro (de ofício), Ministério Público e qualquer interessado.
	Causas suspensivas	Só no processo de habilitação, até 15 dias após os *proclamas*.	Parentes em linha reta e colateral até 2.º grau (consanguíneos ou afins).

Adianta-se que, desaparecendo o motivo de imposição da causa suspensiva, justifica-se a ação de alteração de regime de bens, a ser proposta por ambos os cônjuges (art. 1.639, § 2.º, do CC). Nesse sentido, o Enunciado n. 262 do Conselho da Justiça Federal, aprovado na *III Jornada de Direito Civil, em 2003*: "a obrigatoriedade da separação de bens, nas hipóteses previstas nos incs. I e III do art. 1.641 do Código Civil, não impede a alteração do regime, desde que superada a causa que o impôs". Essa premissa vem sendo muito bem aplicada há tempos pela jurisprudência nacional (STJ, REsp 821.807/PR, 3.ª Turma, Rel. Min. Fátima Nancy Andrighi, j. 19.10.2006, *DJU* 13.11.2006, p. 261; TJSP, Apelação sem Revisão 552.439.4/9, Acórdão 2630948, 3.ª Câmara de Direito Privado, São Vicente, Rel. Des. Beretta da Silveira, j. 27.05.2008, *DJESP* 28.07.2008).

Como ainda se verá neste livro, o Código de Processo Civil de 2015 procurou trazer regras regulamentares instrumentais para essa ação de alteração do regime de bens, tema tratado no próximo capítulo desta obra.

Para encerrar o tópico e a temática, reitero que, no Projeto de Reforma do Código Civil, a Comissão de Juristas, após um intenso debate entre a Subcomissão de Direito de Família e a Relatoria-Geral, propõe retirar do sistema não só o regime da separação obrigatória, como também todas as causas suspensivas do casamento, revogando-se o art. 1.523 e todos os dispositivos que tratam dos institutos correlatos.

Como bem justificaram os juristas da Subcomissão – Pablo Stolze Gagliano, Maria Berenice Dias, Rolf Madaleno e Ministro Marco Buzzi –, "com a revogação, o instituto da separação obrigatória de bens em razão da idade ou da pseudoconfusão de bens por não haver sido feito a partilha ou o inventário de um relacionamento anterior, deixa de existir em nosso sistema. A normatização revogada discrimina as pessoas no tocante à sua capacidade de discernimento, apenas porque septuagenários, assim como é incoerente impor um regime obrigatório de separação de bens por supor que pudessem ser confundidos os bens da relação afetiva anterior com o novo relacionamento conjugal ou convivencial, sabido que toda classe de bens goza de fácil comprovação quanto à sua aquisição, quer se trate de imóveis, móveis, semoventes, automóveis, depósitos e aplicações financeiras, constituições de sociedades empresárias etc.".

De fato, essa fácil comprovação da origem do patrimônio e da sua titularidade, com o incremento de mecanismos das novas tecnologias e com a possibilidade de partilha ou divisão a qualquer momento, faz desaparecer totalmente a razão de ser dos incs. I, II e III do art. 1.521, no meu entender, sendo plenamente possível afastar a alegada confusão patrimonial que serve com razão para a existência das causas suspensivas e a imposição do regime da separação obrigatória, no art. 1.641, que igualmente se propõe seja totalmente revogado.

No tocante ao primeiro inciso, que diz respeito ao viúvo ou à viúva, foi mantida a hipoteca legal em favor dos filhos, sobre os imóveis dos pais, ampliando-se a restrição para os casos de união estável, no art. 1.489, inc. II, do CC que passará a ter a seguinte redação: "a lei confere hipoteca: [...] II – aos filhos, sobre os imóveis do pai ou da mãe que passar a outras núpcias ou estabelecer união estável, antes de fazer o inventário do casal anterior". Entendo que a manutenção dessa hipoteca legal ainda se justifica, para que haja certa restrição aos imóveis em casos pontuais, não se justificando, porém, a restrição à liberdade de todos os brasileiros na escolha do regime de bens, por conta de um suposto risco de fraude, que muitas vezes é meramente hipotético.

Em suma, em uma realidade em que a grande maioria da população não tem bens a partilhar, mas apenas dívidas e patrimônio passivo, não se justifica esse grave atentado à liberdade de escolher o regime do novo casamento ou da nova união estável. As hipóteses de fraude podem ser perfeitamente resolvidas por mecanismos da Teoria Geral do Direito Civil e do Processo Civil, como a simulação (art. 167 do CC), a fraude à lei (art. 166, inc. VI, do CC), a fraude contra credores (arts. 158 a 165 do CC) e a fraude à execução (art. 792 do CPC), sem prejuízo de outros institutos que podem ser alegados e aplicados.

Toda essa argumentação também serve para afastar a causa suspensiva relativa à tutela e à curatela, além de um rígido controle pelo juiz e pelos órgãos da Justiça que a fiscalizam, em procedimento judicial. Como já é no sistema atual, a própria imposição do regime da separação obrigatória pode ser flexibilizada, nos termos do parágrafo único do art. 1.523 e com a possibilidade de alteração do regime, sendo imperioso um passo a mais para retirar as anacrônicas e superadas causas suspensivas do regime civilístico.

Ademais, com a retirada, do sistema jurídico brasileiro, das causas suspensivas e do regime da separação obrigatória de bens, a Comissão de Juristas propõe a revogação do art. 1.524 do Código Civil, que trata da sua alegação e conhecimento. Também, há proposta de alteração do dispositivo da Lei de Registros Públicos (Lei 6.015/1973), que trata da alegação das causas suspensivas, deixando o seu art. 67 de mencioná-las e passando a prever o seguinte: "Art. 67. O procedimento pré-nupcial seguirá os trâmites fixados pelo Código Civil, após o requerimento dos nubentes. Parágrafo único. Se houver impedimento ou outro obstáculo jurídico para o casamento, o oficial de registro dará ciência do fato aos nubentes, os quais poderão requerer a suscitação de dúvida na forma do art. 198 desta Lei, admitida a produção de provas adicionais". Sobre no novo *procedimento pré-nupcial*, tratarei a seguir.

Caberá ao Congresso Nacional, portanto, analisar as razões da nossa proposta, sendo o melhor caminho, sem dúvida, retirar do sistema o regime da separação obrigatória de bens.

2.5 DO PROCESSO DE HABILITAÇÃO E DA CELEBRAÇÃO DO CASAMENTO. ALTERAÇÕES PROMOVIDAS PELA LEI DO SERP (LEI 14.382/2022)

O casamento é tido como um negócio jurídico complexo, especial e formal. Talvez o casamento seja, ao lado do testamento, o negócio que apresenta o maior número de requisitos especiais e solenidades. Isso pode ser percebido pelo estudo do seu processo de habilitação e da celebração do casamento.

Em relação à celebração, a norma jurídica impõe uma série de requisitos, que hoje são tidos como excessivamente formalistas e burocráticos, até desincentivando a celebração do casamento civil.

Por isso, o Projeto de Reforma do Código Civil, elaborado pela Comissão de Juristas nomeada no âmbito do Congresso Nacional, pretende facilitar os procedimentos, retirando-se do sistema o antiquado e superado procedimento de habilitação, com a publicação de proclamas, substituindo-o pelo *procedimento pré-nupcial*, que será totalmente informatizado e digitalizado, como se verá ao final deste tópico. Com isso, ganha-se tempo e reduz-se custos hoje tidos como desnecessários, para a maioria da população brasileira.

Inicio o assunto lembrando que a Lei 14.382/2022, que instituiu o Sistema Eletrônico de Registros Públicos (SERP), trouxe várias alterações importantes quanto ao processo de habilitação de casamento, tema que está analisado no livro em coautoria com Carlos Eduardo Elias de Oliveira, e que será igualmente aqui estudado (TARTUCE, Flávio; OLIVEIRA, Carlos Eduardo E. de. *Lei do Sistema Eletrônico...*, 2022). Como ali destacamos, a Lei do SERP, originária da Medida Provisória n. 1.085, promoveu diversas alterações de alta complexidade mediante um processo legislativo mais acelerado, o que deixou alguns pontos abertos ou dúbios a atrair a intervenção da doutrina, das normas infralegais e da jurisprudência.

As modificações foram feitas, substancialmente, na Lei de Registros Públicos (LRP, Lei 6.015/1973), sem a revogação expressa de qualquer dispositivo do Código Civil, o que deixou muitas dúvidas. De toda sorte, alguns comandos da codificação privada estão revogados tacitamente, pois a nova norma tratou de algumas matérias inteiramente, havendo incompatibilidades entre a lei posterior e a anterior, nos termos do art. 2.º, § 1.º, da LINDB (Lei de Introdução às Normas do Direito Brasileiro). Inicialmente, segundo o art. 1.525 do CC/2002, o requerimento de habilitação para o casamento será firmado por ambos os nubentes, de próprio punho, ou, a seu pedido, por procurador, devendo ser instruído com os seguintes documentos:

a) certidão de nascimento ou documento equivalente;
b) autorização por escrito das pessoas sob cuja dependência legal estiverem, ou ato judicial que a supra;
c) declaração de duas testemunhas maiores, parentes ou não, que atestem conhecê-los e afirmem não existir impedimento que os iniba de casar;
d) declaração do estado civil, do domicílio e da residência atual dos contraentes e de seus pais, se forem conhecidos;
e) certidão de óbito do cônjuge falecido, de sentença declaratória de nulidade ou de anulação de casamento, transitada em julgado, ou do registro da sentença de divórcio.

Como primeira modificação de relevo introduzida pela Lei do SERP, prevê o novo art. 67, § 4.º-A, da Lei de Registros Públicos que os nubentes têm o direito de apresentar o requerimento de habilitação e a documentação pertinentes eletronicamente. Consoante está expresso nessa norma, "a identificação das partes e a apresentação dos documentos exigidos pela lei civil para fins de habilitação poderão ser realizadas eletronicamente mediante recepção e comprovação da autoria e da integridade dos documentos".

Conforme a redação original do art. 1.526 do CC, esse processo de habilitação seria realizado perante o oficial do Registro Civil e, após a audiência do Ministério Público, seria homologado pelo juiz. Consoante se destacou em edições anteriores da obra, esse comando legal era criticado pela doutrina, no sentido de burocratizar bastante o casamento, justamente pela necessidade de homologação pelo juiz.

Sobre a sua redação original, foi aprovado, na *I Jornada de Direito Civil*, em 2002, o Enunciado n. 120 do CJF/STJ, dispondo "deverá ser suprimida a expressão 'será homologada pelo juiz' no art. 1.526, o qual passará a dispor: 'Art. 1.526. A habilitação de casamento será feita perante o oficial do Registro Civil e ouvido o Ministério Público'". Foram as justificativas do enunciado doutrinário em questão, com as quais se concordava, diante da tendência de *desjudicialização dos interesses e conflitos*: "desde há muito que as habilitações de casamento são fiscalizadas e homologadas pelos órgãos de execução do Ministério Público, sem que se tenha quaisquer notícias de problemas como, por exemplo, fraudes em relação à matéria. A judicialização da habilitação de casamento não trará ao cidadão nenhuma vantagem ou garantia adicional, não havendo razão para mudar o procedimento que extrajudicialmente funciona de forma segura e ágil".

Diante do polêmico dispositivo, o Professor Francisco José Cahali demonstrava que o entendimento quanto à exigência do que constava do art. 1.526 do CC variava nas unidades de Federação (*Família...*, 2004, p. 16-23):

- No Estado de São Paulo, conforme parecer da Corregedoria-Geral de Justiça (Processo 28/2003 – CGJ/DEGE 1 – São Paulo), o juiz de direito deveria homologar o casamento, mas somente nos casos de dúvidas, como naqueles relacionados com os impedimentos matrimoniais e as causas suspensivas. De acordo com o Ato 289/2002 da Procuradoria-Geral de Justiça, o Ministério Público do Estado de São Paulo somente atuaria nesses casos de maior complexidade, estando dispensada a sua atuação nos demais casos, por livre convencimento.
- No Estado de Minas Gerais, de acordo com decisão também da Corregedoria-Geral de Justiça (Aviso 011/CACOR/2003, DIFIX), o juiz de direito seria autoridade competente para homologar o casamento nos termos do art. 1.526 do CC, para qualquer situação, havendo ou não impedimento. O juiz competente seria o da Vara Cível ou da Vara de Registros Públicos, quando houvesse.
- No Estado de Mato Grosso do Sul (Provimento 001/2003), a homologação seria feita pelo juiz de paz.

Afastando-se tal variação nos Tribunais estaduais, e na tendência de *desjudicialização* ou *fuga do Judiciário*, surgiu a Lei 12.133, de 17 de dezembro de 2009, que deu nova redação ao dispositivo, a saber:

"Art. 1.526. A habilitação será feita pessoalmente perante o oficial do Registro Civil, com a audiência do Ministério Público. Parágrafo único. Caso haja impugnação do oficial, do Ministério Público ou de terceiro, a habilitação será submetida ao juiz".

Como se pode notar, a norma alterada seguia a tendência consolidada na *I Jornada de Direito Civil*, o que veio em boa hora. Sintetizando a nova norma, apontava Mário de Carvalho Camargo Neto quais seriam os aspectos principais da alteração:

"1. Apenas será necessária a homologação do juiz nas habilitações para casamento que forem impugnadas;

2. O objetivo desta alteração é a simplificação dos procedimentos, a *desjudicialização* e a desburocratização;

3. A simplificação atende à demanda social, viabilizando a formalização das uniões conjugais;

4. A nova lei não altera o Ato n.º 289/2002 do PGJ/CGMP/CPJ do Estado de São Paulo, podendo ser dispensada a audiência do Ministério Público;

5. A habilitação pode ser feita por meio de procurador, sendo esta a melhor interpretação do novo texto;

6. A mudança reconhece a atividade do registrador civil como profissional do direito, dotado de fé pública e submetido ao princípio da legalidade, deixando a este a atribuição de verificar o atendimento à lei" (CAMARGO NETO, Mário de Carvalho. *Lei 12.133...* Disponível em: <http://www.ibdfam.org.br/?artigos&artigo=570>. Acesso em: 12 fev. 2010).

De toda sorte, entendo que esse dispositivo do Código Civil foi revogado pela Lei do SERP. A revogação tácita do art. 1.526 do Código Civil se deu pelo fato de sua incompatibilidade com a Lei do SERP, que, além de alterar expressamente o § 1.º do art. 67 da Lei de Registros Públicos, restringiu a invocar a oitiva do Ministério Público se houver o incidente de impugnação. Assim, houve revogação tácita, nos termos do antes citado art. 2.º, § 1.º, da LINDB. Consoante o novo art. 67, § 1.º, da Lei 6.015/1973, "se estiver em ordem a documentação, o oficial de registro dará publicidade, em meio eletrônico, à habilitação e extrairá, no prazo de até 5 (cinco) dias, o certificado de habilitação, podendo os nubentes contrair matrimônio perante qualquer serventia de registro civil de pessoas naturais, de sua livre escolha, observado o prazo de eficácia do art. 1.532 da Lei nº 10.406, de 10 de janeiro de 2002 (Código Civil)".

Previa o *caput* do art. 1.527 do Código Civil que, estando em ordem a documentação exigida pela lei, o oficial extrairia o edital, que se afixaria durante quinze dias nas circunscrições do Registro Civil de ambos os nubentes, e, obrigatoriamente, se publicaria na imprensa local, se houver (art. 1.527 do CC). Esse dispositivo legal disciplinava a *publicação dos proclamas do casamento*, que poderá ser dispensada pela autoridade competente pela homologação do casamento em casos de urgência (art. 1.527, parágrafo único, do CC).

Nos termos de enunciado aprovado na *V Jornada de Direito Civil*, promovida pelo Conselho da Justiça Federal em 2006, "o juiz não pode dispensar, mesmo fundamentadamente, a publicação do edital de proclamas do casamento, mas sim o decurso do prazo" (Enunciado n. 513). Não se filiava ao teor do enunciado doutrinário, pois ele estaria distante do texto legal e do princípio da operabilidade, no sentido de facilitação dos institutos civis, um dos baluartes da atual codificação privada. Em suma, valorizava-se muito o aspecto formal e pouco a materialidade dos atos jurídicos, o que estaria na contramão das teses defendidas por mim.

De todo modo, entendo que o *caput* do art. 1.527 do Código Civil também foi revogado tacitamente pela Lei do SERP. Isso porque, nos termos da nova legislação sobre o tema, os terceiros interessados terão quinze dias da publicação dos proclamas para apresentarem impugnação, o que representa aplicação analógica do art. 216-A, § 4.º, da Lei de Registros Públicos, diante de uma lacuna legal no art. 67, § 1.º, da mesma Lei 6.015/1973, aqui antes citado. Como está desenvolvido na obra em coautoria com Carlos Eduardo Elias de Oliveira, foi abolida a obrigação de afixação do edital de proclamas na serventia, uma vez que a Lei do SERP revogou expressamente o § 3.º do art. 67 da Lei de Registros Públicos e, de modo tácito, parece ter revogado o *caput* do art. 1.527 do CC por incompatibilidade, nos termos do sempre invocado art. 2.º da Lei de Introdução à Normas do Direito Brasileiro (TARTUCE, Flávio; OLIVEIRA, Carlos Eduardo E. de. *Lei do Sistema Eletrônico...*, 2023, p. 76). Igualmente, está extinta a ultrapassada exigência de publicação de proclamas na imprensa local.

Sobre o parágrafo único do art. 1.527, parece-nos não ter sido revogado tacitamente, pois ele deve ser lido à luz do art. 69 da Lei de Registros Públicos, na redação dada pela Lei do SERP, que detalha o procedimento para o pedido de dispensa de publicação de edital de proclamas, quando houver urgência. Vejamos como se dá tais procedimentos, nos termos do último comando citado e como está no livro coescrito com Carlos Eduardo Elias de Oliveira.

Em suma, cabe aos nubentes apresentar ao oficial do Registro Civil a petição de dispensa de publicação dos proclamas. Por conta do silêncio do art. 69 da LRP, entendemos que o momento de apresentação da petição pode ser qualquer um anterior à publicação do edital de proclamas. Assim, não há a necessidade que seja necessariamente no momento do requerimento inicial de habilitação. O silêncio do legislador foi intencional, com o objetivo de acudir, entre outras situações, a de a urgência sobrevir após o início do procedimento de habilitação.

Após a apresentação da petição de dispensa, os nubentes terão o prazo curto de vinte quatro horas para apresentar documentos comprobatórios, complementando a petição anterior. O registrador, então, decidirá no prazo de vinte e quatro horas, sendo ele a autoridade competente para decidir esse pedido. Não há necessidade de prévia consulta ao Ministério Público nem ao juiz nessa hipótese, no nosso entender.

Da decisão do registrador, caberá recurso ao juiz corregedor. Aqui, não há a necessidade de oitiva prévia do Ministério Público, seja por falta de previsão legal no art. 69 da Lei de Registros Públicos, seja porque a situação de urgência que ronda o caso não acomoda a espera por um parecer do Ministério Público. Cabe ao juiz corregedor decidir o recurso no prazo mais breve possível.

A legitimidade para interpor o recurso da decisão do registrador é dos nubentes. Caso, porém, por qualquer motivo, o Ministério Público tenha tomado ciência da decisão – o que, na prática, será raro –, entendemos que ele terá legitimidade recursal também.

O art. 69 da LRP é omisso acerca do prazo recursal. À vista dessa lacuna legal, a nossa posição é pela aplicação, por analogia, do prazo recursal no procedimento de dúvida, na forma do art. 202 da LRP. Esse prazo é o mesmo do recurso de apelação previsto no Código de Processo Civil, ou seja, é de quinze dias da intimação, contados em dias úteis (TARTUCE, Flávio; OLIVEIRA, Carlos Eduardo E. de. *Lei do Sistema Eletrônico...*, 2023, p. 80).

Como última nota a respeito dos proclamas, importante pontuar que não há mais a obrigação de duplo registro e de dupla publicação do edital de proclamas, na hipótese de os nubentes residirem em diferentes distritos do Registro Civil das Pessoas Naturais. A esse propósito, foi revogado o § 4.º do art. 67 da Lei de Registros Públicos e, atualmente, basta o registro dos proclamas no Cartório de Registro Civil escolhido pelos nubentes para o procedimento de habilitação. O Cartório necessariamente terá de ser o da residência de qualquer um dos nubentes, conforme estabelece o *caput* do art. 67 da Lei de Registros Públicos.

Realmente, a duplicidade de registro e de publicação do proclamas era desnecessária, especialmente pelo fato de os proclamas, na maior parte dos Estados brasileiros, serem publicados na internet com base em normas locais, o que confere um alcance que vai muito além dos limites territoriais de uma serventia registral, sendo muito mais eficiente e menos onerosa do que a publicação em jornais físicos.

Consagra o art. 1.528 do Código Civil o dever de o oficial do registro de esclarecer os nubentes a respeito dos fatos que podem ocasionar a invalidade do casamento, bem como sobre os diversos regimes de bens. Exemplificando, o oficial do registro deve informar sobre os impedimentos matrimoniais, sob pena da violação desse dever gerar a sua responsabilização civil, nos termos do art. 186 do Código vigente e da legislação específica.

Tanto os impedimentos quanto as causas suspensivas serão opostos em declaração escrita e assinada, instruída com as provas do fato alegado, ou com a indicação do lugar onde possam ser obtidas (art. 1.529 do CC). Opostos esses, o oficial do registro dará aos nubentes ou a seus representantes a nota da oposição, indicando os fundamentos, as provas e o nome de quem a ofereceu (art. 1.530 do CC). Podem os nubentes requerer prazo razoável para fazer prova contrária aos fatos alegados, e promover as ações civis e criminais contra o oponente de má-fé.

O procedimento dessa oposição está previsto no art. 67, § 5.º, da Lei de Registros Públicos (Lei 6.015/1973), que foi igualmente modificado pela Lei 14.382/2022 (Lei do SERP). Se houver impugnações de terceiros ou se o próprio oficial oferecer nota de oposição indicando a existência de óbices ao casamento, cabe-lhe deflagrar o incidente a ser julgado pelo juiz, conforme esse dispositivo e os arts. 1.526 e 1.530 do CC.

Os nubentes serão cientificados pelo oficial para que, em vinte e quatro horas, indiquem a prova que pretendem produzir. Terão, sucessivamente, mais três dias para apresentar essas provas, assegurado o direito a prazo maior mediante pedido fundamentado na forma do art. 1.530 do CC. O Ministério Público e os interessados serão ouvidos no prazo de cinco dias e, por fim, o juiz decidirá pela procedência ou não da impugnação do terceiro ou da nota de oposição do registrador.

A Lei de Registros Públicos não é clara acerca de quem promoverá o processamento desse incidente, realizando as intimações, recebendo as petições e tramitando os autos, sendo necessário conferir as normas das Corregedorias de cada Estado. Entendemos que, embora o § 5.º do art. 67 da Lei de Registros Públicos implicitamente atribua esse processamento ao próprio órgão judicial, consideramos que, por questões operacionais e de respeito aos nubentes, cabe ao registrador cuidar do processamento até o recebimento da petição de indicação de provas pelos nubentes (TARTUCE, Flávio; OLIVEIRA, Carlos Eduardo E. de. *Lei do Sistema Eletrônico...*, 2023, p. 82).

Isso, porque o prazo para a apresentação dessa petição é muito curto, sendo de apenas vinte e quatro horas, como visto. As partes teriam dificuldades operacionais em protocolar essa petição perante o órgão judiciário dentro desse curto prazo, pois não teriam, com facilidade, acesso à identificação do juízo competente e do número de autuação do procedimento perante o Poder Judiciário. Entendemos, assim, que a tarefa do registrador é de cuidar dos atos iniciais do processamento do incidente, quais sejam de deflagrar o incidente, de intimar os nubentes para apresentar petição de indicação de provas e de receber essa petição. Em seguida, cabe ao registrador remeter os autos ao órgão judicial, perante o qual prosseguirá o processamento do incidente, com o recebimento da petição de produção de provas pelos nubentes, com a intimação do Ministério Público e dos interessados e com a decisão judicial.

Eventualmente, caso o juiz rejeite a impugnação do terceiro ou a nota de oposição do registrador ou caso o juiz reconheça a existência de causa suspensiva, os autos retornarão ao registrador para a última fase do procedimento, qual seja a fase do certificado de habilitação.

Por outro lado, se cumpridas as formalidades previstas em lei e verificada a inexistência de fato obstativo, o oficial do registro extrairá o certificado de habilitação (art. 1.531 do CC).

Essa habilitação, determina o art. 1.532 do CC, terá eficácia de noventa dias, contados de quando for extraído o certificado. Dentro desse prazo, caberá aos nubentes agendar e realizar a celebração do casamento. Esse agendamento e celebração será feito perante a autoridade celebrante, a qual, no caso de casamento civil, costuma ser representada e designada pelo próprio registrador (art. 1.533 do CC e art. 67, § 7.º, da LRP).

Nesse ponto, o § 7.º do art. 67 da LRP precisa ser interpretado sistematicamente com o art. 1.516 do CC, pois aquele dispositivo limita-se a tratar da hipótese de casamento civil, afirmando que o agendamento do casamento será feito perante o registrador. Ocorre que, no caso de casamento religioso com efeitos civis, o agendamento dar-se-á diretamente com a autoridade religiosa celebrante, e não com o registrador. Após a celebração do casamento religioso, deverá ser promovido o registro do casamento perante o Cartório de Registro das Pessoas Naturais competente no prazo de 90 dias. Ultrapassado esse prazo, o registro dependerá de nova habilitação, conforme o art. 1.516 do CC.

Relativamente à celebração do casamento, está ocorrerá no dia, hora e lugar previamente designados pela autoridade que houver de presidir o ato, mediante petição dos contraentes, que se mostrem habilitados com a certidão de habilitação (art. 1.533 do CC). Sobre esse documento, na *I Jornada de Direito Notarial e Registral*, realizada em agosto de 2022 pelo Conselho da Justiça Federal e pelo Superior Tribunal de Justiça, aprovou-se ementa doutrinária segundo a qual "a certidão do registro civil necessária à habilitação para casamento deve ter sido emitida há menos de 90 (noventa) dias contados da data da apresentação dos documentos para habilitação" (Enunciado n. 11).

O ato deve ser presidido pelo juiz de paz. Tem-se admitido, ainda, a atuação do preposto do oficial de registro civil como autoridade celebrante do casamento, notadamente naqueles locais em que não há juiz de paz atuando. Nesse sentido, o Enunciado n. 79, da mesma *I Jornada de Direito Notarial e Registral*, "o preposto do oficial de registro civil das pessoas naturais poderá, eventualmente, atuar como juiz de paz da respectiva circunscrição, mediante designação pela autoridade judiciária competente".

Observe-se que a matéria, até o momento, não está regulamentada de forma uniforme em nosso país. O art. 98, inc. II, da CF/1988 preceitua que a União, no Distrito Federal e nos Territórios, e os Estados criarão "justiça de paz, remunerada, composta de cidadãos eleitos pelo voto direto, universal e secreto, com mandato de quatro anos e competência para, na forma da lei, celebrar casamentos, verificar, de ofício ou em face de impugnação apresentada, o processo de habilitação e exercer atribuições conciliatórias, sem caráter jurisdicional, além de outras previstas na legislação". Não há uniformidade quanto à justiça de paz no Brasil, sendo certo que cada unidade da Federação tomou um rumo. Isso é apontado pela Professora Maria Helena Diniz, que demonstra essa alternância na regulamentação:

> "No Estado de São Paulo, a autoridade competente para celebrar o ato nupcial é o Juiz de Casamentos (Dec.-lei 13.375/1947; Res. SJDC 26/1997), até que se elabore lei para criar a Justiça de Paz (Constituição do Estado de São Paulo, 1989, art. 89 e Disposições Transitórias, art. 16). Tal juiz, cuja função não é remunerada, é nomeado pelo secretário da Justiça. Cada município tem dois suplentes para o juiz de casamento, que o substituirão em caso de impedimento; no Estado do Rio de Janeiro, era o Juiz do Registro Civil (Dec.-lei 8.524/1945, art. 67, I) e hoje é o juiz de paz (Constituição Estadual, art. 168, e Res. 6/1997 do CSM); no Estado do Paraná, o Juiz de Direito (Lei Estadual 4.667/1962, art. 83, VIII, *c*). Na maioria das unidades federativas o juiz de paz é a autoridade competente, determinada pelas respectivas leis de organização judiciária" (DINIZ, Maria Helena. *Curso...*, 2007, p. 98, nota 189).

No que concerne ao ato solene, este será realizado na sede do cartório, com toda publicidade, a portas abertas, presentes pelo menos duas testemunhas, parentes ou não dos contraentes. Se as partes quiserem, e consentindo a autoridade celebrante, o casamento poderá ser celebrado em outro edifício, público ou particular (art. 1.534 do CC).

Nesse último caso, ficará o edifício particular de portas abertas durante o ato (art. 1.534, § 1.º, do CC). O número de testemunhas aumenta para quatro, o que igualmente se aplica se algum dos contraentes não souber ou não puder escrever (art. 1.534, § 2.º, do CC).

Como outra novidade a respeito do procedimento do casamento, em complemento ao último dispositivo da codificação privada, a Lei do SERP incluiu na Lei de Registros Públicos a possibilidade de a celebração do casamento ocorrer por videoconferência, desde que sejam asseguradas ampla publicidade para terceiros acompanharem sincronamente e a manifestação de vontade dos nubentes, das testemunhas e da autoridade celebrante. Consoante o novo art. 67, § 8.º, da Lei 6.015/1973, "a celebração do casamento poderá ser realizada, a requerimento dos nubentes, em meio eletrônico, por sistema de videoconferência em que se possa verificar a livre manifestação da vontade dos contraentes".

Reafirmo que o último comando deve ser interpretado sistematicamente com o art. 1.534 do Código Civil, que exige que a celebração ocorra com "toda publicidade, a portas abertas, presentes, pelo menos, duas testemunhas" ou, no caso de qualquer dos nubentes não puder ou não souber escrever, quatro testemunhas. As portas devem permanecer abertas mesmo se o casamento ocorrer em edifício particular, tendo em vista a necessidade de publicidade do ato.

Assim, entendo que, no caso de celebração eletrônica do casamento, é forçoso garantir similar publicidade. Nesse contexto, é preciso disponibilizar publicamente o acesso de qualquer pessoa à cerimônia eletrônica. Essa disponibilidade poderá ser feita por diferentes formas, como pela transmissão ao vivo da cerimônia em plataformas abertas e gratuitas de transmissão de vídeos, como o YouTube ou uma *live* no Instagram; ou pela publicação, na internet, como no *site* do cartório da data, do horário e do *link* de acesso à sala virtual de videoconferência em que a cerimônia ocorrerá. Caberá às normas de serviço locais, de cada Estado, regulamentarem esse aspecto, tendo em vista a preservação da ampla publicidade da cerimônia do casamento (TARTUCE, Flávio; OLIVEIRA, Carlos Eduardo E. de. *Lei do Sistema Eletrônico...*, 2023, p. 74).

Além disso, apesar do silêncio do art. 67, § 8.º, da LRP, a plataforma virtual de videoconferência da cerimônia do casamento deverá permitir a manifestação de vontade das testemunhas e da autoridade celebrante. Trata-se de decorrência lógica, pois eles são participantes diretos da cerimônia. Não há necessidade de se garantir o direito de voz aos demais presentes, como ao público. Isso porque não há previsão legal de apresentação de impugnação ao casamento por terceiros no momento da cerimônia de casamento. A insurgência de terceiros, no caso, deveria ter sido manifestada durante o procedimento de habilitação do casamento ou poderá vir a ser formulada posteriormente, se envolver algum vício ou questão de ordem pública, como na hipótese de uma ação declaratória de nulidade absoluta do casamento, nos termos do art. 1.548 do Código Civil.

Presentes os contraentes, pessoalmente ou por procurador especial, juntamente com as testemunhas e o oficial do registro, o presidente do ato, após ouvir dos nubentes a afirmação de que pretendem casar por livre e espontânea vontade, declarará efetuado o casamento, nos seguintes termos:

"De acordo com a vontade que ambos acabais de afirmar perante mim, de vos receberdes por marido e mulher, eu, em nome da lei, vos declaro casados".

Essa é a regra do art. 1.535 da atual codificação material privada, que será aplicada também ao casamento celebrado por videoconferência, nos termos da Lei do SERP. Como se pode perceber, a redação da oração que deve ser dita é bem confusa e arcaica. Por isso, entendo que o dispositivo se distancia da *operabilidade*, no sentido de *simplicidade* do Direito Privado. Melhor seria alterar o dispositivo numa linguagem a ser compreendida pelo cidadão comum, pelo *brasileiro médio*.

Como enuncia o próprio Código Civil, no seu art. 113, *caput*, os negócios jurídicos devem ser interpretados conforme os usos do lugar de sua celebração. Nesse contexto social, forçoso entender que são possíveis variações na forma de expressão, desde que não se prejudique a sua essência. Assim, por exemplo, no caso de casamento homoafetivo, as expressões marido e mulher podem ser substituídas por *cônjuges* ou por outra que os consortes preferirem. Também pode ser mitigada nos casos de casamentos coletivos. Mais à frente será demonstrada a proposta de alteração desse dispositivo no Projeto de Reforma do Código Civil, em prol da simplicidade da operabilidade.

Logo após a celebração do casamento, será lavrado o assento no livro de registro (art. 1.536 do CC). No assento, assinado pelo presidente do ato, pelos cônjuges, pelas testemunhas, e pelo oficial do registro, constarão:

a) os prenomes, sobrenomes, datas de nascimento, profissão, domicílio e residência atual dos cônjuges;

b) os prenomes, sobrenomes, datas de nascimento ou de morte, domicílio e residência atual dos pais;

c) o prenome e sobrenome do cônjuge precedente e a data da dissolução do casamento anterior;
d) a data da publicação dos proclamas e da celebração do casamento;
e) a relação dos documentos apresentados ao oficial do registro;
f) o prenome, sobrenome, profissão, domicílio e residência atual das testemunhas;
g) o regime do casamento, com a declaração da data e do cartório em cujas notas foi lavrada a escritura antenupcial, quando o regime não for o da comunhão parcial, ou o obrigatoriamente estabelecido.

Pelo que consta nos arts. 1.535 e 1.536 do atual Código Civil, fica uma dúvida: qual o momento exato de celebração do casamento? Quando da declaração oral do presidente do ato ou quando do assento no registro civil?

A resposta correta é que o ato será plenamente firmado com a declaração solene pela autoridade competente, o que também é esclarecido pelo outrora comentado art. 1.514 do CC ("O casamento se realiza no momento em que o homem e a mulher manifestam, perante o juiz, a sua vontade de estabelecer vínculo conjugal, e o juiz os declara casados").

Sobre o tema, é interessante transcrever os esclarecimentos de Luiz Edson Fachin e Carlos Eduardo Pianovski Ruzyk, no sentido de que "o registro do casamento não é ato constitutivo do vínculo conjugal, que se tem por perfeito finda a celebração, com a proclamação solene, pela autoridade que preside o ato, de que os nubentes se encontram casados, por sua livre e espontânea vontade. O registro é, pois, meio de prova do casamento – embora não seja o único –, mas não essencial à produção dos seus efeitos" (*Código Civil...*, 2003, p. 107). Em complemento, pode-se dizer que o registro está no plano da eficácia do casamento, não no plano da validade, o qual é constituído pela declaração dos nubentes.

No Projeto de Reforma do Código Civil, com vistas a trazer maior clareza e diminuir o excesso formal e de burocracias na celebração do casamento, muito distante da realidade brasileira, sugere-se que o art. 1.514 passe a prever que "o casamento se realiza quando duas pessoas livres e desimpedidas manifestam, perante o celebrante, a sua vontade de estabelecer vínculo conjugal e o celebrante os declara casados". Confirma-se a ideia de que o celebrante do casamento poderá ser outra pessoa que não o juiz de paz, com o fim de deixar mais livre, e de acordo com o planejamento do casal, a celebração do matrimônio; até porque a Justiça de Paz não foi instalada na grande maioria das unidades da Federação. Insere-se, ainda, um parágrafo único no art. 1.514, enunciando que, "pelo casamento, os nubentes assumem mutuamente a condição de consortes e responsáveis pelos encargos da família", o que confirma o que está previsto no seu art. 1.565.

Por fim, observo que a norma passará a mencionar que o casamento é celebrado entre "duas pessoas", e não mais homem e mulher, com a admissão do casamento homoafetivo, como já é na atualidade, desde a decisão do Supremo Tribunal Federal de 2010, na ADPF 132. Voltarei ao estudo do novo procedimento proposto, mais à frente.

Nos casos de autorização para casar (envolvendo menores, por exemplo), o seu instrumento transcrever-se-á integralmente na escritura antenupcial (art. 1.537 do CC). Por outra via, estabelece o art. 1.538 do CC que a celebração do casamento será imediatamente suspensa se algum dos contraentes:

– recusar a solene afirmação da sua vontade;
– declarar que esta não é livre e espontânea;
– manifestar-se arrependido.

Aliás, o nubente que der causa à suspensão do ato não poderá retratar-se no mesmo dia (art. 1.538, parágrafo único, do CC). Essa regra será aplicada mesmo se a manifestação tiver sido feita em tom jocoso (*animus jocandi*) ou de brincadeira.

Não se pode negar que a norma é muito rígida e até distante da nossa realidade fática, havendo proposta de sua revogação expressa pelo Projeto de Reforma e Atualização do Código Civil.

Como outra observação importante a respeito da celebração do casamento, cabe anotar a última alteração trazida pela Lei do SERP, Lei 14.382/2022. Nos termos da Lei de Registros Públicos, a celebração do casamento deverá ser anotada nos autos do procedimento de habilitação.

Porém, se os atos ocorrerem perante serventias diferentes, caberá ao oficial da celebração do casamento comunicar eletronicamente o fato ao oficial da habilitação para que este promova a devida anotação nos autos do procedimento de habilitação, nos termos do novo art. 67, § 6.º, da Lei de Registros Públicos. Se os atos ocorrerem na mesma serventia, entendemos que a anotação da celebração do casamento no procedimento de habilitação é obrigatória, apesar do silêncio do último comando, pois esse dispositivo apenas trata da anotação quando a celebração ocorrer em serventia diferente da do procedimento de habilitação. A finalidade da anotação é permitir, por meio da consulta ao procedimento de habilitação, a fácil identificação de que o casamento foi celebrado. Por isso, a anotação deve dar-se mesmo se celebração ocorrer no mesmo Cartório de Registro Civil da habilitação, o que constitui uma interpretação teleológica do referido dispositivo (TARTUCE, Flávio; OLIVEIRA, Carlos Eduardo E. de. *Lei do Sistema Eletrônico...*, 2023, p. 75).

A propósito, o dever de comunicação da serventia anterior para a anotação da celebração nos autos do procedimento de habilitação do casamento já era previsto em normas locais, a exemplo do item 68 do Capítulo XVII das Normas da Corregedoria do Estado de São Paulo, sendo certo que a Lei do SERP apenas positivou em lei federal o que já estava em atos infralegais, prática comum adotada pelo legislador na norma emergente.

Sobre o Projeto de Reforma do Código Civil, como visto, propõe-se que a celebração do casamento seja precedida do chamado *procedimento pré-nupcial*, requerido pelos nubentes, que se identificarão por meio físico ou virtual, ao oficial do Cartório de Registro Civil (nova redação do art. 1.525 da codificação privada). O oficial então fará as buscas no sistema eletrônico de dados pessoais, acerca da idade núbil, do estado civil dos nubentes e de sua capacidade de exercício, em especial para verificar se há algum impedimento ou incapacidade para o casamento (art. 1.526).

Vale lembrar que já há um procedimento similar no caso da certificação eletrônica da união estável, previsto no novo art. 70-A da Lei de Registros Públicos (Lei 6.015/1973), incluído pela Lei do SERP (Lei 14.382/2022). A sua regulamentação consta do Provimento 141/2023 do Conselho Nacional de Justiça, sucessivamente incorporado ao seu Código Nacional de Normas (CNN-CNJ). Nos termos do seu art. 553, esse procedimento de certificação eletrônica de união estável realizado perante oficial de registro civil autoriza a indicação das datas de início e, se for o caso, de fim da união estável no registro; tendo natureza facultativa. Os parágrafos da norma complementam as suas regras procedimentais.

Também a respeito da união estável, vale lembrar que a própria Lei do SERP possibilita o seu registro facultativo no Livro E do Cartório de Registro Civil das Pessoas Naturais (novo art. 94-A da Lei de Registros Públicos), consagrando o citado Código Nacional de Normas os procedimentos para tanto (arts. 537 a 546). Entre eles, merece destaque a previsão no sentido de ser vedada a lavratura de termo declaratório de união estável havendo um anterior lavrado com os mesmos companheiros, devendo o oficial consultar a Central de Informações de Registro Civil das Pessoas Naturais (CRC), previamente à lavratura e consignar o resultado no termo (art. 538, § 5.º, do Código Nacional de Normas do CNJ). Essa Central é que deverá ser consultada também no caso do procedimento pré-nupcial que pretendemos incluir no Código Civil de 2002.

Ademais, por sugestão da Relatora-Geral da Comissão de Juristas, Professora Rosa Nery, foi acrescentada no art. 1.527 do Código Civil a consulta ao Sistema Nacional de Produção de Embriões, uma vez que a Reforma pretende tratar na codificação privada a respeito das técnicas de reprodução assistida. Nesse contexto, de posse dos dados exigidos para o procedimento, o oficial registrador fará a verificação junto a esse sistema, sobre a existência de possível impedimento para o casamento. A norma visa a evitar, a título de ilustração, o casamento de irmãos, nos termos da vedação constante do art. 1.521, inc. IV, da Norma Geral Privada.

Com vistas de manter uma facilitação já consolidada a respeito da celebração do casamento, a nova redação do art. 1.528 do Código Civil preverá que qualquer dos nubentes, ou ambos, podem ser representados por procurador, devendo a procuração, que terá eficácia de noventa dias, ser outorgada por instrumento público e com poderes especiais. Nessas situações, se um dos nubentes, ou os dois, fizer-se representar por procuradores, eles darão o assentimento e assinarão o termo de casamento (art. 1.535).

Nos casos das pessoas cuja autonomia estiver prejudicada por redução de discernimento – que não constitua deficiência e enquanto perdurar esse estado –, o novo art. 1.529 da Lei Geral Privada expressará que, quando o habilitando desejar ser auxiliado para o ato, o requerimento para o procedimento pré-nupcial deverá também ser firmado por dois apoiadores, que tenham contribuído para a sua tomada de decisão. Uma das ideias da Reforma do Código, por previsão de outros dispositivos, é que a tomada de decisão apoiada – judicial ou extrajudicial – seja utilizada também para atos existenciais, além dos atos negociais puramente patrimoniais, como se dá na atualidade.

Outra regra protetiva importante consta do novo art. 1.530 do Código Civil, segundo a qual o requerimento pré-nupcial deverá ser firmado pelos representantes legais dos nubentes, que sejam maiores de 16 e menores de 18 anos.

Após a verificação de todos esses dados e informações – o que pode ser efetivado muito rapidamente, em minutos, com simples consultas nos sistemas, sobretudo com o novo *site* integrado do SERP –, o oficial do Cartório de Registro Civil das Pessoas Naturais certificará estarem os nubentes aptos para a celebração do casamento (projetado art. 1.531 do Código Civil). Essa certificação terá prazo de eficácia de trinta dias e, se o casamento não for celebrado nesse prazo, o procedimento terá que ser reiniciado. Como se pode perceber, há uma grande simplificação, sem a presença das proclamas ou de editais com longos prazos, o que não mais se justifica.

Eventualmente, se for o caso, os impedimentos para o casamento, previstos no art. 1.521, passaram a ser opostos por meio físico ou virtual, em declaração escrita, assinada e instruída com as provas do fato alegado ou com a indicação do lugar onde possam ser obtidas. Podem os nubentes fazer prova contrária dos fatos alegados relativos aos impedimentos e, verificada a inveracidade das alegações, promover as ações civis e criminais contra o oponente de má-fé. Tudo isso constará do novo art. 1.532 do Código Civil, mais uma vez com vistas a facilitar os procedimentos, inclusive com a utilização das novas tecnologias, um dos nortes da Reforma do Código Civil. Entendo que a situação será raríssima, tendo sido incluída a norma por precaução, para completar o sentido do novo parágrafo único do art. 67 da Lei de Registros Públicos.

O casamento será celebrado no dia, hora e lugar previamente designados, pela autoridade que houver de presidir o ato (art. 1.533). Não há mais a menção da presença de duas testemunhas nem que seja realizado na sede do Cartório, o que é totalmente dispensável. Nesses aspectos, seguimos as propostas e as justificativas da Subcomissão de Direito de Família, no sentido de que "dispensamos a exigência de testemunhas, que, nos tempos atuais, não significam nenhum ganho de segurança adicional e acabam sendo um obstáculo desnecessário, ainda mais se levarmos em conta que a união estável não exige qualquer testemunha para sua formalização". E mais, "como, porém, a diretriz dos trabalhos desta Comissão é prestigiar a autonomia privada dos inúmeros brasileiros, facultamos a quem interessar realizar um ato de celebração do casamento mais ritualístico, de acordo com suas preferências pessoais, inclusive religiosas. Deixamos livre para as partes escolherem o modo da celebração".

Seguindo com o estudo das propostas, novamente com vistas a facilitar os procedimentos, até porque muitos Estados não regularizaram a Justiça de Paz, será admitido que o oficial de registro civil das pessoas naturais, ou seu preposto, seja investido das funções de juiz de paz, tomando a declaração mútua de vontade dos nubentes de contrair casamento, no ato da celebração, colhendo-lhes a assinatura no termo de celebração (art. 1.533, parágrafo único, do Código Civil).

Com a redução de formalidades ora proposta pela Comissão de Juristas, sugere-se a revogação do art. 1.534 do Código Civil, uma vez que a redação proposta para o dispositivo anterior atende ao seu conteúdo atual, sem todas as solenidades hoje exigidas, totalmente desnecessárias, na visão compartilhada pelos membros da Comissão de Juristas.

Por um lapso na tramitação das discussões, apesar de essa conclusão poder ser retirada de outros comandos, faltou a inclusão expressa da possibilidade de o casamento ser realizado pela forma eletrônica, por videoconferência, como está hoje no art. 67, § 8.º, da Lei de Registros Públicos, incluído pela Lei do SERP. Sendo assim, talvez seja interessante incluir a sua previsão como novo parágrafo do art. 1.533, exatamente como foi sugerido pela Subcomissão de Direito de Família, com pequenas alterações, a saber: "todos os atos relativos ao procedimento pré-nupcial e à celebração do casamento poderão ser realizados, a requerimento dos nubentes, em meio eletrônico, por sistema de videoconferência em que se possa verificar a livre manifestação da vontade dos contraentes". Será necessário, portanto, incluir essa previsão na tramitação do projeto de lei perante o Parlamento Brasileiro.

Mais uma vez para a redução de formalidades, não haverá qualquer previsão de palavras a serem ditas pela autoridade celebrante, como está no atual e arcaico art. 1.535 da Lei Geral Privada, aqui antes estudado e criticado. A questão ficou em aberto, sendo de livre escolha dos nubentes e da própria autoridade. Mais uma vez, como bem justificou a Subcomissão de Direito de Família, a quem segui novamente, "limitamos a exigir que haja um ato de celebração com a declaração de vontade dos nubentes, com a assinatura delas e da autoridade celebrante, constando as informações necessárias ao registro de casamento. Com isso, desburocratizamos a vida dos cidadãos, sem afastar o direito daqueles que preferem modos rituais mais pessoais de celebração de casamento".

Do casamento, logo depois de celebrado, lavrar-se-á o assento no livro de registro. Nesse assento, consoante a redação aperfeiçoada e simplificada do art. 1.536, assinado pelo presidente do ato e pelos cônjuges, serão exarados: *a)* os prenomes, sobrenomes, datas de nascimento, profissão, domicílio e residência atual dos cônjuges; *b)* os prenomes, sobrenomes, datas de nascimento ou de morte, domicílio e residência atual dos pais; *c)* o prenome e sobrenome do cônjuge precedente e a data da dissolução do casamento anterior; *d)* o resultado das informações obtidas das pesquisas levadas a efeito pelo Cartório; e *e)* o regime do casamento, com a declaração da data e do cartório em cujas notas foi lavrada a escritura antenupcial, quando o regime não for o da comunhão parcial ou o obrigatoriamente estabelecido por lei. Observo que há um pequeno lapso na última proposição, pois não há mais o regime da separação obrigatória de bens, devendo ser retirada a locução a ele referente, no último inciso proposto. Também é preciso corrigir o número do último inciso, de "VI" para "V".

Por fim, a Comissão de Juristas sugere a revogação expressa dos arts. 1.537 e 1.538 da Lei Geral Privada, por excesso de rigor formal e pela falta de compatibilidade com o novo procedimento pré-nupcial, ora proposto. O primeiro expressa que o instrumento da autorização para casar transcrever-se-á integralmente na escritura antenupcial. O segundo trata das hipóteses em que a celebração do casamento será imediatamente suspensa.

No que diz respeito à última proposição, após uma divergência na Relatoria-Geral, acabou prevalecendo a visão segundo a qual todo o rigor que inspira a norma está distante da realidade da grande maioria dos brasileiros, muitas vezes motivados pela irreverência e pelo intuito de fazer brincadeiras.

Encerrando o tratamento da matéria, anote-se que o Código Civil de 2002 consagra modalidades especiais de casamento, quanto à sua celebração, e que merecem ser abordadas. Parte-se ao estudo pontual dessas formas especiais de celebração do casamento.

2.5.1 Casamento nos casos de moléstia grave

De acordo com o art. 1.539 do Código em vigor, se um dos nubentes estiver acometido por *moléstia grave*, o presidente do ato celebrará o casamento onde se encontrar a pessoa impedida, e sendo urgente ainda que à noite. O ato será celebrado perante duas testemunhas que saibam ler e escrever. À luz da *operabilidade*, da facilitação do Direito Privado, houve redução no número de testemunhas, que antes era de quatro, conforme exigia o art. 198 do CC/1916. Por óbvio que a urgência dispensa o processo de habilitação anterior (TJRS, Apelação Cível 70013292107, 7.ª Câmara Cível, Carazinho, Rel. Des. Ricardo Raupp Ruschel, j. 11.01.2006).

Eventual falta ou impedimento da autoridade competente para presidir o casamento será suprida por qualquer dos seus substitutos legais, e a do oficial do Registro Civil por outro *ad hoc,* nomeado pelo presidente do ato (art. 1.539, § 1.º, do CC). O termo avulso, lavrado por esse oficial nomeado às pressas, será registrado no respectivo registro dentro em cinco dias, perante duas testemunhas, ficando arquivado (art. 1.539, § 2.º, do CC).

Como última nota sobre a modalidade, no Projeto de Reforma do Código Civil, são também sugeridas alterações a respeito do instituto, mais uma vez com vistas à redução de formalidades e burocracias. De acordo com o novo § 1.º do art. 1.539, na linha de uma maior liberdade a respeito da autoridade celebrante, "o presidente do ato será o registrador civil das pessoas naturais ou seu preposto, o qual lavrará o termo da celebração do casamento e colherá a assinatura das duas testemunhas e dos nubentes que puderem ou souberem assinar". Ademais, nos termos com o projetado § 2.º, "o termo avulso será registrado no respectivo registro dentro em cinco dias, perante duas testemunhas, ficando arquivado".

Como se pode notar, mais uma vez, há a busca da facilitação dos procedimentos e redução de entraves jurídicos desnecessários, aguardando-se a sua aprovação pelo Parlamento Brasileiro.

2.5.2 Casamento nuncupativo (em viva voz) ou *in extremis vitae momentis*, ou *in articulo mortis*

O casamento nuncupativo está tratado no art. 1.540 da codificação, nos termos seguintes: "quando algum dos contraentes estiver em iminente risco de vida, não obtendo a presença da autoridade à qual incumba presidir o ato, nem a de seu substituto, poderá o casamento ser celebrado na presença de seis testemunhas, que com os nubentes não tenham parentesco em linha reta, ou, na colateral, até segundo grau".

Essa forma especial de casamento não poderá ser utilizada com o intuito de enriquecimento sem causa, o que pode motivar a decretação da sua nulidade absoluta, por fraude à lei imperativa (art. 166, inc. VI, do CC). Também não poderá prevalecer se decorrer de simulação absoluta, o que de igual modo gera a sua nulidade (art. 167 do CC). Aqui, portanto, há casos excepcionais de invalidade, em que podem ser aplicadas as regras gerais da teoria das nulidades previstas na Parte Geral do Código Civil.

Justamente para evitar fraudes é que o art. 1.541 da atual codificação prescreve que, realizado esse casamento, devem as testemunhas comparecer perante a autoridade judicial mais próxima, dentro em dez dias, pedindo que lhes tome por termo a declaração de: *a)* que foram convocadas por parte do enfermo; *b)* que este parecia em perigo de vida, mas em seu juízo; *c)* que, em sua presença, declararam os contraentes, livre e espontaneamente, receber-se por marido e mulher.

Dessa forma, instaura-se um procedimento de jurisdição voluntária, no qual deve intervir o Ministério Público. Autuado o pedido e tomadas as declarações, o juiz (da autoridade judicial mais próxima) procederá às diligências necessárias para verificar se os contraentes podiam ter-se habilitado, na forma ordinária, ouvidos os interessados que o requererem, dentro em quinze dias (art. 1.541, § 1.º, do CC).

Verificada a idoneidade dos cônjuges para o casamento, o casamento será tido como válido e assim o decidirá a autoridade competente, com recurso voluntário às partes (§ 2.º). Se da decisão ninguém tiver recorrido, ou se ela passar em julgado, apesar dos recursos interpostos, o juiz mandará registrá-la no livro do Registro dos Casamentos (§ 3.º). O assento assim lavrado retrotrairá os efeitos do casamento, quanto ao estado dos cônjuges, à data da celebração – efeitos *ex tunc* (§ 4.º do art. 1.541 do CC). Aplicando as normas do Tribunal de Justiça do Rio Grande do Norte:

> "Civil e processual civil. Apelação cível. Casamento nuncupativo. Sentença homologatória de termo de celebração de casamento em iminente risco de vida, bem como de adjudicação dos bens inventariados. Ausência de comprovação de vício quanto a manifestação da vontade inequívoca do moribundo em convolar núpcias. Testemunhos que comprovam o nível de consciência do *de cujus*. Observância de todas as formalidades legais com base nos artigos 1.540 e 1.541 do Código Civil de 2002. Verba honorária aplicada de forma escorreita. Recurso conhecido e desprovido. Manutenção da sentença" (TJRN, Apelação Cível 2010.015840-5, 3.ª Câmara Cível, Natal, Rel. Des. Amaury de Souza Moura Sobrinho, *DJRN* 01.04.2011, p. 56).

Por fim, serão dispensadas as formalidades previstas nos arts. 1.540 e 1.541 do CC, se o enfermo convalescer e puder ratificar o casamento na presença da autoridade competente e do oficial do registro (§ 5.º). Isso porque a confirmação posterior afasta a necessidade de todas essas formalidades para se verificar a idoneidade da vontade.

A princípio, não sendo respeitados os requisitos constantes desses dispositivos, o casamento deve ser tido como ineficaz, não gerando efeitos. Eventualmente, pode entender-se que o mesmo não foi celebrado, o que também afasta os seus efeitos jurídicos. No último caso, deduz-se que o casamento é inexistente, pois sequer existiu no plano jurídico. Para concluir da última maneira, deve-se seguir a teoria da inexistência do negócio jurídico, como ainda será exposto.

Todavia, alguns julgados têm afastado o rigor na análise desses requisitos legais. Da jurisprudência do Tribunal de Justiça de São Paulo pode ser extraída a seguinte ementa:

> "Casamento nuncupativo. Presença dos requerimentos legais previstos para a validade do ato. Celebração efetiva do casamento *in extremis*. Declaração espontânea do desejo de se receberem por marido e mulher. Determinação de efetivação do registro previsto no artigo 76, § 5.º, da Lei 6.015/1973. Recurso provido" (TJSP, Apelação Cível 107.743-4, 7.ª Câmara de Direito Privado, Sorocaba, Rel. Des. Salles de Toledo, j. 01.09.1999).

Quanto ao prazo de dez dias, o Superior Tribunal de Justiça julgou, em 2022, que é possível flexibilizar a sua exigência. Consoante o julgado, que traz análise detalhada dos procedimentos:

> "O casamento nuncupativo, também denominado de *in articulo mortis* ou *in extremis*, é uma figura de raríssima incidência prática, cuja particularidade é a postergação das formalidades legais indispensáveis à celebração do casamento em virtude da presença de circunstâncias muito excepcionais. Da análise dos dispositivos legais que disciplinam o instituto, vê-se que essa espécie de casamento pressupõe: (i) que um dos contraentes esteja em iminente risco de vida; (ii) que não seja possível obter a presença da autoridade responsável para presidir o ato; e (iii) que o casamento seja celebrado na presença de seis testemunhas que não possuam parentesco em linha reta ou colateral até segundo grau com os nubentes. Presentes esses requisitos, deverão as testemunhas comparecer a autoridade judicial em 10 dias, a quem caberá tomar a declaração de que: (i) foram convocadas por parte do enfermo; (ii) que o enfermo se encontrava em perigo de vida, mas com plena ciência do ato; e (iii) que, em sua presença, declararam os contraentes, por livre e espontânea vontade, o desejo de se casarem; ato contínuo, caberá ao juiz proceder às diligências necessárias para verificar, apenas a posteriori, se os contraentes poderiam ter se habilitado na forma ordinária, ouvir eventuais interessados e, se constatada a idoneidade dos cônjuges, registrar o casamento. É indispensável à substância do ato que tenha sido o casamento celebrado na presença de seis testemunhas que não tenham parentesco em linha reta ou, na colateral, até o segundo grau, com os contraentes e que declarem que aquela era mesmo a vontade dos nubentes, com o propósito de validar o consentimento externado e evitar a prática de fraude. Também é elemento essencial para o registro dessa espécie de casamento o fato de os contraentes serem capazes e não estarem impedidos ao tempo da celebração do matrimônio nuncupativo, pois, se não poderiam os nubentes casar pela modalidade ordinária, não poderiam casar, de igual modo, por essa modalidade excepcional. A observância do prazo de 10 dias para que as testemunhas compareçam à autoridade judicial, conquanto diga respeito à formalidade do ato, não trata de sua essência e de sua substância e, consequentemente, não está associado à sua existência, validade ou eficácia, razão pela qual se trata, em tese, de formalidade suscetível de flexibilização, especialmente quando constatada a ausência de má-fé. Hipótese em que as instâncias ordinárias recusaram o registro do casamento somente ao fundamento de inobservância do prazo legal, sem examinar, contudo, os demais elementos estruturais do ato jurídico, bem como deixaram de considerar, especificamente quanto ao prazo, a ausência de má-fé do contraente supérstite, o curto período entre o

casamento e o falecimento da nubente, o período de luto do contraente sobrevivente, a dificuldade de cumprimento do prazo pelas testemunhas e o natural desconhecimento da tramitação e formalização dessa rara hipótese de celebração do matrimônio. Recurso especial conhecido e provido, a fim de, afastado o óbice da inobservância do prazo de 10 dias, determinar seja dado regular prosseguimento ao pedido, perquirindo-se sobre o cumprimento das demais formalidades legais" (STJ, REsp 1.978.121/RJ, 3.ª Turma, Rel. Min. Nancy Andrighi, j. 22.03.2022, *DJe* 25.03.2022).

Estou filiado integralmente às ementas jurisprudenciais aqui destacadas, em prol da operabilidade, no sentido de facilitação dos institutos privados, um dos regramentos fundamentais do Código Civil de 2002.

Para encerrar o tópico, no Projeto de Reforma do Código Civil, na linha de todas as propostas anteriores, almeja-se a redução das burocracias para o casamento nuncupativo, reduzindo-se o número de testemunhas à metade, de seis para três. Assim, o seu art. 1.540 passará a estar assim escrito: "quando algum dos contraentes estiver em iminente risco de morte, não podendo contar com a presença da autoridade à qual incumba presidir o ato, nem a de seu substituto, poderá o casamento ser celebrado na presença de três testemunhas, que com os nubentes não tenham parentesco em linha reta ou colateral, até segundo grau".

No que diz respeito ao art. 1.541 da Lei Geral Privada, o seu *caput* e incisos enunciarão o seguinte: "realizado o casamento, devem as testemunhas e o cônjuge sobrevivente comparecer perante o oficial de Registro Civil das pessoas naturais do local onde celebrado o ato, em dez dias, pedindo que lhes tome por termo, em separado, a declaração de que: I – foram convocadas por parte do enfermo; II – este parecia em perigo de morte, mas em seu juízo; III – em sua presença, declararam os contraentes, livre e espontaneamente, a vontade de casar; IV – foi inviável a celebração eletrônica do casamento". Conforme se pode notar, a última regra admite expressamente a celebração eletrônica do casamento, como antes pontuado, o que é uma novidade no comando, além da menção restrita ao oficial do Registro Civil.

Autuado o pedido e tomadas as declarações, o oficial de Registro Civil das Pessoas Naturais, verificando não existir impedimentos ou vícios de vontade, procederá ao registro do casamento (§ 1.º). Não será mais necessária a realização de diligências nesse novo parágrafo sugerido para o art. 1.541, pois o procedimento foi simplificado, não havendo mais editais ou proclamas. Nos termos do § 2.º projetado para o art. 1.541, com maior clareza e simplificação, "verificada a idoneidade dos cônjuges para o casamento e a ausência de vícios da vontade, o oficial procederá ao registro, podendo ser suscitada a dúvida em caso de recusa". Revoga-se o § 3.º, pois a questão ficará sujeita à suscitação de dúvida perante o oficial do Registro Civil das Pessoas Naturais, não havendo mais justificativa para a sua previsão atual. Seguindo, mantém-se a redação do § 4.º, mencionando a eficácia do ato: "o assento assim lavrado retrotrairá os efeitos do casamento, quanto ao estado dos cônjuges, à data da celebração". Por fim, também é mantido o § 5.º do art. 1.541, com reparos necessários, mencionando apenas o oficial do registro civil e incluindo um prazo decadencial de dez dias, assim como está no *caput*, para trazer maior estabilidade e segurança jurídica: "serão dispensadas as formalidades deste e do artigo antecedente, se o enfermo convalescer e puder ratificar o casamento na presença do oficial do registro, no prazo do de dez dias".

Não se pode negar que a redução dessa formalidade para o casamento nuncupativo virá em boa hora, em relação a todas as propostas formuladas para a celebração do casamento, aguardando-se a sua aprovação pelo Congresso Nacional.

2.5.3 Casamento por procuração

O casamento também poderá ser celebrado por procuração, conforme o art. 1.542 da atual codificação privada, desde que haja instrumento público com poderes especiais para tanto. Vale dizer que a eficácia do mandato não ultrapassará noventa dias da sua celebração (art. 1.542, § 3.º). Eventualmente, se o casamento for celebrado no 91.º dia, deve ser considerado inexistente ou nulo, o que depende da filiação ou não à *teoria da inexistência*.

A título de exemplo, Tício (mandante) pode outorgar poderes para Mévio (mandatário) casar-se com Maria (outra nubente), já que irá viajar para o exterior, por longo período. Se Tício (mandante) quiser revogar o mandato, a revogação não necessita chegar ao conhecimento do mandatário (art. 1.542, § 1.º, do CC). Entretanto, somente é possível revogar o mandato para o casamento por meio de instrumento público (art. 1.542, § 4.º).

Celebrado o casamento sem que o mandatário ou o outro contraente tivessem ciência da revogação anterior, responderá o mandante por perdas e danos perante o eventual prejudicado, caso do outro nubente, por exemplo. Entendemos que a expressão *perdas e danos* deve ser encarada em sentido amplo, incluindo eventuais danos materiais e morais decorrentes da sua revogação (Súmula 37 do STJ). Ilustrando, estão incluídas as despesas materiais com a celebração do casamento. Isso, sem falar que a revogação do mandato é motivo para a anulação do casamento, nos termos do art. 1.550, inc. V, do atual Código Civil.

No casamento *in extremis*, nada impede que o nubente que não esteja em iminente risco de vida seja representado nesse casamento nuncupativo (art. 1.542, § 2.º, do CC).

A doutrina não vê óbice para que o casamento seja celebrado por procurações outorgadas por ambos os cônjuges, se ambos não puderem comparecer (VENOSA, Sílvio de Salvo. *Direito...*, 2005, p. 111). Porém, o autor citado, como Orlando Gomes, não vê com bons olhos o fato de a procuração ser outorgada a um mesmo procurador, pois isso desvirtuaria a natureza do consentimento de ambos. Esses entendimentos devem ser tidos como majoritários para os devidos fins.

A título de curiosidade, o Código Civil português parece ter adotado esse entendimento ao dispor, em seu art. 1.620.º, 1, da seguinte forma: "é lícito *a um* dos nubentes fazer-se representar por procurador na celebração do casamento" (grifo feito por mim).

Encerrando o tema do casamento por procuração com o estudo do atual Projeto de Reforma do Código Civil, mais uma vez, há propostas de redução de burocracias e de aperfeiçoamentos a respeito do instituto.

De início, para sanar dúvidas hoje existentes, o *caput* do seu art. 1.542 passará a expressar que "qualquer dos nubentes ou ambos podem ser representados na celebração por procurador investido de poderes especiais por instrumento público de procuração, este com eficácia máxima de noventa dias". Como se percebe, inclui-se a menção expressa sobre a possibilidade de ambos os cônjuges optarem por essa forma especial de celebração, trazendo-se ao *caput* a atual regra do § 3.º, com melhor técnica.

Sobre a revogação do mandato, acrescenta-se no § 1.º do art. 1.542 regra clara, no sentido de que "só poderá ser feita por instrumento público e em data anterior à da celebração do casamento". Ademais, consoante o seu projetado § 2.º, com menção a respeito a quem são dirigidas as perdas e danos: "a revogação do mandato não necessita chegar ao conhecimento do mandatário, mas celebrado o casamento sem que o mandatário ou o outro contraente tivessem ciência da revogação, responderá o mandante por perdas e danos perante o mandatário e o outro nubente". Inclui-se previsão no sentido de não se considerar "como celebrado o casamento contraído em nome do mandante quando o mandatário já não mais esteja no exercício de poderes de representação" (§ 3.º), hipótese em que não será tido como aperfeiçoado o ato.

Por fim, o § 4.º do art. 1.542 do Código Civil passará a prever a possibilidade do casamento nuncupativo por procuração, com a limitação de que "o nubente que não estiver em iminente risco de vida poderá fazer-se representar no casamento nuncupativo".

Como se pode notar, trata-se de proposta de enorme interesse para a prática, esperando--se a sua aprovação pelo Parlamento Brasileiro.

2.5.4 Casamento religioso com efeitos civis

Apesar da separação entre o Estado e a Igreja, o Código Civil de 2002 inovou, no que se refere ao Código Civil de 1916, ao trazer duas regras quanto aos efeitos jurídicos do casamento religioso. A inovação é parcial, pois já havia previsão quanto ao casamento religioso com efeitos civis no art. 226, § 2.º, da Constituição Federal ("O casamento religioso tem efeito civil, nos termos da lei") e no art. 73 da Lei de Registros Públicos (Lei 6.015/1973).

O primeiro desses dispositivos constantes da atual codificação é o art. 1.515, *in verbis*: "o casamento religioso, que atender às exigências da lei para a validade do casamento civil, equipara-se a este, desde que registrado no registro próprio, produzindo efeitos a partir da data de sua celebração". Como se observa, também esse casamento gerará efeitos jurídicos a partir da celebração. Na verdade, o registro tem efeitos retroativos (*ex tunc*) até a celebração do ato.

Aplicando a norma, é interessante trazer à colação interessante julgado do Tribunal Gaúcho, que reconheceu os efeitos civis de casamento religioso celebrado em 1893, para fins de obtenção de cidadania italiana por parte da bisneta do casal:

"Registro civil. Suprimento judicial de casamento civil. Casamento religioso realizado em 1893. Possibilidade. Bisneta que visa à obtenção de cidadania italiana. 1. Diante do disposto no art. 226, § 2.º, da Constituição Federal e no art. 1.515 do Código Civil, é atribuído ao casamento religioso o efeito civil, desde que atendidas as exigências da Lei para validade do casamento civil. 2. É de ser reconhecida a possibilidade de suprimento do registro civil de casamento dos bisavós quando demonstrada a vontade das partes à época, em 1893, e resta inequívoca a formação de uma família com prole, não se podendo perder de vista que o casamento civil no Brasil somente foi instituído através do Decreto n.º 181, de 1890. Recurso desprovido" (TJRS, Apelação Cível 459972-74.2010.8.21.7000, 7.ª Câmara Cível, Montenegro, Rel. Des. Sérgio Fernando de Vasconcellos Chaves, j. 23.03.2011, *DJERS* 06.04.2011).

O termo *religioso* deve ser lido em sentido amplíssimo, englobando qualquer religião, o que está de acordo com o direito fundamental à liberdade de credo previsto na Constituição Federal, em seu art. 5.º, inc. VI. Assim concluiu o mesmo Tribunal do Rio Grande do Sul, em decisão do ano de 2002 (TJRS, Apelação Cível 70003296555, 8.ª Câmara Cível, Rel. Rui Portanova, j. 27.06.2002). A esse propósito, Pablo Stolze Gagliano e Rodolfo Pamplona Filho discorrem sobre a possibilidade do *casamento espírita*, citando decisão paradigmática do Tribunal de Justiça da Bahia que concluiu por sua viabilidade (GAGLIANO, Pablo Stolze; PAMPLONA FILHO, Rodolfo. *Novo curso...*, 2011, p. 129).

O antigo projeto Ricardo Fiuza pretendia alterar o dispositivo do Código Civil, para que passasse a ter a seguinte redação: "Art. 1.515. O casamento religioso, celebrado e registrado na forma do § 2.º do art. 1.512 do CC, e não atentando contra a monogamia, contra os princípios da legislação brasileira, contra a ordem pública e contra os bons costumes, poderá ser registrado pelos cônjuges no Registro Civil, em que for, pela primeira vez, domiciliado o casal". Sempre entendi que a proposta é louvável, pois acaba detalhando a atual previsão legal, inclusive à luz do princípio da monogamia, vedando casamentos religiosos sucessivos. Como se verá, há proposição semelhante no atual Projeto de Reforma e Atualização do Código Civil.

Os requisitos do casamento religioso são os mesmos do casamento civil, o que inclui o registro, conforme preceitua o art. 1.516 da atual codificação privada. No que tange ao registro em si, seu prazo de natureza decadencial é de noventa dias, contados de sua realização, mediante comunicação do celebrante ao ofício competente, ou por iniciativa de qualquer interessado, desde que haja sido homologada previamente a habilitação regulamentada pela codificação (art. 1.516, § 1.º, do CC). Após o referido prazo, o registro dependerá de nova habilitação.

Se o casamento religioso for celebrado sem as formalidades exigidas pela legislação (processo de habilitação), terá efeitos civis se, a requerimento do casal, for registrado, a qualquer tempo, no registro civil, mediante prévia habilitação perante a autoridade competente (art. 1.516, § 2.º, do CC). Nesse caso, deve ser respeitado o prazo de noventa dias, contados de quando foi extraído o certificado para a eficácia dessa habilitação (art. 1.532 do CC). Sendo homologada a habilitação e certificada a inexistência de impedimento, o oficial fará o registro do casamento religioso. Os efeitos do registro, nessa segunda situação, também são retroativos, ou seja, *ex tunc*.

Como se nota, duas são as situações de casamento religioso com efeito civil: precedido ou não de processo de habilitação.

Será nulo o registro civil do casamento religioso se, antes dele, qualquer dos consorciados houver contraído com outrem casamento civil (art. 1.516, § 3.º). Isso porque não podem casar as pessoas casadas (art. 1.521, inc. VI, do CC), o que consubstancia violação ao referenciado *princípio da monogamia*. De fato, a afirmação legal não poderia ser diferente.

Encerrando o tópico, anoto que, no Projeto de Reforma e Atualização do Código Civil, pretende-se a revogação expressa dos arts. 1.515 e 1.516 da Lei Geral Privada, para que o casamento religioso seja tratado no tópico relativo às modalidades especiais de celebração do casamento, no novo art. 1.542-A. Nos termos do *caput* do dispositivo proposto, "o registro do casamento religioso submete-se aos mesmos requisitos exigidos para o casamento civil"; o que é simples reprodução do texto atual. Consoante, o seu projetado § 1.º, "o registro civil do casamento religioso deverá ser promovido dentro de noventa dias de sua realização, por comunicação do celebrante ao ofício competente, ou por iniciativa de qualquer interessado, dependendo o registro, esgotado o prazo, de novo procedimento pré-nupcial". Não haverá mais menção à habilitação do casamento, pois esta é substituída por um processo muito mais célere, o qual será integralmente digitalizado em nosso País: o procedimento pré-nupcial.

Igualmente com vistas a uma maior facilitação do ato, o § 2.º do art. 1.542-A passará a prever que "o casamento religioso, celebrado sem as formalidades exigidas neste Código, terá efeitos civis se, a requerimento do casal, for registrado, a qualquer tempo, no Cartório de Registro Civil das Pessoas Naturais, depois de cumprida a exigência do art. 1.531". O último comando citado passará a prever que o oficial do Cartório de Registro das Pessoas Naturais, após a verificação de todos os dados, certificará estarem os nubentes aptos para a celebração do casamento, não havendo mais a necessidade do burocrático certificado de habilitação.

Como última proposição, é mantida a regra de nulidade absoluta do duplo casamento, diante do princípio da monogamia, estatuindo o § 3.º do novo art. 1.542-A que "será nulo o registro civil do casamento religioso se, antes dele, qualquer dos consorciados houver contraído com outrem casamento civil".

Como se pode perceber, todas as propostas formuladas pela Comissão de Juristas melhoram a sistematização da temática, diminuem burocracias e facilitam os procedimentos, valorizando também a liberdade e o planejamento do casal. Espera-se, assim, a sua aprovação pelo Parlamento Brasileiro.

Encerrando-se o estudo as formas especiais de casamento, parte-se ao estudo do casamento perante autoridade consular.

2.5.5 Casamento perante autoridade consular

Estatui o art. 1.544 da atual codificação que o casamento de brasileiro, celebrado no estrangeiro perante as respectivas autoridades ou os cônsules brasileiros, deverá ser registrado no Brasil, em cento e oitenta dias, a contar da volta de um ou de ambos os cônjuges ao nosso país. Segundo o mesmo dispositivo, esse registro deverá ser feito no cartório do respectivo domicílio ou, em sua falta, no 1.º Ofício da Capital do Estado em que passarem a residir.

A norma trata da prova do casamento, mas acaba regulamentando essa forma especial de celebração. Como ensina Maria Helena Diniz, aplica-se a regra *locus regit actum*, ou seja, o matrimônio de brasileiro celebrado fora do Brasil deve ser provado de acordo com a norma do país onde foi realizado o ato (*Código Civil...*, 2005, p. 1.246). Em outras palavras, em relação aos brasileiros que se casam no exterior, o casamento será considerado autêntico, nos termos da lei ou lugar em que foram feitos, legalizadas as certidões pelos cônsules ou, quando por estes tomados, nos termos do regulamento consular (art. 32 da Lei 6.015/1973 – Lei de Registros Públicos).

Conforme reconheceu decisão do Tribunal de Justiça de Minas Gerais, o requisito do registro no Brasil no prazo de 180 dias é mero fator relativo à prova do casamento no País, não influenciando na validade ou mesmo na eficácia do matrimônio. Desse modo, o registro pode ocorrer mesmo após o citado prazo. O *decisum* merece destaque em sua ementa:

> "Família. Apelação. Ação anulatória de transcrição em cartório brasileiro de casamento celebrado no exterior. Decisão judicial anterior de dissolução de união estável entre as mesmas partes. Irrelevância. Recurso improvido. O casamento entre brasileiros celebrado no exterior produz efeitos no território nacional mesmo que averbado após o prazo de 180 dias previsto no artigo 1.544 do CC/02, porquanto o traslado da referida certidão para o cartório brasileiro destina-se apenas a fazer prova de sua celebração, não interferindo em sua validade e eficácia no âmbito do território nacional. Assim, faz-se irrelevante a prévia existência de decisão judicial transitada em julgado em que foi dissolvida a união estável entre as mesmas partes, pois, em havendo casamento, o vínculo conjugal só poderia ser rompido mediante divórcio" (TJMG, Apelação Cível 1.0024.07.506350-3/0021, 3.ª Câmara Cível, Belo Horizonte, Rel. Des. Dídimo Inocêncio de Paula, j. 15.10.2009, *DJEMG* 11.12.2009).

O acórdão retira o caráter peremptório da exigência legal, contando com o meu apoio doutrinário, eis que no Direito Civil Contemporâneo o material deve prevalecer sobre o formal (*princípio da operabilidade*).

Consigne-se ainda que, a respeito dos estrangeiros residentes no Brasil, estes podem se casar perante as autoridades diplomáticas ou consulares do país de ambos os nubentes (art. 7.º, § 2.º, da Lei de Introdução). Como lembra Sílvio de Salvo Venosa, o casamento pode ser realizado no consulado ou fora dele, de acordo com as normas e solenidades do país estrangeiro. Os efeitos do ato é que obedecem à lei brasileira, mas esse casamento não é passível de assento no registro civil (VENOSA, Sílvio de Salvo. *Direito...*, 2005, p. 109). Ensina ainda o doutrinador que não haverá competência da autoridade consular se um dos nubentes for brasileiro ou tiver nacionalidade diversa do país representado.

Por fim, pontue-se de imediato que também é possível o divórcio por escritura pública lavrada perante a autoridade consular, o que foi introduzido na Lei de Introdução às Normas do Direito Brasileiro pela Lei 12.874, de outubro de 2013. O tema será analisado no Capítulo 4 desta obra.

2.6 DA INVALIDADE DO CASAMENTO

2.6.1 Introdução

A invalidade de um ato ou negócio jurídico está relacionada com a *teoria das nulidades*, estudada na Parte Geral do Código Civil. Mas como o casamento é um negócio jurídico complexo e único (*sui generis*), existem normas especiais quanto à sua invalidade, que devem necessariamente ser consideradas diante de um tratamento específico que consta da Parte Especial da codificação material.

De qualquer forma, como muitas vezes não há solução dentro dessas regras especiais, será buscado o *socorro técnico* na teoria geral do negócio jurídico para solucionar eventuais dúvidas ou conflitos. Isso porque todo casamento é um negócio jurídico, não havendo aplicação por analogia ou interpretação extensiva, mas mera incidência direta da norma jurídica (subsunção declarativa). Vale dizer que essa aplicação ocorrerá somente em casos excepcionais, eis que existem dispositivos legais previstos para as nulidades do casamento.

Quando se estuda os problemas que atingem o casamento, a doutrina aponta três hipóteses:

- casamento inexistente;
- casamento nulo;
- casamento anulável.

Como exposto nos Volumes 1 e 3 da presente coleção, a aceitação da *teoria da inexistência do negócio jurídico* não é unânime na doutrina brasileira. Na verdade, ali foi demonstrado que o Código Civil de 2002 não adota expressamente o plano da existência, o que pode ser retirado da análise do seu art. 104, que trata diretamente da validade do negócio jurídico.

Silvio Rodrigues é um dos autores que sempre criticou a *teoria da inexistência do negócio jurídico*, contando com o meu pleno apoio. Para ele, a teoria da inexistência seria inexata, inútil e inconveniente. Inexata, pois, muitas vezes, o ato inexistente cria algo cujos efeitos devem ser afastados por uma ação judicial. Inútil, porque a noção de nulidade absoluta pode substituir a ideia de inexistência muito bem. Inconveniente, uma vez que, sendo considerada desnecessária uma ação judicial para afastar os efeitos do negócio inexistente, o direito à prestação jurisdicional está sendo afastado, principalmente no que concerne às pessoas de boa-fé (RODRIGUES, Silvio. *Direito...*, 1994, v. 1, p. 291-292).

Vejamos, a esse propósito, o que bem leciona o próprio Silvio Rodrigues a respeito da origem da *teoria da inexistência*:

"A ideia surgiu na doutrina francesa, através da obra de Zacarias, e apareceu para solucionar um problema que se propunha de maneira relevante, em matéria de casamento. Neste campo, e para manter a estabilidade do matrimônio, a doutrina apregoa e a jurisprudência acolhe o preceito de que não há nulidade virtual, ou seja, todas as eventuais nulidades do casamento devem constar expressamente da lei. *Pás de nullité sans texte!* Casos aparecem, entretanto, em que, embora não se encontre texto de lei, é inconcebível o casamento. Assim, por exemplo, a hipótese de matrimônio entre duas pessoas do mesmo sexo. Embora a lei silencie sobre tal nulidade, é evidente que tal conúbio não pode sobrevier, pois é do próprio conceito de matrimônio ser ele a reunião de sexo diverso" (RODRIGUES, Silvio. *Direito...*, 1994, v. 1, p. 290-291).

Insta notar que o exemplo prático que gerou a criação da teoria – o casamento entre pessoas do mesmo sexo – perdeu relevo em nosso País, conforme a sua aceitação jurídica na prática, como outrora demonstrado. Essa constatação, a meu ver, enfraquece ainda mais a *teoria da inexistência do negócio jurídico*.

De toda sorte, outros tantos juristas – talvez a maioria da doutrina – são adeptos e aceitam a teoria da inexistência, especialmente Caio Mário da Silva Pereira, Marcos Bernardes de Mello, Antonio Junqueira de Azevedo, Francisco Amaral, Álvaro Villaça Azevedo, Zeno Veloso, Renan Lotufo, José Fernando Simão, Pablo Stolze Gagliano e Rodolfo Pamplona Filho.

De qualquer modo, apesar da não adoção doutrinária da minha parte, o plano da existência deve ser estudado quando se trata do casamento que, como ressaltado, é um negócio com natureza jurídica especial, única. Nas provas de graduação e nos concursos públicos, é comum a solicitação de questões envolvendo o *casamento inexistente*.

Também é comum, na *prática familiarista*, a utilização do recurso da ação declaratória de inexistência do casamento, o que igualmente justifica a sua abordagem, notadamente pela proposta deste livro, como *curso* de Direito Civil.

Ressalte-se, findando a presente introdução, que os casos de inexistência – para aqueles que a admitem – e de invalidade do casamento – nulidade e anulabilidade – geram a sua extinção por motivos anteriores à sua celebração (*planos da existência e da validade*). Não se confundem, assim, com o divórcio, que gera a extinção do casamento por motivos posteriores à sua celebração (*plano da eficácia*).

2.6.2 Do casamento inexistente

O ato inexistente é considerado um *nada para o direito*, pois não gera efeitos no âmbito jurídico. Nesses casos, o negócio jurídico não apresenta os seus mínimos pressupostos de existência, quais sejam: *partes, vontade, objeto* e *forma*. Tais elementos, a partir da doutrina de Pontes de Miranda, formam o *suporte fático do negócio jurídico* (PONTES DE MIRANDA, Francisco Cavalcanti. *Tratado...*, 1974, t. III).

Como antes exposto, com base em Silvio Rodrigues, frise-se que a teoria da inexistência do casamento surgiu na Europa no século XIX (1808) para contornar o problema do casamento entre pessoas do mesmo sexo, não tratado pelo Código Civil Francês de 1804 como hipótese de nulidade absoluta.

Pois bem, a partir da doutrina contemporânea que admite a ideia, três são as hipóteses apresentadas a respeito do casamento inexistente (GONÇALVES, Carlos Roberto. *Direito...*, 2005, p. 124, e VENOSA, Sílvio de Salvo. *Direito...*, 2003, p. 113). Vejamos, pontualmente.

a) Casamento entre pessoas do mesmo sexo

Esse casamento poderia ocorrer, por exemplo, havendo fraude no registro, sendo hipótese a se considerar anteriormente no plano prático. Imaginava-se o caso de um casamento entre homossexuais em que um se encontrava travestido de mulher e portava documentação falsa. O caso era tido como de inexistência do casamento, conforme a tradição jurídica brasileira anterior.

A esse propósito, decisão do Tribunal de Justiça do Rio Grande do Sul, do ano de 2009, afastou a possibilidade de habilitação do casamento homoafetivo diretamente no Registro Civil (TJRS, Acórdão 70030975098, 7.ª Câmara Cível, Porto Alegre, Rel. Des. José Conrado de Souza Júnior, j. 30.09.2009, *DJERS* 06.11.2009, p. 85). O acórdão estava na contramão da tendência da época, que era justamente de reconhecimento da união homoafetiva como entidade familiar.

Como visto, o Supremo Tribunal Federal reconheceu, em revolucionário *decisum* de 5 de maio de 2011, que a união homoafetiva deve ser equiparada à união estável para todos os efeitos, inclusive para a conversão em casamento, aplicando-se o art. 1.726 do CC (*Informativo* n. 625 da Corte). Sendo assim, surgiram no Brasil decisões judiciais sucessivas de conversão, admitindo-se o *casamento homoafetivo*, o que é tendência nos países ocidentais evoluídos. No mesmo sentido, há enunciado doutrinário aprovado na *V Jornada de Direito Civil*, realizada pelo Conselho da Justiça Federal e pelo Superior Tribunal de Justiça em novembro de 2011 (Enunciado n. 526 do CJF/STJ).

A tese era sustentada há tempos por alguns juristas, caso de Maria Berenice Dias, a principal defensora dos direitos homoafetivos em nosso País (*Manual...*, 2009, p. 252-253). Diante dessa decisão do STF, se é possível a conversão da união estável em casamento, também o é o casamento homoafetivo celebrado diretamente, sem que haja união estável prévia. Pensar o contrário representaria um retrocesso, uma volta ao Direito Civil burocratizado dos séculos passados. Nessa linha, reafirme-se a aprovação, na *VII Jornada de Direito Civil*, em 2015, de enunciado doutrinário estabelecendo ser existente e válido o casamento entre pessoas do mesmo sexo (Enunciado n. 601).

Dando início a essa verdadeira revolução conceitual, na jurisprudência, repise-se que o Superior Tribunal de Justiça, por maioria de votos (4 a 1), concluiu pela viabilidade jurídica do casamento entre pessoas do mesmo sexo (REsp 1.183.378/RS, publicado no seu *Informativo* n. 486). Como se extrai do voto do Ministro Luis Felipe Salomão, aqui citado no primeiro capítulo da obra e proferido em outubro de 2011:

> "É bem de ver que, em 1988, não houve uma recepção constitucional do conceito histórico de casamento, sempre considerado como via única para a constituição de família e, por vezes, um ambiente de subversão dos ora consagrados princípios da igualdade e da dignidade da pessoa humana. Agora, a concepção constitucional do casamento – diferentemente do que ocorria com os diplomas superados –, deve ser necessariamente plural, porque plurais também são as famílias e, ademais, não é ele, o casamento, o destinatário final da proteção do Estado, mas apenas o intermediário de um propósito maior, que é a proteção da pessoa humana em sua inalienável dignidade. A fundamentação do casamento hoje não pode simplesmente emergir de seu traço histórico, mas deve ser extraída de sua função constitucional instrumentalizadora da dignidade da pessoa humana. Por isso

não se pode examinar o casamento de hoje como exatamente o mesmo de dois séculos passados, cuja união entre Estado e Igreja engendrou um casamento civil sacramental, de núcleo essencial fincado na procriação, na indissolubilidade e na heterossexualidade" (REsp 1.183.378/RS).

Ora, há forte tendência mundial em se admitir o casamento entre pessoas do mesmo sexo, debate que chegou ao Brasil e consolidou-se por meios desses julgados do ano de 2011, culminando com o amplo reconhecimento da união homoafetiva como entidade familiar. A questão se concretizou de tal forma que a Resolução n. 175 do Conselho Nacional de Justiça, de maio de 2013, estabelece a obrigatoriedade de celebração dos casamentos homoafetivos pelas autoridades competentes, não havendo mais a necessidade de ações judiciais de conversão. Em suma, a revolução teve início na doutrina e na jurisprudência, faltando apenas o reconhecimento legal do casamento entre pessoas do mesmo sexo.

Tanto isso é verdade que, como visto, o Projeto de Reforma e Atualização do Código Civil, em várias de suas proposições, pretende alterar o texto de lei, para que não mencione mais o gênero quanto ao casamento civil, como "homem" e "mulher", mas apenas duas pessoas. A esse propósito, vale destacar o projetado art. 1.514 da Lei Geral Privada, a saber: "o casamento se realiza quando duas pessoas livres e desimpedidas manifestam, perante o celebrante, a sua vontade de estabelecer vínculo conjugal e o celebrante os declara casados". Espera-se, por toda a evolução doutrinária e jurisprudencial sobre o tema, a alteração da lei civil brasileira, exatamente nesse sentido.

Por fim, como último tema do tópico, é interessante aqui discorrer sobre o casamento do transexual, cuja situação não se confunde com a do homossexual. Como se sabe, e isso foi exposto no Volume 1 da presente coleção, o transexualismo era reconhecido por entidades médicas como uma patologia, pois a pessoa tem "um desvio psicológico permanente de identidade sexual, com rejeição do fenótipo e tendência à automutilação e ao autoextermínio" (Resolução 1.955/2010 do Conselho Federal de Medicina, ora revogada).

O transexual era tido então como uma forma de *wanna be*, pois a pessoa supostamente queria ser do sexo oposto, havendo choques psíquicos graves a atormentá-la. Porém, como destacado em edições anteriores nesta obra, uma salutar tendência de tratar a hipótese não como uma patologia, mas como uma condição social, substituindo-se o termo *transexualismo* por *transexualidade*.

Nos últimos anos, essa tendência de *despatologização* da situação da *pessoa trans* acabou por se consolidar na jurisprudência superior brasileira, não se podendo utilizar mais expressão *transexualismo*, que indica justamente a existência de uma patologia, mas *transexualidade*. Na seara médica, a Resolução 1.955/2010 do CFM foi revogada pela Resolução 2.265/2019, publicada em janeiro de 2020, que não reconhece mais a hipótese como sendo de patologia. Conforme o seu art. 1.º, "compreende-se por transgênero ou incongruência de gênero a não paridade entre a identidade de gênero e o sexo ao nascimento, incluindo-se neste grupo transexuais, travestis e outras expressões identitárias relacionadas à diversidade de gênero".

Como primeiro marco jurisprudencial importante sobre o tema, em 2017, o Superior Tribunal de Justiça admitiu a alteração do sexo no registro civil, sem a necessidade de realização de prévia cirurgia, conforme decisão prolatada pela Quarta Turma, no Recurso Especial 1.626.739/RS, no mês de maio daquele ano. O relator, Ministro Luis Felipe Salomão, argumentou pela existência de um *direito ao gênero*, com base no sexo psicológico da pessoa humana. Sustentou, ainda, que o direito à felicidade deve conduzir a uma mudança de paradigma na Corte, uma vez que, "se a mudança do prenome configura alteração de gênero (masculino para feminino ou vice-versa), a manutenção do sexo constante do registro civil preservará a incongruência entre os dados assentados e a identidade de gênero da pessoa, a qual continuará suscetível a toda sorte de constrangimentos na vida civil, configurando-se, a meu juízo, flagrante atentado a direito existencial inerente à personalidade". E concluiu o seu julgamento com as seguintes palavras:

> "Em atenção à cláusula geral de dignidade da pessoa humana, penso que a jurisprudência desta Corte deve avançar para autorizar a retificação do sexo do indivíduo transexual no registro civil, independentemente da realização da cirurgia de adequação sexual, desde que dos autos se extraia a comprovação da alteração no mundo fenomênico (como é o caso presente, atestado por laudo incontroverso), cuja averbação, nos termos do § 6.º do artigo 109 da Lei de Registros Públicos, deve ser efetuada no assentamento de nascimento original, vedada a inclusão, ainda que sigilosa, da expressão transexual ou do sexo biológico" (STJ, REsp 1.626.739/RS, 4.ª Turma, Rel. Min. Luis Felipe Salomão, j. 09.05.2017).

Pontue-se que, naquela ocasião, foi aplicado o teor de enunciado doutrinário aprovado na *I Jornada de Direito da Saúde*, promovida pelo Conselho Nacional de Justiça (CNJ) em 2014, com os seguintes dizeres: "quando comprovado o desejo de viver e ser aceito enquanto pessoa do sexo oposto, resultando numa incongruência entre a identidade determinada pela anatomia de nascimento e a identidade sentida, a cirurgia de transgenitalização é dispensável para a retificação de nome no registro civil".

Em 2018, surgiram duas decisões do Supremo Tribunal Federal sobre o tema confirmando essa *despatologização da transexualidade*, uma delas em repercussão geral (RE 670.422). No primeiro *decisum*, prolatado em março de 2018, analisou-se a possibilidade de alteração do nome civil da pessoa *trans* ou *transgênero* – expressões consideradas adequadas para tais hipóteses pelo próprio STF –, podendo tal alteração ser efetivada no Cartório de Registro Civil, sem a necessidade de autorização judicial, realização de laudo médico demonstrando a patologia ou cirurgia prévia. Vejamos a publicação do acórdão, constante do *Informativo* n. *892* da Corte:

> "Direito civil. Pessoas naturais. Transgêneros e direito a alteração no registro civil. O direito à igualdade sem discriminações abrange a identidade ou a expressão de gênero. A identidade de gênero é manifestação da própria personalidade da pessoa humana e, como tal, cabe ao Estado apenas o papel de reconhecê-la, nunca de constituí-la. A pessoa não deve provar o que é, e o Estado não deve condicionar a expressão da identidade a qualquer tipo de modelo, ainda que meramente procedimental. Com base nessas assertivas, o Plenário, por maioria, julgou procedente pedido formulado em ação direta de inconstitucionalidade para dar interpretação conforme a Constituição e o Pacto de São José da Costa Rica ao art. 58 da Lei 6.015/1973. Reconheceu aos transgêneros, independentemente da cirurgia de transgenitalização, ou da realização de tratamentos hormonais ou patologizantes, o direito à alteração de prenome e gênero diretamente no registro civil. O Colegiado assentou seu entendimento nos princípios da dignidade da pessoa humana, da inviolabilidade da intimidade, da vida privada, da honra e da imagem, bem como no Pacto de São José da Costa Rica. Considerou desnecessário qualquer requisito atinente à maioridade, ou outros que limitem a adequada e integral proteção da identidade de gênero autopercebida. Além disso, independentemente da natureza dos procedimentos para a mudança de nome, asseverou que a exigência da via jurisdicional constitui limitante incompatível com essa proteção. Ressaltou que os pedidos podem estar baseados unicamente no consentimento livre e informado pelo solicitante, sem a obrigatoriedade de comprovar requisitos, tais como certificações médicas ou psicológicas, ou outros que possam resultar irrazoáveis

ou patologizantes. Pontuou que os pedidos devem ser confidenciais e os documentos não podem fazer remissão a eventuais alterações. Os procedimentos devem ser céleres e, na medida do possível, gratuitos. Por fim, concluiu pela inexigibilidade da realização de qualquer tipo de operação ou intervenção cirúrgica ou hormonal. Vencidos, em parte, os Ministros Marco Aurélio (relator), Alexandre de Moraes, Ricardo Lewandowski e Gilmar Mendes. O relator assentou a possibilidade de mudança de prenome e gênero no registro civil, mediante averbação no registro original, condicionando-se a modificação, no caso de cidadão não submetido à cirurgia de transgenitalização, aos seguintes requisitos: a) idade mínima de 21 anos; e b) diagnóstico médico de transexualismo, presentes os critérios do art. 3.º da Resolução 1.955/2010, do Conselho Federal de Medicina, por equipe multidisciplinar constituída por médico psiquiatra, cirurgião, endocrinologista, psicólogo e assistente social, após, no mínimo, dois anos de acompanhamento conjunto. Considerou inconstitucional interpretação que encerre a necessidade de cirurgia para ter-se a alteração do registro quer em relação ao nome, quer no tocante ao sexo. Os Ministros Alexandre de Moraes, Ricardo Lewandowski e Gilmar Mendes condicionaram a alteração no registro civil à ordem judicial e à averbação no registro civil de nascimento, resguardado sigilo no tocante à modificação" (STF, ADI 4275/DF, Rel. orig. Min. Marco Aurélio, red. p/ o acórdão Min. Edson Fachin, j. 28.02 e 1.º.03.2018).

Como se pode perceber, o julgamento não foi unânime, pois alguns Ministros pretendiam apontar alguns critérios que deveriam ser observados para a alteração do nome, especialmente a presença do diagnóstico de *transexualismo*. Sucessivamente, em agosto de 2018, julgou-se o Recurso Extraordinário 670.422, de relatoria do Ministro Dias Toffoli, em que foram fixadas as seguintes teses a respeito da situação da *pessoa trans*, novamente sem unanimidade:

"1. O transgênero tem direito fundamental subjetivo à alteração de seu prenome e de sua classificação de gênero no registro civil. Não se exige, para tanto, nada além da manifestação de vontade do indivíduo, o qual poderá exercer tal faculdade tanto pela via judicial quanto pela via administrativa. 2. Essa alteração deve ser averbada à margem do assento de nascimento, vedada a inclusão do termo 'transgênero'. 3. Nas certidões do registro não constará nenhuma observação sobre a origem do ato, vedada a expedição de certidão de inteiro teor, salvo a requerimento do próprio interessado ou por determinação judicial. 4. Efetuando-se o procedimento pela via judicial, caberá ao magistrado determinar, de ofício, ou a requerimento do interessado, a expedição de mandados específicos para a alteração dos demais registros dos órgãos públicos ou privados, os quais deverão preservar o sigilo sobre a origem dos atos" (STF, RE 670422/RS, Rel. Min. Dias Toffoli, j. 15.08.2018, publicado no seu *Informativo* n. 911).

Além dessas decisões do STF e do STJ, dois outros *marcos* do ano de 2018 devem ser aqui mencionados. O primeiro deles é o novo relatório da Organização Mundial da Saúde (OMS) relativo à classificação internacional de doenças (CID 11), que não era atualizado desde o ano de 1990, emitido em junho de 2018. Na nova lista, a transexualidade deixou de ser uma doença mental e passou a ser uma incongruência de gênero. Em outras palavras, deixou de ser um problema psíquico e passou a ser considerado como um problema sexual. Como se pode perceber, a OMS não fez uma *despatologização absoluta* da transexualidade, o que pode até gerar críticas à decisão do STF, ao dispensar o laudo médico prévio para a alteração do nome no registro civil.

De todo modo, no Brasil, na linha das decisões jurisprudenciais superiores, o Conselho Federal de Medicina revogou a Resolução 1.955/2010 e editou a Resolução 2.265/2019, adotando o caminho da *despatologização*, como antes pontuado. Como tenho seguido as decisões científicas da classe médica, esse também passa a ser o meu entendimento doutrinário.

O outro marco a ser destacado é o Provimento 73 do Conselho Nacional de Justiça (CNJ), também de junho de 2018, visando a orientar os cartórios de registro civil para a alteração do nome da *pessoa trans*. Em 2023, as previsões constantes desse provimento foram incorporadas ao Código Nacional de Normas do CNJ, com alguns aperfeiçoamentos (arts. 516 a 523). Em termos gerais, a norma administrativa apresenta os requisitos formais para que ocorra tal alteração, sendo criticada por alguns registradores e especialistas da área por trazer muitos entraves burocráticos para tanto.

Voltando à Resolução do CF anterior (1.955/2010), ela não considerava ilícita a realização de cirurgias que visam à adequação do sexo, geralmente do masculino para o feminino, autorizando a sua realização em nosso País. Tanto isso é verdade que a jurisprudência nacional, há tempos, vem autorizando a realização dessa cirurgia, sendo permitida a mudança do nome e do registro da pessoa. A título de exemplo, transcreve-se a conhecida e já antiga decisão do Tribunal Paulista, mencionada no Volume 1 desta coleção:

"Registro civil. Retificação. Assento de nascimento. Transexual. Alteração na indicação do sexo. Deferimento. Necessidade da cirurgia para a mudança de sexo reconhecida por acompanhamento médico multidisciplinar. Concordância do Estado com a cirurgia que não se compatibiliza com a manutenção do estado sexual originalmente inserto na certidão de nascimento. Negativa ao portador de disforia do gênero do direito à adequação do sexo morfológico e psicológico e a consequente redesignação do estado sexual e do prenome no assento de nascimento que acaba por afrontar a lei fundamental. Inexistência de interesse genérico de uma sociedade democrática em impedir a integração do transexual. Alteração que busca obter efetividade aos comandos previstos nos arts. 1.º, III, e 3.º, IV, da CF. Recurso do Ministério Público negado, provido o do autor para o fim de acolher integralmente o pedido inicial, determinando a retificação de seu assento de nascimento não só no que diz respeito ao nome, mas também no que concerne ao sexo" (TJSP, Apelação Cível 209.101-4, 1.ª Câmara de Direito Privado, Espírito Santo do Pinhal, Rel. Elliot Akel, j. 09.04.2002, v.u.).

Consigne-se que o Superior Tribunal de Justiça, em 2009, seguiu essa linha de raciocínio, conforme decisão assim publicada no seu *Informativo n. 411*:

"Alteração. Prenome. Designativo. Sexo. O recorrente autor, na inicial, pretende alterar o assento do seu registro de nascimento civil, para mudar seu prenome, bem como modificar o designativo de seu sexo, atualmente constante como masculino, para feminino, aduzindo como causa de pedir o fato de ser transexual, tendo realizado cirurgia de transgenitalização. Acrescenta que a aparência de mulher, por contrastar com o nome e o registro de homem, causa-lhe diversos transtornos e dissabores sociais, além de abalos emocionais e existenciais. Assim, a Turma entendeu que, tendo o recorrente se submetido à cirurgia de redesignação sexual nos termos do acórdão recorrido, existindo, portanto, motivo apto a ensejar a alteração do sexo indicado no registro civil, a fim de que os assentos sejam capazes de cumprir sua verdadeira função, qual seja, a de dar publicidade aos fatos relevantes da vida social do indivíduo, deve ser alterado seu assento de nascimento para que nele conste o sexo feminino, pelo qual é socialmente reconhecido. Determinou, ainda, que das certidões do registro público competente não conste que a referida alteração é oriunda de decisão judicial, tampouco que ocorreu por motivo de redesignação sexual de transexual" (STJ, REsp 1.008.398/SP, 3.ª Turma, Rel. Min. Nancy Andrighi, j. 15.10.2009).

De toda sorte, pontue-se que esse entendimento anterior parece estar totalmente superado no próprio STJ, pois a Corte passou a considerar que a pessoa transexual não pode ser tratada como um doente, cabendo a alteração do nome e do sexo no registro civil independentemente da realização de cirurgia prévia. Na mesma linha, as decisões do Supremo Tribunal Federal aqui antes expostas e analisadas, que dispensam até a ação judicial para tanto.

Voltando-se ao debate que diz respeito ao Direito de Família, imagine-se o exemplo mais comum de transexualidade, qual seja, o de uma pessoa de sexo ou gênero masculino que quer ser do sexo ou gênero feminino. Após todos os trâmites médicos e legais, essa pessoa faz a cirurgia de adequação do sexo e consegue alterar o seu nome e a indicação de sexo ou gênero perante o registro civil. Por certo é que essa pessoa passa a ser do gênero feminino.

A dúvida que surge é a seguinte: essa *nova mulher* poderá se casar com um homem? Deve-se responder positivamente, como sempre fizeram Carlos Roberto Gonçalves (*Direito civil...*, 2005, p. 128) e Maria Berenice Dias (*Manual...*, 2007, p. 249). Assim, em hipótese alguma se pode falar em inexistência desse casamento contraído, até porque a tese do casamento inexistente entre pessoas do mesmo sexo foi superada.

Resta saber se o transexual ainda tem o dever de informar o outro nubente do seu estado anterior quando da iminência do casamento. Como antes afirmávamos, tratar-se-ia de um dever anexo, relacionado com a boa-fé objetiva, que também merece ser aplicada às relações familiares. Sendo assim, a quebra desse dever anexo poderia gerar a anulabilidade do casamento por erro quanto à identidade do outro nubente (art. 1.550, inc. III, c/c o art. 1.557, inc. I, do CC).

Entretanto, essas afirmações anteriores ficam em dúvida diante de toda a tendência de *despatologização* da situação da *pessoa trans*, bem como do reconhecimento de um *direito ao gênero*. A possibilidade de anulação de casamento em casos tais pode até ser vista como hipótese de preconceito e discriminação, o que demanda maiores reflexões de todos.

b) Ausência de vontade

Outro caso apontado como motivo de inexistência do casamento é a ausência de vontade (*vontade zero*, como afirma didaticamente José Fernando Simão). Anote-se que o elemento volitivo é o que diferencia os negócios jurídicos dos fatos naturais ou fatos jurídicos *stricto sensu*.

Um exemplo de ausência de vontade apontado pela doutrina que aceita a teoria da inexistência é aquele envolvendo a coação física ou *vis absoluta*. Trata-se da pressão física que retira totalmente a vontade da pessoa. Ilustre-se com os casamentos celebrados por pessoa sedada, drogada ou hipnotizada. Os exemplos, como se nota, têm reduzida aplicação prática. O Tribunal do Rio de Janeiro aplicou a ideia à situação em que o nubente se apresentava em situação de debilidade emocional quando da celebração do casamento (TJRJ, Acórdão 4091/1995, 6.ª Câmara Cível, Rel. Des. Pedro Ligiero, j. 24.09.1996).

De qualquer forma, como o casamento é um ato complexo e formal, acredita-se que dificilmente haverá casamento celebrado por pessoa sem vontade. Vale lembrar que essa ausência deve percorrer todo o processo de habilitação, bem como a celebração do ato em si.

c) Casamento celebrado por autoridade totalmente incompetente (incompetência ratione materiae)

A doutrina aqui seguida por igual considera inexistente o casamento celebrado por autoridade totalmente incompetente, havendo incompetência em relação à matéria (*ratione materiae*). São elencados os casos de casamento celebrado por juiz de direito – nas hipóteses em que o juiz de paz ou de casamento for a autoridade competente –, por promotor de justiça, por delegado de polícia, somente perante a autoridade eclesiástica – sem a conversão em casamento civil ou perante uma *autoridade local*. Como *autoridade local*, podem ser citados os casamentos celebrados pelos coronéis e fazendeiros, pelo interior do Brasil no passado.

Maria Helena Diniz entende que, nesse caso de incompetência absoluta, não se aplica o art. 1.554 do CC/2002, pelo qual o ato pode ser convalidado se a autoridade incompetente exercer publicamente o ato, ocorrendo o posterior registro. Desse modo, a renomada professora titular da PUCSP entende que essa previsão legal somente se aplica aos casos de incompetência relativa, em relação ao local, *ratione loci* (*Código Civil...*, 2005, p. 1.252). Por outra via, alguns doutrinadores, caso de Carlos Roberto Gonçalves e Eduardo de Oliveira Leite, nas obras citadas, entendem que o dispositivo também se aplica aos casos de incompetência absoluta em relação à matéria.

Com todo o respeito em relação aos últimos posicionamentos, que a melhor solução é considerar a hipótese como de nulidade absoluta, por desrespeito à forma (art. 166, incs. IV e V, do CC). Assim sendo, o ato pode sim ser convalidado, com base no art. 1.554 do CC. Isso porque o motivo da convalidação é a boa-fé dos cônjuges, no caso a boa-fé objetiva, a boa conduta. E a *boa-fé faz milagres no Direito*, podendo convalidar o que é nulo (vide a norma do art. 167, § 2.º, do CC, que traz a *inoponibilidade do ato simulado perante terceiros de boa-fé*).

Por esse caminho, a título de exemplo, poderá ser convalidado pela coabitação um casamento nulo que perdurou por muito tempo. Se considerarmos que o casamento é inexistente nesse caso, haverá entre as partes mera união estável, o que não se coaduna com a vontade dos contraentes, que sempre quiseram o casamento. Esse entendimento, na verdade, confirma a tese de que a *teoria da inexistência* pode gerar situações injustas e que, para o casamento, em alguns casos, deve-se buscar socorro na teoria das nulidades prevista na Parte Geral do Código Civil.

A encerrar o estudo da teoria da inexistência do casamento, interessante frisar que o Código Civil não traz qualquer tratamento para ação visando reconhecer a inexistência do casamento, o que, em regra, não é necessário, pois o ato inexistente é um nada para o Direito, como visto. Mas, em algumas situações, será necessária ação específica para afastar efeitos deste ato que não existe.

Conforme apontam os adeptos da teoria da inexistência, para essa ação aplicam-se as mesmas regras previstas para a ação de nulidade absoluta, tais como a inexistência de prazos para sua declaração (não sujeita à decadência), a possibilidade de sua propositura pelo Ministério Público e efeitos retroativos da sentença (*ex tunc*). Além disso, tem-se reconhecido que a inexistência do casamento pode ser conhecida de ofício pelo juiz, como nas hipóteses de casamento celebrado por autoridade absolutamente incompetente, em razão da matéria (TJMG, Acórdão 1.0223.99.031856-8/001, 14.ª Câmara Cível, Divinópolis, Rel. Des. Dídimo Inocêncio de Paula, j. 14.06.2006, *DJMG* 11.07.2006).

Aqui reside mais um motivo para se criticar a teoria da inexistência do casamento. Assim, se serão aplicadas as regras de nulidade absoluta, inútil seria o plano da existência, sendo melhor considerar que o casamento é nulo.

Ressalve-se que o casamento inexistente não pode ser reconhecido como casamento putativo, não gerando efeitos aos cônjuges que estejam de boa-fé. Em outras palavras, o art. 1.561 do CC não deve ser aplicado a essa forma de vício, segundo a interpretação majoritária do último comando.

Eis mais uma e última razão para se criticar a *teoria da inexistência*, pois a boa-fé não pode curar o que não existe. Ora, se as hipóteses aqui analisadas fossem enquadradas como de nulidade absoluta, seria perfeitamente possível o aproveitamento do ato como um casamento, para todos os efeitos familiares. Tal interpretação se coaduna com a expressão do art. 226, *caput*, da CF/1988, segundo a qual a família é a base da sociedade, contando com especial proteção do Estado. Ademais, representa clara aplicação dos princípios da função social e da boa-fé no âmbito do Direito de Família.

Anoto, por fim e para findar o tópico, que no atual Projeto de Reforma do Código Civil não houve qualquer tentativa de se incluir tratamento legal a respeito da inexistência do casamento na Lei Civil. Em verdade, a temática sequer chegou a ser debatida, diante da sua reduzida aplicação prática na atualidade.

2.6.3 Do casamento nulo

O art. 1.548 do CC em vigor preconiza, de forma inicialmente taxativa, as hipóteses de nulidade absoluta do casamento. Advirta-se, contudo, que a primeira delas foi revogada pela Lei 13.146/2015 (Estatuto da Pessoa com Deficiência), restando apenas a segunda. Vejamos.

a) Casamento contraído por enfermo mental sem o necessário discernimento para a prática dos atos da vida civil (art. 1.548, I, do CC; ora revogado)

A norma jurídica visava a proteger aqueles que não têm vontade relevante para o ato a ser celebrado. A proteção era considerada a mesma constante do então art. 3.º, inc. II, do CC, também incluindo os doentes mentais sem discernimento, eis que *enfermidade* e *doença* seriam expressões sinônimas (DINIZ, Maria Helena. *Código...*, 2010, p. 1.081; ALVES, Jones Figueirêdo; DELGADO, Mário Luiz. *Código...*, 2005, p. 780).

Deveria apenas ser feita a ressalva de que não se exigia o processo de interdição prévio para o casamento ser considerado nulo. Nessa linha, decisão anterior do Tribunal de Justiça do Rio de Janeiro:

> "Nulidade. Interdição. Laudo pericial. Casamento nulo. A circunstância de à época do casamento ainda não estar declarada a interdição de um dos nubentes, não torna válida a união matrimonial. Não é o Decreto de interdição que cria a incapacidade, porém a alienação mental. Laudo pericial categórico em afirmar que o autor, muitos anos antes de seu casamento já era portador de doença mental que o tornou incapaz de manifestar sua vontade" (TJRJ, Apelação Cível 2023/1993, 3.ª Câmara Cível, Rio de Janeiro, Rel. Des. Wilson Marques, j. 16.12.1993).

De toda sorte, com vistas à plena inclusão das pessoas com deficiência, esse dispositivo foi revogado expressamente pelo art. 114 da Lei 13.146/2015. Assim, as pessoas antes descritas no comando podem se casar livremente, não sendo mais consideradas como absolutamente incapazes no sistema civil brasileiro.

A inovação veio em boa hora, pois a lei presumia de forma absoluta que o casamento seria prejudicial aos então incapazes, o que não se sustentava social e juridicamente. Aliás, conforme se retira do art. 1.º da norma emergente, o Estatuto da Pessoa com Deficiência é destinado a assegurar e a promover, em condições de igualdade, o exercício dos direitos e das liberdades fundamentais por pessoa com deficiência, visando à sua inclusão social e cidadania. A possibilidade atual de casamento dessas pessoas parece tender a alcançar tais objetivos, especialmente pelo que consta do art. 6.º da mesma norma.

De qualquer modo, entendo e tenho defendido que é preciso retomar a antiga previsão constante originalmente no art. 3.º do Código Civil de 2002, no sentido de ser reconhecida como absolutamente incapaz a pessoa que não tenha qualquer condição de exprimir vontade. Cite-se, como exemplos, a pessoa que se encontra em coma profundo ou a pessoa com mal Alzheimer. Nesse sentido, dei parecer ao Projeto de Lei 757/2015, em curso no Congresso Nacional, e que pretende alterar o Código Civil de 2002, o Código de Processo Civil de 2015 e o próprio Estatuto da Pessoa com Deficiência. Reitere-se que, na Câmara dos Deputados, o número dessa projeção é 11.091/2018.

No Projeto de Reforma e Atualização do Código Civil, elaborado pela Comissão de Juristas no âmbito do Senado Federal, há proposta de retorno parcial da antiga previsão do art. 3.º da Lei Geral Privada, prevendo que são absolutamente incapazes aqueles que por nenhum meio possam expressar sua vontade, em caráter temporário ou permanente. Ainda a merecer destaque a proposição do novo art. 4.º-A do Código Civil, segundo o qual a deficiência física ou psíquica da pessoa, por si só, não afeta sua capacidade civil. Também se insere, em boa hora, um novo inc. III no art. 1.548, prevendo ser nulo o casamento celebrado pelas "pessoas mencionadas no inc. II do art. 3.º deste Código".

Urge, portanto, que o dispositivo revogado em matéria de nulidade de casamento volte parcialmente ao sistema jurídico, sem que exista qualquer relação com a pessoa com deficiência, assim como deve ocorrer com a reintrodução da regra do art. 3.º, inc. III, no CC/2002, bem como com a nova previsão do seu art. 1.548.

Caso isso não ocorra, uma solução possível para resolver o problema seria concluir que, nos casos em que não há vontade daquele que celebra o ato, o negócio jurídico deveria ser considerado inexistente, como sempre propôs o saudoso Mestre Zeno Veloso (*Estatuto...* Disponível em: <http://flaviotartuce.jusbrasil.com.br/artigos/338456458/estatuto-da-pessoa-com-deficiencia-uma-nota-critica>. Acesso em: 20 maio 2015).

No entanto, reafirme-se que o grande problema técnico é que a *teoria da inexistência* não foi adotada expressamente pela nossa legislação privada, que procurou resolver os problemas e vícios do negócio jurídico no plano da validade com o tratamento relativo ao negócio nulo (art. 166 do CC/2002) e ao negócio anulável (art. 171 do CC/2002). Assim, opinei, naquele projeto anterior do Senado Federal, que o caminho pela *teoria da inexistência* geraria muita instabilidade e incerteza, como sempre ocorreu na prática. Isso já justifica o retorno parcial do comando, com a ressalva de que ele não pode atingir a pessoa com deficiência, pelo menos em regra, pelo que consta do art. 6.º do EPD, como está sendo proposto pela Comissão de Juristas encarregada da Reforma do Código Civil.

Feita tal pontuação, acrescente-se que havia uma questão polêmica a respeito da antiga previsão. Como enquadrar a regra das pessoas que, por causa transitória ou definitiva, não pudessem exprimir vontade, antes prevista no art. 3.º, inc. III, do CC/2002)? O casamento celebrado por essas pessoas será inexistente, nulo ou anulável?

Por certo é que, para alguns dos adeptos da *teoria da inexistência*, o casamento seria considerado inexistente, por ausência de vontade. Esse posicionamento sempre foi o seguido por José Fernando Simão, conforme edições anteriores desta obra, então em coautoria.

De qualquer forma, havia entendimento firme na doutrina enquadrando a hipótese como de anulabilidade, nos termos do art. 1.550, inc. IV, do CC (*incapaz de consentir e de manifestar de forma inequívoca a sua vontade*). Assim concluíam, por exemplo, Flávio Augusto Monteiro de Barros (*Manual...*, 2005, p. 41), Maria Helena Diniz (*Código...*, 2010, p. 1.083), Paulo Lôbo (*Famílias...*, 2008, p. 104), Jorge Shiguemitsu Fujita (*Direito civil...*, 2008, v. 7, p. 63) e Aurélia Lizete Barros Czapski (*Código...*, 2010, p. 1.245).

Esse modo de pensar chegou a ser adotado pelo STJ, em remoto julgado, referente ao CC/1916 (STJ, EDcl no AgRg no Ag 24.836/MG, 4.ª Turma, Rel. Min. Sálvio de Figueiredo Teixeira, j. 18.10.1993, *DJ* 13.12.1993, p. 27.463). O Enunciado n. 332 do CJF/STJ, aprovado na *IV Jornada de Direito Civil*, deu interpretação restritiva ao art. 1.548, inc. I, do CC, não admitindo a nulidade absoluta do casamento das pessoas então descritas no art. 3.º, inc. III, do CC e seguindo, portanto, essa corrente, que era tida como majoritária. Dessa forma, "a hipótese de nulidade prevista no inc. I do art. 1.548 do Código Civil se restringe ao casamento realizado por enfermo mental absolutamente incapaz, nos termos do inc. II do art. 3.º do Código Civil".

Porém, na minha opinião doutrinária anterior, a hipótese então descrita no art. 3.º, inc. III, do CC seria de nulidade absoluta do casamento se a pessoa incapaz não tivesse a mínima condição de exprimir sua vontade. Isso porque a previsão do então art. 3.º, inc. III, estaria mais próxima do anterior art. 1.548, inc. I, do que do art. 1.550, inc. IV, todos da atual codificação. Parecia entender da mesma forma o professor Carlos Roberto Gonçalves, nos seguintes termos:

> "A primeira hipótese é compreensiva de todos os casos de insanidade mental, permanente e duradoura, caracterizada por graves alterações das faculdades psíquicas, que acarretam a incapacidade absoluta do agente (art. 3.º, II). O Código estabelece uma gradação necessária para a debilidade mental, ao considerar relativamente incapazes os que, 'por deficiência mental, tenham discernimento metal reduzido' (art. 4.º, II), referindo-se aos fracos da mente ou fronteiriços.
>
> Desse modo, quando a debilidade mental privar totalmente o amental do necessário discernimento para a prática dos atos da vida civil, acarretará a incapacidade absoluta (CC, art. 3.º, II) e a nulidade do casamento por ele contraído; quando, porém, causar apenas a sua redução, acarretará a incapacidade relativa e a anulabilidade do casamento, nos termos do art. 1.550, IV, do Código Civil" (GONÇALVES, Carlos Roberto. *Direito...*, 2005, p. 136).

A transcrição servia ainda para esclarecer a situação do surdo-mudo. Se ele estivesse enquadrado na anterior regra do art. 4.º do CC, havendo possibilidade parcial de comunicação, o seu casamento celebrado sem assistência seria anulável (art. 1.550, inc. IV, do CC). Se não houvesse qualquer condição de comunicação ou mesmo de discernimento (art. 3.º do CC), o casamento seria nulo (nos termos do então art. 1.548, inc. I, do CC). Consigne-se nesse sentido posicionavam-se Fernando Sartori (A invalidade..., *Direito...*, 2009), Cristiano Chaves de Farias e Nelson Rosenvald (*Direito das famílias...*, 2008, p. 159).

Todavia, com a mudança do sistema pelo Estatuto da Pessoa com Deficiência esse panorama mudou consideravelmente, o que parece afastar toda a polêmica anterior. Isso porque as pessoas que por causa transitória ou definitiva não puderem exprimir vontade passaram a ser tratadas como relativamente incapazes, pelo novo art. 4.º, inc. III, do Código Civil. Desse modo, não há mais como enquadrar o seu casamento como nulo, mas apenas como anulável, presente um incapaz de consentir e de manifestar de modo inequívoco a sua vontade (art. 1.550, inc. IV, do CC).

Em reforço, nota-se que o casamento nulo, no sistema ora em vigor, somente estará presente na hipótese de infringência aos impedimentos matrimoniais, não se cogitando mais a nulidade por problema de vontade. Em resumo, a Lei 13.146/2015 parece ter sanado mais essa controvérsia, pelo menos no campo técnico-jurídico.

b) Casamento celebrado com infringência a impedimento matrimonial (art. 1.548, II, do CC)

Como demonstrado, os únicos impedimentos matrimoniais estão previstos no art. 1.521 do CC (impedimentos decorrentes de parentesco consanguíneo, de parentesco por afinidade, de parentesco civil, de vínculo matrimonial e de crime cometido). Como esses impedimentos são insanáveis e graves, a lei consagra como consequência da sua infringência a nulidade absoluta do casamento.

Superada a análise das hipóteses de nulidade do casamento, é preciso estudar os seus *efeitos e procedimentos*.

Primeiramente, a eventual ação correspondente é denominada ação *declaratória de nulidade absoluta de casamento*. Diante desse caráter declaratório é que se afirma que a ação é imprescritível (critério científico de Agnelo Amorim Filho, *RT* 300/7 e 744/725), além de envolver preceitos de ordem pública e de Direito de Família. Em reforço, nos termos do art. 169 do CC/2002, a nulidade não convalesce pelo decurso do tempo (TJMG, Acórdão 1.0106.06.020387-9/001, 8.ª Câmara Cível, Cambuí, Rel. Des. Teresa Cristina da Cunha Peixoto, j. 19.07.2007, *DJMG* 02.08.2007).

A decretação de nulidade pode ser promovida mediante ação direta, por qualquer interessado ou mesmo pelo Ministério Público, igualmente por envolver preceitos de ordem pública (art. 1.549 do CC). Aplicando a norma e afastando o prazo de 180 dias que foi ventilado pela parte:

"Legitimidade *ad causam* do Ministério Público autor. Art. 1.549 do CCB. Preliminar rejeitada. Fundamentado o pedido em alegação de nulidade *ipso facto* do matrimônio, está o Ministério Público legitimado para a propositura da ação que questiona a validade do ato, nos termos do art. 1.549 do Código Civil. Direito de ação. Arguição de prescrição rejeitada. Ao pedido de declaração de nulidade absoluta do casamento não se aplica o prazo prescricional de 180 dias previsto no inciso I do art. 1.560 do Código Civil, que versa sobre a hipótese de anulabilidade do ato jurídico, por sua vez disposta no inciso IV do art. 1.550 do mesmo diploma legal" (TJRS, Agravo de Instrumento 0137120-22.2016.8.21.7000, 7.ª Câmara Cível, Caxias do Sul, Rel. Des. Sandra Brisolara Medeiros, j. 28.09.2016, *DJERS* 03.10.2016).

Quanto ao foro competente, este seria o da residência da mulher, pelo que constava do art. 100, inciso I, do CPC/1973. Todavia, a regra passou a ser o foro de domicílio do guardião do incapaz, pelo CPC/2015. Não o havendo, o foro competente é o do último domicílio do casal. Ademais, será competente o foro de domicílio do réu, se nenhuma das partes residir no antigo domicílio do casal (art. 53 do CPC/2015). Além disso, como última regra, a Lei 13.894/2019 incluiu louvável previsão, de que haverá competência do foro de domicílio da vítima de violência doméstica e familiar, nos termos da Lei Maria da Penha (Lei 11.340/2006).

Na linha do que leciona a doutrina quase com unanimidade, a nulidade absoluta não pode ser reconhecida de ofício, mas apenas o impedimento matrimonial, de acordo com o art. 1.522 do CC (por todos: VENOSA, Sílvio de Salvo. *Direito...*, 2005, p. 126). Eis aqui mais um exemplo de aplicação do princípio da não intervenção, constante do art. 1.513 do CC. Não se olvide a existência de certa polêmica, uma vez que, como a matéria de nulidade é de ordem pública, deveria ser conhecida de ofício pelo juiz, nos termos da regra do parágrafo único do art. 168 do CC/2002. Em suma, o último dispositivo deveria prevalecer em relação ao princípio da não intervenção, na posição que é seguida por mim. Todavia, afastando o conhecimento de ofício da nulidade do casamento, por todos e representando a posição majoritária: "a decretação de nulidades relacionadas ao casamento segue regramento específico e somente pode ser promovida por meio de ação própria, conforme determina o art. 1.549 do Código Civil" (TJDF, Apelação Cível 2016.11.1.002514-5, Acórdão 113.9002, 8.ª Turma Cível, Rel. Des. Diaulas Costa Ribeiro, j. 22.11.2018, *DJDFTE* 27.11.2018).

O atual Projeto de Reforma do Código Civil pretende resolver mais essa polêmica. No que diz respeito ao *caput* do art. 1.549 da Lei Geral Privada, a Comissão de Juristas propõe uma melhora na sua redação, substituindo-se o termo "promovida" por "postulada", *in verbis*: "a declaração de nulidade de casamento, pelos motivos previstos no artigo antecedente, pode ser postulada por ação direta, por qualquer interessado, ou pelo Ministério Público".

Além disso, sugere-se a inclusão de um parágrafo único, para que, resolvendo a divergência por mim exposta, seja possível o conhecimento de ofício da nulidade absoluta do casamento: "em tendo conhecimento da nulidade do casamento, o juiz deve declará-la de ofício". De fato, prevaleceu o entendimento, no processo de elaboração do Anteprojeto, de que não há razão para que se conclua de forma contrária, porque a nulidade absoluta do casamento envolve matéria cogente ou de ordem pública, exatamente como está no art. 168 da própria codificação privada. Não restam dúvidas de que é preciso manter a coerência do sistema de invalidades, sobretudo com a Parte Geral, o que foi adotado em outras propostas de atualização pela Comissão de Juristas.

Essa ação declaratória de nulidade poderá ainda ser precedida de medida cautelar de separação de corpos, assim como a ação anulatória, devendo o juiz conceder a liminar com maior brevidade possível se for constatada a sua necessidade (art. 1.562 do CC). No sistema processual anterior, caberia a medida cautelar de separação de corpos, enquadrada no art. 888, inc. VI, do CPC/1973; dispositivo não reproduzido pelo Estatuto Processual emergente.

No novo sistema instrumental, a medida está sujeita às regras da tutela de urgência ou de evidência, o que dependerá de um correto preenchimento pela jurisprudência nos próximos anos (arts. 300 e seguintes do CPC/2015). Já trazendo esse enquadramento, dentro da tutela de urgência, do Tribunal de Santa Catarina:

> "Separação de corpos c/c regulamentação de guarda e alimentos. Separação de corpos. Exegese do art. 1.562 do CC/2002. Insuportabilidade da vida em comum demonstrada. Necessidade de resguardar a integridade física, psíquica e emocional dos envolvidos, principalmente da prole. Afastamento do cônjuge do lar conjugal. Evidenciado, em sede de cognição sumária, que o imóvel que serve à moradia do casal pertence aos litigantes e demonstrado que a convivência sob o mesmo ambiente familiar não é possível, inevitável torna-se a concessão da separação de corpos, com o afastamento do companheiro do lar comum, a fim de preservar a incolumidade física e psicológica dos cônjuges e, principalmente, de sua prole. (...)" (TJSC, Agravo de Instrumento 4024895-84.2018.8.24.0000, 2.ª Câmara de Direito Civil, Tubarão, Rel. Des. João Batista Góes Ulysséa, *DJSC* 13.02.2019, p. 146).

Quanto ao Projeto de Reforma do Código Civil e esse seu art. 1.562, em atualizações fundamentais, retira-se inicialmente a menção à separação judicial, extinta pela Emenda Constitucional 66 conforme julgou o STF (Tema n. 1.053, de repercussão geral), e expressa-se o divórcio, sem qualquer classificação. Também, será necessário incluir os efeitos concretos da separação de fato no sentido de colocar fim à sociedade conjugal e ao regime de bens, como foi adotado em outros dispositivos da Reforma. Por isso, a Comissão de

Juristas propõe que a norma passe a ter a seguinte redação: "antes de promover a ação de nulidade do casamento, a de anulação, a de divórcio ou a de dissolução de união estável, a parte poderá requerer, comprovando sua necessidade, a separação de corpos, que será concedida pelo juiz com a possível brevidade e implicará os efeitos previstos nos arts. 1.571 e 1.571-A deste Código".

De volta ao sistema vigente, conforme é apontado pelo senso comum jurídico, e isso também serve para a ação anulatória, não há mais a necessidade de atuação do curador de vínculo, ou *guardião do casamento*, como previa o art. 222 do CC/1916. O curador existia para evitar conluio dos cônjuges objetivando a anulação de casamento, pois somente por meio da ação é que se conseguia romper o vínculo conjugal. Com a edição da Lei 6.515/1977, que introduziu o divórcio no Brasil, a ação de nulidade e a anulatória perderam prestígio, pois os cônjuges podem se utilizar do divórcio consensual, sendo inútil a propositura de ação de nulidade ou de anulação simuladas. A figura do curador, assim, perdeu a sua utilidade também.

Entretanto, em ambos os casos – de nulidade ou anulabilidade do casamento –, como se trata de *ação de estado*, haveria a necessidade de atuação do Ministério Público como fiscal da lei, nos termos do art. 82, inc. II, do Código de Processo Civil de 1973 (VENOSA, Sílvio de Salvo. *Direito...*, 2003, p. 130). Nessa linha, da jurisprudência anterior, pronunciada sob a vigência da norma instrumental anterior: TJCE, Apelação 0000011-70.2009.8.06.0131, 7.ª Câmara Cível, Rel. Des. Ernani Barreira Porto, *DJCE* 09.08.2012, p. 54; TJSP, Apelação com Revisão 645.963.4/2, Acórdão 4036513, 8.ª Câmara de Direito Privado, São José dos Campos, Rel. Des. Caetano Lagrasta, j. 02.09.2009, *DJESP* 27.10.2009; e TJGO, Apelação Cível 94292-1/188, Processo 200503291239, 3.ª Câmara Cível, Posse, Rel. Des. Rogério Arédio Ferreira, j. 04.04.2006, *DJGO* 25.04.2006).

Todavia, como esse dispositivo processual não foi reproduzido pelo CPC/2015, acredito que esse entendimento anterior não mais prevalecerá. Assim, somente haverá necessidade de atuação do MP nas demandas que envolvam os incapazes.

Seguindo no estudo dessa demanda, os efeitos da sentença da ação declaratória de nulidade são retroativos, ou seja, *ex tunc*, conforme prevê o art. 1.563 da atual codificação. A parte final do dispositivo traz uma inovação importante que merece ser comentada. Determina o referido comando legal que essa sentença com efeitos retroativos não poderá "prejudicar a aquisição de direitos, a título oneroso, por terceiros de boa-fé, nem resultante de sentença transitada em julgado". A eficácia legal do dispositivo é inegável, trazendo interessante conclusão.

Dois institutos são aqui protegidos: a boa-fé objetiva (daquele que adquiriu direitos com boa conduta – *v.g.*, adquirente de um imóvel que pagou o preço com total pontualidade) e a coisa julgada (nos termos da previsão constante do art. 5.º, inc. XXXVI, da CF/1988 e art. 6.º da Lei de Introdução). Com essa proteção, a boa-fé objetiva, no que tange ao Direito de Família, é elevada ao posto de preceito de ordem pública. Primeiro, por estar ao lado da coisa julgada. Segundo, porque consegue *vencer* o ato nulo, a exemplo do que ocorre pela previsão do citado art. 167, § 2.º, do CC (*inoponibilidade do ato simulado perante terceiros de boa-fé*).

A título de exemplo, imagine-se o seguinte caso: *A* e *B*, marido e mulher, vendem um imóvel a *C*, que o adquire de boa-fé. O casamento dos primeiros é declarado nulo por sentença judicial, pois *A* já era casado. No caso em questão, mesmo havendo essa nulidade, o que geraria eventual partilha do bem, a venda deve ser reputada válida, já que celebrada com boa-fé por *C*. O cunho social da norma é indeclinável, seguindo toda uma tendência de proteger aquele que age bem, movido pela boa-fé.

Em rara subsunção do comando, em hipótese de sua aplicação para a anulação de casamento por erro, concluiu o Tribunal de Justiça de Pernambuco que "a declaração de nulidade do casamento torna-o sem validade desde o instante de sua celebração, tendo, portanto, o efeito *ex tunc*, não produzindo os efeitos civis do matrimônio perante os contraentes, salvo nos casos de boa-fé dos nubentes (artigo 1.563, do Código Civil)". Quanto aos alimentos, concluiu a Corte que "no caso concreto, o alimentante demonstrou que a alimentanda iniciou novo relacionamento amoroso, resultando, inclusive, no nascimento de uma filha. Declarações prestadas pela própria alimentanda em audiência. Existência de prova inequívoca e convencimento da verossimilhança da alegação para fins de antecipação dos efeitos da tutela (artigo 273, *caput*, do Código de Processo Civil). Suspenso provisoriamente o desconto de pensão alimentícia na folha de pagamento do alimentante" (TJPE, Agravo de Instrumento 0005350-33.2014.8.17.0000, 6.ª Câmara Cível, Rel. Juíza Conv. Cátia Luciene Laranjeira de Sá, j. 31.03.2015, *DJEPE* 27.05.2015).

Como outro aspecto importante, consigne-se que o Código de Processo Civil de 2015 traz um tópico próprio a respeito das ações de Direito de Família, atribuindo um rito especial a tais demandas (arts. 693 a 699 do CPC/2015). Não há previsão expressa de aplicação dessas normas específicas às ações de invalidade do casamento (nulidade absoluta ou relativa). Nos termos do art. 693 do Novo *Codex*, "as normas deste Capítulo aplicam-se aos processos contenciosos de divórcio, separação, reconhecimento e extinção de união estável, guarda, visitação e filiação".

Na minha opinião doutrinária, é possível entender que o rol previsto no artigo é meramente exemplificativo (*numerus apertus*), e não taxativo (*numerus clausus*). Fixada tal premissa, o procedimento especial pode ser perfeitamente aplicado à ação de nulidade do casamento. Pontue-se que essa nossa forma de pensar foi adotada no X Congresso Brasileiro do IBDFAM, em outubro de 2015, com a aprovação do Enunciado n. 19 daquela entidade, segundo o qual "O rol do art. 693 do Novo CPC é meramente exemplificativo, e não taxativo".

Para encerrar o tópico, sobre o Projeto de Reforma do Código Civil, vale lembrar que é preciso resolver a polêmica hoje existente a respeito do casamento denominado como *casamento infantil*. Sugere-se, portanto, e como antes pontuado, um novo inc. I-A para o art. 1.548, prevendo ser nulo o casamento por quem ainda não atingiu a idade núbil, ou seja, em se tratando de pessoa com menos de 16 anos de idade.

Como se verá a seguir, são revogadas todas as regras relativas à nulidade relativa do casamento daquele que não atingiu a idade núbil, o que é igualmente fundamental para se afastar todo o debate que ainda persiste.

2.6.4 Do casamento anulável

As hipóteses de anulabilidade do casamento constam de rol taxativo (*numerus clausus*) previsto no art. 1.550 do CC, sem prejuízo de outros dispositivos que completam o tratamento da matéria. Confirmando tratar-se de um rol fechado e não aberto, do Tribunal Paulista: "a alegação de adultério e ameaças não se enquadram nas hipóteses taxativas do mencionado dispositivo" (TJSP, Apelação 0005169-95.2011.8.26.0126, Acórdão 8691601, 14.ª Câmara Extraordinária de Direito Privado, Caraguatatuba, Rel. Des. Edson Luiz de Queiróz, j. 10.08.2015, *DJESP* 21.09.2015).

Ressalte-se que o Código Civil de 2002 retirou uma previsão de anulabilidade que era totalmente desatualizada, envolvendo o rapto (art. 183, inc. X, do CC/1916). Passa-se ao estudo das causas de anulabilidade pela sistemática atual:

a) Casamento contraído por quem não completou a idade mínima para casar (art. 1.550, I, do CC)

Como demonstrado, o Código Civil de 2002 iguala a idade núbil em 16 anos, tanto para homem quanto para mulher. Isso porque a puberdade é apontada como um requisito para a constituição do casamento. O menor que tiver menos idade do que o limite mínimo para casar está agora expressamente impedido de casar, tendo em vista a modificação do art. 1.520 do Código Civil pela Lei 13.811/2019.

Todavia, reitero a minha posição doutrinária no sentido de continuar sendo o casamento do menor de 16 anos anulável, não tendo sido revogado ou alterado qualquer outro dispositivo da codificação material a respeito da temática, inclusive esses que ora são estudados.

Em suma, sendo eventualmente celebrado o casamento do menor de 16 anos, por alguma fraude no Cartório, por exemplo, o ato será considerado anulável, desde que proposta ação anulatória no prazo de cento e oitenta dias, pelo próprio menor, por seus representantes legais ou por seus ascendentes (art. 1.552 do CC).

Sobre o início da contagem desse prazo decadencial, há as seguintes regras:

- Se a ação for proposta pelo próprio menor, devidamente representado, o prazo será contado a partir do momento em que completar a idade núbil.
- Se a ação for proposta pelo representante legal ou ascendente, o prazo será contado a partir do momento em que o casamento foi celebrado.

Para o início da contagem desse prazo, são utilizadas as regras constantes do art. 1.560, § 1.º, do CC. Destaque-se que o prazo de cento e oitenta dias é decadencial, pois a ação anulatória é constitutiva negativa (critério científico de Agnelo Amorim Filho).

Sem prejuízo dessa ação anulatória, o Código Civil em vigor enuncia hipóteses em que o casamento pode ser convalidado, inclusive por confirmação das partes. Lembre-se de que *convalidar* significa tornar válido o que inicialmente era inválido. Em suma, é sanado um problema que envolve o plano da validade, o *segundo degrau da Escada Ponteana*.

A primeira possibilidade dessa convalidação consta do seu art. 1.551, pelo qual não se anula o casamento, por motivo de idade, se dele resultou gravidez, não sendo necessária sequer a autorização do seu representante legal. A norma teria a sua razão de ser, visando a amparar a família pelo casamento, nos termos do art. 226, *caput*, da CF/1988.

De toda sorte, no Projeto de Reforma do Código Civil, propõe-se a sua revogação expressa. A Relatoria-Geral e a Comissão de Juristas aderiram à proposta de emenda formulada por Maria Berenice Dias, para a revogação do dispositivo, pois a nulidade absoluta do casamento da pessoa com menos de 16 anos e a nulidade relativa do casamento da pessoa com idade entre 16 e 18 anos devem ser mantidas em todos os casos, não havendo razão, diante das mudanças dos costumes da sociedade brasileira, em se manter a convalidação do casamento em situações tais e em virtude da gravidez. Nas justificativas da jurista, que foram aceitas, "de todo descabido convalidar casamento anulável em face da gravidez, que não enseja o reconhecimento da maioridade. Assim, não faz desaparecer a causa de invalidade do casamento".

Além dessa regra, enuncia o art. 1.553 da atual codificação material que o menor poderá, depois de completar a idade núbil, confirmar o seu casamento, com a autorização de seus representantes legais, se necessária, ou com suprimento judicial. Essa confirmação expressa está em sintonia com o art. 172 do CC/2002, segundo o qual "O negócio anulável pode ser confirmado pelas partes, salvo direito de terceiro".

Reitero o meu entendimento de que, mesmo com a alteração do art. 1.520 do Código Civil, o casamento infantil continua sendo anulável, sendo possível a convalidação do ato em todas essas hipóteses descritas na lei, que não foram revogadas ou modificadas pela Lei 13.811/2019.

Vale lembrar e acrescentar que o atual Projeto de Reforma do Código Civil pretende introduzir regra nesse sentido, pela nulidade absoluta, em um novo inc. I-A do art. 1.548; revogando-se expressamente, para os mesmos fins, os seus citados arts. 1.551, 1.552, 1.553 e 1.560, § 1.º. Como outro aspecto importante, a Comissão de Juristas sugere que a Lei Geral Privada não use mais o termo "menor", deixando a menoridade de ser uma condição jurídica, passando sempre a expressar a idade da pessoa, para o efeito jurídico correspondente.

b) Casamento contraído por menor em idade núbil (entre 16 e 18 anos), não havendo autorização do seu representante legal (art. 1.550, II, do CC)

O menor entre 16 e 18 anos não necessita de autorização judicial para se casar, mas apenas do consentimento de seus pais ou outros representantes, caso dos tutores (art. 1.517 do CC). Trata-se de uma *autorização especial*, que não se confunde com assistência, tratada pela Parte Geral do Código Civil.

Sendo desrespeitada essa premissa, o prazo para a propositura da ação anulatória é decadencial de cento e oitenta dias, ação essa que somente pode ser proposta pelo incapaz (ao deixar de sê-lo), por seus representantes legais ou por seus herdeiros necessários (art. 1.555, *caput*, do CC).

A respeito da contagem dos prazos, há as seguintes regras, constantes do § 1.º do mesmo dispositivo material:

– Se a ação for proposta pelo menor, o prazo será contado a partir do momento em que completar 18 anos.
– Se a ação for proposta pelo representante legal, o prazo será contado a partir da celebração do casamento.
– Sendo proposta a ação por herdeiro necessário, o prazo será contado da data do óbito do menor.

Por fim, não se anulará esse casamento quando à sua celebração tiverem assistido os representantes legais do menor, ou se esses representantes tiverem manifestado a sua aprovação (art. 1.555, § 2.º, do CC). Como se pode perceber, o vício em questão é sanável, podendo o casamento ser convalidado. Na verdade, se os representantes que não autorizaram o casamento estavam presentes à celebração e nada fizeram para impedir a realização, concordaram tacitamente com o enlace. Se pudessem, posteriormente, requerer a anulação, agiriam contrariamente aos ditames da boa-fé objetiva em nítido comportamento contraditório proibido pelo ordenamento (*venire contra factum proprium*).

Pelo recente Projeto de Reforma e Atualização do Código Civil, como antes pontuado, retira-se do texto da Lei Geral Privada a expressão "menor", para que a menoridade deixe de ser uma condição jurídica. Nesse contexto, o inc. I do art. 1.550 passará a expressar a anulabilidade do casamento "da pessoa com mais de dezesseis anos de idade, em idade núbil, quando não autorizado por seu representante legal".

Quanto ao art. 1.555, a Comissão de Juristas sugere alterações pontuais, para que passe a ser mais efetivo, e diante de outras modificações que são feitas na codificação privada.

Nesse contexto, de início, o *caput* passará a prever, sem utilizar o termo "menor", que "o casamento da pessoa com dezesseis anos ou mais de idade, em idade núbil, quando não autorizado por seu representante legal, só poderá ser anulado se a ação for proposta em cento e oitenta dias, por iniciativa do incapaz, ao deixar de sê-lo, de seus representantes legais ou de seus herdeiros necessários". Ademais, consoante o seu novo § 1.º, com maior clareza, "o prazo estabelecido neste artigo será contado do dia em que cessou a incapacidade, no primeiro caso; a partir do casamento, no segundo; e, no terceiro, da morte do incapaz, se ela ocorrer entre os seus 16 (dezesseis) e 18 (dezoito) anos".

Como a situação do casamento da pessoa entre 16 e 18 anos é de nulidade relativa, mantém-se a possibilidade de sua convalidação no § 2.º, com a seguinte dicção e maior clareza, sendo ela admitida se for demonstrado um comportamento concludente do representante legal do incapaz: "não se anulará o casamento quando à sua celebração houverem assistido os representantes legais do incapaz, ou tiverem, por qualquer modo, demonstrado aprovar a celebração". Como se nota, não se exigirá apenas a manifestação expressa do representante, o que hoje traduz um rigor formal inadmissível.

Concluindo o tópico, os menores recebem atualmente um tratamento específico quando se fala em capacidade para o casamento. Diante desse tratamento diferenciado, não podem ser invocadas as regras previstas para a teoria das nulidades na Parte Geral do Código Civil. Nota-se que o casamento celebrado por menores, sejam eles absoluta ou relativamente incapazes, é anulável.

Confrontando-se com o tratamento relativo aos demais negócios jurídicos, os contratos celebrados por menores de 16 anos – absolutamente incapazes –, sem a devida representação, são nulos (art. 166, inc. I, do CC). Já os contratos celebrados por menores entre dezesseis e dezoito anos – relativamente incapazes – são anuláveis (art. 171, inc. I, do CC).

c) *Casamento celebrado sob coação moral (arts. 1.550, III, e 1.558 do CC)*

A coação moral ou *vis compulsiva* constitui um vício da vontade ou do consentimento, havendo tratamento específico na Parte Geral do Código Civil (arts. 151 a 155). Quanto ao casamento, consta conceito específico de coação no art. 1.558 da atual codificação material, sendo interessante confrontar as duas formas de coação previstas na atual codificação privada:

Art. 151 do CC. Coação para os negócios jurídicos em geral	Art. 1.558 do CC. Coação para o casamento
Fundada em temor de dano iminente e considerável à sua pessoa, à sua família ou aos seus bens. Eventualmente, o dano iminente também pode atingir pessoa que não seja da família do negociante.	Quando o consentimento de um ou de ambos os cônjuges tiver sido captado mediante fundado temor de mal considerável e iminente para a vida, a saúde e honra, sua ou de seus familiares.

Como se observa, há novamente um tratamento diferenciado. Pelo que consta da lei, não se considera coação para o casamento o temor de mal considerável a bens ou a pessoa que não seja da família do contraente.

De toda sorte, apesar dessa diferenciação na literalidade, entendo que é possível que os dois comandos se comuniquem, para os devidos fins de anulabilidade. Em suma, é possível anular um casamento por coação relacionada ao patrimônio ou a pessoa que não seja da família do coato.

Além dessa necessária interação entre livros distintos do Código Civil, outros comandos da Parte Geral relativos à coação merecem aplicação para o enfrentamento da coação no casamento. Esclareça-se que tais deduções foram incluídas nesta obra após a minha atuação em parecer jurídico elaborado em ação de anulação de casamento e de pacto antenupcial, em trâmite no Estado do Paraná.

Em relação a esses outros comandos, de início, é o caso do art. 152 do CC que recomenda a análise *in concreto* da coação, levando em conta o sexo, a idade, a experiência, a saúde e o temperamento do coagido. No casamento, do mesmo modo, não se pode considerar coação o mero temor reverencial (art. 153). A coação exercida por terceiro também pode anular o casamento, desde que o outro cônjuge tenha conhecimento ou devesse ter conhecimento do vício (arts. 154 e 155). Mais uma vez percebe-se a aplicação de normas da teoria geral do negócio jurídico, uma vez que o casamento assume essa natureza jurídica.

No que tange ao prazo para anular o casamento celebrado sob coação, esse é decadencial de quatro anos, contados da celebração do casamento (art. 1.560, inc. IV, do CC). Nesse ponto, mais uma vez se percebe um tratamento diferenciado, pois, no caso dos negócios jurídicos em geral, o prazo de quatro anos é contado a partir do momento em que cessar a coação (art. 178, inc. I, do CC).

Essa ação anulatória é personalíssima e somente poderá ser proposta pelo cônjuge que sofreu a coação (art. 1.559 do CC). Entretanto, de forma correta, o Superior Tribunal de Justiça tem admitido que os herdeiros sigam com a ação de anulação proposta ainda em vida pelo seu ascendente:

> "Os efeitos da ação de anulação de casamento são muito mais intensos e abrangentes que o da ação de divórcio, já que na primeira se discute a própria validade do casamento. Desse modo, há de aplicar-se o entendimento segundo o qual a intransmissibilidade que deriva da norma do art. 1.559 do Código Civil diz respeito apenas à legitimidade para a propositura da ação, mas não impede o prosseguimento por parte dos herdeiros" (STJ, REsp 1.651.905/MG, 4.ª Turma, Rel. Min. Luis Felipe Salomão, j. 03.12.2018, *DJe* 12.12.2018, p. 5.760).

Conforme o mesmo preceito em estudo, o ato poderá ser convalidado, havendo posterior coabitação entre os cônjuges e ciência do vício, pelo tempo que o juiz entender que é razoável (art. 1.559). O dispositivo, ao prever que a coabitação sana a invalidade, adota a vedação do comportamento contraditório (*venire contra factum proprium non potest*), proibindo que aquele que *coabitou*, ou seja, que manteve relação sexual com o outro cônjuge ou com ele viveu, ingresse com a ação anulatória do casamento. O sentido ético da norma é, portanto, indiscutível, pela relação com a boa-fé objetiva. Contudo, nem sempre será fácil a prova desta coabitação.

Como última nota a respeito da temática, no Projeto de Reforma do Código Civil prevaleceu a proposta da subcomissão de Direito de Família para se afastar todo esse tratamento específico relativo à coação para o casamento, passando o inc. III do seu art. 1.550 a expressar a anulabilidade do casamento "por erro, dolo ou coação, observado, no que couber, o disposto nos arts. 138 a 155 deste Código". É revogado expressamente o art. 1.558 da Lei Geral Privada, remetendo-se o tratamento do tema para a Parte Geral. De fato, não há mais motivo para se diferenciar a coação no casamento da coação presente em qualquer outro negócio jurídico, havendo instabilidade e insegurança nesse duplo tratamento legal. Porém, é mantida a regra específica no art. 1.559 com nova dicção: "somente o cônjuge que incidiu em erro essencial, sofreu coação ou foi vítima de dolo, pode demandar a anulação do casamento"; bem como os prazos específicos para a anulação, do art. 1.560.

d) Casamento celebrado havendo erro essencial quanto à pessoa do outro cônjuge (arts. 1.550, III, 1.556 e 1.557 do CC)

O casamento pode ser anulado se houver por parte de um dos nubentes, ao consentir, erro essencial quanto à pessoa do outro (*error in persona*). Como é notório, no erro a pessoa se engana sozinha, sendo esse o requisito essencial para a anulação do casamento. O dolo, como aponta a melhor doutrina, não anula o casamento (VENOSA, Sílvio de Salvo. *Direito...*, 2003, p. 144).

Aqui também existem alterações engendradas pela Lei 13.146/2015, que institui o Estatuto da Pessoa com Deficiência, com vistas à sua inclusão para atos civis existenciais, possibilitando amplamente o seu casamento, com o afastamento do erro como causa de anulação.

O art. 1.557 da codificação substantiva traz um rol fechado de situações caracterizadoras do erro, e que merecem um estudo especial. A citada norma emergente alterou o seu inciso III e revogou o seu inciso IV. Vejamos o estudo pontual dessas previsões:

Inciso I – No que diz respeito a identidade, honra e boa fama do outro cônjuge, sendo esta uma informação de conhecimento ulterior pelo nubente e que torne insuportável a vida em comum ao cônjuge enganado. A honra deve ser tida em sentido amplo, englobando tanto a autoestima (*honra subjetiva*) quanto a reputação social (*honra objetiva*). Na última ideia estaria também a boa fama. Vários são os exemplos apontados pela doutrina e jurisprudência sendo interessante citar os seguintes: casamento celebrado com homossexual, com bissexual, com transexual operado que não revelou sua situação anterior, com viciado em tóxicos, com irmão gêmeo de uma pessoa, com pessoa violenta, com viciado em jogos de azar, com pessoa adepta de práticas sexuais não convencionais, entre outras hipóteses (DINIZ, Maria Helena. *Código...*, 2010, p. 1.087). Cite-se, ainda, a hipótese de "pessoa idosa e ingênua que se casou com mulher vinte e nove anos mais jovem, pensando que esta lhe tinha afeto, quando os fatos imediatamente posteriores à celebração demonstraram que o interesse era apenas patrimonial" (TJRJ, Apelação 200900121641, 19.ª Câmara Cível, Rio de Janeiro, Rel. Des. Cláudio Brandão, j. 04.08.2009, Data de Publicação: 04.11.2009). Em julgado remoto, já se entendeu que a homossexualidade do cônjuge seria motivo de anulação por erro, o que pode ser contestado em tempos atuais: "Vício de vontade. Esposa que desconhecia o homossexualismo do marido antes do casamento. Artigos 1.556 e 1.557 do Código Civil. Comprovação dos requisitos para anulação" (TJSP, Apelação Cível 580.938.4/6, Acórdão 3250468, 4.ª Câmara de Direito Privado, São Paulo, Rel. Des. Teixeira Leite, j. 11.09.2008, *DJESP* 10.10.2008). Concluindo pela necessidade de prova de uma situação de gravidade que diz respeito à honra e boa fama, julgou de forma correta o Tribunal do Distrito Federal: "Por erro essencial, entende-se o desconhecimento acerca das qualidades e condições pessoais e sociais dos nubentes, características cuja ciência posterior torna insuportável a vida em comum ao cônjuge enganado. Para resultar na anulabilidade do casamento, não basta que a convivência comum tenha se tornado inviável, mas que tal impossibilidade decorra de qualidades relativas à identidade, à honra ou a boa fama da pessoa, as quais devam ser desconhecidas antes da união formal. A existência de erro essencial deve ser comprovada de forma cabal, pois a anulabilidade somente ocorre em caráter excepcional, razão pela qual a ausência de provas inequívocas acerca das alegações resultará na prevalência do casamento" (TJDF, Apelação Cível 2016.05.1.001883-4, Acórdão 100.7698, 7.ª Turma Cível, Rel. Des. Leila Cristina Garbin Arlanch, j. 29.03.2017, *DJDFTE* 05.04.2017). Ainda sobre o mesmo inciso, entendeu o Tribunal de Santa Catarina que "a negativa de manter relações sexuais, pelo demandado, não configura erro essencial quanto à pessoa do outro cônjuge, previsto no art. 1.557, inciso I, do Código Civil, pois não diz respeito à sua identidade, mas à opção por ele feita de não manter determinada conduta" (TJSC, Apelação Cível 0310459-60.2015.8.24.0020, 2.ª Câmara de Direito Civil, Criciúma, Rel. Des. João Batista Góes Ulysséa, *DJSC* 20.06.2017, p. 125). Ademais, não se tem admitido a anulação do casamento por erro nas hipóteses de infidelidade do outro cônjuge, o que enseja apenas o divórcio: "Discute-se no presente recurso se houve erro essencial quanto à pessoa do outro cônjuge a justificar a anulação do casamento. O descumprimento dos deveres conjugais como o da fidelidade recíproca, respeito e consideração mútuos (artigo 1.566, do Código Civil) enseja o divórcio entre as partes (artigo 1.573, do Código Civil), e não a anulação de casamento (artigos 1.556 e 1.557, ambos do Código Civil)" (TJMS, Apelação Cível 0802958-54.2016.8.12.0001, 2.ª Câmara Cível, Rel. Des. Paulo Alberto de Oliveira, *DJMS* 15.08.2018, p. 66).

Inciso II – A ignorância de crime anterior ao casamento e que por sua natureza torne insuportável a vida conjugal. Como o requisito da insuportabilidade prevalece, não há necessidade do trânsito em julgado da sentença penal, bastando a repercussão social do crime. Exemplo: casar-se com um grande traficante de drogas, desconhecendo essa característica do outro cônjuge.

Inciso III – A ignorância, anterior ao casamento, de defeito físico irremediável, *que não caracterize deficiência*, ou de moléstia grave e transmissível, pelo contágio ou pela herança, capaz de pôr em risco a saúde do outro cônjuge ou de sua descendência. Pontue-se que a Lei 13.146/2015 incluiu a exceção destacada, a respeito da pessoa com deficiência, não cabendo a anulação do casamento em casos tais. Exemplos anteriores de defeitos físicos irremediáveis, mantidos no sistema: hermafroditismo (duas manifestações sexuais); deformações genitais; ulcerações no pênis e impotência *coeundi*, aquela para o ato sexual (TJMG, Apelação Cível 10024122275746001, 7.ª Câmara Cível, Rel. Washington Ferreira, j. 25.06.2013). É importante destacar que a impotência *generandi* ou *concipiendi* (para ter filhos) não gera a anulabilidade do casamento. Exemplos de moléstias graves e transmissíveis: tuberculose, AIDS, hepatite e sífilis. Em todos os casos relacionados, há presunção absoluta ou *iure et de iure* da insuportabilidade da vida em comum, razão pela qual ela não é mencionada na lei.

Atente-se que foi revogado pela Lei 13.146/2015 o antigo inc. IV do art. 1.557 da codificação civil, que mencionava a ignorância, anterior ao casamento, de doença mental grave que, por sua natureza, tornasse insuportável a vida em comum. Eram exemplos aqui antes mencionados a esquizofrenia, a psicopatia, a psicose, a paranoia, entre outros. Era apontada a desnecessidade de a pessoa estar interditada, no sistema anterior à revogação. Agora, o casamento das pessoas citadas será válido, o que visa a sua plena inclusão social, objetivo primordial do Estatuto da Pessoa com Deficiência, especialmente pelo que consta do seu art. 6.º.

Anote-se que a lei civil já não elencava mais como fundamento do erro quanto à pessoa o defloramento da mulher, ignorado pelo marido (art. 219, inc. IV, do CC/1916). Por óbvio que esse dispositivo perdeu a aplicação prática há tempos, antes mesmo do Código Civil de 2002, não estando adaptado às mudanças de costumes em nosso país.

Ainda a respeito do enquadramento das hipóteses de erro, da prática, merece destaque o aresto estadual que afastou a sua caracterização, pois os fatos alegados já eram de conhecimento do cônjuge que pretendia anular o casamento, em julgamento preciso e correto:

"Em demanda que envolve a validade do casamento, tratando-se de direitos indisponíveis, resta afastada a presunção de veracidade dos fatos alegados pela parte autora, conforme dicção do artigo 345, inciso II, do Código de Processo Civil, não há falar em nulidade do casamento no caso concreto, porquanto restou demonstrado que no período de união estável anterior ao matrimônio, o varão já apresentava transtornos mentais, provavelmente decorrentes do uso de substâncias entorpecentes, fato que era do conhecimento da autora" (TJRS, Apelação Cível 0132187-35.2018.8.21.7000, 7.ª Câmara Cível, Guaíba, Rel. Des. Sandra Brisolara Medeiros, j. 25.07.2018, *DJERS* 31.07.2018).

Apontando quais seriam os requisitos para essa anulação, o que somente se admite em casos excepcionais e de maior gravidade, do Tribunal de Justiça de Goiás, servindo de roteiro seguro para a prática:

"Para que os casos de erro essencial elencados no art. 1.557 do Código Civil sejam aproveitados por quem os alega, faz-se necessária a presença dos seguintes requisitos: 1.º) a circunstância ignorada pelo outro cônjuge deve preexistir ao casamento; 2.º) a descoberta da verdade deve ser posterior ao matrimônio e 3.º) tal descoberta deve tornar insuportável a vida em comum para o cônjuge enganado. As hipóteses que caracterizam o erro essencial e permitem a anulação do casamento estão taxativamente previstas no artigo 1.557, do Código Civil, não se admitindo interpretação extensiva. Não configuradas tais hipóteses, não há que se falar em casamento anulável por erro essencial por parte de um dos cônjuges quanto à pessoa do outro. O débito sexual conduz ao descumprimento do dever conjugal da vida em comum, nos termos do art. 1.566, do CC, o que acarreta a dissolução do casamento através de separação judicial, considerando que mera decepção do cônjuge quanto à periodicidade das relações íntimas não tem a faculdade de acarretar a anulação do casamento" (TJGO, Apelação Cível 100469-69.2007.8.09.0006, Anápolis, Rel. Des. Gilberto Marques Filho, *DJGO* 13.10.2010, p. 128).

No Projeto de Reforma do Código Civil, como antes pontuado, a Comissão de Juristas sugere a revogação dos dispositivos que tratam dos vícios do erro e da coação no casamento, remetendo o seu tratamento para a Parte Geral, naquilo que for possível, e mantendo-se a coerência do sistema. Sugere-se, portanto, que seja revogado expressamente todo art. 1.557 do Código Civil, até porque muitas das hipóteses de erro essencial quanto à pessoa nele previstas atualmente não se coadunam com a realidade, sobretudo com as mudanças nos costumes verificadas nos últimos tempos, podendo ser tidas até como discriminatórias. Muito mais fácil, ademais, o caminho do divórcio, tido como um direito potestativo dos cônjuges, na linha da proposta de inclusão do novo art. 1.511-D na codificação privada, e aqui antes comentado.

Superada a análise dos casos que motivam a anulação do casamento por erro a respeito da pessoa, e a proposta de sua revisão, verifique-se que o prazo decadencial para a ação anulatória é de três anos, contados da celebração do casamento (art. 1.560, inc. III, do CC). Essa ação somente cabe ao cônjuge que incidiu em erro, sendo uma ação personalíssima, nos termos do art. 1.559 do CC.

Ainda de acordo com o último dispositivo, a coabitação posterior, havendo ciência do vício, convalida o casamento, salvo nas hipóteses dos incs. III e IV do art. 1.557 (defeito físico irremediável, moléstia grave ou doença mental grave), pois as situações são de extrema gravidade. Advirta-se, contudo, que a última previsão foi retirada do sistema jurídico pelo EPD, como antes se viu. Mais uma vez, a norma adota a máxima *venire contra factum proprium non potest*, ao vedar que o cônjuge que coabitou ingresse com a ação para anular o casamento, a não ser naqueles casos excepcionais.

Admitindo a convalidação do ato por coabitação, em hipótese de erro, transcreve-se decisão do Tribunal Paulista:

"Casamento. Anulação. Erro essencial quanto a pessoa do outro cônjuge. Confissão pelo marido, na semana seguinte ao ato de que era dependente de drogas. Aceitação das condições e consentida nova chance. Renovação da prática de uso de drogas. Pretendido reconhecimento da insuportabilidade da vida comum. Não acolhimento. Coabitação. Fator que afasta o pleito de anulação. Aplicação do artigo 1.559, do Código Civil. União válida. Extinção do feito confirmada. Recurso improvido" (TJSP, Acórdão 407.842-4/4-00, 3.ª Câmara de Direito Privado, São Vicente, Rel. Des. Élcio Trujillo, j. 23.05.2006).

Como não poderia ser diferente, o conteúdo do aresto estadual tem o meu total apoio doutrinário.

e) Do incapaz de consentir e de manifestar de forma inequívoca a sua vontade (art. 1.550, IV, do CC)

Conforme ressaltado, essa previsão continua a englobar os ébrios habituais, entendidos como os alcoólatras, e os viciados em tóxicos (art. 4.º, inc. II, do CC, atualizado com a Lei 13.146/2015). Todavia, o comando não incide mais para as pessoas com discernimento mental reduzido e aos excepcionais sem desenvolvimento completo, constantes do art. 4.º, incs. II e III, da codificação, antes da recente alteração.

Reafirme-se que essas pessoas podem se casar livremente, até porque foi incluído um § 2.º no art. 1.550 do CC/2002 pelo Estatuto da Pessoa com Deficiência. O preceito emergente passou a prever que a pessoa com deficiência mental ou intelectual em idade núbil poderá contrair matrimônio, expressando sua vontade diretamente ou por meio de seu responsável ou curador. Mais uma vez, nota-se o objetivo de plena inclusão social da pessoa com deficiência, especialmente para os atos existenciais familiares, afastando-se a tese de que o casamento poderia ser-lhe prejudicial.

Analisando na prática essa hipótese legal relativa ao incapaz de consentir, já sob a vigência do EPD e na linha do que acabei de pontuar, julgou de forma correta o Tribunal do Distrito Federal do seguinte modo:

"Na forma do art. 1.550, IV, do Código Civil, é anulável o casamento do incapaz de consentir ou manifestar, de modo inequívoco, o consentimento. Na situação em exame, o nubente sofreu variados AVCs nos anos anteriores ao casamento, o que comprometeu a sua lucidez e sua capacidade de tomar decisões em sua vida civil, fragilidade de saúde esta que era de conhecimento da ré, a qual atuava como cuidadora contratada. A República Federativa do Brasil é signatária da Convenção de Nova York sobre os Direitos das Pessoas com Deficiência (Decreto n. 6.949/2009), legislação esta com *status* de Emenda Constitucional, por observar os requisitos do § 3.º do art. 5.º da Constituição. É dever do Estado Brasileiro adotar medidas para proteger as pessoas com deficiência, tanto dentro como fora do lar, contra todas as formas de exploração, violência e abuso. Inteligência do art. 16 deste documento internacional" (TJDF, Proc. 00332.38-05.2014.8.07.0016, Ac. 113.5440, 7.ª Turma Cível, Rel. Des. Gislene Pinheiro, j. 07.11.2018, *DJDFTE* 09.11.2018).

Ao final, entendeu-se pela anulabilidade do casamento, afastando o que consta da literalidade do art. 1.550, § 2.º, do CC, pela falta de discernimento para o ato. Também com conteúdo interessante, afastando a anulação do casamento, pelo fato de o nubente somente ter problemas físicos, não sendo o caso de se aplicar o inc. IV do art. 1.550:

> "*In casu*, a incapacidade do apelado se restringe a limitações físicas, decorrentes da sua idade avançada, não havendo qualquer deficiência mental ou intelectual que afete a capacidade de manifestar a sua vontade. A sentença que decretou a interdição do genitor da apelante foi posterior ao casamento realizado e somente relativa a negócios de administração de bens e negócios de cunho patrimonial, não abrangendo, portanto, o instituto do casamento. Assim, não há que se falar em necessidade da anuência de seu curador para realização e concretização do ato. Consoante laudo pericial realizado, diante da capacidade intelectual e psíquica reconhecida antes da sentença que decretou a interdição do genitor da autora, o apelado podia, à época, dispor do seu patrimônio da maneira que entendesse melhor, tendo os seus descendentes apenas uma expectativa de direito de herança com relação a tais bens" (TJDF, Apelação Cível 2014.01.1.052311-4, Acórdão 953.151, 5.ª Turma Cível, Rel. Des. Josaphá Francisco dos Santos, j. 06.07.2016, *DJDFTE* 15.07.2016).

O prazo decadencial para a ação anulatória do casamento do incapaz de consentir é de cento e oitenta dias, contados do casamento, nos termos do art. 1.560, *caput* e § 1.º, do Código em vigor.

A respeito do inc. IV do art. 1.550, o atual Projeto de Reforma do Código Civil pretende melhorar a sua redação, passando a expressar a anulabilidade do casamento "das pessoas referidas no inc. II do art. 4.º deste Código que não obtiveram o auxílio de apoiadores, quando assim o tiverem desejado". Como se verá, passará a ser possível, por outra proposição, que a tomada de decisão apoiada seja utilizada também para os atos existenciais, como é o casamento. Sugere-se, ainda, que o § 2.º do art. 1.550, passe a prever que "a pessoa com deficiência, em idade núbil, poderá contrair matrimônio, expressando sua vontade, cabendo ao oficial do Registro Civil fornecer os recursos de acessibilidade e de tecnologia assistida disponíveis para que ela tenha garantido o direito de compreender o sentido do casamento e de livremente manifestar-se no momento da celebração". A principal inovação está na disponibilização dos recursos de acessibilidade e de tecnologia assistida pelo oficial do Registro Civil, caso, por exemplo, do uso de lentes, lupas, método Braille, equipamentos com síntese de voz, grandes telas de impressão, sistemas de TV com aumento para leitura de documentos, impressoras de pontos e de relevo, entre outros.

Em resumo, foi visto que os casos envolvendo os menores são de anulabilidade do casamento (art. 1.550, incs. I e II); que não mais existem maiores absolutamente incapazes, tendo sido revogado o art. 1.548, I, do CC; e que os casos envolvendo os demais incapazes são de anulabilidade (art. 1.550, inc. IV). Vale repisar, ademais, que as pessoas com deficiência podem se casar livremente, nos termos do novo § 2.º do art. 1.550 do Código Civil.

Pois bem, quanto aos incapazes tratados nos arts. 3.º e 4.º da atual codificação, devidamente atualizados pelo Estatuto da Pessoa com Deficiência, faltou abordar uma hipótese: a do pródigo (art. 4.º, inc. IV, do CC). Como se sabe, o pródigo é aquele que gasta de maneira destemperada o seu próprio patrimônio, podendo chegar a um estado de miserabilidade, razão pela qual há uma interdição relativa quanto aos atos de alienação de bens (art. 1.782 do CC). Justamente porque a interdição é relativa é que o pródigo pode se casar.

Aliás, vale dizer que não sendo celebrado pacto antenupcial, o regime do seu casamento será o da comunhão parcial (*regime legal*), nos termos do art. 1.640, *caput*, do CC. Não há que se falar na imposição do regime da separação obrigatória de bens, pois o pródigo não consta do art. 1.641 da mesma codificação. Como antes defendido, as limitações à autonomia privada devem decorrer necessariamente de lei, o que não é o caso.

Entretanto, é de se indagar se, para celebrar o pacto antenupcial, fazendo a opção por outro regime, o pródigo deverá ser assistido. A questão é controversa. Há aqueles que entendem que a resposta é positiva (GONÇALVES, Carlos Roberto. *Direito*..., 2005, p. 620). Isso porque o referido pacto tem natureza contratual, envolvendo a administração de patrimônio.

Não havendo a referida assistência, somente o pacto será anulável, nos termos do art. 171, inc. I, do CC, o que não atinge o casamento celebrado. Isso, desde que proposta ação anulatória no prazo de quatro anos, a contar de quando cessar a incapacidade (art. 178, inc. III). A questão, mais uma vez, é solucionada pela teoria geral do negócio jurídico. Não sendo proposta a referida ação no prazo assinalado, o pacto será convalidado pelo tempo, tornando-se plenamente válido. Esse parece ser o melhor entendimento.

Por outro lado, há quem entenda que o art. 1.782 do CC, que limita o pródigo, sem assistência, de praticar certos atos da vida civil é restritivo de direitos e não comporta interpretação extensiva (CARVALHO SANTOS, João Manuel. *Código Civil*..., 1937, p. 427).

Ademais, a escolha de um regime de bens diverso do regime da comunhão parcial não significa forma de dissipação patrimonial, mesmo porque o pródigo pode se casar por meio de pacto, optando pelo regime da separação de bens. Essa é a opinião, por exemplo, de José Fernando Simão.

Vista a situação do pródigo, é possível formular a seguinte tabela comparativa relativa *aos incapazes e ao casamento*, devidamente atualizada frente ao Estatuto da Pessoa com Deficiência:

Absolutamente incapazes (art. 3.º do CC)	Relativamente incapazes (art. 4.º do CC)
Passou a mencionar apenas os menores de 16 anos, sendo o seu casamento anulável.	I – Menores entre 16 e 18 anos – casamento anulável. II – Ébrios habituais (alcoólatras) e viciados em tóxicos – casamento anulável. III – Passou a mencionar as pessoas que por causa transitória ou definitiva não puderem exprimir vontade – casamento anulável. IV – Pródigos – casamento válido.

f) Casamento celebrado por procuração, havendo revogação do mandato (art. 1.550, V, do CC)

Enuncia a atual codificação civil que o casamento poderá se anulado se realizado por mandatário e ocorrendo a revogação do mandato, sem que o representante e o outro cônjuge tivessem conhecimento dessa revogação pelo mandante. Essa revogação terá efeitos se realizada antes da celebração do casamento. Em caso contrário o ato encontra-se aperfeiçoado, não sendo o caso de sua anulação.

O prazo para a propositura da ação anulatória, em casos tais, é de cento e oitenta dias, contado a partir do momento que chegou ao conhecimento do mandante a realização do casamento (art. 1.560, § 2.º, do CC). Também deve ser considerada como hipótese de revogação a invalidade do mandato reconhecida judicialmente, caso da sua nulidade absoluta (art. 1.550, § 1.º, do CC).

Em suma, a nulidade absoluta ou relativa do mandato gera a anulação do casamento. Cite-se o caso em que a procuração não foi celebrada por escritura pública, como exige o art. 1.542 do CC, gerando a nulidade absoluta do mandato, por desrespeito à forma e à solenidade (art. 166, incs. IV e V, do CC).

Por razões óbvias, a anulação do casamento cabe somente ao mandante, que detém a titularidade dessa ação personalíssima. O outro cônjuge não poderá anular o casamento após a sua celebração, o que constitui outra aplicação da vedação do comportamento contraditório (*venire contra factum proprium non potest*). Nesse ponto está presente outro exemplo de incidência da boa-fé objetiva em sede de Direito de Família.

Esse casamento também será convalidado se houver coabitação entre os cônjuges em qualquer hipótese conforme prevê o próprio art. 1.550, V, da atual codificação material. Novamente, é a boa-fé objetiva que proíbe um comportamento contraditório (*venire contra factum proprium*) e impede a anulabilidade do casamento. A questão da prova da manutenção de relação sexual, mais uma vez repise-se, não será tão simples. De qualquer forma, em situações de dúvida, deve-se entender pela manutenção do casamento quando houver coabitação (*in dubio pro* casamento).

Quanto ao atual Projeto de Reforma do Código Civil, pretende-se simplificar a temática, revogando-se expressamente o inc. V do art. 1.550 e também o seu § 1.º, pois, no caso de revogação do mandato, o casamento deverá ser considerado como não celebrado. Como visto, inclui-se regra nesse sentido no art. 1.542, § 3.º, da Lei Geral Privada, prevendo que "não se considera como celebrado o casamento contraído em nome do mandante quando o mandatário já não mais esteja no exercício de poderes de representação".

Sem dúvidas, a proposta está em total sintonia com o princípio da operabilidade, na linha de simplificação do Direito Civil, até porque as hipóteses de revogação do mandato são raríssimas na prática. Espera-se, assim, a sua aprovação pelo Parlamento Brasileiro.

g) Casamento celebrado perante autoridade relativamente incompetente (art. 1.550, VI, do CC)

Sigo a corrente segundo a qual trata apenas de incompetência relativa em relação ao local (*ratione loci*). A título de exemplo, pense-se o caso de um juiz de paz de uma determinada localidade que realiza o casamento em outra, fora de sua competência. Aqui também se enquadra a incompetência *ratione personae*, quando o substituto do juiz de casamento for incompetente (DINIZ, Maria Helena. *Código Civil*..., 2005, p. 1.252).

O prazo para a propositura da ação anulatória em ambos os casos é decadencial de dois anos contado da data da celebração do casamento. Entendo que essa ação caberá somente aos cônjuges, únicos interessados na ação. De qualquer forma, discute-se a possibilidade de o MP promover essa ação.

O art. 1.554 do CC/2002 *serve como luva* para essa hipótese prevendo que "subsiste o casamento celebrado por aquele que, sem possuir a competência exigida na lei, exercer publicamente as funções de juiz de casamentos e, nessa qualidade, tiver registrado o ato no Registro Civil". A hipótese é de convalidação do ato, sanando o vício de forma e conservando o casamento. Existe polêmica antiga no sentido de a norma ser aplicada ou não para os casos de incompetência absoluta da autoridade celebrante.

Não se pode negar que a temática a respeito do desrespeito à forma e à solenidade para o casamento necessita de reparos. Além da redução de formalidades para o procedimento de sua celebração, como antes exposto, a Comissão de Juristas, encarregada da Reforma do Código Civil, sugere a revogação expressa do inc. VI do art. 1.550, passando o seu inc. VII a expressar a anulabilidade do casamento, de forma mais técnica e efetiva, "quando celebrado em descumprimento da forma para o casamento, conforme prevista neste Código e na legislação sobre registros públicos".

Diante de toda a complexidade existente hoje na interpretação do art. 1.554, da busca pela redução de burocracias e de uma maior liberdade a respeito da autoridade celebrante, sendo a anulação do casamento por problema de forma admitida somente possível em casos excepcionais, a Comissão de Juristas também recomenda a revogação expressa do art. 1.554 do Código Civil.

Encerradas as hipóteses legais, é preciso aqui estudar os *efeitos e procedimentos do casamento anulável*.

De início, a medida judicial adequada para o reconhecimento do vício é denominada *ação anulatória de casamento*, que tem natureza constitutiva negativa, o que justifica os prazos decadenciais (critério científico de Agnelo Amorim Filho). Mais uma vez, a competência para o julgamento não é mais do foro de residência da mulher (art. 100, inc. I, do CPC/1973), mas, em regra, do foro de domicílio do guardião do incapaz ou do domicílio da vítima de violência doméstica e familiar (art. 53, inc. I, *d*, do CPC/2015, a última previsão incluída pela Lei 13.894/2019).

Assim como ocorre com a ação de nulidade, não há mais a intervenção do curador de vínculo, figura banida pela Lei do Divórcio e pelo atual Código Civil. Quanto à atuação do MP, parece-me não ser mais cabível, pelo que consta do CPC/2015, que não reproduziu o antigo art. 82, inc. IV, do seu antecessor: com exceção dos casos que envolvam incapazes. Além disso, a ação de anulação pode ser precedida por pedido de separação de corpos, nos termos do art. 1.562 do Código Civil.

Segue-se a corrente que sustenta não ter o Ministério Público legitimidade para promover a referida ação que cabe, em regra, ao interessado, conforme as hipóteses já estudadas (LÔBO, Paulo. *Famílias...*, 2008, p. 105). Isso vale também para os casos envolvendo incapazes, prevalecendo a regra segundo a qual a anulabilidade somente pode ser arguida pelos interessados (art. 177 do CC/2002). A premissa deve ser mantida na vigência do Código de Processo Civil de 2015.

Como ocorre com a nulidade absoluta, a anulabilidade do casamento não pode ser reconhecida de ofício (princípio da não intervenção). Não sendo proposta a ação anulatória nos prazos decadenciais previstos, o ato convalesce, passando a ser reputado válido.

Dúvidas restam sobre a eficácia dos efeitos da decisão da ação anulatória de casamento, se os mesmos são *ex tunc* (retroativos) ou *ex nunc* (não retroativos). A questão coloca em conflito os arts. 177 e 182 do CC, ambos da Parte Geral da codificação, como está exposto no Volume 1 desta coleção.

Pelo art. 177 do CC, a ação anulatória não produz efeitos antes do trânsito em julgado da sentença, o que traria efeitos *ex nunc* à sentença correspondente. Pelo art. 182 do CC, anulado o negócio jurídico (no caso, o casamento), as partes serão restituídas à situação anterior, se isso for possível – efeitos *ex tunc* parciais, pela volta ao *status quo*.

Quem sempre melhor demonstrou a controvérsia foi o saudoso Zeno Veloso, que nos deixou em 2021. Ensina o mestre a razão do equívoco de entender que os efeitos não são retroativos:

> "Trata-se, sem dúvida, de entendimento equivocado, que decorre, talvez, da leitura distorcida do art. 177, primeira parte (...), que corresponde ao art. 152, primeira parte, do Código Civil de 1916" (*Invalidade...*, 2005, p. 331).

E arremata o jurista paraense:

> "O que o art. 177, primeira parte, enuncia é que o negócio anulável ingressa no mundo jurídico produzindo os respectivos efeitos e depende de uma ação judicial, da sentença,

para ser decretada a sua anulação. Os efeitos do negócio anulável são precários, provisórios. Advindo a sentença anulatória, os efeitos que vinham produzindo o negócio inquinado são defeitos. Nada resta, nada sobra, nada fica, pois a desconstituição é retroativa, vai à base, ao começo, ao nascimento do negócio jurídico defeituoso e carente, o que, enfática e inequivocamente, afirma o art. 182, como já dizia o Código velho, no art. 158. Quanto a isso não há mudança alguma, em nosso entendimento. O art. 177, primeira parte, deve ser visto e recebido diante do sistema e interpretado conjuntamente com o art. 182, que transcrevemos acima" (VELOSO, Zeno. *Invalidade*..., 2005, p. 331).

Desse modo, há de se defender a produção de efeitos retroativos parciais à sentença anulatória do casamento, eis que se deve buscar a volta à situação primitiva, anterior à celebração do negócio anulado, se isso for possível. No caso em questão, diga-se, os cônjuges voltarão ao estado de solteiros com a anulação do casamento. Sem dúvida, trata-se de um efeito retroativo.

Apesar de seguir esse posicionamento defendido por Zeno Veloso, sempre esclareci, no passado, que ainda prevalecia o entendimento quanto aos efeitos *ex nunc* da ação anulatória de casamento. Na doutrina, esse último é o entendimento de Maria Helena Diniz (*Curso*..., 2007, vol. 5, p. 276) e Caio Mário da Silva Pereira (*Instituições*..., 2004, p. 645). O debate também diz respeito à anulação do negócio jurídico em geral, sendo necessário retomar esse tema, desenvolvido no Volume 1 desta coleção.

Quando da *VI Jornada de Direito Civil*, evento realizado em 2013, foi feita proposta de enunciado doutrinário no sentido de ser a corrente seguida por mim a considerada majoritária. De acordo com o exato teor da proposição: "os efeitos da anulabilidade do negócio jurídico, excetuadas situações particulares como as obrigações de trato sucessivo, relações trabalhistas e em matéria societária, são idênticos aos da nulidade e ocorrem de forma *ex tunc*. Anulado o negócio, os efeitos se projetam para o futuro e também de forma retroativa para o passado".

Nas suas justificativas, o autor da proposta, juiz de direito e Professor da Universidade Federal do Espírito Santo, Augusto Passamani Bufulin, ressalta o seguinte:

> "No Brasil, apesar de haver uma corrente que defende a eficácia *ex nunc* da ação anulatória, como Maria Helena Diniz, Carlos Roberto Gonçalves e Arnaldo Rizzardo, a corrente majoritária, defendida por Humberto Theodoro Júnior, Zeno Veloso, Pablo Stolze Gagliano, Rodolfo Pamplona Filho, Paulo Nader, Renan Lotufo, Flávio Tartuce, Cristiano Chaves de Farias, Nelson Rosenvald, Leonardo Mattietto, Orlando Gomes e Silvio Rodrigues, afirma que os efeitos da anulabilidade e da nulidade são idênticos no plano da eficácia e operam de forma *ex nunc*, para o futuro, e *ex tunc*, retroativamente ao passado, pois o vício encontra-se presente desde a formação do negócio. Esse é o entendimento correto a ser dado ao art. 182 do CC".

Em suma, há quem veja que a corrente que apregoa efeitos *ex tunc* para o ato anulável é a majoritária. Talvez a não aprovação do enunciado doutrinário em questão demonstrava que tal premissa ainda não é a verdadeira. Ao final do ano de 2016, surgiu decisão monocrática no âmbito do STJ, a aprofundar ainda mais o debate, proferida pela Ministra Maria Isabel Gallotti. Segundo a julgadora:

> "Na doutrina, não se desconhece da divergência quanto à eficácia da ação anulatória. Segundo defende a doutrina clássica, os efeitos da decisão judicial na ação anulatória não

são retro-operantes, possuindo efeitos apenas para o futuro (Maria Helena Diniz, Carlos Roberto Gonçalves, Arnaldo Rizzardo, Caio Mário, e Nelson Nery Jr. e Rosa Maria Nery), de outro giro, a corrente majoritária defende que os efeitos da anulabilidade, no plano da eficácia, são idênticos ao da nulidade, e operam efeitos tanto para o futuro como para o passado, uma vez que algo que é ilegal não pode produzir efeitos (Humberto Theodoro Júnior, Zeno Veloso, Pablo Stolze Gagliano, Rodolfo Pamplona Filho, Paulo Nader, Renan Lotufo, Flávio Tartuce, Cristiano Chaves de Farias, Nelson Rosenvald, Orlando Gomes e Silvio Rodrigues). Esse é o entendimento que se infere do art. 182 do CC/2002. (...). Como se observa, o art. 182 do CC/2002 reza que os efeitos do negócio jurídico inválido devem cessar a partir da sua anulação, se anuláveis, ou não devem produzir efeitos, se nulos. Ressalte-se que é comando imperativo da parte final do art. 182 do CC/2002 a restituição das partes ao estado anterior, ou, se impossível a restituição, que haja indenização com o equivalente, como consequência dos efeitos retro-operantes da nulidade ou anulabilidade de qualquer negócio jurídico. Isso porque a restituição das partes ao estado anterior é inerente à eficácia restituitória contida na decisão judicial, sob pena de flagrante injustiça, mesmo em se tratando de anulabilidade de negócio jurídico" (STJ, Decisão monocrática no Recurso Especial 1.420.839/MG, Min. Maria Isabel Gallotti, j. 07.10.2016).

As palavras transcritas, sem dúvida, reforçam a corrente doutrinária por mim seguida, no sentido de que a anulabilidade também produz efeitos *ex tunc*, afirmação que igualmente vale para a anulação do casamento. De fato, talvez seja essa a posição majoritária no momento, tendo ocorrido um *giro de cento e oitenta graus* na civilística nacional.

Como palavras finais sobre a ação anulatória de casamento, cabe relembrar que o Código de Processo Civil de 2015 traz um tópico próprio a respeito das ações de Direito de Família, atribuindo um rito especial a tais demandas (arts. 693 a 699 do CPC/2015). Apesar do primeiro dispositivo não mencionar as ações fundadas em nulidade absoluta ou relativa do casamento, entendo pela aplicação desse procedimento especial para as situações de invalidade, pelo fato de ser o rol das demandas descrito no art. 693 do CPC/2015 meramente exemplificativo (*numerus apertus*). Nesse sentido, vale mencionar, mais uma vez, o Enunciado n. 19 do IBDFAM, aprovado no seu *X Congresso Brasileiro*, em 2015.

Superada a análise do casamento nulo e do casamento anulável, partimos ao estudo da produção ou não de seus efeitos, ou seja, do casamento putativo.

2.6.5 Do casamento putativo

O casamento nulo ou anulável pode gerar efeitos em relação à pessoa que o celebrou de boa-fé e aos filhos, sendo denominado *casamento putativo*. A expressão *putare*, de origem latina, quer dizer crer, imaginar, pensar. Portanto, casamento putativo é o casamento que existe na imaginação do contraente de boa-fé. O instituto está tratado no art. 1.561 do CC, *in verbis*:

"Art. 1.561. Embora anulável ou mesmo nulo, se contraído de boa-fé por ambos os cônjuges, o casamento, em relação a estes como aos filhos, produz todos os efeitos até o dia da sentença anulatória.

§ 1.º Se um dos cônjuges estava de boa-fé ao celebrar o casamento, os seus efeitos civis só a ele e aos filhos aproveitarão.

§ 2.º Se ambos os cônjuges estavam de má-fé ao celebrar o casamento, os seus efeitos civis só aos filhos aproveitarão".

O antigo Projeto Ricardo Fiuza, atual PL 699/2011, pretendia introduzir no dispositivo mais um parágrafo com a seguinte redação: "os efeitos mencionados no *caput* desse artigo se estendem ao cônjuge coato". A alteração era até louvável, uma vez que o coato, vítima da coação, jamais estará de boa-fé, porque se foi vítima da violência, dela tinha conhecimento. Entretanto, mesmo não estando de boa-fé, receberia, pelo projeto, os efeitos do casamento válido. Explica o Deputado Ricardo Fiuza que, "para que a questão não fique dependendo de interpretação (ora construtiva, ora restritiva), é de toda conveniência que o cônjuge coato seja equiparado, pela lei, ao cônjuge de boa-fé" (*O novo Código Civil...*, 2004, p. 226).

Anoto que no Projeto de Reforma do Código Civil, ora em tramitação, a questão é resolvida, pois a análise da coação é remetida para a Parte Geral do Código Civil, sendo possível se chegar à mesma conclusão da projeção anterior.

Repise-se que o casamento somente será putativo nos casos de nulidade ou anulabilidade, nunca nos casos de inexistência matrimonial. No presente ponto, repise-se, surge justificativa para não se aceitar a *teoria da inexistência*, pois as conclusões podem ser injustas.

A boa-fé mencionada no art. 1.561 do CC é a *boa-fé subjetiva*. O dispositivo, ao contrário do que se poderia pensar, não trata da *boa-fé objetiva*, aquela relacionada com a conduta e os deveres anexos, conforme ensinam Luiz Edson Fachin e Carlos Eduardo Pianovski Ruzuk:

> "Refere-se o art. 1.561 ao denominado casamento putativo. Trata-se de tutela jurídica àquele que manifesta o consentimento em estado de ignorância quanto a vício capaz de dirimi-lo, que se designa por meio da figura jurídica da boa-fé. A noção de boa-fé pode apresentar-se como princípio, e é designada por boa-fé objetiva (*Treu und Glauben*), ou como estado, tratando-se de boa-fé subjetiva. Trata-se, aqui, como é evidente, da denominada boa-fé subjetiva, que se manifesta como estado de ignorância, e não, propriamente, da boa-fé objetiva, que se coloca como princípio. Sem embargo, não se pode deixar de reconhecer que a boa-fé também se aplica às relações de família, e que pode ser identificada, até mesmo, em certas hipóteses de casamento putativo, embora de modo puramente acidental, sem repercussão no que tange a seus efeitos" (*Código civil...*, 2003, v. XV, p. 188).

Interessante acórdão do Tribunal de Justiça do Distrito Federal concluiu que se deve presumir a boa-fé dos cônjuges em casos tais, o que está em sintonia com a principiologia do Código Civil de 2002. Ademais, de forma correta, entendeu-se que a citada boa-fé deve ser analisada de acordo com a realidade social do momento de celebração do casamento:

> "Civil. Família. Nulidade de casamento. Apelação. Matrimônio realizado com impedimento. Casamento anterior. Declaração da nulidade do segundo. Boa-fé do cônjuge presumida e comprovada. Art. 1.561, CC/02. Produção de todos os efeitos. Casamento putativo. 1. A boa-fé necessária para o reconhecimento do casamento putativo deve ser verificada no momento da celebração do matrimônio e, como decorre, naturalmente, de erro, a existência de conduta ética é presumida. 2. Deve-se considerar o desenvolvimento dos fatos conforme a época em que se passaram. Na década de 70, os meios de comunicação não eram rápidos, eficientes e acessíveis como hoje, e as distâncias eram 'maiores'. 3. Residindo a cônjuge de boa-fé no ambiente rural de outra Comarca e sendo pessoa de pouca instrução (analfabeta), não é desarrazoado supor que ela realmente não possuía conhecimento acerca do impedimento matrimonial de seu falecido marido, com quem conviveu por mais de 30 anos. 4. Recurso conhecido e provido para garantir ao casamento putativo descrito a produção de todos os efeitos do casamento válido" (TJDF, Recurso 2003.07.1.010759-4, Acórdão 536.110, 2.ª Turma Cível, Rel. Des. J. J. Costa Carvalho, *DJDFTE* 26.09.2011, p. 115).

De acordo com o *caput* do dispositivo em comento (art. 1.561), o casamento putativo produz efeitos somente até o trânsito em julgado da sentença anulatória. Maria Berenice Dias comenta, com propriedade, que a ação anulatória produz efeitos *ex tunc*; porém, reconhecida a boa-fé, os efeitos da desconstituição do casamento só vigoram a partir do seu trânsito em julgado (efeitos *ex nunc*), o que seria exceção à regra. São suas palavras:

> "Esta é uma das hipóteses em que, por expressa previsão legal, um ato jurídico produz efeitos por tempo diferenciado. Havendo boa-fé somente de um dos nubentes, com relação a ele o casamento terá duração e eficácia por um período de tempo; da data da celebração até o trânsito em julgado. Com relação ao cônjuge de má-fé, a sentença dispõe de efeito retroativo à data do casamento. Assim, durante um período de tempo, uma pessoa foi casada e outra não" (DIAS, Maria Berenice. *Manual...*, 2007, p. 261).

Pois bem, se um dos cônjuges estava de boa-fé, os efeitos do casamento somente atingirão ele e os filhos, trazendo, por exemplo, a possibilidade de o cônjuge enganado pleitear alimentos (art. 1.561, § 1.º, do CC). Mas fica a dúvida: esses alimentos serão devidos somente até o trânsito em julgado da sentença anulatória?

Sílvio de Salvo Venosa responde positivamente pelo que consta expressamente do art. 1.561, *caput*, da codificação (*Direito...*, 2004, p. 151). Apesar de responder dessa forma, Venosa demonstra o entendimento em contrário, pelo qual o dever de alimentos persiste, tese encabeçada por Yussef Said Cahali. O autor paulista traz três julgados nesse sentido, do Distrito Federal, do Paraná e de São Paulo (*Direito...*, 2004, p. 151).

Flávio Monteiro de Barros segue essa última corrente, apontando que três efeitos persistem após a sentença anulatória: *a)* o direito de usar o nome; *b)* a emancipação; *c)* a pensão alimentícia (*Manual...*, 2005, p. 51). Filia-se a esse entendimento, pois tais efeitos envolvem direitos existenciais da personalidade do cônjuge de boa-fé, que devem persistir, como regra, em virtude do princípio constitucional que visa à proteção da dignidade da pessoa humana (art. 1.º, inc. III, da CF/1988).

A hipótese de boa-fé de apenas um dos cônjuges é completada pela previsão do art. 1.564 do CC, que ainda procura imputar culpa a uma das partes pela nulidade ou anulabilidade do casamento, o que é criticado pela doutrina contemporânea que prega o fim da culpa para a dissolução dos vínculos do casamento (DIAS, Maria Berenice. *Manual...*, 2007, p. 262). De acordo com a redação literal desse comando legal, o culpado sofrerá as seguintes sanções:

– Perda de todas as vantagens havidas do cônjuge inocente, caso da necessidade de devolver bens, dependendo do regime de bens adotado.
– Obrigação de cumprir as promessas feitas no contrato antenupcial, como é o caso de doações antenupciais.

Sílvio de Salvo Venosa mais uma vez comenta muito bem esse dispositivo. Ensina o doutrinador que o cônjuge de má-fé não pode pretender a meação dos bens do outro cônjuge, se casado pelo regime da comunhão parcial. O inocente, entretanto, terá direito à meação do patrimônio trazido pelo culpado. O culpado não poderá ainda ser considerado herdeiro do inocente. Todavia, deverão ser partilhados os bens havidos durante o casamento pelo esforço comum, aplicação do princípio que veda o enriquecimento sem causa (VENOSA, Sílvio de Salvo. *Direito...*, 2004, p. 150).

Fica em séria dúvida a eficácia do dispositivo com a *Emenda do Divórcio*, notadamente para a corrente que prega a impossibilidade total de discussão da culpa nas questões envolvendo o casamento. Todavia, mesmo entre aqueles que são partidários da tese da *morte da culpa* no divórcio, há quem entenda pela viabilidade de sua discussão na anulação do casamento. Nesse sentido, é o parecer de Paulo Lôbo:

> "A culpa permanecerá em seu âmbito próprio: o das hipóteses de anulabilidade do casamento, tais como os vícios de vontade aplicáveis ao casamento, a saber, a coação e o erro essencial sobre a pessoa do outro cônjuge. A existência de culpa de um dos cônjuges pela anulação do casamento leva à perda das vantagens havidas do cônjuge inocente e ao cumprimento das promessas feitas no pacto antenupcial (art. 1.564 do Código Civil)" (LÔBO, Paulo Luiz Netto. Divórcio... Disponível em: <http://www.ibdfam.org.br/?artigos&artigo=629>. Acesso em: 11 fev. 2010).

Como se pode perceber de imediato, a *Emenda do Divórcio* desperta uma série de polêmicas, uma vez que altera apenas o Texto Constitucional, sem qualquer revogação ou modificação dos dispositivos do Código Civil. Cabe à doutrina e à jurisprudência apontar quais as categorias que permanecem e quais não tem mais eficácia.

Não se pode negar, contudo, que o art. 1.564 da Lei Privada tem texto anacrônico e desatualizado, sobretudo frente à *Emenda do Divórcio*. Por isso, a Comissão de Juristas encarregada da Reforma do Código Civil, nomeada no âmbito do Senado Federal, sugere a revogação expressa do dispositivo. Ademais, as duas sanções previstas no art. 1.564 são desatualizadas, tendo reduzidíssima aplicação prática, razão pela qual o dispositivo hoje praticamente não se aplica.

Por outra via, estando ambos os cônjuges de boa-fé, em regra, o casamento produzirá efeitos para ambos até o trânsito em julgado da sentença anulatória (art. 1.561, *caput*, do CC). Eventual pacto antenupcial gerará efeitos até essa decisão final, com a necessidade de eventual partilha de bens adquiridos na vigência da união até essa data. Em suma, ambos os cônjuges serão beneficiados. Quanto aos alimentos, poderão ser fixados de acordo com o binômio *possibilidade/necessidade*, mesmo após essa sentença.

Por fim, se ambos os cônjuges estavam de má-fé quando da celebração do ato, os efeitos do casamento somente atingirão os filhos (art. 1.561, § 2.º, do CC). Da prática jurisprudencial, merece destaque o acórdão paulista que afastou os efeitos sucessórios do casamento para os cônjuges, pela ausência de boa-fé:

> "Primeiras declarações. Rejeição. Existência de bens do acervo que não foram declarados. Juízo que entendeu não se comunicarem com o falecido, tendo em vista o recebimento por herança, por parte da cônjuge. Casamento sob o regime de comunhão total de bens. Casamento declarado nulo, mas não reconhecida boa-fé de qualquer dos cônjuges ou, pelo contrário, sua má-fé. Efeitos da putatividade do casamento que só beneficiam os filhos, nos termos do artigo 1.561, § 2.º, do Código Civil de 2002, com correspondência no artigo 221 do Código Civil de 1916. Meação, portanto, dos bens havidos por herança, que devem constar das primeiras declarações Expedição de ofícios ao BACEN e à Receita Federal, ante a inexistência de declaração das contas bancárias e investimentos do falecido" (TJSP, Agravo de Instrumento 2193786-87.2014.8.26.0000, Acórdão 8354354, 10.ª Câmara de Direito Privado, Nova Odessa, Rel. Des. João Carlos Saletti, j. 07.04.2015, *DJESP* 08.05.2015).

Na verdade, em todas as hipóteses os filhos merecerão o mesmo tratamento, devendo ser resguardados todos os seus direitos e sem distinção de sua origem, diante da igualdade consagrada no art. 227, § 6.º, da CF e no art. 1.596 do CC.

2.7 PROVA DO CASAMENTO

A prova está no plano da eficácia do negócio jurídico e o casamento celebrado em nosso país é provado pela certidão do seu registro, conforme prevê o art. 1.543 do CC (*prova direta*). Esse registro traz como conteúdo a fé pública, servindo como prova específica para a situação de casado.

Contudo, justificada a falta ou perda do registro civil, é admissível qualquer outra espécie de prova (art. 1.543, parágrafo único, do CC). O dispositivo em questão trata das *provas diretas supletórias* (DINIZ, Maria Helena. *Código Civil...*, 2005, p. 1.245). Como tais provas, podem ser citadas aquelas em que consta a situação de casado, tais como a cédula de identidade, o passaporte, a certidão de proclamas, entre outros documentos.

Restou demonstrado que, quanto ao casamento de brasileiro celebrado no estrangeiro, perante as respectivas autoridades ou os cônsules brasileiros, este deverá ser registrado em cento e oitenta dias, a contar da volta de um ou de ambos os cônjuges ao Brasil. Esse registro deverá ocorrer no cartório do respectivo domicílio, ou, em sua falta, no 1.º Ofício da Capital do Estado em que passarem a residir (art. 1.544 do CC). A prova desse casamento, portanto, é feita pela certidão do registro, conforme outrora comentado.

Ao lado das *provas diretas* do casamento, o Código Civil também trata da *prova indireta*, que é feita pela *posse de estado de casados*, ou seja, pela demonstração pública da situação de casados. A doutrina aponta serem três os requisitos para a demonstração da posse de estado de casados (LEITE, Eduardo de Oliveira. *Direito civil...*, 2005, p. 92):

a) *Nomen* ou *nominatio*: pelo fato de um cônjuge utilizar o nome do outro.
b) *Tractatus* ou *tractatio*: pois os cônjuges se tratam como se fossem casados.
c) *Fama* ou *reputatio*: diante do reconhecimento geral, da reputação social, de que ambos são casados.

Nesse contexto, prescreve o art. 1.545 da atual codificação que o casamento de pessoas que, na posse do estado de casadas, não possam manifestar vontade, ou tenham falecido, não se pode contestar em prejuízo da prole comum. Essa regra deverá ser aplicada salvo se existir certidão do Registro Civil que prove que já era casada alguma delas, quando contraiu o casamento impugnado. Sobre o tema, Euclides de Oliveira destaca que "verifica-se que a disposição legal, ao reconhecer a existência do casamento pela situação de posse do estado de casados, quando seja impossível a prova material, tem a clara intenção de proteger a prole comum aos cônjuges que não possam manifestar vontade ou tenham falecido. Trata-se na verdade, de uma presunção de casamento, que só pode ser afastada por rigorosa impugnação, em face da existência de casamento anterior" (OLIVEIRA, Euclides de. *União...*, 2003, p. 57).

Quando a prova da celebração legal do casamento resultar de eventual processo judicial, o registro da sentença no livro do Registro Civil produzirá, tanto no que toca aos cônjuges como no que diz respeito aos filhos, todos os efeitos civis desde a data do casamento (art. 1.546 do CC). Em suma, os efeitos da sentença declaratória da ação que visa provar o casamento são retroativos (*ex tunc*).

Por fim, nessa ação, deve-se reconhecer a regra *in dubio pro matrimonio*. Isso porque, na dúvida entre as provas favoráveis e as provas contrárias, deve-se julgar pela existência do casamento, se os cônjuges, cujo casamento se impugna, viverem ou tiverem vivido na *posse do estado de casados*. Esse ditame de interpretação ou hermenêutica consta do art. 1.547 da atual codificação privada.

2.8 EFEITOS E DEVERES DO CASAMENTO

Foi exposto, de forma exaustiva, que o casamento é um negócio jurídico complexo, com regras especiais na sua formação, constituindo, ainda, uma instituição quanto ao conteúdo e um contrato especial quanto à formação (*teoria eclética ou mista*). Desse modo, o casamento gera efeitos jurídicos amplos, trazendo deveres para ambos os cônjuges que pretendem essa comunhão plena de vida. Esses efeitos e deveres estão no plano da eficácia do casamento, situando-se no *terceiro degrau da Escada Ponteana*.

Pelo casamento, tanto o homem quanto a mulher assumem mutuamente a condição de consortes, companheiros e responsáveis pelos encargos da família – *comunhão plena de vida* (art. 1.565 do CC). Como primeiro efeito do casamento, qualquer um dos nubentes poderá acrescer ao seu o sobrenome do outro (art. 1.565, § 1.º, do CC). Diante da igualdade entre homem e mulher a regra se aplica a ambos os cônjuges. Essa liberdade abrange a possibilidade de inclusão de um segundo sobrenome do outro cônjuge, como decidiu o STJ no ano de 2019. Nos termos do acórdão:

> "O art. 1.565, § 1.º, do Código Civil de 2002 não impõe limitação temporal para a retificação do registro civil e o acréscimo de patronímico do outro cônjuge por retratar manifesto direito de personalidade. A inclusão do sobrenome do outro cônjuge pode decorrer da dinâmica familiar e do vínculo conjugal construído posteriormente à fase de habilitação dos nubentes. Incumbe ao Poder Judiciário apreciar, no caso concreto, a conveniência da alteração do patronímico à luz do princípio da segurança jurídica" (STJ, REsp 1.648.858/SP, 3.ª Turma, Rel. Min. Ricardo Villas Bôas Cueva, j. 20.08.2019, *DJe* 28.08.2019, publicado no seu *Informativo* n. 655).

A Lei do SERP (Lei 14.382/2022), nas alterações que fez na Lei de Registros Públicos a respeito do nome, confirmou essas premissas, admitindo a sua alteração extrajudicialmente, ou seja, por pedido direto ao Cartório de Registro Civil.

De qualquer modo, pelo que consta do próprio dispositivo legal, percebe-se que a inclusão do nome não é obrigatória. Lembre-se de que o atual Código Civil reconhece o nome como um direito da personalidade (arts. 16 a 19), o que faz com que as normas que o protegem tenham natureza cogente, ou de ordem pública.

Além disso, diante dessa natureza, deve-se entender que o nome incorporado passa a ser elemento da personalidade do cônjuge que o incorporou, e não mais do outro cônjuge. Para o Superior Tribunal de Justiça, tal acréscimo pode ocorrer mesmo após a celebração do casamento, desde que por ação judicial (STJ, REsp 910.094/SC, Rel. Raul Araújo, j. 04.09.2012, publicado no seu *Informativo* n. 503).

Relativamente ao planejamento familiar, este é de livre decisão do casal, competindo ao Estado propiciar recursos educacionais e financeiros para o exercício desse direito (§ 2.º do art. 1.565 do CC). Como visto, é vedado qualquer tipo de coerção por parte de instituições privadas ou públicas, o que melhor consubstancia o *princípio da liberdade ou da não intervenção* (art. 1.513 do CC). Segundo o Enunciado n. 99 CJF/STJ, aprovado na *I Jornada de Direito Civil*, o art. 1.565, § 2.º, também deve ser aplicado à união estável, diante do seu reconhecimento constitucional como entidade familiar. O mesmo vale para a união homoafetiva.

Novamente com vistas à admissão do casamento homoafetivo, na linha da jurisprudência do STF e do STJ hoje consolidada, a Comissão de Juristas encarregada da Reforma do Código Civil propõe, inicialmente, que o *caput* do art. 1.565 do CC deixe de mencionar "o homem" e "a mulher", passando a expressar os nubentes e conviventes, que vivem em união estável: "pelo casamento, os nubentes assumem mutuamente a condição de consortes e responsáveis pelos encargos da família".

Insere-se, ainda, no § 1.º, uma regra de equiparação, quanto à eficácia ou aos efeitos, da união estável ao casamento: "igual responsabilidade assumem os conviventes de união estável". Passa o capítulo, portanto, a tratar da "Eficácia do casamento e da união estável". Cumpre destacar que, seguindo-se proposta da Relatora-Geral, Professora Rosa Nery, e na linha do que já constava da Lei 9.278/1996, propõe-se que a codificação privada passe a expressar as partes da união estável como conviventes, e não como companheiros. Além de ser mais técnica, e expressar melhor essa entidade familiar, a expressão é mais fácil de se utilizar, não sendo necessário o uso dos termos "companheiro" e "companheira". Ademais, amolda-se melhor à união estável homoafetiva, que igualmente passa a ser admitida expressamente na Lei Civil.

Sobre a inclusão do sobrenome de um consorte pelo outro, pelo que já está previsto na Lei do SERP (Lei 14.382/2022), o § 2.º do art. 1.565 passará a enunciar que "qualquer dos nubentes ou conviventes, querendo, poderá acrescer ao seu o sobrenome do outro".

Como se vê, todas as propostas traduzem ajustes e atualizações necessárias diante de decisões superiores vinculativas e alterações legislativas recentes, orientadas por interpretações que já prevalecem na atualidade, esperando-se a sua aprovação pelo Parlamento Brasileiro.

Voltando-se ao sistema em vigor, o art. 1.566 da atual codificação privada, a exemplo do art. 233 do CC/1916, enuncia os deveres de ambos os cônjuges no casamento. A grave quebra desses deveres poderia motivar, no sistema anterior, a *separação-sanção*, nos termos literais do art. 1.572, *caput*, do CC, dispositivo que deve ser tido como revogado diante da Emenda Constitucional 66/2010, na opinião doutrinária por mim seguida.

O primeiro dever é o de *fidelidade recíproca* (art. 1.566, I). Ocorrendo infidelidade, havia motivo para a separação-sanção, apesar da forte tendência doutrinária e jurisprudencial de relativização da culpa. Todavia, o panorama mudou com a *Emenda do Divórcio*, como se verá mais adiante.

Vale ainda dizer que não se utiliza mais a expressão *adultério*, que perdeu a sua razão de ser, até porque o termo quer dizer literalmente, *violação do leito* alheio ou *cópula* (LIMONGI FRANÇA, Rubens. *Enciclopédia Saraiva...*, 1977, p. 450). Ora, não necessariamente haverá tal *violação*, ou mesmo a *cópula*, no ato de *infidelidade*, expressão mais bem adaptada à realidade contemporânea. Entretanto, alguns autores, caso de Maria Helena Diniz e Silvio Rodrigues, ainda utilizavam a expressão.

Aliás, entende o segundo doutrinador pela possibilidade de *perdão do adultério,* mesmo tendo sido revogado o art. 319 do CC/1916 já pela Lei do Divórcio (Lei 6.515/1977). Para o saudoso autor paulista, "embora o legislador tenha revogado o art. 319 do Código Civil, o princípio nele contido pode ser proveitosamente alegado em ação de desquite; ademais, diante da modificação de orientação no que concerne aos pressupostos do desquite (v. n. 116, *supra*), a revogação daquele artigo impunha-se como medida de coerência" (RODRIGUES, Silvio. *Direito...*, 2002, p. 252).

Em suma, de acordo com as lições do último jurista citado, alguém poderia perdoar o adultério se continuasse a conviver ou coabitar com o culpado, o que era confirmado pelo Código Civil de 2002, que exigia a insuportabilidade da vida em comum como requisito da separação-sanção (art. 1.572, *caput*, do CC). Destaque-se, novamente, que a separação-sanção não existe mais no sistema, diante da *Emenda do Divórcio*, o que praticamente exclui a pertinência de tal debate. A nova ordem jurídica instituída pela Emenda, na verdade, confirma a tese de possibilidade de perdão da infidelidade, principalmente para a corrente que prega a *morte da culpa* para a dissolução do casamento.

Concorda-se em parte com Silvio Rodrigues. De fato, é possível que o cônjuge perdoe o outro, o que é até praxe, pois o casamento é fundado em uma relação de afeto. De qualquer forma, ressalte-se que não se filia à utilização da expressão *adultério*, sendo melhor falar em *infidelidade* quando o referido dever matrimonial é quebrado.

Interessante aqui frisar que nossa melhor doutrina contemporânea apontava, antes da Emenda do Divórcio, novas modalidades de adultério ou infidelidade, adaptadas à realidade do século XXI (DINIZ, Maria Helena. *Curso*..., 2002, p. 291, e *O estado*..., 2002, p. 483), a saber:

a) *Adultério ou infidelidade virtual* – nos casos em que um dos cônjuges mantém contatos amorosos com outra(s) pessoa(s), pela internet. Esses contatos podem ocorrer por meio de *chats, e-mails*, Skype e Google Talk (comunicação via telefone e computador), e por comunidades virtuais como o Facebook e o Instagram. Para tanto, não haveria necessidade sequer de contato sexual para a configuração da infidelidade, havendo no caso uma conduta desonrosa do cônjuge que pratica tais atos (art. 1.573, inc. VI, do CC). Há julgados anteriores admitindo a sua configuração, principalmente em primeira instância, inclusive com a imputação do dever de indenizar ao cônjuge culpado. Quanto à responsabilização civil, condenando o cônjuge ao pagamento de R$ 20.000,00 a título de danos morais, cite-se decisão da 2.ª Vara Cível de Brasília, com a seguinte ementa: "Direito civil. Ação de indenização. Dano moral. Descumprimento dos deveres conjugais. Infidelidade. Sexo virtual (internet). Comentários difamatórios. Ofensa à honra subjetiva do cônjuge traído. Dever de indenizar. Exegese dos arts. 186 e 1.566 do Código Civil de 2002. Pedido julgado precedente" (Processo 2005.01.1.118170-3, Ação: Reparação de danos, Requerente: Q. E. M., Requerido: R. R. M., Decisão prolatada em 21 maio 2008, Juiz Jansen Fialho de Almeida).

b) *Adultério ou infidelidade casto ou da seringa* – nos casos em que a esposa realizava uma inseminação artificial heteróloga com material genético de terceiro colhido em banco de sêmen, sem a devida autorização do marido. A hipótese tanto podia se enquadrar como injúria grave quanto como conduta desonrosa, ambas a motivar a separação-sanção (art. 1.573, incs. III e VI, do CC), no sistema anterior.

Com a entrada em vigor da EC 66/2010 a questão da infidelidade deve ser vista com ressalvas. Como é notório, alterou-se o art. 226, § 6.º, da Constituição Federal de 1988, que passou a prever que "o casamento civil pode ser dissolvido pelo divórcio". Não há mais menção à separação judicial, havendo corrente doutrinária de peso que afirma a impossibilidade de discussão da culpa para a dissolução do casamento. Essa é a opinião de Rodrigo da Cunha Pereira, Maria Berenice Dias, Paulo Lôbo, Rolf Madaleno, Giselda Maria Fernandes Novaes Hironaka, Pablo Stolze e Rodolfo Pamplona, conforme manifestações exaradas ao autor desta obra. Para essa corrente, não é mais possível a discussão da culpa na separação judicial – agora extinta –, e no divórcio, para qualquer finalidade.

Todavia, penso de forma distinta, eis que a culpa, em casos excepcionais, pode ser discutida para a dissolução do casamento, apenas para fins de alimentos e de responsabilidade civil. Isso porque a fidelidade continua sendo um *dever* do casamento e não uma mera *faculdade*. Assim, em algumas situações de sua não mitigação, a culpa pode ser discutida em sede de divórcio.

Além da manutenção do dever de fidelidade como regra do casamento – sendo a culpa a sua violação –, conserva-se no sistema um modelo dualista, com e sem culpa. Ficam então mantidas as novas modalidades de infidelidade apontadas por Maria Helena Diniz, não mais para a separação-sanção, mas para eventual discussão em sede de ação de divórcio. O tema está aprofundado no Capítulo 4 da presente obra, representando uma das principais divergências que decorrem da Emenda Constitucional 66/2010.

Superado esse ponto, a *vida em comum, no domicílio conjugal*, antigo *dever de coabitação*, constitui expressamente outro dever decorrente do casamento (art. 1.566, II), o que inclui o débito conjugal (dever de manter relações sexuais), de acordo com a doutrina tradicional (RODRIGUES, Silvio. *Comentários...*, 2003, p. 126).

Atualmente, o conceito de coabitação tem sido analisado tendo em vista a realidade social, de modo a admitir-se a *coabitação fracionada*. Nessa realidade, é possível que cônjuges mantenham-se distantes, em lares distintos, por boa parte do tempo, sem que haja o rompimento do afeto, do amor existente entre eles, vínculo mais forte a manter a união. Anote-se, ainda, que é possível que os cônjuges até durmam em camas separadas, sem que isso seja motivo para a separação do casal. O que vale, em suma, é o afeto entre eles, o compartilhamento do amor fraterno com o objetivo de manutenção do casamento.

Desse modo, é de se concordar integralmente com Antônio Carlos Mathias Coltro, Sálvio de Figueiredo Teixeira e Tereza Cristina Monteiro Mafra quando afirmam, sobre o dever de vida em comum do domicílio conjugal, que "esse dever não se viola com as separações transitórias, às vezes até necessárias, tampouco em razão de necessidade funcional ou profissional" (*Comentários...*, 2005, p. 301). Lembre-se de que o art. 1.569 da atual codificação prescreve que o cônjuge, eventualmente, poderá ausentar-se do domicílio conjugal para atender a encargos públicos, ao exercício da sua profissão, ou a interesses particulares relevantes. Em suma, não deve haver rigidez na análise desse dever matrimonial.

Ainda no que concerne à coabitação, diante do regime democrático que deve imperar nas relações familiares, esse mesmo art. 1.569 do CC dispõe que o domicílio conjugal será escolhido por ambos os cônjuges.

O terceiro dever é o de *mútua assistência* (art. 1.566, inc. III, do Código Civil), sendo entendida não só como assistência econômica, mas também assistência afetiva e moral. Relativamente ao comando legal, Luiz Edson Fachin e Carlos Eduardo Pianovski Ruzyk ensinam que:

> "Outro efeito gerado pelo casamento é o da mútua assistência, que consiste, essencialmente, em ajuda e cuidados nos aspectos morais, espirituais, materiais e econômicos. Tais deveres expressam-se em vários momentos da vida familiar, como no cuidado do outro quando enfermo, no conforto prestado nas adversidades e vicissitudes da vida, compartilhando dores e alegrias. Assim, é um dever de conteúdo ético, variável historicamente conforme os costumes de uma sociedade em dado tempo e determinado local" (FACHIN, Luiz Edson; RUZYK, Carlos Eduardo Pianovski. *Código Civil...*, 2003, p. 209).

A título de exemplo, um dos cônjuges deve se preocupar com os problemas pessoais do outro, auxiliando-o na solução desses problemas. Como outrora exposto, o casamento gera uma comunhão plena de vida, tanto no aspecto material quanto no imaterial.

Mais uma vez sobre o Projeto de Reforma do Código Civil, seguindo-se a linha da imperiosa necessidade de Reforma do Direito de Família, diante das mudanças pelas quais passou a sociedade brasileira nos últimos vintes anos, a Comissão de Juristas sugere alterações relevantes para o art. 1.566 do Código Civil, que trata dos deveres do casamento, ampliando-o também para a união estável e passando o seu caput a enunciar que "são deveres de ambos os cônjuges ou conviventes". Também se pretende incluir a união estável em todos os comandos relativos aos deveres das partes, como no antes citado art. 1.569.

Na sequência, quanto ao art. 1.566, são mantidos os dois primeiros incisos do preceito, não prosperando a proposta formulada na Comissão de Juristas por Maria Berenice Dias no sentido de serem retirados os dois primeiros deveres, pois, segundo ela, "de todo injustificado imiscuir-se o estado na vida íntima do casal, a ponto de impor-lhes o dever de fidelidade. O adultério nem crime é e, para o divórcio ou a dissolução da união estável, não cabe justificar o pedido. Do mesmo modo, não há como ser imposta, por lei, a vida em comum em um único domicílio conjugal".

Mantidos os deveres de fidelidade, de vida em comum no domicílio conjugal – versão atual da antiga coabitação –, de mútua assistência e de respeito e consideração mútuos entre os cônjuges ou conviventes, sugere-se que o inc. IV seja alterado e, de forma mais clara e consentânea ao sistema já vigente, passe a impor aos consortes "de forma colaborativa assumirem os deveres de cuidado, sustento e educação dos filhos, dividindo os deveres familiares de forma compartilhada". Não se menciona mais, assim, a guarda, substituída pelo dever de cuidado, sempre de forma compartilhada. Nesse inciso, foi, sim, adotada outra emenda de Maria Berenice Dias, uma vez que "não basta atribuir aos pais o dever de guarda, expressão, aliás, que nem mais é utilizada, pois filhos não são objetos que possam ser guardados. Ao depois, impositivo prever a obrigação de ambos de partilharem os encargos familiares e o exercício da parentalidade".

Seguindo no estudo das propostas da Comissão de Juristas para a Reforma do Código Civil, o § 1.º do art. 1.566 também deve ser alterado para que mencione que, "ainda que finda a sociedade conjugal ou convivencial, ex-cônjuges ou ex-conviventes devem compartilhar, de forma igualitária, o convívio com filhos e dependentes". Em suma, faz-se necessária uma regra segundo a qual o dever de compartilhamento do convívio entre pais e filhos permaneça após o fim da união.

Sobre os encargos relativos aos filhos, o novo § 2.º preverá que "igualmente devem os ex-cônjuges e ex-conviventes compartilhar as despesas destinadas à manutenção dos filhos e dos dependentes, bem como as despesas e encargos que derivem da manutenção do patrimônio comum". A premissa da colaboração, portanto, é sempre a igualdade, de acordo com as possibilidades de cada um dos cônjuges ou conviventes.

Como outra previsão, específica e separada – para que não exista confusão nos tratamentos legais –, o § 3.º enunciará que "os ex-cônjuges e ex-conviventes têm o direito de compartilhar a companhia e arcar com as despesas destinadas à manutenção dos animais de estimação, enquanto a eles pertencentes". Por óbvio que os animais de estimação não são filhos, sendo importante destacar que a Reforma do Código Civil não os trata como pessoas, mas como seres vivos sencientes, dotados de sensibilidade (projeto de art. 70-A).

Por isso, frise-se, não há que se confundir a sua situação jurídica com a dos filhos, como acabou prevalecendo na Comissão de Juristas. A proposta inicial da Subcomissão de Direito de Família era de que essa regra constasse do art. 1.703 do Código Civil, em previsão relativa aos alimentos, mas a Relatoria-Geral entendeu ser melhor deslocá-la para o art. 1.566, o que acabou prevalecendo, em consenso entre todos os membros da Comissão de Juristas e votação final. De todo modo, as justificativas da citada subcomissão servem para fundamentar a proposição:

> "A questão envolvendo os animais de estimação vem tomando cada vez mais espaço entre a doutrina especializada, e nos próprios julgamentos dos Tribunais Superiores. Tal ocorre face à modernização da sociedade, em que os casais passaram a gerar menos filhos, ou mesmo passam a tê-los em etapas mais avançadas de suas vidas. Nesse ínterim, abre-se espaço para uma relação mais próxima com os animais de estimação, os quais são tratados como verdadeiros membros da família moderna. Embora jurisprudência recente (STJ, REsp 1.944.228) tenha ainda mantido a postura legalista de que os animais de estimação são uma espécie de coisas, e, por isso, suas despesas devem ser suportadas pelo dono, não se pode perder de vista que a realidade das famílias impõe um passo à frente por parte do legislador. Isso, no intuito de que se regulamente de forma mais adequada essa relação de afeto, cuidado e carinho havida entre os tutores e seus animais de estimação. Vale pontuar, nesse aspecto, que julgado da Quarta Turma (em segredo de justiça) reconhece, inclusive, que os animais, embora irracionais, são seres sencientes, ou seja, dotados da aptidão de sentir. Dentre várias propostas recebidas pela Subcomissão de Direito de Família, salienta-se a valorosa contribuição do Professor Vicente de Paula Ataide Junior, da UFPR, a qual serviu de base para a redação do artigo em tela, cujo teor determina que as despesas dos animais de estimação serão suportadas, proporcionalmente, pelos tutores. A fim de evitar maiores polêmicas, deixa-se expresso, por outro lado, ser vedada a prisão civil, de modo a não tornar equiparado o dever de contribuir com as despesas do animal com a pensão alimentícia".

De fato, a atuação do Professor e Magistrado Vicente de Paula Ataide Jr., como consultor da Comissão de Juristas, foi fundamental para os novos tratamentos legais a respeito dos animas, na legislação civil.

Destaque-se que não foi incluída a previsão expressa sobre a impossibilidade de prisão civil, pois não há mais proposta de seu tratamento na seção relativa a alimentos, mas como despesas gerais, o que afasta qualquer debate sobre a viabilidade da restrição à liberdade no caso do seu não pagamento. Sobre um dos julgados superiores citados, a conclusão foi no seguinte sentido:

> "A solução de questões que envolvem a ruptura da entidade familiar e o seu animal de estimação não pode, de modo algum, desconsiderar o ordenamento jurídico posto – o qual, sem prejuízo de vindouro e oportuno aperfeiçoamento legislativo, não apresenta lacuna e dá respostas aceitáveis a tais demandas –, devendo, todavia, o julgador, ao aplicá-lo, tomar como indispensável balizamento o aspecto afetivo que envolve a relação das pessoas com o seu animal de estimação, bem como a proteção à incolumidade física e à segurança do pet, concebido como ser dotado de sensibilidade e protegido de qualquer forma de crueldade. [...]. A relação entre o dono e o seu animal de estimação encontra-se inserida no direito de propriedade e no direito das coisas, com o correspondente reflexo nas normas que definem o regime de bens (no caso, o da união estável). A aplicação de tais regramentos, contudo, submete-se a um filtro de compatibilidade de seus termos com a natureza particular dos animais de estimação, seres que são dotados de sensibilidade, com ênfase na proteção do afeto humano para com os animais. [...]. As despesas com o custeio da subsistência dos animais são obrigações inerentes à condição de dono, como se dá, naturalmente com os bens em geral e, com maior relevância, em relação aos animais de estimação, já que a sua subsistência depende do cuidado de seus donos, de forma muito particularizada. Enquanto vigente a união estável, é indiscutível que estas despesas podem e devem ser partilhadas entre

os companheiros (*ut* art. 1.315 do Código Civil). Após a dissolução da união estável, esta obrigação pode ou não subsistir, a depender do que as partes voluntariamente estipularem, não se exigindo, para tanto, nenhuma formalidade, ainda que idealmente possa vir a constar do formal de partilha dos bens hauridos durante a união estável. Se, em razão do fim da união, as partes, ainda que verbalmente ou até implicitamente, convencionarem, de comum acordo, que o animal de estimação ficará com um deles, este passará a ser seu único dono, que terá o bônus – e a alegria, digo eu – de desfrutar de sua companhia, arcando, por outro lado, sozinho, com as correlatas despesas" (STJ, REsp 1.944.228/SP, 3.ª Turma, Rel. Min. Ricardo Villas Bôas Cueva, Rel. p/ Acórdão Min. Marco Aurélio Bellizze, j. 18.10.2022, *DJe* 07.11.2022).

Em muitos aspectos, não se pode negar, o que se propõe como Reforma para o Código Civil sobre o tema dos animais foi adotado nesse importante precedente.

No que tange à colaboração patrimonial, o art. 1.568 do mesmo Código Privado prevê atualmente que cada cônjuge deve concorrer, na proporção dos seus bens e dos seus rendimentos, para o sustento da família e para a educação dos filhos, qualquer que seja o regime matrimonial adotado entre eles.

Mais uma vez com vistas à equiparação do casamento à união estável para os fins de eficácia ou geração de efeitos das duas entidades familiares, sugere-se no Projeto de Reforma do Código Civil que o seu art. 1.568 tenha a seguinte redação: "os cônjuges ou conviventes são obrigados a concorrer, na proporção de seus bens e dos rendimentos do trabalho, para o sustento da família e para a educação dos filhos, qualquer que seja o regime patrimonial de bens". Na essência, nada muda quanto ao conteúdo da norma, que apenas é ampliada para a união estável, como já deve ser interpretada na atualidade.

Voltando-se ao sistema atual, também constitui dever expresso decorrente do matrimônio *o sustento, guarda e educação dos filhos* (art. 1.566, inc. IV, do CC). Essa previsão mantém relação direta com a solidariedade social prevista na Constituição Federal (art. 3.º, inc. I), que obviamente deve estar presente nas relações familiares (*solidariedade familiar*), até mais do que em qualquer outra relação.

Vale lembrar que a família é a *celula mater* da sociedade e, se a solidariedade não for atendida em relações dessa natureza, o que dizer quanto ao restante das relações privadas? Note-se que, curiosamente, o dever de guarda, sustento e educação dos filhos não é apenas um dever entre pais e filhos, mas igualmente entre os cônjuges e, como será visto, entre os companheiros. De todo modo, como visto, há proposta de modificação do comando pelo Projeto de Reforma do Código Civil.

Por fim, constitui dever do matrimônio o *respeito e consideração mútuos* (art. 1.566, inc. V, do CC), o que é mantido integralmente no Projeto de Reforma. Como se afirma em meios populares e religiosos, o casamento é feito *para a alegria e para a tristeza, para a saúde e para a doença*. Teremos outras oportunidades de comentar esse dispositivo, quando tratarmos da aplicação da boa-fé objetiva ao casamento, particularmente quando da abordagem do art. 1.708 da codificação vigente.

O Código Civil de 2002 estabelece, ainda, um dever de colaboração entre os cônjuges quanto à direção da sociedade conjugal, sem distinção entre marido ou mulher, sempre no interesse do casal e dos filhos, conforme o seu art. 1.567, *caput*. Mais uma vez, pode-se afirmar que se substituiu a *hierarquia* do marido pela *diarquia* conjugal. Sendo assim, o último dispositivo é o que ampara a ideia de *família democrática*. Para Maria Celina Bodin de Moraes, "a família democrática nada mais é do que a família em que a dignidade dos seus membros, das pessoas que a compõem, é respeitada, incentivada e tutelada. Do mesmo modo, a família 'dignificada', isto é, abrangida e conformada com o conceito de dignidade humana é, necessariamente, uma família democratizada" (A família democrática..., *Anais*..., 2006, p. 619).

Em havendo eventual divergência entre os cônjuges, qualquer um deles poderá recorrer ao juiz, que decidirá de acordo com os interesses do casal e dos filhos. É o que dispõe o art. 1.567, parágrafo único, do CC. O dispositivo segue a ideia de *judicialização dos conflitos familiares*, pois leva ao Poder Judiciário a solução de uma questão que interessa aos componentes da família. Pode-se afirmar que o dispositivo está na contramão da tendência de *fuga do Poder Judiciário*.

Essa tendência, de celeridade e de desburocratização, culminou com o surgimento da Lei 11.441/2007, que passou a possibilitar a separação e o divórcio extrajudiciais (*desjudicialização*), o que foi confirmado pelo art. 733 do CPC/2015. Anote-se mais uma vez que, com a aprovação da Emenda Constitucional 66/2010, a separação extrajudicial perdeu sua razão de ser, conforme a corrente seguida por mim, subsistindo apenas o divórcio extrajudicial.

Diante da possibilidade jurídica do casamento homoafetivo e da necessária equiparação entre casamento e união estável, para os fins dos efeitos decorrentes das duas entidades familiares, a Comissão de Juristas nomeada no Senado Federal propõe que o art. 1.567 do CC passe a ter a seguinte redação: "a direção da sociedade conjugal ou convivencial será exercida, em colaboração, por ambos os cônjuges ou conviventes, sempre no interesse do casal e dos filhos. Parágrafo único. Havendo divergência, qualquer dos cônjuges ou conviventes poderão recorrer ao juiz que decidirá tendo em consideração aqueles interesses". Retira-se, portanto, as expressões "homem" e "mulher", como foi feito em outras propostas de atualização da codificação civil, em interpretação que já prevalece na atualidade.

Encerrando a temática, de acordo com o art. 1.570 do CC, eventualmente, a administração da sociedade conjugal e a direção da família poderão ser exercidas exclusivamente por um dos cônjuges, estando o outro:

a) em lugar remoto ou não sabido;
b) encarcerado por mais de cento e oitenta dias; e
c) interditado judicialmente ou privado, episodicamente, de consciência, em virtude de enfermidade ou de acidente.

A jurisprudência do Tribunal do Rio de Janeiro discutiu a incidência da norma, merecendo colação a seguinte ementa:

"Requerimento de alvará para autorização judicial com vistas à gestão da administração do lar conjugal pela mulher. Caracterização de situação de episódica falta de discernimento pelo varão. Sentença de extinção do processo por apontada impossibilidade jurídica do pedido. Inconsistência do referido fundamento, de vez que inocorrente qualquer vedação do ordenamento jurídico à pretensão em tela. Amparo do pedido pelos arts. 1.567, parágrafo único, e 1.570 do novo Código Civil. Situação, além disso, respaldada pelo disposto no art. 1.109, CPC, que dispensa expressamente o órgão judicial de observância da legalidade estrita. Necessidade de dilação probatória. Anulação da sentença. Provimento do apelo" (TJRJ, Acórdão 2005.001.50995, 3.ª Câm. Cível, Rel. Des. Luiz Fernando de Carvalho, j. 25.04.2006).

Na minha opinião doutrinária, a decisão foi precisa e correta ao deferir o alvará para que a esposa fizesse a gestão dos bens do casal.

Termino o tópico pontuando que, assim como as outras projeções do Projeto de Reforma do Código Civil, inclui-se no art. 1.570 a menção aos conviventes, para que passe a preceituar o seguinte, sem qualquer outra modificação na essência: "se qualquer dos cônjuges ou conviventes estiver em lugar remoto ou não sabido, encarcerado por mais de cento e oitenta dias, interditado judicialmente ou privado, episodicamente, de consciência, em virtude de enfermidade ou de acidente, o outro exercerá com exclusividade a direção da família, cabendo-lhe a administração dos bens".

Aguarde-se, portanto, a aprovação de todas as propostas formuladas, na linha da necessária equiparação das duas entidades familiares, sempre que isso for possível.

2.9 RESPONSABILIDADE PRÉ-NEGOCIAL NO CASAMENTO. A QUEBRA DE PROMESSA DE CASAMENTO. A APLICAÇÃO DA BOA-FÉ OBJETIVA

Para encerrar o presente capítulo, será exposta e debatida a responsabilidade pré--negocial no casamento, ou seja, sobre a quebra de promessa de casamento como fato gerador do dever de indenizar, inclusive por danos morais. A quebra dessa promessa ocorre, muitas vezes, quando se estabelece um compromisso de noivado, de modo a fazer surgir o *dever de indenizar nos esponsais*, matéria, aliás, tratada pelo Código Civil Alemão (BGB), nos seus §§ 1.297 a 1.302.

A possibilidade de reparação nesse caso vem sendo abordada pela doutrina e pela jurisprudência, havendo posicionamentos em ambos os sentidos. Anoto que no Projeto de Reforma do Código Civil nada se incluiu a respeito do tema, não tendo surgido qualquer proposição nesse sentido.

Entre os que são favoráveis à indenização nessas situações, pode ser citado o promotor de Justiça paranaense Inácio de Carvalho Neto, que lembra o fato de que nosso "Código, ao contrário dos Códigos alemão, italiano, espanhol, peruano e canônico, não regula sequer os efeitos do descumprimento da promessa". Mas, para esse autor, "isto não impede que se possa falar em obrigação de indenizar nestes casos, com base na regra geral da responsabilidade civil. Como afirma Yussef Cahali, optou-se por deixar a responsabilidade civil pelo rompimento da promessa sujeita à regra geral do ato ilícito" (*Responsabilidade...*, 2004, p. 401). Na esteira do transcrito, é plenamente possível a indenização de danos morais em decorrência da quebra da promessa de casamento futuro por um dos noivos.

Em sentido contrário, Maria Berenice Dias entende que, em casos tais, são indenizáveis somente os danos emergentes, os prejuízos diretamente causados pela quebra do compromisso. Para essa doutrinadora, não há que se falar em danos morais ou mesmo em lucros cessantes. São suas palavras:

"Falando em dano moral e ressarcimento pela dor do fim do sonho acabado, o término de um namoro também poderia originar responsabilidade por dano moral. Porém, nem a ruptura do noivado, em si, é fonte de responsabilidade. O noivado recebia o nome de esponsais e era tratado como uma promessa de contratar, ou seja, a promessa do casamento, que poderia ensejar indenização. Quando se dissolve o noivado, com alguma frequência é buscada a indenização não só referente aos gastos feitos com os preparativos do casamento, que se frustrou, mas também aos danos morais. Compete à parte demonstrar as circunstâncias prejudiciais em face das providências porventura tomadas em vista da expectativa do casamento. Não se indenizam lucros cessantes, mas tão somente os prejuízos diretamente causados pela quebra do compromisso, a outro título que não o de considerar o casamento como um negócio, uma forma de obter o lucro ou vantagem. Esta é a postura que norteia a jurisprudência" (DIAS, Maria Berenice. *Manual...*, 2007, p. 118).

O que se percebe é que entre os dirigentes do Diretório Nacional do Instituto Brasileiro de Direito de Família (IBDFAM), há forte corrente doutrinária que entende não se poder falar em responsabilidade civil por danos morais nas relações familiares.

De fato, concordo que não se pode afirmar que o casamento é fonte de lucro, conforme aduz a doutrinadora por último citada. Sendo assim, não há como ressarcir lucros cessantes. Mas, ao contrário, entendo ser possível a reparação dos danos morais nos casos que envolvem as relações de família, particularmente no caso aqui estudado. Nesse sentido, opino que a complexidade das relações pessoais recomenda a análise caso a caso.

Especificamente sobre a quebra de promessa de casamento futuro, é forçoso concluir que, no Código Civil de 2002, o dever de indenizar surge não com base no art. 186, que trata do *ato ilícito puro*, mas com fundamento no art. 187, que disciplina o abuso de direito *como ilícito equiparado*. Esse é o ponto de divergência entre o meu posicionamento e o da maioria da doutrina, que reconhece o dever de indenizar nessas situações em decorrência do ato ilícito propriamente dito. Enuncia o art. 187 do atual Código Civil que "também comete ato ilícito o titular de um direito que, ao exercê-lo, excede manifestamente os limites impostos pelo seu fim econômico ou social, pela boa-fé ou pelos bons costumes". A questão, em suma, está em profundo debate.

Na jurisprudência, podem ser encontrados julgados que apontam para a reparabilidade dos danos morais em casos tais:

"Apelação cível. Ação de indenização por danos morais e materiais c.c. extinção de condomínio. Sentença *ultra petita*. Ruptura de noivado. Enganação. Danos morais configurados. Imóvel financiado. Interesse da Caixa Econômica Federal. Extinção de condomínio prejudicada. É defeso ao juiz proferir sentença decidindo além do pedido inicial, sob pena de nulidade parcial da sentença. A ruptura do noivado, embora cause sofrimento e angústia ao nubente, por si só, não gera o dever de indenizar, pois, não havendo mais o vínculo afetivo, não faz sentido que o casal dê prosseguimento ao relacionamento. Todavia, se o rompimento do noivado ocorreu de forma extraordinária, em virtude de enganação, por meio de promessas falsas e mentiras desprezíveis, causando dor e humilhação na noiva abandonada, configuram-se os danos morais. (...)" (TJMG, Apelação Cível 1.0701.12.031001-9/001, Rel. Des. Rogério Medeiros, j. 16.06.2016, *DJEMG* 24.06.2016).

"Responsabilidade civil. Rompimento de noivado às vésperas do casamento. Falta de motivo justo, gerando responsabilidade e indenização. Dano moral. Configuração. Valor da indenização fixado moderadamente. Reconvenção improcedente face à culpa do réu pelo rompimento. Recurso da apelante provido e do apelado desprovido. O noivado não tem sentido de obrigatoriedade. Pode ser rompido de modo unilateral até momento da celebração do casamento, mas a ruptura imotivada gera responsabilidade civil, inclusive por dano moral, cujo valor tem efeito compensatório e repressivo, por isto deve ser em quantia capaz de representar justa indenização pelo dano sofrido" (TJPR, Acórdão 4651, Apelação Cível, 3.ª Vara Cível, 5.ª Câmara Cível, Londrina, Rel. Des. Antonio Gomes da Silva, publicação 13.03.2000).

Também existem decisões que afastam totalmente a possibilidade de reparação dos danos morais por quebra de noivado:

"Apelação. Ação de indenização. Fim de noivado. Dano material e moral. Não comprovação. Segundo dispõe o artigo 333, inciso I, do Código de Processo Civil, incumbe ao autor o ônus de provar o fato constitutivo do direito pleiteado. Ausentes os requisitos do art. 186 do Código Civil, não é o caso de incidência de danos morais e materiais, ainda mais quando a parte autora não se incumbiu de provar os fatos alegados. Meros dissabores e frustrações advindas do rompimento do noivado não ensejam a condenação em indenização" (TJMG, Apelação Cível 1.0024.10.124748-4/001, Rel. Des. Pedro Aleixo, j. 16.02.2017, *DJEMG* 06.03.2017).

"Ilegitimidade de parte. Ativa. Ocorrência. Dano material. Prejuízo relativo a despesas realizadas em virtude da celebração do matrimônio da autora suportadas pelo seu progenitor. Hipótese em que deve ser proposta demanda em nome próprio. Recurso do réu provido. Indenização. Responsabilidade civil. Dano moral. Inocorrência. Autora que se iludiu com promessa de casamento. Caso de mera suscetibilidade, que não traduz dano. Ausência de ilicitude do comportamento. Verba indevida. Sentença reformada. Recurso do réu provido, prejudicado o da autora. Sucumbência. Recíproca. Ação e reconvenção julgadas improcedentes. Aplicação do artigo 21 do CPC. Repartição das custas e honorários. Recurso do réu provido, prejudicado o da autora" (TJSP, Apelação com Revisão 676.082.4/3, Acórdão 4204065, 6.ª Câmara de Direito Privado, Maracaí, Rel. Des. Vito Guglielmi, j. 19.11.2009, *DJESP* 18.12.2009).

"Responsabilidade civil. Danos morais e materiais. Rompimento de noivado. Os atos do noivo não evidenciaram vontade contrária ao de contrair matrimônio sendo obrigado a ressarcir a noiva nos gastos efetuados com a cerimônia religiosa. A promessa de casamento, baseada no compromisso amoroso entre o homem e a mulher, é eivada de subjetivismo e riscos, sendo que a sua ruptura não pode acarretar dano moral indenizável. Recurso parcialmente provido" (TJSP, Apelação 386.368.4/0, Acórdão 3596890, 9.ª Câmara de Direito Privado, São Paulo, Rel. Des. José Luiz Gavião de Almeida, j. 14.04.2009, *DJESP* 09.06.2009).

"Danos morais. Noivado. Promessa de casamento. Desfazimento. É incabível dano moral contra o parceiro que desiste de contrair casamento. Improcedência do recurso e condenação da recorrente nos ônus de sucumbência, suspensa a exigibilidade em face da concessão a assistência judiciária gratuita" (TJRS, Processo 71000485318, 2004, 3.ª Turma Recursal Cível, Passo Fundo, Rel. Juíza Maria José Schmitt Santanna).

Em continuidade, alguns arestos reconhecem apenas os danos materiais decorrentes da não realização do casamento, como as despesas com a realização da festa que acabou não ocorrendo. Nesse sentido, por todos:

"Responsabilidade civil. Indenização por danos materiais e morais. Rompimento do noivado pelo réu 10 dias antes da celebração do casamento. Danos materiais. Ressarcimento. Admissibilidade. Exclusão dos supostos gastos realizados pelo varão com o cartão de crédito da autora não demonstrados e divisão igualitária das despesas efetivamente já adiantadas. Danos morais. Afastamento. Direito do noivo de repensar sua vida antes de contrair matrimônio. Pequeno período de duração do namoro. Ausência de situação vexatória, ou humilhante. Apelo parcialmente provido" (TJSP, Apelação

0005378-26.2011.8.26.0462, Acórdão 8107600, 9.ª Câmara de Direito Privado, Poá, Rel. Des. Galdino Toledo Junior, j. 16.12.2014, *DJESP* 20.01.2015).

Por fim, há acórdãos que afastam o dever de indenizar em casos determinados, em que os danos não estão evidenciados, mas reconhecem a reparabilidade dos danos morais por quebra de promessa de noivado:

"Rompimento de promessa de casamento. Inexistência de dano moral indenizável. O rompimento de relacionamento de longa data, mesmo que às vésperas do casamento, sem qualquer humilhação e de modo discreto, não configura ato ilícito ou abuso de direito. Lucros cessantes. Não comprovação de que a autora tenha abandonado o emprego por causa do casamento. Recurso desprovido" (TJSP, Apelação 0279770--49.2009.8.26.0000, Acórdão 6080323, 5.ª Câmara de Direito Privado, Tanabi, Rel. Des. Moreira Viegas, j. 01.08.2012, *DJESP* 16.08.2012).

"Noivado. Rompimento. Dano moral e material. Descaracterização. Somente se caracteriza a ocorrência do dano moral indenizável em decorrência de rompimento de noivado, quando este se verifica às vésperas da data do casamento. Não se configura a ocorrência de danos materiais decorrentes de despesas contraídas em virtude da declaração da data do casamento, quando, após o rompimento, os bens adquiridos permaneceram de posse da parte autora. Recurso não provido" (Tribunal de Alçada de Minas Gerais, Acórdão 0382351-0, Apelação Cível, 2002, comarca Belo Horizonte/Siscon, Órgão Julgador 2.ª Câmara Cível, Rel. Juiz Alberto Aluizio Pacheco de Andrade, j. 20.05.2003, dados de publicação: não publicada, decisão unânime).

Conforme pesquisas realizadas para esta obra, o que se tem percebido, na prática jurisprudencial, é a prevalência de julgados que afastam a reparação dos danos morais nos casos de quebra de promessa de casamento.

Na verdade, diante da casuística, é preciso conciliar todos esses entendimentos jurisprudenciais para chegar a uma conclusão plausível dentro do caso concreto a ser analisado. Em suma, a questão não pode ser generalização, como ocorre muitas vezes na prática, infelizmente.

Repise-se que, para a primeira corrente transcrita, é possível a reparação de danos morais se a não celebração do casamento prometido causar lesão psicológica ao noivo ou ao namorado. Quando de sua exposição no *V Congresso Brasileiro do IBDFAM* no dia 27 de outubro de 2005, Jones Figueirêdo Alves, ao discorrer sobre o abuso de direito, utilizou uma expressão que, aqui, serve como uma luva: *estelionato do afeto* (ALVES, Jones Figueirêdo. Abuso de direito..., *Anais do V Congresso...*, 2006, p. 481-505).

Concorda-se que a mera quebra da promessa não gera, por si só, o dano moral. Não há de se confundir o dano moral com os meros aborrecimentos que a pessoa sofre no seu dia a dia. Porém, em alguns casos, os danos morais podem estar configurados, principalmente naqueles em que a pessoa é substancialmente enganada pela outra parte envolvida, a qual desrespeita toda a confiança depositada sobre si. Cite-se, a esse propósito, o rumoroso caso julgado pelo Tribunal de Minas Gerais a seguir colacionado:

"Apelação cível. Indenização por danos materiais e morais. Noivado desfeito às vésperas do casamento. Traição. Danos materiais e morais caracterizados. Dever de indenizar. A vida em comum impõe aos companheiros restrições que devem ser seguidas para o bom andamento da vida do casal e do relacionamento, sendo incontestável o dever de fidelidade mútua. O término de relacionamento amoroso, embora seja fato natural da vida, gerará dever de indenizar por danos materiais e morais, conforme as circunstâncias que ensejaram o rompimento. São indenizáveis danos morais e materiais causados pelo noivo flagrado pela noiva mantendo relações sexuais com outra mulher, na casa em que moravam, o que resultou no cancelamento do casamento marcado para dias depois e dos serviços contratados para a cerimônia. Recurso não provido" (TJMG, Apelação Cível 5298117-04.2007.8.13.0024, 10.ª Câmara Cível, Belo Horizonte, Rel. Des. Mota e Silva, j. 31.08.2010, *DJEMG* 21.09.2010).

Ademais, pode gerar dano moral a situação em que a noiva descobre que o seu noivo que descumpriu a promessa é bissexual, sendo tal fato notório em pequena cidade do interior. Isso gera repercussões negativas sobre a honra da pessoa, de modo a caracterizar o dano imaterial. E o que dizer de um caso em que o noivo transmite à noiva uma doença sexualmente transmissível, sendo esse o motivo da ruptura? Sem dúvida, estará presente o seu dever de indenizar.

Imagine-se, ainda, outra situação: em uma pacata cidade do interior de Minas Gerais, Tício namora Madalena há cerca de dez anos, típico namoro longo de uma cidade do interior. Depois de muito tempo, Tício resolve fazer a promessa de casamento. As famílias fazem uma grande festa de noivado, em que Tício pede oficialmente a *mão* da namorada e marca o casamento para um ano depois.

Todos os preparativos são feitos: o pai da noiva paga todas as despesas da festa e da celebração do casamento, os convites são distribuídos para todos os amigos das famílias, os padrinhos são convocados, os presentes são entregues. No dia e no local marcado para a celebração das núpcias, toda a comunidade local comparece: autoridades, familiares, padrinhos, imprensa, colunistas sociais. A Igreja Matriz da cidade está toda decorada. Na iminência do casamento, no mesmo dia, o noivo manda um mensageiro com um bilhete assinado dizendo que não irá mais casar, pois não ama a noiva, mas outra mulher. Nessa situação, o noivo não terá o dever de reparar o dano sofrido? Não estará caracterizado o dano moral à noiva, além dos danos materiais suportados por seu pai? Acredita-se que sim. Na situação extrema, o dano moral será reparável sempre.

Além desses exemplos, muitos outros poderiam surgir. Por isso é que se recomenda a análise caso a caso, à luz da boa-fé objetiva, da eticidade. De qualquer forma, merece destaque a ressalva anterior sobre o fundamento jurídico da reparação moral em casos tais. Com todo o respeito, não se segue o entendimento pelo qual a reparação está motivada no art. 186 do atual CC, dispositivo que conceitua o ato ilícito.

Isso porque não há de se falar em lesão ou violação de direitos quando alguém não celebra o casamento prometido, pois a promessa de casamento não vincula a sua celebração futura. Desse modo, não há ato ilícito propriamente dito.

O dever de indenizar, em casos tais, decorre do abuso de direito, pelo desrespeito à boa-fé objetiva ou, dependendo do caso, aos bons costumes. Desse modo, o dever de indenizar, nos moldes do art. 927, *caput,* do CC, tem por fundamento o art. 187 da codificação material. Desse modo, a conduta de abuso gera uma *responsabilidade pré-negocial casamentária* em decorrência do desrespeito aos deveres anexos na fase anterior ao casamento. Trata-se de mais uma aplicação do princípio da boa-fé objetiva aos institutos familiares, na linha do defendido no Capítulo 1 desta obra.

Aliás, fosse eu adepto da corrente que aponta ser o casamento um contrato, falaria que a quebra da promessa de noivado gera uma espécie de *responsabilidade pré-contratual,* como pregam Pablo Stolze Gagliano e Rodolfo Pamplona Filho, chegando à conclusão pela reparação civil em casos tais (*Novo Curso...*, 2011, p. 137). É forçoso lembrar que o abuso de direito é *lícito pelo conteúdo* e *ilícito pelas consequências*, conforme conceituava Rubens Limongi França. No caso em questão, percebe-se que a promessa de um casamento futuro é perfeitamente lícita. Mas, se a parte promitente abusar desse direito, ao desrespeitar os deveres que decorrem da boa-fé, presente estará o seu dever de indenizar.

Isso gera, sem dúvidas, uma mudança de paradigma. Anote-se que a regra a respeito do dever de indenizar o ato ilícito continua sendo a responsabilização mediante culpa em sentido amplo, que engloba o dolo e a culpa estrita. Mas, como se sabe, em caso de abuso de direito ou de quebra dos deveres anexos, a responsabilidade não depende de culpa, pelo que consta dos citados Enunciados n. 24 e 37 do Conselho da Justiça Federal, aprovados na *I Jornada de Direito Civil*, realizada no ano de 2002. É justamente isso que pode ocorrer na quebra da promessa de noivado ou de casamento futuro em algumas situações.

Concluindo, vislumbra-se que a boa-fé objetiva dá um novo tratamento à matéria, pois a quebra de promessa de casamento futuro deve ser encarada como uma quebra do dever de lealdade, que é inerente a qualquer negócio jurídico celebrado, inclusive ao casamento.

2.10 RESUMO ESQUEMÁTICO

– *Conceito de casamento*: o casamento é a união de duas pessoas reconhecida e regulamentada pelo Estado, formada com o objetivo de constituição de uma família e baseada em um vínculo de afeto. Pela conceituação clássica, o casamento exigiria diversidade de sexos. Todavia, a tendência é o reconhecimento do casamento entre pessoas do mesmo sexo ou *casamento* homoafetivo (v. *Informativo* n. *486*, STJ e Resolução n. 175 do Conselho Nacional de Justiça – CNJ).

– *Natureza jurídica*: existem três correntes a respeito da natureza jurídica do casamento:

a) *Teoria institucionalista:* para essa corrente, o casamento é uma instituição social. Essa concepção é defendida por Maria Helena Diniz.

b) *Teoria contratualista:* o casamento constitui um contrato de natureza especial, e com regras próprias de formação. A essa corrente está filiado Silvio Rodrigues. A ideia também foi adotada pelo Código Civil Português.

c) *Teoria mista ou eclética:* segundo essa corrente, o casamento é uma instituição quanto ao conteúdo e um contrato especial quanto à formação. Trata-se da corrente à qual estou totalmente filiado.

– *Princípios do casamento*: são princípios do casamento o que demonstra a sua natureza de negócio jurídico especial:

a) *Princípio da monogamia* – continua vigente em nosso ordenamento jurídico, podendo ser retirado do art. 1.521, VI, do CC, que dispõe que não podem casar as pessoas casadas, o que constitui um impedimento matrimonial a gerar a nulidade absoluta do casamento (art. 1.548, II, do CC).

b) *Princípio da liberdade de união* – consubstancia a livre escolha da pessoa do outro cônjuge como manifestação da autonomia privada, princípio esse que pode ser retirado do art. 1.513 do Código em vigor.

c) *Princípio da comunhão de vida ou comunhão indivisa, amparado na igualdade entre os cônjuges* – retirado o art. 1.511 do CC, e também do seu art. 1.565, pois, pelo casamento, homem e mulher assumem mutuamente a condição de consortes, companheiros e responsáveis pelos encargos da família.

– *Impedimentos do casamento (art. 1.521 do CC)*: impedem a realização do casamento e geram a sua nulidade absoluta (art. 1.548, inc. II, do CC):

"Art. 1.521. Não podem casar:

I – os ascendentes com os descendentes, seja o parentesco natural ou civil;

II – os afins em linha reta;

III – o adotante com quem foi cônjuge do adotado e o adotado com quem o foi do adotante;

IV – os irmãos, unilaterais ou bilaterais, e demais colaterais, até o terceiro grau inclusive;

V – o adotado com o filho do adotante;

VI – as pessoas casadas;

VII – o cônjuge sobrevivente com o condenado por homicídio ou tentativa de homicídio contra o seu consorte."

– *Causas suspensivas do casamento (art. 1.523 do CC)*: não geram a nulidade absoluta ou relativa do casamento, mas apenas impõem sanções aos cônjuges. A principal sanção é a imposição do regime da separação absoluta de bens (art. 1.641, I, do CC). Vejamos as suas hipóteses:

"Art. 1.523. Não devem casar:

I – o viúvo ou a viúva que tiver filho do cônjuge falecido, enquanto não fizer inventário dos bens do casal e der partilha aos herdeiros;

II – a viúva, ou a mulher cujo casamento se desfez por ser nulo ou ter sido anulado, até dez meses depois do começo da viuvez, ou da dissolução da sociedade conjugal;

III – o divorciado, enquanto não houver sido homologada ou decidida a partilha dos bens do casal;

IV – o tutor ou o curador e os seus descendentes, ascendentes, irmãos, cunhados ou sobrinhos, com a pessoa tutelada ou curatelada, enquanto não cessar a tutela ou curatela, e não estiverem saldadas as respectivas contas."

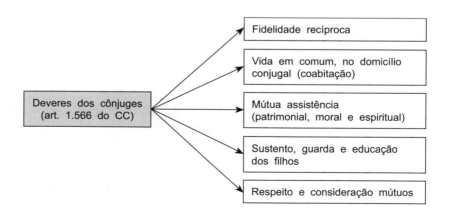

CAP. 2 • CASAMENTO – CONCEITO, NATUREZA JURÍDICA, ELEMENTOS CONSTITUTIVOS | 133

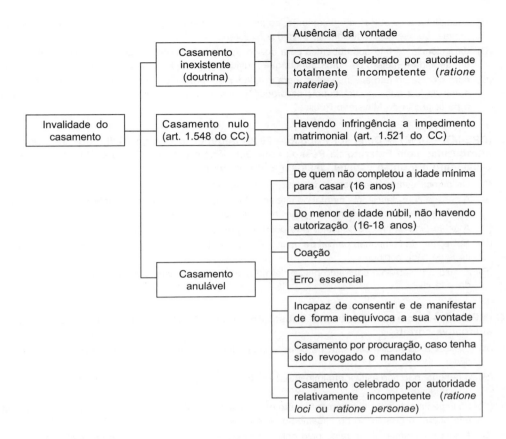

2.11 QUESTÕES CORRELATAS

01. (TJAL – FCC – Juiz Substituto – 2015) A respeito do casamento putativo, é correto afirmar que

(A) não encontra previsão legal, sendo criação da jurisprudência, para regularizar a posse do estado de casado.

(B) produz todos os efeitos, embora nulo ou anulável, independentemente de boa-fé de um ou de ambos os cônjuges, tendo em vista a necessidade de segurança jurídica em matéria de casamento.

(C) se não for nulo, mas apenas anulável, se contraído de boa-fé, por ambos os cônjuges, o casamento, em relação a estes como aos filhos, produz todos os efeitos até o dia da sentença anulatória.

(D) embora anulável ou mesmo nulo, se contraído de boa-fé por ambos os cônjuges, o casamento, em relação a estes como aos filhos, produz todos os efeitos até o dia da sentença anulatória.

(E) não produz nenhum efeito, porque o casamento se regula por normas de ordem pública.

02. (TJPE – FCC – Juiz Substituto – 2015) Na habilitação para o casamento, se houver oposição de impedimento, o oficial

(A) indeferirá o pedido de habilitação e remeterá o oponente e os nubentes às vias ordinárias em juízo, para decisão do magistrado.

(B) encaminhará a oposição ao juiz, sem efeito suspensivo do procedimento, que, depois de regular instrução e manifestação do Ministério Público, decidirá até a data do casamento.

(C) encaminhará os autos, imediatamente, ao juiz, que intimará o oponente e os nubentes a indicarem provas, que serão produzidas e, ouvido o Ministério Público, decidirá.

(D) dará ciência do fato aos nubentes para que indiquem provas que desejam produzir, colhendo-as e em seguida remeterá os autos ao juiz que, ouvido o Ministério Público, decidirá.

(E) dará ciência do fato aos nubentes, para que indiquem provas que desejam produzir e remeterá os autos ao juiz que decidirá depois da produção das provas pelo oponente e pelos nubentes, com a participação do Ministério Público.

03. (DPE-MT – UFMT – Defensor Público – 2016) Segundo o Código Civil, após as alterações introduzidas pelo Estatuto da Pessoa com Deficiência (Lei n.º 13.146/2015), em relação ao casamento e à união estável, assinale a afirmativa correta.

(A) Os primos estão impedidos de contrair matrimônio entre si.
(B) A pessoa com deficiência mental ou intelectual em idade núbia poderá contrair matrimônio, expressando sua vontade diretamente ou por meio de seu responsável ou curador.
(C) A união estável não se constituirá se ocorrerem as causas suspensivas do casamento.
(D) No regime da comunhão parcial de bens, excluem-se na comunhão as benfeitorias em bens particulares de cada cônjuge.
(E) É nulo o casamento contraído pelo enfermo mental sem o necessário discernimento para os atos da vida civil.

04. (MPE-GO – Promotor de Justiça Substituto – 2016) A respeito do casamento, assinale a alternativa correta:

(A) a eficácia da habilitação será de cento e vinte dias, a contar da data em que foi extraído o certificado.
(B) o nubente que não estiver em iminente risco de vida não poderá fazer-se representar no casamento nuncupativo.
(C) há impedimento para o casamento entre os afins em linha reta, permanecendo-se a afinidade ainda que ocorra a dissolução do casamento ou da união estável.
(D) é nulo o casamento contraído pelo enfermo mental sem o necessário discernimento para os atos da vida civil.

05. (TJMG – CONSUPLAN – Titular de Serviços de Notas e de Registros – Remoção – 2016) Sobre o casamento por procuração, assinale a alternativa correta, segundo os dispositivos do Código Civil em vigor.

(A) Não se permite celebração do casamento por procuração.
(B) O casamento pode celebrar-se mediante procuração, por instrumento público ou particular, cuja procuração será irrevogável.
(C) A eficácia do mandato outorgado para casar não ultrapassará noventa dias.
(D) Não se opera revogação de procuração outorgada por escritura pública, apenas de procuração outorgada por instrumento particular.

06. (TJSP – VUNESP – Titular de Serviços de Notas e de Registros – Provimento – 2016) A declaração de nulidade do casamento importa

(A) a preservação da filiação apenas em relação ao genitor que estiver de boa-fé.
(B) a preservação da filiação materna ou paterna, desde que presentes as condições do casamento putativo.
(C) a nulidade da filiação, em observância à regra de que atos nulos não se convalescem e não são aptos a produzir atos válidos.
(D) a preservação da filiação materna ou paterna, mesmo que ausentes as condições do casamento putativo.

CAP. 2 • CASAMENTO – CONCEITO, NATUREZA JURÍDICA, ELEMENTOS CONSTITUTIVOS | 135

07. **(DPE-SC – FCC – Defensor Público Substituto – 2017) O casamento realizado por pessoa com deficiência mental ou intelectual em idade núbil mas expressando sua vontade diretamente e o casamento do incapaz de consentir ou manifestar de modo inequívoco o consentimento é, respectivamente,**
   (A) válido e inexistente.
   (B) válido e anulável.
   (C) anulável e inexistente.
   (D) nulo e nulo.
   (E) nulo e anulável.

08. **(TJRO – IESES – Titular de Serviços de Notas e de Registros – Provimento – 2017) São impedidos de contrair casamento, de acordo com o Código Civil:**
   I. Os parentes por afinidade em linha reta entre si, independente do limite de grau.
   II. Os irmãos, bilaterais ou unilaterais entre si.
   III. As pessoas divorciadas que ainda não realizaram a partilha dos bens do casamento anterior.
   Assinale a alternativa correta:
   (A) Apenas as assertivas I e II são verdadeiras.
   (B) Todas as assertivas são verdadeiras.
   (C) Apenas a assertiva II é verdadeira.
   (D) Apenas as assertivas I e III são verdadeiras.

09. **(TJRO – IESES – Titular de Serviços de Notas e de Registros – Remoção – 2017) Segundo a legislação Civilista Brasileira, no que corresponde ao instituto do casamento podemos afirmar, exceto:**
   (A) O casamento religioso, que atender às exigências da lei para a validade do casamento civil, equipara-se a este, desde que registrado no registro próprio, produzindo efeitos a partir da data de sua celebração.
   (B) O casamento é civil e sua celebração é onerosa.
   (C) É defeso a qualquer pessoa, de direito público ou privado, interferir na comunhão de vida instituída pela família.
   (D) O casamento estabelece comunhão plena de vida, com base na igualdade de direitos e deveres dos cônjuges.

10. **(MPE-PR – Promotor Substituto – 2017) É nulo o casamento:**
   (A) Contraído com infringência de impedimento.
   (B) De quem não completou a idade mínima para casar.
   (C) Do menor em idade núbil, quando não autorizado por seu representante legal.
   (D) Por vício da vontade.
   (E) Realizado pelo mandatário, sem que ele ou o outro contraente soubesse da revogação do mandato, e não sobrevindo coabitação entre os cônjuges.

11. **(UECE/FUNECE – Advogado – 2017) Considerando os impedimentos ao matrimônio elencados no Código Civil Brasileiro, NÃO pode(m) casar:**
   (A) o adotante com quem foi cônjuge do adotado e o adotado com quem o foi do adotante.
   (B) o viúvo ou a viúva que tiver filho do cônjuge falecido, enquanto não fizer inventário dos bens do casal e der partilha aos herdeiros.
   (C) o tutor ou o curador e os seus descendentes, ascendentes, irmãos, cunhados ou sobrinhos, com a pessoa tutelada ou curatelada, enquanto não cessar a tutela ou curatela, e não estiverem saldadas as respectivas contas.
   (D) o divorciado, enquanto não houver sido homologada ou decidida a partilha dos bens do casal.

12. (TJ-MG – Titular de Serviços de Notas e de Registros – Provimento – CONSULPLAN – 2018) São impedidos de casar

(A) os parentes colaterais até o quarto grau.
(B) os afins em linha reta e em linha colateral.
(C) o adotante com quem foi cônjuge do adotado e o adotado com quem o foi do adotante.
(D) o divorciado, enquanto não houver sido homologada ou decidida a partilha dos bens do casal.

13. (MPE-PB – Promotor de Justiça Substituto – FCC – 2018) Sobre o processo de habilitação, a celebração e o registro do casamento, considere as afirmativas a seguir:

I. A habilitação será feita pessoalmente ou por procurador perante o Oficial do Registro Civil, ouvido o Juiz de casamentos e, se houver impugnação, manifestar-se-á o Ministério Público antes de ser submetida ao Juiz de Direito competente, que a decidirá.

II. Quando a solenidade do casamento for realizada em edifício particular, ficará este de portas abertas durante o ato, presentes quatro testemunhas, parentes ou não dos contraentes, bastando, porém, duas testemunhas se a solenidade realizar-se em cartório, salvo se algum dos contraentes não souber ou não puder escrever, hipótese em que também serão necessárias quatro testemunhas.

III. Quando algum dos contraentes estiver em iminente risco de vida, não obtendo a presença da autoridade à qual incumba presidir o ato, nem a de seu substituto, poderá o casamento ser celebrado na presença de seis testemunhas, que com os nubentes não tenham parentesco em linha reta, ou, na colateral, até segundo grau, as quais comparecerão, perante a autoridade judiciária mais próxima, em dez dias, sendo irrecorrível a decisão do juiz que considerar válido o casamento.

IV. A invalidade do mandato para o casamento, judicialmente decretada, equipara-se à sua revogação, a qual, porém, não autorizará a anulação do casamento, se sobrevier a coabitação entre os cônjuges.

V. O casamento religioso, celebrado sem a prévia habilitação perante o Oficial do Registro Público, poderá ser registrado desde que apresentados pelo celebrante ou pelos nubentes com o requerimento de registro, a prova de celebração do ato religioso e os documentos exigidos pelo Código Civil, suprindo eles eventual falta de requisitos no termo da celebração.

Está correto o que se afirma APENAS em

(A) I e II.
(B) II e III.
(C) III e IV.
(D) IV e V.
(E) II e IV.

14. (MPE-PB – Promotor de Justiça Substituto – FCC – 2018) O Ministério Público pode, mediante ação direta, promover a decretação de nulidade de casamento

(A) por incompetência da autoridade celebrante.
(B) realizado entre madrasta, que novamente viuvar-se, e seu enteado.
(C) realizado entre primos.
(D) do incapaz de consentir ou manifestar de modo inequívoco o consentimento.
(E) de quem não completou a idade mínima para casar.

15. (TJ-SP – Titular de Serviços de Notas e de Registros – Provimento – VUNESP – 2018) Apresentado requerimento de habilitação para o casamento, constatou-se que o nubente contava com dezessete anos de idade, mas tinha sido emancipado, enquanto a nubente possuía dezessete anos, porém estava sob tutela. Nesse caso hipotético, no que concerne à autorização para contrair matrimônio, deve o Oficial do Cartório de Registro Civil exigir autorização

(A) dos genitores da nubente sob tutela ou ato judicial que a supra.
(B) do tutor da nubente ou ato judicial que a supra.
(C) dos genitores de ambos os nubentes ou ato judicial que a supra.
(D) dos genitores do nubente emancipado, bem como de um curador especial nomeado para a nubente sob tutela ou ato judicial que a supra.

CAP. 2 • CASAMENTO – CONCEITO, NATUREZA JURÍDICA, ELEMENTOS CONSTITUTIVOS | 137

16. (TJ-AM – Titular de Serviços de Notas e de Registros – Provimento – IESES – 2018) Sobre o casamento, responda às questões:

I. A eficácia da habilitação será de noventa dias, a contar da data em que foi realizado o requerimento.

II. O nubente que não estiver em iminente risco de vida poderá fazer-se representar no casamento nuncupativo.

III. Caso a celebração do casamento seja suspensa ante a recusa solene da vontade de um dos contraentes, não é possível a retratação no mesmo dia.

Assinale a correta:

(A) Apenas a assertiva II é verdadeira.
(B) Todas as assertivas são falsas.
(C) Apenas as assertivas II e III são verdadeiras.
(D) Todas as assertivas são verdadeiras.

17. (Titular de Serviços de Notas e de Registros – Provimento – TJ-MG – CONSULPLAN – 2019) De acordo com as normas do Código Civil Brasileiro, analise as seguintes afirmativas sobre o casamento.

I. Não será permitido, em qualquer caso, o casamento de quem não atingiu a idade de dezesseis anos.

II. O oficial do cartório do registro civil está obrigado a declarar qualquer impedimento de cuja existência tiver conhecimento.

III. O casamento realizado no Brasil prova-se pela certidão de registro, não se admitindo, em qualquer hipótese, outra espécie de prova.

IV. É pressuposto para o reconhecimento da putatividade do casamento que tenha sido contraído de boa-fé por ambos os cônjuges ou apenas por um deles.

Estão corretas as afirmativas:

(A) I, II, III e IV.
(B) II e IV, apenas.
(C) I, II e IV, apenas
(D) I, III e IV, apenas.

18. (Promotor de Justiça Substituto – MPE-MT – FCC – 2019) Em relação ao casamento, e de acordo com o Código Civil, considere os enunciados:

I. É defeso a qualquer pessoa, de direito público ou privado, interferir na comunhão de vida instituída pela família.

II. O casamento se realiza no momento em que o homem e a mulher manifestam, perante o juiz, a sua vontade de estabelecer vínculo conjugal, e o juiz os declara casados.

III. O casamento religioso, e somente o que atender às exigências da lei para a validade do casamento civil, equipara-se a este, desde que registrado no registro próprio, a partir desse ato produzindo efeitos jurídicos.

IV. Será tido por inexistente o registro civil do casamento religioso se, antes dele, qualquer dos consorciados houver contraído casamento civil com outrem.

V. Excepcionalmente, será permitido o casamento de quem ainda não alcançou a idade de dezesseis anos, para evitar imposição ou cumprimento de pena criminal ou em caso de gravidez.

Está correto o que se afirma APENAS em:

(A) II, III, IV e V.
(B) I, II e V.
(C) I e II.
(D) I, II, III e IV.
(E) I, III, IV e V.

19. **(Promotor de Justiça – MPE-SC – 2019)** As causas suspensivas de celebração do casamento podem ser arguidas, até o momento da sua celebração, por qualquer pessoa capaz.
   ( ) Certo
   ( ) Errado

20. **(Promotor de Justiça – MPE-SC – 2019)** Segundo estabelece o Código Civil, a sentença que decretar a nulidade do casamento retroagirá à data da sua celebração, sem prejudicar a aquisição de direitos, a título oneroso, por terceiros de boa-fé, nem a resultante de sentença transitada em julgado.
   ( ) Certo
   ( ) Errado

21. **(Titular de Serviços de Notas e de Registros – TJ-DFT – CESPE – 2019)** Um casamento entre duas pessoas legalmente habilitadas foi devidamente levado a registro por celebrante que, embora não possuísse a competência exigida na lei, exercia publicamente a função de juiz de casamento.
   Nessa situação hipotética, de acordo com o Código Civil, esse casamento é considerado
   (A) válido.
   (B) inexistente.
   (C) ineficaz.
   (D) nulo.
   (E) anulável.

22. **(Titular de Serviços de Notas e de Registros – Provimento – TJ-RS – VUNESP – 2019)** Assinale a alternativa correta sobre o casamento, de acordo com as disposições do Código Civil de 2002.
   (A) A idade núbil é, em regra, 14 (quatorze) anos completos, ressalvada a possibilidade do casamento por quem ainda não alcançou tal idade para evitar imposição ao cumprimento de pena criminal ou em caso de gravidez.
   (B) O requerimento de habilitação para o casamento pode ser realizado por procurador.
   (C) Quando a solenidade de celebração do casamento for realizada na sede do cartório, dispensa-se a presença de testemunhas.
   (D) A eficácia da habilitação para o casamento é de 180 (cento e oitenta) dias, a contar da data em que for extraído o certificado de habilitação.
   (E) Não podem casar os colaterais de quarto grau.

23. **(Juiz Substituto – TJ-AL – FCC – 2019)** De acordo com o Código Civil, o casamento:
   (A) dispensa habilitação se ambos os cônjuges forem maiores e capazes.
   (B) é civil e sua celebração gratuita.
   (C) religioso não produz efeitos civis, em nenhuma hipótese.
   (D) pode ser contraído entre colaterais, a partir do terceiro grau.
   (E) pode ser celebrado mediante procuração, por instrumento público ou particular.

24. **(Promotor de Justiça de Entrância Inicial – MPE-CE – CESPE/CEBRASPE – 2020)** De acordo com o Código Civil, o casamento de quem ainda não atingiu dezesseis anos de idade é:
   (A) proibido, em qualquer hipótese.
   (B) permitido, de forma excepcional, somente para a finalidade de evitar imposição ou cumprimento de pena criminal.
   (C) permitido, de forma excepcional, somente na hipótese de gravidez.

(D) autorizado apenas na hipótese de gravidez ou na situação que tenha a finalidade de evitar imposição ou cumprimento de pena criminal, desde que haja expressa concordância de ambos os pais ou representantes legais do(a) menor.

(E) autorizado em qualquer hipótese em que haja expressa concordância de ambos os pais ou representantes legais do(a) menor.

25. **(Advogado – Prefeitura de Petrolina-PE – AEVSF/Facape – 2021) Antônio e Daniela, ambos com 16 anos de idade, casaram por conta da gravidez de Daniela. Informaram aos pais de ambos, no entanto o pai de Daniele se recusou a autorizar o matrimônio, em que pese ter havido a aquiescência da sua mãe e dos pais de Antônio. Após o ajuizamento da competente ação, o casamento foi autorizado por meio de sentença. Sobre essa situação, indique a alternativa CORRETA:**

(A) Não corriam prazos prescricionais em desfavor de Antônio e Daniela, por conta da idade de ambos, mas, com o casamento, cessará a causa impeditiva.

(B) Com o suprimento judicial, Antônio e Daniela poderão casar-se, porém vigorará a condição suspensiva consistente no nascimento com vida do filho do casal.

(C) A sentença, nesse caso, é nula, ante a impossibilidade de suprimento judicial sem a concordância dos pais.

(D) Judicialmente autorizado o casamento entre os menores, será obrigatório o regime legal da separação de bens.

(E) Com o suprimento judicial, Antônio e Daniela poderão casar-se, no entanto tal fato não cessará a incapacidade civil de ambos.

26. **(Defensor Público – DPE-BA – FCC – 2021) Carlos e Silvana são adolescentes e querem se casar. Segundo a normativa legal vigente,**

(A) em harmonia com a normativa internacional, o casamento entre Carlos e Silvana, por serem adolescentes, não é admitido, ainda que não haja proibição expressa quanto à união estável.

(B) tendo Carlos 14 anos e Silvana 16 anos, o casamento é admitido desde que Silvana esteja grávida de Carlos e o juiz autorize que se casem.

(C) se os pais de Silvana e/ou de Carlos discordarem, o casamento é possível com regime de separação de bens obrigatório e desde que ambos tenham pelos menos 16 anos completos.

(D) tendo Carlos 16 anos e Silvana 15 anos, o casamento é possível se comprovados, por parte de ambos, maturidade e discernimento em perícia psicológica no curso de ação judicial própria.

(E) se Carlos e Silvana já mantiverem união estável, com filho em comum, poderão ter a união convertida em casamento antes de atingirem a idade núbil independentemente de alvará judicial.

27. **(Procurador de Contas do Ministério Público – MPC-SC – CESPE/CEBRASPE – 2022) Acerca da capacidade para o casamento e da nulidade dessa instituição, julgue o item a seguir.**

Em caso de divergência entre os pais acerca do consentimento para a realização de casamento de menores de dezoito anos de idade, qualquer um deles poderá recorrer ao juiz para solução da desavença.

( ) Certo
( ) Errado

28. **(Juiz substituto – TJSC – FGV – 2022) Brenda e Tício se apaixonaram e rapidamente decidiram se casar. Poucos dias após o casamento, ele passou a demonstrar uma personalidade completamente diferente, tendo atitudes violentas diariamente. Com dez dias de casamento, Brenda, que está grávida de Tício, decidiu procurar informações sobre o passado do marido. Descobriu que há muitos anos ele fora condenado por tentativa de homicídio, com sentença transitada em julgado. Para a sua proteção e a de seu filho, mesmo sabendo que Tício não aceitará, ela deseja reverter o estado civil de casada, pois a vida em comum com ele tornou-se insuportável a partir da ciência de tal condenação.**

Nesse caso, Brenda deve procurar um advogado e requerer, quanto ao casamento, a:
(A) separação judicial.
(B) anulação.
(C) declaração de nulidade.
(D) separação administrativa.
(E) declaração de inexistência.

29. (TJAL – Vunesp – Titular de Serviços de Notas e de Registros – 2023) "A", casado e sem desconstituir o matrimônio anterior, casa-se com "B", esta última, de boa-fé, desconhecia o fato de "A" ser casado ao tempo da celebração do casamento com aquele. Desse modo, o casamento:
(A) tem validade.
(B) tem validade somente em relação a "B".
(C) padece de invalidade.
(D) somente será válido se houver filhos comuns de "A" e "B".

30. (MPE-SP – Vunesp – Promotor de Justiça substituto – 2023) Considerando a legislação civil em vigor, assinale a alternativa correta acerca do casamento.
(A) A sociedade conjugal só termina pela morte de um dos cônjuges ou pelo divórcio.
(B) Não podem casar os afins em linha reta, mesmo após a dissolução do casamento.
(C) Para a realização do casamento nuncupativo, é necessário que algum dos contraentes esteja em iminente risco de vida, não se obtenha a presença da autoridade à qual incumba presidir o ato, nem a de seu substituto e haver a presença de, pelo menos, três testemunhas.
(D) Pode ser anulado o casamento realizado por vício da vontade, se houve por parte de um dos nubentes erro essencial. É hipótese de erro essencial a ignorância, anterior ao casamento, de defeito físico irremediável que caracteriza deficiência.
(E) O Ministério Público não tem legitimidade para promover ação direta pretendendo a decretação da nulidade de casamento contraído por infringência de impedimento.

31. (MPE-PA – Cespe/Cebraspe – Promotor de Justiça substituto – 2023) É anulável o casamento de:
(A) afins em linha reta.
(B) menor em idade núbil.
(C) afins em linha colateral.
(D) adotado com o filho do adotante.
(E) incapaz de manifestar, sem equívoco, o consentimento.

32. (TJSP – Titular de Serviços de Notas e de Registros – Vunesp – 2024) Se de registro de nascimento de maior de 16 e menor de 18 anos não emancipado constarem dois genitores (um natural e outro socioafetivo) e uma genitora natural, caso o genitor socioafetivo discorde do casamento do menor, é correto afirmar que:
(A) basta a autorização de qualquer um dos genitores para casamento.
(B) a autorização dos genitores naturais é suficiente para o casamento.
(C) os genitores naturais devem promover a emancipação do menor para que possa se casar.
(D) a sua autorização terá de ser suprida judicialmente.

33. (TJSP – Titular de Serviços de Notas e de Registros – Vunesp – 2024) Quanto aos impedimentos para o casamento, assinale a alternativa correta.
(A) Os impedimentos para o casamento são inafastáveis, sem exceção.
(B) O impedimento ao casamento avuncular pode ser afastado, desde que cumpridas as formalidades previstas no artigo 2º do Decreto-lei nº 3.200/41.

(C) Os impedimentos só podem ser apresentados dentro do prazo de afixação e publicação dos editais de proclamas.

(D) Os impedimentos só podem ser apresentados por parentes em linha reta e na colateral até o terceiro grau de um dos nubentes.

34. **(1º Exame Nacional da Magistratura – ENAM – FGV – 2024)** Júlio, jogador de futebol brasileiro, foi contratado por um time estrangeiro. Mesmo domiciliado agora no exterior, manteve seu relacionamento com Natália, que evoluiu para um pedido de casamento. Foram tomadas as providências administrativas para a celebração do casamento, inclusive, 70 (setenta) dias antes da cerimônia civil, Júlio outorgou procuração por instrumento público com poderes especiais para Renato, seu melhor amigo, para representá-lo no casamento civil, caso não pudesse estar no Brasil na ocasião.

Na véspera, contudo, Júlio pensou melhor sobre sua vida e desistiu de se casar com Natália, revogando o mandato por instrumento público. Entretanto, a revogação não chegou ao conhecimento de Natália nem de Renato, que compareceram à cerimônia, e o casamento foi celebrado. Depois que o juiz de paz declarou Natália e Júlio casados, o pai de Júlio interrompeu a todos, alertando, em voz alta, que acabara de receber uma mensagem do filho, afirmando que ele desistira do casamento. Tal fato causou um grande rebuliço no local da cerimônia. A noiva, desesperada, desmaiou e bateu a cabeça na mesa utilizada para a celebração, sendo necessária sua hospitalização por uma semana. Depois disso, Natália nunca mais quis ver ou saber de Júlio.

Nesse caso, diante da revogação do mandato sem ciência de Renato e de Natália a tempo, o casamento é:

(A) anulável, mas Júlio responderá por perdas e danos perante Natália.

(B) inexistente, e Júlio não é responsável pelos prejuízos decorrentes da falta de comunicação da revogação.

(C) nulo, e não seria passível de convalidação, ainda que Júlio e Natália tivessem coabitado após a celebração.

(D) nulo, porque a eficácia do mandato para a celebração de casamento civil não pode ultrapassar 60 (sessenta) dias.

(E) válido, mas Júlio poderia ter revogado a procuração por instrumento público ou particular, dada a urgência do caso.

35. **(MPE-RO – Promotor de Justiça substituto – Vunesp – 2024)** Acerca do processo de habilitação para o casamento, assinale a alternativa correta.

(A) O oficial do registro dará aos nubentes ou a seus representantes nota da oposição, indicando os fundamentos e as provas, devendo ser preservado o sigilo do nome de quem a ofereceu.

(B) A eficácia da habilitação será de sessenta dias, a contar da data em que foi extraído o certificado.

(C) A habilitação será feita pessoalmente perante o oficial do Registro Civil, com a audiência do Ministério Público.

(D) O requerimento de habilitação para o casamento é ato personalíssimo e deverá ser firmado por ambos os nubentes, de próprio punho ou mediante processo mecânico.

(E) É dever do membro do Ministério Público esclarecer os nubentes a respeito dos fatos que podem ocasionar a invalidade do casamento, bem como sobre os diversos regimes de bens.

36. **(TJSC – Juiz substituto – FGV – 2024)** Abel, menor de idade, casou-se com Marieta. Seu pai já era falecido ao tempo da celebração, mas sua mãe ainda era viva. Não obstante ela ter comparecido tanto à celebração quanto à cerimônia, não houve sua autorização formal para a realização desta.

Com base no Código Civil e no enunciado formulado, é correto afirmar que o casamento é:

(A) nulo de pleno direito, pois sem outorga formal da mãe.

(B) anulável, e a mãe possui 180 dias para questioná-lo judicialmente, contados da data que cessar a incapacidade de Abel.

(C) válido, já que a mãe compareceu, demonstrando, assim, conhecer e autorizar o casamento.

(D) válido, já que Abel alcança a capacidade plena com ele, dispensando outorga materna.

(E) nulo de pleno direito, já que necessitava de autorização judicial para sua realização.

GABARITO

01 – D	02 – E	03 – B
04 – C	05 – C	06 – D
07 – B	08 – A	09 – B
10 – A	11 – A	12 – C
13 – E	14 – B	15 – B
16 – C	17 – C	18 – C
19 – ERRADO	20 – CERTO	21 – A
22 – B	23 – B	24 – A
25 – D	26 – C	27 – CERTO
28 – B	29 – C	30 – B
31 – E	32 – D	33 – B
34 – A	35 – C	36 – C

CASAMENTO. DIREITO PATRIMONIAL – REGIME DE BENS

Sumário: 3.1 Introdução. Conceito e princípios dos regimes de bens. Da ação de alteração do regime de bens – 3.2 Regras gerais quanto ao regime de bens – 3.3 Pacto antenupcial. Conceito e regras – 3.4 Regras especiais quanto ao regime de bens: 3.4.1 Regime da comunhão parcial; 3.4.2 Regime da comunhão universal; 3.4.3 Regime da participação final nos aquestos; 3.4.4 Regime da separação de bens – 3.5 Resumo esquemático – 3.6 Questões correlatas – Gabarito.

3.1 INTRODUÇÃO. CONCEITO E PRINCÍPIOS DOS REGIMES DE BENS. DA AÇÃO DE ALTERAÇÃO DO REGIME DE BENS

Após o tratamento do direito pessoal, o Código Civil de 2002 disciplina os direitos patrimoniais relacionados com o casamento, particularmente as regras quanto aos regimes de bens. A atual codificação traz regras gerais a respeito desse tratamento patrimonial (arts. 1.639 a 1.652), preceitos relacionados com o pacto antenupcial (arts. 1.653 a 1.657), bem como regras especiais quanto aos quatro regimes previstos: comunhão parcial (arts. 1.658 a 1.666), comunhão universal (arts. 1.667 a 1.671), participação final nos aquestos (arts. 1.672 a 1.686) e separação de bens (arts. 1.687 e 1.688).

Deve ficar claro que, admitido o *casamento homoafetivo*, na linha do que vêm decidindo os Tribunais Brasileiros, todas as regras aqui analisadas incidem para tais entidades familiares, sem qualquer distinção. Incide também para a união estável hétero ou homoafetiva. Nesse sentido, a Comissão de Juristas nomeada no Senado Federal para a Reforma do Código Civil sugere que o título relativo ao regime de bens e ao direito patrimonial também se aplique à união estável, por força expressa da lei, passando a ser denominado "Do regime de bens entre os cônjuges e conviventes".

Como se sabe, não há mais regulamentação do *regime dotal*, que constava do Código Civil de 1916, nos arts. 278 a 311, que, na realidade, mesmo na vigência do revogado diploma, não tinha qualquer aplicação prática. O regime dotal representava verdadeira letra morta da lei, sendo apelidado de "regime dos coronéis".

O regime matrimonial de bens pode ser conceituado como o conjunto de regras relacionadas com interesses patrimoniais ou econômicos resultantes da entidade familiar, sendo as suas normas, em regra, de ordem privada.

Diante da aprovação da Emenda Constitucional 66/2010, que baniu do sistema familiarista todas as formas de separação jurídica – incluindo a separação judicial e a extrajudicial –, um apontamento deve ser feito. Isso, diante de várias menções à *dissolução da sociedade conjugal* em regras relativas ao regime de bens. Reafirme-se que sempre entendi que a separação jurídica está banida do sistema jurídico, mesmo tendo sido reafirmada pelo CPC/2015, entendimento que foi adotado pelo Supremo Tribunal Federal em 2023, em julgamento com repercussão geral, na linha do que sempre defendi e com a tese seguinte: "após a promulgação da EC 66/10, a separação judicial não é mais requisito para o divórcio, nem subsiste como figura autônoma no ordenamento jurídico. Sem prejuízo, preserva-se o estado civil das pessoas que já estão separadas por decisão judicial ou escritura pública, por se tratar de ato jurídico perfeito" (STF, RE 1.167.478/RJ, Tribunal Pleno, Rel. Min. Luiz Fux, Tema n. 1.053, j. 08.11.2023).

Ora, é notório que o divórcio põe fim ao casamento e também à sociedade conjugal, sendo certo que, extinto o primeiro, igualmente estará finda a segunda categoria. Desse modo, onde se lê nos dispositivos *dissolução da sociedade conjugal*, pode-se entender *dissolução do casamento e da sociedade conjugal*. O esclarecimento de Paulo Lôbo segue esse raciocínio, merecendo destaque as suas lições:

> "Agora, com o desaparecimento da tutela constitucional da separação judicial, cessaram a finalidade e a utilidade da dissolução da sociedade conjugal, porque esta está absorvida inteiramente pela dissolução do vínculo, não restando qualquer hipótese autônoma. Por tais razões, perdeu sentido o *caput* do art. 1.571 do Código Civil de 2002, que disciplina as hipóteses de dissolução da sociedade conjugal: morte, invalidade do casamento, separação judicial e divórcio. Excluindo-se a separação judicial, as demais hipóteses alcançam diretamente a dissolução do vínculo conjugal ou casamento; a morte, a invalidação e o divórcio dissolvem o casamento e *a fortiori* a sociedade conjugal" (LÔBO, Paulo. Divórcio..., disponível em: <http://www.ibdfam.org.br/?artigos&artigo=629>. Acesso em: 12 fev. 2010).

Superado esse esclarecimento, ao qual se perfilha, destaque-se que são princípios que regem o regime de bens:

a) Princípio da autonomia privada

Como é notório, esse princípio, na visão pós-moderna ou contemporânea do Direito Privado, substitui o antigo princípio da autonomia da vontade. A autonomia privada decorre da liberdade e da dignidade humana, sendo o direito que a pessoa tem de se autorregulamentar, o que encontra limitações nas normas cogentes. Há plena liberdade na escolha do regime de bens, conforme o art. 1.639, *caput*, do CC/2002 ("é lícito aos nubentes, antes de celebrado o casamento, estipular, quanto aos seus bens, o que lhes aprouver").

Porém, essa vontade não poderá estar viciada, sob pena de se reconhecer a nulidade ou anulabilidade do pacto antenupcial. Filia-se à doutrina que aponta ser esse princípio, em regra, irrestrito, somente encontrando limites nas normas de ordem pública (autonomia quase plena). Assim sendo, é possível que os cônjuges celebrem casamento por outro regime de bens, que não seja um dos mencionados pela legislação em vigor, ou mesmo combine os vários regimes de bens existentes (VENOSA, Sílvio de Salvo. Direito..., 2003, p. 356). Nessas hipóteses, o regime será denominado *regime misto*. Porém, esse novo regime escolhido não pode ferir normas cogentes, de ordem pública.

Nesse sentido, o Enunciado n. 331 do CJF/STJ, aprovado na *IV Jornada de Direito Civil* (2006), prevê que "o estatuto patrimonial do casal pode ser definido por escolha de regime de bens distinto daqueles tipificados no Código Civil (art. 1.639 e parágrafo único do art. 1.640), e, para efeito de fiel observância do disposto no art. 1.528 do Código Civil, cumpre certificação a respeito, nos autos do processo de habilitação matrimonial". Na mesma linha, o Enunciado n. 80, da *I Jornada de Direito Notarial e Registral,* do ano de 2022: "podem os cônjuges ou companheiros escolher outro regime de bens além do rol previsto no Código Civil, combinando regras dos regimes existentes (regime misto)".

A título de exemplo, o casal pode estabelecer que, quanto aos bens móveis, incide o regime da separação de bens; em relação aos imóveis adquiridos, o regime da comunhão parcial, criando justamente um regime misto. Também é possível convencionar que somente haverá comunicação de quantias depositadas em conta-corrente conjunta do casal, e assim sucessivamente.

Esclareça-se que é igualmente permitida a criação de um regime novo, com regramento *totalmente atípico,* desde que, mais uma vez, não se atinja as normas de ordem pública. Com esse pensamento doutrinário, as palavras de Silmara Juny Chinellato, com base em Zeno Veloso: "os interessados não estão obrigados a seguir os modelos legais, os regimes-tipo regulados na lei civil, podendo modificá-los, combiná-los e até ir além, modificando-os, e também estabelecer 'um regime peculiar, um regramento atípico, imaginado e criado por eles próprios'" (CHINELLATO, Silmara Juny. *Comentários...,* 2004, p. 278).

A criação de um regime diferente da relação constante da codificação material, estabelecendo apenas a comunicação de certos bens, parece ser uma opção cada vez mais comum, em especial no caso de casais que atuam como prestadores de serviços ou como profissionais liberais, e que desejam a valorização do patrimônio decorrente de seu trabalho. Muitas vezes, na prática, o regime da comunhão parcial pode trazer uma comunicação de bens não desejada pelas partes.

No Projeto de Reforma do Código Civil, como não poderia ser diferente, há proposta de se inserir essa opção expressa na Lei Geral Privada, na nova redação do seu art. 1.640, especialmente no seu projetado § 2.º: "é lícito aos cônjuges ou conviventes criarem regime atípico ou misto, conjugando regras dos regimes previstos neste Código, desde que não haja contrariedade a normas cogentes ou de ordem pública".

Aguarda-se, portanto, a sua aprovação pelo Parlamento Brasileiro, uma vez que só expressa o entendimento hoje considerado como majoritário.

b) Princípio da indivisibilidade do regime de bens

Apesar de ser viável juridicamente a criação de outros regimes que não estejam previstos em lei, não é possível fracionar os regimes em relação aos cônjuges. Em outras palavras, o regime é único para ambos os consortes, em particular diante da isonomia constitucional entre marido e mulher (arts. 5.º e 226 da CF/1988) e do princípio da comunhão indivisa (art. 1.511 do CC/2002). Como aplicação prática desse princípio, será nulo o pacto antenupcial que determinar o regime da comunhão universal de bens para o marido e o da separação de bens para a esposa.

Como exceção anterior ao princípio em questão poderia ser citada a previsão do art. 1.572, § 3.º, que trazia um benefício patrimonial ao cônjuge doente na separação-remédio, suprimida pela EC 66/2010, conforme julgou o STF, em 2023, na análise do Tema n. 1.053 de repercussão geral (BARROS, Flávio Augusto Monteiro de. *Manual...,* 2005, p. 63).

Como exceção ainda aplicável, mencione-se o tratamento diferenciado no casamento putativo quando há má-fé de um dos cônjuges (art. 1.561 do CC). Como visto, o cônjuge de boa-fé é atingido pelos efeitos do casamento; o de má-fé, não. Em outras palavras, o cônjuge de boa-fé terá a seu favor a aplicação das regras relativas ao regime de bens adotado.

O cônjuge de má-fé estará submetido às regras obrigacionais relacionadas ao enriquecimento sem causa, tendo de provar os bens que foram adquiridos pelo trabalho e esforços próprios, nos termos do art. 884 do Código Civil. Ademais, o cônjuge de má-fé perderá em favor do cônjuge de boa-fé todas as vantagens advindas do casamento, sendo a ele imputada a culpa, nos termos do art. 1.564 do CC/2002.

c) Princípio da variedade de regime de bens

Como visto, a lei consagra quatro possibilidades de regimes de bens aos nubentes. No silêncio das partes, prevalecerá o regime da comunhão parcial, que é o *regime legal* ou *supletório* (art. 1.640, *caput*, do CC). O regime de bens adotado começa a vigorar desde a data do casamento (art. 1.639, § 1.º, do CC).

De todo modo, diante de sua reduzidíssima aplicação prática, a Comissão de Juristas encarregada da Reforma do Código Civil sugere a retirada do regime da participação final nos aquestos do sistema privado. Também se almeja a exclusão da separação obrigatória, por representar uma excessiva e desmedida intervenção na vida das pessoas. Tratarei desses assuntos mais à frente.

d) Princípio da mutabilidade justificada

Aqui será utilizada a mesma nomenclatura apontada por Maria Helena Diniz (*Curso...*, 2005, p. 159), a mais correta do ponto de vista técnico. Ao contrário da codificação material anterior, o art. 1.639, § 2.º, do CC em vigor, possibilita a alteração do regime de bens, mediante autorização judicial, em pedido motivado de ambos os nubentes, apurada a procedência das razões invocadas e desde que ressalvados os direitos de terceiros.

Aprofundarei na análise desse princípio, dessa interessante inovação trazida pelo Código Civil de 2002, e que se tornou comum na prática familiarista. O tema deve ser atualizado frente ao Código de Processo Civil de 2015 que, em seu art. 734, trata dos procedimentos especiais quanto a essa ação de alteração do regime de bens.

Inicialmente, percebe-se que a regra é clara no sentido de que somente será possível a alteração do regime mediante pedido de ambos os cônjuges ao juiz. Surge mais uma demanda com a nova codificação: a *ação de alteração do regime de bens*, que segue jurisdição voluntária, correndo perante a Vara de Família, desde que a Comarca tenha essa especialização. Não havendo, a ação tramita na Vara Cível.

Destaque-se, *de lege ferenda*, a tentativa de se criar a possibilidade de alteração administrativa do regime de bens, mediante escrita pública, a ser lavrada perante o Tabelionato de Notas. O anterior Projeto de Lei conhecido como *Estatuto das Famílias* trazia tal proposição no seu art. 39, seguindo a tendência de *desjudicialização* das contendas, o que vem em boa hora.

No mesmo sentido, o *Projeto de Lei de Desburocratização*, que contou com sugestões minhas. Pela projeção, afasta-se a necessidade de uma ação judicial para a alteração do regime. Ora, se o casamento é celebrado em um Cartório, se o regime de bens é escolhido em um Cartório e se cabe o divórcio no Cartório, desde a Lei 11.441/2007, o que foi confirmado pelo art. 734 do CPC/2015, por que a alteração do regime de bens deve ser judicial? A dúvida demonstra que as previsões atuais, de judicialização dessa medida, não têm sentido técnico-jurídico.

Assim, pela proposta, o § 2.º do art. 1.639 do Código Civil passaria a ter a seguinte redação: "é admissível alteração do regime de bens mediante escritura pública firmada por ambos os cônjuges a ser averbada no Registro Civil das Pessoas Naturais, no Registro de Imóveis e, se for o caso, no Registro Público de Empresas Mercantis e Atividades Afins". Em complemento, introduz-se um § 3.º no mesmo preceito, prevendo que a alteração do regime de bens não terá eficácia retroativa e será ineficaz com relação a terceiros de boa-fé, tema que ainda será aqui analisado.

A respeito da união estável, em tom similar, há proposta de inclusão de um parágrafo único no art. 1.725 do Código Civil, preceituando que a alteração do regime de bens poderá ser feita por meio de contrato escrito, produzindo-se efeitos a partir da data de sua averbação e, igualmente, sendo ineficaz a modificação a terceiros de boa-fé. A proposta também visa a revogar o dispositivo do CPC/2015 a seguir analisado, que trata do tema.

Na mesma linha, o atual Projeto de Reforma do Código Civil, que em vários de seus trechos segue a linha da necessária *desjudicialização*, para *destravar a vida das pessoas*, expressão que tenho constantemente utilizado. Assim, propõe-se que o § 2.º do seu art. 1.639 passe a prever que "depois da celebração do casamento ou do estabelecimento da união estável, o regime de bens pode ser modificado por escritura pública e só produz efeitos a partir do ato de alteração, ressalvados os direitos de terceiros".

Atende-se, assim, ao antigo pleito doutrinário no sentido de que a alteração do regime de bens, especialmente no casamento, pode ser feita por escritura pública, perante o Tabelionato de Notas, sem a necessidade de ser judicializada a questão, como é na realidade atual, um entrave desnecessário e injustificável para os dias de hoje. Como antes afirmei, se o casamento é celebrado e dissolvido extrajudicialmente, não há razão plausível para que a mudança do regime de bens seja feita apenas no plano judicial.

De todo modo, voltando-se ao sistema vigente, pontue-se que o CPC/2015 confirmou a necessidade de uma ação judicial para tanto, cabendo trazer a lume a regra do seu art. 734, *caput*, que está em vigor no momento: "a alteração do regime de bens do casamento, observados os requisitos legais, poderá ser requerida, motivadamente, em petição assinada por ambos os cônjuges, na qual serão expostas as razões que justificam a alteração, ressalvados os direitos de terceiros". Na verdade, a reafirmação da necessidade de uma demanda judicial no CPC/2015 já nasceu desatualizada diante de outras projeções mais avançadas e da posição da doutrina.

O segundo ponto a ser observado é que, nos termos do CC/2002 e do CPC/2015, a alteração somente é possível se for fundada em "pedido motivado" ou "motivadamente", desde que "apurada a procedência das razões invocadas". Esse *justo motivo*, constitui uma cláusula geral, a ser preenchida pelo juiz caso a caso, à luz da operabilidade. Para o seu devido preenchimento devem ser levados em conta interesses subjetivos das partes, bem como questões objetivas relativas ao ordenamento jurídico.

Na doutrina, Maria Helena Diniz ensina que a proibição de que marido e mulher casados pelo regime da comunhão universal ou da separação obrigatória constituam sociedade empresária, constante do art. 977 do CC/2002, é motivo para a alteração do regime de bens (DINIZ, Maria Helena. Curso..., 2005, p. 160, nota 356). Realmente, essa situação poderia ser apontada como um motivo para a alteração. Entretanto, a doutrina tem entendido que essa proibição do art. 977 do CC somente atinge as sociedades constituídas após a entrada em vigor da nova codificação (Enunciado n. 204 do CJF/STJ). No mesmo sentido, o Parecer Jurídico 125/2003 do antigo Departamento Nacional de Registro do Comércio, que retira a utilidade prática do exemplo.

Não tem sido diferente a conclusão da jurisprudência, com base na proteção do direito adquirido (TJSP, Apelação Cível 358.867-5/0, 1.ª Câmara de Direito Público, São Paulo, Rel. Des. Renato Nalini, data do registro: 26.04.2006, Voto 11.033). Em suma, na minha opinião doutrinária, o exemplo envolvendo o art. 977 do CC não pode ser utilizado na prática.

Como primeira ilustração concreta de subsunção da alteração do regime de bens, repise-se o desaparecimento de causa suspensiva do casamento, sendo possível alterar o regime da separação obrigatória de bens para outro (Enunciado n. 262 do CJF/STJ, da *IV Jornada de Direito Civil*). Esse pode ser tido, atualmente, como principal exemplo de *justo motivo* para a alteração de regime de bens. Imagine-se a hipótese de casamento celebrado pela separação obrigatória diante de uma causa suspensiva, que é superada pelos fatos e pelo tempo. Da jurisprudência, cabe transcrever parte de ementa de acórdão do Superior Tribunal de Justiça, aqui outrora mencionado, aplicada a esse exemplo:

"Assim, se o Tribunal Estadual analisou os requisitos autorizadores da alteração do regime de bens e concluiu pela sua viabilidade, tendo os cônjuges invocado como razões da mudança a cessação da incapacidade civil interligada à causa suspensiva da celebração do casamento a exigir a adoção do regime de separação obrigatória, além da necessária ressalva quanto a direitos de terceiros, a alteração para o regime de comunhão parcial é permitida. Por elementar questão de razoabilidade e justiça, o desaparecimento da causa suspensiva durante o casamento e a ausência de qualquer prejuízo ao cônjuge ou a terceiro permitem a alteração do regime de bens, antes obrigatório, para o eleito pelo casal, notadamente porque cessada a causa que exigia regime específico" (STJ, REsp 821.807/PR, 3.ª Turma, Rel. Min. Nancy Andrighi, j. 19.10.2006, *DJ* 13.11.2006, p. 261).

Ou, ainda, do Tribunal Paulista:

"Regime imposto por Lei em razão da inobservância da causa suspensiva apontada, a qual agora já não mais existe, vez que a partilha já foi regularizada, deixando de existir a causa suspensiva (artigo 1.523, inciso III do Código Civil) e, por consequência, torna-se insubsistente tal imposição legal, ou seja, a obrigatoriedade do regime da separação de bens (artigo 1.641, inciso I do Código Civil), que reflete de forma negativa aos interesses do casal. Possibilidade. Pretensão razoável que atende ao disposto no § 2.º, do artigo 1.639 do CC/2002" (TJSP, Apelação sem Revisão 552.439.4/9, Acórdão 2630948, 3.ª Câmara de Direito Privado, São Vicente, Rel. Des. Beretta da Silveira, j. 27.05.2008, *DJESP* 28.07.2008).

Outros julgados estaduais seguem a mesma premissa.

Como outra concretização, pode ser mencionado algum interesse patrimonial relevante do casal ou de qualquer dos cônjuges. Da mesma jurisprudência paulista, a possibilidade de alteração do regime de bens diante de dificuldades contratuais encontradas por um dos consortes:

"Regime de bens. Pedido de alteração do regime de comunhão parcial de bens para o de separação total. Alegação de dificuldade de contratação de financiamento para aquisição de imóvel residencial, por força das dívidas contraídas pelo cônjuge varão. Preenchimento dos requisitos previstos no art. 1.639, § 2.º, do Código Civil verificado. Ausência de óbice à alteração do regime de bens do casamento. Medida que não acarretará prejuízo algum aos cônjuges ou aos filhos. Terceiros que não serão atingidos pela alteração, que gerará efeitos apenas 'ex nunc'. Alteração determinada. Recurso provido" (TJSP, Apelação com Revisão 600.593.4/4, Acórdão 4048973, 1.ª Câmara de Direito Privado, São Paulo, Rel. Des. Luiz Antonio de Godoy, j. 08.09.2009, *DJESP* 06.11.2009).

Do Tribunal de Minas Gerais, ilustre-se com acórdão que admitiu a alteração do regime de bens diante do nascimento de um filho extraconjugal de um dos membros do casal, o que igualmente parece ser um motivo justo para a incidência do art. 1.639, § 2.º, do CC/2002:

"Apelação cível. Procedimento de jurisdição voluntária. Alteração do regime de bens do casamento. Filho nascido de relacionamento extraconjugal. Filha comum. Motivo justo. Recurso provido. I. A individualização do patrimônio dos cônjuges, por meio da alteração do regime de bens da comunhão para o da separação como faculta o art. 1.639, § 2.º, do CCB/02, é solução razoável e que se impõe quando, tendo o varão um filho nascido de relacionamento extraconjugal, os cônjuges querem a preservação da família e dos direitos da filha comum sobre o patrimônio amealhado com o esforço do trabalho de sua mãe. II. Como a má-fé não se presume e como o filho tido fora do casamento pelo varão tem mera expectativa de herdar os bens deixados por este, não é lícito imaginar que seu pai não mais mantenha ou adquira bens após a alteração aqui pretendida, causando-lhe, assim, prejuízos efetivos, o que, conjugado à documentação que atesta a boa índole dos cônjuges, autoriza afastar a ideia de fraude que justificou a improcedência do pedido de alteração do regime de bens do casamento" (TJMG, Apelação Cível 1.0439.09.112664-9/001, Rel. Des. Peixoto Henriques, j. 02.10.2012, *DJEMG* 19.10.2012).

Outras concreções práticas ainda serão demonstradas na presente obra, de *justo motivo* para a citada alteração, especialmente quando do estudo do art. 1.641 do CC/2002, que consagra o regime da separação legal ou obrigatória.

De toda sorte, tem-se entendido de forma majoritária pela desnecessidade de motivação para que o regime de bens seja alterado, eis que se trata de uma exigência excessiva constante da lei. Em suma, há uma intervenção desnecessária do Estado nas questões familiares, o que fere o princípio da não intervenção constante do art. 1.513 do CC/2002 e outros regramentos do Direito, afirmação que é por mim compartilhada doutrinariamente. Igualmente com esse sentir, decisão do pioneiro Tribunal Gaúcho, de relatoria do Des. Luiz Felipe Brasil Santos, que conta com o meu total apoio:

"Apelação cível. Regime de bens. Modificação. Inteligência do art. 1.639, § 2.º, do Código Civil. Dispensa de consistente motivação. 1. Estando expressamente ressalvados os interesses de terceiros (art. 1.639, § 2.º, do CCB), em relação aos quais será ineficaz a alteração de regime, não vejo motivo para o Estado Juiz negar a modificação pretendida. Trata-se de indevida e injustificada ingerência na autonomia de vontade das partes. Basta que os requerentes afirmem que o novo regime escolhido melhor atende seus anseios pessoais que se terá por preenchida a exigência legal, ressalvando-se, é claro, a suspeita de eventual má-fé de um dos cônjuges em relação ao outro. Três argumentos principais militam em prol dessa exegese liberalizante, a saber: 1) não há qualquer exigência de apontar motivos para a escolha original do regime de bens quando do casamento; 2) nada obstaria que os cônjuges, vendo negada sua pretensão, simulem um divórcio e contraiam novo casamento, com opção por regime de bens diverso; 3) sendo atualmente possível o desfazimento extrajudicial do próprio casamento, sem necessidade de submeter ao poder judiciário as causas para tal, é ilógica essa exigência quanto à singela alteração do regime de bens. 2. Não há qualquer óbice a que a modificação do regime de bens se dê com efeito retroativo à data do casamento, pois, como já dito, ressalvados estão os direitos de terceiros. E, sendo retroativos os efeitos, na medida em que os requerentes pretendem adotar o regime da separação total de bens, nada mais natural (e até exigível, pode-se dizer) que realizem a partilha do patrimônio comum de que são titulares. 3. Em se tratando de feito de jurisdição voluntária, invocável a regra do art. 1.109 do CPC, para afastar o critério de legalidade estrita, decidindo-se o processo de acordo com o que se repute mais conveniente ou oportuno (critério de equidade). Deram provimento. Unânime" (TJRS, Apelação Cível 172902-66.2011.8.21.7000, 8.ª Câmara Cível, Marcelino Ramos, Rel. Des. Luiz Felipe Brasil Santos, j. 28.07.2011, *DJERS* 04.08.2011).

Consigne-se que, em sentido muito próximo, o Tribunal Paulista entendeu que não há necessidade de detalhamento das razões, ou seja, pela "desnecessidade de apresentação muito pormenorizada de razão" para a alteração do regime (TJSP, Apelação 0018358-39.2009.8.26.0344, Acórdão 5185207, 7.ª Câmara de Direito Privado, Marília, Rel. Des. Gilberto de Souza Moreira, j. 01.06.2011, *DJESP* 09.08.2011).

Em data mais próxima, pronunciou-se da mesma maneira e de forma precisa o STJ, conforme publicação que consta do seu *Informativo* n. 518, com o seguinte tom a merecer destaque:

"Nesse contexto, admitida a possibilidade de aplicação do art. 1.639, § 2.º, do CC/2002 aos matrimônios celebrados na vigência do CC/1916, é importante que se interprete a sua parte final – referente ao 'pedido motivado de ambos os cônjuges' e à 'procedência das razões invocadas' para a modificação do regime de bens do casamento – sob a perspectiva de que o direito de família deve ocupar, no ordenamento jurídico, papel coerente com as possibilidades e limites estruturados pela própria CF, defensora de bens como a intimidade e a vida privada. Nessa linha de raciocínio, o casamento há de ser visto como uma manifestação de liberdade dos consortes na escolha do modo pelo qual será conduzida a vida em comum, liberdade que se harmoniza com o fato de que a intimidade e a vida privada são invioláveis e exercidas, na generalidade das vezes, no interior de espaço privado também erguido pelo ordenamento jurídico à condição de 'asilo inviolável'. Sendo assim, deve-se observar uma principiologia de 'intervenção mínima', não podendo a legislação infraconstitucional avançar em espaços tidos pela própria CF como invioláveis. Deve-se disciplinar, portanto, tão somente o necessário e o suficiente para a realização não de uma vontade estatal, mas dos próprios integrantes da família. Desse modo, a melhor interpretação que se deve conferir ao art. 1.639, § 2.º, do CC/2002 é a que não exige dos cônjuges justificativas exageradas ou provas concretas do prejuízo na manutenção do regime de bens originário, sob pena de esquadrinhar indevidamente a própria intimidade e a vida privada dos consortes. Nesse sentido, a constituição de uma sociedade por um dos cônjuges poderá impactar o patrimônio comum do casal. Assim, existindo divergência conjugal quanto à condução da vida financeira da família, haveria justificativa, em tese, plausível à alteração do regime de bens. Isso porque se mostra razoável que um dos cônjuges prefira que os patrimônios estejam bem delimitados, para que somente o do cônjuge empreendedor possa vir a sofrer as consequências por eventual fracasso no empreendimento" (STJ, REsp 1.119.462/MG, Rel. Min. Luis Felipe Salomão, j. 26.02.2013).

Do ano de 2021, destaco dois arestos da Terceira Turma da Corte, compartilhando essa forma de julgar. Consoante o primeiro deles, "a melhor interpretação que se pode conferir ao referido artigo é aquela no sentido de não se exigir dos cônjuges justificativas ou provas exageradas, sobretudo diante do fato de a decisão que concede a modificação do regime de bens operar efeitos *ex nunc*. Isso porque, na sociedade conjugal contemporânea, estruturada de acordo com os ditames assentados na Constituição de 1988, devem ser observados – seja por particulares, seja pela coletividade, seja pelo Estado – os limites impostos para garantia da dignidade da pessoa humana, dos quais decorrem a proteção da vida privada e da intimidade, sob o risco de, em situações como a que ora se examina, tolher indevidamente a liberdade dos cônjuges no que concerne à faculdade de escolha da melhor forma de condução da vida em comum" (STJ, REsp 1.904.498/SP, 3.ª Turma, Rel. Min. Nancy Andrighi, j. 04.05.2021, *DJe* 06.05.2021). O segundo acórdão repete exatamente a mesma fundamentação (STJ, REsp. 1.947.749/SP, 3.ª Turma, Rel. Min. Nancy Andrighi, j. 14.09.2021, *DJe* 16.09.2021).

Em suma, tem-se mitigado jurisprudencialmente a estrita exigência normativa do art. 1.639, § 2.º, do CC, o que vem em boa hora, pois são os cônjuges aqueles que têm a melhor consciência sobre os embaraços que o regime de bens adotado pode gerar em sua vida cotidiana. A interpretação deve ser a mesma no que diz respeito ao Código de Processo Civil de 2015, que nasceu desatualizado também ao exigir o pedido motivado para a alteração do regime de bens.

Com o Projeto de Reforma do Código Civil, como visto, retira-se qualquer motivação para a alteração do regime de bens, que poderá ser feita no âmbito extrajudicial, perante o Tabelionato de Notas.

Igualmente nos termos do CC/2002 e do CPC/2015, a alteração do regime de bens não poderá prejudicar os direitos de terceiros, pela própria dicção legal, o que representa mais uma clara intenção de proteger a boa-fé objetiva e desprestigiar a má-fé. Pelas dicções literais das normas, de forma alguma essa alteração do regime poderá ser utilizada com intuito de fraude, inclusive tributária. Ilustrando, da jurisprudência do Tribunal Fluminense, cumpre transcrever:

"Casamento. Regime de bens do casamento. Alteração. Fraude. Improcedência do pedido. Regime de bens. Alteração. Artigo 1.639 do Código Civil. Casamento realizado pelo regime da comunhão de bens, na data de 12/09/1970. Desejo de modificá-lo para o da separação de bens. Intuito de fraude e de simulação, ante recente ajuizamento de ação de investigação de paternidade em face do cônjuge-varão. A norma civil não foi criada para transformar o legal em ilegal. Suposto direito à herança consolida-se tão somente após a morte. Enquanto vivos os autores poderão dispor livremente dos seus bens móveis e imóveis. Manutenção da sentença recorrida. Conhecimento e improvimento do apelo" (TJRJ, Acórdão 16.151/2004, 17.ª Câmara Cível, Petrópolis, Rel. Des. Raul Celso Lins e Silva, j. 10.11.2004).

Na mesma linha, preceitua o Enunciado n. 113 do CJF/STJ, aprovado na *I Jornada de Direito Civil*: "é admissível a alteração do regime de bens entre os cônjuges, quando então o pedido, devidamente motivado e assinado por ambos os cônjuges, será objeto de autorização judicial, com ressalva dos direitos de terceiros, inclusive dos entes públicos, após perquirição de inexistência de dívida de qualquer natureza, exigida ampla publicidade".

De qualquer forma, destaque-se que, havendo prejuízo para terceiros de boa-fé, a alteração do regime deve ser reconhecida como meramente ineficaz em relação a esses, o que não prejudica a sua validade e eficácia entre as partes. Vejamos o que bem explica a respeito do tema a Desembargadora do Tribunal Paulista e Professora Débora Brandão:

"O resguardo dos direitos de terceiros por si só não tem o condão de obstar a mutabilidade do regime de bens. Aponta-se como solução para ele a elaboração de um sistema registral eficiente, tanto do pacto antenupcial como de duas posteriores modificações, para devida publicidade nas relações entre os cônjuges a terceiros e a produção de efeitos, ou seja, a alteração só produziria efeitos em relação a terceiros após a devida publicidade da sentença, cuja natureza é constitutiva, restando inalterados todos os negócios posteriormente praticados. Respeita-se, dessa forma, o ato jurídico perfeito" (BRANDÃO, Débora Vanessa Caús. *Regime...*, 2007, p. 103).

Concluindo desse modo, no âmbito jurisprudencial: "a alteração do regime de bens não tem efeito em relação aos credores de boa-fé, cujos créditos foram constituídos à época do regime de bens anterior" (TJRS, Agravo de Instrumento 70038227633, 8.ª Câmara Cível, Porto Alegre, Rel. Des. Rui Portanova, j. 24.08.2010, *DJERS* 30.08.2010). O acórdão julga pela desnecessidade de prova, pelos cônjuges, da inexistência de ações judiciais ou de dívidas, já que isso não prejudica a eficácia da alteração do regime entre os cônjuges. Em síntese, não se segue a linha do citado enunciado doutrinário, pois a perquirição da existência de dívidas ou demandas não seria uma exigência para a modificação do regime.

De qualquer forma, cumpre ressaltar que outras decisões exigem tal prova, para que a alteração patrimonial seja considerada idônea e, assim, deferida pelo juiz da causa (por todos: TJDF, Recurso 2006.01.1.036489-5, Acórdão 386.017, 6.ª Turma Cível, Rel. Des. Luis Gustavo B. de Oliveira, *DJDFTE* 12.11.2009, p. 121; e TJSP, Apelação 644.416.4/0, Acórdão 4168081, 4.ª Câmara de Direito Privado, Boituva, Rel. Des. Ênio Santarelli Zuliani, j. 29.10.2009, *DJESP* 10.12.2009). A questão, como se vê, é polêmica.

Aliás, expressa o § 1.º do art. 734 do CPC/2015 que, ao receber a petição inicial da ação de alteração de regime de bens, o juiz determinará a intimação do Ministério Público e a publicação de edital que divulgue a pretendida modificação, somente podendo decidir o juiz depois de decorrido o prazo de 30 dias da publicação do edital. Como se vê, o Estatuto Processual ora em vigor aprofundou a preocupação com a possibilidade de fraudes, determinando a atuação do MP, mesmo não havendo interesses de incapazes. A preocupação é excessiva e, mais uma vez, desatualizada frente à doutrina e à jurisprudência mais avançadas, pronunciadas na vigência do Código Civil Brasileiro de 2002, especialmente pelo fato de que a alteração de regime de bens envolve interesses privados ou particulares.

Justamente por isso, a atuação do Ministério Público somente deve se dar em casos que envolvam interesses de incapazes, ou em que esteja presente alguma matéria cogente ou de ordem pública. Nesse sentido, na *III Jornada de Direito Processual Civil*, promovida pelo Conselho da Justiça Federal com o apoio do Superior Tribunal de Justiça, em setembro de 2023, aprovou-se o Enunciado n. 177, prevendo que, "no procedimento de alteração de regime de bens, a intimação do Ministério Público prevista no art. 734, § 1.º, do CPC somente se dará nos casos dos arts. 178 e 721 do CPC". Como não poderia ser diferente, fui um dos defensores da ementa doutrinária na plenária daquele evento.

Destaco que, no Projeto de Reforma do Código Civil, o art. 734 do CPC também é substancialmente alterado, passando a prever, de forma objetiva e direta, que "a alteração do regime de bens do casamento ou da união estável, observados os requisitos legais, poderá ser requerida no âmbito judicial ou extrajudicial, perante o juiz ou o Tabelionato de Notas, desde que consensual, em pedido assinado por ambos os cônjuges ou conviventes, e desde que assistidos por advogado ou defensor público. § 1.º Revogado. § 2.º Revogado. § 3.º Revogado. § 4.º A alteração do regime de bens não terá eficácia retroativa".

De fato, além dos pontos antes desenvolvidos e em prol da simplificação, não há razão para se impor aos cônjuges a justificação para a mudança do regime de bens, não havendo também qualquer razão para se exigir a atuação do MP, por se tratar de questão estritamente patrimonial.

Voltando-se ao sistema atual, e ainda no que concerne à publicidade da modificação do regime patrimonial, no ano de 2012, o Superior Tribunal de Justiça decidiu que o mero registro da sentença transitada em julgado tem o condão de dar publicidade à alteração do regime de bens, não devendo prevalecer norma de corregedoria do Tribunal do Estado do Rio Grande do Sul que apontava a necessidade de publicação de editais dessa alteração.

Assim, em certo sentido, não se adotou, por igual, a parte final do citado Enunciado n. 113, que aponta a necessidade de ampla publicidade na modificação do regime. Vejamos a ementa do *decisum:*

"Civil. Família. Matrimônio. Alteração do regime de bens do casamento (CC/2002, art. 1.639, § 2.º). Expressa ressalva legal dos direitos de terceiros. Publicação de edital para conhecimento de eventuais interessados, no órgão oficial e na imprensa local. Provimento n.º 24/03 da Corregedoria do Tribunal Estadual. Formalidade dispensável, ausente base legal. Recurso especial conhecido e provido. 1. Nos termos do art. 1.639, § 2.º, do Código Civil de 2002, a alteração do regime jurídico de bens do casamento é admitida, quando procedentes as razões invocadas no pedido de ambos os cônjuges, mediante autorização judicial, sempre com ressalva dos direitos de terceiros. 2. Mostra-se, assim, dispensável a formalidade emanada de Provimento do Tribunal de Justiça de publicação de editais acerca da alteração do regime de bens, mormente pelo fato de se tratar de providência da qual não cogita a legislação aplicável. 3. O princípio da publicidade, em tal hipótese, é atendido pela publicação da sentença que defere o pedido e pelas anotações e alterações procedidas nos registros próprios, com averbação no registro civil de pessoas naturais e, sendo o caso, no registro de imóveis. 4. Recurso especial provido para dispensar a publicação de editais determinada pelas instâncias ordinárias" (STJ, REsp 776.455/RS, 4.ª Turma, Rel. Min. Raul Araújo, j. 17.04.2012, *DJe* 26.04.2012).

Seguindo no estudo da matéria, deve ficar claro que os efeitos da alteração do regime são *ex nunc*, a partir do trânsito em julgado da decisão, o que é óbvio, por uma questão de eficácia patrimonial (nesse sentido, além de ementa antes transcrita: STJ, REsp 1.300.036/MT, 3.ª Turma, Rel. Min. Paulo de Tarso Sanseverino, j. 13.05.2014, *DJe* 20.05.2014; TJRS, Apelação Cível 374932-56.2012.8.21.7000, 7.ª Câmara Cível, Carazinho, Rel. Des. Sérgio Fernando de Vasconcellos Chaves, j. 24.10.2012, *DJERS* 30.10.2012; TJSP, Apelação 0013056-15.2007.8.26.0533, Acórdão 5065672, 9.ª Câmara de Direito Privado, Santa Bárbara d'Oeste, Rel. Des. Viviani Nicolau, j. 12.04.2011, *DJESP* 01.06.2011).

Esclareça-se que a natureza desses efeitos é capaz de afastar a necessidade de prova da ausência de prejuízos a terceiros pelos cônjuges, para que a alteração do regime de bens seja deferida. Ademais, eventuais efeitos *ex tunc* fariam que o regime de bens anterior não tivesse eficácia, atingindo um ato jurídico perfeito constituído por vontade dos cônjuges.

Aprofunde-se, contudo, que no caso de mudança do regime para a comunhão universal de bens há comunicação dos bens anteriores ao casamento. Assim, a alteração atinge bens anteriores, o que não decorre da alteração do regime em si, mas dos efeitos próprios da comunhão universal e da comunicação total dos aquestos, a atingir os bens cuja aquisição tem causa anterior ao casamento. Nesse sentido decidiu o Superior Tribunal de Justiça, em aresto de 2023, que causou certa confusão e rumor entre os estudiosos, pela forma como foi publicado, mencionando efeitos *ex tunc* e com a seguinte ementa:

"Recurso especial. Civil e processual civil. Direito de família. Casamento. Alteração do regime de bens de separação total para comunhão universal. Retroação à data do matrimônio. Eficácia *ex tunc*. Manifestação expressa de vontade das partes. Corolário lógico do novo regime. Recurso especial provido. 1. Nos termos do art. 1.639, § 2.º, do Código Civil de 2002, 'é admissível alteração do regime de bens, mediante autorização judicial em pedido motivado de ambos os cônjuges, apurada a procedência das razões invocadas e ressalvados os direitos de terceiros'. 2. A eficácia ordinária da modificação de regime de bens é 'ex nunc', valendo apenas para o futuro, permitindo-se a eficácia retroativa ('ex tunc'), a pedido dos interessados, se o novo regime adotado amplia as garantias patrimoniais, consolidando, ainda mais, a sociedade conjugal. 3. A retroatividade será corolário lógico do ato se o novo regime for o da comunhão universal, pois a comunicação de todos os bens dos cônjuges, presentes e futuros, é pressuposto da universalidade da comunhão, conforme determina o art. 1.667 do Código Civil de 2002. 4. A própria lei já ressalva os direitos de terceiros que eventualmente se considerem prejudicados, de modo que a modificação do regime de bens será considerada ineficaz em relação a eles (art. 1.639, § 2º, parte final). 5. Recurso especial provido, para que a alteração do regime de bens de separação total para comunhão universal tenha efeitos desde a data da celebração do matrimônio ('ex tunc')" (STJ, REsp 1.671.422/SP, 4.ª Turma, Rel. Min. Raul Araújo, j. 25.04.2023, *DJe* 30.05.2023).

De todo modo, lendo o acórdão, a conclusão foi exatamente essa que acabei de expor: a suposta eficácia retroativa decorre dos efeitos do regime da comunhão universal e não simplesmente da alteração do regime.

No Projeto de Reforma do Código Civil, repise-se, a ideia adotada, que será pela impossibilidade de qualquer efeito retroativo para a alteração do regime, seja judicial ou extrajudicial, pela proposta de alteração do art. 734 do CPC/2015.

Superada a análise dessas regras, surge importante indagação para a prática do Direito de Família: é possível alterar regime de bens de casamento celebrado na vigência do Código de 1916?

Muitos poderiam pensar que a resposta é negativa, diante do que consta do art. 2.039 da atual codificação, norma de direito intertemporal pela qual "o regime de bens nos casamentos celebrados na vigência do Código Civil anterior, Lei 3.071, de 1.º de janeiro de 1916, é o por ele estabelecido". Mas essa não é a melhor resposta, para os devidos fins práticos.

Um dos primeiros autores na doutrina brasileira a perceber a real intenção do legislador foi Euclides de Oliveira, em artigo intitulado *Alteração do regime de bens no casamento*, publicado na obra *Questões controvertidas no novo Código Civil* (2003, p. 389, vol. 1). A respeito do art. 2.039, explica o jurista que esse dispositivo legal "apenas determina que, para os casamentos anteriores ao Código Civil de 2002, não poderão ser utilizadas as regras do novo Código Civil referentes às espécies de regime de bens, para efeito de partilha do patrimônio do casal. Ou seja, somente as regras específicas acerca de cada regime é que se aplicam em conformidade com a lei vigente à época da celebração do casamento, mas, quanto às disposições gerais, comuns a todos os regimes, aplica-se o novo Código Civil".

Em síntese, como o art. 1.639, § 2.º, do CC/2002 é uma norma geral quanto ao regime de bens, pode ser aplicada a qualquer casamento, entendimento esse que foi acatado pelo Tribunal de Justiça de São Paulo, já em 2004:

> "Casamento. Regime de bens. Alteração. Possibilidade de sua alteração mesmo para casamentos realizados sob a égide da legislação anterior – Interpretação ampliativa e sistemática da norma do art. 2.039 do Código Civil que não leva à conclusão da vedação da alteração do regime matrimonial nos casamentos anteriores a sua vigência – Recurso provido" (TJSP, Apelação Cível 320.566-4/0, 10.ª Câmara de Direito Privado, São Paulo, Rel. Marcondes Machado, 08.06.2004, v.u.).

Coube, contudo, ao Superior Tribunal de Justiça fazer a melhor interpretação da questão no nosso ponto de vista. Isso porque esse Egrégio Tribunal Superior utilizou o art. 2.035, *caput*, do CC, e a *Escada Ponteana* para deduzir que é possível alterar regime de bens de casamento celebrado na vigência da codificação anterior.

Como exposto nos volumes anteriores desta coleção, Pontes de Miranda, em seu *Tratado de Direito Privado*, dividiu o negócio jurídico em três planos, da seguinte forma:

- Plano da existência: aqui estão os pressupostos mínimos de um negócio jurídico, que formam o seu *suporte fático*: partes, vontade, objeto e forma.
- Plano da validade: os elementos mínimos de existência recebem qualificações, nos termos do art. 104 do CC: partes capazes; vontade livre; objeto lícito, possível, determinado ou determinável; forma prescrita ou não defesa em lei.
- Plano da eficácia: consequências do negócio jurídico, elementos relacionados com os seus efeitos (condição, termo, encargo, inadimplemento, juros, multa, perdas e danos, entre outros).

Relativamente a esses três planos e a aplicação das normas jurídicas no tempo, estabelece o importante art. 2.035, *caput,* do CC em vigor:

"Art. 2.035. A validade dos negócios e demais atos jurídicos, constituídos antes da entrada em vigor deste Código, obedece ao disposto nas leis anteriores, referidas no art. 2.045, mas os seus efeitos, produzidos após a vigência deste Código, aos preceitos dele se subordinam, salvo se houver sido prevista pelas partes determinada forma de execução".

Conforme apontado nos volumes anteriores que compõem esta obra, o que o dispositivo legal está estabelecendo é que, quanto aos planos da existência e da validade (o primeiro está dentro do segundo), devem ser aplicadas as normas do momento da constituição ou celebração do negócio. No tocante ao plano da eficácia, devem incidir as normas do momento dos efeitos. Em suma:

Plano da existência	→	Aplicação da norma do momento da constituição do negócio.
Plano da validade	→	Aplicação da norma do momento da constituição do negócio.
Plano da eficácia	→	Aplicação da norma do momento dos efeitos.

Pois bem, em qual plano está o regime de bens e a possibilidade de sua alteração? Logicamente, no plano da eficácia do casamento, pois a sua existência ou a sua validade não depende do regime de bens adotado. Em outras palavras, nota-se que o regime de bens tem relação com as consequências posteriores do casamento. Ademais, é notório que, não havendo adoção por qualquer regime, prevalecerá o regime legal ou *supletório*, qual seja, o da comunhão parcial.

Interessante, aqui, transcrever a ementa do citado precedente do STJ, sendo certo que não consta do corpo da decisão todo esse raciocínio que aqui foi demonstrado:

"Civil. Regime matrimonial de bens. Alteração judicial. Casamento ocorrido sob a égide do CC/1916 (Lei 3.071). Possibilidade. Art. 2.039 do CC/2002 (Lei 10.406). Correntes doutrinárias. Art. 1.639, § 2.º, c/c art. 2.035 do CC/2002. Norma geral de aplicação imediata. 1 – Apresenta-se razoável, *in casu*, não considerar o art. 2.039 do CC/2002 como óbice à aplicação de norma geral, constante do art. 1.639, § 2.º, do CC/2002, concernente à alteração incidental de regime de bens nos casamentos ocorridos sob a égide do CC/1916, desde que ressalvados os direitos de terceiros e apuradas as razões invocadas pelos cônjuges para tal pedido, não havendo que se falar em retroatividade legal, vedada nos termos do art. 5.º, XXXVI, da CF/88, mas, ao revés, nos termos do art. 2.035 do CC/2002, em aplicação de norma geral com efeitos imediatos. 2 – Recurso conhecido e provido pela alínea 'a' para, admitindo-se a possibilidade de alteração do regime de bens adotado por ocasião de matrimônio realizado sob o pálio do CC/1916, determinar o retorno dos autos às instâncias ordinárias a fim de que procedam à análise do pedido, nos termos do art. 1.639, § 2.º, do CC/2002" (STJ, REsp 730.546/MG, 4.ª Turma, Rel. Min. Jorge Scartezzini, j. 23.08.2005, *DJ* 03.10.2005, p. 279).

Sucessivamente, outros julgados surgiram na mesma esteira desse entendimento, estando a questão consolidada na nossa jurisprudência (por todos: STJ, REsp 1.112.123/DF, 3.ª Turma, Rel. Min. Sidnei Beneti, j. 16.06.2009, *DJE* 13.08.2009; TJRS, Apelação Cível 383376-78.2012.8.21.7000, 8.ª Câmara Cível, Bagé, Rel. Des. Luiz Felipe Brasil Santos, j. 29.11.2012, *DJERS* 05.12.2012; TJSP, Apelação 9102946-53.2007.8.26.0000, Acórdão 5628185, 4.ª Câmara de Direito Privado, São Paulo, Rel. Des. Fábio Quadros, j. 17.11.2011, *DJESP* 24.01.2012; TJPR, Apelação Cível 0413965-9, 11.ª Câmara Cível, Astorga, Rel. Des. Mário Rau, *DJPR* 28.03.2008, p. 110; TJMG, Apelação Cível 1.0439.06.053252-0/001, 7.ª Câmara Cível, Muriaé, Rel. Des. Antônio Marcos Alvim Soares, j. 06.03.2007, *DJMG* 04.05.2007; e TJRJ, Apelação Cível 2007.001.08400, 5.ª Câmara Cível, Rel. Des. Milton Fernandes de Souza, j. 27.03.2007).

Cumpre esclarecer que esse entendimento jurisprudencial já tinha amparo doutrinário no Enunciado n. 260 do CJF/STJ, aprovado na *III Jornada de Direito Civil*, realizada em 2004, nos seguintes termos: "Arts. 1.639, § 2.º, e 2.039: A alteração do regime de bens prevista no § 2.º do art. 1.639 do Código Civil também é permitida nos casamentos realizados na vigência da legislação anterior".

Então, resta a dúvida: qual seria o alcance da dicção do art. 2.039 do CC ao expressar que "o regime de bens nos casamentos celebrados na vigência do Código Civil anterior é o por ele estabelecido"? A resposta é simples. Para aqueles que se casaram antes da vigência do Código Civil de 2002 no regime da comunhão universal de bens valem as regras contidas nos arts. 262 a 268 do Código revogado; no regime da comunhão parcial, as regras dos arts. 269 a 275; no regime da separação, as regras dos arts. 276 e 277, e, por fim, para os que se casaram no regime dotal, as normas dos arts. 278 a 311. Como antes apontado, a norma de direito intertemporal em comento somente alcança as normas especiais relativas aos respectivos regimes, não as normas gerais, caso do art. 1.639 do CC/2002.

De outra forma, pode-se dizer que todas as novas regras da comunhão universal (arts. 1.667 a 1.671), da comunhão parcial (arts. 1.658 a 1.666) e da separação de bens (arts. 1.687 e 1.688) não se aplicam aos casamentos celebrados antes de 11 de janeiro de 2003 por expressa determinação do art. 2.039 da atual codificação, importante norma de direito intertemporal. Esse é o efetivo alcance da disposição prevista no último comando citado.

Voltando aos preceitos do CPC/2015, conforme o § 2.º do art. 734, os cônjuges, na petição inicial ou em petição avulsa, podem propor ao juiz meio alternativo de divulgação da alteração do regime de bens, a fim de resguardar direitos de terceiros. Assim, por exemplo, não obsta a divulgação da alteração em um jornal local ou em um sítio da *internet*. Mais uma vez, há uma preocupação excessiva com a fraude, na contramão da doutrina e da jurisprudência construídas sob a égide do Código Civil de 2002.

Por fim, demonstrando a mesma preocupação, após o trânsito em julgado da sentença de alteração do regime de bens, serão expedidos mandados de averbação aos cartórios de registro civil e de imóveis. Nos termos do mesmo § 3.º do art. 734 do CPC/2015, caso qualquer um dos cônjuges seja empresário, deve ser expedido também mandado de averbação ao registro público de empresas mercantis e atividades afins.

Superada a análise dessa demanda, devidamente atualizada frente ao CPC de 2015, parte-se ao estudo das demais regras gerais previstas para os regimes de bens.

3.2 REGRAS GERAIS QUANTO AO REGIME DE BENS

Existem regras gerais quanto ao regime de bens, nos arts. 1.639 a 1.652, normas essas que merecem especial atenção. O art. 1.639 do CC outrora foi comentado, trazendo os princípios do regime de bens. O art. 1.640 da atual codificação, antes visualizado, é o comando legal que determina que o regime legal de bens do casamento é o da comunhão parcial, inclusive nos casos de nulidade ou ineficácia da convenção entre os cônjuges, do pacto antenupcial. Lembre-se de que esse regime é o legal desde a entrada em vigor da Lei do Divórcio, em 27 de dezembro de 1977 (Lei 6.515/1977). Antes da Lei do Divórcio, o regime legal era o da comunhão universal de bens.

Complementando a previsão do art. 1.639 do Código Civil a respeito do princípio da autonomia privada, prevê o parágrafo único do art. 1.640 do CC que "poderão os nubentes, no processo de habilitação, optar por qualquer dos regimes que este código regula. Quanto à forma, reduzir-se-á a termo a opção pela comunhão parcial, fazendo-se o pacto antenupcial por escritura pública, nas demais escolhas". O pacto antenupcial será estudado em item próprio.

De todo modo, pontuo que, no Projeto de Reforma e Atualização do Código Civil, se sugere uma simplificação a respeito do tema, bem como do processo de celebração do casamento, como visto.

Sucessivamente, o art. 1.641 do CC impõe o regime da separação legal ou obrigatória de bens. Como regime é imposto pela lei, há clara limitação da autonomia privada dos nubentes, hoje tida de forma desnecessária e desproporcional.

Sempre se considerou que, nas suas hipóteses, se eleito por pacto antenupcial o regime da comunhão universal, da comunhão parcial ou da participação final dos aquestos, tal convenção seria nula por infração à norma de ordem pública (art. 1.655 do CC). Esse entendimento, contudo, foi alterado com o julgamento do Supremo Tribunal Federal a respeito do assunto, em repercussão geral (Tema n. 1.236), e quanto seu inc. II. Voltarei a ele mais à frente.

O atual art. 1.641 do CC, que reproduz parcialmente o art. 258, parágrafo único, do CC/1916, impõe, de forma obrigatória, o regime da separação de bens, nos seguintes casos:

I – Das pessoas que contraírem o casamento com inobservância das causas suspensivas da celebração do casamento, constantes do art. 1.523 do CC.

II – Da pessoa que tenha idade superior a 70 anos, o que vale tanto para o homem quanto para a mulher. Destaque-se que a norma foi alterada pela Lei 12.344, de 9 de dezembro de 2010, uma vez que a idade antes prevista era de 60 anos.

III – De todos os que dependerem de suprimento judicial para casar, inclusive nos casos de ausência de autorização dos representantes legais. Em suma, é o caso das pessoas que estão sob tutela, caso dos menores entre 16 e 18 anos.

O objetivo da norma é a proteção de determinadas pessoas, especialmente no que tange ao seu patrimônio.

No caso do inciso I, o objetivo é de evitar confusão patrimonial nas hipóteses tratadas pelo art. 1.523 do CC. Lembre-se da hipótese da viúva que não fez inventário dos bens que tinha com o ex-marido e que pretende se casar com terceiro. Com o objetivo de proteger os herdeiros, essa viúva somente poderá se casar pelo regime da separação legal ou obrigatória de bens.

O inciso II do art. 1.641 do CC visa, supostamente, à tutela do idoso, potencial vítima de um *golpe do baú*, em geral praticado por pessoa mais jovem, com más intenções. De qualquer forma, até para sustentar a tese de inconstitucionalidade a seguir demonstrada, parece-me que a norma tende a proteger não o idoso, mas os seus interesses patrimoniais dos seus herdeiros.

Por fim, quanto ao inciso III, este envolve a tutela de incapazes, tidos como vulneráveis por imposição da lei, em especial dos menores entre 16 e 18 anos, nas situações expostas no capítulo anterior. Aqui, haveria até uma justificativa maior para o regime legal. Vale lembrar, de todo modo, que o menor de 16 anos não pode mais casar, mesmo que por suprimento judicial, diante da recente alteração do art. 1.520 do Código Civil, por meio da Lei 13.811/2019.

Na verdade, há quem veja a imposição do regime da separação obrigatória de bens como mais uma intromissão indesejada do Estado na vida privada familiar. Em reforço, a imposição do regime estaria fundada em um *patrimonialismo exagerado*, que o Direito Civil Contemporâneo não mais deseja; visão que é compartilhada por mim. Por isso, o antigo Projeto de Estatuto das Famílias pretendia retirar do sistema esse regime impositivo, o que viria em boa hora. Consta das justificativas da projeção que "por seu caráter discriminatório e atentatório à dignidade dos cônjuges, também foi suprimido o regime de separação obrigatório". No mesmo sentido, o Projeto de Reforma do Código Civil, elaborado pela Comissão de Juristas nomeada pelo Senado Federal, como se verá mais à frente, de forma aprofundada.

Pois bem, vejamos a tese de inconstitucionalidade do inc. II do art. 1.641, que acabou sendo analisada pelo Supremo Tribunal Federal em 2024, no julgamento do seu Tema n. 1.236 de repercussão geral.

De fato, sempre houve posicionamento convincente na doutrina segundo o qual essa previsão é inconstitucional. A essa conclusão chegaram os juristas que participaram da *I Jornada de Direito Civil*, conforme o Enunciado n. 125 do CJF/STJ, que propõe a revogação da norma. Foram as suas justificativas, com as quais se concordava integralmente: "a norma que torna obrigatório o regime da separação absoluta de bens em razão da idade dos nubentes (qualquer que seja ela) é manifestamente inconstitucional, malferindo o princípio da dignidade da pessoa humana, um dos fundamentos da República, inscrito no pórtico da Carta Magna (art. 1.º, inc. III, da CF). Isso porque introduz um preconceito quanto às pessoas idosas que, somente pelo fato de ultrapassarem determinado patamar etário, passam a gozar da presunção absoluta de incapacidade para alguns atos, como contrair matrimônio pelo regime de bens que melhor consultar seus interesses".

O enunciado doutrinário é perfeito. Primeiro, porque o dispositivo atacado é totalmente dissonante da realidade contemporânea, que tende a proteger a pessoa humana. Realmente, ao contrário de ser uma *norma de tutela*, trata-se de uma *norma de preconceito*. Ademais, entendo que constitui exercício da autonomia privada a pessoa da melhor idade casar-se com quem bem entender. A justificativa de proteção patrimonial dos herdeiros também não é plausível. Ora, se esses querem juntar um bom patrimônio, que o façam diante do seu trabalho. Ser herdeiro não é profissão...

Em reforço, servem de alento as palavras de Silmara Juny Chinellato, para quem não há razão científica para considerar com pouco discernimento a pessoa que atinge determinada idade. Segundo a jurista, muito ao contrário, as pessoas de idade avançada "aportam a maturidade de conhecimentos da vida pessoal, familiar e profissional, devendo, por isso, ser prestigiadas quanto à capacidade de decidir sobre si mesmas". E arremata: "a plena capacidade mental deve ser aferida em cada caso concreto, não podendo a lei presumi-la, por mero capricho do legislador que simplesmente reproduziu razões de política legislativa fundadas no Brasil do início do século passado" (CHINELLATO, Silmara Juny. *Comentários...*, 2004, p. 290). O parecer da Professora da USP inspirou o PL 209/2006, que igualmente pretendia revogar a previsão.

Entendo que o aumento da idade para os 70 anos, conforme a Lei 12.344/2010, não afastou o problema, mantendo-se a tese de inconstitucionalidade. Anote-se que o antigo Projeto de Lei 6.960/2002, de autoria do Deputado Ricardo Fiuza, já pretendia efetuar esta alteração sob o argumento da "elevação da expectativa de vida da população brasileira". Estando a limitação em qualquer patamar etário, a inconstitucionalidade persiste, especialmente pelo claro preconceito contra as pessoas de idade avançada.

Reitero que a mesma ideia consta do Projeto de Reforma do Código Civil, que pretende revogar não só inc. II do art. 1.641, mas todo o preceito, retirando-se do sistema jurídico o regime da separação obrigatória de bens.

Some-se a esses argumentos uma flagrante afronta ao que prescreve o Estatuto da Pessoa Idosa – Lei 10.741/2003 (DIAS, Maria Berenice. *Manual...*, 2005, p. 234). Na mesma esteira, pela inconstitucionalidade, são as palavras de Pablo Stolze Gagliano e Rodolfo Pamplona Filho: "o que notamos é uma violência escancarada ao princípio da isonomia, por conta do estabelecimento de uma velada forma de interdição parcial do idoso" (GAGLIANO, Pablo Stolze; PAMPLONA FILHO, Rodolfo. *Novo Curso...*, 2011, p. 325). Ou ainda, segundo Débora Brandão, "vislumbramos aí dupla inconstitucionalidade, tanto sob o prisma da violação da igualdade diante da possibilidade de qualquer adulto capaz poder se casar e ele não, quanto da discriminação da idade como elemento de discriminação" (BRANDÃO, Débora Vanessa Caús. *Regime...*, 2007, p. 128).

No plano jurisprudencial, entendeu o Tribunal de Justiça do Rio Grande do Sul pela inconstitucionalidade da previsão do art. 1.641, II, do CC em vigor, por esta trazer violação à dignidade da pessoa humana (TJRS, Apelação 70004348769, 7.ª Câmara Cível, Rel. Maria Berenice Dias, j. 27.03.2003, votação por maioria). Em seu voto, a Relatora Desembargadora Maria Berenice Dias fez menção a outra decisão, do Tribunal de Justiça de São Paulo, que teve como relator o então Desembargador Cezar Peluso, posteriormente Ministro do Supremo Tribunal Federal. O citado julgado do Tribunal Paulista teve a seguinte ementa:

"Casamento. Regime de bens. Separação legal obrigatória. Nubente sexagenário. Doação à consorte. Validade. Inaplicabilidade do art. 258, parágrafo único, II, do Código Civil, que não foi recepcionado pela ordem jurídica atual. Norma jurídica incompatível com os arts. 1.º, III, e 5.º, I, X e LIV da CF em vigor" (TJSP, Apelação Cível 007.512-4/2-00, 2.ª Câmara de Direito Privado, Rel. Des. Cézar Peluso, j. 18.08.1998).

Como tentativa de minimizar os efeitos dessa infeliz limitação, alguns julgadores consideravam possível alterar o regime da separação obrigatória de bens do idoso, com base no art. 1.639, § 2.º, do CC/2002, havendo na tese da inconstitucionalidade do art. 1.641, inc. II, um *justo motivo* para a modificação das regras patrimoniais. A título de exemplo, contando com o meu pleno apoio:

"Apelação cível. Procedimento de jurisdição voluntária. Modificação do regime matrimonial de bens. Sentença que declarou extinto o processo por ausência das condições da ação. Legitimidade e interesse para pleitear a respectiva alteração, que encontraria respaldo no art. 1.639, § 2.º, do CC. Matrimônio contraído quando os insurgentes possuíam mais de 60 (sessenta) anos de idade. Separação obrigatória de bens. Pretendida modificação para o regime de comunhão universal. Interpretação sistemática do Código Civil e da Constituição Federal. Conclusão de que a imposição de regime de bens aos idosos se revela inconstitucional. Afronta ao princípio da dignidade da pessoa humana. Legislação que, conquanto revestida de alegado caráter protecionista, mostra-se discriminatória. Tratamento diferenciado em razão de idade. Maturidade que, *de per si,* não acarreta presunção da ausência de discernimento para a prática dos atos da vida civil. Nubentes plenamente capazes para dispor de seu patrimônio comum e particular, assim como para eleger o regime de bens que melhor atender aos interesses postos. Necessidade de interpretar a Lei de modo mais justo e humano, de acordo com os anseios da moderna sociedade, que não mais se identifica com o arcaico rigorismo que prevalecia por ocasião da vigência do CC/1916, que automaticamente limitava a vontade dos nubentes sexagenários e das noivas quinquagenárias. (...)" (TJSC, Apelação Cível 2011.057535-0, 4.ª Câmara de Direito Civil, Criciúma, Rel. Des. Luiz Fernando Boller, j. 1.º.12.2011, *DJSC* 18.01.2012, p. 161).

De toda sorte, outros acórdãos não adotavam esse caminho, eis que não haveria qualquer inconstitucionalidade, devidamente declarada ou não, do inc. II, do art. 1.641 do CC/2002, norma posta vigente e supostamente com plena aplicabilidade (por todos: TJCE, Apelação 676-75.2009.8.06.0167/1, 5.ª Câmara Cível, Rel. Des. Francisco Suenon Bastos Mota, *DJCE* 19.08.2011, p. 52; TJRS, Apelação Cível 628181-06.2010.8.21.7000, 8.ª Câmara Cível, Campina das Missões, Rel. Des. Luiz Felipe Brasil Santos, j. 24.02.2011, *DJERS* 09.03.2011; TJGO, Apelação Cível 112258-0/188, Goiatuba, Rel. Des. Kisleu Dias Maciel Filho, *DJGO* 04.03.2008, p. 187; e TJMG, Apelação Cível 1.0528.07.004241-1/0011, 6.ª Câmara Cível, Prata, Rel. Des. Antônio Sérvulo, j. 04.11.2008, *DJEMG* 12.12.2008).

O julgamento a seguir, do Tribunal Mineiro, foi exigente quanto à declaração de inconstitucionalidade por Tribunal Superior ou Órgão Especial da Corte, de acordo com a premissa da *reserva de plenário*, retirada do art. 97 da Constituição Federal de 1988:

"Alteração do regime de bens. Nubente maior de 60 anos. Princípio da isonomia. Não recepção do art. 258, § único, II, do CC de 1916 pela CR/88. Inconstitucionalidade do art. 1.641, II, do CC. Cláusula de reserva de plenário. Inteligência do art. 97 da CR/88. 1. É necessário que a Corte Superior se pronuncie sobre a não recepção do art. 258, parágrafo único, inciso II, do Código Civil de 1916 pela CR/88, bem como sobre a inconstitucionalidade do art. 1.641, II, do CC, de forma que somente após este precedente o órgão fracionário possa declará-la, diante da cláusula de reserva de plenário prevista no art. 97 da Constituição da República. 2. Suscitar relevância da questão" (TJMG, Apelação Cível 6497335-28.2009.8.13.0702, 8.ª Câmara Cível, Uberlândia, Rel. Des. Vieira de Brito, j. 12.08.2010, *DJEMG* 18.11.2010).

Apesar da polêmica citada, insta verificar que o idoso com idade entre 60 e 70 anos, que se casou pelo regime da separação obrigatória antes da elevação legal da idade, poderia alterar o regime de bens, conforme vem se posicionamento a jurisprudência. A modificação da lei, sem dúvidas, serviria como motivo para a referida alteração do regime. Vejamos, adotando essa afirmação, a jurisprudência estadual:

"Apelação cível. Família. Alteração de regime de casamento. Separação legal. Art. 1.641, II, do Código Civil. Lei n.º 12.344/2010. Desaparecimento da causa impositiva do regime adotado. Consistência da motivação. Direitos de terceiros. Efeitos prospectivos. Requisitos preenchidos. Recurso provido. I – O desaparecimento da causa da imposição do regime de separação legal de bens, na constância do casamento, não impede a alteração do regime de bens, pois, diante do permissivo legal do art. 1.639, § 2.º, do Código Civil, o regime bens não é imutável, não havendo que se falar em ato jurídico perfeito sob tal aspecto. II – O Código Civil de 2002, em seu art. 1.639, § 2.º, permite a alteração do regime de bens do casamento, mediante autorização judicial, através de pedido motivado de ambos os cônjuges, apurada a procedência das razões invocadas e ressalvando-se os direitos de terceiros. III – No presente caso, há certidões negativas judiciais e extrajudiciais, que demonstram a salvaguarda do direito de terceiros. IV – Ademais, a alteração de regime de bens possui efeitos prospectivos, razão pela qual restam ressalvados os direitos de terceiros. V – Preenchidos os pressupostos legais, há que se deferir a modificação pretendida" (TJMG, Apelação Cível 0053786-93.2011.8.13.0079, 5.ª Câmara Cível, Contagem, Rel. Des. Leite Praça, j. 01.12.2011, *DJEMG* 26.01.2012).

Ainda sobre o art. 1.641 do CC, outro enunciado doutrinário interessante que somente confirmava o entendimento jurisprudencial majoritário era o de n. 261, da *III Jornada de Direito Civil*, que teve a seguinte redação: "a obrigatoriedade do regime da separação de bens não se aplica a pessoa maior de sessenta anos, quando o casamento for precedido de união estável iniciada antes dessa idade". O enunciado foi proposto pelo Desembargador Federal do TRF da 3.ª Região Cotrim Guimarães, com o qual concordo de forma integral. O principal argumento para me filiar ao enunciado é justamente a afirmação da inconstitucionalidade do inc. II do dispositivo em comento. Se o preceito não é inconstitucional, ao menos que se dê um mínimo de eficácia social à norma, por sua flagrante injustiça. Da jurisprudência superior, aplicando a premissa constante da ementa doutrinária, do Superior Tribunal de Justiça:

"O reconhecimento da existência de união estável anterior ao casamento é suficiente para afastar a norma, contida no CC/16, que ordenava a adoção do regime da separação obrigatória de bens nos casamentos em que o noivo contasse com mais de sessenta, ou a noiva com mais de cinquenta anos de idade, à época da celebração. As idades, nessa situação, são consideradas reportando-se ao início da união estável, não ao casamento" (STJ, REsp 918.643/RS, 3.ª Turma, Rel. Min. Massami Uyeda, j. 26.04.2011, *DJE* 13.05.2011).

Consigne-se que o acórdão menciona idades diversas do homem e da mulher, porque diz respeito a fatos que ocorreram na vigência do CC/1916, incidindo a última norma. Mais recentemente, na mesma esteira e do mesmo Tribunal Superior:

"Afasta-se a obrigatoriedade do regime de separação de bens quando o matrimônio é precedido de longo relacionamento em união estável, iniciado quando os cônjuges não tinham restrição legal à escolha do regime de bens, visto que não há que se falar na necessidade de proteção do idoso em relação a relacionamentos fugazes por interesse exclusivamente econômico. Interpretação da legislação ordinária que melhor a compatibiliza com o sentido do art. 226, § 3.º, da CF, segundo o qual a lei deve facilitar a conversão da união estável em casamento" (STJ, REsp 1.318.281/PE, 4.ª Turma, Rel. Min. Maria Isabel Gallotti, j. 1.º.12.2016, *DJe* 07.12.2016).

Vale lembrar que a conclusão inserida no enunciado doutrinário e nos julgados constava do art. 45 da Lei do Divórcio, *in verbis*: "quando o casamento se seguir a uma comunhão de vida entre os nubentes, existentes antes de 28 de junho de 1977, que haja perdurado por 10 (dez) anos consecutivos ou da qual tenha resultado filhos, o regime matrimonial de bens será estabelecido livremente, não se lhe aplicando o disposto no artigo 258, parágrafo único, n. II, do Código Civil". De qualquer modo, o prazo de dez anos não deve ser mais considerado, pois não há tempo mínimo para a existência de uma união estável constitucionalmente protegida.

Em outubro de 2022, o Supremo Tribunal Federal reconheceu repercussão geral a respeito da afirmação de inconstitucionalidade do art. 1.641, inc. II, do Código Civil. Isso se deu nos autos Agravo no Recurso Extraordinário 1.309.642/SP, com a Relatoria do Ministro Luis Roberto Barroso (Tema n. 1.236).

Em 1.º de fevereiro de 2024, logo na volta das atividades da Corte após o recesso, a questão acabou por ser julgada, concluindo o Tribunal, de forma unânime, que o regime da separação obrigatória de bens nos casamentos e uniões estáveis envolvendo pessoas com mais de 70 anos pode ser alterado pela vontade das partes, pelo exercício da autonomia privada, desde que seja feito por escritura pública, a ser lavrada no Tabelionato de Notas.

De forma totalmente surpreendente, portanto, em afirmação não defendida por qualquer doutrinador de que se tenha notícia ou por qualquer Tribunal Brasileiro, inclusive no Superior Tribunal de Justiça, o Supremo Tribunal Federal inaugurou a tese segundo a qual o art. 1.641, inc. II, do Código Civil é norma dispositiva ou de ordem privada – e não norma cogente ou de ordem pública, como antes se sustentava de forma unânime –, podendo ser afastada por convenção entre as partes.

Apesar da afirmação dos Ministros, quando do julgamento, no sentido de que manter essa obrigatoriedade da separação legal de bens desrespeitaria o direito de autodeterminação das pessoas idosas, a verdade é que não se declarou inconstitucional o preceito, como parte considerável da doutrina entendia, fazendo que a norma continue em plena vigência no ordenamento jurídico brasileiro.

Com o devido respeito – aos julgadores e aos que *cantaram vitória* com o *decisum*, em prol da liberdade –, entendo que, por continuar a ser a regra geral no nosso sistema civil, a vontade das pessoas idosas continua sendo aviltada. De todo modo, há possibilidade de se afastar a previsão extrajudicialmente pela escritura pública, lavrada em Tabelionato de Notas, o que está na contramão da tendência de redução das burocracias para os atos existenciais familiares, percebida, por exemplo, com a entrada em vigor da Lei 14.382/2022, conhecida como Lei do SERP (Sistema Eletrônico de Registros Públicos). Sem falar que, pelos seus custos, a escritura pública não é acessível para grande parte da população.

A Corte Suprema também entendeu que, além da opção da escritura pública, as pessoas acima dos 70 anos que sejam casadas ou vivam em união estável até a data do julgamento podem alterar o regime de bens por meio de uma ação judicial, nos termos do art. 1.639, § 2.º, do Código Civil e do art. 734 do Código de Processo Civil, o que já era admitido por alguns julgados, como visto. Em todos os casos, a alteração produzirá efeitos patrimoniais apenas para o futuro, ou seja, efeitos *ex nunc*, e não *ex tunc*. Nesse contexto, para os casamentos e uniões estáveis firmados antes do julgamento, as partes podem manifestar imediatamente – perante o juiz ou o Tabelião – a sua vontade de mudança para outro regime, caso da comunhão parcial, por exemplo, que é o adotado pela grande maioria da população brasileira.

Quanto à modulação dos efeitos da decisão, julgou-se que, em respeito à segurança jurídica, ela somente passa a valer para os casos futuros, sem afetar os processos de herança ou divisão de bens que já estejam em andamento. Foi incluída na decisão do Ministro Relator a seguinte ressalva: "a presente decisão tem efeitos prospectivos, não afetando as situações jurídicas já definitivamente constituídas". Ao final, a tese de repercussão geral fixada para o Tema n. 1.236, para os fins de atingir todos os processos judiciais em curso e os futuros, de todas as instâncias, e até eventual mudança da lei, foi a seguinte: "nos casamentos e uniões estáveis envolvendo pessoa maior de 70 anos, o regime de separação de bens previsto no art. 1.641, II, do Código Civil, pode ser afastado por expressa manifestação de vontade das partes mediante escritura pública".

Como já adiantei, trata-se de uma conclusão inédita, não encontrada nas páginas da doutrina e em outros julgados, porque até aqui se afirmou que a separação do maior de 70 anos era *totalmente obrigatória*, sem a possibilidade de convenção em contrário, por ser o art. 1.641, inc. II, do Código Civil norma cogente ou de ordem pública. Como separação obrigatória entende-se algo peremptório, que não admite escolhas, que não oferece opções para as partes, que não aceita outros caminhos de planejamento ou convenção pelos consortes ou conviventes, excluindo totalmente o exercício da autonomia privada.

Entendo que o Supremo Tribunal Federal passou a dizer é que não se tem mais, no caso do art. 1.641, inc. II, do Código Civil, uma *separação realmente obrigatória*, pois, muito além da possibilidade de se alterar o regime de bens por meio de uma ação judicial, as partes podem afastar o regime e escolher outro por meio de uma escritura pública. Não se pode negar, portanto, que a separação de bens do maior de 70 anos deixou de ser uma *separação obrigatória*. Passou a ser uma *separação legal*, mas obrigatória não é mais, uma vez que as partes podem convencionar em sentido contrário, afastando a previsão.

Sendo assim, passa-se a ter, no sistema civilístico, duas separações legais: a *obrigatória* – prevista nos incs. I e III do art. 1.641 do Código Civil – e a *não obrigatória* – que está no inc. II do mesmo dispositivo, para os maiores de 70 anos. Além disso, existem agora *dois regimes legais* ou *supletivos*, na ausência de previsão em sentido contrário em pacto antenupcial ou contrato de convivência, e com a possibilidade de serem afastados por escritura pública. Para as pessoas em geral, esse regime é o da comunhão parcial de bens, como está no art. 1.640 do Código Civil – para o casamento – e no art. 1.725 do Código Civil – para a união estável. Para as pessoas maiores de 70 anos, o regime que vale como regra geral é a separação legal de bens, na linha do que foi definido pelo Supremo Tribunal Federal, em seu julgamento.

A existência de dois regimes legais confirma a minha afirmação de contínuo aviltamento à vontade dos maiores de 70 anos. Parece-me que a nova decisão, portanto, altera a nossa realidade jurídica a respeito do tema, devendo a matéria ser repensada pelas Cortes Brasileiras e pela doutrina, em *dois aspectos* principais que trago para debate, sem prejuízo de outros que poderão surgir no futuro.

O primeiro deles diz respeito à Súmula 377 do Supremo Tribunal Federal, que ainda será analisada, com os necessários aprofundamentos. Voltarei a esse aspecto mais à frente.

A outra questão de relevo diz respeito à sucessão hereditária, sobretudo quanto à concorrência dos descendentes com o cônjuge ou convivente do falecido. Como está previsto no art. 1.829 do Código Civil – na correta leitura após a decisão do Supremo Tribunal Federal que reconheceu a inconstitucionalidade do art. 1.790 do Código Civil (Temas n. 498 e n. 809) –, a sucessão legítima defere-se na ordem seguinte: aos descendentes, em concorrência com o cônjuge ou convivente sobrevivente, salvo se casado este ou se viver em união estável com o falecido, "no regime da comunhão universal, ou no da separação obrigatória de bens (art. 1.640, parágrafo único); ou se, no regime da comunhão parcial, o autor da herança não houver deixado bens particulares".

Como se pode notar, é afastada a concorrência sucessória dos descendentes com o cônjuge ou convivente do *de cujus* no "regime da separação obrigatória de bens". Porém, como aqui defendi, não há mais uma autêntica separação obrigatória no caso do inc. II do art. 1.641, pois os cônjuges ou conviventes podem convencionar em sentido contrário, o que traz a conclusão pela concorrência em casos tais, assim como se dá na separação convencional de bens e como restou decidido pela Segunda Seção do Superior Tribunal de Justiça (STJ, REsp 1.382.170/SP, 2.ª Seção, Rel. Min. Moura Ribeiro, Rel. p/ Acórdão Min. João Otávio de Noronha, j. 22.04.2015, DJe 26.05.2015). Sendo assim, entendo que esse tema também deverá ser revisto pela jurisprudência do Superior Tribunal de Justiça, sobretudo porque não havia essa opção de convencionar ao contrário antes do novo julgamento do Supremo Tribunal Federal. Voltarei a esse tema no Volume 6 desta coleção.

Não se pode negar que a nova decisão do Supremo Tribunal Federal intensifica as razões da proposta de Reforma do Código Civil sobre o tema, ora em discussão, que, como já aditando, propõe a extinção do regime da separação obrigatória de bens, em todas as suas modalidades

Desde o início dos debates, houve propostas nesse sentido das Subcomissões de Direito de Família, de Direito Contratual e de Direito das Sucessões nomeadas no âmbito do Senado Federal. Sem dúvida, seria mais fácil para o nosso trabalho que a separação obrigatória do maior de 70 anos tivesse sido retirada do sistema por julgamento do STF, no seu Tema n. 1.236, assim como ocorreu com a separação judicial (Tema n. 1.053).

De todo modo, não tendo sido esse o caminho adotado pela Suprema Corte, a Relatoria-Geral, formada pela Professora Rosa Maria de Andrade Nery e por mim, levou para os debates finais duas propostas para votação pela Comissão de Juristas.

A primeira delas, adotada por mim e seguindo as citadas subcomissões, era de retirada da separação obrigatória do sistema, em todas as situações, fazendo que as questões relativas a eventuais fraudes sejam resolvidas pelos institutos da Teoria Geral do Direito Civil e de acordo com as peculiaridades do caso concreto, sem sacrificar a vontade de todas as pessoas com idade superior a 70 anos.

Dito de outro modo, não seria possível afastar a manifestação de vontade da sociedade brasileira, pelo argumento da fraude, problema que atinge a minoria da população brasileira. Como pontuado, na proposta que prevaleceu e para os fins de uma necessária proteção sem se restringir a autonomia privada, foi mantida, e até ampliada, ademais, a hipoteca legal em favor dos filhos, sobre os imóveis do pai ou da mãe que passar a outras núpcias ou estabelecer união estável, antes de fazer o inventário do casal anterior (art. 1.489, inc. II, e atual art. 1.523, inc. I, do Código Civil).

A segunda proposta, da Professora Rosa Maria de Andrade Nery, era no sentido de retirar a imposição do regime da separação obrigatória de bens para a pessoa com idade superior a 70 anos, mantendo-se apenas para as atuais previsões do art. 1.641, incs. I e III, presente uma causa suspensiva do casamento e no caso de pessoas que dependem de suprimento judicial para se casar. Também se visava a um novo art. 1.641-A na codificação privada, prevendo que "é vedado o regime da comunhão universal de bens no casamento ou na união estável para os maiores de 80 anos, que tenham herdeiros necessários".

Entre as duas proposições, acabou prevalecendo, por voto da maioria dos membros da Comissão de Juristas, a primeira delas, mais simples e menos limitativa da liberdade, retirando-se do nosso sistema, definitivamente, o regime da separação obrigatória de bens e revogando-se expressamente o art. 1.641 do CC/2002.

Caberá, agora, ao Parlamento Brasileiro, dentro do regime democrático, decidir entre o sistema atual e o caminho que por nós foi proposto – ou mesmo um outro –, sendo certo que a temática representa um dos maiores desafios do Direito de Família e do Direito das Sucessões na atualidade, não tendo encontrado a necessária estabilidade nos mais de vinte anos de vigência do Código Civil de 2002.

Os meus comentários doutrinários e anotações jurisprudenciais evidenciam o verdadeiro *caos* existente sobre o tema em nosso País. Ainda para os fins de justificar a nossa proposta prevalecente e com o devido respeito a quem pensa de forma contrária, debates técnicos profundos, desnecessários em muitos casos, e com questões técnicas complicadas até para os mais experientes juristas, nunca se justificaram, ainda mais quando totalmente distantes da realidade e da compreensão pela sociedade.

A grande maioria da população sequer entende o início dos debates que dizem respeito à separação obrigatória de bens, um dos assuntos mais complexos de todo o nosso sistema jurídico. Além disso, hoje, com a decisão do STF, aqueles que têm condições financeiras de arcar com uma escritura pública podem afastar o regime da separação obrigatória. Os que não têm, a grande maioria da população brasileira, não podem, o que é totalmente injusto.

Como bem justificou a Subcomissão de Direito de Família – composta por Pablo Stolze Gagliano, Maria Berenice Dias, Rolf Madaleno e pelo Ministro Marco Buzzi, grandes expoentes e especialistas no assunto do Direito Civil Brasileiro –, "o Estado precisava dar mais espaço à vontade de quem pretende autodeterminar o seu próprio destino. Suprimiu-se todo o confuso regramento do regime de participação final nos aquestos, bem como a injustificada, senão inconstitucional, separação obrigatória de bens". Ainda de acordo com eles, "foi proposta a revogação de todo o art. 1.641, com consequente ajuste redacional no art. 1.654. Com a revogação, o instituto da separação obrigatória de bens em razão da idade ou da pseudoconfusão de bens por não haver sido feita a partilha ou o inventário de um relacionamento anterior deixa de existir em nosso sistema. A normatização revogada discrimina as pessoas no tocante à sua capacidade de discernimento, apenas porque septuagenários, assim como é incoerente impor um regime obrigatório de separação de bens por supor que pudessem ser confundidos os bens da relação afetiva anterior com o novo relacionamento conjugal ou convivencial, sabido que toda classe de bens goza de fácil comprovação quanto à sua aquisição, quer se tratem de imóveis, móveis, semoventes, automóveis, depósitos e aplicações financeiras, constituições de sociedades empresárias etc.".

Faço minhas as palavras dos juristas, e espero que esse caminho, de revogação expressa do art. 1.641 do CC, seja o adotado pelo Congresso Nacional Brasileiro.

Voltando-se ao sistema ainda vigor, também no que interessa ao regime da separação de bens, questão das mais polêmicas e tormentosas para a doutrina e a jurisprudência do Direito de Família refere-se à Súmula 377 do STF segundo a qual "no regime da separação legal comunicam-se os bens adquiridos na constância do casamento". O debate inicial sobre essa ementa, sem prejuízo de outros que serão aqui expostos, dizia respeito à persistência ou não da súmula no nosso ordenamento jurídico, após o Código Civil de 2002.

A súmula foi editada em 3 de abril de 1964 e criou, no regime da separação legal de bens (art. 1.641 do CC), algo próximo à comunhão parcial de bens. Tem sua origem no art. 259 do CC/1916 que dispunha: "embora o regime seja o da separação de bens, prevalecerão, no silêncio do contrato, os princípios dela, quanto à comunicação dos adquiridos na constância do casamento". Como se nota pelo artigo em questão, se o pacto antenupcial que adotou a separação convencional de bens não mencionasse expressamente a exclusão dos bens, ocorreria a sua comunicação.

Antes de verificar se o entendimento sumulado tem ou não incidência, é preciso demonstrar uma polêmica inicial, por trás da súmula. Isso porque nunca foi pacífica, na doutrina, a questão quanto à necessidade ou não de prova de esforço comum para a citada comunicação prevista na Súmula 377 do STF.

Na jurisprudência do Superior Tribunal de Justiça, poderiam ser encontrados julgados nos dois sentidos, igualmente a demonstrar toda a polêmica existente quanto à temática. Inicialmente, concluindo pela necessidade de prova do esforço comum para a comunicação dos bens: STJ, REsp 646.259/RS, 4.ª Turma, Rel. Min. Luis Felipe Salomão, j. 22.06.2010, *DJe* 24.08.2010; REsp 123.633/SP, 4.ª Turma, Rel. Min. Aldir Passarinho Junior, j. 17.03.2009, *DJe* 30.03.2009; e REsp 9.938/SP, 4.ª Turma, Rel. Min. Sálvio de Figueiredo Teixeira, j. 09.06.1992, *DJ* 03.08.1992, p. 11.321.

Porém, em sentido contrário, afastando a necessidade dessa prova, citando como fundamentos principais a dignidade humana e a solidariedade familiar: STJ, AgRg no REsp 1.008.684/RJ, 4.ª Turma, Rel. Min. Antonio Carlos Ferreira, j. 24.04.2012, *DJe* 02.05.2012; REsp 1.090.722/SP, 3.ª Turma, Rel. Min. Massami Uyeda, j. 02.03.2010, *DJe* 30.08.2010; REsp 736.627/PR, 3.ª Turma, Rel. Min. Carlos Alberto Menezes Direito, j. 11.04.2006, *DJ* 1.º.08.2006, p. 436; e REsp 154.896/RJ, 4.ª Turma, Rel. Min. Fernando Gonçalves, j. 20.11.2003, *DJ* 1.º.12.2003, p. 357. Na verdade, na jurisprudência mais atual do STJ, parecia prevalecer a corrente que afasta a prova do esforço comum para a comunicação de bens na incidência da Súmula 377 do STF para o casamento. Na união estável, como se verá no Capítulo 5 desta obra, a solução que vinha sendo dada pela jurisprudência não era a mesma.

Como não poderia ser diferente, a polêmica atingia os Tribunais Estaduais, podendo ser encontradas numerosas decisões, seguindo um ou outro pensamento. A ilustrar, pela necessidade de prova do esforço comum para comunicação de bens na separação obrigatória de bens: TJRS, Apelação Cível 452435-56.2012.8.21.7000, 8.ª Câmara Cível, Porto Alegre, Rel. Des. Alzir Felippe Schmitz, j. 13.12.2012, *DJERS* 19.12.2012; TJMG, Apelação Cível 0012917-45.2001.8.13.0045, 5.ª Câmara Cível, Caeté, Rel. Des. Áurea Brasil, j. 01.09.2011, *DJEMG* 22.09.2011; TJDF, Recurso 2007.01.1.098975-8, Acórdão 415.800, 5.ª Turma Cível, Rel. Des. Nilsoni de Freitas, *DJDFTE* 13.04.2010, p. 73; TJSP, Agravo de Instrumento 990.10.127838-3, Acórdão 4527828, 4.ª Câmara de Direito Privado, São Paulo, Rel. Des. Ênio Santarelli Zuliani, j. 13.05.2010, *DJESP* 21.06.2010; e TJRJ, Agravo de Instrumento 7072/2000, 12.ª Câmara Cível, Rio de Janeiro, Rel. Des. Wellington Jones Paiva, j. 16.04.2002.

Pelo outro caminho, ou seja, pela desnecessidade dessa prova, a demonstrar a dissonância interna nas Cortes dos Estados: TJRS, Agravo de Instrumento 551906-79.2011.8.21.7000, 8.ª Câmara Cível, Porto Alegre, Rel. Des. Rui Portanova, j. 17.05.2012, *DJERS* 23.05.2012; TJMG, Apelação 3179114-29.2006.8.13.0702, 6.ª Câmara Cível, Uberlândia, Rel. Des. Sandra Fonseca, j. 29.03.2011, *DJEMG* 29.04.2011; e TJSP, Agravo de Instrumento 0554986-95.2010.8.26.0000, Acórdão 4960320, 7.ª Câmara de Direito Privado, Tupã, Rel. Des. Pedro Baccarat, j. 16.02.2011, *DJESP* 04.03.2011.

Na doutrina, o debate também sempre foi caloroso, e continua sendo. Juristas como Maria Berenice Dias (*Manual...*, 2009, p. 205) e Paulo Lôbo (*Famílias...*, 2008, p. 300) podem ser citados como adeptos da linha que dispensa a prova do esforço comum para a comunicação de bens na separação obrigatória de bens, nos termos da Súmula 377 do STF. José Fernando Simão igualmente sustentava essa premissa em edições anteriores deste livro, até o ano de 2013, quando escrito em coautoria; e continua assim entendendo.

Com o devido respeito, penso de forma diferente, ou seja, pela necessidade de prova do esforço comum para a aplicação da sumular. *Primeiro*, porque a falta da prova do esforço comum transforma o regime da separação de bens em uma comunhão parcial, o que não parece ter sido o objetivo da sumular. *Segundo*, diante da vedação do enriquecimento sem causa, constante do art. 884 do Código Civil, eis que a comunicação automática ocorreria sem qualquer razão plausível, em decorrência do mero casamento. *Terceiro*, porque tenho minhas ressalvas quanto à eficiência atual do regime da comunhão parcial de bens. *Quarto*, pois o melhor caminho para o nosso Direito é extinguir definitivamente a separação legal e não a transformar em outro regime, o que seria uma solução temporária. De toda sorte, o debate parece que tende a continuar, em todos os planos do Direito de Família Brasileiro.

No ano de 2018, essa visão por mim compartilhada foi adotada pela Segunda Seção do Superior Tribunal de Justiça, de forma até surpreendente. Conforme concluiu a maioria dos Ministros do Tribunal da Cidadania, a correta interpretação da Súmula 377 do Supremo Tribunal Federal indica a necessidade de prova do esforço comum para que haja a comunicação de bens no casamento. A ementa do acórdão, que cita a minha posição, foi assim publicada:

"Embargos de divergência no recurso especial. Direito de família. União estável. Casamento contraído sob causa suspensiva. Separação obrigatória de bens (CC/1916, art. 258, II; CC/2002, art. 1.641, II). Partilha. Bens adquiridos onerosamente. Necessidade de prova do esforço comum. Pressuposto da pretensão. Moderna compreensão da Súmula 377/STF. Embargos de divergência providos. 1. Nos moldes do art. 1.641, II, do Código Civil de 2002, ao casamento contraído sob causa suspensiva, impõe-se o regime da separação obrigatória de bens. 2. No regime de separação legal de bens, comunicam-se os adquiridos na constância do casamento, desde que comprovado o esforço comum para sua aquisição. 3. Releitura da antiga Súmula 377/STF (No regime de separação legal de bens, comunicam-se os adquiridos na constância do casamento), editada com o intuito de interpretar o art. 259 do CC/1916, ainda na época em que cabia à Suprema Corte decidir em última instância acerca da interpretação da legislação federal, mister que hoje cabe ao Superior Tribunal de Justiça. 4. Embargos de divergência conhecidos e providos, para dar provimento ao recurso especial" (STJ, EREsp 1.623.858/MG, 2.ª Seção, Rel. Min. Lázaro Guimarães (Desembargador convocado do TRF 5.ª Região), j. 23.05.2018, *DJe* 30.05.2018).

Sendo assim, reconhecida a força vinculativa da decisão transcrita – pelo que consta dos arts. 489 e 927 do CPC/2015, entre outros –, os Tribunais devem seguir a afirmação de incidência da Súmula 377 do STF para os casos de casamentos celebrados pelo regime de separação obrigatória de bens, com a necessidade de prova do esforço comum para que haja a comunicação de bens.

Outra citada controvérsia relativa à Súmula 377 do STF – essa já era não mais tão calorosa no âmbito da jurisprudência, mas cujo debate deve voltar – diz respeito à sua persistência ou não no sistema familiarista nacional.

Em edições anteriores desta obra – até 2013 –, a polêmica dividia os coautores. Sempre sustentei a persistência da súmula, desde o início dos meus estudos a partir da entrada em vigor do Código Civil de 2002. Por outro lado, José Fernando Simão pensa de forma contrária. Como se percebe de todos os julgados transcritos até aqui, a jurisprudência tem aplicado a Súmula 377 do Supremo Tribunal Federal, inclusive para a união estável, conforme será aprofundado no Capítulo 5 desta obra.

De toda sorte, como a discussão ainda persiste entre os estudiosos, vejamos os argumentos das duas correntes e quais são os juristas que seguem um e outro pensamento.

Para a *primeira corrente*, a súmula deve ser tida como cancelada, eis que o Código Civil de 2002 não reproduziu o art. 259 do CC/1916, antes transcrito, que supostamente lhe dava fundamento. Na doutrina, encabeçam esse entendimento, além de José Fernando Simão, Silvio Rodrigues (*Direito...*, 2003, p. 169-173, v. 6.), Francisco Cahali (A Súmula 377..., *Revista do Advogado*..., Homenagem ao professor Silvio Rodrigues. São Paulo, Associação dos

Advogados de São Paulo, ano XXIV, n. 76, jun. 2004), Inácio de Carvalho Neto (A Súmula 377..., acesso em: 11 jan. 2005) e Silmara Juny Chinellato (*Comentários*..., 2004, p. 295).

Para a *segunda corrente*, majoritária tanto na doutrina quanto na jurisprudência, a súmula não está cancelada, diante da vedação do enriquecimento sem causa, retirada dos arts. 884 a 886. Assim, urge a comunicação dos bens havidos pelo *esforço comum* para se evitar o locupletamento sem razão. Pela permanência da súmula, presente a estudada divergência quanto à prova do esforço comum: Nelson Nery Jr. e Rosa Nery (*Código*..., 2003, p. 737), Zeno Veloso (*Direito hereditário*..., 2010, p. 55), Rodrigo Toscano de Brito (*Compromisso*..., 2004), Paulo Lôbo (*Famílias*..., 2008, p. 300), Maria Berenice Dias (*Manual*..., 2009, p. 205), Maria Helena Diniz (*Código*..., 2010, p. 1.169), Sílvio Venosa (*Código*..., 2010, p. 1.511-1.512), Eduardo de Oliveira Leite (*Direito*..., 2005, v. 5, p. 300), Rolf Madaleno (*Curso*..., 2008, p. 46-47), Cristiano Chaves de Farias e Nelson Rosenvald (*Direito*..., 2008, p. 221), Pablo Stolze Gagliano e Rodolfo Pamplona Filho (*Novo curso*..., 2011, v. VI, p. 316). Saliente-se que o saudoso Mestre Zeno Veloso, que nos deixou no ano de 2021, foi um dos grandes entusiastas deste debate.

Quanto às *Jornadas de Direito Civil*, não foi aprovado qualquer enunciado doutrinário seguindo uma ou outra forma de pensar. Na verdade, quando da *III Jornada de Direito Civil*, realizada no ano de 2004, Francisco Cahali fez proposição seguindo a primeira corrente. Como não houve consenso, nem maioria, a proposta não foi aprovada naquele evento.

De todo modo, como antes pontuado, a decisão do Supremo Tribunal Federal a respeito da inconstitucionalidade do art. 1.641, inc. II, do Código Civil, no seu Tema n. 1.236 de repercussão geral, traz a necessidade de se rever a posição jurisprudencial hoje consolidada a respeito da Súmula 377.

Ora, o que sempre fundamentou a permanência da Súmula 377 do Supremo Tribunal Federal no sistema após a entrada em vigor do Código Civil de 2002 foi a conclusão de se tratar de uma separação obrigatória, peremptória, regida por norma cogente ou de ordem pública, sem a possibilidade de se estabelecer o contrário. Foi justamente por isso, e pela vedação do enriquecimento sem causa, que me alinhei aos doutrinadores que defenderam a permanência da sumular no nosso ordenamento jurídico, o que gerou as decisões posteriores do Tribunal da Cidadania.

Com a decisão do STF em estudo, esse pilar do sistema é alterado. Isso porque, se há a possibilidade de as partes com idade superior a 70 anos preverem ou convencionarem o contrário da separação de bens, escolhendo outro regime, ou alterarem o regime judicialmente, não há que se falar mais em aplicação sumular, pois ela era justificada pela falta de opções de outros caminhos de escolha aos cônjuges ou conviventes. Se essa posição não prevalecer na jurisprudência, é preciso, ao menos, que as Cortes Brasileiras, especialmente o STJ, debatam e digam se isso foi alterado ou não.

Em outras palavras, é preciso que o Tribunal da Cidadania analise se houve ou não a superação do seu entendimento anterior pacificado, o chamado *overruling*, nos termos da parte final do art. 489, § 1.º, inc. VI, do Código de Processo Civil, segundo o qual "não se considera fundamentada qualquer decisão judicial, seja ela interlocutória, sentença ou acórdão, que: [...] deixar de seguir enunciado de súmula, jurisprudência ou precedente invocado pela parte, sem demonstrar a existência de distinção no caso em julgamento ou a superação do entendimento". Para tanto, a propósito, o próprio Tribunal poderá realizar audiências públicas com a oitiva de especialistas sobre a temática, como está no art. 927, § 2.º, do próprio Estatuto Processual: "a alteração de tese jurídica adotada em enunciado de súmula ou em julgamento de casos repetitivos poderá ser precedida de audiências públicas e da participação de pessoas, órgãos ou entidades que possam contribuir para a rediscussão da tese".

Entendo que se o quadro fático e jurídico que criou e consolidou o sistema anterior de precedentes e a jurisprudência a respeito da temática foram alterados com a nova decisão da Corte Suprema com o que foi prolatado no Tema n. 1.236, é mais do que necessário rever as balizas anteriores e discutir novamente o assunto, a fim de se manter a jurisprudência estável, íntegra e coerente, como impõe o art. 926 do Código de Processo Civil. Assim, a jurisprudência brasileira, sobretudo do Superior Tribunal de Justiça, precisará dizer novamente se a Súmula 377 ainda é aplicável, mesmo com a possibilidade de afastamento do regime de separação por escritura pública ou por uma ação judicial de mudança do regime de bens.

Mais uma vez, nota-se como o regime da separação obrigatória cria enormes desafios, teóricos e práticos, sendo a melhor solução a sua total retirada do sistema jurídico nacional, revogando-se expressamente todo o art. 1.641 do Código Civil, exatamente como sugere a Comissão de Juristas encarregada da sua reforma e atualização, nomeada no âmbito do Congresso Nacional.

Sendo demonstrada qual a visão mais prestigiada a respeito da Súmula 377 do STF, e a possibilidade de o tema voltar a ser analisado pela jurisprudência superior brasileira, será exposto que o tema repercute diretamente na dispensa da outorga conjugal para os atos tratados pelo art. 1.647 do CC/2002, isso porque o dispositivo dispensa a vênia do cônjuge do regime da *separação absoluta*, o que leva em conta a comunicação ou não de bens. A problemática será a seguir analisada.

Em 2016 surgiu outro debate interessante sobre a Súmula 377 do STF, qual seja a possibilidade ou não do seu afastamento por pacto antenupcial celebrado por cônjuges que sofrem a imposição do regime da separação obrigatória, na hipótese descrita no art. 1.641, inc. II, do Código Civil (maior de setenta anos).

Em artigo publicado no Jornal *O Liberal*, de Belém do Pará, e replicado em várias páginas da internet, o saudoso Professor Zeno Veloso, que infelizmente nos deixou no ano de 2021, trouxe tal indagação. O jurista assim relata o caso, com sua peculiar *leveza de pena*, sempre disposta a resolver os numerosos conflitos que lhe são levados a consulta em sua atividade profissional e acadêmica:

"Há cerca de um ano João Carlos e Matilde estão namorando. Ele é divorciado, ela é viúva. João fez 71 anos de idade e Matilde tem 60 anos. Resolveram casar-se e procuraram um cartório de registro civil para promover o processo de habilitação. Queriam que o regime de bens do casamento fosse o da separação convencional, pelo qual cada cônjuge é proprietário dos bens que estão no seu nome, tantos dos que já tenha adquirido antes como dos que vier a adquirir, a qualquer título, na constância da sociedade conjugal, não havendo, assim sendo, comunicação de bens com o outro cônjuge. Mas o funcionário do cartório explicou que, dado o fato de João Carlos ter mais de 70 anos, o regime do casamento tinha de ser o obrigatório, da separação de bens, conforme o art. 1.641, inciso II, do Código Civil. (...). Mas João Carlos é investidor, atua no mercado imobiliário, adquire bens imóveis, frequentemente, para revendê-los. E Matilde é corretora, de vez em quando compra um bem com a mesma finalidade. Seria um desastre econômico, para ambos, que os bens que fossem adquiridos por cada um depois de seu casamento se comunicassem, isto é, fossem de ambos os cônjuges, por força da Súmula 377/STF. No final das contas, o regime da separação obrigatória, temperado pela referida Súmula, funciona, na prática, como o regime da comunhão parcial de bens. Foi, então, que me procuraram, pedindo meu parecer" (VELOSO, Zeno. *Casal*.... Disponível em http://flaviotartuce.jusbrasil.com.br/artigos/333986024/casal-quer-afastar-a-sumula-377-artigo-de-zeno-veloso. Acesso em: 15 maio 2016).

Após tal exposição, o Mestre do Pará demonstrou sua opinião, sustentando que é possível o afastamento da aplicação da sumular, por não ser o seu conteúdo de ordem pública, mas sim de matéria afeita à disponibilidade de direitos. E lançou uma questão de consulta: "mas há um grupo de jovens e competentes professores brasileiros, que integram a Confraria de Civilistas Contemporâneos, formada por mais de 30 mestres (Tartuce, Mário Delgado, Simão, Toscano, Catalan, Pablo Malheiros, Stolze, para citar alguns), a quem peço um parecer sobre o tema acima exposto. Afinal, podem ou não os nubentes, atingidos pelo art. 1.641, inciso II, do Código Civil, afastar, por escritura pública, a incidência da Súmula 377?".

A consulta foi respondida em minha coluna de maio sobre o Direito de Família e Sucessões no informativo *Migalhas* (www.migalhas.com.br). Pela sua grande relevância prática, passou a compor a presente obra, a partir de sua edição de 2017. Como um dos fundadores da citada *Confraria* – um grupo informal que pretende realizar encontros sociais e jurídicos de seus membros e convidados, especialmente para a congregação de vínculos de amizade e de afeto –, respondemos positivamente à dúvida, após ter consultado os amigos civilistas em nossa comunidade digital.

Em suma, estamos total e unanimemente filiados à opinião de Zeno Veloso, levando-se em conta a opinião daqueles que se manifestaram no nosso grupo. De início, sem dúvida, a Súmula 377 do STF – do remoto ano de 1964 – traz como conteúdo matéria de ordem privada, totalmente disponível e afastada por convenção das partes não só no casamento, como na união estável. Vale lembrar que, pelo teor da sua ementa, "no regime de separação legal de bens, comunicam-se os adquiridos na constância do casamento". Ainda no que diz respeito ao cerne da questão, além da clareza do argumento, no sentido de se tratar de matéria de ordem privada e, portanto, disponível, acrescente-se, como pontuou Mário Luiz Delgado em nossos debates, que "é lícito aos nubentes, antes de celebrado o casamento, estipular, quanto aos seus bens, o que lhes aprouver" (art. 1.639, *caput,* do Código Civil).

A única restrição de relevo a essa regra diz respeito às disposições absolutas de lei, consideradas regras cogentes, conforme consta do art. 1.655 da codificação privada, o que conduziria à nulidade absoluta da previsão. A título de exemplo, se há cláusula no pacto que afaste a incidência do regime da separação obrigatória, essa será nula, pois o art. 1.641 do Código Privado é norma de ordem pública, indisponível, indeclinável pela autonomia privada.

Todavia, não há qualquer problema em afastar a Súmula 377 pela vontade das partes, o que, na verdade, ampliaria os efeitos do regime da separação obrigatória, passando esse a ser uma verdadeira *separação absoluta*, em que nada se comunica. Tal aspecto foi muito bem desenvolvido por José Fernando Simão também nos debates que travamos.

Em suma, respondemos na ocasião ao Mestre Zeno Veloso que sim, podem os nubentes, atingidos pelo art. 1.641, inc. II, do Código Civil, afastar, por escritura pública, a incidência da Súmula 377. Acredito que tal afastamento constitui um correto exercício da autonomia privada, admitido pelo nosso Direito, que conduz a um eficaz mecanismo de planejamento familiar, perfeitamente exercitável por força de ato público, no caso de um pacto antenupcial.

Exatamente no mesmo sentido, na *VIII Jornada de Direito Civil*, promovida pelo Conselho da Justiça Federal em abril de 2018, aprovou-se o Enunciado n. 634, prevendo que "é lícito aos que se enquadrem no rol de pessoas sujeitas ao regime da separação obrigatória de bens (art. 1.641 do Código Civil) estipular, por pacto antenupcial ou contrato de convivência, o regime da separação de bens, a fim de assegurar os efeitos de tal regime e afastar a incidência da Súmula 377 do STF".

Motivada por este debate iniciado pelo Mestre do Pará, a Corregedoria-Geral do Tribunal de Justiça de Pernambuco acabou por editar provimento admitindo o afastamento da Súmula 377 do STF por pacto antenupcial celebrado por cônjuges com idade superior a setenta anos (Provimento 08/2016). Nos seus termos,

"CONSIDERANDO que é possível, por convenção dos nubentes e em escritura pública, o afastamento da aplicação da Súmula 377 do STF, 'por não ser o seu conteúdo de ordem pública, mas, sim, de matéria afeita à disponibilidade de direitos' (ZENO VELOSO); CONSIDERANDO que, enquanto a imposição do regime de separação obrigatória de bens, para os nubentes maiores de setenta anos, é norma de ordem pública (artigo 1.641, II, do Código Civil), não podendo ser afastada por pacto antenupcial que contravenha a disposição de lei (artigo 1.655 do Código Civil); poderão eles, todavia, por convenção, ampliar os efeitos do referido regime de separação obrigatória, 'passando esse a ser uma verdadeira separação absoluta, onde nada se comunica' (JOSÉ FERNANDO SIMÃO); CONSIDERANDO que podem os nubentes, atingidos pelo artigo 1.641, inciso II, do Código Civil, afastar por escritura pública a incidência da Súmula 377 do STF, estipulando nesse ponto e na forma do que dispõe o artigo 1.639, *caput*, do Código Civil, quanto aos seus bens futuros o que melhor lhes aprouver (MÁRIO LUIZ DELGADO); CONSIDERANDO que o afastamento da Súmula 377 do STF, 'constitui um correto exercício de autonomia privada, admitido pelo nosso Direito, que conduz a um eficaz mecanismo de planejamento familiar, perfeitamente exercitável por força de ato público, no caso de um pacto antenupcial (artigo 1.653 do Código Civil)'; conforme a melhor doutrina pontificada por FLÁVIO TARTUCE)".

Como se percebe, o provimento, de fato, foi influenciado pelo artigo publicado no informativo *Migalhas*, e pelo debate inaugurado pelo saudoso Mestre Zeno Veloso, sendo essa mais uma de suas contribuições para a teoria e a prática do Direito Privado Brasileiro.

Como conteúdo do provimento, passou-se a estabelecer que, "no regime de separação legal ou obrigatória de bens, na hipótese do artigo 1.641, inciso II, do Código Civil, deverá o oficial do registro civil cientificar os nubentes da possibilidade de afastamento da incidência da Súmula 377 do Supremo Tribunal Federal, por meio de pacto antenupcial. Parágrafo único. O oficial do registro esclarecerá sobre os exatos limites dos efeitos do regime de separação obrigatória de bens, onde comunicam-se os bens adquiridos onerosamente na constância do casamento".

Sucessivamente, no mês de dezembro de 2017 e igualmente influenciada pelo nosso texto, surgiu decisão da Corregedoria-Geral de Justiça do Tribunal Paulista com o mesmo entendimento, assim ementada: "nas hipóteses em que se impõe o regime de separação obrigatória de bens (art. 1.641 do CC), é dado aos nubentes, por pacto antenupcial, prever a incomunicabilidade absoluta dos aquestos, afastando a incidência da Súmula 377 do Excelso Pretório, desde que mantidas todas as demais regras do regime de separação obrigatória. Situação que não se confunde com a pactuação para alteração do regime de separação obrigatória, para o de separação convencional de bens, que se mostra inadmissível".

No final de 2021, surgiu importante precedente da Quarta Turma do Superior Tribunal de Justiça, na mesma linha, concluindo que, "no casamento ou na união estável regidos pelo regime da separação obrigatória de bens, é possível que os nubentes/companheiros, em exercício da autonomia privada, estipulando o que melhor lhes aprouver em relação aos bens futuros, pactuem cláusula mais protetiva ao regime legal, com o afastamento da Súmula n. 377 do STF, impedindo a comunhão dos aquestos" (STJ, REsp 1.922.347/PR, 4.ª Turma, Rel. Min. Luis Felipe Salomão, j. 07.12.2021, *DJe* 1.º.02.2022).

Por fim, em 2022, foi aprovado enunciado doutrinário na *I Jornada de Direito Notarial e Registral* do Conselho da Justiça Federal, oriunda de proposta por mim formulada, com a seguinte redação: "podem os cônjuges, por meio de pacto antenupcial, optar pela não incidência da Súmula 377 do STF".

Espera-se, então, que outros Estados sigam os mesmos exemplos de Pernambuco e São Paulo, possibilitando esse correto e preciso exercício da autonomia privada, afastando-se o teor da Súmula 377 do STF por iniciativa dos cônjuges ou companheiros. Quem sabe, muito em breve, surgirá norma do Conselho Nacional de Justiça no mesmo sentido.

Superados esses aspectos, os arts. 1.642 e 1.643 da atual codificação material preveem os atos que podem ser praticados por qualquer um dos cônjuges, não importando o regime de bens adotado. Em geral, esses atos são aqueles relacionados com a administração geral das economias domésticas e dos bens individuais ou do casal. Para fins de detalhamento, os atos são os seguintes:

a) Praticar todos os atos de disposição e de administração necessários ao desempenho de sua profissão, com as devidas exceções legais (art. 1.642, inc. I, do CC). Vale o exemplo de Débora Brandão: "um dentista pode comprar ou vender seu gabinete odontológico, mas o imóvel em que ele está estabelecido somente poderá ser alienado com a anuência do outro cônjuge", como regra geral (BRANDÃO, Débora Vanessa Caús. *Regime...*, 2007, p. 179). Ainda sobre o comando, em caso envolvendo aval dado por um dos cônjuges, têm entendido as Cortes Estaduais, com razão, que "não há que se falar em nulidade do aval dado pelo marido sem a outorga uxória da esposa, quando referida garantia fidejussória for prestada em razão do exercício da profissão e para a consecução da atividade empresarial, nos termos do art. 1.642 do Código Civil" (TJMG, Apelação Cível 1.0349.15.001428-1/001, Rel. Des. Arnaldo Maciel, j. 06.11.2018, *DJEMG* 08.11.2018. Ver, no mesmo sentido: TJSP, Apelação 0001919-85.2015.8.26.0426, Acórdão 9691848, 38.ª Câmara de Direito Privado, Patrocínio Paulista, Rel. Des. Eduardo Siqueira, j. 10.08.2016, *DJESP* 18.08.2016). Em sentido próximo, também tratando do exercício de profissão e de contrato de mútuo: "Empréstimo para capital de giro. Sócio administrador que assina como devedor solidário. Outorga uxória. Desnecessidade. Aplicação dos ditames do art. 1.642, inciso I, do Código Civil" (TJRJ, Apelação 0024589-86.2013.8.19.0037, 18.ª Câmara Cível, Nova Friburgo, Rel. Des. Eduardo de Azevedo Paiva, *DORJ* 14.06.2018, p. 317). Por fim, tem-se entendido reiteradamente que "a fiança prestada por sócio e devedor solidário da empresa devedora, no exercício de sua atividade de empresário, em contrato bancário, independe da outorga uxória de seu cônjuge, conforme estabelece o art. 1.642, I, do Código Civil" (TJMG, Apelação Cível 1.0180.12.000652-3/001, Rel. Des. Evangelina Castilho Duarte, j. 18.05.2017, *DJEMG* 05.06.2017).

b) Administrar os bens próprios (art. 1.642, inc. II, do CC). Para o Superior Tribunal de Justiça, com razão, a norma alcança a celebração de contrato de arrendamento rural, que não exige a outorga do cônjuge, mesmo quando celebrado com prazo superior a dez anos (STJ, REsp 1.764.873/PR, 3.ª Turma, Rel. Min. Paulo de Tarso Sanseverino, j. 14.05.2019, *DJe* 21.05.2019).

c) Desobrigar ou reivindicar os imóveis que tenham sido gravados ou alienados sem o seu consentimento ou sem suprimento judicial (art. 1.642, inc. III, do CC). Apesar de a lei falar em *reivindicação*, o caso é de anulação do ato de alienação ou do gravame, estando a ação anulatória sujeita a prazo decadencial de dois anos, contados do término do casamento e da sociedade conjugal (art. 1.647 c/c o art. 1.649 do CC, c/c o art. 226, § 6.º, da CF, com a redação dada pela EC 66/2010).

d) Demandar a rescisão dos contratos de fiança e doação, ou a invalidação do aval, realizados pelo outro cônjuge com infração do disposto nos incs. III e IV do art. 1.647, dispositivo que será estudado a seguir (art. 1.642, inc. IV, do CC). Mais uma vez, apesar de a lei falar em *rescisão* (que gera a extinção por motivo posterior à celebração), o caso é de anulação da fiança e do aval, o que gera a extinção dos mesmos por motivo anterior ou concomitante à celebração (art. 1.647 do CC) no prazo decadencial de dois anos, contados do fim do casamento e da sociedade conjugal (art. 1.649 do CC).

e) Reivindicar os bens comuns, móveis ou imóveis, doados ou transferidos pelo outro cônjuge ao concubino, desde que provado que os bens não foram adquiridos pelo esforço comum destes, se o casal estiver separado de fato por mais de cinco anos. Por óbvio que esse dispositivo não deve ser aplicado havendo uma união estável entre o doador e o donatário. Consigne-se, por oportuno, que a atual codificação possibilita que o separado de fato constitua uma união estável com terceiro (art. 1.723, § 1.º, do CC). A previsão em comento (art. 1.642, inc. V, do CC) complementa a norma do art. 550 do CC/2002, que hoje prevê a anulabilidade das doações feitas por um dos cônjuges ao concubino (ou "cúmplice"), havendo uma relação concomitante ao casamento. Na verdade, deve-se entender que a doação é anulável, eis que o art. 550 é norma com maior especificidade. Como consta do Volume 3 desta coleção, ambos os dispositivos são condenáveis, uma vez que parece que o legislador ignorou que o separado de fato pode ter uma união estável com esse "concubino" ou "cúmplice". A crítica é também formulada por Maria Berenice Dias (*Manual...*, 2005, p. 215). De todo modo, o único caso em que ambos os comandos legais serão aplicados é naquele em que o cônjuge é casado e não separado, mantendo uma relação paralela (concubinato – art. 1.727 do CC). O art. 1.642, inc. V, do CC ainda apresenta um problema, porque acaba prevendo, de forma invertida, um prazo para a união de fato, o que não é recomendável. Acertadamente, o PL 699/2011 pretende suprimir o lapso temporal mencionado. A conclusão a que se chega é que se houver separação de fato, independentemente do lapso de separação, tal artigo não será aplicado, pois finda a comunhão plena de vidas e surgida, então, uma união estável, não há a possibilidade de reivindicação de bens.

f) Praticar todos os atos que não lhes forem vedados expressamente em lei (art. 1.642, inc. VI, do CC).

g) Comprar, ainda a crédito, as coisas necessárias à economia doméstica (art. 1.643, inc. I, CC).

h) Obter, por empréstimo, as quantias que a aquisição dessas coisas possa exigir (art. 1.643, inc. II, do CC).

Quanto ao atual Projeto de Reforma do Código Civil, assim como outros dispositivos, a Comissão de Juristas propõe a inclusão da união estável no art. 1.642 do Código Civil, que passará a prever o seguinte: "qualquer que seja o regime de bens, os cônjuges ou os conviventes podem livremente: [...] IV – demandar a invalidação do negócio jurídico, nas hipóteses do art. 1.647; V – anular as doações da pessoa casada ou em união estável a terceiro, na forma do art. 550, e reivindicar os bens comuns, móveis ou imóveis, transferidos pelo outro cônjuge ou convivente a outra pessoa, na hipótese do art. 1.564-D".

Como se pode perceber, e na linha dos meus comentários doutrinários, sugere-se resolver o problema do inc. IV, para que passe a mencionar a invalidação do negócio jurídico celebrado sem outorga conjugal ou convivencial, nas hipóteses previstas no art. 1.647. Também como pontuado nas minhas notas anteriores, em relação ao inc. V, passa-se a mencionar a anulação e posterior reivindicação do bem doado nas situações descritas no art. 1.564 ora projetado, segundo o qual "a relação não eventual entre pessoas impedidas de casar não constitui família".

A situação, portanto, é de doação da pessoa casada e não separada a um terceiro com quem mantenha um relacionamento, prevendo a nova redação proposta para o art. 550 da codificação privada o seguinte: "a doação de pessoa casada ou em união estável a terceiro com quem mantenha relação na forma do art. 1.564-D pode ser anulada pelo outro cônjuge ou convivente, ou por seus herdeiros necessários, até dois anos depois de dissolvida a sociedade conjugal ou a união estável".

No mesmo Projeto de Reforma, também há proposta de se incluir o convivente em união estável no art. 1.643, prevendo, a respeito da administração das economias domésticas, que "podem os cônjuges ou os conviventes, independentemente de autorização um do outro: I – comprar, ainda que a crédito, as coisas necessárias à economia doméstica, à alimentação e às despesas destinadas à educação dos filhos comuns; II – obter, por empréstimo, as quantias que a aquisição ou o adimplemento dessas coisas e obrigações possam exigir". Também em boa hora foram incluídas menções à alimentação e à educação dos filhos, o que traz mais efetividade ao texto em vigor.

Voltando-se ao sistema hoje em vigor, relativamente às últimas duas previsões (letras *g* e *h* – art. 1.643), ou seja, atos relacionados com as economias domésticas, dispõe o art. 1.644 da codificação que haverá solidariedade de ambos os cônjuges quanto a essas dívidas (solidariedade passiva legal). Em suma, ainda que apenas um dos cônjuges figure como devedor, ambos responderão solidariamente pelo adimplemento. Isso não inclui, por exemplo, dívidas pessoais de um dos cônjuges contraídas em seu único e exclusivo interesse.

A respeito dessa responsabilidade solidária pelas economias domésticas, a título de ilustração, julgado superior concluiu que a execução de título extrajudicial por inadimplemento de mensalidades escolares de filhos do casal pode ser redirecionada ao outro consorte, ainda que ele não esteja nominalmente previsto nos instrumentos negociais que deram origem à dívida. Vejamos o que expressa o aresto:

> "Nos arts. 1.643 e 1644 do Código Civil, o legislador reconheceu que, pelas obrigações contraídas para a manutenção da economia doméstica, e, assim, notadamente, em proveito da entidade familiar, o casal responderá solidariamente, podendo-se postular a excussão dos bens do legitimado ordinário e do coobrigado, extraordinariamente legitimado. Estão abrangidas na locução 'economia doméstica' as obrigações assumidas para a administração do lar e, pois, à satisfação das necessidades da família, no que se inserem as despesas educacionais" (STJ, REsp 1.472.316/SP, 3.ª Turma, Rel. Min. Paulo de Tarso Sanseverino, j. 05.12.2017, *DJe* 18.12.2017).

Com relação às ações fundadas nos incs. III, IV e V do art. 1.642 do CC/2002, essas competem ao cônjuge prejudicado e a seus herdeiros (art. 1.645). No caso dos incs. III e IV do art. 1.642, o terceiro, prejudicado com a sentença favorável ao autor, terá direito regressivo contra o cônjuge, que realizou o negócio jurídico, ou seus herdeiros (art. 1.646).

No que diz respeito à Reforma do Código Civil, a ideia é incluir a menção ao convivente em união estável em todos esses dispositivos, assim como todos os demais que tratam do regime de bens.

O dispositivo a seguir é um dos mais importantes da legislação em vigor, merecendo transcrição destacada:

> "Art. 1.647. Ressalvado o disposto no art. 1.648, nenhum dos cônjuges pode, sem autorização do outro, exceto no regime da separação absoluta:
> I – alienar ou gravar de ônus real os bens imóveis;
> II – pleitear, como autor ou réu, acerca desses bens ou direitos;

III – prestar fiança ou aval;

IV – fazer doação, não sendo remuneratória, de bens comuns, ou dos que possam integrar futura meação.

Parágrafo único. São válidas as doações nupciais feitas aos filhos quando casarem ou estabelecerem economia separada".

O comando legal transcrito traz hipóteses de *legitimação*, ou seja, de capacidade especial exigida para determinados atos e negócios jurídicos. Trata-se da exigência da outorga ou vênia conjugal, que pode ser assim classificada:

– *Outorga ou vênia uxória* – da mulher, da esposa (porque *uxor* em latim é esposa).
– *Outorga ou vênia marital* – do marido.

Uma primeira dúvida que pode surgir do dispositivo é se ele se aplica à união estável. A resposta não é simples e é grande a controvérsia em torno do tema, que será estudado de forma aprofundada no Capítulo 5 da presente obra. Entendo que não se exige *outorga convivencial* para os atos que nele constam, pois a norma é restritiva e especial para o casamento, limitadora da autonomia privada, não admitindo aplicação por analogia para a união estável.

Adotando a premissa de não subsunção do art. 1.647 do Código Civil à união estável, vejamos recente aresto do Superior Tribunal de Justiça, relativo à fiança, assim publicado no seu *Informativo* n. 535, do ano de 2014:

"Direito civil. Inaplicabilidade da Súmula 332 do STJ à união estável. Ainda que a união estável esteja formalizada por meio de escritura pública, é válida a fiança prestada por um dos conviventes sem a autorização do outro. Isso porque o entendimento de que a 'fiança prestada sem autorização de um dos cônjuges implica a ineficácia total da garantia' (Súmula 332 do STJ), conquanto seja aplicável ao casamento, não tem aplicabilidade em relação à união estável. De fato, o casamento representa, por um lado, uma entidade familiar protegida pela CF e, por outro lado, um ato jurídico formal e solene do qual decorre uma relação jurídica com efeitos tipificados pelo ordenamento jurídico. A união estável, por sua vez, embora também represente uma entidade familiar amparada pela CF – uma vez que não há, sob o atual regime constitucional, famílias estigmatizadas como de 'segunda classe' –, difere-se do casamento no tocante à concepção deste como um ato jurídico formal e solene. Aliás, nunca se afirmou a completa e inexorável coincidência entre os institutos da união estável e do casamento, mas apenas a inexistência de predileção constitucional ou de superioridade familiar do casamento em relação a outra espécie de entidade familiar. Sendo assim, apenas o casamento (e não a união estável) representa ato jurídico cartorário e solene que gera presunção de publicidade do estado civil dos contratantes, atributo que parece ser a forma de assegurar a terceiros interessados ciência quanto a regime de bens, estatuto pessoal, patrimônio sucessório etc. Nesse contexto, como a outorga uxória para a prestação de fiança demanda absoluta certeza por parte dos interessados quanto à disciplina dos bens vigente, e como essa segurança só é obtida por meio de ato solene e público (como no caso do casamento), deve-se concluir que o entendimento presente na Súmula 332 do STJ – segundo a qual a 'fiança prestada sem autorização de um dos cônjuges implica a ineficácia total da garantia' –, conquanto seja aplicável ao casamento, não tem aplicabilidade em relação à união estável. Além disso, essa conclusão não é afastada diante da celebração de escritura pública entre os consortes, haja vista que a escritura pública serve apenas como prova relativa de uma união fática, que não se sabe ao certo quando começa nem quando termina, não sendo ela própria o ato constitutivo da união estável.

Ademais, por não alterar o estado civil dos conviventes, para que dele o contratante tivesse conhecimento, ele teria que percorrer todos os cartórios de notas do Brasil, o que seria inviável e inexigível" (STJ, REsp 1.299.866/DF, Rel. Min. Luis Felipe Salomão, j. 25.02.2014).

Repise-se que o tema ainda será analisado em capítulo específico da obra, que trata da união estável, com aprofundamentos em relação ao fato de ter o vigente CPC equiparado a união estável ao casamento, para os fins processuais. Adiante-se, porém, que o Projeto de Reforma do Código Civil pretende inserir a aplicação do comando para a união estável, com a exigência da outorga convivencial, se ela estiver registrada.

Outro ponto a ser comentado é o que consta do Enunciado n. 114 do CJF/STJ, *in verbis*: "o aval não pode ser anulado por falta de vênia conjugal, de modo que o inc. III do art. 1.647 apenas caracteriza a inoponibilidade do título ao cônjuge que não assentiu". O enunciado doutrinário sempre foi considerado *contra legem*, pois o art. 1.649 do CC/2002 consagra a anulação do ato correspondente.

Entretanto, esse enunciado acabava consubstanciando o entendimento doutrinário majoritário, principalmente entre os autores de Direito Empresarial, uma vez que a anulação do aval feriria o princípio da ampla circulação dos títulos de crédito. Na jurisprudência, podem ser encontrados julgados que aplicam expressamente o seu teor, como os seguintes, de Santa Catarina e de Minas Gerais:

"Ação anulatória de ato jurídico. Nota promissória. Aval. Outorga uxória. Ausência. Artigo 1.647, III, do Código Civil. Nulidade da garantia. Não ocorrência. Ineficácia com relação à esposa do avalista. Proteção da meação. Verossimilhança ausente. Tutela antecipada. Não concessão. Interlocutória correta. Não provimento do agravo. 'O aval não pode ser anulado por falta de vênia conjugal, de modo que o inc. III do art. 1647 apenas caracteriza a inoponibilidade do título ao cônjuge que não assentiu' (Enunciado n. 114, *Jornada I*, do Superior Tribunal de Justiça)" (TJSC, Agravo de Instrumento 2008.043814-8, 2.ª Câmara de Direito Comercial, Rio do Oeste, Rel. Des. Jorge Henrique Schaefer Martins, *DJSC* 29.09.2009, p. 98).

"Apelação cível. Embargos à execução – nota promissória. Aval. Outorga uxória. Art. 1.647, III, CC/02. Interpretação. Certeza, liquidez e exigibilidade não descaracterizadas. Improcedência dos embargos. Decisão que se mantém. A melhor exegese do disposto no art. 1647, III, do CC/02 é, segundo o que restou assentado na Jornada STJ 114, que: 'o aval não pode ser anulado por falta de vênia conjugal, de modo que o inc. III, do art. 1647 apenas caracteriza a inoponibilidade do título ao cônjuge que não assentiu'. Estando a cambial revestida de seus requisitos legais, impõe-se a improcedência dos embargos à execução" (TJMG, Apelação Cível 1.0134.07.084648-7/0011, 11.ª Câmara Cível, Caratinga, Rel. Des. Selma Marques, j. 21.01.2009, *DJEMG* 13.02.2009).

Todavia, em sentido contrário, fazendo incidir a literalidade do art. 1.649 do atual Código Civil, concluindo pela anulação do aval:

"Aval. Ausência de outorga uxória. Desconto de valores de conta-corrente conjunta por dívida contraída somente pelo marido. Arts. 1.647, inciso III, e 1.649 do Novo Código Civil. Anulabilidade. Observação de que, nos demais contratos, o marido da autora é devedor solidário. Majoração da condenação por danos morais. Afastamento da condenação por danos materiais. Recursos parcialmente providos" (TJSP, Apelação 7024903-5, Acórdão

3173435, 20.ª Câmara de Direito Privado, São Paulo, Rel. Des. Luis Carlos de Barros, j. 04.08.2008, *DJESP* 27.08.2008).

Justamente diante dessa polêmica, o antigo PL 7.312/2002 pretendia suprimir a menção ao aval no comando legal. Isso porque, em razão dos princípios de direito cambiário, o aval é aposto em títulos de crédito que normalmente circulam desacompanhados de quaisquer outros documentos que identifiquem o avalista e o seu correspondente estado civil.

Faz o mesmo o Projeto de Reforma do Código Civil, ora em tramitação, pelo texto elaborado pela Comissão de Juristas. Além da retirada do aval do inc. III do art. 1.647, sugere-se a inclusão de um novo § 2.º na norma, prevendo que "a falta de outorga não invalidará o aval, mas configurará sua ineficácia parcial no tocante à meação do cônjuge ou convivente que não participaram do ato".

Ademais, anote-se que a regra relativa ao aval não existia no sistema anterior, razão pela qual não se aplica aos atos praticados na vigência da codificação de 1916. Concluindo, desse modo, com precisão:

"Aval. Nota promissória vinculada a contrato bancário. Alegação, apenas em sede de apelação, de falta da outorga uxória. Título emitido na vigência do CC/16. Ausência de previsão legal exigindo outorga conjugal para prestação do aval. Art. 235, III, do CC/16 que só prevê a exigência para fiança. Hipótese, ademais, em que não poderia o próprio avalista alegar tal vício. Impossibilidade. Incidência do princípio de que ninguém pode se beneficiar da própria torpeza. Recurso nesta parte improvido. (...)" (TJSP, Apelação 1068749-3, Acórdão 4037809, 23.ª Câmara de Direito Privado, Capivari, Rel. Des. J. B. Franco de Godoi, j. 26.08.2009, *DJESP* 01.10.2009).

Entre 2016 e 2017, o Superior Tribunal de Justiça restringiu consideravelmente a aplicação do art. 1.647, inc. III, do Código Civil, somente para os *títulos de crédito atípicos* ou *inominados*, aqueles não regulados em lei específica. Aplicou-se, na essência, o teor do art. 903 da própria codificação privada, segundo o qual, "salvo disposição diversa em lei especial, regem-se os títulos de crédito pelo disposto neste Código". Foram excluídos, entre outros, o cheque, a duplicata e a letra de câmbio, principais títulos de crédito existentes no Direito brasileiro. De acordo com o primeiro aresto, do final de 2016 e da Quarta Turma da Corte:

"É imprescindível proceder-se à interpretação sistemática para a correta compreensão do art. 1.647, III, do CC/2002, de modo a harmonizar os dispositivos do Diploma civilista. Nesse passo, coerente com o espírito do Código Civil, em se tratando da disciplina dos títulos de crédito, o art. 903 estabelece que, 'salvo disposição diversa em lei especial, regem-se os títulos de crédito pelo disposto neste Código'. No tocante aos títulos de crédito nominados, o Código Civil deve ter uma aplicação apenas subsidiária, respeitando-se as disposições especiais, pois o objetivo básico da regulamentação dos títulos de crédito, no novel Diploma civilista, foi permitir a criação dos denominados títulos atípicos ou inominados, com a preocupação constante de diferençar os títulos atípicos dos títulos de crédito tradicionais, dando aos primeiros menos vantagens. A necessidade de outorga conjugal para o aval em títulos inominados – de livre criação – tem razão de ser no fato de que alguns deles não asseguram nem mesmo direitos creditícios, a par de que a possibilidade de circulação é, evidentemente, deveras mitigada. A negociabilidade dos títulos de crédito é decorrência do regime jurídico-cambial, que estabelece regras que dão à pessoa para quem o crédito é transferido maiores garantias do que as do regime civil" (STJ, REsp 1.633.399/SP, 4.ª Turma, Rel. Min. Luis Felipe Salomão, j. 10.11.2016, *DJe* 01.12.2016).

Em 2017, surgiu acórdão da Terceira Turma da Corte, seguindo a mesma linha do seu antecessor, o que parece representar uma pacificação sobre o tema no Tribunal da Cidadania. Vejamos trecho principal da sua ementa:

"O Código Civil de 2002 estatuiu, em seu art. 1.647, inciso III, como requisito de validade da fiança e do aval, institutos bastante diversos, em que pese ontologicamente constituam garantias pessoais, o consentimento por parte do cônjuge do garantidor. Essa norma exige uma interpretação razoável sob pena de descaracterização do aval como típico instituto cambiário. A interpretação mais adequada com o referido instituto cambiário, voltado a fomentar a garantia do pagamento dos títulos de crédito, à segurança do comércio jurídico e, assim, ao fomento da circulação de riquezas, é no sentido de limitar a incidência da regra do art. 1.647, inciso III, do CCB aos avais prestados aos títulos inominados regrados pelo Código Civil, excluindo-se os títulos nominados regidos por leis especiais. Precedente específico da Colenda 4.ª Turma. Alteração do entendimento deste relator e desta Terceira Turma" (STJ, REsp 1.526.560/MG, 3.ª Turma, Rel. Min. Paulo de Tarso Sanseverino, j. 16.03.2017, DJe 16.05.2017).

Em resumo, a incidência do inciso III do art. 1.647 do Código Civil ficou bem restrita no que diz respeito ao aval, tendo sido retirada grande parte do seu campo de subsunção, o que justifica a sua revogação expressa, como sugerido pelo Projeto de Reforma do Código Civil.

Voltando ao âmago do art. 1.647 do CC, a lei exige, em regra e sendo casado o negociante, a outorga do seu cônjuge para a prática desses citados atos. Mas o *caput* do dispositivo excepciona um regime, o da *separação absoluta*. A dúvida que surge é: que regime de bens seria esse? Afinal de contas, ao tratar do regime da separação total de bens, a lei o faz em duas formas: separação obrigatória ou legal e separação convencional – quando celebrado por pacto antenupcial –, não havendo qualquer menção quanto a essa *separação absoluta*.

Na verdade, a discussão sobre qual o regime mencionado no art. 1.647, *caput*, gira, mais uma vez, em torno da antiga Súmula 377 do Supremo Tribunal Federal, com a seguinte redação, que merece ser novamente transcrita: "no regime da separação legal de bens comunicam-se os bens adquiridos na constância do casamento".

A Súmula 377, vale reafirmar, criou a *meação ou participação dos aquestos* (sobre bens onerosamente adquiridos pelo esforço comum, na interpretação que ora prevalece), o que retira o caráter de separação absoluta da separação obrigatória. Assim, necessária a outorga conjugal para as pessoas casadas pelo regime da separação obrigatória.

Repise-se que a questão diz respeito à aplicação da Súmula 377 do STF. Se a resposta for positiva, a separação obrigatória não é absoluta nos dias de hoje e a outorga é imprescindível, sob pena de anulabilidade do ato. Se a resposta for negativa, a súmula deixou de produzir efeitos e a separação obrigatória é também uma separação absoluta atualmente, o que dispensaria a vênia conjugal nas hipóteses do art. 1.647.

Como exemplo da controvérsia, mencionem-se as lições de Nelson Nery Jr. e Rosa Maria de Andrade Nery nos seguintes termos: "quando a doutrina se refere ao regime da separação absoluta de bens, em regra, quer referir-se ao que foi assim firmado contratualmente, por meio de pacto antenupcial. A utilização dessa terminologia, consagrada pela doutrina no texto do CC 1.647, *caput in fine*, autoriza o intérprete a dizer que, em caso de o casamento ter sido celebrado sob o regime da separação obrigatória de bens, não incide a exceção à regra. No regime da separação obrigatória de bens exige-se a autorização do outro cônjuge para a realização dos atos elencados nos incisos que se lhe seguem" (*Código Civil...*, 2003, p. 737). Essa é a mesma conclusão do jurista paraibano e diretor do IBDFAM Rodrigo Toscano de Brito (*Compromisso...*, 2004, p. 334).

Seguindo essa última corrente, vejamos interessante acórdão superior, publicado no *Informativo* n. *420* do STJ:

> "Aval. Outorga. Separação obrigatória. Bens. Segundo a exegese do art. 1.647, III, do CC/2002, é necessária a vênia conjugal para a prestação de aval por pessoa casada sob o regime da separação obrigatória de bens. Essa exigência de outorga conjugal para os negócios jurídicos de (presumidamente) maior expressão econômica, tal como a prestação de aval ou a alienação de imóveis, decorre da necessidade de garantir a ambos os cônjuges um meio de controlar a gestão patrimonial; pois, na eventual dissolução do vínculo matrimonial, os consortes podem ter interesse na partilha dos bens adquiridos onerosamente na constância do casamento. Anote-se que, na separação convencional de bens, há implícita outorga prévia entre os cônjuges para livremente dispor de seus bens, o que não se verifica na separação obrigatória, regime patrimonial decorrente de expressa imposição do legislador. Assim, ao excepcionar a necessidade de autorização conjugal para o aval, o art. 1.647 do CC/2002, mediante a expressão 'separação absoluta', refere-se exclusivamente ao regime de separação convencional de bens e não ao da separação legal. A Súmula n.º 377-STF afirma haver interesse dos consortes pelos bens adquiridos onerosamente ao longo do casamento sob o regime de separação legal, suficiente razão a garantir-lhes o mecanismo de controle de outorga uxória ou marital para os negócios jurídicos previstos no art. 1.647 do CC/2002. Com esse entendimento, a Turma, ao prosseguir o julgamento, deu provimento ao especial para declarar a nulidade do aval prestado pelo marido sem autorização da esposa, ora recorrente" (STJ, REsp 1.163.074-PB, Rel. Min. Massami Uyeda, j. 15.12.2009).

Esclarecidos esses pontos, verifica-se que a falta dessa outorga conjugal pode ser suprida pelo juiz, se um dos cônjuges a denegar sem que haja "motivo justo, ou lhe seja impossível concedê-la" (art. 1.648 do CC). A expressão *motivo justo* é mais uma cláusula geral, a ser preenchida pelo juiz caso a caso. Como hipótese de impossibilidade para a concessão da outorga, exemplifica-se com o caso de um cônjuge que está em local incerto e não sabido, havendo a possibilidade do suprimento judicial da sua vontade.

Ainda ilustrando, há a situação na qual os cônjuges estão separados de fato há muitos anos e um deles, por mero capricho, se nega a anuir com o ato. Nessa esteira do Tribunal do Distrito Federal:

> "O suprimento da outorga somente é possível em caso de injustificada recusa, nos termos do art. 1.648 do Código Civil. Havendo animosidade entre os coproprietários, a solução é a extinção judicial do condomínio, se o caso, com a adjudicação da coisa a um dos comunheiros ou a venda do bem para repartição do preço" (TJDF, Recurso 2011.01.1.210828-3, Acórdão 619.580, 3.ª Turma Cível, Rel. Des. Rômulo de Araújo Mendes, *DJDFTE* 17.10.2012, p. 139).

No revogado Código Civil, de 1916, dúvida havia se o ato praticado sem a outorga seria nulo ou anulável. Isso porque o art. 252 daquele diploma dispunha: "a falta não suprida pelo juiz, de autorização do marido, quando necessária (art. 242), invalidará o ato da mulher; podendo esta nulidade ser alegada pelo outro cônjuge, até 2 (dois) anos depois de terminada a sociedade conjugal". Note-se que a lei usava o termo "nulidade" a indicar que se tratava de nulidade absoluta, apesar de trazer um prazo decadencial próprio da nulidade relativa. Assim firmava-se a jurisprudência do Superior Tribunal de Justiça:

"Direito civil. Processual civil. Recurso especial. Locação. Nulidade. Precedentes. Recurso especial conhecido e improvido. 3. É nula a fiança prestada sem a anuência do cônjuge do fiador. Precedentes. 4. Tendo o arresto sido invalidado em decorrência da decretação da nulidade da fiança prestada sem a anuência da esposa do fiador, torna-se irrelevante se perquirir se houve a comprovação de que o imóvel penhorado seria ou não bem de família. 5. Recurso especial conhecido e improvido" (STJ, REsp 797.853/SP, 5.ª Turma, Rel. Min. Arnaldo Esteves Lima, j. 27.03.2008, *DJ* 28.04.2008, p. 1).

"Fiança. Falta de outorga uxória. Nulidade que alcança, inclusive, a meação marital. Precedentes da Corte. I – A fiança prestada sem outorga uxória é nula de pleno direito, alcançando todo o ato, inclusive a meação marital. II – O artigo 263, X, do Código Civil, que também fundamentou a decisão recorrida, ao excluir da comunhão a fiança prestada pelo marido, não contradiz a norma do artigo 235, III, do mesmo Código, cuja interpretação, conjugada com o disposto no artigo 239, leva à seguinte conclusão: o marido está proibido de prestar fiança, sem o consentimento da mulher; se o fizer, a mulher pode pleitear a anulação do ato, ainda na constância da sociedade conjugal, com ineficácia total do ato; se a anulação é requerida depois de extinta a sociedade, só a meação da mulher fica protegida. III – Precedentes da Corte. IV – Recurso especial conhecido e provido" (STJ, REsp 113.317/MS, 3.ª Turma, Rel. Min. Waldemar Zveiter, j. 03.12.1998, *DJ* 26.04.1999, p. 89).

"Processual civil. Locação. Execução. Julgamento *extra petita*. Inocorrência. Fiança. Nulidade. Ausência de outorga uxória. (...). A fiança prestada pelo marido sem outorga uxória é nula de pleno direito, alcançando inclusive a meação marital. Precedentes desta Corte. Recurso especial parcialmente conhecido e, nesta extensão, provido" (STJ, REsp 202.550/SP, 6.ª Turma, Rel. Min. Vicente Leal, j. 06.09.2001, *DJ* 1.º.10.2001, p. 255).

O art. 1.649 do CC/2002 consagra a consequência para a prática de um dos atos previstos no art. 1.647 sem a devida outorga conjugal. Pela atual codificação, encerrando qualquer dúvida existente, tais atos são anuláveis, podendo o outro cônjuge pleitear-lhe a anulação até dois anos depois de terminados o casamento e a sociedade conjugal (art. 1.649 do CC).

No máximo admite-se a propositura de demanda por herdeiro interessado no ato, aplicando-se o mesmo prazo decadencial em questão (art. 1.650 do CC). O prazo do herdeiro será contado da morte do sucedido, sendo certo que o seu falecimento também põe fim à sociedade conjugal e ao casamento (art. 1.571 do CC).

Nesse sentido, julgado publicado no *Informativo* n. 581 do Tribunal da Cidadania, de 2016, com o seguinte resumo relativo a caso de fiança: "o prazo decadencial para herdeiro do cônjuge prejudicado pleitear a anulação da fiança firmada sem a devida outorga conjugal é de dois anos, contado a partir do falecimento do consorte que não concordou com a referida garantia" (STJ, REsp 1.273.639/SP, Rel. Luis Felipe Salomão, j. 10.03.2016, *DJe* 18.04.2016). Repita-se que o prazo tem natureza decadencial, pois a ação anulatória é constitutiva negativa.

Diante da alteração da lei, não pode ser mantida a anterior interpretação jurisprudencial. Os atos praticados sem outorga na vigência do Código Civil de 2002 são anuláveis e não nulos, aplicando-se, então, a lei vigente no momento de sua celebração. Quanto aos atos praticados na vigência do Código Civil de 1916, como a questão envolve o plano da validade, serão nulos, subsumindo-se a norma anterior. Eis aqui mais um exemplo de aplicação da

Escada Ponteana e do art. 2.035 do CC. Relembre-se que a outorga conjugal é hipótese de legitimação, de uma capacidade especial, que se enquadra no segundo degrau da *Escada*.

Seguindo em parte tais premissas, vale citar a Súmula 322 do STJ, segundo a qual a fiança prestada sem autorização de um dos cônjuges implica a ineficácia total da garantia. Na minha leitura, a sumular cita a *ineficácia* levando em conta que o momento da pactuação da fiança sem outorga pode gerar a nulidade absoluta ou relativa do ato.

A propósito dessa afirmação, em 2022 surgiu acórdão da Quarta Turma da Corte Superior, concluindo pela nulidade relativa da fiança nesse caso e não pela mera ineficácia: "a melhor exegese é aquela que mantém a exigência geral de outorga conjugal para prestar fiança, sendo indiferente o fato de o fiador prestá-la na condição de comerciante ou empresário, considerando a necessidade de proteção da segurança econômica familiar. A fiança prestada sem outorga conjugal conduz à nulidade do contrato. Incidência da Súmula n. 332 do STJ" (STJ, REsp 1.525.638/SP, 4.ª Turma, Rel. Min. Antonio Carlos Ferreira, j. 14.06.2022, *DJe* 21.06.2022).

Também a esclarecer essa questão de direito intertemporal e o teor do art. 2.039 do CC/2002, aqui antes mencionado, julgou o Superior Tribunal de Justiça, no ano de 2020:

"Em se tratando de casamento celebrado na vigência do CC/1916 sob o regime da separação convencional de bens, somente aos negócios jurídicos celebrados na vigência da legislação revogada é que se poderá aplicar a regra do art. 235, I, do CC/1916, que previa a necessidade de autorização conjugal como condição de eficácia da hipoteca, independentemente do regime de bens. Entretanto, aos negócios jurídicos celebrados após a entrada em vigor do CC/2002, deverá ser aplicada a regra do art. 1.647, I, do CC/2002, que prevê a dispensa de autorização conjugal como condição de eficácia da hipoteca quando o regime de bens for o da separação absoluta, ainda que se trate de casamento celebrado na vigência da legislação civil revogada" (STJ, REsp 1.797.027/PB, 3.ª Turma, Rel. Min. Nancy Andrighi, j. 15.09.2020, *DJe* 18.09.2020).

Esclareça-se, contudo e com o devido respeito, que apesar de o acórdão falar em condição de eficácia, os dispositivos citados tratam de requisitos de validade, o que justifica a incidência da norma do momento da celebração, nos termos do art. 2.035, *caput*, da atual codificação privada.

Em havendo aprovação do ato por parte do cônjuge, desde que feita por instrumento público, ou particular autenticado, o cônjuge não poderá promover a referida ação anulatória (art. 1.649, parágrafo único, do CC). E se assim o faz, não poderá voltar atrás, promovendo a demanda, aplicando-se a máxima que veda o comportamento contraditório, e que mantém relação com o princípio da boa-fé objetiva (*venire contra factum proprium non potest*). A jurisprudência do STJ aplicou a ideia em notório julgado, prolatado na vigência do Código Civil de 1916:

"Promessa de compra e venda. Consentimento da mulher. Atos posteriores. '*Venire contra factum proprium*'. Boa-fé. A mulher que deixa de assinar o contrato de promessa de compra e venda juntamente com o marido, mas depois disso, em juízo, expressamente admite a existência e validade do contrato, fundamento para a denunciação de outra lide, e nada impugna contra a execução do contrato durante mais de 17 anos, tempo em que os promissários compradores exerceram pacificamente a posse sobre o imóvel, não pode depois se opor ao pedido de fornecimento de escritura definitiva. Doutrina dos atos próprios. Art. 132 do CC. Recurso conhecido e provido" (STJ, REsp 95.539/SP, 4.ª Turma, Rel. Min. Ruy Rosado de Aguiar, j. 03.09.1996, *DJ* 14.10.1996, p. 39.015).

Ademais, igualmente aplicando a máxima que veda o comportamento contraditório, a ação anulatória não poderá ser proposta pelo próprio cônjuge que realizou o negócio sem a devida outorga. Assim, "no caso dos autos, todavia, a falta da vênia conjugal foi arguida tão somente pelo cônjuge que prestou a fiança sem a autorização de sua esposa. Nesse caso, é de se aplicar a orientação desta Corte no sentido de não conferir, ao cônjuge que concedeu a referida garantia fidejussória sem a outorga uxória, legitimidade para arguir a sua invalidade, permitindo apenas ao outro cônjuge que a suscite, nos termos do art. 1.650 do atual Código Civil" (STJ, REsp 832.669/SP, 6.ª Turma, Rel. Min. Maria Thereza de Assis Moura, j. 17.05.2007, *DJ* 04.06.2007, p. 437).

Em relação à administração dos bens do casamento, quando um dos cônjuges não puder exercê-la, segundo o regime de bens adotado, caberá ao outro: *a)* gerir os bens comuns e os do consorte; *b)* alienar os bens móveis comuns; *c)* alienar os imóveis comuns e os móveis ou imóveis do consorte, mediante autorização judicial. Essa é a regra do art. 1.651 do Código, havendo propostas de sua alteração no Projeto de Reforma do Código Civil.

Pelo atual Projeto de Reforma do Código Civil, elaborado pela Comissão de Juristas nomeada no Senado Federal, objetiva-se a inclusão nele da união estável, passando a prever o caput do dispositivo o seguinte: "Art. 1.651. Quando um dos cônjuges ou conviventes não puder exercer a administração dos bens que lhe incumbe, segundo o regime de bens, caberá ao outro: [...]". No inc. I, também se objetiva prever, sem modificação de conteúdo e apenas incluindo a união estável, a menção a "gerir os bens comuns e os do consorte ou convivente". Por sua vez, o inc. III passará a prever: "alienar os imóveis comuns e os móveis ou imóveis do consorte ou convivente, mediante autorização judicial".

Voltando-se ao sistema hoje vigente, a norma é completada pelo dispositivo seguinte, que visa a proteger os bens do casamento:

> "Art. 1.652. O cônjuge, que estiver na posse dos bens particulares do outro, será para com este e seus herdeiros responsável:
>
> I – como usufrutuário, se o rendimento for comum;
>
> II – como procurador, se tiver mandato expresso ou tácito para os administrar;
>
> III – como depositário, se não for usufrutuário, nem administrador".

Esse último comando legal, como se pode perceber, traz a responsabilidade de cada cônjuge na administração de bens do casal, respondendo esse tanto em relação ao outro quanto aos seus herdeiros, que eventualmente possam vir a ser prejudicados. Vejamos três casos envolvendo o dispositivo em questão:

> I – Se um cônjuge estiver recebendo aluguéis de um imóvel comum, será tratado como um usufrutuário em relação a tais bens. O usufruto, direito real de gozo ou fruição, está previsto nos arts. 1.390 a 1.411 da atual codificação, tema aprofundado no Volume 4 da presente coleção.
>
> II – Se um cônjuge estiver administrando bens móveis do casal, havendo uma autorização tácita, será tratado como mandatário (arts. 653 a 692 do CC).
>
> III – Se um dos cônjuges estiver guardando um bem móvel do casal, será considerado depositário, estando sujeito às normas previstas nos arts. 627 a 652 da atual codificação material.

No Projeto de Reforma e Atualização do Código Civil, assim como as proposições anteriores, almeja-se nele incluir o convivente que viva em união estável, conclusão que já serve para o comando na atualidade.

Por fim, ainda no que concerne à administração de bens, a Lei 11.340/2006 (*Lei Maria da Penha*), que tem por objetivo coibir a violência doméstica, traz um dispositivo que visa à proteção patrimonial no interesse do cônjuge, sendo interessante transcrevê-lo de forma integral:

> "Art. 24. Para a proteção patrimonial dos bens da sociedade conjugal ou daqueles de propriedade particular da mulher, o juiz poderá determinar, liminarmente, as seguintes medidas, entre outras: I – restituição de bens indevidamente subtraídos pelo agressor à ofendida; II – proibição temporária para a celebração de atos e contratos de compra, venda e locação de propriedade em comum, salvo expressa autorização judicial; III – suspensão das procurações conferidas pela ofendida ao agressor; IV – prestação de caução provisória, mediante depósito judicial, por perdas e danos materiais decorrentes da prática de violência doméstica e familiar contra a ofendida. Parágrafo único. Deverá o juiz oficiar ao cartório competente para os fins previstos nos incisos II e III deste artigo".

Superada a análise das regras gerais quanto ao regime de bens, passa-se ao estudo do pacto antenupcial.

3.3 PACTO ANTENUPCIAL. CONCEITO E REGRAS

A primeira questão que surge a respeito do pacto antenupcial refere-se ao seu conceito e natureza jurídica. Para Paulo Luiz Netto Lôbo: "o pacto antenupcial é o negócio jurídico bilateral de direito de família mediante o qual os nubentes têm autonomia para estruturarem, antes do casamento, o regime de bens distinto da comunhão parcial" (*Código Civil...*, 2003, p. 270).

Segundo Débora Gozzo, trata-se de um *negócio jurídico de Direito de Família*, com claros interesses patrimoniais e precisas limitações constantes na legislação. Como características desse negócio, aponta a última autora citada: *a) pessoalismo*, pois somente pode ter os cônjuges como partes; *b) formalismo*, diante da necessidade de escritura pública como requisito formal; *c) nominalismo*, eis que previsto em lei; *d) legalidade*, diante da previsão legal de suas regras fundamentais (GOZZO, Débora. *Pacto...*, 1992, p. 34-35).

Justamente diante desse interesse patrimonial é que se pode afirmar que o pacto antenupcial tem natureza contratual. Como leciona Rolf Madaleno, "no pacto antenupcial o Direito de Família permite exercer livremente a autonomia da vontade, podendo os nubentes contratar acerca do regime que melhor entendam deva dispor sobre as relações patrimoniais de seu casamento, constituindo-se em verdadeira exceção à regra da indisponibilidade dos direitos de família, cujos preceitos são compostos de normas cogentes e, 'portanto, insuscetíveis de serem derrogadas pela convenção entre os particulares'" (MADALENO, Rolf. *Curso...*, 2008, p. 528). O Código Civil de 2002 traz regras específicas quanto ao referido pacto, que merecem ser estudadas de forma detalhada.

A primeira delas é o art. 1.653, segundo o qual o pacto antenupcial deve ser feito por escritura pública no Cartório de Notas, sendo nulo se assim não o for e ineficaz se não ocorrer o casamento. De acordo com o dispositivo legal, há uma formalidade exigida como requisito de validade desse negócio jurídico. Como se pode perceber, o pacto antenupcial do qual não seguir o casamento, pode até ser válido, mas não gerará efeitos práticos (ineficaz), pois o casamento não foi celebrado. Trata-se de negócio celebrado sob condição suspensiva, uma vez que só começa a produzir efeitos com o casamento.

Em maio de 2020, passou-se a admitir a escritura pública por via eletrônica ou digital, por conta do Provimento 100 do Conselho Nacional de Justiça (CNJ). A norma administrativa surgiu em meio à pandemia de Covid-19 e, inegavelmente, foi influenciada pela necessidade de se efetivar o distanciamento social. Entre os seus vários preceitos, vejamos os principais, sem prejuízo de uma necessária leitura completa da norma administrativa, para os que pretenderem celebrar o pacto antenupcial por esse caminho. Em 2023, esse provimento, assim como outros, foi incorporado ao Código Nacional de Normas (CNN do CNJ).

Conforme o art. 286 do CNN – antigo art. 3.º do Provimento 100 do CNJ –, são requisitos da prática do ato notarial eletrônico: *a)* a videoconferência notarial para captação do consentimento das partes sobre os termos do ato jurídico; *b)* a concordância expressada pelas partes com os termos do ato notarial eletrônico; *c)* a assinatura digital pelas partes, exclusivamente por meio do *e-Notariado*; *d)* a assinatura do Tabelião de Notas com a utilização de certificado digital ICP-Brasil; e *e)* o uso de formatos de documentos de longa duração com assinatura digital.

Sobre a gravação da videoconferência notarial, nos termos do parágrafo único desse comando, deverá conter ela, no mínimo: *a)* a identificação, a demonstração da capacidade e a livre manifestação das partes atestadas pelo tabelião de notas; *b)* o consentimento das partes e a concordância com a escritura pública; *c)* o objeto e o preço do negócio pactuado; *d)* a declaração da data e horário da prática do ato notarial; e *e)* a declaração acerca da indicação do livro, da página e do tabelionato em que será lavrado o ato notarial.

O desrespeito a qualquer um desses requisitos de validade gera a nulidade absoluta do pacto antenupcial, nos termos dos incs. IV e V do art. 166 do Código Civil, que tratam da observância da forma e da solenidade.

Sem prejuízo de outras regras importantes, o atual art. 299 do Código Nacional de Normas, antigo art. 16 do Provimento 100, enuncia que os atos notariais eletrônicos reputam-se autênticos e detentores de fé pública, como regulado na legislação processual. Além disso, está previsto, como não poderia ser diferente, que os atos notariais celebrados por meio eletrônico produzirão os mesmos efeitos previstos no ordenamento jurídico quando observarem os requisitos necessários para a sua validade, estabelecidos em lei e no próprio provimento (art. 300 do CNN e art. 17 do antigo Provimento 100).

Com o intuito de evitar práticas de concorrência predatória, o art. 289 da norma administrativa enuncia que "a competência para a prática dos atos regulados nesta Seção é absoluta e observará a circunscrição territorial em que o tabelião recebeu sua delegação, nos termos do art. 9º da Lei n. 8.935/1994". Para os atos notariais digitais, portanto, não há ausência de competência territorial, sendo essa a norma mais polêmica de todas, uma vez que tal questão seria restrita ao âmbito legislativo.

Não se pode negar a força do argumento da inconstitucionalidade dessas previsões, que seriam de competência do Poder Legislativo da União, por força do art. 22, inc. I, da Constituição Federal, por se tratar de matéria relativa ao Direito Civil e às suas formalidades. Porém, o argumento da redução de burocracias e da necessária digitalização ganhou muita força nos últimos anos, razão pela qual dificilmente essa inconstitucionalidade será reconhecida.

De todo modo, para superar definitivamente qualquer debate sobre a inconstitucionalidade dessa regulação administrativa a respeito do tema, o Projeto de Reforma e Atualização do Código Civil pretende nele inserir todo o tratamento da escritura digital no novo livro do *Direito Civil Digital*, o que virá em boa hora.

Também a respeito do tema do pacto antenupcial, esse mesmo projeto traz alterações importantes, valorizando a autonomia privada dos cônjuges e dos conviventes e o planejamento familiar do casal.

Como primeira nota sobre o tema, a Comissão de Juristas sugere um novo nome para o tópico em estudo, a saber: "Capítulo II. Dos pactos conjugal e convivencial". Além da inclusão do tratamento da união estável, como se verá a seguir, os pactos relativos ao casamento ou à união estável podem ser celebrados após o estabelecimento do vínculo conjugal ou convivencial, não sendo apenas *antenupciais*.

Propõe-se, ainda, que o atual art. 1.653 do Código Civil seja revogado expressamente, para que os temas nele previstos sejam tratados, com ampliação para a união estável e aperfeiçoamentos necessários, nos novos arts. 1.653-A e 1.653-B. Assim, pela primeira previsão, "é nulo o pacto conjugal ou convivencial, se não for feito por escritura pública, e ineficaz se não lhe seguir o casamento".

Ademais, com vistas a proteger especialmente as esposas e as companheiras, e na linha da correta interpretação que vem prevalecendo na jurisprudência do Superior Tribunal de Justiça, o novo parágrafo único do art. 1.653-A passará a prever que "não se admitirá eficácia retroativa ao pacto conjugal ou convivencial que sobrevier ao casamento ou à constituição da união estável". Adotou-se, nesta última previsão, o *protocolo de gênero*, com vistas a proteger os interesses das mulheres, pois a eficácia retroativa ou *ex tunc* tem sido utilizada para a fraude de seus direitos.

Consoante o inovador art. 1.653-B, ora projetado, "admite-se convencionar no pacto antenupcial ou convivencial a alteração automática de regime de bens após o transcurso de um período de tempo prefixado, sem efeitos retroativos, ressalvados os direitos de terceiros". Trata-se da chamada *sunset clause* ou cláusula de caducidade – literalmente, "cláusula do pôr do sol" –, com origem no sistema da *Common Law*, tendo sido destacada pelo Professor Pablo Stolze Gagliano em vários momentos dos encontros da Comissão de Juristas.

Como constou do Relatório da Subcomissão de Direito de Família, da qual ele fez parte, sempre foi a sua intenção tratar da "regra inovadora (*sunset clause*), no sentido de permitir ao casal optar, após um lapso de tempo, pela alteração automática do regime de bens ('é admitido pactuar a alteração automática de regime de bens após o transcurso de um período de tempo prefixado')". A título de exemplo, os cônjuges e companheiros poderão convencionar que nos cinco anos iniciais do relacionamento o regime patrimonial será o da separação convencional de bens, convertendo-se em comunhão parcial depois desse período de experiência.

A previsão é essencialmente patrimonial, não havendo qualquer lesão a normas cogentes ou de ordem pública, o que foi uma preocupação constante da Reforma. Mais uma vez, segue-se a linha de redução de burocracias, de desjudicialização, de *destravar a vida das pessoas*, como tenho destacado de forma constante.

Superados esses importantes aspectos de atualização da obra, dúvida prática existe quanto à hipótese de elaboração de um pacto antenupcial por escritura pública, não seguido pelo casamento. Ora, passando os envolvidos a viver em união estável, é forçoso admitir que o ato celebrado seja aproveitado na sua eficácia como contrato de convivência, como querem Cristiano Chaves de Farias e Nelson Rosenvald (*Curso…*, 2012, v. 6, p. 369).

Os autores citam julgado do Tribunal de Justiça do Rio Grande do Sul nesse sentido, mencionando o respeito à autonomia privada. Mencionam também como fundamento o art. 170 do Código Civil, que trata da conversão substancial do negócio jurídico nulo, estabelecendo que, "se, porém, o negócio jurídico nulo contiver os requisitos de outro, subsistirá este quando o fim a que visavam as partes permitir supor que o teriam querido, se houvessem previsto a nulidade". Pelo teor do comando, um negócio nulo pode ser convertido em outro, se as partes quiserem tal conversão – de forma expressa ou implícita – e se o negócio nulo tiver os requisitos mínimos de validade desse outro negócio, para o qual será transformado.

Apesar de estar filiado a tal entendimento, faço apenas uma pequena ressalva, no sentido de que a situação não é propriamente de conversão de um negócio nulo, mas de conversão do negócio ineficaz ou *pós-eficacização*, conforme premissas desenvolvidas por Pontes de Miranda.

Trata-se de hipótese em que determinado negócio jurídico não produz efeitos em um primeiro momento, mas tem a eficácia reconhecida pela situação concreta posterior que, aqui, é a convivência entre os envolvidos. Em reforço, serve como alento o *princípio da conservação do negócio jurídico*, que tem relação direta com a função social do contrato, como consta do Enunciado n. 22 do CJF/STJ, da *I Jornada de Direito Civil*.

No âmbito do Superior Tribunal de Justiça, existem acórdãos na mesma linha. De início, destaque-se o julgamento prolatado no Recurso Especial 1.483.863/SP, pela Quarta Turma, tendo como relatora a Ministra Maria Isabel Gallotti, em 10 de maio de 2016 e publicado em 22 de junho do mesmo ano. Como consta de seu resumo sobre a pactuação patrimonial existente na união estável, "o contrato pode ser celebrado a qualquer momento da união estável, tendo como único requisito a forma escrita.

Assim, o pacto antenupcial prévio ao segundo casamento, adotando o regime da separação total de bens ainda durante a convivência em união estável, possui o efeito imediato de regular os atos a ele posteriores havidos na relação patrimonial entre os conviventes, uma vez que não houve estipulação diversa". A clareza da premissa, seguida por mim, é retirada do voto da Ministra Relatora, com destaque especial:

> "No caso em exame, o pacto antenupcial, a par de estabelecer o regime da separação de bens, dispôs, expressamente, acerca da incomunicabilidade 'dos bens que cada cônjuge possuir ao casar e os que lhe sobrevierem na constância do casamento (...)'.
>
> Ao se referir aos bens possuídos por cada cônjuge na data do futuro casamento, o pacto claramente dispôs sobre a não comunicação dos bens adquiridos ao longo da união que sucedeu ao primeiro casamento, este já formalmente encerrado com a respectiva partilha de bens conforme consta do acórdão recorrido (e-STJ fl. 1285).
>
> Assim, ao meu sentir, o pacto antenupcial, estabelecendo a livre vontade dos então conviventes e futuros cônjuges de se relacionarem sob o regime da separação total de bens, embora somente tenha vigorado com a qualidade de pacto antenupcial a partir da data do casamento (7.7.2004), já atendia, desde a data de sua celebração (16.4.2003), ao único requisito legal para disciplinar validamente a relação patrimonial entre os conviventes de forma diversa da comunhão parcial, pois é um contrato escrito, feito sob a forma solene, e mais de segura, da escritura pública.
>
> Dessa forma, a celebração de pacto antenupcial em 16.4.2003, ocasião em que foi adotado o regime de separação de bens ainda durante o período de convivência em união estável, e não tendo havido ressalva alguma acerca do início de sua vigência, faz imperioso concluir pelo acerto do acórdão recorrido ao decidir que o referido pacto possui o efeito imediato

de regular os atos a ele posteriores havidos na relação informal entre os conviventes e, portanto, deve reger a união estável a partir dessa data.

Registro que o acórdão recorrido em nada diverge do acórdão no REsp 680.738-BA, da relatoria do Ministro Jorge Scartezzini, apontado como paradigma. Neste, cuidava-se de união estável de 40 anos de duração, à qual seguiu-se casamento sob o regime da separação convencional de bens. Entendeu-se que o regime do casamento não se sobreporia à situação fática em que havia patrimônio formado com esforço comum ao longo de décadas, tendo sido consignado que 'no momento do casamento não havia como se diferenciar os bens individualmente de cada consorte, o que, aliás, não ocorreu no momento do referido pacto'. Recusou-se, portanto, a pretendida retroatividade do pacto antenupcial para reger os bens adquiridos pelos conviventes nas décadas anteriores. No presente caso, não determinou o acórdão recorrido a retroatividade do pacto antenupcial, mas a sua incidência imediata, a partir do dia em que celebrado por escritura pública, assegurando-se a meação da recorrente quanto aos bens adquiridos durante a união estável em data anterior ao pacto" (STJ, REsp 1.483.863/SP, 4.ª Turma, Rel. Min. Maria Isabel Gallotti, j. 10.05.2016, *DJe* 22.06.2016).

Da mesma Corte Superior, merece citação outro julgamento, do ano de 2018, que admitiu que um pacto antenupcial gerasse efeitos como contrato de convivência, prevalecendo o regime escolhido pelas partes no primeiro. Vejamos o que se retira de sua ementa:

"Segundo disposição contida no art. 5.º da Lei 9.278/96 e no art. 1.725 do CC/2002, aplica-se à união estável o regime da comunhão parcial de bens, sendo possível, no entanto, disposição dos conviventes em sentido contrário, cujo único requisito exigido é a forma escrita. O eg. Tribunal de origem concluiu que o pacto antenupcial firmado entre os conviventes, além de dispor sobre a escolha do regime da separação total de bens, tratou sobre regras patrimoniais atinentes à própria união estável, extremando o acervo patrimonial de cada um e consignando a ausência de interesse na constituição de esforço comum para formação de patrimônio em nome do casal. Independentemente do *nomen iuris* atribuído ao negócio jurídico, as disposições estabelecidas pelos conviventes visando disciplinar o regime de bens da união estável, ainda que contidas em pacto antenupcial, devem ser observadas, especialmente porque atendida a forma escrita, o único requisito exigido. Precedente do STJ" (STJ, Ag. Int. no REsp 1.590.811/RJ, 4.ª Turma, Rel. Min. Lázaro Guimarães (Desembargador convocado do TRF 5.ª Região), j. 27.02.2018, *DJe* 02.03.2018).

Como se pode perceber, foi utilizado o argumento suplementar da falta de solenidades para o contrato de convivência.

Exatamente na mesma linha, e trazendo repercussões para o Direito das Sucessões, outro *decisum* da mesma Quarta Turma do Tribunal da Cidadania, com o seguinte trecho de destaque e menção ao primeiro dos precedentes:

"(...) Na hipótese, há peculiaridade aventada por um dos filhos, qual seja, a existência de um pacto antenupcial – em que se estipulou o regime da separação total de bens – que era voltado ao futuro casamento dos companheiros, mas que acabou por não se concretizar. Assim, a partir da celebração do pacto antenupcial, em 4 de março de 1997 (fl. 910), a união estável deverá ser regida pelo regime da separação convencional de bens. Precedente: REsp 1.483.863/SP" (STJ, Ag. Int. no REsp 1.318.249/GO, 4.ª Turma, Rel. Min. Luis Felipe Salomão, j. 22.05.2018, *DJe* 04.06.2018).

A tendência, portanto, é que tal entendimento, de preservação da autonomia privada, consolide-se na jurisprudência superior, influenciando os Tribunais Estaduais.

No Projeto de Reforma do Código Civil, esse caminho foi seguido pela Comissão de Juristas, pela equiparação da temática quanto aos cônjuges e conviventes, no texto da lei. Sendo assim, caso seja aprovada a atualização proposta, o dilema será revolvido definitivamente, não havendo dúvida quanto à possibilidade de qualquer um dos pactos ser aproveitado no casamento ou na união estável, em prol da conservação do negócio jurídico e da preservação da autonomia privada.

Retornando-se ao sistema vigente, quanto ao pacto antenupcial celebrado por menor, a sua eficácia fica condicionada à aprovação de seu representante legal, salvo as hipóteses do regime de separação obrigatória de bens (art. 1.654 do CC). Em relação à parte final do artigo, que trata dos menores de 16 anos, havendo recusa dos representantes para o casamento suprida por decisão judicial, não há que se celebrar pacto antenupcial, pois o regime de bens será o da separação obrigatória, conforme prevê o art. 1.641, inc. III, da atual codificação. Celebrado o pacto no último caso, este será nulo por infringir a ordem pública.

Esclarecendo, o art. 1.654 do CC/2002 será aplicado aos menores entre 16 e 18 anos, havendo autorização dos representantes para o casamento e não a necessidade de suprimento judicial. Além dessa autorização para o casamento, é imprescindível a assistência para celebrar o pacto, sob pena de sua anulabilidade. A eficácia do pacto não atinge a validade do casamento, eis que a questão envolve *degraus* diversos da *Escada Ponteana*.

Ainda no que tange ao art. 1.654 da atual codificação substantiva, Jones Figueirêdo Alves e Mário Luiz Delgado esclarecem que a outorga do consentimento pelo representante legal do menor para o casamento não se confunde com a assistência para o pacto antenupcial, sendo dois atos distintos. Dessa forma, para os doutrinadores:

> "A simples presença do representante, assinalada no instrumento, não quer significar sua anuência às disposições ali incluídas, cuja leitura no ato da assinatura do pacto antenupcial deve ser mencionada, para os fins de tornar evidenciada a concordância. A questão está a exigir posicionamento provimental das Corregedorias-Gerais de Justiça, com caráter orientador dos notários. Entenda-se, afinal, que a representação legal, em regra, é exercida por ambos os pais, cabendo a estes, portanto, expressar a concordância com os termos da convenção" (ALVES, Jones Figueirêdo; DELGADO, Mário Luiz. *Código Civil...*, 2005, p. 846).

Anoto que no Projeto de Reforma do Código Civil, com a retirada do regime da separação obrigatória de bens do sistema jurídico, a ampliação da possibilidade dos pactos celebrados após a união, bem como a retirada da utilização do termo "menor" de toda a codificação privada, a norma precisa ser alterada para passar a prever o seguinte: "Art. 1.654. A eficácia do pacto realizado por adolescente em idade núbil fica condicionada à aprovação de seu representante legal ou, na falta desta, de autorização judicial".

De acordo com o atual art. 1.655 do CC/2002, é nula a convenção ou cláusula que constar no pacto que entre em conflito com disposição absoluta de lei. Por essa última pode-se entender *norma de ordem pública*. Esse é o comando legal que limita a autonomia privada do pacto, reconhecendo a *função social do pacto antenupcial*.

Isso porque pode ser traçado um paralelo entre esse dispositivo e o art. 421 do CC que limita a autonomia contratual para os contratos em geral. Portanto, a eficácia social da primeira norma é indiscutível. Concluindo pela aplicação da função social e da boa-fé objetiva ao pacto antenupcial, é interessante transcrever excepcional ementa do Tribunal Paulista:

"Ação anulatória. Tutela antecipada que suspendeu os efeitos do pacto antenupcial firmado entre as partes. Manutenção. Como qualquer negócio jurídico, está sujeito a requisitos de validade e deve ser iluminado e controlado pelos princípios da boa-fé objetiva e da função social. Não se alega coação e nem vício de consentimento, mas nulidade por violação a princípios cogentes que regem os contratos. Pressupõe o regime da comunhão universal de bens a comunhão de vidas, a justificar a construção de patrimônio comum, afora as exceções legais. O litígio entre o casal, que desbordou para os autos do inventário da genitora da autora, e a significativa mutação patrimonial fundada em casamento de curtíssima duração, autorizam a suspensão dos efeitos do pacto antenupcial. Não há como nesta sede acatar os argumentos do recorrente acerca de violação a direito adquirido, ou a exercício regular de direito, pois o que por ora se discute é a validade do negócio nupcial, e sua aptidão a gerar efeitos patrimoniais. Decisão mantida. Recurso não provido" (TJSP, Agravo de Instrumento 569.461.4/8, Acórdão 2706323, 4.ª Câmara de Direito Privado, São Paulo, Rel. Des. Francisco Eduardo Loureiro, j. 10.07.2008, *DJESP* 29.07.2008).

A título de exemplo de incidência do art. 1.655 do CC, serão nulas as seguintes cláusulas constantes do pacto antenupcial, por violarem preceitos absolutos de lei, ou seja, normas de ordem pública:

- Previsão contratual que estabelece que o marido, nos regimes da comunhão universal ou parcial de bens, possa vender imóvel sem outorga conjugal, afastando o art. 1.647, inc. I, do CC.
- Cláusula que determina a administração dos bens de forma exclusiva pelo marido, pois a mulher é incompetente para tanto, afastando a isonomia constitucional.
- Cláusula que estabeleça a renúncia prévia aos alimentos, infringindo a regra do art. 1.707 do CC.
- Cláusula que regulamenta previamente as regras referentes à guarda dos filhos, para o caso de divórcio do casal.
- Entendo ser totalmente nula a cláusula do pacto antenupcial que estabeleça renúncia prévia à herança, por constituir pacto sucessório ou *pacta corvina*, nos termos do art. 426 do Código Civil. A renúncia à herança somente pode ocorrer após o falecimento, e desde que preenchidos os requisitos dos arts. 1.806 e seguintes da própria codificação privada. Exatamente nessa linha julgou inicialmente o Conselho Superior da Magistratura do Estado de São Paulo, em decisão de setembro de 2023. Consoante o seu teor, que reconhece a impossibilidade legal de registro imobiliário do contrato de convivência com essa previsão, "não se desconhece a controvérsia doutrinária sobre o tema, bem como a existência de alguns julgados em sentido contrário, mas o fato é que, no sistema dos registros públicos, impera o princípio da legalidade estrita, de sorte que, tal como se apresenta, o título não comporta registro" (TJSP, Apelação Cível 1007525-42.2022.8.26.0132, Apelantes: Guilherme Rojas Fernandes e Rafaella Ghannage Pereira, Apelado: 1.º Oficial de Registro de Imóveis e Anexos da Comarca de Catanduva, Rel. Corregedor Geral de Justiça Des. Fernando Torres de Garcia, j. 22.09.2023). Para o Estado de São Paulo, portanto, esse era o entendimento que deveria ser considerado, para os devidos fins práticos, abrangendo o contrato de convivência e o pacto antenupcial. De toda sorte, gerando enorme insegurança jurídica, o próprio Conselho Superior da Magistratura do Tribunal Paulista reviu o seu entendimento anterior, em outubro de 2024, passando a concluir que o ato de renúncia prévia à herança pode até ser registrado, o que não afasta a possibilidade de eventual discussão de sua invalidade posteriormente (TJSP, Apelação cível 1000348-35.2024.8.26.0236, Rel. Corregedor-Geral de Justiça Des.

Francisco Loureiro, j. 1.º.10.2003). Ao final, concluiu-se que "o registro não significa a chancela judicial à validade da cláusula, mas tão somente que não se deve negar eficácia perante terceiros ao pacto antenupcial, até que em momento e na esfera própria a questão da nulidade eventualmente seja arguida e decidida na esfera jurisdicional". Não se pode negar que essa variação de entendimentos gera dúvidas e incertezas na prática, sendo necessário alterar o tratamento do tema, sobretudo o conteúdo do art. 426 do Código Civil, o que está sendo proposto pelo atual Projeto de Reforma, elaborado pela Comissão de Juristas, para que ele passe a tratar expressamente da possibilidade de renúncia prévia à herança por cônjuges e conviventes. Com isso, será resolvido um dos principais dilemas do Direito Privado Brasileiro na atualidade.

– Antes se entendia como nula a cláusula que afastasse o regime da separação obrigatória de bens nas hipóteses descritas pelo art. 1.641 do CC (TJMG, Apelação Cível 0095286-21.2008.8.13.0023, 5.ª Câmara Cível, Alvinópolis, Rel. Des. Manuel Bravo Saramago, j. 16.06.2011, *DJEMG* 11.07.2011; e TJRJ, Apelação Cível 9014/2004, 3.ª Câmara Cível, Rio de Janeiro, Rel. Des. Antonio Eduardo F. Duarte, j. 26.10.2004). Porém, como visto, o Supremo Tribunal Federal acabou por concluir de forma contrária quando do seu julgamento do seu Tema n. 1.236 de repercussão geral, sendo possível convencionar em sentido contrário, por escritura pública, o regime de separação obrigatória de bens, seja no casamento ou na união estável.

– Cláusula que estabelece regras sucessórias no pacto antenupcial, criando um regime denominado de "separação total de bens, com efeitos sucessórios" (TJMT, Apelação 15809/2016, Capital, Rel. Des. Sebastião Barbosa Farias, j. 21.06.2016, *DJMT* 24.06.2016, p. 82). Na mesma linha, julgou o STJ mais recentemente: "é inviável a pretensão de estender o regime de bens do casamento, de separação total, para alcançar os direitos sucessórios dos cônjuges, obstando a comunicação dos bens do falecido com os do cônjuge supérstite. As regras sucessórias são de ordem pública, não admitindo, por isso, disposição em contrário pelas partes. (...). Conforme já decidido por esta Corte, 'O pacto antenupcial que estabelece o regime de separação total de bens somente dispõe acerca da incomunicabilidade de bens e o seu modo de administração no curso do casamento, não produzindo efeitos após a morte por inexistir no ordenamento pátrio previsão de ultratividade do regime patrimonial apta a emprestar eficácia póstuma ao regime matrimonial' (RESP 1.294.404/RS, Rel. Ministro Ricardo Villas Bôas Cueva, Terceira Turma, julgado em 20.10.2015, *DJe* de 29.10.2015)" (STJ, AgInt no REsp 1.622.459/MT, 4.ª Turma, Rel. Min. Raul Araújo, j. 03.12.2019, *DJe* 19.12.2019). Observo que também há proposta de regulamentação do tema no Projeto de Reforma do Código Civil, alterando-se o art. 426 do CC, tema mais bem tratado no Volume 6 desta coleção.

– Cláusula que exclui expressamente o direito sucessório do cônjuge sobrevivente, afastando as regras da sucessão legítima, que constitui um pacto sucessório, vedado atualmente pelo art. 426 do Código Civil (ver: STJ, REsp 954.567/PE, 3.ª Turma, Rel. Min. Massami Uyeda, j. 10.05.2011, *DJE* 18.05.2011).

Anote-se que a própria codificação veda a renúncia a direitos da personalidade (art. 11 do CC/2002), o que igualmente se aplica à autonomia privada do casamento. Entretanto, é fundamental deixar claro que eventual nulidade de cláusula do pacto antenupcial não pode prejudicar o restante do ato, o que é a aplicação do princípio da *conservação dos negócios jurídicos*, que visa à manutenção da autonomia privada, também em sede de casamento. Assim, a parte útil não fica viciada pela inútil, aplicando-se a máxima *utile per inutile non vitiatur* (art. 184 do CC).

Ainda sobre o art. 1.655 do Código Civil, há debate interessante e profundo a respeito da possibilidade de inclusão de cláusula compromissória de arbitragem em pacto antenupcial.

A questão diz respeito ao conteúdo do art. 852 do Código Civil, segundo o qual, "é vedado compromisso para solução de questões de estado, de direito pessoal de família e de outras que não tenham caráter estritamente patrimonial". Também está relacionado ao art. 1º da Lei 9.307/1996, que tem a seguinte redação: "as pessoas capazes de contratar poderão valer-se da arbitragem para dirimir litígios relativos a direitos patrimoniais disponíveis".

Pois bem, superando-se o debate que foi inaugurado na *I Jornada*, aprovou-se o Enunciado n. 96 na *II Jornada de Prevenção e Solução Extrajudicial de Litígios*, em agosto de 2021, *in verbis*: é "válida a inserção da cláusula compromissória em pacto antenupcial e em contrato de união estável". Apesar das minhas resistências doutrinárias – pelo fato de ser difícil a separação absoluta de interesses puramente patrimoniais nas disputas de família –, não se pode negar que o enunciado representa um passo adiante na concreção prática da arbitragem, para o Direito de Família.

Em complemento para a ressalva, surgirão debates sobre a forma de como a cláusula compromissória foi inserida em tais contratos, notadamente se houve ou não imposição de um dos consortes ao outro, sobretudo nas hipóteses fáticas em que há disparidade econômica entre eles. Também haverá resistências quanto à própria funcionalidade de arbitragem, pois podem surgir, em meio ao procedimento, debates de questões existenciais, muito além do patrimônio puro das partes.

Esclareça-se que não há qualquer óbice jurídico para que o pacto antenupcial tenha por objeto um conteúdo existencial, como regras relativas à boa convivência do casal. Nessa linha, o teor do Enunciado n. 635, da *VIII Jornada de Direito Civil*, realizada em abril de 2018. Nos seus termos, que contou com o nosso apoio, "o pacto antenupcial e o contrato de convivência podem conter cláusulas existenciais, desde que estas não violem os princípios da dignidade da pessoa humana, da igualdade entre os cônjuges e da solidariedade familiar".

Quanto ao atual Projeto de Reforma do Código Civil, na linha do que já desenvolvi, e com vistas a deixar mais clara a nulidade dos pactos conjugais ou convivenciais em casos de lesão a normas cogentes, a Comissão de Juristas propõe uma redação mais ampla para o seu art. 1.655, que passará a prever o seguinte: "é nula de pleno direito a convenção ou cláusula do pacto antenupcial ou convivencial que contravenha disposição absoluta de lei, norma cogente ou de ordem pública, ou que limite a igualdade de direitos que deva corresponder a cada cônjuge ou convivente". Esta última inclusão atende ao *protocolo de gênero*, para proteger e tutelar os direitos das mulheres. Esta título de exemplo, será nula de pleno direito qualquer cláusula que gere uma situação de desequilíbrio econômico para a esposa ou para a convivente, ou mesmo que traduza violência patrimonial.

Além dessa previsão, insere-se, no sistema, um dispositivo possibilitando que os pactos tragam conteúdo extrapatrimonial ou existencial, como consta do Enunciado n. 635, da *VIII Jornada de Direito Civil*. Consoante a proposta de novo art. 1.655-A, "os pactos conjugais e convivenciais podem estipular cláusulas com solução para guarda e sustento de filhos, em caso de ruptura da vida comum, devendo o tabelião informar a cada um dos outorgantes, em separado, sobre o eventual alcance da limitação ou renúncia de direitos".

Nota-se, portanto, que será necessária, mais uma vez, a escritura pública, lavrada no Tabelionato de Notas, presente o necessário dever de informar no notário acerca do conteúdo do avençado que traga renúncia de direitos do cônjuge ou do convivente. Cite-se, a título de exemplo, uma cláusula que imponha o dever alimentar a apenas um dos cônjuges, em caso de divórcio do casal.

Por fim, propõe-se um parágrafo único no novo art. 1.655-A do CC, novamente para o controle do pactuado, segundo o qual "as cláusulas não terão eficácia se, no momento de seu cumprimento, mostrarem-se gravemente prejudiciais para um dos cônjuges ou conviventes e sua descendência, violando a proteção da família ou transgredindo o princípio da igualdade".

Atende-se novamente à proteção das mulheres, vedando-se previsões que sejam desproporcionais, o que passará a formar, por interpretação conjunta do último dispositivo com o art. 421 da própria codificação privada, o conteúdo do princípio da função social do contrato.

Voltando-se ao sistema em vigor, no que concerne ao pacto antenupcial que adotar o regime da participação final dos aquestos, é possível convencionar a livre disposição dos bens imóveis desde que particulares (art. 1.656 do CC). Isso porque, conforme será estudado, durante o casamento celebrado por esse regime, há uma separação de bens. O dispositivo em questão relativiza a regra do art. 1.647, inciso I, do CC, dispensando a outorga conjugal em casos tais se as partes assim convencionarem. Essa relativização é possível, pois a própria lei a permite.

Contudo, só será válida a dispensa para a alienação de imóveis. A título de exemplo, se convencionarem os cônjuges que a fiança poderá ser prestada independentemente da concordância do outro cônjuge, a cláusula será nula, pelo que estabelece o art. 1.655 do CC.

No Projeto de Reforma do Código Civil, propõe-se a revogação expressa do art. 1.656 do Código Civil, diante da retirada do regime da participação final dos aquestos do sistema jurídico nacional, tendo em vista a sua não efetivação prática nos mais de vinte anos de vigência do Código Civil.

Inclui-se, porém, com outro conteúdo, o art. 1.656-A, segundo o qual "os pactos conjugais ou convivenciais poderão ser firmados antes ou depois de celebrado o matrimônio ou constituída união estável; e não terão efeitos retroativos". Além da reafirmação de que os pactos conjugais e convivenciais somente terão sempre eficácia *ex nunc*, e não *ex tunc*, abre-se a possibilidade de que os pactos sejam firmados depois da união, não sendo mais apenas *antenupciais,* mas também *pós-nupciais.*

Segundo a Subcomissão de Direito de Família, houve a intenção "de permitir que os pactos conjugais e/ou convivenciais possam ser estipulados tanto antes como depois do casamento ou da instituição da união estável, permitindo, destarte, que depois da celebração do casamento ou da constituição de uma união estável se faça possível a alteração do regime de bens, mediante escritura pública pós-conjugal ou convivencial, sem a intervenção judicial, mas cujos efeitos nunca serão retroativos (*ex tunc*), mas sempre *ex nunc*, sem retornar ao passado, mesmo no caso da mudança para o regime da comunhão universal, ressalvados sempre os direitos de terceiros". A inovação vem em boa hora, em prol do aumento da liberdade e da diminuição da intervenção na vida conjugal ou convivencial.

De volta ao sistema em vigor, para que tenha efeitos *erga omnes*, ou seja, contra terceiros, os pactos antenupciais deverão ser averbados em livro especial pelo oficial do Registro de Imóveis do domicílio dos cônjuges. Essa regra, constante do atual art. 1.657, tende à proteção dos direitos de terceiros e apenas se refere aos bens imóveis do casal. Vale dizer que a eficácia em face de terceiros do regime de bens em relação aos bens móveis decorre simplesmente do pacto antenupcial celebrado em Cartório de Notas e do posterior regime do casamento (LÔBO, Paulo Luiz Netto. *Código Civil...*, 2003, p. 279).

A norma é criticada por Cristiano Chaves de Farias e Nelson Rosenvald, para quem a publicidade estaria esvaziada pela possível existência de outros imóveis em locais que não sejam o de domicílio dos nubentes. Ademais, com razão, aduzem que "acaso os nubentes não possuam imóveis (situação que toca à grande maioria da população brasileira), os terceiros restariam sem qualquer meio de cientificação, o que geraria certa intranquilidade nas relações jurídicas. Melhor seria se o legislador tivesse ordenado o registro no cartório de imóveis do lugar onde estivessem registrados os seus bens" (FARIAS, Cristiano Chaves; ROSENVALD, Nelson. *Curso...*, 2012, v. 6, p. 373-376).

De fato, a norma parece não se justificar quando os cônjuges não tiverem qualquer bem imóvel. Sendo assim, no Projeto de Reforma do Código Civil, a Comissão de Juristas propõe a sua revogação expressa. De acordo com a subcomissão de Direito de Família, "visando, sobretudo, à desburocratização – uma das diretrizes desta reforma –, procedeu-se com sugestão no sentido do fim do registro do pacto antenupcial".

Pontuo que, além do art. 1.657 do CC/2002, sugere-se a revogação expressa dos comandos da Lei de Registros Públicos que tratam desse registro (art. 167, inc. I, número 12, e art. 178, inc. V), não havendo mais sentido no seu conteúdo com as mudanças propostas.

3.4 REGRAS ESPECIAIS QUANTO AO REGIME DE BENS

Como exposto anteriormente, a atual codificação privada traz quatro regimes de bens possíveis para o casamento:

a) regime da comunhão parcial de bens – arts. 1.658 a 1.666 do CC;
b) regime da comunhão universal de bens – arts. 1.667 a 1.671 do CC;
c) regime da participação final nos aquestos – arts. 1.672 a 1.686 do CC;
d) regime da separação de bens – arts. 1.687 e 1.688 do CC.

Parte-se ao estudo das regras especiais quanto a esses regimes, de forma detalhada e pontual.

3.4.1 Regime da comunhão parcial

O regime da comunhão parcial é o *regime legal ou supletório*, que valerá e terá eficácia para o casamento se silentes os cônjuges ou se nulo ou mesmo ineficaz o pacto antenupcial, como aduz o art. 1.640 do CC. Aliás, repise-se que já era assim desde a entrada em vigor da Lei do Divórcio (Lei 6.515/1977), ou seja, desde dezembro de 1977. Esse regime também é o legal no caso de união estável, não havendo contrato entre os companheiros em sentido contrário, conforme o art. 1.725 da atual codificação.

Quanto ao Projeto de Reforma do Código Civil, ao contrário do que pensam alguns, esse regime deve ser mantido como premissa-geral no ordenamento jurídico brasileiro, pois é hoje a opção natural da grande maioria dos brasileiros, que geralmente não procuram afastá-lo por convenção, por entenderem ser ele a solução justa e correta para reger as relações patrimoniais do seu casamento ou união estável. Não se verificou, portanto, qualquer justificativa plausível para que, como poucos sustentam, a separação convencional de bens passasse a ser o regime supletório.

Pois bem, para o estudo dos regimes de bens, serão expostas as suas regras básicas, esquemas gráficos correspondentes e depois as devidas regras especiais.

A regra básica do regime da comunhão parcial é a seguinte: comunicam-se os bens havidos durante o casamento com exceção dos incomunicáveis (art. 1.658 do CC). Esquematizando, pode ser utilizado o seguinte desenho:

Regime da comunhão parcial de bens

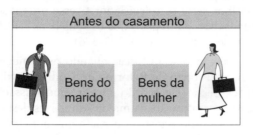

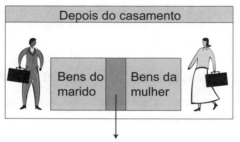

Bens comuns (aquestos)

O art. 1.659 da codificação material vigente estabelece justamente quais são os bens incomunicáveis nesse regime, a saber:

I – *Os bens que cada cônjuge já possuía ao casar e aqueles havidos por doação ou sucessão, bem como os sub-rogados no seu lugar.* Essa sub-rogação é a *real*, ou seja, a substituição de uma coisa por outra, como nos casos de venda de bem, sendo adquiridos outros bens como produtos dos primeiros. A norma trata dos *bens particulares*, que são os bens anteriores e os havidos por herança ou doados a um dos cônjuges. Aplicando bem o preceito, deduziu o STJ que, "no regime de comunhão parcial de bens, não integra a meação o valor recebido por doação na constância do casamento – ainda que inexistente cláusula de incomunicabilidade – e utilizado para a quitação de imóvel adquirido sem a contribuição do cônjuge não donatário" (STJ, REsp 1.318.599/SP, Rel. Min. Nancy Andrighi, j. 23.04.2013, publicado no seu *Informativo* n. 523). Ou, mais recentemente, subsumindo a premissa para a união estável: "o bem recebido individualmente por companheiro, através de doação pura e simples, ainda que o doador seja o outro companheiro, deve ser excluído do monte partilhável da união estável regida pelo estatuto supletivo, nos termos do art. 1.659, I, do CC/2002" (STJ, REsp 1.171.488/RS, 4.ª Turma, Rel. Min. Raul Araújo, j. 04.04.2017, *DJe* 11.05.2017).

II – *Os bens adquiridos com valores exclusivamente pertencentes a um dos cônjuges em sub-rogação dos bens particulares.* Essa previsão deve ser interpretada restritivamente, no sentido de que se o bem é adquirido também com esforços do outro cônjuge, de qualquer natureza, haverá comunicação. Ilustrando, caso o cônjuge venda bem particular e receba R$ 100.000,00 adquirindo outro, durante o casamento, por R$ 150.000,00 haverá sub-rogação em R$ 100.000,00 e comunicação quanto aos R$ 50.000,00 restantes.

III – *As obrigações anteriores ao casamento, caso das dívidas pessoais que cada cônjuge já possuía ao casar.*

IV – *As obrigações decorrentes de ato ilícito, salvo reversão em proveito do casal*. A título de exemplo, se os cônjuges possuem uma fazenda e o marido, na administração da mesma, causar um dano ambiental, haverá responsabilidade solidária do casal, respondendo todos os seus bens. Isso porque a atividade desenvolvida na fazenda era realizada em benefício do casal. Em reforço, não se pode esquecer a responsabilidade solidária nos casos de danos ambientais, conforme o art. 14, § 1.º, da Lei 6.938/1981. Da jurisprudência do STJ, colaciona-se acórdão que excluiu a responsabilidade da esposa, tutelando sua meação, diante de ilícito tributário cometido pelo marido: "Processual civil e tributário. Execução fiscal. Embargos de terceiro. Mulher casada. Exclusão da meação. Benefício familiar. Necessidade de prova. Ônus probatório do credor. Tratando-se de execução fiscal oriunda de ato ilícito e, havendo oposição de embargos de terceiro por parte do cônjuge do executado, com o fito de resguardar a sua meação, o ônus da prova de que o produto do ato não reverteu em proveito da família é do credor e não do embargante. Precedentes: REsp 107.017/MG, Ministro Castro Meira, *DJ* 22.08.2005; REsp 260.642/PR; Ministro Franciulli Netto, *DJ* 14.03.2005; REsp 641.400/PB, Ministro José Delgado, *DJ* 01.02.2005; REsp 302.644/MG, Segunda Turma, Rel. Min. Francisco Peçanha Martins, *DJ* de 05.04.2004. (...). Considerando-se que a embargada não comprovou a alegação de que a sonegação do imposto devido pela sociedade representada pelo executado teria revertido em benefício da família deste, não merece prosperar o pedido do INSS, devendo ser resguardado o direito da embargante à meação do bem penhorado. (fls. 57/58). (...)" (STJ, REsp 701.170/RN, 1.ª Turma, Rel. Min. Luiz Fux, j. 03.08.2006, *DJ* 18.09.2006, p. 269). Vale lembrar, nesse contexto, o teor da Súmula 251 do próprio STJ, segundo a qual a meação só responde pelo ato ilícito quando o credor, na execução fiscal, provar que o enriquecimento dele resultante aproveitou ao casal.

V – *Os bens de uso pessoal de cada um dos cônjuges* (exemplos: joias, roupas, escova de dente, relógios, celulares, CDs, DVDs etc.); *os livros* (exemplos: obras jurídicas, coleções raras etc.); *e os instrumentos de profissão* (livros, bisturi, fita métrica, máquina de costura etc.).

VI – *Os proventos do trabalho pessoal de cada cônjuge*, o que inclui o salário, as remunerações em sentido amplo, a aposentadoria, entre outros. Sobre tal polêmico inciso, está com completa razão Alexandre Guedes Alcoforado Assunção quando critica essa previsão, nos seguintes termos: "A previsão da exclusão dos proventos do trabalho de cada cônjuge, indicada no inciso VI, produz situação que se antagoniza com a própria essência do regime. Ora, se os rendimentos do trabalho não se comunicam, os bens sub-rogados desses rendimentos também não se comunicam, conforme o inciso II, e, por conseguinte, praticamente nada se comunica nesse regime, no entendimento de que a grande maioria dos cônjuges vive dos rendimentos do seu trabalho. A comunhão parcial de bens tem em vista comunicar todos os bens adquiridos durante o casamento a título oneroso, sendo que aqueles adquiridos com frutos do trabalho contêm essa onerosidade aquisitiva" (*Novo Código...*, 2004, p. 1.519). Justamente por isso, há proposta legislativa de revogar esse dispositivo (Projeto Ricardo Fiuza, antigo PL 6.960/2002, atual PL 699/2011). Concluindo, em situações de dúvida, deve-se entender pela comunicação dos bens, com uma interpretação restritiva do comando em estudo, como se extrai do seguinte aresto da Segunda Seção do Superior Tribunal de Justiça, citado por outra decisão mais recente: "Necessária a interpretação restritiva do art. 1.659, VI, do Código Civil, sob pena de se malferir a própria natureza do regime da comunhão parcial. 'O entendimento atual do Superior Tribunal de Justiça é o de que os proventos do trabalho recebidos, por um ou outro cônjuge, na vigência do casamento, compõem o patrimônio comum do casal, a ser partilhado na separação, tendo em vista a formação de sociedade de fato, configurada pelo esforço comum dos cônjuges, independentemente de ser financeira a contribuição de um dos consortes e do outro não' (REsp 1.399.199/RS, 2.ª Seção, Rel. Min. Maria Isabel Gallotti, Rel. p/ Acórdão Min. Luis Felipe Salomão, j. 09.03.2016, *DJe* 22.04.2016)" (STJ, REsp 1.660.877/PB, Rel. Min. Paulo de Tarso Sanseverino, j. 07.02.2018, *DJe* 14.02.2018, p. 3.996). Ou, ainda, como se retira do corpo de *decisum* da Terceira Turma da Corte, "não se pode olvidar que o art. 1.659, VI, do CC/2002, é fruto de profunda discussão no âmbito doutrinário e jurisprudencial, especialmente porque, se fosse a regra interpretada literalmente, o resultado seria a incomunicabilidade quase integral dos bens adquiridos na constância da sociedade conjugal, desnaturando-se por completo o regime da comunhão parcial ou total de bens" (STJ, REsp 1.651.292/RS, 3.ª Turma, Rel. Min. Nancy Andrighi, j. 19.05.2020, *DJe* 25.05.2020). Outra solução plausível pode ser retirada da obra atualizada de Sílvio Rodrigues, para quem "no exato momento em que as referidas rendas se transformam em patrimônio, por exemplo, pela compra dos bens, opera-se em relação a estes a comunhão, pela incidência da regra contida nos arts. 1.658 e 1.660, I, até porque não acrescenta o inciso em exame a hipótese e os bens sub-rogados em seu lugar. Entendimento diverso contraria a essência do regime da comunhão parcial e levaria ao absurdo de só se comunicarem os aquestos adquiridos com o produto de bens particulares e comuns ou por fato eventual, além dos destinados por doação ou herança ao casal" (RODRIGUES, Silvio. *Direito...*, 2006, v. 6, p. 183). Consigne-se que, na mesma linha, posicionam-se Pablo Stolze Gagliano e Rodolfo Pamplona Filho (*Novo curso...*, 2011, p. 344).

VII – *As pensões* (quantias pagas de forma periódica em virtude de lei, decisão judicial, ato *inter vivos* ou *mortis causa*, visando a subsistência de alguém), *meios-soldos* (metade do valor que o Estado paga ao militar reformado) *e montepios* (pensão paga pelo Estado aos herdeiros de um funcionário público falecido), *bem como outras rendas semelhantes* e que têm caráter pessoal (conceitos retirados de: DINIZ, Maria Helena. *Código Civil...*, 2005, p. 1.360).

Ainda no que concerne ao polêmico inciso VI do art. 1.659, Silmara Juny de Abreu Chinellato opina que não haveria comunicação, por essa norma, dos rendimentos de direitos patrimoniais do autor, tidos como proventos do seu trabalho (CHINELLATO, Silmara Juny de Abreu. *Direito de autor...*, Tese para concurso..., 2008, p. 84).

Quanto ao direito autoral em si, vale lembrar a previsão do art. 39 da Lei de Direitos Autorais (Lei 9.610/1998), que é claro ao afastar a comunicação em qualquer regime, salvo previsão em contrário no pacto antenupcial. Por uma questão de valorização da atuação intelectual do autor, gerador de verdadeiro direito de personalidade, filia-se à forma de pensar da Professora Titular da USP. Aliás, trata-se de uma feliz tentativa de dar sentido à previsão em comento, que sempre merecerá uma interpretação restritiva.

Merece destaque o fato de que, no Projeto de Reforma do Código Civil, almeja-se revogar os anacrônicos incs. VI e VII do art. 1.659, que colidem com o próprio *espírito* do regime da comunhão parcial de bens. Além disso, a Comissão de Juristas sugere um reparo no inc. V, para que mencione também os instrumentos de qualquer ofício ou trabalho, sem que seja necessariamente uma profissão ("os bens de uso pessoal, os livros e instrumentos de profissão ou ofício").

Por fim, a Professora Rosa Nery sugeriu, o que foi acatado pela Comissão de Juristas, o afastamento da comunicação das "indenizações por danos causados à pessoa de um dos cônjuges ou conviventes ou a seus bens privativos, com exceção do valor do lucro cessante que teria sido auferido caso o dano não tivesse ocorrido". Assim, não se comunicarão as indenizações pessoais ou personalíssimas recebidas por cada um dos consortes, ou aquelas relativas aos seus bens particulares. Faz-se uma exceção relativa aos valores que o prejudicado deixou de receber, caso não tivesse ocorrido o evento danoso, hipótese em que há que se reconhecer a comunicação desses lucros cessantes, se a causa se deu durante o casamento ou a união estável, por interpretação do art. 1.658 e da própria essência da comunhão parcial de bens.

Feitas essas notas de atualização, ressalto que esses são os chamados *bens incomunicáveis*. Por outra via, o Código Civil traz previsão a respeito dos *bens comunicáveis* no regime em questão (art. 1.660), eis que entram na comunhão. Esses bens são considerados *aquestos,* conceituados pela melhor doutrina como "bens que cada um dos cônjuges, ou ambos, adquire na vigência do casamento, por qualquer título, que irão integrar a comunhão, se assim estiver previsto ou se não houver disposição em contrário no pacto antenupcial" (DINIZ, Maria Helena. *Dicionário...,* 2005, p. 289). Entram na comunhão parcial, ou seja, são considerados aquestos, os seguintes bens, previstos no último comando:

I – *Os bens adquiridos na constância do casamento a título oneroso, ainda que em nome de somente um dos cônjuges.* Essa previsão (inciso I) entra claramente em conflito com o malfadado inciso VI do art. 1.659. Como outrora advertido, a interpretação deve guiar a comunicação dos bens adquiridos durante a união. A título de exemplo, se um imóvel é adquirido em nome de apenas um dos cônjuges durante o casamento, deverá ser dividido igualmente entre ambos. A solução é a mesma seja qual for a contribuição patrimonial dos envolvidos. Assim, mesmo se um cônjuge colaborar com apenas um 1% do total para a compra de um apartamento, a divisão entre marido e mulher deve ser em 50% para cada um deles. Como outra ilustração, as cotas de uma sociedade que foi constituída durante o casamento devem ser partilhadas com igualdade entre os cônjuges. Para o STJ, diante da vedação do enriquecimento sem causa, os valores das cotas devem ser fixados de acordo com o momento da partilha. Desse modo, "verifica-se a existência de mancomunhão sobre o patrimônio, ou parte dele, expresso, na hipótese, em cotas de sociedade, que somente se dissolverá com a partilha e consequente pagamento, ao cônjuge não sócio, da expressão econômica das cotas que lhe caberiam por força da anterior relação conjugal. Sob a égide dessa singular relação de propriedade, o valor das cotas de sociedade empresária deverá sempre refletir o momento efetivo da partilha" (STJ, REsp 1.537.107/PR, 3.ª Turma, Rel. Min. Nancy Andrighi, j. 17.11.2016, *DJe* 25.11.2016).

II – *Os bens adquiridos por fato eventual com ou sem colaboração do outro cônjuge.* É o caso dos valores que se referem a jogo, aposta, loteria etc. Como se tornou comum na prática, o marido que abandona a mulher após receber uma *bolada* de uma loteria deverá dividir o valor recebido na constância da união se o regime for o da comunhão parcial. Aplicando tal norma a uma união estável, julgou o Tribunal da Cidadania que "o prêmio da lotomania, recebido pelo ex-companheiro, sexagenário, deve ser objeto de partilha, haja vista que: (i) se trata de bem comum que ingressa no patrimônio do casal, independentemente da aferição do esforço de cada um; (ii) foi o próprio legislador quem estabeleceu a referida comunicabilidade; (iii) como se trata de regime obrigatório imposto pela norma, permitir a comunhão dos aquestos acaba sendo a melhor forma de se realizar maior justiça social e tratamento igualitário, tendo em vista que o referido regime não adveio da vontade livre e expressa das partes; (iv) a partilha dos referidos ganhos com a loteria não ofenderia o desiderato da lei, já que o prêmio foi ganho durante a relação, não havendo falar em matrimônio realizado por interesse ou em união meramente especulativa" (STJ, REsp 1.689.152/SC, 4.ª Turma, Rel. Min. Luis Felipe Salomão, j. 24.10.2017, *DJe* 22.11.2017).

III – *Os bens adquiridos por doação, herança ou legado em favor de ambos os cônjuges.*
IV – *As benfeitorias necessárias, úteis e voluptuárias em bens particulares de cada cônjuge.* Isso porque as benfeitorias são bens acessórios, acréscimos e melhoramentos introduzidos de forma onerosa e que valorizam a coisa principal. Há aqui uma presunção de que tais benfeitorias foram realizadas com recursos de ambos os cônjuges, durante o casamento, o que justifica a comunicação. A comunicação ocorre por igual quanto às acessões, apesar da ausência de previsão legal (TJSP, Apelação Cível 440.946.4/0, Acórdão 3498581, 4.ª Câmara de Direito Privado, São Paulo, Rel. Des. Francisco Loureiro, j. 19.02.2009, *DJESP* 24.03.2009; e TJDF, Apelação Cível 2005.05.1.007695-2, Acórdão 273726, 2.ª Turma Cível, Rel. Des. Carmelita Brasil, *DJU* 19.06.2007, p. 143). Nesse sentido, amparado pelo entendimento doutrinário, o antigo PL 699/2011 pretendeu acrescentar expressamente a locução "acessões" que são bens acessórios, mas não são benfeitorias, constituindo incorporações como nos casos de construções e plantações.
V – *Os frutos civis (rendimentos) ou naturais decorrentes de bens comuns ou particulares de cada cônjuge percebidos na constância do casamento, ou pendentes quando cessar a união.* Neste inciso, devem ser incluídos, por analogia, os produtos. A título de primeira ilustração dessa regra, comunicam-se os aluguéis recebidos durante a união, mesmo que se refiram a imóvel pertencente a apenas um dos cônjuges. A respeito dessa afirmação, julgado do STJ de 2021 e em caso relacionado à união estável, considerou que "o montante recebido a título de aluguéis de imóvel particular do 'de cujus' não se comunica à companheira supérstite após a data da abertura da sucessão. Nos seus termos, a comunicabilidade ou não dos frutos deve levar em conta a data da ocorrência do fato que dá ensejo à sua percepção, isto é, o momento em que o titular adquire o direito a seu recebimento. Precedente da Segunda Seção. A data da celebração do contrato de locação ou o termo final de sua vigência em nada influenciam no desate da questão, pois os aluguéis somente podem ser considerados pendentes se deveriam ter sido recebidos na constância da união e não o foram. A partir da data do falecimento do locador – momento em que houve a transmissão dos direitos e deveres decorrentes do contrato aos herdeiros, por força do art. 10 da Lei 8.245/91 –, todo e qualquer vínculo apto a autorizar a recorrente a partilhar dos aluguéis foi rompido" (STJ, REsp. 1.795.215/PR, 3.ª Turma, Rel. Min. Nancy Andrighi, j. 23.03.2021, *DJe* 26.03.2021).

Aprofundando a última previsão, a jurisprudência do STJ incluiu as verbas trabalhistas pleiteadas por um dos cônjuges durante a união. Vale transcrever a ementa desse julgado:

"Direito civil e família – Recurso especial. Ação de divórcio. Partilha dos direitos trabalhistas. Regime de comunhão parcial de bens. Ao cônjuge casado pelo regime da comunhão parcial de bens é devida a meação das verbas trabalhistas pleiteadas judicialmente durante a constância do casamento. As verbas indenizatórias decorrentes da rescisão do contrato de trabalho só devem ser excluídas da comunhão quando o direito trabalhista tenha nascido ou tenha sido pleiteado após a separação do casal. Recurso especial conhecido e provido" (STJ, REsp 646.529/SP, 3.ª Turma, Rel. Min. Nancy Andrighi, j. 21.06.2005, v.u., *BOLAASP* 2.480/3.969).

Em outro aresto, publicado no *Informativo* n. *430* do STJ, concluiu a mesma relatora:

"O ser humano vive da retribuição pecuniária que aufere com o seu trabalho. Não é diferente quando ele contrai matrimônio, hipótese em que marido e mulher retiram de seus proventos o necessário para seu sustento, contribuindo, proporcionalmente, para a manutenção da entidade familiar. Se é do labor de cada cônjuge, casado sob o regime da comunhão parcial de bens, que invariavelmente advêm os recursos necessários à aquisição e conservação do patrimônio comum, ainda que em determinados momentos, na constância do casamento, apenas um dos consortes desenvolva atividade remunerada, a colaboração e o esforço comum são presumidos, servindo, o regime matrimonial de bens, de lastro para a manutenção da família. Em consideração à disparidade de proventos entre marido e mulher, comum a muitas famílias, ou, ainda, frente à opção do casal no sentido de que um deles permaneça em casa cuidando dos filhos, muito embora seja facultado a cada cônjuge guardar, como particulares, os proventos do seu trabalho pessoal, na forma do art. 1.659, inc. VI, do CC/2002, deve-se entender que, uma vez recebida a contraprestação do labor de cada um, ela se comunica" (STJ, REsp 1.024.169/RS, 3.ª Turma, Rel. Min. Nancy Andrighi, j. 13.04.2010, DJe 28.04.2010).

Como se nota, o trecho transcrito procura dar um sentido ao antes comentado e criticado art. 1.659, inc. VI, do Código Civil.

Tema correlato à comunicação das verbas trabalhistas diz respeito ao Fundo de Garantia de Tempo de Serviço (FGTS), seguindo o STJ o mesmo caminho da comunicação se o fato gerador estiver relacionado a momento em que a união gerava efeitos. Assim, decisão de relatoria do Ministro Paulo de Tarso Sanseverino deduziu que "os valores oriundos do Fundo de Garantia do Tempo de Serviço configuram frutos civis do trabalho, integrando, nos casamentos realizados sob o regime da comunhão parcial sob a égide do Código Civil de 1916, patrimônio comum e, consequentemente, devendo ser considerados na partilha quando do divórcio. Inteligência do art. 271 do CC/1916. Interpretação restritiva dos enunciados dos arts. 269, IV, e 263, XIII, do Código Civil de 1916, entendendo-se que a incomunicabilidade abrange apenas o direito aos frutos civis do trabalho, não se estendendo aos valores recebidos por um dos cônjuges, sob pena de se malferir a própria natureza do regime da comunhão parcial" (STJ, REsp 848.660/RS, 3.ª Turma, Rel. Min. Paulo de Tarso Sanseverino, j. 03.05.2011, DJe 13.05.2011).

Apesar da menção a dispositivos do Código Civil de 1916, a forma de pensar deve ser a mesma sob a égide do Código Civil de 2002. Em suma, as verbas em si não se comunicam, porque se enquadram como proventos do trabalho de cada cônjuge. Porém, se sacados os valores, haverá comunicação, pois passam a ser considerados frutos civis.

Em 2016, essa conclusão foi completada pela Segunda Seção do mesmo Tribunal Superior, que deduziu pela não comunicação dos valores relativos ao FGTS recebidos anteriormente à união. Após profundos debates, a ementa constante do *Informativo* n. *581* foi assim publicada, em resumo:

"Diante do divórcio de cônjuges que viviam sob o regime da comunhão parcial de bens, não deve ser reconhecido o direito à meação dos valores que foram depositados em conta vinculada ao FGTS em datas anteriores à constância do casamento e que tenham sido utilizados para aquisição de imóvel pelo casal durante a vigência da relação conjugal. Diverso é o entendimento em relação aos valores depositados em conta vinculada ao FGTS na constância do casamento sob o regime da comunhão parcial, os quais, ainda que não sejam sacados imediatamente à separação do casal, integram o patrimônio comum do casal, devendo a CEF ser comunicada para que providencie a reserva do montante referente à meação, a fim de que, num momento futuro, quando da realização de qualquer das hipóteses legais de saque, seja possível a retirada do numerário pelo ex-cônjuge" (STJ, REsp 1.399.199/RS, Rel. Min. Maria Isabel Gallotti, Rel. para acórdão Min. Luis Felipe Salomão, j. 09.03.2016, DJe 22.04.2016).

Como se percebe, acabou prevalecendo a posição do Ministro Luis Felipe Salomão, que é compartilhada por mim, levando-se em conta a essência dos fatos geradores das aquisições patrimoniais.

Em suma, a posição do STJ pode ser resumida na seguinte afirmação, constante da Edição n. 113 da ferramenta *Jurisprudência em Teses* da Corte, publicada em 2018: "as verbas de natureza trabalhista nascidas e pleiteadas na constância da união estável ou do casamento celebrado sob o regime da comunhão parcial ou universal de bens integram o patrimônio comum do casal e, portanto, devem ser objeto da partilha no momento da separação" (tese n. 3, sendo certo que a edição trata da Dissolução do Casamento e da União Estável). E, mais ainda, sobre o FGTS: "deve ser reconhecido o direito à meação dos valores depositados em conta vinculada ao Fundo de Garantia de Tempo de Serviço – FGTS auferidos durante a constância da união estável ou do casamento celebrado sob o regime da comunhão parcial ou universal de bens, ainda que não sejam sacados imediatamente após a separação do casal ou que tenham sido utilizados para aquisição de imóvel pelo casal durante a vigência da relação" (tese n. 4, publicada na mesma ferramenta e edição).

Outra situação em debate diz respeito à previdência privada complementar. Como bem aponta Rolf Madaleno, "interessante discussão doutrinária deita sobre a incomunicabilidade dos fundos particulares de pensão, que respeitam a chamada *previdência privada*, formada pelo próprio beneficiário com reservas periódicas que faz de seus recursos pessoais ao longo dos anos, de forma a converter este pecúlio em uma renda vitalícia ou por certo período de tempo, quando ele atingir determinada idade, ou quando o fundo é constituído por aportes depositados pela empresa na qual trabalha o beneficiário. O sistema de previdência social brasileiro é misto, composto por um Regime Geral de Previdência Social, que é um regime público e compulsório, a cargo da autarquia Instituto Nacional de Seguro Social (INSS), que cobre a perda da capacidade de gerar meios para a subsistência até um teto máximo, mas que não se concilia com a pretensão daqueles que almejam uma renda maior. Para estes, ao lado da previdência pública foi previsto o chamado Regime Complementar, privado e facultativo, gerido por entidades abertas e fechadas de previdência" (MADALENO, Rolf. *Curso...*, 2011, p. 732-733).

Demonstrando toda a divergência a respeito do tema, inclusive citando o posicionamento constante das edições anteriores desta obra, quando escrita com José Fernando Simão, Rolf Madaleno aduz:

> "Tratando-se de fundo de pensão, e tendo exatamente esta função de segurança futura, não podem ser considerados como comunicáveis, apenas porque estes investimentos, enquanto construídos com as periódicas contribuições, pensa uma vertente doutrinária e jurisprudencial não passar de uma aplicação financeira, um ativo construído em longo prazo, existindo aqueles que se protegem do porvir investindo no ramo imobiliário, para perceber aluguéis, outros montam carteiras de ações para perceber dividendos e terceiros que optam por investimentos em renda fixa ou variável. Pensar desta forma seria inviabilizar qualquer investimento em fundos de pensão, porque ninguém poderia romper sua sociedade afetiva, pois sofreria o ônus de ter de partilhar sua previdência privada e abortar sua futura aposentadoria" (MADALENO, Rolf. *Curso...*, 2011, p. 733-734).

Continuo seguindo o entendimento segundo o qual os fundos de previdência privada constituem aplicações financeiras, devendo ocorrer sua comunicação finda a união, tese que sempre foi defendida por José Fernando Simão. Conforme apontado pelo coautor em edições anteriores desta obra:

"Antes de se atingir a idade estabelecida no plano, a previdência privada não passa de aplicação financeira como qualquer outra. Não há pensão antes desse momento e, portanto, não há incomunicabilidade. Isso porque, sequer há certeza de que, ao fim do plano, efetivamente os valores se converterão em renda ou serão sacados pelo titular. Trata-se de opção dos cônjuges o investimento na previdência privada, em fundos de ações, ou de renda fixa. Assim, as decisões transcritas permitem a fraude ao regime, bastando que, para tanto, em vez de um dos cônjuges adquirir um imóvel ou investir em fundos (bens partilháveis ao fim do casamento), invista na previdência privada para se ver livre da partilha. Quando há a conversão da aplicação em renda e o titular passa a receber o benefício, este sim será incomunicável por ter caráter de pensão" (TARTUCE, Flávio; SIMÃO, José Fernando. *Direito...*, 2013, v. 5, p. 133).

Nessa linha, vale transcrever julgado do Tribunal Gaúcho que adota a premissa:

"Separação judicial. Partilha de bens. Valores existentes na conta em nome do varão provenientes de FGTS e Previdência Privada. 1. Como o regime de bens do casamento era o da comunhão parcial, então todo o patrimônio amealhado pelo casal a título oneroso durante a convivência deve ser repartido igualitariamente, inclusive os valores que integravam as aplicações realizadas no Banco Real ABN AMRO, ainda que existente em conta bancária apenas no nome do separando e decorrentes do FGTS e da Previdência Privada. 2. Se os valores do FGTS e da Previdência Privada foram sacados pelo varão e estão depositados em conta bancária ou se destinaram à aquisição de ações, então passaram a integrar o patrimônio comum do casal. 3. É cabível a expedição de ofício ao Banco Real solicitando informações acerca dos depósitos ou aplicações financeiras existentes em nome do separando. Recurso provido" (TJRS, Agravo de Instrumento 70028689602, 7.ª Câmara Cível, Porto Alegre, Rel. Des. Sérgio Fernando Silva de Vasconcellos Chaves, j. 22.07.2009, *DJERS* 13.10.2009, p. 47).

De toda sorte, a questão não é pacífica, pois podem ser encontrados acórdãos estaduais que seguem o caminho inverso, na linha do defendido por Rolf Madaleno, ou seja, pela não comunicação dos valores depositados para os fins de previdência privada:

"Separação litigiosa. Sentença de procedência. Hipótese de comprovação da vida em comum ser insuportável regime da comunhão parcial de bens. Recurso dele para excluir da partilha os bens imóveis adquiridos por doação de seus pais e com verbas de seu FGTS, além da previdência privada, provido para essa finalidade" (TJSP, Apelação 994.08.128025-7, Acórdão 4357264, 4.ª Câmara de Direito Privado, Santa Rosa do Viterbo, Rel. Des. Teixeira Leite, j. 25.02.2010, *DJESP* 31.03.2010).

"Apelação. Sobrepartilha. Improcedência. Inconformismo. Descabimento. Confissão ficta do réu no caso que não tem a menor relevância, ante jurisprudência citada na sentença. Casamento no regime da comunhão parcial de bens e separação consensual. Acordo expresso de que se trata de verba indenizatória. Incomunicabilidade das verbas indenizatórias. O mesmo ocorrendo com as rescisórias de contrato de trabalho, FGTS, e agora a previdência privada. Recurso desprovido por outros fundamentos (Voto 14029)" (TJSP, Apelação com Revisão 409.104.4/1, Acórdão 2543815, 8.ª Câmara de Direito Privado, Mogi das Cruzes, Rel. Des. Ribeiro da Silva, j. 27.03.2008, *DJESP* 16.04.2008)."

Note-se que a última decisão afasta também a comunicação de verbas trabalhistas e FGTS, não estando em conformidade com o que entende o Superior Tribunal de Justiça atualmente, nos termos de julgados aqui outrora transcritos.

Insta verificar que, na linha do que foi aqui defendido, o próprio STJ entendeu pela comunicação de frutos civis, rendimentos advindos de aplicação financeira mantida por ex-cônjuge na vigência da sociedade conjugal. Consoante julgado publicado no *Informativo* n. 506 daquela Corte Superior, que dever ser destacado:

"Quando perder o caráter alimentar, deve ser partilhada em inventário a aplicação financeira de proventos de aposentadoria mantida por um dos ex-consortes durante a vigência do matrimônio sob o regime de comunhão universal de bens. A melhor interpretação referente à incomunicabilidade dos salários, proventos e outras verbas similares (arts. 1.668, V, 1.659, VI e VII, do CC) é aquela que fixa a separação patrimonial apenas durante o período em que ela ainda mantém natureza alimentar, não desprezando a devida compatibilização dessa restrição com os deveres de mútua assistência. Embora o CC disponha expressamente que se excluem 'da comunhão os proventos do trabalho pessoal de cada cônjuge', é forçoso convir que os valores, depois de recebidos por qualquer dos cônjuges, passam a compor a renda familiar e se comunicam até a separação de fato do casal, sendo absolutamente irrelevante a sua origem. Do contrário, somente o consorte que possuísse trabalho remunerado seria o titular da íntegra do patrimônio alicerçado durante a sociedade conjugal, entendimento que subverteria o sistema normativo relativo ao regime patrimonial do casamento. De modo que o comando da incomunicabilidade deve ser relativizado quando examinado em conjunto com os demais deveres do casamento; pois, instituída a obrigação de mútua assistência e de mantença do lar por ambos os cônjuges, não há como considerar isentas as verbas obtidas pelo trabalho pessoal de cada um deles ou proventos e pensões tampouco como hábeis a formar uma reserva particular. Conforme dispõe a lei, esses valores devem obrigatoriamente ser utilizados para auxílio à mantença do lar da sociedade conjugal. Assim, os proventos de aposentadoria como bem particular são excluídos da comunhão apenas enquanto as respectivas cifras mantenham um caráter alimentar em relação àquele consorte que as aufere. No entanto, suplantada a necessidade de proporcionar a subsistência imediata do titular, as verbas excedentes integram o patrimônio comum do casal e se comunicam, devendo ser incluídas entre os bens a serem meados no inventário aberto em função da morte de um dos cônjuges" (STJ, REsp 1.053.473/RS, Rel. Min. Marco Buzzi, j. 02.10.2012).

Porém, em data mais próxima, a Terceira Turma do STJ acabou por excluir a comunicação de valores depositados em previdência privada de um dos companheiros, em união estável regida pela comunhão parcial, conclusão que é a mesma para as hipóteses de casamento. Nos termos de trecho de sua ementa:

"Cinge-se a controvérsia a identificar se o benefício de previdência privada fechada está incluído dentro no rol das exceções do art. 1.659, VII, do CC/2002 e, portanto, é verba excluída da partilha em virtude da dissolução de união estável, que observa, em regra, o regime da comunhão parcial dos bens. A previdência privada possibilita a constituição de reservas para contingências futuras e incertas da vida por meio de entidades organizadas de forma autônoma em relação ao regime geral de previdência social. As entidades fechadas de previdência complementar, sem fins lucrativos, disponibilizam os planos de benefícios de natureza previdenciária apenas aos empregados ou grupo de empresas aos quais estão atrelados e não se confundem com a relação laboral (art. 458, § 2.º, VI, da CLT). O art. 1.659, inciso VII, do CC/2002 expressamente exclui da comunhão de bens as pensões, meios-soldos, montepios e outras rendas semelhantes, como, por analogia, é o caso da previdência complementar fechada" (STJ, REsp 1.477.937/MG, 3.ª Turma, Rel. Min. Ricardo Villas Bôas Cueva, j. 27.04.2017, *DJe* 20.06.2017).

Em 2020 surgiu outro acórdão da mesma Turma, trazendo a distinção entre os planos e aduzindo o seguinte:

"Os planos de previdência privada aberta, de que são exemplos o VGBL e o PGBL, não apresentam os mesmos entraves de natureza financeira e atuarial que são verificados nos planos de previdência fechada, a eles não se aplicam os óbices à partilha por ocasião da dissolução do vínculo conjugal apontados em precedente da 3ª Turma desta Corte (REsp 1.477.937/MG). Embora, de acordo com a SUSEP, o PGBL seja um plano de previdência complementar aberta com cobertura por sobrevivência e o VGBL seja um plano de seguro de pessoa com cobertura por sobrevivência, a natureza securitária e previdenciária complementar desses contratos é marcante no momento em que o investidor passa a receber, a partir de determinada data futura e em prestações periódicas, os valores que acumulou ao longo da vida, como forma de complementação do valor recebido da previdência pública e com o propósito de manter um determinado padrão de vida. Todavia, no período que antecede a percepção dos valores, ou seja, durante as contribuições e formação do patrimônio, com múltiplas possibilidades de depósitos, de aportes diferenciados e de retiradas, inclusive antecipadas, a natureza preponderante do contrato de previdência complementar aberta é de investimento, razão pela qual o valor existente em plano de previdência complementar aberta, antes de sua conversão em renda e pensionamento ao titular, possui natureza de aplicação e investimento, devendo ser objeto de partilha por ocasião da dissolução do vínculo conjugal por não estar abrangido pela regra do art. 1.659, VII, do CC/2002" (STJ, REsp 1.698.774/RS, 3.ª Turma, Rel. Min. Nancy Andrighi, j. 01.09.2020, *DJe* 09.09.2020).

Exatamente na mesma linha, a tese n. 6 publicada na Edição n. 113 da ferramenta *Jurisprudência em Teses* da Corte, em 2018: "os valores investidos em previdência privada fechada se inserem, por analogia, na exceção prevista no art. 1.659, VII, do Código Civil de 2002, consequentemente, não integram o patrimônio comum do casal e, portanto, não devem ser objeto da partilha". É feita, dessa forma, uma distinção entre os planos de previdência fechada e aberta, o que foi confirmado em outro acórdão superior, da sua Quarta Turma e do ano de 2022, com a seguinte afirmação, "os valores depositados em planos abertos de previdência privada durante a vida em comum do casal, integram o patrimônio comum e devem ser partilhados" (STJ, REsp 1.545.217/PR, 4.ª Turma, Rel. Min. Luis Felipe Salomão, Rel. Acd. Min. Maria Isabel Gallotti, j. 07.12.2021, m.v.).

Com o devido respeito, parece haver certa contradição entre as posições constantes das duas formas de julgar da Corte, o que deve ser pacificado no âmbito da sua Segunda Seção, em breve. De todo modo, reafirmo aqui a minha posição, pela necessidade de comunicação dos valores depositados em previdência privada, seja ela qual for e tratando-se de casamento ou união estável regidos pela comunhão parcial.

No que diz respeito ao tema e à Reforma do Código Civil, a Comissão de Juristas propõe uma necessária reforma no art. 1.660 do CC, para a ampliação da comunicação de bens ou da meação na comunhão parcial, deixando também o tratamento da matéria mais claro e efetivo, tendo em vista os vários desafios práticos que surgiram sobre a temática nos mais de vinte anos de vigência da codificação privada de 2002, e que aqui foram expostos.

Uma das razões da ampliação é a retirada da concorrência sucessória do cônjuge e do convivente do sistema jurídico, sobretudo com os descendentes, no art. 1.829, inc. I, do CC, que tem a seguinte e confusa redação: "a sucessão legítima defere-se na ordem seguinte: I – aos descendentes, em concorrência com o cônjuge sobrevivente, salvo se casado este com o falecido no regime da comunhão universal, ou no da separação obrigatória de bens (art. 1.640, parágrafo único); ou se, no regime da comunhão parcial, o autor da herança não houver deixado bens particulares". Como se sabe, atualmente, essa concorrência do cônjuge ou convivente com os descendentes do *de cujus* está limitada aos bens particulares do falecido, aqueles que não se comunicam na comunhão parcial, o que foi pacificado na Segunda Seção do Superior Tribunal de Justiça (STJ, REsp 1.368.123/SP, 2.ª Seção, Rel. Min. Sidnei Beneti, Rel. p/ Acórdão Min. Raul Araújo, j. 22.04.2015, *DJe* 08.06.2015).

Pois bem, a Comissão de Juristas concluiu pela mais do que necessária extinção da concorrência sucessória do cônjuge ou convivente com os descendentes do falecido por entender ser ela confusa, anacrônica e distante de uma segura e justa solução prática das controvérsias. Os processos de inventários litigiosos são hoje infindáveis, e a concorrência sucessória não se coaduna com a solução extrajudicial e consensual das disputas, pois aumenta o conflito, não ocasionando a necessária pacificação social.

Com a retirada da concorrência sucessória do cônjuge ou convivente, com seus descendentes e ascendentes, no inc. II do art. 1.829, a ordem de sucessão legítima passará a ser simples, voltando-se a algo próximo do que era no sistema do Código Civil, a saber: "Art. 1.829. A sucessão legítima defere-se na ordem seguinte: I – aos descendentes; II – aos ascendentes; III – ao cônjuge ou ao convivente sobrevivente; IV – aos colaterais até o quarto grau".

De todo modo, a retirada da concorrência deve ser compensada com a atribuição de outros bens ao cônjuge ou convivente, em vida, o que é feito por uma ampliação considerável, como nunca se viu e sem precedentes, da meação de bens na comunhão parcial, que é o regime adotado pela grande maioria dos brasileiros.

Além dessas justificativas, algumas das proposições incluídas no art. 1.660 resolvem e suprem debates jurisprudenciais sobre os temas, assim como trazem em seu conteúdo o protocolo de gênero, para a tutela dos direitos das mulheres, tanto nas hipóteses envolvendo o casamento quanto a união estável.

Atendendo a essas finalidades, nos termos do seu inc. I, haverá a comunicação dos "bens adquiridos por título oneroso na constância do casamento ou da união estável, ainda que só em nome de um dos cônjuges ou conviventes". Em relação a ele, houve a inclusão da união estável e clareza quanto à aquisição do bem ter se dado na constância do relacionamento havido entre as partes.

Como outra modificação, o inc. III do art. 1.660 passará a enunciar "os bens adquiridos por doação, herança ou legado, em favor de ambos os cônjuges ou conviventes"; mais uma vez apenas com a inclusão da união estável no preceito.

No inc. IV, preceituam-se "as benfeitorias em bens particulares de cada cônjuge ou convivente, entendendo-se como valor a ser partilhado, sempre que possível, o da valorização do bem em razão das benfeitorias realizadas". A menção à valorização do bem particular em virtude de benfeitorias é salutar, para se afastar disputas desnecessárias no âmbito do Poder Judiciário, pois como esclareceu a Subcomissão de Direito de Família, a "presente proposta regula, com justiça, a valorização do bem no regime da comunhão parcial de bens. Trata-se de situação bastante comum no Brasil que, por certo, carece de disciplina mais detalhada, para evitar injustiça e enriquecimento sem causa de uma das partes. A proposta, portanto, justifica-se em firme base fática e social".

No inc. V do art. 1.660, a proposição da Comissão de Juristas apenas inclui novamente a união estável e diz respeito aos "frutos dos bens comuns, ou dos particulares de cada cônjuge ou convivente, percebidos na constância do casamento ou da união estável ou pendentes ao tempo de cessar a comunhão".

Porém, no novo inc. VI, há a antes citada ampliação considerável da comunicação de bens ou da meação na comunhão parcial, abrangendo, na linha dos meus comentários doutrinários e anotações jurisprudenciais, "as remunerações, salários, pensões, dividendos, fundo de garantia por tempo de serviço, previdências privadas abertas ou outra classe de recebimentos ou indenizações que ambos os cônjuges ou conviventes obtenham durante o casamento ou união estável, como provento do trabalho ou de aposentadoria". A previsão, portanto, completa as revogações dos incs. VI e VII do art. 1.659, que, atualmente, apenas causam confusão.

Nesse contexto, além da comunicação das rendas em geral, os seus frutos e as suas decorrências se comunicam, em prol do outro cônjuge ou convivente, o que vem em boa hora, com os fins de deixar mais clara a matéria e afastar disputas ainda não pacificadas que hoje existem sobre os institutos previstos no novo inc. VI.

Também como nova previsão e na mesma linha de ampliação da comunicação de bens, o incluso inc. VII preverá a meação sobre "os direitos patrimoniais sobre as quotas ou ações societárias adquiridas na constância do casamento ou da união estável". Consoante as justificativas da Subcomissão de Direito de Família, "a presente proposta pretende a comunicabilidade, não das quotas ou ações societárias de per si, pois isso violaria a própria *affectio societatis*, além de agredir regras fundamentais de direito societário. O que se pretende, sim, visando a evitar indesejável enriquecimento sem causa, é a comunicabilidade dos 'direitos patrimoniais' sobre tais quotas ou ações, o que pode ser apurado mediante balanço contábil".

Ainda é incluída, no inc. VIII do art. 1.660, com as mesmas justificativas, "a valorização das quotas ou das participações societárias ocorrida na constância do casamento ou da união estável, ainda que a aquisição das quotas ou das ações tenha ocorrido anteriormente ao início da convivência do casal, até a data da separação de fato".

Por fim, insere-se previsão complementar, no novo inc. IX, da "valorização das quotas sociais ou ações societárias decorrentes dos lucros reinvestidos na sociedade na vigência do casamento ou união estável do sócio, ainda que a sua constituição seja anterior à convivência do casal, até a data da separação de fato". Não se olvide, quanto à valorização das quotas sociais, que o Superior Tribunal de Justiça tem entendimento diverso, pela sua não comunicação. Vejamos, entre os últimos arestos: "consoante a jurisprudência desta Corte, a valorização patrimonial das cotas sociais adquiridas antes do casamento ou da união estável não deve integrar o patrimônio comum a ser partilhado, por ser decorrência de um fenômeno econômico que dispensa a comunhão de esforços do casal" (STJ, Ag. Int. nos EDcl no AREsp 699.207/SP, 4.ª Turma, Rel. Min. Raul Araújo, j. 27.06.2022, *DJe* 29.06.2022). Ou, entre os acórdãos mais antigos: "o regime de bens aplicável às uniões estáveis é o da comunhão parcial, comunicando-se, mesmo por presunção, os bens adquiridos pelo esforço comum dos companheiros. A valorização patrimonial das cotas sociais de sociedade limitada, adquiridas antes do início do período de convivência, decorrente de mero fenômeno econômico, e não do esforço comum dos companheiros, não se comunica" (STJ, REsp 1.173.931/RS, 3.ª Turma, Rel. Min. Paulo de Tarso Sanseverino, j. 22.10.2013, *DJe* 28.10.2013).

Na verdade, em relação ao último inciso incluído no art. 1.660, relativo à valorização das cotas sociais, prestigiou-se entendimento do Tribunal Paulista, caso do seguinte *decisum* com repetição em outros julgados de mesma Relatoria:

> "Partilha de bens. Regime da comunhão parcial de bens. Saldo existente em aplicações financeiras partilhado em sentença. Insurgência em relação à forma de atualização dos valores a serem entregues à ex-esposa pelo ex-marido. Correção e incidência de juros que devem levar em conta os índices dos fundos de investimentos em que estavam aplicados os valores partilhados. Cotas sociais de pessoa jurídica adquiridas pelo ex-marido por doação de seu genitor constituem bens próprios. Aquisições posteriores a título oneroso e aumento do capital social. Comunicação dos frutos de bens particulares recebidos na

constância do casamento, independentemente de esforço comum do cônjuge. Frutos que correspondem à parcela do aumento do capital social decorrente da incorporação de lucros que, caso distribuídos aos sócios, constituiriam aquestos. Parcela de aumento do capital social eventualmente decorrente de correção monetária do capital e reavaliação de outros ativos são incomunicáveis ao outro cônjuge. Comunicação da mais-valia, nos moldes acima estabelecidos, se dará somente até a data da separação de fato do casal. Sucesso ou infortúnio da pessoa jurídica após a separação de fato do casal não se comunica ao outro cônjuge, cessado o regime de bens. Esposa que não se torna sócia da pessoa jurídica, mas sim sua credora, com direito a receber seus haveres à conta da participação do marido. Apuração dos haveres será objeto de ação própria, pois envolve interesses de terceiros que não figuram como partes nesta demanda. Ação e reconvenção parcialmente procedentes. Recurso do autor parcialmente provido. Recurso da ré desprovido" (TJSP, Apelação Cível 1043882-52.2019.8.26.0576, Acórdão 15977273, São José do Rio Preto, 1.ª Câmara de Direito Privado, Rel. Des. Francisco Loureiro, j. 23.08.2022, *DJESP* 29.08.2022, p. 1794).

O que se percebe, portanto, é que na Subcomissão de Direito de Família e na Relatoria-Geral foi adotada solução diversa ao entendimento do Superior Tribunal de Justiça, para se afastar o enriquecimento sem causa do cônjuge sócio, em detrimento do regime da comunhão parcial, e pelo fato de que houve, como antes pontuado, a retirada da concorrência sucessória do cônjuge ou convivente em relação aos descendentes, quanto aos bens particulares do falecido, sendo necessário ampliar a meação para compensar essa retirada.

A questão foi votada na Comissão de Juristas, formada inclusive por Ministros do STJ, nas reuniões da primeira semana de abril de 2024, tendo havido forte apoio à proposta também da Subcomissão de Direito de Empresa e de ampla maioria dos membros do grupo, vencendo na votação final. Entre outros argumentos, prevaleceu a necessidade de proteção dos direitos das esposas e conviventes, efetivando-se o *protocolo de gênero*. Cabe agora, ao Congresso Nacional, analisar qual o melhor caminho para o tema, sendo necessário, em prol da segurança jurídica, que todas essas situações sejam positivadas na lei brasileira.

Além dessas previsões e debates sobre o art. 1.660 do CC, a lei civil considera incomunicáveis os bens cuja aquisição tiver por título uma causa anterior ao casamento (art. 1.661 do CC). Exemplificando, há o caso de um rapaz solteiro que vende a crédito um terreno seu, cujo valor é recebido após a celebração do casamento sob o regime da comunhão parcial. Tal valor é incomunicável, pois a sua causa é anterior ao matrimônio (DINIZ, Maria Helena. *Código Civil...*, 2005, p. 1.362).

Ou, ainda, a correta conclusão no sentido de que "o regime da comunhão parcial de bens, todos os bens adquiridos na constância do casamento devem ser partilhados, pois passam a integrar o patrimônio comum do casal, independente se houve ou não contribuição financeira por ambos os cônjuges. Se a aquisição de um dos bens imóveis foi firmada e paga integralmente por um dos cônjuges, antes do casamento, afasta-se a partilha, não elidindo a incomunicabilidade o fato de o registro imobiliário ter sido feito já na constância daquele" (TJMG, Apelação Cível 0025142-82.2010.8.13.0045, Rel. Des. Washington Ferreira, j. 10.07.2012, *DJEMG* 20.07.2012).

Sem qualquer inovação em relação ao seu conteúdo, a Comissão de Juristas encarregada da Reforma do Código Civil sugere apenas inclusão da união estável no seu art. 1.661, que passará a prever o seguinte: "são incomunicáveis os bens cuja aquisição tiver por título uma causa anterior ao casamento ou à constituição de união estável". São feitas proposições semelhantes para os demais dispositivos que consagram regras específicas para casamento de regime de bens, caso dos seguintes.

Relativamente aos bens móveis, a lei consagra uma presunção de que foram adquiridos na constância da união, ou seja, haverá comunicação (art. 1.662 do CC). Essa presunção é relativa (*iuris tantum*), cabendo prova em contrário de quem alega que o bem é exclusivo e incomunicável. Nesse sentido, aplicando bem a regra do Tribunal de Minas Gerais:

> "Apelação cível. Ação de separação judicial litigiosa. Casamento pelo regime da comunhão parcial. Casa edificada pela municipalidade em benefício do casal. Lote de propriedade particular de um dos cônjuges. Partilha em forma de indenização. Bens móveis. Ausência de prova de aquisição anterior ao casamento. Presunção do art. 1.662 do Código Civil de 2002. Recurso parcialmente provido. 1. Os bens adquiridos a título oneroso durante o casamento, no regime da comunhão parcial, em regra, são comuns. A aquisição a título gratuito pelo casal também gera o condomínio forçado. 2. É bem comum a casa edificada pela municipalidade, em proveito do casal, no lote de propriedade exclusiva do varão. Neste caso, em decorrência da *vis atractiva soli*, deve ser apurado o valor da acessão e o proprietário da *res immobilis* deve indenizar à virago com a metade da importância apurada. 3. Presumem-se adquiridos os bens móveis na constância do casamento se não houver prova de aquisição em data anterior ao mesmo. Ausente a prova, deve haver partilha dos mencionados bens. 4. Apelação cível conhecida e parcialmente provida" (TJMG, AC 1.0051.04.009518-7/001, 2.ª Câmara Cível, Bambuí, Rel. Des. Caetano Levi Lopes, j. 24.05.2005, *DJMG* 10.06.2005).

Débora Brandão expõe polêmica a respeito da aquisição de novo bem móvel, sub-rogado, com a contribuição do outro cônjuge. E interroga: "Ele continuará a ser particular? Integrará a comunhão? Terá natureza mista, sendo considerado parte particular e parte comum?" (BRANDÃO, Débora Vanessa Caús. *Regime*..., 2007, p. 204).

Para uma *primeira corrente* exposta, o bem sub-rogado deveria integrar apenas uma das massas patrimoniais do cônjuge. Assim, "se o bem anterior foi vendido por duzentos e o novo vale trezentos, o cônjuge beneficiado com o negócio, que é o proprietário, deverá compensar seu cônjuge. Como os cem saíram da comunhão, deverá compensar apenas cinquenta" (BRANDÃO, Débora Vanessa Caús. *Regime*..., 2007, p. 205). Essa corrente, segundo a autora, seria seguida por Paulo Lôbo.

Já para uma *segunda corrente*, os bens sub-rogados passam a integrar o acervo comum, cabendo cinquenta por cento para cada um dos cônjuges, entendimento de Caio Mário da Silva Pereira e Maria Helena Diniz. Débora Brandão entende ser justa essa solução, por vedar o enriquecimento sem causa (BRANDÃO, Débora Vanessa Caús. *Regime*..., 2007, p. 206).

A doutrinadora cita uma *terceira corrente*, segundo a qual o novo bem seria misto, "porque parte dele seria comum, proporcionalmente ao valor contribuído para sua aquisição. Utilizando-se o exemplo acima, 2/3 do bem seria particular, enquanto 1/3 seria comum", solução que está no Código Civil Português (BRANDÃO, Débora Vanessa Caús. *Regime*..., 2007, p. 206).

No que diz respeito ao Projeto de Reforma do Código Civil, além da inclusão da união estável no seu art. 1.662, sugere-se que a norma mencione apenas os bens móveis que guarneçam o domicílio comum, passando o dispositivo a prever o seguinte: "no regime da comunhão parcial, presumem-se adquiridos na constância do casamento ou da união estável os bens móveis que guarneçam o domicílio comum, quando não se provar que o foram em data anterior". Essa restrição deixa mais claro o texto da lei, como bem argumentou a Subcomissão de Direito de Família: "trata-se de ajuste redacional simples, com o escopo de esclarecer os bens que se presumem adquiridos na constância do casamento ou da união estável". Assim, no exemplo do veículo constante do acórdão por último citado, deverá haver a presunção relativa de meação da coisa.

Feitas essas notas sobre a lei projetada, e seguindo-se como estudo do tema ora como está vigente, no regime da comunhão parcial de bens, a administração do patrimônio comum compete a qualquer um dos cônjuges, diante do sistema de colaboração e de interesse comum presente nesse regime de bens (art. 1.663 do CC). As dívidas contraídas no exercício dessa administração obrigam os bens comuns e particulares do cônjuge que os administra, e os do outro cônjuge na razão do proveito que houver auferido (art. 1.663, § 1.º). Vejamos dois exemplos.

De início, imagine-se uma situação em que o marido tem uma empresa, anterior ao casamento, e a administra sozinho. Nesse caso, a parte que tem nos bens comuns e os bens exclusivos da esposa não responde por dívidas contraídas pelo marido na administração da empresa, já que o bem é anterior.

Por outra via, se a empresa foi constituída na vigência do matrimônio, sendo de ambos e administrada pelo marido, que contrai dívidas, responderão tanto os bens particulares do marido quanto os bens comuns, em regra. Eventualmente, se a mulher for beneficiada por essa administração responderão os seus bens particulares, na proporção da vantagem produzida.

A anuência de ambos os cônjuges é necessária para os atos que, a título gratuito, impliquem na cessão do uso ou gozo dos bens comuns, caso da instituição de um usufruto ou da celebração de um contrato de comodato de imóvel pertencente a ambos (art. 1.663, § 2.º, do CC). Havendo prova de malversação dos bens, ou seja, de dilapidação do patrimônio ou desvio de bens, o juiz poderá atribuir a administração a apenas um dos cônjuges, analisando as provas dessa má administração (art. 1.663, § 3.º do CC).

Os bens da comunhão também respondem pelas obrigações contraídas pelo marido ou pela mulher para atender aos encargos da família, às despesas de administração e às decorrentes de imposição legal (art. 1.664 do CC). Concretizando a norma, os bens da comunhão respondem pelas dívidas domésticas; pelas despesas de alimentação dos membros da entidade familiar; pelas despesas de aluguel e condomínio do apartamento onde reside o casal; pelas contas de água, luz, telefone e gás; pelos tributos do imóvel de residência, entre outros.

No atual Projeto de Reforma, a Comissão de Juristas, em linha coerente com propostas anteriores, sugere que o dispositivo mencione também a união estável. Além disso, entendeu-se ser interessante incluir na norma previsão expressa quanto aos gastos de caráter urgente e extraordinários, para deixá-la mais clara, com a seguinte redação final proposta: "Art. 1.664. Os bens da comunhão respondem pelas obrigações contraídas pelos cônjuges ou conviventes para atender aos encargos da família, às despesas de administração e às decorrentes de imposição legal, mesmo quando se trate de gastos de caráter urgente e extraordinários". Também não se menciona "homem" e "mulher", mantendo-se coerência com a admissão da união estável e do casamento homoafetivo pelo Anteprojeto.

De volta ao sistema em vigor, no tocante à administração e à disposição dos bens constitutivos do patrimônio particular, tais atos competem ao cônjuge proprietário, salvo convenção diversa em pacto antenupcial (art. 1.665 do CC). Como consta do próprio comando legal em comento, é possível que os cônjuges pactuem a necessidade de outorga conjugal para a venda de um bem particular. A norma em questão constitui novidade e deve ser confrontada com o art. 1.647 da atual codificação material.

Na realidade, para as situações de bens imóveis particulares continua sendo necessária a outorga conjugal, no caso de alienação do mesmo na vigência do regime da comunhão parcial. Anotam Jones Figueirêdo Alves e Mário Luiz Delgado que "a inovação assegura aos cônjuges a oportunidade de liberalidade para com o outro, dispondo de modo diverso, em pacto antenupcial, acerca da administração e da disposição dos bens que integram o acervo dos bens particulares. É bem verdade, porém, que a convenção não poderá contrariar o disposto no art. 1.647, I, do NCC, em qualquer caso, por força do que preceitua o art. 1.655. Cumpre observar, por isso mesmo, que a norma não tem alcance ilimitado que se supõe, ao analisar a matéria relativa à disposição dos bens, isto porque, a rigor, a hipótese de convenção diversa quer se referir unicamente à administração de bens particulares" (*Código Civil...*, 2005, p. 851).

Nessa mesma linha, o Enunciado n. 340 do CJF/STJ, aprovado na *IV Jornada de Direito Civil*, no ano de 2006, prevendo que "no regime da comunhão parcial de bens é sempre indispensável a autorização do cônjuge, ou seu suprimento judicial, para atos de disposição sobre bens imóveis". Filia-se de forma integral às palavras dos doutrinadores e ao teor do enunciado doutrinário. Cumpre lembrar que, muitas vezes, são introduzidas benfeitorias nesses bens particulares que, como visto, são comunicáveis na vigência da comunhão parcial (art. 1.660, inc. IV, do CC).

Desse modo, a alienação de um imóvel nessas condições sem a outorga pode gerar o enriquecimento sem causa de um cônjuge em relação ao outro, o que é vedado pelo art. 884 do CC/2002. Concluindo, sendo alienado um imóvel particular sem a outorga do outro cônjuge, mesmo na comunhão parcial, é possível alegar a anulabilidade do ato, com base nos arts. 1.647 e 1.649 do CC.

Justamente para afastar esse conflito aparente entre os arts. 1.665 e 1.647, inc. I, o antigo Projeto Ricardo Fiuza pretendia alterar o primeiro dispositivo, que passaria a ter a seguinte redação: "a administração dos bens constitutivos do patrimônio particular competem ao cônjuge proprietário, salvo convenção diversa em pacto antenupcial". Sempre estive filiado à proposta, eis que ela encerra a controvérsia aqui demonstrada.

No atual Projeto de Reforma do Código Civil, a Comissão de Juristas sugere a seguinte redação para o art. 1.665, com a inclusão da união estável e menção aos pactos conjugais e convivenciais em sentido amplo, e não mais apenas ao pacto antenupcial: "a administração e a disposição dos bens constitutivos do patrimônio particular competem ao cônjuge ou convivente proprietário, salvo convenção diversa em pacto conjugal ou convivencial". Na linha dos meus comentários, seria interessante, ainda, retirar a menção expressa à disposição de bens, na linha do Enunciado n. 340 da *IV Jornada de Direito*, o que acabou permanecendo na projeção, por um lapso. Assim, sugiro que seja feito um aperfeiçoamento da proposta, no âmbito do Congresso Nacional.

Finalizando o tratamento desse regime, o art. 1.666 da atual codificação determina que as dívidas contraídas por qualquer dos cônjuges na administração de seus bens particulares e em benefício destes não obrigam os bens comuns.

Em relação a esse comando, para o Projeto de Reforma do Código Civil, a Subcomissão de Direito de Família sugeriu a inclusão, no dispositivo, da viabilidade de compensação, na futura partilha, por dívidas pessoais pagas com bem comum, o que foi acatado pela Relatoria-Geral e pela Comissão de Juristas, como bem justificaram: "a proposta é inovadora e necessária por imperativo de justiça. Visa a prever a compensação na futura partilha, por dívidas pessoais pagas com bem comum. Prestigia-se, por um lado, a eficiência, e, por outro, o justo direito ao ressarcimento". Nesse contexto, o comando passará a prever o seguinte, em boa hora: "Art. 1.666. Se um dos consortes, na administração de bens particulares, vier a constituir dívidas cuja satisfação acarrete a excussão de bens comuns, terá o outro, caso não tenha anuído com o ato, o direito de reaver sua parte do valor subtraído do patrimônio comum, em eventual partilha".

A subcomissão de especialistas ainda propôs a inclusão de norma relativa à fraude ao regime da comunhão parcial, praticada por cônjuge ou convivente, seguindo proposta elaborada por Rolf Madaleno. Trata-se do novo art. 1.666-A, com a seguinte dicção: "O ato de administração ou de disposição praticado por um só dos cônjuges ou conviventes em fraude ao patrimônio comum implicará sua responsabilização pelo valor atualizado do prejuízo. § 1.º O cônjuge ou convivente que sonegar bens da partilha, buscando apropriar-se de bens comuns que esteja, em seu poder ou sob a sua administração e, assim, lesar economicamente a parte adversa, perderá o direito que sobre eles lhe caiba. § 2.º Comprovada a prática de atos de sonegação, a sentença de partilha ou de sobrepartilha decretará a perda do direito de meação sobre o bem sonegado em favor do cônjuge ou convivente prejudicado".

Como se nota, em boa hora, assim como ocorre em matéria sucessória, a fraude engendrada pelo cônjuge ou convivente implicará a imposição da pena de sonegados, com a perda do direito em relação ao bem, sendo importante a aprovação da proposição pelo Congresso Nacional, a fim de se coibir e vetar os citados ilícitos civis.

3.4.2 Regime da comunhão universal

Como se sabe, esse era o regime legal até a entrada em vigor da Lei do Divórcio, ou seja, até 25 de dezembro de 1977. Justamente por isso, na prática, muitos casais, atualmente, são casados por esse regime, notadamente das gerações anteriores. Desde a entrada em vigor da Lei 6.515/1977, a sua previsão depende de pacto antenupcial, o que é confirmado pelo Código Civil de 2002.

Essas premissas são mantidas pelo Projeto de Reforma do Código Civil, com a possibilidade de se estabelecer e convencionar o regime também em pactos celebrados após o casamento. Almeja-se, ainda e na linha de outras proposições, incluir menções ao convivente, o que não poderia ser diferente, conforme já alcança o comando a seguir.

Como regra básica, comunicam-se tanto os bens anteriores ou presentes quanto os posteriores à celebração do casamento, ou seja, há uma comunicação total ou plena nos aquestos, o que inclui as dívidas passivas de ambos (art. 1.667 do CC). O desenho a seguir esquematiza o regime:

Regime da comunhão universal de bens

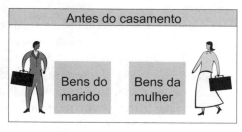

Assim, geralmente todos os bens adquiridos durante a união, por um ou ambos os cônjuges, são comunicáveis na comunhão universal. Também se comunicam os bens recebidos por um ou por ambos por herança ou doação durante o casamento.

Como primeiro exemplo prático, para o Superior Tribunal de Justiça, há comunicação das quotas de sociedade de advogados adquiridas por um dos cônjuges na vigência desse regime. Vejamos os termos da parte final da longa ementa do Tribunal da Cidadania:

"Afigura-se incontroverso que a aquisição das quotas sociais da sociedade de advogados pelo recorrido deu-se na constância do casamento, cujo regime de bens era o da comunhão universal. Desse modo, se a obtenção da participação societária decorreu naturalmente dos esforços e patrimônios comuns dos então consortes, sua divisão entre os cônjuges, por ocasião de sua separação, é medida de justiça e consonante com a lei de regência. Naturalmente, há que se preservar o caráter personalíssimo dessas sociedades, obstando-se a atribuição da qualidade de sócio a terceiros que, nessa condição, não detenham com os demais a denominada *affectio societatis*. Inexistindo, todavia, outro modo de se proceder à quitação do débito ou de implementar o direito à meação ou à sucessão, o direito destes terceiros (credor pessoal do sócio, ex-cônjuge e herdeiros) é efetivado por meio de mecanismos legais (dissolução da sociedade, participação nos lucros etc.) a fim de amealhar o valor correspondente à participação societária. (...) Recurso especial provido, para, reconhecendo, em tese, o direito da cônjuge, casada em comunhão universal de bens, à partilha do conteúdo econômico das quotas sociais da sociedade de advogados então pertencentes ao seu ex-marido (não se lhe conferindo, todavia, o direito à dissolução compulsória da sociedade), determinar que o Tribunal de origem prossiga no julgamento das questões remanescentes veiculadas no recurso de apelação" (STJ, REsp 1.531.288/RS, 3.ª Turma, Rel. Min. Marco Aurélio Bellizze, j. 24.11.2015, *DJe* 17.12.2015).

Entretanto, se a sociedade for anterior ao casamento ou da união estável celebrado por comunhão parcial de bens, não haverá comunicação da valorização das quotas, afirmação que igualmente vale para os casos de imóveis particulares, adquiridos anteriormente. Nos termos da afirmação n. 5 constante da Edição n. 113 da ferramenta *Jurisprudência em Teses* do STJ, "a valorização patrimonial dos imóveis ou das cotas sociais de sociedade limitada, adquiridos antes do casamento ou da união estável, não deve integrar o patrimônio comum a ser partilhado quando do término do relacionamento, visto que essa valorização é decorrência de um fenômeno econômico que dispensa a comunhão de esforços do casal". São citados como acórdãos paradigmas, entre outros: Ag. Int. no AREsp 297.242/RS, 4.ª Turma, Rel. Min. Lázaro Guimarães (Desembargador convocado do TRF 5.ª Região), j. 07.11.2017, *DJe* 13.11.2017; Resp 1.595.775/AP, 3.ª Turma, Rel. Min. Ricardo Villas Bôas Cueva, j. 09.08.2016, *DJe* 16.08.2016; Resp 1.349.788/RS, 3.ª Turma, Rel. Min. Nancy Andrighi, j. 26.08.2014, *DJe* 29.08.2014; e Resp 1.173.931/RS, 3.ª Turma, Rel. Min. Paulo de Tarso Sanseverino, j. 22.10.2013, *DJe* 28.10.2013).

Pois bem, mesmo havendo essa comunicação muito ampla, pode-se afirmar que esta é *quase total* na comunhão universal, pois o art. 1.668 traz o rol dos bens incomunicáveis e que não entram nos aquestos. São eles:

I – *Bens doados ou herdados com a cláusula de incomunicabilidade, e os correspondentes sub-rogados*. A cláusula de incomunicabilidade é a que veda a comunhão nos aquestos em qualquer regime, devendo ser justificada, quando inserida no testamento (art. 1.848 do CC). Surge uma dúvida quanto a essa previsão:

esse bem incomunicável pode ser vendido ao outro cônjuge? Parece-me que, em regra, é possível a venda desses bens, desde que não haja simulação (causa de nulidade absoluta), fraude contra credores (causa de nulidade relativa ou anulabilidade), ou fraude à execução (causa de ineficácia). Vale lembrar que a incomunicabilidade não gera a inalienabilidade do bem, e que o art. 499 do CC autoriza a venda entre cônjuges quanto aos bens excluídos da comunhão. Mais uma vez consigne-se que as limitações à autonomia privada devem constar necessariamente de lei.

II – *Bens gravados de fideicomisso e o direito do herdeiro fideicomissário, antes de realizada a condição suspensiva.* O fideicomisso é uma forma de substituição testamentária em que um primeiro herdeiro (fiduciário) pode ser substituído por outro (fideicomissário) – arts. 1.951 a 1.960 do CC. No sistema do Código Civil o fideicomissário será pessoa não existente no momento da abertura da sucessão, conforme explicado no Volume 6 da presente coleção. Quando o bem estiver com o fiduciário é que estará presente a referida incomunicabilidade, pois a sua propriedade é resolúvel. Vejamos um esquema a demonstrar a situação jurídica:

Fideicomitente	Fiduciário	Fideicomissário
Testador	→ 1.º herdeiro *Incomunicável* →	2.º herdeiro

III – *As dívidas anteriores à união, salvo se tiverem como origem dívidas relacionadas com os preparativos do casamento (aprestos), ou aquelas que se reverterem em proveito comum.* Em outras palavras, as dívidas anteriores de cada cônjuge são incomunicáveis, salvo aquelas contraídas para a aquisição do imóvel do casal, para a mobília desse imóvel, para o enxoval, para a festa do casamento, entre outras despesas que interessam a ambos.

IV – *As doações antenupciais feitas por um dos cônjuges a outro, com cláusula de incomunicabilidade.* Neste caso, preserva-se a vontade dos cônjuges, a autonomia privada.

V – *Os bens referidos nos incisos V a VII do art. 1.659 do CC (bens de uso pessoal, livros, instrumentos de profissão, proventos do trabalho de cada um e pensões em geral).* Vale repetir aqui a crítica feita em relação ao inciso VI do art. 1.659 do CC. Se esse dispositivo for interpretado literalmente ou mesmo extensivamente, o que não pode ocorrer, nada se comunicará nesse regime. O anterior Projeto Ricardo Fiuza também pretendia retirar a menção ao inciso VI desse dispositivo, pelas razões óbvias antes demonstradas quando comentado o regime da comunhão parcial de bens.

Quanto a esse art. 1.668, no Projeto de Reforma do Código Civil, a Comissão de Juristas sugere a inclusão da união estável no inc. III do dispositivo, prevendo que não se comunicarão no regime da comunhão universal "as dívidas anteriores ao casamento ou ao estabelecimento da união estável, salvo se provierem de despesas com seus aprestos ou reverterem em proveito comum".

Revoga-se ainda o inc. IV, pela menção atual às doações antenupciais, uma vez que o pacto antenupcial, em sua literalidade, foi retirado do sistema. Ademais, o inc. V do art. 1.668 passará a mencionar apenas a não comunicação dos "bens referidos nos incs. V e VIII do art. 1.659", diante das propostas que foram formuladas para o último comando. Com isso serão supridas as críticas feitas em meus comentários doutrinários, em especial as que dizem respeito às atuais menções aos proventos do trabalho e às rendas em geral, problema também existente hoje na comunhão parcial de bens, como pontuei quando do estudo do art. 1.659 do CC/2002.

Em relação aos frutos (bens acessórios que saem do principal sem diminuir a sua quantidade), são eles comunicáveis, mesmo que digam respeito aos bens incomunicáveis, mas desde que vençam ou sejam percebidos na constância do casamento (art. 1.669 do CC). A título de exemplo, os aluguéis retirados por um dos cônjuges em relação a um imóvel recebido com cláusula de incomunicabilidade (inc. I do art. 1.668) são comunicáveis, pois se presume que foram adquiridos na constância da união e de forma onerosa.

No que tange às pensões, a nosso ver, de maneira correta, o Superior Tribunal de Justiça afastou a comunicação da pensão por invalidez, apesar de o regime de casamento ser o da comunhão universal de bens:

"Direito civil. Família. Recurso especial. Ação de separação judicial. Comunhão universal de bens. Partilha. Exclusão da indenização ou pensão mensal decorrente de seguro por invalidez. Interpretação do art. 263, I, do CC/1916. A indenização, ou pensão mensal, decorrente de seguro por invalidez não integra a comunhão universal de bens, nos termos do art. 263, I, do CC/1916. Entendimento diverso provocaria um comprometimento da subsistência do segurado, com a diminuição da renda destinada ao seu sustento após a invalidez, e, ao mesmo tempo, ensejaria o enriquecimento indevido do ex-cônjuge, porquanto seria um bem conseguido por esse apenas às custas do sofrimento e do prejuízo pessoal daquele. Recurso especial conhecido e provido" (STJ, Resp 631.475/RS, 3.ª Turma, Rel. Min. Humberto Gomes de Barros, Rel. p/ Acórdão Min. Nancy Andrighi, j. 13.11.2007, *DJ* 08.02.2008, p. 1).

Entretanto, no tocante às verbas recebidas após a separação do casal, referentes a benefício previdenciário da aposentadoria do INSS, que foram nascidas e pleiteadas durante o casamento, entendeu o Superior Tribunal de Justiça que deveriam ser partilhadas:

"Recurso especial. Direito de família. Comunhão universal. Frutos civis. Verbas recebidas a título de benefício previdenciário. Direito que nasceu e foi pleiteado pelo varão durante o casamento. Inclusão na partilha de bens. Recurso não conhecido. No regime da comunhão universal de bens, as verbas percebidas a título de benefício previdenciário resultantes de um direito que nasceu e foi pleiteado durante a constância do casamento devem entrar na partilha, ainda que recebidas após a ruptura da vida conjugal. 2. Recurso especial não conhecido" (STJ, Resp 918.173/RS, 3.ª Turma, Rel. Min. Massami Uyeda, j. 10.06.2008, *DJ* 23.06.2008, p. 1).

Em relação às verbas trabalhistas e ao FGTS, o Superior Tribunal de Justiça tem entendido por sua comunicação no regime da comunhão universal, assim como ocorre com o regime da comunhão parcial. Desse modo:

"Civil. Recurso especial. Ação de conversão de separação judicial em divórcio. Regime da comunhão universal. Partilha de verbas rescisórias e FGTS. Procedência. I. Partilhável a indenização trabalhista auferida na constância do casamento pelo regime da comunhão universal (art. 265 do Código Civil de 1916). II. Precedentes do STJ. III. Recurso especial conhecido e provido" (STJ, Resp 781.384/RS, 4.ª Turma, Rel. Min. Aldir Passarinho Junior, j. 16.06.2009, *DJe* 04.08.2009).

Cumpre anotar que o Superior Tribunal de Justiça concluiu pela comunicação de valores recebidos a título de indenização oriunda de anistia política do período da ditadura militar. Vejamos a publicação no *Informativo* n. 469 daquela Corte Superior, de conteúdo interessante:

> "Meação. Indenização. Anistia política. Trata-se de Resp em que a questão centra-se em saber se as verbas a serem percebidas pelo recorrente a título de indenização oriunda de anistia política devem ser objeto de partilha de bens em decorrência de dissolução de sociedade conjugal constituída sob o regime de comunhão universal de bens. No julgamento do especial, ressaltou a Min. Relatora, entre outras questões, que o ato do Estado consistente no afastamento do recorrente das Forças Armadas, com a consequente perda dos rendimentos que auferia dessa atividade, não se circunscreveu apenas à sua esfera pessoal, espraiou seus efeitos deletérios também à sua família, notadamente à recorrida, então seu cônjuge, pois as vicissitudes decorrentes da perda da atividade laboral do varão recaíram sobre ambos. Registrou, ainda, ser inconsistente o argumento do recorrente de que seu direito nascera somente com o advento da CF/1988, pois, na verdade, esse direito já lhe pertencia, ou seja, já havia ingressado na esfera de seu patrimônio e que, *ex vi legis*, apenas foi declarado em momento posterior ao término da relação conjugal entre as partes. Destarte, entendeu que os valores percebidos pelo recorrente a título de indenização decorrente de anistia política devem ser considerados para efeitos da meação. Diante disso, a Turma negou provimento ao recurso" (STJ, Resp 1.205.188/MS, Rel. Min. Nancy Andrighi, j. 12.04.2011).

Superados tais aspectos práticos, enuncia o art. 1.670 da atual codificação material que, quanto à administração dos bens na comunhão universal, devem ser aplicadas as mesmas regras vistas para a comunhão parcial. Desse modo, os arts. 1.663, 1.665 e 1.666, antes estudados, igualmente serão aplicados à comunhão universal.

Finalizando o estudo desse regime, sendo extinta a comunhão pela dissolução da sociedade conjugal e do casamento, e sendo efetuada a divisão do ativo e do passivo entre os cônjuges, cessará a responsabilidade de cada um para os credores do outro, eis que fica dissolvido o regime de bens e a comunicação nos aquestos (art. 1.671 do CC).

Como hipóteses que geram a extinção do regime devem ser mencionadas ainda a morte de um ou ambos os cônjuges, o divórcio e a separação de fato, tema que será aprofundado no próximo capítulo desta obra.

Justamente por isso, o Projeto de Reforma do Código Civil pretende alterar o seu art. 1.671, para que passe a mencionar que "extinta a comunhão pela separação de fato, pelo divórcio ou dissolução da união estável e efetuada a divisão do ativo e do passivo, cessará a responsabilidade de cada um dos cônjuges ou conviventes para com os credores do outro".

Como ainda se verá, uma das principais proposições da Comissão de Juristas é que a separação de fato gere a extinção da sociedade conjugal, entendimento que já é hoje o majoritário na doutrina e na jurisprudência superior, sendo necessário incluir esse entendimento expressamente na norma jurídica.

3.4.3 Regime da participação final nos aquestos

Trata-se de um regime novo, não previsto na codificação anterior, de 1916, vindo a substituir o antigo regime dotal. A Professora Silmara Juny Chinellato, que fez estudo aprofundado quanto ao tema, entende que esse regime é bastante complexo, podendo ser denominado "regime contábil, o que por si só já parece desestimular seja adotado" (*Comentários...*, 2004, p. 372).

Na doutrina, ainda no que concerne ao regime em questão, Eduardo de Oliveira Leite comenta que "tudo indica, pois, como já demonstrado pela doutrina e jurisprudência francesas (onde o regime se revelou um enorme fracasso) que, além dos aspectos negativos do regime, 'que lhe são inerentes', o regime tem sido empregado de maneira muito limitada, só 'satisfazendo futuros cônjuges aos quais pode-se prever a manutenção da igualdade de fortuna, em capitais e rendas, durante toda a união'" (*Direito...*, 2005, p. 349).

Quanto à sua origem, a questão é divergente, como aponta Débora Brandão, "para alguns, é húngara; para outros, alemã. Clóvis do Couto e Silva afirma que sua origem remonta ao direito franco e já podia encontrá-lo sob a denominação de *conlaboratio*" (BRANDÃO, Débora Vanessa Caús. *Regime...*, 2007, p. 229). Cita a mesma autora que o regime pode ser encontrado em países como Suécia, Dinamarca, Finlândia, Noruega, Colômbia, Uruguai, França, Espanha e Costa Rica. De acordo com Silmara Chinellato, "é necessário observar que o legislador se inspirou no regime similar de outros países, mas não o adotou inteiramente, conforme anotou Miguel Reale" (CHINELLATO, Silmara. *Comentários...*, 2003, v. 18, p. 361).

Maria Helena Diniz aponta que esse regime é próprio para um casal de empresários (*Curso...*, 2004, p. 179). De qualquer modo, na linha dos doutrinadores citados, nota-se que ele pouco será adotado no Brasil, o que se tem verificado pelas notícias veiculadas na imprensa escrita e pela inexistência de jurisprudência a respeito do assunto até o presente momento. Tanto isso se concretizou nos mais de vinte anos do Código Civil de 2002, que o Projeto de Lei conhecido como *Estatuto das Famílias* do IBDFAM pretendia suprimir o regime, por tratar-se de um estrangeirismo desnecessário, não adotado na prática familiarista nacional.

Anoto que no Projeto de Reforma do Código Civil, segue-se o mesmo caminho, como antes pontuado, retirando-se expressamente do sistema civilístico o regime da participação final nos aquestos, diante de sua pouca efetividade prática e por não ter sido a opção dos brasileiros nos mais de vinte anos de vigência da codificação.

Sobre essa conclusão, justificou a Subcomissão de Direito de Família – formada pelos juristas Pablo Stolze Gagliano (sub-relator), Ministro Marco Buzzi, Maria Berenice Dias e Rolf Madaleno – que "suprimiu-se todo o confuso regramento do regime de participação final nos aquestos, atendendo a *clamor* da doutrina, e, sem dúvida, da própria sociedade: 'mas, como dissemos na abertura deste capítulo, esse regime não deverá cair no gosto da sociedade brasileira'". A sugestão foi acatada pelos Relatores-Gerais e por todos os demais membros da Comissão de Juristas.

Foram mantidos, além da comunhão parcial, os regimes da separação convencional e da comunhão universal de bens. Nesse contexto, há proposta de revogação expressa dos arts. 1.672 a 1.686 do vigente Código Civil. Muitos dos meus comentários a seguir desenvolvidos, além de demonstrarem a pouca efetividade prática do instituto, evidenciarão os vários problemas técnicos e anacronismos desse regime instituído com o Código Civil de 2002.

Como é notório, Clóvis do Couto e Silva, responsável pela elaboração do livro relativo ao Direito de Família na atual codificação, pretendia que esse regime fosse o legal ou supletório, o que, felizmente, acabou não se concretizando, eis que a atual codificação fez a opção pelo regime da comunhão parcial de bens, tão afeito à nossa tradição.

Basicamente, durante o casamento há uma separação total de bens, e no caso de dissolução do casamento e da sociedade conjugal, algo *próximo* de uma comunhão parcial. Cada cônjuge terá direito a uma participação daqueles bens para os quais colaborou para a aquisição, devendo provar o esforço para tanto. Vejamos o desenho elucidativo:

Regime da participação final nos aquestos

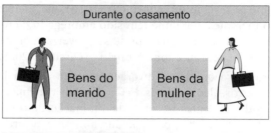

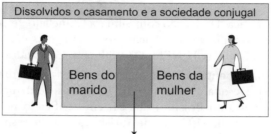

Participação (esforço)

Deve-se atentar para o fato de que, no esquema em questão, não se está levando em conta os momentos "antes" e "depois" do casamento, como foi feito nas outras esquematizações. No último quadro, foram utilizados como critérios dois momentos: "durante o casamento" e "dissolvidos o casamento e a sociedade conjugal", eis que nessa confrontação está a principal peculiaridade do regime da participação final nos aquestos. Em outras palavras, interessa ao regime o momento da dissolução, quando confrontado com a união em si.

Em verdade, analisando as regras constantes da atual codificação são confirmadas as palavras da Professora Silmara Chinellato quanto à complexidade do regime, o que serve de desestímulo, eis que existem dúvidas no próprio meio acadêmico quanto à realidade jurídica do regime em questão. Deve-se concluir, na verdade, que não há uma comunhão parcial quando da sua dissolução, pois nesse último não há necessidade de prova da colaboração para a aquisição de bens.

Como discorre a própria Silmara Chinellato, "há aproximação com a comunhão parcial, tendo com ela o traço comum de não se comunicarem bens anteriores ao casamento e haver comunicação de certos bens adquiridos depois. Como ele não se identifica, porém, pois não há presunção de aquisição por ambos os cônjuges de bens que sobrevierem ao casal, conforme o art. 1.658, com exclusão dos que constam do rol do art. 1.659" (CHINELLATO, Silmara Juny. *Comentários*..., 2003, v. 18, p. 361). Ou, ainda, segundo Walsir Rodrigues Júnior, "no regime de comunhão parcial, os bens adquiridos na constância do casamento comunicam-se no ato da aquisição formando um patrimônio comum cuja administração pode ser comum ou de qualquer dos cônjuges; já no regime da participação final nos aquestos não são os bens que se comunicam, mas os eventuais ganhos" (RODRIGUES JÚNIOR, Walsir Edson. *Código*..., 2011, p. 418).

De início, no regime de participação final nos aquestos, cada cônjuge possui patrimônio próprio, cabendo-lhe, à época da dissolução do casamento e da sociedade conjugal, direito à metade dos bens adquiridos pelo casal, a título oneroso, na constância do casamento (art.

1.672 do CC). Desse modo, não há dúvidas de que durante o casamento há uma separação de bens. No caso de dissolução, não há propriamente uma *meação*, como estabelece o Código Civil, mas uma *participação* de acordo com a contribuição de cada um para a aquisição do patrimônio, a título oneroso.

O art. 1.673 da codificação privada determina que integram o patrimônio próprio os bens que cada cônjuge possuía ao casar e os por ele adquiridos, a qualquer título, na constância do casamento. A administração desses bens é exclusiva de cada cônjuge, que os poderá livremente alienar, se forem móveis, na constância da união. Aqui reside diferença em relação à comunhão parcial, pois no último caso os bens adquiridos durante a união, em regra, presumem-se de ambos.

Mas, ocorrendo a dissolução do casamento e da sociedade conjugal na participação final nos aquestos, deverá ser apurado o montante dos aquestos (parte comunicável), excluindo-se da soma dos patrimônios próprios:

a) Os bens anteriores ao casamento e os que em seu lugar se sub-rogaram (substituição real ou objetiva).
b) Os bens que sobrevieram a cada cônjuge por sucessão ou liberalidade.
c) As dívidas relativas a esses bens.

Em suma, de acordo com o art. 1.674 do CC, esses bens não se comunicam, uma vez que são anteriores à união. Por outra via, salvo prova em contrário, presumem-se adquiridos durante o casamento os bens móveis, conforme o parágrafo único do mesmo comando legal. Nesse último ponto, está presente similaridade com a comunhão parcial, havendo uma presunção relativa (*iuris tantum*) de comunicação ou participação. Porém, somente nesse ponto, como se verá pelas outras regras.

Além disso, ao se determinar o montante dos aquestos, será computado o valor das doações feitas por um dos cônjuges, sem a necessária autorização do outro (art. 1.675 do CC). Nesse caso, o bem poderá ser reivindicado pelo cônjuge prejudicado ou por seus herdeiros; ou declarado no monte partilhável por valor equivalente ao da época da dissolução. Mais uma vez, apesar da lei falar em *reivindicação*, anote-se que, realizada a doação sem a outorga conjugal, o ato é anulável, sujeita a ação anulatória a prazo decadencial de dois anos, contados da dissolução do casamento e da sociedade conjugal (arts. 1.647 e 1.649 do CC).

O valor dos bens alienados em detrimento da meação (ou melhor, da participação), deve ser incorporado ao monte partível, se não houver preferência do cônjuge lesado, ou de seus herdeiros, de os reivindicar (art. 1.676 do CC). Isso, diante da vedação do enriquecimento sem causa, que guia esse regime. Como se pode notar, o regime é muito justo, mas de difícil aplicação prática.

No que tange às dívidas posteriores ao casamento, contraídas por um dos cônjuges, somente este responderá, salvo prova de terem revertido, parcial ou totalmente, em benefício do outro ou do casal (art. 1.677 do CC). Se um dos cônjuges solveu uma dívida do outro com bens do seu patrimônio, o valor do pagamento deve ser atualizado e imputado, na data da dissolução, à meação do outro cônjuge (art. 1.678 do CC). Isso deverá ser provado por quem alega o pagamento da dívida, como, por exemplo, por meio de recibos ou notas fiscais, que devem ser guardados por aquele que fez o desembolso. Para essa prova, é possível até que um cônjuge exija recibo do outro, o que demonstra a inviabilidade do regime, diante do espírito de conduta do brasileiro. Ora, essa exigência, nos comuns relacionamentos de nosso país, até pode motivar a separação do casal, diante da existência de desconfianças entre as partes e de supostos interesses em se antecipar os efeitos do fim da união.

Além dessas regras de divisão, no caso de bens adquiridos pelo trabalho conjunto terá cada um dos cônjuges uma quota igual no condomínio ou no crédito por aquele modo estabelecido, conforme o art. 1.679 da atual codificação privada. A regra é de divisão igualitária (*concursu partes fiunti*), o que comporta prova em contrário no sentido de que houve uma colaboração superior à metade do valor do bem, ou seja, superior a cinquenta por cento do condomínio formado.

As coisas móveis, em face de terceiros, presumem-se do domínio do cônjuge devedor, salvo se o bem for de uso pessoal do outro (art. 1.680 do CC). Por outra via, os bens imóveis são de propriedade do cônjuge cujo nome constar no registro, salvo impugnação dessa titularidade, cabendo ao cônjuge proprietário o ônus de provar a aquisição regular dos bens de forma individual (art. 1.681 do CC).

Aqui, o ônus de provar não é de quem alega o domínio, mas daquele cuja titularidade consta do registro, havendo uma inversão do ônus da prova, o que quebra a regra do art. 337, inc. I, do CPC/2015, correspondente ao art. 333, inc. I, do CPC/1973. Essa quebra da regra geral não deixa de ser injusta, diante da dificuldade de prova, podendo-se falar em *prova diabólica*. Em suma, recomenda-se que, durante o regime, um cônjuge solicite ao outro uma declaração, de que o bem imóvel foi adquirido somente por seus recursos. Mais uma vez, essa exigência documental pode desestabilizar o relacionamento.

Nos termos literais do art. 1.682 do CC, relativamente ao direito à meação nesse regime, este não é renunciável, cessível ou penhorável, o que traz a ideia de que a meação é personalíssima. Diante do comando legal em questão e do fato de a lei mencionar a meação, comenta Silmara Juny Chinellato:

> "A intenção protetiva da lei é inequívoca ao tratar como indisponível o direito à meação. O Código Civil, no Capítulo que trata da participação final nos aquestos, alude sempre à 'meação', fazendo crer que tanto ela, propriamente dita, como o direito ao crédito de um cônjuge em relação aos bens do outro serão feitos em partes iguais. Não deveria considerar um e outro, indistintamente, como 'meação', reservando esse termo apenas para os bens adquiridos em comunhão, como prevê o art. 1.672: bens adquiridos pelo casal a título oneroso. A Doutrina e a Jurisprudência deverão fazer a necessária distinção, tomando por modelo os ensinamentos de doutrinadores e julgadores de outros países que adotaram o regime de sociedade de aquestos, de sociedade de ganhos ou participação final nos aquestos. Melhor seria que, por pacto antenupcial, os cônjuges esclarecessem a forma de cálculo de participação. Se se distinguirem meação e participação nos ganhos, poderá ser aceito quanto diferenciado para esta última, já que com referência à meação propriamente dita não é admitida renúncia, o que importa, por conseguinte, não poder ser fixada em porcentagem final" (CHINELLATO, Silmara Juny. *Comentários...*, 2004, p. 380).

As palavras da renomada professora da USP confirmam o que antes foi comentado quanto ao uso da expressão "meação" pela lei.

Havendo dissolução do regime da participação final nos aquestos por separação judicial ou por divórcio, verificar-se-á o montante dos aquestos à data em que cessou a convivência, o que visa a evitar fraudes por aquele que detêm a titularidade ou a posse do bem partível (art. 1.683 do CC). Não sendo possível nem conveniente a divisão de todos os bens em natureza, calcular-se-á o valor de alguns ou de todos para a reposição em dinheiro ao cônjuge não proprietário.

Por fim, não sendo possível realizar a reposição em dinheiro, serão avaliados e, mediante autorização judicial, alienados tantos bens quantos bastarem para o pagamento das respectivas quotas (art. 1.684 do CC). As regras merecem ressalva diante da Emenda Constitucional 66/2010, eis que a separação judicial foi banida do sistema familiar, como bem julgado pelo STF em 2023 (Tema n. 1.053 de repercussão geral). Assim sendo, atualmente só tem relevância o primeiro dispositivo na menção ao divórcio.

Como bem adverte Paulo Lôbo, "o regime da participação final nos aquestos associa os cônjuges nos ganhos e não nas perdas" (*Famílias...*, 2008, p. 336). Sendo assim, o autor reproduz exemplo de cálculo criado por Oliveira e Muniz, adaptado às regras do Código Civil de 2002, "supondo inexistirem dívidas relativas aos bens excluídos e doações feitas por terceiros (art. 1.675)" (LÔBO, Paulo. *Famílias...*, 2008, p. 336):

"a) Patrimônio final do marido: 1.700.
    Menos bens excluídos: 1.000.
    Ganho ou aquestos: 700.
 b) Patrimônio final da mulher: 800.
    Menos bens excluídos: 500.
    Ganhos ou aquestos: 300.
 c) Crédito de participação devido pelo marido à mulher: 700 – 300 (\2) = 200"

E arremata o jurista: "o crédito de ganho da mulher contra o marido é de 350 (metade de 700). O crédito de ganho do marido contra a mulher é de 150 (metade de 300). Esses créditos são compensados e obtém-se o crédito de participação devido pelo marido à mulher: 350 – 150 = 200. Realizado o crédito de participação em favor da mulher, o marido conserva como ganhos ou aquestos: 700 – 200 = 500. E a mulher terá 300 + 200 = 500. O resultado a que se chega é de igualdade" (LÔBO, Paulo. *Famílias...*, 2008, p. 337).

As mesmas regras devem ser aplicadas se o casamento for dissolvido por morte, com a ressalva de que a herança deve ser deferida na forma estabelecida no capítulo que regulamenta o Direito Sucessório (art. 1.685 do CC). Quanto ao tema sucessório, está tratado no próximo volume desta coleção.

Finalizando o tratamento desse regime *contábil e complexo*, estabelece o art. 1.686 que as dívidas de um dos cônjuges, quando superiores à sua meação, não obrigam ao outro, ou a seus herdeiros, o que complementa as primeiras regras básicas quanto ao regime aqui comentadas. Em conclusão, percebe-se que o regime não é de fácil aplicação, do ponto de vista operacional, em razão das intrincadas questões que dele suscitam e dos conflitos que pode gerar aos cônjuges.

Diante de todas essas dificuldades, de fato, o regime acabou não se concretizando na prática brasileira, ou que justifica a sua retirada do sistema legal brasileiro, como proposto pela Comissão de Juristas encarregada da Reforma do Código Civil. Poucos julgados são encontrados sobre essa modalidade. Vejamos dois deles.

De início, concluindo pela possibilidade de uma ação de modificação do regime de bens, para o da participação final nos aquestos: "caso concreto em que deve ser deferido o pedido de alteração do regime de bens do casamento, da comunhão parcial de bens para participação final nos aquestos, com eficácia *ex nunc*. Sentença reformada. Apelação provida, por maioria" (TJRS, Apelação Cível 0258979-73.2014.8.21.7000, 8.ª Câmara Cível, Campo Bom, Rel. Des. Ricardo Moreira Lins Pastl, j. 16.10.2014, *DJERS* 21.10.2014).

Ademais, afastando a possibilidade de penhora sobre bem excluído da meação, do Tribunal paulista:

> "Execução por título extrajudicial. Deferimento de penhora de imóveis indicados pelo exequente. Alegada impossibilidade, em razão de os imóveis serem de propriedade exclusiva do cônjuge mulher. Acolhimento da arguição. Prova do casamento do devedor com a real proprietária dos imóveis sob o regime de participação final nos aquestos. Propriedade exclusiva do adquirente do bem que não se estende ao cônjuge, com o patrimônio pessoal deste não se comunicando. Artigos 1.672 e 1.673 do Código Civil. Impenhorabilidade reconhecida. Recurso provido" (TJSP, Agravo de Instrumento 2082707-06.2014.8.26.0000, Acórdão 9716298, 20.ª Câmara de Direito Privado, Franca, Rel. Des. Correia Lima, j. 15.08.2016, *DJESP* 24.08.2016).

Apesar da existência desses arestos estaduais, reitere-se que regime da participação final dos aquestos não encontrou prestígio na prática familiarista brasileira, razão pela qual o melhor caminho para os comandos que tratam da matéria é a sua revogação expressa, o que está sendo proposto para a Reforma do Código Civil, ora em tramitação no Congresso Nacional.

3.4.4 Regime da separação de bens

Conforme antes demonstrado, o regime da separação de bens pode ser *convencional* (origem em pacto antenupcial) ou *legal ou obrigatório* (nos casos do art. 1.641 da atual codificação).

De todo modo, como visto, a Comissão de Juristas sugere a retirada da separação obrigatória de bens do sistema legal brasileiro, revogando-se todo o seu art. 1.641. E também quanto à separação convencional, são feitas propostas importantes, como será visto a seguir.

Sem prejuízo de todas as polêmicas aqui demonstradas sobre o regime da separação obrigatória, cabe agora comentar as duas regras específicas, previstas nos arts. 1.687 e 1.688 da atual codificação privada quanto à separação convencional de bens, aquela que decorre de pacto antenupcial.

O primeiro dispositivo traz a regra básica quanto ao regime, ou seja, a de que não haverá a comunicação de qualquer bem, seja posterior ou anterior à celebração do casamento, cabendo a administração desses bens de forma exclusiva a cada um dos cônjuges. Justamente por isso, cada um dos cônjuges poderá alienar ou gravar com ônus real os seus bens mesmo sendo imóveis, nas hipóteses em que foi convencionada a separação de bens.

Esse art. 1.687 do CC confirma a tese de que somente na *separação convencional há separação absoluta*, sendo livre a disposição de bens, sem a necessidade de outorga conjugal (art. 1.647, *caput*, do CC).

Em relação a esse comando, não desperta qualquer polêmica, não havendo proposta de sua alteração no atual Projeto de Reforma do Código Civil elaborado pela Comissão de Juristas.

Esclareça-se que atualmente não se aplica à separação convencional de bens a Súmula 377 do STF, como bem decidiu recente julgado do Superior Tribunal de Justiça, que cita esta obra. Nos termos de trecho de sua ementa, que diz respeito à união estável, "o pacto realizado entre as partes, adotando o regime da separação de bens, possui efeito imediato aos negócios jurídicos a ele posteriores, havidos na relação patrimonial entre os conviventes, tal qual a aquisição do imóvel objeto do litígio, razão pela qual este não deve integrar a partilha. Inaplicabilidade, *in casu,* da Súmula 377 do STF, pois esta se refere à comunicabilidade dos bens no regime de separação legal de bens (prevista no art. 1.641, CC), que não é caso dos autos. O aludido verbete sumular não tem aplicação quando as partes livremente convencionam a separação absoluta dos bens, por meio de contrato antenupcial. Precedente" (STJ, REsp 1.481.888/SP, 4.ª Turma, Rel. Min. Marco Buzzi, j. 10.04.2018, *DJe* 17.04.2018). Como não poderia ser diferente, a afirmação vale para o casamento.

Esquematizando, a separação de bens, notadamente a de origem convencional, pode ser assim demonstrada:

Regime da separação de bens

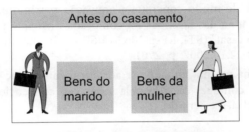

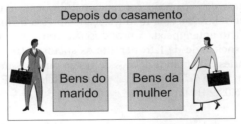

De qualquer forma, seja na separação convencional, seja na legal, ambos os cônjuges são obrigados a contribuir para as despesas do casal na proporção dos rendimentos do seu trabalho e de seus bens, salvo estipulação em contrário no pacto antenupcial (art. 1.688 do CC).

Mesmo sendo clara a norma, no sentido de que cabe regra em contrário no pacto antenupcial, conclui-se que o pacto não pode trazer situação de enorme desproporção, no sentido de que o cônjuge em pior condição financeira terá que arcar com todas as despesas da união. Este último caso, de patente onerosidade excessiva, gera a nulidade absoluta da cláusula constante da convenção antenupcial, pelo que prescreve o outrora comentado art. 1.655 do CC.

Como tema relevante, cabe aqui trazer a estudo outra questão de grande controvérsia na prática. Fui consultado, no ano de 2016 pelo grande jurista belga Frederik Swennen, da Universidade de Antuérpia, sobre hipótese fática interessante, que dizia respeito à possibilidade ou não de se reconhecer a existência de uma sociedade de fato dentro do regime da separação convencional de bens no Brasil. Também já surgiram para mim outros casos semelhantes sobre a temática.

Em outras palavras, mesmo tendo os cônjuges optado pelo regime da separação convencional de bens, por força de pacto antenupcial, seria viável, juridicamente, que alguns bens fossem partilhados, pela prova efetiva de uma sociedade de fato?

O assunto sobre a viabilidade ou não de uma sociedade de fato dentro da separação convencional de bens é de grande debate nas Cortes Superiores brasileiras, existindo decisões nos dois sentidos no mesmo Superior Tribunal de Justiça.

Entendendo pela não comunicação de bens, com um voto vencido: "a cláusula do pacto antenupcial que exclui a comunicação dos aquestos impede o reconhecimento de uma sociedade de fato entre marido e mulher para o efeito de dividir os bens adquiridos depois do casamento. Precedentes" (STJ, REsp 404.088/RS, 3.ª Turma, Rel. Min. Castro Filho, Rel. p/ Acórdão Min. Humberto Gomes de Barros, j. 17.04.2007, *DJ* 28.05.2007, p. 320).

No entanto, em sentido contrário, colaciona-se: "O regime jurídico da separação de bens voluntariamente estabelecido é imutável e deve ser observado, admitindo-se, todavia, excepcionalmente, a participação patrimonial de um cônjuge sobre bem do outro, se efetivamente demonstrada, de modo concreto, a aquisição patrimonial pelo esforço comum, caso dos autos, em que uma das fazendas foi comprada mediante permuta com cabeças de gado que pertenciam ao casal" (STJ, REsp 286.514/SP, 4.ª Turma, Rel. Min. Aldir Passarinho Junior, j. 02.08.2007, *DJ* 22.10.2007, p. 276).

Do ano de 2019, na mesma linha, de se admitir a comunicação dos bens advindos de sociedade de fato entre cônjuges casados pela separação convencional de bens, desde que exista prova documental nesse sentido:

> "O regime jurídico da separação convencional de bens voluntariamente estabelecido pelo ex-casal é imutável, ressalvada manifestação expressa de ambos os cônjuges em sentido contrário ao pacto antenupcial. A prova escrita constitui requisito indispensável para a configuração da sociedade de fato perante os sócios entre si. Inexistência de *affectio societatis* entre as partes e da prática de atos de gestão ou de assunção dos riscos do negócio pela recorrida" (STJ, REsp 1.706.812/DF, 3.ª Turma, Rel. Min. Ricardo Villas Bôas Cueva, j. 03.09.2019, *DJe* 06.09.2019).

Como se constata, os julgamentos que admitem a divisão de alguns bens entendem que esta é possível desde que seja provado o efetivo esforço patrimonial comum, exatamente na mesma linha do que restou recentemente pacificado no âmbito da Segunda Seção do Superior Tribunal de Justiça (EREsp 1.623.858/MG, 2.ª Seção, Rel. Min. Lázaro Guimarães (Desembargador convocado do TRF 5.ª Região), j. 23.05.2018, *DJe* 30.05.2018).

Prevalecendo a última solução, os bens e rendimentos que devem compor a sociedade de fato são aqueles que foram adquiridos pelo esforço de ambos os cônjuges, cabendo a prova por quem alega o direito no caso concreto. Não há uma simples meação, pois a solução se dá no campo do Direito das Obrigações, especialmente com a regra que veda o enriquecimento sem causa prevista no art. 884 do Código Civil: "Aquele que, sem justa causa, se enriquecer à custa de outrem, será obrigado a restituir o indevidamente auferido, feita a atualização dos valores monetários. Parágrafo único. Se o enriquecimento tiver por objeto coisa determinada, quem a recebeu é obrigado a restituí-la, e, se a coisa não mais subsistir, a restituição se fará pelo valor do bem na época em que foi exigido".

Reafirme-se, pois esse é um ponto fundamental, que cabe ao cônjuge que pretende a divisão o ônus de provar quais bens e rendimentos foram adquiridos com a sua ajuda efetiva. Os bens que compõem essa sociedade de fato devem ser divididos de acordo com os esforços e contribuições patrimoniais de cada um dos cônjuges. A título de ilustração, se um imóvel foi adquirido com 70% de contribuição de uma parte e 30% de contribuição da outra, assim deve ser partilhado. Frise-se que não se trata propriamente de uma meação, regida pelo Direito de Família, mas de divisão de acordo com o que cada uma das partes efetivamente auxiliou na aquisição onerosa.

Outras regras e princípios servem como amparo para a conclusão seguida. Além da vedação do enriquecimento sem causa, podem ser mencionadas as disposições relacionadas à sociedade em comum. Segundo o art. 986 do Código Civil, "enquanto não inscritos os atos constitutivos, reger-se-á a sociedade, exceto por ações em organização, pelo disposto neste Capítulo, observadas, subsidiariamente e no que com ele forem compatíveis, as normas da sociedade simples". Ainda, estabelece o art. 988 da mesma Lei Geral Privada que "os bens e dívidas sociais constituem patrimônio especial, do qual os sócios são titulares em comum". Mais uma vez, deve ser firmada a premissa segundo a qual essa titularidade depende de prova de contribuição ou esforço para a aquisição dos bens.

Em complemento, a existência de uma sociedade de fato no regime da separação convencional de bens também decorre do princípio da boa-fé, retirado do art. 113, *caput*, do Código Civil brasileiro, aplicável ao pacto antenupcial, *in verbis*: "os negócios jurídicos devem ser interpretados conforme a boa-fé e os usos do lugar de sua celebração". Penso que um cônjuge que nega a divisão de bens adquiridos pela outra parte viola a cláusula geral de boa-fé objetiva, especialmente a confiança depositada pelo outro consorte (*Treu und Glauben*).

Serve como argumento suplementar a proteção do direito de propriedade do cônjuge, sendo esse direito reconhecido pela Constituição Federal brasileira como um direito e garantia fundamental, nos termos de previsão constante do seu art. 5.º, inc. XXII. Nesse contexto de proteção do direito de propriedade, deve ser considerada a existência de um condomínio de fato entre os cônjuges, nos termos do que estabelecem os arts. 1.314 a 1.322 do Código Civil brasileiro. Negar a partilha dos bens adquiridos pelo esforço patrimonial de um dos cônjuges, mesmo no regime da separação convencional de bens, viola o mandamento superior, que protege o direito subjetivo em questão.

Concluindo, existem muitos argumentos jurídicos para sustentar a possibilidade de existência de uma sociedade de fato dentro do regime da separação convencional de bens.

Para encerrar o tema, a Comissão de Juristas encarregada da Reforma do Código Civil sugere necessária alteração do tratamento legal da separação convencional de bens, com a ampliação da participação patrimonial do cônjuge e do convivente nesse regime. Um dos objetivos, na minha visão como Relator-Geral do Anteprojeto, é de compensar a retirada da sua concorrência sucessória com os descendentes do falecido, diante da proposta de alteração do art. 1.829 do CC, que passará a prever o seguinte: "A sucessão legítima defere-se na ordem seguinte: I – aos descendentes; II – aos ascendentes; III – ao cônjuge ou ao convivente sobrevivente; IV – aos colaterais até o quarto grau".

Como é notório, hoje se reconhece a concorrência sucessória do cônjuge ou do convivente, com os descendentes do falecido, no regime da separação convencional de bens, conforme já estava previsto no Enunciado n. 270 da *III Jornada de Direito Civil*. Essa foi a posição consolidada no âmbito da Segunda Seção do Superior Tribunal de Justiça, no acórdão a seguir: "no regime de separação convencional de bens, o cônjuge sobrevivente concorre com os descendentes do falecido. A lei afasta a concorrência apenas quanto ao regime da separação legal de bens prevista no art. 1.641 do Código Civil. Interpretação do art. 1.829, I, do Código Civil" (STJ, REsp 1.382.170/SP, 2.ª Seção, Rel. Min. Moura Ribeiro, Rel. p/ Acórdão Min. João Otávio de Noronha, j. 22.04.2015, *DJe* 26.05.2015).

A solução causa perplexidade e dúvidas na sociedade brasileira, uma vez que, pelo senso comum e geral, a separação convencional também deveria afastar a herança e a sucessão, o que não é a nossa realidade jurídica, pois meação e herança não se confundem.

Por essa e outras razões, a Comissão de Juristas sugeriu, vale lembrar novamente, a retirada da concorrência sucessória do sistema, especialmente em havendo casamento ou união estável pelo regime de separação convencional de bens. Reitero, ademais, que ela tornou os inventários litigiosos infindáveis e de difícil solução na prática, estando distanciada da pacífica solução das controvérsias. De todo modo, a retirada da concorrência sucessória do cônjuge deve ser compensada com a inclusão de outros direitos em seu favor, tutelando-o em vida, com a divisão ou compensação patrimonial mesmo na separação convencional de bens.

Nesse contexto, de início, o projeto almeja incluir menção expressa à união estável no *caput* do art. 1.688, a saber: "ambos os cônjuges ou conviventes são obrigados a contribuir para as despesas do casal na proporção dos rendimentos de seu trabalho e de seus bens, salvo estipulado em contrário no pacto antenupcial, ou em escritura pública de união estável". Por um lapso, a norma proposta menciona o "pacto antenupcial", devendo ser alterado o termo para "pacto conjugal e convivencial", na linha das outras proposições aqui comentadas.

Seguindo, o novo § 1.º do art. 1.688 trará a inclusão da divisão dos bens havidos pelo esforço comum dos cônjuges e conviventes na separação convencional, admitindo a presença de uma sociedade de fato no regime, e afastando o indesejado enriquecimento sem causa, na linha do que antes desenvolvi: "no regime da separação, admite-se a divisão de bens havidos por ambos os cônjuges ou conviventes com a contribuição econômica direta de ambos, respeitada a sua proporcionalidade". Corrige-se, portanto, a lacuna hoje existente sobre o tema, resolvendo-se o dilema antes exposto a respeito dessa intrincada questão.

O objetivo, como se pode perceber, é trazer a ideia da Súmula 377 do STF para o regime da separação convencional, desde que comprovado o esforço comum dos cônjuges ou conviventes, afastando-se o indesejado enriquecimento sem causa de um dos consortes, em prol da justiça.

Além disso, há a inclusão de um novo § 2.º, *in verbis*: "o trabalho realizado na residência da família e os cuidados com a prole, quando houver, darão direito a obter uma compensação que o juiz fixará, na falta de acordo, ao tempo da extinção da entidade familiar". Segundo a Subcomissão de Direito de Família, trata-se da compensação por *economia de cuidado* no regime da separação convencional, o que protege o direito das mulheres, de acordo com o protocolo de gênero. Como bem justificaram, "no sistema normativo ora proposto, fora mantido o regime da separação de bens, criando-se, no parágrafo único do artigo 1.688, o direito a uma compensação econômica ao cônjuge que se dedicou aos cuidados do domicílio comum e aos cuidados da prole (tal dispositivo harmoniza-se com a proposta dos alimentos compensatórios humanitários)".

Após profundas discussões na Comissão de Juristas, nos debates da primeira semana de abril de 2024, as proposições foram aprovadas, por maioria de votos, cabendo agora a sua análise pelo Congresso Nacional Brasileiro, inclusive como alternativas para a retirada do sistema da concorrência sucessória do cônjuge ou convivente com os descendentes do falecido.

Com essas notas a respeito da necessária atualização do Código Civil quanto à temática, encerra-se o estudo dos vários regimes de bens previstos pela codificação privada brasileira de 2002.

3.5 RESUMO ESQUEMÁTICO

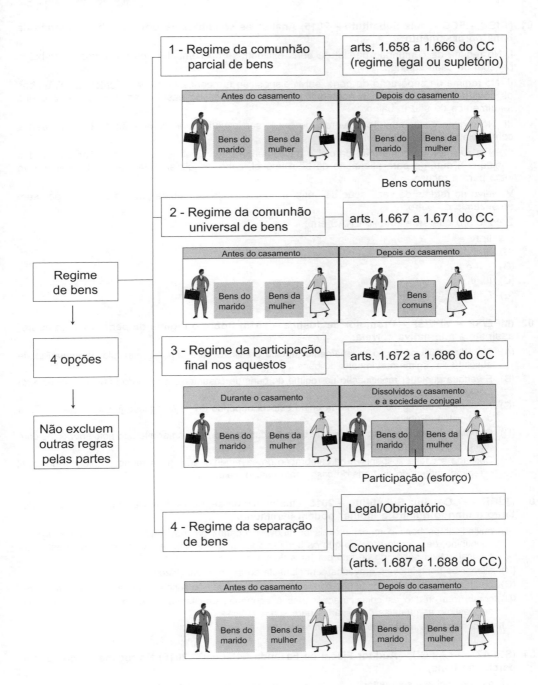

3.6 QUESTÕES CORRELATAS

01. (TJSC – FCC – Juiz Substituto – 2015) Analise as seguintes assertivas sobre o regime de bens do casamento.

I. No regime da comunhão parcial de bens excluem-se da comunhão os proventos do trabalho pessoal de cada cônjuge.

II. No regime da separação de bens, salvo disposição em contrário no pacto antenupcial, ambos os cônjuges são obrigados a contribuir para as despesas do casal apenas na proporção dos rendimentos de seu trabalho.

III. No regime da comunhão universal de bens, são excluídos da comunhão os bens herdados com a cláusula de inalienabilidade.

IV. Nos regimes da comunhão parcial e da comunhão universal de bens, recusando-se um dos cônjuges à outorga para alienação de bem imóvel, cabe ao juiz supri-la, se não houver motivo justo para a recusa.

V. Salvo no regime da separação de bens, é nula a fiança concedida por um dos cônjuges sem autorização do outro.

É correto o que se afirma APENAS em

(A) II, IV e V.
(B) III, IV e V.
(C) I, II e III.
(D) II, III e IV.
(E) I, III e IV.

02. (MPE/SP – MPE/SP – Promotor de Justiça – 2015) Sobre o regime de bens do casamento, assinale a alternativa correta:

(A) A Código Civil alterou o ordenamento jurídico brasileiro para impor o princípio da imutabilidade absoluta do regime matrimonial de bens.
(B) É vedada qualquer modificação no regime de bens de casamento celebrado antes da vigência do Código Civil de 2002.
(C) A alteração do regime de bens na união estável depende de homologação judicial e prévia oitiva do Ministério Público.
(D) O regime da separação obrigatória de bens do casamento poderá ser alterado pelos nubentes com mais de 70 anos de idade.
(E) Cessada a causa suspensiva da celebração do casamento, será possível aos cônjuges modificar o regime obrigatório de bens do casamento para o eleito pelo casal.

03. (TJRR – FCC – Juiz Substituto – 2015) Qualquer que seja o regime de bens do casamento, tanto o marido quanto a mulher podem livremente

(A) reivindicar os bens comuns, móveis ou imóveis, doados ou transferidos pelo outro cônjuge ao concubino, desde que provado que os bens não foram adquiridos pelo esforço comum destes, se o casal estiver separado de fato por mais de cinco anos.
(B) alienar os bens imóveis gravados com cláusula de incomunicabilidade.
(C) prestar fiança ou aval, desde que o valor por que se obriga não supere o de seus bens particulares.
(D) comprar a crédito as coisas necessárias à economia doméstica, mas não poderão obter por empréstimo as quantias necessárias para sua aquisição.
(E) propor ação de usucapião de bem imóvel.

04. (SEFAZ – PI – FCC – Auditor Fiscal da Fazenda Estadual – 2015) No regime da comunhão parcial de bens,

(A) pode o cônjuge, sem autorização do outro, prestar aval, porém não fiança.
(B) comunicam-se os bens adquiridos na constância do casamento, ainda que por doação, porém não por sucessão.
(C) não pode o cônjuge, sem autorização do outro, alienar bens imóveis, ainda que adquiridos antes do casamento.

(D) comunicam-se os bens adquiridos na constância do casamento, ainda que por doação ou sucessão.
(E) excluem-se da comunhão os bens adquiridos por fato eventual, a exemplo dos prêmios de loteria.

05. (TJSP – VUNESP – Titular de Serviços de Notas e de Registros – Remoção – 2016) O pacto antenupcial, em essência, é um negócio
(A) jurídico solene, de eficácia subordinada.
(B) formal, extrajudicial e imutável.
(C) jurídico solene, que produz efeitos logo após a ratificação do instrumento pelos cônjuges, devidamente orientados pelo Notário.
(D) jurídico solene, de eficácia plena, desde sua celebração.

06. (DPE-BA – FCC – Defensor Público – 2016) João, atualmente com 20 anos de idade, foi diagnosticado com esquizofrenia. Em razão desta grave doença mental, João tem delírios constantes e alucinações, e apresenta dificuldades de discernir o que é real e o que é imaginário, mesmo enquanto medicado. Em razão deste quadro, em 2014, logo após completar 18 anos, sofreu processo de interdição, que culminou no reconhecimento de sua incapacidade para a prática de todos os atos da vida civil, sendo-lhe nomeado curador na pessoa de Janice, sua mãe. Entretanto, ele é apaixonado por Tereza e deseja com ela se casar. Afirmou que em sinal de seu amor, quer escolher o regime da comunhão total de bens. Levando em consideração o direito vigente, João
(A) não poderá contrair matrimônio de forma válida e nem celebrar pacto antenupcial para a escolha do regime de bens ainda que tenha o consentimento de sua genitora, pois o casamento seria inexistente em razão de vício da vontade.
(B) poderá contrair matrimônio de forma válida independentemente do consentimento de sua curadora, mas depende da sua assistência para celebrar validamente pacto antenupcial para a escolha do regime de bens.
(C) poderá contrair matrimônio de forma válida e celebrar pacto antenupcial para a escolha do regime de bens, independentemente do consentimento de sua curadora.
(D) não poderá contrair matrimônio de forma válida e nem celebrar pacto antenupcial para a escolha do regime de bens, ainda que contasse com o consentimento de sua curadora, pois o casamento será nulo de pleno direito por ausência de capacidade.
(E) poderá contrair matrimônio de forma válida independentemente do consentimento de sua curadora, mas não poderá celebrar validamente pacto antenupcial para a escolha do regime de bens no caso, pois a lei impõe o regime da separação obrigatória à espécie.

07. (TJMG – CONSULPLAN – Titular de Serviços de Notas e de Registros – Remoção – 2016) No que tange ao consentimento entre cônjuges para efeito de se tratar sobre direito real imobiliário, julgue as afirmações seguintes:

I. O cônjuge necessitará do consentimento do outro para propor ação que verse sobre direito real imobiliário, salvo quando casados sob o regime de separação absoluta de bens.

II. Ambos os cônjuges serão necessariamente citados para a ação que verse sobre direito real imobiliário, salvo quando casados sob o regime de separação absoluta de bens; que seja resultante de fato que diga respeito a ambos os cônjuges ou de ato praticado por eles; que seja fundada em dívida contraída por um dos cônjuges a bem da família; e que tenha por objeto o reconhecimento, a constituição ou a extinção de ônus sobre imóvel de um ou de ambos os cônjuges.

III. Nas ações possessórias, a participação do cônjuge do autor ou do réu somente é indispensável nas hipóteses de composse ou de ato por ambos praticado.

IV. É dispensável o consentimento quando se tratar de relacionamento identificado e comprovado como união estável.

Está correto apenas o que se afirma em:
(A) I, II e III.
(B) II, III e IV.
(C) I e II.
(D) III e IV.

08. (MPE-RO /FMP Concursos – Promotor de Justiça Substituto – 2017) De acordo com o Código Civil, no que concerne ao regime de bens entre os cônjuges, assinale a alternativa correta.

(A) É obrigatório o regime da separação de bens no casamento da pessoa maior de 60 anos.
(B) É obrigatório o regime da separação de bens no casamento de todos os que dependerem, para casar, de suprimento judicial.
(C) No regime de comunhão parcial, comunicam-se as pensões, meios-soldos, montepios e outras rendas semelhantes.
(D) No regime de comunhão parcial, excluem-se da comunicação os bens adquiridos por fato eventual, com ou sem o concurso de trabalho ou despesa anterior.
(E) No regime de comunhão parcial, excluem-se da comunicação as benfeitorias em bens particulares de cada cônjuge.

09. (TJRO – IESES – Titular de Serviços de Notas e de Registros – Provimento – 2017) Em relação aos regimes de bens, responda de acordo com o Código Civil:

I. O regime legal supletivo é o da comunhão parcial de bens.
II. Os menores de 18 anos que não são emancipados devem casar no regime de separação obrigatória de bens.
III. A escolha do regime matrimonial diferente do legal pode ser feita por pacto antenupcial, em documento público ou particular.

Assinale a alternativa correta:
(A) Apenas a assertiva I é verdadeira.
(B) Apenas as assertivas I e II são verdadeiras.
(C) Todas as assertivas são verdadeiras.
(D) Apenas as assertivas I e III são verdadeiras.

10. (TJMG – CONSULPLAN – Titular de Serviços de Notas e de Registros – Provimento – 2017) José casou-se com Maria, adotando o casal regime de comunhão parcial de bens e, já casados, Maria comprou e quitou um veículo. Na constância do casamento, José veio a ser condenado civilmente em danos morais por agressão física a terceira pessoa. A vítima da agressão, na execução da sentença, pediu a penhora de 50% do carro de Maria, já que não encontrou nenhum bem em nome de José para garantir a condenação. É correto afirmar que:

(A) Como o ato ilícito foi cometido na constância do casamento e da mesma forma a compra do carro, o veículo de Maria pode ter 50% penhorado para satisfazer a dívida de seu marido.
(B) A penhora deve ser indeferida, já que a obrigação é proveniente de ato ilícito e não foi em proveito do casal.
(C) A comunhão de bens do casal adquiridos na constância do casamento somente é aplicada para casos que envolvam imóveis, de forma que não pode ser a penhora realizada.
(D) A penhora pode ser efetuada nos 50% que seria a meação do marido, em razão do regime de casamento e da data da aquisição do bem, já que se trata de obrigação decorrente de sentença judicial e a questão de bens entre marido e mulher não pode prejudicar direito do credor.

11. (TJ-RS – Juiz de Direito Substituto – VUNESP – 2018) Joaquina nasceu com o diagnóstico de síndrome de Down; aos 18 anos, conheceu Raimundo e decidiu casar. Os pais de Joaquina declararam que somente autorizam o casamento se este for celebrado sob o regime da separação convencional de bens, tendo em vista que a família é possuidora de uma grande fortuna e Raimundo é de origem humilde. Joaquina, que tem plena capacidade de comunicação, não aceitou a sugestão dos pais e deseja casar sob o regime legal (comunhão parcial de bens). Assinale a alternativa correta.

(A) Para que possa casar sob o regime da comunhão parcial de bens, deverá Joaquina ser submetida, mesmo contra sua vontade, ao procedimento de tomada de decisão apoiada.
(B) Joaquina poderá casar sob o regime de bens que melhor entender, tendo em vista que é dotada de plena capacidade civil.
(C) O juiz deverá nomear um curador para que possa analisar as pretensões do noivo em relação a Joaquina e decidir acerca do melhor regime patrimonial para o casal.

(D) Joaquina é relativamente incapaz e deve ser assistida no ato do casamento que somente pode ser celebrado sob o regime da separação legal.

(E) Joaquina somente poderá casar se obtiver autorização dos pais que poderá ser suprida pelo juiz, ouvido o Ministério Público.

12. **(MPE-PI – Analista Ministerial – Área Processual – CESPE – 2018) Julgue o item a seguir acerca de direitos da personalidade, de registros públicos, de obrigações e de bens.**

Para que tenham efeitos perante terceiros, as convenções antenupciais que disponham sobre regime de bens devem ser registradas pelo oficial do cartório de registro de imóveis do domicílio conjugal.

( ) Certo
( ) Errado

13. **(FGV – 2018 – TJ-SC – Analista Jurídico)** Marta e Rodrigo, ambos com 40 anos, pretendem contrair matrimônio. Com esse objetivo, dirigem-se ao cartório de notas e solicitam a elaboração de pacto antenupcial, por meio do qual desejam estipular que apenas os bens adquiridos após cinco anos de casamento sejam comunicados. Quanto aos bens adquiridos antes do referido termo, deverão observar o regime da separação total. Na hipótese, essas disposições:

(A) são nulas, pois se trata de fraude ao regime legal;
(B) são válidas, visto ser livre convencionar o regime de bens;
(C) devem ser interpretadas unicamente como regime de separação de bens;
(D) podem ser objeto de conversão e adaptadas ao regime da comunhão parcial;
(E) são válidas, desde que nenhum bem seja adquirido nos primeiros cinco anos.

14. **(IESES – 2018 – TJ-CE – Titular de Serviços de Notas e de Registros – Provimento) Sobre o regime de bens no casamento, responda as questões:**

I. As pessoas divorciadas, que ainda não realizaram a partilha dos bens do casamento anterior, estão sujeitas ao regime de separação legal de bens.

II. No regime de comunhão universal não se comunicam os bens doados com cláusula de incomunicabilidade, nem os frutos destes bens.

III. No regime de separação de bens, ambos os cônjuges são obrigados a contribuir para as despesas do casal na proporção dos rendimentos de seu trabalho e de seus bens, salvo estipulação em contrário no pacto antenupcial.

Assinale a correta:

(A) Todas as assertivas são verdadeiras.
(B) Todas as assertivas são falsas.
(C) Apenas as assertivas I e III são verdadeiras.
(D) Apenas a assertiva II é verdadeira.

15. **(IESES – 2018 – TJ-AM – Titular de Serviços de Notas e de Registros – Remoção) É obrigatório o regime da separação de bens no casamento:**

I. De todos os que dependerem, para casar, de suprimento judicial.

II. Da pessoa maior de 70 (setenta) anos.

III. Das pessoas que o contraírem com inobservância das causas suspensivas da celebração do casamento.

IV. De pessoas maiores de dezesseis e menores de dezoito anos, em que os pais não autorizem o casamento.

A sequência correta é:

(A) Apenas as assertivas I e II estão corretas.
(B) As assertivas I, II, III e IV estão corretas.
(C) Apenas as assertivas II e IV estão incorretas.
(D) Apenas a assertiva IV está correta.

16. (MPE-SP – Promotor de Justiça Substituto – MPE-SP – 2017) A legislação brasileira, quanto ao regime de comunhão universal entre cônjuges, determina que são

(A) incluídos na comunhão universal as dívidas anteriores ao casamento, salvo se provierem de despesas com seus aprestos ou reverterem em proveito comum.

(B) incluídos na comunhão universal os proventos do trabalho pessoal de cada cônjuge, percebidos na constância do casamento.

(C) excluídos da comunhão universal todos os bens anteriores ao casamento, pois apenas os bens que forem adquiridos a partir da celebração do casamento se comunicam integralmente.

(D) excluídos da comunhão universal joias pessoais e prêmios personalíssimos havidos ou recebidos por um dos cônjuges antes ou durante o casamento.

(E) excluídos da comunhão universal os bens doados ou herdados com a cláusula de incomunicabilidade e os sub-rogados em seu lugar.

17. (VUNESP – 2018 – PC-SP – Delegado de Polícia) Maria propôs ação de divórcio em face de João e ambos, já divorciados, estão aguardando a homologação da partilha dos bens do casal. Nesse período, Maria conhece José e decidem se casar. Sobre o caso hipotético, assinale a alternativa correta.

(A) Os colaterais de terceiro grau de José, consanguíneos ou afins, podem arguir o fato de que Maria é divorciada e a partilha de bens dela e de João ainda não foi homologada.

(B) Maria e José podem celebrar o casamento, desde que com o regime de separação obrigatória de bens.

(C) Se o oficial de registro tiver conhecimento de que a partilha de bens de Maria e João ainda não foi homologada, ele é obrigado a declarar o impedimento.

(D) Ainda que Maria prove a inexistência de prejuízo de João, o juiz não poderá autorizar o casamento de Maria e José até que a partilha de bens seja homologada.

(E) Qualquer pessoa relativamente incapaz pode declarar o impedimento do casamento de Maria até o momento da celebração.

18. (Titular de Serviços de Notas e de Registros – Remoção – TJ-MG – CONSULPLAN – 2019) Conforme o Código Civil Brasileiro, analise as afirmativas sobre o regime de bens entre os cônjuges.

I. No regime de comunhão parcial de bens, entram na comunhão os bens adquiridos na constância do casamento por título oneroso, ainda que só em nome de um dos cônjuges.

II. O regime de comunhão universal importa a comunicação de todos os bens presentes e futuros dos cônjuges, mas os proventos do trabalho pessoal de cada consorte estão excluídos da comunhão.

III. No regime de participação final nos aquestos, integram o patrimônio próprio os bens que cada cônjuge possuía ao casar e os por ele adquiridos, a qualquer título, na constância do casamento.

IV. Qualquer que seja o regime de bens do casamento, nenhum dos cônjuges pode, sem o consentimento do outro, alienar ou gravar de ônus real os bens imóveis.

Estão corretas as afirmativas:

(A) I, II, III e IV.
(B) I e IV, apenas.
(C) I, II e III, apenas
(D) II, III e IV, apenas.

19. (Promotor de Justiça Substituto – MPE-MT – FCC – 2019) Ana Lúcia e Heitor, ela com sessenta e cinco, ele com sessenta e sete anos, casam-se pelo regime de comunhão universal, tendo antes estipulado pacto antenupcial por escritura pública para adoção desse regime; dois anos depois arrependem-se e requerem judicialmente alteração do regime para o de comunhão parcial de bens. Em relação a ambas as situações,

(A) era possível a estipulação do pacto antenupcial, pois ambos não haviam atingido setenta anos de idade; é possível também a alteração do regime de bens, mediante autorização judicial em pedido motivado de ambos os cônjuges, apurada a procedência das razões invocadas e ressalvados os direitos de terceiros.

(B) embora possível o pacto antenupcial, a alteração do regime de bens escolhido só é possível após três anos de casamento, mediante autorização judicial, explicitação de motivos e ressalvados direitos de terceiros.

(C) era possível a alteração do regime de bens, mediante autorização judicial em pedido de ambos os cônjuges, sem especificação de razões, por se tratar de questões privadas do casal; era possível o pacto antenupcial, mas por serem maiores de 65 anos somente para o regime de separação de bens.

(D) não era possível o pacto antenupcial porque Ana Lúcia já tinha 65 anos de idade, o que tornava obrigatório o regime de separação de bens; a alteração do regime de bens era no caso necessária, para o citado regime de separação de bens, prescindindo de autorização judicial.

(E) era possível o pacto antenupcial, escolhendo qualquer regime, pois não haviam atingido setenta anos; era possível alterar o regime de bens, a qualquer tempo, prescindindo de autorização judicial, mas ressalvados direitos de terceiros.

20. **(Promotor de Justiça – MPE-SC – 2019)** Segundo estabelece o Código Civil, é admissível alteração do regime de bens, mediante autorização judicial em pedido motivado de ambos os cônjuges, apurada a procedência das razões invocadas e ressalvados os direitos de terceiros.
( ) Certo
( ) Errado

21. **(Defensor Público – DPE-MG – FUNDEP – 2019)** No regime da comunhão parcial, comunicam-se os bens que sobrevierem ao casal, na constância do casamento, excluindo-se da comunhão

(A) os ganhos eventuais.
(B) as benfeitorias em bens particulares de cada cônjuge.
(C) as obrigações provenientes de ato ilícito revertidas a um dos cônjuges.
(D) os bens adquiridos na constância do casamento a título oneroso com esforço exclusivo de um dos cônjuges e apenas em seu nome.

22. **(Auditor Fiscal da Receita Estadual – SEFAZ-AL – CESPE/CEBRASPE – 2020)** Com base no Código Civil, julgue o item a seguir.

O pacto antenupcial por escritura pública é necessário ao casal que escolher o regime da comunhão universal, o da separação absoluta de bens ou o da participação final nos aquestos, sendo incabível no regime da comunhão parcial.
( ) Certo
( ) Errado

23. **(Juiz Substituto – TJ-MS – FCC – 2020)** Em relação ao direito patrimonial entre os cônjuges:

(A) é obrigatório o regime da separação de bens no casamento da pessoa maior de sessenta anos.
(B) é admissível a livre alteração do regime de bens, independentemente de autorização judicial, ressalvados porém os direitos de terceiros.
(C) podem os cônjuges, independentemente de autorização um do outro, comprar, mesmo que a crédito, as coisas necessárias à economia doméstica, bem como obter, por empréstimo, as quantias que a aquisição dessas coisas exigir, situações que os obrigarão solidariamente.
(D) em nenhuma hipótese pode o cônjuge, sem autorização do outro, alienar ou gravar de ônus real os bens imóveis.
(E) é anulável o pacto antenupcial se não for feito por escritura pública, e nulo se não lhe seguir o casamento.

24. (Juiz substituto – TJSP – Vunesp – 2021) Assinale a alternativa correta sobre regimes de bens do casamento e da união estável, conforme entendimento dominante e atual do Superior Tribunal de Justiça.

(A) No regime da comunhão parcial de bens, é incomunicável imóvel prometido à venda e com preço solvido pelo cônjuge antes do casamento, mas cujos escritura e respectivo registro imobiliário são posteriores às núpcias.
(B) No regime da comunhão parcial, são incomunicáveis os bens móveis e imóveis adquiridos com os proventos do trabalho pessoal e pensões de cada um dos cônjuges.
(C) A alteração do regime de bens não coloca fim ao casamento, razão pela qual é vedada a partilha, que deve aguardar a dissolução da sociedade ou do vínculo conjugal.
(D) O contrato de convivência que altera o regime de bens da união estável pode ter efeitos retroativos, desde que pactuados mediante cláusula expressa pelos conviventes.

25. (Juiz substituto – TJGO – FCC – 2021) No regime da comunhão parcial de bens do casamento, comunicam-se

(A) os bens sub-rogados em lugar daqueles que cada cônjuge possuir ao casar.
(B) os bens adquiridos a título oneroso na constância da sociedade conjugal, se móveis por qualquer dos cônjuges, e se imóveis, apenas se com o concurso financeiro e em nome de ambos.
(C) as obrigações provenientes de atos ilícitos.
(D) quaisquer bens adquiridos a título oneroso, exceto os proventos do trabalho pessoal de cada cônjuge.
(E) os bens que forem adquiridos na constância do casamento a título oneroso, ainda que só em nome de um dos cônjuges.

26. (Defensor Público – DPE-RJ – FGV – 2021) Eduarda e Júlio se casaram em 2010 pelo regime de comunhão parcial de bens. Júlio é professor em uma escola privada e em escola municipal, e Eduarda trabalha em uma fábrica como auxiliar de escritório. No curso da união, começaram a construir uma casa no terreno do pai de Júlio, que autorizou a construção. Júlio já possuía um veículo popular, antes de casar, que fora trocado por outro, durante a união, e Eduarda juntou, após o casamento, algumas economias para contratar um plano de previdência privada, na modalidade VGBL, para que no futuro pudesse complementar a sua renda. No curso da união, a mãe de Eduarda faleceu, deixando de herança um imóvel a ser partilhado com mais dois irmãos de Eduarda. O casal adotou, também, um cachorro, chamado Max. Em 2021 decidiram terminar a relação.

No caso em pauta, é correto afirmar que:

(A) a questão relativa à guarda de Max e ao auxílio com as despesas de manutenção não pode ser discutida na ação de divórcio, devendo ser veiculada em demanda específica no juízo cível;
(B) Eduarda deverá dividir com Júlio os valores da previdência privada, pois, no entendimento do STJ, enquanto não implementado o benefício previdenciário, a sua natureza é de fruto civil;
(C) as verbas trabalhistas percebidas, no curso da união, não devem ser partilhadas, eis que pertencem ao patrimônio exclusivo de cada cônjuge;
(D) Eduarda não tem o direito de permanecer na casa, eis que o imóvel foi construído no terreno de terceiro;
(E) o imóvel recebido por herança da mãe de Eduarda deverá ser partilhado com Júlio, o qual passa a ter o direito a 1/6 do imóvel.

27. (Procurador – TC-DF – Cespe/Cebraspe – 2021) No que se refere a essa situação hipotética, julgue o item a seguir, à luz do disposto no Código Civil e no Estatuto da Criança e do Adolescente e do entendimento jurisprudencial dos tribunais superiores.

Os bens adquiridos por Tiago e Daniela na constância do casamento não se comunicam entre os cônjuges.

( ) Certo
( ) Errado

CAP. 3 • CASAMENTO. DIREITO PATRIMONIAL – REGIME DE BENS

28. (Juiz substituto – TJSC – FGV – 2022) Jussara e Evandro casaram-se civilmente sob o regime da comunhão parcial de bens. Na constância da união, o casal recebeu de herança da mãe de Evandro uma casa de praia no Rio de Janeiro, Jussara comprou um automóvel, Evandro ganhou um prêmio no sorteio do clube e Jussara recebeu em doação de suas amigas um jet ski.

Caso ocorra o divórcio, será objeto de partilha somente:

(A) a casa de praia, o automóvel e o prêmio do sorteio;
(B) a casa de praia, o automóvel e o jet ski;
(C) a casa de praia e o jet ski;
(D) o automóvel e o prêmio do sorteio;
(E) o automóvel.

29. (Delegado de Polícia – PC-SP – Vunesp – 2022) José e Maria casaram sob o regime da comunhão universal de bens, no ano de 1990. Agora decidiram alterar o regime de bens do casamento. Acerca do caso narrado, assinale a alternativa correta.

(A) É possível a modificação do regime desejada pelo casal mediante autorização judicial em pedido motivado de ambos os cônjuges, apurada a procedência das razões invocadas e ressalvados os direitos de terceiros.
(B) A modificação poderá ser realizada, desde que realizada nova habilitação, bem como celebrado novo casamento, retificando o casamento anterior, ocasionando a modificação do regime com efeitos *ex tunc*.
(C) O Código Civil de 1916 não previa a alteração do regime matrimonial; logo, a despeito da previsão existente no vigente Código Civil, não poderá ocorrer a alteração desejada pelo casal.
(D) É possível a modificação do regime mediante requerimento apresentando ao cartório de registro civil onde celebrado o casamento, desde que o casal apresente de forma pormenorizada a relação do acervo patrimonial, bem como publique edital para conhecimento de eventuais interessados.
(E) Desde que realizada escritura pública no tabelião de notas, denominada pacto pós-nupcial, é possível a alteração do regime de bens, devendo o cartório de registro civil onde o casamento foi celebrado averbar a alteração solicitada pelo casal.

30. (Defensor Público substituto – DPE-TO – CESPE/CEBRASPE – 2022) Murilo, de setenta e um anos de idade, tem um relacionamento com Estefânia, de sessenta e quatro anos de idade, que é sua vizinha há longos anos. Ambos são solteiros e Estefânia tem uma filha, Laura, de um antigo relacionamento. Como Laura vai mudar de cidade, Murilo e Estefânia decidiram se casar.

De acordo com as disposições do Código Civil, Murilo e Estefânia devem se casar

(A) preferencialmente pelo regime da separação de bens, tendo em vista a idade de Estefânia.
(B) obrigatoriamente pelo regime da separação de bens, em razão da idade de Murilo.
(C) obrigatoriamente pelo regime de comunhão parcial de bens, em razão da idade de Murilo.
(D) preferencialmente pelo regime de comunhão parcial de bens, tendo em vista a idade de Estefânia.
(E) pelo regime de comunhão universal de bens, não sendo relevantes as idades dos futuros cônjuges.

31. (TJAM – TJAM – Titular de Serviços de Notas e de Registros – 2023) O casamento civil permite a escolha de regimes de bens, regulamentados no Código Civil. A respeito dos regimes de bens, leia as assertivas abaixo.

I. Está sujeito à separação obrigatória de bens o divorciado ou a divorciada, enquanto não houver sido homologada ou decidida a partilha dos bens do casal, podendo ser requerido ao juiz que não aplique a causa suspensiva se os nubentes provarem que não haverá prejuízo.

II. No regime de separação total de bens não há qualquer comunicabilidade, e os nubentes são obrigados a contribuir para as despesas do casal na proporção dos rendimentos de seu trabalho e de seus bens, não podendo esta obrigação ser afastada por disposição em contrário no pacto antenupcial.

III. Podem os cônjuges, independente de autorização um do outro, comprar a crédito as coisas necessárias a economia doméstica, e inclusive obter empréstimo para as quantias necessárias à aquisição desses bens.

Considerando as assertivas acima, assinale a alternativa correta:

(A) Estão corretas as assertivas I, II, III.
(B) Apenas estão corretas as assertivas I e II.
(C) Apenas estão corretas as assertivas I e III.
(D) Apenas a assertiva III está correta.

32. (MPE-SP – Vunesp – Promotor de Justiça substituto – 2023) Sobre o regime de bens, nos termos do Código Civil e da jurisprudência dominante e atual dos Tribunais Superiores, é INCORRETO afirmar:

(A) No regime de separação legal de bens, comunicam-se os adquiridos na constância do casamento.
(B) Qualquer que seja o regime de bens, tanto o marido quanto a mulher podem livremente desobrigar ou reivindicar os imóveis que tenham sido gravados ou alienados sem o seu consentimento ou sem suprimento judicial.
(C) A regra do artigo 1.641, II, do Código Civil, que estabelece o regime da separação obrigatória de bens para os septuagenários, embora expressamente prevista apenas para a hipótese de casamento, aplica-se também às uniões estáveis entre pessoas maiores de 70 anos.
(D) É admissível a alteração do regime de bens entre os cônjuges, mediante autorização judicial, desde que o pedido seja acompanhado de provas concretas do prejuízo na manutenção do regime de bens originário.
(E) A certidão de casamento não é suficiente para demonstrar que o casamento foi celebrado sob o regime de separação de bens. É imprescindível tenha havido pacto antenupcial com convenção nesse sentido.

33. (MPE-AM – Cespe/Cebraspe – Promotor de Justiça substituto – 2023) Segundo a jurisprudência do STJ, o regime legal de separação obrigatória de bens previsto para pessoa maior de 70 anos de idade

(A) aplica-se à união estável e, no caso de dissolução dessa união, a comunicação de bens adquiridos pelos companheiros na constância da relação dependerá de comprovação de esforço comum.
(B) aplica-se à união estável e, no caso de dissolução dessa união, há presunção relativa de que os bens adquiridos pelos companheiros na constância da união decorrem de esforço comum.
(C) não se aplica à união estável e, no caso de dissolução da união em que não tenha sido firmado pacto de convivência, a comunicação de bens adquiridos pelos companheiros na constância da relação dependerá da comprovação de esforço comum.
(D) não se aplica à união estável e, no caso de dissolução da união em que não tenha sido firmado pacto de convivência, há presunção absoluta de que os bens adquiridos na constância da relação decorrem de esforço comum.
(E) não se aplica à união estável e, no caso de dissolução da união em que não tenha sido firmado pacto de convivência, há presunção relativa de que os bens adquiridos pelos companheiros na constância da relação decorrem de esforço comum.

34. (TJSC – Juiz substituto – FGV – 2024) Regina e Cláudio se casaram sob o regime da comunhão parcial de bens. Na constância do casamento, Cláudio praticou alguns atos jurídicos sem a vênia de Regina, não suprida pelo juiz, entre eles:

I. Gravou de ônus real bem imóvel adquirido onerosamente na constância da união e registrado em seu nome.

II. Contratou mútuo bancário para adquirir o necessário para a economia doméstica.

III. Doou a lancha comprada por ele no segundo ano de casamento.

Examinadas as medidas tomadas por Cláudio, o(s) ato(s) passível(eis) de invalidação é(são):
(A) I, apenas.
(B) I e II, apenas.
(C) I e III, apenas.
(D) II e III, apenas.
(E) I, II e III.

35. (TJSP – Juiz substituto – Vunesp – 2024) **O casamento impõe deveres patrimoniais aos cônjuges que implicam contribuição, na proporção de seus bens e rendimentos do trabalho para o sustento da família e educação dos filhos, incidindo a responsabilidade:**
    (A) em razão da condição de comunheiros, em qualquer regime de bens, nula eventual disposição em contrário em pacto antenupcial.
    (B) independentemente do regime patrimonial, desnecessária prévia autorização recíproca para despesas diuturnas módicas e necessárias à economia doméstica.
    (C) em qualquer regime de bens, mediante expressa e prévia anuência recíproca e quanto às despesas contraídas em benefício comum, independentemente do vulto.
    (D) em observância ao princípio da cooperação, exceto nos regimes da separação legal e convencional, bem como, da participação final nos aquestos, independentemente de disposição expressa em pacto antenupcial.

36. (1º Exame Nacional da Magistratura – ENAM – FGV – 2024) **Cecília, 30 anos, e Edgar, 35 anos, celebraram pacto antenupcial para adotar o regime da participação final nos aquestos. No entanto, antes mesmo da chegada do mês da celebração do casamento, houve uma briga entre o casal, que decidiu romper por diferenças irreconciliáveis.**
    Nesse caso, o pacto antenupcial deve ser considerado:
    (A) nulo.
    (B) ineficaz.
    (C) anulável.
    (D) revogado.
    (E) Inexistente.

37. (1º Exame Nacional da Magistratura – ENAM – FGV – 2024) **Em Recurso Extraordinário julgado pelo Supremo Tribunal Federal (STF), apreciou-se a constitucionalidade do Art. 1.641 do Código Civil, que prevê a obrigatoriedade do regime de separação de bens no casamento de pessoa maior de 70 (setenta) anos. Ao decidir a questão, o STF interpretou, conforme a CRFB/1988, o dispositivo e fixou a seguinte tese de julgamento:**
    Nos casamentos e uniões estáveis envolvendo pessoa maior de 70 anos, o regime de separação de bens previsto no Art. 1641, inciso II, do Código Civil, pode ser afastado por expressa manifestação da vontade das partes, mediante escritura pública.
    Em relação ao tema, analise as assertivas a seguir.
    I. O princípio da igualdade restringe a utilização do fator idade para desequiparar pessoas, salvo se demonstrado que se trata de fundamento razoável para realização de um fim legítimo.
    II. O princípio da dignidade humana inclui, em seu conteúdo, o valor intrínseco de toda pessoa e a autonomia para realizar suas próprias escolhas existenciais.
    III. O regime de separação de bens do Art. 1.641, inciso II, do Código Civil, aplica-se tanto ao casamento quanto à união estável, mas somente o casamento forma entidade familiar.
    Está correto o que se afirma em:
    (A) I, apenas.
    (B) II, apenas.
    (C) I e II, apenas.
    (D) II e III, apenas.
    (E) I, II e III.

GABARITO

01 – E	02 – E	03 – A
04 – C	05 – A	06 – B
07 – A	08 – B	09 – A
10 – B	11 – B	12 – CERTO
13 – B	14 – C	15 – B
16 – E	17 – B	18 – C
19 – A	20 – CERTO	21 – C
22 – CERTO	23 – C	24 – A
25 – E	26 – B	27 – ERRADO
28 – A	29 – A	30 – B
31 – C	32 – D	33 – A
34 – C	35 – B	36 – B
37 – C		

DISSOLUÇÃO DO CASAMENTO E DA SOCIEDADE CONJUGAL. ANÁLISE COM A EMENDA CONSTITUCIONAL 66/2010 E COM O CÓDIGO DE PROCESSO CIVIL DE 2015

Sumário: 4.1 Introdução. Conceitos iniciais. O sistema introduzido pelo Código Civil de 2002 e as alterações fundamentais instituídas pela EC 66/2010. A infeliz reafirmação da separação de direito pelo CPC/2015 e o julgamento do Tema n. 1.053 do STF, com repercussão geral – 4.2 Questões pontuais relativas ao tema da dissolução da sociedade conjugal e do casamento após a Emenda Constitucional 66/2010: 4.2.1 O fim da separação de direito em todas as suas modalidades e a manutenção da separação de fato. Aprofundamentos necessários; 4.2.2 Preservação do conceito de sociedade conjugal. A situação das pessoas separadas juridicamente antes da EC 66/2010; 4.2.3 A existência de modalidade única de divórcio. Fim do divórcio indireto. Regras fundamentais quanto ao divórcio extrajudicial. O divórcio unilateral; 4.2.4 Da possibilidade de se discutir culpa para o divórcio do casal. Do julgamento parcial de mérito nas ações de divórcio (art. 356 do CPC/2015); 4.2.5 A questão do uso do nome pelo cônjuge após a EC 66/2010; 4.2.6 O problema da guarda na dissolução do casamento. Análise atualizada com a EC 66/2010 e com a Lei da Guarda Compartilhada Obrigatória (Lei 13.058/2014). A guarda de animais de estimação e a aplicação das mesmas regras previstas para os filhos. Visão crítica; 4.2.7 Alimentos na dissolução do casamento e a EC 66/2010. O problema dos alimentos pós-divórcio; 4.2.8 A responsabilidade civil em decorrência da dissolução do casamento – 4.3 Resumo esquemático – 4.4 Questões correlatas – Gabarito.

4.1 INTRODUÇÃO. CONCEITOS INICIAIS. O SISTEMA INTRODUZIDO PELO CÓDIGO CIVIL DE 2002 E AS ALTERAÇÕES FUNDAMENTAIS INSTITUÍDAS PELA EC 66/2010. A INFELIZ REAFIRMAÇÃO DA SEPARAÇÃO DE DIREITO PELO CPC/2015 E O JULGAMENTO DO TEMA N. 1.053 DO STF, COM REPERCUSSÃO GERAL

O estudo do fim da sociedade conjugal e do casamento é um dos temas mais relevantes para a prática do Direito de Família. Deve ser esclarecido que, reconhecido o casamento homoafetivo como entidade familiar, na linha das mais recentes decisões superiores e da regulamentação administrativa pelos Tribunais Estaduais, as regras aqui expostas a tal entidade também são incidentes.

O presente capítulo recebeu um novo redimensionamento, diante das inúmeras questões práticas surgidas nos últimos anos e da entrada em vigor da Emenda Constitucional 66/2010, conhecida como *Emenda do Divórcio*. Anote-se que a então Proposta de Emenda Constitucional 28/2009 recebeu no seu trâmite várias numerações, como PEC 413/2005 e PEC 33/2007, tendo sido a última proposta elaborada pelo Deputado Sérgio Barradas Carneiro, com o auxílio teórico e técnico dos juristas que compõem o Instituto Brasileiro de Direito de Família (IBDFAM).

A referida Emenda Constitucional, aprovada sob o número 66/2010, representa uma verdadeira *revolução* para o Direito de Família brasileiro, como já se pôde perceber da leitura dos capítulos anteriores deste trabalho. A visualização concreta de seus impactos somente é possível com a devida confrontação com o sistema introduzido pelo Código Civil de 2002, para que se verifiquem quais categorias foram extintas e quais permanecem no Direito de Família nacional.

Também é necessário confrontar a Emenda do Divórcio com a emergência do Código de Processo Civil de 2015, que reafirmou a separação judicial e a extrajudicial em vários de seus dispositivos, infelizmente. De todo modo, como se verá, o STF, em 2023, no julgamento do seu Tema n. 1.053 de repercussão geral, concluiu que os institutos não persistem no ordenamento jurídico brasileiro.

Vejamos como era a redação original do art. 226, § 6.º, da Constituição Federal de 1988, e como ficou o comando legal com a aprovação da *Emenda do Divórcio*, que entrou em vigor no País em 13 de julho de 2010:

Art. 226, § 6.º, da CF/1988 – redação original	Art. 226, § 6.º, da CF/1988 – redação atual
"O casamento civil pode ser dissolvido pelo divórcio, após prévia separação judicial por mais de um ano nos casos expressos em lei, ou comprovada separação de fato por mais de dois anos".	"O casamento civil pode ser dissolvido pelo divórcio".

Sempre defendi que essa inovação tem aplicação imediata, como norma constitucional autoexecutável. Assim, não há a necessidade de qualquer *ponte infraconstitucional* para a sua eficácia, o que está de acordo com a doutrina que reconhece a *força normativa da Constituição*. Nesse sentido, cumpre destacar as palavras de Paulo Lôbo, em artigo científico sobre o tema:

> "No direito brasileiro, há grande consenso doutrinário e jurisprudencial acerca da força normativa própria da Constituição. Sejam as normas constitucionais regras ou princípios não dependem de normas infraconstitucionais para estas prescreverem o que aquelas já prescreveram. O § 6.º do art. 226 da Constituição qualifica-se como norma-regra, pois seu suporte fático é precisamente determinado: o casamento pode ser dissolvido pelo divórcio, sem qualquer requisito prévio, por exclusivo ato de vontade dos cônjuges" (LÔBO, Paulo. Divórcio... Disponível em: <http://www.ibdfam.org.br/?artigos&artigo=629>. Acesso em: 17 fev. 2010).

Constata-se que apenas houve alteração no Texto Maior, sem qualquer modificação ou revogação de dispositivos do Código Civil ou de leis específicas, cabendo à doutrina e à jurisprudência apontar quais construções jurídicas ainda persistem, por estarem de acordo com a nova redação da Norma Fundamental. Portanto, a par dessa realidade, grandes foram os desafios para a civilística nacional brasileira, o que pode ser percebido pelos debates travados, na doutrina e na jurisprudência, nos anos de vigência da alteração.

Como primeiro e fulcral impacto da *Emenda do Divórcio* a ser apontado, verifica-se que não é mais viável juridicamente a separação de direito, a englobar a separação judicial e a separação extrajudicial, banidas totalmente do sistema jurídico.

A partir das lições de Paulo Lôbo, extraídas do texto por último citado, verifica-se que os fins sociais da norma, nos termos do art. 5.º da Lei de Introdução, são de justamente colocar fim à categoria. Pensar de forma contrária, como sempre defendi, tornaria totalmente inútil o trabalho parlamentar de reforma da Constituição Federal. Vejamos trecho do estudo do jurista, *mentor intelectual* da Emenda do Divórcio, que merece especial destaque:

"No plano da interpretação teleológica, indaga-se quais os fins sociais da nova norma constitucional. Responde-se: permitir sem empeços e sem intervenção estatal na intimidade dos cônjuges, que estes possam exercer com liberdade seu direito de desconstituir a sociedade conjugal, a qualquer tempo e sem precisar declinar os motivos. Consequentemente, quais os fins sociais da suposta sobrevivência da separação judicial, considerando que não mais poderia ser convertida em divórcio? Ou ainda, que interesse juridicamente relevante subsistiria em buscar-se um caminho que não pode levar à dissolução do casamento, pois o divórcio é o único modo que passa a ser previsto na Constituição? O resultado da sobrevivência da separação judicial é de palmar inocuidade, além de aberto confronto com os valores que a Constituição passou a exprimir, expurgando os resíduos de *quantum* despótico: liberdade e autonomia sem interferência estatal.

Ainda que se admitisse a sobrevivência da sociedade conjugal, a nova redação da norma constitucional permite que os cônjuges alcancem suas finalidades, com muito mais vantagem. Por outro lado, entre duas interpretações possíveis, não poderia prevalecer a que consultasse apenas o interesse individual do cônjuge que desejasse instrumentalizar a separação para o fim de punir o outro, comprometendo a boa administração da justiça e a paz social. É da tradição de nosso direito o que estabelece o art. 5.º da Lei de Introdução ao Código Civil: na aplicação da lei, o juiz atenderá aos fins sociais a que ela se dirige e às exigências do bem comum. O uso da justiça para punir o outro cônjuge não atende aos fins sociais nem ao bem comum, que devem iluminar a decisão judicial sobre os únicos pontos em litígio, quando os cônjuges sobre eles não transigem: a guarda e a proteção dos filhos menores, os alimentos que sejam devidos, a continuidade ou não do nome de casado e a partilha dos bens comuns" (LÔBO, Paulo. Divórcio... Disponível em: <http://www.ibdfam.org.br/?artigos&artigo=629>. Acesso em: 17 fev. 2010).

Não era diferente a dedução do saudoso Mestre Zeno Veloso, que assim resumia o seu parecer: "numa interpretação histórica, sociológica, finalística, teleológica do texto constitucional, diante da nova redação do art. 226, § 6.º, da Carta Magna, sou levado a concluir que a separação judicial ou por escritura pública foi figura abolida em nosso direito, restando o divórcio que, ao mesmo tempo, rompe a sociedade conjugal e extingue o vínculo matrimonial. Alguns artigos do Código Civil que regulavam a matéria foram revogados pela superveniência da norma constitucional – que é de estatura máxima – e perderam a vigência por terem entrado em rota de colisão com o dispositivo constitucional superveniente" (VELOSO, Zeno. O novo divórcio... Disponível em: <http://www.ibdfam.org.br/?artigos&artigo=661>. Acesso em: 14 ago. 2010).

Na mesma linha, os ensinamentos de Pablo Stolze Gagliano e Rodolfo Pamplona Filho: "em síntese, com a nova disciplina normativa do divórcio, encetada pela Emenda Constitucional, perdem força jurídica as regras legais sobre separação judicial, instituto que passa a ser extinto no ordenamento jurídico, seja pela revogação tácita (entendimento consolidado no STF), seja pela inconstitucionalidade superveniente pela perda da norma validante (entendimento que abraçamos do ponto de vista teórico, embora os efeitos práticos sejam os mesmos)" (*Novo curso...*, 2011, p. 547). Filia-se ao pensamento dos doutrinadores, ou seja, os dispositivos infraconstitucionais que tratam da separação de direito devem ser tidos como revogados tacitamente.

Destaque-se que esse também é o entendimento de Rodrigo da Cunha Pereira (*Divórcio...*, 2010, p. 26-31) e Maria Berenice Dias (*Manual...*, 2010, p. 300-301), dois dos maiores expoentes do IBDFAM. Igualmente, Rolf Madaleno sustenta que "verdadeiramente não mais subsistem razões para a legislação brasileira manter no sistema jurídico brasileiro a dualidade de procedimentos, primeiro passando pela dissolução da sociedade e depois pela dissolução do vínculo conjugal, senão o de forçar os cônjuges à duplicidade de procedimentos, requerendo por duas vezes a ruptura oficial do mesmo casamento" (MADALENO, Rolf. *Curso...*, 4. ed., 2011, p. 196). Do mesmo modo, Álvaro Villaça Azevedo conclui pelo fim da separação de direito, que para ele não teria mais justificativa teórica e prática. Vejamos suas palavras:

> "A grande maioria dos juristas tem entendido que, com a edição da PEC do divórcio, extinguiu-se a separação judicial. Este é o meu entendimento.
>
> Estaríamos, agora, como o sistema japonês que só admite o divórcio.
>
> Contudo, há quem entenda que a PEC existiu só para a extinção dos prazos constantes no § 6.º do art. 226 da Constituição Federal não tendo ela objetivado a extinção da separação, que não poderia ser extinta tacitamente. Todavia a Emenda constitucional é claríssima ao assentar que 'O casamento civil pode ser dissolvido pelo divórcio'. Em verdade, a PEC existiu para instituir, no direito brasileiro, o divórcio direto.
>
> Cogita-se, entretanto, que podem os cônjuges preferir sua separação judicial, por exemplo, os católicos, à moda da separação temporal admitida pelo Código Canônico. Sim, porque, se o católico levar a sério suas crenças religiosas, não poderá pretender o divórcio. Não é o que geralmente acontece. Nesse caso, deve o religioso permanecer em separação de fato.
>
> Todavia, para que exista, excepcionalmente, a separação de fato dos cônjuges, é preciso que ambos manifestem-se nesse sentido, pois um pretendendo o divórcio não poderá ser obstado pelo outro na realização desse direito potestativo" (AZEVEDO, Álvaro Villaça. Emenda... Disponível em: <http://www.flaviotartuce.adv.br/secoes/artigosc/villaca_emenda.doc>. Acesso em: 10 jan. 2011).

Por fim, as lições de Cristiano Chaves de Farias e Nelson Rosenvald, para quem "com o advento da aludida Emenda Constitucional, a separação foi suprimida do ordenamento jurídico pela necessidade de intervenção mínima do Estado na vida privada, permitindo-se aos interessados a dissolução do casamento, independentemente de prazos" (FARIAS, Cristiano Chaves; ROSENVALD, Nelson. *Curso...*, 2012, p. 415). Os autores sustentam a não recepção pelo Texto Constitucional das normas infraconstitucionais que tratam da separação judicial e da separação extrajudicial.

Da hermenêutica constitucional contemporânea, podem ser citados três princípios, apontados por J. J. Gomes Canotilho, que conduzem à mesma conclusão, pelo fim da separação jurídica:

> – *Princípio da máxima efetividade ou da eficiência* – "a uma norma constitucional deve ser atribuído o sentido que maior eficácia lhe dê. É um princípio operativo em relação a todas e quaisquer normas constitucionais, e embora a sua origem esteja

ligada à tese da actualidade das normas programáticas (Thoma), é hoje sobretudo invocado no âmbito dos direitos fundamentais (no caso de dúvidas deve preferir-se a interpretação que reconheça maior eficácia aos direitos fundamentais" (CANOTILHO, J. J. Gomes. *Direito...*, p. 1.224). Manter a burocracia no fim do casamento, com o modelo bifásico (separação e divórcio), não traz essa eficácia pretendida.

– *Princípio da força normativa da Constituição* – "na solução dos problemas jurídico-constitucionais deve dar-se prevalência aos pontos de vista que, tendo em conta os pressupostos da constituição (normativa), contribuem para uma eficácia óptima da lei fundamental. Consequentemente dever dar-se primazia às soluções hermenêuticas que, compreendendo a historicidade das estruturas constitucionais, possibilitam a 'actualização' normativa, garantindo, do mesmo pé, a sua eficácia e permanência" (CANOTILHO, J. J. Gomes. *Direito...*, p. 1.226). A manutenção da separação de direito viola esse princípio, pois colide com a *otimização da emenda* e com a ideia de atualização do Texto Maior.

– *Princípio da interpretação das leis em conformidade com a Constituição* – "no caso de normas polissémicas ou plurissignificativas deve dar-se preferência à interpretação que lhe dê um sentido em conformidade com a constituição" (CANOTILHO, J. J. Gomes. *Direito...*, p. 1.226). Em conformidade com a CF/1988, não há mais sentido prático na manutenção da separação.

Destaque-se a existência de julgados estaduais anteriores que aplicavam a premissa do fim da separação de direito, notadamente da separação judicial. De início, cumpre colacionar ementa do Tribunal de Justiça do Distrito Federal:

"Civil. Divórcio litigioso. Extinção sem julgamento do mérito. Artigo 267, inciso VI, do Código de Processo Civil. Ausência de trânsito em julgado da separação judicial. EC 66/2010. Supressão do instituto da separação judicial. Aplicação imediata aos processos em curso. A aprovação da PEC 28 de 2009, que alterou a redação do artigo 226 da Constituição Federal, resultou em grande transformação no âmbito do direito de família ao extirpar do mundo jurídico a figura da separação judicial. A nova ordem constitucional introduzida pela EC 66/2010, além de suprimir o instituto da separação judicial, também eliminou a necessidade de se aguardar o decurso de prazo como requisito para a propositura de ação de divórcio. Tratando-se de norma constitucional de eficácia plena, as alterações introduzidas pela EC 66/2010 têm aplicação imediata, refletindo sobre os feitos de separação em curso. Apelo conhecido e provido" (TJDF, Recurso 2010.01.1.064251-3, Acórdão 452.761, 6.ª Turma Cível, Rel. Des. Ana Maria Duarte Amarante Brito, *DJDFTE* 08.10.2010, p. 221).

Além dessa decisão, merece relevo o acórdão da 8.ª Câmara de Direito Privado do Tribunal de Justiça de São Paulo, proferido no Agravo de Instrumento 990.10.357301-3, em 12 de novembro de 2010, e que teve como relator o Des. Caetano Lagrasta. O julgado foi assim ementado: "Separação judicial. Pedido de conversão em divórcio. Emenda Constitucional n. 66/2010. Aplicação imediata e procedência do pedido. Determinação de regular andamento do feito em relação aos demais capítulos. Recurso provido".

No corpo do seu voto, preleciona o magistrado relator que, "com a promulgação da Emenda Constitucional n. 66/2010, e a nova redação do § 6.º do art. 226 da CF, o instituto da separação judicial não foi recepcionado, mesmo porque não há direito adquirido a instituto jurídico. A referida norma é de aplicabilidade imediata e não impõe condições ao reconhecimento do pedido de divórcio, sejam de natureza subjetiva – relegadas para eventual fase posterior à discussão sobre culpa – ou objetivas – transcurso do tempo". Com conclusão no mesmo sentido, do próprio Tribunal Paulista, mais recentemente: TJSP, Agravo de instrumento 20715437820138260000, 3.ª Câmara de Direito Privado, Rel. Des. Egidio Giacoia, j. 1.º.04.2014, Data de Publicação 03.04.2014; e TJSP, Apelação 0000527-41.2009.8.26.0032, Acórdão 5645955, 4.ª Câmara de Direito Privado, Araçatuba, Rel. Des. Fábio Quadros, j. 19.01.2012, *DJESP* 07.02.2012.

Igualmente entendendo pelo fim da separação de direito, cumpre colacionar decisão muito citada do Tribunal de Justiça da Bahia, que assim concluiu:

"Com o advento da Emenda Constitucional n.º 66, de 13/07/2010, que alterou o art. 226, § 6.º, da Constituição Federal, houve uma verdadeira revolução no instituto do divórcio, que passou a ser considerado um verdadeiro direito, pondo fim à separação judicial e eliminando qualquer prazo para dissolução do vínculo matrimonial. A Emenda Constitucional n.º 66/2010, entrou imediatamente em vigor com a sua publicação, tornando-se impertinentes e desnecessárias quaisquer discussões acerca do requisito, outrora existente, de lapso temporal superior a dois anos para pleitear-se a dissolução do casamento civil, através do divórcio direto" (TJBA, Apelação Cível 0004074-23.2005.805.0256.0, Processo 0004074-2/2005, 5.ª Câmara Cível, Teixeira de Freitas, Rel. Emilio Salomão Pinto Reseda, j. 25.01.2011).

Na mesma esteira, destacado acórdão do Tribunal de Justiça de Minas Gerais, deduzindo que, "com a Emenda Constitucional n.º 66/10, para a extinção do vínculo conjugal não mais se discute sobre separação, sanção ou falência. Portanto, considerando a norma inserta no artigo 462 do Código de Processo Civil, para a decretação da separação, não há mais necessidade dos requisitos tempo ou culpa, sob pena de rematada incoerência na medida em que, se para o divórcio, que extingue o vínculo conjugal, não há qualquer requisito, com muito mais razão não se pode exigir qualquer requisito para a separação. V.V.P. (...)" (TJMG, Apelação Cível 1.0079.08.405935-5/001, 8.ª Câmara Cível, Rel. Des. Bitencourt Marcondes, Rel. p/ Acórdão Fernando Botelho, public. 11.05.2011).

No plano superior, de voto prolatado pelo Ministro Luis Felipe Salomão no Superior Tribunal de Justiça pode ser extraído trecho com a seguinte manifestação acidental: "assim, para a existência jurídica da união estável, extrai-se o requisito da exclusividade de relacionamento sólido da exegese do § 1.º do art. 1.723 do Código Civil de 2002, *fine*, dispositivo esse que deve ser relido em conformidade com a recente EC n.º 66 de 2010, a qual, em boa hora, aboliu a figura da separação judicial" (STJ, REsp 912.926/RS, 4.ª Turma, Rel. Min. Luis Felipe Salomão, j. 22.02.2011, *DJe* 07.06.2011). Em outro julgado, seguiu anteriormente a mesma trilha a Ministra Isabel Gallotti, em decisão monocrática: "após a EC 66/10 não mais existe no ordenamento jurídico brasileiro o instituto da separação judicial. Não foi delegado ao legislador infraconstitucional poderes para estabelecer qualquer condição que restrinja direito à ruptura do vínculo conjugal" (STJ, Documento: 40398425, *DJE* 22.10.2014).

Em suma, também naquela Corte Superior podiam ser encontradas decisões anteriores que seguiam a linha por mim defendida desde a entrada em vigor da Emenda do Divórcio.

Porém, infelizmente, m contestado aresto de março de 2017, a Quarta Turma do Superior Tribunal de Justiça acabou por concluir que o instituto da separação judicial remanesce no ordenamento jurídico nacional. Conforme a ementa:

"A separação é modalidade de extinção da sociedade conjugal, pondo fim aos deveres de coabitação e fidelidade, bem como ao regime de bens, podendo, todavia, ser revertida a qualquer momento pelos cônjuges (Código Civil, arts. 1.571, III, e 1.577). O divórcio, por outro lado, é forma de dissolução do vínculo conjugal e extingue o casamento, permitindo que os ex-cônjuges celebrem novo matrimônio (Código Civil, arts. 1571, IV, e 1.580). São institutos diversos, com consequências e regramentos jurídicos distintos. A Emenda Constitucional n.º 66/2010 não revogou os artigos do Código Civil que tratam da separação judicial" (STJ, REsp 1.247.098/MS, 4.ª Turma, Rel. Min. Maria Isabel Gallotti, j. 14.03.2017, *DJe* 16.05.2017).

Como não poderia ser diferente, sempre me filiei ao voto vencido do Ministro Salomão, em especial pelas citações à minha posição e de muitos outros juristas como Luiz Edson Fachin, Paulo Lôbo, Rolf Madaleno, Zeno Veloso, Álvaro Villaça Azevedo, Maria Berenice Dias, Cristiano Chaves, Nelson Rosenvald, Pablo Stolze Gagliano, Rodolfo Pamplona Filho e Daniel Amorim Assumpção Neves; este último com o forte argumento de que o CPC/2015 não poderia ter repristinado a separação de direito, como ainda será desenvolvido.

Cerca de cinco meses depois, mais uma vez lamentavelmente, fez o mesmo a Terceira Turma da Corte, ao julgar da seguinte forma:

"A dissolução da sociedade conjugal pela separação não se confunde com a dissolução definitiva do casamento pelo divórcio, pois versam acerca de institutos autônomos e distintos. A Emenda à Constituição n.º 66/2010 apenas excluiu os requisitos temporais para facilitar o divórcio. O constituinte derivado reformador não revogou, expressa ou tacitamente, a legislação ordinária que cuida da separação judicial, que remanesce incólume no ordenamento pátrio, conforme previsto pelo Código de Processo Civil de 2015 (arts. 693, 731, 732 e 733 da Lei n.º 13.105/2015). A opção pela separação faculta às partes uma futura reconciliação e permite discussões subjacentes e laterais ao rompimento da relação. A possibilidade de eventual arrependimento durante o período de separação preserva, indubitavelmente, a autonomia da vontade das partes, princípio basilar do direito privado. O atual sistema brasileiro se amolda ao sistema dualista opcional que não condiciona o divórcio à prévia separação judicial ou de fato" (STJ, REsp 1.431.370/SP, 3.ª Turma, Rel. Min. Ricardo Villas Bôas Cueva, j. 15.08.2017, *DJe* 22.08.2017).

Pontue-se que essa última votação foi unânime, na Terceira Turma, não havendo qualquer posição em sentido contrário.

Apesar do surgimento desses acórdãos superiores, mantive a minha posição, mesmo com essas derrotas, até porque o tema pendia de análise pelo Supremo Tribunal Federal que, nos autos do Recurso Extraordinário 1.167.478/RJ, reconheceu a repercussão geral de questão constitucional, o que se deu em junho de 2019 – Rel. Min. Luiz Fux (Tema n. 1.053 de repercussão geral).

Em suma, apesar dos recentes arestos superiores, prolatados no âmbito do Superior Tribunal de Justiça, compartilhava do entendimento de extinção da separação de direito no Direito de Família brasileiro, conforme consta das decisões destacadas e do voto vencido do Ministro Luis Felipe Salomão aqui antes destacado.

Pois bem, felizmente e depois de treze anos de intenso debate e muitas discussões doutrinárias e jurisprudenciais, o Pleno do Supremo Tribunal Federal finalmente examinou a questão do fim da separação judicial, em novembro de 2023.

Por maioria de votos, sete votos contra três, concluiu que ela não persiste mais no sistema jurídico brasileiro, desde a Emenda Constitucional 66/2010. Seguiram o voto do relator Luiz Fux, os Ministros Cristiano Zanin, Dias Toffoli, Edson Fachin – que sempre defendeu essa posição, como doutrinador –, Gilmar Mendes, Luís Roberto Barroso e Cármen Lúcia. Foram vencidos os Ministros Nunes Marques, André Mendonça e Alexandre de Moras, que, apesar de julgarem pela necessidade de uma separação judicial prévia para o divórcio – o que foi unânime –, ainda concluíam pela possibilidade da ação autônoma de separação judicial. A tese final foi ementada da seguinte maneira:

> "Após a promulgação da EC 66/10, a separação judicial não é mais requisito para o divórcio, nem subsiste como figura autônoma no ordenamento jurídico. Sem prejuízo, preserva-se o estado civil das pessoas que já estão separadas por decisão judicial ou escritura pública, por se tratar de ato jurídico perfeito" (STF, RE 1.167.478/RJ, Tribunal Pleno, Rel. Min. Luiz Fux, Tema n. 1.053, j. 08.11.2023).

Apesar de a tese mencionar apenas a separação judicial, entendo que ela vale também para a separação extrajudicial. Assim, o instituto da separação de direito, a englobar as duas figuras, foi banido do ordenamento jurídico, sendo inconstitucionais os dispositivos do Código Civil, do Código de Processo Civil e da legislação específica que mencionam a categoria. Como se verá, em 2024, exatamente nesse sentido, o Conselho Nacional de Justiça alterou a sua Resolução n. 35/2007, por meio da sua nova Resolução n. 571, para retirar da primeira todas as menções à separação extrajudicial, além de tratar de efeitos jurídicos para a escritura pública da separação de fato.

Como o julgamento do STF foi prolatado em sede de repercussão geral, tem força vinculativa para novas decisões da primeira e da segunda instância, nos termos dos arts. 489, 926, 927 e 985 do Estatuto Processual. O Superior Tribunal de Justiça também precisará rever a sua posição, passando a prevalecer a posição anterior do Ministro Luis Felipe Salomão, alinhada à maioria dos Ministros do Supremo Tribunal Federal.

Espera-se, ainda, que a doutrina vencida recolha-se quanto às discussões, uma vez que a decisão deve ser cumprida. Como tenho afirmado em minhas aulas e palestras, é *preciso saber perder*, em prol do respeito institucional, da certeza, da estabilidade e da segurança jurídica. Além disso, é preciso cumprir a lei, sobretudo a força vinculativa das decisões judiciais que são precedentes qualificados, como é o caso dessa decisão do STF.

Cabe adiantar que, no Projeto de Reforma e Atualização do Código Civil, a Comissão de Juristas sugere a revogação expressa de todos os seus dispositivos que tratam da separação de direito, caso dos arts. 1.572, 1.573, 1.574, 1.575, 1.576, 1.578 e 1.580 do CC; além da retirada do art. 1.571. Voltarei ao tema mais à frente.

Assim sendo, com pouco mais de dois anos de sua entrada em vigor, perde efetividade a separação de direito por escritura pública, pela via administrativa, estando revogados nessa parte a anterior Lei 11.441/2007 e o art. 1.124-A do Código de Processo Civil de 1973, pois não recepcionados pelo novo Texto Constitucional.

De toda sorte, anote-se que também o Conselho Nacional de Justiça não acatou anteriormente o pedido do IBDFAM de alteração de pontos da sua Resolução n. 35, que regula os atos notariais decorrentes da Lei 11.441/2007. O Conselho Nacional de Justiça decidiu, em 12 de agosto de 2010, pela exclusão do art. 53 – que previa o lapso temporal de dois anos para o divórcio extrajudicial –, e conferiu nova redação ao art. 52, retirando a menção aos prazos mínimos. Rejeitou, contudo, a supressão dos artigos que tratavam da separação consensual, decidindo: "nem todas as questões encontram-se pacificadas na doutrina e sequer foram versadas na jurisprudência pátria"; (...) "tem-se que, mesmo com o advento da Emenda n. 66, persistem diferenças entre o divórcio e a separação" (Pedido de Providências 00005060-32.2010.2.00.0000). Anote-se que tal decisão administrativa foi citada no julgamento da Terceira Turma do STJ, quando da análise do Recurso Especial 1.431.370/SP, em agosto de 2017, deduzindo pela manutenção da separação de direito.

Porém, com a nova decisão do STF, essa posição foi revista pelo CNJ, com as modificações introduzidas pela Resolução n. 571, de agosto de 2024, e estudadas a seguir, não havendo mais qualquer menção à escritura pública de separação de direito, mas apenas quanto à separação de fato.

De fato, sempre existiram juristas favoráveis à manutenção da separação de direito no sistema, caso de Mário Luiz Delgado (A nova..., *Separação*, 2011, p. 25-48); Luiz Felipe Brasil Santos (Emenda..., disponível em: <http://www.ibdfam.org.br/?artigos&artigo=648>. Acesso em: 15 dez. 2010); João Baptista Villela (conforme entrevista dada ao *Jornal Carta Forense*, com o título: Emenda..., disponível em: <http://www.cartaforense.com.br/Materia.aspx?id=6075>. Acesso em: 15 dez. 2010); Regina Beatriz Tavares da Silva (*A emenda...*, 2011); Gustavo Tepedino, Maria Celina Bodin de Moraes, Heloísa Helena Barboza (*Código Civil...*, 2014, v. IV, p. 129); e Maria Helena Diniz (*Manual...*, 2011, p. 460).

Destaque-se o posicionamento da última jurista, que, apesar de entender pela permanência no sistema das normas que tratam da separação de direito, acredita na possibilidade de as referidas normas perderem eficácia social, caindo em desuso (*desuetudo*). A prática realmente demonstrou tal realidade, uma vez que diminuíram significativamente nos últimos anos as demandas de separação judicial.

Para essa corrente, a Emenda Constitucional 66/2010 não alterou a ordem infraconstitucional, havendo necessidade de normas para regulamentá-la. Com o devido respeito, a tese parece desprezar todo o trabalho de alteração constitucional, tornando-o inútil. Além disso, a dedução desconsidera a *força normativa da Constituição* e toda a evolução engendrada pelo Direito Civil Constitucional, especialmente os princípios e regramentos de hermenêutica constitucional ora ventilados. Porém, como antes destacado, essa corrente restou vencida pela decisão do STF, que deve ser cumprida, sem maiores discussões sobre a temática.

Consigne-se que na *V Jornada de Direito Civil*, em 2011, foram aprovados enunciados doutrinários que concluíram pela manutenção da separação de direito no sistema jurídico nacional. Vejamos, de forma detalhada:

- "A Emenda Constitucional 66/2010 não extinguiu o instituto da separação judicial e extrajudicial" (Enunciado n. 514).
- "Pela interpretação teleológica da Emenda Constitucional 66/2010, não há prazo mínimo de casamento para a separação consensual" (Enunciado n. 515).
- "Na separação judicial por mútuo consentimento, o juiz só poderá intervir no limite da preservação do interesse dos incapazes ou de um dos cônjuges, permitida a cindibilidade dos pedidos, com a concordância das partes, aplicando-se esse entendimento também ao divórcio" (Enunciado n. 516).
- "A Emenda Constitucional 66/2010 extinguiu os prazos previstos no art. 1.580 do Código Civil, mantido o divórcio por conversão" (Enunciado n. 517).

Esses enunciados doutrinários estão agora todos superados com a decisão do Tema n. 1.053 do STF. Ainda no que concerne a eles, sempre pontuei que não deveriam sequer ter sido votados, por encerrarem tema controverso, de grande debate na doutrina e na jurisprudência nacionais.

As *Jornadas de Direito Civil* têm o condão de demonstrar o pensamento consolidado da civilística nacional, o que não foi atendido pelas ementas transcritas, uma vez que muitos doutrinadores pensam de forma contrária ao seu conteúdo. Fugiu-se, portanto, dos objetivos desse grande evento brasileiro, o mais importante da área do Direito Privado em nosso País.

Como assinalava no passado, os malfadados enunciados, ao deduzirem pela manutenção da separação de direito, constituíam um total retrocesso, o que se confirmou com a decisão do STF de 2023, que encerrou o debate.

A propósito, quando da *VI Jornada de Direito Civil*, realizada em março de 2013, Rodrigo da Cunha Pereira propôs enunciado com a seguinte redação: "por uma interpretação lógica, sistemática, teleológica, histórica e social, a Emenda Constitucional 66/2010 que instituiu o Divórcio Direto no ordenamento jurídico revogou a separação judicial do cenário infraconstitucional, eliminando prazos desnecessários e acabando com a discussão da culpa quando da dissolução do vínculo conjugal". A proposta sequer foi votada, por decisão dos juristas que coordenavam a citada comissão. Infelizmente, o mesmo ocorreu em 2015 e em 2018, quando das *VII e VIII Jornadas de Direito Civil*.

No plano jurisprudencial estadual, adotando a ideia de manutenção do sistema anterior, já existiam julgados do Tribunal Gaúcho, como a seguir transcrito:

> "Separação judicial. Viabilidade do pedido. Não obrigatoriedade do divórcio para extinguir a sociedade conjugal. 1. A Emenda Constitucional n.º 66 limitou-se a admitir a possibilidade de concessão de divórcio direto para dissolver o casamento, afastando a exigência, no plano constitucional, da prévia separação judicial e do requisito temporal de separação fática. 2. Essa disposição constitucional evidentemente não retirou do ordenamento jurídico a legislação infraconstitucional que continua regulando tanto a dissolução do casamento como da sociedade conjugal e estabelecendo limites e condições, permanecendo em vigor todas as disposições legais que regulamentam a separação judicial, como sendo a única modalidade legal de extinção da sociedade conjugal, que não afeta o vínculo matrimonial. 3. Somente com a modificação da legislação infraconstitucional é que a exigência relativa aos prazos legais poderá ser afastada. Recurso provido" (TJRS, Agravo de Instrumento 70039285457, 7.ª Câmara Cível, Comarca de Sapiranga, Rel. Des. Sérgio Fernando de Vasconcellos Chaves, j. 1.º.11.2010).

As decisões do Tribunal do Rio Grande do Sul causavam-me estranheza, eis que a Corte é conhecida por adotar os novos conceitos e paradigmas do Direito de Família Brasileiro. Em suma, ao decidir que a separação de direito subsiste no sistema, a Corte pareceria retroceder.

Outros acórdãos dos Tribunais Estaduais acabam concluindo do mesmo modo, ou seja, pela manutenção do instituto (a ilustrar: TJMG, Apelação Cível 1.0028.11.003549-1/001, Rel. Des. Afrânio Vilela, j. 05.03.2013, *DJEMG* 15.03.2013; TJDF, Recurso 2011.00.2.017591-2, Acórdão 580.194, 3.ª Turma Cível, Rel. Des. Mario-Zam Belmiro, *DJDFTE* 24.04.2012, p. 126; TJES, Apelação Cível 0010440-97.2009.8.08.0048, 3.ª Câmara Cível, Rel. Des. Dair José Bregunce de Oliveira, j. 06.11.2012, *DJES* 14.11.2012; TJGO, Apelação Cível 132885-56.2008.8.09.0006, Anápolis, Rel. Des. Norival Santome, *DJGO* 19.11.2012, p. 344; e TJSC, Apelação Cível 2011.052992-0, 2.ª Câmara de Direito Civil, Forquilhinha, Rel. Des. Luiz Carlos Freyesleben, j. 26.09.2011, *DJSC* 05.10.2011, p. 213).

Seguindo a linha da última corrente citada, infelizmente, o Código de Processo Civil de 2015 reafirmou a separação de direito, a englobar a separação judicial e a extrajudicial, em vários de tais comandos. Na minha opinião doutrinária, tratava-se de uma grande infelicidade, mais um total retrocesso.

Vários dispositivos da norma instrumental emergente continuavam a tratar das categorias, o que não deveria ocorrer, em hipótese alguma. Com a decisão do STF do Tema n. 1.053, todas as menções legais ao instituto da separação de direito estão revogadas, por incompatibilidade com o Texto Constitucional, o que sempre foi sustentado por mim.

Não se olvide que, quando da elaboração do parecer final sobre o CPC/2015 no Senado Federal, pelo Relator Senador Vital do Rêgo, foram apresentadas propostas de alteração por meio da Emenda 61 – do Senador Pedro Taques –, da Emenda 129 – do Senador João Durval – e das Emendas 136, 137, 138, 139, 140, 141, 142 e 143 – do Senador Antonio Carlos Valadares –, visando a retirada do texto dos tratamentos relativos ao malfadado instituto da separação judicial do Estatuto Processual emergente. Todavia, as emendas foram afastadas pelo Senador Vital do Rego, que assim argumentou, citando inclusive os enunciados da *V Jornada de Direito Civil*, anteriormente transcritos:

"As emendas em pauta insurgem-se contra a referência à separação (em todas as suas modalidades) como forma de dissolução da sociedade conjugal ao longo do texto do SCD. Argumenta que, com a Emenda à Constituição 66, de 2010, esse instituto teria sido abolido do ordenamento jurídico.

Não vingam, porém, as emendas.

É pacífico que, após a Emenda à Constituição 66, de 2010, não há mais qualquer requisito prévio ao divórcio. A separação, portanto, que era uma etapa obrigatória de precedência ao divórcio, desvestiu-se dessa condição.

Todavia, não é remansoso o entendimento acerca da não subsistência da separação no âmbito da doutrina civilista.

Aliás, o Enunciado n. 514, das *Jornadas de Direito Civil* (que nasceu após debate pelos civilistas mais respeitados do País), dispõe o contrário, a saber: Enunciado n. 514. 'Art. 1.571: A Emenda Constitucional 66/2010 não extinguiu o instituto da separação judicial e extrajudicial'.

Afinal de contas, a Constituição Federal apenas afastou a exigência prévia de separação para o divórcio, mas não repeliu expressamente a previsão infraconstitucional da separação e do restabelecimento da sociedade conjugal. Há quem sustente que a separação continua em vigor como uma faculdade aos cônjuges que, querendo 'dar um tempo', preferem formalizar essa separação, sem romper o vínculo matrimonial. Eventual reatamento dos laços afetivos desses cônjuges separados não haverá de passar por novo casamento, com todas as suas formalidades, mas se aperfeiçoará pelo restabelecimento da sociedade conjugal, ato bem menos formal, que pode ocorrer por via judicial ou extrajudicial.

Sublinhe-se que nem mesmo os dispositivos do Código Civil que tratam de separação foram revogados. Ora, será uma intervenção indevida, uma invasão científica, utilizar uma norma processual para fazer prevalecer uma das várias correntes doutrinárias que incandescem na seara do Direito Civil.

Dessa forma, enquanto o Código Civil não for revogado expressamente no tocante à previsão da separação e do restabelecimento da sociedade conjugal, deve o Código de Processo Civil – norma que instrumentaliza a concretização dos direitos materiais – contemplar expressamente as vias processuais desses institutos cíveis.

No futuro, em outra ocasião, se assim se entender mais adequado, poder-se-á, por via legislativa própria, modificar dispositivos do Código Civil e do Código de Processo Civil para proscrever a separação como um instituto de Direito de Família".

Na votação final dos destaques no Senado Federal, realizada no dia 17 de dezembro de 2014, havia uma insurgência da Senadora Lídice da Mata a respeito dessa manutenção. Porém, a Ilustre Senadora acabou por ser convencida pela conservação da separação judicial no texto, retirando, ao final, o seu destaque. Houve, assim, uma grave falha no processo legislativo de elaboração do então novo Estatuto Processual, que foi corrigida pelo STF em 2023, no julgamento do Tema n. 1.053 de Repercussão Geral.

Sendo assim, o Código de Processo Civil de 2015 nasceu com um *instituto morto* em vários de seus dispositivos. Como corretamente afirma Rolf Madaleno, tratava-se de um *fantasma processual* (O fantasma processual... In: TARTUCE, Fernanda; MAZZEI, Rodrigo; CARNEIRO, Sérgio Barradas (Coord.). *Família...*, 2016, p. 419). Com a decisão do STF, esse *fantasma* para de nos assombrar, felizmente.

Sobre os comandos processuais que tratavam da separação de direito, e que agora não têm mais aplicação, de início, a respeito do segredo de justiça, estatui o novel art. 189, inciso II, do CPC/2015 que tramitam, por esse modo não revelado, os processos que versam sobre casamento, separação de corpos, divórcio, *separação*, união estável, filiação, alimentos e guarda de crianças e adolescentes (com destaque).

Como ressalva, os seus parágrafos estabelecem que o direito de consultar os autos de processo que tramite em segredo de justiça e de pedir certidões de seus atos é restrito às partes e aos seus procuradores. Porém, o terceiro que demonstrar interesse jurídico pode requerer ao juiz certidão do dispositivo da sentença, bem como de inventário e partilha resultante de divórcio ou *separação* (com destaque). Aqui, não houve grandes alterações, corresponde o dispositivo ao antigo art. 155 do Código de Processo Civil de 1973, que ainda mencionava o *desquite*; hoje, separação judicial.

Em termos gerais de incidência das regras atinentes às ações de Direito de Família, o art. 693 do CPC/2015 enuncia que "as normas deste Capítulo aplicam-se aos processos contenciosos de divórcio, *separação*, reconhecimento e extinção de união estável, guarda, visitação e filiação" (destacamos). Na sequência, vêm as regras específicas "Do Divórcio e da Separação Consensuais, da Extinção Consensual de União Estável e da Alteração do Regime de Bens do Matrimônio".

Quanto ao divórcio e à separação judicial consensuais, como primeiro diploma especial, o art. 731 do vigente estabelece que as suas homologações, observados os requisitos legais, poderão ser requeridas em petição assinada por ambos os cônjuges, da qual constarão: *a)* as disposições relativas à descrição e à partilha dos bens comuns; *b)* as disposições concernentes à pensão alimentícia entre os cônjuges; *c)* o acordo atinente à guarda dos filhos incapazes e ao regime de visitas; e *d)* o valor da contribuição para criar e educar os filhos. Nos termos do seu parágrafo único, se os cônjuges não acordarem sobre a partilha dos bens, far-se-á esta depois de homologado o divórcio, conforme as normas relativas à partilha de bens, constantes dos arts. 647 a 658 do mesmo Estatuto Processual em vigor. Todas essas disposições que dizem respeito ao processo de homologação judicial de divórcio ou de separação consensual aplicam-se, no que couber, ao processo de homologação da extinção consensual da união estável (art. 732 do CPC/2015).

O tratamento unificado para as duas ações – de separação e de divórcio – constitui novidade, pois os arts. 1.120 a 1.124 do anterior CPC regulavam apenas a separação judicial. Quanto aos requisitos, não houve modificação de relevo, lamentando-se o tratamento atual da separação de direito, mais uma vez.

Em complemento, o vigente CPC traz regras especiais a respeito das ações de Direito de Família, entre os seus arts. 693 a 699-A, normas que têm plena incidência para as ações de dissolução do casamento, nos termos da lei. Os preceitos procuraram incentivar a mediação e a conciliação entre as partes, sendo certo que "nas ações de família, todos os esforços serão empreendidos para a solução consensual da controvérsia, devendo o juiz dispor do auxílio de profissionais de outras áreas de conhecimento para a mediação e conciliação" (art. 694 do CPC/2015).

Com essa finalidade, estabelece o comando legal posterior que, recebida a petição inicial e, se for o caso, tomadas as providências referentes à tutela provisória, o juiz ordenará a citação do réu para comparecer à audiência de mediação e conciliação (art. 695 do CPC). Assim, parece claro, pelo dispositivo, que a audiência de mediação e de conciliação se tornou obrigatória em tais demandas de Direito de Família.

Todavia, infelizmente, grande parte dos Tribunais de Justiça ainda não criou ou não investiu, de forma satisfatória, nos Centros Judiciários de Solução de Conflitos e Cidadania, o que tem afastado a efetivação dos institutos da mediação e da conciliação. Nos últimos anos, muitas foram as decisões judiciais que chegaram ao meu conhecimento, declinando a mediação e a conciliação por falta de estrutura, o que representa uma infeliz realidade. Espero que esse panorama se modifique e que o Estado realmente invista no incremento de tais práticas para que os institutos transformem a cultura hoje existente, aplicando-se a louvável regra do CPC de 2015.

Com o fim de tentar evitar o tom de conflito entre as partes, o mandado de citação conterá apenas os dados necessários à audiência e deverá estar desacompanhado de cópia da petição inicial, assegurado ao réu o direito de examinar seu conteúdo a qualquer tempo (art. 695, § 1.º, do CPC/2015). O objetivo do mandado desacompanhado da exordial, sem a contrafé, é não inflamar ainda mais os ânimos do réu, dentro da ideia de *cultura de paz*.

Todavia, essa falta de comunicação, na minha opinião, pode aumentar o conflito, especialmente se o réu se sentir surpreendido pela ação judicial. Além disso, parece existir uma contrariedade ao dever de informação, corolário da boa-fé objetiva, que é um dos princípios do CPC/2015, retirado especialmente dos seus arts. 5.º e 6.º. Como fazer um acordo sem se ter uma noção mínima daquilo que está sendo pleiteado? Em suma, dúbia é a inovação e somente a prática irá demonstrar se ela veio em boa hora ou apenas para aprofundar a *cultura da guerra* geralmente notada nas ações de Direito de Família.

Com o intuito de agilização, a citação ocorrerá com antecedência mínima de 15 dias da data designada para a audiência (art. 695, § 2.º, do CPC/2015). Para que não pairem dúvidas de sua efetivação e diante da pessoalidade das demandas familiares, a citação será sempre feita na pessoa do réu, não se admitindo a intimação postal ou por edital (art. 695, § 3.º, do CPC/2015). Além disso, as partes deverão estar obrigatoriamente acompanhadas de seus advogados ou defensores públicos na audiência de mediação ou conciliação, para que esta seja bem conduzida e orientada (art. 695, § 4.º, do CPC/2015).

Conforme o art. 696 do CPC/2015, a audiência de mediação e conciliação poderá dividir-se em tantas sessões quantas forem necessárias para viabilizar a solução consensual. Isso, sem prejuízo de providências jurisdicionais para evitar o perecimento do direito. A título de exemplo, as sessões de mediação não prejudicam a expedição de uma liminar para pagamento de alimentos. Também não prejudicam a decretação de um divórcio consensual, pendentes outras questões na ação que possam ser solucionadas por acordo no futuro, como a guarda de filhos, a partilha de bens e o uso do nome por um dos cônjuges.

Sucessivamente, de acordo com o art. 697 do CPC/2015, sendo infrutífera a mediação ou a conciliação, ou seja, não realizado o acordo, passarão a incidir, a partir de então, as normas do procedimento comum ordinário. Consoante o mesmo preceito, deve ser observado o art. 335 do *Codex*, que trata da defesa do réu por meio da contestação.

Nesse contexto, o réu, segundo a interpretação do último comando e de outros próximos que nele estão citados, poderá oferecer contestação, por petição, no prazo de 15 dias, cujo termo inicial será a data: *a)* da audiência de conciliação ou de mediação, ou da última sessão de conciliação, quando qualquer parte não comparecer ou, comparecendo, não houver autocomposição; *b)* do protocolo do pedido de cancelamento da audiência de conciliação ou de mediação apresentado pelo réu, quando as partes manifestarem, em comum, o desinteresse pelo acordo; *c)* da juntada aos autos do aviso de recebimento, quando a citação ou a intimação for pelo correio; *d)* da juntada aos autos do mandado cumprido, quando a citação ou a intimação for por oficial de justiça; *e)* da sua ocorrência, quando a citação ou a intimação se der por ato do escrivão ou do chefe de secretaria; *f)* do dia útil seguinte ao fim da dilação assinada pelo juiz, quando a citação ou intimação for por edital; *g)* do dia útil seguinte à consulta ao seu teor ou ao término do prazo para que esta se dê, quando a citação ou a intimação for eletrônica; *h)* de juntada do comunicado da carta precatória, rogatória ou de ordem, ou, não havendo este, da juntada da carta aos autos de origem devidamente cumprida, quando a citação ou a intimação se realizar em cumprimento de carta; *i)* da publicação, quando a intimação se der pelo *Diário da Justiça* impresso ou eletrônico; e *j)* do dia da carga dos autos, quando a intimação se der por meio da retirada dos autos do cartório ou da secretaria.

No que diz respeito à intervenção do Ministério Público nas ações de Direito de Família, esta somente deve ocorrer quando houver interesse de incapaz, seja ele menor ou maior (art. 698 do CPC/2015). Pelo mesmo dispositivo e nessas circunstâncias, o *Parquet* sempre deverá ser ouvido previamente à homologação de acordo. A Lei 13.894/2019 incluiu um novo parágrafo único no preceito, estabelecendo que o Ministério Público também intervirá, quando não for parte, nas ações de família em que figure como parte vítima de violência doméstica e familiar, nos termos da Lei Maria da Penha, o que vem em boa hora.

A norma do *caput* segue a tendência prática de somente se exigir a intervenção do MP quando houver interesse de incapazes, o que já era aplicado para as ações de divórcio, por regulamentação interna de muitos Ministérios Públicos Estaduais, amplamente acatada pela jurisprudência local.

A esse propósito, aliás, as conclusões de interessante texto do Promotor de Justiça de Minas Gerais Leonardo Barreto Moreira Alves, com as seguintes palavras:

> "Em face do novo conceito de família inaugurado pela Constituição Federal de 1988 (família plúrima e eudemonista), não se justifica mais a imposição de uma série de restrições à dissolução do matrimônio, como consta atualmente no Código Civil de 2002, afinal de contas, o ente familiar somente deve ser mantido enquanto cumprir a sua função constitucional de promoção da dignidade de cada um dos seus membros. Em não sendo mais verificada tal função no seio familiar, não há qualquer interesse público na manutenção inócua do mero vínculo jurídico que o casamento passa a ser, daí por que se defende a desnecessidade de intervenção do Ministério Público em ações de separação e divórcio (consensuais ou litigiosos), deixando as questões relacionadas a estes feitos a cargo da autonomia privada dos cônjuges (direito potestativo extintivo), exceto quando existir interesse de incapaz em jogo. Tal posicionamento vai ao encontro da atual tendência de racionalização dos trabalhos do *Parquet* na área cível, já consagrada na Carta de Ipojuca e em diversos Atos Normativos dos Ministérios Públicos do país, a exemplo do baiano, do paulista e do mineiro. Em sendo ela adotada, haverá benefícios práticos relevantes aos Promotores de Justiça, que terão mais tempo para atuar em defesa dos interesses sociais e individuais indisponíveis de maior relevância à coletividade, adequando-se esta atuação ao verdadeiro perfil ministerial traçado pela Carta Magna" (MOREIRA ALVES, Leonardo Barreto. O Ministério Público... Disponível em: <https://aplicacao.mpmg.mp.br/xmlui/bitstream/handle/123456789/242/ensaio%20sobre%20a%20efetividade_Diniz.pdf?sequence=1>. Acesso em: 23 dez. 2014).

Como se nota, a tendência defendida por alguns promotores de justiça acabou consolidada no Estatuto Processual Brasileiro de 2015. De todo modo, a Lei 13.894/2019 ampliou essa tendência de atuação também para os casos de violência doméstica, o que é plenamente justificável.

Seguindo no seu estudo, conforme o art. 699 do CPC em vigor, quando o processo envolver a discussão sobre fato relacionado a abuso ou alienação parental, o juiz deverá estar acompanhado por especialista ao tomar o depoimento do incapaz. O especialista citado pode ser um psicólogo ou um assistente social, ou ambos. Vislumbrando as suas concretizações, o dispositivo tem aplicação para as hipóteses de abuso no exercício do poder familiar, tema que ainda será estudado nesta obra.

Ademais, como antes pontuado, a Lei 14.713/2023 incluiu no CPC/2015 um novo art. 699-A, prevendo que nas ações de guarda, antes de iniciada a audiência de mediação e conciliação, o juiz indagará às partes e ao Ministério Público se há risco de violência doméstica ou familiar, fixando o prazo de cinco dias para a apresentação de prova ou de indícios pertinentes.

Feitas tais considerações sobre o CPC/2015, eventualmente, o divórcio, a separação – agora superada pela decisão do STF – e a extinção de união estável, feitos consensualmente – não havendo nascituro, filhos incapazes e observados os requisitos legais –, poderão ser realizados por escritura pública, da qual constarão as disposições de que trata o art. 731 do próprio *Codex*.

Assim, confirmando a evolução inaugurada pela Lei 11.441/2007 – que inseriu o art. 1.124-A no antigo CPC –, pelo art. 733 do Código de Processo em vigor, continua viável juridicamente o divórcio extrajudicial, por escritura pública. Pontue-se que o anterior *Projeto de Lei de Desburocratização*, que teve a minha atuação, pretendia possibilitar a escritura pública de divórcio ou de dissolução de união estável mesmo havendo filhos incapazes ou nascituro, com a atuação do Ministério Público perante o Tabelionato de Notas, o que vem em boa hora, com o intuito de reduzir as formalidades e *desjudicializar* as contendas.

No mesmo sentido, há propostas no atual Projeto de Reforma do Código Civil, revogando-se os dispositivos do CPC, para que o tema fique nele concentrado. Nos termos do novo art. 1.582-B do CC, "o divórcio, a dissolução da união estável, a partilha de bens, a guarda de filhos com menos de dezoito anos de idade e os alimentos em favor dessas pessoas poderão ser formalizados por escritura pública, se houver consenso entre as partes". Amplia-se, portanto, e na Lei Civil, a *extrajudicialização* dessas medidas, mesmo havendo filhos menores, incapazes ou nascituros, com a necessidade de atuação do Ministério Público, perante o Tabelionato de Notas, em situações tais.

Será também possível que os cônjuges ou conviventes acordem sobre a guarda, consoante o novo § 1.º do art. 1.582-B, "a escritura pública dependerá de prévia aprovação do Ministério Público se ocorrer uma das seguintes hipóteses: I – um dos cônjuges ou conviventes for incapaz; II – o casal aguarda o nascimento de filho ou tem filho com menos de dezoito anos de idade; III – o documento contempla cláusulas relativas a guarda ou alimentos dos filhos com menos de dezoito anos de idade". Para tanto, "o tabelião encaminhará a minuta de escritura pública ao Ministério Público, caso em que a manifestação ministerial será exarada no prazo de quinze dias úteis e limitar-se-á à fiscalização dos interesses do incapaz" (art. 1.582-B, § 2.º, do CC).

Em casos de discordância do Ministério Público, não serão admitidos o divórcio ou a dissolução da união estável pela via extrajudicial, sendo necessário as partes socorrerem-se à via judicial (art. 1.582-B, § 3.º, do CC). As modificações são mais do que necessárias, para a redução de burocracias e a desjudicialização das contendas, em prol da operabilidade, um dos princípios originais do Código Civil de 2002. Como se verá a seguir, parte dessas propostas foram incorporadas à Resolução n. 35/2007 do CNJ, em 2024.

Voltando-se ao texto legal em vigor, nos termos do § 1.º do art. 733 do Código de Processo Civil em vigor, a escritura pública não depende de homologação judicial e constitui título hábil para qualquer ato de registro, bem assim para levantamento de importância depositada em instituições financeiras. A possibilidade expressa desse levantamento não estava no art. 1.124-A do antigo CPC. No mais, o dispositivo repete o tratamento anterior.

Ademais, o Tabelião somente lavrará a escritura se os interessados estiverem assistidos por advogado comum ou advogados de cada um deles ou por defensor público, cuja qualificação e assinatura devem estar no ato notarial (art. 733, § 2.º, do CPC/2015). O novo preceito repete o antigo art. 1.124-A, § 2.º, do CPC de 1973.

Deve ser criticado o fato de não mais constar a expressamente a gratuidade da escritura para os que se declaravam pobres, como estava no art. 1.124-A, § 3.º, da Norma Processual anterior. Nesse propósito, aliás, a Resolução n. 35 do Conselho Nacional de Justiça, que trata da atuação dos Tabelionatos e Cartórios quanto à Lei 11.441/2007, dispõe no seu art. 7.º que, para a obtenção desta, basta a simples declaração dos interessados de que não possuem condições de arcar com os emolumentos, ainda que as partes estejam assistidas por advogado constituído.

Nesse ínterim, pelos altos custos para a maioria da população brasileira, talvez às pessoas sem condições econômicas somente restaria o caminho do divórcio judicial. Há certa contradição entre essa retirada da norma de benefício aos pobres e o espírito da nova codificação processual, que adota a *agilização* e a *desjudicialização* como *motes principiológicos*. Em reforço, tal entendimento está distante de uma desejada tutela dos vulneráveis econômicos, em prol da *função social dos institutos jurídicos*.

De toda maneira, é viável sustentar que a norma constante do art. 1.124-A, § 3.º, do antigo Código de Processo Civil continua em vigor, mesmo tendo sido revogada expressamente a antiga norma processual pelo art. 1.046 do Código de Processo Civil de 2015, que assim se expressa: "ao entrar em vigor este Código, suas disposições se aplicarão desde logo aos processos pendentes, ficando revogada a Lei n.º 5.869, de 11 de janeiro de 1973". Como é notório, o dispositivo foi introduzido por uma lei especial, qual seja, a Lei 11.441/2007, estabelecendo o § 2.º do mesmo art. 1.046 que "permanecem em vigor as disposições especiais dos procedimentos regulados em outras leis, aos quais se aplicará supletivamente este Código".

Em complemento, não se pode esquecer que a gratuidade de justiça para os atos extrajudiciais tem fundamento na tutela da pessoa humana (art. 1.º, inciso III, da CF/1988) e na solidariedade social que deve imperar nas relações jurídicas (art. 3.º, inciso I, da CF/1988). Mais especificamente, há menção expressa à gratuidade no art. 5.º, inciso LXXIV, do mesmo Texto Maior: "o Estado prestará assistência jurídica integral e gratuita aos que comprovarem insuficiência de recursos". Vale lembrar, ainda, da *ponte constitucional* realizada pelo art. 1.º do próprio CPC, ao prever que "o processo civil será ordenado, disciplinado e interpretado conforme os valores e as normas fundamentais estabelecidos na Constituição da República Federativa do Brasil, observando-se as disposições deste Código".

Exatamente nesse sentido, e citando a minha posição doutrinária, destaque-se decisão prolatada no âmbito do Conselho Nacional de Justiça (CNJ), publicada em abril de 2018, no sentido de que "a consulta é respondida no sentido que a gratuidade de justiça deve ser estendida, para efeito de viabilizar o cumprimento da previsão constitucional de acesso à jurisdição e a prestação plena aos atos extrajudiciais de notários e de registradores. Essa orientação é a que melhor se ajusta ao conjunto de princípios e normas constitucionais voltados a garantir ao cidadão a possibilidade de requerer aos poderes públicos, além do reconhecimento, a indispensável efetividade dos seus direitos (art. 5.º, XXXIV, XXXV, LXXIV, LXXVI e LXXVII, da CF/88), restando, portanto, induvidosa a plena eficácia da Resolução n.º 35 do CNJ, em especial seus artigos 6.º e 7.º" (CNJ, Consulta 0006042-02.2017.2.00.0000, requerente: Corregedoria-Geral da Justiça do Estado da Paraíba, Relator Conselheiro Arnaldo Hossepian). Assim, a gratuidade das escrituras de divórcio está mantida em todo o território nacional.

Acrescento que o art. 6.º da Resolução n. 35/2007 do CNJ, alterado pela sua Resolução n. 571, de agosto de 2024, estabelece que "a gratuidade prevista na norma adjetiva compreende as escrituras de inventário, partilha, divórcio, separação de fato e extinção da união estável consensuais". Sobre a possibilidade da escritura pública de separação de fato, voltarei a tratar ainda no presente capítulo.

Lembro que, nos termos do anterior Provimento 100 do Conselho Nacional de Justiça, de maio de 2020, a escritura pública de divórcio e dissolução de união estável pode ser feita pela via digital ou eletrônica, se forem respeitados requisitos de validade específicos, relativos à sua *solenidade virtual*. A partir de 2023, as suas regras passaram a compor o Código Nacional de Normas (CNN/CNJ), a partir do seu art. 284. Relembro que, de forma necessária, há proposta de incluir esse tratamento no Código Civil, no novo livro do Direito Civil Digital, pelo Projeto de Reforma elaborado pela Comissão de Juristas nomeada pelo Senado Federal.

Conforme o art. 286 do CNN e o art. 3.º da anterior norma administrativa, são requisitos da prática do ato notarial eletrônico: *a)* a videoconferência notarial para captação do consentimento das partes sobre os termos do ato jurídico; *b)* a concordância expressada pelas partes com os termos do ato notarial eletrônico; *c)* a assinatura digital pelas partes, exclusivamente por meio do *e-Notariado*; *d)* a assinatura do Tabelião de Notas com a utilização de certificado digital ICP-Brasil; e *e)* o uso de formatos de documentos de longa duração com assinatura digital.

Sobre a gravação da videoconferência notarial, nos termos do parágrafo único desses comandos, deverá conter ela, no mínimo: *a)* a identificação, a demonstração da capacidade e a livre manifestação das partes atestadas pelo tabelião de notas; *b)* o consentimento das partes e a concordância com a escritura pública; *c)* o objeto e o preço do negócio pactuado; *d)* a declaração da data e horário da prática do ato notarial; e *e)* a declaração acerca da indicação do livro, da página e do tabelionato em que será lavrado o ato notarial.

Repito que o desrespeito a qualquer um desses requisitos de validade, gera a nulidade absoluta do pacto antenupcial, nos termos dos incs. IV e V do art. 166 do Código Civil, que tratam da observância da forma e da solenidade.

Também deve ser observada, entre outras regras importantes, o prescrito no art. 289 do Código Nacional de Normas – antigo art. 6.º do Provimento 100/2020 do CNJ –, relativo à competência dos tabelionatos: "a competência para a prática dos atos regulados nesta Seção é absoluta e observará a circunscrição territorial em que o tabelião recebeu sua delegação, nos termos do art. 9º da Lei n. 8.935/1994". A inobservância desse preceito igualmente conduz à nulidade absoluta do ato.

Quanto à possibilidade de o divórcio ser efetivado mesmo havendo filhos menores ou incapazes, o novo art. 34 da Resolução n. 35 do CNJ, incluído pela sua Resolução n. 571

estabelece que "as partes devem declarar ao tabelião, no ato da lavratura da escritura, que não têm filhos comuns ou, havendo, indicar seus nomes, as datas de nascimento e se existem incapazes". Nos termos do seu § 1.º, as partes devem, ainda, declarar ao Tabelião, na mesma ocasião, que o cônjuge virago não se encontra em estado gravídico ou, ao menos, que não tenha conhecimento sobre esta condição, o que obsta a lavratura da escritura.

Eventualmente, em havendo filhos comuns do casal menores ou incapazes, será permitida a lavratura da escritura pública de divórcio, desde que devidamente comprovada a prévia resolução judicial de todas as questões referentes à guarda, visitação e alimentos deles, o que deverá ficar consignado no corpo da escritura (art. 34, § 2.º). Na dúvida quanto às questões de interesse do menor ou do incapaz, o Tabelião submeterá a questão à apreciação do juiz prolator da decisão (art. 34, § 3.º). Sem dúvida, as propostas são louváveis, reduzindo burocracias e entraves desnecessários, em prol da efetividade do Direito Civil da necessária extrajudicialização de alguns temas.

Em complemento, o seu art. 35, enfim e em boa hora, agora estabelece que da escritura deve constar declaração das partes de que estão cientes das consequências do divórcio, firmes no propósito de pôr fim à sociedade conjugal ou ao vínculo matrimonial, respectivamente, sem hesitação, com recusa de reconciliação e concordância com a regulamentação da guarda, da convivência familiar e dos alimentos dos filhos menores ou incapazes realizada em juízo. Foram retiradas todas as menções que eram feitas na Resolução n. 35 quanto à separação extrajudicial, restando apenas o divórcio, o que teve como fundamento o julgamento do Tema n. 1.053 de repercussão geral do STF.

Voltando-se ao âmago da manutenção da separação de direito pelo CPC/2015, cabe trazer a lume as palavras de Lenio Luiz Streck, um dos maiores juristas brasileiros da atualidade, que, antes mesmo da aprovação do seu texto final no Senado Federal, já sustentava a inconstitucionalidade do que chamou de *repristinação da separação judicial* (STRECK, Lenio Luiz. *Por que é inconstitucional...* Disponível em: <http://www.conjur.com.br/2014--nov-18/lenio-streck-inconstitucional-repristinar-separacao-judicial>. Acesso em: 21 dez. 2014). Lembro que a repristinação é a restauração de vigência de uma norma revogada, pela revogação, por uma terceira norma, de sua norma revogadora. Com a decisão do STF quando do julgamento do Tema n. 1.053 de repercussão geral, a posição do jurista também restou vitoriosa.

Introduzindo o tema, aduz o doutrinador, sobre a Emenda Constitucional 66/2010, que "não pode haver dúvida que, com a alteração do texto constitucional, desapareceu a separação judicial no sistema normativo brasileiro – e antes que me acusem de descuidado, não ignoro doutrina e jurisprudência que seguem rota oposta ao que defendo no texto, mas com elas discordo veementemente. Assim, perde o sentido distinguir-se término e dissolução de casamento. Isso é simples. Agora, sociedade conjugal e vínculo conjugal são dissolvidos mutuamente com o divórcio, afastada a necessidade de prévia separação judicial ou de fato do casal. Nada mais adequado a um Estado laico (e secularizado), que imputa inviolável a liberdade de consciência e de crença (CF/1988, art. 5.º, VI). Há, aliás, muitos civilistas renomados que defendem essa posição, entre eles Paulo Lôbo, Luís Edson Fachin e Rodrigo da Cunha. Pois bem. Toda essa introdução me servirá de base para reforçar meu posicionamento e elaborar crítica para um problema que verifiquei recentemente. E já adianto a questão central: fazendo uma leitura do Projeto do novo CPC, deparei-me com uma espécie de repristinação da separação judicial. Um dispositivo tipo-Lázaro. Um curioso retorno ao mundo dos vivos". E arremata, em palavras finais que acabaram sendo adotadas pelo STF quando do julgamento do Tema n. 1.053:

"O legislador do novo CPC tem responsabilidade política (no sentido de que falo em Verdade e Consenso e Jurisdição Constitucional e Decisão Jurídica). Para tanto, deve contribuir e aceitar, também nesse particular, a evolução dos tempos eliminando do texto todas as expressões que dão a entender a permanência entre nós desse instituto cuja serventia já se foi e não mais voltará. Não fosse por nada – e peço desculpas pela ironia da palavra 'nada' –, devemos deixar a separação de fora do novo CPC em nome da Constituição. E isso por dois motivos: a um, por ela mesma, porque sacramenta a secularização do direito, impedindo o Estado de 'moralizar' as relações conjugais; a dois, pelo fato de o legislador constituinte derivado já ter resolvido esse assunto. Para o tema voltar ao 'mundo jurídico', só por alteração da Constituição. E, ainda assim, seria de duvidosa constitucionalidade. Mas aí eu argumentaria de outro modo. Portanto, sem chance de o novo CPC repristinar a separação judicial (nem por escritura pública, como consta no Projeto do CPC). É inconstitucional. Sob pena de, como disse Marshall em 1803, a Constituição não ser mais rígida, transformando-se em flexível. E isso seria o fim do constitucionalismo. Esta é, pois, a resposta adequada à Constituição. Espero que o legislador que aprovará o novo CPC se dê conta disso e evite um périplo de decisões judiciais no âmbito do controle difuso ou nos poupe de uma ação direta de inconstitucionalidade. O Supremo Tribunal Federal já tem trabalho suficiente" (STRECK, Lenio Luiz. *Por que é inconstitucional...* Disponível em: <http://www.conjur.com.br/2014-nov-18/lenio-streck-inconstitucional-repristinar-separacao-judicial>. Acesso em: 21 dez. 2014).

Infelizmente, o legislador do CPC não se atentou a isso. O trabalho nos últimos treze anos não foi só do Supremo Tribunal Federal, mas de toda a doutrina e a jurisprudência nacionais. Desempenhei esse trabalho nos últimos tempos, o que, felizmente, acabou sendo adotado pela Corte Suprema Brasileira em 2023, quando do julgamento do Tema n. 1.053, banindo a separação judicial como instituto autônomo do Direito Brasileiro. Agora é preciso seguir adiante, revogando-se todos os dispositivos do Código Civil que tratam do instituto, como está sendo proposto pelo Projeto de Reforma do Código Civil.

Em complemento, vale também citar a posição de Paulo Lôbo, para quem todas as menções constantes do CPC/2015 dizem respeito à separação de fato e não à separação de direito (LÔBO, Paulo. *Novo CPC...* Disponível em http://www.conjur.com.br/2015-nov-08/processo-familiar-cpc-nao-recriou-ou-restaurou-separacao-judicial. Acesso em 9 de novembro de 2015). Esse caminho doutrinário também parecia ser viável de ser aplicado no campo prático, mas com a decisão do STF é mais correto sustentar o banimento da separação de direito.

Assim, apesar de todas as resistências citadas e do infeliz tratamento no CPC/2015, repise-se que, na vertente doutrinária por mim seguida, ora adotada pelo STF para fins de repercussão geral e com eficácia vinculativa para os demais julgadores, não vige mais o *sistema bifásico*, de extinção da sociedade conjugal e do casamento.

Desse modo, os comandos que fazem menção à separação de direito não têm mais aplicação no sistema jurídico nacional. Nesse contexto, continuo a entender que as ações em curso de separação judicial, sejam consensuais ou litigiosas, em regra, devem ser extintas sem julgamento do mérito, por falta de objeto jurídico viável, salvo se já houver sentença prolatada.

De toda sorte, diante dos princípios da economia e da fungibilidade, pode o juiz da causa dar oportunidade para que as partes envolvidas adaptem o seu pedido, da separação judicial para o divórcio. Se houver tutela de urgência de separação de corpos em que houve concessão de liminar, permite-se a aplicação do princípio da fungibilidade, podendo tais ações ser convertidas, no sentido de transformadas, em ações de divórcio, uma vez que sua simples extinção pode trazer prejuízos irremediáveis às partes.

Ato contínuo de estudo, sigo a corrente segundo a qual não há mais que se falar em divórcio indireto ou por conversão, persistindo apenas o divórcio direto, que será denominado tão somente como *divórcio*, eis que não há necessidade de qualquer distinção categórica. Outro ponto a ser mencionado de imediato, é que não há mais prazo para o casal se divorciar, o que foi unânime na votação do Supremo Tribunal Federal, quando da análise do Tema n. 1.053 de repercussão geral, em novembro de 2023.

O legislador constitucional não expressa mais o prazo de um ano da separação judicial, ou de dois anos de separação de fato para o divórcio, estando revogado ou prejudicado o art. 1.580 do Código Civil, eis que a norma superior prevalece sobre inferior. Assim, é possível o casamento em um dia e o divórcio no dia seguinte, ou no próprio dia do casamento. Fala-se em *Divórcio Já!*, conforme a obra de Maria Berenice Dias, publicada pela Editora Revista dos Tribunais (DIAS, Maria Berenice. *Divórcio...*, 2010). Repito que o Projeto de Reforma do Código Civil, em boa hora, propõe a revogação expressa desse comando.

Sendo verificadas as principais alterações no sistema de dissolução da sociedade conjugal e do casamento com a *Emenda do Divórcio*, anteriormente o tema se dividia em quatro partes: *a)* estudo da anulação e nulidade do casamento, nos termos do estudo no Capítulo 2 da presente obra; *b)* abordagem da *separação de direito ou jurídica* – que colocava fim apenas à sociedade conjugal e não ao vínculo matrimonial; *c)* visualização do divórcio – que efetivamente põe fim ao casamento; e *d)* a análise da morte dos cônjuges – matéria estudada no Volume 6 da presente coleção. Em relação à morte, há a declaração de ausência – que será explicada a seguir.

Essas formas de dissolução se depreendiam da leitura do art. 1.571 do CC/2002 que merece transcrição destacada:

> "Art. 1.571. A sociedade conjugal termina:
>
> I – pela morte de um dos cônjuges;
>
> II – pela nulidade ou anulação do casamento;
>
> III – pela separação judicial;
>
> IV – pelo divórcio.
>
> § 1.º O casamento válido só se dissolve pela morte de um dos cônjuges ou pelo divórcio, aplicando-se a presunção estabelecida neste Código quanto ao ausente.
>
> § 2.º Dissolvido o casamento pelo divórcio direto ou por conversão, o cônjuge poderá manter o nome de casado; salvo, no segundo caso, dispondo em contrário a sentença de separação judicial".

Deve ser tido como revogado tacitamente ou não recepcionado pelo novo Texto Constitucional o inc. III do comando legal, uma vez que, repise-se, todas as modalidades de separação de direito foram retiradas do sistema, a incluir a separação judicial. Com tal premissa de conclusão, a sociedade conjugal termina com a morte de um dos cônjuges, pela nulidade e anulação do casamento e pelo divórcio. Por outra via, o casamento válido será dissolvido pelo divórcio e pela morte. Como se verá mais à frente, o conceito de sociedade conjugal deve ser mantido para algumas finalidades, notadamente com repercussões contratuais.

Anoto que o Projeto de Reforma do Código Civil, elaborado pela Comissão de Juristas, pretende fazer essas alterações na norma, incluindo-se também nela e nos dispositivos seguintes regras relativas à dissolução da união estável. Desse modo, o comando passará a prever que a sociedade conjugal e a sociedade convivencial terminam pela morte de um dos cônjuges ou conviventes; pela nulidade ou anulação do casamento; pela separação de corpos ou pela separação de fato dos cônjuges ou conviventes; pelo divórcio ou pela dissolução da união estável. Em relação à sociedade conjugal, ao contrário do que sustentaram alguns, de forma totalmente equivocada e até maldosa, não se trata do reconhecimento de uma nova entidade familiar, mas apenas do conceito jurídico que equivale à sociedade conjugal, para a união estável. A dissolução dessas sociedades pela separação de fato representa um notável avanço, e sobre ela voltarei a tratar mais à frente.

Também não tem mais sentido, em parte, o § 2.º do diploma em vigor, nas menções ao divórcio direto ou por conversão e à sentença de separação judicial. A última norma deve ser lida da seguinte maneira: "dissolvido o casamento pelo divórcio, o cônjuge poderá manter o nome de casado". No Projeto de Reforma do Código Civil, nesse mesmo sentido, propõe-se que passe a prever, no mesmo § 2.º, que, "dissolvido o casamento pelo divórcio, o cônjuge poderá manter o nome de casado, estendendo-se a mesma possibilidade ao convivente em caso de dissolução de união estável". O tema do uso do nome ainda será abordado no presente capítulo.

Inclui-se, ainda, pelo citado projeto, um § 3.º no art. 1.571 do CC/2002, enunciando que "de nenhuma forma a hipótese do inc. III pode ser condicionante do direito ao divórcio ou da dissolução da união estável". Isso porque, como visto, há proposição de se incluir, na Lei Geral Privada, uma previsão expressa de que o divórcio constitui um direito potestativo das partes (novo art. 1.511-D).

Como última proposta, inclui-se a possibilidade da dissolução da união estável e do *divórcio post mortem* no novo § 4.º do art. 1.571, *in verbis*: "o falecimento de um dos cônjuges ou de um dos conviventes, depois da propositura da ação de divórcio ou de dissolução da união estável, não enseja a extinção do processo, podendo os herdeiros prosseguir com a demanda, retroagindo os efeitos da sentença à data estabelecida na sentença como aquela do final do convívio". Justificou a Subcomissão de Direito de Família do seguinte modo:

> "Por sugestão do Professor Rodrigo da Cunha Pereira, propõe-se, em respeito à vontade do autor/falecido, o divórcio 'post mortem': 'o falecimento de um dos cônjuges depois da propositura da ação de divórcio não enseja a extinção do processo, podendo os herdeiros prosseguir com a demanda' e 'os efeitos da sentença retroagem à data do óbito'. É digno de nota que, em justa linha de equiparação e equilíbrio, também fora sugerida a adoção da regra de dissolução da união estável 'post mortem': 'o falecimento de um dos companheiros depois da propositura da ação de dissolução da união estável, não enseja a extinção do processo, podendo os herdeiros prosseguir com a demanda'. Figure-se o exemplo de uma mulher, há anos vítima de violência doméstica, que decide se divorciar, falecendo em um acidente automobilístico dois meses após a propositura da demanda e antes da prolação da sentença. Caso o juiz não decrete o divórcio ('post mortem'), o cônjuge agressor torna-se viúvo, com prováveis direitos previdenciários e sucessórios".

Acrescento ainda que, sobre o tema, no XII Congresso Brasileiro do IBDFAM, em 2021, aprovou-se enunciado doutrinário prevendo que "a ação de divórcio já ajuizada não deverá ser extinta sem resolução de mérito, em caso do falecimento de uma das partes" (Enunciado n. 45). Essa solução já foi admitida em julgado do Superior Tribunal de Justiça, em 2024, merecendo destaque trecho de sua ementa, sendo citado o Projeto de Reforma do Código Civil em seu teor:

> "(...). A caracterização do divórcio como um direito potestativo ou formativo, compreendido como o direito a uma modificação jurídica, implica reconhecer que o seu exercício ocorre de maneira unilateral pela manifestação de vontade de um dos cônjuges, gerando um estado de sujeição do outro cônjuge. [...]. Hipótese em que, após o ajuizamento da ação de divórcio o cônjuge requerido manifestou-se indubitavelmente no sentido de aquiescer ao pedido que fora formulado em seu desfavor e formulou pedido reconvencional, requerendo o julgamento antecipado e parcial do mérito quanto ao divórcio. [...]. É possível o reconhecimento e a validação da vontade do titular do direito mesmo após sua morte, conferindo especial atenção ao desejo de ver dissolvido o casamento, uma vez que houve manifestação de vontade indubitável no sentido do divórcio proclamada em vida e no bojo da ação de divórcio. Não se está a reconhecer a transmissibilidade do direito potestativo ao divórcio; o direito já foi exercido e cuida-se de preservar os efeitos que lhe foram atribuídos pela Lei e pela declaração de vontade do cônjuge falecido. [...]. Legitimidade dos herdeiros do cônjuge falecido para prosseguirem no processo e buscarem a decretação do divórcio *post mortem*" (STJ, REsp 2.022.649/MA, 4.ª Turma, Rel. Min. Antonio Carlos Ferreira, j. 16.05.2024, DJe 21.05.2024).

Também podem ser encontrados dezenas de julgados estaduais no mesmo sentido, o que demonstra que o tema está maduro para ser debatido pelo Congresso Nacional e para ser incluído na lei civil. Somente para ilustrar, destaco os seguintes:

> "Divórcio *post mortem*. Possibilidade de reconhecimento. Inequívoca manifestação de vontade do falecido por ocasião da distribuição de sua petição inicial. Idêntica manifestação de vontade da parte contrária, veiculada por meio da contestação que, de resto, insurgiu-se em face de outras questões de fundo patrimonial. Superveniência da morte da parte que, frente à Emenda Constitucional nº 66, não mais implica na mera extinção da ação. Necessidade de aferição do preenchimento do requisito exigido pela norma constitucional. Direito potestativo. Precedentes deste e de outros Tribunais de Justiça. Reconhecimento que retroage seus efeitos à data da propositura da ação. Recurso a que se dá provimento" (TJSP, Apelação Cível 1006921-76.2020.8.26.0609, Acórdão 16860008, Taboão da Serra, 9.ª Câmara de Direito Privado, Rel. Des. Wilson Lisboa Ribeiro, j. 20.06.2023, DJESP 23.06.2023, p. 2700).

> "Apelação cível. Ação de divórcio litigioso. Óbito do autor no curso da ação. Manifestação inequívoca da vontade das partes. Presente. Decretação de divórcio *post mortem*. Possibilidade. O Código do Processo Civil, no art. 200, dispõe que os atos das partes consistentes em declarações unilaterais ou bilaterais de vontade produzem imediatamente a constituição, modificação ou extinção de direitos processuais. Apesar do óbito do autor ocorrido no decorrer da ação, considerando a presença de manifestação inequívoca da vontade das partes sobre o desejo de divorciarem, tem-se viabilizada sua decretação *post-mortem*" (TJMG, Apelação Cível 5000077-84.2022.8.13.0172, 4.ª Câmara Cível Especializada, Rel. Des. Pedro Aleixo, j. 21.03.2024, DJEMG 25.03.2024).

Urge, portanto, a sua inclusão no texto do Código Civil, justamente porque, em muitos casos, sobretudo nas situações de violência doméstica ou de gênero, a melhor solução é decretar o fim da união pelo divórcio.

Feitas essas notas a respeito do Projeto de Reforma do Código Civil, ressalte-se que, segundo as lições de Pontes de Miranda, a anulação e a nulidade do casamento encontram-se no plano da validade do negócio jurídico; enquanto o divórcio está no plano da eficácia, ou seja, o casamento válido perde seus efeitos ou parte deles com a dissolução do vínculo.

Estando no plano da eficácia, o divórcio produzirá efeitos *ex nunc*, ou seja, a partir de sua declaração, não se falando em retroatividade dos efeitos.

Neste ponto de introdução, é interessante discorrer sobre a dissolução do casamento por morte presumida (em decorrência de ausência), o que foi comentado no Volume 1 da presente coleção, tema que deve ser retomado. Tal categoria de extinção do vínculo conjugal não sofreu qualquer modificação com a vigência da EC 66/2010.

Enuncia o art. 1.571, § 1.º, do CC/2002 que o casamento do ausente se desfaz, estando o seu ex-cônjuge livre para se casar com terceiro. Sendo assim, como fica a situação desse seu ex-consorte casado quando o desaparecido reaparece após todo esse prazo mencionado na codificação de 2002? Dois posicionamentos podem ser tidos em relação à matéria:

1.º) Considerar válido o segundo casamento e dissolvido o primeiro, ressaltando a boa-fé dos nubentes, e desvalorizando a conduta, muitas vezes, de abandono do ausente.

2.º) Declarar nulo o segundo casamento, eis que não podem casar as pessoas casadas, nos termos do art. 1.521, VI, do CC. Com o reaparecimento, não se aplicaria, portanto, a regra do art. 1.571 da codificação.

Tendo em vista a valorização da boa-fé e da eticidade, um dos baluartes da atual codificação privada, inclina-se a adotar o primeiro posicionamento. A questão, aliás, foi objeto de artigo do saudoso Professor Zeno Veloso (Novo casamento... Disponível em: <http://www.flaviotartuce.adv.br/secoes/artigosc.asp>. Acesso em: 5 fev. 2006).

Chega-se à mesma conclusão do renomado doutrinador, conforme esse estudo de sua autoria. Nesse parecer, é pertinente observar a proposta legislativa, salutar para o caso em questão:

"Começando a terminar, e sintetizando: vimos que o novo Código Civil brasileiro, art. 1.571, § 1.º, *in fine*, considera dissolvido o casamento do ausente cuja morte presumida é declarada (ver, também, os arts. 6.º, segunda parte, e 37). Está habilitado, portanto, o cônjuge presente a contrair novas núpcias, a celebrar outro casamento, reconstruir, enfim, a sua vida afetiva, buscar o seu direito (natural, constitucional) de ser feliz.

Mas tudo é possível, mesmo o que consideramos impossível, e o ausente pode reaparecer, como alguém que ressurge das sombras, como um ser que ressuscita. *Quid juris*? O novo Código Civil não resolve o problema, e precisa fazê-lo, como muitas legislações estrangeiras, até em nome da segurança jurídica.

Assim, encerrando essas digressões, e não me limitando à crítica, venho sugerir que seja introduzido no Código Civil o art. 1.571-A, com a redação seguinte:

'Art. 1.571-A. Se o cônjuge do ausente contrair novo casamento, e o que se presumia morto retornar ou confirmar-se que estava vivo quando celebradas as novas núpcias, o casamento precedente permanece dissolvido'" (VELOSO, Zeno. Novo casamento... Disponível em: <http://www.flaviotartuce.adv.br/secoes/artigosc.asp>).

Concordando-se se com as suas brilhantes palavras e a sua proposta, encerra-se a presente introdução, cabendo, então, aprofundar as questões pontuais relativas às mudanças introduzidas pela *Emenda do Divórcio* (EC 66/2010), atualizadas com o CPC/2015 e com o julgamento do Supremo Tribunal Federal no Tema n. 1.053 de repercussão geral, de novembro de 2023.

4.2 QUESTÕES PONTUAIS RELATIVAS AO TEMA DA DISSOLUÇÃO DA SOCIEDADE CONJUGAL E DO CASAMENTO APÓS A EMENDA CONSTITUCIONAL 66/2010

4.2.1 O fim da separação de direito em todas as suas modalidades e a manutenção da separação de fato. Aprofundamentos necessários

No estudo do tema do presente capítulo, era comum os manuais de Direito de Família diferenciarem a *separação jurídica ou de direito* – a englobar a separação judicial e a extrajudicial – do *divórcio*. Afirmava-se que a separação jurídica colocaria fim somente à sociedade conjugal, persistindo o casamento, enquanto o divórcio findaria o casamento e, consequentemente, a sociedade conjugal. Tal diferenciação não persiste mais, uma vez que com a citada *Emenda* o divórcio pôs fim às duas categorias, mesmo diante do infeliz tratamento constante do CPC/2015, reafirme-se.

Em uma análise histórico-legislativa, os temas da dissolução da sociedade conjugal e do casamento eram antes tratados em parte pela Lei do Divórcio (Lei 6.515/1977), que revogou os arts. 315 a 324 do CC/1916 que cuidavam do assunto, e pela Constituição Federal (art. 226). Como é notório, foi a Lei do Divórcio que introduziu no sistema brasileiro, pela primeira vez, o divórcio como forma de dissolução definitiva do casamento, denominado anteriormente de *divórcio a vínculo*.

Em 2003, a matéria foi consolidada no vigente Código Civil, em complemento ao Texto Maior, surgindo dúvidas a respeito da revogação total ou parcial da Lei 6.515/1977.

Afirmava-se, antes da *Emenda do Divórcio*, que a Lei 6.515 estaria derrogada, ou seja, revogada parcialmente. A questão era esclarecida pelo art. 2.043 do CC/2002, cuja redação segue: "até que por outra forma se disciplinem, continuam em vigor as disposições de natureza processual, administrativa ou penal, constantes de leis cujos preceitos de natureza civil hajam sido incorporados a este Código". Trata-se de mais uma disposição final e transitória do Código Civil, norma de direito intertemporal que visa justamente a dirimir conflitos a respeito da aplicação das leis no tempo.

Com a aprovação da *Emenda*, tal conclusão não foi atingida, continuando em vigor os preceitos processuais, administrativos e penais daquelas leis que tiveram preceitos materiais incorporados pelo atual Código Civil. Ora, o Código Civil de 2002 incorporou regras materiais da Lei do Divórcio, continuando a vigorar as suas regras processuais, mas somente em relação ao divórcio. Com a emergência do CPC/2015, persiste o debate sobre a permanência ou não de dispositivos da Lei do Divórcio no sistema, até porque não há qualquer previsão de revogação expressa de preceitos da Lei 6.515/1977.

Superado esse esclarecimento, deve ficar bem claro, com os devidos aprofundamentos, que não há mais qualquer modalidade de separação de direito ou *jurídica* admitida no Direito de Família Brasileiro, tendo sido retirados do sistema os seguintes institutos de dissolução da sociedade conjugal:

a) *Separação jurídica extrajudicial consensual*, introduzida pela Lei 11.441/2007, revogando-se tacitamente o art. 1.124-A do CPC/1973 nas menções à separação. O mesmo deve ser dito em relação ao art. 733 do CPC/2015, nas menções à separação extrajudicial, que já nasce revogado por incompatibilidade constitucional com o art. 226, § 6.º, do Texto Maior. Lembro que a Resolução n. 571 do CNJ, de agosto de 2024, retirou da sua Resolução n. 35/2007 todas as menções à separação extrajudicial, passando a tratar, de forma inovadora e necessária, da escritura de separação de fato.

b) *Separação jurídica judicial consensual*, revogando-se o art. 1.574 do Código Civil de 2002, incluindo o seu parágrafo único. Os arts. 1.120 a 1.124 do CPC anterior, que tratavam da ação de separação consensual, também deveriam ser tidos como não vigentes, pois não recepcionados pela nova redação do Texto Maior. A revogação também atinge os arts. 731 e 733 do CPC/2015, nas menções à separação judicial.

c) *Separação jurídica judicial litigiosa*, não existindo qualquer uma das suas modalidades anteriores, a saber: a *separação-sanção*, com análise da culpa, por grave violação dos deveres do casamento e insuportabilidade da vida em comum (art. 1.572, caput, do CC); a *separação-falência*, diante da ruptura da vida em comum por mais de um ano e impossibilidade de sua reconstituição (art. 1.572, § 1.º, do CC); a *separação--remédio*, fundada em doença mental superveniente que acometesse um dos cônjuges, com duração de dois anos pelo menos, cura improvável e que tornasse impossível a vida em comum (art. 1.572, §§ 2.º e 3.º, do CC). Obviamente, como consequência de tais supressões, não tem mais validade e eficácia a norma do art. 1.573 do CC, que elencava um rol meramente exemplificativo de motivos que poderiam caracterizar a insuportabilidade da vida em comum na *separação-sanção* (adultério; tentativa de morte; sevícia ou injúria grave; abandono voluntário do lar conjugal, durante um ano contínuo; condenação por crime infamante e conduta desonrosa). A norma era tida como inútil, pois o seu parágrafo único estabelecia que o juiz poderia considerar outros fatos que tornassem evidente a impossibilidade da vida em comum.

Frise-se que, no Projeto de Reforma do Código Civil, propõe-se a revogação expressa de todos esses dispositivos citados: arts. 1.572, 1.573, 1.574, e art. 733 do CPC, o que já é a realidade atual, diante do julgamento do Tema n. 1.053 de repercussão geral do STF.

Com incidência para as duas últimas hipóteses elencadas, não está mais recepcionado pelo Texto Maior o art. 1.575 do CC/2002, segundo o qual a sentença de separação judicial importaria em separação de corpos e partilha de bens. Como é notório, o dispositivo tinha incidência tanto na separação judicial consensual quanto na litigiosa. A Comissão de Juristas, como não poderia ser diferente, igualmente propõe a sua revogação expressa, pois deve persistir no sistema civilístico apenas o divórcio.

Além disso, em regra, não tem mais sentido em parte a possibilidade de reconciliação dos casais separados juridicamente, constante do art. 1.577 da codificação material privada ("Seja qual for a causa da separação judicial e o modo como esta se faça, é lícito aos cônjuges restabelecer, a todo tempo, a sociedade conjugal, por ato regular em juízo. Parágrafo único. A reconciliação em nada prejudicará o direito de terceiros, adquirido antes e durante o estado de separado, seja qual for o regime de bens").

Do mesmo modo, perde sentido em parte a discussão exposta em edições anteriores deste livro, a respeito da possibilidade da reconciliação do casal por meio de escritura pública, reconhecida pela Resolução n. 35/2007 do Conselho Nacional de Justiça ("Art. 48. O restabelecimento de sociedade conjugal pode ser feito por escritura pública, ainda que a separação tenha sido judicial. Neste caso, é necessária e suficiente a apresentação de certidão da sentença de separação ou da averbação da separação no assento de casamento").

Na verdade, a norma e o que consta da resolução até podem ser aplicados aos casais já separados antes da *Emenda do Divórcio*, ou seja, até 12 de julho de 2010, que queiram se reconciliar, diante da proteção do direito adquirido. Sendo assim, não se fala em revogação tácita ou não recepção pelo Texto Maior, mas em aplicação reduzida ou limitada, apenas aos separados juridicamente antes da entrada em vigor da Emenda 66/2010. Nesse sentido, decidiu o Supremo Tribunal Federal quando do julgamento do Tema n. 1.053, no texto da tese final exarada do julgamento, destacado a seguir: "preserva-se o estado civil das pessoas que já estão separadas por decisão judicial ou escritura pública, por se tratar de ato jurídico perfeito" (STF, RE 1.167.478/RJ, Tribunal Pleno, Rel. Min. Luiz Fux, j. 08.11.2023).

Ademais, conforme o Enunciado n. 53, aprovado na *I Jornada de Direito Notarial e Registral*, promovida pelo Conselho da Justiça Federal e pelo Superior Tribunal de Justiça em agosto de 2022, "é admissível a escritura de restabelecimento da sociedade conjugal, ainda que haja filhos incapazes ou nascituros". Como não há qualquer prejuízo aos filhos menores nesses casos, votei favorável à proposta de ementa doutrinária, aplicável, no meu entendimento aos casais que se encontram separados desde antes da entrada em vigor da Emenda do Divórcio.

Ainda sobre o art. 1.577, anoto que, no Projeto de Reforma do Código Civil, pretende-se que a norma passe a prever, incorporando nela o tratamento da união estável e a possibilidade de reconciliação extrajudicial, como já é hoje, que, "seja qual for a causa da separação, é lícito aos cônjuges ou conviventes restabelecerem, a todo tempo, a sociedade conjugal ou convivencial, de forma judicial ou extrajudicial". E mais, nos termos do seu novo parágrafo único, com vistas a proteger o tráfego dos negócios jurídicos e a boa-fé: "a reconciliação em nada prejudicará os direitos de terceiros, adquiridos antes ou durante a separação, seja qual for o regime de bens adotado pelos cônjuges ou conviventes".

Pois bem, apesar do desaparecimento dos institutos e das citadas revogações, esclareça-se que a categoria da *separação de fato* está mantida no sistema. É notório que a separação de fato somente ocorre no plano físico e extrajudicial, não se confundindo com a separação de direito ou jurídica, pois não gera os mesmos efeitos concretos. Na verdade, a separação de fato constitui uma separação informal ou não formalizada, caracterizada pelo distanciamento corporal ou afetivo dos cônjuges.

Mesmo com a atual desnecessidade de dois anos de separação de fato para o divórcio direto, diante da nova redação do art. 226, § 6.º, da CF/1988, o instituto continua com parte de suas aplicações. Ademais, a separação de fato está valorizada diante da EC 66/2010, pois em muitos casos pode assumir o papel da antiga separação de direito. Tanto isso é verdade que foram incluídas no novo texto da Resolução n. 35/2007 do CNJ, por meio da sua nova Resolução n. 571, de agosto de 2024, regras quanto à escritura pública de separação de fato.

A primeira aplicação da separação de fato é que também o separado de fato pode manter união estável com terceiro, segundo o art. 1.723, § 1.º, da atual codificação material. O dispositivo está aprofundado no próximo capítulo da obra.

Outro efeito relevante é que a separação de fato altera o regime sucessório. Isso porque o polêmico art. 1.830 do CC/2002 determina que somente é reconhecido o direito sucessório ao cônjuge sobrevivente se, ao tempo da morte do outro, não estavam separados judicialmente, nem separados de fato há mais de dois anos, salvo prova, neste caso, de que essa convivência se tornara impossível sem culpa do sobrevivente.

Por tal previsão, em regra, a separação de fato, há mais de dois anos, afasta o cônjuge supérstite da sucessão do outro cônjuge. Na menção aos separados judicialmente, o comando deve ser tido como revogado ou não recepcionado pelo Texto Maior com a entrada em vigor da EC 66/2010. O tema está aprofundado no Volume 6 desta coleção, que trata do Direito das Sucessões.

Mas as consequências da separação de fato não são apenas essas expressamente previstas em lei. Isso porque o casamento estabelece comunhão plena de vidas (art. 1.511 do CC). Finda essa comunhão, outros efeitos devem advir, apesar de a lei não mencionar a separação de fato como causa do fim da sociedade conjugal.

O primeiro efeito deve ser entendido com relação ao patrimônio adquirido por um dos cônjuges após a separação de fato. Concorda-se integralmente com Maria Berenice Dias ao afirmar que é a data da separação de fato que põe fim ao regime de bens. A partir de então, o patrimônio adquirido por qualquer um dos cônjuges não se comunica, embora não tenha sido decretada a separação de corpos, nem oficializada a separação de direito (DIAS, Maria Berenice. *Manual...*, 2007, p. 272). Essa é também a opinião doutrinária de Rodrigo da Cunha Pereira, merecendo destaque as suas palavras:

"Enfim, 'a vida como ela é', isto é, a realidade dos fatos é determinante nas relações jurídicas. É a separação de fato que rompe, necessariamente, o casamento, inclusive o regime de bens. Por isso, ela é o marco que finaliza, definitivamente, o estatuto patrimonial, não tendo nenhuma relevância se é prolongada ou não. O mais importante é a certeza do rompimento e não propriamente o prolongamento temporal. A partir daí, portanto, a separação de fato produz efeitos jurídicos, ou seja, com a separação de fato definitiva, seja por decisão conjunta do casal ou mesmo unilateralmente, já não há mais comunhão de afeto e de bens" (PEREIRA, Rodrigo da Cunha. *Divórcio...*, 2010, p. 32).

O princípio homenageado pelo entendimento doutrinário exposto é aquele que afasta o enriquecimento sem causa de um dos cônjuges, em atendimento ao previsto nos arts. 884 a 886 do CC/2002. Acolhendo a tese do fim da comunhão de bens após a separação de fato, existem numerosos julgados, cabendo a transcrição dos seguintes, do Superior Tribunal de Justiça, dos mais recentes para os mais antigos:

"Recurso especial. Direito de família. Negativa de prestação jurisdicional. Não ocorrência. Divórcio. Regime da comunhão universal de bens. Imóvel doado com cláusula temporária de inalienabilidade. Bem incomunicável. Separação de fato. Termo do regime de bens. Recurso especial conhecido e desprovido. 1. Verifica-se que o Tribunal de origem analisou todas as questões relevantes para a solução da lide de forma fundamentada, não havendo falar em negativa de prestação jurisdicional. 2. No regime da comunhão universal de bens são considerados bens particulares aqueles doados ou herdados com a cláusula de incomunicabilidade e os sub-rogados em seu lugar (art. 1.668, I, do CC). Assim, nos termos do enunciado n. 49 da Súmula do Supremo Tribunal Federal, 'a cláusula de inalienabilidade inclui a incomunicabilidade dos bens'. 3. Enquanto não transcorrido o lapso temporal estabelecido na cláusula de inalienabilidade temporária, o bem não integra o patrimônio partilhável. 4. Deve-se aplicar analogicamente a regra do art. 1.576 do CC à separação de fato, a fim de fazer cessar o regime de bens, o dever de fidelidade recíproca e o dever de coabitação. Em virtude disso, o raciocínio a ser empregado nas hipóteses em que encerrada a convivência *more uxorio*, mas ainda não decretado o divórcio, é o de que os bens adquiridos durante a separação de fato não são partilháveis com a decretação do divórcio. 5. Na hipótese dos autos, a separação de fato se deu ainda na vigência da cláusula de inalienabilidade, de modo que o imóvel estava excluído da comunhão, sendo indiferente ter a sentença de divórcio sido proferida quando verificado o prazo estabelecido na cláusula restritiva. 6. Recurso especial conhecido e desprovido" (STJ, REsp 1.760.281/TO, 3.ª Turma, Rel. Min. Marco Aurélio Bellizze, j. 24.05.2022, *DJe* 31.05.2022.

"Direito civil. Família. Sucessão. Comunhão universal de bens. Inclusão da esposa de herdeiro, nos autos de inventário, na defesa de sua meação. Sucessão aberta quando havia separação de fato. Impossibilidade de comunicação dos bens adquiridos após a ruptura da vida conjugal. Recurso especial provido. 1. Em regra, o recurso especial originário de decisão interlocutória proferida em inventário não pode ficar retido nos autos, uma vez que o procedimento se encerra sem que haja, propriamente, decisão final de mérito, o que impossibilitaria a reiteração futura das razões recursais. 2. Não faz jus à meação dos bens havidos pelo marido na qualidade de herdeiro do irmão, o cônjuge que encontrava-se separado de fato quando transmitida a herança. 3. Tal fato ocasionaria enriquecimento sem causa, porquanto o patrimônio foi adquirido individualmente, sem qualquer colaboração do cônjuge. 4. A preservação do condomínio patrimonial entre cônjuges após a separação de fato é incompatível com orientação do novo Código Civil, que reconhece a união estável estabelecida nesse período, regulada pelo regime da comunhão parcial de bens (CC 1.725). 5. Assim, em regime de comunhão universal, a comunicação de bens e dívidas deve cessar com a ruptura da vida comum, respeitado o direito de meação do patrimônio adquirido na constância da vida conjugal. 6. Recurso especial provido" (STJ, REsp 555.771/SP, 4.ª Turma, Rel. Min. Luis Felipe Salomão, j. 05.05.2009, *DJe* 18.05.2009).

"Nestes casos, esta Corte tem entendido que os bens havidos após a separação de fato não integram a partilha. Logo, a meu sentir, tal fundamento, por si só, é suficiente para manter a decisão hostilizada" (STJ, REsp 330.953/ES, 4.ª Turma, Rel. Min. Jorge Scartezzini, j. 05.10.2004, *DJ* 06.12.2004, p. 315).

"Na verdade, havendo separação de fato prolongada antes da decretação do divórcio, não pode esse tempo ser desconhecido pelo julgador para efeito da partilha de bens, de modo a incluir na mesma aqueles incorporados ao patrimônio de cada qual após a separação de fato" (STJ, REsp 40.785/RJ, 3.ª Turma, Rel. Min. Carlos Alberto Menezes Direito, j. 19.11.1999, *DJ* 05.06.2000, p. 152).

"Casamento. Comunhão de bens. Partilha. Bens adquiridos depois da separação de fato. Adquirido o imóvel depois da separação de fato, quando o marido mantinha concubinato com outra mulher, esse bem não integra a meação da mulher, ainda que o casamento, que durou alguns meses, tivesse sido realizado sob o regime da comunhão universal. Precedentes. Recurso não conhecido" (STJ, REsp 140.694/DF, 4.ª Turma, Rel. Min. Ruy Rosado de Aguiar, j. 13.10.1997, *DJ* 15.12.1997, p. 66.430).

No que concerne aos Tribunais Estaduais, do Tribunal Mineiro pode ser retirada a seguinte decisão:

"Apelação cível. Ação de divórcio direto. Partilha. Regime de comunhão universal de bens. Comunicabilidade dos bens. Separação de fato. Ruptura da vida em comum. Bens adquiridos posteriormente. Incomunicabilidade. Nos termos do art. 1.667 do Código Civil, no regime da comunhão universal de bens, comunicam-se indistintamente todos os bens móveis e imóveis que cada um dos cônjuges traz individualmente para o casamento, bem como aqueles adquiridos na constância do casamento, constituindo-se um acervo patrimonial comum, sendo cada cônjuge meeiro em todos os bens do casal. Com a dissolução da sociedade conjugal e a liquidação da comunhão, dá-se a partilha e a atribuição a cada cônjuge do bem ou dos bens que comportam na sua meação. A separação de fato causa a ruptura da vida em comum do casal, não podendo os bens adquiridos por herança, após essa separação, ser objeto de partilha na ação de divórcio direto" (TJMG, Processo 1.0035.06.082667-0/001(1), 4.ª Câmara Cível, Rel. Dárcio Lopardi Mendes, j. 02.08.2007).

Nesse sentido, decidiu o Tribunal Gaúcho em data mais próxima:

"Partilha de bens. Indenização ou locativo pelo uso de bem comum. Descabimento. Bem adquirido após a dissolução da sociedade conjugal. Partilha dos bens móveis que guarneciam a residência do casal. Descabimento. 1. Existindo nos autos prova de que o bem o qual o recorrente pretende ver excluído da partilha foi adquirido depois da separação de fato do casal, mostra-se necessária a exclusão desse bem da partilha. 2. Não merece ser acolhido o pedido de indenização ou pagamento de locativo quando a virago permaneceu no imóvel com o consentimento do autor e não impediu nem dificultou a alienação do bem. 3. Descabe, após passados mais de dez anos da separação do casal, pretender a partilha dos bens móveis. Recurso provido, em parte" (TJRS, Apelação Cível 343470-81.2012.8.21.7000, 7.ª Câmara Cível, Capão da Canoa, Rel. Des. Sérgio Fernando de Vasconcellos Chaves, j. 26.09.2012, DJERS 02.10.2012).

Entretanto, a questão não é pacífica na jurisprudência nacional, podendo ser encontrados alguns poucos julgados que concluem de maneira diversa. Isso porque o Código Civil, em sua literalidade, estabelece que apenas a extinta separação de direito causa o fim da sociedade conjugal. Nesse sentido, da jurisprudência de Minas Gerais:

"Partilha decretada em decorrência da ação de divórcio. Casamento sob o regime da comunhão universal de bens. Não prevalece a alegação de que o patrimônio foi adquirido após a separação de fato do casal, pois a separação de fato não se constitui em causa de incomunicabilidade de bens. Recurso desprovido para manter a r. sentença pelos seus próprios e jurídicos fundamentos. Entretanto, escorreita a decisão do douto magistrado, considerando o regime adotado à época do casamento, qual seja, o da comunhão de bens que propõe, que devem ser partilhados os bens existentes à data da propositura da ação de divórcio e não bens existentes à época da separação de fato, ainda que ocorrida vários anos antes do ajuizamento da ação. Assim, os bens adquiridos após a separação de fato, são bens da comunhão até a dissolução do casamento, sujeitos à partilha. Nos termos do art. 230 do C. Civil, evidencia-se que o regime de bens é inalterável, importando o regime da comunhão universal, na comunicação de todos os bens presentes e futuros (art. 262)" (TJMG, Processo 1.0000.00.253515-1/000(1), 6.ª Câmara Cível, Rel. Sérgio Lellis Santiago, j. 04.03.2002).

Na mesma linha, o Supremo Tribunal Federal, em decisões muito antigas, acolheu a tese da manutenção do regime de bens em todos os seus efeitos, mesmo após a separação de fato do casal:

"Divórcio. Partilha. Regime de comunhão universal de bens. Bens adquiridos após a separação de fato. No regime de comunhão universal de bens, ainda que sobrevenha separação de fato do casal, como na espécie, os bens adquiridos após essa separação, ainda que com o produto do trabalho do marido, são bens da comunhão até a dissolução do casamento. Recurso extraordinário conhecido e provido" (STF, REsp 95.258/MG, 1.ª Turma, Rel. Min. Rafael Mayer, j. 26.10.1982).

"Para a comunicação dos bens basta sua aquisição na constância do casamento, entendida esta expressão como sociedade conjugal e não como vínculo matrimonial, tanto assim que, com o desquite (que só dissolve a sociedade conjugal), se põe termo ao regime matrimonial de bens, como se o casamento (isto é, o vínculo) fosse dissolvido (art. 322 do Código Civil). O equívoco do agravante foi o de entender que a sociedade conjugal se extingue com a simples separação de fato, o que não é certo. Agravo regimental a que se nega provimento" (STF, AI-AgR 70303/RJ, 2.ª Turma, Rel. Min. Moreira Alves, j. 10.05.1977).

Repise-se que essa última interpretação não se coaduna com o princípio que veda o enriquecimento sem causa e se afasta frontalmente da ideia de comunhão plena de vidas estampada no art. 1.511 da atual codificação material privada.

Resumindo, o fim da comunhão de vidas impõe também o fim do regime de bens, em que pese a ausência de expressa previsão legal nesse sentido. Pelo mesmo raciocínio, finda a comunhão de vidas, os deveres de fidelidade e vida em comum no domicílio conjugal, previstos no art. 1.566, incs. I e II, do CC/2002, não mais podem ser exigidos. A EC 66/2010 acabou tornando ainda mais viável a presente conclusão, diante da extinção da separação de direito como categoria do Direito de Família brasileiro.

Ademais, o art. 1.576 do CC/2002 não tem mais subsunção, pois retirado do sistema, estando revogado tacitamente ("Art. 1.576. A separação judicial põe termo aos deveres de coabitação e fidelidade recíproca e ao regime de bens. Parágrafo único. O procedimento judicial da separação caberá somente aos cônjuges, e, no caso de incapacidade, serão representados pelo curador, pelo ascendente ou pelo irmão"). Desse modo, a separação de fato, atualmente, assume substancialmente o papel que antes era da separação de direito, pondo fim à sociedade conjugal e ao regime de bens.

No atual Projeto de Reforma do Código Civil, há proposta de se revogar expressamente o último dispositivo. Além disso, almeja-se a inclusão de um novo art. 1.576-A na Lei Geral Privada, tratando justamente dos efeitos da separação de fato, além de outras proposições, cumprindo a função que antes era da separação de direito. Nos seus termos, "com a separação de fato cessam os deveres de fidelidade e vida em comum no domicílio conjugal, bem como os efeitos decorrentes do regime de bens, resguardado o direito aos alimentos na forma do art. 1.694 deste Código".

Merece ainda relevo a proposição de um novo art. 1.571-A para a codificação, com o mesmo sentido e com a possibilidade de sua comprovação por meios extrajudiciais: "com a separação de corpos ou a de fato cessam os deveres de fidelidade e vida em comum no domicílio conjugal, bem como os efeitos decorrentes do regime de bens, resguardado o direito aos alimentos na forma disciplinada por este Código. Parágrafo único. Faculta-se às partes comprovar a separação de corpos ou a de fato por todos os meios de prova, inclusive por declaração através de instrumento público ou particular".

Espera-se as suas aprovações pelo Congresso Nacional, confirmando-se o entendimento que hoje é majoritário, até porque, como visto, o próprio Conselho Nacional de Justiça passou a tratar, em sua Resolução n. 35/2007, sobre a possibilidade de uma escritura pública de separação de fato, desde a sua Resolução n. 571, de agosto de 2024. Tive a honra e a oportunidade de fazer sugestões para o seu texto ao então Corregedor-Geral de Justiça, o Ministro Luis Felipe Salomão.

Consoante o novo art. 52-A da Resolução n. 35/2007 do CNJ, a escritura pública de declaração de separação de fato consensual deverá se ater exclusivamente ao fato de que cessou a comunhão plena de vida entre o casal. Para a sua lavratura, deverão ser apresentados perante o Tabelião: *a)* certidão de casamento; *b)* documento de identidade oficial e CPF/MF; *c)* manifestação de vontade espontânea e isenta de vícios de não mais manter a convivência marital e de desejar a separação de fato; *d)* pacto antenupcial, se houver; *e)* certidão de nascimento ou outro documento de identidade oficial dos filhos, se houver; *f)* certidão de propriedade de bens imóveis e direitos a eles relativos; *g)* documentos necessários à comprovação da titularidade dos bens móveis e direitos, se houver; e *h)* inexistência de gravidez do cônjuge virago ou desconhecimento acerca desta circunstância (art. 52-B).

Nos termos da mesma norma administrativa, o restabelecimento da comunhão plena de vida entre o casal também pode ser feito por escritura pública, ainda que a separação de fato tenha sido judicial (art. 52-C). Na escritura pública de restabelecimento da comunhão plena de vida entre o casal, o tabelião deve: *a)* anotar o restabelecimento à margem da escritura pública de separação de fato consensual, quando esta for de sua serventia, ou, quando de outra, comunicar o restabelecimento, para a anotação necessária na serventia competente; e *b)* comunicar o restabelecimento ao juízo da separação de fato judicial, se for o caso (art. 52-D). O retorno da comunhão plena de vida entre o casal não altera os termos da sociedade conjugal, que se restabelece sem modificações (art. 52-E da Resolução n. 35 do CNJ/2007, alterada em agosto de 2024).

As inovações da norma administrativa são salutares, em prol da possível extrajudicialização, devendo a escritura pública de separação de fato ter um incremento nos próximos anos, até para que o casal possa *dar um tempo* no relacionamento, sem qualquer imposição de culpa. Essa é a sua grande vantagem frente à antiga separação judicial, em prol da segurança e da estabilidade que se espera das relações privadas.

Encerrando o tópico, verifica-se que persistência da separação de fato como instituto jurídico está devidamente justificada.

4.2.2 Preservação do conceito de sociedade conjugal. A situação das pessoas separadas juridicamente antes da EC 66/2010

Dois outros problemas devem ser expostos e enfrentados diante da entrada em vigor da *Emenda do Divórcio*. O primeiro se refere à manutenção ou não do conceito de sociedade conjugal no sistema familiarista. O segundo é relativo à situação das pessoas que já se encontravam separadas juridicamente – judicial ou extrajudicialmente –, antes da mudança do Texto Constitucional, ou seja, até 12 de julho de 2010.

Pois bem, a primeira questão é saber se o conceito de sociedade conjugal ainda se justifica, uma vez que a separação de direito foi retirada do sistema, sendo a sua finalidade anterior justamente a de pôr fim à sociedade mantida entre os cônjuges.

Antes de analisá-la, cumpre demonstrar o conceito de sociedade conjugal. Ora, esta constitui *um ente despersonalizado formado pelo casamento e relacionado com os deveres de coabitação, fidelidade recíproca e com o regime de bens*. Tal dedução categórica era retirada da leitura do hoje revogado ou não recepcionado art. 1.576 da codificação material privada, que dispunha que a separação judicial colocava fim a tais deveres e às regras patrimoniais decorrentes da sociedade. Como se nota, foi utilizada a lógica simples para chegar à construção de sociedade conjugal.

Em síntese, podem assim ser delimitados os conceitos de sociedade conjugal e de casamento:

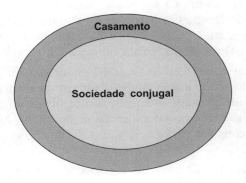

Pela figura, constata-se que a sociedade conjugal está inserida no conceito de casamento. Por óbvio, sendo dissolvido o casamento, também o será a sociedade conjugal. Entretanto, anteriormente não se poderia dizer o contrário.

Nesse sentido, comprovava a asserção o fato de que, mesmo após a separação judicial, poderiam os cônjuges, a qualquer tempo, restabelecer a sociedade conjugal, por ato regular em juízo (art. 1.577 do CC/2002). O restabelecimento da sociedade conjugal poderia ocorrer de duas formas: por pedido judicial ou por escritura pública de restabelecimento – que era impossível antes da edição da Lei 11.441/2007. Na verdade, tal restabelecimento ainda é viável juridicamente, como se verá a seguir.

Atualmente, como há no sistema apenas o divórcio como instituto que possibilita a extinção do casamento por fato posterior e pedido dos cônjuges, sendo este efetivado, desaparecem tanto o casamento como a sociedade conjugal. Desse modo, em uma primeira análise poderia ser tido como desnecessário e extinto o conceito jurídico da sociedade conjugal. Reafirme-se que, na doutrina, esse é o posicionamento de Paulo Lôbo:

> "Agora, com o desaparecimento da tutela constitucional da separação judicial, cessaram a finalidade e a utilidade da dissolução da sociedade conjugal, porque esta está absorvida inteiramente pela dissolução do vínculo, não restando qualquer hipótese autônoma. Por tais razões, perdeu sentido o *caput* do art. 1.571 do Código Civil de 2002, que disciplina as hipóteses de dissolução da sociedade conjugal: morte, invalidade do casamento, separação judicial e divórcio. Excluindo-se a separação judicial, as demais hipóteses alcançam diretamente a dissolução do vínculo conjugal ou casamento; a morte, a invalidação e o divórcio dissolvem o casamento e *a fortiori* a sociedade conjugal" (LÔBO, Paulo. Divórcio... Disponível em: <http://www.ibdfam.org.br/?artigos&artigo=629>. Acesso em: 17 fev. 2010).

Com o devido respeito, penso de forma diferente, justificando-se, do ponto de vista teórico e prático, a permanência do conceito de sociedade conjugal.

Na *questão teórica*, a manutenção da sociedade conjugal está amparada na pertinência de sua verificação nas situações relativas ao regime de bens. Dessa forma, como antes se demonstrou, ganha relevo a tese de que a separação de fato põe fim à sociedade conjugal e ao correspondente regime patrimonial entre os cônjuges. Em reforço, tal sociedade compõe o elemento central do casamento. Veja-se, por exemplo, a regra do art. 1.567 do Código Civil, segundo a qual a direção da sociedade conjugal será exercida pelo marido e pela mulher, em um regime de colaboração entre ambos.

Do *ponto de vista prático*, justifica-se a sua permanência no sistema pelas diversas menções legais e concretas ao fim da sociedade conjugal, especialmente em questões que envolvem outros ramos do Direito Civil, caso do Direito das Obrigações e do Direito Contratual. De início, cite-se o art. 197, inciso I, do CC/2002, pelo qual não corre a prescrição entre os cônjuges na constância da sociedade conjugal.

Na seara contratual o art. 550 do CC/2002 enuncia a anulabilidade da doação do cônjuge ao seu concubino, tendo a ação anulatória prazo decadencial de dois anos a contar da dissolução da sociedade conjugal. Ademais, não se olvide a importância do art. 1.649 do Código Civil, que estabelece prazo decadencial de dois anos, mais uma vez a contar da dissolução da sociedade conjugal, para a ação anulatória de negócio celebrado sem a outorga conjugal (art. 1.647 do CC).

Verificada a permanência do conceito de sociedade conjugal, insta analisar a situação dos cônjuges separados juridicamente – judicial ou extrajudicialmente –, antes da entrada em vigor da *Emenda do Divórcio*. A dúvida que surge é a seguinte: passam tais pessoas a ser consideradas, automaticamente, como divorciadas?

Entendo que a resposta é definitivamente negativa, apesar da vigência imediata da nova norma. Isso porque se deve resguardar o direito adquirido de tais pessoas e o ato jurídico perfeito, nos termos do art. 5.º, inc. XXXVI, da Constituição Federal e do art. 6.º da Lei de Introdução às Normas do Direito Brasileiro (antiga LICC).

Além disso, a separação jurídica pode ser tida como um ato jurídico perfeito, que goza da mesma proteção. Em reforço, não se pode admitir a modificação automática e categórica da situação jurídica, de separado juridicamente para divorciado. Para tanto, deveria existir uma norma de direito intertemporal nesse sentido.

Consigne-se que, historicamente, tal norma existia na Lei do Divórcio, enunciando o seu art. 42 que as sentenças já proferidas em causas de desquite seriam equiparadas às de separação judicial. Ademais, as causas de desquite em curso na data da vigência da lei passariam automaticamente a visar à separação judicial (art. 41 da Lei 6.515/1977). Porém, até o presente momento não foi essa a opção do legislador nacional, não se podendo presumir tal *transmudação dos institutos jurídicos*. No mesmo sentido, vejamos a opinião de Pablo Stolze Gagliano:

> "Como ficariam, por exemplo, as relações jurídicas travadas com terceiros pela pessoa até então judicialmente separada? À vista do exposto, portanto, a alteração da norma constitucional não teria o condão de modificar uma situação jurídica perfeitamente consolidada segundo as regras vigentes ao tempo de sua constituição, sob pena de se gerar, como dito, perigosa e indesejável insegurança jurídica. Em outras palavras: a partir da entrada em vigor da Emenda Constitucional, as pessoas judicialmente separadas (por meio de sentença proferida ou escritura pública lavrada) não se tornariam imediatamente divorciadas, exigindo-se-lhes o necessário pedido de decretação do divórcio para o que, por óbvio, não haveria mais a necessidade de cômputo de qualquer prazo. Respeita-se, com isso, o próprio ato jurídico perfeito" (GAGLIANO, Pablo Stolze. A nova emenda... Disponível em: <http://www.flaviotartuce.adv.br/secoes/artigosc/pablo_pecdiv.doc>. Acesso em: 13 jul. 2010).

Igualmente lecionam Cristiano Chaves de Farias e Nelson Rosenvald, ressaltando que "a separação obtida antes da vigência da Emenda Constitucional 66/2010 é um ato jurídico perfeito, não podendo ser atingida pela nova normatividade. Com isso, as pessoas que estavam separadas por decisão judicial ou escritura pública permanecerão com o estado civil de separadas, submetidas às obrigações pactuadas ou impostas quando da dissolução do casamento" (FARIAS, Cristiano Chaves; ROSENVALD, Nelson. *Curso*..., 2012, p. 416).

Repise-se que, exatamente nesse sentido, decidiu o STF quando do julgamento do Tema n. 1.053 de repercussão geral, com a segunda parte da tese final: "preserva-se o estado civil das pessoas que já estão separadas por decisão judicial ou escritura pública, por se tratar de ato jurídico perfeito" (STF, RE 1.167.478/RJ, Tribunal Pleno, Rel. Min. Luiz Fux, j. 08.11.2023).

Em síntese, as pessoas separadas juridicamente têm a opção de ingressar de imediato com a ação de divórcio, se assim o quiserem, não havendo mais a necessidade de atender ao prazo de um ano para a antiga modalidade de divórcio indireto. Cabe o divórcio a qualquer tempo, pelo unificado tratamento da matéria. Também é possível a reconciliação do casal, pelas vias judicial ou extrajudicial, como antes se expôs.

Ademais, é plenamente possível a reconciliação do casal, seja por meio judicial – nos termos do art. 1.577 do CC/2002, que permanece no sistema – ou extrajudicial – conforme a Resolução n. 35 do CNJ. Por fim, se as partes quiserem, podem manter o *status* de separados juridicamente.

Cumpre anotar que algumas normas ainda têm incidência para os casos das pessoas já separadas juridicamente, como as que expressam prazos decadenciais para ação anulatória de negócio jurídico, a contar da dissolução da sociedade conjugal (ex.: art. 1.649 do CC). Também pode ser citada a hipótese do separado juridicamente antes da *Emenda do Divórcio*, que constitui união estável, nos termos do art. 1.723, § 1.º, do CC/2002, estando protegido pela sua situação anterior, subsumindo-se a regra.

Como última nota importante, como antes pontuado, além de valorizar a ideia de sociedade conjugal, o Projeto de Reforma e Atualização do Código Civil pretende incluir na lei o conceito de *sociedade convivencial*, que a ela se equipara, mas para a união estável. Por isso, o art. 1.571 da Lei Civil passará a enunciar as hipóteses em que a sociedade conjugal e a sociedade convivencial terminam.

Cumpre observar novamente, diante de leituras totalmente equivocadas que surgiram a respeito do Anteprojeto, que a sociedade convivencial não representa o reconhecimento de novas entidades familiares, mas é apenas o ente criado pela união estável, relacionado aos deveres impostos aos conviventes e ao regime de bens, assim como ocorre com o casamento. Em outras palavras, a sociedade conjugal está para o casamento assim como a sociedade convivencial está para a união estável.

Concluindo, a persistência de sua situação jurídica e a possibilidade de sua ampliação para a união estável, está plenamente justificada a categoria jurídica estudada, seja no plano teórico, seja para a prática do Direito de Família.

4.2.3 A existência de modalidade única de divórcio. Fim do divórcio indireto. Regras fundamentais quanto ao divórcio extrajudicial. O divórcio unilateral

Outrora foi exposto que o divórcio coloca fim ao casamento válido, encerrando também a sociedade conjugal estabelecida entre os cônjuges, conforme enuncia o art. 1.571 do atual Código Civil.

Tal sistemática não foi alterada com a *Emenda do Divórcio*, o que mantém a regra segundo a qual o divórcio não modifica os direitos e deveres dos pais em relação aos filhos (art. 1.579, *caput*, do CC). Além disso, havendo eventual novo casamento de qualquer dos pais, ou de ambos, esse novo enlace não pode importar em restrições aos direitos e deveres dos cônjuges em relação aos filhos (art. 1.579, parágrafo único, do CC).

Destaco que o atual Projeto de Reforma do Código Civil não pretende revogar esse dispositivo, como outros que mencionam a separação de direito, mas apenas atualizá-lo, para que passe a mencionar também a união estável. Assim, consoante o seu novo *caput*, "a dissolução da sociedade conjugal ou convivencial não modificará os direitos e deveres dos pais em relação aos filhos". Nos termos do seu projetado parágrafo único, "novo casamento ou nova união de qualquer dos pais ou de ambos não poderão importar restrições aos direitos e deveres previstos neste artigo". Segue-se, portanto, a linha de outras projeções sugeridas pela Comissão de Juristas.

Entretanto, houve modificação fundamental a respeito das modalidades do divórcio, pela alteração do art. 226, § 6.º, da Constituição Federal de 1988. O instituto do divórcio judicial era regulamentado pelo art. 1.580 da codificação privada, cuja transcrição integral é importante para estudo:

"Art. 1.580. Decorrido um ano do trânsito em julgado da sentença que houver decretado a separação judicial, ou da decisão concessiva da medida cautelar de separação de corpos, qualquer das partes poderá requerer sua conversão em divórcio.

§ 1.º A conversão em divórcio da separação judicial dos cônjuges será decretada por sentença, da qual não constará referência à causa que a determinou.

§ 2.º O divórcio poderá ser requerido, por um ou por ambos os cônjuges, no caso de comprovada separação de fato por mais de dois anos".

Além do divórcio judicial, previsto nesse dispositivo, a Lei 11.441/2007 possibilitou o divórcio extrajudicial, por escritura pública, no Tabelionato de Notas, o que foi confirmado pelo art. 733 do CPC/2015, como antes se expôs.

Como se nota, o Código Civil em vigor, a exemplo do que constava do art. 226, § 6.º, da CF/1988, reconhecia duas modalidades básicas de divórcio:

a) Divórcio indireto ou por conversão – aquele que era precedido por uma separação judicial ou extrajudicial, ou até mesmo por uma anterior medida cautelar de separação de corpos com concessão de liminar. Esse divórcio poderia ser judicial (consensual ou litigioso) ou extrajudicial (somente consensual).

b) Divórcio direto – havendo separação de fato do casal por mais de dois anos, também assumindo as formas judicial (consensual ou litigioso) ou extrajudicial (somente consensual).

Pois bem, a EC 66/2010 aboliu essa divisão, subsistindo apenas o *divórcio direto*, sem prazo mínimo, que pode ser simplesmente denominado como *divórcio*. Interessante verificar que o CPC/2015 também parece não considerar as duas modalidades anteriores, por utilizar apenas o termo *divórcio*, especialmente nos seus arts. 731 e 733, que tratam da homologação da sua sentença judicial, em caso de consenso entre os cônjuges; bem como da via extrajudicial.

Eis outro ponto de importância fulcral da inovação constitucional que merece destaque. De toda sorte, o divórcio continua podendo ser efetivado pela via judicial ou extrajudicial, pela subsistência anterior da Lei 11.441/2007 e do art. 1.124-A do CPC/1973 nesse aspecto. Essa minha posição doutrinária é mantida sob a égide do art. 733 do CPC/2015 e foi confirmada pelo julgamento do Tema n. 1.053 de repercussão geral pelo STF.

Desse mesmo modo, merecem estudo os pontos relativos ao divórcio que constam da Resolução n. 35/2007 do Conselho Nacional de Justiça relativos à disciplina, conforme já concluiu o próprio CNJ no ano de 2010 (Pedido de Providências n. 00005060-32.2010.2.00.0000). O tema ainda será analisado no presente tópico, atualizado com a sua recente Resolução n. 571/2024. E nunca é demais lembrar que o Provimento 100/2020 do mesmo CNJ consagrou a possibilidade de a escritura pública ser lavrada pela via digital, por meio dos mecanismos do *e-notariado*. Em 2023, como visto e merece ser repetido, o conteúdo desse provimento e também de outros foi incorporado ao Código Nacional de Normas do CNJ (CNN).

Em suma, o art. 1.580 do Código Civil está revogado tacitamente, pois não recepcionado pelo novo Texto Constitucional. Vale repisar que o Projeto de Reforma da Norma Privada pretende revogar expressamente esse dispositivo.

Sendo abolido o divórcio indireto, vários dispositivos da Lei do Divórcio (Lei 6.515/1977) também devem ser tidos como definitivamente revogados, afirmação a ser mantida na vigência do Estatuto Processual emergente. De início, mencione-se o seu art. 35, que trata da conversão da separação judicial em divórcio, com apensamento aos autos da separação.

Outro comando que desapareceu é o seu art. 37, que preconizava fundamentalmente que o juiz conheceria diretamente do pedido de conversão, quando não houvesse contestação ou necessidade de se produzir provas em audiência, proferindo sentença, dentro de dez dias.

Também deve ser tido como inconstitucional e revogado tacitamente o art. 36 da Lei do Divórcio, pelo qual: "Do pedido referido no artigo anterior, será citado o outro cônjuge, em cuja resposta não caberá reconvenção. Parágrafo único. A contestação só pode fundar-se em: I – falta do decurso de 1 (um) ano da separação judicial; II – descumprimento das obrigações assumidas pelo requerente na separação".

Cumpre lembrar que, a respeito do descumprimento das obrigações assumidas na separação, o Supremo Tribunal Federal havia entendido pela não recepção do texto pela CF/1988, que antes da *Emenda do Divórcio* já não trazia tal requisito para a conversão em divórcio. A ementa do julgado merece colação:

"Separação judicial. Divórcio. Conversão. Prestações alimentícias. Inadimplemento. Neutralidade. O inadimplemento de obrigação alimentícia assumida quando da separação judicial não impede a transformação em divórcio. Norma. Conflito com texto constitucional superveniente. Resolução. Na dicção da ilustrada maioria, vencido o relator, o conflito de norma com preceito constitucional superveniente resolve-se no campo da não recepção, não cabendo a comunicação ao Senado prevista no inciso X do artigo 52 da Constituição Federal" (RE 387.271, Rel. Min. Marco Aurélio, j. 08.08.2007, Tribunal Pleno).

Detalhando o julgado, as palavras do Ministro Relator Marco Aurélio merecem transcrição:

"Concluindo, a exigência prevista no inciso II do art. 36 da Lei 6.515/1977, de não haver ocorrido descumprimento das obrigações assumidas pelo requerente, na separação, não se sobrepõe ao texto do diploma maior. Surge, então, a inconstitucionalidade do dispositivo em comento. A não se entender assim, ainda que a separação judicial tenha obedecido a legislação de regência e mesmo decorrido mais de um ano desse acontecimento – requisitos estabelecidos pela Carta de 1988 – verificada a não satisfação de parcela alimentícia, o preceito constitucional não produzirá efeitos. O caso desse processo é emblemático no que se questiona não a pensão devida ao cônjuge, mas aos filhos. Mostra-se incoerente proceder à leitura do § 6.º do art. 226 da Lei Fundamental de forma não simplesmente estrita e sim restritiva, jungindo a transformação em divórcio à circunstância de estarem em dia as prestações alimentícias. Sejam as parcelas anteriores à separação, sejam anteriores ou posteriores ao divórcio, o respectivo inadimplemento deságua – conforme ressaltado pelo Juízo, com endosso inclusive do MP, ao atuar como curador – na execução do devido" (RE 387.271, Rel. Min. Marco Aurélio, j. 08.08.2007, Tribunal Pleno).

Esclareça-se que nenhum dos Ministros do Supremo Tribunal Federal entendeu naquela ocasião pela aplicação do art. 36, parágrafo único, II, da Lei do Divórcio como causa impeditiva da conversão em divórcio. A divergência surgiu quanto à não recepção da norma impugnada pela CF/1988 ou a sua recepção, mas inconstitucionalidade. Foi vencido o Relator Ministro Marco Aurélio que entendia ter sido a norma recepcionada pela Constituição, e propugnava a comunicação formal da decisão ao Senado Federal.

Outro debate que desapareceu com a *Emenda do Divórcio* se refere à anterior possibilidade de conversão de uma anterior medida cautelar de separação de corpos em divórcio, sem que houvesse a prévia separação de direito, diante do que constava do *caput* do art. 1.580 do CC/2002. O dispositivo trazia como requisito para a conversão em divórcio lapso temporal de um ano do trânsito em julgado da sentença que houvesse decretado a separação judicial, *ou* da decisão concessiva da medida cautelar de separação de corpos.

Pontue-se que o CPC/2015 não trata mais dessa cautelar entre os procedimentos específicos, substituída pelos mecanismos de tutela provisória, regulados entre os seus arts. 300 a 311. Somente o tempo e a prática poderão demonstrar qual o enquadramento processual definitivo dessa antiga medida.

A dúvida existe entre o enquadramento como tutela antecipada em caráter antecedente ou tutela cautelar de caráter antecedente. Se investigada a natureza jurídica da medida, o primeiro caminho parece o mais correto. Todavia, existe toda uma tradição prática processual no sentido de ter a separação de corpos natureza cautelar.

Pois bem, na doutrina civilista anterior à EC 66/2010 e ao CPC/2015, a possibilidade de conversão da cautelar de separação de corpos em divórcio era reconhecida por Maria Berenice Dias, nos seguintes termos:

> "Não só a separação judicial, também a separação de corpos pode ser convertida em divórcio. Inexiste a exigência do prévio trânsito em julgado da sentença que decreta a separação judicial para que ocorra o decreto do divórcio. É o que diz o Código Civil (1.580): (...). Não foi reproduzido o art. 31 da Lei do Divórcio: não se decretará o divórcio se ainda não houver sentença definitiva de separação judicial. Por se tratar de norma de direito material, encontra-se derrogada. No fundo, o legislador nada mais fez do que reduzir o prazo para a concessão do divórcio, quando a separação de corpos foi deferida judicialmente. Não apresenta óbice a essa interpretação o fato de a norma constitucional falar em prévia separação judicial (CF/1988, art. 226, § 6.º). Primeiro, porque a separação de corpos também é uma separação judicial, pois decretada pelo juiz. Ao depois, o constituinte, ao dizer 'nos casos expressos em lei', delegou ao legislador infraconstitucional competência para legislar sobre o tema. O codificador, fazendo uso do permissivo constitucional, deu mais um passo ao admitir tal hipótese de divórcio. A novidade é salutar, pois nada há a ser discutido na ação de conversão de separação de corpos em divórcio. Questões referentes a temas outros (alimentos, partilha de bens, guarda de filhos) se comportam em demandas distintas, embora possam ser cumuladas" (DIAS, Maria Berenice. *Manual...*, 2005, p. 304).

Como não poderia ser diferente, sempre estive filiado ao posicionamento liderado pela vice-presidente do IBDFAM. Como reforço para essa anterior conversão, era citada a Lei 11.340/2006 (*Lei Maria da Penha*), que visa a coibir a violência doméstica e familiar contra a mulher.

Vários dispositivos legais da norma poderiam ser citados como fundamento para a possibilidade de se manter o marido violento longe de casa e, ato contínuo, de se reconhecer a possibilidade de conversão da separação de corpos em divórcio. De início, mencione-se o seu art. 18, que determina que o juiz deve decidir de imediato, no prazo de 48 horas, cabendo medidas de urgência de forma isolada ou cumulativamente.

Essas medidas são as seguintes, tendo sido a última delas incluída pela Lei 13.880/2019: *a)* conhecer do expediente e do pedido e decidir sobre as medidas protetivas de urgência; *b)* determinar o encaminhamento da ofendida ao órgão de assistência judiciária, quando for o caso; *c)* comunicar ao Ministério Público para que adote as providências cabíveis; e *d)* determinar a apreensão imediata de arma de fogo sob a posse do agressor.

Em complemento, o art. 22 da norma preconiza como medidas protetivas o afastamento do lar, a proibição de condutas e a restrição ou suspensão de visitas aos dependentes menores, além da prestação dos alimentos provisórios e provisionais. Faz o mesmo o seu art. 23, inc. IV, mencionando expressamente a possibilidade de separação de corpos, inclusive com a possibilidade de atuação do Ministério Público em casos tais (art. 25 da Lei 11.340/2006).

Voltando-se à conversão da cautelar de separação de corpos em divórcio, os julgados dos Tribunais inferiores divergiam sobre a questão, surgindo a principal controvérsia no Tribunal de Minas Gerais. Assim, vejamos:

"Direito processual civil e direito de família. Jurisdição voluntária. Conversão consensual de separação judicial em divórcio. Cautelar de separação de corpos. Interpretação do art. 1.580 do novo Código Civil. Na jurisdição voluntária, por se tratar de atividade materialmente administrativa e não jurisdicional, os limites rígidos referentes à estabilização da demanda devem ser abandonados em nome da conveniência da adoção de critérios flexíveis, o que é autorizado pelo art. 1.109 do Código de Processo Civil. Diante das peculiaridades de cada caso, não se deve sacrificar o direito material e o interesse dos requerentes por mero apego às regras de rigidez legal. Havendo decorrido o prazo legal de um ano da concessão cautelar de separação de corpos, e sendo tal medida consensual, como também é consensual o pedido de conversão do divórcio, tal medida deve ser concedida" (TJMG, Apelação 1.000.00.351838-8/000, 8.ª Câmara Cível, Rel. Des. Sérgio Braga, j. 30.10.2003, Publicação 04.02.2004, votação unânime).

A última decisão transcrita consta de obra do Professor Francisco Cahali, que trouxe decisões pioneiras quanto ao então Novo Código Civil (*Família...*, 2004, p. 63). Filiava-se integralmente ao seu teor, à luz da *operabilidade*, no sentido da facilitação, uma vez que esta sacrifica conceitos instrumentais em prol do Direito Material. Isso, aliás, consta do corpo da ementa.

Porém, cabe aqui assinalar que, no segundo volume da sua coleção, o Professor Francisco Cahali colaciona outro julgado, do mesmo Tribunal Mineiro, em sentido contrário, com a qual não se alinhava (*Família...*, 2005, p. 40):

"Não é possível a conversão da separação de corpos em divórcio, visto que a medida preparatória não visa definir direitos, tornando-se necessário o ajuizamento da ação principal de separação judicial para a discussão do mérito. Após transitada em julgado a sentença da ação principal, será possível constatar-se a necessidade da ruptura do vínculo conjugal. O art. 1.580 do CC/2002, assim como o art. 25 da Lei do Divórcio visam permitir que o prazo para a decretação do divórcio seja contado a partir da concessão de medida cautelar de separação de corpos, e não a possibilidade da conversão desta em divórcio. Assim, ainda que decorrido o prazo de um ano da decisão cautelar, não pode ser pedida a conversão se não houver sentença de separação judicial" (TJMG, Apelação 1.04333.03.102447-7/001(1), 4.ª Câmara Cível, Rel. Des. Carreira Machado, j. 21.10.2004, votação por maioria).

Como se percebe, a polêmica dividia o Tribunal de Justiça de Minas Gerais. No caso do Tribunal de Justiça do Rio Grande do Sul, quase sempre inovador, entendia-se também pela possibilidade de conversão da separação de corpos em divórcio:

"Apelação cível. Ação de conversão de separação de corpos em divórcio. As partes denominaram a ação como divórcio sob a forma consensual quando, na verdade, intentavam uma ação de conversão de separação de corpos em divórcio. Sentença que julgou extinto o feito sem julgamento do mérito, por impossibilidade jurídica do pedido. Equívoco sanado. Inteligência do art. 1.580, *caput*, do CCB, e art. 515, §§ 1.º e 2.º, do CPC. Decisão monocrática. Recurso provido" (TJRS, Apelação Cível 70010814960, 8.ª Câmara Cível, Rel. Catarina Rita Krieger Martins, j. 04.04.2005).

O Superior Tribunal de Justiça, sanando a polêmica que surgiu no Tribunal Mineiro, acabou por adotar a primeira corrente, admitindo que a separação de corpos fosse convertida em divórcio, sem a prévia separação de direito:

"Civil. Família. Separação judicial. Conversão em divórcio. Art. 1.580 do Código Civil. Cautelar de separação de corpos. O texto é claro: o legislador utilizou a conjunção alternativa *ou*, prevendo duas hipóteses distintas. Não há margem para outra interpretação, que não a literal. Acrescente-se que o art. 25 da Lei 6.515/1977, com a redação dada pela Lei 8.408/1992, já fazia tal previsão. Confira-se: A conversão em divórcio da separação judicial dos cônjuges existente há mais de 1 (um) ano, contada da data da decisão ou da que concedeu a medida cautelar correspondente (art. 8.º), será decretada por sentença, da qual não constará referência à causa que a determinou. Para o art. 44 dessa lei, o prazo de conversão conta-se a partir da data em que, por decisão judicial proferida em qualquer processo, mesmo de jurisdição voluntária, for determinada ou presumida a separação dos cônjuges. A combinação dos dois artigos anteriores revela a intenção do legislador de permitir que o cômputo do lapso temporal de um ano para a conversão em divórcio ocorresse a partir da medida cautelar de separação de corpos. Na hipótese, a separação de corpos foi homologada por sentença em 06.06.2001. O pedido de conversão em divórcio deu-se em 11.11.2002, assim, as partes cumpriram o prazo exigido pela lei para a conversão da separação judicial em divórcio. Cumprida a exigência legal, nenhum embaraço poderá ser oposto à conversão. Defere-se a conversão de separação em divórcio, desde que observado o prazo de um ano, contado do trânsito em julgado da sentença que decretou ou da decisão homologatória da separação judicial, ou daquela que concedeu a medida cautelar de separação de corpos" (STJ, REsp 726.870/MG, 3.ª Turma, Rel. Min. Humberto Gomes de Barros, j. 28.11.2006, *DJ* 18.12.2006, p. 371).

Dessa forma, a tese defendida em edições anteriores da presente obra acabou por ser adotada por aquele Tribunal Superior. Todavia, a discussão é mencionada apenas para demonstrar a evolução das questões processuais em prol da família, uma vez que o debate não cabe mais na vigência da EC 66/2010, diante do desaparecimento total da figura do *divórcio por conversão*.

Ademais, toda essa evolução da jurisprudência talvez sirva para mostrar que a separação de corpos tem natureza satisfativa, podendo ser requerida na própria ação de divórcio, com natureza de tutela antecipada de caráter antecedente. Sendo assim, no CPC/2015, está sujeita aos procedimentos previstos entre os seus arts. 303 e 304. Essa é a minha percepção doutrinária, sendo certo que somente a prática familiarista poderá efetivamente demonstrar qual será o correto enquadramento da cautelar de separação de corpos entre as categorias relativas à tutela provisória.

Superado esse ponto, também deve ser tido como não recepcionado e revogado o art. 1.580, § 1.º, do Código Civil, segundo o qual a conversão em divórcio seria concedida sem que houvesse menção à sua causa. Isso porque não existe mais no sistema a citada conversão, a não ser para o caso de pessoas já separadas juridicamente, em que é possível, na verdade, *transformar* a ação de separação em ação de divórcio.

A respeito do antigo *divórcio direto,* lembre-se do desaparecimento do instituto, não havendo qualquer requisito temporal de separação de fato para que os cônjuges pleiteiem o divórcio. Assim, ilustrando, o casal pode se casar em um dia e requerer o divórcio no dia seguinte. Algumas regras que constavam da Lei do Divórcio estão do mesmo modo prejudicadas, caso do seu art. 40, *caput*, que previa os requisitos mínimos para a petição inicial da ação de divórcio. Agora, a referida exordial deve apenas obedecer aos requisitos gerais do Código de Processo Civil (art. 319 do CPC/2015, correspondente ao art. 282 do CPC/1973).

Consigne-se que a doutrina e a jurisprudência nacionais vinham entendendo pela impossibilidade de se discutir culpa em qualquer modalidade de divórcio anterior, o que incluía o divórcio direto. Nesse sentido, interessante transcrever duas decisões do Superior Tribunal de Justiça prolatadas na vigência da Lei do Divórcio, cujo conteúdo não foi alterado, mas apenas confirmado pela redação do art. 1.580 do CC/2002:

> "Civil. Família. Alimentos. Se, antes mesmo da sentença na separação judicial, as partes requereram o divórcio direto, nos termos do art. 40 da Lei 6.515/1977, é irrelevante a disposição daquela reconhecendo a culpa da mulher, para o efeito de alimentos. Recurso não conhecido" (STJ, REsp 67.493/SC, 3.ª Turma, Rel. Min. Costa Leite, j. 30.10.1995, *DJ* 26.08.1996, p. 29.681).

> "Direito de família. Divórcio direto não consensual. Causa da separação (culpa). Desnecessidade de sua investigação. Art. 40 da Lei 6.515/1977, com a redação dada pela Lei 7.841/1989. Após a alteração legislativa introduzida pela Lei 7.841/1989, modificando a redação do *caput* do art. 40 da Lei 6.515/1977 e revogando seu § 1.º, não há mais que se cogitar, pelo menos não necessariamente, da análise da causa da separação (culpa) para efeito de decretação do divórcio direto, sendo bastante o requisito da separação de fato por dois anos consecutivos" (STJ, REsp 40.020/SP, 4.ª Turma, Rel. Min. Sálvio de Figueiredo Teixeira, j. 22.08.1995, *DJ* 02.10.1995, p. 32.366).

Na verdade, o grande debate concernente à *Emenda Constitucional* 66/2010 refere-se à possibilidade atual de discussão da culpa para dissolver o casamento, agora em sede de Divórcio. Em outras palavras, fica a dúvida se a culpa pode ser *exportada* da separação-sanção para a ação de divórcio. O tema merecerá um tópico próprio no capítulo. O Projeto de Reforma do Código Civil pretende encerrar esse debate de forma definitiva.

Apesar de não se discutir anteriormente a culpa nas ações de divórcio direto, lembrava Carlos Roberto Gonçalves que "os juízes, por economia processual, têm admitido a discussão a esse respeito nessas ações, mas para os efeitos mencionados, e não para a decretação do divórcio" (GONÇALVES, Carlos Roberto. *Direito civil...*, 2005, p. 254). Em suma, diante do princípio da fungibilidade, vinha-se convertendo as ações de divórcio, em que a parte requer a análise da culpa, em ações de separação-sanção.

Por outra via, o Tribunal Gaúcho – em ações de separação litigiosa em que se imputava culpa ao cônjuge varão e em que tinha decorrido o prazo para o divórcio direto em razão da separação de fato por mais de dois anos – vinha indagando aos cônjuges separandos se concordariam com o divórcio direto. Em caso positivo, aquele Tribunal assim decidia:

> "Separação judicial litigiosa. Culpa. Já se encontra sedimentado o entendimento de que a caracterização da culpa na separação mostra-se descabida, porquanto seu reconhecimento não implica em nenhuma sequela de ordem prática. Precedentes desta Corte. À unanimidade, afastaram as preliminares, negaram provimento ao apelo da virago e decretaram o divórcio dos litigantes. Por maioria, proveram em parte o apelo do varão" (TJRS, Apelação Cível 70012719415, 7.ª Câmara Cível, Rel. Maria Berenice Dias, j. 29.11.2006).

Essas são as palavras de Maria Berenice Dias, relatora do julgado em questão: "por fim, tendo em vista que os litigantes já estão separados de fato desde junho de 2006 e ambos manifestaram pessoalmente o desejo de se divorciarem, é de ser decretada a dissolução do vínculo conjugal, com fundamento no art. 1.580, § 2.º, do Código Civil. Saliente-se, outrossim, que a Procuradoria de Justiça, devidamente intimada, manifestou-se pela decretação do divórcio do casal".

Era acertada a decisão anterior, o que não só pode como deve ser aplicado na atualidade aos processos de separação em curso com a entrada em vigor da *Emenda do Divórcio*.

A diferença é que não há mais necessidade de se atender ao prazo de dois anos de separação. Desse modo, apesar de o pedido anterior das partes ter sido o de separação, estando acordadas quanto a tal ponto, nada justifica a decretação da separação para que, posteriormente, promovam as partes nova demanda visando ao divórcio. Pode o juiz da causa abrir vista às partes para que se manifestem quanto a essa *conversão ou transformação endoprocessual*, o que é recomendável com a emergência da alteração constitucional.

Dúvida surge se os cônjuges insistirem na separação judicial mesmo com entrada em vigor da alteração constitucional e do CPC/2015. Exemplificando, o casal ingressou com a ação de separação judicial em meados de 2009. Com a entrada em vigor da EC 66/2010, o juiz da causa abre vista às partes para que se manifestem sobre eventual conversão em divórcio. Se as partes assim não quiserem, pensam esses autores que a ação deverá ser julgada extinta, por falta de interesse processual, por falta de adequação (art. 485, inc. VI, do CPC/2015).

Vale dizer que o enquadramento anterior era na impossibilidade jurídica do pedido (art. 267, inc. VI, do CPC/1973). Todavia, esse caminho processual foi retirado do sistema pelo Estatuto Processual emergente, sendo necessário se situar em outra hipótese de extinção sem o julgamento do mérito. Entendo haver falta de interesse processual pelo fato de ser a ação de divórcio a via adequada, e não a ação de separação.

De toda sorte, por questão de boa-fé processual, o juiz deve informar que essa será sua conclusão posterior às partes. Trata-se de aplicação do dever de cooperação processual entre todas as partes do processo, retirada do art. 6.º do CPC/2015.

Feitos tais esclarecimentos, duas regras do Código Civil de 2002 devem ser tidas como mantidas e perfeitas, sem qualquer interferência da *Emenda do Divórcio* e do Código de Processo Civil em vigor.

A primeira é a constante do seu art. 1.581, *in verbis*: "o divórcio pode ser concedido sem que haja prévia partilha de bens", o que confirma parcialmente o teor da Súmula 197 do STJ ("o divórcio direto pode ser concedido sem que haja prévia partilha de bens"). Ora, como a lei não determinava a análise da causa do divórcio, a partilha de bens não deveria e não deve ser obstáculo para a sua concessão. Vale lembrar, ainda, que o direito ao divórcio é um direito personalíssimo do cônjuge, sendo inafastável e indeclinável. A norma também se aplica ao divórcio extrajudicial, conforme consta da Resolução n. 35 do CNJ, em seu art. 39.

Desse modo, a partilha dos bens do casal pode ocorrer em momento posterior à sua concessão. No campo processual, o melhor caminho é a partilha ser feita nos próprios autos do divórcio. Também é possível o caminho de uma ação própria, a correr perante a Vara da Família. A partilha ainda pode ser extrajudicial, no Tabelionato de Notas e mediante escritura pública, havendo acordo entre os ex-cônjuges.

Na minha opinião doutrinária, esses caminhos continuam perfeitamente viáveis sob a égide do Código de Processo Civil de 2015. Como bem decidiu o Superior Tribunal de Justiça em 2018, havendo a necessidade de ajustes na partilha entre os cônjuges, esses poderão ser feitos de forma consensual, nos âmbitos judicial ou extrajudicial, e sem a necessidade de uma ação anulatória para tanto. Vejamos parte da ementa do acórdão, que ora merece destaque:

> "(...). A coisa julgada material formada em virtude de acordo celebrado por partes maiores e capazes, versando sobre a partilha de bens imóveis privados e disponíveis e que fora homologado judicialmente por ocasião de divórcio consensual, não impede que haja um novo ajuste consensual sobre o destino dos referidos bens, assentado no princípio da autonomia da vontade e na possibilidade de dissolução do casamento até mesmo na esfera extrajudicial, especialmente diante da demonstrada dificuldade do cumprimento do acordo na forma inicialmente pactuada. É desnecessária a remessa das partes a uma ação anulatória quando o requerimento de alteração do acordo não decorre de vício, de erro de consentimento ou quando não há litígio entre elas sobre o objeto da avença, sob pena de injustificável violação aos princípios da economia processual, da celeridade e da razoável duração do processo. A desjudicialização dos conflitos e a promoção do sistema multiportas de acesso à justiça devem ser francamente incentivadas, estimulando-se a adoção da solução consensual, dos métodos autocompositivos e do uso dos mecanismos adequados de solução das controvérsias, tendo como base a capacidade que possuem as partes de livremente convencionar e dispor sobre os seus bens, direitos e destinos" (STJ, REsp 1.623.475/PR, 3.ª Turma, Rel. Min. Nancy Andrighi, j. 17.04.2018, *DJe* 20.04.2018).

Como se pode notar, foi utilizado o forte argumento da *desjudicialização* das contendas, que tem orientado a elaboração de leis recentes em nosso País

Para encerrar o estudo do art. 1.581, pontuo que no Projeto de Reforma do Código Civil, na linha de outras propostas de equalização entre as entidades familiares, a Comissão de Juristas propõe a inclusão de menção à união estável, passando o preceito legal a prever o seguinte: "o divórcio ou a dissolução da união estável podem ser concedidos sem que haja prévia partilha de bens".

Vale também anotar que, com vistas a proteger o cônjuge ou convivente em casos de partilha de bens ou não, a Comissão de Juristas sugere a inclusão na Lei Civil de um direito real de habitação *inter vivos* ou entre vivos, para tutelar quem se encontre em situação de vulnerabilidade ou hipossuficiência. Nesse contexto, em boa hora, é acrescentado um novo art. 1.582-C no Código Civil, prevendo-se que "é garantido ao cônjuge e ao convivente o direito de permanecer na residência conjugal, se com ele residirem filhos com menos de dezoito anos ou incapazes ou a quem se dedicou aos cuidados da família e não desempenha atividade remunerada". A proposição tem um conteúdo humanista inegável, esperando-se a sua aprovação pelo Parlamento Brasileiro.

Feitas essas observações sobre a projeção legislativa, a outra norma que continua em vigor estabelece que a ação de divórcio é personalíssima, pois o seu pedido somente cabe aos cônjuges (art. 1.582 do CC). Mas no caso de incapacidade do cônjuge para propor a ação (exemplo: cônjuge interditado ou sob curatela), a lei consagra a legitimidade do curador, do ascendente ou do irmão.

Para o Superior Tribunal de Justiça, não haveria, como premissa-geral, legitimidade do curador provisório para a ação de divórcio. Isso porque, nos termos da ementa que merece destaque:

> "Em regra, a ação de dissolução de vínculo conjugal tem natureza personalíssima, de modo que o legitimado ativo para o seu ajuizamento é, por excelência, o próprio cônjuge, ressalvada a excepcional possibilidade de ajuizamento da referida ação por terceiros

representando o cônjuge – curador, ascendente ou irmão – na hipótese de sua incapacidade civil. Justamente por ser excepcional o ajuizamento da ação de dissolução de vínculo conjugal por terceiro em representação do cônjuge, deve ser restritiva a interpretação da norma jurídica que indica os representantes processuais habilitados a fazê-lo, não se admitindo, em regra, o ajuizamento da referida ação por quem possui apenas a curatela provisória, cuja nomeação, que deve delimitar os atos que poderão ser praticados, melhor se amolda à hipótese de concessão de uma espécie de tutela provisória e que tem por finalidade específica permitir que alguém – o curador provisório – exerça atos de gestão e de administração patrimonial de bens e direitos do interditando e que deve possuir, em sua essência e como regra, a ampla e irrestrita possibilidade de reversão dos atos praticados. O ajuizamento de ação de dissolução de vínculo conjugal por curador provisório é admissível, em situações ainda mais excepcionais, quando houver prévia autorização judicial e oitiva do Ministério Público" (STJ, REsp 1.645.612/SP, 3.ª Turma, Rel. Min. Nancy Andrighi, j. 16.10.2018, *DJe* 12.11.2018).

Discute-se a legitimidade do MP em casos tais, eis que a lei não a prevê nesse dispositivo especial. De toda sorte, o art. 178, inc. I, do CPC/2015 (equivalente ao art. 82, inc. I, do CPC/1973) estabelece que cabe ao Ministério Público intervir nos casos que envolvem interesse dos incapazes.

Ainda sobre o art. 1.582 do CC, afastando a legitimidade do descendente para a ação de divórcio, em caso de cônjuge incapaz, do Tribunal Gaúcho: "sendo incapaz o cônjuge, a ação pode ser proposta pelo curador, ascendente ou irmão, nos termos do parágrafo único do referido artigo 1.582, do Código Civil, não constando do rol dos legitimados, os descendentes" (TJRS, Apelação Cível 0424351-06.2016.8.21.7000, 7.ª Câmara Cível, Guaíba, Rel. Des. Liselena Schifino Robles Ribeiro, j. 22.02.2017, *DJERS* 02.03.2017).

No atual Projeto de Reforma do Código Civil, a Comissão de Juristas pretende fazer ajustes nesse dispositivo, incluindo a menção ao Ministério Público no parágrafo único do art. 1.582 e resolvendo o dilema exposto. Também há sugestão de que o *caput* trate da ação de dissolução da união estável, na linha de proposições anteriores, de equalização das entidades familiares quanto aos seus efeitos de dissolução: "o pedido de divórcio ou de dissolução de união estável somente competirá aos cônjuges ou conviventes. Parágrafo único. Se o cônjuge ou convivente for incapaz para propor a ação ou defender-se, poderá fazê-lo o Ministério Público, o curador, o ascendente, o descendente ou o irmão".

Seguindo no estudo do tema, cumpre expor e comentar as principais regras relativas ao divórcio extrajudicial, constantes do anterior art. 1.124-A do CPC/1973 e das Resoluções n. 35/2007 e n. 571/2024 do Conselho Nacional de Justiça, que procuraram uniformizar o tratamento do instituto pelos Cartórios de todo o País. Reafirme-se que o dispositivo processual equivale ao art. 733 do CPC/2015, que igualmente trata do divórcio por escritura pública.

Iniciando-se pelo dispositivo legal, estabelece a norma que é possível o *divórcio consensual*, por escritura pública, desde que o casal não tenha filhos incapazes ou nascituros. A inclusão expressa do nascituro é novidade no sistema, traduzindo consagração processual da teoria concepcionista, aquela segundo a qual o nascituro é pessoa humana. Como insistentemente demonstramos, essa corrente é a que prevalece na doutrina contemporânea e na jurisprudência do Superior Tribunal de Justiça.

Apesar da clareza da norma anterior, ora confirmada, tornou-se comum, na prática, a emancipação do filho, por escritura pública, para que o divórcio extrajudicial seja efetivado. A solução despertava polêmica no passado, eis que o filho emancipado deixaria de ser incapaz, mas continuava sendo menor. Mesmo com essa dedução técnica, sempre pensamos que, em não havendo qualquer prejuízo ao filho, seria perfeitamente possível o divórcio por escritura pública percorrendo tal caminho.

Igualmente abrindo a possibilidade de divórcio extrajudicial se o casal tiver filhos menores, na *VI Jornada de Direito Civil*, em 2013, foi aprovado o Enunciado n. 571, prescrevendo que "se comprovada a resolução prévia e judicial de todas as questões referentes aos filhos menores ou incapazes, o tabelião de notas poderá lavrar escrituras públicas de dissolução conjugal". O enunciado traz um conteúdo preciso, uma vez que não se justificaria afastar a solução extrajudicial quando os interesses dos menores estiverem devidamente resguardados perante o Poder Judiciário.

De toda sorte, o CPC/2015 encerrou a polêmica anterior, pois não há mais menção ao termo *filhos menores*, mas apenas a *filhos incapazes*. Assim, havendo emancipação, cessa a incapacidade, sendo possível o divórcio extrajudicial do casal. A propósito, em 6 de junho de 2016, o Conselho Nacional de Justiça (CNJ) editou a recomendação 22, orientando aos Tabelionatos de Notas que procedam à realização de inventário, partilha, divórcio consensual e extinção consensual de união estável, quando houver filhos ou herdeiros emancipados.

Ademais, sucessivamente, em 2024, a Resolução n. 571 incluiu no art. 34 da Resolução n. 35 do CNJ a possibilidade de divórcio extrajudicial mesmo havendo filhos menores ou incapazes. Sendo assim, a questão foi consolidada na prática.

De fato, nos últimos anos ganhou força a afirmação de ser possível o divórcio extrajudicial mesmo havendo filhos incapazes, desde que as questões a eles atinentes sejam resolvidas em ação judicial específica e prévia; ou se o acordo de divórcio nada tratar desses temas. Nessa linha, na *I Jornada de Direito Notarial e Registral*, promovida pelo Conselho da Justiça Federal e pelo Superior Tribunal de Justiça em agosto de 2022, surgiram duas ementas doutrinárias sobre o tema. Consoante o Enunciado n. 52, "o divórcio consensual, a separação consensual e a extinção consensual de união estável, mesmo havendo filhos incapazes, poderão ser realizados por escritura pública, nas hipóteses em que as questões relativas à guarda, ao regime de convivência e aos alimentos dos filhos incapazes já estiverem previamente resolvidas na esfera judicial". E, nos termos do Enunciado n. 74, "o divórcio extrajudicial, por escritura pública, é cabível mesmo quando houver filhos menores, vedadas previsões relativas a guarda e a alimentos aos filhos".

Felizmente, ao final, a questão acabou sendo regulamentada pelo Conselho Nacional de Justiça, em feliz iniciativa e em prol da *desjudicialização*, apenas confirmando-se o entendimento doutrinário majoritário. Ademais, como visto, há proposta de inclusão dessa possibilidade no novo art. 1.582-B, na Reforma do Código Civil, tratando da matéria de forma consolidada na codificação privada e revogando-se o art. 733 do Código de Processo Civil.

Repise-se que dessa escritura de divórcio constarão as disposições relativas à descrição e à partilha dos bens comuns e à pensão alimentícia entre os cônjuges, o acordo relativo à guarda dos filhos incapazes e ao regime de visitas e, ainda, o valor da contribuição para criar e educar os filhos. Continuo a entender que tais conteúdos não são obrigatórios, mas facultativos das partes.

O CPC/2015 não faz mais menção à manutenção ou retirada do sobrenome do outro cônjuge, que constava da parte final do art. 1.124-A do CPC/1973, introduzido pela Lei 11.441/2007. Todavia, mesmo havendo omissão quanto a tal aspecto, sempre acreditei que é possível que tal disposição faça parte da escritura de divórcio. A esse propósito, não deixa dúvida o art. 41 da Resolução n. 35/2007 do CNJ que, em sua redação atual, prevê o seguinte: "havendo alteração do nome de algum cônjuge em razão de escritura de restabelecimento da sociedade conjugal ou do divórcio consensual, o Oficial de Registro Civil que averbar o ato no assento de casamento também anotará a alteração no respectivo assento de nascimento, se de sua unidade, ou, se de outra, comunicará ao Oficial competente para a necessária anotação". De todo modo, como se verá, foi revogado expressamente o art. 45 da Resolução n. 35 do CNJ pela nova Resolução n. 571, pois eventual retificação do uso poderá ser feita diretamente no Cartório de Registro Civil, nos termos da Lei do SERP, sem a necessidade de constar da escritura.

O referido documento público não depende de homologação judicial e constitui título hábil para o registro civil e o registro de imóveis. O CPC/2015 incluiu expressamente que a escritura pública de divórcio também é título hábil para levantamento de importância depositada em instituições financeiras (art. 733, § 1.º, do CPC/2015). Manteve-se a ideia de redução de burocracias e de facilitação, inaugurada pela norma de 2007.

Ademais, o Tabelião somente lavrará a escritura se os interessados estiverem assistidos por advogado comum ou advogados de cada um deles, cuja qualificação e assinatura constarão do ato notarial (art. 733, § 2.º, do CPC/2015). Quanto à gratuidade, não mais expressa no CPC, ainda é possível, para aqueles que se declararem pobres, conforme desenvolvido em tópico anterior e nos termos dos arts. 6.º e 7.º da Resolução n. 35/2007 do CNJ.

Ainda quanto à Resolução n. 35 do CNJ, merece relevo a ausência de competência territorial para a lavratura da escritura de divórcio, enunciando o seu art. 1.º, alterado pelas Resoluções n. 326/2020 e n. 571/2024, que, "para a lavratura dos atos notariais relacionados a inventário, partilha, divórcio, declaração de separação de fato e extinção de união estável consensuais por via administrativa, é livre a escolha do tabelião de notas, não se aplicando as regras de competência do Código de Processo Civil". De todo modo, vale lembrar que em se tratando de escritura pública celebrada pela via digital ou eletrônica, pelo e-notariado, há que se reconhecer a competência territorial, por força do atual art. 289 do Código Nacional de Normas do CNJ: "a competência para a prática dos atos regulados nesta Seção é absoluta e observará a circunscrição territorial em que o tabelião recebeu sua delegação, nos termos do art. 9.º da lei 8.935/1994".

Além disso, a via extrajudicial não é obrigatória, mas facultativa, ao contrário de tese que surgiu nos primeiros anos de vigência do art. 1.124-A do CPC/1973. Ademais, pode ser solicitada, a qualquer momento, a suspensão, pelo prazo de 30 dias, ou a desistência da via judicial, para promoção da via extrajudicial (art. 2.º da Resolução n. 35/2007 do CNJ). Todos esses aspectos devem ser mantidos na vigência do CPC de 2015.

A Resolução n. 35 confirma, no seu art. 3.º, na nova redação dada pela Resolução n. 571/2024, que as escrituras públicas de inventário e partilha, divórcio, declaração de separação de fato e extinção da união estável consensuais não dependem de homologação judicial e são títulos hábeis para o registro civil e o registro imobiliário, para a transferência de bens e direitos, bem como para promoção de todos os atos necessários à materialização das transferências de bens e levantamento de valores, como Detran, Junta Comercial, Registro Civil das Pessoas Jurídicas, instituições financeiras, companhias telefônicas, entre outras.

Nos termos do art. 4.º da Resolução n. 35 do CNJ, o valor dos emolumentos deverá corresponder ao efetivo custo e à adequada e suficiente remuneração dos serviços prestados, conforme estabelecido no parágrafo único do art. 1.º da Lei 10.169/2000, observando-se, quanto a sua fixação, as regras previstas no art. 2.º da citada lei.

Esclareça-se que, de acordo com o último comando, para a fixação do valor dos emolumentos, a Lei dos Estados e do Distrito Federal levará em conta a natureza pública e o caráter social dos serviços notariais e de registro, atendidas, ainda, as seguintes regras: *a)* os valores dos emolumentos constarão de tabelas e serão expressos em moeda corrente do País;

b) os atos comuns aos vários tipos de serviços notariais e de registro serão remunerados por emolumentos específicos, fixados para cada espécie de ato; *c)* os atos específicos de cada serviço serão classificados em: atos relativos a situações jurídicas, sem conteúdo financeiro, cujos emolumentos atenderão às peculiaridades socioeconômicas de cada região; e atos relativos a situações jurídicas, com conteúdo financeiro, cujos emolumentos serão fixados mediante a observância de faixas que estabeleçam valores mínimos e máximos, nas quais enquadrar-se-á o valor constante do documento apresentado aos serviços notariais e de registro. Essas regras a respeito da cobrança de valores também devem ser conservadas.

No que interessa à gratuidade da justiça, essa é confirmada pelo art. 6.º da Resolução, com conteúdo também a ser aplicado sob a égide do CPC/2015, mesmo não tendo a norma instrumental mencionado expressamente a gratuidade. O preceito seguinte prescreve que para a concessão de tais benesses basta uma simples declaração dos interessados de que não possuem condições de arcar com os emolumentos, ainda que as partes estejam assistidas por advogado constituído.

O art. 8.º da Resolução n. 35 do CNJ – igualmente conservado –, confirma a necessidade da presença de advogado ou defensor público, devidamente identificado, quando da lavratura do ato. É vedada ao tabelião a indicação de advogado às partes, que deverão comparecer para o ato notarial acompanhadas de profissional de sua confiança (art. 9.º da Resolução). Ainda de acordo com o último preceito, se as partes não dispuserem de condições econômicas para contratar advogado, o tabelião deverá recomendar-lhes a Defensoria Pública, onde houver, ou, na sua falta, a Seccional da Ordem dos Advogados do Brasil, onde exista a prestação da assistência jurídica gratuita por advogados.

A Resolução estabelece, em seu art. 33, os documentos fundamentais para a lavratura da escritura pública de divórcio, a saber: *a)* certidão de casamento; *b)* documento de identidade oficial e CPF/MF; *c)* pacto antenupcial, se houver; *d)* certidão de nascimento ou outro documento de identidade oficial dos filhos absolutamente capazes, se houver; *e)* certidão de propriedade de bens imóveis e direitos a eles relativos; e *f)* documentos necessários à comprovação da titularidade dos bens móveis e de direitos, se houver. A não apresentação de tais documentos obsta a elaboração da escritura, devendo essa regra também ser aplicada na vigência do CPC de 2015.

As partes devem declarar ao tabelião, no ato da lavratura da escritura, que não têm filhos comuns ou, havendo, que são absolutamente capazes, indicando seus nomes e as datas de nascimento, sob as penas da lei (art. 34 da Resolução). Como expusemos em edição anterior desta obra, aqui a resolução deveria sofrer adaptações, para incluir o nascituro, mencionado no art. 733 do CPC/2015.

Foi o que fez o Conselho Nacional de Justiça em abril de 2016, passando a Resolução n. 35 a estabelecer que, na condição de grávida, não é possível utilizar da escritura pública para formalização de divórcio em cartório, assim como já ocorria nas hipóteses de existência de filhos menores ou incapazes (Resolução n. 220 do CNJ). Esclareça-se que, quando dos debates dessa alteração, os conselheiros do CNJ firmaram o entendimento de que o estado de gravidez, caso não seja evidente, deve ser declarado pelos cônjuges. Assim, não cabe ao tabelião investigar essa condição, o que exigiria um documento médico e burocratizaria o processo, além de poder representar desrespeito à intimidade das partes.

Na atual redação do § 1.º do art. 34 da Resolução n. 35 do CNJ, dada pela sua Resolução n. 571/2024, "as partes devem, ainda, declarar ao tabelião, na mesma ocasião, que o cônjuge virago não se encontra em estado gravídico ou, ao menos, que não tenha conhecimento sobre esta condição".

Vale ainda lembrar que, com as alterações promovidas pela Resolução n. 571/2024 do próprio CNJ, esse art. 34 da Resolução n. 35 foi alterado, para possibilitar a escritura pública de divórcio, mesmo havendo filhos menores ou incapazes do casal. Nos termos do seu novo § 2.º, "havendo filhos comuns do casal menores ou incapazes, será permitida a lavratura da escritura pública de divórcio, desde que devidamente comprovada a prévia resolução judicial de todas as questões referentes à guarda, visitação e alimentos deles, o que deverá ficar consignado no corpo da escritura". Eventualmente, "na dúvida quanto às questões de interesse do menor ou do incapaz, o tabelião submeterá a questão à apreciação do juiz prolator da decisão" (§ 3.º do art. 34 da Resolução n. 35 do CNJ, incluído pela Resolução n. 571/2024).

Da escritura de divórcio, deve constar declaração das partes de que estão cientes das suas consequências, firmes no propósito de pôr fim à sociedade conjugal ou ao vínculo matrimonial, respectivamente, sem hesitação, com recusa de reconciliação e concordância com a regulamentação da guarda, da convivência familiar e dos alimentos dos filhos menores ou incapazes realizada em juízo. Essa é a nova redação do art. 35 da Resolução n. 35, dada pela Resolução n. 571/2024.

Com grande repercussão prática, o art. 36 da Resolução n. 35 determina que o comparecimento pessoal das partes é dispensável à lavratura de escritura pública de divórcio, sendo admissível aos divorciandos se fazerem representar por mandatário constituído. O mandato deve ser celebrado por instrumento público com poderes especiais, descrição das cláusulas essenciais e prazo de validade de 30 dias. Isso possibilita que casais que estejam foram do País se divorciem por escritura pública. E a solução não poderia ser diferente, eis que se o casamento pode ser contraído por procuração, igualmente deve ser dissolvido dessa forma.

Esse é o melhor caminho, pois o objetivo da Lei 11.441/2007 foi a celeridade e a redução das burocracias, o que foi confirmado pelo CPC/2015. A redução de burocracias, a facilitação e a *desjudicialização* também guiam o Estatuto Processual emergente, o que justifica a incidência dessa importante regra prática no futuro.

Em havendo bens a serem partilhados na escritura, distinguir-se-á o que é do patrimônio individual de cada cônjuge, se houver, do que é do patrimônio comum do casal, conforme o regime de bens, constando isso do corpo da escritura (art. 37 da Resolução). Na partilha em que houver transmissão de propriedade do patrimônio individual de um cônjuge ao outro, ou a partilha desigual do patrimônio comum, deverá ser comprovado o recolhimento do tributo devido sobre a fração transferida (art. 38). Com grande relevância para a divisão dos bens, tais artigos também não foram modificados recentemente pelo Conselho Nacional de Justiça.

O traslado da escritura pública de separação e divórcio consensuais será apresentado ao Oficial de Registro Civil do respectivo assento de casamento, para a averbação necessária, independente de autorização judicial e de audiência do Ministério Público, na linha de *desjudicialização* instituída pela Lei 11.441/2007 e confirmada pelo CPC/2015 (art. 40 da Resolução n. 35 do CNJ).

Vale lembrar que a Resolução n. 35 do CNJ também estabelece que, havendo alteração do nome de algum cônjuge em razão de escritura de divórcio, o Oficial de Registro Civil que averbar o ato no assento de casamento também anotará a alteração no respectivo assento de nascimento, se de sua unidade, ou, se de outra, comunicará ao Oficial competente para a necessária anotação (art. 41).

Na escritura pública deve constar que as partes foram orientadas sobre a necessidade de apresentação de seu traslado no registro civil do assento de casamento, para a averbação devida (art. 43 da Resolução). Essa última regra tutela o dever de informar, estando na linha da boa-fé objetiva processual, um dos princípios do CPC/2015, retirado principalmente dos seus arts. 5.º e 6.º.

Estabelece-se, ainda, que não há sigilo nas escrituras públicas de divórcio consensual (art. 42 da Resolução n. 35). Há quem não veja com bons olhos tal previsão, uma vez que terceiros com intenções escusas podem utilizar a publicidade do ato notarial para obter informações sobre o casal, inclusive para atos ilícitos, como roubo e sequestro. Todavia, o sigilo, na minha opinião doutrinária, é incompatível com a publicidade que se espera da escritura pública, devendo a norma também ser mantida nos próximos anos.

Seguindo-se nos estudos, é admissível, por consenso das partes, escritura pública de retificação das cláusulas de obrigações alimentares ajustadas no próprio divórcio (art. 44 da Resolução n. 35 do CNJ). O preceito tem fundamento na antiga ideia, segundo a qual a sentença que fixa os alimentos está sujeita a revisão, o que igualmente deve ser aplicado aos alimentos fixados na escritura pública de divórcio. Como o CPC/2015 confirma essa antiga ideia, o dispositivo da Resolução em estudo foi conservado.

Entendo ser perfeitamente possível a prisão por falta de pagamento dos alimentos fixados extrajudicialmente. O fundamento legal para tanto está no art. 19 da Lei 5.478/1968, *in verbis*: "o juiz, para instrução da causa ou na execução da sentença ou do acordo, poderá tomar todas as providências necessárias para seu esclarecimento ou para o cumprimento do julgado ou do acordo, inclusive a decretação de prisão do devedor até 60 (sessenta) dias". Quando há menção no dispositivo ao *acordo*, entenda-se o enquadramento da escritura pública de divórcio. Não se pode ficar apegado a entendimento formalista em sentido contrário, pois, repise-se, o objetivo principal da Lei 11.441/2007 e do CPC/2015 foi a diminuição de burocracias. Em reforço, consigne-se que o Estatuto Processual em vigor não revogou essa regra especial, mas apenas o art. 733 do CPC/1973.

Essa também é a opinião doutrinária de Fernanda Tartuce, discordando de entendimento anterior do Superior Tribunal de Justiça, que não admitia a prisão civil em decorrência de valores fixados em títulos executivos extrajudiciais (HC 22.401/SP, decisão da 3.ª Turma, do ano de 2002, relatoria do então Ministro Carlos Alberto Menezes Direito). Esclareça-se que acórdãos estaduais têm afastado tal possibilidade em decorrência da escritura do divórcio, podendo ser transcrito o seguinte:

> "Execução de alimentos. Escritura pública de divórcio consensual direto. Título executivo extrajudicial. Prisão civil. Descabimento. 1. O art. 585, inc. III, do CPC estabelece que a escritura pública ou outro documento público assinado pelo devedor constitui título executivo extrajudicial. 2. Tal título pode agasalhar execução sob constrição patrimonial, mas não o pedido de prisão que, por exigência do art. 733 do CPC, deve estar embasado em título executivo judicial. 3. Como a execução acena para a existência do título executivo extrajudicial e diz que os alimentos não foram satisfeitos, cabível o curso do processo na forma preconizada pelo art. 732 do CPC, devendo ser emendada a inicial. Recurso desprovido" (TJRS, Agravo de Instrumento 399180-23.2011.8.21.7000, 7.ª Câmara Cível, Planalto, Rel. Des. Sérgio Fernando de Vasconcellos Chaves, j. 23.11.2011, *DJERS* 14.12.2011).

Segundo as palavras da doutrinadora, a quem se filia, "este entendimento não merece prevalecer nos dias atuais: o rito executivo especial pode ser aplicado ao inadimplemento de obrigação alimentar reconhecida em quaisquer títulos (judiciais ou extrajudiciais)" (TARTUCE, Fernanda. *Processo civil...*, 2012, p. 209). Do Tribunal Catarinense, acolhendo tal forma de pensar:

> "Execução de alimentos. Verba ajustada em escritura pública de separação consensual. Decisão que não acolheu a justificativa apresentada pelo executado e decretou-lhe a prisão civil. Cabimento da execução sob o rito do art. 733 do CPC, à vista das alterações introduzidas pela Lei n. 11.441/2007. Impossibilidade de adimplir a obrigação alimentar não demonstrada. Decisão mantida. Recurso desprovido" (TJSC, Agravo de Instrumento 2011.048493-2, 3.ª Câmara de Direito Civil, Blumenau, Rel. Des. Maria do Rocio Luz Santa Ritta, j. 22.11.2011, *DJSC* 19.12.2011, p. 234).

A retificação da escritura pública envolveria, ainda, a questão do uso do nome de casado. Conforme o anterior art. 45 da Resolução n. 35, a escritura pública de divórcio consensual, "quanto ao ajuste do uso do nome de casado, pode ser retificada mediante declaração unilateral do interessado na volta ao uso do nome de solteiro, em nova escritura pública, com assistência de advogado".

De todo modo, diante do surgimento da Lei do SERP (Lei 14.382/2022), que passou a possibilitar a alteração do nome diretamente no Cartório de Registro Civil, esse dispositivo da norma administrativa foi revogado expressamente pela Resolução n. 571/2024, o que está correto do ponto de vista técnico. Consolidou-se, na Lei do SERP, a premissa de que o nome incorporado passa a ser um direito da personalidade do incorporador. Sendo assim, o cônjuge pode fazer a opção de mantê-lo ou renunciá-lo, a qualquer tempo, inclusive no âmbito extrajudicial e diretamente no Cartório de Registro Civil das Pessoas Naturais.

O Tabelião poderá se negar a lavrar a escritura de divórcio se houver fundados indícios de prejuízo a um dos cônjuges ou em caso de dúvidas sobre a declaração de vontade, fundamentando a recusa por escrito (art. 46 da Resolução n. 35 do CNJ). A título de exemplo, se o acordo traduzir onerosidade excessiva, um desequilíbrio patrimonial entre as partes, é possível que seja negada a lavratura do ato.

Os cônjuges separados juridicamente podem, mediante escritura pública, converter ou transformar a separação judicial ou extrajudicial em divórcio, mantendo as mesmas condições ou alterando-as. Nesse caso, é dispensável a apresentação de certidão atualizada do processo judicial, bastando a certidão da averbação da separação no assento do casamento. Essa é a atual redação do art. 52 da Resolução em estudo, dada pela Resolução n. 120, do mesmo CNJ, já em conformidade com a Emenda do Divórcio. Mesmo com o julgamento do Tema n. 1.053 de repercussão geral do STF, a norma ainda se aplica, pois os casais que estão hoje separados, judicial ou extrajudicialmente, mantêm esse seu estado jurídico.

Ademais, relembre-se que o art. 53 da Resolução n. 35 do CNJ foi revogado pela mesma Resolução n. 120. Previa a norma que "a declaração dos cônjuges não basta para a comprovação do implemento do lapso de dois anos de separação no divórcio direto. Deve o tabelião observar se o casamento foi realizado há mais de dois anos e a prova documental da separação, se houver, podendo colher declaração de testemunha, que consignará na própria escritura pública. Caso o notário se recuse a lavrar a escritura, deverá formalizar a respectiva nota, desde que haja pedido das partes neste sentido". Isso se deu diante da retirada do prazo para o divórcio pela Emenda Constitucional 66/2010, questão exaustivamente mencionada no presente capítulo.

Pontuo, ainda, que a Resolução n. 571/2024 incluiu na Resolução n. 35/2007 do CNJ um novo art. 46-A, prevendo que "as disposições desta Seção aplicam-se, no que couber, à extinção consensual da união estável". Segue-se, portanto, a necessária tendência de equiparação das entidades familiares quanto à sua dissolução, premissa que guiou o Projeto de Reforma do Código Civil, como visto.

Como última nota doutrinária a respeito da Resolução n. 35 do CNJ, todas as regras ora comentadas devem ser observadas e levadas em conta no caso da lavratura de escritura pública digital de divórcio ou de dissolução de união estável, nos termos do que já estava tratado no Provimento 100/2020, da mesma instituição, em 2023 incorporado ao novo Código Nacional de Normas do próprio Conselho Nacional de Justiça.

Superado esse assunto, e como outro tema de relevo que deve ser estudado neste tópico, anote-se que o art. 18 da Lei de Introdução às Normas do Direito Brasileiro expressa que, tratando-se de brasileiros, são competentes as autoridades consulares brasileiras para lhes celebrar o casamento e os demais atos de Registro Civil e de tabelionato, inclusive o registro de nascimento e de óbito dos filhos de brasileiro ou brasileira nascidos no país da sede do Consulado. O dispositivo recebeu dois novos parágrafos por força da Lei 12.874, de outubro de 2013, tratando do *divórcio extrajudicial consular*.

O primeiro parágrafo preceitua que as autoridades consulares brasileiras também poderão celebrar a separação consensual e o divórcio consensual de brasileiros, não havendo filhos menores ou incapazes do casal e observados os requisitos legais quanto aos prazos. Dessa escritura devem constar as disposições relativas à descrição e à partilha dos bens comuns e à pensão alimentícia e, ainda, ao acordo quanto à retomada pelo cônjuge de seu nome de solteiro ou à manutenção do nome adotado quando se deu o casamento.

A norma nasce desatualizada, na minha opinião doutrinária. De início, porque, segundo a corrente seguida por esta obra, não há que se falar mais em separação extrajudicial consensual. Ademais, diante da mesma Emenda Constitucional 66/2010 não existem mais prazos mínimos para o divórcio.

Em complemento, o § 2.º do art. 18 da LINDB expressa que "é indispensável a assistência de advogado, devidamente constituído, que se dará mediante a subscrição de petição, juntamente com ambas as partes, ou com apenas uma delas, caso a outra constitua advogado próprio, não se fazendo necessário que a assinatura do advogado conste da escritura pública". Esse último comando segue a linha do que constava do art. 1.124-A do CPC/1973 quanto à exigência da presença de advogados nas escrituras de separação e divórcio lavradas perante os Tabelionatos de Notas, o que foi confirmado pelo art. 733 do CPC/2015.

Como último tema a ser comentado neste tópico, algumas palavras devem ser ditas sobre o *divórcio unilateral* ou *impositivo*.

Como visto, a Emenda do Divórcio trouxe como principal impacto prático a facilitação do divórcio, retirando os prazos para tanto. A par dessa facilitação – e também diante da tão citada tendência de desburocratização e de extrajudicialização –, a Corregedoria-Geral do Tribunal de Justiça do Estado de Pernambuco editou norma administrativa, elaborada pelo Desembargador Jones Figueirêdo Alves, no sentido de permitir o divórcio diretamente no Cartório de Registro Civil, o que justamente se denomina como *divórcio unilateral* ou *impositivo* (Provimento 06/2019). A medida acabou por ser reproduzida pela Corregedoria-Geral do Tribunal de Justiça do Maranhão.

Entretanto, em decisão prolatada em pedido de providências instaurado de ofício, no final de maio de 2019, o Corregedor-Geral do Conselho Nacional de Justiça decidiu suspender as medidas administrativas, recomendando que os Tribunais Estaduais não editem normas no mesmo sentido. Segundo o Ministro Humberto Martins, existiriam dois óbices jurídicos no provimento do Estado de Pernambuco (CNJ, Pedido de Providências 0003491-78.2019.2.00.0000).

O primeiro teria natureza formal, uma vez que o divórcio unilateral ou impositivo implicaria a inexistência de consenso entre os cônjuges, presente uma forma de divórcio litigioso. Sobre essa modalidade, segundo o julgador, não há amparo legal para que seja efetivada extrajudicialmente, mas apenas por meio de uma sentença judicial, nos termos do que consta dos arts. 693 a 699-A do vigente Código de Processo Civil.

O Ministro Humberto Martins acrescentou que, por haver matéria atinente ao Direito Civil e ao Processual Civil, há competência exclusiva da União para tratar do seu conteúdo e por meio de lei federal, nos termos do art. 22, incisos I e XXV, da Constituição da República. Sendo assim, não seria possível tratar do tema por meio de uma norma de cunho administrativo no âmbito da Corregedoria-Geral de Justiça de uma Corte Estadual.

Do ponto de vista material, o Corregedor-Geral de Justiça do CNJ pontuou que o Provimento 06/2019 do TJPE não observou o princípio da isonomia, "uma vez que estabelece uma forma específica de divórcio no Estado de Pernambuco, criando disparidade entre esse e os demais Estados que não tenham provimento de semelhante teor". Nesse contexto, caso mantida a sua vigência, haveria uma "consequência gravíssima para a higidez do direito ordinário federal, cuja uniformidade é um pressuposto da Federação e da igualdade entre os brasileiros. A Constituição de 1988 optou pela centralização legislativa nos mencionados campos do Direito. Ao assim proceder, o constituinte objetivou que o mesmo artigo do Código Civil ou do Código de Processo Civil fosse aplicado aos nacionais no Acre, em Goiás, em Natal, em São Paulo, no Rio Grande do Sul e nos demais Estados. Quando houver aplicação divergente dessas normas, entrará a função uniformizadora do Superior Tribunal de Justiça, o Tribunal da Cidadania, por meio do recurso especial. Aceitar que um tribunal local legisle, embora não se utilize essa terminologia no texto do Provimento n. 06/2019, é o mesmo que negar a existência do Superior Tribunal de Justiça e suas funções constitucionais".

Por fim, está destacado no *decisum* do CNJ que o único meio de se buscar o divórcio extrajudicial no atual sistema jurídico é pela via consensual, mediante escritura pública lavrada de comum acordo pelos cônjuges perante o Tabelionato de Notas, nos termos do que consta do atual art. 733 do Código de Processo Civil de 2015. E arremata o Ministro Corregedor Humberto Martins: "desse modo, o 'divórcio impositivo', trazido pelo Provimento n. 06/2019, ao dispor que uma das partes poderá comparecer ao registro civil para requerer o divórcio, desconsidera o fato de que não existe consenso por parte do outro cônjuge (hipótese em que o divórcio deverá ser realizado judicialmente)".

Diante desses argumentos, que são bem plausíveis e fortes juridicamente, notadamente do ponto de vista formal, resolvemos, por meio de um conjunto de estudiosos sobre o tema, propor ao Senador Rodrigo Pacheco, de Minas Gerais, projeto de lei tratando do instituto (PLS 3.457/2019). O texto foi claramente inspirado pela norma administrativa do Tribunal de Pernambuco, tendo sido revista por mim e pelos Professores Mário Luiz Delgado e José Fernando Simão, além do próprio Desembargador Jones Figueirêdo Alves.

De todo modo, destaco que prefiro falar doutrinariamente em *divórcio unilateral*, havendo certa correspondência à resilição unilateral prevista para os contratos em geral e tratada pelo art. 473, *caput*, do Código Civil.

A ideia é incluir um art. 733-A no vigente Código de Processo Civil, o que afasta todos os óbices – formal e material – apontados pelo Ministro Humberto Martins em sua decisão no âmbito do Conselho Nacional de Justiça. Conforme o texto proposto, na falta de anuência do outro cônjuge para a lavratura da escritura, não havendo nascituro ou filhos incapazes e observados os demais requisitos legais, qualquer um dos cônjuges poderá requerer, diretamente no Cartório de Registro Civil das Pessoas Naturais em que lançado o assento do seu casamento, a averbação do divórcio, à margem do respectivo assento.

Esse pedido de divórcio unilateral será subscrito pelo interessado e também por advogado ou Defensor Público, constando a qualificação e a assinatura do cônjuge do pedido e da averbação levada a efeito. Sucessivamente, o cônjuge não anuente será notificado pessoalmente, para fins de prévio conhecimento da averbação pretendida. Na hipótese de não ser encontrado o cônjuge notificando, ocorrerá a sua notificação por edital, após insuficientes as buscas de endereços constantes das bases de dados disponibilizadas ao sistema do Poder Judiciário.

Também está previsto na proposta legislativa que, depois de efetivada a notificação pessoal ou por edital, o Oficial do Registro Civil das Pessoas Naturais procederá, em cinco dias, à averbação do divórcio unilateral. Se for o caso, em havendo no pedido de averbação do divórcio cláusula relativa à alteração do nome do cônjuge requerente, com a retomada do uso do seu nome de solteiro, o Oficial de Registro Civil que averbar o ato no assento de casamento também anotará a alteração no respectivo assento de nascimento, se de sua unidade, ou, se de outra, comunicará ao Oficial competente para a necessária anotação.

Além dessa possibilidade de alteração do nome, nenhuma outra pretensão poderá ser cumulada ao pedido de divórcio unilateral, especialmente as relativas aos alimentos familiares, ao arrolamento e à partilha de bens, ou mesmo relacionadas a medidas protetivas, que serão tratados pelo juízo competente, ou seja, somente no âmbito do Poder Judiciário.

Concretiza-se, assim, a ideia doutrinária segundo a qual o pedido único e isolado de divórcio passou a ser um direito potestativo do cônjuge, notadamente se não estiver cumulado com outros pleitos de natureza subjetiva. Em havendo direito potestativo, não há como haver resistência da outra parte, que se encontra em estado de sujeição. Tanto isso é verdade que há quem entenda que o divórcio pode ser concedido liminarmente ou por meio de tutela provisória.

Nessa linha, destaco o Enunciado n. 46 do IBDFAM, aprovado no seu *XIII Congresso Brasileiro*, no ano de 2021: "excepcionalmente, e desde que justificada, é possível a decretação do divórcio em sede de tutela provisória, mesmo antes da oitiva da outra parte".

Pois bem, muitas são as situações concretas em que essa modalidade de divórcio unilateral traz vantagens práticas. Primeiro, cite-se a hipótese em que o outro cônjuge não quer conceder o fim do vínculo conjugal por mera "implicância pessoal", mantendo-se inerte quanto à lavratura da escritura de divórcio consensual e negando-se também a comparecer em juízo. Segundo, podem ser mencionados os casos em que um dos cônjuges se encontra em local incerto e não sabido, ou mesmo desaparecido há anos, não podendo o outro divorciar-se para se casar novamente.

Por fim, destaquem-se as situações de violência doméstica, em que o diálogo entre as partes é impossível e deve ser evitado, sendo urgente e imperiosa a decretação do divórcio do casal. Em todos esses casos, decreta-se o divórcio do casal, deixando o debate de outras questões para posterior momento.

Como bem pontuado pelo Professor e Registrador Gustavo Canheu, além dessa mudança no Código de Processo Civil, é preciso alterar a Lei 8.935/1994 (Lei dos Cartórios) e a Lei 6.015/1973 (Lei de Registros Públicos), para que seja introduzida expressamente a competência dos Cartórios de Registro Civil das Pessoas Naturais para o registro dessa nova modalidade de divórcio unilateral..

No atual Projeto de Reforma do Código Civil, como não poderia ser diferente, há proposição semelhante, que recebeu alterações quanto ao projeto original, após intensos debates na Comissão de Juristas nomeada no âmbito do Senado Federal, incluindo-se também o convivente que viva em união estável.

O novo art. 1.582-A da Lei Civil tratará do divórcio unilateral, mediante um procedimento extrajudicial próprio no Cartório de Registro Civil das Pessoas Naturais (RCPN), que recebe uma nova atribuição. Não há dúvida de que se trata de mais do que necessária medida de extrajudicialização, uma das linhas adotadas pela Reforma e em prol do princípio da operabilidade, confirmando-se a afirmação de ser o divórcio um direito potestativo, como está sendo projetado no novo art. 1.511-D.

Nos termos do *caput* da norma projetada, "o cônjuge ou o convivente poderão requerer unilateralmente o divórcio ou a dissolução da união estável no Cartório do Registro Civil em que está lançado o assento do casamento ou onde foi registrada a união, nos termos do § 1.º do art. 9.º deste Código". Como se pode perceber, o procedimento extrajudicial somente se aplica à união estável que estiver registrada no Livro E, no próprio Cartório de Registro das Pessoas Naturais.

Quanto ao procedimento, de início, o pedido de divórcio ou de dissolução da união estável será subscrito pelo interessado e por advogado ou por defensor público (art. 1.582-A, § 1.º). Será notificado prévia e pessoalmente o outro cônjuge ou convivente para conhecimento do pedido, dispensada a notificação se estiverem presentes perante o oficial ou tiverem manifestado ciência por qualquer meio (art. 1.582-A, § 2.º). Como se pode perceber, há um procedimento extrajudicial de notificação da parte contrária, não se cogitando a presença de um divórcio-surpresa, como alguns chegaram a cogitar e a criticar.

Pontuo que não cabe a verdadeira *anedota jurídica*, feita por críticos da proposta, de que seriam surpreendidos pelo divórcio quando voltassem de viagem. A premissa é de que o outro cônjuge ou convivente seja notificado da dissolução do procedimento que almeja a dissolução do vínculo. Somente na hipótese de não serem encontrados o cônjuge e o convivente para serem notificados, proceder-se-á com a sua notificação editalícia, após exauridas as buscas de endereço nas bases de dados disponibilizadas ao sistema judiciário (art. 1.582-A, § 3.º). Após efetivada a notificação pessoal ou por edital, o oficial do Registro Civil procederá, em cinco dias, à averbação do divórcio ou à da dissolução da união estável (art. 1.582-A, § 4.º).

Reitero que a medida é muito útil na prática, sobretudo nos casos de violência familiar e doméstica, nas situações em que o outro cônjuge ou convivente está em local incerto e não sabido, ou mesmo quando ele se nega a assinar o divórcio, por anos a fio. Vale lembrar que muitos julgados, hoje, já decretam o divórcio liminar, sem ouvir a outra parte, aplicando o art. 356 do Código de Processo Civil. Nesse sentido, com várias ementas que se repetem no Tribunal do Paraná no mesmo sentido:

"(...). O direito de casar. Porque voltado para a constituição de uma comunhão de vida. E, da mesma forma, o direito de manter-se casado e de extinguir o casamento. Porque o amor é uma ação que somente pode ser exercida na liberdade. É um direito individual potestativo, que decorre da autonomia privada no âmbito das relações familiares, que, ao fim e ao cabo, abrange o direito de escolher, manter e extinguir a entidade familiar. O Estado não pode, por meio da técnica processual, constranger ninguém nem a se casar nem, tampouco, a se manter casado contra a sua vontade manifesta. O divórcio liminar confere máxima efetivação dos direitos de personalidade, produz imediato alívio psicológico ao demandante e não gera nenhum prejuízo ao demandado. Precedente do Supremo Tribunal

Federal. Literatura jurídica. [...]. Na dimensão biopolítica, o processo deve servir à vida, não a vida ao processo, sob pena de não se tutelar adequadamente a dignidade da pessoa humana, tornando a técnica jurídica refém do positivismo e do formalismo exacerbados. Logo, não se pode ignorar a força criativa dos fatos sociais, os quais ganham normatividade, a partir da concretização dos princípios e das garantias constitucionais (como a do acesso à ordem jurídica justa e da razoável duração do processo), e, portanto, maior operabilidade, já que as sociedades contemporâneas exigem formas mais eficientes de solucionar conflitos, inclusive para evitar a eternização de incertezas. Interpretação dos arts. 1.º, inc. III, e 5.º, incs. XXXV e LXXVIII, da Constituição Federal, e 1.º, 4.º e 8.º do Código de Processo Civil. Literatura jurídica. [...]. Não é prudente que o Estado-Juiz mantenha unido um casal, em que um dos cônjuges quer se divorciar, impondo-lhe um duplo sofrimento: Os que já decorrem das próprias circunstâncias da vida, decorrentes da frustração de um projeto conjugal comum, e mais a punição trazida pelo processo judicial que, mesmo diante da manifesta falta de *affectio maritalis*, impõe a manutenção do casamento, quando o divórcio poderia ser determinado *in limine litis*, por se tratar de um direito potestativo. [...]. Por ser a decretação do divórcio um direito humano, potestativo e incondicional do cônjuge que não pretende mais manter o vínculo conjugal, obrigá-lo a aguardar a solução final do processo, suportando sozinho os ônus do tempo de tramitação processual, sabendo-se que o demandado não terá razões jurídicas para se opor ao pedido, é uma solução judicial não razoável, desproporcional, inefetiva e inadequada, seja da perspectiva do direito processual, seja a do direito material. Em outras palavras, é inadmissível a criação de obstáculos processuais não razoáveis para a manutenção do casamento contra a vontade da parte" (TJPR, Recurso 0076124-03.2023.8.16.0000, Maringá, 12.ª Câmara Cível, Rel. Des. Eduardo Augusto Salomão Cambi, j. 11.04.2024, DJPR 11.04.2024).

Destaque-se, ainda, no mesmo sentido, do Tribunal Paulista, com especial relevo para o primeiro julgado, que inclusive cita a proposta de Reforma do Código Civil aqui estudada:

"Agravo de instrumento. Divórcio. As afirmações da mulher são plausíveis quanto ao fato de não ser possível o divórcio consensual pela recalcitrância do marido, apesar de mais de vinte anos de separação de fato (desde 2002) e há verossimilhança inclusive quanto à alegação de que o desconhecimento do endereço dele, no Japão, resulta de sigilo familiar imposto pelo próprio, tanto que a filha do casal, também residente no Japão, se recusou a fornecer dados para agilizar a citação. O contexto autoriza a decretação do divórcio pela norma do art. 300 do CPC, apesar das divergências entre os integrantes da Turma Julgadora. Não há bens partilháveis, tampouco interesse por alimentos, guarda de filhos e até questão de nome (a mulher não mudou o nome de solteira ao casar). A tudo isso some-se ao fato de que, com o tempo e as mudanças naturais impostas pelo ciclo da vida, fizeram com que a pretendente, antes enfermeira, esteja próxima de obter a graduação em medicina, o que abre portas para ingresso em empresas de mercado de saúde suplementar, exigindo regularidade e atualidade no *status* civil. Divórcio unilateral, de modo extrajudicial, previsto como uma das normas a serem introduzidas no Código Civil (art. 1.582-A) pela comissão de juristas encarregadas de modernização" (TJSP, Agravo de Instrumento 2091712-03.2024.8.26.0000, 4.ª Câmara de Direito Privado, Rel. Des. Enio Zuliani, j. 25.04.2024).

"Agravo de instrumento. Divórcio. Liminar de separação de corpos concedida. Elementos que indicam a deterioração da relação havida entre o casal. Decisão que deve visar à proteção da agravada e da filha maior. Elementos autorizadores da tutela de urgência. Decisão mantida. Recurso não provido" (TJSP, Agravo de Instrumento 2222953-37.2023.8.26.0000, Acórdão 17119980, Mogi das Cruzes, 5.ª Câmara de Direito Privado, Rel. Des. Erickson Gavazza Marques, j. 01.09.2023, *DJESP* 11.09.2023, p. 1920).

Demonstrando-se que já há julgados aplicando a ideia, e voltando-se ao estudo da proposta, no que diz respeito ao uso do nome, tendo em vista as minhas anotações anteriores sobre o art. 1.578, inclui-se um § 5.º no art. 1.582-A, estabelecendo que, "em havendo, no pedido de divórcio ou de dissolução de união estável, cláusula relativa à alteração do nome do cônjuge ou do requerente para retomada do uso do seu nome de solteiro, o oficial de Registro que averbar o ato, também anotará a alteração no respectivo assento de nascimento, se de sua unidade e, se de outra, comunicará ao oficial competente para a necessária anotação".

Confirma-se, portanto, o direito de se manter o nome incorporado ou de retirá-lo, como já se abstrai, hoje, do teor do art. 57 da Lei de Registros Públicos (Lei 6.015/1973), alterado pela Lei do SERP (Lei 14.382/2022).

Por fim, nos termos da correta interpretação que hoje se faz do art. 356 do CPC/2015, prioriza-se o fim do vínculo, deixando-se outras questões relativas ao casal e aos seus filhos para debate futuro, havendo proposta de um § 6.º no art. 1.582-A nesse sentido: "com exceção do disposto no § 5.º, nenhuma outra pretensão poderá ser cumulada ao pedido unilateral de divórcio ou de dissolução de união estável, especialmente, pretensão de alimentos, arrolamento de bens, guarda de filhos, partilha de bens, exclusão do ex-cônjuge ou convivente de plano de saúde, alteração do domicílio da família, ou qualquer outra medida protetiva ou acautelatória".

Espera-se que a ideia siga adiante, e com especial atenção do Congresso Nacional quanto à sua imperiosa agilidade e pertinência, diminuindo formalidades que ainda persistem no sistema jurídico brasileiro e facilitando a vida das pessoas.

Encerrado o tema do divórcio, com todas as suas nuances e consequências, passa-se ao estudo da possibilidade de discussão de culpa nas ações de dissolução do casamento.

4.2.4 Da possibilidade de se discutir culpa para o divórcio do casal. Do julgamento parcial de mérito nas ações de divórcio (art. 356 do CPC/2015)

Um dos maiores problemas surgidos com a promulgação da Emenda Constitucional 66/2010 refere-se à viabilidade jurídica de discussão da culpa para dissolver o casamento, em sede de ação de divórcio. Em poucos anos de sua entrada em vigor, a inovação gerou o surgimento de uma *Torre de Babel doutrinária* a respeito da problemática, que ainda persiste.

De toda sorte, até o presente momento, prevalece entre os juristas, principalmente entre os doutrinadores que compõem e dirigem o IBDFAM, a tese de impossibilidade de discussão da culpa em sede de ação de divórcio. Assim, se posicionam, por exemplo, Rodrigo da Cunha Pereira, Maria Berenice Dias, Antonio Carlos Mathias Coltro, Giselda Maria Fernandes Novaes Hironaka, Pablo Stolze Gagliano, Rodolfo Pamplona Filho, Cristiano Chaves de Farias, Nelson Rosenvald e José Fernando Simão. Essa é também a opinião de Paulo Lôbo, merecendo destaque as suas palavras:

> "A nova redação da norma constitucional tem a virtude de por cobro à exigência de comprovação da culpa do outro cônjuge e de tempo mínimo. O divórcio, em que se convertia a separação judicial litigiosa, contaminava-se dos azedumes e ressentimentos decorrentes da imputação de culpa ao outro cônjuge, o que comprometia inevitavelmente o relacionamento pós-conjugal, em detrimento sobretudo da formação dos filhos comuns. O princípio do melhor interesse da criança e do adolescente, incorporado ao ordenamento jurídico brasileiro, como 'absoluta prioridade' (art. 227 da Constituição), dificilmente consegue ser observado, quando a arena da disputa é alimentada pelas acusações recíprocas, que o regime de imputação de culpa propicia.

O divórcio sem culpa já tinha sido contemplado na redação originária do § 6.º do art. 226, ainda que dependente do requisito temporal. A nova redação vai além, quando exclui a conversão da separação judicial, deixando para trás a judicialização das histórias pungentes dos desencontros sentimentais.

O direito deixa para a história da família brasileira essa experiência decepcionante de alimentação dos conflitos, além das soluções degradantes proporcionadas pelo requisito da culpa. Os direitos legítimos eram aviltados em razão da culpa do cônjuge pela separação: os filhos tinham limitado o direito à convivência com os pais considerados culpados; o poder familiar era reduzido em razão da culpa; os alimentos eram suprimidos ao culpado, ainda que deles necessitasse para sobreviver; a partilha dos bens comuns era condicionada à culpa ou inocência. O Código Civil de 2003 reduziu bastante esses efeitos, mas não conseguiu suprimi-los de todo: o culpado perde o direito ao sobrenome do outro (art. 1.578); os alimentos serão apenas o necessário à subsistência para o culpado (art. 1.694); o direito sucessório é afetado se o cônjuge sobrevivente for culpado da separação de fato (art. 1.830).

Frise-se que o direito brasileiro atual está a demonstrar que a culpa na separação conjugal gradativamente perdeu as consequências jurídicas que provocava: a guarda dos filhos não pode mais ser negada ao culpado pela separação, pois o melhor interesse deles é quem dita a escolha judicial; a partilha dos bens independe da culpa de qualquer dos cônjuges; os alimentos devidos aos filhos não são calculados em razão da culpa de seus pais e até mesmo o cônjuge culpado tem direito a alimentos 'indispensáveis à subsistência'; a dissolução da união estável independe de culpa do companheiro" (LÔBO, Paulo. Divórcio... Disponível em: <http://www.ibdfam.org.br/?artigos&artigo=629>. Acesso em: 21 fev. 2010).

Em reforço à corrente, destaque-se que Rolf Madaleno foi um dos pioneiros na defesa da premissa de impossibilidade de discussão da culpa no casamento (Conduta... *Direito*... 1998, p. 169). Entre os mais jovens, esse é o entendimento de Leonardo Barreto Moreira Alves, com manifestação que inclui a *Emenda do Divórcio:*

"Logo, quanto às punições baseadas na culpa pela separação judicial, o Código Civil de 2002 é natimorto, exigindo-se uma imediata reforma por parte do legislador, à semelhança do ocorrido, por exemplo, no Direito alemão, o que poderá ser feito no Brasil, a partir da aprovação integral dos Projetos de Lei de números 504/07 e 507/07 ou, com ainda maior eficácia, da Proposta de Emenda à Constituição (PEC) n.º 33/07" (ALVES, Leonardo Barreto Moreira. O fim..., *Temas*..., 2010, p. 123).

A premissa fundamental dessa corrente é que, quando da extinção do casamento por divórcio, torna-se inadmissível o debate de culpa, por gerar uma injustificada demora processual em se colocar fim ao vínculo. Em outras palavras, a discussão da culpa impede a extinção célere do vínculo conjugal e sujeita, desnecessariamente, os cônjuges a uma dilação probatória das mais lentas e sofridas.

Na mesma trilha, Pablo Stolze Gagliano e Rodolfo Pamplona Filho entendem que "com o fim do instituto da separação, desaparecem também tais causas objetivas e subjetivas para a dissolução da sociedade conjugal, E já vão tarde... Afinal, conforme já anotamos ao longo deste trabalho, não cabe ao juiz buscar as razões do fim de um matrimônio. Se o afeto acabou, esse motivo é, por si só, suficiente" (GAGLIANO, Pablo Stolze; PAMPLONA FILHO, Rodolfo. *Novo curso*..., 2011, p. 549). Desse modo, opinam, haveria um *direito potestativo* à extinção do casamento, sem aferição de sua causa, o que é compartilhado por Vicente Greco

Filho (*O divórcio...*, 2011, p. 135). De fato, pelo menos em regra, pode-se falar mesmo na existência de um direito potestativo à extinção do vínculo conjugal.

Todavia, destaque-se que, entre os juristas citados, alguns entendem que a culpa somente pode ser debatida em sede de ação de alimentos ou de demanda de responsabilidade civil entre os cônjuges. Assim pensam Cristiano Chaves de Farias, Nelson Rosenvald e José Fernando Simão. Para outros, a culpa não influencia sequer nos alimentos, caso de Maria Berenice Dias, Rodrigo da Cunha Pereira, Paulo Lôbo, Rolf Madaleno, entre outros.

Como bem pontuado por José Fernando Simão nas edições anteriores desta obra, até 2013, como vantagem a ser festejada diante da emergência da *Emenda*, o divórcio se dará de maneira célere e com um único ato – seja uma decisão judicial ou escritura pública nos casos admitidos pela legislação processual –, o casamento estará desfeito e os antigos cônjuges poderão, agora, divorciados, buscar, em nova união ou casamento, a felicidade que buscaram outrora na relação que se dissolve. Ressalta ainda o doutrinador que, se necessário, que passem anos discutindo a culpa em uma morosa ação de alimentos ou de indenização por danos morais, mas já então livres para buscarem sua realização pessoal e felicidade. Eventualmente, discutir-se-á a culpa, mas não mais entre cônjuges – presos por um vínculo indesejado –, e sim em ações autônomas, entre ex-cônjuges.

Para uma segunda corrente, minoritária, ainda é viável e possível a discussão da culpa para a dissolução do casamento. A essa corrente estou ainda filiado, em parte, pois entendo por tal viabilidade em algumas raras situações, mantendo-se um *modelo dualista, com e sem culpa*, como ocorre com outros ramos do Direito Civil, caso do Direito Contratual e da responsabilidade civil. Por esse caminho de conclusão, o divórcio poderá ser *litigioso* – com pretensão de imputação de culpa – ou *consensual* – sem discussão de culpa.

Nessa linha também se posicionou a advogada especialista em Direito de Família Gladys Maluf Chamma, em artigo publicado no *Jornal Correio Braziliense*, em 15 de fevereiro de 2010:

> "Há, todavia, aqueles que defendem que, como nos processos de divórcio não se admite a discussão da culpa, se aprovada a PEC do Divórcio não seria mais permitido discuti-la ainda que desrespeitados pelos cônjuges os deveres do casamento. Ou seja, entendem referidos profissionais que, culpado ou não, para o cônjuge sair do relacionamento bastaria requerer o divórcio e pronto.
>
> De fato, pela legislação atual ordinária, não há possibilidade de discussão da culpa no divórcio – que deve ser decretado tão-somente com base no lapso temporal.
>
> Todavia, entendemos que o objetivo do legislador não é o de suprimir a discussão da culpa em caso de ruptura da vida em comum do casal, mas apenas de eliminar a figura da separação litigiosa permitindo que qualquer debate tenha lugar nos autos do divórcio. Não há como simplesmente proibir a discussão da culpa, da violação dos deveres do casamento, da conduta desonrosa. Do contrário, qualquer um, em rompante de mau humor, poderá destruir seu lar e se livrar de sua família com um simples requerimento judicial sem qualquer tipo de explicação ou punição, o que não se pode admitir.
>
> O artigo 226 da Constituição Federal dispõe que 'a família, base da sociedade, tem especial proteção do Estado'. E afirma no parágrafo 6.º que 'o casamento civil pode ser dissolvido pelo divórcio, após prévia separação judicial por mais de um ano nos casos expressos em lei, ou comprovada separação de fato por mais de dois anos'.
>
> A PEC do Divórcio modifica tal parágrafo para dispor, única e exclusivamente, que 'o casamento civil pode ser dissolvido pelo divórcio'.
>
> Portanto, reputamos prematura a interpretação de alguns renomados juristas que afirmam que com a PEC do Divórcio nunca mais se poderá discutir a culpa na ruptura da vida em

comum. No nosso entender, a vedação da discussão da culpa no divórcio se aplica apenas aos casos de conversão de separação, judicial ou não, em divórcio. Nos casos de divórcio direto defendemos ser possível, sim, examinar a culpa e todos os demais temas próprios da separação, tais como alimentos, guarda de filhos, partilha etc.

O próprio autor da PEC, deputado Sérgio Barradas Carneiro (PT-BA), afirma que o divórcio direto nos termos por ele propostos só beneficiará aqueles que pretendem se separar consensualmente, uma vez que não serão mais obrigados a ingressar com separação consensual e somente após um ano pedir a conversão em divórcio, ou a aguardar dois anos após a separação de fato para só então poderem se divorciar".

Em sentido próximo, para Rogério Ferraz Donnini, professor da PUCSP, "se extinta a separação nas formas judicial e extrajudicial pela PEC 33/2007, a separação judicial litigiosa, regulada nos arts. 1.572 e 1.573 do Código Civil, deverá ser transformada em divórcio litigioso e os cônjuges discutirão em juízo eventuais atos de violação aos deveres do casamento, tornando insuportável a vida em comum, tais como ruptura da viga conjugal por mais de um ano, adultério, tentativa de morte, sevícia, injúria grave, condenação por crime infamante, conduta desonrosa, entre outras hipóteses" (DONNINI, Rogério Ferraz. Dissolução... *Revista Brasileira de Direito Civil Constitucional*..., 2009, p. 26).

Do mesmo modo, o Professor Álvaro Villaça Azevedo entende pela manutenção do debate da culpa na ação de divórcio, devendo o juiz da causa dar prioridade à decretação da dissolução do vínculo pelo casal, seguindo no feito na discussão das demais questões:

"Entendo que, se nesse pedido fosse requerido o reconhecimento de outro direito, como o relativamente a alimentos, a dano moral, ao nome, à guarda de filhos, à permanência de um deles no imóvel do casal, ou do outro cônjuge; como também pode acontecer presentemente, não pode ser obstada a eventual comprovação de culpa, que influir na decisão judicial, quanto aos aludidos assuntos. Todavia os pedidos devem ser decididos individualmente, principalmente o de divórcio, que, atualmente, deve ser decretado imediatamente, continuando o processo quanto às demais matérias. Melhor será que cada pedido seja feito individualmente" (AZEVEDO, Álvaro Villaça. Emenda... Disponível em: <http://www.flaviotartuce.adv.br/secoes/artigosc/villaca_emenda.doc>. Acesso em: 10 jan. 2011).

Apesar das palavras transcritas, deve ficar claro o meu posicionamento – na linha da melhor doutrina e jurisprudência, anterior à EC 66/2010 –, no sentido de se admitir a *mitigação da culpa* em muitas situações, como nos casos de culpa recíproca dos cônjuges ou de sua difícil investigação, a tornar o processo tormentoso para as partes hipóteses. Do mesmo modo, é possível a mitigação da culpa em hipóteses de fim do amor ou de deterioração factual do casamento, decretando-se agora o divórcio por mera causa objetiva, conforme outrora entendia a jurisprudência nacional quanto à separação. Nessa linha, por todos os acórdãos anteriores que assim concluíam, destaco os seguintes:

"Separação judicial. Inexistência de amor. A inexistência de amor autoriza a separação, não a imputação de culpa pelos desentendimentos do casal" (TJSP, AC 270.393-4/2-00, Ac. unân. da 4.ª CDPriv, Rel. Des. Carlos Stroppa, j. 04.09.2003).

"Separação judicial. Casamento. Cônjuge. Deveres. Violação. Culpa. Deterioração factual. Em separação judicial, é reconhecida a responsabilidade de ambos os cônjuges pela 'deterioração factual' do casamento, quando não há prova que só um deles é o responsável pelo fracasso da relação, tornando insuportável a vida em comum. Nega-se provimento à apelação" (TJMG, Acórdão 1.0024.03.104852-3/001, 4.ª Câmara Cível, Belo Horizonte, Rel. Des. Almeida Melo, j. 07.04.2005, *DJMG* 03.05.2005).

Em suma, fica mantido o entendimento da evolução da jurisprudência nacional. Nessa linha, interessante transcrever ementa de acórdão do Superior Tribunal de Justiça, que representa importante precedente, em que se decretou a separação por mera insuportabilidade da vida conjugal, havendo pedido de discussão da culpa e não sendo esta comprovada:

"Direito civil. Direito de família. Separação por conduta desonrosa do marido. Prova não realizada. Irrelevância. Insuportabilidade da vida em comum manifestada por ambos os cônjuges. Possibilidade da decretação da separação. Nova orientação. Código Civil de 2002 (art. 1.573). Recurso desacolhido. Na linha de entendimento mais recente e em atenção às diretrizes do novo Código Civil, evidenciado o desejo de ambos os cônjuges em extinguir a sociedade conjugal, a separação deve ser decretada, mesmo que a pretensão posta em juízo tenha como causa de pedir a existência de conduta desonrosa" (STJ, REsp 433.206/DF, 4.ª Turma, Rel. Min. Sálvio de Figueiredo Teixeira, *DJ* 07.04.2003, j. 06.03.2003, p. 293; Veja: STJ, REsp 467.184/SP).

Consigne-se que essa tendência de afastamento da culpa como motivo da separação de igual modo foi observada pela aprovação de enunciado na *III Jornada de Direito Civil*, idealizada pelo Conselho da Justiça Federal e pelo Superior Tribunal de Justiça, entre os dias 1.º e 3 de dezembro de 2004. Conforme proposta do desembargador do TJRS Luiz Felipe Brasil Santos, foi aprovado o seguinte enunciado: "formulado o pedido de separação judicial com fundamento na culpa (art. 1.572 e/ou art. 1.573 e incisos), o juiz poderá decretar a separação do casal diante da constatação da insubsistência da comunhão plena de vida (art. 1.511) – que caracteriza hipótese de 'outros fatos que tornem evidente a impossibilidade da vida em comum' – sem atribuir culpa a nenhum dos cônjuges" (Enunciado n. 254 do CJF/STJ). Esse enunciado, em total consonância com a jurisprudência do STJ, complementa outro, aprovado na *I Jornada de Direito Civil*, segundo o qual, na separação-sanção, recomendava-se a apreciação objetiva de fatos que tornem evidentes a impossibilidade da vida em comum (Enunciado n. 100 do CJF/STJ).

De fato, em muitas situações é difícil a prova de quem, realmente, foi o culpado pelo fim do casamento ou pela quebra da afetividade. No que concerne à prova de quem é o culpado pela separação, ensina Rodrigo da Cunha Pereira que "estabelecer quem é o culpado realmente não é tarefa fácil. É que o verdadeiro motivo para o fim da conjugalidade, muitas vezes, nem os próprios cônjuges ou companheiros são capazes de saber. Frequentemente, a intolerância que se apresenta é apenas um sintoma da dificuldade de conviver com as diferenças" (PEREIRA, Rodrigo da Cunha. *Código Civil...*, 2004, p. 1.110). Na mesma esteira, comenta Claudete Carvalho Canezin o seguinte:

"Como se percebe, a aferição de culpa e sua atribuição a apenas um dos cônjuges, quando da dissolução da sociedade conjugal, presta-se apenas ao Poder Judiciário que, em cumprimento da Lei, deverá imputar ao cônjuge considerado 'culpado' (aspas propositais) as penalidades ou consequências decorrentes da sua atitude 'culposa' (novamente as aspas). Significa dizer essa perquirição de culpa somente beneficia e, supostamente, é necessária para o Judiciário, em hipótese nenhuma, à família que está prestes a desfazer. De tal sorte, que não deve ser esta a preocupação do Direito. Afinal, a separação judicial ou divórcio, de per si já represente uma grande penúria e preocupações, sendo, pois, desnecessárias outras tantas em função da culpa" (Da culpa..., *Direito civil...*, 2006, p. 747).

Todavia, pelas razões a seguir expostas, a culpa não só pode como deve ser discutida em algumas situações complexas que envolvem o casamento. Vejamos os argumentos para tal premissa de conclusão.

De início, a culpa é conceito inerente ao ser humano, que dela não se pode livrar. Giselle Câmara Groeninga expõe que "como mostra a compreensão psicanalítica, é impossível ignorar a culpa. Ela é inerente ao ser humano e à civilização, dado seu valor axiológico. O que se afigura nos dias atuais é a substituição do paradigma da culpa pelo paradigma da responsabilidade, resgatando-se o valor axiológico e epistemológico dos questionamentos relativos à culpa. Assim, o caminho não é o da simplificação, simplesmente negando-se a questão da culpa" (GROENINGA, Giselle Câmara. Sem mais desculpas... In: DIAS, Maria Berenice. *Direito*... Contributo..., 2010, p. 166). Desse modo, em uma visão interdisciplinar, a categoria não pode ser desprezada nas relações sociais, em particular nas interações jurídicas familiares, hipótese em que se enquadra o casamento.

Muitas vezes ambos os cônjuges querem a discussão da culpa no caso concreto, para *maturação* de seus problemas pessoais. Como ficará então a solução para essa vontade em um modelo *monista*, sem a viabilidade de verificação de culpa? Ora, entender pelo afastamento da culpa, em casos tais, parece conduzir a um forte desrespeito à liberdade individual, que contraria a proteção constitucional da autonomia privada, retirada do art. 1.º, inc. III, da Constituição. Sem dúvida que, em algumas situações, justifica-se a intervenção e a mitigação da autonomia, mormente para a proteção de vulneráveis, ou de valores fundamentais. Não parece ser o caso da dissolução do casamento.

Ademais, é preciso se atentar para o próprio conceito de culpa, que deve ser concebida como o desrespeito a um dever preexistente, seja ele decorrente da lei, da convenção das partes, ou do senso comum. Há tempos que parte da doutrina, nacional ou estrangeira, aponta o abandono a elementos subjetivos da culpa, como a intenção de descumprimento a um dever, por imprudência, negligência ou imperícia (por todos, ver: ALPA, Guido; BESSONE, Mario. *Trattato*... Obbligazione..., 1987, p. 210-221).

Constata-se que o sistema do casamento ainda é mantido com deveres aos cônjuges, seja pela norma, ou pelo sentido coletivo que ainda persiste na sociedade brasileira (art. 1.566 do CC/2002). Nessa linha, a culpa existente no casamento é justamente o desrespeito a um desses deveres, o que pode motivar, sim, a dissolução da união. Negar a culpa para dissolver o casamento é negar o dever de fidelidade (art. 1.566, inc. I, do CC/2002), passando este a constituir mera faculdade jurídica, o que não é a nossa realidade jurídica.

Sem a análise da culpa, como ficaria a questão da responsabilidade civil decorrente do casamento, gerando o dever de indenizar dos cônjuges? Caio Mário da Silva Pereira é um dos juristas, dentre tantos, que afirma que a culpa constitui um *conceito unitário para o Direito* (PEREIRA, Caio Mário da Silva. *Responsabilidade*..., 1994, p. 80). Sendo assim, se a categoria serve para atribuir o dever de indenizar, também deve ser utilizada para dissolver a união, até por uma questão de bom senso sistemático e de economia. Somente para ilustrar, parece ilógico não se atribuir culpa a um dos cônjuges nos casos de violência doméstica, de transmissão de graves doenças sexuais ao outro, ou de existência de famílias paralelas com sérias repercussões sociais.

Se a culpa gera a indenização em casos tais, também dissolve o vínculo matrimonial. Não se pode pensar que, em tais casos, haverá uma *meia culpa*, somente para os fins de responsabilidade civil, sem repercussões familiares. A ação de divórcio pode ser cumulada com a reparação dos danos, correndo na própria Vara da Família. Isso não impede que o juiz da causa decrete o divórcio do casal, mediante pedido de ambos, e prossiga na análise da culpa para outros fins.

Além disso, juridicamente a culpa é conceito que persiste e que será mantido no Direito das Obrigações, no Direito Contratual e na Responsabilidade Civil. Desse modo, obviamente, a categoria deve ser preservada para extinguir os vínculos conjugais no Direito de Família. Entender o contrário fere o razoável e uma visão unitária do ordenamento jurídico privado. Eventuais argumentos históricos de *conquistas* não podem dar, ao Direito de Família, tal suposto *privilégio*. Aliás, fica a dúvida de que se afastar a culpa e conceber um modelo unitário é mesmo uma *vantagem*.

Por fim, quanto ao tema, reitero que a existência de um modelo *dual* ou *binário*, com e sem culpa, atende melhor aos múltiplos anseios da sociedade pós-moderna, identificada pelo pluralismo e pela hipercomplexidade.

Diante de todos esses argumentos, acredito ser plenamente possível o debate da culpa na ação de divórcio, especialmente para a fixação de alimentos e para a atribuição da responsabilidade civil ao cônjuge. Em outras palavras, é possível a cumulação de todos esses pedidos, devendo o juiz pronunciar *sentenças parciais*, no curso da demanda, sucessivamente, de acordo com os interesses das partes e a definição de prioridades.

A título de exemplo, havendo pedido de divórcio cumulado com alimentos, o juiz pode deferir o divórcio por sentença – sem atribuição inicial da culpa – e seguir no curso da lide a discussão a respeito dos alimentos e da eventual influência da culpa para a sua fixação. Tal opção não afasta a possibilidade de as partes ingressarem com duas ações autônomas: uma de divórcio e outra de alimentos, o que depende de sua pretensão.

Filia-se, portanto, à solução que vinha sendo adotada pelo Desembargador Caetano Lagrasta Neto, ora aposentado, em julgamentos perante o Tribunal de Justiça de São Paulo, no que concerne aos *capítulos de sentença*, tese desenvolvida por Cândido Rangel Dinamarco.

Assim, nos termos do outrora citado acórdão da 8.ª Câmara de Direito Privado do Tribunal de Justiça de São Paulo, proferido no Agravo de Instrumento 990.10.357301-3, em 12 de novembro de 2010, de sua relatoria:

> "Discussões restantes: nome, alimentos, guarda e visitas aos filhos, bem como a patrimonial, devem ser resolvidas, conforme ensinamentos de Cândido Rangel Dinamarco, em 'cisão da sentença em partes, ou capítulos, em vista da utilidade que o estudioso tenha em mente. É lícito: a) fazer somente a repartição dos preceitos contidos no decisório, referentes às diversas pretensões que compõem o mérito; b) separar, sempre no âmbito do decisório sentencial, capítulos referentes aos pressupostos de admissibilidade do julgamento do mérito e capítulos que contêm esse próprio julgamento; c) isolar capítulos segundo os diversos fundamentos da decisão' (Capítulos de Sentença. 4.ª ed., São Paulo: Malheiros Editores, p. 12). Observa-se que solução diversa não preservaria a força normativa da Constituição e a carga axiológica decorrente da normatização dos princípios da dignidade humana e liberdade na busca do amor e da felicidade".

O Código de Processo Civil de 2015, como feliz inovação, acabou por adotar tais ideias em parte, que têm grande incidência para o Direito de Família. Na dicção do seu art. 356, passa a ser possível o *julgamento antecipado parcial* do mérito, quando um ou mais dos pedidos formulados ou parcela deles: *a)* mostrar-se incontroverso; *b)* estiver em condições de imediato julgamento, por não haver a necessidade de produção de provas ou por ter ocorrido à revelia.

Cite-se justamente o caso em que o divórcio se mostra incontroverso, podendo a demanda seguir para o debate de outras questões. Conforme correto enunciado aprovado na *VII Jornada de Direito Civil*, de setembro de 2015, que adota essa ideia, "transitada em julgado a decisão concessiva do divórcio, a expedição de mandado de averbação independe do julgamento da ação originária em que persista a discussão dos aspectos decorrentes da dissolução do casamento" (Enunciado n. 602). No mesmo sentido, o Enunciado n. 18 do IBDFAM, aprovado no seu *X Congresso Brasileiro*, em outubro do mesmo ano: "nas ações de divórcio e de dissolução da união estável, a regra deve ser o julgamento parcial do mérito (art. 356 do Novo CPC), para que seja decretado o fim da conjugalidade, seguindo a demanda com a discussão de outros temas".

Cumpre acrescentar que na *II Jornada de Direito Processual Civil*, promovida pelo Conselho da Justiça Federal em 2018, aprovou-se o Enunciado n. 117, estabelecendo que esse comando pode ser aplicado nos julgamentos dos Tribunais, de segunda e terceira instância, o que alcança o divórcio, no meu entender.

Em complemento, estabelece o Estatuto Processual de 2015 que a decisão que julgar parcialmente o mérito poderá reconhecer a existência de obrigação líquida – certa quanto à existência e determinada quanto ao valor –, ou mesmo ilíquida – que não preenche tais requisitos (art. 356, § 1.º, do CPC/2015). A parte poderá liquidar ou executar, desde logo, a obrigação reconhecida na decisão que julgar parcialmente o mérito, independentemente de caução ou garantia, ainda que haja recurso contra essa interposto (art. 356, § 2.º, do CPC/2015).

Na hipótese dessa execução, se houver trânsito em julgado da decisão, a execução será definitiva (art. 356, § 3.º, do CPC/2015). Além disso, a liquidação e o cumprimento da decisão que julgar parcialmente o mérito poderão ser processados em autos suplementares, a requerimento da parte ou a critério do juiz (art. 356, § 4.º, do CPC/2015).

Por fim, quanto à análise da norma processual, está previsto na norma emergente que a decisão proferida com base neste artigo é impugnável por agravo de instrumento (art. 356, § 5.º, do CPC/2015). No campo processual, anote-se que essa já era a posição da doutrina especializada, conforme exposto nas edições anteriores desta obra (TARTUCE, Fernanda. *Processo civil...*, 2012, p. 253).

Destaque-se que, na prática, alguns julgamentos já seguem a solução de subsumir o art. 356 do CPC/2015 para as ações de divórcio. A título de exemplo, do Tribunal Gaúcho: "situação em que o autor ingressou com ação de conversão de separação judicial em divórcio, requerendo, cumulativamente, a revisão de alimentos e regulamentação de visita, optando pelo procedimento comum. O provimento deste recurso limita-se à desconstituição da sentença no que diz com a extinção do feito relativamente às pretensões cumuladas (item 'a' do dispositivo sentencial). Resta, porém, subsistente o Decreto de divórcio (item 'b' do dispositivo sentencial). Tal solução é agora autorizada pelo art. 356, I, do CPC, na medida em que não há controvérsia quanto ao pedido de divórcio" (TJRS, Apelação Cível 0005725-67.2017.8.21.7000, 8.ª Câmara Cível, Canoas, Rel. Des. Luiz Felipe Brasil Santos, j. 23.03.2017, *DJERS* 30.03.2017).

Do Tribunal Catarinense, exatamente no mesmo caminho: "de acordo com o art. 356, I, do CPC, se um dos pedidos for incontroverso, é possível o julgamento antecipado parcial de mérito. Tal disposição é aplicável às ações que envolvem direito de família, podendo, nesses termos, ser decretado o divórcio sem prejuízo do prosseguimento da ação para o debate das demais questões, tal como guarda dos filhos e alimentos" (TJSC, Agravo de Instrumento 4016783-97.2016.8.24.0000, 1.ª Câmara de Direito Civil, Criciúma, Rel. Des. Domingos Paludo, *DJSC* 23.03.2017, p. 83).

Em 2019, surgiu importante *decisum* no âmbito do Superior Tribunal de Justiça, aplicando o art. 356 do CPC/2015 para confirmar a separação de fato do casal, para os devidos fins de partilha de bens. Vejamos o trecho fundamental da ementa:

"O CPC/15 passou a admitir, expressamente, a possibilidade de serem proferidas decisões parciais de mérito, reconhecendo a possibilidade de pedidos cumulados ou de parcelas de pedidos suscetíveis de fracionamento estarem aptos para julgamento em momentos processuais distintos, seja porque sobre eles não existe controvérsia, seja porque sobre eles não há necessidade de mais aprofundada dilação probatória, com aptidão, em ambas as hipóteses, para a formação de coisa julgada material. Na hipótese, a decisão que fixou a data da separação de fato do casal para fins de partilha de bens versa sobre o mérito do processo, na medida em que se refere a um diferente fragmento de um mesmo pedido e de um mesmo objeto litigioso – a partilha de bens das partes –, especialmente porque a pretensão de partilha de bens deduzida em juízo pressupõe a exata definição 'do quê' se partilha, o que somente se pode delimitar a partir do exame dos bens suscetíveis de divisão em um determinado lapso temporal" (STJ, REsp 1.798.975/SP, 3.ª Turma, Rel. Min. Nancy Andrighi, j. 02.04.2019, *DJe* 04.04.2019).

Como é possível perceber, ainda grandes são os desafios e inúmeros serão os debates relativos à *Emenda do Divórcio*, o que foi incrementado pelo Código de Processo Civil de 2015.

Em verdade, o debate a respeito da culpa é ainda um dos pontos de profundo debate, teórico e prático, da temática do divórcio, o que se pretende resolver definitivamente com o Projeto de Reforma do Código Civil, proposto pela Comissão de Juristas ao Congresso Nacional, encerrando-se esse dilema.

Como visto, há proposição de se incluir na Lei Civil uma regra segundo a qual ninguém pode ser obrigado a permanecer casado porque o direito ao divórcio é incondicionado, constituindo direito potestativo da pessoa (art. 1.511-D).

Como essa proposição, por si só, retira-se qualquer possibilidade de discussão da culpa no divórcio. Ademais, além da revogação expressa dos dispositivos relativos à culpa e à separação judicial, serão revogadas também as normas que a relacionam com os alimentos, como será exposto no Capítulo 7 desta obra.

4.2.5 A questão do uso do nome pelo cônjuge após a EC 66/2010

Como visto, a lei privada possibilita que um dos cônjuges utilize o sobrenome do outro, o que não deixa de ser um exercício livre da autonomia privada no Direito de Família (art. 1.565, § 1.º, do CC/2002). Não se pode esquecer que o nome é o sinal que representa a pessoa perante o meio social, reconhecido como um direito da personalidade e fundamental, envolvendo normas de ordem pública e normas de ordem privada (arts. 16 a 19 do CC, art. 5.º, inc. X, da CF/1988 e Lei 6.015/1973).

Apesar da previsão expressa de utilização do nome pelo outro cônjuge, há quem critique a possibilidade, por retirar a identidade do consorte, especialmente da mulher. Pondera Rodrigo da Cunha Pereira que "misturar os nomes pode significar mesclar e confundir identidades. O nome é um dos principais identificadores do sujeito e constitui, por isso mesmo, um dos direitos essenciais da personalidade. Misturá-los significa não preservar a singularidade. Neste sentido, é na esteira do pensamento psicanalítico, a preservação das individualidades é a primeira regra para a possibilidade do amor conjugal, estando o disposto no art. 1.565, § 1.º na contramão da história e dos interesses do casamento" (PEREIRA, Rodrigo da Cunha. *Divórcio...*, 2010, p. 54).

Tem certa razão o jurista, sendo pertinente observar que, na atualidade, cada vez menos mulheres têm feito a opção de utilização do nome do outro cônjuge, em especial nas gerações mais novas.

Pois bem, de acordo com o art. 1.578 do CC/2002, em regra, o cônjuge declarado culpado na separação perderia o direito de usar o sobrenome ou patronímico do inocente. Essa já era a premissa aplicada na vigência da lei anterior (art. 17 da Lei do Divórcio).

Todavia, o Código Civil de 2002 excepciona essa regra, prevendo que mesmo o cônjuge culpado poderia continuar a utilizar o sobrenome do inocente se a alteração lhe acarretasse:

- evidente prejuízo para a sua identificação;
- manifesta distinção entre o seu nome de família e o dos filhos havidos da união dissolvida;
- dano grave reconhecido na decisão judicial.

Na mesma linha era a redação o art. 25, parágrafo único, da Lei do Divórcio, dispositivo que foi revogado tacitamente pelo art. 1.578 do Código Civil de 2002, que incorporou totalmente esse tratamento anterior. Vejamos dois exemplos de incidência das exceções.

No primeiro caso, a mulher fica conhecida no cenário político e social pelo sobrenome do marido. É ela a culpada pelo fim do casamento, pois foi *infiel*. Mas, mesmo assim, poderia usar o nome do marido, se assim o pretender (art. 1.578, inc. I, do CC).

Em outro exemplo, o marido impõe que as suas filhas somente tenham o seu sobrenome, não o da esposa. Ocorrendo a separação por culpa da última, ela continuaria a usar o sobrenome do outro, se quisesse, pois a retirada do sobrenome do marido traria problemas de identificação em relação às filhas (art. 1.578, inc. II, do CC).

Na verdade, como as exceções eram muito amplas, vislumbrava-se que a regra seria a manutenção do sobrenome pelo cônjuge, se assim ele pretendesse. Em suma, o impacto da culpa em relação ao uso do nome foi substancialmente diminuído com a emergência da codificação privada de 2002.

Por outra via, o cônjuge inocente na ação de separação judicial poderia renunciar, a qualquer momento, ao direito de usar o sobrenome do outro (§ 1.º do art. 1.578 do CC/2002). Nas demais situações, caberia a opção de preservar ou não o nome de casado, o que era tido como exercício de um direito personalíssimo (§ 2.º do art. 1.578). Conforme o anterior Enunciado n. 124 do CJF/STJ, aprovado por unanimidade na *I Jornada de Direito Civil*, esses dois parágrafos deveriam ser tidos como revogados, pois desnecessários diante do exercício da autonomia privada do interessado.

Como se pode perceber, os textos relativos ao art. 1.578 do CC/2002 foram utilizados no passado, eis que não se pode conceber qualquer influência da culpa no tocante ao uso do nome pelo cônjuge.

Primeiro, porque o dispositivo citado deve ser tido como totalmente revogado ou não recepcionado por incompatibilidade com o Texto Maior, uma vez que faz menção à separação judicial, retirada do sistema pela *Emenda do Divórcio*.

Segundo, pois a norma é de exceção, não admitindo aplicação por analogia ao divórcio.

Terceiro, porque o nome incorporado pelo cônjuge constitui um direito da personalidade e fundamental daquele que o incorporou, que envolve a dignidade humana, havendo relação com a vida privada da pessoa natural (art. 5.º, inc. X, da CF/1988). Sendo assim, não se pode fazer interpretação jurídica a prejudicar direito fundamental.

Na esteira dessa proteção constitucional, o Superior Tribunal de Justiça tem entendido que a utilização do sobrenome pela mulher, ou a sua permanência após o divórcio, constitui uma faculdade desta. Uma das decisões que merece destaque ainda expõe que o nome é incorporado à personalidade da pessoa, o que deve ser totalmente mantido com a *Emenda do Divórcio*:

"Divórcio direto. Uso. Nome. Marido. Mulher. O Tribunal *a quo*, em embargos de declaração, decidiu que, no divórcio direto, a continuação do uso do nome de casada pela mulher constitui uma faculdade. Ademais, como assinalado na ementa do acórdão impugnado, a ora embargada foi casada durante 45 anos e, já com 70 anos de idade, o nome se incorporou à sua personalidade. Assim, o acórdão recorrido fundou-se nos elementos probatórios constantes dos autos, não cabendo a este Superior Tribunal revolvê-los a teor da Súm. n. 7-STJ. A Turma não conheceu do recurso" (STJ, REsp 241.200/RJ, Rel. Min. Aldir Passarinho Junior, j. 04.04.2006).

Aliás, em data mais próxima, posicionou-se o Tribunal da Cidadania na mesma linha, concluindo que "a utilização do sobrenome do ex-marido por mais de 30 (trinta) anos pela ex-mulher demonstra que há tempo ele está incorporado ao nome dela, de modo que não mais se pode distingui-lo, sem que cause evidente prejuízo para a sua identificação. A lei autoriza que o cônjuge inocente na separação judicial renuncie, a qualquer momento, ao direito de usar o sobrenome do outro (§ 1.º do art. 1.578 do CC/2002). Por isso, inviável que, por ocasião da separação, haja manifestação expressa quanto à manutenção ou não do nome de casada" (STJ, REsp 1.482.843/RJ, 3.ª Turma, Rel. Min. Moura Ribeiro, j. 02.06.2015, *DJe* 12.06.2015).

Ou, como se retira de outro *decisum* superior, "a pretensão de alteração do nome civil para exclusão do patronímico adotado por cônjuge por ocasião do casamento, por envolver modificação substancial em um direito da personalidade, é inadmissível quando ausentes quaisquer circunstâncias que justifiquem a alteração, especialmente quando o sobrenome se encontra incorporado e consolidado em virtude do uso contínuo do patronímico pela ex--cônjuge por quase 35 anos" (STJ, Resp 1.732.807/RJ, 3.ª Turma, Rel. Min. Nancy Andrighi, j. 14.08.2018, *DJe* 17.08.2018). Como se vê, a solução jurisprudencial superior está na linha do que defendo neste tópico da obra.

A Lei do SERP (Lei 14.382/2022) confirmou todas essas premissas, permitindo a alteração extrajudicial do nome nessas hipóteses, diretamente no Cartório de Registro Civil, e sem a necessidade de qualquer motivação, por alterações feitas no art. 57 da Lei de Registros Públicos, a saber quanto às suas principais regras:

"Art. 57. A alteração posterior de sobrenomes poderá ser requerida pessoalmente perante o oficial de registro civil, com a apresentação de certidões e de documentos necessários, e será averbada nos assentos de nascimento e casamento, independentemente de autorização judicial, a fim de: I – inclusão de sobrenomes familiares; II – inclusão ou exclusão de sobrenome do cônjuge, na constância do casamento; III – exclusão de sobrenome do ex-cônjuge, após a dissolução da sociedade conjugal, por qualquer de suas causas; IV – inclusão e exclusão de sobrenomes em razão de alteração das relações de filiação, inclusive para os descendentes, cônjuge ou companheiro da pessoa que teve seu estado alterado".

Ato contínuo, merece aplicação parcial o art. 1.571, § 2.º, do CC, lido da seguinte forma, diante da entrada em vigor da Emenda do Divórcio: dissolvido o casamento pelo divórcio, o cônjuge poderá manter o nome de casado.

Por todos os argumentos expostos, conclui-se que a questão do nome merece uma análise à parte, não havendo mesmo qualquer influência da culpa, por outros motivos. Em tal aspecto, consigne-se, parece não existir qualquer impacto do Código de Processo Civil de 2015.

Seguindo no estudo do tema, devem ser comentados dois julgados recentes do Superior Tribunal de Justiça sobre o uso do nome pelo ex-cônjuge, o que confirma tratar-se de um direito da personalidade daquele que o incorporou, influenciado pela autonomia privada do incorporador.

O primeiro deles considerou que há pleno direito da ex-esposa em retomar o nome de solteira após o falecimento de seu ex-marido. Como consta do seu corpo, "o direito ao nome é um dos elementos estruturantes dos direitos da personalidade e da dignidade da pessoa humana, pois diz respeito à propriedade identidade pessoal do indivíduo, não apenas em relação a si, como também em ambiente familiar e perante a sociedade". Sendo assim:

> "Impedir a retomada do nome de solteiro na hipótese de falecimento do cônjuge implicaria grave violação aos direitos da personalidade e à dignidade da pessoa humana após a viuvez, especialmente no momento em que a substituição do patronímico é cada vez menos relevante no âmbito social, quando a questão está, cada dia mais, no âmbito da autonomia da vontade e da liberdade e, ainda, quando a manutenção do nome pode, em tese, acarretar ao cônjuge sobrevivente abalo de natureza emocional, psicológica ou profissional, em descompasso, inclusive, com o que preveem as mais contemporâneas legislações civis" (STJ, REsp 1.724.718/MG, 3.ª Turma, Rel. Min. Nancy Andrighi, j. 22.05.2018, *DJe* 29.05.2018).

O segundo acórdão, pelas mesmas razões, considerou que a revelia na ação de divórcio na qual se pretendia a exclusão do patronímico adotado por ocasião do casamento não significa concordância tácita com a modificação do nome civil. Isso porque "a pretensão de alteração do nome civil para exclusão do patronímico adotado por cônjuge por ocasião do casamento, por envolver modificação substancial em um direito da personalidade, é inadmissível quando ausentes quaisquer circunstâncias que justifiquem a alteração, especialmente quando o sobrenome se encontra incorporado e consolidado em virtude do uso contínuo do patronímico pela ex-cônjuge por quase 35 anos" (STJ, REsp 1.732.807/RJ, 3.ª Turma, Rel. Min. Nancy Andrighi, j. 14.08.2018, *DJe* 17.08.2018).

Como não poderia ser diferente, estou filiado totalmente ao teor dos julgados, que confirmam a afirmação de ser o nome um direito da personalidade do cônjuge que o adotou, que pode exercer as opções de mantê-lo ou retirá-lo, o que igualmente foi adotado pela Lei do SERP, nas alterações que fez na Lei de Registro Públicos. O mesmo sentido é retirado do novo Provimento n. 153/2023 do Conselho Nacional de Justiça, que trata da alteração extrajudicial do nome, já incorporado ao Código Nacional de Normas do próprio CNJ (arts. 515-A a 515-V).

Merece ainda ser destacado o Provimento 82 do Conselho Nacional de Justiça, de 3 de julho de 2019, que dispõe sobre o procedimento de averbação, no registro de nascimento e no de casamento dos filhos, da alteração do nome do genitor em casos de separação ou divórcio, sem a necessidade de se buscar socorro ao Poder Judiciário, o que é louvável. Conforme o seu art. 1.º, que ainda está em vigor, "poderá ser requerida, perante o Oficial de Registro Civil competente, a averbação no registro de nascimento e no de casamento das alterações de patronímico dos genitores em decorrência de casamento, separação e divórcio, mediante a apresentação da certidão respectiva".

Essa norma administrativa acabou por confirmar tudo o que foi desenvolvido neste tópico, especialmente quanto à afirmação de que o nome incorporado pelo cônjuge passa a ser um direito da personalidade daquele que o incorporou, o que abre a possibilidade de sua manutenção ou renúncia, sempre pelo caminho mais fácil e sem maiores burocracias. Essa também foi a ideia adotada pela Lei do SERP, como antes se pontuou.

Aplicando o teor dessa norma administrativa, o Enunciado n. 127, aprovado na *II Jornada de Prevenção e Solução Extrajudicial de Litígios* prevê ser "admissível o requerimento, pelo(a) interessado(a), ao Registro Civil de Pessoas Naturais para retorno ao nome de solteiro(a), após decretado o divórcio (art. 29, § 1.º, alínea *f*, Lei n. 6.015/1973), dispensando-se a intervenção judicial". Nos termos da suas justificativas, "o Prov. 82/2019 do CNJ trouxe uma série de medidas voltadas a desformalizar o procedimento de alteração do sobrenome diretamente perante o Registro Civil de Pessoas Naturais (RCPN), em virtude de separação, divórcio e anulação de casamento, com a expressa dispensa de intervenção judicial. No § 3.º do art. 1.º, o aludido Provimento autoriza, ainda, que, após a dissolução do casamento em decorrência do óbito do(a) cônjuge, possa o(a) viúvo(a) requerer averbação para eventual retorno ao nome de solteiro(a) diretamente perante o RCPN. Sendo assim, a proposta ora apresentada almeja apenas, em consonância com o referido § 3.º do art. 1.º do Provimento e em homenagem à isonomia, reconhecer que, após dissolução do casamento em razão do divórcio, possa o ex-cônjuge requerer perante o RCPN o retorno ao sobrenome de solteiro, da mesma forma que é autorizado ao(à) viúvo(a), visto que essas são as duas hipóteses de dissolução do casamento, em caráter irreversível, igualmente previstas no § 1.º do art. 1.571, CC/2002".

A ementa doutrinária teve o meu total apoio quando da plenária desse evento, que trouxe passos adiantes em prol da extrajudicialização.

Nessa *II Jornada de Prevenção e Solução Extrajudicial*, promovida pelo Conselho da Justiça Federal em agosto de 2021, foi aprovado um outro enunciado doutrinário, que segue exatamente a linha do que foi desenvolvido no tópico, no sentido de ser o nome um direito da personalidade do cônjuge que o incorporou, sendo necessário valorizar medidas extrajudiciais para a sua tutela. Trata-se do Enunciado n. 120, o qual prevê que "são admissíveis a retomada do nome de solteiro e a inclusão do sobrenome do cônjuge de quem não o fez quando casou, a qualquer tempo, na constância da sociedade conjugal, por requerimento ao Registro Civil das Pessoas Naturais, independentemente de autorização judicial". O que constava dos dois enunciados acabou sendo confirmado pela Lei do SERP, que possibilita a alteração extrajudicial do nome em casos de dissolução do vínculo conjugal, sem a necessidade de qualquer motivação.

Para encerrar o tópico, sobre o Projeto de Reforma do Código Civil, como não poderia ser diferente, a par de todos os comentários doutrinários desenvolvidos, tendo em vista, sobretudo, as posições doutrinárias e jurisprudenciais, bem como as alterações promovidas pela Lei do SERP (Lei 14.382/2022) na Lei de Registros Públicos, a Comissão de Juristas sugere a revogação expressa do art. 1.578 do CC. Isso porque ainda continua a relacionar o uso do nome à culpa discutida no âmbito da separação judicial, o que não é mais a realidade jurídica brasileira.

4.2.6 O problema da guarda na dissolução do casamento. Análise atualizada com a EC 66/2010 e com a Lei da Guarda Compartilhada Obrigatória (Lei 13.058/2014). A guarda de animais de estimação e a aplicação das mesmas regras previstas para os filhos. Visão crítica

Após cuidar da separação judicial – agora retirada do sistema – e do divórcio, o Código Civil determina as regras referentes à "Proteção da Pessoa dos Filhos". Sobre esse tema, o Código traz disposições importantes, nos arts. 1.583 e 1.584. Tais artigos foram profundamente modificados pela Lei 11.698, de 13 de junho de 2008, que entrou em vigor em 16 de agosto de 2008, ou seja, sessenta dias depois de sua publicação.

Sucessivamente, houve nova alteração por meio da Lei 13.058, de 22 de dezembro de 2014, originária do Projeto de Lei 117/2013, aqui denominada *Lei da Guarda Compartilhada Obrigatória*.

Por fim, em outubro de 2023, houve nova alteração do art. 1.584, em seu § 2.º, diante da Lei 14.713, que passou a trazer uma exceção à suposta obrigatoriedade da guarda compartilhada em virtude da ocorrência de potenciais riscos da prática de violência doméstica.

Pois bem, no presente tópico será feito um estudo da matéria relativa à guarda de filhos na esfera do poder familiar, desde a Lei do Divórcio, passando pelo Código Civil de 2002 e pela citada modificação de 2008, chegando até a aprovação da Emenda Constitucional 66/2010 e a essas últimas normas, de 2014 e 2023. Com relação ao CPC/2015, há apenas um pequeno impacto, relativo à prestação de contas. De todo modo, como se percebe, o tratamento legislativo sobre o tema ainda não encontrou a esperada estabilidade.

Iniciando-se pela Lei 6.515/1977, esta estabelecia a influência da culpa na fixação da guarda. De início, o art. 9.º da Lei do Divórcio prescrevia que, no caso de dissolução da sociedade conjugal pela separação judicial consensual, seria observado o que os cônjuges acordassem sobre a guarda dos filhos.

No caso de separação judicial fundada na culpa, os filhos menores ficariam com o cônjuge que não tivesse dado causa à dissolução, ou seja, com o cônjuge inocente (art. 10, *caput*). Se pela separação judicial fossem responsáveis ambos os cônjuges, os filhos menores ficariam em poder da mãe, salvo se o juiz verificasse que tal solução pudesse gerar prejuízo de ordem moral aos filhos (art. 10, § 1.º). Verificado pelo juiz que os filhos não deveriam permanecer em poder da mãe nem do pai, seria possível deferir guarda a pessoa notoriamente idônea, da família de qualquer dos cônjuges (art. 10, § 2.º, da Lei do Divórcio).

No sistema da redação original do Código Civil de 2002, preceituava o seu art. 1.583 que, no caso de dissolução da sociedade conjugal, prevaleceria o que os cônjuges acordassem sobre a guarda de filhos, no caso de separação ou divórcio consensual. Na realidade, a regra completava a proteção integral da criança e do adolescente prevista no ECA (Lei 8.069/1990). Isso porque, quanto aos efeitos da guarda existente na vigência do poder familiar e que visam à proteção dos filhos, determina o art. 33, *caput*, daquele diploma que "a guarda obriga à prestação de assistência material, moral e educacional à criança ou adolescente, conferindo a seu detentor o direito de opor-se a terceiros, inclusive aos pais".

Não havendo acordo entre os cônjuges, nos termos da redação original do Código Civil, a guarda seria atribuída a quem revelasse as *melhores condições* para exercê-la (art. 1.584 do CC/2002). O parágrafo único deste comando legal enunciava que a guarda poderia ser atribuída a terceiro, se o pai ou a mãe não pudesse exercê-la, de preferência respeitadas a ordem de parentesco e a relação de afetividade com a criança ou o adolescente.

A título de exemplo de aplicação do último dispositivo, a guarda poderia ser atribuída à avó paterna ou materna, desde que ela revelasse condições para tanto. Nessa linha, concluiu o Superior Tribunal de Justiça, no ano de 2006, tendo em vista a redação original do Código Civil:

"Trata-se de avó de oitenta anos que pede guarda da neta que se encontra em sua companhia desde o nascimento. Os pais não se opõem e poderiam, com dificuldade, criar a filha numa situação mais modesta, devido a seus baixos salários e ainda sustentam outro filho. O Ministério Público com isso não concorda, pois os pais poderiam criá-las e a avó encontra-se em idade avançada. A Turma, ao prosseguir o julgamento, por maioria, deu provimento ao recurso nos termos do voto do Min. Relator – que invocou a jurisprudência e o art. 33 do ECA no sentido de que prevalece o interesse da criança no ambiente que melhor assegure seu bem-estar, quer físico, quer moral, seja com os pais ou terceiros. Precedente citado: REsp 469.914/RS, *DJ* 05.05.2003" (STJ, REsp 686.709/PI, Rel. Min. Humberto Gomes de Barros, j. 28.06.2006).

Os enunciados aprovados na *IV Jornada de Direito Civil*, evento realizado em outubro de 2006, acompanhavam a tendência civil-constitucional de se pensar sempre no melhor interesse da criança e do adolescente. Nessa esteira, o Enunciado n. 333 CJF/STJ determinava que "o direito de visita pode ser estendido aos avós e pessoas com as quais a criança ou o adolescente mantenha vínculo afetivo, atendendo ao seu melhor interesse". Pontue-se, contudo, que o Enunciado n. 672, da *IX Jornada de Direito Civil*, cancelou essa ementa anterior, preceituando que "o direito de convivência familiar pode ser estendido aos avós e pessoas com as quais a criança ou adolescente mantenha vínculo afetivo, atendendo ao seu melhor interesse".

Na verdade, "direito de visita" é a expressão utilizada também pelo art. 1.589, parágrafo único, do Código Civil, incluído pela Lei 12.398/2011: "o direito de visita estende-se a qualquer dos avós, a critério do juiz, observados os interesses da criança ou do adolescente". O enunciado doutrinário, assim, pode motivar a mudança legislativa, alterando o termo "visita" para "convivência", estando justificado pelo fato de que, "embora seja da tradição do Direito de Família nomear o direito do pai ou mãe, mesmo dos avós ou outros, que não detêm a guarda, como direito de visita, a expressão legal não corresponde ao direito de convivência familiar assegurado à criança, ao adolescente e ao jovem no art. 227, *caput*, da Constituição da República. O direito-dever de convivência familiar estende-se a todos aqueles que mantêm vínculo afetivo com a criança e adolescente".

Note-se que a extensão do direito de convivência ou de visitas a terceiros, sejam eles parentes ou não da criança ou do adolescente, fica garantida por força da interpretação constitucional do Código Civil. Em razão do teor do enunciado doutrinário citado, o ex-marido da mãe da criança, o padrasto, que com ela criou laços afetivos, tem direito de convivência ou de visitas, sempre atendendo ao melhor interesse da criança e do adolescente. Também têm o direito de convivência ou visitas os irmãos do menor.

Frise-se que o Código Civil de 2002, em sua redação original, mudou o sistema anterior de guarda, uma vez que a culpa não mais influencia a determinação do cônjuge que a deterá, ao contrário do que constava do art. 10 da Lei do Divórcio, norma revogada tacitamente pela codificação privada, diante de incompatibilidade de tratamento. Assim, constata-se, de imediato, que não há qualquer impacto da Emenda do Divórcio sobre a guarda, eis que a culpa já não mais gerava qualquer consequência jurídica em relação a tal aspecto.

Buscando interpretar os arts. 1.583 e 1.584 do CC/2002, de acordo com sua redação original, foram aprovados outros enunciados doutrinários nas *Jornadas de Direito Civil* do Conselho da Justiça Federal e do Superior Tribunal de Justiça.

De início, preconiza o Enunciado n. 102 do CJF/STJ, aplicável ao art. 1.584, que "a expressão 'melhores condições' no exercício da guarda, na hipótese do art. 1.584, significa atender ao melhor interesse da criança", entendimento que está mantido, mesmo com a alteração dos arts. 1.583 e 1.584 em 2014.

Ato contínuo, na *IV Jornada de Direito Civil* a questão da guarda voltou a ser debatida, surgindo o Enunciado n. 336 do CJF/STJ com a seguinte redação: "o parágrafo único do art. 1.584 aplica-se também aos filhos advindos de qualquer forma de família". Quando o enunciado doutrinário trata de qualquer forma de família, inclui a chamada parentalidade socioafetiva, tema abordado no presente capítulo desta obra. A situação de parentalidade socioafetiva se verifica, por exemplo, quando determinada pessoa aceita registrar o filho de terceiro como se biologicamente fosse seu (*adoção à brasileira*). Esse posicionamento doutrinário, por igual, deve ser tido como mantido no atual sistema, mesmo com as alterações pela Lei 13.058.

O Enunciado n. 334 do CJF/STJ, também da *IV Jornada*, dispõe que "a guarda de fato pode ser reputada como consolidada diante da estabilidade da convivência familiar entre a criança ou o adolescente e o terceiro guardião, desde que seja atendido o princípio do melhor interesse". Aplicando a ideia constante do enunciado doutrinário, colaciona-se julgado do Tribunal de Justiça de Minas Gerais:

> "Família. Menor. Convivência com a avó materna. Guarda de fato. Não devolução da criança após as férias escolares. Depoimento da infante. Validade. Mãe que trabalha na Capital. Liminar. Indeferimento. Manutenção. Mantém-se o indeferimento de liminar requerida pela mãe, em ação de busca e apreensão da filha menor em poder do pai e avô paterno, quando a criança declara sentir-se bem com os réus, não há notícia de maus--tratos e a pretensão da genitora é devolver-lhe ao convívio da avó materna" (TJMG, Agravo 1.0486.08.015720-0/0011, 1.ª Câmara Cível, Peçanha, Rel. Des. Alberto Vilas Boas, j. 02.09.2008, *DJEMG* 26.09.2008).

A expressão *melhores condições*, constante da redação originária do art. 1.584 do CC/2002, era tida como uma *cláusula geral*. E, para preenchê-la, os enunciados doutrinários citados propunham o atendimento do maior interesse da criança e do adolescente. Maria Helena Diniz, com base na doutrina francesa, sempre apontou três critérios, *três referenciais de continuidade*, que poderiam auxiliar o juiz na determinação da guarda, caso não tivesse sido possível um acordo entre os cônjuges (DINIZ, Maria Helena. *Curso*..., 2005, p. 311):

1. *Continuum de afetividade:* o menor deve ficar com quem se sente melhor, sendo interessante ouvi-lo. Entendo que o menor pode ser ouvido a partir da idade de doze anos, aplicando-se, por analogia, a mesma regra da adoção (art. 28, § 2.º, do ECA, conforme a Lei 12.010/2009, que revogou o art. 1.621 do CC).
2. *Continuum social:* o menor deve ficar onde se sente melhor, levando-se em conta o ambiente social, as pessoas que o cercam.
3. *Continuum espacial:* deve ser preservado o espaço do menor, o "envoltório espacial de sua segurança", conforme ensina a Professora Titular da PUCSP.

Justamente por esses três critérios é que, geralmente, quem já exerce a guarda unilateral sempre teve maiores chances de mantê-la. Mas isso nem sempre ocorrerá, cabendo eventual ação judicial para dar nova regulamentação à guarda ou para buscar o menor contra quem não a exerce de forma satisfatória (*ação de busca e apreensão de menor*).

Com a edição da Lei 11.698, de 13 de junho de 2008, as redações dos arts. 1.583 e 1.584 do CC/2002 sofreram alterações relevantes. Alterações substanciais também ocorreram com a Lei 13.058/2014, merecendo ambas as modificações uma análise sincronizada.

De início, o art. 1.583, *caput*, passou a prenunciar, pela Lei 11.698/2008, que a guarda será unilateral ou compartilhada. Em suma, seguindo o *clamor doutrinário*, a lei passou a prever, expressamente, essa modalidade de guarda. Nos termos legais, a *guarda compartilhada* é entendida como aquela em que há a responsabilização conjunta e o exercício de direitos e deveres do pai e da mãe que não vivam sob o mesmo teto, concernentes ao poder familiar dos filhos comuns. O mesmo § 1.º do art. 1.583 define a *guarda unilateral* como a atribuída a um só dos genitores ou a alguém que o substitua. Esses diplomas não sofreram qualquer alteração com a nova modificação legislativa, pela *Lei da Guarda Compartilhada Obrigatória* (Lei 13.058/2014).

Porém, determinava o § 2.º do art. 1.583 do Código Privado que a guarda unilateral seria atribuída ao genitor que revelasse as melhores condições para exercê-la, o que era repetição da anterior previsão do art. 1.584 do CC/2002. Todavia, o preceito foi além, ao estabelecer alguns critérios objetivos para a fixação dessa modalidade de guarda, a saber: *a)* afeto nas relações com o genitor e com o grupo familiar; *b)* saúde e segurança; *c)* educação. Tais fatores estavam na linha dos parâmetros expostos por Maria Helena Diniz, na página anterior, o que demonstrava que a lei apenas confirmava o que antes era apontado pela doutrina nacional.

Com a *Lei da Guarda Compartilhada Obrigatória*, o dispositivo passou a estabelecer que, "na guarda compartilhada, o tempo de convívio com os filhos deve ser dividido de forma equilibrada com a mãe e com o pai, sempre tendo em vista as condições fáticas e os interesses dos filhos". Em suma, nota-se que os critérios antes mencionados foram retirados, com a revogação dos três incisos do art. 1.583, § 2.º, da codificação privada.

Com o devido respeito ao pensamento contrário, penso que a última legislação traz dois seríssimos problemas. De início, quando há menção a uma *custódia física dividida*, parece tratar, em sua literalidade, de guarda alternada e não de guarda compartilhada, conforme classificação que ainda será exposta. Em complemento, os critérios que constavam da lei sem a alteração eram salutares, havendo um retrocesso na sua retirada, no meu entendimento.

Seguindo no estudo do tema, prescrevia o § 3.º do art. 1.583, modificado pela Lei 11.698/2008, que a guarda unilateral obrigaria o pai ou a mãe que não a detivesse a supervisionar os interesses dos filhos (*direito de supervisão*). Implicitamente, havia previsão sobre o direito de visitas, comum a essa forma de guarda.

Com a Lei 13.058/2014 passou-se a estabelecer que, "na guarda compartilhada, a cidade considerada base de moradia dos filhos será aquela que melhor atender aos interesses dos filhos". Mais uma vez, a confusão entre guarda compartilhada e alternada fica clara, pois se reconhece a viabilidade de o filho residir em lares e cidades distintas, ao se considerar uma cidade como *base da moradia*.

O equívoco foi percebido pelo Professor José Fernando Simão, que participou da audiência pública no Senado Federal de debate do então Projeto de Lei 117/2013, que gerou a norma em estudo. Conforme artigo publicado ao final de 2014, pontua o jurista:

"Este dispositivo é absolutamente nefasto ao menor e ao adolescente. Preconiza ele a dupla residência do menor em contrariedade às orientações de todos os especialistas da área da psicanálise. Convívio com ambos os pais, algo saudável e necessário ao menor, não significa, como faz crer o dispositivo, que o menor passa a ter duas casas, dormindo às segundas e quartas na casa do pai e terças e quintas na casa da mãe. Essa orientação é de guarda alternada e não compartilhada. A criança sofre, nessa hipótese, o drama do duplo referencial criando desordem em sua vida. Não se pode imaginar que compartilhar a guarda significa que nas duas primeiras semanas do mês a criança dorme na casa paterna e nas duas últimas dorme na casa materna. Compartilhar a guarda significa exclusivamente que a criança terá convívio mais intenso com seu pai (que normalmente fica sem a guarda unilateral) e não apenas nas visitas ocorridas a cada 15 dias nos fins de semana. Assim, o pai deverá levar seu filho à escola durante a semana, poderá com ele almoçar ou jantar em dias específicos, poderá estar com ele em certas manhãs ou tardes para acompanhar seus deveres escolares. Note-se que há por traz da norma projetada uma grande confusão. Não é pelo fato de a guarda ser unilateral que as decisões referentes aos filhos passam a ser exclusivas daquele que detém a guarda. Decisão sobre escola em que estuda o filho, religião, tratamento médico entre outras já é sempre foi decisão conjunta, de ambos os pais, pois decorre do poder familiar. Não é a guarda compartilhada que resolve essa questão que, aliás, nenhuma relação tem com a posse física e companhia dos filhos" (SIMÃO, José Fernando. Guarda... Disponível em: <www.professorsimao.com.br>. Acesso em: 28 nov. 2014).

As conclusões do texto de José Fernando Simão são exatamente as minhas. Infelizmente, o Congresso Nacional acabou por não acatar as suas precisas observações. No presente momento, a norma em vigor somente gera confusão na interpretação das questões relativas à guarda.

Tentando resolver toda essa confusão causada pela lei emergente, para que seja aplicada a *verdadeira guarda compartilhada*, na *VII Jornada de Direito Civil,* realizada em 2015, foram aprovados enunciados doutrinários sobre o tema. O primeiro deles, de forma precisa e correta, estabelece que "a divisão, de forma equilibrada, do tempo de convívio dos filhos com a mãe e com o pai, imposta para a guarda compartilhada pelo § 2.º do art. 1.583 do Código Civil, não deve ser confundida com a imposição do tempo previsto pelo instituto da guarda alternada, pois esta não implica apenas a divisão do tempo de permanência dos filhos com os pais, mas também o exercício exclusivo da guarda pelo genitor que se encontra na companhia do filho" (Enunciado n. 604).

Ademais, entendeu-se naquele evento que a distribuição do tempo de convivência na guarda compartilhada deve atender precipuamente ao melhor interesse dos filhos, não devendo a divisão de forma equilibrada, a que alude o § 2.º do art. 1.583 do Código Civil, representar convivência livre ou, ao contrário, repartição de tempo matematicamente igualitário entre os pais (Enunciado n. 603).

Em complemento, conforme outra ementa doutrinária, que igualmente visa a afastar a confusão existente entre guarda compartilhada e a alternada, "o tempo de convívio com os filhos 'de forma equilibrada com a mãe e com o pai' deve ser entendido como divisão proporcional de tempo, da forma que cada genitor possa se ocupar dos cuidados pertinentes ao filho, em razão das peculiaridades da vida privada de cada um" (Enunciado n. 606).

Ainda na *VII Jornada de Direito Civil,* aprovou-se proposta no sentido de que a guarda compartilhada não exclui a fixação do regime de convivência, com os mesmos fins de afastar a malfadada confusão com a guarda alternada (Enunciado n. 605).

Também a merecer destaque, na *IX Jornada de Direito Civil*, em 2022, aprovou-se o Enunciado n. 671, que analisa o art. 1.583, § 2.º, do Código Civil, prevendo que "a tenra idade da criança não impede a fixação de convivência equilibrada com ambos os pais". Vejamos as suas justificativas:

"A lei não faz menção ou restrição à idade da criança como limitador ao direito de convivência. Todavia, em fixação de convivência de bebês ou crianças de tenra idade, o que se vê é o estabelecimento de regimes restritíssimos, com a fixação de poucas horas mensais para o convívio. A situação é especificamente grave quanto à convivência fixada em favor dos pais homens, tendo em vista a questão sociológica enraizada que, equivocadamente, atribui apenas à mulher a capacidade para o cuidado. O bebê, que está começando a descobrir o mundo, tem condições psicoemocionais de criar laços de afinidade com seus familiares e demais pessoas que o cercam. É, portanto, na tenra idade que o petiz construirá os vínculos mais fortes e duradouros de sua vida. O tempo tem outra dimensão para as crianças pequenas. Cada dia perdido por um dos genitores é um momento de exploração, aprendizado e vinculação. O infante precisa de sua mãe e de seu pai para que seu desenvolvimento seja saudável".

A questão colocada pelo enunciado tem sido debatida em nossos Tribunais, o que foi intensificado nos últimos dois anos, sobretudo em virtude dos desafios decorrentes da pandemia para a convivência de pais e filhos. Em um primeiro aresto ilustrativo, o Tribunal Paulista ampliou a convivência do pai com filho de tenra idade no seguinte contexto fático:

"Mudança de contexto social e do quadro de saúde pública. Perícia psicológica e social determinada, mas ainda não realizada. Mais de 1 (um) ano sem contato físico entre pai e filho de tenra idade. Prejuízo ao vínculo afetivo e desenvolvimento psicológico da criança. Observância do melhor interesse do menor. Majoração das visitas presenciais para 1 vez por semana, aos sábados, por 6 horas" (TJSP, Agravo de Instrumento 2207243-45.2021.8.26.0000, Acórdão 15768665, São José dos Campos, 9.ª Câmara de Direito Privado, Rel. Des. Piva Rodrigues, j. 17.06.2022, *DJESP* 22.06.2022, p. 2.265).

Também se tem entendido que a alteração no regime de guarda ou convivência em se tratando de criança de tenra idade somente se justifica em casos excepcionais, como se retira dos seguintes acórdãos:

"Agravo de instrumento. Ação de regulamentação de guarda e direito de visitas. Tutela provisória parcialmente deferida para fixar a guarda compartilhada com lar de referência materno e regulamentar o direito provisório de convivência do genitor – insurgência do genitor – pedido de fixação de guarda unilateral ou de inversão do lar de referência. Ausência de prova de situação de risco ou abuso ao infante na companhia materna – art. 1.585, CC – situação de fato – criança de tenra idade (dois anos) sob os cuidados da genitora desde o nascimento – modificação de situação fática somente em situações excepcionais de risco – hipótese não configurada no caso – inexistência de fatos que desabonem a conduta da genitora. Necessidade de prévia instrução probatória – regime de convivência assegurado e ampliado por decisão ulterior – recurso conhecido e desprovido" (TJPR, Recurso 0070590-49.2021.8.16.0000, Curitiba, 12.ª Câmara Cível, Rel. Des. Rosana Amara Girardi Fachin, j. 13.06.2022, *DJPR* 14.06.2022).

"Agravo de instrumento. Família. Ação de guarda, regulamentação de visitas e homologação de pensão alimentícia. Regulamentação de visitas paternas. Criança de tenra idade, em fase de aleitamento materno. Visitas sem pernoite. Cabimento. Manutenção da decisão. A fim de preservar a necessária convivência entre pai e filha, deve ser regularizada a visitação paterna, devendo ser mantida, nos termos em que fixada pelo juízo singular. Hipótese em que a convivência paterna foi estabelecida às terças e quintas-feiras, das 18h30 às 20h30, na residência da genitora, bem como aos sábados, das 16h às 18h, também na residência da genitora, não havendo motivos que ensejem a reanálise da questão, razão pela qual mantém-se a decisão, em seu inteiro teor. Ausentes elementos que evidenciem a ocorrência de risco ou maus-tratos à menor, devida a visitação do pai à filha, nos termos do pedido inicial, salientando-se que eventuais alterações, desde que devidamente comprovadas, em demonstrado prejuízo ao melhor interesse da criança, poderão ensejar a reanálise da questão. Inteligência do art. 1.589 do Código Civil. Precedentes do TJRS. Agravo de instrumento desprovido" (TJRS, Agravo de Instrumento 5112820-95.2022.8.21.7000, Uruguaiana, 7.ª Câmara Cível, Rel. Des. Carlos Eduardo Zietlow Duro, j. 08.06.2022, *DJERS* 08.06.2022).

Como se observa, os arestos destacam a necessidade de se observar o princípio do melhor interesse da criança nas hipóteses descritas, podendo o enunciado trazer essa menção, como foi sugerido na plenária da *IX Jornada de Direito Civil*, mas não foi atendido. De todo modo, tal regramento deve sempre ser observado, orientando a interpretação da ementa doutrinária e de outros temas relacionados à guarda de filhos.

Ainda no que diz respeito ao art. 1.583 do Código Civil, a Lei 13.058/2014 incluiu um § 5.º, enunciando que "a guarda unilateral obriga o pai ou a mãe que não a detenha a supervisionar os interesses dos filhos, e, para possibilitar tal supervisão, qualquer dos genitores sempre será parte legítima para solicitar informações e/ou prestação de contas, objetivas ou subjetivas, em assuntos ou situações que direta ou indiretamente afetem a saúde física e psicológica e a educação de seus filhos". A menção à supervisão e à prestação de contas pode estar relacionada aos alimentos, tema que merece ser aqui aprofundado.

De início, deve ser esclarecido, de imediato, que a fixação da guarda compartilhada (ou alternada) não gera, por si só, a extinção da obrigação alimentar em relação aos filhos, devendo a fixação dos alimentos sempre ser analisada de acordo com o binômio ou trinômio alimentar. O tema será retomado mais à frente.

Em relação à ação de prestação de contas dos alimentos, vários julgados entendiam por sua impossibilidade, por ilegitimidade ativa do alimentante e falta de interesse processual, entre outros argumentos (por todos: STJ, AgRg no REsp 1.378.928/PR, 3.ª Turma, Rel. Min. Sidnei Beneti, j. 13.08.2013, *DJe* 06.09.2013; TJDF, Recurso 2013.01.1.033648-0, Acórdão 766.021, 4.ª Turma Cível, Rel. Des. Arnoldo Camanho de Assis, *DJDFTE* 12.03.2014, p. 280; TJMG, Apelação Cível 1.0518.13.016606-0/001, Rel. Des. Washington Ferreira, j. 19.08.2014, *DJEMG* 22.08.2014; TJMG, Apelação Cível 1.0643.11.000295-0/001, Rel. Des. Áurea Brasil, j. 10.07.2014, *DJEMG* 22.07.2014; TJPR, Apelação Cível 1204895-0, 12.ª Câmara Cível, Palmas, Rel. Juiz Conv. Luciano Carrasco Falavinha Souza, *DJPR* 12.09.2014, p. 330). Esse era o entendimento majoritário, que foi substancialmente alterado pela nova lei material de 2014.

Desse modo, passou a ser plenamente possível, afastando-se os argumentos processuais anteriores em contrário, a ação de prestação de contas de alimentos. Entendo que a exigência da prestação deve ser analisada mais objetiva do que subjetivamente, deixando-se de lado pequenas diferenças de valores e excesso de detalhes na exigência da prestação, o que poderia torná-la inviável ou até aumentar o conflito entre as partes.

A viabilidade dessa ação foi reconhecida em acórdão do Superior Tribunal de Justiça em 2020, que cita a minha posição doutrinária. Vejamos o teor da ementa desse precedente, que traz argumentos relevantes:

"Processual civil e civil. Recurso especial. Recurso interposto sob a égide do NCPC. Ação de prestação de contas. Pensão alimentícia. Art. 1.583, § 5.º, do CC/02. Negativa de prestação jurisdicional. Inocorrência. Viabilidade jurídica da ação de exigir contas. Interesse jurídico e adequação do meio processual presentes. Recurso especial parcialmente provido. (...). 3. O cerne da controvérsia gira em torno da viabilidade jurídica da ação de prestar (exigir) contas ajuizada pelo alimentante contra a guardiã do menor/alimentado para obtenção de informações acerca da destinação da pensão paga mensalmente. 4. O ingresso no ordenamento jurídico da Lei nº 13.058/2014 incluiu a polêmica norma contida no § 5.º do art. 1.583 do CC/02, versando sobre a legitimidade do genitor não guardião para exigir informações e/ou prestação de contas contra a guardiã unilateral, devendo a questão ser analisada, com especial ênfase, à luz dos princípios da proteção integral da criança e do adolescente, da isonomia e, principalmente, da dignidade da pessoa humana, que são consagrados pela ordem constitucional vigente. 5. Na perspectiva do princípio da proteção integral e do melhor interesse da criança e do adolescente e do legítimo exercício da autoridade parental, em determinadas hipóteses, é juridicamente viável a ação de exigir contas ajuizada por genitor(a) alimentante contra a(o) guardiã(o) e representante legal de alimentado incapaz, na medida em que tal pretensão, no mínimo, indiretamente, está relacionada com a saúde física e também psicológica do menor, lembrando que a lei não traz palavras inúteis. 6. Como os alimentos prestados são imprescindíveis para própria sobrevivência do alimentado, que no caso tem seríssimos problemas de saúde, eles devem ao menos assegurar uma existência digna a quem os recebe. Assim, a função supervisora, por quaisquer dos detentores do poder familiar, em relação ao modo pelo qual a verba alimentar fornecida é empregada, além de ser um dever imposto pelo legislador, é um mecanismo que dá concretude ao princípio do melhor interesse e da proteção integral da criança ou do adolescente. 7. O poder familiar que detêm os genitores em relação aos filhos menores, a teor do art. 1.632 do CC/02, não se desfaz com o término do vínculo matrimonial ou da união estável deles, permanecendo intacto o poder-dever do não guardião de defender os interesses superiores do menor incapaz, ressaltando que a base que o legitima é o princípio já destacado. 8. Em determinadas situações, não se pode negar ao alimentante não guardião o direito de averiguar se os valores que paga a título de pensão alimentícia estão sendo realmente dirigidos ao beneficiário e voltados ao pagamento de suas despesas e ao atendimento dos seus interesses básicos fundamentais, sob pena de se impedir o exercício pleno do poder familiar. 9. Não há apenas interesse jurídico, mas também o dever legal, por força do § 5.º do art. 1.583 do CC/02, do genitor alimentante de acompanhar os gastos com o filho alimentado que não se encontra sob a sua guarda, fiscalizando o atendimento integral de suas necessidades materiais e imateriais essenciais ao seu desenvolvimento físico e também psicológico, aferindo o real destino do emprego da verba alimentar que paga mensalmente, pois ela é voltada para esse fim. 9.1. O que justifica o legítimo interesse processual em ação dessa natureza é só e exclusivamente a finalidade protetiva da criança ou do adolescente beneficiário dos alimentos, diante da sua possível malversação, e não o eventual acertamento de contas, perseguições ou picuinhas com a(o) guardiã(ao), devendo ela ser dosada, ficando vedada a possibilidade de apuração de créditos ou preparação de revisional, pois os alimentos são irrepetíveis. 10. Recurso especial parcialmente provido" (STJ, REsp 1.814.639/RS, 3.ª Turma, Rel. Min. Paulo de Tarso Sanseverino, Rel. p/ Acórdão Min. Moura Ribeiro, j. 26.05.2020, *DJe* 09.06.2020).

No ano de 2021, surgiu julgado da Quarta Turma do STJ, a demonstrar que a viabilidade da ação de prestação de contas de alimentos está consolidada na sua Segunda Seção. Consoante a sua ementa, "a Lei n. 13.058/2014, que incluiu o § 5.º ao art. 1.583 do CC, positivou a viabilidade da propositura da ação de prestação de contas pelo alimentante com o intuito de supervisionar a aplicação dos valores da pensão alimentícia em prol das necessidades dos filhos". Mais, seguindo o meu entendimento de que a referida demanda não pode aumentar o conflito entre os genitores, apontou o Ministro Luis Felipe Salomão:

> "Na ação de prestação de contas de alimentos, o objetivo veiculado não é apurar um saldo devedor a ensejar eventual execução – haja vista a irrepetibilidade dos valores pagos a esse título –, mas investigar se a aplicação dos recursos destinados ao menor é a que mais atende ao seu interesse, com vistas à tutela da proteção de seus interesses e patrimônio, podendo dar azo, caso comprovada a má administração dos recursos alimentares, à alteração da guarda, à suspensão ou até mesmo à exoneração do poder familiar. A ação de exigir contas propicia que os valores alimentares sejam mais bem conduzidos, bem como previne intenções maliciosas de desvio dessas importâncias para finalidades totalmente alheias àquelas da pessoa à qual devem ser destinadas, encartando também um caráter de educação do administrador para conduzir corretamente os negócios dos filhos menores, não se deixando o monopólio do poder de gerência desses valores nas mãos do ascendente guardião. O Juízo de piso exerce importante papel na condução da prestação de contas em sede de alimentos, pois, estando mais próximo das partes, pode proceder a um minucioso exame das condições peculiares do caso concreto, de forma a aferir a real pretensão de proteção dos interesses dos menores, repelindo o seu manejo como meio de imisção na vida alheia motivado pelo rancor afetivo que subjaz no íntimo do(a) alimentante" (STJ, REsp 1.911.030/PR, 4.ª Turma, Rel. Min. Luis Felipe Salomão, j. 1.º.06.2021, *DJe* 31.08.2021).

Em complemento, essa ação deve ser analisada diante do impacto trazido pelo CPC/2015. Isso porque os arts. 914 a 919 do CPC/1973 tratavam do rito especial da ação de prestação de contas, tanto em relação àquele que teria o direito de exigi-las quanto para o obrigado a prestá-las. No CPC ora em vigor, o procedimento especial foi mantido somente no que concerne a quem tem o direito de exigi-las, nos termos dos seus arts. 550 a 553 (ação de exigir contas). Para aqueles que são obrigados à sua prestação, a ação deve seguir o procedimento comum e não mais o especial.

Feitas tais considerações, seguindo no estudo do tema da guarda, o *caput* do art. 1.584 do CC/2002, sem qualquer alteração legislativa em 2014, estabelece que a guarda, unilateral ou compartilhada, poderá ser efetivada por dois meios:

I) Requerida, por consenso, pelo pai e pela mãe, ou por qualquer deles, em ação autônoma de separação, de divórcio, de dissolução de união estável ou em medida cautelar. Essa primeira opção envolve o pleno acordo dos genitores a respeito da matéria. Quanto à menção à ação de separação, essa deve ser vista com ressalvas, diante de sua retirada do sistema pela Emenda do Divórcio, conforme antes desenvolvido e mesmo diante da emergência do CPC de 2015. Entendo ser perfeitamente possível cumular o pedido de divórcio com a regulamentação da guarda dos filhos.

II) Decretada pelo juiz, em atenção a necessidades específicas do filho, ou em razão da distribuição de tempo necessário ao convívio deste com o pai e com a mãe. No tocante a esse segundo meio, trata-se da guarda imposta pelo juiz na ação correspondente.

Na audiência de conciliação da ação em que se pleiteia a guarda, o juiz informará ao pai e à mãe o significado da guarda compartilhada, a sua importância, a similitude de deveres e direitos atribuídos aos genitores e as sanções pelo descumprimento de suas cláusulas (art. 1.584, § 1.º, do CC). Também não houve qualquer modificação em tal diploma.

Porém, estabelecia o § 2.º da norma que, quando não houvesse acordo entre a mãe e o pai quanto à guarda do filho, seria aplicada, sempre que possível, a guarda compartilhada. Constata-se, portanto, que esta passou a ser a *prioridade*, diante da emergência da Lei 11.698/2008.

A Lei 13.058/2014 alterou o último comando, dispondo que, "quando não houver acordo entre a mãe e o pai quanto à guarda do filho, encontrando-se ambos os genitores aptos a exercer o poder familiar, será aplicada a guarda compartilhada, salvo se um dos genitores declarar ao magistrado que não deseja a guarda do menor".

Por essa norma é que a guarda compartilhada passou a ser *obrigatória* ou *compulsória*, o que justifica a nomenclatura dada neste livro a essa lei. A obrigatoriedade fica clara pelo fato de que o afastamento da guarda compartilhada – ou alternada – deve ser motivado, cabendo ao juiz da causa analisar a questão sempre sob a perspectiva do princípio do maior interesse da criança ou do adolescente.

Conforme era exposto nas edições anteriores desta obra, apesar da expressa previsão legal anterior de prioridade, dos esforços interdisciplinares contidos no outrora citado enunciado doutrinário e no entendimento jurisprudencial, acreditava-se na existência de certos entraves para a efetivação da guarda compartilhada.

Isso porque, para que seja possível a concreção dessa modalidade de guarda, acredito ser necessária certa harmonia entre os cônjuges, uma *convivência pacífica mínima*, pois, caso contrário, será totalmente inviável a sua efetivação, inclusive pela existência de prejuízos à formação do filho, pelo *clima de guerra* existente entre os genitores. Nesse sentido já entendia o Tribunal de Justiça Gaúcho, antes mesmo da alteração legislativa de 2008: "Guarda compartilhada. Caso em que há divergência entre as partes quanto à guarda. A guarda compartilhada pressupõe harmonia e convivência pacífica entre os genitores" (TJRS, Processo 70008775827, 12.08.2004, 8.ª Câmara Cível, Rel. Juiz Rui Portanova, origem Porto Alegre).

Igualmente a ilustrar, vejamos dois outros acórdãos estaduais, que trazem a mesma conclusão, pela necessidade de existência de uma convivência pacífica mínima:

"Agravo de instrumento. Dissolução de união estável litigiosa. Pedido de guarda compartilhada. Descabimento. Ausência de condições para decretação. A guarda compartilhada está prevista nos arts. 1.583 e 1.584 do Código Civil, com a redação dada pela Lei 11.698/2008, não podendo ser impositiva na ausência de condições cabalmente demonstradas nos autos sobre sua conveniência em prol dos interesses do menor. Exige harmonia entre o casal, mesmo na separação, condições favoráveis de atenção e apoio na formação da criança e, sobremaneira, real disposição dos pais em compartilhar a guarda como medida eficaz e necessária à formação do filho, com vista a sua adaptação à separação dos pais, com o mínimo de prejuízos ao filho. Ausente tal demonstração nos autos, inviável sua decretação pelo Juízo. Agravo de instrumento desprovido" (TJRS, Agravo de Instrumento 70025244955, 7.ª Câmara Cível, Camaquã, Rel. Des. André Luiz Planella Villarinho, j. 24.09.2008, *DOERS* 01.10.2008, p. 44).

"Guarda compartilhada. Adolescente. Situação familiar não propícia ao implemento da medida. Deferimento de guarda única à avó paterna. Direito de visitação da genitora. O melhor interesse da criança ou do adolescente prepondera na decisão sobre a guarda, independentemente dos eventuais direitos daqueles que requerem a guarda. O implemento da guarda compartilhada requer um ambiente familiar harmonioso e a convivência pacífica entre as partes que pretendem compartilhar a guarda do menor. O conjunto probatório dos autos revela que, lamentavelmente, não há qualquer comunicação, contato e muito menos consenso entre a autora (avó) e a ré (mãe) necessários ao estabelecimento da guarda compartilhada. Assim sendo, há que se instituir no caso concreto a tradicional modalidade da guarda única em favor da autora, legitimando-se a situação de fato. Também merece reparo o regime de visitação imposto na r. sentença, o qual passará a ser em fins de semana alternados e somente aos domingos, de 8 às 20 horas ou em qualquer outro dia da semana e horário que for acordado entre mãe e filho, medida necessária para que o adolescente restabeleça seu vínculo com a mãe até que atinja a maioridade civil. Precedente citado: TJRS, 70001021534/RS, Rel. Des. Maria Berenice Dias, julgado em 02.03.2005" (TJRJ, Acórdão 2007.001.35726, Capital, Rel. Des. Roberto de Souza Cortes, j. 27.11.2007, *DORJ* 14.02.2008, p. 312).

De toda sorte, cumpre destacar julgados do Superior Tribunal de Justiça, segundo os quais a guarda compartilhada pode ser *imposta* pelo magistrado, mesmo não havendo o consenso entre os genitores. Vejamos duas dessas ementas, que confundem a guarda compartilhada com a alternada, na minha leitura:

"Civil e processual civil. Recurso especial. Direito civil e processual civil. Família. Guarda compartilhada. Consenso. Necessidade. Alternância de residência do menor. Possibilidade. 1. A guarda compartilhada busca a plena proteção do melhor interesse dos filhos, pois reflete, com muito mais acuidade, a realidade da organização social atual que caminha para o fim das rígidas divisões de papéis sociais definidas pelo gênero dos pais. 2. A guarda compartilhada é o ideal a ser buscado no exercício do poder familiar entre pais separados, mesmo que demandem deles reestruturações, concessões e adequações diversas, para que seus filhos possam usufruir, durante sua formação, do ideal psicológico de duplo referencial. 3. Apesar de a separação ou do divórcio usualmente coincidirem com o ápice do distanciamento do antigo casal e com a maior evidenciação das diferenças existentes, o melhor interesse do menor, ainda assim, dita a aplicação da guarda compartilhada como regra, mesmo na hipótese de ausência de consenso. 4. A inviabilidade da guarda compartilhada, por ausência de consenso, faria prevalecer o exercício de uma potestade inexistente por um dos pais. E diz-se inexistente, porque contrária ao escopo do poder familiar que existe para a proteção da prole. 5. A imposição judicial das atribuições de cada um dos pais, e o período de convivência da criança sob guarda compartilhada, quando não houver consenso, é medida extrema, porém necessária à implementação dessa nova visão, para que não se faça do texto legal, letra morta. 6. A guarda compartilhada deve ser tida como regra, e a custódia física conjunta – sempre que possível – como sua efetiva expressão. 7. Recurso especial provido" (STJ, REsp 1.428.596, 3.ª Turma, Rel. Min. Nancy Andrighi, j. 03.06.2014).

"Guarda compartilhada. Alternância. Residência. Menor. A guarda compartilhada (art. 1.583, § 1.º, do CC/2002) busca a proteção plena do interesse dos filhos, sendo o ideal buscado no exercício do poder familiar entre pais separados, mesmo que demandem deles reestruturações, concessões e adequações diversas, para que seus filhos possam usufruir, durante sua formação, do ideal psicológico do duplo referencial. Mesmo na ausência de consenso do antigo casal, o melhor interesse do menor dita a aplicação da guarda compartilhada. Se assim não fosse, a ausência de consenso, que poderia inviabilizar a guarda compartilhada, faria prevalecer o exercício de uma potestade inexistente por um dos pais. E diz-se inexistente porque contraria a finalidade do poder familiar, que existe para proteção da prole. A drástica fórmula de imposição judicial das atribuições de cada um dos pais e do período de convivência da criança sob a guarda compartilhada, quando não houver consenso, é medida extrema, porém necessária à implementação dessa nova visão, para que não se faça do texto legal letra morta. A custódia física conjunta é o ideal buscado na fixação da guarda compartilhada porque sua implementação quebra a monoparentalidade na criação dos filhos, fato corriqueiro na guarda unilateral, que é substituída pela implementação de condições propícias à continuidade da existência das fontes bifrontais de exercício do poder familiar. A guarda compartilhada com o exercício conjunto da custódia física é processo integrativo, que dá à criança a possibilidade de conviver com ambos os pais, ao mesmo tempo em que preconiza a interação deles no processo de criação" (STJ, REsp 1.251.000/MG, Rel. Min. Nancy Andrighi, j. 23.08.2011, publicação no seu *Informativo* n. 481).

Essas premissas foram reforçadas em aresto mais recente da Corte e com a mesma relatoria, pronunciada na vigência da lei de 2014. Conforme consta da sua ementa, foi ali fixada a controvérsia de se dizer em que hipóteses a guarda compartilhada poderá deixar de ser implementada, à luz da nova redação do art. 1.584 do Código Civil. Na sua dicção:

"A nova redação do art. 1.584 do Código Civil irradia, com força vinculante, a peremptoriedade da guarda compartilhada. O termo 'será' não deixa margem a debates periféricos, fixando a presunção – *jure tantum* – de que, se houver interesse na guarda compartilhada por um dos ascendentes, será esse o sistema eleito, salvo se um dos genitores [ascendentes] declarar ao magistrado que não deseja a guarda do menor (art. 1.584, § 2.º, *in fine*, do CC). A guarda compartilhada somente deixará de ser aplicada quando houver inaptidão de um dos ascendentes para o exercício do poder familiar, fato que deverá ser declarado prévia ou incidentalmente à ação de guarda, por meio de decisão judicial, no sentido da suspensão ou da perda do Poder Familiar" (STJ, REsp 1.629.994/RJ, 3.ª Turma, Rel. Min. Nancy Andrighi, j. 06.12.2016, *DJe* 15.12.2016).

Porém, no mesmo ano de 2016, surgiu outro julgado do mesmo Superior Tribunal de Justiça, mais flexível na minha leitura feita. Conforme a decisão, a inexistência de consenso entre os cônjuges não impede a guarda compartilhada. Entretanto, "essa regra cede quando os desentendimentos dos pais ultrapassarem o mero dissenso, podendo resvalar, em razão da imaturidade de ambos e da atenção aos próprios interesses antes dos do menor, em prejuízo de sua formação e saudável desenvolvimento (art. 1.586 do CC/2002). Tratando o direito de família de aspectos que envolvem sentimentos profundos e muitas vezes desarmoniosos, deve-se cuidar da aplicação das teses ao caso concreto, pois não pode haver solução estanque já que as questões demandam flexibilidade e adequação à hipótese concreta apresentada para solução judicial" (STJ, REsp 1.417.868/MG, 3.ª Turma, Rel. Min. João Otávio de Noronha, j. 10.05.2016, *DJe* 10.06.2016).

Com o devido respeito, já criticava eu aquelas decisões anteriores nos casos em que não há a citada harmonia mínima entre os guardiões, pois o compartilhamento em casos tais pode aumentar os conflitos e gerar situações de maiores prejuízos ao filho, inclusive em decorrência de alienações parentais praticadas por ambos os guardiões. O último aresto reconhece tal situação, representando um grande avanço na jurisprudência superior.

Por isso é que a mediação e a orientação psicológica são instrumentos fundamentais, devendo sempre entrar em cena para a aproximação dos genitores, ex-cônjuges ou ex-companheiros. Esclareça-se, na linha do exposto por Fernanda Tartuce, que a medição não visa pura e simplesmente ao acordo, mas sim a atingir os interesses e as necessidades das partes envolvidas, estimulando a aproximação e o diálogo entre as partes (TARTUCE, Fernanda. *Processo civil...*, 2012, p. 29). Em tais aspectos a mediação diferencia-se da conciliação, o que foi adotado pelo Código de Processo Civil de 2015.

Infelizmente, a Lei 13.058/2014 confirmou aquela anterior forma de julgar, *impositiva*, e sempre acreditei que traria mais problemas do que soluções, o que acabou ocorrendo, no meu entender. Por outra via, José Fernando Simão pensa que, mesmo com a modificação legislativa, não haverá a citada obrigatoriedade, na linha do que foi reconhecido no último julgado aqui transcrito, do ano de 2016. Para o jurista, "no caso da guarda compartilhada, em situações de grande litigiosidade dos pais, assistiremos às seguintes decisões: 'em que pese a determinação do Código Civil de que a guarda deverá ser compartilhada, no caso concreto, a guarda que atende ao melhor interesse da criança é a unilateral e, portanto, fica afastada a regra do CC que cede diante do princípio constitucional'. A lei não é, por si, a solução do problema como parecem preconizar os defensores do PL 117/2003. A mudança real é que o Magistrado, a partir da nova redação de lei, precisará invocar o preceito constitucional para não segui-la. Nada mais" (SIMÃO, José Fernando. Guarda... Disponível em: <www.professorsimao.com.br>. Acesso em: 28 nov. 2014). Reafirme-se que essa parece ser a posição seguida pelo STJ no julgamento do Recurso Especial 1.417.868/MG, em 2016, e que acabou prevalecendo na prática.

Anote-se que alguns julgados estaduais, prolatados em 2015 e sob a égide da nova lei, seguiam essa forma de pensar o Direito de Família, afastando a imposição da guarda compartilhada. Vejamos duas ementas:

"Agravo de instrumento. Ação de reversão da guarda. Tutela antecipada. Guarda compartilhada. Descabimento. Para a instituição da guarda compartilhada mostra-se necessária a existência de consenso entre os genitores. Ausência de elementos probatórios a justificar alteração na guarda. Agravo de instrumento desprovido" (TJRS, Agravo de Instrumento 0029847-18.2015.8.21.7000, 7.ª Câmara Cível, Porto Alegre, Rel. Des. Jorge Luís Dall'Agnol, j. 27.05.2015, *DJERS* 05.06.2015).

"Ação de guarda. Juízo da origem que concede a guarda da infante ao autor e fixa direito de visitas à ré. Insurgência da requerida. Genitora que entrega a infante ao pai de forma provisória para evitar maiores conflitos, até a audiência em processo de alimentos, sem desistir da guarda. Pai que não promove a devolução da criança e propõe a ação de guarda alegando que a mãe entregou-lhe a menina para constituir nova família. Ausência de provas das alegações do genitor. Estudo social que demonstra que ambos os genitores possuem condições de criar a filha e sugere a guarda compartilhada. Modalidade que é inviável na hipótese, diante da ausência de convergência de ideias entre os genitores. Elementos nos autos que demonstram a ausência de motivo para que o encargo de guardiã fosse retirado da mãe. Sentença reformada para conceder a guarda da menor à demandada, fixar direito de visitas ao réu e determinar que este promova o pagamento da pensão alimentícia já estipulada em ação própria, cuja sentença transitou em julgado. Sucumbência mantida conforme arbitrada na origem, dada a reciprocidade de êxito das partes, considerando a pluralidade de ações julgadas conjuntamente pelo togado *a quo*. Exigibilidade dessa verba suspensa quanto a ambas as partes, já que beneficiárias da gratuidade processual. Recurso conhecido e provido" (TJSC, Apelação Cível 2014.069447-7, 5.ª Câmara de Direito Civil, Gaspar, Rel. Des. Rosane Portella Wolff, j. 23.04.2015, *DJSC* 28.05.2015, p. 266).

Todavia, cabe esclarecer que existem outros acórdãos estaduais, igualmente prolatados na vigência da legislação de 2014, que trazem julgamento em contrário, pela obrigatoriedade da guarda compartilhada, seguindo a tendência anterior do STJ aqui demonstrada, ora confirmada pelo aresto mais recente, de 2016 (REsp 1.629.994/RJ). Assim, por exemplo:

"Considerando que o estudo social realizado na instrução constatou que ambos os genitores são aptos ao exercício da guarda, viável o estabelecimento de seu compartilhamento (objeto da reconvenção), arranjo que atende ao disposto no art. 1.584, § 2.º, do CC (nova redação dada pela Lei n.º 13.058/2014) e que se apresenta mais adequado à superação do litígio e ao atendimento dos superiores interesses do infante. A ausência de consenso entre os pais não pode servir, por si apenas, para obstar o compartilhamento da guarda, que, diante da alteração legislativa e em atenção aos superiores interesses dos filhos, deve ser tido como regra. Precedente do STJ" (TJRS, Apelação Cível 0103297-91.2015.8.21.7000, 8.ª Câmara Cível, Porto Alegre, Rel. Des. Ricardo Moreira Lins Pastl, j. 21.05.2015, *DJERS* 28.05.2015).

Ou, ainda, na mesma linha pela obrigatoriedade, não contando com o meu apoio, mais uma vez por admitir a guarda alternada:

"O princípio constitucional do melhor interesse da criança surgiu com a primazia da dignidade humana perante todos os institutos jurídicos e em face da valorização da pessoa humana em seus mais diversos ambientes, inclusive no núcleo familiar. Fixada a guarda, esta somente deve ser alterada quando houver motivo suficiente que imponha tal medida, tendo em vista a relevância dos interesses envolvidos. Na guarda compartilhada pai e mãe participam efetivamente da educação e formação de seus filhos. Considerando que no caso em apreço, ambos os genitores são aptos a administrar a guarda das filhas, e que a divisão de decisões e tarefas entre eles possibilitará um melhor aporte de estrutura para a criação da criança, impõe-se como melhor solução não o deferimento de guarda unilateral, mas da guarda compartilhada" (TJMG, Apelação Cível 1.0647.13.002668-3/002, Rel. Des. Darcio Lopardi Mendes, j. 19.03.2015, *DJEMG* 25.03.2015).

Eis uma questão que ainda precisa ser pacificada nos próximos anos, especialmente pela Segunda Secção do Superior Tribunal de Justiça. Assim, a Corte terá que dizer, de forma definitiva e sem hesitações, se a guarda compartilhada é peremptória, obrigatória, ou não. Reafirme-se, nesse contexto, a nossa posição pela necessidade de uma convivência pacífica mínima entre os genitores, para que a guarda compartilhada seja efetivada.

Outro aspecto divergente na prática diz respeito à obrigatoriedade da guarda compartilhada quando os genitores residem em cidades distintas, ou em lares distantes. Mais uma vez, com o intuito de afastar uma indesejável imposição, que pode trazer mais prejuízos do que benefícios ao filho, entendo que essa não é viável juridicamente quando há dificuldades geográficas relativas aos genitores.

Há, na verdade, certa confusão doutrinária e jurisprudencial entre a guarda física – efetivamente exercida – e a autoridade parental (ou poder familiar), quando se dá a resposta positiva nessas situações, especialmente com o argumento de que as atuais tecnologias propiciam o exercício da guarda a distância.

Ora, a efetiva guarda traz um *recheio* muito mais complexo do que a autoridade parental (ou poder familiar), preenchido pela educação e pela orientação contínua, que demandam *tempo, dedicação e ampla responsabilidade* dos detentores da guarda. E, com o devido, respeito, o correto preenchimento desse *trinômio* não pode ser exercido a distância, mesmo com o uso das tecnologias mais variadas. A contínua presença física ainda é insubstituível para os principais componentes da profunda formação de um filho.

Em complemento, defender a viabilidade da guarda compartilhada a distância parece conduzir, mais uma vez, à infeliz confusão com a guarda alterada, como antes exposto. Na linha dessas afirmações, parece perfeita tecnicamente a conclusão do seguinte julgado do Superior Tribunal de Justiça, prolatado no ano de 2016:

"As peculiaridades do caso concreto inviabilizam a implementação da guarda compartilhada, tais como a dificuldade geográfica e a realização do princípio do melhor interesse dos menores, que obstaculizam, a princípio, sua efetivação. Às partes é concedida a possibilidade de demonstrar a existência de impedimento insuperável ao exercício da guarda compartilhada, como, por exemplo, limites geográficos. Precedentes" (STJ, REsp 1.605.477/RS, 3.ª Turma, Rel. Min. Ricardo Villas Bôas Cueva, j. 21.06.2016, *DJe* 27.06.2016).

Essa posição também não é pacífica na Corte, devendo ser resolvida na sua Segunda Seção. Em aresto do ano de 2021, entendeu-se o seguinte:

"Imperioso concluir que a guarda compartilhada não demanda custódia física conjunta, tampouco tempo de convívio igualitário, sendo certo, ademais, que, dada sua flexibilidade, essa modalidade de guarda comporta as fórmulas mais diversas para sua implementação concreta, notadamente para o regime de convivência ou de visitas, a serem fixadas pelo juiz ou por acordo entre as partes em atenção às circunstâncias fáticas de cada família individualmente considerada. Portanto, não existe qualquer óbice à fixação da guarda compartilhada na hipótese em que os genitores residem em cidades, estados, ou, até mesmo, países diferentes, máxime tendo em vista que, com o avanço tecnológico, é plenamente possível que, à distância, os pais compartilhem a responsabilidade sobre a prole, participando ativamente das decisões acerca da vida dos filhos" (STJ, REsp 1.878.041/SP, 3.ª Turma, Rel. Min. Nancy Andrighi, j. 25.05.2021, *DJe* 31.05.2021, v.u.).

Reitero que fico com o entendimento anterior.

Atualizando a obra, em meio a esse verdadeiro *caos jurisprudencial* a respeito da efetivação da guarda compartilhada (ou alternada), em 2023, o art. 1.584, § 2.º, do Código Civil, foi novamente alterado, por força da Lei 14.713, tratando do afastamento da guarda compartilhada em havendo potencial risco de violência doméstica. Em certa medida, confirmou-se a afirmação de que a guarda compartilhada não é mesmo obrigatória. Nos termos do novo comando, ora em vigor, "quando não houver acordo entre a mãe e o pai quanto à guarda do filho, encontrando-se ambos os genitores aptos a exercer o poder familiar, será aplicada a guarda compartilhada, salvo se um dos genitores declarar ao magistrado que não deseja a guarda da criança ou do adolescente ou quando houver elementos que evidenciem a probabilidade de risco de violência doméstica ou familiar".

No que diz respeito aos procedimentos, foi incluído um art. 699-A ao Código de Processo Civil, prevendo que nas ações de guarda, antes de iniciada a audiência de mediação e conciliação, o juiz indagará às partes e ao Ministério Público se há risco de violência doméstica ou familiar, fixando o prazo de cinco dias para a apresentação de prova ou de indícios pertinentes.

Em certa medida, as alterações legislativas confirmam parte do entendimento jurisprudencial, afastando-se a premissa de ser a guarda compartilhada obrigatória. A título de exemplo, analisando a questão e confirmando a fixação de guarda unilateral, do Superior Tribunal de Justiça, destaco:

"(...) É direito da criança e do adolescente desenvolver-se em um ambiente familiar saudável e de respeito mútuo de todos os seus integrantes. A não observância desse direito, em tese, a coloca em risco, se não físico, psicológico, apto a comprometer, sensivelmente, seu desenvolvimento. Eventual exposição da criança à situação de violência doméstica perpetrada pelo pai contra a mãe é circunstância de suma importância que deve, necessariamente, ser levada em consideração para nortear as decisões que digam respeito aos interesses desse infante. No contexto de violência doméstica contra a mulher, é o juízo da correlata Vara Especializada que detém, inarredavelmente, os melhores subsídios cognitivos para preservar e garantir os prevalentes interesses da criança, em meio à relação conflituosa de seus pais. Na espécie, a pretensão da genitora de retornar ao seu país de origem, com o filho – que pressupõe suprimento judicial da autorização paterna e a concessão de guarda unilateral à genitora, segundo o Juízo *a quo* – deu-se em plena vigência de medida protetiva de urgência destinada a neutralizar a situação de violência a que a demandante encontrava-se submetida" (STJ, REsp 1.550.166/DF, 3.ª Turma, Rel. Min. Marco Aurélio Bellizze, j. 21.11.2017, *DJe* 18.12.2017).

De todo modo, penso que a expressão "probabilidade de risco de violência doméstica ou familiar" deve ser analisada com cautela pelo julgador. Isso porque o Direito Civil não fixou com clareza, até o presente momento e para os fins de vários institutos privados, a definição de risco. Muito maior será, portanto, o desafio em se dizer o que é a "probabilidade de risco" no âmbito do Direito de Família, cláusula geral que demandará tempo e esforço para ser devidamente preenchida pelos magistrados, de acordo com as circunstâncias do caso concreto. Portanto, já vislumbro grandes desafios para a aplicação do novo comando.

De todo modo, podem servir de apoio nesse preenchimento dois enunciados doutrinários do IBDFAM, aprovados no seu *XIV Congresso Brasileiro*, em outubro de 2023, poucos dias antes da entrada em vigor da nova lei.

O primeiro deles é o Enunciado n. 47, segundo o qual, "constatada a ocorrência de violência doméstica, a decisão que fixar o regime de convivência entre os pais e seus filhos deve considerar o impacto sobre a segurança, bem-estar e desenvolvimento saudável das crianças e adolescentes envolvidos, sopesando o risco de exposição destes a novas formas de violência". A ementa doutrinária traz parâmetros interessantes, que devem ser levados em conta pelo julgador para o eventual afastamento da guarda compartilhada.

Além dele, destaco o Enunciado n. 50 do IBDFAM, segundo o qual, "a restrição ou limitação à convivência paterna ou materna em razão da violência doméstica contra a criança ou adolescente não deve ser indiscriminadamente extensiva aos demais familiares vinculados ao agressor, respeitado sempre o superior interesse e vontade da criança ou adolescente". De fato, penso que a "probabilidade de risco de violência doméstica ou familiar", pelo menos em regra, não pode dizer respeito a familiares dos pais, genitores ou detentores da guarda.

Atualizada a obra e seguindo no estudo do tema da guarda, conforme o § 3.º do art. 1.584 do CC, modificado pela Lei 11.698/2008, para estabelecer as atribuições do pai e da mãe e os períodos de convivência sob guarda compartilhada, o juiz, de ofício ou a requerimento do Ministério Público, poder basear-se em orientação técnico-profissional ou de equipe interdisciplinar. A norma menciona a utilização da *mediação familiar* para o incremento da guarda compartilhada, mecanismo que foi incentivado pelo Código de Processo Civil de 2015, em vários de seus preceitos.

Sobre o tema, aliás, o Enunciado n. 335 do CJF/STJ, da *IV Jornada de Direito Civil*, de 2006, já estabelecia que a guarda compartilhada era prioritária, devendo "ser estimulada, utilizando-se, sempre que possível, da mediação e da orientação de equipe interdisciplinar". Pela Lei 13.058/2014 foi incluída uma pequena alteração, passando a constar do final do diploma a locução "que deverá visar à divisão equilibrada do tempo com o pai e com a mãe". Mais uma vez, há claro equívoco em se confundir a guarda compartilhada com a alternada, com o uso do termo *divisão*.

Reafirme-se, contudo, que a mediação e a orientação psicológica são fundamentais para que essa guarda seja bem compreendida pelos pais e possa resultar em efetivos benefícios para crianças e adolescentes. Tratando indiretamente do tema, vejamos julgado do

Superior Tribunal de Justiça, prolatado na vigência da alteração do art. 1.584 do CC pela Lei 11.698/2008:

"Embargos de declaração em agravo no agravo. Guarda de menor. Pedido de suprimento de omissões. Alegação de que, no acórdão embargado, tomou-se como verdadeiro o fato de que há ação penal em curso contra o pai da criança, desconsiderando-se o fato de que houve trancamento dessa ação. Solicitação para que, na definição da guarda do menor, seja levada em consideração a possibilidade de estabelecimento de guarda compartilhada. Omissões inexistentes. Embargos rejeitados. A circunstância de existir, contra o pai do menor, ação penal em curso, foi expressamente tratada como irrelevante para a definição da guarda do menor disputado, dadas as peculiaridades da espécie. Se ocorreu o trancamento dessa ação, portanto, esse fato não tem repercussão no julgado. O objeto do recurso julgado nesta sede era restabelecer a guarda do menor em favor da mãe, por isso esse foi o alcance do acórdão. Nada impede, todavia, que o juízo de 1.º grau, com base nos elementos do processo e valendo-se, conforme o caso, das orientações técnico-profissionais de que trata o art. 1.584, § 3.º, do CC/2002, determine, fundamentadamente, a guarda compartilhada da criança, se essa for, segundo o seu critério, a medida que melhor tutele os interesses do menor. Tal decisão estaria sujeita a controle pelos meios de impugnação previstos no CPC. Embargos de declaração rejeitados" (STJ, EDcl-AgRg-Ag 1.121.907/SP, 3.ª Turma, Rel. Min. Fátima Nancy Andrighi, j. 19.05.2009, *DJe* 03.06.2009).

A alteração não autorizada ou o descumprimento imotivado de cláusula de guarda, unilateral ou compartilhada, pode implicar a redução de prerrogativas atribuídas ao seu detentor (art. 1.584, § 4.º, do CC). A Lei 13.058/2014 excluiu a locação "inclusive quanto ao número de horas de convivência com o filho", o que poderia prejudicar o compartilhamento ou divisão da guarda.

Se o juiz verificar que o filho não deve permanecer sob a guarda do pai ou da mãe, deferirá a guarda à pessoa que revele compatibilidade com a natureza da medida, considerados, de preferência, o grau de parentesco e as relações de afinidade e afetividade (art. 1.584, § 5.º, do CC). Assim, a guarda pode ser atribuída aos avós, aos tios ou até a um companheiro homoafetivo do genitor, o que não foi alterado pela norma do final de 2014.

Entretanto, como novidade, foi incluída no Código Civil uma penalidade no caso de não prestação de informações por entidades públicas e privadas a qualquer dos genitores. De acordo com o novel art. 1.584, § 6.º, do CC, "qualquer estabelecimento público ou privado é obrigado a prestar informações a qualquer dos genitores sobre os filhos destes, sob pena de multa de R$ 200,00 (duzentos reais) a R$ 500,00 (quinhentos reais) por dia pelo não atendimento da solicitação".

Imagine-se, por exemplo, o caso de uma escola que não quer prestar informações sobre o processo educativo do aluno a um dos pais, estando sujeita às citadas multas, o que parece salutar, em uma primeira análise. Condena-se a menção dos valores em reais, sem qualquer índice de atualização, o que pode gerar a sua contínua desvalorização no tempo. Melhor seria se o comando tivesse utilizado como parâmetro o salário mínimo, como por vezes é comum na legislação.

Pois bem, para esclarecer as mudanças da legislação e o confuso tratamento da matéria, especialmente as críticas formuladas à chamada *Lei da Guarda Compartilhada (ou Alternada) Obrigatória*, necessária se faz uma explicação didática quanto às formas de guarda preconizadas pela doutrina e admitidas pela jurisprudência. Nesse contexto, podem ser apontadas quatro modalidades de guarda na esfera do poder familiar, em resumo do tema:

- *Guarda unilateral:* uma pessoa tem a guarda enquanto a outra tem, a seu favor, a regulamentação de visitas. Essa sempre foi a forma mais comum de guarda, trazendo o inconveniente de privar o menor da convivência contínua de um dos genitores. Em razão desse inconveniente é que se operaram as mudanças legislativas aqui expostas.
- *Guarda alternada:* o filho permanece um tempo com o pai e um tempo com a mãe, pernoitando certos dias da semana com o pai e outros com a mãe. A título de exemplo, o filho permanece de segunda a quarta-feira com o pai e de quinta-feira a domingo com a mãe. Essa forma de guarda não é recomendável, eis que pode trazer confusões psicológicas à criança. Com tom didático, pode-se dizer que essa é a *guarda pingue-pongue*, pois a criança permanece com cada um dos genitores por períodos interruptos. Alguns a denominam como a *guarda do mochileiro*, pois o filho sempre deve arrumar a sua mala ou mochila para ir à outra casa. Entendo que é ela altamente inconveniente, pois a criança perde seu referencial, eis que recebe tratamentos diferentes quando na casa paterna e na materna. Por isso, reafirme-se às críticas à nova *Lei da Guarda Compartilhada Obrigatória*, que parece confundir a guarda compartilhada com a presente modalidade. De toda sorte, há quem entenda que é possível a sua instituição em casos excepcionais, o que está na linha da tentativa de modificação das normas sobre a matéria. Nessa linha, enunciado aprovado na V *Jornada de Direito Civil*, nos seguintes termos: "a Lei n. 11.698/2008, que deu nova redação aos arts. 1.583 e 1.584, do Código Civil, não se restringe à guarda unilateral e à guarda compartilhada, podendo ser adotada aquela mais adequada à situação do filho, em atendimento ao princípio do melhor interesse da criança e do adolescente. A regra se aplica a qualquer modelo de família (atualizados os Enunciados n. 101 e 336, em razão de mudança legislativa, agora abrangidos por este Enunciado)" (Enunciado n. 518 do CJF/STJ).
- *Guarda compartilhada ou guarda conjunta:* hipótese em que pai e mãe dividem as atribuições relacionadas ao filho, que irá conviver com ambos, sendo essa sua grande vantagem. Ilustrando, o filho tem apenas um lar, convivendo sempre que possível com os seus pais, que estão sempre presentes na vida cotidiana do filho. Essa forma de guarda é a mais recomendável, e, exatamente por isso, quanto ao art. 1.583 do CC/2002 em sua redação original, que tratava da determinação da guarda por acordo entre os cônjuges, previa o Enunciado n. 101 do CJF/STJ que essa guarda poderia ser tanto a unilateral quanto a compartilhada, desde que atendido o maior interesse da criança (*best interest of the child*). Frise-se que foi tal entendimento doutrinário que motivou a alteração legislativa em 2008, passando a guarda compartilhada a ser a prioridade. Com o devido respeito a quem pensa de forma contrária, a Lei 13.058/2014 parece não tratar de guarda compartilhada, ao reconhecer a possibilidade de dupla residência para o filho, utilizando também o termo *divisão equilibrada*. Assim, fica uma questão para reflexão: *seria uma lei sobre guarda compartilhada obrigatória ou uma lei sobre guarda alternada obrigatória?*
- *Guarda da nidação ou aninhamento:* conforme explicam Pablo Stolze Gagliano e Rodolfo Pamplona Filho, trata-se de modalidade comum em países europeus, presente quando os filhos permanecem no mesmo domicílio em que vivia o casal dissolvido, revezando os pais em sua companhia (*Novo curso...*, 2. ed., 2012, p. 609). A expressão aninhamento tem relação com a figura do *ninho*, qual seja, o local de residência dos filhos. Além da falta de previsão legal, tal forma de guarda encontra resistências econômicas, eis que os pais manterão, além do *ninho*, as suas residências próprias.

Feitas tais considerações sobre a estrutura da guarda, em termos de dever de prestar alimentos, afirma Maria Berenice Dias que a guarda compartilhada não impede sua fixação, até porque nem sempre os genitores gozam das mesmas condições econômicas. Muitas vezes não há alternância da guarda física do filho e a não cooperação do outro pode onerar sobremaneira o genitor guardião (*Manual de direito...*, 2007, p. 397). No mesmo sentido, cite-se enunciado aprovado na *VII Jornada de Direito Civil*, de 2015, que sintetiza a posição majoritária da doutrina brasileira, *in verbis*: "a guarda compartilhada não implica ausência de pagamento de pensão alimentícia" (Enunciado n. 607).

Em reforço, nota-se que o que se compartilha, em regra, é a convivência e não as despesas com a manutenção dos filhos. Em suma, prevalece a fixação de acordo com o *binômio* ou *trinômio alimentar*, tese que permanece com a vigência da Lei 13.058/2014, não se podendo admitir julgados que adotam caminho diverso. Nessa linha de pensamento, transcreve-se ementa do Tribunal de Justiça de Minas Gerais:

> "Apelação cível. Ação de divórcio consensual. Alimentos para os filhos. Guarda compartilhada. Redução. A guarda compartilhada não exclui o pagamento de pensão alimentícia, pois o que se compartilha é apenas a responsabilidade pela formação, saúde, educação e bem-estar dos filhos, e não a posse dos mesmos. Não atendido o binômio necessidade. Possibilidade que trata o § 1.º do art. 1.694 do CCB/02, devem ser alterados os alimentos fixados em primeiro grau, cabendo a sua redução, quando o alimentante demonstrar a impossibilidade de prestá-los. Recurso conhecido e provido" (TJMG, Apelação Cível 1.0358.07.014534-9/0011, 3.ª Câmara Cível, Jequitinhonha, Rel. Des. Albergaria Costa, j. 20.08.2009, DJEMG 02.10.2009).

O art. 1.585 do Código Civil também foi alterado pela Lei 13.058/2014. Originalmente, previa o comando a aplicação dos arts. 1.583 e 1.584 para a guarda fixada em sede de cautelar de separação de corpos do casal. Agora a nova redação do comando é a seguinte: "em sede de medida cautelar de separação de corpos, em sede de medida cautelar de guarda ou em outra sede de fixação liminar de guarda, a decisão sobre guarda de filhos, mesmo que provisória, será proferida preferencialmente após a oitiva de ambas as partes perante o juiz, salvo se a proteção aos interesses dos filhos exigir a concessão de liminar sem a oitiva da outra parte, aplicando-se as disposições do art. 1.584". Em suma, ampliava-se o mesmo tratamento para outras cautelares possíveis na prática familiarista, recomendando-se a oitiva dos genitores, inclusive para que seja viável a guarda compartilhada (ou alternada).

Todavia, cumpre esclarecer, mais uma vez, que as cautelares específicas foram extintas pelo Código de Processo Civil de 2015. Assim, será necessário situar tais procedimentos entre as medidas de tutela provisória, de urgência e de evidência, tratadas nos arts. 300 a 311 do CPC/2015. Somente a prática e o tempo poderão demonstrar qual o correto enquadramento no futuro.

Em casos excepcionais, havendo motivos graves, poderá o juiz, em qualquer caso, visando também a esse melhor interesse, regular de maneira diferente as regras outrora analisadas (art. 1.586 do CC/2002). Todas essas normas devem ser aplicadas aos casos de invalidade do casamento, ou seja, de casamento inexistente, nulo e anulável (art. 1.587 do CC/2002). Aqui, nesses dois últimos comandos, não há qualquer mudança engendrada pela Lei 13.058/2015.

Se o pai ou a mãe contrair novas núpcias, não perderá o direito de ter consigo os filhos, que só lhe poderão ser retirados por mandado judicial, provado que não são tratados convenientemente (art. 1.588 do CC/2002). Como se constata, deve sempre prevalecer o melhor interesse do menor, nos termos do Enunciado n. 337 do CJF/STJ, também da *IV Jornada de Direito Civil*: "o fato de o pai ou a mãe constituírem nova união não repercute no direito de terem os filhos do leito anterior em sua companhia, salvo quando houver comprometimento da sadia formação e do integral desenvolvimento da personalidade destes". Também não houve qualquer mudança em tal dispositivo.

Determina o art. 1.589, *caput*, da atual codificação material, também sem alterações desde o seu surgimento, que o pai ou a mãe, em cuja guarda não estejam os filhos, poderá visitá-los e tê-los em sua companhia, segundo o que acordar com o outro cônjuge, ou for fixado pelo juiz, bem como fiscalizar sua manutenção e educação. Para ilustrar, trazendo aplicação do dispositivo a respeito da regulamentação de visitas a favor do pai, transcreve-se:

"Regulamentação de direito de visitas. Preponderância dos interesses da criança. Convivência com o pai que é necessária para seu bom desenvolvimento psicológico e emocional. Direito natural do pai consagrado no art. 1.589 do Código Civil de 2002. Visita fora da casa materna, aos domingos, das 9 às 19 horas, que é razoável e se mostra benéfica à formação afetiva da criança. Inexistência de motivo concreto para restrição, devendo a autora adaptar sua rotina e da criança para que esta última possa estar na companhia do pai. Jurisprudência dominante neste TJSP e no STJ. Decisão parcialmente reformada. Recurso provido em parte" (TJSP, Apelação Cível 669.353.4/4, Acórdão 4220130, 4.ª Câmara de Direito Privado, Franca, Rel. Des. Maia da Cunha, j. 26.11.2009, *DJESP* 18.12.2009).

Em complemento, anote-se que a jurisprudência superior, seguindo a doutrina majoritária de Rolf Madaleno e Maria Berenice Dias, entende que a incidência de multa diária ou *astreintes* é juridicamente possível quando o genitor detentor da guarda da criança descumpre acordo homologado judicialmente sobre o regime de visitas. Conforme o aresto, "o direito de visitação tem por finalidade manter o relacionamento da filha com o genitor não guardião, que também compõe o seu núcleo familiar, interrompido pela separação judicial ou por outro motivo, tratando-se de uma manifestação do direito fundamental de convivência familiar garantido pela Constituição Federal. A cláusula geral do melhor interesse da criança e do adolescente, decorrente do princípio da dignidade da pessoa humana, recomenda que o Poder Judiciário cumpra o dever de protegê-las, valendo-se dos mecanismos processuais existentes, de modo a garantir e facilitar a convivência da filha com o visitante nos dias e na forma previamente ajustadas, e coibir a guardiã de criar obstáculos para o cumprimento do acordo firmado com a chancela judicial". Diante dessas afirmações, concluiu-se que "a aplicação das *astreintes* em hipótese de descumprimento do regime de visitas por parte do genitor, detentor da guarda da criança, se mostra um instrumento eficiente, e, também, menos drástico para o bom desenvolvimento da personalidade da criança, que merece proteção integral e sem limitações. Prevalência do direito de toda criança à convivência familiar" (STJ, REsp 1.481.531/SP, 3.ª Turma, Rel. Min. Moura Ribeiro, j. 16.02.2017, *DJe* 07.03.2017).

Como novidade anterior, a Lei 12.398/2011 introduziu expressamente no art. 1.589 do CC/2002 o direito de visitas a favor dos avós, observado o princípio do melhor interesse da criança e do adolescente. Consigne-se que a jurisprudência já admitia tal direito, não havendo grande novidade na alteração legislativa (por todos: TJRS, AI 70035611953, 7.ª Câm., Rel. Des. André Luiz Planella Villarinho, j. 11.08.2010, *DJERS* 19.08.2010; e TJSP, AI 572.373.4/3, 3.ª Câm. Dir. Priv., Rel. Des. Beretta da Silveira, j. 28.04.2009, *DJESP* 19.06.2009). Na verdade, o que se espera é que o direito de visitas seja estendido a outras hipóteses, como no caso de padrastos e madrastas.

Da *IV Jornada de Direito Civil*, do ano de 2006, o último e importante enunciado doutrinário a respeito da guarda de filhos a ser comentado é o de número 338, a saber: "a cláusula de não tratamento conveniente para a perda da guarda dirige-se a todos os que integrem, de modo direto ou reflexo, as novas relações familiares". De acordo com o teor do enunciado doutrinário, qualquer pessoa que detenha a guarda do menor, seja ela pai, mãe, avó, parente consanguíneo ou socioafetivo, poderá perdê-la ao não dar tratamento conveniente ao incapaz. O enunciado, com razão, estende a toda e qualquer pessoa os deveres de exercício da guarda de acordo com o maior interesse da criança e do adolescente. Tal premissa doutrinária deve ser plenamente mantida com a emergência da Lei 13.058/2014.

As disposições relativas à guarda e prestação de alimentos aos filhos menores estendem-se aos maiores incapazes, conforme determina o art. 1.590 do CC/2002, também sem alteração recente. Assim, a título de exemplo, a hipótese de fixação de guarda de um filho maior, que foi interditado relativamente por ser um ébrio habitual ou viciado em tóxicos.

Vale lembrar, a propósito, que a Lei 13.146/2015 – conhecida como Estatuto da Pessoa com Deficiência –, alterou substancialmente a teoria das incapacidades, modificando de forma substancial os arts. 3.º e 4.º do Código Civil. Na nova realidade legislativa brasileira não existem maiores que sejam absolutamente incapazes. Esclareça-se que a Lei 13.058/2014 também alterou o art. 1.634 do Código Civil, a ser abordado mais à frente, na presente obra.

Como outro tema de grande relevância prática, algumas palavras devem ser ditas a respeito da guarda de animais de estimação, especialmente sobre os julgados que aplicam, nas ações de divórcio, as mesmas regras previstas para a guarda de filhos.

Por todos eles, cite-se o julgamento da Quarta Turma do Superior Tribunal de Justiça no Recurso Especial 1.713.167/SP, em 2018. Como se retira da relatoria do Ministro Luis Felipe Salomão, "decerto, porém, que coube ao Código Civil o desenho da natureza jurídica dos animais, tendo o referido diploma os tipificado como coisas – não lhes atribuiu a qualidade de pessoas, não sendo dotados de personalidade jurídica, não podendo ser tidos como sujeitos de direitos – e, por conseguinte, objeto de propriedade. De fato, os animais, via de regra, se enquadram na categoria de bens semoventes, isto é, 'móveis os bens suscetíveis de movimento próprio, ou de remoção por força alheia, sem alteração da substância ou da destinação econômico-social' (art. 82). Não há dúvidas de que o Código Civil tipificou-os na categoria das coisas e, como tal, são objetos de relações jurídicas, como se depreende da dicção dos arts. 82, 445, § 2.º, 936, 1.444, 1.445 e 1.446. Nessa perspectiva, resta saber se tais animais de companhia, nos dias atuais, em razão de sua categorização, devem ser tidos como simples coisas (inanimadas) ou se, ao revés, merecem tratamento peculiar diante da atual conjuntura do conceito de família e sua função social".

O acórdão expõe a existência de *três correntes* sobre a situação jurídica dos animais, na doutrina e jurisprudência brasileiras. A primeira pretende elevar os animais ao *status* de pessoa, "haja vista que, biologicamente, o ser humano é animal, ser vivo com capacidade de locomoção e de resposta a estímulos, inclusive em relação aos grandes símios que, com base no DNA, seriam parentes muito próximos dos humanos. Em razão disso, ao animal deveriam ser atribuídos direitos da personalidade, o próprio titular do direito vindicado, sob pena de a diferença de tratamento caracterizar odiosa discriminação". Já a segunda corrente sustenta que "o melhor seria separar o conceito de pessoa e o de sujeito de direito, possibilitando a proteção dos animais na qualidade de sujeito de direito sem personalidade, dando-se proteção em razão do próprio animal, e não apenas como objeto (na qualidade de patrimônio do seu proprietário) ou de direito difuso como forma de proteção ao meio ambiente sustentável" (Recurso Especial 1.713.167/SP). Por fim, para a terceira corrente, a mais tradicional e à qual me filio no presente momento, os animais, mesmo os de companhia ou de estimação, devem permanecer dentro da categoria das coisas e bens.

O julgado demonstra que "o só fato de o animal ser tido como de estimação, recebendo o afeto da entidade familiar, não pode vir a alterar sua substância, a ponto de converter a natureza jurídica". Porém, apesar dessa afirmação, concluiu-se que "não se mostra suficiente o regramento jurídico dos bens para resolver, satisfatoriamente, tal disputa familiar nos tempos atuais, como se tratasse de simples discussão atinente a posse e propriedade. A despeito de animais, possuem valor subjetivo único e peculiar, aflorando sentimentos bastante íntimos em seus donos, totalmente diversos de qualquer outro tipo de propriedade privada. O Judiciário necessita encontrar solução adequada para essa questão, ponderando os princípios em conflito, de modo a encontrar o resguardo aos direitos fundamentais e a uma vida digna" (Recurso Especial 1.713.167/SP). Em suma, apesar de o julgado declinar a tese da plena humanização do animal, foram aplicadas, por analogia e com base no art. 4.º da Lei de Introdução, as mesmas regras relativas quanto à guarda de filhos para um animal doméstico.

Apesar dos fundamentos do último julgado, tal forma de pensar o Direito merece reflexões, o que abrange as propostas legislativas a respeito do tema, comentadas no Volume 1 desta coleção, inclusive no Projeto de Reforma do Código Civil. Ora, na realidade brasileira, ainda é necessário tutelar efetivamente os direitos das pessoas humanas, caso dos nascituros e embriões. Superada essa fase, na nossa realidade, penso que será possível estender alguns direitos aos animais, como fez o julgado citado, mas não de forma equânime aos filhos.

Exatamente nessa linha é a proposta de se incluir um novo art. 91-A pelo Projeto de Reforma, segundo o qual os animais não serão tratados como pessoas nem como coisas, mas como seres vivos sencientes, dotados de sensibilidade, e passíveis de proteção jurídica própria, em virtude da sua natureza especial. Pela mesma proposição, essa proteção jurídica será regulada por lei especial posterior, a qual disporá sobre o tratamento físico e ético adequado aos animais. Porém, até que sobrevenha essa lei especial, serão aplicáveis, subsidiariamente, aos animais as disposições relativas aos bens, desde que não sejam incompatíveis com a sua natureza, considerando a sua sensibilidade.

Além dessas proposições, como visto, há uma sugestão da Comissão de Juristas de se incluir um novo § 3.º no art. 1.566, que trata dos deveres dos cônjuges ou conviventes, prevendo que "os ex-cônjuges e ex-conviventes têm o direito de compartilhar a companhia e arcar com as despesas destinadas à manutenção dos animais de estimação, enquanto a eles pertencentes". Assim, pela nova norma, o compartilhamento da companhia, assim como se dá hoje com a guarda, passará a ser a regra também quanto aos animais de estimação.

Como outro assunto a ser analisado no presente tópico, sabe-se que um dos grandes desafios surgidos com a pandemia de Covid-19 disse respeito à guarda de filhos e ao exercício do direito de convivência em tempos de isolamento e distanciamento social. Muitos dilemas surgiram nos últimos tempos, chegando-se alguns juristas até a defender a guarda alternada nesse período.

Tentando amenizar os problemas práticos, fizemos sugestão de dispositivo legal, em conjunto com os Professores José Fernando Simão e Maurício Bunazar ao então Projeto de Lei 1.179, que originou a Lei 14.010/2020 e que criou um Regime Jurídico Emergencial Transitório em matéria de Direito Privado.

A sugestão foi acatada pelo Senador Rodrigo Pacheco e debatida na sua tramitação inicial, no Senado Federal. O seu texto era o seguinte: "O regime de guarda e de visitas de menores fixado anteriormente à pandemia fica mantido, salvo se, comprovadamente, qualquer dos genitores for submetido a isolamento ou houver situação excepcional que não atenda ao melhor interesse do menor. Parágrafo único. Em relação aos pais e avós idosos, as visitas serão exercidas por meios virtuais".

A projeção visava a manter o sistema de guarda anterior, justificando-se a sua alteração apenas em casos excepcionais, devidamente justificados. Também almejava a proteção das pessoas idosas, pais e avós, mais suscetíveis a terem a doença em estado mais grave. A conservação da guarda anterior visava a afastar uma indesejada judicialização, o que infelizmente acabou ocorrendo, até porque se têm percebido muitas discrepâncias nas opiniões dos juristas, o que repercute nos julgados.

De todo modo, destaco que no *XIII Congresso Brasileiro* do IBDFAM, em outubro de 2021 e finalmente, a nossa proposta acabou por ser aprovada como ementa doutrinária, com o seguinte texto: "em tempos de pandemia, o regime de convivência que já tenha sido fixado em decisão judicial ou acordo deve ser mantido, salvo se, comprovadamente, qualquer dos pais for submetido a isolamento ou houver situação excepcional que não atenda ao melhor interesse da criança ou adolescente" (Enunciado n. 41).

Acrescento que nesse evento também se aprovou o Enunciado n. 38 do IBDFAM, com grande relevo para as questões relativas à guarda e à convivência em tempos pandêmicos, prevendo que "a interação pela via digital, ainda que por videoconferência, sempre que possível, deve ser utilizada de forma complementar à convivência familiar, e não substitutiva".

Analisando alguns dos acórdãos que surgiram em meio à pandemia, verificaram-se, de início, acórdãos que justamente afastaram a alteração do sistema de guarda ou de visitas anterior, pela ausência de motivos plausíveis para tanto, na linha da nossa proposta legislativa, que acabou não sendo adotada. Assim concluindo, a ilustrar:

> "Agravo de instrumento. Guarda. Indeferimento de tutela de urgência (suspensão provisórias das visitas paternas, com substituição por videochamadas, enquanto durar a pandemia da Covid-19). Não há nenhuma conduta concreta do agravado que demonstre negligência em relação às medidas de proteção estabelecidas pelo Governo Estadual. Ele é um pai responsável e não colocará a saúde do filho em risco. Há indício de que a agravante busca satisfação de interesse pessoal, não o melhor interesse da criança. Confirma-se decisão. Nega-se provimento ao recurso" (TJSP, Agravo de Instrumento 2062572-60.2020.8.26.0000, Acórdão 13799730, 7.ª Câmara de Direito Privado, São Bernardo do Campo, Rel. Des. Mary Grün, j. 28.07.2020, *DJESP* 31.07.2020, p. 2.799).

> "Direito civil. Direito de família. Agravo de instrumento. Alegação de descumprimento de decisão judicial. Fundamentos não convincentes. Modificação das circunstâncias. Alteração da guarda compartilhada. Concessão de guarda unilateral ao genitor. Decisão mantida. 1. Segundo o ordenamento jurídico pátrio, a guarda deve observar o melhor interesse da criança. A alteração da guarda deve ocorrer se verificado que os genitores não se ajustam à modalidade compartilhada. 2. Em que pese a suspensão das visitas deferida em outro agravo de instrumento tenha se mostrado em um primeiro momento adequada segundo os argumentos apresentados pela genitora, a possibilidade de contágio da Covid 19 decorrente do contato com o pai foi posteriormente afastada. A alteração da guarda da filha por outros motivos que não o risco de contágio não constitui descumprimento deliberado e injustificado da decisão. 3. Agravo de Instrumento conhecido, mas não provido. Unânime" (TJDF, Recurso 07105.83-36.2020.8.07.0000, Acórdão 127.6060, 3.ª Turma Cível, Rel. Des. Fátima Rafael, j. 19.08.2020, *PJe* 31.08.2020).

De todo modo, existem acórdãos que ressaltam a necessidade de proteger os filhos em tempos de restrito isolamento social. Do Tribunal de Justiça de São Paulo, em decisão que afastou a concessão de tutela de urgência para a retida de filho em meio à pandemia: "Laços que podem ser cativados de formas alternativas, diante da situação excepcional vivenciada a nível mundial. Ausência dos elementos autorizadores para a concessão da tutela de urgência. Decisão mantida. Recurso não provido" (TJSP, Agravo de Instrumento 2209517-16.2020.8.26.0000, Acórdão 14004089, 5.ª Câmara de Direito Privado, São Paulo, Rel. Des. Erickson Gavazza Marques, j. 28.09.2020, *DJESP* 01.10.2020, p. 1.569). Ou, ainda, na mesma linha, diante da situação peculiar da filha:

"Decisão que deferiu o pedido formulado pelo genitor no sentido de que fossem mantidas as visitas paternas durante a pandemia do covid-19. Menor acometida de cardiopatia congênita operada. Atestado médico determinando seguisse as orientações de isolamento social. O afastamento em nada prejudicará os laços de afeto entre o agravado e a filha, já que poderão ser cativados e conquistados a qualquer momento, bastando a boa vontade e o interesse ora demonstrados. Preponderância do direito à saúde da criança sobre aquele de convivência com seus pais. Precedente. Agravo de instrumento provido para determinar que a infante permaneça no lar materno até o final da quarentena adotada no estado de São Paulo, nos termos do Decreto nº 64.881, de 22 de março de 2020, complementado pelo Decreto nº 64.946, de 23 de abril do mesmo ano, permitido o contato remoto entre pai e filha através dos meios digitais disponíveis" (TJSP, Agravo de Instrumento 2068292-08.2020.8.26.0000, Acórdão 13833851, 8.ª Câmara de Direito Privado, São Paulo, Rel. Des. Theodureto Camargo, j. 06.08.2020, *DJESP* 14.08.2020, p. 3.192).

Porém, em sentido totalmente contrário, por se tratar de momento de maior flexibilização das medidas de isolamento no Estado, demonstrando como os fatos e as fases pandêmicas são determinantes para o julgamento da questão:

"Reconhecimento e dissolução de união estável. Insurgência contra a decisão que suspendeu o direito de convivência do menor com o genitor até o fim da quarentena imposta ao combate à Covid-19, bem como indeferiu o pleito de modificação da guarda. Ausência de previsão do fim da pandemia. Estado de São Paulo, todavia, que se encontra em plano de flexibilização. Distanciamento social imposto que não pode cercear totalmente a convivência paterna, sob pena de comprometimento do desenvolvimento do menor. Referencial paterno assim como o materno é indispensável à formação da criança. Visitas paternas restabelecidas. Pretensa alteração da guarda do menor pelo fato de a genitora se tratar de profissional de saúde. Inadmissibilidade. Retirar o filho da companhia da mãe seria puni-la em momento no qual já realiza grande sacrifício. Agravada que, certamente, tomará as cautelas necessárias para não contrair a doença e proteger o filho do vírus. Agravo provido em parte" (TJSP, Agravo de Instrumento 2070499-77.2020.8.26.0000, Acórdão 13968760, 4.ª Câmara de Direito Privado, Rio Claro, Rel. Des. Natan Zelinschi de Arruda, j. 16.09.2020, *DJESP* 29.09.2020, p. 1.639).

Essa variação nos julgamentos enfatizou a necessidade de uma norma emergencial sobre o tema, sem negar todas as polêmicas que sempre se fazem presentes a respeito da guarda de filhos, analisadas neste tópico.

Como outro aspecto importante, não se podem admitir alguns argumentos discriminatórios que foram feitos em relação aos profissionais da área da saúde, no sentido de que deveriam não ter mais o direito à guarda ou às visitas, pelo risco de transmitirem a Covid-19 aos seus filhos ou netos. Afastando tal alegação, somente a ilustrar: "constatado nos autos a inexistência de risco para a filha e avós maternos, porquanto o pai, médico, não cuida de pacientes infectados pelo coronavírus, não há justa razão para impedir as visitas à menor" (TJDF, Recurso 07081.97-33.2020.8.07.0000, Acórdão 127.6074, 3.ª Turma Cível, Rel. Des. Fátima Rafael, j. 19.08.2020, *PJe* 01.09.2020).

Mesmo se tratando de profissional que atendeu diretamente os pacientes de Covid-19, não se podem admitir pré-julgamentos definitivos, até porque estão sendo discriminados profissionais que são mais do que essenciais em tempos de pandemia. Ademais, por vezes, os médicos, enfermeiros e técnicos de enfermagem tomam até mais cuidados preventivos do que o restante da população. Todas essas experiências vividas devem ser guardadas para os eventuais momentos de crise pandêmica que podem vir a surgir no futuro.

Para encerrar a temática da guarda dos filhos, a respeito do Projeto de Reforma do Código Civil, os meus comentários doutrinários e as anotações jurisprudenciais aqui desenvolvidas demonstram que o tema é um dos assuntos mais divergentes e polêmicos da atualidade do Direito de Família, sendo imperiosa a alteração da legislação.

Porém, na Comissão de Juristas, nomeada no âmbito do Senado Federal, não se chegou a um consenso mínimo sequer sobre o termo a ser utilizado em casos tais: se "guarda", "convivência", "convívio", "custódia", "autoridade" ou outros. Muitas foram as alterações feitas pela Relatoria-Geral ao texto inicial enviado pela Subcomissão de Direito de Família e, sucessivamente, muitas emendas foram formuladas pelos juristas que compuseram a Comissão, a demonstrar que o tema não estava ainda maduro para a aprovação e sugestão de qualquer uma das propostas então formuladas.

O assunto sequer foi debatido nas quatro audiências públicas anteriores realizadas, e a Comissão de Juristas também recebeu várias notas técnicas, de diversos coletivos e grupos, com posições conflitantes. Ficou claro que será preciso aguardar o destino que será dado, pelo Parlamento Brasileiro, à Lei da Alienação Parental (Lei 12.318/2010), ou seja, se ela será revogada, alterada ou mantida nos próximos anos.

A par desse panorama fático, formulei sugestão, que acabou sendo acatada pela maioria dos juristas, de que não fossem feitas propostas de alterações dos dispositivos relativos à temática, remetendo-se o debate para o âmbito do Congresso Nacional, com a participação de vários grupos de interesses e também da própria Comissão de Juristas, no futuro.

Cabe destacar que esse foi o único tema, de todos os propostos pelas subcomissões temáticas, que acabou por não ser analisado e debatido, com a elaboração de propostas, o que evidencia todas as suas dificuldades atuais, pela impossibilidade sequer de um consenso mínimo sobre a temática. De todo modo, não se pode negar que os dispositivos a respeito da matéria necessitam de reparos e melhoramentos urgentes.

4.2.7 Alimentos na dissolução do casamento e a EC 66/2010. O problema dos alimentos pós-divórcio

Como é notório, o impacto da culpa em relação aos alimentos já era menor com o Código Civil de 2002, se comparado com o sistema anterior, da Lei do Divórcio. Vejamos o porquê.

Em regra, pelo sistema anterior, da Lei 6.515/1977, o cônjuge culpado pelo fim da relação não podia pleitear alimentos do inocente, eis que o inocente poderia pleitear do culpado, dentro do binômio *possibilidade/necessidade* (arts. 19 a 23 da Lei 6.515/1977).

Entretanto, o Código Civil de 2002 alterou significativamente a matéria, passando a determinar que o culpado pela separação judicial tem direito aos alimentos indispensáveis à sobrevivência (denominados *alimentos necessários* ou *naturais*), conforme preceitua o seu art. 1.694, § 2.º. A matéria é complementada pelo art. 1.704, parágrafo único, da mesma codificação que enuncia que o culpado somente poderá pleitear tais alimentos se não tiver parentes em condições de prestá-los, nem aptidão para o trabalho.

Com a emergência da *Emenda do Divórcio*, fica em dúvida a manutenção de tais dispositivos no sistema de Direito de Família brasileiro, podendo ser apontadas três correntes doutrinárias.

A *primeira*, a que está filiado Paulo Lôbo, sustenta que diante da impossibilidade total de discussão de culpa no casamento, tais dispositivos estão totalmente revogados ou devem ser tidos como não recepcionados pelo novo Texto Constitucional. Sendo assim, os alimentos devem ser fixados de acordo com o binômio *necessidade/possibilidade*, ou com o trinômio *necessidade/possibilidade/razoabilidade* (*Divórcio...* Disponível em: <http://www.ibdfam.org.br/?artigos&artigo=629>. Acesso em: 21 fev. 2010). Esse também é o posicionamento de Rodrigo da Cunha Pereira, Maria Berenice Dias e Rolf Madaleno.

A *segunda corrente* admite a discussão do conteúdo de tais comandos legais, mas apenas em ação autônoma de alimentos. Assim, não houve revogação das normas do Código Civil de 2002 citadas. Esse é o entendimento de José Fernando Simão, Cristiano Chaves de Farias e Nelson Rosenvald.

Por fim, a *terceira corrente* argumenta pela possibilidade de discussão da culpa na ação de divórcio, podendo a questão de alimentos ser definida na própria demanda ou em ação autônoma, a critério dos cônjuges. Do mesmo modo da corrente anterior, não houve revogação dos dispositivos destacados. Essa é a minha posição doutrinária, alinhada à de Álvaro Villaça Azevedo.

De toda sorte, cabe pontuar que o Superior Tribunal de Justiça vem respondendo, em sua atual composição, de forma negativa quanto à influência da culpa no tocante aos alimentos, sendo pertinente transcrever, por todos os acórdãos:

"O Superior Tribunal de Justiça perfilha o entendimento de que, no divórcio, a verificação do cônjuge culpado é irrelevante para a concessão de alimentos, mormente porque sobreleva, para o direito, ab ovo, o amparo às necessidades prementes do cônjuge hipossuficiente, em virtude do princípio da solidariedade familiar. Ademais, mesmo que se falasse em ausência de culpa do recorrente, por ter sido absolvido do crime de ameaça, o fato é que ele não imputa à recorrida qualquer culpa na dissolução do vínculo conjugal, e, mesmo que imputasse, não há qualquer reconhecimento de culpa pela Corte de origem. Então, se ambos não fossem considerados culpados, ainda assim persistiria o dever de prestar alimentos, em virtude da caracterização do estado de necessidade econômica de um dos ex-cônjuges" (STJ, REsp 1.720.337/PR, 4.ª Turma, Rel. Min. Luis Felipe Salomão, j. 15.05.2018, *DJe* 29.05.2018, p. 6.774).

Como já ficou claro, e será retomado no Capítulo 8 deste livro, o Projeto de Reforma do Código Civil adota esta última solução, desvinculando a análise da culpa na dissolução do casamento e da união estável à ideia de culpa. Voltarei ao tema mais à frente. Com isso, encerra-se mais um dilema hoje existente, em prol da segurança jurídica e da necessária estabilidade das relações privadas, esperando-se a sua aprovação pelo Parlamento Brasileiro.

Pois bem, não se pode negar que surgiu outra questão tormentosa com a edição da Emenda Constitucional 66/2010, novamente em relação aos alimentos. Isso porque, como já ficou claro, a prioridade passa a ser a decretação de divórcio do casal. Nesse contexto, sendo esse decretado, como será possível a um ex-cônjuge pleitear alimentos do outro, seja em ação autônoma ou não, uma vez que o vínculo matrimonial não existe mais?

Em outras palavras, o problema está em saber se é possível o pleito posterior de alimentos quando a sentença do divórcio não os fixar, porque um dos cônjuges a eles renunciou ou abriu mão. Em uma visão tradicional, a resposta é negativa, pelo desaparecimento do vínculo familiar existente entre as partes, a fundamentar o pleito alimentar nos termos do *caput* do art. 1.694 do CC/2002. Todavia, com a entrada em vigor da *Emenda do Divórcio*, ganhou corpo a tese de permanência dos alimentos, mesmo quando dissolvido o vínculo, o que está fundado no princípio constitucional da solidariedade, retirado do art. 3.º, inc. I, da CF/1988. A esse propósito, leciona Maria Berenice Dias:

> "Mesmo findo o matrimônio, perdura o dever de mútua assistência, permanecendo a obrigação alimentar, após a dissolução do casamento. Apesar de a lei não admitir tal expressamente, não pode chegar a conclusão diversa. O dever alimentar cessa somente pelo novo casamento do beneficiário (art. 1.708). Como só há a possibilidade de novo matrimônio após o divórcio, está claro que persiste o encargo mesmo estando os cônjuges divorciados" (DIAS, Maria Berenice. *Manual...*, 2010, p. 521).

Insta verificar que a tese dos *alimentos pós-divórcio* representa aplicação imediata dos princípios constitucionais da dignidade humana e da solidariedade social nas relações privadas, nos termos do que enuncia o art. 5.º, § 1.º, do Texto Maior. Trata-se, portanto, de um exemplo claro de *eficácia horizontal imediata dos direitos fundamentais*, ou seja, de aplicação direta das normas constitucionais que protegem a pessoa humana nas relações entre particulares, sem qualquer ponte infraconstitucional.

Deve ficar claro que a fixação dos *alimentos pós-divórcio* possibilita que a decretação do fim do casamento seja fixada como prioridade pelo juiz da causa, dissolvendo-se o vínculo existente entre as partes de imediato e proferindo-se uma sentença parcial.

As demais questões, tais como os alimentos, o uso do nome e a partilha de bens, podem ser discutidas em posterior momento, seja na própria ação de divórcio ou em ação autônoma. Reafirma-se, assim, a tese dos capítulos de sentença, inaugurada por Caetano Lagrasta Neto e Cândido Dinamarco e adotada expressamente pelo art. 356 do CPC/2015.

Em suma, o melhor caminho, atualmente, parece ser o de viabilidade jurídica dos *alimentos pós-divórcio*, pois, caso contrário, a Emenda Constitucional 66/2010 representaria uma realidade jurídica em desfavor ao alimentando.

De todo modo, como se verá do estudo do Capítulo 7 deste livro, a respeito dos alimentos, o Projeto de Reforma do Código Civil retira da Lei Civil o conteúdo dos arts. 1.694, § 2.º, e 1.704, parágrafo único, e altera os seus arts. 1.708 e 1.709, retirando a viabilidade jurídica dos alimentos *pós-divórcio*.

4.2.8 A responsabilidade civil em decorrência da dissolução do casamento

Tema que vem conquistando espaços no Direito de Família brasileiro é o relativo à responsabilidade civil em decorrência da dissolução do casamento, a gerar a *responsabilidade civil na conjugalidade*. Pela proposta da presente obra, como *manual* de Direito Civil, resolvemos introduzir o assunto neste livro, até pelas repercussões práticas que podem surgir em decorrência da aprovação da *EC 66/2010*. Vejamos o assunto, em divisão pontual.

4.2.8.1 Introdução. Direito de Família e responsabilidade civil. Premissas fundamentais para a compreensão do tema

Na pós-modernidade jurídica é constante a existência de diálogos científicos interdisciplinares. A *interdisciplinaridade* propõe uma interação entre as ciências, sendo considerada, conforme ensina Lídia Reis de Almeida Prado, a mais recente tendência da teoria do conhecimento, que decorre da modernidade.

Essa tendência visa a possibilitar que, na produção do saber, não incida o radical cientificismo formalista (objetivismo) ou o exagerado humanismo (subjetivismo), caracterizando-se por ser obtida a partir de uma predisposição para um encontro entre diferentes pontos de vista, oriundos das mais diversas variantes científicas. A par dessa visão, resume a doutrinadora que a interdisciplinaridade leva, de forma criativa, à transformação da realidade e *ao saber com sabor* (PRADO, Lídia Reis de Almeida. *O juiz...*, 2003, p. 3).

Nesse contexto, defende-se a tese das interações entre as diversas ciências sociais, como o Direito e a Sociologia; o Direito e a Filosofia; o Direito e a Psicologia. No próprio Direito são constantes as manifestações no sentido de uma complementaridade entre os diversos ramos jurídicos, como é o caso do Direito Civil e do Direito Constitucional. Como uma das marcas da pós-modernidade é a abundância de fontes legislativas, são investigadas possibilidades de diálogos entre as manifestações jurídicas, a orientar o aplicador e cientista do Direito (vide a teoria do diálogo das fontes: JAYME, Erik. Identité... *Recueil...*, 1995; MARQUES, Claudia Lima. *Contratos...*, 2005, p. 663).

As *interfaces*, as *interligações mutualistas*, entre os diversos ramos do Direito Civil, também são constantes na contemporaneidade. As mais marcantes são as interações entre o Direito de Família e o Direito das Obrigações. Ilustrando, surgem trabalhos que pregam a aplicação de princípios próprios do Direito Contratual para o Direito de Família. Na mesma linha, a responsabilidade civil tem incidido nas relações familiares, seja nas relações de parentalidade ou de conjugalidade. Entre pais e filhos, um dos temas mais debatidos pela civilística nacional se refere à *tese do abandono afetivo, abandono paterno-filial* ou *teoria do desamor*, outrora destacada. Entra em debate, amplamente, se o pai que não convive com o filho, dando-lhe afeto ou amor, pode ser condenado a indenizá-lo por danos morais. Nas relações conjugais, o tema da responsabilidade civil na matrimonialidade tem permeado as manifestações jurisprudenciais, com uma quantidade enorme de variações.

Para a análise de todo esse temário, *quatro premissas fundamentais* devem ser aqui fixadas.

A *primeira premissa* refere-se à normal incidência das regras relativas à responsabilidade civil ao Direito de Família. Não se pode mais admitir a antiga separação entre os Direitos Patrimoniais – caso dos temas de Direito das Obrigações – e os Direitos Existenciais – como é propriamente o Direito de Família. É cediço que também os institutos obrigacionais e contratuais têm como cerne a pessoa humana, surgindo normas protetivas de ordem pública, como aquelas relacionadas com os princípios sociais contratuais.

No entanto, dentro do Direito de Família, há normas de cunho patrimonial, de ordem privada, que até podem ser contrariadas pela autonomia privada dos envolvidos por serem dispositivas. Por tal conclusão, não se pode admitir a ideia de que os princípios do Direito das Obrigações não possam influenciar o Direito de Família, ou vice-versa. Os diálogos são salutares mesmo no próprio Direito Civil.

A *segunda premissa* relaciona-se ao conceito de culpa, primaz para a intersecção que aqui se propõe, um conceito unificador do sistema de responsabilidade civil. A culpa em sentido amplo, ou *lato sensu*, ainda consta como fundamento do ato ilícito, previsto no art. 186 do atual Código Civil, pelo qual este é cometido por aquele que, por ação ou omissão voluntária (dolo), negligência ou imperícia (culpa em sentido estrito, ou *stricto sensu*), violar direito e causar dano a outrem, ainda que exclusivamente moral. A responsabilidade civil também está, em geral, fundada na culpa, pela menção ao ato ilícito que consta do art. 927, *caput*, do Código de 2002.

Voltando à fundamental discussão quanto à *segunda premissa*, é imperiosa a conclusão no sentido de que a culpa do ato ilícito e da responsabilidade civil é a mesma culpa motivadora do fim do casamento. Ambas trazem a concepção do desrespeito a um dever preexistente, o que está inspirado no clássico conceito de Chironi (CHIRONI, G. P. *La colpa...* Colpa..., 1925, p. 5). Pode-se ainda utilizar a construção de Von Thur, que visualiza a culpa, em sentido amplo, como um comportamento reprovado pela lei, caracterizando a violação de um contrato ou o cometimento de um ato ilícito (VON THUR, A. *Tratado...*, 1934, t. I, p. 275).

Por tal conclusão, no sentido de que as duas culpas são as mesmas, surge um contraponto em relação àqueles que pretendem a extinção total da culpa nas ações de divórcio. Se a culpa será analisada para os fins de responsabilização civil – como se verifica –, também o pode ser para pôr fim ao casamento. Seria ilógico pensar em *metade da culpa* somente para a imputação da responsabilidade civil, e não para findar a comunhão plena de vida. Em suma, é possível cumular a ação de divórcio com responsabilidade civil, correndo tal demanda na Vara da Família. Mais uma vez, poderá o magistrado cindir a sentença, divorciando, *prima facie*, o casal e seguindo no feito para a discussão do dever de indenizar.

Como *terceira premissa*, há a convicção de que a responsabilidade civil que surge nas relações de conjugalidade é, essencialmente, uma responsabilidade extracontratual. Em uma visão contratual que ainda persiste, moderna ou clássica, não se pode admitir que o casamento seja um contrato, uma vez que este é relacionado a um conteúdo patrimonial, conforme consta do art. 1.321 do Código Civil italiano, dispositivo que serve de inspiração. Por certo que surgem conceitos pós-modernos de contratos, como aquele exposto por Paulo Nalin, que relacionam o contrato a conteúdos existenciais, mas tal visão ainda não persiste entre nós (NALIN, Paulo. *Do contrato...*, 2005, p. 255). Aliás, se tal construção prevalecer no futuro, todo o Direito Civil se resumirá aos contratos – em um claro *neocontratualismo expansivo* –, surgindo os contratos de Direito das Coisas, contratos de Direito de Família, e assim sucessivamente (PENTEADO, Luciano de Camargo. *Efeitos...*, 2007, p. 89).

Reforçando a natureza extracontratual, mesmo aqueles que veem no casamento um contrato de natureza especial, caso de Inácio de Carvalho Neto, entendem que não se pode admitir aos cônjuges que cometem atos ilícitos violando direitos alheios o desrespeito de cláusulas decorrentes da autonomia privada (CARVALHO NETO, Inácio de. *Responsabilidade...*, 2004, v. IX – Série Pensamento Jurídico). Havendo um ato ilícito extracontratual, deve servir como norte o outrora citado art. 186 do Código Civil, pelo qual o ato ilícito exige a presença de dois elementos: *a)* a violação de um direito, essencialmente de natureza subjetiva ou pessoal, e *b)* um dano que pode ser material ou imaterial.

Encerrando, como última e *quarta premissa* fundamental para o presente trabalho, é necessária a aplicação das regras básicas da responsabilidade civil para as *relações casamentárias*, para que o diálogo que aqui se propõe seja viável metodológica e juridicamente. Assim, não se podem esquecer os elementos clássicos da responsabilidade civil, que são, em geral: *a)* a conduta humana, *b)* a culpa *lato sensu*, ou em sentido amplo, *c)* o nexo de causalidade; *d)* o dano ou prejuízo.

Como decorrência lógica dessa quarta premissa, não se pode olvidar as tendências contemporâneas da responsabilidade civil, os novos paradigmas que surgem. Na civilística nacional, trazendo profundo estudo a respeito das novas vertentes da responsabilidade civil, destaca-se a obra de Anderson Schreiber, que representa marco teórico do tema na contemporaneidade (SCHREIBER, Anderson. *Novos paradigmas...*, 2007). Nessa obra, são apresentados como novos paradigmas fundamentais para a responsabilidade civil: *a)* o ocaso da culpa, ou seja, a perda de sua importância; *b)* a flexibilização do nexo de causalidade; *c)* os novos danos; *d)* a seleção dos interesses merecedores de tutela; *e)* a cláusula geral de dano e a ponderação de interesses; *f)* a reparação do dano e o desincentivo a demandas frívolas; *g)* a evolução do conceito de responsabilidade para a solidariedade.

Fixadas as premissas fundamentais relativas ao tema, parte-se ao estudo dos danos reparáveis que podem decorrer da relação casamentária.

4.2.8.2   A responsabilidade civil nas relações casamentárias. Os danos reparáveis

Para que o ato ilícito esteja presente, o dano deve estar caracterizado, o que pode ser retirado do tão mencionado art. 186 do atual Código Civil Brasileiro. Nesse aspecto, houve uma sensível mudança estrutural no que concerne à ilicitude civil, uma vez que *a sua fórmula pressupõe a existência do dano somada à violação de um direito alheio*. No Código Civil anterior, o dano não era tido como elemento imprescindível do ato ilícito, uma vez que o seu art. 159 o previa pela presença da citada lesão ou pela existência do dano.

Anote-se que no caso do surgimento do dever de indenizar, o art. 927 da codificação enuncia do mesmo modo o dano como pressuposto objetivo da responsabilidade civil. A norma está orientada pelo art. 5.º, inc. V, da Constituição Federal, que assegura a todos o direito de resposta, na proporção do agravo, além da indenização por dano material, moral ou à imagem.

Juridicamente o dano pode ser tido como um prejuízo, que gera, como derivativo, o dever de reparar ou indenizar. Essa é a ideia, entre tantos, do clássico Aguiar Dias:

> "Como, para nós, é possível, como já insinuamos, exigir-se que a noção de dano se restrinja à ideia de prejuízo, isto é, o resultado da lesão, só por isso mostra mais adequada do que a de Carnelutti a definição de Fischer, que considera o dano nas suas duas acepções: a) a vulgar, de prejuízo que alguém sofre, na sua alma, no seu corpo ou seus bens, sem indagação de quem seja o autor da lesão de que resulta; b) a jurídica, que, embora partindo da mesma concepção fundamental, é delimitada pela sua condição de pena ou de dever de indenizar, e vem a ser o prejuízo sofrido pelo sujeito de direitos em consequência da violação destes por fato alheio. Assim, a lesão que o indivíduo irrogue a si mesmo produz dano, em sentido vulgar. Mas tal dano não interessa ao direito. O suicídio, por exemplo, não é punido pelas leis penais, apesar do seu caráter público. Tem-se a impressão, contudo, de que a não punição do suicídio não é, como aí se afirma, efeito do desinteresse do legislador penal, mas efeito da impossibilidade de efetivá-la" (AGUIAR DIAS, José de. *Da responsabilidade...*, 1944, t. II, p. 284-285).

Em sentido equânime, conforme Rubens Limongi França, o dano é uma perda, um "depauperamento calcado na raiz *da*, proveniente do antigo particípio *dare*, indicando uma certa abdicação infligida (Lucio Bove, Danno, in *Novíssimo Digesto Italiano*, v. 5, p. 144)" (LIMONGI FRANÇA, Rubens. *Enciclopédia Saraiva...*, 1977, v. 22, p. 220). Os primeiros danos aceitos como reparáveis foram os danos materiais, decorrentes de perdas patrimoniais.

Como evolução do tema, os ordenamentos jurídicos passaram a admitir os danos imateriais, morais. No caso brasileiro, as discussões atinentes à reparabilidade foram encerradas com a Constituição Federal de 1988, pelas previsões do art. 5.º, incs. V e X. Em 1992, o Superior Tribunal de Justiça editou a ementa da Súmula 37, admitindo a cumulação dos danos materiais e morais, decorrentes do mesmo fato e em uma mesma ação.

A tendência doutrinária e jurisprudencial tem sido de ampliar os danos reparáveis. Com isso já se admitem os danos estéticos como cumuláveis com os danos materiais e morais, conforme a Súmula 387 do Superior Tribunal de Justiça. Seguindo tal tendência ampliadora, o mesmo tribunal, no rumoroso caso das mulheres que tomaram pílulas anticoncepcionais *de farinha*, admitiu danos morais coletivos por lesão a vários direitos da personalidade ao mesmo tempo (STJ, REsp 866.636/SP, 3.ª Turma, Rel. Min. Nancy Andrighi, j. 29.11.2007, *DJ* 06.12.2007, p. 312).

Partindo para a análise concreta dos danos que podem decorrer do casamento, pode-se falar em danos materiais, incidindo plenamente as regras referentes às perdas e danos, tratadas entre os arts. 402 e 404 do Código Civil. Em suma, são reparáveis os danos emergentes – o que efetivamente se perdeu – e os lucros cessantes – o que razoavelmente se deixou de lucrar.

Como exemplo de danos emergentes podem ser citados os males que o marido causar à esposa, fazendo com que ela tenha que fazer tratamento psicológico para se recuperar. Ilustrando os lucros cessantes, pode-se imaginar a hipótese em que o dano causado por um cônjuge ao outro impede que o último desenvolva a sua atividade produtiva ou profissional.

Da prática jurisprudencial, o Tribunal de Justiça do Rio Grande do Sul entendeu pela presença de danos materiais – além de danos morais presumidos –, em caso em que o marido não cumpriu com obrigação assumida na separação judicial, fazendo com que o veículo da esposa fosse apreendido judicialmente pela presença de alienação fiduciária em garantia não adimplida:

> "Apelações cíveis. Responsabilidade civil. Ação indenizatória por danos materiais e morais. Descumprimento de acordo em ação de separação consensual que culminou na busca e apreensão do carro da autora, que se encontrava com cláusula de alienação fiduciária. Dano material configurado. Danos morais. Majoração não acolhida. Juros moratórios a partir do evento danoso. Inteligência da Súmula n. 54 do STJ. Compensação de honorários. Impossibilidade. 1. O réu deve responder pelos danos causados à autora em decorrência de inadimplemento de obrigação assumida na ação de separação consensual (pagamento das prestações oriundas de financiamento de veículo que estava alienado fiduciariamente), que culminou na busca e apreensão do carro. 2. Danos materiais, impossibilidade de restituição do valor integral do automóvel como pretendido pela autora, pena de se estar onerando duplamente o requerido, que já havia adimplido parte considerável do valor do bem. 3. Danos morais *in re ipsa* arbitrados em consonância com as peculiaridades do caso concreto. 4. Conquanto o valor indenizatório tenha sido arbitrado em salários mínimos na sentença, devem ser aplicados juros moratórios de 1% ao mês a contar da data do evento danoso (data da busca e apreensão do veículo), pois incidente o teor da Súmula n. 54 do STJ. Correção monetária a partir da data da sentença recorrida, provendo-se, neste ponto, o apelo do demandado. 5. Improcede o pleito de compensação dos honorários advocatícios, porquanto a autora litiga sob o pálio da AJG, precedentes jurisprudenciais. Apelo da autora improvido. Provido parcialmente o do réu" (TJRS, Acórdão 70024207490, 10.ª Câmara Cível, Horizontina, Rel. Des. Luiz Ary Vessini de Lima, j. 28.08.2008, *DOERS* 08.09.2008, p. 39).

No que tange aos danos morais, como se verá, numerosos são os casos da jurisprudência reconhecendo a sua reparação na relação entre os cônjuges, havendo até casos curiosos de discussão acerca da responsabilização de um pela inscrição do nome do outro em cadastro de inadimplentes (TJRS, Agravo de Instrumento 70018969071, 9.ª Câmara Cível, Rel. Iris Helena Medeiros Nogueira, j. 27.03.2007).

De qualquer maneira, a jurisprudência tem seguido a velha lição segundo a qual os danos morais não se confundem com os meros aborrecimentos ou transtornos suportados pela pessoa em seu cotidiano, premissa que incide também nas relações familiares. Nesse sentido, do Tribunal de Justiça de Minas Gerais:

"Indenização. Dano moral. Separação judicial. Agressão física. Dever de indenizar. *Quantum*. Fixação a critério do julgador. Danos materiais. Prova. Ônus do requerente. Para que se possa impor a responsabilidade da reparação do dano, é necessário que a culpa imputada ao ofensor esteja robustamente demonstrada, sendo indispensável que a vítima demonstre cabalmente a ocorrência dos três elementos caracterizadores da responsabilidade civil, quais sejam: o dano, a culpa e o nexo de causalidade. Os aborrecimentos e mágoas decorrentes de separação judicial não têm o condão de por si só causar dano ao patrimônio moral da parte e acarretar a respectiva indenização. Se a parte alega que sofreu prejuízos materiais, a ela incumbe a prova, eis que fato constitutivo do seu direito, nos termos do art. 333, I, do CPC. Para a fixação do montante indenizatório, deve ser levada em consideração a dupla finalidade da reparação, qual seja, a de punir o causador do dano, buscando um efeito repressivo e pedagógico e de propiciar à vítima uma satisfação, sem que isto represente um enriquecimento sem causa, devendo o valor da indenização ser hábil à reparação dos dissabores experimentados pela vítima" (TJMG, Apelação Cível 1.0024.04.520720-6/0011, 15.ª Câmara Cível, Belo Horizonte, Rel. Des. José Affonso da Costa Côrtes, j. 15.05.2008, *DJEMG* 11.06.2008).

Repise-se que os danos estéticos são tidos como terceira modalidade de dano pelo Superior Tribunal de Justiça desde o início da década, cumuláveis com os danos morais e materiais, culminando esse entendimento com a edição no ano de 2009 da sua Súmula 387. A par dessa constatação, o art. 5.º da Lei 11.340, de 2006 (Lei Maria da Penha), determina expressamente que haverá violência doméstica contra a mulher nos casos de lesão ou sofrimento físico. Nos conflitos conjugais podem ser encontradas decisões de reparação de danos morais, em decorrência de agressões praticadas por ex-marido à ex-mulher (TJRJ, Acórdão 13.223/2000, 3.ª Câmara Cível, Rio de Janeiro, Rel. Des. Luiz Fernando de Carvalho, j. 29.03.2001). Obviamente que tais danos podem incluir os estéticos, na esteira da jurisprudência do STJ.

Nesse contexto, pode-se afirmar, sem maiores dúvidas ou divagações, que hoje cabe cumulação tripla de danos em casos envolvendo a responsabilidade civil casamentária, englobando os danos materiais, os danos morais e os danos estéticos. Em todos os casos, a indenização mede-se pela extensão do dano, conforme a regra enunciada pelo *caput* do art. 944 do Código Civil. Todavia, havendo excessiva desproporção entre a gravidade da culpa e o dano, poderá o juiz reduzir a indenização por equidade (art. 944, parágrafo único, do CC), principalmente se houver culpa concorrente da própria vítima para o próprio evento-prejuízo (art. 945 do CC).

De todo modo, havia uma tendência em se afirmar, para os próximos anos, o reconhecimento de novas categorias de danos.

De toda sorte, como está desenvolvido no Volume 2 desta coleção, no Projeto de Reforma do Código Civil, após intensos debates na Comissão de Juristas, seguiu-se outro caminho, o de inclusão de todos os danos que não sejam patrimoniais na categoria dos danos extrapatrimoniais, sobretudo com a inclusão de um novo art. 944-A.

Aguardemos qual será a posição do Parlamento Brasileiro a respeito dessa projeção, que tem gerado muitos debates no meio jurídico brasileiro.

4.2.8.3 A possibilidade anterior de discussão da reparação de danos em sede de separação judicial. Impacto com a EC 66/2010 e com o CPC/2015

Tema de grande relevância, que sempre dividiu os civilistas e processualistas, é o relativo à possibilidade de discussão da reparação de danos em sede de ação de separação ou de divórcio, bem como a necessidade de uma ação específica para tanto.

Em sede doutrinária, Yussef Said Cahali foi um dos pioneiros a enfrentar o assunto, filiando-se entre aqueles que admitiam a reparação civil na própria ação de separação judicial (CAHALI, Yussef Said. *Separação...*, 2005, p. 821). Em sintonia parcial, Rolf Madaleno era favorável à referida cumulação, desde que a propositura da demanda ocorresse logo após o evento danoso, sob pena de incidência do perdão tácito, não havendo qualquer incompatibilidade de ritos processuais (MADALENO, Rolf. *Curso...*, 2008, p. 294-296). Regina Beatriz Tavares da Silva é outra doutrinadora que sempre se posicionou de forma favorável à cumulação dos danos morais na própria ação de separação, conforme sua tese de doutorado defendida na Universidade de São Paulo (PAPA DOS SANTOS, Regina Beatriz Tavares da Silva. *Reparação...*, 1999, p. 175).

No entanto, analisando a questão processual, Inácio de Carvalho Neto não se dizia favorável à cumulação de demandas, diante do que constava do art. 292 do Código de Processo Civil de 1973 – dispositivo repetido pelo art. 327 do Código de Processo Civil de 2015 –, uma vez que o pedido reparatório é de competência da Vara Cível, enquanto o de separação é de competência da Vara da Família (CARVALHO NETO, Inácio de. *Responsabilidade...*, p. 275).

A respeito da separação judicial, na jurisprudência paulista, podem ser encontradas decisões no sentido de impossibilidade de cumulação, diante das diversidades dos pedidos e das consequentes repercussões (TJSP, Agravo de Instrumento 128.863-4, 6.ª Câmara de Direito Privado, São Paulo, Rel. Des. Antônio Carlos Marcato, j. 06.04.2000).

Entretanto, sempre existiram julgados em sentido oposto, pela cumulação, uma vez que existe compatibilidade entre os ritos da ação de separação judicial e de responsabilidade civil. Ilustrando: "Separação judicial litigiosa. Cumulação com indenização por dano moral. Admissibilidade, em tese. Ritos procedimentais idênticos. Recurso provido" (TJSP, Agravo de Instrumento 435.183-4/6-00, 9.ª Câmara de Direito Privado, São Paulo, Rel. Des. José Luiz Gavião de Almeida, j. 14.02.2006).

O Superior Tribunal de Justiça, em importante e antigo precedente, admitiu a cumulação dos danos morais entre os cônjuges na ação de separação judicial, merecendo destaque a sua ementa:

> "Separação judicial. Proteção da pessoa dos filhos (guarda e interesse). Danos morais (reparação). Cabimento. 1. O cônjuge responsável pela separação pode ficar com a guarda do filho menor, em se tratando de solução que melhor atenda ao interesse da criança. Há permissão legal para que se regule por maneira diferente a situação do menor com os pais. Em casos tais, justifica-se e se recomenda que prevaleça o interesse do menor. 2. O sistema jurídico brasileiro admite, na separação e no divórcio, a indenização por dano moral. Juridicamente, portanto, tal pedido é possível: responde pela indenização o cônjuge responsável exclusivo pela separação. 3. Caso em que, diante do comportamento injurioso do cônjuge varão, a Turma conheceu do especial e deu provimento ao recurso, por ofensa ao art. 159 do Cód. Civil [de 1916], para admitir a obrigação de se ressarcirem danos morais" (STJ, REsp 37.051/SP, 3.ª Turma, Rel. Min. Nilson Naves, j. 17.04.2001, *DJ* 25.06.2001, p. 167).

Com o fim da separação judicial – mesmo com o tratamento constante do CPC/2015, reafirme-se –, fica em dúvida a possibilidade de cumulação da reparação de danos na ação de divórcio. O problema ganha um realce especial, pois o entendimento consolidado anterior era por sua impossibilidade, conforme antes destacado. Complementando, conforme apontava Yussef Said Cahali, no divórcio direto havia irrelevância da causa eventualmente culposa na separação de fato (CAHALI, Yussef Said. *Separação...*, p. 1.071-1.073). A jurisprudência há mais de uma década tem seguido esse caminho, afastando discussões relativas à culpa no divórcio direto (STJ, REsp 40.020/SP, 4.ª Turma, Rel. Min. Sálvio de Figueiredo Teixeira, j. 22.08.1995, *DJ* 02.10.1995, p. 32.366).

Na minha opinião doutrinária, reafirme-se, a *Emenda do Divórcio* gera uma *importação conceitual de discussão da culpa*, da separação judicial para o divórcio judicial, no atual sistema. Em suma, em casos de maior gravidade, como aqueles de violência doméstica, a culpa que dissolve o casamento é a mesma que imputa a responsabilidade civil. Essa ação de divórcio cumulada com reparação de danos corre na Vara da Família.

Eventualmente, o juiz pode mitigar a culpa, como nos casos de culpa recíproca, o que representa uma *compensação de culpas*, comum nas ações de responsabilidade civil. Ademais, é possível que o magistrado decrete o divórcio na própria ação e siga na discussão das questões de responsabilidade civil, o que é melhor do ponto de vista da economia processual e, pelo que consta do art. 356 do CPC/2015, que possibilita o julgamento antecipado parcial de mérito.

Alguns julgados recentes, prolatados após a emergência da Emenda do Divórcio, têm seguido tal solução. Nesse trilhar, do Tribunal de Minas Gerais:

"Apelação cível. Ação de divórcio c/c alimentos e indenização por danos morais. Cumulação. Artigo 292 do CPC. Requisitos presentes. Extinção prematura do feito. Sentença cassada. Inexiste óbice à cumulação do pedido de divórcio com o de indenização por danos morais quando este tem por causa de pedir a suposta violação dos deveres matrimoniais pelo cônjuge requerido, competindo ao Juízo de Família a deliberação sobre a integralidade da lide instaurada" (TJMG, Apelação Cível 1.0433.12.019285-4/001, Rel. Des. Afrânio Vilela, j. 19.02.2013, *DJEMG* 01.03.2013).

O Tribunal do Paraná, igualmente, julgou da mesma maneira, sendo pertinente colacionar a ementa do *decisum*:

"Agravo de instrumento. Ação de divórcio. Cumulação com pedido de arrolamento de bens e indenização por danos morais. Possibilidade. Inexistência de incompatibilidade entre as pretensões. Evidente relação de pertinência entre os pedidos. Adoção do procedimento ordinário. Competência do juízo de família. Observância dos requisitos previstos no artigo 292 do Código de Processo Civil. Decisão reformada. Recurso provido" (TJPR, Agravo de Instrumento 0809738-1, 12.ª Câmara Cível, Curitiba, Rel. Des. Clayton Camargo, *DJPR* 01.03.2012, p. 297).

A confirmar a tese proposta nas edições anteriores desta obra, preciso acórdão do Tribunal do Rio Grande do Sul esclarece que "a circunstância de ter sido feito acordo no que diz com o pleito de divórcio (resultado da transformação consensual do pedido original de separação judicial), não afasta as demais pretensões inicialmente deduzidas, dentre elas a de indenização por dano moral. Não há qualquer incompatibilidade lógica entre o acordo efetuado quanto à pretensão principal (divórcio) e o prosseguimento do feito quanto às pretensões acessórias. O fato de ser ou não acolhida essa pretensão é matéria de mérito, cuja análise deve ocorrer ao final, em sentença, após regular dilação probatória. Rejeitadas as preliminares, negaram provimento. Unânime" (TJRS, Agravo 147192-44.2011.8.21.7000, 8.ª Câmara Cível, Porto Alegre, Rel. Des. Luiz Felipe Brasil Santos, j. 05.05.2011, *DJERS* 13.05.2011).

Reafirme-se que o que era uma *tese* passou a ser adotado expressamente pelo Código de Processo Civil em vigor. Nos termos do seu art. 356, o juiz poderá decidir parcialmente o mérito quando um ou mais dos pedidos formulados ou parcela deles mostrar-se incontroverso ou estiver em condições de julgamento imediato, pela desnecessidade da produção de provas ou por revelia de réu.

Sendo assim, acredito que as últimas soluções jurisprudenciais, de admissão da cumulação da ação de divórcio com reparação de danos, e competência da Vara da Família, devem ser incrementadas.

4.2.8.4 A reparação dos danos por quebra da fidelidade (antigo adultério)

O dever de fidelidade é o primeiro a ser descrito no atual Código Civil como um dos deveres do casamento (art. 1.566, inc. I). Assim era também no Código Civil de 1916 (art. 231, inc. I). Na visão clássica, a fidelidade é a "qualidade de quem é fiel; lealdade, firmeza, exatidão nos compromissos, probidade, honestidade nos deveres e obrigações contraídos – origina-se do vocábulo latino *fidelitas, atis* – em que se pode ter confiança (de *fidelis, e*), que provém de *fides, ei*, significando fé, lealdade, sinceridade, firmeza, segurança, retidão, honestidade, integridade, proteção, arrimo, assistência, socorro, etc." (LIMONGI FRANÇA, Rubens. *Enciclopédia Saraiva...*, 1977, vol. 37, p. 185). No sistema brasileiro, a monogamia é princípio do casamento, uma vez que não podem se casar as pessoas já casadas (art. 1.521, inc. VI, do CC), o que justifica plenamente o citado dever de ser fiel.

Consigne-se que, *pós-modernamente*, há uma tendência aos relacionamentos plurais, ao *poliamorismo,* pregando alguns que a monogamia é um mito, criado para o devido controle social (LIPTON, Judith Eve; BARASH, David P. *O mito...*, 2002; PIANOVISK, Carlos Eduardo. Famílias... In: PEREIRA, Rodrigo da Cunha (Coord.). *Anais...*, 2006, p. 193-221). O tema está aprofundado no próximo capítulo da obra, quando do estudo da união estável, sendo pertinente adiantar que esta não é a posição que prevalece na jurisprudência superior brasileira.

Na presente seção, pretende-se analisar justamente as consequências da quebra da fidelidade para a responsabilidade civil. Esclareça-se: *infidelidade, e não mais adultério*, porque esse tipo penal desapareceu no Brasil pela revogação contida na Lei 11.106/2005.

Inicialmente, cabe analisar se a mera infidelidade, sem maiores repercussões, pode gerar, por si só, o dever de reparar danos ou prejuízos. O Tribunal do Rio Grande do Sul tem respondido negativamente, o que demonstra uma mudança substancial de pensamento quanto ao tema, *um giro de cento e oitenta graus* no sentido do que afirmava a doutrina clássica. Nesse sentido:

> "Apelação cível. Ação de divórcio litigioso direto. Indenização por dano moral. Cerceamento de defesa. Preliminar rejeitada. Agravo retido desprovido. Cabe ao julgador apreciar, com base no artigo 130 do Código de Processo Civil, quais as provas necessárias para a instrução do feito, sendo-lhe facultado o indeferimento daquelas que entenda inúteis ou então protelatórias. Infidelidade. Dano moral. Descabimento. A apelante pretende a condenação

do apelado ao pagamento de indenização por danos morais, em razão da conduta ilícita do apelado: infidelidade, isto é, relação extraconjugal do apelado com a mãe e tia da apelante. Esta Corte entende que a quebra de um dos deveres inerentes ao casamento, a fidelidade, não gera o dever de indenizar. Além disso, não evidenciada a ocorrência dos alegados danos morais, porque os fatos delituosos de infidelidade não são recentes, nem são a causa direta do divórcio movido pelo apelado. A apelante somente veio alegar os danos decorrentes da infidelidade do apelado, em reconvenção, na ação de divórcio direto ajuizada pelo apelado, quando já está separada de fato do apelado há mais de três anos e já convivendo com outro companheiro. Preliminar rejeitada, e agravo retido e recurso de apelação desprovidos" (TJRS, Acórdão 70023479264, 7.ª Câmara Cível, Santa Maria, Rel. Des. Ricardo Raupp Ruschel, j. 16.07.2008, *DOERS* 22.07.2008, p. 34).

Demonstrando essa alteração de rumo e de perspectiva, Paulo Lôbo assevera que "os valores hoje dominantes não reputam importante para a manutenção da sociedade conjugal esse dever, que faz do casamento não uma comunhão de afetos e interesses maiores de companheirismo e colaboração, mas um instrumento de repressão sexual e de represália de um contra o outro, quando o relacionamento chega ao fim" (LÔBO, Paulo. *Famílias...*, 2008, p. 120). Em certo sentido, tem razão o jurista, sendo pertinente concluir que a quebra da fidelidade, por si só, não gera o dever de reparar danos.

Na mesma esteira, afirma Maria Celina Bodin de Moraes que "o mesmo se diga acerca do descumprimento do chamado débito conjugal e da infidelidade, circunstâncias normalmente intoleráveis para a manutenção da vida em comum. Qual seria o remédio jurídico para tais violações de deveres conjugais? Caberia dano moral puro, como de tantas se sustenta? Acredito que o único remédio cabível seja a separação do casal em razão da ruptura da vida em comum. É evidente que se vierem acompanhadas de violência física ou moral, de humilhação contínua diante de terceiros ou dos próprios filhos, nos encontraremos no âmbito do ilícito e haverá responsabilização pelo dano moral infligido" (MORAES, Maria Celina Bodin de. Danos... In: PEREIRA, Rodrigo da Cunha (Coord.). *Anais...*, 2004, p. 411).

Contudo, em algumas situações de maior gravidade, justifica-se plenamente a incidência das regras da responsabilidade civil desde que preenchidos os seus requisitos: a conduta humana; a culpa em sentido amplo – a englobar o dolo (intenção de prejudicar) ou a culpa em sentido estrito (imprudência, negligência ou imperícia); o nexo de causalidade e o dano ou prejuízo.

A ilustrar, o Tribunal Paulista concluiu pela existência de danos morais quando se comprova a traição, bem como a existência de uma filha extraconjugal, gerando graves repercussões sociais e desequilíbrio familiar:

"Separação judicial. Pretensão à reforma parcial da sentença, para que o autor-reconvindo seja condenado no pagamento de indenização por danos morais, bem como seja garantido o direito de postular alimentos por via processual própria. Fidelidade recíproca que é um dos deveres de ambos os cônjuges, podendo o adultério caracterizar a impossibilidade de comunhão de vida. Inteligência dos arts. 1.566, I, e 1.573, I, do Código Civil. Adultério que configura a mais grave das faltas, por ofender a moral do cônjuge, bem como o regime monogâmico, colocando em risco a legitimidade dos filhos. Adultério demonstrado, inclusive com o nascimento de uma filha de relacionamento extraconjugal. Conduta desonrosa e insuportabilidade do convívio que restaram patentes. Separação do casal por culpa do autor-reconvindo corretamente decretada. Caracterização de dano moral indenizável. Comportamento do autor-reconvindo que se revelou reprovável, ocasionando à ré-reconvinte sofrimento e humilhação, com repercussão na esfera moral. Indenização fixada em R$ 45.000,00. Alimentos. Possibilidade de requerê-los em ação própria, demonstrando necessidade. Recurso provido" (TJSP, Apelação com Revisão 539.390.4/9, Acórdão 2.644.741, 1.ª Câmara de Direito Privado, São Paulo, Rel. Des. Luiz Antonio de Godoy, j. 10.06.2008, *DJESP* 23.06.2008).

Grave situação relativa à responsabilidade civil na conjugalidade envolve a transmissão, entre os cônjuges, de moléstia grave, capaz de gerar o comprometimento da saúde do consorte ou mesmo de sua prole. Por óbvio que, na maioria das ocasiões, a doença é adquirida pelo ato de infidelidade, estando bem demonstrada a relação de causalidade entre o prejuízo e a existência do casamento.

Entre os clássicos, Aguiar Dias citava o exemplo do cônjuge que transmitia ao consorte moléstia contagiosa, "hipótese em que é indiferente, para aparecimento do dever de reparação, que a moléstia tenha ou não sido comunicada intencionalmente, bastando para a caracterização da responsabilidade a simples negligência ou imprudência" (AGUIAR DIAS, José de. *Da responsabilidade...*, t. 1, p. 390-391).

Como se constata, não importa se a transmissão da doença se deu por dolo ou culpa, havendo sempre o dever de reparar os danos. Em verdade, havendo culpa leve ou levíssima do ofensor, a consequência é a redução do *quantum*, nos termos dos arts. 944 e 945 do atual Código Civil, o que não afasta totalmente o dever de indenizar.

Eis mais um caso em que não se pode falar em mitigação da culpa, devendo ela ser atribuída não só para findar a sociedade conjugal, mas também para gerar o dever de reparação. Na prática, a maioria das hipóteses envolve as doenças sexualmente transmissíveis (DSTs) de maior ou menor gravidade. Consigne-se que algumas demandas são reputadas improcedentes por falta de demonstração da culpa e do nexo de causalidade (TJRS, Apelação Cível 70018814897, 9.ª Câmara Cível, Rel. Odone Sanguiné, j. 25.04.2007).

Todavia, em importante precedente do Superior Tribunal de Justiça, do ano de 2019, entendeu-se pela responsabilização civil do companheiro, pela transmissão de AIDS à sua companheira, fixando-se a indenização moral em R$ 120.000,00 (cento e vinte mil reais), sem prejuízo dos danos materiais. Por óbvio que a conclusão deve ser exatamente a mesma quanto ao casamento. Vejamos os trechos principais da ementa, que cita o meu entendimento constante de outra obra e traz importantes conclusões sobre a *função promocional da família*:

"(...). A família deve cumprir papel funcionalizado, servindo como ambiente propício para a promoção da dignidade e a realização da personalidade de seus membros, integrando sentimentos, esperanças e valores, servindo como alicerce fundamental para o alcance da felicidade. No entanto, muitas vezes este mesmo núcleo vem sendo justamente o espaço para surgimento de intensas angústias e tristezas dos entes que o compõem, cabendo ao aplicador do direito a tarefa de reconhecer a ocorrência de eventual ilícito e o correspondente dever de indenizar. O parceiro que suspeita de sua condição soropositiva, por ter adotado comportamento sabidamente temerário (vida promíscua, utilização de drogas injetáveis, entre outros), deve assumir os riscos de sua conduta, respondendo civilmente pelos danos causados. A negligência, incúria e imprudência ressoam evidentes quando o cônjuge/companheiro, ciente de sua possível contaminação, não realiza o exame de HIV (o Sistema Único de Saúde – SUS disponibiliza testes rápidos para a detecção do vírus nas unidades de saúde do país), não informa o parceiro sobre a probabilidade de estar infectado nem utiliza métodos de prevenção, notadamente numa relação conjugal, em que se espera das pessoas, intimamente ligadas por laços de afeto, um forte vínculo de confiança de uma com a outra. Assim, considera-se comportamento de risco a pluralidade de parceiros sexuais e a utilização, em grupo, de drogas psicotrópicas injetáveis, e encontram-se em situação de risco as pessoas que receberam transfusão de sangue ou doações de leite, órgãos e tecidos humanos. Essas pessoas integram os denominados 'grupos de risco' em razão de seu comportamento facilitar a sua contaminação. Na hipótese dos autos, há responsabilidade civil do requerido, seja por ter ele confirmado ser o transmissor (já tinha ciência de sua condição), seja por ter assumido o risco com o seu comportamento, estando patente a violação a direito da personalidade da autora (lesão de sua honra, de sua intimidade e, sobretudo, de sua integridade moral e física), a ensejar reparação pelos danos morais sofridos" (STJ, REsp 1.760.943/MG, 4.ª Turma, Rel. Min. Luis Felipe Salomão, j. 19.03.2019).

Transcrito esse importante acórdão, destaque-se que as hipóteses envolvendo amante ou concubina vêm sendo debatidas amplamente pela doutrina nacional, havendo uma forte tendência de amparo aos seus direitos no futuro.

Na contramão, há interpretações em sentido contrário, mormente aquelas que pretendem resolver a questão dos amantes em sede de responsabilidade civil, com a indenização imaterial do cônjuge traído. Nesse sentido:

"Apelação cível. Ação de indenização. Responsabilidade civil. Danos morais. Alegada difamação com ofensa à honra. Réu que, perante o filho da autora e terceiros, comentou ter sido aquela amante há aproximadamente 15 anos. Fato reconhecido pelo demandado. Confirmação, ademais, em prova testemunhal. Abalo comprovado. Ato ilícito configurado. Obrigação de indenizar caracterizada. Critérios de fixação do *quantum* reparatório. Razoabilidade e proporcionalidade. Juros e correção monetária. Matéria de ordem pública. Possibilidade de aplicação *ex officio*. Inversão dos ônus sucumbenciais. Honorários advocatícios arbitrados de acordo com o disposto no artigo 20, § 3.º, do Código de Processo Civil. Sentença reformada. Recurso provido" (TJSC, Acórdão 2007.014075-2, 4.ª Câmara de Direito Civil, Guaramirim, Rel. Des. Ronaldo Moritz Martins da Silva, *DJSC* 27.08.2008, p. 194).

Seguindo essa linha, há acórdão reconhecendo a legitimidade passiva do cônjuge traidor e de sua concubina, devendo ambos constar no polo passivo da ação:

"Litisconsórcio. Ação de indenização por danos morais movida pela mulher contra o marido que teria praticado adultério e sua indigitada parceira. Ação julgada procedente contra ambos. Apelo somente da ré. Pretendida execução do julgado em relação ao réu. Pedido indeferido pelo Juízo. Inadmissibilidade. Inaplicabilidade do art. 509 e parágrafo único do CPC. Regra que se aplica somente em casos de litisconsórcio necessário unitário. Hipótese dos autos de litisconsórcio facultativo. Inteligência do art. 47 do CPC. Recurso provido" (TJSP, Agravo de Instrumento 356.550-4/6, 1.ª Câmara de Direito Privado, Ribeirão Preto, Rel. Des. De Santi Ribeiro, j. 21.12.2004).

Todavia, há arestos jurisprudenciais em sentido diverso. Trazendo conclusão mais interessante à realidade contemporânea, há julgados afastando a reparação imaterial nas hipóteses tais. Ilustrando, transcreve-se polêmica decisão do Tribunal de Minas Gerais:

"Responsabilidade civil. Cúmplice de esposa adúltera. Existência do dever de fidelidade conjugal. Ausência de solidariedade entre o cúmplice e a adúltera. Ausência de dever de incolumidade da esposa alheia. Inexistência de dever de indenizar do cúmplice em relação ao marido traído. A vida em comum impõe restrições que devem ser seguidas para o bom andamento da vida do casal e do relacionamento, sendo inconteste que os cônjuges possuem o dever jurídico de fidelidade mútua. Em que pese ao alto grau de reprovabilidade social daquele que se envolve com pessoa casada, não constitui tal envolvimento qualquer ilícito de cunho cível ou penal em desfavor seu. O dever jurídico de fidelidade existe apenas entre os cônjuges e não se estende a terceiro que venha a ser cúmplice em adultério perpetrado durante o lapso de tempo de vigência do matrimônio. A responsabilidade civil decorre de relação contratual ou de imposição legal. Contrato, por óbvio, inexiste entre o marido traído e o então amante de sua esposa, bem como inexiste qualquer dispositivo legal que obrigue o amásio a manter a incolumidade da esposa de outrem. Inteiramente inócuo, *in casu*, mostra-se cogitar-se em matéria de responsabilidade civil, de solidariedade dentre o cúmplice e a esposa adúltera. Apelação principal provida e julgada prejudicada adesiva" (TJMG, Apelação Cível 1.0480.04.057449-7/0011, 10.ª Câmara Cível, Patos de Minas, Rel. Des. Cabral da Silva, j. 1.º.07.2008, *DJEMG* 22.07.2008).

Ainda a concretizar a prática, o Superior Tribunal de Justiça afastou o dever de indenizar do cúmplice da esposa traidora, concluindo que ele não tem o dever de fidelidade em relação ao cônjuge de sua amante, não havendo ilicitude no ato de traição por este terceiro. O julgado foi assim publicado no *Informativo* n. 415 *do STJ*, de novembro de 2009:

"Danos morais. Cúmplice. Esposa adúltera. *In casu*, o recorrente ajuizou ação indenizatória em face do recorrido pleiteando danos morais sob a alegação de que este manteve com a esposa daquele relacionamento amoroso por quase dez anos, daí nascendo uma filha, que acreditava ser sua, mas depois constatou que a paternidade era do recorrido. O pedido foi julgado procedente em primeiro grau, sendo, contudo, reformado na apelação. Assim, a questão jurídica circunscreve-se à existência ou não de ato ilícito na manutenção de relações sexuais com a ex-mulher do autor, ora recorrente, em decorrência das quais foi concebida a filha erroneamente registrada. Para o Min. Relator, não existe, na hipótese, a ilicitude jurídica pretendida, sem a qual não se há falar em responsabilidade civil subjetiva. É que o conceito – até mesmo intuitivo – de ilicitude está imbricado na violação de um dever legal ou contratual do qual resulta dano para outrem e não há, no ordenamento jurídico pátrio, norma de direito público ou privado que obrigue terceiros a velar pela fidelidade conjugal em casamento do qual não faz parte. O casamento, tanto como instituição quanto contrato *sui generis*, somente produz efeitos em relação aos celebrantes e seus familiares, não beneficiando nem prejudicando terceiros. Desse modo, no caso em questão, não há como o Judiciário impor um 'não fazer' ao réu, decorrendo disso a impossibilidade de indenizar o ato por inexistência de norma posta – legal e não moral – que assim determine. De outra parte, não há que se falar em solidariedade do recorrido por suposto ilícito praticado pela ex-esposa do recorrente, tendo em vista que o art. 942, *caput* e parágrafo único, do Código Civil vigente (art. 1.518 do CC/1916) somente tem aplicação quando o ato do coautor ou partícipe for, em si, ilícito, o que não se verifica na hipótese dos autos. Com esses fundamentos, entre outros, a Turma não conheceu do recurso. Precedente citado: REsp 742.137/RJ, DJ 29/10/2007" (STJ, REsp 1.122.547/MG, Rel. Min. Luis Felipe Salomão, j. 10.11.2009).

Do ano de 2013, merece destaque, conforme publicação no *Informativo* n. 522 do Tribunal da Cidadania, outro precedente superior com a mesma ideia:

"O 'cúmplice' em relacionamento extraconjugal não tem o dever de reparar por danos morais o marido traído na hipótese em que a adúltera tenha ocultado deste o fato de que a criança nascida durante o matrimônio e criada pelo casal seria filha biológica sua e do seu 'cúmplice', e não do seu esposo, que, até a revelação do fato, pensava ser o pai biológico da criança. Isso porque, em que pese o alto grau de reprovabilidade da conduta daquele que se envolve com pessoa casada, o 'cúmplice' da esposa infiel não é solidariamente responsável quanto a eventual indenização ao marido traído, pois esse fato não constitui ilícito civil ou penal, diante da falta de contrato ou lei obrigando terceiro estranho à relação conjugal a zelar pela incolumidade do casamento alheio ou a revelar a quem quer que seja a existência de relação extraconjugal firmada com sua amante" (STJ, REsp 922.462/SP, Rel. Min. Ricardo Villas Bôas Cueva, j. 04.04.2013).

A encerrar o presente tópico, tema correlato importante se refere à injusta imputação ou acusação de infidelidade. Em decisão curiosa, o Tribunal Fluminense determinou que uma ex-esposa pagasse indenização a uma suposta amante, a quem atribuiu indevidamente como concubina de seu marido. Pode-se até invocar a aplicação do conceito de abuso de direito, nos termos do art. 187 do Código Civil, tema que será analisado no presente trabalho. O julgado do Tribunal do Rio de Janeiro merece transcrição:

"Adultério. Acusação injusta. Honra pessoal. Dano moral. Condenação reduzida. Ação ordinária. Perdas e danos morais. Acusação de adultério. Tem direito à reparação dos danos causados à sua honra, mulher solteira que, em seu local de trabalho, e diante de colegas e clientes, é acusada por outra, de manter relação de adultério com seu marido, em motel da cidade, ainda mais em se tratando de comunidade pequena, interiorana, em que tais fatos têm muito maior repercussão. Quanto ao marido, que a tudo assistiu, mas permaneceu calado, não cabe indenizar, pois não se provou ter confirmado a acusação. O valor da indenização deve ser reduzido, para não agravar a situação da ré, cuja subsistência poderia ficar afetada, diante da condenação exacerbada. Provimento parcial do recurso, vencido o relator, que o provia integralmente" (TJRJ, Acórdão 2767/1995, 3.ª Câmara Cível, Três Rios, Rel. Des. Sylvio Capanema, j. 17.10.1995).

Como se pode notar, em algumas situações que envolvem a responsabilidade civil que decorre do Direito de Família, notadamente da infidelidade, o *feitiço pode virar contra o feiticeiro*, o que ocorreu neste remoto acórdão do Tribunal do Rio de Janeiro.

4.2.8.5 *A reparação dos danos por infidelidade virtual*

O Direito Digital ou Eletrônico ainda está em vias de formação, como qualquer ciência relacionada à grande rede, a *internet*. A via digital repercute diretamente na órbita civil, influenciando os contratos, o direito de propriedade, a responsabilidade civil e, por óbvio, as relações familiares que constituem a base da sociedade, conforme enunciado no art. 226, *caput*, da Constituição Federal. Tanto isso é verdade que, no Projeto de Reforma do Código Civil, pretende-se incluir na Lei Geral Privada um novo livro, tratando do *Direito Civil Digital*.

No direito matrimonial, tema que ganha relevância na pós-modernidade, é a *infidelidade virtual* abordada por Maria Helena Diniz há tempos e nos seguintes termos:

"Diante do fato de haver possibilidade do internauta casado participar, por meio de programa de computador, como o ICQ, de *chats*, de *mirc* e sala de bate-papo voltados a envolvimentos amorosos geradores de laços afetivo-eróticos virtuais, pode surgir, na Internet, infidelidade, por e-mail e contatos sexuais imaginários com outra pessoa, que não seja seu cônjuge, dando origem não ao adultério, visto falar conjunção carnal, mas à conduta desonrosa. Deveras os problemas do dia a dia podem deteriorar o relacionamento conjugal, passando, em certos casos, o espaço virtual a ser uma válvula de escape por possibilitar ao cônjuge insatisfeito a comunicação com outra pessoa, cuja figura idealizada não enfrenta o desgaste da convivência. Tal laço erótico-afetivo platônico com pessoa sem rosto e sem identidade, visto que o internauta pode fraudar dados pessoais, p. ex., usando apelido (*nickname*) e mostrar caracteres diferentes do seu real comportamento, pode ser mais forte do que o relacionamento real, violando a obrigação de respeito e consideração que se deve ter em relação ao seu consorte" (DINIZ, Maria Helena. *Curso...*, 2007, vol. 5, p. 292).

Assim, diante das palavras da Professora da PUCSP, essa nova modalidade de infidelidade está configurada mediante contatos entre os envolvidos pela Internet, o que, por si só, configuraria uma conduta desonrosa a ensejar a antiga separação judicial litigiosa por sanção (art. 1.572 c/c o art. 1.573, inc. VI, do Código Civil). Além dos casos citados pela doutrinadora, podem ser mencionados os contatos realizados pelo WhatsApp, pelo sistema Skype de telefonia digital, por videoconferência pelo Zoom ou pelo Teams, por postagens realizadas em comunidades virtuais de relacionamentos – como era o caso do antigo Orkut e dos atuais X, Instagram e Facebook – ou mesmo declarações em *blogs* ou *sites* pessoais. Não há um contato físico, uma *infidelidade real*, mas meros contatos cibernéticos ou *internéticos*, uma *infidelidade virtual*.

A dúvida anterior que existia, quando da possibilidade da separação jurídica, seria se tais fatos, por si só, poderiam gerar a separação-sanção, sendo relevante a identificação da insuportabilidade da vida em comum. O caminho da mitigação da culpa igualmente poderia ser viável naquele sistema anterior. As expressões estão sendo utilizadas no passado, pois se sabe que a *Emenda do Divórcio* retirou do sistema a possibilidade da separação-sanção, fundada na culpa.

O que realmente interessa saber é se tais condutas cibernéticas podem gerar a responsabilidade civil do cônjuge, e a resposta é positiva, principalmente naquelas situações em que há maiores repercussões, com lesão à personalidade do consorte.

Ao tratar da *responsabilidade civil no Direito Digital*, aponta Patrícia Peck Pinheiro que um dos pontos mais importantes é a reparabilidade pelo teor do conteúdo divulgado na grande rede. Isso porque o conteúdo da declaração é o que atrai as pessoas para o mundo digital, devendo, assim, estar ele submetido a valores morais da coletividade, a um padrão geral de conduta que deve ser respeitado (PINHEIRO, Patrícia Peck. *Direito...*, 2008, p. 298). Em termos próximos, Antonio Jeová dos Santos afirma que a proteção da intimidade e da vida privada precisa ser efetiva na *internet*, sob pena de aplicação dos mecanismos da reparação privada (SANTOS, Antonio Jeová. *Dano...*, 2001, p. 184-185).

No tocante às declarações feitas nos *sites de relacionamentos* ou redes sociais – como era o caso do antigo *Orkut* e dos atuais *X , Instagram e Facebook* –, podem ser encontradas decisões de deferimento da tutela reparatória, como no caso dos julgados a seguir:

> "Apelações cíveis. Ação indenizatória. Ofensas proferidas em rede social. Dano moral *in re ipsa*. Dever de indenizar. A reparação por danos morais resulta da presença dos pressupostos de indenizar elencados nos artigos 186 e 927, do Código Civil, a saber: conduta ilícita, o dano e o nexo de causalidade. No caso dos autos, restaram comprovadas as ofensas proferidas pelo réu aos autores na atividade de policiais militares, em sua conta da rede social *Facebook*. Em destaque, os documentos juntados aos autos, os quais, gize-se, sequer foram impugnados pelo réu em suas razões de defesa, demonstraram as expressões depreciativas e insultos proferidos pelo réu. Ressalto que o demandado não nega as acusações e ofensas publicadas em rede social, limitando-se a afirmar que as mesmas foram praticadas de forma genérica, sem nominar quaisquer dos autores. Contudo, vê-se que as publicações evidenciam que os qualificativos utilizados pelo réu relacionavam-se ao exercício da função pública titulada pelos demandantes, policiais militares da cidade. Assim, conclui-se que o réu extrapolou os limites de sua eventual insatisfação com o serviço público dos demandantes,

cujas afirmações de estar sofrendo 'perseguição policial' sequer foram demonstradas. Assim, vislumbra-se a intenção do demandado de propagar ofensas a honra, moral e dignidade dos demandantes, situação esta que, certamente, influiu na harmonia psíquica dos autores e acarretou em lesões na esfera personalíssima. No que tange à fixação do *quantum*, levando em consideração as questões fáticas da presente ação, a extensão do prejuízo, bem como a quantificação da conduta ilícita e a capacidade econômica do ofensor, entendo que a quantia fixada na sentença deve ser mantida, a fim de evitar o enriquecimento sem causa da parte ofendida e o caráter punitivo-pedagógico da condenação, diante as peculiaridades do caso concreto. Quanto ao pedido de protesto contra alienação de veículo de propriedade do réu, formulado pelos autores, tenho que deva ser mantida a sentença a qual indeferiu o pleito. Ademais, não restou evidente nos autos que o réu esteja dilapidando seu patrimônio, bem como esteja em situação de insolvência a fim de justificar tal pedido. Negado provimento aos apelos" (TJRS, Apelação Cível 0290138-63.2016.8.21.7000, 5.ª Câmara Cível, São Borja, Rel. Des. Léo Romi Pilau Júnior, j. 28.09.2016, *DJERS* 07.10.2016).

"Ação de danos morais e materiais. Responsabilidade civil. Preliminar de ilegitimidade passiva com mérito se mistura. Difamação em site de relacionamento Orkut. Ofensa moral caracterizada. Violação aos direitos de personalidade. Dano moral configurado. *Quantum* razoável. Sentença mantida pelos próprios fundamentos. 1. Trata-se de ação de indenização por danos morais em decorrência de difamação em site de relacionamento Orkut que dizia 'Maria Helena é caloteira', efetuada pela Sra. T. M., vendedora e funcionária da empresa reclamada. 2. A preliminar de ilegitimidade passiva com o mérito se mistura. 3. *In casu*, comprovada a relação de confiança estabelecida entre a empresa reclamada e a Sra. M. C. M., a mesma figura como preposta da referida empresa, tornando-se responsável pela mensagem depreciativa deixada na página de relacionamento da reclamante, nos termos do art. 932, inciso III, do CC. 4. Do conjunto probatório, restou evidente a ocorrência do dano moral ante a ofensa à honra e a dignidade da autora praticada pela preposta da empresa reclamada, através da mensagem ofensiva deixada na página de relacionamento da reclamante. 5. A teoria da responsabilidade civil está construída sobre a reparação do dano. Tal princípio emerge do art. 186, do atual código civil: "aquele que por ação ou omissão voluntária, negligência ou imprudência violar direito ou causar prejuízo a outrem, ainda que exclusivamente moral, comete ato ilícito. 6. O dano moral advém da dor e a esta não tem preço. Difere esta do mero aborrecimento. Neste há um abalo emocional decorrente de relações interpessoais. Naquele, surge o padecimento íntimo, a humilhação, a vergonha, o constrangimento de quem é ofendido em sua honra ou dignidade, o vexame e a repercussão social por um crédito negado, condizente com o que foi expressamente normatizado pela Carta da República (art. 5.º, incisos V e X). 7. O dano moral, pois, deve advir da ofensa a um bem jurídico, com a devida comprovação do seu nexo de causalidade. Ofensa moral veiculada por meio de site de relacionamento é indenizável, de acordo com o posicionamento jurídico adotado pela jurisprudência pátria" (TJMT, Recurso Inominado 3.249/2008, 3.ª Turma Recursal, Cuiabá, Rel. Des. Maria Aparecida Ribeiro, j. 07.08.2008, *DJMT* 21.08.2008, p. 76).

Até já se responsabilizou a empresa provedora – que mantém o sítio – diante de um perfil falso que foi montado na citada comunidade interpessoal, trazendo danos a terceiro. A decisão do Tribunal do Rio Grande do Sul também merece destaque:

"Responsabilidade civil. Danos morais. Criação de perfil falso em site de relacionamentos na internet. 'Orkut'. Conteúdo ofensivo à honra e à imagem. Provedor que, interpelado pelo usuário sobre a fraude, nada promove para excluir a conta falsa nem fazer cessar a veiculação do perfil. Negligência configurada. Dever de reparar os danos morais a que deu causa, por permitir a perpetuação da ofensa e o agravamento da lesão à personalidade da autora. Precedente nesta Turma Recursal envolvendo os mesmos fatos e causa de pedir. I. Não se olvida que o requerido é um provedor de serviços da Internet, funcionando como mero hospedeiro das informações postadas pelos usuários. Assim, dele não é razoavelmente exigível que promova uma censura preventiva do conteúdo das páginas de Internet criadas pelos próprios internautas, notadamente porque seria difícil definir os critérios para determinar quando uma determinada publicação possui cunho potencialmente ofensivo. O monitoramento prévio de informações, no entanto, é inexigível. II. O provedor tem o dever de fazer cessar a ofensa, tão logo seja provocado a tanto, em razão de abusos concretamente demonstrados. No caso dos autos, mesmo tendo sido interpelado da ocorrência da fraude, o réu quedou-se inerte, nada tendo promovido por cerca de um mês. Permitiu fossem perpetradas, a cada dia, novas ofensas à honra e à imagem do autor, agravando ainda mais a lesão à sua personalidade. Foi negligente. Agindo com culpa, praticou ato ilícito, devendo responder perante o autor pela reparação dos danos causados. III. Dano moral configurado, ante a violação do direito fundamental à honra e à imagem (art. 5.º, X, da CF), possibilitada a perpetuação dessa ofensa e o agravamento da lesão, por ato omissivo da ré (Precedente: Recurso Cível n. 71001373646, Terceira Turma Recursal Cível, Relator: Eugênio Facchini Neto, julgado em 16/10/2007). Deram provimento ao recurso" (TJRS, Recurso Cível 71001408160, 3.ª Turma Recursal Cível, Porto Alegre, Rel. Des. Carlos Eduardo Richinitti, j. 26.02.2008, *DOERS* 04.03.2008, p. 92).

A respeito da responsabilidade civil do provedor de internet, entrou em vigor no País o *Marco Civil da Internet*, a Lei 12.965, de abril de 2014. De acordo com o art. 18 da nova norma, o provedor de conexão à internet não será responsabilizado civilmente por danos decorrentes de conteúdo gerado por terceiros.

Em complemento, estabelece o seu art. 19 que, com o intuito de assegurar a liberdade de expressão e impedir a censura, o provedor de aplicações de internet somente poderá ser responsabilizado civilmente por danos decorrentes de conteúdo gerado por terceiros se, após ordem judicial específica, não tomar as providências para, no âmbito e nos limites técnicos do seu serviço e dentro do prazo assinalado, tornar indisponível o conteúdo apontado como infringente. Isso, ressalvadas as disposições legais em contrário.

Assim, parece-me que foi adotada uma *responsabilidade subjetiva agravada*, somente existente no caso de desobediência de ordem judicial. Em suma, somente haverá responsabilidade civil na hipótese de montagem de perfil falso, quando presentes tais requisitos.

Lamento os exatos termos do texto legal, que acaba *judicializando* as contendas, quando a tendência é justamente a oposta. Há pendência de julgamento da constitucionalidade desse comando no Supremo Tribunal Federal, para fins de repercussão geral (Tema n. 987, no âmbito do RE 1.037.396/SP, relatado pelo Ministro Dias Toffoli). Dessa forma, é necessário aguardar novas posições jurisprudenciais sobre a matéria, especialmente nos casos em que o *site* oferece claros riscos de lesão a direitos da personalidade. Anoto que o atual Projeto de Reforma do Código Civil também pretende revogar expressamente esse dispositivo da lei especial.

A propósito desses novos julgamentos, em 2015, o Superior Tribunal de Justiça aplicou a responsabilidade objetiva prevista no Código de Defesa do Consumidor para empresa jornalística mantida na internet. O julgado tem conteúdo bem interessante e acaba por seguir parcialmente a tese a que estamos filiados. Vejamos a sua ementa:

"Recurso especial. Direito civil e do consumidor. Responsabilidade civil. Internet. Portal de notícias. Relação de consumo. Ofensas postadas por usuários. Ausência de controle por parte da empresa jornalística. Defeito na prestação do serviço. Responsabilidade solidária perante a vítima. Valor da indenização. 1. Controvérsia acerca da responsabilidade civil da empresa detentora de um portal eletrônico por ofensas à honra praticadas por seus usuários mediante mensagens e comentários a uma notícia veiculada. 2. Irresponsabilidade dos provedores de conteúdo, salvo se não providenciarem a exclusão do conteúdo ofensivo, após notificação. Precedentes. 3. Hipótese em que o provedor de conteúdo é empresa jornalística, profissional da área de comunicação, ensejando a aplicação do Código de Defesa do Consumidor. 4. Necessidade de controle efetivo, prévio ou posterior, das postagens divulgadas pelos usuários junto à página em que publicada a notícia. 5. A ausência de controle configura defeito do serviço. 6. Responsabilidade solidária da empresa gestora do portal eletrônico perante a vítima das ofensas. 7. Manutenção do *quantum* indenizatório a título de danos morais por não se mostrar exagerado (Súmula 07/STJ). 8. Recurso especial desprovido" (STJ, REsp 1.352.053/AL, 3.ª Turma, Rel. Min. Paulo de Tarso Sanseverino, j. 24.03.2015, *DJe* 30.03.2015).

Acrescente-se que o relator do *decisum* acabou por seguir a classificação dos provedores de serviços de internet, desenvolvida pela Ministra Nancy Andrighi naquela Corte Superior, a saber: *(i)* provedores de *backbone* (espinha dorsal), que detêm estrutura de rede capaz de processar grandes volumes de informação. São os responsáveis pela conectividade da Internet, oferecendo sua infraestrutura a terceiros, que repassam aos usuários finais acesso à rede; *(ii)* provedores de acesso, que adquirem a infraestrutura dos provedores *backbone* e revendem aos usuários finais, possibilitando a estes conexão com a Internet; *(iii)* provedores de hospedagem, que armazenam dados de terceiros, conferindo-lhes acesso remoto; *(iv)* provedores de informação, que produzem as informações divulgadas na Internet; e *(v)* provedores de conteúdo, que disponibilizam na rede as informações criadas ou desenvolvidas pelos provedores de informação". Nos casos dos dois últimos, conclui o aresto pela incidência da responsabilidade objetiva consumerista. E arremata: "consigne-se, finalmente, que a matéria poderia também ter sido analisada na perspectiva do art. 927, parágrafo único, do Código Civil, que estatuiu uma cláusula geral de responsabilidade objetiva pelo risco, chegando-se a solução semelhante a alcançada mediante a utilização do Código de Defesa do Consumidor". Penso que esse acórdão representa uma correta e saudável mitigação do que está previsto no Marco Civil da Internet (STJ, REsp 1.352.053/AL, 3.ª Turma, Rel. Min. Paulo de Tarso Sanseverino, j. 24.03.2015, *DJe* 30.03.2015).

Voltando aos exemplos familiares, fazendo o devido controle, a jurisprudência concluiu que a mera declaração "eu odeio fulano" feita em página de relacionamento, por si só, não gera o dano moral indenizável, havendo um mero aborrecimento:

"Apelação cível. Responsabilidade civil. Ação de indenização. Criação de comunidade em *site* de relacionamentos (*Orkut*). Dano moral. Não configuração. A enunciação de opiniões e manifestações pessoais, desprovidas de cunho difamatório ou injurioso, sobre outrem, ainda que veiculadas pelos meios de comunicação, não se revela bastante à configuração do dano moral. Hipótese em que o réu, infante com 10 anos de idade, criou, em site de relacionamentos (*Orkut*), comunidade denominada 'Eu odeio o G. F.', na qual, contando tão somente com a participação daquele, inexiste qualquer conteúdo pejorativo à imagem ou honra do autor. Mera expressão de sentimento pessoal que não caracteriza ato ilícito, passível de indenização. Juízo de improcedência mantido. Apelação improvida" (TJRS, Acórdão 70026049445, 10.ª Câmara Cível, Pelotas, Rel. Des. Paulo Roberto Lessa Franz, j. 27.11.2008, *DOERS* 08.01.2009, p. 47).

Partindo para a abordagem prática da dissolução do casamento, nos últimos anos foi muito comentada no meio civilístico brasileiro a sentença proferida pelo Juiz Jansen Fialho de Almeida, do Tribunal de Justiça do Distrito Federal, em 21 de maio de 2008, condenando um marido a pagar indenização por danos morais à esposa pela prática do que se convencionou denominar *sexo virtual*. A ementa da sentença foi a seguinte:

> "Direito civil. Ação de indenização. Dano moral. Descumprimento dos deveres conjugais. Infidelidade. Sexo virtual (internet). Comentários difamatórios. Ofensa à honra subjetiva do cônjuge traído. Dever de indenizar. Exegese dos arts. 186 e 1.566 do Código Civil de 2002. Pedido julgado precedente" (TJDF, Sentença proferida pelo Juiz Jansen Fialho de Almeida, j. 21.05.2008).

A esposa promoveu a demanda alegando a quebra dos deveres conjugais e pleiteou indenização no valor de R$ 50.000,00 (cinquenta mil reais). Alegou a autora da ação que foi casada durante nove anos com o réu, separando-se de fato em maio de 2000, diante de uma grave crise que acometia o relacionamento. Sustentou, ainda, que acreditava que o casamento ainda poderia dar certo, uma vez que o marido dizia não querer a separação. Contudo, certo dia, descobriu a esposa, no computador do marido, uma correspondência eletrônica trocada entre ele e outra mulher, a demonstrar a existência de um relacionamento paralelo com uma amante ou concubina.

Conforme a decisão, a esposa descreveu que "por viajar muito para Goiânia, para encontrar com sua amante, o requerido passou a faltar com a assistência material e imaterial devida a ela e ao filho, na constância do casamento, o que a fez passar por diversas crises financeiras. Acresce que na constância do casamento não continuou seu estudo, abrindo mão da carreira profissional para que o marido pudesse fazer seu curso de mestrado, uma vez que a renda dos dois não era suficiente para financiar a melhoria cultural de ambos (...). Aduz que nos 'e-mails' trocados, ele relata para a amante a sua vida íntima com a autora e de seu filho, violando o direito à privacidade. Tais atitudes lhe fizeram sofrer, tendo que passar por acompanhamento psicológico, por atingirem sua honra subjetiva, e seus direitos personalíssimos, o que enseja o pagamento de indenização pelos ilícitos cometidos".

O marido alegou em sua defesa que a prova obtida digitalmente era ilícita, uma vez que foram subtraídas sem a sua devida autorização. Refutou também o argumento da quebra de assistência material, pois conforme reconhecido pela própria autora na ação de divórcio por ele ajuizada, após sair de casa passou a contribuir, inicialmente, com R$ 1.200,00 (um mil e duzentos reais) mensais a título de pensão alimentícia. Em seguida, passou a R$ 1.000,00 (um mil reais) e depois a R$ 900,00 (novecentos reais), uma vez que pagaria outras três pensões alimentícias.

O marido, réu da ação, ainda argumentou que durante a vida em comum os dois tinham uma "cumplicidade salutar, segura, amorosa. Eram inegavelmente pobres e lutaram com dificuldades para elevarem seu nível social, tendo ocorrido a deterioração da relação, e que jamais fez qualquer declaração em público que pudesse denegrir a imagem da autora. Esclarece ser a própria quem mostra as correspondências às outras pessoas, fazendo-se de vítima e denegrindo sua imagem perante a sociedade".

Como o marido não negou a existência do relacionamento paralelo e das mensagens eletrônicas, concluiu o julgador pelo desrespeito ao dever de fidelidade recíproca (art. 1.566, inc. I, do Código Civil). Além disso, entendeu que como o computador seria de uso da família, poderia a esposa acessá-lo, não se podendo falar em prova ilícita ou ilegal. E arrematou:

> "Logo, se o autor gravou os 'e-mails' trocados com sua amante em arquivos no computador de uso comum, não se importava de que outros tivessem acesso ao seu conteúdo, ou, no mínimo, não teve o cuidado necessário (...). Ainda que se imagine que a autora acessou

o próprio correio eletrônico do requerido, só poderia tê-lo feito mediante o uso de senha. Se a possuía, é porque tinha autorização de seu ex-marido. Cumpria-lhe ter provado que os arquivos não estavam no computador da família; que ela não possuía senha de acesso ao seu correio eletrônico; ou, ainda, que obteve por meio de invasão aos seus arquivos sigilosos, para configurar a quebra de sigilo. Não o fez. Aplica-se o princípio do ônus da prova, estipulado no art. 333, II, do CPC".

Ao analisar a *infidelidade virtual*, concluiu o magistrado que ela, por si só, atinge a honra do cônjuge traído, sendo o caso de se falar em danos morais, nos termos do que enuncia o art. 186 do Código Civil. No caso em tela, o juiz entendeu que a situação descrita nos *e-mails* superestimaria o dano imaterial, aumentando a extensão do prejuízo. Mencionando o duplo caráter da indenização por danos morais (natureza principal reparatória + natureza acessória pedagógica ou punitiva), a vedação do enriquecimento sem causa e outros critérios já conhecidos para fixação do *quantum*, o julgador estipulou a indenização em R$ 20.000,00 (vinte mil reais).

Alguns comentários pontuais devem ser feitos em relação a essa interessante decisão. Para começar, a sentença conclui que a regra é a proteção da intimidade, mesmo na relação entre os cônjuges, o que é premissa louvável. Todavia, segundo a decisão, em alguns casos justifica-se a quebra dessa proteção, em particular naqueles em que há autorização do titular do direito da personalidade. Por certo é que a *ponderação* dos valores constitucionais de acordo com o caso concreto é que irá determinar qual o melhor caminho a ser tomado (ALEXY, Robert. *Teoria*..., 2008). Nesse ponto, a conclusão merece ser elogiada, valendo a ressalva de que uma pequena alteração nos fatores fáticos poderia gerar uma ponderação totalmente distinta.

De qualquer maneira, parece que o magistrado acabou por confundir a *infidelidade virtual* com a *infidelidade real*. No caso em análise, estiveram presentes os dois tipos de infidelidade. Nas duas hipóteses de infidelidade, como já foi firmada a posição, é forçoso entender que não há que se falar em danos morais ou em reparação imaterial pela simples conduta do infiel.

Porém, as declarações do marido no caso descrito geraram, sim, um prejuízo moral, principalmente pelos termos empregados nas mensagens eletrônicas a que teve acesso a esposa, conotando um relacionamento sexual. Apesar de se percorrer outra trilha, a conclusão foi louvável, sendo correta a sentença na fixação do valor da indenização.

A decisão merece ser debatida por trazer à tona assunto contemporâneo que por muito tempo estará presente nas páginas da doutrina e nos relatórios de julgados da jurisprudência. Como é notório, há *decisum* do Tribunal de Justiça do Rio Grande do Sul, que entendeu pela impossibilidade de se atribuir a responsabilidade civil por infidelidade virtual, pois a prova foi obtida ilicitamente. Vejamos a sua ementa:

"Apelação cível. Responsabilidade civil. Ação de indenização por danos morais. Infidelidade virtual. Descumprimento do dever do casamento. Prova obtida por meio ilícito. Princípio da proporcionalidade. Preponderância do direito à intimidade e à vida privada. O dever de reparar o dano advindo da prática de ato ilícito, tratando-se de ação baseada na responsabilidade civil subjetiva, regrada pelo art. 927 do Código Civil, exige o exame da questão com base nos pressupostos da matéria, quais sejam, a ação/omissão, a culpa, o nexo causal e o resultado danoso. Para que obtenha êxito na sua ação indenizatória, ao autor impõe-se juntar aos autos elementos que comprovem a presença de tais elementos caracterizadores da responsabilidade civil subjetiva. Ainda que descumprido o dever fidelidade do casamento, a comprovação de tal situação não pode ocorrer a qualquer preço, sobrepondo-se aos direitos fundamentais garantidos constitucionalmente, devendo cada caso submeter-se a um juízo de ponderação, sob pena de estar preterindo bem jurídico de maior valia, considerado no contexto maior da sociedade. A prova, a princípio considerada ilícita, poderá ser admitida no processo civil e utilizada, tanto pelo autor, quanto pelo réu, desde que analisada à luz do princípio da proporcionalidade, ponderando-se os interesses em jogo na busca da justiça do caso concreto. E procedendo-se tal exame na hipótese versada nos autos, não há como admitir-se como lícita a prova então coligida, porquanto viola direito fundamental à intimidade e à vida privada dos demandados. Precedentes do STF e do STJ. Apelo desprovido" (TJRS, Apelação Cível 12159-82.2011.8.21.7000, 9.ª Câmara Cível, Erechim, Rel. Des. Leonel Pires Ohlweiler, j. 30.03.2011, *DJERS* 12.04.2011).

Esse último acórdão parece seguir caminho diverso do anterior, pois deduz que a investigação a respeito da fidelidade do casamento não pode prevalecer sobre a tutela da intimidade, protegida constitucionalmente (art. 5.º, inc. X, da CF/1988).

Como último exemplo sobre o tema, vale citar, do ano de 2022, aresto do Tribunal Paulista que afastou a reparação, afirmando, na linha do que antes desenvolvi, que a infidelidade, por si só, não gera o dano moral:

"Apelação cível. Divórcio litigioso e partilha de bens, cumulada com indenização por danos morais por infidelidade virtual atribuída à esposa. Reconvenção visando à fixação de alimentos. Sentença de parcial procedência da ação principal e da reconvenção para decretar divórcio do casal, determinar partilha de bens e fixar alimentos em favor da ré no importe de 1/3 (um terço) sobre rendimentos líquidos do autor, limitado ao período de 1 (um) ano. Apelo do autor. Pretensão à reparação moral pelo adultério e afastar alimentos em favor de pessoa infiel. Aplicação do princípio *tantum devolutum quantum apellatum*. Cerceamento defesa. Não ocorrência. Prova documental colacionada aos autos suficiente para o deslinde da questão em debate. Questão que se confunde com o mérito e com este será analisado. Danos morais. Prática de adultério atribuída à esposa. O adultério, por si só, não gera o dever de indenizar. Decisão mantida. Alimentos ex-esposa (por um ano). Partes casadas por 24 anos, sem que a ré exercesse atividade laborativa, contando com 49 anos, atualmente em tratamento médico. Pensionamento indispensável à subsistência. Não evidenciada incapacidade financeira do autor em suportar encargo alimentar fixado em observância ao binômio necessidade-possibilidade. Limitação temporal do pensionamento mantido. Decisão mantida. Motivação do decisório adotado como julgamento em segundo grau. Honorários recursais. Aplicação da regra do art. 85, § 11, CPC/2015. Resultado. Preliminares rejeitadas. Recurso não provido" (TJSP, Apelação cível 1006877-93.2020.8.26.0597, Acórdão 15411033, Sertãozinho, 9.ª Câmara de Direito Privado, Rel. Des. Edson Luiz de Queiroz, j. 18.02.2022, *DJESP* 23.02.2022, p. 2025).

Outros julgados devem surgir no futuro, em segundas e superiores instâncias. Nesse ponto de destaque, o *diálogo interdisciplinar* é ferramenta para solucionar os emergentes casos de difícil solução, entrando em cena o Direito de Família, a Responsabilidade Civil e o *Direito Civil Digital*.

4.2.8.6 *A reparação dos danos por conduta violenta entre os cônjuges. A incidência da Lei Maria da Penha e seus mecanismos de tutela (Lei 11.340/2006)*

Na atualidade, são comuns as trágicas situações de agressões nas relações conjugais. Diante desse infeliz fato social e pelo clamor coletivo, entrou em vigor no Brasil a Lei

11.340/2006, denominada Lei Maria da Penha, em homenagem à farmacêutica cearense Maria da Penha Maia Fernandes, vítima de violência doméstica, símbolo da luta das mulheres contra esse mal familiar, que se tornou paraplégica diante de um tiro dado pelo então marido (CUNHA, Rogério Sanches; PINTO, Ronaldo Batista. *Violência...*, 2008, p. 21-23).

Conforme aponta Maria Berenice Dias, a essa norma veio suprir uma grave omissão legislativa, uma vez que o legislador infraconstitucional, até então, vinha deixando de cumprir a ordem constitucional de coibir a violência familiar, nos termos do que dispõe o art. 226, § 8.º, da Constituição Federal de 1988 (DIAS, Maria Berenice. *Manual...*, p. 103).

A Lei 11.340/2006 é claro exemplo de *norma de tutela dos vulneráveis*, realidade corriqueira na pós-modernidade, sendo tratadas como tais as mulheres que estão sob violência doméstica. É um comando legal que se situa na segunda parte da isonomia constitucional, na especialidade, retirada da máxima pela qual *a lei deve tratar de maneira desigual os desiguais, de acordo com as suas desigualdades*.

Nesse contexto, não há qualquer inconstitucionalidade na norma, que vem recebendo pela jurisprudência superior uma interpretação extensiva, a incluir, além das pessoas casadas ou que vivem em união estável, os namorados (STJ, HC 92.875/RS, Rel. Min. Jane Silva (Desembargadora convocada pelo TJMG), j. 30.10.2008, *Informativo* n. 374).

É fato que, ao lado de medidas que repercutem no Direito Penal, a Lei Maria da Penha também traz remédios civis relativos à responsabilização civil do agressor, amparando o *princípio da reparação integral dos danos* segundo o qual todos os prejuízos suportados pela vítima da violência doméstica devem ser reparados. A citada lei especial também traz regras instrumentais que foram mantidas pelo CPC/2015, especialmente pelo que consta do seu art. 1.046, § 2.º, *in verbis*: "permanecem em vigor as disposições especiais dos procedimentos regulados em outras leis, aos quais se aplicará supletivamente este Código".

No tocante à questão processual, para assegurar o direito à reparação civil, enuncia o art. 13 da Lei 11.340/2006 que ao processo, ao julgamento e à execução das causas cíveis decorrentes da prática de violência doméstica e familiar contra a mulher devem ser aplicadas as normas do Código de Processo Civil e da legislação específica relativa à criança, ao adolescente e ao idoso que com ela não conflitarem.

O dispositivo possibilita a aplicação da norma mais favorável, o que pode facilitar a tutela reparatória da mulher sob violência. Ilustrando, pode ser mencionada a possibilidade de citação por correio, nos termos do art. 238 do CPC/1973 e do art. 274 do CPC/2015 (CUNHA, Rogério Sanches; PINTO, Ronaldo Batista. *Violência...*, p. 98).

A criação dos Juizados de Violência Doméstica e Familiar contra a Mulher, órgãos da justiça ordinária com competência cível e criminal, está prevista no art. 14 da Lei Maria da Penha, visando ao julgamento e à execução das causas de reparação civil decorrentes da prática de violência doméstica e familiar contra a mulher.

Todavia, não obstante a criação do juizado especial, há decisões no sentido de que este somente seria competente para apreciar as medidas estabelecidas na nova lei, como aquelas de afastamento do ofensor, e não a ação de responsabilidade civil, cuja competência seria do juízo cível comum. Nessa linha de pensamento:

"Conflito negativo de competência. Art. 33 da Lei n. 11.340/2006 (Lei Maria da Penha). Ação de indenização por danos morais decorrentes de agressão física e moral sofridas pela requerente. Conflito conhecido, para declarar competente o Juízo Cível. 1. A competência das varas criminais, ou até mesmo dos juizados criminais de violência doméstica, para apreciação de questões cíveis limita-se à apreciação das medidas protetivas de urgência elencadas de forma exemplificativa nos artigos 22 e 23 da Lei n. 11.340/2006, quando respaldada pela alegada violência. Cessado o caráter emergencial da medida, não havendo decisão emanada do juízo criminal, desloca-se a competência para uma das varas cíveis. 2. No caso dos autos, trata-se de ação de inequívoca natureza cível, sem qualquer pedido de providência de caráter protetivo, sem pedidos de natureza criminais, não justificando o processamento do presente feito na Vara Criminal, sob a égide da Lei Maria da Penha. 3. Conflito conhecido para declarar a competência do juízo da 5.ª Vara Cível da Comarca de Vitória/ES para processar e julgar a ação de indenização por danos morais decorrentes de violência doméstica" (TJES, Conflito de Competência 100070015969, 1.ª Câmara Criminal, Rel. Des. Sérgio Bizzotto Pessoa de Mendonça, j. 05.09.2007, *DJES* 02.10.2007, p. 53).

A decisão parece ser equivocada, pois poderia a mulher ofendida optar entre os juízos, escolhendo aquele que lhe parece mais favorável.

Como típica norma de proteção de vulneráveis, a Lei Maria da Penha trouxe à mulher o foro privilegiado, prevendo a competência, por opção da ofendida, para os processos cíveis: *a)* do Juizado do seu domicílio ou de sua residência; *b)* do lugar do fato em que se baseou a demanda; ou *c)* do domicílio do agressor (art. 15). Na minha opinião doutrinária, a norma também deve ser aplicada às demandas reparatórias, uma vez que a responsabilização civil decorre da violência praticada em sede familiar. Vale lembrar-se de que a Lei 13.894/2019 incluiu no art. 53 do CPC/2015 previsão de competência do foro de domicílio da vítima de violência doméstica e familiar, para as ações de divórcio ou dissolução de união estável.

Além da reparação dos danos, a Lei 11.340/2006 traz à disposição da mulher medidas de urgência para afastar o agressor, mecanismos que se cumulam sem afastar a possibilidade de responsabilização civil (art. 22). A primeira medida, que muito se justifica, é a suspensão da posse ou restrição do porte de armas, com comunicação ao órgão competente (art. 22, inc. I, da Lei 11.340/2006). Ademais, cabe o afastamento do lar, domicílio ou local de convivência com a ofendida (art. 22, inc. II).

A norma em questão também proíbe determinadas condutas, tais como: *a)* a aproximação da ofendida, de seus familiares e das testemunhas; *b)* o contato com a ofendida, seus familiares e testemunhas por qualquer meio de comunicação; *c)* o ato de frequentar determinados lugares, a fim de preservar a integridade física e psicológica da ofendida; *d)* a restrição ou a suspensão de visitas aos dependentes menores, ouvida a equipe de atendimento multidisciplinar ou serviço similar; *e)* prestação de alimentos provisionais ou provisórios (art. 22, incs. III a V).

Para o cumprimento dessas medidas, que constituem obrigações de fazer e de não fazer, incide a tutela específica prevista no art. 497 do CPC/2015 – correspondente ao art. 461 do CPC/1973 –, com a possibilidade de fixação, pelo juiz, de uma multa contra o agressor ("*astreintes*"). Como a questão envolve lesão a direitos da personalidade e ordem pública, é perfeitamente possível que tal medida seja fixada até de ofício pelo magistrado. Como respaldo para essa tese, vale lembrar a regra do art. 8.º do CPC/2015, que ordena que o julgador, ao aplicar o ordenamento jurídico, leve em conta o princípio da dignidade da pessoa humana.

As medidas protetivas de urgência a favor da mulher ofendida constam, inicialmente, no art. 23 da Lei Maria da Penha, podendo o juiz: *a)* encaminhar a ofendida e seus dependentes a programa oficial ou comunitário de proteção ou de atendimento; *b)* determinar a recondução da ofendida e a de seus dependentes ao respectivo domicílio, após afastamento do agressor; *c)* determinar o afastamento da ofendida do lar, sem prejuízo dos direitos relativos a bens, guarda dos filhos e alimentos; e *d)* determinar a separação de corpos.

Visando à proteção patrimonial dos bens da sociedade conjugal ou daqueles de propriedade particular da mulher, o que diretamente interessa ao tema da responsabilidade civil, enuncia o art. 24 da norma especial em estudo que o juiz poderá ordenar, liminarmente, a restituição de bens indevidamente subtraídos pelo agressor à ofendida. Em reforço, cabe proibição temporária para a celebração de atos e contratos de compra, venda e locação de propriedade em comum, salvo expressa autorização judicial.

A previsão é importante, pois impede que o marido violento cometa fraudes ou ilícitos contratuais, visando a prejudicar a meação ou a própria esposa. Com os mesmos fins, cabe a suspensão das procurações conferidas pela ofendida ao agressor. Por derradeiro, a lei consagra a prestação de caução provisória, mediante depósito judicial, por perdas e danos materiais decorrentes da prática de violência doméstica e familiar contra a ofendida, o que tem um caráter de prevenção quanto aos prejuízos que a mulher possa vir a sofrer.

Ademais, a Lei 13.871/2019 inclui três novos parágrafos no art. 9.º da Lei Maria da Penha prevendo expressamente o direito a ressarcimento de valores à mulher que sofre violência doméstica. Nos termos do seu *caput*, "a assistência à mulher em situação de violência doméstica e familiar será prestada de forma articulada e conforme os princípios e as diretrizes previstos na Lei Orgânica da Assistência Social, no Sistema Único de Saúde, no Sistema Único de Segurança Pública, entre outras normas e políticas públicas de proteção, e emergencialmente quando for o caso".

Conforme o novo § 4.º, aquele que, por ação ou omissão, causar lesão, violência física, sexual ou psicológica e dano moral ou patrimonial à mulher fica obrigado a reparar todos os danos causados, inclusive ressarcir o Sistema Único de Saúde (SUS), de acordo com a tabela SUS, dos custos relativos aos serviços de saúde prestados para o total tratamento das vítimas em situação de violência doméstica e familiar, recolhidos os recursos assim arrecadados ao Fundo de Saúde do ente federado responsável pelas unidades de saúde que prestarem os serviços.

Nota-se que, ao contrário do art. 186 do Código Civil, o novo dispositivo não menciona a omissão voluntária (dolo), a negligência ou imprudência (culpa), sendo possível sustentar que esse dever de ressarcir o SUS independe da culpa em sentido amplo, ou seja, está relacionado à responsabilidade objetiva.

Também os dispositivos de segurança destinados ao uso em caso de perigo iminente e disponibilizados para o monitoramento das vítimas de violência doméstica ou familiar amparadas por medidas protetivas terão seus custos ressarcidos pelo agressor (art. 9.º, § 5.º, da Lei Maria da Penha, incluído pela Lei 13.871/2019).

Como essas medidas de segurança, podem ser citadas as previstas no art. 26 da mesma Lei 11.340/2006, cabíveis por atuação do Ministério Público, quais sejam a requisição de força policial, de serviços públicos de saúde, de educação, de assistência social e de segurança; bem como o uso de mecanismos para fiscalizar os estabelecimentos públicos e particulares onde a mulher se encontra, como câmeras de segurança, "botão do pânico" a ser por ela acionado em casos de emergência e o uso de tornozeleiras eletrônicas pelo agressor. Os custos de todos esses mecanismos devem ser arcados pelo último, de acordo com a nova lei, frise-se.

Por fim, a norma estatui que esses ressarcimentos materiais não poderão importar ônus de qualquer natureza ao patrimônio da mulher e dos seus dependentes, caso dos filhos, nem configurar atenuante ou ensejar possibilidade de substituição da pena aplicada ao agressor, seja de natureza penal ou civil (art. 9.º, § 6.º, da Lei Maria da Penha, incluído pela Lei 13.871/2019). Sobre todo esse sistema de reparação, interpretando de forma correta, sobretudo o último dispositivo legal, aprovou-se o Enunciado n. 674 na *IX Jornada de Direito Civil*, em maio de 2022, prevendo que "comprovada a prática de violência doméstica e familiar contra a mulher, o ressarcimento a ser pago à vítima deverá sair exclusivamente da meação do cônjuge ou companheiro agressor".

Como se pode perceber, as alterações legislativas são salutares e espera-se um aumento da efetividade na proteção dos direitos das mulheres, atendendo-se inclusive à função pedagógica da responsabilidade civil.

Encerrando a abordagem do diploma legal, merece importante destaque o art. 37 da Lei 11.340/2006, segundo o qual a defesa dos interesses e direitos transindividuais previstos na norma poderá ser exercida, concorrentemente, pelo Ministério Público e por associação de atuação na área, regularmente constituída há pelo menos um ano, nos termos da legislação civil. O comando possibilita que, no futuro, sejam tomadas medidas coletivas em casos em que mulheres, em larga escala e em conjunto, sofrem violência por quem quer que seja (*tutela de direitos individuais homogêneos*). Além das medidas de prevenção, será plenamente possível a reparação civil coletiva, com a indenização, por exemplo, dos danos morais coletivos.

Superada a análise desses importantes dispositivos da Lei Maria da Penha, fundamentais para a defesa dos direitos das esposas, na jurisprudência podem ser encontrados vários exemplos de condenação do homem pela violência praticada.

Do Tribunal Mineiro, cite-se julgado que reconheceu o direito à indenização por danos materiais, morais e estéticos, diante das cíclicas agressões domésticas (*tripla reparação*). Os danos foram causados em sede de união estável, mas o raciocínio é praticamente o mesmo para os casos envolvendo o casamento. Vejamos a ementa:

> "Ação de indenização por danos materiais, estéticos e morais. Responsabilidade civil. Comprovação do dano moral e estético. Queimaduras de segundo e terceiro graus por grande extensão do corpo. Ato ilícito e nexo causal. Elementos dos autos. Histórico de violência doméstica. A responsabilidade civil era regulamentada pelo Código Civil de 1916 – aplicável ao caso sob julgamento, uma vez que o acidente ocorreu em 08/12/2001, anterior, portanto, à vigência do CC/2002 –, mais precisamente em seu art. 159, ao dispor que 'aquele que, por ação ou omissão voluntária, negligência, ou imprudência, violar direito, ou causar prejuízo a outrem, fica obrigado a reparar o dano'. Assim, se estiverem presentes todos os requisitos da responsabilidade civil subjetiva, quais sejam, o ato ilícito, o dano, a culpa do agente e o nexo de causalidade entre o dano suportado pela vítima e o ato ilícito praticado, impõe-se a obrigação de indenizar. Sabe-se que a agressão contra a mulher se desenvolve de forma cíclica, com a sucessão de discussões e agressões – essas cada vez mais graves –, são seguidas por uma fase de reconciliação, na qual o ofensor alega arrependimento ou muda temporariamente seu comportamento, passando a ser mais carinhoso. Tal contexto envolve geralmente uma relação psicológica complexa entre as partes que não se pode perder de vista. Vez que o contexto da relação de união estável demonstra um histórico de violência doméstica, reputam-se demonstrados, à luz dos demais elementos de convencimento, a culpa do agente, o ilícito praticado e o nexo causal" (TJMG, Apelação Cível 1.0145.06.301317-4/0011, 18.ª Câmara Cível, Juiz de Fora, Rel. Des. Elpídio Donizetti, j. 17.06.2008, *DJEMG* 03.07.2008).

Por fim, cessado o casamento ou a sociedade conjugal, não se podem tolerar agressões impetradas pelo ex-cônjuge, entrando em cena a responsabilidade civil para a consequente imputação civil do dever de reparar. Nesse sentido, podem ser encontradas decisões do Tribunal Paulista e do Tribunal Fluminense:

> "Indenização. Ato ilícito. Dano moral. Agressão física (ex-marido). Configuração. Dever de indenizar inequívoco (art. 186, Código Civil). Valor adequado ao fato. Recurso

desprovido" (TJSP, Apelação com Revisão 520.648.4/3, Acórdão 2630326, 1.ª Câmara de Direito Privado, Itápolis, Rel. Des. Vicentini Barroso, j. 13.05.2008, *DJESP* 13.06.2008).

"Responsabilidade civil. Ex-cônjuge. Lesão corporal. Condenação criminal. Sentença transitada em julgado. Dano moral. Indenização. Fixação do valor. Civil. Responsabilidade civil por danos morais decorrentes de lesões corporais cometidas pelo ex-marido contra a mulher. Condenação criminal com trânsito em julgado e consequente inviabilidade de reabertura de discussão sobre a existência do fato e a autoria (art. 1.525 do Código Civil). Configuração de dano moral. Direito da mulher, separada judicialmente do marido, ao ressarcimento do dano moral acarretado por agressão, pelo mesmo praticada, resultando lesões corporais com alteração do equilíbrio psicofísico e vulneração dos valores da personalidade. Valoração do dano moral com atenção aos princípios da razoabilidade e proporcionalidade. Recurso adesivo da autora, objetivando majoração da verba honorária. Fixação da mesma na conformidade dos parâmetros estabelecidos no art. 20, § 3.º do CPC. Improvimento dos apelos principal e adesivo" (TJRJ, Acórdão 13.223/2000, 3.ª Câmara Cível, Rio de Janeiro, Rel. Des. Luiz Fernando de Carvalho, j. 29.03.2001).

Como não poderia ser diferente, o conteúdo dos julgados tem o meu total apoio doutrinário.

4.2.8.7 *O abuso de direito e sua incidência na relação casamentária. Os casos dos maridos enganados pela gravidez da mulher*

Prevê o importante art. 187 do atual Código Civil brasileiro que "também comete ato ilícito o titular de um direito que, ao exercê-lo, excede manifestamente os limites impostos pelo seu fim econômico ou social, pela boa-fé ou pelos bons costumes". Trata-se da tão festejada e comentada consagração do *abuso de direito* ou *abuso do direito* como *ato ilícito equiparado*, dispositivo que sofreu claras influências do art. 334.º do Código Civil de Portugal.

Apesar das semelhanças, pode ser percebida uma nítida diferença entre os dispositivos, uma vez que o Código Civil brasileiro acabou por equiparar o abuso de direito ao ato ilícito, ao contrário do dispositivo lusitano, que menciona a existência de um ato ilegítimo. Concernente ao conceito de abuso de direito, é precisa a construção de Rubens Limongi França, no sentido de que o abuso de direito constitui uma categoria de conteúdo próprio, entre o ato lícito e o ilícito, ou seja, de que o *abuso de direito é lícito pelo conteúdo e ilícito pelas consequências*. Vejamos as suas palavras:

"O ato ilícito (Manual, vol. 1.º, pág. 211) é toda manifestação da vontade que tenha por fim criar, modificar ou extinguir uma relação de direito. O ato ilícito é uma ação ou omissão voluntária, ou que implique negligência ou imprudência, cujo resultado acarrete violação de direito ou que ocasione prejuízo a outrem. Finalmente, o abuso de direito consiste em um ato jurídico de objeto lícito, mas cujo exercício, levado a efeito sem a devida regularidade, acarreta um resultado que se considera ilícito" (LIMONGI FRANÇA, Rubens. *Enciclopédia Saraiva...*, 1977, v. 2, p. 45).

A mencionada equiparação de ambos os conceitos – ato ilícito e abuso de direito –, para os fins da responsabilidade civil extracontratual, consta do art. 927, *caput*, do atual Código Civil brasileiro, que, entre parênteses, faz menção aos arts. 186 e 187 da mesma codificação material.

É fundamental verificar que o conceito de abuso de direito é construído a partir de conceitos legais indeterminados ou cláusulas gerais, que são as expressões *fim social e econômico*, *boa-fé* – no caso, aquela de natureza objetiva – e *bons costumes*, presentes no art. 187 do Código Civil de 2002. Por óbvio que essas locuções, abertas e dinâmicas, devem ser preenchidas caso a caso, o que amplia em muito o conceito, com incidência nos mais diversos ramos jurídicos.

A par dessa situação, a doutrina tem afirmado que foi adotado pelo dispositivo um critério objetivo-finalístico a conduzir a uma responsabilidade objetiva ou sem culpa daquele que age em abuso de direito. Essa foi a conclusão a que chegaram os juristas participantes da *I Jornada de Direito Civil*, evento do Conselho da Justiça Federal promovido no ano de 2002, com a aprovação do Enunciado n. 37 CJF/STJ, cuja redação é a seguinte: "a responsabilidade civil decorrente do abuso do direito independe de culpa, e fundamenta-se somente no critério objetivo-finalístico".

Existem trabalhos nacionais importantes que pretendem a incidência do art. 187 do Código Civil nas relações familiares, entre os quais se destaca outro livro de Inácio de Carvalho Neto que, na presente obra coletiva, traz uma contribuição ainda mais específica (CARVALHO NETO, Inácio. *Abuso*..., 2006, p. 225-233). Cita ele vários exemplos de incidência do abuso do direito nas relações familiares, tais como: *a)* abuso de direito pelo marido na escolha do domicílio conjugal; *b)* abuso do direito de visita dos avós que passam a ter os netos em sua companhia; *c)* mudança abusiva de domicílio do cônjuge separado ou divorciado que detém a guarda dos filhos menores ou inválidos, obstando a convivência do outro genitor; *d)* abuso de direito processual no pedido de separação judicial culposa [ou no divórcio – EC 66/2010]; *e)* abuso do direito de impedir o casamento dos filhos menores; *f)* incidência da teoria do abuso nos atos de prodigalidade do cônjuge; *g)* abuso de direito na utilização do nome do ex-cônjuge, com claro intuito de lesioná-lo (CARVALHO NETO, Inácio. *Abuso*..., p. 225-233).

Feita essa nota, é interessante retomar a polêmica questão relativa às esposas que enganam os maridos quanto à parentalidade. Como já afirmado em outro texto, inspirado na jornalista Ruth de Aquino, são as atitudes das *Capitus pós-modernas* (TARTUCE, Flávio. As verdades... *Revista Brasileira de Direito*..., 2008, p. 29-49). O caso é de aplicação da boa-fé objetiva para o reconhecimento de filhos, incidindo a cláusula geral constante do art. 187 da codificação privada, podendo o homem enganado pleitear indenização por danos se o engano gerar um prejuízo imaterial ou mesmo psíquico.

Nessa esteira, a jurisprudência do Superior Tribunal de Justiça tem entendido pela possibilidade de os maridos enganados pleitearem reparação por danos morais pelo grave engano. Ilustrando:

> "Responsabilidade civil. Dano moral. Marido enganado. Alimentos. Restituição. A mulher não está obrigada a restituir ao marido os alimentos por ele pagos em favor da criança que, depois se soube, era filha de outro homem. A intervenção do Tribunal para rever o valor da indenização pelo dano moral somente ocorre quando evidente o equívoco, o que não acontece no caso dos autos. Recurso não conhecido" (STJ, REsp 412.684/SP [200200032640], REsp 463.280, 4.ª Turma, Rel. Min. Ruy Rosado de Aguiar, j. 20.08.2002, Publicação 25.11.2002, veja: [Pensão alimentícia – Irrepetibilidade e Incompensabilidade] STJ, REsp 25.730/SP [*RT* 697/202]).

A reparação por danos morais acaba sendo uma alternativa para os casos em que o enganado pagou alimentos àquele que não era o seu filho. Por certo, não poderá pleitear os alimentos pagos, pois eles são irrepetíveis, não cabendo a ação de repetição de indébito (*actio in rem verso*). Mas, sem dúvida, como a esposa age de *má-fé objetiva* – sabendo, na maioria das vezes, que o marido não é o pai do seu filho –, entra em cena a incidência do conceito de abuso de direito, com a consequente reparação civil.

A hipótese é de aplicação do art. 886 do Código Civil, que dispõe: "não caberá a restituição por enriquecimento, se a lei conferir ao lesado outros meios para se ressarcir do prejuízo sofrido". O dispositivo consagra o caráter subsidiário da ação fundada em enriquecimento sem causa, no caso, da ação de repetição de indébito. Como é possível a ação de responsabilidade civil, não há necessidade de buscar socorro na ação de enriquecimento sem causa.

O desrespeito à boa-fé é flagrante pela aplicação do *conceito parcelar* da máxima *tu quoque*, apontada pelo Direito Comparado como fórmula que veda que a pessoa crie uma situação para dela tirar proveito. Segundo Menezes Cordeiro, "a fórmula *tu quoque* traduz, com generalidade, o aflorar de uma regra pela qual a pessoa que viole uma norma jurídica poderia, sem abuso, exercer a situação jurídica que essa mesma norma lhe tivesse atribuído" (MENEZES CORDEIRO, António Manuel da Rocha. *A boa-fé...*, 2001, p. 837). A *tu quoque* ainda é relacionada pela doutrina com a *regra de ouro cristã*, que enuncia: *não faça com o outro o que você não faria contra si mesmo* (GODOY, Cláudio Luiz Bueno de. *Função...*, 2004, p. 88).

A questão deve ser debatida diante da entrada em vigor da Lei 11.804, de 5 de novembro de 2008, conhecida como *Lei dos Alimentos Gravídicos,* disciplinando o direito de alimentos da mulher gestante (art. 1.º). Os citados *alimentos gravídicos,* nos termos da lei, devem compreender os valores suficientes para cobrir as despesas adicionais do período de gravidez e que sejam dela decorrentes, da concepção ao parto, inclusive as referentes a alimentação especial, assistência médica e psicológica, exames complementares, internações, parto, medicamentos e demais prescrições preventivas e terapêuticas indispensáveis, a juízo do médico, além de outras que o juiz considere como pertinentes (art. 2.º).

Em verdade, a norma emergente em nada inova, diante dos inúmeros julgados que deferiam alimentos durante a gravidez ao nascituro (por todos: TJMG, Agravo 1.0000.00.207040-7/000, 4.ª Câmara Cível, Araxá, Rel. Des. Almeida Melo, j. 1.º.03.2001, *DJMG* 05.04.2001). Destacam-se ainda as anteriores manifestações doutrinárias de tutela dos direitos do nascituro, como é o caso da pioneira Silmara Juny Chinellato (CHINELLATO, Silmara Juny. *A tutela...*, 2001).

Merece comentário o veto da previsão projetada no art. 10 para a Lei dos Alimentos Gravídicos, que assim dispunha: "Em caso de resultado negativo do exame pericial de paternidade, o autor responderá, objetivamente, pelos danos materiais e morais causados ao réu. Parágrafo único. A indenização será liquidada nos próprios autos".

O comando proposto foi vetado pelo então Presidente da República, uma vez que criaria, supostamente de forma inconveniente, uma nova hipótese de responsabilidade objetiva, ou seja, sem culpa, da mulher que engana o homem quanto à paternidade (Razões do veto: "Trata-se de norma intimidadora, pois cria hipótese de responsabilidade objetiva pelo simples fato de se ingressar em juízo e não obter êxito. O dispositivo pressupõe que o simples exercício do direito de ação pode causar dano a terceiros, impondo ao autor o dever de indenizar, independentemente da existência de culpa, medida que atenta contra o livre exercício do direito de ação").

Ora, por todo o raciocínio aqui exposto, o veto em nada muda a solução que deve ser dada aos casos de enganos cientes na gravidez, mormente das esposas em relação aos seus maridos. Pela violação da boa-fé objetiva e pelo flagrante abuso de direito, haverá o seu dever de indenizar. E conforme antes mencionado, segundo a melhor doutrina, o abuso de direito gera uma responsabilidade objetiva, sem culpa do *agente abusador*, pois essa deve ser a consequência quando a boa-fé objetiva não é atendida ou respeitada (TEPEDINO, Gustavo; BARBOZA, Heloísa Helena; MORAES, Maria Celina Bodin de. *Código Civil...*, p. 342).

Destaque-se que quem responde pelo abuso é a mulher que engana o marido e não o filho, merecendo reparo nesse ponto a norma que foi vetada.

Por derradeiro, a encerrar o presente capítulo, insta verificar que a aplicação da responsabilidade objetiva decorrente do abuso de direito parece guiar o ordenamento jurídico e o Direito de Família a uma ideia mais desvinculada da culpa e mais bem relacionada à responsabilidade. Como bem escreve Giselle Câmara Groeninga, "assim, como as questões relativas à culpa são inerentes ao desenvolvimento que nos humaniza, elas não poderiam escapar do Direito. No entanto, no meu ponto de vista, afigura-se como fundamental devolver à culpa seu lugar de subjetividade e questionamento, não para eliminá-la, mas para que se lhe possa dar seu justo lugar de angústia inerente ao assumir as responsabilidades, em face do passado e do futuro – condição do ser humano. Na humanização, ou não, das lides consistem as escolhas responsáveis que devemos fazer" (GROENINGA, Giselle Câmara. A razão... In: *Boletim...*, 2010, p. 9).

4.3 RESUMO ESQUEMÁTICO

Principais Alterações do Sistema de Dissolução do Casamento com a Aprovação da *Emenda do Divórcio*

A aprovação da Emenda Constitucional 66/2010 representou uma revolução no Direito de Família Brasileiro, que conta com o meu total apoio. Vejamos os seus pontos e aspectos principais:

1. O texto tem aplicação imediata e *eficácia horizontal*, o que quer dizer que a emenda tem plena incidência nas relações privadas, independentemente de qualquer norma infraconstitucional.

2. A *separação de direito ou jurídica* – que engloba a separação judicial e a extrajudicial – desaparece definitivamente do sistema, o que vem em boa hora. Não há mais a tripla classificação da separação judicial em *separação-sanção, separação-ruptura* e *separação-remédio*, retirada do art. 1.572 do CC/2002, dispositivo deve ser tido como revogado ou não recepcionado pelo Texto Constitucional. Essa é a grande revolução do novo texto, conforme conhecido pelo STF (Tema 1053).

3. Não há mais qualquer prazo para o divórcio. Desaparece a classificação da matéria em divórcio direto e indireto. Casa-se um dia e divorcia-se no outro, se essa for a vontade das partes. Esse é o segundo ponto de destaque. A inovação não enfraquece a família, muito ao contrário, pois é facilitada a constituição de novos vínculos, o que está mais adequado à realidade contemporânea.

4. Ainda está sendo amplamente debatida pela doutrina e pela jurisprudência a possibilidade de discussão de culpa em sede de divórcio. Três correntes bem definidas sobre o tema já surgem na doutrina. Para a *primeira corrente*, a culpa persiste para todos os fins, inclusive para os alimentos. Para a *segunda corrente*, liderada pelos grandes expoentes do Instituto Brasileiro de Direito de Família (IBDFAM), a culpa não pode ser discutida para dissolver o casamento em hipótese alguma (nesse sentido: Giselda Maria Fernandes Novaes Hironaka, Rodrigo da Cunha Pereira, Maria Berenice Dias, Paulo Lôbo, Rolf Madaleno, Pablo Stolze Gagliano, Rodolfo Pamplona Filho, José Fernando Simão, entre outros). Ainda há uma *corrente intermediária*,

à qual estou filiado, que admite a discussão da culpa em casos excepcionais, tais como transmissão de doenças sexualmente transmissíveis entre os cônjuges, atos de violência e engano quanto à prole (modelo dual, com e sem culpa). O Projeto de Reforma do Código Civil, elaborado pela Comissão de Juristas nomeada no Senado Federal, adota a segunda corrente, resolvendo esse dilema de forma definitiva.

5. Debateu-se situação das pessoas que se encontram separadas juridicamente na vigência da nova lei. Sempre entendi que tais pessoas não podem ser consideradas automaticamente como divorciadas, havendo necessidade de ingresso do divórcio judicial ou extrajudicial. Essa solução foi adotada pelo STF, quando do julgamento do seu Tema n. 1.053 de repercussão geral, que também concluiu pelo fim da separação de direito, em nosso sistema, mesmo com as regras do CPC/2015. Vejamos os termos da tese final exarada: "Após a promulgação da EC 66/10, a separação judicial não é mais requisito para o divórcio, nem subsiste como figura autônoma no ordenamento jurídico. Sem prejuízo, preserva-se o estado civil das pessoas que já estão separadas por decisão judicial ou escritura pública, por se tratar de ato jurídico perfeito" (STF, RE 1.167.478/RJ, Tribunal Pleno, Rel. Min. Luiz Fux, Tema n. 1.053, j. 08.11.2023). Esse último entendimento é o que deve ser adotado para os devidos fins práticos.

4.4 QUESTÕES CORRELATAS

01. (TJSP – VUNESP – Titular de Serviços de Notas e de Registros – Remoção – 2016) O divórcio extingue o casamento e possibilita

(A) novo casamento, incondicionalmente.
(B) novo casamento, desde que não esteja pendente causa suspensiva.
(C) retorno ao estado civil original, como consequência da extinção do vínculo do matrimônio.
(D) novo casamento entre as mesmas pessoas, dispensada nova habilitação.

02. (MPE-SC – Promotor de Justiça – 2016) A guarda unilateral obriga o pai ou a mãe que não a detenha a supervisionar os interesses dos filhos, e, para possibilitar tal supervisão, qualquer dos genitores sempre será parte legítima para solicitar informações e/ou prestação de contas, objetivas ou subjetivas, em assuntos ou situações que direta ou indiretamente afetem a saúde física e psicológica e a educação de seus filhos.

( ) Certo
( ) Errado

03. (PGE-PR – PUC-PR – Procurador do Estado – 2015) No Direito de Família brasileiro contemporâneo, em que convivem inovação e tradição, pode-se afirmar CORRETAMENTE que:

(A) Ante o rechaço da prisão civil do devedor de alimentos em importantes documentos internacionais, como o Pacto de São José da Costa Rica, há uma tendência de amenização desta medida extrema. Isto pode ser constatado pela dilação do prazo de justificativa do devedor de alimentos após sua intimação pessoal para pagamento do débito de 3 (três) para 10 (dez) dias.
(B) A Lei 13.058/2014, que alterou o Código Civil para disciplinar a guarda compartilhada dos filhos menores de casais separados, objetiva que o tempo de convivência com os filhos seja dividido de forma equilibrada entre pai e mãe. Isso se alcança através da convivência e moradia alternadas durante os dias da semana, o que inviabiliza a aplicação da guarda compartilhada quando os pais moram em cidades diferentes.
(C) Em caso de resultado negativo do exame pericial de paternidade, aquele que pagou alimentos gravídicos por força de decisão judicial tem pretensão de ressarcimento contra a autora da ação porque esta responde objetivamente pelos danos causados ao réu.

(D) Um dos genitores, que não possua a guarda do filho menor, pode requerer judicialmente a guarda compartilhada. Se deferida pelo juízo, poderá subsistir o seu dever de pagamento de pensão alimentícia, porque a divisão proporcional dos gastos na criação dos filhos subordina-se à medida das condições financeiras de cada um dos pais.
(E) Se houver a revogação da doação de descendente a ascendente por liberalidade tanto do doador quanto do donatário, mediante acordo mútuo das partes, haverá possibilidade de restituição do ITCMD (Imposto de Transmissão *Causa Mortis* e Doação de quaisquer Bens ou Direitos) recolhido.

04. **(TJMG – CONSULPLAN – Titular de Serviços de Notas e de Registros – Remoção – 2017) Em decorrência da evolução histórica nas relações familiares, o pátrio poder perdeu força e foi substituído pelo poder familiar que constitui um conjunto de direitos e deveres exercidos igualmente pelos pais. Dentre os efeitos do poder familiar, está o da guarda dos filhos menores ou maiores incapazes. Com relação à guarda dos filhos, está correto afirmar:**
(A) A guarda unilateral é atribuída somente à mãe ou quem a substitua e pode ser requerida ou determinada pelo juiz.
(B) A guarda alternada consiste naquela em que há revezamento dos genitores, por períodos determinados e equânimes, na guarda exclusiva da prole e está expressamente previsto em nosso ordenamento jurídico.
(C) A guarda compartilhada caracteriza-se pela responsabilização conjunta e o exercício de direitos e deveres do pai e da mãe que não vivam sob o mesmo teto, sobre os filhos menores ou incapazes.
(D) A guarda pode ser exercida por terceiro, por determinação judicial, isentando os pais de prestar assistência, uma vez que o poder familiar não continua presente, ainda que tenha ocorrido sua destituição.

05. **(Procurador do Município – Prefeitura de São José do Rio Preto – SP – VUNESP – 2019) A sociedade conjugal termina**
(A) pelo divórcio que só pode ser concedido desde que haja partilha prévia de bens.
(B) pela separação judicial que pode ou não pôr termo aos deveres de coabitação, fidelidade recíproca e ao regime de bens.
(C) pela morte de um dos cônjuges ou tentativa de morte.
(D) pela nulidade ou anulação do casamento.
(E) pelo abandono voluntário do lar conjugal, durante um ano contínuo.

06. **(Defensor Público – DPE-SP – FCC – 2019) Rubens separou-se de fato de Betina em 2007. Casados desde 2004, não ajuizaram ação de divórcio, e Betina, em 2016, faleceu. Por ocasião do casamento, Rubens adotou o sobrenome de Betina. Diante de seu falecimento, Rubens**
(A) não poderá retirar o sobrenome de Betina administrativamente se vier a contrair novo casamento.
(B) poderá requerer administrativamente o retorno ao nome de solteiro.
(C) não poderá requerer judicialmente o retorno ao nome de solteiro porque tal pedido deveria ser feito em ação de divórcio.
(D) não poderá requerer judicialmente o retorno ao nome de solteiro porque dependia de anuência do outro cônjuge.
(E) poderá requerer judicialmente o retorno ao nome de solteiro.

07. **(Analista Ministerial-Direito – MPE-CE – CESPE/CEBRASPE – 2020) Considerando o casal hipotético Renato e Helena, casados sob o regime de comunhão parcial de bens e pais de um garoto de oito anos de idade, julgue o próximo item, à luz das disposições legais sobre direito de família.**
Caso o casal se divorcie e Helena contraia outro casamento, o novo vínculo importará restrições aos direitos e deveres de Helena em relação ao seu filho.
( ) Certo
( ) Errado

CAP. 4 • DISSOLUÇÃO DO CASAMENTO E DA SOCIEDADE CONJUGAL | 361

08. **(Advogado – FITO – VUNESP – 2020)** Cláudia adquiriu o nome do seu marido quando eles se casaram em 2002. Em 2008 o marido de Cláudia veio a falecer em um trágico acidente de avião. Em 2019, Cláudia e Luís se conheceram e logo decidiram se casar. Cláudia consulta um advogado para saber sobre a possibilidade de restabelecimento do seu nome de solteira. Diante da situação hipotética, assinale a alternativa correta.
   (A) É admissível o restabelecimento do nome de solteira na hipótese de dissolução do vínculo conjugal pelo falecimento do cônjuge.
   (B) Não é possível o restabelecimento do nome de solteira, pois o prazo legal para restabelecimento do nome de solteira na hipótese de dissolução do vínculo conjugal pelo falecimento do cônjuge é de 10 (dez) anos.
   (C) Não é admissível o restabelecimento do nome de solteira na hipótese de dissolução do vínculo conjugal pelo falecimento do cônjuge, por se tratar de direito da personalidade.
   (D) Apenas é possível o restabelecimento do nome de solteira nos casos de separação judicial, considerando a necessidade do animus das partes em romper a sociedade.
   (E) É possível o restabelecimento do nome de solteira, pois o prazo legal para restabelecimento do nome de solteira na hipótese de dissolução do vínculo conjugal pelo falecimento do cônjuge é de 5 (cinco) anos.

09. **(Residência jurídica – DPE-RJ – FGV – 2021)** Quando não há acordo entre mãe e pai, mas ambos estão aptos a exercer o poder familiar e desejam exercer a guarda no melhor interesse do(s) filho(s), como deverá decidir o juiz, segundo o Código Civil:
   (A) Concederá a guarda unilateral à mãe, regulamentando a visitação do pai.
   (B) Concederá a guarda unilateral ao pai, regulamentando a visitação da mãe.
   (C) Concederá a guarda compartilhada, em que o tempo de convívio com o(s) filho(s) deve ser dividido de forma equilibrada de acordo com as condições fáticas da mãe e do pai.
   (D) Concederá a guarda a terceira pessoa que revele compatibilidade com a natureza da medida, de preferência, considerando o grau de parentesco e afetividade com a criança, regulamentando a visitação dos pais.
   (E) Concederá a guarda alternada, determinando que o(s) filho(s) passe(m) obrigatoriamente uma semana sob a responsabilidade e autoridade exclusiva da mãe e na semana seguinte, sob a responsabilidade e autoridade exclusiva do pai.

10. **(Defensor Público – DPE-RS – CESPE/CEBRASPE – 2022)** João, metalúrgico, e Maria, auxiliar de cozinha, viveram em união estável por dez anos, tiveram dois filhos, que contam quatro e seis anos de idade. Nesse período, construíram uma casa sobre o lote que João adquiriu antes da união e compraram um carro. Considerando que o casal se separou e Maria buscou a Defensoria Pública para realização da dissolução da união estável, julgue o item que se segue.
   Caso João e Maria não entrem em acordo a respeito da guarda dos filhos, estando ambos aptos e desejosos de seu exercício, a guarda será fixada de forma compartilhada.
   ( ) Certo
   ( ) Errado

11. **(Defensor Público – DPE-PB – FCC – 2022)** Sandro e Lívia são divorciados e exercem a guarda compartilhada da filha Sofia. Diante da notícia da campanha de imunização contra a Covid-19 para crianças, Sandro manifestou desejo de não vacinar Sofia. Lívia, por outro lado, sustentou que a vacinação atende aos interesses da criança. Considerando a situação, divergindo os pais quanto ao exercício do poder familiar,
   (A) deverá ser modificada a guarda para outro familiar.
   (B) é assegurado a qualquer deles recorrer ao Poder Judiciário para solução do desacordo.
   (C) devem resolver a questão consensualmente, sem a possibilidade de intervenção judicial.
   (D) deve prevalecer a decisão do/a genitor/a que detém a base de moradia da filha.
   (E) há necessidade de modificação da guarda para a modalidade unilateral.

12. (MPE-SC – CESPE – Promotor de Justiça Substituto – 2023) À luz do Código Civil, julgue o item a seguir, relativos ao casamento. A decretação judicial de nulidade do casamento põe fim à sociedade conjugal.
( ) Certo
( ) Errado

13. (MPE-PE – Residente Jurídico – IGEDUC – 2024) Ana e João estão em processo de divórcio litigioso e têm dois filhos menores. João deseja obter a guarda unilateral das crianças, enquanto Ana propõe a guarda compartilhada. No contexto jurídico atual, qual das seguintes opções representa corretamente a posição da legislação brasileira em relação à guarda compartilhada?
(A) A guarda compartilhada é a regra geral, salvo se um dos pais estiver impossibilitado de exercê-la.
(B) A guarda unilateral deve ser concedida ao genitor que fizer o pedido primeiro.
(C) A guarda compartilhada é obrigatória, independentemente de acordo entre os pais.
(D) A guarda unilateral é preferível quando há conflito entre os pais.
(E) A guarda unilateral deve ser concedida ao genitor com maior renda.

14. (MPE-SC – Promotor de Justiça substituto – Instituto Consulplan – 2024) Nos termos do Código Civil, e da jurisprudência do STJ, é possível a modificação do lar de referência de criança sob guarda compartilhada para um país distinto daquele em que reside um dos genitores.
( ) Certo
( ) Errado

15. (TJAC – Analista Judiciário – IV-UFG – 2024) Leia o caso a seguir.
Os pais de um menor se mudaram para outro estado em busca de oportunidades de trabalho. Como o menor estava em idade escolar e habituado ao colégio em que estava matriculado e com sua rotina, decidiram deixá-lo residindo com sua avó, enviando mensalmente recursos para sua manutenção e mantendo contato telefônico diário, bem como realizando visitas. Meses depois e estando o menor bem adaptado, a avó deseja regularizar a situação da guarda.
Considerando o disposto no Código Civil e no Estatuto da Criança e do Adolescente, a guarda do menor:
(A) poderá ser atribuída à avó, regularizando a situação de fato, havendo perda do poder familiar dos genitores.
(B) poderá ser atribuída à avó, regularizando a situação de fato, havendo suspensão do poder familiar dos genitores.
(C) poderá ser atribuída à avó, regularizando a situação de fato, permanecendo o poder familiar dos genitores.
(D) deverá permanecer com os genitores, conferindo-se procuração à avó para a prática de atos específicos nela descritos.

16. (MPE-MG – Promotor de Justiça substituto – IBGP – 2024) Donald, pai de três filhos menores, se casou com Dayse no regime de separação total de bens em 20 março de 2020. Como a mãe das crianças é enfermeira e trabalhou na linha de frente de hospitais públicos para o combate à pandemia da Covid-19, as crianças ficaram com o pai, que trabalhava em "home office", nos anos de 2020 e 2021. Dayse é pedagoga e sempre manifestou desejo pela maternidade. Inconformada com o retorno dos enteados para o domicílio materno em 2023, Dayse ingressou com ação de modificação de guarda dos enteados sob o argumento de que teria maior disponibilidade para os cuidados dos infantes.

Nesse contexto, assinale a alternativa CORRETA:

(A) Considerando que Dayse tem maior disponibilidade, a guarda provisória deverá ser deferida a ela.
(B) Considerando a formação de Dayse, a guarda provisória deverá ser deferida a ela.
(C) Considerando que o pai não se opõe ao pedido, a guarda deverá ser deferida a Dayse e a mãe pagará alimentos aos três filhos.
(D) Considerando que Dayse não é titular do poder familiar, ela não tem legitimidade para o pedido.
(E) Considerando o desejo de Dayse de ser mãe e os melhores interesses das crianças, a guarda provisória deverá ser deferida a ela.

GABARITO

01 – B	02 – CERTO	03 – D
04 – C	05 – D	06 – E
07 – ERRADO	08 – A	09 – C
10 – CERTO	11 – B	12 – CERTO
13 – A	14 – CERTO	15 – C
16 – D		

DA UNIÃO ESTÁVEL

Sumário: 5.1 Introdução – 5.2 Conceito de união estável e seus requisitos – 5.3 Diferenças entre união estável e concubinato. A questão das uniões estáveis plúrimas ou paralelas. A monogamia como princípio da união estável – 5.4 Efeitos pessoais e patrimoniais da união estável – 5.5 União de pessoas do mesmo sexo ou união homoafetiva – 5.6 Resumo esquemático – 5.7 Questões correlatas – Gabarito.

5.1 INTRODUÇÃO

A união estável ou união livre sempre foi reconhecida como um fato jurídico, seja no Direito Comparado, seja entre nós. Por certo é que hoje, a união estável assume um papel relevante como entidade familiar na sociedade brasileira, eis que muitas pessoas, principalmente das últimas gerações, têm preferido essa forma de união em detrimento do casamento.

Na verdade, em um passado não tão remoto o que se via era a união estável como alternativa para casais que estavam separados de fato e que não poderiam se casar, eis que não se admitia no Brasil o divórcio como forma de dissolução definitiva do vínculo matrimonial. Hoje, tal situação vem sendo substituída paulatinamente pela escolha dessa entidade familiar por muitos casais na contemporaneidade. Em suma, no passado, a união estável era constituída, em regra, *por falta de opção*. Atualmente, muitas vezes, *por clara opção*.

No caso do Brasil, a primeira norma a tratar do assunto foi o Decreto-lei 7.036/1944, que reconheceu a companheira como beneficiária da indenização no caso de acidente de trabalho de que foi vítima o companheiro, lei que ainda é aplicada na prática.

Posteriormente, a jurisprudência passou a reconhecer direitos aos conviventes, tratados, antes da Constituição Federal de 1988, como concubinos. Como explica Euclides de Oliveira, "mesmo antes das mudanças ocorridas na esfera legislativa, a questão da vida concubinária já evoluía em outras direções, desde seu reconhecimento como fato gerador de direitos entre as partes, como pioneiramente sustentado por Edgard de Moura Bittencourt, em sua monumental obra 'Concubinato', abrindo caminho ao reconhecimento judicial da sociedade de fato estabelecida entre pessoas unidas por laços distintos dos vínculos conjugais" (OLIVEIRA, Euclides de. *União...*, 2003, p. 76).

O doutrinador cita, nesse ínterim, a antiga jurisprudência do Supremo Tribunal Federal, com grandes contribuições para o tema. Destaca, inicialmente, a sua Súmula 35, que reconhecia o direito à indenização acidentária em favor da companheira, antes mesmo da norma citada. Releva, em complemento, a notável Súmula 380, do ano de 1964, com a seguinte redação: "comprovada a existência de sociedade de fato entre os concubinos, é cabível sua dissolução judicial com a partilha do patrimônio adquirido pelo esforço comum".

No passado, também era comum indenizar a concubina pelos serviços domésticos prestados. No entanto, com o evoluir dos tempos, tal prática passou a ser considerada como discriminatória não só em relação à concubina, como também quanto à companheira, sendo atualmente vedada. Nesse sentido, cite-se a afirmação número 14 constante da Edição n. 50 da nova ferramenta *Jurisprudência em Teses*, do STJ, a saber: "é inviável a concessão de indenização à concubina, que mantivera relacionamento com homem casado, uma vez que tal providência daria ao concubinato maior proteção do que aquela conferida ao casamento e à união estável". Como se nota, a premissa traz o argumento complementar de não se poder dar um tratamento superior ao concubinato diante do casamento e da própria convivência.

De forma sucessiva no tempo, a Lei 6.015/1973 (Lei de Registros Públicos) passou a admitir a possibilidade de a companheira usar o sobrenome do seu companheiro (art. 57, § 2.º). Como se verá a seguir, essa norma não vinha sendo aplicada pela jurisprudência, tendo sido alterada pela Lei 14.382/202 (Lei do Sistema Eletrônico dos Registros Públicos – SERP).

A Constituição Federal de 1988 reconheceu, no seu art. 226, § 3.º, a união estável, nos seguintes termos: "para efeito de proteção do Estado, é reconhecida a união estável entre o homem e a mulher como entidade familiar, devendo a lei facilitar a sua conversão em casamento". Diante do que consta do texto constitucional, sempre estivemos filiados ao entendimento segundo o qual a união estável *não é igual* ao casamento, uma vez que institutos iguais não se convertem um no outro. Justamente por isso é que havia um tratamento diferenciado em algumas questões, como em matéria de direito sucessório.

Todavia, como está estudado com profundidade no próximo volume desta coleção de *Direito Civil*, o Supremo Tribunal Federal decidiu, por maioria e em maio 2017, que deve haver uma equiparação sucessória entre o casamento e a união estável, reconhecendo a inconstitucionalidade do art. 1.790 do Código Civil (STF, Recurso Extraordinário 878.694/MG, Rel. Min. Luís Roberto Barroso, publicado no seu *Informativo* n. 864). Nos termos do voto do relator, "não é legítimo desequiparar, para fins sucessórios, os cônjuges e os companheiros, isto é, a família formada pelo casamento e a formada por união estável. Tal hierarquização entre entidades familiares é incompatível com a Constituição". A tese firmada foi a seguinte: "no sistema constitucional vigente, é inconstitucional a distinção de regimes sucessórios entre cônjuges e companheiros, devendo ser aplicado, em ambos os casos, o regime estabelecido no art. 1.829 do CC/2002". Desse modo, para a prática familiarista, supostamente, passa a ser firme a premissa da equiparação da união estável ao casamento, igualdade também adotada pelo CPC/2015, como se verá a seguir.

A minha posição doutrinária é que a equiparação feita pela Corte diz respeito apenas ao Direito das Sucessões. Assim, por exemplo, o companheiro deve ser tratado como herdeiro necessário, incluído na relação do art. 1.845 do Código Civil. Entretanto, ainda persistem diferenças entre as duas entidades familiares, especialmente no âmbito do Direito de Família, como no caso dos elementos para a sua caracterização e nas regras de formalidade ou solenidade. Não me convence, portanto, a afirmação de que a equiparação feita pelo STF também incluiu os devidos fins familiares, sendo total.

Ora, apesar de ser um entendimento louvável – retirado notadamente do voto do Ministro Barroso –, penso que devemos *dar tempo ao tempo*, como tem pontuado Giselda Hironaka em suas exposições sobre o assunto. A propósito, há corrente respeitável, encabeçada por Anderson Schreiber e Ana Luiza Nevares, no sentido de haver equiparação somente para os fins de *normas de solidariedade*, caso das regras sucessórias, de alimentos e de regime de bens. Em relação às *normas de formalidade*, como as relativas à existência formal da união estável e do casamento, aos requisitos para a ação de alteração do regime de bens do casamento (art. 1.639, § 2.º, do CC e art. 734 do CPC) e às exigências de outorga conjugal, a equiparação não deve ser total.

Esta última posição parece-me correta, tendo sido adotada pelo Enunciado n. 641, da *VIII Jornada de Direito Civil*, promovida pelo Conselho da Justiça Federal em abril de 2018. Conforme o seu teor, "a decisão do Supremo Tribunal Federal que declarou a inconstitucionalidade do art. 1.790 do Código Civil, não importa equiparação absoluta entre o casamento e a união estável. Estendem-se à união estável apenas as regras aplicáveis ao casamento que tenham por fundamento a solidariedade familiar. Por outro lado, é constitucional a distinção entre os regimes, quando baseada na solenidade do ato jurídico que funda o casamento, ausente na união estável".

Acrescente-se sobre o tema, por fim, que em outubro de 2018 o STF julgou os embargos de declaração opostos pelo IBDFAM ao processo, como fim de esclarecer, entre outros assuntos, se o companheiro é ou não herdeiro necessário.

Porém, os embargos foram rejeitados por unanimidade, diante do argumento segundo o qual o art. 1.845 do Código Civil não foi objeto da demanda. Nos seus exatos termos, "não há que se falar em omissão do acórdão embargado por ausência de manifestação com relação ao art. 1.845 ou qualquer outro dispositivo do Código Civil, pois o objeto da repercussão geral reconhecida não os abrangeu. Não houve discussão a respeito da integração do companheiro ao rol de herdeiros necessários, de forma que inexiste omissão a ser sanada" (STF, Embargos de declaração no Recurso Extraordinário 878.694/MG, Rel. Min. Roberto Barroso, julgado de 19.10.2018 a 25.10.2018). Assim, acredito que a polêmica sobre a extensão do julgamento continua, devendo ser sanada pela doutrina e pela jurisprudência.

No tocante à legislação aplicável, após a Constituição Federal de 1988, exatamente para dar efetividade ao dispositivo constitucional, entrou em vigor a Lei 8.971/1994, que trazia as seguintes regras fundamentais:

- Como requisito da união, essa lei exigia um prazo de convivência ou coabitação de cinco anos ou existência da prole comum (art. 1.º). Anote-se que, mesmo antes da norma, a Súmula 382 do STF dispensava o requisito da convivência *more uxorio* sob o mesmo teto. Em suma, tal exigência teve quase nenhuma incidência prática, criando apenas um *mito*, no meio social, do requisito temporal ou prazo mínimo. Como se verá, o teor da súmula ainda é aplicado pela melhor jurisprudência nacional (por todos: STJ, REsp 275.839/SP, 3.ª Turma, Rel. Min. Ari Pargendler, Rel. p/ Acórdão Min. Nancy Andrighi, j. 02.10.2008, *DJe* 23.10.2008).
- Aos companheiros era garantido o direito a alimentos, ou seja, de pleiteá-los pelo rito da Lei 5.478/1968 (Lei de Alimentos). Tal previsão era tida, à época, como um dos grandes avanços da legislação, não deixando o convivente em situação de desamparo.
- O companheiro era reconhecido como herdeiro, nas seguintes condições: a) o(a) companheiro(a) sobrevivente terá direito, enquanto não constituir nova união, ao usufruto da quarta parte dos bens do *de cujus*, se houver filhos ou comuns; b) o(a) companheiro(a) sobrevivente terá direito, enquanto não constituir nova união, ao

usufruto da metade dos bens do *de cujus*, se não houver filhos, embora sobrevivam ascendentes; c) na falta de descendentes e de ascendentes, o(a) companheiro(a) sobrevivente terá direito à totalidade da herança (art. 2.º da Lei 8.971/1994). A questão sucessória é explicada em detalhes no Volume 6 desta coleção.

- O companheiro teria ainda reconhecido o direito à meação dos bens adquiridos por sua colaboração (art. 3.º da Lei 8.971/1994).

Após, surge a Lei 9.278/1996, que para o seu *mentor intelectual* e idealizador, o Professor Álvaro Villaça Azevedo, não revogou totalmente a primeira, havendo, no passado, uma aplicação concomitante das normas, uma *colcha de retalhos legislativa*. Essa lei previa basicamente que:

- Era reconhecida como entidade familiar a convivência duradoura, pública e contínua, de um homem e uma mulher, estabelecida com objetivo de constituição de família (art. 1.º). Como se pode perceber, essa lei dispensou o requisito temporal ou a existência de prole comum. Nesse sentido, a Lei 9.278/1996 derrogou o art. 1.º da Lei 8.971/1994, que mencionava a necessidade de prazo de 5 anos ou prole comum.

- De acordo com o seu art. 2.º, seriam direitos e deveres iguais dos conviventes: *a)* respeito e consideração mútuos; *b)* assistência moral e material recíproca; *c)* guarda, sustento e educação dos filhos comuns.

- Quanto à participação patrimonial, previa o seu art. 5.º que "os bens móveis e imóveis adquiridos por um ou por ambos os conviventes, na constância da união estável e a título oneroso, são considerados fruto do trabalho e da colaboração comum, passando a pertencer a ambos, em condomínio e em partes iguais, salvo estipulação contrária em contrato escrito". Note-se que a lei mencionava a existência de um condomínio e não em comunhão.

- Os conviventes teriam direito a alimentos, dentro da ideia de necessidade e possibilidade (art. 7.º da Lei 9.278/1996). Os alimentos surgiriam em caso de "rescisão" da união estável. O termo *rescisão* significava desfazimento culposo, como bem ressalta Álvaro Villaça Azevedo (*Estatuto...*, 2. ed., 2002, p. 357). Nesse contexto, a Lei 9.278/1996 consagrava a ideia de culpa como fundamento para o dever de prestar alimentos entre os companheiros, nos mesmos moldes da Lei do Divórcio (Lei 6.515/1977), que exigia a culpa para o dever decorrente do casamento.

- O art. 7.º da Lei 9.278/1996 reconheceu, ainda, como direito sucessório do convivente, o direito real de habitação, enquanto viver ou não constituir nova união ou casamento, relativamente ao imóvel destinado à residência da família (art. 7.º, parágrafo único). A persistência desse direito é de grande debate na atualidade.

- Os conviventes poderiam, de comum acordo e a qualquer tempo, requerer a conversão da união estável em casamento, por requerimento ao Oficial do Registro Civil da Circunscrição de seu domicílio (art. 8.º da Lei 9.278/1996).

- Toda a matéria relativa à união estável é de competência do Juízo da Vara de Família, assegurado o segredo de justiça (art. 9.º da Lei 9.278/1996). A norma é processual e continua em vigor, pois não há norma no Código Civil de 2002 nesse sentido (art. 2.043).

Como ficou claro, e isso era balizado por doutrina e jurisprudência, as duas leis conviviam. Tanto isso é verdade que poderia ser utilizada a expressão *companheiros*, constante da primeira lei, bem como *conviventes*, prevista na última. O uso de ambas as locuções ainda constitui realidade brasileira.

De todo modo, no Projeto de Reforma do Código Civil, após intensos debates, preferiu-se a expressão "conviventes" em todas as propostas de alteração da lei vigente, que é a mais correta tecnicamente, inclusive por poder ser utilizada para qualquer gênero.

Um dos temas mais polêmicos a respeito da convivência das duas leis dizia respeito à possibilidade de o companheiro cumular em matéria sucessória o usufruto (Lei 8.971/1994) e o direito real de habitação (art. 7.º da Lei 9.278/1996). A questão está debatida em profundidade no Volume 6 desta coleção, que cuida especificamente do Direito das Sucessões. Cabe adiantar, contudo, que uma das premissas que guiou o STF a concluir pela inconstitucionalidade do art. 1.790 do Código Civil diz respeito ao fato de ser o sistema sucessório anterior, das duas normas, mais vantajoso ao companheiro, tendo havido um retrocesso social.

A matéria relativa à união estável encontra-se consolidada atualmente pelo Código Civil de 2002. Os arts. 1.723 a 1.727 da atual codificação material preveem as regras básicas quanto à união estável, particularmente os seus efeitos pessoais e patrimoniais. Além disso, devem ser aplicadas as regras relacionadas aos alimentos, previstas no art. 1.694 e seguintes da mesma codificação.

Ademais, conforme se demonstrou, há regra específica sucessória no seu art. 1.790. Entretanto, reitere-se que o dispositivo foi reconhecido como inconstitucional pelo Supremo Tribunal Federal, em decisão de maio de 2017, e por maioria de votos (Recurso Extraordinário 878.694/MG, Rel. Min. Luís Roberto Barroso, publicado no *Informativo* n. *864* da Corte).

Tudo isso, sem prejuízo de alguns dispositivos civis previstos para o casamento e que podem ser aplicados à união estável, caso, por exemplo, do art. 499 do CC/2002, que reconhece a possibilidade de venda de bens entre cônjuges ("Art. 499. É lícita a compra e venda entre cônjuges, com relação a bens excluídos da comunhão"). Como a última norma não é restritiva da autonomia privada ou de exceção, pode ser perfeitamente aplicada aos companheiros por analogia, sendo possível a venda entre eles quanto aos bens excluídos da comunhão. Consigne-se pela jurisprudência paulista já fez incidir o comando em situação entre conviventes (TJSP, Apelação 583.032.4/3, Acórdão 4083909, 4.ª Câmara de Direito Privado, Itanhaém, Rel. Des. Ênio Santarelli Zuliani, j. 17.09.2009, *DJESP* 26.10.2009).

O Projeto de Reforma do Código Civil, como visto, pretende incluir menção ao convivente em quase todos os dispositivos em que se menciona o cônjuge, corrigindo um problema de origem, na elaboração da atual Lei Geral Privada.

Em complemento, consigne-se que o Código de Processo Civil de 2015 procurou equiparar a união estável ao casamento para os fins processuais. Entre as várias normas de equalização, vejamos algumas.

De início, o art. 144 do CPC/2015, em seus incs. III e IV, ampliou o impedimento do juiz para os casos em que, no processo, for parte ou estiver postulando, como defensor público, advogado ou membro do Ministério Público, seu cônjuge ou *companheiro*, ou qualquer parente, consanguíneo ou afim, em linha reta ou colateral, até o terceiro grau, inclusive. Como é notório, o art. 134, incs. IV e V, do CPC/1973 somente fazia alusão ao cônjuge do juiz e não ao seu companheiro.

Igualmente no que diz respeito à *suspeição* do julgador, é seu motivo o fato de ser qualquer uma das partes credora ou devedora de seu cônjuge ou *companheiro* ou de parentes destes, em linha reta até o terceiro grau, inclusive (art. 145, inc. III, do Novo CPC). Mais uma vez, constata-se que o art. 135, inc. II, do anterior diploma não mencionava o companheiro, mas apenas o cônjuge.

No que diz respeito à citação, esta não será feita, salvo para evitar perecimento de um direito de cônjuge, *de companheiro* ou de qualquer parente do morto, consanguíneo ou afim, em linha reta ou na linha colateral em segundo grau, no dia do falecimento e nos sete dias seguintes; o que visa à proteção do *luto da família,* verdadeiro direito da personalidade. Isso consta do art. 244, inc. II, do CPC/2015; sendo certo que a menção ao convivente não estava no art. 217, inc. II, do CPC/1973.

Sobre os requisitos da petição inicial, na qualificação das partes, é necessário que conste viverem em união estável, se for o caso, entre os caracteres que formam a sua personalidade. Nos termos do art. 319, inc. II, do CPC/2015, "a petição inicial indicará: II – os nomes, os prenomes, o estado civil, a existência de união estável, a profissão, o número de inscrição no Cadastro de Pessoas Físicas ou no Cadastro Nacional da Pessoa Jurídica, o endereço eletrônico, o domicílio e a residência do autor e do réu". Pensamos ser esse mais um passo determinante para se reconhecer que a união estável cria um estado civil, como será aprofundado a seguir.

No que diz respeito às provas, o *companheiro* não é obrigado a depor sobre fatos que gerem a desonra de seu consorte (art. 388, inc. III, do CPC/2015), quando é certo que não se mencionava o convivente no CPC anterior ou no Código Civil de 2002. Na mesma linha e também sobre a prova, nas ações que versarem sobre bens imóveis ou direitos reais sobre imóveis alheios, a confissão de um cônjuge ou *companheiro* não valerá sem a do outro, salvo se o regime de casamento for o da separação absoluta de bens (art. 391, parágrafo único, do CPC/2015). No art. 350, parágrafo único, da norma anterior, não havia regra relativa à união estável, mais uma vez.

Quanto às testemunhas, ainda nessa seara probatória, são impedidos para tanto "o cônjuge, o *companheiro*, o ascendente e o descendente em qualquer grau e o colateral, até o terceiro grau, de alguma das partes, por consanguinidade ou afinidade, salvo se o exigir o interesse público ou, tratando-se de causa relativa ao estado da pessoa, não se puder obter de outro modo a prova que o juiz repute necessária ao julgamento do mérito" (art. 447, § 2.º, inc. I, do CPC/2015, com destaque). A lei anterior fazia apenas menção ao cônjuge (art. 405, § 2.º, inciso I, do CPC/1973).

Em matéria de inventário, reconhece-se a legitimidade do companheiro para abertura do inventário e para ser nomeado como inventariante. Isso sem prejuízo de outros comandos processuais que lhe atribuem os mesmos direitos do cônjuge e que estão estudados e aprofundados no Volume 6 desta coleção de Direito Civil.

O companheiro ou convivente também é reconhecido como legitimado a opor embargos de terceiro para a tutela da sua meação pelo art. 674 do *Codex*; quando é certo que o art. 1.046 do CPC/1973 não o expressava. Seguiu-se, assim, o entendimento que era consolidado pela jurisprudência, especialmente pela superior, cabendo colacionar, por todos: "é parte legítima para embargar a execução companheira que, garantida com partilha de bens já decretada, deles ainda não dispõe por falta de homologação da partilha. Legitimidade ativa da possuidora mediata, garantida com a partilha, para fazer uso dos interditos, inclusive embargos de terceiro" (STJ, REsp 426.239/RS, 2.ª Turma, Rel. Min. Eliana Calmon, j. 04.05.2004, *DJ* 28.06.2004, p. 230).

Sem prejuízo de outros comandos, o que parece gerar maiores repercussões para o direito material é o art. 73 do CPC/2015, que reconheceu a necessidade da *outorga convivencial* para as ações reais. O dispositivo será analisado no presente capítulo.

Anote-se que o Código Civil de 2002 deixou muitas dúvidas quanto ao instituto da união estável, especialmente no que tange à participação patrimonial, diante da falta de clareza do seu art. 1.725 ("Na união estável, salvo contrato escrito entre os companheiros, aplica-se às relações patrimoniais, no que couber, o regime da comunhão parcial de bens").

O tema também será abordado neste capítulo, sem prejuízo de outros problemas criados pela atual codificação material. O Projeto de Reforma do Código Civil, como se verá, pretende resolver alguns desses dilemas.

Por fim, quanto à evolução do tratamento jurídico e legal da união estável, deve ser destacada a Lei 14.382/2022, que introduziu Sistema Eletrônico dos Registros Públicos (Lei do SERP). Como norma de relevo, deve ser mencionada a inclusão, na Lei de Registros Públicos (Lei 6.015/1973), do art. 94-A, prevendo a possibilidade de registros das sentenças declaratórias de reconhecimento e de dissolução, dos termos declaratórios formalizados perante o oficial de registro civil e das escrituras públicas declaratórias e dos distratos que envolvam união estável, no Livro E do Cartório de Registro Civil de Pessoas naturais em que os companheiros têm ou tiveram sua última residência.

Em 2023, a questão foi regulamentada pelos Provimentos 141 e 146 do Conselho Nacional de Justiça (CNJ), depois incorporados ao Código Nacional de Normas (CNN), originários de sugestões de grupo de trabalho da qual fiz parte, nomeado pelo Corregedor-Geral de Justiça. Esse registro, no meu entender, colocou a união estável formalizada em outro patamar, praticamente equiparado ao casamento, como ainda será aqui desenvolvido. O Projeto de Reforma do Código Civil, elaborado pela Comissão de Juristas, pretende seguir o mesmo caminho.

5.2 CONCEITO DE UNIÃO ESTÁVEL E SEUS REQUISITOS

Segundo o art. 1.723 do CC/2002 em vigor, "é reconhecida como entidade familiar a união estável entre o homem e a mulher, configurada na convivência pública, contínua e duradoura e estabelecida com o objetivo de constituição de família". O dispositivo regulamenta o art. 226, § 3.º, da CF/1988. Como se nota, o conceito é o mesmo que constava da Lei 9.278/1996. A respeito dos seus requisitos, comenta o Professor Álvaro Villaça Azevedo:

> "Realmente, como um fato social, a união estável é tão exposta ao público como o casamento, em que os companheiros são conhecidos, no local em que vivem, nos meios sociais, principalmente de sua comunidade, junto aos fornecedores de produtos e serviços, apresentando-se, enfim, como se casados fossem. Diz o povo, em sua linguagem autêntica, que só falta aos companheiros 'o papel passado'. Essa convivência, como no casamento, existe com continuidade; os companheiros não só se visitam, mas vivem juntos, participam um da vida do outro, sem termo marcado para se separarem" (AZEVEDO, Álvaro Villaça. *Comentários...*, 2003, p. 255).

Como reconhece o próprio Professor Villaça, a lei não exige prazo mínimo para a sua constituição, sendo certo que o aplicador do direito deve analisar as circunstâncias do caso concreto para apontar a sua existência ou não.

Os requisitos, nesse contexto, são que a união seja pública (no sentido de notoriedade, não podendo ser oculta, clandestina), contínua (sem que haja interrupções, sem o famoso "dar um tempo" que é tão comum no namoro) e duradoura, além do objetivo de os companheiros ou conviventes de estabelecerem uma verdadeira família (*animus familiae*).

Para a configuração dessa intenção de família, entram em cena o tratamento dos companheiros (*tractatus*), bem como o reconhecimento social de seu estado (*reputatio*). Nota-se, assim, a utilização dos clássicos critérios para a configuração da posse de estado de casados também para a união estável.

Em tom didático, Pablo Stolze Gagliano e Rodolfo Pamplona Filho apresentam *elementos caracterizadores essenciais* e *elementos caracterizadores acidentais* para a união estável. Entre os primeiros estão a publicidade, a continuidade, a estabilidade e o objetivo de constituição de família. Como elementos acidentais, destacam o tempo, a prole e a coabitação (GAGLIANO, Pablo Stolze; PAMPLONA FILHO, Rodolfo. *Novo Curso...*, p. 429-436).

Como se nota, os elementos essenciais são totalmente subjetivos, razão pela qual se acredita existir uma verdadeira *cláusula geral* para a constituição da união estável. A lei não exige que os companheiros residam sob o mesmo teto, uma vez que continua em vigor a antiga Súmula 382 do STF, do remoto ano de 1964, na linha do que antes foi exposto.

Assim, conforme se extrai de ementa do Superior Tribunal de Justiça, "a lei não exige tempo mínimo nem convivência sob o mesmo teto, mas não dispensa outros requisitos para identificação da união estável como entidade ou núcleo familiar, quais sejam: convivência duradoura e pública, ou seja, com notoriedade e continuidade, apoio mútuo, ou assistência mútua, intuito de constituir família, com os deveres de guarda, sustento e de educação dos filhos comuns, se houver, bem como os deveres de lealdade e respeito" (STJ, REsp 1.194.059/SP, 3.ª Turma, Rel. Min. Massami Uyeda, j. 06.11.2012, DJe 14.11.2012). No mesmo sentido, estabelece a premissa número 2, publicada na Edição n. 50 da ferramenta *Jurisprudência em Teses*, que "a coabitação não é elemento indispensável à caracterização da união estável".

Em complemento, não há qualquer requisito formal obrigatório para que a união estável reste configurada, como a necessidade de elaboração de uma escritura pública entre as partes ou de uma decisão judicial de reconhecimento.

A propósito, em importante precedente, entendeu o Ministro Luís Roberto Barroso, do STF, que "não constitui requisito legal para concessão de pensão por morte à companheira que a união estável seja declarada judicialmente, mesmo que vigente formalmente o casamento, de modo que não é dado à Administração Pública negar o benefício com base neste fundamento. (...). Embora uma decisão judicial pudesse conferir maior segurança jurídica, não se deve obrigar alguém a ir ao Judiciário desnecessariamente, por mera conveniência administrativa. O companheiro já enfrenta uma série de obstáculos decorrentes da informalidade de sua situação. Se ao final a prova produzida é idônea, não há como deixar de reconhecer a união estável e os direitos daí decorrentes" (STF, Mandado de Segurança 330.008, Distrito Federal, 03.05.2016). Portanto, não há necessidade de uma ação judicial para o reconhecimento da união estável.

Justamente por isso, tem variado muito a jurisprudência no enquadramento da união estável. Vejamos algumas experiências jurisprudenciais nesse sentido.

Como primeiro exemplo, o Tribunal de Justiça do Rio Grande do Sul afastou a caracterização da união estável no caso em que duas pessoas namoravam há cerca de oito anos, mas que não chegaram a constituir família. O relator do processo entendeu pela inexistência da união estável nos seguintes termos:

> "No caso em apreço, restou incontroversa – o próprio réu/embargado não nega – a existência do relacionamento amoroso público, contínuo e duradouro mantido entre as partes. Contudo, faltou um requisito essencial para caracterizá-lo como união estável: inexistiu o objetivo de constituir família. Com efeito, durante os longos anos de namoro mantido entre os litigantes, eles sempre mantiveram vidas próprias e independentes. Realizaram várias viagens juntos, comemoraram datas festivas e familiares, participavam de festas sociais e

entre amigos, a autora realizava compras para a residência do réu – pagas por ele –, às vezes ela levava o carro dele para lavar, e consta que ela gozou licença-prêmio para auxiliar o namorado num momento de doença. Contudo, ainda que o relacionamento amoroso tenha ocorrido nesses moldes, nunca tiveram objetivo de constituir família. Isso porque, ainda que ambos fossem livres e desimpedidos – ela solteira e ele separado – permaneceram administrando separadamente suas vidas. Embora a embargante auxiliasse o embargado realizando, às vezes, tarefas que o ajudavam na administração da casa dele, como, por exemplo, fazer compras no supermercado, até tais compras eram pagas separadamente: ela pagava as dela, e as dele eram por ele pagas" (TJRS, Processo 70008361990, 4.º Grupo Cível do Tribunal de Justiça do Rio Grande do Sul, decisão de 13.08.2004).

Na esteira do que consta do último julgado, o intuito de constituição de família é que diferencia cabalmente o namoro da união estável. Conforme destacado por José Fernando Simão, em edições anteriores desta obra, se há um projeto futuro de constituição de família, estamos diante de namoro. Se há uma família já constituída, com ou sem filhos, há uma união estável. Tais lições têm sido seguidas expressamente por alguns magistrados (TJES, Apelação Cível 0024444-19.2010.8.08.0012, 1.ª Câmara Cível, Rel. Des. Arnaldo Santos Souza, j. 23.10.2012, *DJES* 05.11.2012).

No mesmo sentido, o Tribunal do Rio Grande do Sul vem entendendo que o mero namoro longo, em que não há o objetivo de constituição de família, não constitui união estável:

"Embargos infringentes. União estável. Caracterização de namoro. O namoro, embora público, duradouro e continuado, não caracteriza união estável se nunca objetivaram os litigantes constituir família" (TJRS, Processo 70008361990, 4.º Grupo de Câmaras Cíveis, Montenegro, Rel. Juiz José Ataídes Siqueira Trindade, 13.08.2004).

O Tribunal de Justiça do Rio de Janeiro também seguiu essa linha de raciocínio para afastar a união estável:

"Embargos de declaração conhecidos como agravo inominado. Reconhecimento. Namoro. Ausência da aparência de casamento. 1. União estável é a união entre um homem e uma mulher na forma livre em relacionamento público, duradouro e contínuo com o objetivo de constituição de família. Esse é o espírito das Leis 8.971/1994 e 9.278/1996. Exige-se dos companheiros, tal como no casamento, lealdade, fidelidade e assistência mútua. 2. Compulsando os autos, constata-se do depoimento da autora, que seu namoro com o *de cujus* durou oito anos, até o casamento, em 2003, e que ambos, durante esse período, moravam com seus respectivos pais, nunca tendo morado juntos. 3. Verifica-se que a demandante não contribuiu financeiramente para a aquisição de kombi, caminhão e da autonomia de táxi, além de não ter tido despesas pagas pelo falecido, pois afirmou que seu dinheiro era para ela mesma e sua família, concluindo-se, daí, não ter havido, antes do casamento, a mútua assistência. 4. Confessa ainda em seu depoimento, que sempre acabava sabendo de alguma infidelidade do *de cujus*, conduta essa confirmada pelos depoimentos das testemunhas trazidas pelos réus. 5. Ademais, apesar da inexistência de coabitação, percebe-se que não há qualquer indício de que o *de cujus* reconhecia a autora como companheira, ou seja, faltava o *animus* de viverem como marido e mulher, não havendo, no namoro entre a autora e o falecido a necessária aparência de casamento configuradora da união estável. Precedentes do STJ e deste Tribunal de Justiça. 6. Negado provimento ao recurso" (TJSP, Apelação Cível 2007.001.65224, 14.ª Câmara Cível, Rel. Des. José Carlos Paes, j. 27.02.2008).

Não tem sido outra a conclusão do Tribunal de Justiça de São Paulo, merecendo destaque a decisão que excluiu a união estável, pois um não participava da vida cotidiana do outro:

"Reconhecimento e dissolução de união estável. Improcedência. Adequação. Relacionamento amoroso que constituiu namoro, com mera projeção para a vida em comum. Recurso improvido. Embora a apelante tenha contraído empréstimos, ao que tudo indica, para auxiliar o apelado, dando-se a aquisição e venda de imóvel por eles adquirido, o relacionamento constituiu mero namoro, sem configurar união estável, uma vez que, apesar do longo tempo em que estiveram juntos, não se aperfeiçoou o requisito da configuração de família, nem tampouco os de mútua assistência e lealdade. A autora não participava do cotidiano do outro, a afastar, pois, o reconhecimento de sua tese, não havendo nos autos nenhuma foto do relacionamento do casal, nenhum dado objetivo a permitir o reconhecimento de união estável" (TJSP, Apelação com revisão 591.772.4/3, Acórdão 3696215, 3.ª Câmara de Direito Privado, São Paulo, Rel. Des. Jesus Lofrano, j. 23.06.2009, *DJESP* 17.07.2009).

Podem ser encontradas decisões que utilizam o termo *namoro qualificado* para denotar o namoro longo, em que não há a presença dos requisitos familiares de uma união estável. Assim, do Superior Tribunal de Justiça, as seguintes conclusões: "na relação de namoro qualificado os namorados não assumem a condição de conviventes porque assim não desejam, são livres e desimpedidos, mas não tencionam naquele momento ou com aquela pessoa formar uma entidade familiar. Nem por isso vão querer se manter refugiados, já que buscam um no outro a companhia alheia para festas e viagens, acabam até conhecendo um a família do outro, posando para fotografias em festas, pernoitando um na casa do outro com frequência, ou seja, mantêm verdadeira convivência amorosa, porém, sem objetivo de constituir família". O aresto aponta a necessidade da intenção de constituição de família, o *animus familiae*, como fundamento essencial para a união estável:

"A configuração da união estável é ditada pela confluência dos parâmetros expressamente declinados, hoje, no art. 1.723 do CC/2002, que tem elementos objetivos descritos na norma: convivência pública, sua continuidade e razoável duração, e um elemento subjetivo: o desejo de constituição de família. A congruência de todos os fatores objetivos descritos na norma, não levam, necessariamente, à conclusão sobre a existência de união estável, mas tão somente informam a existência de um relacionamento entre as partes. O desejo de constituir uma família, por seu turno, é essencial para a caracterização da união estável pois distingue um relacionamento, dando-lhe a marca da união estável, ante outros tantos que, embora públicos, duradouros e não raras vezes com prole, não têm o escopo de serem família, porque assim não quiseram seus atores principais" (STJ, REsp 1.263.015/RN, 3.ª Turma, Rel. Min. Nancy Andrighi, j. 19.06.2012, *DJe* 26.06.2012).

Ou, mais recentemente, do mesmo Tribunal da Cidadania, merecendo destaque o seguinte trecho, pela sua clareza:

"O propósito de constituir família, alçado pela lei de regência como requisito essencial à constituição da união estável – a distinguir, inclusive, esta entidade familiar do denominado 'namoro qualificado' –, não consubstancia mera proclamação, para o futuro, da intenção de constituir uma família. É mais abrangente. Esta deve se afigurar presente durante toda a convivência, a partir do efetivo compartilhamento de vidas, com irrestrito apoio moral e material entre os companheiros. É dizer: a família deve, de fato, restar constituída. Tampouco a coabitação, por si, evidencia a constituição de uma união estável (ainda que possa vir a constituir, no mais das vezes, um relevante indício), especialmente se considerada a particularidade dos autos, em que as partes, por contingências e interesses particulares (ele, a trabalho; ela, pelo estudo) foram, em momentos distintos, para o exterior, e, como namorados que eram, não hesitaram em residir conjuntamente. Este comportamento, é certo, revela-se absolutamente usual nos tempos atuais, impondo-se ao Direito, longe das críticas e dos estigmas, adequar-se à realidade social" (STJ, REsp 1.454.643/RJ, 3.ª Turma, Rel. Min. Marco Aurélio Bellizze, j. 03.03.2015, *DJe* 10.03.2015).

No âmbito da doutrina, a expressão *namoro qualificado* foi cunhada, entre outros, pelo saudoso Professor Zeno Veloso. Ensina o Mestre que "os namorados, por mais profundo que seja o envolvimento deles, não desejam e não querem – ou ainda não querem – constituir uma família, estabelecer uma entidade familiar, conviver numa comunhão de vida, no nível de que os antigos chamavam de *affectio maritalis*". E mais, quanto aos efeitos, "ao contrário da união estável, tratando-se de namoro – mesmo o tal namoro qualificado – não há direitos e deveres jurídicos, mormente de ordem patrimonial entre os namorados. Não há, portanto, que falar-se em regime de bens, alimentos, pensão, partilhas, direitos sucessórios, por exemplo" (VELOSO, Zeno. União..., *Direito civil...*, 2018, p. 314).

No *XIII Congresso Brasileiro de Direito de Família e das Sucessões* do IBDFAM, em outubro de 2021, realizado em sua homenagem, aprovou-se ementa doutrinária sobre o tema. Consoante o Enunciado n. 42 do IBDFAM, "o namoro qualificado, diferentemente da união estável, não engloba todos os requisitos cumulativos presentes no art. 1.723 do Código Civil". Eis outra grande contribuição recente do Mestre do Pará, para o debate do Direito Privado Brasileiro.

Sem prejuízo da diferenciação em relação ao namoro, a união estável, por igual fundamento, não se confunde com o noivado. Na linha do que outrora foi exposto, na união estável a família é presente; no noivado a família é futura, havendo um planejamento para sua concretização em posterior momento. Com interessante teor, vejamos decisão do Tribunal Gaúcho, a ilustrar:

> "União estável. Pressupostos. *Affectio maritalis*. Coabitação. Publicidade da relação. 1. Não constitui união estável o relacionamento entretido sem a intenção clara de constituir um núcleo familiar. 2. A união estável assemelha-se a um casamento de fato e indica uma comunhão de vida e de interesses, reclamando não apenas publicidade e estabilidade, mas, sobretudo, um nítido caráter familiar, evidenciado pela *affectio maritalis*. 3. Independente de terem as partes um filho comum, jamais formaram um núcleo familiar, onde as partes coabitassem e vivessem como uma verdadeira família. 4. No caso em questão, o recorrido mora nos Estados Unidos e a recorrida no Brasil, sendo que o relacionamento não superou o estágio do noivado, com uma coabitação aproximada de duas semanas, depois de prolongado namoro à distância. 5. Não ficando comprovada a existência de um relacionamento duradouro, com coabitação, *affectio maritalis* e intenção de constituir família, não restou configurada a pretendida união estável. Recurso desprovido" (TJRS, Apelação Cível 389690-40.2012.8.21.7000, 7.ª Câmara Cível, Campo Bom, Rel. Des. Sérgio Fernando de Vasconcellos Chaves, j. 12.12.2012, *DJERS* 18.12.2012).

Prefiro a utilização da expressão *animus familiae* ao termo *affectio maritalis*, justamente para diferenciar a união estável do casamento, institutos que são distintos, conforme ora se destacou.

Mencione-se, como última ilustração jurisprudencial e citando esta obra, acórdão de 2018 do STJ que afastou a existência de união estável quanto à data gravada nas alianças. A prova construída demonstrava divergência quanto ao início do relacionamento, tendo o

Tribunal, afastado a primeira data e levado em conta o início da gravidez da companheira, pois a partir daí restou configurada a intenção de constituir família no feito.

Nos seus exatos termos: "embora a identificação do momento preciso em que se configura a união estável, deve se examinar a presença cumulativa dos requisitos de convivência pública (união não oculta da sociedade), de continuidade (ausência de interrupções), de durabilidade e a presença do objetivo de estabelecer família, nas perspectivas subjetiva (tratamento familiar entre os próprios companheiros) e objetiva (reconhecimento social acerca da existência do ente familiar)". E mais:

> "Na hipótese, deve ser afastada a data gravada nas alianças do casal – 25.08.2002 – como termo inicial da união estável, eis que ausente o requisito da convivência pública e diante da ausência de prova da específica simbologia representada pelas referidas alianças, como também deve ser afastada a data de nascimento do filho primogênito – 18.06.2004 – como termo inicial da convivência, eis que produzida prova suficiente de que os requisitos configuradores da união estável estavam presentes em momento anterior. Os elementos de prova colhidos nos graus de jurisdição, interpretados à luz das máximas de experiência e da observação do modo pelo qual os fatos normalmente se desenvolvem, somada a existência de coabitação entre as partes desde fevereiro de 2003, mantida ao tempo da descoberta da gravidez, ocorrida em 24. 10.2003, do primeiro filho do casal, permitem estabelecer essa data como o momento temporal em que a união estável havida entre as partes ficou plenamente configurada" (STJ, REsp 1.678.437/RJ, 3.ª Turma, Rel. Min. Nancy Andrighi, j. 21.08.2018, *DJe* 24.08.2018).

Por fim, a respeito de institutos próximos à convivência, são relevantes as palavras de Euclides de Oliveira, para quem "aparta-se desse modelo de união estável a convivência de homem e mulher que não se revista de verdadeiro intuito de formar uma família, como se dá na chamada 'relação aberta', que se caracteriza por um envolvimento amoroso e certo grau de companheirismo por interesse e convivências sociais, mas sem o elo essencial de uma efetiva vida em comum entre os supostos amantes, dada a inexistência de um compromisso mais sério" (OLIVEIRA, Euclides. *União*..., 2003, p. 135). O jurista parece mencionar os "ficantes", que vivem uma "amizade colorida", com eventuais contatos afetivos e sexuais.

Superados esses aspectos diferenciadores, o Código Civil de 2002 traz uma inovação no § 1.º, do art. 1.723, ao estabelecer que: "a união estável não se constituirá se ocorrerem os impedimentos do art. 1.521; não se aplicando a incidência do inciso VI no caso de a pessoa casada se achar separada de fato ou judicialmente". De início, percebe-se que o dispositivo determina a aplicação dos impedimentos do casamento também para a união estável, de forma expressa.

Desse modo, não haverá união estável se presentes os impedimentos decorrentes de parentesco ou de crime, na linha do que consta do art. 1.521, incs. I a V e VII, do CC/2002. A título ilustrativo, não é possível a convivência familiar entre ascendentes e descendentes, entre irmãos unilaterais ou bilaterais e entre afins em linha reta (sogra e genro, sogro e nora, padrasto e enteada, madrasta e enteado).

Porém, há uma exceção, pois a norma reconhece a possibilidade de o separado de fato ou separado judicialmente constituir união estável com terceiro. Em outras palavras, o Código Civil de 2002 passou a admitir que a pessoa casada, desde que separada, de fato ou judicialmente, constitua união estável com terceiro.

Diante da entrada em vigor da Lei 11.441/2007, que consagrou a separação jurídica extrajudicial, deve ficar claro que o separado extrajudicialmente, do mesmo modo, pode constituir união estável. Insta verificar que o legislador não percebeu tal hipótese legal ao instituir a separação por escritura pública, devendo, assim, ser lido o art. 1.723, § 1.º, do CC/2002, de modo a incluir o separado extrajudicialmente. Vale lembrar, em complemento, que a separação extrajudicial também está tratada pelo Código de Processo Civil de 2015 (art. 733). Em suma, não faz sentido ser possível ao separado de fato constituir uma união estável e ao separado extrajudicialmente não.

Todavia, diante da Emenda Constitucional 66/2010, que retirou do sistema a separação jurídica, como decidiu o STF no seu Tema n. 1.053, o panorama mudou. Para os novos relacionamentos apenas tem relevância a premissa de que o separado de fato pode constituir uma união estável.

A menção ao separado judicialmente e a situação do separado extrajudicialmente têm pertinência apenas para os relacionamentos anteriores, existentes a partir da vigência do Código Civil de 2002 até entrada em vigor da *Emenda do Divórcio,* o que ocorreu em 13 de julho de 2010. E tais relacionamentos podem abranger pessoas separadas juridicamente. Cabe reafirmar, mais uma vez, que essa posição é mantida mesmo diante do fato de ter o CPC/2015 tratado da separação de direito ou jurídica em vários de seus comandos, como bem julgou o STF no seu Tema n. 1.053 de repercussão geral. Ilustrando, se alguém, separado judicialmente ou extrajudicialmente, constituiu uma convivência com outrem desde o ano de 2008, tal relacionamento pode ser tido como união estável.

De toda sorte, anote-se que a questão sobre a viabilidade da norma do art. 1.723, § 1.º, do CC/2002 sempre dividiu a doutrina, eis que alguns estudiosos entendem que a regra está incentivando situações de confusão patrimonial. Isso porque, em muitos casos, não haverá como apontar se determinado bem foi adquirido na constância do casamento ou da suposta união estável.

Maria Helena Diniz, por exemplo, entende que, em situações tais, o separado de fato não constituiria uma união estável, mas uma sociedade de fato, aduzindo que "como poderia o ilícito (adultério) acarretar direitos e obrigações, se a ele só de deveriam impor sanções? Por isso, poder-se-ia, entendemos, admitir a essa união algum efeito como *sociedade de fato* e não como união estável, ante o princípio de que se deve evitar o locupletamento indevido" (DINIZ, Maria Helena. *Curso...,* 22. ed., 2007, v. 5, p. 368).

Apesar desse esforço de crítica, vale dizer que a norma está em vigor e tem grande amplitude social. Seguindo as lições de Álvaro Villaça Azevedo, a inovação pode ser vista com bons olhos, pois antepõe direitos existenciais a direitos patrimoniais. Sustenta o Professor Villaça o seguinte:

> "No Brasil, é situação notória, admitida, atualmente, pela própria sociedade, a existência de novas uniões familiares por pessoas separadas de fato, que, certamente, estariam desprotegidas, se fosse editado esse texto projetado. Com isso, estaríamos retrocedendo na história e fazendo voltar as injustiças do passado, principalmente contra a mulher brasileira, em agressão ao próprio direito natural. Não se pode legislar contra a realidade social" (AZEVEDO, Álvaro Villaça. *Comentários...,* 2003, p. 258).

O professor das Arcadas faz referência a um projeto de lei que tramitou no Congresso Nacional e que pretendia afastar essa regra agora em vigência. Consigne-se que também comungava desse mesmo entendimento, elogiando a nova previsão, o Ministro do Supremo Tribunal Federal Carlos Alberto Menezes Direito (*Da união...,* 2003, p. 1.281).

Em verdade, cheguei a pensar como Maria Helena Diniz, nos anos iniciais de minha atuação como professor, cursando o mestrado na PUCSP, sob a sua orientação. Todavia, nos anos seguintes, por influência das lições de Villaça e dos membros do IBDFAM, passei a concluir de forma diversa. Isso porque é comum no Brasil o desfazimento do vínculo matrimonial apenas no aspecto material, e não formalmente.

Como se afirma nos meios populares, o *brasileiro larga, não divorcia*, até por falta de informações e esclarecimento. Nessa realidade, não se pode deixar *na penumbra* as situações de separação de fato, em que o separado passa a viver com outrem com claro intuito de constituição de família. Em resumo, a inovação introduzida pelo art. 1.723, § 1.º, do CC/2002 veio em boa hora.

Quanto ao antigo PL 6.960/2002, percebe-se que a intenção era manter a inovação. O antigo Projeto Ricardo Fiuza não trazia qualquer modificação quanto à situação descrita no § 1.º do art. 1.723 do Código Civil. Na verdade, a sua proposta de mudança para o art. 1.727 da codificação material somente vem reforçar a inovação aqui combatida, conforme será exposto.

De todo modo, não se pode negar que a nova norma, introduzida pelo Código de 2002, trouxe, e ainda traz, grandes desafios aos aplicadores do Direito, inclusive a respeito do direito sucessório do cônjuge e do companheiro, conforme exposto no próximo volume desta coleção, que trata do Direito das Sucessões.

De qualquer forma, consigne-se que o Tribunal de Justiça do Rio Grande do Sul vinha entendendo, antes mesmo da entrada em vigor do Código Civil de 2002, pela possibilidade de o separado de fato constituir união estável com terceiros:

"Apelação cível. União estável. Duração. Partilha de bens. A mera separação de fato serve como um dos requisitos para a caracterização da união estável de pessoa casada, mesmo quando da vigência do CC/1916, tal encontrando amparo na doutrina e na jurisprudência então dominante. Os bens adquiridos, onerosamente, na constância da união hão de ser partilhados entre os conviventes, excepcionada a sua aquisição através do produto obtido por meio de bens particulares. A sub-rogação, por sua natureza, não se presume, deve ficar sobejamente comprovada. Pagamento parcial de bem imóvel com verba oriunda de FGTS exclui da partilha a fração do bem representada por tal valor. Fração do imóvel, que adquirida por meio de pagamento através de cheque originário de empréstimo obtido com familiar de um dos conviventes, é partilhável entre estes, eis que, pela ausência de prova contrária, se presume o adimplemento de tal débito na vigência da união. Revogação do pagamento das custas processuais" (TJRS, Processo 70008690844, 8.ª Câmara Cível, Bagé, Rel. Juíza Catarina Rita Krieger Martins, 01.07.2004).

Aplicando a nova norma relativa à união estável do separado de fato, em complemento, cumpre colacionar as seguintes ementas:

"União estável. Reconhecimento de companheiro que era separado de fato da ex-mulher. Prova segura e convincente do relacionamento por quase vinte anos em cidade diversa da que mora a ex-mulher e filhos. Participação do companheiro em eventos festivos dos filhos e boa convivência com a ex-mulher que não impedem o reconhecimento da união estável. Procedência bem determinada pela r. sentença. Agravo retido e apelo improvidos" (TJSP, Apelação Cível 671.176.4/6, Acórdão 4122479, 4.ª Câmara de Direito Privado, Santos, Rel. Des. Maia da Cunha, j. 1.º.10.2009, *DJESP* 27.10.2009).

"Ação de reconhecimento e dissolução de união estável. Companheiro separado de fato de sua esposa. Sentença que reconheceu a união estável do casal, a partir do nascimento do primeiro dos três filhos do casal, determinou a partilha de bens, cabendo à companheira 20% do imóvel. Recurso desprovidos, com observação" (TJSP, Apelação Cível 616.066.4/1, Acórdão 3576447, 4.ª Câmara de Direito Privado, São José dos Campos, Rel. Des. Teixeira Leite, j. 02.04.2009, *DJESP* 03.06.2009).

Ainda no âmbito da prática jurisprudencial, sobre o sentido do art. 1.723, § 1.º, do Código Civil, vale destacar a afirmação número 5, publicada na Edição n. 50 da ferramenta *Jurisprudência em Teses* do STJ, *in verbis:* "a existência de casamento válido não obsta o reconhecimento da união estável, desde que haja separação de fato ou judicial entre os casados".

Para fundamentar a tese, são citados os seguintes precedentes do Tribunal da Cidadania, cujos fatos podem ser consultados, para uma maior compreensão do sentido do texto legal: AgRg nos EDcl. no AgRg no AREsp 710.780/RS, 4.ª Turma, Rel. Min. Raul Araújo, j. 27.10.2015, *DJE* 25.11.2015; AgRg no Ag. 1.363.270/MG, 4.ª Turma, Rel. Min. Maria Isabel Gallotti, j. 17.11.2015, *DJE* 23.11.2015; AgRg no REsp 1.418.167/CE, 1.ª Turma, Rel. Min. Napoleão Nunes Maia Filho, j. 24.03.2015, *DJE* 17.04.2015, AgRg no AREsp 597.471/RS, 2.ª Turma, Rel. Min. Humberto Martins, j. 09.12.2014, *DJE* 15.12.2014; AgRg no REsp 1.147.046/RJ, Rel. Min. Sebastião Reis Júnior, j. 08.05.2014, *DJE* 26.05.2014; AgRg no REsp 1.235.648/RS, 3.ª Turma, Rel. Min. Ricardo Villas Bôas Cueva, j. 04.02.2014, *DJE* 14.02.2014; AgRg no AREsp 356.223/GO, 3.ª Turma, Rel. Min. Nancy Andrighi, j. 24.09.2013, *DJE* 27.09.2013; e REsp 1.096.539/RS, 4.ª Turma, Rel. Min. Luis Felipe Salomão, j. 27.03.2012, *DJE* 25.04.2012. Nota-se, portanto, uma aplicação crescente do seu conteúdo na prática do Direito de Família brasileiro.

Também no que concerne à caracterização da união estável, enuncia o art. 1.723, § 2.º, do CC que as causas suspensivas do casamento (art. 1.523 do CC) não impedem a caracterização da união estável. Essa questão tem reflexos patrimoniais a serem analisados em momento oportuno, pois as pessoas casadas em infração à causa suspensiva terão como regime a separação obrigatória de bens, surgindo grande debate quanto às consequências para a união estável, tema que será aqui enfrentado.

Ainda sobre o tema, não se olvide que a união estável, tida como ato ou negócio jurídico, pelo menos em regra, exige capacidade e discernimento das partes, sob pena de sua nulidade (arts. 104 e 166 do CC/2002) ou mesmo de sua inexistência, para aqueles que são partidários dessa teoria.

Nessa linha, cabe colacionar interessante decisão do Superior Tribunal de Justiça a respeito da questão, publicada no seu *Informativo* n. 469, do ano de 2011:

"União estável. Insanidade. Companheiro. A Turma negou provimento ao REsp em que se buscava o reconhecimento de união estável. Anote-se que as instâncias ordinárias afirmaram que o companheiro, à época do relacionamento, estava acometido de insanidade mental. Argumentou-se que, se o enfermo mental não tem o necessário discernimento para os atos da vida civil (art. 1.548, I, do CC/2002), também não poderia contrair núpcias sob pena de nulidade e, pela mesma razão, não poderia conviver em união estável – a qual, nessa hipótese, inclusive, jamais poderia ser convertida em casamento. Por outro lado, observa o Min. Relator que a adoção de entendimento diverso contrariaria a própria CF, cujo art. 226, § 5.º, é expresso em determinar que o próprio Estado protege a união estável como entidade familiar e facilita sua conversão em casamento. Isso porque a tutela ao núcleo familiar não é um fim em si mesma, mas seria instrumento de salvaguarda dos membros que compõem o núcleo familiar. Observa que, nesse raciocínio, o CC/2002, no art. 1.723, reconheceu como entidade familiar a união estável entre homem e mulher civilmente capazes, configurada na convivência pública, contínua, duradoura e constitutiva de família. Todavia, explica que não basta a presença desses requisitos para caracterização da união estável, porquanto a própria lei estabelece, de igual modo, os requisitos negativos (§ 1.º do citado artigo) que, no caso, impedem a formação de união estável. Assevera que a lei civil exige como requisito de validade, tanto dos negócios jurídicos quanto dos atos jurídicos, naquilo que couber, a capacidade civil (arts. 104 e 166 c/c 185, todos do CC/2002). Assim, quer se considere a união estável um negócio jurídico ou um ato jurídico, a higidez mental, no entender do Min. Relator, é requisito essencial ao seu reconhecimento. Destaca que essa convivência também produz efeitos patrimoniais (art. 1.725 do CC/2002), consequentemente não seria só pela impossibilidade de constatar o intuito de constituir família, mas também sob a perspectiva das obrigações que naturalmente emergem da convivência em união estável. Por isso, entende que o incapaz, sem o necessário discernimento para os atos da vida civil, não pode conviver sob o vínculo de união estável. Precedentes citados: REsp 1.157.273/RN, DJe 07.06.2010, e REsp 186.013/SP, DJ 08.03.2004" (STJ, REsp 1.201.462/MG, Rel. Min. Massami Uyeda, j. 14.04.2011).

Todavia, cabe ressaltar que essa ementa mereceria um novo dimensionamento, se julgado a partir do ano de 2016. Isso porque, como visto, o Estatuto da Pessoa com Deficiência – Lei 13.146/2015 –, alterou os arts. 3.º e 4.º do Código Civil, passando a expressar que somente são absolutamente incapazes os menores de 16 anos.

Em complemento, vale lembrar que foi revogado o inc. I do art. 1.548 do Código Civil, que previa a nulidade do casamento do enfermo e doente mental, sem discernimento para a prática dos atos da vida civil. Muito ao contrário, o art. 6.º do Estatuto consagra a capacidade plena das pessoas com deficiência para os atos existenciais familiares, inclusive para se casar ou constituir união estável (inc. I). Assim, a união estável estabelecida por tais pessoas é plenamente válida, na contramão do aresto transcrito.

Ademais, insta verificar se um menor de dezesseis anos – assim como ocorre com o casamento – não poderá constituir uma união estável. Pontue-se que o Superior Tribunal de Justiça vinha aplicando tal dedução a fim de afastar a tese de extinção da punibilidade penal por estupro em casos tais (STJ, HC 170.030/PR, 5.ª Turma, Rel. Min. Laurita Vaz, j. 28.08.2012, DJE 05.09.2012; e STJ, HC 85.604/SP, 5.ª Turma, Rel. Min. Felix Fischer, j. 18.11.2008, DJE 15.12.2008). Na mesma esteira, aplicando a mesma regra do art. 1.517 do CC/2002 para a união estável, do Tribunal Catarinense:

"Apelação cível. Ação de reconhecimento de união estável. Instituto equiparado, por analogia, ao casamento. Convivente menor de idade ao tempo da união. Ausência de idade núbil. Aplicação do art. 1.517, do Código Civil. Impossibilidade jurídica do pedido. Recurso conhecido e desprovido. I. Primeiramente, a Lei n.º 9.278/1996 reconheceu a união estável e disciplinou os direitos e deveres dos companheiros perante a entidade familiar, bem como os direitos patrimoniais e sucessórios advindos dessa espécie de relacionamento. Contudo, omissa a aludida Lei acerca dos requisitos necessários a sua efetivação, aplicáveis, por analogia, as disposições contidas no Código Civil que regulamentam o casamento, por se tratar de institutos jurídicos que se equiparam, em que pese distintos (art. 226, § 3.º, CF). III. Consoante disposição contida no art. 1.517 do Código Civil, podem casar o homem e a mulher com dezesseis anos, exigida a autorização dos pais ou representantes legais, enquanto não atingida a maioridade civil. Todavia, ausente idade núbil mínima exigida pela legislação, não há falar em casamento ou reconhecimento da união estável, por impossibilidade jurídica do pedido" (TJSC, Apelação Cível 2008.007832-0, 1.ª Câmara de Direito Civil, Criciúma, Rel. Des. Joel Dias Figueira Júnior, j. 02.05.2011, DJSC 31.05.2011, p. 114).

Sobre os menores de 16 anos, vale relembrar que a Lei 13.811/2019 alterou o art. 1.520 do Código Civil Brasileiro, passando a proibir, expressamente, o casamento do menor de 16 anos, denominado por alguns como casamento infantil. Conforme o atual texto do dispositivo da codificação privada, "não será permitido, em qualquer caso, o casamento de quem não atingiu a idade núbil, observado o disposto no art. 1.517 deste Código".

Como antes pontuado, não houve alteração ou revogação expressa de qualquer outro comando do Código Civil em vigor. Diante dessa realidade legal, e como o menor de 16 anos já era considerado incapaz para o casamento pelo sistema anterior, entendo subsistir a nulidade relativa ou anulabilidade do casamento do menor de 16 anos.

Assim, continua plenamente em vigor o art. 1.550, inc. I, da codificação material, que assim o expressa. A mesma conclusão vale para os dispositivos que tratam da possibilidade de convalidação do casamento do menor (arts. 1.551 e 1.553 do CC/2002); para a norma que elenca os legitimados a promoverem a ação anulatória (art. 1.552) e para o comando que consagra o prazo decadencial de 180 dias ao ingresso da ação anulatória do casamento em casos tais (art. 1.560, § 1.º). Não me convence, portanto, a afirmação feita por alguns doutrinadores no sentido de ser o casamento infantil nulo de pleno direito, diante da norma emergente. Será necessário, assim, reformar o Código Civil, para que a nulidade absoluta do casamento infantil esteja expressa na lei, o que está sendo proposto pela Comissão de Juristas nomeada no âmbito do Senado Federal.

Resta agora analisar a hipótese fática da união estável constituída pelo menor de 16 anos. Seria ela nula ou perfeitamente válida, na realidade jurídica brasileira? A resposta a essa indagação é importante pois, estando proibido peremptoriamente o casamento infantil, a união estável acaba sendo uma opção para muitas pessoas que querem constituir outra entidade familiar.

Imagine-se, por exemplo, o caso de uma menor com 15 anos de idade que engravida do namorado de 18 anos e que pretende com ele viver em estado de conjugalidade, cuidando do filho havido dessa união, em comunhão plena de vidas. Não há qualquer dispositivo que trate da idade mínima para a sua constituição, a exemplo do que ocorre com o casamento, estando a idade núbil de 16 anos fixada no antes citado art. 1.517 do Código Civil.

Sobre a união estável, há outro comando a ser destacado, que afasta a sua caracterização em havendo impedimento matrimonial, prevendo o art. 1.727 da codificação que "as relações não eventuais entre o homem e a mulher, impedidos de casar, constituem concubinato". Todavia, como exposto no Capítulo 2 desta obra, a questão da idade não importa em impedimento para o casamento, mas em questão afeita à incapacidade matrimonial. Por isso, o último preceito não tem incidência para a temática que ora se analisa.

Apesar dessa ausência de norma específica relativa à capacidade para a constituição da união estável, é forte o entendimento doutrinário e jurisprudencial – inclusive na linha do último aresto estadual transcrito –, no sentido de que devem ser observados, por analogia, os mesmos critérios presentes para o casamento.

Seguindo essa posição, a união estável do menor de 16 anos deveria ser tida como nula ou até como inexistente, para os que admitem essa teoria. Isso porque, em havendo incapacidade para o casamento, esta também se faz presente para a união estável, aplicando-se o art. 1.517 do Código Civil para a última entidade familiar. Não se cogita a anulabilidade da união estável pela falta de previsão legal a respeito da invalidade, ao contrário do que ocorre com o casamento (art. 1.550, inc. I, do CC).

Entretanto, é possível concluir de modo diverso, entendimento sobre o qual tenho refletido a partir da entrada em vigor da Lei 13.811/2019. De início, para afastar a tese quanto à aplicação do art. 1.517 do Código Civil por analogia, lembro que se trata de norma restritiva, que, como tal, não comporta essa forma de integração, prevista no art. 4.º da Lei de Introdução às Normas do Direito Brasileiro.

Sobre o argumento de equiparação das duas entidades familiares – que ganhou força com o julgamento do STF de inconstitucionalidade do art. 1.790 do Código Civil, publicado no *Informativo* n. 864 da Corte –, anote-se a afirmação no sentido de que permanecem diferenças entre o casamento e a união estável, sobretudo quanto às normas de constituição e de formalidades.

A eventual conclusão pela existência e validade da união estável do menor de 16 anos tem como fundamento a afirmação doutrinária no sentido de tratar-se de um ato-fato jurídico, um fato jurídico qualificado por uma vontade não relevante em um primeiro momento, mas que se revela relevante por seus efeitos. Em havendo tal instituto, mitigam-se as regras de validade, notadamente as que dizem respeito à capacidade.

Nesse contexto, não deve ser considerada a incapacidade absoluta prevista no art. 3.º do Código Civil, quanto aos menores de 16 anos. Relativiza-se, ainda, o que consta do art. 166, inc. I, da própria codificação, no sentido de ser nulo o negócio jurídico celebrado por absolutamente incapaz, sem a devida representação.

A melhor expressão de análise casuística da vontade no ato-fato jurídico é retirada do teor do Enunciado n. 138, aprovado na *III Jornada de Direito Civil*, do Conselho da Justiça Federal, neste livro já citado, segundo o qual a vontade dos absolutamente incapazes, na hipótese dos menores de 16 anos, é juridicamente relevante na concretização de situações existenciais a eles concernentes, desde que demonstrem discernimento bastante para tanto. Não se pode negar que a constituição de uma união estável é uma situação existencial e, tendo o menor de idade o necessário discernimento para esse ato familiar, pode ele ser tido como plenamente válido.

Sempre tive resistência doutrinária em relação ao ato-fato jurídico, por entender que a categoria não teria a necessária e efetiva aplicação prática no ordenamento jurídico brasileiro. Ademais, quanto à união estável, tenho sustentado tratar-se de um negócio jurídico ou de um ato jurídico em sentido estrito, a depender da qualificação da vontade no caso concreto. Todavia, a hipótese fática de união estável do menor de 16 anos traz a mim conclusão em sentido contrário, de efetividade do instituto, sendo viável doutrinariamente adotá-lo em casos tais.

Como reflexão adicional, nota-se que o casamento e a união estável acabam por receber uma *certa condenação legislativa prévia* em alguns casos, no sentido de não serem admitidos para não prejudicar determinadas pessoas, tidas como em situações de vulnerabilidade. Esse raciocínio, por exemplo, fazia com que fosse proibido o casamento do enfermo mental, conforme a redação original do art. 1.548, inc. I, do Código Civil, revogado pelo Estatuto da Pessoa com Deficiência (Lei 13.146/2015). Essa revogação, propiciando o casamento da pessoa com deficiência, evidencia o pensamento em contrário, de não se poder considerar a constituição da entidade familiar como prejudicial.

Todavia, a ideia de *condenar* a constituição da família parece ter voltado com a emergência da Lei 13.811/2019, na alteração relativa ao art. 1.520 do Código Civil. Seria correto estender tal raciocínio à união estável? Entendo que existem motivos consideráveis para se afirmar que não, dando-se ao sistema jurídico certa margem de liberdade para o exercício da autonomia privada quanto à escolha de uma ou outra entidade familiar.

Para encerrar o estudo dos requisitos da união estável, é interessante analisar as proposições feitas para o art. 1.723 da Lei Geral Privada, pela Comissão de Juristas nomeada para a recente proposta de Reforma do Código Civil. Muitas delas resolvem os dilemas expostos no presente tópico.

Importante destacar que a Comissão de Juristas, seguindo proposição da Relatora-Geral, Professora Rosa Maria de Andrade Nery, sugere que a união estável passe a ser tratada no Capítulo IV do livro de Direito de Família, denominado "Da União Estável". Com essa nova organização, são revogados expressamente os arts. 1.723 a 1.727 do CC e incluídos os novos arts. 1.564-A a 1.564-D. Também se propõe a revogação expressa da Lei 8.971/1994 e da Lei 9.278/1996, para que, finalmente, o tema esteja totalmente concentrado no Código Civil de 2002.

Como antes pontuado, a Comissão de Juristas preferiu o termo "conviventes" a "companheiros", por ser mais correto tecnicamente, tendo em vista a sua neutralidade em vários aspectos e a sua potencialidade em explicar melhor o fenômeno da união estável. Ademais, esse é o termo preferido do Professor Álvaro Villaça Azevedo e que constava da Lei 9.278/1996.

Nesse contexto de proposta de modificação do sistema vigente, o novo art. 1.564-A repete no seu *caput* os requisitos da união estável já consolidados no nosso País, apenas se retirando a menção a homem e mulher, substituída por "duas pessoas", para os fins de se reconhecer, na lei – finalmente –, a união estável homoafetiva: "é reconhecida como entidade familiar a união estável entre duas pessoas, mediante uma convivência pública, contínua e duradoura e estabelecida como família". Foi adotado, portanto, o entendimento da jurisprudência superior consolidada, do Supremo Tribunal Federal e do Superior Tribunal de Justiça, uma das orientações metodológicas da Reforma. A menção a duas pessoas fecha qualquer possibilidade de reconhecimento de vínculos poliafetivos ou concomitantes, também na linha da mesma jurisprudência superior, o que ainda será aqui analisado.

Seguindo-se na análise das proposições, no § 1.º do art. 1.564-A ora projetado, "a união estável não se constituirá, se ocorrerem os impedimentos do art. 1.521, não se aplicando a incidência do inc. VI no caso de a pessoa casada ou o convivente se achar separado de fato ou judicialmente de seu anterior cônjuge ou convivente". É mantida, portanto, a possibilidade de a pessoa separada manter a união estável, bastando a separação de fato.

Foi também mantida a separação judicial na norma para que seja aplicada a quem se encontra ainda nessa situação, como está na tese final do julgamento do Tema n. 1.053 do STF, na preservação do direito adquirido dessas pessoas ("após a promulgação da EC 66/2010, a separação judicial não é mais requisito para o divórcio nem subsiste como figura autônoma no ordenamento jurídico. Sem prejuízo, preserva-se o estado civil das pessoas que já estão separadas, por decisão judicial ou escritura pública, por se tratar de ato jurídico perfeito (art. 5.º, XXXVI, da CF)"). Por um lapso, faltou na proposta a menção à separação extrajudicial, por escritura pública, o que deve ser corrigido no âmbito do Congresso Nacional. Como se pode notar, mais uma vez, não será possível o reconhecimento de união concomitante se houver uma união estável prévia, aplicando-se a monogamia também a ela, nessa previsão.

Também é incluída, em boa hora, a vedação expressa para que pessoas com menos de 16 anos constituam união estável, em *espelhamento* com o casamento, sendo possível a sua configuração para as pessoas entre 16 e 18 anos desde que emancipadas ("§ 2.º As pessoas com menos de dezesseis anos de idade não podem constituir união estável e aquelas com idade entre dezesseis e dezoito anos podem constituir união estável, se emancipadas"). Com isso, resolve-se profundo debate, teórico e prático, hoje ainda existentes.

Como última proposta a respeito dos elementos da união estável, no texto do novo § 3.º do art. 1.564-A, "é facultativo o registro da união estável, mas, se feito, altera o estado civil das partes para conviventes, devendo, a partir deste momento, ser declarado em todos os atos da vida civil". Como antes pontuado, a união estável, que é registrada no Livro E no Cartório de Registro Civil das Pessoas Naturais, passa a criar o estado civil de convivente, o que, na minha interpretação, já é a realidade jurídica advinda da Lei do SERP (Lei 14.382/2022). A projeção dá segurança jurídica ao instituto e confirma a realidade de uma *união estável superqualificada*, equiparada ao casamento para todos os fins, nas regras de solidariedade e de formalidade.

Como se pode perceber, não há qualquer menção no novo art. 1.564-A quanto às causas suspensivas e à união estável, diante da proposta de revogação expressa do art. 1.523 do CC, desparecendo do sistema ao lado da separação obrigatória de bens (art. 1.641), o que simplifica as coisas e *destrava* a vida das pessoas. Espera-se, portanto, a aprovação de todas as proposições pelo Parlamento Brasileiro.

Superado o presente tópico com essas intrincadas discussões a respeito dos requisitos para a configuração da união estável, parte-se ao estudo das diferenças entre a união estável e o concubinato.

5.3 DIFERENÇAS ENTRE UNIÃO ESTÁVEL E CONCUBINATO. A QUESTÃO DAS UNIÕES ESTÁVEIS PLÚRIMAS OU PARALELAS. A MONOGAMIA COMO PRINCÍPIO DA UNIÃO ESTÁVEL

Neste ponto do trabalho, é preciso distinguir os conceitos de união estável e concubinato, o que em muito confunde o aplicador do Direito. Para esse esclarecimento, serão utilizados os ensinamentos que foram transmitidos ao autor deste livro pelo Professor Álvaro Villaça Azevedo, um dos maiores especialistas a respeito do assunto em nosso país, no curso de graduação na Faculdade de Direito da USP. O tema será incrementado com o pensamento de outros juristas, especialmente os que compõem o Instituto Brasileiro de Direito de Família.

Apesar de superada uma década, os conceitos ainda são atuais, visando a uma elucidação didática, o que justifica a sua permanência nesta obra, para os devidos fins de esclarecimento.

Como é notório, por muito tempo se utilizou a expressão *concubinato* como sinônima de *união estável*. Assim, a concubina seria a companheira. Porém, não se pode fazer tal confusão, principalmente no que diz respeito à pessoa que vive em união estável. Em suma, em hipótese alguma o aplicador do direito poderá confundir as duas denominações, sob pena de conclusões totalmente equivocadas. Na verdade, aqueles que utilizam os termos concubinato e união estável como expressões sinônimas estão desatualizados desde a Constituição Federal de 1988.

Pois bem, utilizando as antigas lições de Álvaro Villaça, pode-se dizer que o concubinato em sentido amplo ou *lato sensu* pode ser subclassificado em outros dois conceitos, a seguir expostos de forma pontual:

a) Concubinato puro

Tratar-se-ia da união estável, hipótese em que os companheiros são viúvos, solteiros, divorciados ou separados de fato, judicial ou extrajudicialmente; desde que preenchidos os demais requisitos caracterizadores da entidade familiar em debate. Em relação à separação jurídica ou de direito, repise-se que, diante da *Emenda do Divórcio* (EC 66/2010) e do Tema n. 1.053 do STF, somente têm pertinência as situações dos relacionamentos anteriores e das pessoas já separadas antes da sua entrada em vigor.

A competência para apreciar as questões envolvendo a união estável é da Vara da Família. A ação correspondente deve ser denominada *ação de reconhecimento e dissolução de união estável*, seguindo, na vigência do CPC/1973, o rito ordinário. No CPC/2015, deve seguir as regras especiais previstas para as ações de Direito de Família, entre os arts. 693 a 699.

Conforme o primeiro dispositivo instrumental citado, tais normas específicas aplicam-se aos processos contenciosos de divórcio, separação, reconhecimento e extinção de união estável, guarda, visitação e filiação. Como se nota, há aqui mais uma equiparação, no que diz respeito aos procedimentos, entre a união estável e o casamento.

Incrementando essa tendência ao acordo e ao diálogo, preceitua o art. 695 do vigente Código de Processo Civil que, recebida a petição inicial, em todas as demandas citadas, e, se for o caso, tomadas as providências referentes à tutela provisória, o juiz ordenará a citação do réu para comparecer à audiência de mediação e conciliação.

O mandado de citação conterá apenas os dados necessários à audiência e deverá estar desacompanhado de cópia da petição inicial, assegurado ao réu o direito de examinar seu conteúdo a qualquer tempo (art. 695, § 1.º, do CPC/2015).

Frise-se que o objetivo do mandado desacompanhado da exordial, sem a contrafé, é não *inflamar* ainda mais os ânimos do réu, dentro da ideia de *cultura de paz*. Todavia, reafirme-se que essa falta de comunicação, na minha opinião doutrinária, pode aumentar o conflito, especialmente se o réu se sentir surpreendido pela ação judicial. Além disso, parece existir uma contrariedade ao dever de informação, corolário da boa-fé objetiva, que é um dos princípios do CPC/2015, retirado dos seus arts. 5.º e 6.º. Reafirmo que parece ser dúbia a inovação e somente a prática continuada demonstrará se ela veio em boa hora ou apenas para aprofundar a *cultura da guerra* geralmente notada nas ações de Direito de Família.

Com o intuito de agilização, a citação na ação de reconhecimento e dissolução de união estável ocorrerá com antecedência mínima de 15 dias da data designada para a audiência (art. 695, § 2.º, do CPC/2015). Para que não pairem dúvidas de sua efetivação e diante da pessoalidade das demandas familiares, a citação será sempre feita na pessoa do réu, não se admitindo a intimação postal ou por edital (art. 695, § 3.º, do CPC/2015). Além disso, as partes deverão estar obrigatoriamente acompanhadas de seus advogados ou defensores públicos na audiência de mediação ou conciliação, para que esta seja bem conduzida e orientada (art. 695, § 4.º, do CPC/2015).

Conforme o art. 696 do CPC/2015, a audiência de mediação e conciliação poderá dividir-se em tantas sessões quantas forem necessárias para viabilizar a solução consensual. Isso, sem prejuízo de providências jurisdicionais para evitar o perecimento do direito. A título de exemplo, as sessões de mediação não prejudicam a expedição de uma liminar para pagamento de alimentos em caso envolvendo a dissolução da união estável.

Sucessivamente, conforme o art. 697 do CPC/2015, sendo infrutífera a mediação ou a conciliação, ou seja, não realizado o acordo, passarão a incidir, a partir de então, as normas do procedimento comum. Consoante o mesmo preceito, deve ser observado o art. 335 do *Codex*, que trata da defesa do réu por meio da contestação.

No que diz respeito à intervenção do Ministério Público nas ações de Direito de Família, esta somente deve ocorrer quando houver interesse de incapaz, seja ele menor ou maior (art. 698 do CPC/2015). Pelo mesmo comando e nessas circunstâncias, o *parquet* sempre deverá ser ouvido previamente à homologação de acordo. Lembro que a Lei 13.894/2019 incluiu um parágrafo único no preceito, prevendo que o Ministério Público também intervirá, quando não for parte, nas ações de família em que figure como parte vítima de violência doméstica e familiar, nos termos da Lei Maria da Penha, o que tem incidência para a ação de dissolução de união estável.

Repise-se que a norma segue a tendência prática de somente exigir a intervenção do MP quando houver interesse de incapazes, o que já era aplicado para as ações de divórcio, por regulamentação interna de muitos Ministérios Públicos Estaduais, amplamente acatada pela jurisprudência local.

Por derradeiro quanto aos procedimentos, estabelece o art. 699 do CPC/2015 que quando o processo envolver discussão sobre fato relacionado a abuso ou a alienação parental, o juiz, ao tomar o depoimento do incapaz, deverá estar acompanhado por especialista.

Ainda a propósito dessa demanda a respeito da união estável, vale a advertência de Gustavo Rene Nicolau a respeito da prova da existência da entidade familiar, eis que "não raro, a ação declaratória de reconhecimento de união estável se resolve de maneira decisiva na oitiva de testemunhas, no relato dos vizinhos, dos amigos em comum, das pessoas que trabalhavam no domicílio do casal" (NICOLAU, Gustavo Rene. *União...*, 2011, p. 101).

Todavia, deve ficar consignado que não se recomenda a utilização do termo *concubinato puro*. Melhor o uso da expressão *união estável* em razão da opção do Código Civil de 2002. O próprio Álvaro Villaça tem afirmado, em palestras e interlocuções, que é melhor não utilizar *concubinato puro* para denotar a união estável.

Quanto à ação correspondente, anote-se que o Superior Tribunal de Justiça admitia a ação consensual, nos moldes do que se verificava para o casamento:

"União estável. Dissolução. Interesse de agir. Partilha do patrimônio comum. Ajuste consensual. 1. A união estável autoriza os parceiros a procurar, amigavelmente, o Poder Judiciário para fazer a respectiva dissolução. 2. Recurso especial conhecido e provido, por maioria" (STJ, REsp 178.262/DF, Rel. Min. Menezes Direito, j. 19.05.2005).

O entendimento pode ser tido como mantido, nos moldes do atual divórcio, como se verá a seguir. Ademais, o CPC/2015 passou a tratar expressamente da escritura pública consensual de dissolução da união estável. O tema também será aprofundado mais à frente.

b) Concubinato impuro

Na linha da classificação desenvolvida por Álvaro Villaça Azevedo, trata-se da convivência estabelecida entre uma pessoa ou pessoas que são impedidas de casar e que não podem ter entre si uma união estável, como é o caso da pessoa casada não separada de fato, extrajudicialmente ou judicialmente, que convive com outra. Imagine-se o caso do sujeito casado que tem uma amante, havendo aqui um concubinato impuro, ou concubinato em sentido estrito (*stricto sensu*). O Professor Villaça usa para tal hipótese a expressão *concubinato adulterino*.

Nos casos de concubinato entre pessoas que estão impedidas de casar diante de impedimentos decorrentes do parentesco, o concubinato é denominado *incestuoso*. Ainda, se a pessoa tiver outra união de fato, o concubinato é chamado de *desleal* (AZEVEDO, Álvaro Villaça. *Estatuto...*, 2002, p. 460). Utilizando o último termo, da jurisprudência: TJMG, Apelação Cível 1.0384.05.039349-3/0021, 4.ª Câmara Cível, Leopoldina, Rel. Des. Moreira Diniz, j. 21.02.2008, DJEMG 13.03.2008.

O art. 1.727 do CC/2002 adotou essa distinção, por clara influência do *Mestre das Arcadas*, ao enunciar que: "as relações não eventuais entre o homem e a mulher impedidos de casar, constitui concubinato". Quando a lei faz referência ao concubinato, por óbvio que se trata do concubinato impuro. Por isso, melhor a utilização do vocábulo *concubinato* sem qualquer adjetivação, como tem afirmado o próprio jurista. Em resumo, estará caracterizado o concubinato nas seguintes hipóteses:

- Se um ou ambos os concubinos forem casados não separados (de fato, extrajudicial ou judicialmente) – art. 1.521, inc. VI, com exceção da previsão do art. 1.723, § 1.º, do CC. Cumpre lembrar, mais uma vez, que a norma deve ser lida com ressalvas, a partir da Emenda Constitucional n. 66/2010, no sentido de ter sido retirada do sistema jurídico nacional a separação de direito ou jurídica, que abrange a separação judicial e a extrajudicial. Nessa linha, repise-se, julgou o Supremo Tribunal Federal, em 2023, pondo fim a um longo debate (STF, RE 1.167.478/RJ, Tribunal Pleno, Rel. Min. Luiz Fux, Tema n. 1.053, j. 08.11.2023).
- Se os concubinos tiverem entre si impedimentos decorrentes de parentesco consanguíneo (ascendentes e descendentes ou irmãos). Não se aplica o impedimento entre colaterais de terceiro grau (tios e sobrinhos), pois não há risco à prole (interpretação sistemática, à luz do Decreto-lei 3.200/1941 e do Enunciado n. 98 do CJF/STJ) – art. 1.521, incs. I e IV, do CC.
- Se os concubinos tiverem entre si impedimentos decorrentes de adoção – art. 1.521, incs. III e V, do CC.
- Se os concubinos tiverem entre si impedimentos decorrentes de parentesco por afinidade (sogra e genro, sogro e nora, padrasto e enteada, madrasta e enteado) – art. 1.521, inc. II, do CC.
- Se os concubinos tiverem entre si impedimento decorrente de crime – art. 1.521, inc. VII, do CC.

Deve ficar claro que não se trata de aplicação de tais impedimentos por analogia, o que seria vedado, pois a norma do art. 1.521 do CC/2002 é restritiva da autonomia privada. Na verdade, são os próprios arts. 1.723 e 1.727 do Código Civil que determinam a incidência dos impedimentos decorrentes do casamento com exceção, logicamente, da previsão do caso do separado de fato ou juridicamente (art. 1.723, § 1.º, do CC, com leitura atualizada pela Emenda Constitucional 66/2010), apesar da falta de previsão expressa no próprio art. 1.727 do Código Civil, conforme aqui foi apontado.

O concubinato, antigamente denominado de *impuro*, e, atualmente apenas de concubinato, não é entidade familiar, mas mera sociedade de fato. Aplica-se a Súmula 380 do Supremo Tribunal Federal, tendo direito o concubino à participação nos bens adquiridos pelo esforço comum. A competência para apreciar questões envolvendo esse concubinato é da Vara Cível, não da Vara da Família, eis que não se trata de entidade familiar. A ação correspondente é denominada *ação de reconhecimento e dissolução de sociedade de fato* (*rito ordinário*, pelo CPC/1973; *procedimento comum*, pelo CPC/2015), nome este que *não pode ser utilizado para a ação relacionada com a união estável*.

Por óbvio que o concubino não tem direito a alimentos, direitos sucessórios ou direito à meação, uma vez que não se trata de uma entidade familiar. Nesse sentido tem decidido o Superior Tribunal de Justiça:

"Sociedade de fato entre concubinos. Homem casado. Dissolução judicial. Admissibilidade. É admissível a pretensão de dissolver a sociedade de fato, embora um dos concubinos seja casado. Tal situação não impede a aplicação do princípio inscrito na Súmula 380/STF. Recurso especial conhecido e provido" (STJ, REsp 5.537/PR, 3.ª Turma, Rel. Min. Waldemar Zveiter, Rel. p/ acórdão Min. Nilson Naves, j. 28.06.1991, *DJ* 09.09.1991, p. 12.196).

"Concubinato. Sociedade de fato. Direito das obrigações. 1. Segundo entendimento pretoriano, a sociedade de fato entre concubinos é, para as consequências jurídicas que lhe decorram das relações obrigacionais, irrelevante o casamento de qualquer deles, sobretudo, porque a censurabilidade do adultério não pode justificar que se locuplete com o esforço alheio, exatamente aquele que o pratica. 2. Recurso não conhecido" (STJ, REsp 229.069/SP, 4.ª Turma, Rel. Min. Fernando Gonçalves, j. 26.04.2005, *DJ* 16.05.2005, p. 351).

"Direito civil. Recurso especial. Reconhecimento e dissolução de sociedade de fato c/c partilha de bens e indenizatória. Arts. 513, 524, 1.177 e 1.572 do CC/1916. Ausência de prequestionamento. Súmula 356/STF. Prescrição vintenária. Art. 177, 1.ª Parte, do CC/1916. Ação de natureza pessoal. Sociedade de fato. Companheiro casado. Possibilidade. Súmula 83/STJ. Dissídio pretoriano não comprovado. 2. Encontrando-se o v. acórdão impugnado em consonância com a jurisprudência desta Corte, no sentido da possibilidade do reconhecimento e dissolução de sociedade de fato quando se tratar de pessoa casada, aplica-se a Súmula 83/STJ (cf. REsp 362.743/PB, 257.115/RJ, 195.157/ES). (...) 4. Possuindo a Ação de Reconhecimento e Dissolução de Sociedade de Fato c/c Partilha de Bens e Indenizatória natureza pessoal, o prazo prescricional é de 20 (vinte) anos, a contar da ruptura da vida em comum, de acordo com o art. 177, 1.ª parte, do Código Civil de 1916. 5. Precedente (REsp 79.818/SP). 6. Recurso não conhecido" (STJ, REsp 418.910/DF, 4.ª Turma, Rel. Min. Jorge Scartezzini, j. 09.11.2004, *DJ* 06.12.2004, p. 317).

Pois bem, a temática do concubinato e da união estável tem sido tratada e analisada amplamente, tanto pelo Supremo Tribunal Federal quanto pelo Superior Tribunal de Justiça. Entra em cena o debate acerca da possibilidade de reconhecimento das *famílias simultâneas* ou *paralelas*, seja a existência de duas ou mais uniões estáveis concomitantes, seja a união estável concorrendo com o casamento.

O STF analisou no passado tal problemática no caso de um homem que tinha duas uniões concomitantes – um casamento e uma união estável –, em que ambas as mulheres requeriam pensão previdenciária do falecido. O interessante do caso em julgamento é que o falecido nunca se separou de fato da esposa. Assim, era casado de fato e de direito e com a esposa tinha onze filhos; mas mantinha relação duradoura de 37 anos com outra mulher da qual nasceram nove filhos (STF, RE 397.762-8/BA, j. 03.06.2008). O Relator Ministro Marco Aurélio Mello assim decidiu:

"É certo que o atual Código Civil, versa, ao contrário do anterior, de 1916, sobre a união estável, realidade a consubstanciar o núcleo familiar. Entretanto, na previsão, está excepcionada a proteção do Estado quando existente impedimento para o casamento relativamente aos integrantes da união, sendo que se um deles é casado, o estado civil deixa de ser óbice quando verificada a separação de fato. A regra é fruto do texto constitucional e, portanto, não se pode olvidar que, ao falecer, o varão encontrava-se na chefia da família oficial, vivendo com a esposa. O que se percebe é que houve envolvimento forte (...) projetado no tempo – 37 anos – dele surgindo prole numerosa – 9 filhos – mas que não surte efeitos jurídicos ante a ilegitimidade, ante o fato de o companheiro ter mantido casamento, com quem contraíra núpcias e tivera 11 filhos. Abandone-se a tentação de implementar o que poderia ser tido como uma justiça salomônica, porquanto a segurança jurídica pressupõe respeito às balizas legais, à obediência irrestrita às balizas constitucionais. No caso, vislumbrou-se união estável, quando na verdade, verificado simples concubinato, conforme pedagogicamente previsto no art. 1.727 do CC".

Em sentido divergente, contudo, o Ministro Carlos Ayres Brito concluiu do seguinte modo:

"Minha resposta é afirmativa para todas as perguntas. Francamente afirmativa, acrescento, porque a união estável se define por exclusão do casamento civil e da formação da família monoparental. É o que sobra dessas duas formatações, de modo a constituir uma terceira via: o *tertium genus* do companheirismo, abarcante assim dos casais desimpedidos para o casamento civil, ou, reversamente, ainda sem condições jurídicas para tanto. Daí ela própria, Constituição, falar explicitamente de 'cônjuge ou companheiro' no inciso V do seu art. 201, a propósito do direito a pensão por parte de segurado da previdência social geral. 'Companheiro' como situação jurídico-ativa de quem mantinha com o segurado falecido uma relação doméstica de franca estabilidade ('união estável'). Sem essa palavra azeda, feia, discriminadora, preconceituosa, do *concubinato*. Estou a dizer: não há concubinos para a Lei Mais Alta do nosso país, porém casais em situação de companheirismo. Até porque o concubinato implicaria discriminar os eventuais filhos do casal, que passariam a ser rotulados de 'filhos concubinários'. Designação pejorativa, essa, incontornavelmente agressora do enunciado constitucional de que 'Os filhos, havidos ou não da relação do casamento, ou por adoção, terão os mesmos direitos e qualificações, proibidas quaisquer designações discriminatórias relativas à filiação' (§ 6.º do art. 227, negritos à parte). 13. Com efeito, à luz do Direito Constitucional brasileiro o que importa é a formação em si de um novo e duradouro núcleo doméstico. A concreta disposição do casal para construir um lar com um subjetivo ânimo de permanência que o tempo objetivamente confirma. Isto é família, pouco importando se um dos parceiros mantém uma concomitante relação sentimental *a-dois*. No que *andou bem* a nossa Lei Maior, ajuízo, pois ao Direito não é dado sentir ciúmes pela parte supostamente traída, sabido que esse órgão chamado coração '*é terra que ninguém nunca pisou*'. Ele, coração humano, a se integrar num contexto empírico da mais entranhada privacidade, perante a qual o Ordenamento Jurídico somente pode atuar como instância protetiva. Não censora ou por qualquer modo embaraçante (...) 17. No caso dos presentes autos, o acórdão de que se recorre tem lastro factual comprobatório da estabilidade da relação de companheirismo que mantinha a parte recorrida com o *de cujus*, então segurado da previdência social. Relação amorosa de que resultou filiação e que fez da companheira uma dependente econômica do seu então parceiro, de modo a atrair para a resolução deste litígio o § 3.º do art. 226 da Constituição Federal. Pelo que, também desconsiderando a relação de casamento civil que o então segurado mantinha com outra mulher, perfilho o entendimento da Corte Estadual para desprover, como efetivamente desprovejo, o excepcional apelo. O que faço com as vênias de estilo ao relator do feito, ministro Marco Aurélio".

Os Ministros Carlos Alberto Menezes Direito, Cármen Lúcia Antunes Rocha e Ricardo Lewandowski acompanharam o relator, sendo que essa orientação prevaleceu. Com o devido respeito aos Ilustres Julgadores, o Ministro Ayres Britto, na situação descrita e pelas suas peculiaridades, parece ter razão.

Certamente, a esposa sabia do relacionamento paralelo, aceitando-o por anos a fio. Sendo assim, deve, do mesmo modo, aceitar a partilha dos direitos com a concubina, que deve ser tratada, no caso em análise, como companheira. Pode até ser invocada a aplicação do princípio da boa-fé objetiva ao Direito de Família, notadamente da máxima que veda o comportamento contraditório (*venire contra factum proprium non potest*). Ora, o comportamento contraditório está claro, uma vez que a esposa aceitou socialmente o relacionamento paralelo do marido. Sendo assim, igualmente deve concordar com a divisão de seus direitos em relação à outra mulher.

Acrescente-se que, em 2021, o Pleno do STF reafirmou o seu entendimento anterior, em repercussão geral, com a seguinte tese final: "é incompatível com a Constituição Federal o reconhecimento de direitos previdenciários (pensão por morte) à pessoa que manteve, durante longo período e com aparência familiar, união com outra casada, porquanto o concubinato não se equipara, para fins de proteção estatal, às uniões afetivas resultantes do casamento e da união estável" (STF, RE 883.168/SC, Tribunal Pleno, Rel. Min. Dias Toffoli, *DJe* 07.10.2021, p. 36 – Tema n. 526). Com isso, penso ter sido encerrado de forma definitiva o debate que havia sobre o tema.

No que concerne ao Superior Tribunal de Justiça, igualmente tem-se entendido pela impossibilidade do reconhecimento do paralelismo da união estável com o casamento, devendo a relação não oficial ser tratada como mero concubinato. A título de exemplo, a ilustrar:

"Civil e processual civil. Recurso especial. Preliminares de ilegitimidade passiva, inépcia da inicial e impossibilidade jurídica do pedido afastadas. Ação de reconhecimento de união estável, sociedade de fato ou concubinato. Partilha de pensão previdenciária. Servidor público casado. Impossibilidade. Recurso especial provido. 1. Inexistindo vedação normativa explícita a que a concubina peça, em juízo, o reconhecimento jurídico de uma determinada situação para fins de recebimento de pensão previdenciária, a impossibilidade jurídica do pedido aventada pelo recorrente há de ser afastada. 2. Em princípio, a viúva titular da pensão previdenciária deixada pelo marido é parte legítima para figurar no polo passivo de ação movida pela concubina, visando o rateio da verba. 3. Não se declara a nulidade do processo por ausência de intimação do órgão previdenciário, quando o mérito é decidido favoravelmente à recorrente. 4. Não é juridicamente possível conferir ao concubinato adulterino o mesmo tratamento da união estável. 5. 'A titularidade da pensão decorrente do falecimento de servidor público pressupõe vínculo agasalhado pelo ordenamento jurídico, mostrando-se impróprio o implemento de divisão a beneficiar, em detrimento da família, a concubina' (RE 590.779-1/ES; Rel. Ministro Marco Aurélio, *DJ* 26.03.2009). 6. Recurso especial provido" (STJ, REsp 1.185.653/PE, 4.ª Turma, Rel. Min. Luis Felipe Salomão, j. 07.12.2010, *DJe* 1.º.03.2011).

"Direito civil. Família. Recurso especial. Ação de reconhecimento de união estável. Casamento e concubinato simultâneos. Improcedência do pedido. A união estável pressupõe a ausência de impedimentos para o casamento, ou, pelo menos, que esteja o companheiro(a) separado de fato, enquanto a figura do concubinato repousa sobre pessoas impedidas de casar. Se os elementos probatórios atestam a simultaneidade das relações conjugal e de concubinato, impõe-se a prevalência dos interesses da mulher casada, cujo matrimônio não foi dissolvido, aos alegados direitos subjetivos pretendidos pela concubina, pois não há, sob o prisma do Direito de Família, prerrogativa desta à partilha dos bens deixados pelo concubino. Não há, portanto, como ser conferido *status* de união estável a relação concubinária concomitante a casamento válido. Recurso especial provido" (STJ, REsp 931.155/RS, 3.ª Turma, Rel. Min. Nancy Andrighi, j. 07.08.2007, *DJ* 20.08.2007, p. 281).

Todavia, seguindo outra solução, pelo menos em parte, em instigante julgado de 2015, o Superior Tribunal de Justiça reconheceu o direito de uma concubina idosa a continuar a receber verbas alimentares, diante de justas expectativas geradas pelo concubino. O aresto cita como fundamentos, ainda, a proteção do Estatuto da Pessoa Idosa e os princípios constitucionais da dignidade humana e da solidariedade familiar. Conforme a correta relatoria do Ministro João Otávio de Noronha:

"A leitura do acórdão recorrido evidencia que o presente feito apresenta peculiaridades que tornam o caso excepcionalíssimo. Não se trata, aqui, de aplicação da letra pura e simples da lei, pois essas singularidades demonstram a incidência simultânea de mais de um princípio no caso concreto, o da preservação da família e os da dignidade e da solidariedade humanas, que devem ser avaliados para se verificar qual deve reger o caso concreto. Indago: que dano ou prejuízo uma relação extraconjugal desfeita depois de mais de quarenta anos pode acarretar à família do recorrente? Que família, a esta altura, tem-se a preservar? Por outro lado, se o recorrente, espontaneamente, proveu o sustento da recorrida, durante esse longo período de relacionamento amoroso, por que, agora, quando ela já é septuagenária, deve ficar desamparada e desassistida? (...) A resposta às indagações feitas surge claramente dos autos. Ficou evidenciada, com o decurso do tempo, a inexistência de risco à desestruturação da família do recorrente, bem como a possibilidade de exposição de pessoa já idosa a desamparo financeiro, tendo em vista que foi o próprio recorrente quem proveu o sustento, o que vale dizer, foi ele quem deu ensejo a essa situação e não pode, agora, beneficiar-se dos próprios atos. É evidente que, no caso específico, há uma convergência de princípios, de modo que é preciso conciliá-los para aplicar aqueles adequados a embasar a decisão, a saber, os princípios da solidariedade e da dignidade da pessoa humana, pelas razões já exaustivamente expostas" (STJ, REsp 1185337/RS, 3.ª Turma, Rel. Min. João Otávio de Noronha, j. 17.03.2015, *DJe* 31.03.2015).

Como se pode notar, o acórdão reconhece direitos adquiridos em decorrência de uma união paralela concubinária, resolvendo o problema também sob a perspectiva da boa-fé, na minha leitura, diante das expectativas que foram geradas no caso concreto. Todavia, não reconheceu a presença de uma família paralela.

Em suma, tem prevalecido nos Tribunais Superiores o entendimento de não se admitir uma relação familiar de concomitância entre um casamento e uma união estável; apesar de algumas resistências para certos efeitos, como se retira do último aresto. Deve-se acrescentar que, por outro lado, o Tribunal Gaúcho concluiu o seguinte:

"Apelação. União dúplice. União estável. Possibilidade. A prova dos autos é robusta e firme a demonstrar a existência de união entre a autora e o *de cujus* em período concomitante ao casamento de 'papel'. Reconhecimento de união dúplice. Precedentes jurisprudenciais. Os bens adquiridos na constância da união dúplice são partilhados entre a esposa, a companheira e o *de cujus*. Meação que se transmuda em 'triação', pela duplicidade de uniões. Deram provimento, por maioria, vencido o des. relator" (TJRS, Apelação Cível 70019387455, 8.ª Câmara Cível, Rel. Rui Portanova, j. 24.05.2007).

Outros julgados daquele Tribunal podem ser colacionados. A primeira decisão transcrita é interessante, por utilizar o termo *triação*, expressando a divisão igualitária dos bens entre a esposa e a concubina:

"Apelação. União estável concomitante ao casamento. Possibilidade. Divisão de bem. 'Triação'. Viável o reconhecimento de união estável paralela ao casamento. Precedentes jurisprudenciais. Caso em que a prova dos autos é robusta em demonstrar que a apelante manteve união estável com o falecido, mesmo antes dele se separar de fato da esposa. Necessidade de dividir o único bem adquirido no período em que o casamento foi concomitante à união estável em três partes. 'Triação'. Precedentes jurisprudenciais. Deram provimento, por maioria" (TJRS, Acórdão 70024804015, 8.ª Câmara Cível, Guaíba, Rel. Des. Rui Portanova, j. 13.08.2009, *DJERS* 04.09.2009, p. 49).

"Apelação cível. União estável. Relacionamento paralelo ao casamento. Se mesmo não estando separado de fato da esposa, vivia o falecido em união estável com a autora/companheira, entidade familiar perfeitamente caracterizada nos autos, deve ser reconhecida a sua existência, paralela ao casamento, com a consequente partilha de bens. Precedentes. Apelação parcialmente provida, por maioria" (TJRS, Acórdão 70021968433, 8.ª Câmara Cível, Canoas, Rel. Des. José Ataídes Siqueira Trindade, j. 06.12.2007, *DOERS* 07.01.2008, p. 35).

Em 2014, gerou muita polêmica julgado do Tribunal de Justiça do Maranhão. O *decisum* reconheceu a simultaneidade familiar em hipótese de homem casado que tinha uma concubina, tratada como companheira, para fins sucessórios. Vejamos a ementa desse julgamento:

"Direito de família. Apelação cível. Ação declaratória de união estável *post mortem*. Casamento e união estável simultâneos. Reconhecimento. Possibilidade. Provimento. 1. Ainda que de forma incipiente, doutrina e jurisprudência vêm reconhecendo a juridicidade das chamadas famílias paralelas, como aquelas que se formam concomitantemente ao casamento ou à união estável. 2. A força dos fatos surge como situações novas que reclamam acolhida jurídica para não ficarem no limbo da exclusão. Dentre esses casos, estão exatamente as famílias paralelas, que vicejam ao lado das famílias matrimonializadas. 3. Para a familiarista Giselda Hironaka, a família paralela não é uma família inventada, nem é família imoral, amoral ou aética, nem ilícita. E continua, com esta lição: 'Na verdade, são famílias estigmatizadas, socialmente falando. O segundo núcleo ainda hoje é concebido como estritamente adulterino, e, por isso, de certa forma perigoso, moralmente reprovável e até maligno. A concepção é generalizada e cada caso não é considerado por si só, com suas peculiaridades próprias. É como se todas as situações de simultaneidade fossem iguais, malignas e inseridas num único e exclusivo contexto. O triângulo amoroso sub-reptício, demolidor do relacionamento número um, sólido e perfeito, é o quadro que sempre está à frente do pensamento geral, quando se refere a famílias paralelas. O preconceito, ainda que amenizado nos dias atuais, sem dúvida, ainda existe na roda social, o que também dificulta o seu reconhecimento na roda judicial'. 4. Havendo nos autos elementos suficientes ao reconhecimento da existência de união estável entre a apelante e o *de cujus*, o caso é de procedência do pedido formulado em ação declaratória. 5. Apelação cível provida" (TJMA, Recurso 19048/2013, Acórdão 149918/2014, 3.ª Câmara Cível, Rel. Des. Jamil de Miranda Gedeon Neto, j. 10.07.2014, *DJEMA* 17.07.2014).

Em suma, alguns Tribunais Estaduais já traziam solução semelhante à apontada no mais recente julgamento do Superior Tribunal de Justiça, com a diferença de tratamento do concubinato como entidade familiar.

No plano doutrinário, anote-se destaque de reconhecimento de direitos ao amante, como se pode retirar da obra de Pablo Stolze e Rodolfo Pamplona Filho, que expõem essa tendência de equiparação do concubinato à união estável, em algumas hipóteses (GAGLIANO, Pablo Stolze; PAMPLONA FILHO, Rodolfo. *Novo curso*..., p. 457-469. O Capítulo XX da obra é intitulado "Concubinato e direitos da(o) amante". Giselda Maria Fernandes Novaes Hironaka também aborda o tema, em artigo denominado "Famílias paralelas", citado no último acórdão. Merecem destaque outras palavras da Professora Titular da USP:

"O que se intentou mostrar, até aqui, são os reais reflexos jurídicos advindos das relações familiais simultâneas, buscando desdobrar e desvendar esse assunto da atualidade da vida dos homens, hoje com maior visibilidade do que já teve antes, no tempo em que se ignorava juridicamente tais relacionamentos, jogando-os 'para baixo dos tapetes', de resto como tantas outras situações e circunstâncias da vida como ela efetivamente é. Que o direito não permaneça alheio à realidade humana, à realidade das situações existentes, às mudanças sociais importantes que, sem dúvida, têm se multiplicado na história das famílias, exatamente como ela é. Cerrar os olhos talvez seja mais um dos inúmeros momentos de hipocrisia que o Legislativo e o Judiciário têm repetido deixar acontecer, numa era em que já não mais se coaduna com as histórias guardadas a sete chaves" (HIRONAKA, Giselda Maria Fernandes Novaes. Famílias..., *Revista Magister*..., 2012).

A questão do concubinato e da união estável não se restringe às hipóteses apenas de pessoas impedidas de se casar. Poderia um sujeito ter mais de uma união estável simultânea ou haveria o concubinato denominado por Álvaro Villaça Azevedo de *desleal*? Seria possível a existência concomitante de duas ou mais uniões estáveis?

O debate surge porque o art. 1.723 do CC/2002 traz alguns requisitos para a união estável, como antes se expôs. O primeiro requisito é que a união seja entre pessoas de sexos distintos, assim como consta do Texto Maior. O segundo requisito é que a relação seja pública, no sentido de notoriedade social. Não constitui união estável a relação mantida às escondidas, principalmente em relação aos familiares dos supostos companheiros. O terceiro requisito é que a união seja duradoura, o que comporta análise caso a caso.

Por fim, deve estar configurada a intenção dos companheiros de constituição de família. A própria atuação dos conviventes pode presumir a existência da união estável; se o comportamento dos companheiros indicar tal intenção, no tratamento entre eles (*tractatus*), haverá a presunção de existir a referida entidade familiar.

A exclusividade, apesar de não constar expressamente no art. 1.723 do CC, constituiria, para parte da doutrina, um dos requisitos para a caracterização da união estável, relacionada com a intenção de constituição de família e decorrente dos seus deveres, constantes do art. 1.724 da atual codificação.

Nesse sentido, para Arnaldo Rizzardo, "a fidelidade dá ensejo à presunção da sociedade de fato. Não que se configure como condição indispensável, pois nada impede que duas pessoas constituam um patrimônio comum, sem que mantenham a fidelidade. Daí se apresentar um tanto forte o pensamento de Adhyil Lourenço Dias: 'O elemento essencial dessa união é a fidelidade, a dedicação monogâmica, recíproca vivendo em *more uxorio*, em atitude ostensiva de dedicação em laços íntimos, que o direito espanhol chama de *barrangania*, ou seja, la unión sexual permanente y de cierta fidelidad entre hombre y mujer no ligados por matrimonio'" (RIZZARDO, Arnaldo. Direito..., 2004, p. 891).

Julgado do Superior Tribunal de Justiça do ano de 2022 trouxe a afirmação, seguida por mim, de que "a lealdade ao convivente não é um elemento necessário à caracterização da união estável, mas, ao revés, um valor jurídico tutelado pelo ordenamento que o erige ao *status* de dever que decorre da relação por eles entabulada, isto é, a ser observado após a sua caracterização". De todo modo, o acórdão afirma, na linha do que será desenvolvido a seguir, que "os deveres de fidelidade e de lealdade podem ser relevantes para impedir o eventual de reconhecimento de relações estáveis e duradouras simultâneas, concomitantes ou paralelas, em virtude da consagração da monogamia e desses deveres como princípios orientadores das relações afetivas estáveis e duradouras. Contudo, esses deveres não são relevantes na hipótese em que as relações estáveis e duradouras são sucessivas, iniciada a segunda após a separação de fato na primeira, e na qual os relacionamentos extraconjugais mantidos por um dos conviventes eram eventuais, não afetivos, não estáveis, não duradouros e, bem assim, insuscetíveis de impedir a configuração da união estável". Ao final reconheceu-se a existência de uma união estável justamente pelo fato de o companheiro casado estar separado de fato, nos termos do art. 1.723, § 1.º, do Código Civil, conforme provado nas instâncias inferiores" (STJ, REsp 1.974.218/AL, 3.ª Turma, Rel. Min. Fátima Nancy Andrighi, j. 08.11.2022).

Sobre essa exclusividade, pretende-se analisar a denominada *união estável plúrima ou múltipla (uniões paralelas)*, situação em que a pessoa mantém relações amorosas, enquadradas no art. 1.723 do Código Civil, com várias pessoas e ao mesmo tempo. A questão é muito bem abordada por Rolf Madaleno em *A união (ins)estável (relações paralelas)* (Disponível em: <www.flaviotartuce.adv.br>. Acesso em: 10 abr. 2006).

Imagine-se um caso prático, a fim de facilitar a visualização concreta dessa questão polêmica. Tício, residente na cidade de Ribeirão Preto, interior de São Paulo, vive em união estável, nessa cidade, com *Maria Antonia*, desde o ano de 2002. A união apresenta todos os requisitos constantes na lei civil. Toda a sociedade local reconhece a existência da entidade familiar, tratando os companheiros como se casados fossem.

Todavia, Tício é viajante e, desde o ano de 2003, encontra-se com *Maria Figueiredo* todas as segundas-feiras, na cidade de Franca, onde mantém um escritório. A relação também se enquadra nos termos do art. 1.723 do CC/2002. Tício e Maria Figueiredo têm um filho comum: João Henrique, de um ano de idade.

Tício mantém ainda uma união pública, notória e contínua com *Maria Augusta*, na cidade de Batatais, para onde vai todas as quintas-feiras vender seus produtos. Aliás, *Maria Augusta* é dona de um estabelecimento comercial em que Tício consta como sócio. Ambos têm um negócio lucrativo naquela cidade do interior paulista. O relacionamento amoroso existe desde 2004.

Por fim, Tício tem um apartamento montado na cidade de São Paulo, para onde vai ocasionalmente, de quinze em quinze dias, a fim de comprar produtos para vender no interior paulista. Nesse apartamento reside *Maria Carmem*, com quem Tício tem um relacionamento desde o final do ano de 2004. Essa sua convivente está grávida e espera um filho seu.

No caso hipotético, uma *Maria* não sabe da existência da outra como convivente de seu companheiro, até que, um dia, o pior acontece e o *mundo desaba*.

Por mais incrível que possa parecer, a situação descrita é comum na prática. A primeira dúvida que surge é: constitui cada um dos relacionamentos uma união estável, nos termos do que consta do Código Civil e da Constituição Federal? Três posicionamentos surgem quanto ao caso em questão.

Um primeiro entendimento aponta que nenhum dos relacionamentos constitui união estável. Havendo deslealdade nas relações plúrimas a impedir a caracterização da união estável, trata-se do *concubinato impuro desleal*, nas palavras de Álvaro Villaça Azevedo (*Estatuto...*, 2002, p. 190). Também filiada a essa forma de pensar está Maria Helena Diniz, para quem a fidelidade ou lealdade constitui um dos requisitos da união estável, sem o qual não há a referida entidade familiar nos três relacionamentos descritos (*Curso...*, 2002, p. 321).

Entretanto, diante do desrespeito à boa-fé, as *Marias* poderão pleitear que Tício as indenize por danos materiais e morais, pela caracterização do abuso de direito, por desrespeito à boa-fé objetiva, que igualmente se aplica à união estável.

Esse primeiro entendimento pode ser afastado pela conclusão de que a fidelidade e o respeito mútuos não constituem elementos essenciais para a caracterização da união estável, mas apenas deveres dela decorrentes, constantes do art. 1.724 do CC/2002. De toda sorte, é a posição que prevalece na jurisprudência nacional, ao entender ser a monogamia princípio da união estável, assim como ocorre com o casamento (por todos: TJRS, Apelação Cível 580085-86.2012.8.21.7000, 7.ª Câmara Cível, Porto Alegre, Rel. Des. Sérgio Fernando de Vasconcellos

Chaves, j. 27.02.2013, *DJERS* 05.03.2013; TJMG, Apelação Cível 1.0518.10.015356-9/002, Rel. Des. Eduardo Guimarães Andrade, j. 09.10.2012, *DJEMG* 19.10.2012; TJSC, Agravo de Instrumento 2012.004122-3, 6.ª Câmara de Direito Civil, Laguna, Rel. Des. Ronei Danielli, j. 16.08.2012, *DJSC* 21.08.2012, p. 296; e TJSP, Apelação 0132648-04.2008.8.26.0053, Acórdão 5552592, 9.ª Câmara de Direito Público, São Paulo, Rel. Des. Oswaldo Luiz Palu, j. 23.11.2011, *DJESP* 19.12.2011).

Ainda reconhecendo a monogamia como princípio, podem ser encontrados acórdãos que concluem por legitimar apenas uma união estável, aquela que primeiro é levada ao conhecimento do Poder Judiciário. Assim concluindo:

"Concessão de pensão a duas companheiras do *de cujus*. Sentença cível reconhecendo união estável entre o falecido e a autora. Exclusão da ré como beneficiária. Reconhecida a união estável entre autora e falecido, por sentença transitada em julgado no juízo cível, pondo fim à discussão, não pode isso tornar a ser discutido no âmbito administrativo ou em outro processo. Não se pode reconhecer a condição de companheiras do *de cujus* a duas mulheres simultaneamente. Apenas uma relação é legítima. Não se pode confundir união estável com concubinato. Pensão concedida indevidamente a quem não preenche os requisitos. Negado provimento ao recurso de ofício e aos recursos voluntários" (TJSP, Apelação com Revisão 267.616.5/8, Acórdão 3977873, 2.ª Câmara de Direito Público, São Paulo, Rel. Des. José Luiz Germano, j. 14.07.2009, *DJESP* 01.09.2009).

Para uma segunda corrente, devem ser aplicadas, para o caso em questão, as regras previstas para o casamento putativo. Assim sendo, as *Marias* que ignorarem a existência da primeira união constituída – com *Maria Antonia* –, podem pleitear a aplicação analógica do que consta do art. 1.561 do CC/2002. Filia-se a esse entendimento Euclides de Oliveira. Ensina o renomado jurista paulista:

"O mesmo se diga das uniões desleais, isto é, de pessoa que viva em união estável e mantenha uma outra simultânea relação amorosa. Uma prejudica a outra, descaracterizando a estabilidade da segunda união, caso persista a primeira, ou implicando eventual dissolução desta, não só pelas razões expostas, como pela quebra dos deveres de mútuo respeito. Do que ficou exposto, conclui-se que não é possível que haja simultaneidade de casamento e união estável, ou de mais de uma união estável. Mas cumpre lembrar a possibilidade de união estável putativa, à semelhança do casamento putativo, mesmo em casos de nulidade ou anulação da segunda união, quando haja boa-fé por parte de um ou de ambos os cônjuges, com reconhecimento de direitos (art. 221 do CC/1916; art. 1.561 do NCC). A segunda, terceira ou múltipla união de boa-fé pode ocorrer em hipótese de desconhecimento, pelo companheiro inocente, da existência de casamento ou de anterior ou paralela união estável por parte do outro. Subsistirão, em tais condições, os direitos assegurados por lei ao companheiro de boa-fé, desde que a união por ele mantida se caracterize como duradoura, contínua, pública e com o propósito de constituição de família, enquanto não reconhecida ou declarada a nulidade" (OLIVEIRA, Euclides de. *União*..., 2003, p. 128).

Na mesma esteira, opina Rodrigo da Cunha Pereira que "se porventura substituir a caracterização simultânea de duas ou mais uniões, socorre à parte que ignorava a situação o instituto da União Estável putativa, ou seja, aquele em que um dos partícipes desconhecia por completo a existência de outra união more uxório – matrimonial ou extramatrimonial – do outro, devendo esta produzir os mesmos efeitos, previstos para uma união monogâmica" (PEREIRA, Rodrigo da Cunha. *Concubinato*..., 2004, p. 75).

Igualmente, essa é a opinião de Rolf Madaleno, inclusive no caso de existência concomitante de uma união estável e um casamento. Vejamos suas palavras:

"Desconhecendo a deslealdade do parceiro casado, instaura-se uma nítida situação de união estável putativa, devendo ser reconhecidos os direitos do companheiro inocente, o qual ignorava o estado civil de seu parceiro afetivo, e tampouco a coexistência fática e jurídica do precedente matrimônio, fazendo jus, salvo contrato escrito, à meação dos bens amealhados onerosamente na constância da união estável putativa em nome do parceiro infiel, sem prejuízo de outras reivindicações judiciais, como uma pensão alimentícia, se provar a dependência financeira do companheiro casado, e, se porventura o seu parceiro vier a falecer na constância da união estável putativa, poderá se habilitar à herança do *de cujus*, em relação aos bens comuns, se concorrer com filhos próprios ou a toda herança se concorrer com outros parentes" (MADALENO, Rolf. *Curso*..., 2011, p. 1.094).

Esse segundo entendimento, como o anterior, apresenta alguns problemas. O primeiro é que a união estável não se iguala ao casamento, conclusão retirada do próprio Texto Constitucional. Por certo, o conceito e os requisitos do casamento são diferentes dos previstos para a união estável. O segundo problema reside na necessidade de provar o início dos relacionamentos, a fim de ordenar as uniões paralelas no tempo e apontar qual é a união estável e quais são as uniões putativas.

De qualquer forma, essa parece ser a posição mais justa dentro dos limites do princípio da eticidade, com vistas a proteger aquele que, dotado de boa-fé subjetiva, ignorava um vício a acometer a união. Por isso, mereceria aplicação analógica o dispositivo que trata do casamento putativo também para a *união estável putativa*. Essa solução já foi dada pela jurisprudência nacional, cabendo colacionar:

"União estável. Disputa entre duas companheiras. Situação putativa. Prova oral. Reconhecimento. Reconhecimento de união estável. Conviventes, uma desde 1978 e outra desde 1960 que mantiveram relações concomitantes, notórias e ininterruptas com o *de cujus*, até o seu falecimento. Prova oral que confirma o reconhecimento do companheirismo concomitante com ambas perante parcelas distintas da sociedade pela qual transitava o falecido, tendo elas vivido em *affectio maritalis* com o *de cujus*, cada qual à sua forma. Pessoas de boa índole e bem intencionadas que firmemente acreditavam na inexistência de uma relação amorosa intensa do obituado com a outra, havendo êxito deste em ludibriá-las por longos anos, e de se reconhecer a existência de união estável putativa com a apelante e com a apelada. Aplicação, por analogia do art. 221 do CC de 1916. Desprovimento do recurso" (TJRJ, Acórdão 15225/2005, 2.ª Câmara Cível, Rio de Janeiro, Rel. Des. Leila Maria Carrilo Cavalcante Ribeiro Mariano, j. 10.08.2005).

No exemplo antes descrito, como todas as *Marias* ignoravam a situação, poderão pleitear a aplicação das regras decorrentes da união estável, como o pagamento de alimentos no caso de dissolução. Sem prejuízo disso, por ter o convivente agido com má-fé, as *Marias* poderão ainda pleitear dele indenização por danos morais, se estes estiverem configurados, diante do desrespeito à boa-fé objetiva. A responsabilidade objetiva de Tício tem como fundamento o abuso de direito cometido, previsto no mesmo art. 187 do CC/2002, bem como a quebra dos deveres anexos decorrentes da boa-fé.

De todo modo, se uma *Maria* não ignorar a existência da união plúrima do seu convivente, não terá direito à aplicação das regras da *união estável putativa*, já que não ignorava o impedimento. Também não poderá requerer indenização, pois não há que se falar em abuso de direito quando ambas as partes agem de má-fé no negócio jurídico celebrado (*in pari causam turpitudinem cessa repetitio*). Em suma, haverá concubinato no caso descrito.

Após a análise dessa segunda corrente, repita-se, a mais justa, há um terceiro entendimento, segundo o qual todas as uniões constituem entidade familiar, devendo ser reconhecidos os direitos de todas as *Marias*, independentemente de qualquer outra consideração, desde que preenchidos os requisitos do art. 1.723 do CC/2002. Essa corrente é encabeçada por Maria Berenice Dias (*Manual...*, 2005, p. 181). Alguns julgados admitem tal posição, podendo ser colacionados os seguintes:

"Direito Civil. Família. União estável. Relacionamento dúplice. Reconhecimento como entidade familiar. O fato de o falecido ter convivido, simultaneamente, com duas companheiras, não afasta o reconhecimento de união estável, desde que restou provada a vida em comum contínua, duradoura e afetiva, próprias de uma entidade familiar, inclusive sobrevindo prole" (TJPE, Apelação Cível 0174249-6, 2.ª Câmara Cível, Palmares, Rel. Des. Adalberto de Oliveira Melo, j. 22.07.2009, *DOEPE* 04.09.2009).

"Apelação cível. Consignação em pagamento pela seguradora. Dúvida quanto a quem pagar. Duas companheiras. Pagamento da indenização securitária a ambas, por metade. 1. A apelante teve reconhecida judicialmente a união estável com o falecido, mas das provas dos autos é possível concluir, com segurança, que ao tempo do óbito a outra demandada vivia na condição de companheira. 2. Consideradas todas as circunstâncias destacadas, correta a sentença que mandou partilhar, por metade, o valor da indenização securitária. Negaram provimento. Unânime" (TJRS, Apelação Cível 148723-05.2010.8.21.7000, 8.ª Câmara Cível, Viamão, Rel. Des. Luiz Felipe Brasil Santos, j. 07.04.2011, *DJERS* 18.04.2011).

Com o mesmo sentir, existem acórdãos federais que determinam a divisão igualitária de benefício previdenciário entre as duas companheiras que se apresentam como tal, preenchidos os requisitos legais da união estável (ver: TRF da 1.ª Região, Processo 21520-48.2010.4.01.3800/BA, 2.ª Turma, Rel. Des. Fed. Neuza Maria Alves da Silva, j. 06.08.2012, *DJF1* 27.09.2012, p. 15; TRF da 2.ª Região, Apelação 0808322-60.2007.4.02.5101, 1.ª Turma Especializada, Rel. Des. Fed. Paulo Espírito Santo, j. 27.06.2012, *DEJF* 09.07.2012, p. 55; e TRF da 4.ª Região, Apelação Cível 0005300-18.2010.404.9999/SC, 5.ª Turma, Rel. Juiz Fed. Roger Raupp Rios, j. 04.09.2012, *DEJF* 14.09.2012, p. 338).

O tema estava pendente de julgamento no Supremo Tribunal Federal, especialmente para o âmbito do Direito Previdenciário e em repercussão geral (Tema n. 529), tendo sido encerrado em dezembro de 2020. Em setembro de 2019, iniciou-se a sua análise, em sede do Recurso Extraordinário 1.045.273/SE, que analisava concomitância de uma união estável homoafetiva com uma heteroafetiva.

O Ministro Luiz Edson Fachin votou exatamente na linha do que sustento, de que são possíveis efeitos previdenciários para atingir companheiros de boa-fé nas uniões estáveis plúrimas. No mesmo sentido julgaram os Ministros Marco Aurélio e Rosa Maria Weber. Os Ministros Barroso e Cármen Lúcia votaram também pelo reconhecimento desses efeitos, mas sem a necessidade da boa-fé, pois prevalece a equidade que deve guiar o Direito Previdenciário.

Por seu turno, os Ministros Alexandre de Moraes (Relator), Gilmar Mendes, Ricardo Lewandowski, Dias Toffoli, Luiz Fux e Nunes Marques entenderam pela impossibilidade de se reconhecer quaisquer efeitos previdenciários nas uniões concomitantes, diante do princípio da monogamia, que se aplica plenamente à união estável.

Assim sendo, apenas o primeiro vínculo de união estável deve ser admitido. A tese final fixada, votação apertada de 6 a 5, portanto, foi a seguinte: "a preexistência de casamento ou de união estável de um dos conviventes, ressalvada a exceção do art. 1.723, § 1.º, do Código Civil, impede o reconhecimento de novo vínculo referente ao mesmo período, inclusive para fins previdenciários, em virtude da consagração do dever de fidelidade e da monogamia pelo ordenamento jurídico-constitucional brasileiro".

Como se pode perceber, a única exceção admitida diz respeito à pessoa separada de fato. Parece-me que o julgamento já havia fechado a possibilidade de se admitir as uniões estáveis plúrimas, para os fins de gerarem efeitos para o Direito de Família e das Sucessões.

Deve ficar claro, contudo, que não se analisou neste último acórdão a concomitância de casamento e de concubinato (ou união estável) – o que foi objeto de outro processo na Corte, também em repercussão geral (Recurso Extraordinário 883.168/SC – Tema n. 526) –, mas a existência de várias uniões estáveis ao mesmo tempo. Como antes pontuado, no julgamento da última questão, em 2021, o STF também não admitiu a concomitância dos relacionamentos, afirmando a monogamia como princípio do casamento e da união estável. Essa é, portanto, a posição a ser considerada para os devidos fins práticos, reitero, encerrando para a realidade de aplicação da norma o debate anterior.

De qualquer forma, não se pode negar que também há problemas no entendimento que defendemos, minoria no último julgamento do STF, encerrado em dezembro de 2020. De início, por desprezar a lealdade como fator essencial ou quase essencial à união estável; depois, por afastar os próprios requisitos da sua caracterização, pois a união, supostamente, deve ser exclusiva. Como se nota, todos os posicionamentos apresentam entraves no sistema jurídico e nos fatos correlatos. De todo modo, reitero, essa posição é a que deve ser aplicada na prática.

No tocante à jurisprudência do STJ, em fevereiro de 2006, decidiu a Corte pela impossibilidade de reconhecimento de *uniões plúrimas ou paralelas*. Vejamos a ementa do julgado:

> "União estável. Reconhecimento de duas uniões concomitantes. Equiparação ao casamento putativo. Lei 9.728/1996. 1. Mantendo o autor da herança união estável com uma mulher, o posterior relacionamento com outra, sem que se haja desvinculado da primeira, com quem continuou a viver como se fossem marido e mulher, não há como configurar união estável concomitante, incabível a equiparação ao casamento putativo. 2. Recurso especial conhecido e provido" (STJ, REsp 789.293/RJ, 3.ª Turma, Rel. Min. Carlos Alberto Menezes Direito, j. 16.02.2006, *DJ* 20.03.2006, p. 271).

Em suma, também no âmbito do STJ tem-se julgado que admitir uniões plúrimas seria o mesmo que se admitir a pluralidade de casamentos, ou seja, a bigamia. O que se percebe é que foi adotado o entendimento de Maria Helena Diniz e de Álvaro Villaça Azevedo, ou seja, a primeira corrente antes esposada, pelo menos em parte. Confirmando aquele julgado anterior, transcreve-se decisão publicada no *Informativo* n. 435 do STJ, com citação ao meu trabalho:

> "Família. Uniões estáveis simultâneas. Pensão. *In casu*, o *de cujus* foi casado com a recorrida e, ao separar-se consensualmente dela, iniciou um relacionamento afetivo com a recorrente, o qual durou de 1994 até o óbito dele em 2003. Sucede que, com a decretação do divórcio em 1999, a recorrida e o falecido voltaram a se relacionar, e esse novo relacionamento também durou até sua morte. Diante disso, as duas buscaram, mediante ação judicial, o reconhecimento de união estável, consequentemente, o direito à pensão

do falecido. O juiz de primeiro grau, entendendo haver elementos inconfundíveis caracterizadores de união estável existente entre o *de cujus* e as demandantes, julgou ambos os pedidos procedentes, reconhecendo as uniões estáveis simultâneas e, por conseguinte, determinou o pagamento da pensão em favor de ambas, na proporção de 50% para cada uma. Na apelação interposta pela ora recorrente, a sentença foi mantida. Assim, a questão está em saber, sob a perspectiva do Direito de Família, se há viabilidade jurídica a amparar o reconhecimento de uniões estáveis simultâneas. Nesta instância especial, ao apreciar o REsp, inicialmente se observou que a análise dos requisitos ínsitos à união estável deve centrar-se na conjunção de fatores presentes em cada hipótese, como a *affectio societatis* familiar, a participação de esforços, a posse do estado de casado, a continuidade da união, a fidelidade, entre outros. Desse modo, entendeu-se que, no caso, a despeito do reconhecimento, na dicção do acórdão recorrido, da união estável entre o falecido e sua ex-mulher em concomitância com união estável preexistente por ele mantida com a recorrente, é certo que o casamento válido entre os ex-cônjuges já fora dissolvido pelo divórcio nos termos do art. 1.571, § 1.º, do CC/2002, rompendo-se, definitivamente, os laços matrimoniais outrora existentes. Destarte, a continuidade da relação sob a roupagem de união estável não se enquadra nos moldes da norma civil vigente (art. 1.724 do CC/2002), porquanto esse relacionamento encontra obstáculo intransponível no dever de lealdade a ser observado entre os companheiros. Ressaltou-se que uma sociedade que apresenta como elemento estrutural a monogamia não pode atenuar o dever de fidelidade, que integra o conceito de lealdade, para o fim de inserir, no âmbito do Direito de Família, relações afetivas paralelas e, por consequência, desleais, sem descurar do fato de que o núcleo familiar contemporâneo tem como escopo a realização de seus integrantes, vale dizer, a busca da felicidade. Assinalou-se que, na espécie, a relação mantida entre o falecido e a recorrida (ex-esposa), despida dos requisitos caracterizadores da união estável, poderá ser reconhecida como sociedade de fato, caso deduzido pedido em processo diverso, para que o Poder Judiciário não deite em solo infértil relacionamentos que efetivamente existem no cenário dinâmico e fluido dessa nossa atual sociedade volátil. Assentou-se, também, que ignorar os desdobramentos familiares em suas infinitas incursões, em que núcleos afetivos justapõem-se, em relações paralelas, concomitantes e simultâneas, seria o mesmo que deixar de julgar com base na ausência de lei específica. Dessa forma, na hipótese de eventual interesse na partilha de bens deixados pelo falecido, deverá a recorrida fazer prova, em processo diverso, repita-se, de eventual esforço comum. Com essas considerações, entre outras, a Turma deu provimento ao recurso, para declarar o reconhecimento da união estável mantida entre o falecido e a recorrente e determinar, por conseguinte, o pagamento da pensão por morte em favor unicamente dela, companheira do falecido" (STJ, REsp 1.157.273/RN, Rel. Min. Nancy Andrighi, j. 18.05.2010).

Partilhando dessa forma de pensar o Direito de Família, consolidada naquele Tribunal Superior em sua composição atual, acrescente-se a afirmação n. 4, publicada na Edição n. 50 da ferramenta *Jurisprudência em Teses* do STJ, sobre união estável: "não é possível o reconhecimento de uniões estáveis simultâneas".

Porém, é preciso observar o surgimento de um novo julgado, prolatado pela Quarta Turma do STJ no final de 2018, que abre a possibilidade de se debater a existência de uniões estáveis putativas (REsp 1.754.008/RJ). Conforme consta da ementa do voto do Ministro Salomão, "uma vez não demonstrada a boa-fé da concubina de forma irrefutável, não se revela cabida (nem oportuna) a discussão sobre a aplicação analógica da norma do casamento putativo à espécie".

Dessa forma, apesar de a tese não ter sido admitida no caso concreto, retira-se de tal conclusão a eventual possibilidade de se aplicar, na linha da corrente que sigo, o art. 1.561 do Código Civil à união estável. De todo modo, essa posição parece ter sido superada pelo julgamento do STF aqui antes destacado. Na verdade, todo o debate gira em torno de saber se a monogamia é ou não princípio informador da união estável. Em relação ao casamento não há dúvidas, eis que não podem casar as pessoas casadas, hipótese que, caso infringida, gera a nulidade absoluta do casamento (arts. 1.521, inc. VI, e 1.548, inc. II, do CC). Além disso, o primeiro dever do casamento é a fidelidade (art. 1.566, inc. I, do CC).

Restam dúvidas em relação à convivência, pois não há normas expressas no Código Civil ou na Constituição Federal no mesmo sentido. Quanto ao Texto Maior, como visto, o rol das entidades familiares é meramente exemplificativo, sendo a união estável entre um homem e a uma mulher ali referida apenas um dos modelos possíveis de família.

Ademais, o próprio sistema admitiria uma quebra do relacionamento exclusivo ao admitir que uma pessoa casada, desde que separada, constitua união estável (art. 1.723, § 1.º, do CC). Em reforço, como se verá de forma mais aprofundada, a fidelidade não é, expressamente, dever da união estável, mas sim a lealdade, que pode ter outro sentido. Por fim, o sistema jurídico não pune com veemência o concubinato, eis que, por exemplo, uma doação ao concubino não é nula, mas anulável, nos termos do art. 550 da própria codificação civil. Em resumo, a citada doação não envolve ordem pública, mas interesse particular.

Toda essa discussão ganhou relevo diante da elaboração de uma escritura pública de *união poliafetiva* pela então Tabeliã da cidade de Tupã, interior de São Paulo, Cláudia do Nascimento Domingues. Conforme se extrai do *site* do IBDFAM, é fundamental o seguinte trecho do documento, assinado por um homem e duas mulheres: "Os declarantes, diante da lacuna legal no reconhecimento desse modelo de união afetiva múltipla e simultânea, intentam estabelecer as regras para garantia de seus direitos e deveres, pretendendo vê-las reconhecidas e respeitadas social, econômica e juridicamente, em caso de questionamentos ou litígios surgidos entre si ou com terceiros, tendo por base os princípios constitucionais da liberdade, dignidade e igualdade".

No ano de 2015, também foi noticiada a elaboração de escritura pública similar, pelo 15.º Ofício de Notas do Rio de Janeiro, localizado no bairro da Barra da Tijuca, sendo responsável a Tabeliã Fernanda Leitão. O caso é diferente por envolver três mulheres, em união poliafetiva, com elaboração de testamentos entre elas e de diretivas antecipadas de vontade, que dizem respeito a tratamentos médicos em caso de se encontrarem com doença terminal e na impossibilidade de manifestar vontade.

Em junho de 2018, o Conselho Nacional de Justiça decidiu por maioria que a elaboração dessas escrituras de uniões poliafetivas está vedada em nosso país (CNJ, Pedido de Providências 0001459-08.2016.2.00.0000, Rel. Min. João Otávio de Noronha). A maioria dos julgadores e conselheiros do órgão considerou que essas escrituras atestam um ato de fé pública que implicam o reconhecimento de direitos garantidos aos casais ligados por casamento ou união estável, caso do direito de herança e de alimentos, o que não pode ser admitido, diante do princípio da monogamia. Nas palavras literais do Relator, "eu não discuto se é possível uma união poliafetiva ou não. O corregedor normatiza os atos dos cartórios. Os atos cartorários devem estar em consonância com o sistema jurídico, está dito na lei. As escrituras públicas servem para representar as manifestações de vontade consideradas lícitas".

Com o devido respeito à decisão e ao contrário do que defendem alguns doutrinadores – caso de José Fernando Simão, em série de artigos publicados no *site* Carta Forense –, não parece haver nulidade absoluta no ato, por suposta ilicitude do objeto (art. 166, inc. II, do CC). Como aqui exposto, a monogamia não está expressa na legislação como princípio da união estável, parecendo haver maior liberdade nesse tipo de relacionamento. Não haveria, em reforço, afronta à ordem pública ou prejuízo a qualquer um que seja, a justificar a presença de um *ilícito nulificante*. Não há que se falar, ainda, em dano social, como quer o jurista, pois esse pressupõe uma conduta socialmente reprovável, o que não é o caso (SIMÃO, José Fernando. *Poligamia*..., Disponível em: <www.cartaforense.com.br>).

O reconhecimento de um afeto espontâneo entre duas ou mais pessoas não parece ser o caso de dano à coletividade, mas muito ao contrário, de reafirmação de solidariedade entre as partes, algo que deve ser incentivado perante a sociedade. Ademais, o texto das escrituras é bem sutil, de mera valorização de um relacionamento que já existe no mundo dos fatos, podendo gerar ou não efeitos jurídicos, o que depende da análise do pedido e das circunstâncias do caso concreto.

Na verdade, o que me parece é haver, no momento, são sérios e duros entraves para quebrar a monogamia em nosso País, inclusive no caso de união estável. Há, ainda, pelo menos no *discurso*, um grande apego à moral e aos bons costumes, apesar de não se saber exatamente o que esses conceitos representam. Diz-se *no discurso*, pois a prática social das condutas é bem diferente.

Todavia, crê-se que o futuro reserva uma nova forma de pensar a família, e que serão admitidos relacionamentos plúrimos, seja a concomitância de mais de uma união estável, seja a presença desta em comum com o casamento. Acredita-se que o futuro é das famílias paralelas, cabendo ao tempo mostrar a razão, especialmente pela visão de mundo das gerações mais novas. Na verdade, se a família é plural, essa deve ser mais uma opção oferecida pelo sistema, para quem desejar tal forma de constituição. Na atual geração de juristas e julgadores, contudo, essa visão não tem prevalecido ainda.

No momento, não sendo possível o reconhecimento da validade dessas escrituras pelo Direito de Família, o caminho do Direito Contratual – por contratos de sociedade de participação, por promessas de doação e de alimentos, por plano de saúde e de previdência privada e outros negócios jurídicos patrimoniais – pode indicar a solução.

Se entraves morais – e até jurídicos – vedam o reconhecimento da escritura de união poliafetiva pelo Direito de Família, o *mundo dos contratos* pode perfeitamente aceitar o teor que ali se pretende expressar. Em vez de um ato só, a solução jurídica para casos como os relatados no início do texto estará em várias minutas. Essa minha posição, a propósito, foi citada pelo Conselheiro Arnaldo Hossepian Salles Lima Junior, quando do julgamento pelo CNJ.

No que diz respeito ao Projeto de Reforma e Atualização do Código Civil, tendo em vista a posição hoje consolidada do STF, do STJ e do CNJ, não se admitiu a inclusão na lei de relacionamentos familiares paralelos ou da união poliafetiva, tendo sido essa a posição da ampla maioria dos membros da Comissão de Juristas, inclusive acompanhada por mim, apesar das minhas ressalvas aqui expostas.

Como antes pontuado, um dos *nortes* da Reforma do Código Civil é de seguir o entendimento consolidado da jurisprudência superior, em prol da segurança jurídica. Segundo o entendimento hoje majoritário, aqui exposto, a monogamia é aplicada tanto ao casamento quanto à união estável e, por isso, não se inseriu nas propostas o tratamento de relações paralelas ou de casais formados por mais de duas pessoas, como os *trisais*.

De todo modo, desde a Subcomissão de Direito de Família, houve proposta de retirar a expressão "concubinato", tida como discriminatória: "Art. 1.727. As relações não eventuais entre duas ou mais pessoas impedidas de casar não constituem união estável, ressalvada a hipótese do § 1.º do art. 1.723 deste Código". De acordo com as suas justificativas, "a proposta ajusta a regra que trata do concubinato, evitando o uso dessa expressão, que traz, em seu histórico, acentuada carga pejorativa".

Após intensos debates, alterações feitas pela Relatora-Geral, Rosa Maria de Andrade Nery, e contribuições do consultor Maurício Bunazar, acabou prevalecendo o seguinte texto do art. 1.564-D, revogando-se expressamente o art. 1.727: "a relação não eventual entre pessoas impedidas de casar não constitui família. Parágrafo único. As questões patrimoniais oriundas da relação prevista no caput serão reguladas pelas regras da proibição do enriquecimento sem causa previstas nos arts. 884 a 886". Assim, o condenado termo "concubinato" é retirado do sistema. Porém, muito além de não se mencionar a existência de uma união estável, a proposição que prevaleceu, por voto da maioria nas reuniões de abril de 2024, é de não haver sequer uma família entre os amantes ou pessoas impedidas de se casarem, como nas situações de incesto ou de impedimentos decorrentes de parentesco.

Todavia, poderá haver a geração de efeitos patrimoniais em tais hipóteses, nos termos da antiga Súmula 380 do STF, com a divisão dos bens havidos por esforço patrimonial comum, presente e efetivo, e desde que ele comprovado por quem o alega, tendo em vista a menção à vedação do enriquecimento sem causa no parágrafo único, nos termos dos comandos ali mencionados. Essa foi a *situação intermediária* encontrada na Comissão de Juristas, que consolida a posição majoritária da jurisprudência superior e traz segurança jurídica e estabilidade para o tema. Não se pode negar que o tema é altamente controverso e desperta *paixões*, aguardando-se uma análise criteriosa pelo Parlamento Brasileiro.

Encerrando o presente tópico, as diferenças entre concubinato puro e impuro, a partir das construções de Álvaro Villaça Azevedo, constam do esquema a seguir, que visa à compreensão da matéria:

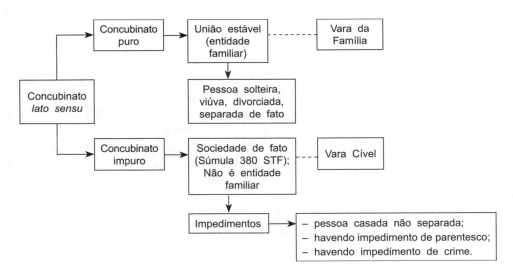

5.4 EFEITOS PESSOAIS E PATRIMONIAIS DA UNIÃO ESTÁVEL

Como exposto, a união estável, como entidade familiar, traz efeitos pessoais e patrimoniais para os companheiros, previstos no Código Civil, principalmente. Tais efeitos jurídicos serão comentados a partir deste momento, tendo grande relevância para a prática familiarista.

O primeiro desses comandos legais é o art. 1.724 do CC, antes referenciado, que consagra os deveres decorrentes da união estável impostos aos companheiros ou conviventes:

a) Dever de lealdade, que guarda relação com o dever de fidelidade, mas que com ele não se confunde. Isso porque a fidelidade é decorrência do casamento exclusivamente. Já a lealdade é gênero do qual fidelidade é espécie. Assim, pelo senso comum, a lealdade inclui a fidelidade, mas não necessariamente, o que depende de uma opção dos companheiros.
b) Dever de respeito ao outro companheiro, em sentido genérico.
c) Dever de mútua assistência, moral, afetiva, patrimonial e espiritual.
d) Dever de guarda, sustento e educação dos filhos.

Observa-se que a lei civil estabelece quase que os mesmos deveres que aqueles previstos para o casamento (art. 1.566 do CC). Entretanto, não faz referência ao dever de convivência sob o mesmo teto, que é dispensável. Justamente por isso é que continua tendo aplicação prática a Súmula 382 do STF, amplamente aplicada pela jurisprudência.

Outra diferença diz respeito à menção à lealdade e não à fidelidade, o que merece maiores aprofundamentos. Ora, é possível que alguém seja leal sem ser fiel. Imagine-se, nesse contexto, um relacionamento de maior liberdade entre os companheiros, em que ambos informam previamente que há a possibilidade de traição. Assim, abre-se a possibilidade, como ocorre em alguns países nórdicos, de uma *cláusula de férias do relacionamento*. Essa cláusula pode ser invocada, por exemplo, nos casos de crises entre os companheiros, gerando um distanciamento físico e afetivo de ambos no período invocado.

Na hipótese de uma união estável, a mim parece que tal questão até pode ser regulamentada pelos conviventes, por meio do contrato firmado entre as partes. Porém, não se pode negar que essa previsão não existe na prática, estando distante da nossa realidade. No casamento, não há essa possibilidade, uma vez que a fidelidade é, expressamente, um dever imposto aos cônjuges. Essa maior abertura na união estável serve para diferenciar substancialmente as duas entidades familiares, o que é salutar em um sistema que valoriza a pluralidade das famílias. Destaco que, no Projeto de Reforma do Código Civil, revoga-se expressamente o seu art. 1.724, e os deveres da união estável passarão a constar do art. 1.566, em equiparação total ao casamento, como antes pontuado ("Art. 1.566. São deveres de ambos os cônjuges ou conviventes: [...]"). Como visto, há, no projeto, uma equiparação das duas entidades familiares quanto à sua eficácia e no que for possível, com destaque para o tema do regime de bens.

No que diz respeito à fidelidade, passará a ser expressamente aplicável à união estável, fechando-se definitivamente qualquer possibilidade de admissão de relações poliafetivas ou relacionamentos paralelos, pelo Direito de Família Brasileiro, pois o Projeto, em várias de suas proposições, traz a aplicação da monogamia também à união estável. Essa foi a posição que prevaleceu de forma amplamente majoritária na Comissão de Juristas, até porque não se admitem, nas projeções, efeitos jurídicos para os relacionamentos paralelos e a poligamia, não aceitos pelas atuais gerações de juristas e de julgadores.

Voltando-se ao sistema em vigor, no que concerne aos direitos patrimoniais decorrentes da união estável, o art. 1.725 do Código Civil enuncia que, salvo *contrato escrito entre os companheiros*, aplica-se à união estável, no que couber, o regime da comunhão parcial de bens. O contrato mencionado nesse artigo é o *contrato de convivência*, conforme conceito muito bem exposto por Francisco José Cahali em sua tese de doutorado (*Contrato*..., 2003).

Esse contrato serve para determinar qual será o regime da união estável, afastando a comunhão parcial de bens. Assim, podem as partes eleger o regime da separação de bens ou da comunhão universal. A respeito da escolha pelo último regime, reconheceu recente aresto do Superior Tribunal Justiça que "o pacto de convivência formulado em particular, pelo casal, na qual se opta pela adoção da regulação patrimonial da futura relação como símil ao regime de comunhão universal, é válido, desde que escrito" (STJ, REsp 1.459.597/SC, 3.ª Turma, Rel. Min. Nancy Andrighi, j. 01.12.2016, *DJe* 15.12.2016).

No mesmo sentido, o Enunciado n. 30, aprovado no *XII Congresso Brasileiro de Direito das Famílias e Sucessões do IBDFAM*, em outubro de 2019: "nos casos de eleição de regime de bens diverso do legal na união estável, é necessário contrato escrito, a fim de assegurar eficácia perante terceiros". Eventualmente, podem os conviventes, ainda, escolher um *regime misto*, conforme antes aqui desenvolvido, quando do Capítulo 3 desta obra.

Ademais, o negócio celebrado não tendo o condão de interferir nas normas de cunho pessoal ou de ordem pública, como é o caso da própria caracterização da união estável. Justamente por isso é que continuo a afirmar que é nulo eventual *contrato de namoro* que pretenda afastar os efeitos de uma união estável.

Repise-se que, em decisão da 7.ª Câmara do Tribunal de Justiça do Rio Grande do Sul, do ano de 2004, em que foi relator o Des. Luiz Felipe Brasil Santos (Proc. 70006235287), foi pronunciado o seguinte sobre o último contrato em comento: "esses *abortos jurídicos* que andam surgindo por aí, que são nada mais que o receio de que um namoro espontâneo, simples e singelo, resultante de um afeto puro, acabe se transformando em uma união com todos os efeitos patrimoniais indesejados ao início". Resumindo, o contrato de namoro é nulo, pois é flagrante o intuito de fraude à lei imperativa que estabelece os requisitos da união estável (art. 166, inc. VI, do CC).

Reafirme-se, também, que mais recentemente o Tribunal de Justiça de São Paulo julgou extinta uma ação de dissolução de contrato de namoro, por impossibilidade jurídica do pedido e falta de interesse processual, pois a figura do contrato de namoro não é admitida por nosso Direito (TJSP, Apelação 1025481-13.2015.8.26.0554, Acórdão 9559002, 3.ª Câmara de Direito Privado, Santo André, Rel. Des. Beretta da Silveira, j. 28.06.2016, *DJESP* 11.07.2016).

De toda sorte, o contrato de convivência pode reconhecer a existência, a validade e a eficácia de uma união estável a partir de determinado momento. Tal reconhecimento não afasta a possibilidade de se provar que a união estável já existia antes do período mencionado. Por isso, Rolf Madaleno discorre sobre a *retroatividade restritiva do contrato de convivência*, o que para ele somente seria possível para beneficiar os companheiros, nunca para prejudicá-los (*Curso...*, 4. ed., 2011, p. 697-700). Ilustrando, os companheiros celebram um contrato de convivência, em 2012, apontando que a união estável já existia desde 2008. Isso não obsta a possibilidade de qualquer uma das partes provar que a convivência é de período anterior.

A propósito, em julgado sempre comentado, o Superior Tribunal de Justiça reconheceu que "no curso do período de convivência, não é lícito aos conviventes atribuírem por contrato efeitos retroativos à união estável elegendo o regime de bens para a sociedade de fato, pois, assim, se estar-se-ia conferindo mais benefícios à união estável que ao casamento" (STJ, REsp 1.383.624/MG, 3.ª Turma, Rel. Min. Moura Ribeiro, j. 02.06.2015, *DJe* 12.06.2015). Essa posição acabou por se consolidar no âmbito da Corte Superior. Em 2021, a afirmação foi repetida em outro acórdão, com o seguinte trecho:

"Em razão da interpretação do art. 1.725 do CC/2002, decorre a conclusão de que não é possível a celebração de escritura pública modificativa do regime de bens da união estável com eficácia retroativa, especialmente porque a ausência de contrato escrito convivencial não pode ser equiparada à ausência de regime de bens na união estável não formalizada, inexistindo lacuna normativa suscetível de ulterior declaração com eficácia retroativa. Em suma, às uniões estáveis não contratualizadas ou contratualizadas sem dispor sobre o regime de bens, aplica-se o regime legal da comunhão parcial de bens do art. 1.725 do CC/2002, não se admitindo que uma escritura pública de reconhecimento de união estável e declaração de incomunicabilidade de patrimônio seja considerada mera declaração de fato pré-existente, a saber, que a incomunicabilidade era algo existente desde o princípio da união estável, porque se trata, em verdade, de inadmissível alteração de regime de bens com eficácia *ex tunc*" (STJ, REsp 1.845.416/MS, 3.ª Turma, Rel. Min. Marco Aurélio Bellizze, Rel. p/ Acórdão Min. Nancy Andrighi, j. 17.08.2021, *DJe* 24.08.2021).

Com o devido respeito, não me filio aos acórdãos de forma estrita, pois penso ser possível sim dar um caráter retroativo ao contrato de convivência, tendo ele uma *eficácia restritiva*, na linha do defendido por Rolf Madaleno. Assim, é até possível essa eficácia retroativa desde que não prejudique o companheiro ou convivente, como nos casos em que se convenciona, de forma retroativa, o regime da separação convencional de bens; o que não se pode admitir.

De todo modo, com a aprovação do Projeto de Reforma do Código Civil, passará a ser vedado pela norma qualquer pacto conjugal ou convivencial com eficácia retroativa, tendo em vista a proposta do novo § 1.º do art. 1.639, segundo o qual o regime de bens entre os cônjuges ou conviventes começa a vigorar desde a data do casamento ou da constituição da união estável.

Para ter validade e eficácia perante as partes, basta que o contrato de convivência tenha sido feito por instrumento particular. Aliás, a forma do ato é livre, nos termos do princípio da liberdade das formas, estabelecido pelo art. 107 do Código Civil de 2002. Todavia, para ter eficácia perante terceiros (*erga omnes*), poderá ser elaborado por escritura pública e registrado no Cartório de Registro de Imóveis, assim como ocorre com o pacto antenupcial.

Por questão de certeza e segurança, recomenda-se a elaboração de uma escritura, em Tabelionato de Notas, dotada de fé pública, para que não pairem dúvidas sobre a existência da união. Aliás, quando as partes procuram regulamentar a sua convivência, a união estável deixa de ser uma mera situação de fato, passando a constituir verdadeiro negócio jurídico, ato de vontade lícito em que há uma composição de interesses com finalidade específica.

Citando o último trecho deste livro, aresto do Superior Tribunal de Justiça do ano de 2022 conclui o seguinte:

"A existência de contrato escrito é o único requisito legal para que haja a fixação ou a modificação, sempre com efeitos prospectivos, do regime de bens aplicável a união estável, de modo que o instrumento particular celebrado pelas partes produz efeitos limitados aos aspectos existenciais e patrimoniais da própria relação familiar por eles mantida. Significa dizer que o instrumento particular, independentemente de qualquer espécie de publicidade e registro, terá eficácia e vinculará as partes e será relevante para definir questões *interna corporis* da união estável, como a sua data de início, a indicação sobre quais bens deverão ou não ser partilhados, a existência de prole concebida na constância do vínculo e a sucessão, entre outras. O contrato escrito na forma de simples instrumento particular e de conhecimento limitado aos contratantes, todavia, é incapaz de projetar efeitos para fora da relação jurídica mantida pelos conviventes, em especial em relação a terceiros porventura credores de um deles, exigindo-se, para que se possa examinar a eventual oponibilidade *erga omnes*, no mínimo, a prévia existência de registro e publicidade aos terceiros" (STJ, REsp 1.988.228/PR, 3.ª Turma, Rel. Min. Nancy Andrighi, j. 07.06.2022, *DJe* 13.06.2022).

Em casos tais, de regulamentação negocial de seus interesses e que se tornaram comuns nos últimos tempos, especialmente entre pessoas com melhores condições econômicas, em havendo a elaboração de escritura pública e até mesmo o registro no Cartório de Registro de Imóveis, pode-se falar na presença de uma *união estável superqualificada*, ou até mesmo de uma *superconvivência*, pela presença de todos esses requisitos formais, que visam a dar ao ato mais certeza e segurança jurídica.

Vinha-se admitindo o, a propósito, o registro da escritura pública ou mesmo de instrumento particular de reconhecimento de união estável no Livro E, no Cartório de Registro Civil das Pessoas Naturais, o que fomentava o debate sobre a possibilidade de a união estável criar um estado civil. Nesse sentido, destaque-se ementa doutrinária aprovada na *II Jornada de Prevenção e Solução Extrajudicial dos Litígios*, em agosto de 2021, com a seguinte redação: "é admissível a formalização de união estável por meio do registro, no livro E do Registro Civil de Pessoas Naturais, de instrumento particular que preencha os requisitos do art. 1.723 do CC/2002".

Como antes pontuado, a Lei 14.382/2022, que instituiu o Sistema Eletrônico dos Registros Públicos (SERP), introduziu o art. 94-A na Lei de Registros Públicos (Lei 6.015/1973), admitindo expressamente essa possibilidade de registro das uniões estáveis no Livro E do Cartório de Registro Civil.

Nos termos da nova norma, os registros das sentenças declaratórias de reconhecimento e dissolução da união estável, bem como dos termos declaratórios formalizados perante o oficial de registro civil e das escrituras públicas declaratórias e dos distratos que envolvam união estável, poderão feitos no Livro E do registro civil de pessoas naturais em que os companheiros têm ou tiveram sua última residência.

Desse registro facultativo, deverão constar: *a*) a data do registro; *b*) o nome, o estado civil, a data de nascimento, a profissão, o CPF e a residência dos companheiros; *c*) o nome dos pais dos companheiros; *d*) a data e o cartório em que foram registrados os nascimentos das partes, seus casamentos e uniões estáveis anteriores, bem como os óbitos de seus outros cônjuges ou companheiros, quando houver; *e*) a data da sentença, o trânsito em julgado da sentença, a vara e o nome do juiz que proferiu a eventual decisão de reconhecimento e dissolução da união estável; *f*) a data da escritura pública, mencionando o livro, a página e o tabelionato que lavrou o ato, se for o caso; *g*) o regime de bens dos companheiros e *h*) o nome que os companheiros passam a ter em virtude da união estável.

Como importante limitação, a mesma norma estabelece que não poderá ser promovido o registro, no Livro E, de união estável de pessoas casadas, ainda que separadas de fato, exceto se separadas judicialmente ou extrajudicialmente, ou se a declaração da união estável decorrer de sentença judicial transitada em julgado (novo art. 94-A, § 1.º, da Lei de Registros Públicos). Afasta-se, assim e em parte, a norma do art. 1.723, § 1.º, do Código Civil, não podendo a pessoa separada de fato ter essa *união estável superqualificada* pelo registro especial.

Nos dois parágrafos seguintes, há tratamento sobre o registro da união estável reconhecida no estrangeiro (§§ 2.º e 3.º do novo art. 94-A da Lei 6.015/1973). Assim, as sentenças estrangeiras de reconhecimento de união estável, os termos extrajudiciais, os instrumentos particulares ou escrituras públicas declaratórias de união estável, bem como os respectivos distratos, lavrados no exterior, nos quais ao menos um dos companheiros seja brasileiro, poderão ser levados a registro no Livro E do registro civil de pessoas naturais em que qualquer dos companheiros tem ou tenha tido sua última residência no território nacional.

Para os fins desse registro, os citados atos de reconhecimento bem como os respectivos "distratos", lavrados no exterior, deverão ser devidamente legalizados ou apostilados e acompanhados de tradução juramentado. O termo entre aspas é infeliz, pois diz respeito à extinção de contratos por mútuo acordo entre as partes, por exercício de direito potestativo bilateral. Nos termos do art. 472 do Código Civil. E por ser a extinção da união estável um negócio jurídico que tem conteúdo essencialmente existencial, mais do que o patrimonial, não há, na verdade, um distrato propriamente dito.

Sobre a última regra, como escrevemos em coautoria com Carlos Eduardo Elias de Oliveira, "o registrador precisará estar atento à natureza jurídica da 'união estável' reconhecida no título estrangeiro. Se o título estrangeiro se referir à união estável disciplinada pela legislação brasileira, não haverá obstáculos. Todavia, se se referir à 'união estável' da legislação estrangeira, o registrador deverá enfrentar um problema típico de direito internacional privado e conhecido como *adaptação lato sensu* de direitos estrangeiros. Caberá ao registrador averiguar se a 'união estável' da legislação estrangeira pode ou não ser equiparada à união estável da lei brasileira. Caso a resposta seja negativa, o registrador deve qualificar negativamente o título estrangeiro, ou seja, terá que negar o registro da 'união estável estrangeira'" (TARTUCE, Flávio; OLIVEIRA, Carlos Eduardo E. de. *Lei do Sistema Eletrônico...*, 2023, p. 100).

A título de ilustração, cito que a legislação portuguesa pouca semelhança tem com a união estável brasileira, pois, "em termos sucessórios, por exemplo, a união de fato portuguesa não confere quase nenhum direito ao convivente supérstite. Em um caso como esse de dessemelhança dos institutos, entendemos pela inviabilidade da adaptação *lato sensu* do direito estrangeiro e, por consequência, consideramos inviável o registro da união estável" (TARTUCE, Flávio; OLIVEIRA, Carlos Eduardo E. de. *Lei do Sistema Eletrônico...*, 2023, p. 100).

Em 2023, o Conselho Nacional de Justiça regulamentou, por necessárias normas administrativas, o registro da união estável no Livro E do Cartório de Registro Civil e a sua conversão extrajudicial em casamento, matérias tratadas pela Lei do SERP, por meio dos Provimentos 141 e 146, que contaram com a minhas colaborações, em grupo de trabalho nomeado pelo Corregedor-Geral de Justiça, Ministro Luis Felipe Salomão. Posteriormente, as regras foram incorporadas ao Código Nacional de Normas (CNN), nos seu arts. 537 a 553. Vejamos as suas regras principais.

De início, está previsto que é facultativo, e não obrigatório, o registro da união estável, mantida entre o homem e a mulher, ou entre duas pessoas do mesmo sexo, no Livro E do Cartório de Registro das Pessoas Naturais (art. 537 do CNN). Esse registro confere efeitos jurídicos à união estável perante terceiros, ou seja, eficácia *erga omnes*, o que sempre foi buscado e desejado por alguns. Com a Lei do SERP, em especial com o tratamento na Lei de Registros Públicos e essa previsão normativa, penso não haver mais dúvida quanto à criação de um estado civil de companheiro no caso desse registro da união estável.

O § 3.º do art. 537 do Código Nacional de Normas preceitua que os títulos admitidos para registro ou averbação podem ser: *a)* sentenças declaratórias do reconhecimento e de dissolução da união estável; *b)* escrituras públicas declaratórias de reconhecimento da união estável; *c)* escrituras públicas declaratórias de dissolução da união estável, nos termos do art. 733 do CPC; e *d)* termos declaratórios de reconhecimento e de dissolução de união estável formalizados perante o oficial de registro civil das pessoas naturais, exigida a assistência de advogado ou de defensor público no caso de dissolução da união estável nos termos da aplicação analógica do art. 733 do CPC e da Resolução CNJ n. 35/2007. Como é notório, a menção ao termo declaratória foi uma das inovações da Lei do SERP.

O registro de reconhecimento ou de dissolução da união estável somente poderá indicar as datas de início ou de fim da união estável se estas constarem de um dos seguintes meios: *a)* decisão judicial; *b)* procedimento de certificação eletrônica de união estável realizado perante oficial de registro civil; ou *c)* escrituras públicas ou termos declaratórios de reconhecimento ou de dissolução de união estável, desde que a data de início ou, se for o caso, do fim da união estável corresponda à data da lavratura do instrumento; e os companheiros declarem expressamente esse fato no próprio instrumento ou em declaração escrita feita perante o oficial de registro civil das pessoas naturais quando do requerimento do registro (§ 4.º do art. 537 do Código Nacional de Normas).

Como não poderia ser diferente, em havendo nascituro ou filhos incapazes do casal, a dissolução da união estável somente será possível por meio de sentença judicial (art. 537, § 6.º, do Código Nacional de Normas), exatamente como está previsto para o casamento, nos termos do art. 733 do Código de Processo Civil.

Sobre o *termo declaratório* de reconhecimento e dissolução da união estável, uma das principais inovações da Lei do SERP, o art. 538 do Código Nacional de Normas estabelece que ele consistirá em declaração, por escrito, de ambos os companheiros perante o ofício de registro civil das pessoas naturais de sua livre escolha, com a indicação de todas as cláusulas admitidas nos demais títulos, inclusive a escolha de regime de bens e de inexistência de lavratura de termo declaratório anterior. A norma também estabelece que, lavrado esse termo, o título ficará arquivado na serventia, preferencialmente de forma eletrônica, em classificador próprio, expedindo-se a certidão correspondente aos companheiros.

Esse comando também prevê que as informações de identificação dos termos deverão ser inseridas em ferramenta disponibilizada pela Central de Registro Civil. Por ser facultativo, o registro do termo declaratório dependerá de requerimento conjunto dos companheiros. Quando requerido, o oficial que formalizou o termo declaratório deverá encaminhar o título para registro ao ofício competente, por meio da Central de Registro Civil. É vedada a lavratura de termo declaratório de união estável havendo um anterior lavrado com os mesmos companheiros, devendo o oficial consultar a Central previamente à lavratura e consignar o resultado no termo.

No que diz respeito às despesas, o § 6.º do art. 538 do Código Nacional de Normas previu que, enquanto não for editada legislação específica no âmbito dos estados e do Distrito Federal, o valor dos emolumentos para os termos declaratórios de reconhecimento ou de dissolução da união estável será de 50% do valor previsto para o procedimento de habilitação de casamento. Já para o procedimento de certificação eletrônica da união estável, que ainda será estudado, será de 50% do valor previsto para o procedimento de habilitação de casamento.

Muito se criticou, principalmente entre os notários, essa regulamentação, sustentando-se que ela estava invadindo atribuições que seriam apenas dos Tabelionatos, sobretudo quanto ao reconhecimento e à dissolução da união estável por escritura pública. Tradicionalmente, no âmbito extrajudicial, esses atos vinham sendo efetivados por esse meio.

Todavia, a divisão de atribuições, agora também para os registradores civis das pessoas naturais, não veio das normas do CNJ, mas da Lei do SERP, ao tratar do registro da união estável no Livro E e da possibilidade de sua dissolução, por meio do que se convencionou chamar de "distrato", nas serventias dos Cartórios de Registros das Pessoas Naturais (RCPN).

A verdade é que a realidade prática revela que a grande maioria dos brasileiros optam pela união estável para fugir dos gastos e das despesas com as solenidades do casamento, em especial as decorrentes da sua celebração, que ainda é excessivamente burocrática. Passam, assim, a viver uma união estável informal e livre. Todavia, com o passar dos anos, e com a aquisição de bens comuns com o companheiro, surge a necessidade, por questão de segurança jurídica, de formalizar e regulamentar a convivência, do ponto de vista civil.

Nessa realidade, a formalização deve ser a mais acessível e menos custosa possível e no Cartório que tenha mais proximidade e penetração no interior do Brasil, qual seja o Cartório de Registro das Pessoas Naturais. Foi essa a mentalidade que orientou a elaboração do Provimento 141 do CNJ e que me convenceu. As normas não devem ser elaboradas para atender apenas aos interesses de um determinado grupo, e sobretudo nas grandes metrópoles, mas, sim, para atender aos anseios de toda a sociedade desse imenso País.

De todo modo, uma das críticas mais contundentes que então se formulou ao Provimento 141 disse respeito à necessidade de elaboração de uma escritura pública, para a partilha de bens imóveis adquiridos durante a união e com valor superior a trinta salários mínimos, nos termos do que está no art. 108 do Código Civil. Atendendo a esse clamor, foi editada pela Corregedoria-Geral de Justiça o Provimento 146 do CNJ, que incluiu no art. 538 um § 7.º, prevendo que a certidão relativa ao termo declaratório de união estável título é hábil à formalização da partilha de bens realizada no termo declaratório perante órgãos registrais, respeitada, porém, a obrigatoriedade de escritura pública nas hipóteses legais, como na do art. 108 do Código Civil.

Especificamente quanto ao registro dos títulos de declaração de reconhecimento ou de dissolução da união estável no Livro E, está tratado no art. 539 do Código de Nacional de Normas, devendo ser feito no Cartório de Registro das Pessoas Naturais em que os companheiros têm ou tiveram sua última residência, e dele deverão constar, no mínimo: *a)* as informações indicadas nos incs. I a VIII do art. 94-A da Lei de Registros Públicos, aqui antes estudado; *b)* a data do termo declaratório e serventia de registro civil das pessoas naturais em que formalizado, quando for o caso; *c)* caso se trate da hipótese de reconhecimento de união estável no exterior, a indicação do País em que foi lavrado o título estrangeiro envolvendo união estável com, ao menos, um brasileiro; e a indicação do país em que os companheiros tinham domicílio ao tempo do início da união estável e, no caso de serem diferentes, a indicação do primeiro domicílio convivencial; e *d)* data de início e de fim da união estável, desde que corresponda à data indicada na forma autorizada conforme a própria normatização em estudo.

Também nos termos do que está na Lei do SERP, no caso de união estável estrangeira, somente será admitido o registro, se o título expressamente referir-se à união estável regida pela legislação brasileira ou se houver sentença de juízo brasileiro reconhecendo a equivalência do instituto estrangeiro (art. 539, § 1.º, do CNN). Em havendo a inviabilidade do registro do título estrangeiro, é admitido que os companheiros registrem um título brasileiro de declaração de reconhecimento ou de dissolução de união estável, ainda que este consigne o histórico jurídico transnacional do convívio *more uxorio* (art. 539, § 2.º, do CNN). Não são afastadas, conforme o caso, a exigência do registro da tradução juramentada nem a prévia homologação da sentença estrangeira (art. 539, § 3.º, do CNN).

Por questão de segurança jurídica, e diante de uma notória aproximação entre essa união estável formalizada e o casamento, não poderá ser promovido o registro, no Livro E, de união estável de pessoas casadas, ainda que separadas de fato, exceto se separadas judicialmente ou extrajudicialmente, ou se a declaração da união estável decorrer de sentença judicial transitada em julgado. Na hipótese de pessoas indicadas como casadas no título, a comprovação da separação judicial ou extrajudicial poderá ser feita até a data da prenotação desse título, hipótese em que o registro deverá mencionar expressamente essa circunstância e o documento comprobatório apresentado (art. 545, parágrafo único, do CNN).

De todas as certidões relativas ao registro de união estável no Livro E constará advertência expressa de que esse registro não produz os efeitos da conversão da união estável em casamento (art. 546 do CNN).

Pois bem, tendo em vista o fato de a Lei do SERP tratar tanto da declaração de reconhecimento quanto da extinção da união estável formalizada, por "distrato", o Conselho Nacional de Justiça, com correta motivação legal, passou a tratar da alteração extrajudicial do regime de bens na união estável. Nesse contexto, consoante o art. 547 do Código Nacional de Normas, é admissível o processamento do requerimento de ambos os companheiros para a alteração de regime de bens no registro de união estável, diretamente perante o Cartório de Registro Civil das Pessoas Naturais (RCPN), desde que o requerimento tenha sido formalizado pelos companheiros, pessoalmente diante do registrador ou por meio de procuração por instrumento público.

Em tais situações, o oficial do RCPN averbará a alteração do regime de bens à vista do requerimento, consignando expressamente o seguinte: "a alteração do regime de bens não prejudicará terceiros de boa-fé, inclusive os credores dos companheiros cujos créditos já existiam antes da alteração do regime" (art. 547, § 1.º, do Código Nacional de Normas). A previsão é louvável, visando à necessária proteção dos direitos de terceiros, assegurando a circulação de bens e negócios, o tráfego jurídico, sempre almejado pelo Direito Civil.

Na hipótese de a certidão de interdições ser positiva, a alteração de regime de bens deverá ocorrer por meio de processo judicial, o que igualmente visa a proteger terceiros e os próprios conviventes (art. 547, § 2.º, do CNN).

Ademais, novamente para atender ao clamor dos notários, oriundo do Provimento 146, foi incluída previsão segundo a qual, quando no requerimento de alteração de regime de bens houver proposta de partilha de bens — respeitada a obrigatoriedade de escritura pública nas hipóteses legais, como na do art. 108 do Código Civil — ou quando as certidões dos distribuidores de feitos judiciais cíveis e de execução fiscal, da Justiça do Trabalho e dos tabelionatos de protestos forem positivas, os companheiros deverão estar assistidos por advogado ou defensor público, assinando com este o pedido (art. 547, § 3.º, do CNN). A presença do advogado ou do defensor visa à proteção dos interesses das partes, sendo fundamental essa previsão.

Mais uma vez, assim como se dá no casamento, e na linha da jurisprudência do Superior Tribunal de Justiça aqui antes estudada, a alteração extrajudicial do regime de bens da união estável não pode ter efeitos *ex tunc*. Nesse contexto, como está expresso no § 4.º desse preceito, o novo regime de bens produzirá efeitos a contar da respectiva averbação no registro da união estável, não retroagindo aos bens adquiridos anteriormente em nenhuma hipótese, em virtude dessa alteração. A norma observa, contudo, que, se o regime escolhido for o da comunhão universal de bens, os seus efeitos atingem todos os bens existentes no momento da alteração, ressalvados os direitos de terceiros. Todavia, como desenvolvi no

Capítulo 3 deste livro, trata-se de efeito decorrente do regime da comunhão universal, e não da modificação do regime, que sempre tem efeitos *ex nunc*.

Em continuidade de estudo, o § 5.º do art. 547 do Código Nacional de Normas estatui que a averbação de alteração de regime de bens no registro da união estável informará o regime anterior, a data de averbação, o número do procedimento administrativo, o registro civil processante e, se houver, a realização da partilha; previsões que visam a mais uma vez atender à segurança jurídica.

Esse requerimento pode ser processado perante o ofício de registro civil das pessoas naturais de livre escolha dos companheiros, hipótese em que caberá ao oficial que recepcionou o pedido encaminhá-lo ao ofício competente por meio da Central de Registro Civil (art. 547, § 6.º, do CNN). Se for o caso, quando processado perante serventia diversa daquela em que consta o registro da união estável, deverá o procedimento ser encaminhado ao ofício competente, por meio da Central, para que se proceda à respectiva averbação (art. 547, § 8.º, do CNN).

Mais uma vez quanto às despesas, está no seu § 7.º que, enquanto não for editada legislação específica no âmbito dos estados e do Distrito Federal, o valor dos emolumentos para o processamento do requerimento de alteração de regime de bens no registro da união estável corresponderá ao valor previsto para o procedimento de habilitação de casamento.

Como última regra sobre a alteração extrajudicial do regime de bens na união estável, para a instrução do seu procedimento, o oficial exigirá a apresentação dos seguintes documentos: *a)* certidão do distribuidor cível e execução fiscal do local de residência dos últimos cinco anos; *b)* certidão dos Tabelionatos de Protestos do local de residência dos últimos cinco anos; *c)* certidão da Justiça do Trabalho do local de residência dos últimos cinco anos; *d)* certidão de interdições perante o 1.º ofício de registro civil das pessoas naturais do local da residência dos interessados dos últimos cinco anos; e *e)* conforme o caso, proposta de partilha de bens — respeitada a obrigatoriedade de escritura pública nas hipóteses legais, como na do art. 108 do Código Civil, previsão incluída pelo Provimento 146 do CNJ —, ou declaração de que por ora não desejam realizá-la ou, ainda, declaração de que inexistem bens a partilhar.

Essas são as regras iniciais sobre a união estável e a Lei do SERP, conforme os provimentos do CNJ. Mais à frente, tratarei da conversão da união estável em casamento e do procedimento de certificação eletrônica.

Feitas essas importantes atualizações, em casos tais, de registro especial, percebe-se verdadeira evolução do instituto, que passa a ser constituído *por clara opção* e não por *falta de opção*. Diante dessa constatação, não se pode mais afirmar que a união estável será sempre uma *situação de fato*, ou um ato-fato jurídico, sendo possível que as partes regulamentem parte de suas pretensões por meio do exercício da autonomia privada, seja por escritura pública, seja por termo declaratório e registro no Livro E do Cartório de Registro Civil das Pessoas Naturais. Afasta-se, em suma, a ideia de uma mera *família de fato*, sustentada, por exemplo, por Álvaro Villaça Azevedo.

Ainda sobre o regime de bens da união estável, conforme Enunciado n. 115 do CJF/STJ, aprovado na I *Jornada de Direito Civil*, há presunção de comunhão de aquestos na constância da união mantida entre os companheiros, sendo desnecessária a prova do esforço comum para se comunicarem os bens adquiridos a título oneroso durante esse período. Nota-se que esse efeito é decorrente do próprio regime da comunhão parcial, em que, como demonstrado, a prova do esforço comum é desnecessária.

Desse modo, está superada a antiga ideia de prova de esforço comum para a comunicação de bens na união estável, o que remonta à antiga aplicação da Súmula 380 do STF à união estável, antes da Constituição Federal de 1988 e é anterior ao atual Código Civil.

O enunciado doutrinário é justificável, pois pode surgir dúvida quanto à aplicação plena das regras da comunhão parcial à união estável diante da expressão "no que couber", constante do art. 1.725 do CC/2002. Entende-se, preliminarmente e como parte da doutrina, que o dispositivo em questão apenas veda a aplicação de normas incompatíveis da comunhão parcial que incidem para o casamento (OLIVEIRA, Euclides; HIRONAKA, Giselda M. F. N. *Distinção...*, 2004, p. 247).

Todavia, a questão é muito polêmica e há diversas interpretações doutrinárias da locução "no que couber" prevista do art. 1.725 do CC. Vejamos as principais posições.

Álvaro Villaça Azevedo afirma que a expressão significa a exata reprodução dos termos da Lei 9.278/1996, ou seja, que a união estável apenas cria verdadeiro condomínio entre os companheiros (AZEVEDO, Álvaro Villaça. *Estatuto...*, 2005, p. 447). A última norma ainda será comentada.

Jones Figueirêdo Alves e Mário Luiz Delgado entendem que apenas se aplica à união estável a comunhão dos bens contidos no art. 1.660, incs. I e IV, ou seja, os bens adquiridos na constância do casamento por título oneroso, ainda que só em nome de um dos cônjuges e aqueles adquiridos por doação, herança ou legado, em favor de ambos os cônjuges (ALVES, Jones Figueirêdo; DELGADO, Mário Luiz. *Código Civil anotado...*, 2005, p. 886).

Rodrigo da Cunha Pereira opina que há diferença entre o atual art. 1.725 do CC e o antigo art. 5.º da Lei 9.278/1996, eis que, atualmente, há uma presunção absoluta de comunicação de todos os bens havidos durante a união, salvo pacto prevendo o contrário (PEREIRA, Rodrigo da Cunha. *Concubinato...*, 2004, p. 117). Essa também é a lição de Paulo Lôbo, para quem seriam aplicadas todas as regras do regime da comunhão parcial, sem exceção (*Famílias...*, 2008, p. 159-160). Em suma, para esses doutrinadores, não haveria sentido na expressão "em ambos os casos", constante da atual codificação.

Igualmente suscitando uma equiparação entre o casamento e a união estável quanto ao regime de bens, alude Rolf Madaleno que:

> "Segundo Guilherme Calmon Nogueira da Gama, no regime legal de bens do artigo 1.725 do Código Civil, quando manda aplicar à união estável, no que couber, o regime da comunhão parcial de bens, exclui do companheirismo os bens adquiridos por fato eventual, com ou sem o concurso de trabalho ou despesa, na constância do relacionamento estável, só existindo presunção absoluta de comunhão quando houver o esforço comum, mesmo quando este esforço decorre de atividade doméstica, não remunerada, pois ela é considerada relevante e equiparada ao trabalho e à atividade profissional, mas deve conter este cunho econômico que não existe em bem amealhado a título gratuito ou por fato eventual. Não vislumbro essa diferenciação entre o casamento e a união estável, quando ambas as entidades familiares merecem a integral proteção estatal e não existem dois regimes diversos de comunhão parcial, tanto que o artigo 1.725 do Código Civil alude justamente ao regime limitado codificado e não permite inferir de sua redação qualquer razão plausível para a exclusão da comunhão dos bens adquiridos por fato eventual na união estável" (MADALENO, Rolf. *Curso...*, 2011, p. 738-739).

Por fim, Regina Beatriz Tavares da Silva afirma que "devem ser consideradas as regras constituídas por disposições especiais (arts. 1.658 a 1.666) e as disposições gerais (arts. 1.639 a 1.657), em que se destaca a proibição de alienação de bem imóvel sem o consentimento do consorte, a não ser que seja escolhido o regime da separação absoluta (art. 1.647), sob pena de anulação do ato" (SILVA, Beatriz Tavares da. *Novo Código Civil...*, 2004, p. 1.427).

Apesar de todas essas posições, reafirmo a minha adesão à corrente encabeçada por Giselda Hironaka e Euclides de Oliveira, no sentido de que a expressão "no que couber" apenas tem o fito de vedar a aplicação à união estável de normas incompatíveis da comunhão parcial, que incidem para o casamento.

Também no que diz respeito ao conteúdo do art. 1.725 do Código Civil, é pertinente trazer para exposição duas importantes premissas publicadas na nova ferramenta *Jurisprudência em Teses*, do STJ, sendo a sua Edição n. 50 dedicada à união estável (2016).

Conforme a tese n. 11, "a valorização patrimonial dos imóveis ou das cotas sociais de sociedade limitada, adquiridos antes do início do período de convivência, não se comunica, pois não decorre do esforço comum dos companheiros, mas de mero fator econômico". No mesmo sentido, aliás, a tese n. 5 constante da Edição n. 113 da mesma *ferramenta*, que trata da dissolução do casamento e da união estável. Estou totalmente filiado à afirmação, pois a quota é originária de fato gerador anterior à união estável.

Nos termos da premissa 12 da Edição n. 50 da *Jurisprudência em Teses*, "a incomunicabilidade do produto dos bens adquiridos anteriormente ao início da união estável não afeta a comunicabilidade dos frutos, conforme previsão do art. 1.660, inciso V, do Código Civil de 2002". Nos termos do precedente que a gerou:

"A valorização dos imóveis de propriedade da recorrente trata-se de um fenômeno meramente econômico, não podendo ser identificada como fruto, produto do bem, ou mesmo como um acréscimo patrimonial decorrente do esforço comum dos companheiros. Ela decorre da própria existência do imóvel no decorrer do tempo, conjugada a outros fatores, como sua localização, estado de conservação etc. Se os imóveis da recorrida não se comunicam porque foram adquiridos antes da união estável, ou na constância desta, mas a título de herança, ainda que tenham se valorizado ao longo do tempo, continuarão incomunicáveis" (STJ, REsp 1.349.788/RS, 3.ª Turma, Rel. Min. Nancy Andrighi, j. 26.08.2014, *DJe* 29.08.2014).

Como se nota, a dedução segue a interpretação no sentido de que apenas não se aplicam à união estável as regras incompatíveis da comunhão parcial, o que não é o caso do último dispositivo citado. Sendo assim, trata-se de outra tese que tem o nosso apoio.

Feitas tais pontuações jurisprudenciais e doutrinárias sobre a comunicação de bens na união estável, outro debate importante é saber se há ou não a exigência de outorga dos companheiros no caso de alienação de bem imóvel, ou, ainda para se prestar fiança ou aval, nos moldes do que exige, para o casamento, o art. 1.647 do CC/2002, sob pena de anulabilidade do ato correspondente (art. 1.649 do CC/2002).

Dessa forma, para uma *primeira corrente*, a outorga só pode ser exigida dos cônjuges e não dos companheiros por se tratar de norma restritiva de direitos que não comporta interpretação extensiva ou analogia. Por essa linha, a outorga só pode ser exigida por expressa previsão legal, o que não se verifica no tocante à união estável. Esse continua sendo o meu entendimento doutrinário, mesmo existindo contrato de convivência entre as partes, inclusive celebrado por escritura pública. Concluindo desse modo, da jurisprudência estadual:

"Apelação cível. Ação declaratória de nulidade de ato jurídico. União estável não declarada. Venda de bem imóvel a terceiro de boa-fé. Inexistência de hipóteses de invalidade do negócio jurídico. Inexistência de nulidade. 1 – Ainda que seja possível vislumbrar pelas provas carreadas a existência de união estável entre apelante e primeiro apelado, a venda de bem imóvel a terceiro de boa-fé não é nula, tendo em vista que a Lei não exige a outorga uxória da companheira. 2 – Não provadas nenhuma das hipóteses de invalidade do negócio jurídico, previstas nos arts. 166 e ss., do CC 2002, não há nulidades a serem declaradas" (TJMG, Apelação Cível 1.0284.07.006501-6/0011, 9.ª Câmara Cível, Guarani, Rel. Des. Pedro Bernardes, j. 17.02.2009, *DJEMG* 16.03.2009).

"Ação declaratória de nulidade. Escritura pública de compra e venda. Imóvel. Sentença de improcedência. Negócio jurídico celebrado pelo companheiro sem a anuência da companheira. Possibilidade. Outorga uxória. Desnecessidade. Exigência legal que não se aplica à hipótese de união estável. (...)" (TJSP, Apelação com Revisão 396.100.4/6, Acórdão 2567068, 2.ª Câmara de Direito Privado, Itararé, Rel. Des. Ariovaldo Santini Teodoro, j. 15.04.2008, *DJESP* 16.05.2008).

Esse posicionamento segue a linha de diferenciação da união estável em relação ao casamento, conforme aqui constantemente defendido. Repise-se que a premissa de diferença entre as entidade familiares foi adotada em recente julgado do STJ, exposto no Capítulo 3, que afastou a necessidade de outorga convivencial para a fiança (STJ, REsp 1.299.866/DF, Rel. Min. Luis Felipe Salomão, j. 25.02.2014, publicado no seu *Informativo* n. 535). Além disso, dá maior liberdade à convivência, como tenho sustentado nesta obra. Por fim, é dado um sentido ao termo "no que couber", constante do art. 1.725 do CC/2002.

Para uma *segunda corrente*, a expressão "no que couber" inclui a exigência de outorga entre as regras do casamento aplicáveis à união estável. A questão é tormentosa e o Superior Tribunal de Justiça também assim já decidiu anteriormente, como se depreende da seguinte ementa:

"Processo civil. Execução fiscal. Penhora de bem imóvel em condomínio. Exigência de consentimento dos demais. 1. A lei civil exige, para alienação ou constituição de gravame de direito real sobre bem comum, o consentimento dos demais condôminos. 2. A necessidade é de tal modo imperiosa, que tal consentimento é, hoje, exigido da companheira ou convivente de união estável (art. 226, § 3.º, da CF), nos termos da Lei 9.278/1996. 3. Recurso especial improvido" (STJ, REsp 755.830/SP, 2.ª Turma, Rel. Min. Eliana Calmon, j. 07.11.2006, *DJ* 1.º.12.2006, p. 291).

Acrescente-se que, ao final de 2014, surgiu outra forma de julgar na Superior Instância, que parece indicar uma *terceira via*, respondendo "depende" para a necessidade da *outorga convivencial* nos casos descritos no art. 1.647 do Código Civil. Conforme acórdão publicado no *Informativo* n. 554 do Tribunal de Cidadania, de fevereiro de 2015, a invalidade da venda de imóvel comum, fundada na ausência de outorga do companheiro, depende da publicidade conferida à união estável. E essa publicidade se dá mediante averbação de contrato de convivência ou decisão declaratória da existência de união estável no Cartório de Registro de Imóveis em que cadastrados os bens comuns, ou demonstração de má-fé do adquirente (STJ, REsp 1.424.275/MT, Rel. Min. Paulo de Tarso Sanseverino, j. 04.12.2014, *DJe* 16.12.2014).

Como aqui já se alertava, o debate a respeito da *outorga convivencial* tende a se aprofundar na vigência do Código de Processo Civil de 2015. O comando que gerará grandes repercussões é o seu art. 73 do CPC/2015, a seguir confrontado com o art. 10 do Código de Processo anterior, para os devidos aprofundamentos:

Código de Processo Civil de 2015	Código de Processo Civil de 1973
Art. 73. O cônjuge necessitará do consentimento do outro para propor ação que verse sobre direito real imobiliário, salvo quando casados sob o regime de separação absoluta de bens. § 1.º Ambos os cônjuges serão necessariamente citados para a ação: I – que verse sobre direito real imobiliário, salvo quando casados sob o regime de separação absoluta de bens; II – resultante de fato que diga respeito a ambos os cônjuges ou de ato praticado por eles; III – fundada em dívida contraída por um dos cônjuges a bem da família; IV – que tenha por objeto o reconhecimento, constituição ou extinção de ônus sobre imóvel de um ou de ambos os cônjuges. § 2.º Nas ações possessórias, a participação do cônjuge do autor ou do réu somente é indispensável nas hipóteses de composse ou de ato por ambos praticado. § 3.º Aplica-se o disposto neste artigo à união estável comprovada nos autos.	Art. 10. O cônjuge somente necessitará do consentimento do outro para propor ações que versem sobre direitos reais imobiliários (redação dada pela Lei 8.952, de 13.12.1994). § 1.º Ambos os cônjuges serão necessariamente citados para as ações (parágrafo único renumerado pela Lei 8.952, de 13.12.1994): I – que versem sobre direitos reais imobiliários (redação dada pela Lei 8.952, de 13.12.1994); II – resultantes de fatos que digam respeito a ambos os cônjuges ou de atos praticados por eles (redação dada pela Lei 5.925, de 1.º.10.1973); III – fundadas em dívidas contraídas pelo marido a bem da família, mas cuja execução tenha de recair sobre o produto do trabalho da mulher ou os seus bens reservados (redação dada pela Lei 5.925, de 1.º.10.1973) IV – que tenham por objeto o reconhecimento, a constituição ou a extinção de ônus sobre imóveis de um ou de ambos os cônjuges (redação dada pela Lei 5.925, de 1.º.10.1973). § 2.º Nas ações possessórias, a participação do cônjuge do autor ou do réu somente é indispensável nos casos de composse ou de ato por ambos praticados (incluído pela Lei 8.952, de 13.12.1994).

Destaque-se que foi mantida a regra antecedente, agora no art. 74 do CPC/2015, no sentido de que tal consentimento para as ações reais sobre imóveis possa ser suprido judicialmente quando for negado por um dos cônjuges sem justo motivo, ou quando lhe seja impossível concedê-lo. Em complemento, a falta de consentimento invalida o processo quando necessário e não suprido pelo juiz. Essas eram as premissas expostas no art. 11 do CPC/1973, sem qualquer mudança mais substancial.

O novo dispositivo processual da tabela deve ser confrontado com o antes exposto art. 1.647, inc. II, do Código Civil, que faz a mesma exigência, de outorga conjugal, para as ações que dizem respeito a direitos reais imobiliários. E, diante da previsão do § 3.º do art. 73 do CPC/2015, essa exigência passa a ser presente nos casos de união estável comprovada nos autos (*outorga convivencial*). A dúvida diz respeito à extensão dessa exigência para todos os incisos do art. 1.647 do Código Civil, diante da nova regra processual.

A priori, continuo a seguir a corrente pela resposta negativa, sendo essa claramente a tendência superior do STJ, ou seja, é correto afirmar que o art. 1.647 do Código Civil, em regra, não tem incidência para a união estável. Contudo, não se negue que o Código de Processo Civil tende a aprofundar o debate a respeito dessa problemática, por mencionar a necessidade da outorga conjugal para a hipótese que está prevista no inciso II do art. 1.647 do Código Civil.

Ademais, penso que a decisão do STF, que em maio de 2017 equiparou a união estável ao casamento para os fins sucessórios, e com repercussão geral, também tende a fortalecer a afirmação de incidência do art. 1.647 para os companheiros (STF, Recurso Extraordinário 878.694/MG, Rel. Min. Luís Roberto Barroso, publicado no seu *Informativo* n. 864). Isso porque o último julgado está fundado na equalização das duas entidades familiares, o que, para alguns, atingiria as regras de Direito de Família.

Como reforço substancial para esta posição, como está exposto neste capítulo, em havendo uma união estável formalizada com o registro no Livro E no Cartório de Registro Civil das Pessoas Naturais (RCPN) – nos termos do que foi tratado pela Lei do SERP (Lei 14.382/2022) e pela regulamentação administrativa do CNJ que surgiu em 2023 –, a tendência é afirmar a sua equiparação total ao casamento, inclusive com a aplicação das regras de formalidades e solenidades, incidindo em relação a essa *união estável superqualificada* o art. 1.647 do Código Civil. Esse último comando, assim, somente não seria aplicável à união estável informal, e para aquelas em que não se efetivou esse registro especial.

A propósito dessas afirmações, no final de 2017, surgiu novo julgado do STJ nessa linha de exigência da outorga do companheiro, concluindo que "revela-se indispensável a autorização de ambos os conviventes para alienação de bens imóveis adquiridos durante a constância da união estável, considerando o que preceitua o art. 5.º da Lei n. 9.278/1996, que estabelece que os referidos bens pertencem a ambos, em condomínio e em partes iguais, bem como em razão da aplicação das regras do regime de comunhão parcial de bens, dentre as quais se insere a da outorga conjugal, a teor do que dispõem os arts. 1.647, I, e 1.725, ambos do Código Civil, garantindo-se, assim, a proteção do patrimônio da respectiva entidade familiar" (STJ, REsp 1.592.072/PR, 3.ª Turma, Rel. Min. Marco Aurélio Bellizze, j. 21.11.2017, *DJe* 18.12.2017).

Porém, conforme o mesmo aresto, "não obstante a necessidade de outorga convivencial, diante das peculiaridades próprias do instituto da união estável, deve-se observar a necessidade de proteção do terceiro de boa-fé, porquanto, ao contrário do que ocorre no regime jurídico do casamento, em que se tem um ato formal (cartorário) e solene, o qual confere ampla publicidade acerca do estado civil dos contratantes, na união estável há preponderantemente uma informalidade no vínculo entre os conviventes, que não exige qualquer documento, caracterizando-se apenas pela convivência pública, contínua e duradoura". Ao final, como não havia registro imobiliário quanto à existência da união estável ou qualquer prova de má-fé dos adquirentes dos bens, a venda foi reconhecida como válida e eficaz em relação aos terceiros (STJ, REsp 1.592.072/PR, 3.ª Turma, Rel. Min. Marco Aurélio Bellizze, j. 21.11.2017, *DJe* 18.12.2017).

Sem dúvidas, esse acórdão traz um novo tratamento sobre o tema, afirmando a necessidade da outorga convivencial como regra, já sob a ótica do art. 73 do CPC/2015 e citando o seu teor. Será necessário, portanto, aguardar eventual pacificação sobre o tema na Segunda Seção do Tribunal, pois o Tribunal começa a dar sinais de um novo rumo. Da minha parte, continuo a entender que o art. 1.647 do Código Civil é norma restritiva prevista para o casamento e, como tal, não pode ser aplicada por analogia à união estável. Aguardemos outras posições da Corte Superior.

Como se pode perceber, há grande dilema a respeito da *outorga convivencial*, o que se pretende resolver com o atual Projeto de Reforma do Código Civil novamente em prol da segurança jurídica. A Comissão de Juristas, como visto, pretende incluir o convivente e a união estável em todas as regras relativas ao regime de bens, o que alcança o art. 1.647, especialmente o seu *caput* que passará a prever que, "ressalvado o disposto no art. 1.648, nenhum dos cônjuges ou conviventes pode, sem autorização do outro, exceto no regime da separação de bens". Porém, essa outorga do convivente somente será necessária se a união estável for devidamente registrada, consoante o novo § 3.º do comando: "o disposto neste artigo aplica-se à união estável devidamente registrada no Registro Civil das Pessoas Naturais".

Com isso, o problema estará resolvido, aplicando-se as normas relativas ao instituto em estudo para todas as uniões estáveis que estejam devidamente registradas, conclusão que já pode ser retirada, atualmente, da Lei do SERP. Espera-se, assim, a sua aprovação pelo Parlamento Brasileiro.

Exposta essa problemática e de volta ao sistema vigente, esclareça-se, para findar o estudo da *outorga convivencial*, que a questão da outorga não se confunde com o problema de eventual meação. Isso porque se exige a outorga quando o cônjuge pretende dar em garantia (hipoteca) ou alienar (venda) bem particular que não pertence ao outro cônjuge (art. 1.647 do CC). No que concerne a bem comum, não há que se falar em outorga, pois ambos os cônjuges devem hipotecar ou alienar o bem conjuntamente, eis que ambos são proprietários do bem.

Mas surge outra dúvida, agora atroz, o que justifica a existência do Enunciado n. 115 do Conselho da Justiça Federal: o regime da comunhão parcial já se aplicava à união estável antes do Código Civil de 2002? A questão não é pacífica no próprio Superior Tribunal de Justiça. Vale transcrever as normas anteriores que tratavam do assunto a fim de esclarecer a intricada problemática.

De acordo com o art. 3.º da Lei 8.971/1994, "quando os bens deixados pelo(a) autor(a) da herança resultarem de atividade em que haja colaboração do(a) companheiro, terá o sobrevivente direito à metade dos bens". Como a norma mencionava a colaboração do companheiro, seguia parcialmente o sentido da Súmula 380 do STF, não consagrando a comunhão parcial de bens. Em reforço, como bem pontua Euclides de Oliveira, a lei foi tímida, uma vez que estabelecia a meação dos bens havidos pelo esforço comum somente em caso de falecimento do companheiro (OLIVEIRA, Euclides. *União*..., 2003, p. 91-92).

Ato contínuo, preceituava o art. 5.º da Lei 9.278/1996: "Os bens móveis e imóveis adquiridos por um ou por ambos os conviventes, na constância da união estável e a título oneroso, são considerados fruto do trabalho e da colaboração comum, passando a pertencer a ambos, em condomínio e em partes iguais, salvo estipulação contrária em contrato escrito. § 1.º Cessa a presunção do *caput* deste artigo se a aquisição patrimonial ocorrer com o produto de bens adquiridos anteriormente ao início da união. § 2.º A administração do patrimônio comum dos conviventes compete a ambos, salvo estipulação contrária em contrato escrito".

Essa norma é que suscita maiores dúvidas a respeito de incidir ou não a comunhão parcial. Para Rodrigo da Cunha Pereira, a resposta seria negativa, pois o comando em análise exigiria a prova do esforço comum para a comunicação dos bens, na linha da citada súmula e da norma anterior (PEREIRA, Rodrigo da Cunha. *Concubinato*..., 2004, p. 114). Pelo mesmo caminho, Álvaro Villaça Azevedo opina que se consagra uma presunção relativa ou *iuris tantum*, "pois admite prova em contrário. Realmente, a união pode ser conturbada, de tal sorte, por um dos concubinos, que reste comprovada a completa ausência de colaboração, como, por exemplo, a vida irresponsável, de má conduta ou de prodigalidade; a de mero companheirismo, na relação aberta; a pautada por vícios de embriaguez, de jogo etc. Assim, o legislador presume a situação de condomínio natural nessa aquisição de bens, como regra; todavia, para que ocorram as referidas exceções, deverão ser elas provadas, judicialmente" (AZEVEDO, Álvaro Villaça. *Estatuto*..., 2002, p. 355).

No plano da jurisprudência, primeiramente, há acórdãos apontando a desnecessidade de prova do esforço comum para os casos de união estável constituída na vigência das leis anteriores, o que nos conduz à conclusão de que o regime seria o da comunhão parcial antes do Código Civil em vigor:

"Concubinato. União estável. Caracterização. Aquisição de bens. Art. 5.º da Lei 9.278/1996. Esforço comum. Presunção legal. Desnecessidade de comprovação. Preservação da meação da concubina. Possibilidade. Recurso conhecido e provido. 1. No regime de concubinato instituído pelo art. 5.º da Lei 9.278/1996, reconhecida a união estável, os bens havidos na constância dessa convivência devem ser tidos como decorrentes do esforço comum da família, descabendo, na espécie, a exigência de comprovação de tal condição pela mulher. 2. Na hipótese, apesar de o acórdão hostilizado haver reconhecido a união estável e a sociedade de fato do casal, entendeu que a recorrente não possuía direito à meação do imóvel constrito, uma vez que fora adquirido em período que se teve como início da união estável, ocorrida há cerca de 14 anos. 3. Óbice não excetuado pelo art. 5.º da Lei 9.278/1996. 4. Recurso especial conhecido e provido" (STJ, REsp 230.991/SP, 5.ª Turma, Rel. Min. Gilson Dipp, j. 03.02.2000, *DJ* 28.02.2000, p. 116).

"Direito civil. Família. Ação de reconhecimento e dissolução de união estável. Partilha de bens. Valores sacados do FGTS. A presunção de condomínio sobre o patrimônio adquirido por um ou por ambos os companheiros a título oneroso durante a união estável, disposta no art. 5.º da Lei 9.278/1996 cessa em duas hipóteses: (i) se houver estipulação contrária em contrato escrito (*caput*, parte final); (ii) se a aquisição ocorrer com o produto de bens adquiridos anteriormente ao início da união estável (§ 1.º). A conta vinculada mantida para depósitos mensais do FGTS pelo empregador, constitui um crédito de evolução contínua, que se prolonga no tempo, isto é, ao longo da vida laboral do empregado o fato gerador da referida verba se protrai, não se evidenciando a sua disponibilidade a qualquer momento, mas tão-somente nas hipóteses em que a lei permitir. As verbas de natureza trabalhista nascidas e pleiteadas na constância da união estável comunicam-se entre os companheiros. Considerando-se que o direito ao depósito mensal do FGTS, na hipótese sob julgamento, teve seu nascedouro em momento anterior à constância da união estável, e que foi sacado durante a convivência por decorrência legal (aposentadoria) e não por mero pleito do recorrido, é de se concluir que apenas o período compreendido entre os anos de 1993 a 1996 é que deve ser contado para fins de partilha. Recurso especial conhecido e provido em parte" (STJ, REsp 758.548/MG, 3.ª Turma, Rel. Min. Nancy Andrighi, j. 03.10.2006, *DJ* 13.11.2006, p. 257).

Porém, há ementas superiores apontando justamente o contrário, ou seja, a necessidade da prova do esforço comum, o que traz a dedução de que o regime da união estável não era o da comunhão parcial de bens antes da atual codificação, na linha da doutrina transcrita:

"União estável. Partilha dos bens adquiridos no período de convivência. Prova de que tenham sido adquiridos como fruto do trabalho ou da colaboração comum. Pretensão indeferida. Não evidenciado que os bens tenham sido adquiridos mediante o esforço comum, não se determina a partilha dos bens, mesmo porque não se sabe que bens sejam esses. Recurso especial não conhecido" (STJ, REsp 550.280/RJ, 4.ª Turma, Rel. Min. Barros Monteiro, j. 01.09.2005, *DJ* 10.10.2005, p. 372).

A questão é demais controvertida, envolvendo regras de direito intertemporal. Nesse *fogo cruzado*, deduzo que, antes da entrada em vigor do Código Civil de 2002, o regime de bens da união estável *não era* o da comunhão parcial. O principal argumento para tal conclusão é que haveria antes a necessidade de prova do esforço comum para o direito à participação ou meação. Essa conclusão se dá pela interpretação do art. 5.º da Lei 9.278/1996 e da Súmula 380 do STF que exigiriam a prova desse esforço para as uniões anteriores. Assim, o regime da união estável, antes, seria algo *próximo* da atual participação final nos aquestos.

O debate é relevante, pois, segundo o Enunciado n. 346 do CJF/STJ, da *IV Jornada de Direito Civil*, "na união estável o regime patrimonial obedecerá à norma vigente no momento da aquisição de cada bem, salvo contrato escrito". Pelo teor do enunciado doutrinário, a verificação da titularidade dos bens dos companheiros dependerá da lei vigente quando de sua aquisição, variando de acordo com o tempo, conforme outrora decidiu o Superior Tribunal de Justiça, no seguinte aresto:

"Direito civil e processual civil. União estável. Patrimônio em nome do companheiro. Prova do esforço comum. Lei 9.278/1996. União dissolvida antes de sua vigência. Inaplicabilidade. Partilha proporcional à contribuição individual. Modificação do percentual estabelecido. Óbice da Súmula 7/STJ. I – A jurisprudência de ambas as Turmas que integram a Segunda Seção desta Corte é firme no sentido de que, existente a prova do esforço comum na aquisição ou incremento do patrimônio de qualquer dos companheiros, ainda que indireta a contribuição, abre-se ensejo à partilha dos bens (Súmula 380/STF). II – Não se aplicam às uniões livres dissolvidas antes de 13.05.1996 (data da publicação) as disposições contidas na Lei 9.278/1996, principalmente no concernente à presunção de se formar o patrimônio com o esforço comum igualitário, pois aquelas situações jurídicas já se achavam consolidadas antes da vigência do diploma normativo. A partilha do patrimônio deve, pois, observar a contribuição de cada um dos concubinos para a aquisição dos bens, não significando, necessariamente, meação" (STJ, REsp 174.051/RJ, 3.ª Turma, Rel. Min. Castro Filho, j. 30.04.2002, *DJ* 01.07.2002, p. 335).

Mais atual, do mesmo Tribunal da Cidadania, enfrentando por igual o problema de direito intertemporal e na mesma linha, cabe destacar:

"A presunção legal de esforço comum na aquisição do patrimônio dos conviventes foi introduzida pela Lei 9.278/96, devendo os bens amealhados no período anterior à sua vigência, portanto, ser divididos proporcionalmente ao esforço comprovado, direto ou indireto, de cada convivente, conforme disciplinado pelo ordenamento jurídico vigente quando da respectiva aquisição (Súmula 380/STF). Os bens adquiridos anteriormente à Lei 9.278/96 têm a propriedade – e, consequentemente, a partilha ao cabo da união – disciplinada pelo ordenamento jurídico vigente quando respectiva aquisição, que ocorre no momento em que se aperfeiçoam os requisitos legais para tanto e, por conseguinte, sua titularidade não pode ser alterada por lei posterior em prejuízo ao direito adquirido e ao ato jurídico perfeito (CF, art. 5.º, XXXVI e Lei de Introdução ao Código Civil, art. 6.º). Os princípios legais que regem a sucessão e a partilha de bens não se confundem: a sucessão é disciplinada pela lei em vigor na data do óbito; a partilha de bens, ao contrário, seja em razão do término, em vida, do relacionamento, seja em decorrência do óbito do companheiro ou cônjuge, deve observar o regime de bens e o ordenamento jurídico vigente ao tempo da aquisição de cada bem a partilhar. A aplicação da lei vigente ao término do relacionamento a todo o período de união implicaria expropriação do patrimônio adquirido segundo a disciplina da lei anterior, em manifesta ofensa ao direito adquirido e ao ato jurídico perfeito" (STJ, REsp 1.124.859/MG, 2.ª Seção, Rel. Min. Luis Felipe Salomão, Rel. p/ Acórdão Min. Maria Isabel Gallotti, j. 26.11.2014, *DJe* 27.02.2015).

Como se pode verificar, o julgado – na esteira do antecedente –, diz respeito à aquisição de bens efetuada antes da Lei 9.278/1996, concluindo pela necessidade de prova de esforço comum para a comunicação de bens havidos em período anterior da sua entrada em vigor. No entanto, para o mesmo aresto, a comunhão parcial passou a ser o regime de bens a partir da entrada em vigor da norma de 1996.

O último acórdão é um dos precedentes que fez com que o Tribunal da Cidadania publicasse a premissa número 16 na Edição n. 50 da nova ferramenta *Jurisprudência em Teses*, a saber: "a presunção legal de esforço comum quanto aos bens adquiridos onerosamente prevista no art. 5.º da Lei 9.278/1996 não se aplica à partilha do patrimônio formado pelos conviventes antes da vigência da referida legislação". Essa posição é a que deve ser considerada majoritária para os devidos fins práticos.

Ainda no tocante ao regime de bens, questão polêmica existe quanto àqueles que não teriam a liberdade de escolher o regime de bens se fossem se casar. Isso porque, nos termos do art. 1.641 do CC, é obrigatório o regime da separação de bens no casamento: "I – das pessoas que o contraírem com inobservância das causas suspensivas da celebração do casamento; II – da pessoa maior de setenta anos; III – de todos os que dependerem, para casar, de suprimento judicial". Repise-se, a respeito do inciso II do comando, que a idade foi aumentada de sessenta para setenta anos pela Lei 12.344/2010.

Como exposto no início do capítulo, as causas suspensivas não impedem a caracterização da união estável. Sendo assim, entendo doutrinariamente que também não impõem o regime da separação obrigatória de bens. Não há, hoje, a imposição da separação obrigatória à união estável em nenhum dos casos previstos no art. 1.641 do mesmo Código Civil. Isso porque o art. 1.641 do CC é norma restritiva da autonomia privada, que não admite interpretação extensiva ou por analogia.

Ainda, se a regra gera restrição para o casamento, não existindo hierarquia entre as categorias familiares, não há razão para sua aplicação à união estável, pois são institutos diferentes tratados de maneiras distintas quanto aos direitos e deveres. Concluindo desse modo, com total razão, na doutrina: VELOSO, Zeno. *Direito hereditário...*, 2010, p. 171; LÔBO, Paulo. *Famílias...*, 2008, p. 161; SIMÃO, José Fernando. *Efeitos...*, 2010, p. 360; DIAS, Maria Berenice. *Manual...*, 5. ed., 2009, p. 170.

Nesse sentido, concluiu o Tribunal do Rio Grande do Sul que "como a Lei estabelece regra específica para as relações econômicas entre os conviventes na união estável, e não contemplou a previsão do regime de separação obrigatória, não se pode interpretar ampliativamente a exceção prevista para a relação patrimonial própria do casamento" (TJRS, Apelação Cível 70027870567, 7.ª Câmara Cível, Porto Alegre, Rel. Des. Sérgio Fernando Silva de Vasconcellos Chaves, j. 08.07.2009, DOERS 16.07.2009, p. 35).

Seguindo essa corrente, a título de exemplo, se uma pessoa que tem idade superior a 70 anos mantém união estável com outra, o regime desta será o da comunhão parcial, não havendo acordo entre as partes (art. 1.725 do CC). O contrato estabelecendo regime diverso será plenamente válido a par dessa forma de pensar juridicamente.

Em sentido contrário, vale aqui citar a posição de Regina Beatriz Tavares da Silva, para quem o art. 1.641 alcança não só o casamento como também a união estável (*Novo Código...*, 2004, p. 1.587). Seguindo a doutrinadora, o PL 699/2011, antigo 6.960/2002, pretende resolver a questão criando um § 2.º para o art. 1.725, nos seguintes termos: "§ 2.º Aplica-se à união estável o regime da separação de bens nas hipóteses previstas no art. 1641, incisos I e II".

Filiando-se também a esse último entendimento, comenta a promotora de justiça do Estado do Rio Grande do Norte Érica Verícia de Oliveira Canuto que:

> "É de todo inaceitável que exista a sanção de obrigatoriedade do regime de separação de bens em certas situações para o casamento e não tenha a mesma correspondência à união estável. As duas situações (casamento e união estável) devem ser interpretadas de maneira igualitária. Ou se impõe também o regime da separação obrigatória de bens para a união estável nas mesmas situações previstas para o casamento (art. 1.641, CC/2002), ou não se aplica para o casamento a restrição ao direito de livre estipulação do regime patrimonial de bem, como se dá na união estável" (CANUTO, Érica Verícia de Oliveira. *A mutabilidade...*, 2005, p. 175).

O Superior Tribunal de Justiça tem seguido essa segunda corrente e aplicado o art. 1.641 do CC/2002 à união estável diante da suposta equiparação da categoria familiar ao casamento (STJ, REsp 646.259/RS, 4.ª Turma, Rel. Min. Luis Felipe Salomão, j. 22.06.2010). O entendimento foi repetido em outro julgado superior. Todavia, ao final, o acórdão traz a ressalva segundo a qual a norma traz atentado à dignidade do idoso, em clara contradição que parece indicar outro caminho no futuro. Vejamos a publicação, constante do *Informativo* n. 459 do STJ, de dezembro de 2010:

> "União estável. Sexagenários. Regime. Bens. Trata o caso de definir se há necessidade da comprovação do esforço comum para a aquisição do patrimônio a ser partilhado, com a peculiaridade de que, no início da união estável reconhecida pelo tribunal *a quo* pelo período de 12 anos, um dos companheiros era sexagenário. A Turma, ao prosseguir o julgamento, por maioria, entendeu, entre outras questões, que, embora prevalecendo o entendimento do STJ de que o regime aplicável na união estável entre sexagenários é o da separação obrigatória de bens, segue esse regime temperado pela Súm. n. 377-STF, com a comunicação dos bens adquiridos onerosamente na constância da união, sendo presumido o esforço comum, o que equivale à aplicação do regime da comunhão parcial. Assim, consignou-se que, na hipótese, se o acórdão recorrido classificou como frutos dos bens particulares do ex-companheiro aqueles adquiridos ao longo da união estável, e não como produto de bens eventualmente adquiridos antes do início da união, opera-se a comunicação desses frutos para fins de partilha. Observou-se que, nos dias de hoje, a restrição aos atos praticados por pessoas com idade igual ou superior a 60 anos representa ofensa ao princípio da dignidade da pessoa humana. Precedentes citados: REsp 915.297/MG, *DJe* 03.03.2009; EREsp 736.627/PR, *DJe* 1.º.07.2008; REsp 471.958/RS, *DJe* 18.02.2009, e REsp 1.090.722/SP, *DJe* 30.08.2010" (STJ, REsp 1.171.820/PR, Rel. originário Min. Sidnei Beneti, Rel. para o acórdão, Min. Nancy Andrighi, j. 07.12.2010).

A propósito, em setembro de 2015, a questão sobre a prova do esforço comum para a incidência da Súmula 377 do STF à união estável foi consolidada pelo Superior Tribunal de Justiça em julgamento da sua Segunda Seção, em sede de recursos repetitivos (EREsp 1.171.820/PR, 2.ª Seção, Rel. Min. Raul Araújo, j. 26.08.2015, *DJe* 21.09.2015).

Conforme o relator da decisão, Ministro Raul Araújo, a ideia de que o esforço comum deva ser sempre presumido conduziria à ineficácia total do regime da separação obrigatória de bens, uma vez que, para afastar tal presunção, o interessado necessitaria fazer uma prova negativa, comprovando que o ex-companheiro em nada contribuiu para a aquisição onerosa de determinado bem, embora ele tenha sido adquirido na constância da união. Isso tornaria a separação de bens praticamente impossível (EREsp 1.171.820/PR). Em resumo, concluiu o Ministro Relator que "sob o regime do Código Civil de 1916, na união estável de pessoas com mais de 50 anos (se mulher) ou 60 anos (se homem), à semelhança do que ocorre com o casamento, também é obrigatória a adoção do regime de separação de bens" (EREsp 1.171.820/PR, 2.ª Seção, Rel. Min. Raul Araújo, j. 26.08.2015, *DJe* 21.09.2015).

Citou o magistrado precedente da Quarta Turma, segundo o qual não seria razoável que, a pretexto de regular a união de pessoas não casadas, o ordenamento jurídico estabelecesse mais direitos aos conviventes em união estável do que aos cônjuges. Acompanharam o relator os ministros Isabel Gallotti, Antonio Carlos Ferreira, Villas Bôas Cueva, Marco Buzzi, Marco Aurélio Bellizze e Moura Ribeiro. Votou de forma divergente o ministro Paulo de Tarso Sanseverino.

Em 2016, tal forma de pensar o Direito de Família passou a compor a premissa número 6 da Edição n. 50 da ferramenta *Jurisprudência em Teses*, do STJ: "na união estável de pessoa maior de setenta anos (art. 1.641, II, do CC/02), impõe-se o regime da separação obrigatória, sendo possível a partilha de bens adquiridos na constância da relação, desde que comprovado o esforço comum". Em 2022, foi editada a Súmula 655 da Corte, no mesmo sentido e com a seguinte redação: "aplica-se à união estável contraída por septuagenário o regime da separação obrigatória de bens, comunicando-se os adquiridos na constância, quando comprovado o esforço comum".

Assim, ao contrário do que ocorria antes no casamento – e exposto no Capítulo 3 desta obra –, em casos de aplicação da Súmula 377 do STF à união estável, é necessária a prova do esforço comum para a comunicação dos bens em favor dos companheiros.

Como ali foi desenvolvido, e deve ser aqui repetido, no ano de 2018 a Segunda Seção do Superior Tribunal de Justiça acabou por pacificar que, também no casamento, a aplicação da Súmula n. 377 do STF demanda a prova do esforço comum para que haja a comunicação de bens. Nos termos desse importante aresto, "no regime de separação legal de bens, comunicam-se os adquiridos na constância do casamento, desde que comprovado o esforço comum para sua aquisição. Releitura da antiga Súmula 377/STF (No regime de separação legal de bens, comunicam-se os adquiridos na constância do casamento), editada com o intuito de interpretar o art. 259 do CC/1916, ainda na época em que cabia à Suprema Corte decidir em última instância acerca da interpretação da legislação federal, mister que hoje cabe ao Superior Tribunal de Justiça" (STJ, EREsp 1.623.858/MG, 2.ª Seção, Rel. Min. Lázaro Guimarães (Desembargador convocado do TRF 5.ª Região), j. 23.05.2018, *DJe* 30.05.2018). Assim, caminhou-se da *solução da união estável para o casamento*, e não ao contrário, como até se esperava.

Apesar dos argumentos bem expostos nos julgados sobre a incidência do art. 1.641 do Código Civil à união estável, com eles não se concorda, pois se reafirma que as normas restritivas da autonomia privada não admitem aplicação por analogia. A liberdade da pessoa humana, como valor constitucional, deve ser preservada, prevalecendo sobre a proteção patrimonial, presente na discussão exposta. De toda sorte, a posição constante dos últimos arestos e da tese afirmada pelo Superior Tribunal de Justiça deve ser considerada majoritária para os devidos fins práticos.

Vale lembrar que, em 2024, o Supremo Tribunal Federal analisou a constitucionalidade ou não do art. 1.641, inc. II, do Código Civil, concluindo, em tese de repercussão geral que, "nos casamentos e uniões estáveis envolvendo pessoa maior de 70 anos, o regime de separação de bens previsto no art. 1.641, II, do Código Civil pode ser afastado por expressa manifestação de vontade das partes, mediante escritura pública" (Tema n. 1.236). Assim, para aqueles conviventes que têm condições econômicas para arcar com os valores das escrituras, será possível afastar a imposição do regime por exercício da autonomia privada.

Importante repisar que, em boa hora, a Comissão de Juristas nomeada no âmbito do Senado Federal para a Reforma do Código Civil pretende retirar do sistema o regime da separação obrigatória de bens e também as causas suspensivas, revogando-se expressamente os arts. 1.523 e 1.641 da atual Lei Geral Privada, e *destravando* a vida das pessoas.

Quanto ao art. 1.725 do Código Civil, almeja-se no projeto um texto mais objetivo do que o atual art. 1.725, que é revogado expressamente, retirando-se a controversa locução "no que couber", que gera divergências desde o seu surgimento na codificação privada. Assim, o preceito passará a prever o seguinte, em novo comando: "Art. 1.564-B. Aplica-se à união estável, salvo se houver pacto convivencial ou contrato de convivência dispondo de modo diverso, o regime da comunhão parcial de bens". A regra, portanto, é a equiparação das duas entidades familiares no que diz respeito ao tratamento patrimonial e do regime de bens, o que é retirado dos comentários a vários dispositivos desenvolvidos neste livro.

Entretanto, restarão diferenças nas regras de formalidades e solenidades, hipótese em que a equiparação total entre a união estável e o casamento somente estará presente se a união estável for registrada no Livro E perante o Cartório de Registro Civil das Pessoas Naturais. Como visto, a exigência de outorga convivencial, nos termos do art. 1.647 do CC, somente será necessária se ela for devidamente registrada ("§ 3.º O disposto neste artigo aplica-se à união estável devidamente registrada no Registro Civil das Pessoas Naturais"). As propostas, portanto, são de simplificação e de busca da segurança jurídica e da estabilidade das relações privadas, afastando debates infindáveis a respeito da matéria.

No que concerne à conversão da união estável em casamento, conforme ordena o Texto Maior (art. 226, § 3.º), está prevista no art. 1.726 do CC/2002, pelo qual: "a união estável poderá converter-se em casamento, mediante pedido dos companheiros ao juiz e assento no Registro Civil". O dispositivo sempre apresentou alguns graves inconvenientes, o que foi alterado pela emergência da Lei do Sistema Eletrônico dos Registros Públicos (SERP – Lei 14.382/2022). Em 2023, a questão foi regulamentada também pelo CNJ, por meio dos Provimentos 141 e 146, depois incorporados ao Código Nacional de Normas (CNN).

A crítica que sempre foi feita ao comando legal é que ele não possibilita expressamente a conversão administrativa ou extrajudicial, pois há necessidade de autorização judicial, o que torna dificultosa a mesma, contrariando a ordem da Constituição Federal, que, como visto, fala em *facilitação* para a referida conversão.

Justamente por isso, o antigo *Projeto Ricardo Fiuza* pretendia alterar o dispositivo, no sentido de prever que a conversão poderia ocorrer "perante o oficial do Registro Civil do domicílio dos cônjuges, mediante processo de habilitação com manifestação favorável do Ministério Público e respectivo assento". No mesmo sentido, o antigo projeto de *Estatuto das Famílias* do IBDFAM, pela previsão do art. 65. Como o intuito é facilitar, filiava-se totalmente aos projetos de lei.

Nesse contexto, os Estados da Federação regulamentaram essa conversão mediante provimentos das corregedorias dos Tribunais de Justiça. É o caso do Rio Grande do Sul, pelo Provimento 027/2003; do Mato Grosso do Sul, via Provimento 07/2003; e de São Paulo, por meio do Provimento 25/2005. Quanto ao último, é a sua redação constante das Normas de Serviço da Corregedoria-Geral de Justiça do Estado de São Paulo, atualizada conforme o Provimento 41/2012:

> "Da Conversão da União Estável em Casamento
>
> 87. A conversão da união estável em casamento deverá ser requerida pelos companheiros perante o Oficial de Registro Civil das Pessoas Naturais de seu domicílio.
>
> 87.1. Recebido o requerimento, será iniciado o processo de habilitação sob o mesmo rito previsto para o casamento, devendo constar dos editais que se trata de conversão de união estável em casamento.
>
> 87.2. Estando em termos o pedido, será lavrado o assento da conversão da união estável em casamento, independentemente de autorização do Juiz Corregedor Permanente, prescindindo o ato da celebração do matrimônio.
>
> 87.3. O assento da conversão da união estável em casamento será lavrado no Livro 'B', exarando-se o determinado no item 80 deste Capítulo, sem a indicação da data da celebra-

ção, do nome do presidente do ato e das assinaturas dos companheiros e das testemunhas, cujos espaços próprios deverão ser inutilizados, anotando-se no respectivo termo que se trata de conversão de união estável em casamento.

87.4. A conversão da união estável dependerá da superação dos impedimentos legais para o casamento, sujeitando-se à adoção do regime matrimonial de bens, na forma e segundo os preceitos da lei civil.

87.5. Não constará do assento de casamento convertido a partir da união estável, em nenhuma hipótese, a data do início, período ou duração desta".

Observe-se, a regulamentação da conversão no Estado de São Paulo é cheia de detalhes. Justamente por isso os companheiros vinham fazendo a opção de se casarem, para afastar essas dificuldades práticas.

De qualquer forma, nota-se que o provimento paulista dispensava a ação judicial, *desobedecendo* ao que consta do Código Civil de 2002. Porém, o citado provimento estava de acordo com o Texto Maior, pois facilitava a conversão ao mencionar a via administrativa ou extrajudicial. Em suma, o provimento era considerado ilegal em relação ao Código privado, mas legal e constitucional se fosse levada em conta a Norma Superior. Essas conclusões revelavam o certo *caos legislativo* que vivíamos em nosso País no tratamento do tema.

Em julgado de 2017, entendeu o Superior Tribunal de Justiça que "os arts. 1.726 do CC e 8.º da Lei 9278/96 não impõem a obrigatoriedade de que se formule pedido de conversão de união estável em casamento exclusivamente pela via administrativa. A interpretação sistemática dos dispositivos à luz do art. 226, § 3.º, da Constituição Federal confere a possibilidade de que as partes elejam a via mais conveniente para o pedido de conversão de união estável em casamento" (STJ, REsp 1.685.937/RJ, 3.ª Turma, Rel. Min. Nancy Andrighi, j. 17.08.2017, *DJe* 22.08.2017). Como se nota, o acórdão superior reconhece a possibilidade da via administrativa para a conversão da união estável em casamento, mas conclui não ser ela exclusiva.

Não vinha sendo diferente a posição majoritária da doutrina, à qual estive sempre filiado. Nessa linha, quando do *XII Congresso Brasileiro de Direito das Famílias e das Sucessões do IBDFAM*, realizado em Belo Horizonte em outubro de 2019, aprovou-se o Enunciado n. 31, estabelecendo que "a conversão da união estável em casamento é um procedimento consensual, administrativo ou judicial, cujos efeitos serão *ex tunc*, salvo nas hipóteses em que o casal optar pela alteração do regime de bens, o que será feito por meio de pacto antenupcial, ressalvados os direitos de terceiros".

Seguindo o que estava nas normas administrativas dos Estados e o clamor doutrinário, a Lei 14.382/2022 (Lei do SERP) tratou de forma correta e precisa da questão, sofrendo grande influência da norma paulista e praticamente reproduzindo os procedimentos aqui antes transcritos em destaque. Conforme o novo art. 70-A da LRP, a conversão da união estável em casamento deverá ser requerida pelos companheiros perante o oficial de registro civil de pessoas naturais de sua residência. Dispensa-se, portanto, a ação judicial, para tanto seguindo-se, finalmente e por meio de norma jurídica, a ordem constitucional de sua facilitação.

Consoante o seu § 1.º, recebido o requerimento de conversão, será iniciado o processo de habilitação sob o mesmo rito previsto para o casamento e deverá constar dos proclamas que se trata de conversão de união estável em casamento. Além disso, em caso de requerimento de conversão de união estável por mandato, a procuração deverá ser por escritura pública e com prazo máximo de trinta dias (art. 70-A, § 2.º, da Lei de Registros Públicos).

Se estiver em termos o pedido, ou seja, sem qualquer problema de forma ou de essência, será lavrado o assento da conversão da união estável em casamento, independentemente de autorização judicial, prescindindo-se ou dispensando-se o ato da celebração do matrimônio (art. 70-A, § 3.º, da Lei de Registros Públicos). O assento da conversão da união estável em casamento será lavrado no Livro B, sem a indicação da data e das testemunhas da celebração, do nome do presidente do ato e das assinaturas dos companheiros e das testemunhas, anotando-se no respectivo termo que se trata de conversão de união estável em casamento (art. 70-A, § 4.º, da Lei de Registros Públicos).

Além disso, a conversão da união estável dependerá da superação dos impedimentos legais para o casamento, previstos no art. 1.521 do Código Civil, sujeitando-se à adoção do regime patrimonial de bens, na forma dos preceitos da lei civil (art. 70-A, § 4.º, da Lei de Registros Públicos). Assim, em regra, na citada conversão será adotado o regime da comunhão parcial de bens, que é o regime legal ou supletório do casamento (art. 1.640 do Código Civil). Como se verá à frente, houve detalhamento desse assunto por meio de provimentos do CNJ, do ano de 2023.

Questão interessante diz respeito à imposição do regime da separação legal ou obrigatória de bens, tratado no art. 1.641 do Código Civil, havendo a citada conversão, como na hipótese de ser um dos cônjuges ou ambos maiores de 70 anos. Sobre a dúvida, o Enunciado n. 261, da *III Jornada de Direito Civil*, prevê que "a obrigatoriedade do regime da separação de bens não se aplica a pessoa maior de sessenta anos, quando o casamento for precedido de união estável iniciada antes dessa idade". Da jurisprudência superior, aplicando a premissa constante da ementa doutrinária, do Superior Tribunal de Justiça, posição que deve ser mantida com o surgimento da Lei 14.382/2022:

"O reconhecimento da existência de união estável anterior ao casamento é suficiente para afastar a norma, contida no CC/16, que ordenava a adoção do regime da separação obrigatória de bens nos casamentos em que o noivo contasse com mais de sessenta, ou a noiva com mais de cinquenta anos de idade, à época da celebração. As idades, nessa situação, são consideradas reportando-se ao início da união estável, não ao casamento" (STJ, REsp 918.643/RS, 3.ª Turma, Rel. Min. Massami Uyeda, j. 26.04.2011, *DJe* 13.05.2011).

Pontue-se que o acórdão menciona idades diversas do homem e da mulher, porque diz respeito a fatos que ocorreram na vigência do Código Civil de 1916, incidindo a última norma. Mais recentemente, do mesmo Tribunal Superior, entendeu-se que:

"(...) Afasta-se a obrigatoriedade do regime de separação de bens quando o matrimônio é precedido de longo relacionamento em união estável, iniciado quando os cônjuges não tinham restrição legal à escolha do regime de bens, visto que não há que se falar na necessidade de proteção do idoso em relação a relacionamentos fugazes por interesse exclusivamente econômico. Interpretação da legislação ordinária que melhor a compatibiliza com o sentido do art. 226, § 3.º, da CF, segundo o qual a lei deve facilitar a conversão da união estável em casamento" (STJ, REsp 1.318.281/PE, 4.ª Turma, Rel. Min. Maria Isabel Gallotti, j. 1.º.12.2016, *DJe* 07.12.2016).

Reafirmo que essa conclusão tende a ser mantida com o novo tratamento legislativo, tendo sido adotada pelo Conselho Nacional de Justiça, pela normatização de 2023.

Voltando-se ao art. 70-A da Lei de Registros Públicos, o seu § 6.º enuncia que "não constará do assento de casamento convertido a partir da união estável a data do início ou o período de duração desta, salvo no caso de prévio procedimento de certificação eletrônica de união estável realizado perante oficial de registro civil". Nessa previsão, como bem apontava Márcia Fidelis Lima, parece haver um erro material, ou "a sua redação não deixou clara a intenção do legislador". Interroga a autora: "o que seria o 'procedimento de certificação eletrônica'? Seria algo que apontasse o prévio procedimento de registro no Livro E? Seria algo parecido com um processo judicial de justificação? Não ficou clara essa redação, a menos que a linguagem seja específica e tecnicamente utilizada em sede de tecnologia da informação" (LIMA, Márcia Fidelis. Lei n. 14.382/2002 – primeiras reflexões interdisciplinares do registro civil das pessoas naturais e o direito das famílias. *Revista IBDFAM – Famílias e Sucessões*, Belo Horizonte, n. 51, p. 35, maio/jun. 2022). Em 2023, o Conselho Nacional de Justiça regulamentou esse instituto, como se verá a seguir.

Como última norma legal a respeito da conversão, o § 7.º do novo art. 70-A da Lei 6.015/1973 enuncia que, se estiver em termos o pedido, o falecimento da parte no curso do processo de habilitação não impedirá a lavratura do assento de conversão de união estável em casamento. Trata-se de norma que mais uma vez segue solução dada no Estado de São Paulo, por meio de decisão de sua Corregedoria-Geral de Justiça, no ano de 2005 e que já era destacada nesta obra:

> "Registro Civil de Pessoas Naturais. Conversão de união estável em casamento. Requerimento conjunto dos conviventes. Falecimento do varão no curso do processo de habilitação que, apesar disso, foi concluído. Inexistência de impedimento para o casamento. Desnecessidade de celebração e de assinatura dos cônjuges no assento. Possibilidade de sua lavratura. Ato do Oficial. Necessidade, apenas, de ser o requerimento submetido ao Juiz Corregedor Permanente. Antecedente desta E. Corregedoria-Geral da Justiça. Recurso provido para permitir a conversão pretendida" (Portaria de Decisão da Corregedoria-Geral da Justiça – Atos do Registro Civil – Conversão de união estável em casamento – Falecimento no curso de processo de habilitação, Proc. 834/2004 (328/2004-E), Recurso Administrativo, recorrente: Excelentíssimo Senhor Corregedor-Geral da Justiça: São Paulo, 30 de dezembro de 2004, José Marcelo Tossi Silva – Juiz Auxiliar da Corregedoria. Aprovo o parecer do MM. Juiz Auxiliar da Corregedoria e por seus fundamentos, que adoto, dou provimento ao recurso interposto. Publique-se. São Paulo, 04.01.2005. José Mário Antonio Cardinale – Corregedor-Geral da Justiça).

Pois bem, sobre o tratamento do Conselho Nacional de Justiça que surgiu no ano de 2023, por meio dos seus Provimentos 141 e 146, depois incorporados ao Código Nacional de Normas, o seu art. 549 trata do assento de conversão da união estável em casamento. Dele deverão constar, além dos requisitos tradicionais do assento do casamento (art. 70 da Lei de Registros Públicos), do nome do presidente do ato e das assinaturas dos companheiros e das testemunha, os seguintes dados: *a)* registro anterior da união estável, com especificação dos seus dados de identificação (data, livro, folha e ofício) e a individualização do título que lhe deu origem; *b)* o regime de bens que vigorava ao tempo da união estável na hipótese de ter havido alteração no momento da conversão em casamento, desde que o referido regime estivesse indicado em anterior registro de união estável ou em um dos títulos admitidos para registro ou averbação, aqui antes estudados; *c)* a data de início da união estável, *d)* a seguinte advertência no caso de o regime de bens vigente durante a união estável ser diferente do adotado após a conversão desta em casamento, o que novamente visa à segurança jurídica: "este ato não prejudicará terceiros de boa-fé, inclusive os credores dos companheiros cujos créditos já existiam antes da alteração do regime".

Como outra regra importante para a proteção de direitos de terceiros, o art. 550 do Código Nacional de Normas estabelece que o regime de bens na conversão da união estável em casamento observará os preceitos da lei civil, inclusive quanto à forma exigida para a escolha de regime de bens diverso do legal, nos moldes do art. 1.640, parágrafo único, do Código Civil.

Assim, em regra, será aplicável regime legal ou supletório da união estável, qual seja o da comunhão parcial de bens (art. 1.725 do Código Civil). Todavia, podem os companheiros fazer a opção, na conversão, por outro regime, como a separação convencional de bens.

Como premissa geral, a conversão da união estável em casamento implica a manutenção, para todos os efeitos, do regime de bens que existia no momento dessa conversão, salvo pacto antenupcial em sentido contrário (art. 550, § 1.º, do CNN). Quando na conversão for adotado novo regime – caso da separação convencional de bens –, será exigida a apresentação de pacto antenupcial, salvo se o novo regime for o da comunhão parcial de bens, hipótese em que se exigirá apenas a declaração expressa e específica dos companheiros nesse sentido, quando da conversão (art. 550, § 2.º, do CNN). Assim, no último caso, não se exige a formalidade da escritura pública.

Como antes sustentei, seguindo sugestão por mim elaborada, o § 3.º do art. 550 prevê que não se aplica o regime da separação legal de bens do art. 1.641, inc. II, do Código Civil – da pessoa maior de 70 anos –, se inexistia essa obrigatoriedade na data a ser indicada como início da união estável no assento de conversão de união estável em casamento ou se houver decisão judicial em sentido contrário. Como antes pontuado, essa é a posição amplamente majoritária da doutrina e da jurisprudência, que foi incorporada à norma administrativa, o que é sempre salutar.

Além disso, a normatização administrativa, novamente de forma correta e seguindo a posição consolidada da doutrina e da jurisprudência, prevê no § 4.º do art. 550 do Código Nacional de Normas que não se impõe o regime de separação legal de bens, previsto no art. 1.641, inc. I, do Código Civil, se superada a causa suspensiva do casamento quando da conversão. Assim, a título de exemplo, caso um dos companheiros, viúvo ou viúva, não tenha feito a partilha dos bens do casamento anterior e caso essa divisão ocorra posteriormente, estando presente quando da conversão que ora se estuda, não se impõe o regime de separação obrigatória de bens, eis que superada a causa suspensiva que o impõe.

O regime de bens a ser indicado no assento de conversão de união estável em casamento deverá ser: *a)* o mesmo do consignado em um dos títulos admitidos para registro ou averbação, se houver; ou no pacto antenupcial ou na declaração dos companheiros; *b)* o regime da comunhão parcial de bens nas demais hipóteses, que é o regime legal ou supletório da união estável (art. 550, § 5.º, do CNN).

Para os fins de registro no Cartório de Registro de Imóveis e eficácia *erga omnes*, o § 6.º do art. 550 do CNN estabelece que, "para efeito do art. 1.657 do Código Civil, o título a ser registrado em livro especial no Registro de Imóveis do domicílio do cônjuge será o pacto antenupcial ou, se este não houver na forma do § 1.º deste artigo, será um dos títulos admitidos neste Código para registro ou averbação em conjunto com a certidão da conversão da união estável em casamento".

Completando a regra do novo art. 70-A, § 7.º, da Lei de Registros Públicos, incluído pela Lei do SERP, o art. 552 do Código de Normas prevê que o falecimento da parte no curso do procedimento de habilitação não impedirá a lavratura do assento de conversão de união estável em casamento, se estiver "em termos" o pedido, assim considerado quando houver pendências não essenciais, entendidas como aquelas que não elidam a firmeza da vontade dos companheiros quanto à conversão e que possam ser sanadas pelos herdeiros do falecido. Imagine-se, a título de exemplo, um caso concreto em que existem várias manifestações positivas dos companheiros, inclusive daquele que faleceu durante o procedimento, dos seus interesses e das vontades inquestionáveis em converter a união em casamento.

Como não poderia ser diferente, e na linha das notas doutrinárias antes expostas, a regulamentação administrativa do CNJ também tratou do *procedimento de certificação eletrônica da união estável*, que está expresso no novo art. 70-A, § 6.º, da Lei de Registros Públicos. Essa regulamentação era mais do que necessária e foi efetivada de forma abrangente, na linha do que foi inserido na legislação pela Lei do SERP, sobretudo diante dos tratamentos do registro da união estável no Livro E do Cartório de Registro Civil e da conversão extrajudicial da união estável em casamento.

A normatização do novo instituto está no art. 553 do Código Nacional de Normas, segundo o qual, o procedimento de certificação eletrônica de união estável realizado perante oficial de registro civil autoriza a indicação das datas de início e, se for o caso, de fim da união estável no registro; tendo natureza facultativa e não obrigatória. Advirta-se, porém, que na linha da jurisprudência do Superior Tribunal de Justiça aqui antes colacionada e ora mantida, na data de início da união estável não é possível juridicamente estabelecer a adoção de um regime de bens diverso da comunhão parcial com eficácia retroativa (por todos: STJ, REsp 1.383.624/MG, 3.ª Turma, Rel. Min. Moura Ribeiro, j. 02.06.2015, *DJe* 12.06.2015). Aguardemos se com a nova normatização a jurisprudência superior será alterada.

Sobre o procedimento em si, ele se inicia com pedido expresso dos companheiros para que conste do registro as datas de início ou de fim da união estável. Como está nesse § 1.º do art. 553, o pedido poderá ser eletrônico ou não, ou seja, a *certificação não será obrigatoriamente eletrônica*.

Para comprovar as datas de início ou, se for o caso, de fim da união estável, os companheiros valer-se-ão de todos os meios probatórios em direito admitidos (art. 553, § 2.º, do Código Nacional de Normas). O registrador entrevistará os companheiros e, se houver, as testemunhas para verificar a plausibilidade do pedido (art. 553, § 3.º). Essa entrevista deverá ser reduzida a termo e assinada pelo registrador e pelos entrevistados (art. 553, § 4.º). Em havendo suspeitas de falsidade da declaração ou de fraude, o registrador poderá exigir provas adicionais (art. 553, § 5.º).

Após essa tramitação do procedimento, caberá decisão fundamentada ao registrador civil que, nos termos da Lei do SERP e da regulamentação pelo CNJ (art. 553, § 6.º, do CNN), tem poder decisório, exercendo, no meu entender, jurisdição privada. Essa é, aliás, a tendência das normatizações recentes e das propostas legislativas que tramitam no Congresso Nacional, em prol da extrajudicialização e da redução de burocracias.

Eventualmente, no caso de indeferimento do pedido de certificação pelo registrador civil, os companheiros poderão requerer a ele a suscitação de dúvida dentro do prazo de 15 dias da ciência (art. 553, § 7.º). O registrador deverá sempre arquivar os autos do procedimento de certificação, sobretudo por trazer informações pessoais relevantes (art. 553, § 8.º).

Como última regra, está previsto ser dispensado o procedimento de certificação eletrônica de união estável nas hipóteses em que se admite a indicação das datas de início e de fim da união estável no registro de reconhecimento ou de dissolução da união estável, como nas situações em que ela tem origem em uma escritura pública ou em decisão judicial (art. 553, § 9.º, do CNN).

Como se pode perceber, confirma-se, com todas essas previsões normativas, uma equiparação total entre a união estável formalizada perante o Cartório de Registro Civil das

Pessoas Naturais e o casamento, passando a haver uma *união estável superqualificada*, com amplo tratamento legal e com a incidência de praticamente as mesmas normas.

Expostas as novas previsões legais e administrativas, observo que o art. 1.726 do Código Civil não foi revogado expressamente pela Lei 14.382/2022. Ademais, não me parece ter havido revogação tácita – nos termos do art. 2.º da LINDB –, pois a Lei de Registros Públicos trata apenas da conversão extrajudicial da união estável em casamento. Sendo assim, já sustentava que ainda restará aos companheiros a opção de efetivarem a conversão judicial, apesar de ser importante reconhecer que essa solução será esvaziada, na prática, pela via extrajudicial.

Exatamente nesse sentido, o art. 551 do Código Nacional de Normas, seguindo outra sugestão formulada por mim no grupo de trabalhos montado pelo Corregedor-Geral de Justiça, para tratar do assunto: "a conversão extrajudicial da união estável em casamento é facultativa e não obrigatória, cabendo sempre a via judicial, por exercício da autonomia privada das partes".

Para encerrar o tema, anoto que, no atual Projeto de Reforma do Código Civil, confirmando-se o que está hoje na Lei do SERP e a sua regulamentação pelo Conselho Nacional de Justiça, propõe-se a seguinte redação para o art. 1.564-C, em substituição ao art. 1.726 do CC, que é revogado expressamente: "a união estável poderá converter-se em casamento, por solicitação dos conviventes diretamente no Cartório de Registro Civil, das Pessoas Naturais, após o oficial certificar a ausência de impedimentos, na forma deste Código. Parágrafo único. Ter-se-á como data do início da união que se pretende converter em casamento a do registro e em caso de união estável de fato a data declarada pelos interessados ao oficial". De todo modo, apesar de a norma projetada não mais mencionar a opção judicial, penso que ela ainda será possível, em casos em que houver dúvida do oficial do Cartório de Registro Civil quanto a sua viabilidade e possibilidade jurídica.

Superada a análise dos dispositivos que estão elencados no título que trata da união estável e da legislação posterior correlata a tais comandos, outras normas devem ser estudadas, relacionadas com o uso do nome, com os alimentos e com o direito sucessório dos companheiros. Também é preciso comentar sobre a inexistência de um estado civil próprio do companheiro ou convivente.

Relativamente ao uso do nome do companheiro, a questão está regulamentada pelo art. 57, §§ 2.º a 6.º da Lei de Registros Públicos, que foram igualmente alterados pela Lei do SERP (Lei 14.382/2022). Na sua redação original, a norma previa que a alteração posterior de nome somente por exceção e motivadamente, após a audiência do Ministério Público seria permitida por sentença do juiz a que estivesse sujeito o registro. Ademais, nos termos do seu § 1.º, "a mulher solteira, desquitada ou viúva, que viva com homem solteiro, desquitado ou viúvo, excepcionalmente e havendo motivo ponderável, poderá requerer ao juiz competente que, no registro de nascimento, seja averbado o patronímico de seu companheiro, sem prejuízo dos apelidos próprios, de família, desde que haja impedimento legal para o casamento, decorrente do estado civil de qualquer das partes ou de ambas".

O juiz competente somente processaria o pedido se tivesse a expressa concordância do companheiro, e se da vida em comum houverem decorrido, no mínimo, cinco anos ou existissem filhos dessa união (§ 2.º). O pedido de averbação só teria curso, quando desquitado o companheiro, se a ex-esposa houver sido condenada ou tiver renunciado ao uso dos apelidos do marido, ainda que dele receba pensão alimentícia (§ 3.º). O aditamento do nome seria cancelado a requerimento de uma das partes, ouvida a outra (§ 3.º). Por fim, estava previsto que tanto o aditamento quanto o cancelamento da averbação previstos no dispositivo seriam processados em segredo de justiça (art. 57, § 6.º, da Lei 6.015/1973, na redação anterior).

A grande dúvida que existia quanto a esse comando legal, na sua redação anterior, é se ele continuaria ou não em vigor. Na doutrina, existiam os dois posicionamentos. Entendendo pela permanência da norma, Flávio Augusto Monteiro de Barros sustentava que a matéria seria de registro público vigorando como norma especial (*Manual...*, 2005, p. 100). Em suma, adotava o critério da especialidade, para fundamentar a sua permanência.

Por outra via, Francisco José Cahali, em atualização da obra de Silvio Rodrigues, concluía que a norma não mais se aplicaria, pois "a utilização do nome representa, em um primeiro momento, o direito de um em face do outro na relação conjugal decorrente da união estável, reclamando, assim, previsão legislativa. A Constituição Federal, elevando a união estável à categoria de entidade familiar, igualmente lhe outorgou a proteção do Estado, como se casados fossem os seus partícipes". E conclui: "em como tal, efeito exterior da relação, observada a união estável perante o Estado e a sociedade, na amplitude desejada da norma constitucional, não se poderá negar o pedido de utilização do sobrenome do parceiro, formulado em conjunto pelos companheiros. E nessa linha, não mais se exigem os requisitos da Lei 6.015/1973, nem tampouco se aplicam as restrições nela previstas" (RODRIGUES, Silvio. *Direito...*, 2002, p. 299, atualizada por Francisco José Cahali). Alinha-se a esse último entendimento, sem dúvidas.

Isso porque os requisitos apontados pela Lei de Registros Públicos não foram recepcionados pela CF/1988 ou mesmo pelo Código Civil de 2002. Como se sabe, a Norma Superior comparou homens e mulheres, para os devidos fins legais (art. 5.º, inc. I, da CF/1988), razão pela qual a necessidade de autorização e concordância do companheiro é flagrantemente inconstitucional. Além disso, o dispositivo mencionava apenas a *companheira*, não o *companheiro*, violando a isonomia. O mesmo deve ser dito quanto aos *motivos* para a utilização do nome.

Em relação à exigência de prazo de união estável para a utilização do nome ou existência de prole comum, a norma era distante do atual Código Civil, que não apresenta tais requisitos para a caracterização da união estável. Por fim, a Lei de Registros Públicos ignorava que o nome é um direito da personalidade (arts. 16 a 19 do CC/2002), inerente à própria dignidade humana (art. 1.º, inc. III, da CF/1988). Em suma, a norma era totalmente desatualizada e não poderia ser considerada mais em vigor. Concluindo, sempre me posicionei no sentido de que deveriam ser aplicadas à união estável as mesmas regras previstas para a utilização e supressão do nome no casamento (arts. 1.565, § 1.º, e 1.578 do CC, outrora estudados). Aplicando tais premissas, julgado publicado no *Informativo* n. 506 do Superior Tribunal de Justiça:

> "(...). É possível a alteração de assento registral de nascimento para a inclusão do patronímico do companheiro na constância de uma união estável, em aplicação analógica do art. 1.565, § 1.º, do CC, desde que seja feita prova documental da relação por instrumento público e nela haja anuência do companheiro cujo nome será adotado. O art. 57, § 2.º, da Lei 6.015/1973 outorgava, nas situações de concubinato, tão somente à mulher a possibilidade de averbação do patronímico do companheiro sem prejuízo dos apelidos próprios – entenda-se, sem a supressão de seu próprio sobrenome –, desde que houvesse impedimento legal para o casamento, não havendo específica regulação quanto à adoção de sobrenome pelo companheiro (união estável). A imprestabilidade desse dispositivo legal para balizar os pedidos de adoção de sobrenome dentro de uma união estável, situação completamente distinta daquela para a qual foi destinada a referida norma, reclama a aplicação analógica das disposições específicas do Código Civil relativas à adoção de sobrenome dentro do casamento, porquanto se mostra claro o elemento de identidade entre os institutos e a parelha *ratio legis* relativa à união estável com aquela que orientou o legislador na fixação

dentro do casamento da possibilidade de acréscimo do sobrenome de um dos cônjuges ao do outro" (STJ, REsp 1.206.656/GO, Rel. Min. Nancy Andrighi, j. 16.10.2012).

Pois bem, a Lei do Sistema Eletrônico dos Registros Públicos (Lei 14.382/2022 – SERP) alterou todos esses comandos, passando a ser possível a inclusão extrajudicial de sobrenomes em virtude da união estável. Nos termos do novo § 2.º do art. 57 da Lei de Registros Públicos, "os conviventes em união estável devidamente registrada no registro civil de pessoas naturais poderão requerer a inclusão de sobrenome de seu companheiro, a qualquer tempo, bem como alterar seus sobrenomes nas mesmas hipóteses previstas para as pessoas casadas". Como se pode perceber, a inclusão do sobrenome diz respeito às uniões estáveis registradas e não se aplica às meras uniões de fato.

Assim, foi totalmente modificada a regulamentação do tema que existia anteriormente, e que não vinha sendo aplicada na prática, como se expôs. Houve revogação expressa do § 3.º do art. 57 da Lei de Registros Públicos, uma vez que, como exposto, dispositivo exigia requisitos hoje tidos como superados para a caracterização da união estável, não constantes do art. 1.723 do Código Civil. Também foram revogados os antigos §§ 4.º, 5.º e 6.º. Por fim, inseriu-se um novo § 3.º-A no comando, que segue a linha de ser o nome adotado pelo companheiro um direito da personalidade daquele que o incorporou, podendo ser mantido ou renunciado, assim como se tem reconhecido nos casos de casamento: "o retorno ao nome de solteiro ou de solteira do companheiro ou da companheira será realizado por meio da averbação da extinção de união estável em seu registro".

Observo que, no Projeto de Reforma do Código, também se almeja a equiparação da união estável ao casamento para os fins do nome, incluindo-se previsão no seu art. 1.565, § 2.º, a afirmar que "qualquer dos nubentes ou conviventes, querendo, poderão acrescer ao seu o sobrenome do outro". Apenas há a confirmação, na Lei Geral Privada, do que hoje está consagrado pela Lei do SERP.

Relativamente aos alimentos, o art. 1.694 do CC/2002 consagra a possibilidade de um dos companheiros pleiteá-los do outro, como já previam as leis anteriores que tratavam da união estável. Na essência, conforme será estudado em capítulo próprio, serão aplicadas à união estável as mesmas regras previstas para os alimentos (arts. 1.694 a 1.710 do CC).

Expostos tais efeitos, é interessante voltar ao debate de tema tratado no Volume 1 desta série bibliográfica, qual seja, a falta de um estado civil próprio do companheiro. Tal realidade, na minha opinião, representa uma verdadeira aberração jurídica, o que faz que a união estável seja tratada como uma *família de segunda classe* no meio social. Cite-se que alguns juristas, do mesmo modo, sustentam que a situação de companheiro deve ser reconhecida como verdadeiro estado civil, caso de Álvaro Villaça Azevedo (*Teoria geral...*, 2012, p. 13). Assim, urge a aprovação de um dos projetos de lei em trâmite no Congresso Nacional com essa finalidade, para que a discriminação seja afastada.

No Estado de São Paulo, pontue-se a feliz tentativa de se criar um estado civil decorrente da união estável por força de alterações realizadas no Provimento 14 da Corregedoria-Geral do Tribunal de Justiça de São Paulo, em dezembro de 2012. Com as modificações, passam a ser registradas no Cartório de Registro das Pessoas Naturais as escrituras públicas e as sentenças de reconhecimento de união estável.

Em complemento, o item 113, Capítulo XVII, do Provimento estabelece que "os registros das sentenças declaratórias de reconhecimento, dissolução e extinção, bem como das escrituras públicas de contrato e distrato envolvendo união estável, serão feitos no Livro 'E', pelo Oficial do Registro Civil das Pessoas Naturais da Sede, ou onde houver, no

1.º Subdistrito da Comarca em que os companheiros têm ou tiveram seu último domicílio, devendo constar: *a)* a data do registro; *b)* o prenome e o sobrenome, datas de nascimento, profissão, indicação da numeração das Cédulas de Identidade, domicílio e residência dos companheiros; *c)* prenomes e sobrenomes dos pais; *d)* data e Registro Civil das Pessoas Naturais em que foram registrados os nascimentos das partes, seus casamentos e/ou uniões estáveis anteriores, assim como os óbitos de seus outros cônjuges ou companheiros, quando houver; *e)* data da sentença, Vara e nome do Juiz que a proferiu, quando o caso; *f)* data da escritura pública, mencionando-se, no último caso, o livro, a página e o Tabelionato onde foi lavrado o ato; *g)* regime de bens dos companheiros".

Fez o mesmo o Conselho Nacional de Justiça (CNJ), em âmbito nacional, por meio do seu Provimento 37, que também possibilitou o registro das escrituras públicas de união estável, heteroafetiva ou homoafetiva, no Livro "E" dos Cartórios de Registros das Pessoas Naturais. Quanto ao estado civil de companheiro, estabeleceu o seu art. 4.º que, "quando o estado civil dos companheiros não constar da escritura pública, deverão ser exigidas e arquivadas as respectivas certidões de nascimento, ou de casamento com averbação do divórcio ou da separação judicial ou extrajudicial, ou de óbito do cônjuge se o companheiro for viúvo, exceto se mantidos esses assentos no Registro Civil das Pessoas Naturais em que registrada a união estável, hipótese em que bastará sua consulta direta pelo Oficial de Registro".

Em 2017, surgiu precedente sobre o tema no Superior Tribunal de Justiça que, apesar de não reconhecer diretamente o estado civil de companheiro, o fez indiretamente. Tratou-se de decisão que determinou a averbação, na certidão de óbito da falecida, da existência de união estável em vida. Vejamos trecho da ementa do emblemático acórdão:

> "Se na esfera administrativa o Poder Judiciário impõe aos serviços notariais e de registro a observância ao Provimento n.º 37 da Corregedoria Nacional de Justiça, não pode esse mesmo Poder Judiciário, no exercício da atividade jurisdicional, negar-lhe a validade, considerando juridicamente impossível o pedido daquele que pretende o registro, averbação ou anotação da união estável. A união estável, assim como o casamento, produz efeitos jurídicos típicos de uma entidade familiar: efeitos pessoais entre os companheiros, dentre os quais se inclui o estabelecimento de vínculo de parentesco por afinidade, e efeitos patrimoniais que interessam não só aos conviventes, mas aos seus herdeiros e a terceiros com os quais mantenham relação jurídica. A pretensão deduzida na ação de retificação de registro mostra-se necessária, porque a ausência de expresso amparo na lei representa um entrave à satisfação voluntária da obrigação de fazer. Igualmente, o provimento jurisdicional revela-se útil, porque apto a propiciar o resultado favorável pretendido, qual seja, adequar o documento (certidão de óbito) à situação de fato reconhecida judicialmente (união estável), a fim de que surta os efeitos pessoais e patrimoniais dela decorrentes. Afora o debate sobre a caracterização de um novo estado civil pela união estável, a interpretação das normas que tratam da questão aqui debatida – em especial a Lei de Registros Públicos – deve caminhar para o incentivo à formalidade, pois o ideal é que à verdade dos fatos corresponda, sempre, a informação dos documentos, especialmente no que tange ao estado da pessoa natural. Sob esse aspecto, uma vez declarada a união estável, por meio de sentença judicial transitada em julgado, como na hipótese, há de ser acolhida a pretensão de inscrição deste fato jurídico no Registro Civil de Pessoas Naturais, com as devidas remissões recíprocas aos atos notariais anteriores relacionados aos companheiros" (STJ, REsp 1.516.599/PR, 3.ª Turma, Rel. Min. Nancy Andrighi, j. 21.09.2017, *DJe* 02.10.2017).

Apesar desses importantes passos, reafirme-se que o interessante seria a alteração substancial da Lei de Registros Públicos (Lei 6.015/1973), com o mesmo conteúdo, para que o estado civil de companheiro fosse reconhecido de forma definitiva, em âmbito nacional e por legislação expressa. Desse modo, não existiria qualquer dúvida legal quanto ao seu reconhecimento, sendo a distorção do sistema definitivamente corrigida. No Projeto de Reforma do Código Civil, há proposta nesse sentido, concentrando-se o tema do estado civil nos seus arts. 9.º e 10.

Isso parece ter ocorrido com o surgimento da Lei 14.382/2022, que instituiu o Sistema Eletrônico dos Registros Públicos (SERP), possibilitando o registro da união estável no Livro E do Cartório de Registro Civil das Pessoas Naturais (RCPN), com alterações justamente na Lei de Registros Públicos (Lei 6.015/1973). Pelo tratamento constante dessa norma jurídica, e pela regulamentação administrativa do Conselho Nacional de Justiça de 2023 – por meio dos Provimentos 141 e 146, depois incorporados ao Código Nacional de Normas (CNN) –, parece-me que foi criada uma união estável superqualificada, praticamente equiparada ao casamento, como está estudada neste capítulo.

Quanto ao Projeto de Reforma e Atualização do Código Civil, visando a resolver dilemas e a tratar do estado civil na Lei Geral Privada, como deve ser e sobretudo na busca da volta do *protagonismo legislativo* da codificação privada em muitos temas, almeja-se alterar os seus arts. 9.º e 10. As propostas de modificação tiveram a atuação efetiva da Relatora-Geral nomeada na Comissão de Juristas, a Professora Rosa Maria de Andrade Nery, uma das maiores civilistas brasileiras.

Nos termos do projetado art. 9.º, serão registrados ou averbados no Cartório de Registro Civil das Pessoas Naturais: *a)* os documentos comprobatórios de nascimento, casamento e óbito; *b)* a sentença ou o ato judicial proferido conforme o disposto no art. 503 e parágrafos do CPC que reconhecerem união estável; *c)* a escritura pública de reconhecimento e de dissolução, o termo declaratório formalizado perante o oficial de registro civil, o distrato e a certificação eletrônica de união estável, firmada por maiores de dezoito anos ou por emancipados; *d)* a sentença ou a escritura pública de emancipação firmada pelos titulares da autoridade parental; *e)* a sentença declaratória de ausência e a de morte presumida; *f)* a sentença ou o ato judicial proferido conforme o disposto no art. 503 e parágrafos do CPC que declararem a filiação; *g)* a sentença, o testamento, o instrumento público ou a declaração prestada diretamente no Cartório de Registro Civil das Pessoas Naturais que reconhecer a filiação natural ou civil; *h)* a sentença que reconhecer a filiação socioafetiva ou a adoção de crianças e de adolescentes e a escritura pública ou a declaração direta em cartório que reconhecer a filiação socioafetiva ou a adoção; *i)* a sentença de perda da nacionalidade brasileira, o ato de naturalização ou de opção de nacionalidade; e *j)* a escritura pública e termo declaratório público de declaração de família parental, nos termos do § 2.º do art. 1.511-B e nos limites do § 1.º do art. 10 do próprio Código.

Em continuidade de exposição, a proposição de um § 1.º desse art. 9.º estabelecerá, em prol da segurança jurídica dos atos e negócios jurídicos em geral, que os efeitos patrimoniais da união estável não registrada no Livro E do Registro Civil das Pessoas Naturais não podem ser opostos a terceiros, a não ser que estes tenham conhecimento formal do fato, por declaração expressa de ambos os conviventes ou daquele com quem contratarem. Com esse registro, na minha leitura da proposta, será criado, de forma definitiva, o estado civil de convivente, trazendo segurança jurídica e a necessária estabilidade para essa relação civil. Espera-se, portanto, a sua aprovação pelo Parlamento Brasileiro.

Para encerrar o tópico, é interessante aqui trazer algumas palavras de complemento sobre a *ação de reconhecimento e dissolução da união estável*, que corre perante a Vara da Família, como visto. De forma alguma a ação pode ser denominada *ação de reconhecimento de sociedade de fato*, pois o conceito de união estável é diverso do conceito de sociedade de fato. A última expressão, como se sabe, é utilizada nos casos envolvendo o concubinato impuro, situações em que a ação correspondente corre perante a Vara Cível.

Além disso, é notório que, em regra, não há necessidade de ação judicial para a prova da existência da união estável, ou mesmo para que seja pactuada a sua dissolução. Aliás, é possível que os companheiros pactuem, por força de contrato, essa dissolução, que será válida desde que não entre em conflito com normas de ordem pública.

Entretanto, em algumas situações práticas, pode ser necessária uma ação específica para se pleitear efeitos, pessoais ou patrimoniais, decorrentes dessa união.

Já se entendia que a *ação de reconhecimento e dissolução da união estável* poderia ser *consensual*. Em casos tais, como Euclides de Oliveira, concluía-se pela aplicação das regras previstas para a ação de separação consensual do casamento, previstas nos arts. 1.120 a 1.124 do CPC/1973. Lembra o doutrinador, aliás, que assim julgou o Tribunal de Justiça de São Paulo (*União...*, 2003, p. 244). Ademais, a *ação de reconhecimento e dissolução da união estável* poderia ser *litigiosa*. Esse era o entendimento de Euclides de Oliveira. Vejamos suas lições:

> "Interesse haverá no pedido de dissolução judicial quando verificado o descumprimento de deveres por parte de um dos companheiros, tais os casos de deslealdade (infidelidade, união paralela etc.), falta de respeito e consideração, desassistência material e moral, descuido na guarda, sustento e educação dos filhos (art. 2.º da Lei 9.278/1996; art. 1.724 do NCC), à semelhança das causas da ruptura da vida conjugal, por culpa grave ou conduta desonrosa que tornem impossível a mantença da união. E a separação de corpos será viável em tais situações, assim como o arrolamento de bens, em cautela aos interesses do companheiro ofendido, para que se preservem os direitos postulados na ação principal" (OLIVEIRA, Euclides de. *União...*, 2003, p. 244).

Todavia, com a Emenda Constitucional 66/2010 o panorama mudou. Isso porque, segundo a doutrina majoritária, não será mais possível discutir a culpa para dissolver o casamento, premissa que igualmente passa a valer para a dissolução da união estável. Nesse sentido, aliás, vinha se posicionando parte da jurisprudência:

> "Reconhecimento e dissolução da união estável. Sentença que julgou improcedente o pedido, sob pretensa inconstitucionalidade das Leis 8.971/1994 e 9.278/1996. Afastamento de tal consideração, por cuidar-se o art. 226, § 3.º, da CF de norma com efeitos contidos, passível de imediata aplicação, mas suscetível de regulamentação. Possibilidade de reconhecimento sobre a existência da união estável e consequente dissolução, no caso concreto, por não conveniente a manutenção dessa condição. Descabimento de debate sobre quem seja o responsável pelo fim do companheirismo, sem ensejo a que se apliquem normas pertinentes à separação judicial, por sua natureza restritiva e não equivalência entre o casamento e a união de fato. Inexistência de bens a serem partilhados, já que o único bem imóvel das partes foi doado à apelante, pelo recorrido, em data anterior à dissolução da sociedade de fato. Impossibilidade de partilha. Recurso provido" (TJSP, Apelação 261.520-4/2-00, 5.ª Câmara, Seção de Direito Privado, Rel. Des. Mathias Coltro, voto 10.826).

> "Atribuição de culpa pela dissolução da união estável. Descabida a atribuição de culpa a um dos companheiros pela dissolução da união estável, uma vez que, via de regra, há concorrência de ambos para o falecimento do relacionamento. Recurso desprovido" (TJRS, Processo 70011839495, 8.ª Câmara Cível, Comarca de Bagé, Rel. Juíza Catarina Rita Krieger Martins, 04.08.2005).

De qualquer modo, na linha do que é por mim proposto para o sistema ainda vigente, acredito que a culpa possa ser debatida em sede de dissolução da união estável, pelo menos para atribuição do valor dos alimentos e para os devidos fins de responsabilidade civil. Ora, como visto, a lealdade – que, em regra, engloba a fidelidade – é um dos deveres da união estável (art. 1.724 do CC). A quebra desse dever caracteriza a culpa, que gera consequências jurídicas, conforme exposto no capítulo anterior desta obra.

Feitas tais considerações, é importante trazer alguns complementos processuais, diante de regras que foram incluídas pelo Código de Processo Civil de 2015. Como visto, essa lei buscou equipar, para todos os fins processuais, a união estável ao casamento.

Ademais, repise-se que são aplicáveis as regras especiais para as ações de Direito de Família, previstas entre os arts. 693 a 699 do CPC/2015, para a *ação de reconhecimento e dissolução da união estável*. Pontue-se que o Estatuto Processual emergente utiliza o termo *ação de dissolução de união estável*. Penso que a expressão destacada pode ser perfeitamente utilizada, sendo até mais técnica do que a última.

No que concerne ao foro competente para apreciar essa ação, ficava em dúvida a aplicação do art. 100, inc. I, do CPC/1973, que consagrava o foro privilegiado a favor da esposa. No Superior Tribunal de Justiça vinha prevalecendo o entendimento de que o foro competente seria o do domicílio do réu, aplicando-se o art. 94 do CPC/1973, pois não mereceria aplicação analógica o art. 100, inc. I, do mesmo Estatuto Processual revogado:

"Ação de dissolução de sociedade de fato. União estável. Foro competente. Domicílio do réu. Art. 94 CPC. Incidência. A ação de dissolução de união estável, ainda que apresente consequências relativas a bens imóveis, possui cunho eminentemente de direito pessoal, devendo o foro competente ser fixado de acordo com o domicílio do réu, consoante a regra insculpida no art. 94 do CPC. 3. Recurso especial parcialmente conhecido e, nesta extensão, provido" (STJ, REsp 453.825/MT, 4.ª Turma, Rel. Min. Fernando Gonçalves, j. 1.º.03.2005, DJ 21.03.2005, p. 383, *RDDP* vol. 26, p. 192; Veja: Sociedade de fato – Dissolução – Foro competente – STJ, REsp 327.086/PR, *RDDP* 6/104).

Por outra via, existiam julgados do Tribunal de Justiça de São Paulo, entendendo pela aplicação da referida norma processual para a união estável:

"Agravo de instrumento. Declaratória de reconhecimento de dissolução de união estável. Competência do foro do domicílio da mulher – Inteligência do art. 100, I do CPC. Recurso provido" (TJSP, Agravo de Instrumento 353.676-4/9/SP, 7.ª Câmara de Direito Privado, Rel. Arthur Del Guércio, 15.09.2004, v.u.).

Como se nota, o primeiro passo já havia sido dado pela não aplicação do art. 100, inc. I, do CPC/1973, diante da igualdade entre homem e mulher. O CPC de 2015 não só retirou do sistema o foro privilegiado da esposa para as ações fundadas no casamento, como trouxe as mesmas regras para os casos de extinção da união estável. Nos termos do art. 53, inc. I, do CPC/2015, o foro competente para apreciar a ação de reconhecimento e dissolução da união estável é o de domicílio do guardião do incapaz, em regra.

Caso não haja filho incapaz, será competente o foro do último domicílio do casal. Se nenhuma das partes residir no domicílio do casal, será competente o domicílio do réu. Porém, eventualmente, haverá competência do foro de residência da pessoa sob violência doméstica ou familiar, o que foi incluído no preceito instrumental por força da Lei 13.894/2019. Essa é a única hipótese em que se admite a vulnerabilidade processual da mulher, no caso da companheira.

Em complemento, além das regras específicas das ações de Direito de Família, o Código de Processo Civil traz regras a respeito da *extinção consensual da união estável*, mais uma vez equiparada ao casamento para os cabíveis fins instrumentais.

Nos termos do art. 731 do CPC/2015, a homologação do divórcio ou da separação consensuais, observados os requisitos legais, poderá ser requerida em petição assinada por ambos os cônjuges, da qual constarão: *a)* as disposições relativas à descrição e à partilha dos bens comuns; *b)* as disposições relativas à pensão alimentícia entre os cônjuges; *c)* o acordo relativo à guarda dos filhos incapazes e ao regime de visitas; e *d)* o valor da contribuição para criar e educar os filhos. Eventualmente, se os cônjuges não acordarem sobre a partilha dos bens, far-se-á esta depois de homologado o divórcio, na forma estabelecida nos arts. 647 a 658 do mesmo *Codex*.

O art. 732 do CPC/2015 não deixa dúvidas a respeito da incidência dessas regras para a ação fundada em união estável, enunciando que "As disposições relativas ao processo de homologação judicial de divórcio ou de separação consensuais aplicam-se, no que couber, ao processo de homologação da extinção consensual de união estável".

Ademais, está previsto no CPC em vigor que o divórcio consensual, a separação consensual e a extinção consensual de união estável, não havendo nascituro ou filhos incapazes e observados os requisitos legais, poderão ser realizados por escritura pública, da qual constarão as disposições de que trata o art. 731 da mesma lei.

Essa última é a regra do art. 733 do CPC/2015, que estabelece, ainda, que a escritura não depende de homologação judicial e constitui título hábil para qualquer ato de registro, bem como para levantamento de importância depositada em instituições financeiras (§ 1.º). Ademais, está previsto que o Tabelião somente lavrará a escritura se os interessados estiverem assistidos por advogado ou por defensor público, cuja qualificação e assinatura constarão do ato notarial (§ 2.º).

A menção à extinção da união estável por escritura pública é inovação no sistema processual emergente. Assim, havendo filhos incapazes ou nascituro, por expressa previsão legal, não é mais possível o uso da via judicial. Essa imposição não existia na lei anterior, apesar de algumas normas de corregedorias dos Tribunais estenderem a mesma regra prevista no antigo art. 1.124-A do CPC/1973 para a união estável.

Nos termos literais da norma, se o casal tiver filhos incapazes ou se a companheira estiver grávida, a extinção somente é possível pela via judicial. Quanto à gravidez da mulher, cabe relembrar que a Resolução n. 35 do CNJ foi alterada em abril de 2016, no sentido de afastar a via extrajudicial em casos tais. Aqui parece que a tão citada equiparação da união estável ao casamento acabou por *judicializar* a dissolução da união estável, na contramão da própria tendência do CPC/2015.

De todo modo, vale relembrar as alterações feitas na Resolução n. 35/2007 do CNJ, pela sua Resolução n. 571, de agosto de 2024, que contou com sugestões feitas por mim, possibilitando o divórcio ou a dissolução da união estável, mesmo havendo filhos incapazes ou menores.

Nos termos do seu novo art. 34, as partes devem declarar ao Tabelião, no ato da lavratura da escritura de dissolução de sua união, que não têm filhos comuns ou, havendo, indicar seus nomes, as datas de nascimento e se existem incapazes. As partes devem, ainda, declarar, na mesma ocasião, que o cônjuge virago não se encontra em estado gravídico ou, ao menos, que não tenha conhecimento sobre esta condição. Havendo filhos comuns do casal menores ou incapazes, será permitida a lavratura da escritura pública de divórcio, desde que devidamente comprovada a prévia resolução judicial de todas as questões referentes à guarda, visitação e alimentos deles, o que deverá ficar consignado no corpo da escritura. Também está previsto, nessa norma administrativa, que, na dúvida quanto às questões de interesse do menor ou do incapaz, o Tabelião submeterá a questão à apreciação do juiz prolator da decisão. Sobre a incidência dessa regra para união estável, não deixa dúvidas o novo art. 46-A da Resolução n. 35 do CNJ ("as disposições desta Seção aplicam-se, no que couber, à extinção consensual da união estável").

Com a análise dessas regras processuais, encerra-se o estudo dos efeitos decorrentes da união estável. Parte-se, a partir de agora, a um tema ainda mais controvertido, qual seja a união homoafetiva, abordada brevemente em outros trechos da presente obra.

5.5 UNIÃO DE PESSOAS DO MESMO SEXO OU UNIÃO HOMOAFETIVA

Encerrando o capítulo, é imprescindível comentar sobre a união de pessoas do mesmo sexo, denominada pela Professora Maria Berenice Dias como *união homoafetiva*. O tema é sempre atual, razão pela qual vem sendo solicitado em provas de graduação e nos concursos públicos, além de interessar à prática da advocacia familiarista.

Muito bem, em relação à união de pessoas do mesmo sexo, sempre existiram *dois posicionamentos* bem delineados na doutrina e na jurisprudência e todos tomam por base a interpretação do art. 226, § 3.º, da CF/1998, que assim dispõe: "para efeito de proteção do Estado, é reconhecida a união estável entre o homem e a mulher como entidade familiar, devendo a lei facilitar a sua conversão em casamento".

O *primeiro posicionamento* é de que a união de pessoas do mesmo sexo não constitui uma entidade familiar. Isso porque não há casamento, não há família monoparental ou mesmo união estável. Essa corrente parte de uma interpretação literal, tanto da Constituição Federal (art. 226, § 3.º, que fala em "homem e a mulher"), quanto do Código Civil (art. 1.723, que fala em "homem e a mulher").

Segundo a literalidade das normas em questão, exige-se que a união seja constituída por pessoas de sexos distintos. Por esse caminho, há na união homoafetiva uma sociedade de fato, com aplicação da Súmula 380 do STF, ou seja, o parceiro é um sócio, tendo direito a parte dos bens adquiridos na constância dessa sociedade, pelo esforço comum.

Essa ação de reconhecimento, para tal corrente, tem curso na Vara Cível, por envolver direito das obrigações, conforme vinha entendendo o Superior Tribunal de Justiça, seguindo essa primeira corrente em passado não tão remoto:

"Direito civil e processual civil. Dissolução de sociedade de fato. Homossexuais. Homologação de acordo. Competência. Vara cível. Existência de filho de uma das partes. Guarda e responsabilidade. Irrelevância. 1. A primeira condição que se impõe à existência da união estável é a dualidade de sexos. A união entre homossexuais juridicamente não existe nem pelo casamento, nem pela união estável, mas pode configurar sociedade de fato, cuja dissolução assume contornos econômicos, resultantes da divisão do patrimônio comum, com incidência do Direito das Obrigações. 2. A existência de filho de uma das integrantes da sociedade amigavelmente dissolvida, não desloca o eixo do problema para o âmbito do Direito de Família, uma vez que a guarda e responsabilidade pelo menor permanece com a mãe, constante do registro, anotando o termo de acordo apenas que, na sua falta, à outra caberá aquele *munus*, sem questionamento por parte dos familiares. 3. Neste caso, porque não violados os dispositivos invocados – arts. 1.º e 9.º da Lei 9.278 de

1996, a homologação está afeta à vara cível e não à vara de família. 4. Recurso especial não conhecido" (STJ, REsp 502.995/RN, j. 26.04.2005, 4.ª Turma, Rel. Min. Fernando Gonçalves, *DJ* 16.05.2005, p. 353, *REVJUR* vol. 332, p. 113; Veja: Sociedade de fato – Patrimônio comum – STJ – REsp 148.897/MG, *RSTJ* 110/313, *RT* 756/117, *LEXSTJ* vol. 00108, agosto 1998/235, *RJTAMG*).

"Direito civil. Ação de reconhecimento e dissolução de sociedade de fato entre pessoas do mesmo sexo. Efeitos patrimoniais. Necessidade de comprovação do esforço comum. Sob a ótica do direito das obrigações, para que haja partilha de bens adquiridos durante a constância de sociedade de fato entre pessoas do mesmo sexo, é necessária a prova do esforço comum, porque inaplicável à referida relação os efeitos jurídicos, principalmente os patrimoniais, com os contornos tais como traçados no art. 1.º da Lei 9.278/1996. A aplicação dos efeitos patrimoniais advindos do reconhecimento de união estável a situação jurídica dessemelhante, viola texto expresso em lei, máxime quando os pedidos formulados limitaram-se ao reconhecimento e dissolução de sociedade de fato, com a proibição de alienação dos bens arrolados no inventário da falecida, nada aduzindo a respeito de união estável. Recurso especial conhecido e provido" (REsp 773.136/RJ, 3.ª Turma, Rel. Min. Nancy Andrighi, j. 10.10.2006, *DJ* 13.11.2006, p. 259).

Desse raciocínio decorre que a ação proposta visando ao reconhecimento da união estável, nessa visão, deveria ser extinta sem o julgamento do mérito, como entendia o Tribunal Mineiro:

"Apelação cível. Ação declaratória. União homoafetiva. Impossibilidade jurídica do pedido. Carência de ação. Sentença mantida. A impossibilidade jurídica do pedido ocorre quando a ordem jurídica não permite a tutela jurisdicional pretendida. Na esteira da jurisprudência deste Tribunal de Justiça, diante da norma expressa, contida no art. 226, § 3.º, da Constituição da República, somente entidade familiar pode constituir união estável, através de relacionamento afetivo entre homem e mulher. Revela-se manifestamente impossível a pretensão declaratória de existência de união estável entre duas pessoas do mesmo sexo" (TJMG, Processo 1.0024.04.537121-8/002(1), 12.ª Câmara Cível, Rel. Des. Domingos Coelho, j. 24.05.2006).

Em reforço, seguindo essa corrente, havendo conflito de competência negativo entre a Vara Cível e a Vara de Família, é da primeira a competência para julgar a matéria:

"Conflito negativo de competência. Ação de reconhecimento de sociedade de fato entre pessoas do mesmo sexo. 1 – É essencial a diversidade de sexos para viabilizar o casamento e a união estável, de modo que as relações homossexuais escapam ao direito de família, mas não ao direito obrigacional. 2 – Cabe ao juízo cível processar e julgar a ação de reconhecimento de sociedade de fato entre pessoas do mesmo sexo. Competência do juiz da vara cível declarada (suscitado)" (TJGO, CNC 994-3/194 (200701327426), 2.ª Seção Cível, Goiânia, Rel. Des. Carlos Escher, *DJE* 29.10.2007).

Anote-se que essa *primeira corrente*, ora superada, resolve a questão da união de pessoas do mesmo sexo pelo viés patrimonial e sempre de acordo com o direito das obrigações. Sendo assim, pode o casal homoafetivo elaborar um contrato de parceria civil para disciplinar a aquisição de patrimônio e suas regras, bem como, para efeitos sucessórios, pode-se elaborar o testamento, dando destino ao patrimônio do disponente.

Seguindo-se essa linha de pensamento, o casal homoafetivo não pode adotar como casal, mas apenas individualmente, pois, não constituindo família, mas mera sociedade de fato, não há permissão no Estatuto da Criança e do Adolescente nem no Código Civil para a adoção conjunta.

Ademais, seguindo esse entendimento, o parceiro homoafetivo não poderia figurar como dependente no seguro saúde, pois não haveria relação familiar entre eles. Nesse sentido decidia o Tribunal de Justiça do Rio de Janeiro, cabendo colacionar:

"Apelação. Relação homossexual. Empregado que pretende que o companheiro seja aceito como seu dependente em plano de saúde empresarial, ao fundamento de que vivem em união estável. Recusa da seguradora que se justifica com base no contrato. Cláusulas limitativas são conformes à natureza dos contratos vinculados a cálculo atuarial, posto que a solvabilidade do fundo que cobre as indenizações depende de probabilidades previamente estimadas. Se a Constituição da República apenas reconhece 'união estável entre o homem e a mulher' (art. 226, par. 3.), não é possível estender o conceito às relações homoafetivas para o fim de obrigar planos de saúde a incluírem-nas na cobertura securitária sem previsão contratual. As seguradoras podem admiti-las como fato gerador de cobertura securitária em planos de saúde, mas não podem ser a tanto obrigadas sem expressa previsão contratual. Interpretação conforme à Constituição, sem eiva de preconceito ou discriminação. Recurso a que se dá provimento" (TJRJ, Apelação Cível 2005.001.44730, 2.ª Câmara Cível, Rel. Des. Jessé Torres, j. 23.11.2005).

Ressaltando, ainda para essa *primeira corrente*, tratando-se de sociedade de fato, não haveria a possibilidade de se pleitear alimentos ao fim do relacionamento:

"Relação homoafetiva. Ação de alimentos. Competência. Vara de família. Analogia com a união estável. Impossibilidade. 1. As ações de alimentos cuja causa de pedir seja a relação homoafetiva, pretendendo equiparação por analogia com a união estável entre um homem e uma mulher, devem ser analisadas pelo juízo de família, considerando que não se está discutindo sociedade de fato. 2. No mérito, a equiparação da relação homoafetiva com a instituição da família não se mostra admissível enquanto o texto constitucional, bem como o direito infraconstitucional (art. 1.723 do Código Civil), referirem expressamente que a entidade familiar é formada por um homem e uma mulher. 3. A única semelhança que de princípio se pode apontar da relação homossexual com a família nascida do relacionamento entre pessoas de sexos diferentes, é o afeto. Mas o afeto, ainda que seja reconhecido pela doutrina moderna do direito de família como o elemento mais importante da relação familiar, ainda não é fonte por si só de obrigações. 4. Ainda assim, se a relação chegou ao fim, e portanto não há mais afeto, é impossível julgar a ação reconhecendo obrigação alimentar cuja fonte seria exatamente o afeto, inexistente a esta altura. Quando se desfaz um vínculo afetivo que resultou em família reconhecida pela ordem jurídica, como a decorrente do casamento ou da união estável, o que gera a continuidade do devedor de solidariedade é o vínculo jurídico, inexistente na relação homoafetiva. 5. Portanto, ainda que a relação entre as partes tenha se formado com base na liberdade e no afeto, hoje estão elas desavindas, sendo certo que não pode existir vínculo obrigacional sem fonte, que se resumem, na lição de Caio Mário, a duas: a vontade e a lei" (TJRJ, Apelação Cível 2007.001.04634, 16.ª Câmara Cível, Des. Marcos Alcino A. Torres, j. 24.04.2007).

Por fim, para essa primeira corrente é impossível que, em caso de falecimento, o parceiro receba pensão por morte dos órgãos públicos (INSS, por exemplo), pois na qualidade de sócios de fato não constituem um núcleo familiar.

Contudo, há uma *segunda corrente*, que se consolidou como amplamente majoritária na doutrina e na jurisprudência nacionais, segundo a qual a união de pessoas do mesmo sexo constitui uma entidade familiar. A corrente é encabeçada pela Desembargadora aposentada do Tribunal de Justiça do Rio Grande do Sul, advogada e vice-presidente do IBDFAM Maria Berenice Dias, que defende há tempos a aplicação, por analogia, das mesmas regras previstas para a união estável. São suas as palavras:

> "A regra maior da Constituição, que serve de norte ao sistema jurídico, é o respeito à dignidade humana. O compromisso do Estado para com o cidadão se sustenta no primado da igualdade e da liberdade, consagrados já no seu preâmbulo (...). A Constituição, ao elencar os direitos e garantias fundamentais, proclama (art. 5.º): todos são iguais perante a lei, sem distinção de qualquer natureza. Esses valores implicam dotar os princípios da igualdade e da isonomia de potencialidade transformadora na configuração de todas as relações jurídicas. Fundamento de igualdade jurídica deixa-se fixar, sem dificuldades, como postulado fundamental do estado de direito. Ventilar-se a possibilidade de desrespeito ou prejuízo a um ser humano, em função de sua orientação sexual, significa dispensar tratamento indigno a um ser humano. Não se pode, simplesmente, ignorar a condição pessoal do indivíduo (na qual, sem sombra de dúvida, inclui-se a orientação sexual), como se tal aspecto não tivesse relação com a dignidade humana" (*Manual...*, 2005, p. 193).

Por essa segunda corrente ocorre não uma interpretação literal dos textos legais no tocante à expressão "homem e a mulher", mas sim uma interpretação sistemática em que o rol das entidades familiares previsto no Texto Maior é considerado meramente exemplificativo ou descritivo e não taxativo, admitindo-se, como união estável, a união entre o homem e o homem, e a mulher e a mulher.

Várias são as decisões anteriores do Tribunal de Justiça do Rio Grande do Sul reconhecendo direitos familiares nas uniões de pessoas do mesmo sexo. Para ilustrar, são transcritos três julgados:

> "União homoafetiva. Reconhecimento. Princípio da dignidade da pessoa humana e da igualdade. É de ser reconhecida judicialmente a união homoafetiva mantida entre duas mulheres de forma pública e ininterrupta pelo período de 16 anos. A homossexualidade é um fato social que se perpetua através dos séculos, não mais podendo o Judiciário se olvidar de emprestar a tutela jurisdicional a uniões que, enlaçadas pelo afeto, assumem feição de família. A união pelo amor é que caracteriza a entidade familiar e não apenas a diversidade de sexos. É o afeto a mais pura exteriorização do ser e do viver, de forma que a marginalização das relações homoafetivas constitui afronta aos direitos humanos por ser forma de privação do direito à vida, violando os princípios da dignidade da pessoa humana e da igualdade. Negado provimento ao apelo" (TJRS, Apelação Cível 70012836755, 7.ª Câmara Cível, Rel. Maria Berenice Dias, j. 21.12.2005).

> "União estável. Partilha de bens. Inquestionada a existência do vínculo afetivo por cerca de 10 anos, atendendo a todas as características de uma união estável, imperativo que se reconheça sua existência, independente de os parceiros serem pessoas do mesmo sexo. Precedentes jurisprudenciais. Por maioria, desacolheram os embargos da sucessão e acolheram os embargos de TMS" (TJRS, Embargos Infringentes 70006984348, 4.º Grupo de Câmaras Cíveis, Rel. Maria Berenice Dias, j. 14.11.2003).

> "União estável. Relação homoerótica. Pressupostos. Prova. Indícios insuficientes. A união estável, para integrar-se, deve abrigar um núcleo de requisitos que façam admitir a intenção

de constituir família, numa comunhão de vida e interesses. A vida em comum, durante anos, entre um deficiente visual e um jovem que o acompanhava e dirigia seu carro, não é suficiente para caracterizar uma união homoerótica passível de ser aceita como entidade familiar constitucionalizada, principalmente quando o primeiro primava pela filantropia, auxílio aos necessitados e atenção para os cegos e hipossuficientes. Apelação provida, por maioria" (TJRS, Apelação Cível 70005345418, 7.ª Câmara Cível, Rel. José Carlos Teixeira Giorgis, j. 17.12.2003).

Mas não é só o Tribunal do Rio Grande do Sul que antes admitia a união estável homoafetiva, havendo decisões dos Tribunais de Minas Gerais e do Rio de Janeiro, no mesmo sentido:

"União homoafetiva. Reconhecimento. Ação ordinária. União homoafetiva. Analogia com a união estável protegida pela Constituição Federal. Princípios da Igualdade (não discriminação) e da Dignidade da Pessoa Humana. Reconhecimento da relação de dependência de um parceiro em relação ao outro, para todos os fins de direito. Requisitos preenchidos. Pedido procedente. À união homoafetiva, que preenche os requisitos da união estável entre casais heterossexuais, deve ser conferido o caráter de entidade familiar, impondo-se reconhecer os direitos decorrentes desse vínculo, sob pena de ofensa aos Princípios da Igualdade e da Dignidade da Pessoa Humana. O art. 226 da Constituição Federal não pode ser analisado isoladamente, restritivamente, devendo observar-se os Princípios Constitucionais da Igualdade e da Dignidade da Pessoa Humana. Referido dispositivo, ao declarar a proteção do Estado à união estável entre o homem e a mulher, não pretendeu excluir dessa proteção a união homoafetiva, até porque, à época em que entrou em vigor a atual Carta Política, há quase 20 anos, não teve o legislador essa preocupação, o que cede espaço para a aplicação analógica da norma a situações atuais, antes não pensadas. A lacuna existente na legislação não pode servir como obstáculo para o reconhecimento de um direito" (TJMG, ACi com ReeNec 1.0024.06.930324-6/001, 7.ª Câmara Cível, Belo Horizonte, Rel. Des. Heloísa Combat, j. 22.05.2007, v.u.).

"União homoafetiva. Ação declaratória de reconhecimento e dissolução de sociedade de fato. Legitimidade passiva *ad causam*. Interesse de agir. 1. Dado o princípio constitucional da dignidade da pessoa humana e da expressa proscrição de qualquer forma de discriminação sexual, não há impedimento jurídico ao reconhecimento de união estável entre pessoas do mesmo sexo, com os efeitos patrimoniais aludidos pelas Leis 8.971/1994 e 9.278/1996. 2. Interpretação sistemática do disposto no § 3.º do art. 226 da Constituição Federal revela que a expressão homem e mulher referida na dita norma está vinculada à possibilidade de conversão da união estável em casamento, nada tendo a ver com o receito de convivência que, de resto, é fato social aceito e reconhecido, até mesmo fins previdenciários. 3. Precedentes. Ap. cível 2004.001.30635, 14.ª Câmara Cível, Rel. desembargador Marco Antonio Ibrahim. 4. Provimento do recurso" (TJRJ, Apelação Cível 2005.001.34933, 8.ª Câmara Cível, Des. Letícia Sardas, j. 21.03.2006).

Em datas mais próximas, começaram a surgir decisões no Tribunal Paulista, caso da seguinte:

"Conflito negativo. Cível e família. União homoafetiva. Pedido declaratório. Pretensão voltada ao mero reconhecimento da união, para fins previdenciários. Ausência de discussão patrimonial. Omissão legal a ser suprida pela analogia e pelos princípios gerais de direito. Aplicação do art. 4.º da Lei de Introdução ao Código Civil. Situação equiparável à união estável, por aplicação dos princípios constitucionais da igualdade e dignidade da pessoa humana. Art. 227, § 3.º, da Constituição Federal de que não tem interpretação restritiva. Proteção à família, em suas diversas formas de constituição. Matéria afeta ao Juízo da Família. Conflito procedente em que se reconhece a competência do Juízo suscitado" (TJSP, CC 170.046.0/6, Ac. 3571525, Câmara Especial, São Paulo, Rel. Des. Maria Olívia Alves, j. 16.03.2009, *DJESP* 30.06.2009).

No entanto, a decisão que iniciou a concretização dos *direitos homoafetivos* foi pronunciada pelo Superior Tribunal de Justiça que, pela primeira vez, no ano de 2008, declarou que a união homoafetiva deve ser reconhecida como entidade familiar. A questão se referia a um pedido de permanência de um estrangeiro no Brasil baseado na existência da união familiar. O pedido foi julgado impossível em primeira e segunda instâncias pelo Tribunal Fluminense, pois proposto em Vara da Família, o que mereceu reforma pelo Tribunal Superior:

"Processo civil. Ação declaratória de união homoafetiva. Princípio da identidade física do juiz. Ofensa não caracterizada ao artigo 132, do CPC. Possibilidade jurídica do pedido. Artigos 1.º da Lei 9.278/96 e 1.723 e 1.724 do Código Civil. Alegação de lacuna legislativa. Possibilidade de emprego da analogia como método integrativo. 1. Não há ofensa ao princípio da identidade física do juiz, se a magistrada que presidiu a colheita antecipada das provas estava em gozo de férias, quando da prolação da sentença, máxime porque diferentes os pedidos contidos nas ações principal e cautelar. 2. O entendimento assente nesta Corte, quanto a possibilidade jurídica do pedido, corresponde a inexistência de vedação explícita no ordenamento jurídico para o ajuizamento da demanda proposta. 3. A despeito da controvérsia em relação à matéria de fundo, o fato é que, para a hipótese em apreço, onde se pretende a declaração de união homoafetiva, não existe vedação legal para o prosseguimento do feito. 4. Os dispositivos legais limitam-se a estabelecer a possibilidade de união estável entre homem e mulher, dês que preencham as condições impostas pela lei, quais sejam, convivência pública, duradoura e contínua, sem, contudo, proibir a união entre dois homens ou duas mulheres. Poderia o legislador, caso desejasse, utilizar expressão restritiva, de modo a impedir que a união entre pessoas de idêntico sexo ficasse definitivamente excluída da abrangência legal. Contudo, assim não procedeu. 5. É possível, portanto, que o magistrado de primeiro grau entenda existir lacuna legislativa, uma vez que a matéria, conquanto derive de situação fática conhecida de todos, ainda não foi expressamente regulada. 6. Ao julgador é vedado eximir-se de prestar jurisdição sob o argumento de ausência de previsão legal. Admite-se, se for o caso, a integração mediante o uso da analogia, a fim de alcançar casos não expressamente contemplados, mas cuja essência coincida com outros tratados pelo legislador. 7. Recurso especial conhecido e provido" (STJ, REsp 820475/RJ, 4.ª Turma, Rel. Min. Antônio de Pádua Ribeiro, Rel. p/ Acórdão Min. Luis Felipe Salomão, j. 02.09.2008, *DJe* 06.10.2008).

Ainda no que tange àquele Tribunal Superior, em decisão inédita publicada no seu *Informativo* n. 432, o STJ admitiu a possibilidade da *adoção homoafetiva*, por casal de pessoas do mesmo sexo, com base no princípio do melhor interesse da criança. O julgado destaca que estudos científicos comprovam que não há prejuízos sociopsíquicos à criança em hipóteses tais. Ademais, entendeu-se que o que deve prevalecer na análise da adoção é o vínculo de afeto que une os adotantes ao adotado e não o vínculo entre os primeiros isoladamente (STJ, REsp 889.852/RS, 4.ª Turma, Rel. Min. Luis Felipe Salomão, j. 27.04.2010). O acórdão representa notável avanço, inclusive de tutela efetiva da cidadania dos homossexuais.

Essas últimas decisões já demonstravam que o reconhecimento da união homoafetiva como família era uma tendência crescente na realidade jurídica brasileira, representando um caminho inafastável. Diante do que consta dos julgados em questão, percebe-se que para essa corrente devem estar presentes os mesmos requisitos da união estável. Vale dizer que outras denominações também são utilizadas para tais uniões, como *união homoerótica*, *união homoamorosa*, *família isossexual*, ou mesmo *união homossexual*.

Essa segunda visão ainda foi substancialmente fortalecida, de forma sucessiva, uma vez que o então Governador do Estado do Rio de Janeiro, Sérgio Cabral Filho, em fevereiro de 2008, propôs perante o Supremo Tribunal Federal uma Ação de Arguição de Descumprimento de Preceito Fundamental pleiteando que o regime das uniões estáveis também seja aplicado às uniões homoafetivas (ADPF 132/RJ).

Na inicial, alegava-se que a violação dos seguintes preceitos fundamentais constitucionais: o direito à igualdade (art. 5.º, *caput*); o direito à liberdade, do qual decorre a autonomia da vontade (art. 5.º, inc. II); o princípio da dignidade da pessoa humana (art. 1.º, inc. III); e o princípio da segurança jurídica (art. 5.º, *caput*). Tudo isso em razão da interpretação discriminatória que o Tribunal do Rio de Janeiro vinha dando ao Decreto-lei 220, de 1975 (Estatuto dos Servidores Civis), no tocante aos homossexuais.

Na petição inicial, eram elencadas as dificuldades do Estado em conceder administrativamente aos homossexuais licenças por motivo de doença de pessoa da família ou para acompanhar o cônjuge, se eleito, para exercer o mandato (art. 19 do Decreto-lei 220, de 1975), bem como para conceder auxílio doença e assistência médico-hospitalar (art. 33 do Decreto-lei 220, de 1975).

A advocacia geral da União proferiu parecer no processo em questão para que fosse julgada procedente a arguição, contemplando-se, no conceito de família, as uniões homoafetivas e anulando-se as decisões do Tribunal Fluminense em sentido contrário, por flagrante violação a preceitos fundamentais. O parecer, à época, foi proferido por José Antonio Dias Toffoli, então Advogado-Geral da União, atualmente Ministro do Supremo Tribunal Federal.

Em reforço, em 2009, a Procuradoria-Geral da República ingressou com outra ADPF, com o mesmo objetivo (ADPF 178/DF). A ação, por questões processuais, foi convertida em Ação Declaratória de Inconstitucionalidade (ADIN 4.277/DF) e apensada à ação anterior.

Como era previsto em edições anteriores desta obra, as duas ações foram julgadas procedentes pelo Supremo Tribunal Federal que, em decisão histórica, concluiu que todas as regras relativas à união estável aplicam-se por analogia e sem exceção à união homoafetiva. Vejamos os principais trechos da esclarecedora publicação no *Informativo* n. 625 daquele Tribunal Superior, cuja leitura é fundamental para a compreensão da matéria:

> "Relação homoafetiva e entidade familiar. (...). No mérito, prevaleceu o voto proferido pelo Min. Ayres Britto, relator, que dava interpretação conforme a Constituição ao art. 1.723 do CC para dele excluir qualquer significado que impeça o reconhecimento da união contínua, pública e duradoura entre pessoas do mesmo sexo como entidade familiar, entendida esta como sinônimo perfeito de família. Asseverou que esse reconhecimento deveria ser feito segundo as mesmas regras e com idênticas consequências da união estável heteroafetiva. De início, enfatizou que a Constituição proibiria, de modo expresso, o preconceito em razão do sexo ou da natural diferença entre a mulher e o homem. Além disso, apontou que fatores acidentais ou fortuitos, a exemplo da origem social, idade, cor da pele e outros, não se caracterizariam como causas de merecimento ou de desmerecimento intrínseco de quem quer que fosse. Assim, observou que isso também ocorreria quanto à possibilidade da concreta utilização da sexualidade. Afirmou, nessa perspectiva, haver

um direito constitucional líquido e certo à isonomia entre homem e mulher: a) de não sofrer discriminação pelo fato em si da contraposta conformação anátomo-fisiológica; b) de fazer ou deixar de fazer uso da respectiva sexualidade; e c) de, nas situações de uso emparceirado da sexualidade, fazê-lo com pessoas adultas do mesmo sexo, ou não. (...). Em passo seguinte, assinalou que, no tocante ao tema do emprego da sexualidade humana, haveria liberdade do mais largo espectro ante silêncio intencional da Constituição. Apontou que essa total ausência de previsão normativo-constitucional referente à fruição da preferência sexual, em primeiro lugar, possibilitaria a incidência da regra de que 'tudo aquilo que não estiver juridicamente proibido, ou obrigado, está juridicamente permitido'. Em segundo lugar, o emprego da sexualidade humana diria respeito à intimidade e à vida privada, as quais seriam direito da personalidade e, por último, dever-se-ia considerar a âncora normativa do § 1.º do art. 5.º da CF. Destacou, outrossim, que essa liberdade para dispor da própria sexualidade inserir-se-ia no rol dos direitos fundamentais do indivíduo, sendo direta emanação do princípio da dignidade da pessoa humana e até mesmo cláusula pétrea. Frisou que esse direito de exploração dos potenciais da própria sexualidade seria exercitável tanto no plano da intimidade (absenteísmo sexual e onanismo) quanto da privacidade (intercurso sexual). Asseverou, de outro lado, que o século XXI já se marcaria pela preponderância da afetividade sobre a biologicidade. Ao levar em conta todos esses aspectos, indagou se a Constituição sonegaria aos parceiros homoafetivos, em estado de prolongada ou estabilizada união – realidade há muito constatada empiricamente no plano dos fatos –, o mesmo regime jurídico protetivo conferido aos casais heteroafetivos em idêntica situação (...). Após mencionar que a família deveria servir de norte interpretativo para as figuras jurídicas do casamento civil, da união estável, do planejamento familiar e da adoção, o relator registrou que a diretriz da formação dessa instituição seria o não atrelamento a casais heteroafetivos ou a qualquer formalidade cartorária, celebração civil ou liturgia religiosa. Realçou que família seria, por natureza ou no plano dos fatos, vocacionalmente amorosa, parental e protetora dos respectivos membros, constituindo-se no espaço ideal das mais duradouras, afetivas, solidárias ou espiritualizadas relações humanas de índole privada, o que a credenciaria como base da sociedade (CF, art. 226, *caput*). Desse modo, anotou que se deveria extrair do sistema a proposição de que a isonomia entre casais heteroafetivos e pares homoafetivos somente ganharia plenitude de sentido se desembocasse no igual direito subjetivo à formação de uma autonomizada família, constituída, em regra, com as mesmas notas factuais da visibilidade, continuidade e durabilidade (CF, art. 226, § 3.º: 'Para efeito da proteção do Estado, é reconhecida a união estável entre o homem e a mulher como entidade familiar, devendo a lei facilitar sua conversão em casamento'). Mencionou, ainda, as espécies de família constitucionalmente previstas (art. 226, §§ 1.º a 4.º), a saber, a constituída pelo casamento e pela união estável, bem como a monoparental. Arrematou que a solução apresentada daria concreção aos princípios da dignidade da pessoa humana, da igualdade, da liberdade, da proteção das minorias, da não discriminação e outros" (...) (STF, ADI 4.277/DF, Rel. Min. Ayres Britto, 04 e 05.05.2011).

Como a decisão tem efeito vinculante e *erga omnes*, não se pode admitir outra forma de interpretação que não seja o enquadramento da união homoafetiva como família. Nesse contexto, podem ser destacadas as seguintes aplicações legais para a união homoafetiva, por analogia, sem qualquer ressalva:

- Art. 1.723 do CC: A união homoafetiva deverá ser reconhecida quando se tratar de uma união pública, contínua e duradoura, estabelecida com objetivo de constituição de família. A menção à distinção de sexos do comando deve ser afastada, como consta da decisão do Supremo Tribunal Federal. Valem os mesmos parâmetros e exemplos apontados na presente obra, quando do estudo da união estável heterossexual.

- Art. 1.724 do CC: Os deveres da união estável entre pessoas de sexos distintos servem para a união homoafetiva: lealdade, respeito, assistência, guarda, sustento e educação dos filhos. Como há deveres em relação aos filhos, não há qualquer vedação para a adoção homoafetiva.
- Art. 1.725 do CC: A união homoafetiva, em regra, está submetida ao regime da comunhão parcial de bens, não havendo necessidade de prova do esforço comum para a aquisição dos bens havidos durante a união. Nos termos da premissa número 13 da Edição n. 50 da ferramenta *Jurisprudência em Teses*, do STJ, "comprovada a existência de união homoafetiva, é de se reconhecer o direito do companheiro sobrevivente à meação dos bens adquiridos a título oneroso ao longo do relacionamento". Os companheiros homoafetivos podem estabelecer, por força de contrato de convivência, outro regime para a comunicação dos bens. É plenamente viável juridicamente que os companheiros homoafetivos reconheçam a união por meio de uma escritura pública de união estável.
- Art. 1.726 do CC: É possível converter em casamento uma união homoafetiva, nos mesmos moldes da união estável entre pessoas de sexos distintos. Nesse sentido, vejamos o enunciado aprovado na *V Jornada de Direito Civil*: "É possível a conversão de união estável entre pessoas do mesmo sexo em casamento, observados os requisitos exigidos para a respectiva habilitação" (Enunciado n. 526 do CJF/STJ). Com a Lei do SERP, que introduziu na Lei de Registros Públicos o art. 70-A, a conversão também é possível pela via extrajudicial, diretamente no Cartório de Registro Civil. Se isso é possível, frise-se que não há qualquer vedação para que o casamento homoafetivo seja celebrado diretamente, como já conclui o Superior Tribunal de Justiça em julgado aqui destacado (STJ, REsp 1.183.378/RS, publicado no seu *Informativo* n. *486*, de outubro de 2011).
- Art. 1.727 do CC: Aplicam-se os mesmos parâmetros para a diferenciação da união estável e do concubinato, com a ressalva do § 1.º do art. 1.723, antes estudado.
- Arts. 1.694 a 1.710 do CC: Os companheiros homoafetivos podem pleitear alimentos uns dos outros, incidindo os mesmos preceitos previstos para a união estável heterossexual.
- Todas as menções à união estável e ao companheiro constantes do Código de Processo Civil de 2015 têm incidência para a união homoafetiva, sem qualquer restrição.

Além dos preceitos destacados acima, todas as menções doutrinárias feitas em relação a companheiros ou conviventes devem incluir, sem qualquer ressalva, os conviventes homoafetivos. Consigne-se a competência da Vara da Família para apreciar as questões pessoais e patrimoniais relativas à união homoafetiva, na esteira de enunciado aprovado na *V Jornada de Direito Civil*, de 2011: "as demandas envolvendo união estável entre pessoas do mesmo sexo constituem matéria de Direito de Família" (Enunciado n. 524 do CJF). Mais recentemente, julgou o Superior Tribunal de Justiça, em *decisum* publicado no seu *Informativo* n. *519*:

"A competência para processar e julgar ação destinada ao reconhecimento de união estável homoafetiva é da vara de família. A legislação atinente às relações estáveis heteroafetivas deve ser aplicada, por analogia, às relações estáveis homoafetivas, porquanto o STF, no julgamento da ADI 4.277-DF (*DJe* 5/5/2011), promoveu a plena equiparação das uniões estáveis homoafetivas às uniões estáveis heteroafetivas, sobretudo no que se refere à caracterização da relação estável homoafetiva como legítimo modelo de entidade familiar. Nesse contexto, o STJ concluiu pela aplicação imediata do arcabouço normativo imposto às uniões heteroafetivas (portanto dos respectivos direitos conferidos a elas) às uniões entre pessoas do mesmo sexo, razão pela qual a competência para a demanda deve ser da vara de família e não da vara cível.

Precedente citado: REsp 827.962/RS, Quarta Turma, *DJe* 08.08.2011" (STJ, REsp 964.489/RS, Rel. Min. Antonio Carlos Ferreira, j. 12.03.2013).

No mesmo sentido, pontue-se a premissa número 3 publicada na Edição n. 50 da ferramenta *Jurisprudência em Teses*, do STJ: "a Vara de Família é a competente para apreciar e julgar pedido de reconhecimento e dissolução de união estável homoafetiva".

Outros efeitos de natureza civil podem ser destacados, como os relativos a contratos, empresas e outras pessoas jurídicas. Nessa linha, cite-se a sentença proferida pelo Juiz de Direito Mitrios Zarvos Varellis, da 11.ª Vara Cível do Foro Central da Comarca de São Paulo, determinando a inclusão de companheiro homoafetivo e de sua filha como dependentes de associado do secular Club Athletico Paulistano (decisão de 15 de fevereiro de 2012, Processo 583.00.2011.132644-6). Na ocasião, afastou-se decisão administrativa do clube, baseada em interpretação literal de seu estatuto, que mencionava apenas a união estável entre pessoas de sexos distintos como fundamento para a inclusão de dependentes.

Cumpre destacar que o jurista Euclides de Oliveira já havia dado parecer pela inclusão, prescrevendo que "os pontos distintivos das uniões de cunho afetivo-familiar, em especial a união estável, conquanto não haja previsão legal específica ou estatutária de determinada instituição particular, abona a tutela jurídica ao ente familiar no seu mais alargado conceito, de modo a atender com efetividade aos anseios de garantia do bem-estar da comunidade social que se instale a partir do relacionamento humano". A citada decisão foi confirmada pelo TJSP, em dezembro de 2012.

Ato contínuo de estudo, repise-se que outra questão que se resolve definitivamente é que o casal homoafetivo poderá adotar em conjunto, como vem admitindo a jurisprudência (cite-se, sem prejuízo da decisão do STJ outrora transcrita: TJRS, Apelação Cível 70013801592, 7.ª Câmara Cível, Rel. Luiz Felipe Brasil Santos, j. 05.04.2006).

Por fim, terão os companheiros direito à pensão previdenciária na hipótese de morte. Quanto ao Supremo Tribunal Federal, o Excelso Pretório já deferia direitos previdenciários ao parceiro homoafetivo. Consta da decisão:

> "Ação civil pública. Tutela imediata. INSS. Condição de dependente. Companheiro ou companheira homossexual. Eficácia *erga omnes*. Excepcionalidade não verificada. Suspensão indeferida. 1. O Instituto Nacional do Seguro Social-INSS, na peça de folha 2 a 14, requer a suspensão dos efeitos da liminar deferida na Ação Civil Pública 2000.71.00.009347-0, ajuizada pelo Ministério Público Federal. O requerente alega que, por meio do ato judicial, a que se atribuiu efeito nacional, restou-lhe imposto o reconhecimento, para fins previdenciários, de pessoas do mesmo sexo como companheiros preferenciais. Eis a parte conclusiva do ato (folhas 33 e 34): Com as considerações supra, defiro medida liminar, de abrangência nacional, para o fim de determinar ao Instituto Nacional do Seguro Social que: a) passe a considerar o companheiro ou companheira homossexual como dependente preferencial (art. 16, I, da Lei 8.213/1991); b) possibilite que a inscrição de companheiro ou companheira homossexual, como dependente, seja feita diretamente nas dependências da Autarquia, inclusive nos casos de segurado empregado ou trabalhador avulso; c) passe a processar e a deferir os pedidos de pensão por morte e auxílio-reclusão realizados por companheiros do mesmo sexo, desde que cumpridos pelos requerentes, no que couber, os requisitos exigidos dos companheiros heterossexuais (arts. 74 a 80 da Lei 8.213/1991 e art. 22 do Decreto 3.048/1999). Fixo o prazo de 10 dias para implementação das medidas necessárias ao integral cumprimento desta decisão, sob pena de multa diária de R$ 30.000,00 (trinta mil reais), com fundamento no art. 461, § 4.º, do Código de Processo Civil" (STF, Origem Pet 1.984/RS, Rel. Min. Marco Aurélio, *DJ* 20.02.2003, p. 24, j. 10.02.2003).

Também o Superior Tribunal de Justiça já se manifestava sobre a questão previdenciária, merecendo destaque o seguinte acórdão:

"Recurso especial. Direito previdenciário. Pensão por morte. Relacionamento homoafetivo. Possibilidade de concessão do benefício. Ministério Público. Parte legítima. 3. A pensão por morte é: 'o benefício previdenciário devido ao conjunto dos dependentes do segurado falecido – a chamada família previdenciária – no exercício de sua atividade ou não (neste caso, desde que mantida a qualidade de segurado), ou, ainda, quando ele já se encontrava em percepção de aposentadoria. O benefício é uma prestação previdenciária continuada, de caráter substitutivo, destinado a suprir, ou pelo menos, a minimizar a falta daqueles que proviam as necessidades econômicas dos dependentes' (ROCHA, Daniel Machado da. *Comentários à lei de benefícios da previdência social*/Daniel Machado da Rocha, José Paulo Baltazar Júnior. 4. ed. Porto Alegre: Livraria do Advogado Editora, Esmafe, 2004. p. 251). 4. Em que pesem as alegações do recorrente quanto à violação do art. 226, § 3.º, da Constituição Federal, convém mencionar que a ofensa a artigo da Constituição Federal não pode ser analisada por este Sodalício, na medida em que tal mister é atribuição exclusiva do Pretório Excelso. Somente por amor ao debate, porém, de tal preceito não depende, obrigatoriamente, o desate da lide, eis que não diz respeito ao âmbito previdenciário, inserindo-se no capítulo 'Da Família'. Face a essa visualização, a aplicação do direito à espécie se fará à luz de diversos preceitos constitucionais, não apenas do art. 226, § 3.º, da Constituição Federal, levando a que, em seguida, se possa aplicar o direito ao caso em análise. 5. Diante do § 3.º do art. 16 da Lei 8.213/1991, verifica-se que o que o legislador pretendeu foi, em verdade, ali gizar o conceito de entidade familiar, a partir do modelo da união estável, com vista ao direito previdenciário, sem exclusão, porém, da relação homoafetiva. 6. Por ser a pensão por morte um benefício previdenciário, que visa suprir as necessidades básicas dos dependentes do segurado, no sentido de lhes assegurar a subsistência, há que interpretar os respectivos preceitos partindo da própria Carta Política de 1988 que, assim estabeleceu, em comando específico: 'Art. 201. Os planos de previdência social, mediante contribuição, atenderão, nos termos da lei, a: [...] V – pensão por morte de segurado, homem ou mulher, ao cônjuge ou companheiro e dependentes, obedecido o disposto no § 2.º'. 7. Não houve, pois, de parte do constituinte, exclusão dos relacionamentos homoafetivos, com vista à produção de efeitos no campo do direito previdenciário, configurando-se mera lacuna, que deverá ser preenchida a partir de outras fontes do direito. 8. Outrossim, o próprio INSS, tratando da matéria, regulou, através da Instrução Normativa 25, de 07.06.2000, os procedimentos com vista à concessão de benefício ao companheiro ou companheira homossexual, para atender a determinação judicial expedida pela juíza Simone Barbasin Fortes, da Terceira Vara Previdenciária de Porto Alegre, ao deferir medida liminar na Ação Civil Pública 2000.71.00.009347-0, com eficácia *erga omnes*. Mais do que razoável, pois, estender-se tal orientação, para alcançar situações idênticas, merecedoras do mesmo tratamento. 9. Recurso especial não provido" (STJ, REsp 395.904/RS, 6.ª Turma, Rel. Min. Hélio Quaglia Barbosa, j. 13.12.2005, *DJ* 06.02.2006, p. 365).

Em aresto mais atual, o Superior Tribunal de Justiça ampliou os direitos previdenciários decorrentes da união homoafetiva para a previdência privada, conforme decisão então inédita publicada no seu *Informativo* n. *421*, de fevereiro de 2010 (REsp 1.026.981/RJ, Rel. Min. Nancy Andrighi, j. 04.02.2010).

Como se constata, o debate a respeito do tema parece ter sido encerrado no Brasil com o julgamento do STF, concretizando-se a proteção familiar da união homoafetiva. Por bem, adotou-se a premissa da inclusão, como *manda* o Texto Maior, afastando-se preconceitos e discriminações. A tutela da dignidade humana e o bom senso venceram. Com o devido respeito a quem pensa de forma contrária, não me parece que o Supremo Tribunal Federal tenha rompido suas esferas de atuação. Muito ao contrário, fez o Tribunal Constitucional o seu papel democrático, servindo, mais uma vez, como um contrapeso à *inércia conservadora* do Congresso Nacional Brasileiro.

Por fim, cumpre destacar que ainda há projetos de lei em trâmite no Congresso Nacional com o fim de regulamentar as uniões de pessoas do mesmo sexo, caso do antigo projeto de lei de autoria da ex-deputada Marta Suplicy (PL 1.151/1995). Frise-se que essa proposição apenas reconhecia uma sociedade de fato entre os parceiros, estando em muito superada pelo atual estágio da jurisprudência nacional. Em verdade, a lei projetada segue a outrora corrente majoritária, de reconhecimento da união como sociedade de fato, estando totalmente superado pela jurisprudência superior.

Realmente, o projeto de lei que mais se coadunava com a segunda corrente aqui apontada e concretizada era o de autoria do Deputado Sérgio Barradas Carneiro, conforme pareceres elaborados pela diretoria nacional do IBDFAM, chamado de *Estatuto das Famílias*. Por essa proposta, a união homoafetiva passaria a ser disciplinada como união estável nos seguintes termos:

> "Art. 68. É reconhecida como entidade familiar a união entre duas pessoas do mesmo sexo, que mantenham convivência pública, contínua, duradoura com o objetivo de constituição de família, aplicando-se, no que couber, as regras concernentes à união estável.
>
> Parágrafo único. Dentre os direitos assegurados incluem-se:
>
> I – guarda e convivência com os filhos;
>
> II – a adoção de filhos;
>
> III – direito previdenciário;
>
> IV – direito à herança".

Constata-se que a proposta legislativa reconhecia expressamente a união homoafetiva como entidade familiar. A expressão "no que couber" abria a possibilidade de o aplicador do direito, de eventual juiz da causa, estabelecer as diferenças entre a união estável de pessoas de sexo diverso e de pessoas do mesmo sexo. Cabe consignar, contudo, que no seu trâmite legislativo foram vetadas no projeto todas as menções relativas aos direitos homoafetivos, sendo aprovado o projeto de lei na Comissão de Constituição e Justiça da Câmara dos Deputados sem o seu art. 68, no final de 2010.

No Projeto de Reforma do Código Civil, elaborado pela Comissão de Juristas nomeada no Senado Federal, como visto, há propostas de se incluir na Lei Geral Privada previsões no sentido de que não só o casamento como também a união estável serão constituídos por duas pessoas, sem mencionar o seu gênero.

Entre todas as proposições, vale relembrar a relativa ao caput do art. 1.564-A, que substituirá o seu atual art. 1.723: "é reconhecida como entidade familiar a união estável entre duas pessoas, mediante uma convivência pública, contínua e duradoura e estabelecida como família". Todas essas sugestões foram aprovadas de forma unânime no grupo de especialistas, congregando Ministros do Superior Tribunal de Justiça, Desembargadores, Juízes de Tribunais Nacionais e Internacionais, Professores, Membros do Ministério Público, Advogados e Doutrinadores, sem que houvesse qualquer posição contrária quanto a elas.

Como se percebe, sempre houve fortes resistências no Congresso Nacional para a elaboração de uma lei que reconheça expressamente que a união homoafetiva constitui uma entidade familiar. Assim sendo, se não for aprovada qualquer alteração legislativa, a questão continuará a ser solucionada no âmbito do Poder Judiciário, no meu sentir. Talvez a Reforma do Código Civil altere essa realidade, em prol da segurança jurídica, da circulação dos negócios jurídicos, da certeza e da estabilidade das relações privadas. É o que se espera, cumprindo o Parlamento Brasileiro com a sua principal função.

5.6 RESUMO ESQUEMÁTICO

– *Conceito de união estável:* união entre um homem e uma mulher caracterizada pela convivência pública, contínua e duradoura, constituída com o objetivo de constituição de família (art. 1.723, *caput,* do CC). Segundo o Texto Maior, a lei deve facilitar a sua conversão em casamento (art. 226, § 3.º, da CF/1988). Como novidade, o Código Civil de 2002 reconheceu a possibilidade de uma pessoa separada de fato ou judicialmente constituir união estável com terceiro (art. 1.723, § 1.º, do CC). Com a aprovação da Emenda Constitucional 66/2010, conhecida como *Emenda do Divórcio,* que retirou do sistema a separação jurídica ou de direito, a norma somente tem relevância pela menção ao separado de fato.

– *Diferenças entre união estável e concubinato:*

União estável (art. 1.723 do CC)	Concubinato (art. 1.727 do CC)
– Constitui entidade familiar. Há direito a alimentos, direito a meação, direitos sucessórios, entre outros. – Pessoas solteiras, viúvas, divorciadas, separadas de fato e separadas extrajudicial ou judicialmente antes da *Emenda do Divórcio.* Não pode existir impedimento matrimonial. – Cabe eventual ação de reconhecimento e dissolução da união estável. O CPC/2015 trata dessa ação no seu art. 732, prevendo que as disposições relativas ao processo de homologação judicial de divórcio aplicam-se, no que couber, ao processo de homologação da extinção consensual de união estável. Para essa demanda também devem ser observadas as regras especiais relativas às ações de Direito de Família, consagradas pelos arts. 693 a 699 do próprio CPC/2015. – Competência da Vara da Família.	– Não constitui entidade familiar, mas mera sociedade de fato (Súmula 380 do STF). – Pessoas casadas não separadas ou havendo impedimento matrimonial decorrente de parentesco ou crime. – Cabe eventual ação de reconhecimento e dissolução de sociedade de fato. – Competência da Vara Cível.

– *Direitos decorrentes da união estável:*

a) Direitos e deveres similares ao casamento – art. 1.724 do CC.

b) Direito à meação, aplicando-se, no que couber, as regras do regime da comunhão parcial de bens – art. 1.725 do CC.

c) Conversão da união estável em casamento – art. 1.726 do CC.

d) Alimentos – art. 1.694 do CC.

e) Direitos sucessórios – o STF reconheceu, em 2017 e por maioria de votos, a inconstitucionalidade do art. 1.790 do CC (STF, Recurso Extraordinário 878.694/MG, Rel. Min. Luís Roberto Barroso, *Informativo* n. *864).* Com isso, o companheiro deve ser visto ao lado do cônjuge na ordem sucessória do art. 1.829 do Código Civil. O tema está tratado no próximo volume desta coleção.

f) Aplicação das mesmas regras processuais previstas para o casamento – Código de Processo Civil de 2015, em vários artigos.

– *União de pessoas do mesmo sexo ou união homoafetiva*. Sempre existiram duas correntes a respeito da questão:

1.ª Corrente – Não constitui entidade familiar, mas mera sociedade de fato.

2.ª Corrente – Constitui entidade familiar, aplicando-se por analogia, as mesmas regras da união estável.

Em maio de 2011, o STF julgou a questão, concluindo pela aplicação, por analogia, das mesmas regras da união estável para a união homoafetiva (ver *Informativo* n. *625* do STF). Assim, a segunda corrente consolidou-se no Direito de Família Brasileiro, notadamente pela eficácia *erga omnes* da decisão superior. Aguarda-se a aprovação de preceitos legais disciplinando a união homoafetiva de forma definitiva e como entidade familiar, como está sendo proposto pela Reforma do Código Civil, o que não obsta o seu reconhecimento atual jurídico pleno.

5.7 QUESTÕES CORRELATAS

01. (TJDFT – CESPE – Juiz de Direito Substituto – 2015) De acordo com a jurisprudência do STJ, assinale a opção correta no que concerne ao instituto da união estável.
(A) Diante da inaplicabilidade de analogia com a legislação referente às relações estáveis heteroafetivas, é vedado o reconhecimento *post mortem* de união homoafetiva.
(B) Apesar de não estar previsto no Código Civil, o companheiro supérstite tem o direito real de habitação sobre o imóvel de propriedade do falecido onde o casal residia.
(C) É permitida a alienação de bem imóvel adquirido na constância de união estável independentemente da autorização de um dos companheiros.
(D) Em uma eventual ação de alimentos que seja posterior à dissolução de união estável homoafetiva, é juridicamente impossível o pedido de alimentos formulado pelo ex-companheiro.
(E) Caso um senhor, convivente em união estável, preste fiança sem a outorga uxória de sua companheira, tal fiança será nula.

02. (TJSC – FCC – Juiz de Direito Substituto – 2015) Joaquim, viúvo, é pai de José, que se casara com Amélia. José e Amélia divorciaram-se. Três meses após esse divórcio, Joaquim e Amélia compareceram a um Cartório de Notas, solicitando ao Tabelião que lavrasse uma escritura pública de união estável, escolhendo o regime da comunhão universal de bens. O Tabelião recusou-se a lavrar a escritura, por reputar inválido o ato. A recusa
(A) justifica-se, mas poderá ser estabelecida a união estável entre os pretendentes depois de transcorridos trezentos (300) dias do divórcio de Amélia e desde que os bens deixados pelo cônjuge de Joaquim tenham sido inventariados e partilhados.
(B) não se justifica, porque não há qualquer impedimento entre os pretendentes à união estável.
(C) justifica-se, porque Joaquim e Amélia não podem estabelecer união estável.
(D) só se justifica no tocante à escolha do regime de bens, porque seria obrigatório o regime da separação de bens.
(E) só se justifica no tocante à escolha do regime de bens, porque o único admissível é o da comunhão parcial de bens na união estável.

03. **(TJSP – VUNESP – Titular de Serviços de Notas e de Registros – Provimento – 2016)** O reconhecimento da união estável como entidade familiar, configurada na convivência pública, contínua e duradoura,

(A) pressupõe a inexistência de impedimentos para o casamento e a separação de fato, se a pessoa for casada, não bastando que a união seja constituída com o objetivo de constituição de família.

(B) pressupõe tão somente que a união seja constituída com o objetivo de constituição de família, devendo a lei facilitar sua conversão em casamento.

(C) independe do estado civil e da situação de fato de seus membros.

(D) pressupõe a inexistência de impedimentos e de causas suspensivas do casamento, não bastando que a união seja constituída com o objetivo de constituição de família.

04. **(Prefeitura de São Luiz – MA – FCC – Procurador do Município – 2016)** Paulo e Ana moram juntos há 10 anos, em convivência estável e como se fossem casados. Ademais, Paulo é separado de fato de Camila, tendo nascido desta união Mauro. Paulo e Ana, durante a profícua união, de comum adquiriram um apartamento no valor de R$ 500.000,00, uma moto no valor de R$ 100.000,00. Destaque-se que ambos contribuíram financeiramente para a aquisição dos bens, unidos seus esforços e patrimônio para tanto, todavia decidiram romper o convívio afetivo por incompatibilidades. Em relação à situação fática exposta, é correto afirmar:

(A) Paulo e Ana viveram em união estável, aplicando-se às relações patrimoniais, em regra, o regime de comunhão parcial de bens, devendo isso ser levado em conta para o rompimento e a partilha dos bens.

(B) Percebendo que Paulo era separado de fato de Camila, a relação desenvolvida com Ana realmente se dava como concubinato e não, de outro lado, como união estável.

(C) Na união estável, aplica-se, às relações patrimoniais, sempre o regime da comunhão parcial de bens.

(D) Ressalvando-se contrato escrito entre os companheiros, na união estável, aplica-se às relações patrimoniais, o regime da separação de bens.

(E) Já que Paulo era separado de fato de Camila, não se impediria a existência de união estável com Ana, todavia, os bens não serão divididos entre ambos porque na dissolução de união estável não cabe partilha de bens.

05. **(DPE-MT – UFMT – Defensor Público – 2016)** Quanto à união estável, marque V para as afirmativas verdadeiras e F para as falsas.

( ) O Código Civil de 2002 não revogou as disposições constantes da Lei n.º 9.278/1996, subsistindo a norma que confere o direito real de habitação ao companheiro sobrevivente diante da omissão do Código Civil em disciplinar tal matéria em relação aos conviventes em união estável, consoante o princípio da especialidade.

( ) Na união estável de pessoa maior de setenta anos (art. 1.641, II, do CC/2002), impõe-se o regime da separação obrigatória, sendo vedada a partilha de bens adquiridos na constância da relação, mesmo que comprovado o esforço comum.

( ) A incomunicabilidade do produto dos bens adquiridos anteriormente ao início da união estável (art. 5.º, § 1.º, da Lei n.º 9.278/1996) se estende aos seus frutos, conforme previsão do art. 1.660, V, do Código Civil de 2002.

( ) São incomunicáveis os bens particulares adquiridos anteriormente à união estável ou ao casamento sob o regime de comunhão parcial, ainda que a transcrição no registro imobiliário ocorra na constância da relação.

( ) A companheira ou o companheiro não participará da sucessão do outro, quanto aos bens adquiridos onerosamente na vigência da união estável, se concorrer com filhos comuns.

Assinale a sequência correta.

(A) V, V, V, V, F
(B) F, F, F, V, V
(C) V, F, F, V, F
(D) V, F, F, F, V
(E) F, F, V, F, F

06. (MPE-RR – CESPE – Promotor de Justiça Substituto – 2017) Tendo em vista que o surgimento de novos tipos de estruturas familiares demanda do direito civil uma revisão constante do conceito de família, julgue os itens a seguir.

I. A guarda compartilhada implica igualdade de tempo de convívio da criança com cada um de seus genitores, a fim de evitar ofensa ao princípio da igualdade.

II. O direito de obter, judicialmente, a fixação de pensão alimentícia não prescreve; no entanto, há prazo prescricional para a execução de valores inadimplidos correspondentes ao pagamento da pensão.

III. O reconhecimento de união estável homoafetiva acarreta aos seus partícipes os mesmos direitos garantidos aos componentes de união estável heterossexual.

IV. Os avós detêm o direito de pleitear a regulamentação de visita aos netos, a qual poderá ser viabilizada desde que observados os interesses da criança ou do adolescente.

Assinale a opção correta.

(A) Apenas os itens I e II estão certos.
(B) Apenas os itens I, III e IV estão certos.
(C) Apenas os itens II, III e IV estão certos.
(D) Todos os itens estão certos.

07. (TJRJ – CETRO – Titular de Serviços de Notas e de Registros – 2017) Sobre temas relacionados à união estável, ao matrimônio e aos reflexos patrimoniais decorrentes, assinale a alternativa correta.

I. A jurisprudência dos tribunais superiores reconhece a relação concubinária não eventual, simultânea ao casamento, independentemente da existência de prova da separação de fato.

II. O namoro qualificado havido antes da celebração do matrimônio se confunde com o instituto da união estável com a mera coabitabilidade, não havendo a necessidade de o relacionamento projetar para o futuro o propósito de constituir uma entidade familiar, no entender do STJ.

III. As verbas percebidas por um dos cônjuges na constância do matrimônio, sob o regime de comunhão parcial, transmutam-se em bem comum, mesmo que não tenham sido utilizadas na aquisição de qualquer bem móvel ou imóvel.

IV. É válida a cláusula que atribui eficácia retroativa ao regime de bens pactuado em escritura pública de reconhecimento de união estável quando de seu rompimento.

É correto o que se afirma em:

(A) I e II, apenas.
(B) III e IV, apenas.
(C) III, apenas.
(D) IV, apenas.
(E) II e III, apenas.

08. (TJPR – CESPE – Juiz Substituto – 2017) Silas e Laura conviveram em regime de união estável a partir de 2005, sem contrato escrito, e tiveram dois filhos, Artur e Bruno. Laura faleceu, e, até então, existia um único bem adquirido durante a convivência dela com Silas. Após o falecimento de Laura, Silas, em 2012, à época com sessenta anos de idade, casou-se com Beatriz, sob o regime da separação de bens. Dessa união não adviera filhos. Transcorridos alguns anos, Silas faleceu e deixou o mesmo bem para inventariança. Então, Artur e Bruno ingressaram em juízo para serem imitidos na posse.

Considerando essa situação hipotética à luz do Código Civil, assinale a opção correta.

(A) Era obrigatória, para a celebração do casamento entre Silas e Beatriz, a adoção do regime da separação de bens.
(B) Aplica-se às relações patrimoniais entre Silas e Laura o regime da comunhão parcial de bens.
(C) Na sucessão de Laura, Silas tem direito a metade da herança, respeitada sua meação.
(D) Beatriz não terá assegurado seu direito real de habitação em decorrência do regime de bens do casal.

CAP. 5 • DA UNIÃO ESTÁVEL | 453

09. (TJ-SP – Titular de Serviços de Notas e de Registros – Provimento – VUNESP – 2018) A propósito da conversão da união estável em casamento, assinale a alternativa correta.

(A) A união estável poderá converter-se em casamento mediante pedido dos companheiros ao Juiz Corregedor Permanente, independentemente de prévia habilitação para o casamento.

(B) Não se admite, para fins de registro, a conversão de união estável em casamento de pessoas do mesmo sexo.

(C) O processo de habilitação se desenvolve sob o mesmo rito previsto para o casamento, devendo constar dos editais que se trata de conversão, seguindo-se a lavratura do respectivo assento independentemente de autorização do Juiz Corregedor Permanente, prescindindo o registro da celebração do matrimônio.

(D) O assento de conversão da união estável em casamento será lavrado imediatamente após a celebração do matrimônio, com expressa indicação da data do início de seu estabelecimento.

10. (PC-MG – Delegado de Polícia Substituto – FUMARC – 2018) Considere as seguintes afirmativas a respeito do direito de família:

I. A diversidade de sexos entre os companheiros não é requisito essencial para a configuração da união estável.

II. A pessoa casada, mas separada de fato, pode constituir união estável.

III. De acordo com jurisprudência pacificada no âmbito do Superior Tribunal de Justiça, na união estável, na ausência de contrato de convivência, a partilha de bens exige prova do esforço comum.

IV. A pessoa divorciada, enquanto não houver sido homologada ou decidida a partilha de bens do casal, não pode constituir união estável.

Estão CORRETAS apenas as afirmativas:

(A) I e II.
(B) I, II e III.
(C) I, II e IV.
(D) II e IV.

11. (DPE-PE – Defensor Público – CESPE – 2018) De acordo com a jurisprudência do Supremo Tribunal Federal (STF) e do STJ acerca da união estável e casamento, assinale a opção correta.

(A) É possível o reconhecimento da união estável entre pessoas do mesmo sexo, sendo vedado o casamento civil.

(B) A união estável homoafetiva é vedada no ordenamento jurídico brasileiro: união estável consiste de uma relação entre homem e mulher, contínua e duradoura, com o objetivo de constituição de família.

(C) Como não se trata de entidade familiar, a relação entre pessoas do mesmo sexo é uma sociedade de fato, inclusive com competência da vara cível, e não a de família, para eventual ajuizamento de ação.

(D) A união entre duas pessoas do mesmo sexo é reconhecida como entidade familiar, com convivência pública, contínua, duradoura, com o objetivo de constituição de família, e é de competência da vara de família o ajuizamento de eventual ação a respeito.

(E) Diferentemente do instituto do casamento, a companheira ou o companheiro, na vigência da união estável, participará da sucessão do outro apenas quanto aos bens adquiridos onerosamente.

12. (Titular de Serviços de Notas e de Registros – Remoção – TJ-SC – IESES – 2019) Assinale a alternativa correta. União estável:

(A) é a união informal entre duas pessoas do mesmo sexo ou entre duas pessoas de sexo diferente, configurada na convivência pública, contínua e duradoura e estabelecida com o objetivo de constituição de família.

(B) poderá ser convertida automaticamente em casamento somente após o transcurso de dois anos de convivência.

(C) não exige deveres entre os conviventes.

(D) é a união informal entre duas pessoas de sexo diferente, configurada na convivência pública, contínua e duradoura e estabelecida com o objetivo de constituição de família.

13. **(Titular de Serviços de Notas e de Registros – Remoção – TJ-SC – IESES – 2019)** Considerando o instituto da união estável:
    (A) a lei determina que a união estável deva ser estabelecida obrigatoriamente por escritura pública.
    (B) ao lavrar uma escritura pública de união estável, deve o Notário averiguar a real existência da situação relatada e especificar o regime de bens, bem como de sua administração, além de outras obrigações decorrentes da situação de convivência.
    (C) ao notário é permitido, conforme sua apreensão dos fatos, lavrar escritura de união estável embasado em declaração unilateral.
    (D) para que tenham validade, as escrituras de união estável devem ser registradas no Livro "E", por Oficial de Registro Civil das Pessoas Naturais.

14. **(Titular de Serviços de Notas e de Registros – Remoção – TJ-RS – VUNESP – 2019)** Sobre a união estável, pode-se corretamente afirmar que
    (A) a existência de casamento válido obsta o reconhecimento da união estável, mesmo havendo separação de fato entre os casados.
    (B) na união estável de pessoa maior de setenta anos, impõe-se o regime da separação obrigatória, sendo possível a partilha de bens adquiridos na constância da relação, desde que comprovado o esforço comum.
    (C) são comunicáveis os bens particulares adquiridos anteriormente à união estável ou ao casamento sob o regime de comunhão parcial, desde que a transcrição no registro imobiliário ocorra na constância da relação.
    (D) a coabitação é elemento indispensável à caracterização da união estável.
    (E) é possível o reconhecimento de uniões estáveis simultâneas, mesmo entre pessoas casadas.

15. **(Defensor Público – DPE-MG – FUNDEP – 2019)** A respeito da União Estável, analise as afirmativas a seguir.
    I. É juridicamente possível a lavratura de escritura pública de união estável poliafetiva.
    II. É inviável a concessão de indenização à concubina que, ciente da condição de seu parceiro, mantivera relacionamento com homem casado, uma vez que tal providência daria ao concubinato maior proteção do que aquela conferida ao casamento e à união estável.
    III. Na união estável de pessoa maior de 70 anos de idade, impõe-se o regime da separação obrigatória de bens.
    IV. A coabitação é elemento essencial a caracterizar a união estável homoafetiva.
    Está incorreto o que se afirma em:
    (A) I e II, apenas.
    (B) II e III, apenas.
    (C) III e IV, apenas.
    (D) I e IV, apenas.

16. **(Defensor Público – DPE-MG – FUNDEP – 2019)** O Direito das Famílias está em constante evolução, pois as relações de afeto são dinâmicas, e o operador do direito deve estar preparado para lidar com as mais variadas e inusitadas situações.
    Com relação aos institutos do Direito das Famílias, assinale a alternativa incorreta.
    (A) A relação de intenso afeto dos cônjuges por animal adquirido na constância do matrimônio poderá, a depender das características do caso concreto, autorizar a regulamentação judicial do direito de visita ao animal de estimação.
    (B) A relação de filiação socioafetiva permite formular pedido de reconhecimento do estado de filiação socioafetiva, com pluralidade registral, isto é, o reconhecimento da filiação socioafetiva concomitante à filiação biológica.
    (C) Não é possível falar em abandono afetivo antes do reconhecimento da paternidade.
    (D) Não há causa de rompimento de noivado que possa ser tratada como ato ilícito, passível de indenização por danos morais.

17. **(Titular de Serviços de Notas e de Registros – TJMS – Instituto Consulplan – 2021)** A união estável tem previsões expressas acerca de sua configuração e consequências jurídicas pelos Arts. 1.723 a 1.727 do Código Civil, bem como outras delimitações esparsas pelo mesmo diploma. Diante da proteção jurídica conferida à relação, assinale a alternativa que contenha procedimento inaplicável à união estável.
    (A) A união estável pode ser convertida em casamento.
    (B) As relações pessoais entre os companheiros obedecerão aos deveres de lealdade, respeito e assistência, e de guarda, sustento e educação dos filhos.
    (C) Na união estável, ainda que existente contrato escrito entre os companheiros, aplica-se às relações patrimoniais, no que couber, o regime da comunhão parcial de bens.
    (D) Caracteriza-se união estável a relação entre o viúvo ou a viúva que tiver filho do cônjuge falecido, enquanto não fizer inventário dos bens do casal e der partilha aos herdeiros, se adjetivada pela convivência pública, contínua e duradoura e estabelecida com o objetivo de constituição de família.

18. **(Advogado autárquico – IPREV Mariana-MG – FCM – 2021)** No que se refere ao casamento, união estável e união homoafetiva, é correto afirmar que
    (A) configura causa suspensiva o casamento do adotante com quem foi cônjuge do adotado e o adotado com quem o foi do adotante.
    (B) o casamento religioso, que atender às exigências da lei para a validade do casamento civil, equipara-se a este, desde que registrado no registro próprio, produzindo efeitos a partir de seu registro.
    (C) a eficácia do pacto antenupcial, realizado por menor, fica condicionada à aprovação de seu representante legal, incluindo as hipóteses de regime obrigatório de separação de bens.
    (D) a dissolução de união estável homoafetiva, segundo a jurisprudência dos tribunais superiores, é de competência da vara de família e não de varas cíveis.

19. **(Delegado de Polícia – PC-SP – Vunesp – 2022)** Considerando o entendimento decorrente da Jurisprudência dos Tribunais Superiores, assinale a alternativa correta sobre a união estável.
    (A) A existência de casamento válido obsta o reconhecimento da união estável, mesmo que tenha ocorrido separação de fato entre os casados.
    (B) A valorização patrimonial dos imóveis ou das cotas sociais de sociedade limitada, adquiridos antes do início do período de convivência, não se comunica, pois não decorre do esforço comum dos companheiros, mas de mero fator econômico.
    (C) É possível o reconhecimento de uniões estáveis simultâneas.
    (D) São incomunicáveis os bens particulares adquiridos anteriormente à união estável ou ao casamento sob o regime de comunhão parcial, salvo se a transcrição no registro imobiliário ocorrer na constância da relação.
    (E) Na união estável de pessoa maior de setenta anos, impõe-se o regime da separação obrigatória, vedada a partilha de bens adquiridos na constância da relação, ainda que comprovado o esforço comum.

20. **(Analista Jurídico de Defensoria – DPE-AM – FCC – 2022)** Bruno e Marco pretendem constituir união estável. No tocante às relações patrimoniais desta união,
    (A) os companheiros não poderão eleger o regime de bens por se tratar de sociedade de fato.
    (B) o regime da comunhão parcial de bens deverá ser aplicado obrigatoriamente à união.
    (C) salvo contrato entre os companheiros, será aplicado, no que couber, o regime de comunhão universal de bens.
    (D) os companheiros poderão adotar o regime de separação de bens por meio de contrato escrito entre eles.
    (E) salvo contrato entre os companheiros, será aplicado, no que couber, o regime de separação de bens.

21. **(Promotor de Justiça substituto – MPE-SP – MPE-SP – 2022)** Duas pessoas vêm mantendo, há dez anos, uma união estável, com coabitação atual, não estando, portanto, separadas de fato. Ocorre que, há sete anos, uma delas passou a ter, concomitantemente, um segundo relacionamento, com pessoa diversa, igualmente público, duradouro e contínuo. Conforme recentemente definiu a nossa Corte Suprema:
   (A) se poderá reconhecer o segundo relacionamento como união estável para fins familiares e sucessórios.
   (B) não se reconhece o segundo relacionamento como união estável.
   (C) se poderá reconhecer o segundo relacionamento como união estável para fins previdenciários.
   (D) se poderá reconhecer o segundo relacionamento como união estável desde que se dê no domicílio declarado como principal pela pessoa que com ambos mantém relacionamento.
   (E) prevalecerá o relacionamento daquele que for escolhido mediante declaração unilateral de vontade, produzida mediante instrumento público, pela pessoa que com ambos mantém relacionamento.

22. **(DPE-RJ – FGV – Defensor Público – 2023)** Considerando o entendimento da 4ª Turma do Superior Tribunal de Justiça, no sentido de que basta o vínculo afetivo e a existência de fato para que haja a incidência das normas constitucionais e legais sobre as uniões estáveis (REsp nº 1.761.887/MS), é correto afirmar que:
   (A) as causas suspensivas do casamento impedem a formação da união estável;
   (B) é possível que se realize casamento sem que haja affectio maritalis, o que não se concebe ao se tratar da união estável;
   (C) é desprovida de validade a manifestação de vontade das partes, com a intenção de registrar relação de namoro, em razão de sua imprevisibilidade legal;
   (D) na inocorrência de algum dos requisitos previstos no Art. 1.723 do Código Civil, deve-se observar a existência de um prazo mínimo de convivência para o reconhecimento da união estável;
   (E) contrato de namoro para excluir a existência de união estável anterior ao casamento não constitui pacto antenupcial, de modo que não afasta a partilha de bens adquiridos antes do casamento.

23. **(TJES – FGV – Juiz substituto – 2023)** Paulo e Maria eram namorados quando o primeiro recebeu um convite para trabalhar na Polônia e para lá seguiu sozinho, em agosto de 2013. Após a conclusão de seu curso de graduação, e com a intenção de cursar a língua inglesa, Maria também foi para a Polônia, em janeiro de 2014. Maria ainda cursou um mestrado, na área de sua atuação profissional, uma das razões para sua permanência no exterior. A partir de então e durante todo aquele período, passaram a coabitar. Em outubro de 2014, ante o inegável fortalecimento da relação, Paulo e Maria ficaram noivos, oportunidade em que Paulo escreveu à mãe de Maria: "Estamos nós dois apostando no nosso futuro, na nossa vida...".

Em 2015, retornam ao Brasil, mas, à espera do casamento, passam a viver em residências separadas.

Sucede que, mesmo período, Paulo no começa um relacionamento com Ksenia, polonesa da cidade vizinha. Quando retorna ao Brasil, é seguido por Ksenia e toda a sua família, que conhecia Paulo como seu "marido brasileiro". Aqui, residem juntos em Brasília, onde se apresentam mutuamente como marido e mulher. Em 2016, nasce o primeiro filho, Paulo Junior, devidamente registrado.

Em 2017, antes do casamento com Maria, Paulo falece. Maria e Ksenia se apresentam ao órgão previdenciário como suas companheiras.

Nesse caso, deve ser reconhecida:
   (A) a concomitância de duas uniões estáveis, a gerar direitos a ambas as companheiras;
   (B) a concomitância de duas uniões estáveis, a gerar direitos apenas para a primeira companheira;
   (C) a inexistência de união estável com Maria ou Ksenia, ausentes os requisitos;
   (D) a existência de união estável exclusivamente com Maria;
   (E) a existência de união estável exclusivamente com Ksenia.

24. **(TJSP – Titular de Serviços de Notas e de Registros – VUNESP – 2024)** João e Maria constituíram união estável em janeiro de 1984. Em dezembro de 2001, como se tornara insuportável a convivência, realizaram escritura pública de reconhecimento e dissolução de união estável, estipulando o regime da separação total dos bens, com previsão de efeitos retroativos e para o futuro. Porém, não promoveram a partilha dos bens. Mantiveram-se afastados por mais de dez anos, até que, em agosto de 2013, após se encontrarem casualmente, reaproximaram-se, reatando a convivência pública, contínua e duradoura. Em outubro de 2018, decidiram pôr fim ao relacionamento.

Nessas circunstâncias, é correto afirmar:

(A) interpreta-se a retroatividade da estipulação do novo regime, em 2001, como doação de metade ideal dos bens adquiridos onerosamente entre janeiro de 1984 e dezembro de 2001. Tal estipulação, porém, no tocante ao período compreendido entre agosto de 2013 e outubro de 2018, é ineficaz.

(B) a estipulação de novo regime produz efeitos *ex nunc*, por ser nula a cláusula que estabelece a retroatividade. Quanto aos bens adquiridos onerosamente entre agosto de 2013 e outubro de 2018, aplica-se o regime da comunhão parcial de bens, porque se cuida de nova união estável.

(C) interpreta-se a retroatividade da estipulação do novo regime, em 2001, como doação de metade ideal dos bens adquiridos onerosamente entre janeiro de 1984 e dezembro de 2001. Quanto ao período compreendido entre agosto de 2013 e outubro de 2018, os efeitos prospectivos da declaração acarretam a incidência das regras da separação de bens.

(D) a retroatividade da estipulação do novo regime faz com que os bens adquiridos onerosamente pelos companheiros, entre janeiro de 1984 e dezembro de 2001, sejam excluídos da comunhão. Quanto ao período compreendido entre agosto de 2013 e outubro de 2018, os efeitos prospectivos da declaração acarretam a incidência das regras da separação de bens.

25. **(TRT-11ª Região – Analista Judiciário – FCC – 2024)** Ana e Carla constituíram união estável sem qualquer formalização. No bojo da união, Ana adquiriu uma motocicleta por 10 mil reais. Por sua vez, Carla ganhou, através de doação da genitora, um carro de 60 mil reais. No caso de dissolução da união estável:

(A) Ana fará jus à meação do carro, porém Carla não terá direito à partilha da motocicleta.

(B) tratando-se de sociedade de fato, será necessária prova de esforço comum para que os bens possam ser partilhados.

(C) Carla fará jus à meação da motocicleta, porém Ana não terá direito à partilha do carro.

(D) os dois bens serão objeto de partilha, garantindo-se a meação destes às partes, independentemente de prova de esforço comum.

(E) em virtude da ausência de formalização da união estável, inexistirá partilha de bens, permanecendo cada parte com o veículo de sua propriedade.

26. **(MPE-RJ – Promotor de Justiça substituto – VUNESP – 2024)** Rogério é casado com Cláudio e ambos são pais de João. Em razão de uma oportunidade de trabalho, Rogério passa a semana em Cabo Frio e volta para o Rio de Janeiro aos finais de semana para ficar com o marido e o filho. Dois anos após o início das viagens de Rogério, ele passou a se relacionar, durante as semanas, com Vitor, sendo publicamente reconhecido como seu companheiro em Cabo Frio e continuou casado com Cláudio, com o qual passava os finais de semana. A situação perdurou por oito anos, até que, em um acidente de carro, Rogério veio a falecer.

Diante da situação hipotética e de acordo com o atual entendimento do Supremo Tribunal Federal, é correto afirmar que:

(A) seria possível o reconhecimento da união estável apenas se se tratasse de relacionamento heteroafetivo.

(B) não seria possível a configuração da união estável entre Rogério e Vitor, mas a este caberia metade da pensão por morte do INSS por ser daquele dependente.

(C) seria possível a configuração da união estável entre Rogério e Vitor, caso Rogério estivesse separado de fato de Cláudio.

(D) seria possível a configuração da união estável entre Rogério e Vitor, caso Rogério convivesse em união estável com Cláudio.

(E) é possível a configuração da união estável entre Rogério e Vitor considerando que a relação entre eles era pública, duradoura e contínua.

27. **(PGE-SP – Procurador do Estado – VUNESP – 2024)** João vivia em união estável com Maria, tendo com ela uma relação pública, contínua e duradoura, formalizada por meio de escritura pública, com o objetivo de constituir família. Entretanto, João conheceu Pedro e, após alguns meses de amizade, iniciaram uma relação amorosa homoafetiva. A relação entre João e Maria manteve o caráter de continuidade. Por vários anos, João manteve-se em união estável com Maria e, concomitantemente, em relação amorosa homoafetiva com Pedro. João faleceu e, na data da sua morte, permanecia em união estável com Maria e em relação amorosa homoafetiva com Pedro. Este pretende ingressar com uma ação judicial visando ao reconhecimento da sua relação amorosa homoafetiva com João como união estável, para fins sucessórios e previdenciários.

Acerca do caso hipotético, tendo em vista o entendimento do Supremo Tribunal Federal, assinale a alternativa correta.

(A) É possível o reconhecimento da relação amorosa homoafetiva como união estável apenas para fins previdenciários, devendo o valor do benefício ser dividido igualmente entre Maria e Pedro.

(B) É possível o reconhecimento da relação amorosa homoafetiva como união estável, não sendo óbice a existência de relação heteroafetiva anterior, por se configurar relação de gênero diverso da que se busca reconhecer.

(C) É possível o reconhecimento da relação amorosa homoafetiva como união estável, para fins sucessórios, desde que seja provado que Pedro contribuiu para a aquisição onerosa de bens durante a relação amorosa.

(D) Deve ser reconhecida como união estável apenas a relação que melhor representava, na data da morte de João, o desejo deste de constituir família, tendo em vista o princípio da dignidade da pessoa humana e da autonomia privada.

(E) A preexistência da união estável com Maria impede o reconhecimento de novo vínculo com Pedro, inclusive para fins previdenciários, em virtude da consagração do dever de fidelidade e da monogamia pelo ordenamento jurídico-constitucional brasileiro.

GABARITO

01 – B	02 – C	03 – A
04 – A	05 – C	06 – C
07 – D	08 – B	09 – C
10 – A	11 – D	12 – A
13 – B	14 – B	15 – D
16 – D	17 – C	18 – D
19 – B	20 – D	21 – B
22 – B	23 – E	24 – B
25 – C	26 – C	27 – E

DAS RELAÇÕES DE PARENTESCO. DISPOSIÇÕES GERAIS, FILIAÇÃO, RECONHECIMENTO DE FILHOS, ADOÇÃO E PODER FAMILIAR

Sumário: 6.1 Disposições gerais quanto ao parentesco – 6.2 Filiação. Regras gerais. As antigas presunções de paternidade e as questões de biodireito. O criticável art. 1.601 do Código Civil e a parentalidade socioafetiva. Aprofundamentos quanto à posse de estado de filhos. A multiparentalidade como realidade jurídica da filiação. Impactos da decisão do STF, prolatada em repercussão geral (STF, RE 898.060/SC, julgado em 21.09.2016 – Tema n. 622) – 6.3 Reconhecimento de filhos: 6.3.1 Introdução; 6.3.2 Reconhecimento voluntário; 6.3.3 Reconhecimento judicial; 6.3.4 Questões controvertidas quanto à ação investigatória de paternidade – 6.4 Adoção – 6.5 Poder familiar – 6.6 Resumo esquemático – 6.7 Questões correlatas – Gabarito.

6.1 DISPOSIÇÕES GERAIS QUANTO AO PARENTESCO

O direito parental ou relações de parentesco traz como conteúdo as relações jurídicas estabelecidas entre pessoas que mantêm entre si um vínculo familiar, sobretudo de afetividade. Segundo Rubens Limongi França, parentesco vem de "parente", do latim *parens-tis*, particípio passado do verbo *pario-ere*, que significa parir, dar à luz, gerar. Define o jurista que o parentesco "é o liame que vincula as pessoas oriundas de uma ascendência comum (parentesco consanguíneo), ou jungidas quer pela transmissão do pátrio poder (parentesco civil) quer pelos efeitos do matrimônio (parentesco afim) (LIMONGI FRANÇA, Rubens. *Instituições...*, 1999, p. 291). O conceito é clássico, devendo a expressão pátrio poder ser substituída por poder familiar.

No mesmo sentido, Maria Helena Diniz, igualmente em uma visão clássica, conceitua o parentesco como: "o vínculo existente não só entre pessoas que descendem umas das outras ou de um mesmo tronco comum, mas também entre o cônjuge ou companheiro e os parentes do outro e entre adotante e o adotado" (DINIZ, Maria Helena. *Código Civil...*, 2005, p. 1.295).

Em sentido amplo, a matéria engloba, no atual Código Civil, disposições gerais (arts. 1.591 a 1.595), regras quanto à filiação (arts. 1.596 a 1.606), preceitos sobre o reconhecimento de filhos (arts. 1.607 a 1.617), normas referentes à adoção (arts. 1.618 a 1.629) e comandos relacionados ao poder familiar (arts. 1.630 a 1.638).

De início, do conceito de Rubens Limongi França e Maria Helena Diniz podem ser apontadas três formas ou modalidades de parentesco, levando-se em conta a sua origem:

a) *Parentesco consanguíneo ou natural* – aquele existente entre pessoas que mantêm entre si um vínculo biológico ou *de sangue*, ou seja, que descendem de um ancestral comum, de forma direta ou indireta. O termo *natural* é criticado por alguns, pois traria a ideia de que as outras modalidades de parentesco seriam *artificiais*.

b) *Parentesco por afinidade* – existente entre um cônjuge ou companheiro e os parentes do outro cônjuge ou companheiro. Lembre-se que marido e mulher e companheiros não são parentes entre si, havendo vínculo de outra natureza, decorrente da conjugalidade ou convivência. A grande inovação do Código Civil de 2002 é reconhecer o parentesco de afinidade decorrente da união estável (art. 1.595 do CC). O parentesco por afinidade limita-se aos ascendentes, aos descendentes e aos irmãos do cônjuge ou companheiro (art. 1.595, § 1.º). Na linha reta, até o infinito, a afinidade não se extingue com a dissolução do casamento ou da união estável. Por isso, repise-se, é que se afirma que *sogra é para a vida inteira*.

c) *Parentesco civil* – aquele decorrente de outra origem, que não seja a consanguinidade ou a afinidade, conforme estabelece o art. 1.593 do CC.

Tradicionalmente, no que tange ao parentesco civil, este sempre foi relacionado com a adoção, que ainda será estudada. Entretanto, diante dos progressos científicos e da valorização dos vínculos afetivos de cunho social, devem ser reconhecidas outras formas de parentesco civil: aquela decorrente de técnicas de reprodução assistida (inseminação artificial heteróloga – com material genético de terceiro) e a parentalidade socioafetiva (Enunciados n. 103 e 256 do CJF/STJ, das *Jornadas de Direito Civil*).

A valorização da parentalidade socioafetiva foi confirmada na *IV Jornada de Direito Civil*, realizada em outubro de 2006, com a aprovação do Enunciado n. 339 do CJF/STJ, prevendo que "a paternidade socioafetiva, calcada na vontade livre, não pode ser rompida em detrimento do melhor interesse do filho". O mesmo ocorreu na *V Jornada de Direito Civil*, de 2011, com o seguinte enunciado, de autoria de Heloísa Helena Barboza, professora Titular da UERJ: "o reconhecimento judicial do vínculo de parentesco em virtude de socioafetividade deve ocorrer a partir da relação entre pai(s) e filho(s), com base na posse do estado de filho, para que produza efeitos pessoais e patrimoniais" (Enunciado n. 519 do CJF/STJ). Quanto ao projeto que visa ao *Estatuto das Famílias*, do IBDFAM, o seu art. 9.º pretende incluir expressamente na ordem legal brasileira a previsão pela qual o parentesco resulta da consanguinidade, da socioafetividade ou da afinidade.

Com grande e definitivo impacto para o reconhecimento de que a parentalidade socioafetiva é forma de parentesco civil, cite-se, mais uma vez, a decisão do Supremo Tribunal Federal do ano de 2016, em que se analisou repercussão geral sobre o tema. Conforme a tese firmada, "a paternidade socioafetiva, declarada ou não em registro, não impede o reconhecimento do vínculo de filiação concomitante, baseada na origem biológica, com os efeitos jurídicos próprios" (Recurso Extraordinário 898.060/SC, com repercussão geral, Rel. Min. Luiz Fux, j. 21.09.2016, publicado no seu *Informativo* n. *840*).

Além de reconhecer a possibilidade de vínculos múltiplos parentais, uma das grandes contribuições do aresto foi consolidar a posição de que a socioafetividade é forma de parentesco civil, em posição igualitária diante do parentesco consanguíneo. Nesse sentido, destaque-se o seguinte trecho do voto do Ministro Relator:

> "A compreensão jurídica cosmopolita das famílias exige a ampliação da tutela normativa a todas as formas pelas quais a parentalidade pode se manifestar, a saber: (i) pela presunção decorrente do casamento ou outras hipóteses legais; (ii) pela descendência biológica; ou (iii) pela afetividade. A evolução científica responsável pela popularização do exame de DNA conduziu ao reforço de importância do critério biológico, tanto para fins de filiação quanto para concretizar o direito fundamental à busca da identidade genética, como natural emanação do direito de personalidade de um ser. A afetividade enquanto critério, por sua vez, gozava de aplicação por doutrina e jurisprudência desde o Código Civil de 1916 para evitar situações de extrema injustiça, reconhecendo-se a posse do estado de filho, e consequentemente o vínculo parental, em favor daquele que utilizasse o nome da família (*nominatio*), fosse tratado como filho pelo pai (*tractatio*) e gozasse do reconhecimento da sua condição de descendente pela comunidade (*reputatio*)".

Sem prejuízo do que foi estudado no Capítulo 1 da presente obra, voltarei a comentar, de forma ainda mais aprofundada, tais formas de parentesco, no presente capítulo.

Aqui, o momento é de relembrar como se contam os graus de parentesco consanguíneo e por afinidade. Começaremos pelo parentesco consanguíneo.

Enuncia o art. 1.591 do atual Código Civil que são parentes em linha reta as pessoas que estão umas para com as outras na relação de ascendentes e descendentes. O parentesco na linha reta é contado de forma muito simples: à medida que se sobe (linha reta ascendente) ou se desce (linha reta descendente) a *escada parental*, tem-se um grau de parentesco. Nesse sentido, é clara a primeira parte do art. 1.594 do CC/2002, no sentido de que: "contam-se, na linha reta, os graus de parentesco pelo número de gerações".

Para facilitar a compreensão do tema, é interessante sempre levar em conta você mesmo (o "eu" dos esquemas abaixo, termo utilizado para facilitar a compreensão da matéria, com fins didáticos).

Desse modo, o grau de parentesco entre *eu* e meu pai é de primeiro grau na linha reta ascendente. O parentesco entre *eu* e meu avô é de segundo grau na linha reta ascendente. O parentesco entre *eu* e meu bisavô é de terceiro grau na linha reta ascendente, e assim de forma sucessiva. Esquematizando:

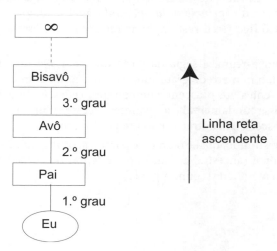

Por outra via, o parentesco entre *eu* e meu filho é de primeiro grau na linha reta descendente. O parentesco entre *eu* e meu neto é de segundo grau na linha reta descendente; entre *eu* e meu bisneto o parentesco é de terceiro grau na linha reta descendente, e assim sucessivamente. Vejamos:

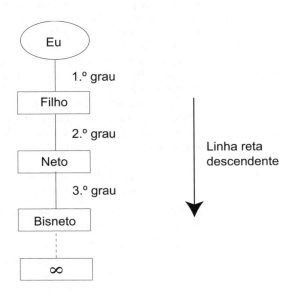

Muito simples, portanto. Simples demais é a contagem de graus de parentesco, seja na linha reta ascendente ou na descendente.

As maiores dificuldades encontradas pelos estudiosos do Direito de Família se referem à contagem de grau de parentesco colateral ou transversal, que merecerá maior detalhamento. Enuncia o art. 1.592 do CC/2002 que "são parentes em linha colateral ou transversal, até o quarto grau, as pessoas provenientes de um só tronco, sem descenderem uma da outra". A grande inovação desse dispositivo está na redução do limite do parentesco colateral, que, pela codificação anterior, era de sexto grau (art. 331 do CC/1916). Agora, como se nota, o limite é o quarto grau, o que está de acordo com a busca da facilitação do Direito Privado (*princípio da operabilidade*). Todavia, aqui pode ser feita a crítica de que o atual Código Civil restringiu as relações familiares, quando a tendência é justamente a oposta.

Completando a nova regra, a segunda parte do art. 1.594 do CC preconiza que se conta, na linha colateral, o número de graus também de acordo com o número de gerações, subindo de um dos parentes até o ascendente comum, e descendo até encontrar o outro parente. Assim, a premissa fundamental é a seguinte: deve-se subir *ao máximo*, até o parente comum, para depois descer e encontrar o parente procurado.

Primeiramente, ilustrando, qual é o grau de parentesco entre *mim* e minha irmã? Deve-se subir um grau até o pai (ancestral comum), para depois descer até a irmã. A conclusão é que o parentesco é colateral em segundo grau:

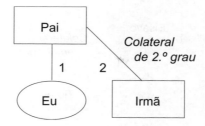

O mínimo parentesco colateral existente é de segundo grau, justamente diante da regra de subir ao máximo, até o tronco comum, para depois descer. *Não há, portanto, parentesco colateral de primeiro grau.*

Quanto aos irmãos, vale ainda dizer que estes podem ser classificados em *bilaterais ou germanos* (mesmo pai e mesma mãe) e *unilaterais* (mesmo pai ou mesma mãe). Os irmãos unilaterais podem ser *uterinos* (mesma mãe e pais diferentes) ou *consanguíneos* (mesmo pai e mães diferentes).

Em outro caso típico, qual é o grau de parentesco entre *mim* e meu tio? Ora, devem-se subir dois graus até o avô, que é o ancestral comum. A atenção aqui deve ser redobrada, pois o erro mais comum, aqui, é subir até o pai, o que não está correto. Repita-se: deve-se subir até o avô, que é o tronco comum, para depois descer ao tio. Portanto, o parentesco é colateral de terceiro grau. Ato contínuo, percebe-se que o grau de parentesco entre primos (*eu* e o filho do meu tio) é de quarto grau, o máximo previsto em lei. Essas duas relações de parentesco constam do esquema a seguir:

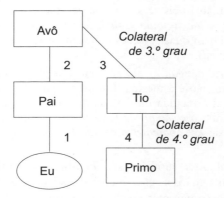

Por fim, o que desperta algumas dúvidas no meio jurídico, surge a questão: qual o grau de parentesco entre sobrinho-neto e tio-avô? No caso em questão, o ponto-chave está em escolher um *papel* ou *personagem* entre os dois. Escolheremos ser o sobrinho-neto, o que torna a análise mais fácil. A pergunta então é: qual o grau de parentesco entre *mim* e o meu tio-avô (irmão do meu avô). Deve-se subir o máximo, até o bisavô (terceiro grau), para então descer até o tio-avô. A resposta é que o parentesco é colateral de quarto grau, mais uma vez o máximo previsto em lei. Vejamos:

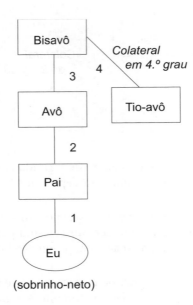

(sobrinho-neto)

Superadas essas regras básicas, é fundamental ressaltar que o parentesco natural colateral ainda pode ser assim classificado, o que remonta à doutrina clássica do Direito Civil:

a) *Parentesco colateral igual* – situação em que a distância que separa os parentes do tronco comum é a mesma quanto ao número de gerações. É o que ocorre no parentesco entre irmãos, pois se sobe uma geração e desce-se também uma geração (*parentesco colateral de segundo grau igual*). Ocorre o mesmo no parentesco entre primos, pois se sobem duas gerações e descem-se duas gerações (*parentesco colateral de quarto grau igual*).

b) *Parentesco colateral desigual* – hipótese em que a distância que separa os parentes do tronco comum não é a mesma. Em outras palavras, a medida de subida de gerações não é igual à medida da descida. É o que acontece no parentesco entre tio e sobrinho (*parentesco colateral de terceiro grau desigual*: "subi dois e desci um") e sobrinho-neto e tio-avô (*parentesco de quarto grau desigual*: "subi três e desci um").

O parentesco natural pode também ser *duplicado*. A título de exemplo, ilustre-se com a situação em que dois irmãos se casam com duas irmãs. Nessa situação, os filhos que nascerem dos dois casais serão parentes colaterais em linha duplicada.

Sem prejuízo de todos os esquemas demonstrados, será exposta, ao final do capítulo, uma tabela englobando todas as hipóteses de parentesco consanguíneo.

Superada a análise do parentesco consanguíneo, vejamos a contagem de graus no parentesco por afinidade, aquele existente entre um cônjuge ou companheiro e os parentes do outro, conforme aqui comentado.

Para cima, haverá parentesco por afinidade na linha reta ascendente em relação à sogra, à mãe da sogra, à avó da sogra e assim sucessivamente até o infinito. O mesmo deve ser dito em relação ao sogro, ao pai do sogro, ao avô do sogro, e assim de forma sucessiva.

Para baixo, haverá parentesco por afinidade na linha reta descendente em relação ao enteado, ao filho do enteado, ao neto do enteado etc. Aqui estão presentes os impedimentos matrimoniais como visto, eis que não se extingue o vínculo, mesmo que com a dissolução da sociedade conjugal ou da união estável. Vejamos o esquema a seguir:

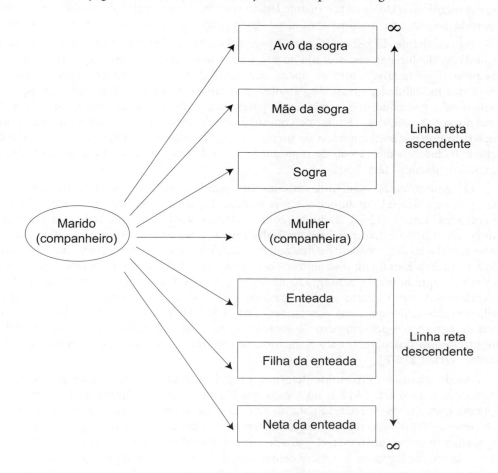

No que concerne ao parentesco por afinidade colateral, aquele existente entre cunhados (irmã ou irmão do cônjuge ou companheiro), não há qualquer impedimento matrimonial. Por isso, cunhados podem ser casar livremente.

Afirmação idêntica vale em relação aos enteados entre si. Esclarecendo, imagine-se que um homem, que tem um filho de um relacionamento anterior, casa-se com uma mulher que tem uma filha, igualmente de outra relação. Esses filhos podem se casar, não havendo impedimento decorrente da lei, sendo ambos afins colaterais.

De toda sorte, com a constante valorização da parentalidade socioafetiva, fica em xeque tal possibilidade de casamento, sob os enfoques moral e ético. Vale o contra-argumento segundo o qual os impedimentos matrimoniais, obrigatoriamente, devem decorrer da norma jurídica. Eis uma situação concreta que deve ser debatida mais profundamente nos próximos anos, em especial diante da decisão do STF que reconheceu, de forma consolidada, ser o vínculo socioafetivo formador de parentesco civil (STF, RE 898.060/SC, Tribunal Pleno, Rel. Min. Luiz Fux, j. 21.09.2016, com repercussão geral, publicado no seu *Informativo* n. *840*).

Para encerrar o tópico, anoto que no Projeto de Reforma do Código Civil, ora em tramitação, são mantidas as regras fundamentais a respeito do parentesco, incluindo-se expressamente no texto de lei tratamento legal a respeito da parentalidade socioafetiva e sobre a reprodução assistida, a última com dispositivos próprios, que ainda serão aqui retomados.

Porém, diante do seu caráter geral para o Direito de Família, como antes pontuado, a Comissão de Juristas encarregada sugere que o tema abra o livro respectivo, tratando "das pessoas na família", entre os novos arts. 1.512-A e 1.512-G. O primeiro dispositivo tratará das modalidades gerais de parentesco, como deve ser e na linha do que aqui foi desenvolvido, prevendo que "a relação de parentesco pode ter causa natural ou civil. § 1.º O parentesco é natural se resultar de consanguinidade, ainda que o nascimento tenha sido propiciado por cessão temporária de útero. § 2.º O parentesco é civil, conforme resulte de socioafetividade, de adoção ou de reprodução assistida em que há a utilização de material genético de doador" (art. 1.512-A).

O segundo deles, mais uma vez com um sentido genérico, tratará do parentesco na linha reta ou colateral: "qualquer que seja a causa, o parentesco pode se dar em linha reta ou colateral" (art. 1.512-B). Também com o mesmo sentido do que hoje está em vigor, o novo art. 1.512-C: "são parentes em linha reta as pessoas que estão umas para com as outras na relação de ascendente e descendente, seja o parentesco natural ou civil". E os arts. 1.512-D e 1.512-E definem o parentesco colateral e como ele deve ser contado, igualmente na linha do que hoje está consagrado na legislação civil: "são parentes em linha colateral ou transversal, até o quarto grau, as pessoas provenientes de um só tronco, natural ou civil, sem descenderem umas das outras" (art. 1.512-D) e "contam-se, na linha reta, os graus de parentesco pelo número de gerações e, na colateral, também pelo número delas, subindo de um dos parentes até o ascendente comum e descendo até encontrar o outro parente" (art. 1.512-E).

Ainda quanto ao Projeto de Reforma, a regulamentação do parentesco por afinidade é deslocada para o art. 1.512-F, no tópico que abrirá o livro de Direito de Família. Nesse contexto, com ajustes de redação para mencionar o convivente, e não mais o companheiro, bem como o divórcio, ao final, o comando preverá o seguinte: "Cada cônjuge ou convivente, no casamento ou na união estável, é aliado aos parentes do outro pelo vínculo da afinidade. § 1.º A afinidade limita-se aos ascendentes, aos descendentes, qualquer que seja o grau, e aos irmãos do cônjuge ou convivente. § 2.º Na linha reta, a afinidade não se extingue com o divórcio ou com a dissolução da união estável". Como se pode notar, no seu conteúdo e na sua efetividade prática, não há qualquer alteração da norma.

Como última regra do tópico relativo ao parentesco, também se propõe a inclusão de um novo e necessário art. 1.512-G, para expressar que "cônjuges e conviventes não são parentes, mas parceiros de comunhão de vida por decorrência de casamento ou de união estável, presente o vínculo conjugal ou convivencial". Conforme antes pontuado, o vínculo convivencial é aquele decorrente da união estável, e não de outra entidade familiar, como de forma totalmente equivocada alguns chegaram a interpretar.

Inclui-se, ainda, um parágrafo único no último preceito, enunciando que "os filhos provindos de outros relacionamentos do cônjuge ou do convivente são enteados e desse fato não decorre, por si só e necessariamente, vínculo de filiação socioafetiva". Prevaleceu na Comissão de Juristas essa afirmação, no sentido de não se poder presumir o vínculo socioafetivo da relação entre padrastos, madrastas e enteados, entendimento com o qual concordo totalmente. Sempre é preciso demonstrar, no caso concreto, a presença dos elementos da posse de estado de filhos: tratamento, reputação e nome.

Portanto, a última previsão legal proposta é mais do que necessária, diante de várias confusões verificadas na prática, entre padrasto, madrasta e pais socioafetivos.

Superadas as regras gerais sobre o parentesco, passa-se ao estudo da filiação.

6.2 FILIAÇÃO. REGRAS GERAIS. AS ANTIGAS PRESUNÇÕES DE PATERNIDADE E AS QUESTÕES DE BIODIREITO. O CRITICÁVEL ART. 1.601 DO CÓDIGO CIVIL E A PARENTALIDADE SOCIOAFETIVA. APROFUNDAMENTOS QUANTO À POSSE DE ESTADO DE FILHOS. A MULTIPARENTALIDADE COMO REALIDADE JURÍDICA DA FILIAÇÃO. IMPACTOS DA DECISÃO DO STF, PROLATADA EM REPERCUSSÃO GERAL (STF, RE 898.060/SC, JULGADO EM 21.09.2016 – TEMA N. 622)

A filiação pode ser conceituada como a relação jurídica decorrente do parentesco por consanguinidade ou outra origem, estabelecida particularmente entre os ascendentes e descendentes de primeiro grau. Em suma, trata-se da relação jurídica existente entre os pais e os filhos. O dispositivo inaugural quanto ao tema, o art. 1.596 do CC/2002, foi exaustivamente analisado no Capítulo 1 desta obra, consagrando o *princípio da igualdade entre filhos* e repetindo o que constava no art. 227, § 6.º, da CF/1988. Nos termos do vigente dispositivo da codificação material, "os filhos, havidos ou não da relação de casamento, ou por adoção, terão os mesmos direitos e qualificações, proibidas quaisquer designações discriminatórias relativas à filiação".

Quanto a esse preceito, de forma mais técnica e abrangente, o Projeto de Reforma do Código Civil recomenda que passe a prever o seguinte, a respeito do princípio da igualdade entre os filhos: "os filhos, independentemente de sua origem, terão os mesmos direitos e qualificações, proibidas quaisquer designações discriminatórias relativas à filiação". Em todo o Anteprojeto, são evitadas qualificações quanto aos filhos, como a expressão "filho havido fora do casamento", o que concretiza de forma definitiva o princípio da isonomia ou da igualdade substancial, retirado do art. 5.º do Texto Maior.

O art. 1.597 da atual codificação civil é o dispositivo hoje em vigor que traz as presunções de paternidade, merecendo redação destacada para uma análise aprofundada, diante de todos os desafios que gera:

"Art. 1.597. Presumem-se concebidos na constância do casamento os filhos:

I – nascidos cento e oitenta dias, pelo menos, depois de estabelecida a convivência conjugal;

II – nascidos nos trezentos dias subsequentes à dissolução da sociedade conjugal, por morte, separação judicial, nulidade e anulação do casamento;

III – havidos por fecundação artificial homóloga, mesmo que falecido o marido;

IV – havidos, a qualquer tempo, quando se tratar de embriões excedentários, decorrentes de concepção artificial homóloga;

V – havidos por inseminação artificial heteróloga, desde que tenha prévia autorização do marido".

O dispositivo está amparado na velha máxima latina *mater semper certa est et pater is est quem nuptiae demonstrant*, que pode ser resumida da seguinte forma: *a maternidade é sempre certeza, a paternidade é presunção que decorre da situação de casados*. É fundamental ressaltar que essa máxima perdeu relevância prática. Ora, a maternidade nem sempre é certa, pois pode ocorrer a troca ou a subtração de recém-nascidos em maternidades, a motivar eventual ação de investigação da maternidade.

O problema tem sido debatido pela jurisprudência nacional, em particular no que concerne à eventual indenização por danos morais em face do hospital-maternidade, seja público ou privado:

"Processual civil e civil. Agravo interno no recurso especial. Ação de reparação de dano. Troca de bebês em maternidade. Ausência de violação aos arts. 489 e 1.022 do CPC/2015. Responsabilidade reconhecida pelo tribunal de origem. Indenização por danos morais. *Quantum adequado*. Valor razoável. Agravo não provido. (...). É possível a revisão do montante da reparação por danos morais nas hipóteses em que o *quantum* fixado for exorbitante ou irrisório, o que, no entanto, não ocorreu no caso em exame, pois o valor arbitrado em R$ 100.000,00 (cem mil reais), não é excessivo nem desproporcional aos danos sofridos pela parte agravada, a qual, conforme as instâncias ordinárias, sofreu danos recorrentes da troca de bebês na maternidade, suportando décadas de dúvida acerca sua paternidade, impedindo o exercício de seu poder familiar quanto à filha biológica" (STJ, Ag. Int. no REsp 2.009.408/AM, 4.ª Turma, Rel. Min. Raul Araújo, j. 27.03.2023, *DJe* 03.04.2023).

"Agravo interno no agravo em recurso especial. Processual. Civil. Ausência de violação do art. 1.022 do CPC/2015. Responsabilidade civil do hospital. Troca de bebês em maternidade. (...). No caso em exame, está configurada a responsabilidade objetiva do hospital recorrente pelos danos causados aos autores da demanda (pais e filho), em virtude da troca de bebês ocorrida em sua maternidade, pois trata-se de defeito na prestação de serviço diretamente vinculado à atividade exercida pela entidade hospitalar, nos termos do *caput* do art. 14 do Código de Defesa do Consumidor. (...). Considerando as peculiaridades do caso concreto, entende-se que não está configurada a alegada exorbitância do valor arbitrado pelas instâncias ordinárias a título de danos morais, em R$ 70.000,00 (setenta mil reais), para cada um dos autores, sobretudo em razão da gravidade do resultado advindo do, no mínimo, descuido do hospital de permitir a troca de recém-nascidos em seu estabelecimento. Tal fato somente veio a ser descoberto pelos pais e filhos treze anos depois do ocorrido, o que ensejou maior consolidação da situação equivocada ao longo do tempo, aumentando sobremaneira o sofrimento psicológico dos autores ao tomarem conhecimento do evento danoso. A omissão do hospital ensejou graves consequências na vida das duas famílias envolvidas, de modo que a indenização a título de danos morais somente terá o condão de amenizar o estrago causado, além de penalizar a ora agravante por sua conduta negligente" (STJ, Ag. Int. no AREsp 1.097.590/MG, 4.ª Turma, Rel. Min, Raul Araújo, j. 11.04.2019, *DJe* 08.05.2019).

"Responsabilidade civil. Indenização. Dano moral. Troca de bebês na maternidade. Entidade hospitalar que tem o dever de zelar pela correta identificação dos recém-nascidos. Negligência verificada. Responsabilidade da ré caracterizada. Dano moral configurado. Verba arbitrada que, contudo, revela-se excessiva. Redução determinada. Distribuição dos ônus da sucumbência mantida. Incidência da Súmula n.º 326 do STJ. Recurso provido em parte" (TJSP, Apelação 9217539-61.2008.8.26.0000, Acórdão 6484645, 1.ª Câmara de Direito Privado, Urupês, Rel. Des. Elliot Akel, j. 05.02.2013, *DJESP* 27.02.2013).

Relativamente à presunção de paternidade, esta cedeu espaço à busca da *verdade biológica*, por meio da realização do exame de DNA. É cediço que, em nosso país, principalmente nas décadas de 1980 e 1990, houve uma busca desenfreada por tal verdade, o que foi possível graças à evolução científica. Sobre essa evolução e alteração de prioridade, comentava o saudoso Zeno Veloso o seguinte:

> "Toda a cultura, a construção doutrinária, a jurisprudência, enfim, toda a concepção sobre a prova nas ações de filiação, que tinha por base a circunstância de que a paternidade era um mistério impenetrável, sendo impossível obter-se a prova direta da mesma, passou, recentemente, por radical transformação, e um entendimento de séculos teve de ser inteiramente revisto. Como o progresso científico e a invenção do teste DNA (ácido desoxirribonucleico), a paternidade pode ser determinada como absoluta certeza" (VELOSO, Zeno. *Direito*..., 1997, p. 108).

Apesar da sua perda de relevância prática, os incisos do comando legal transcrito são aplicáveis a situações específicas, principalmente em casos envolvendo o casamento. Vejamos o seu estudo, pontualmente.

O inciso I enuncia que se presume a paternidade dos filhos nascidos cento e oitenta dias, pelo menos, depois de estabelecida a convivência conjugal. A presunção leva em conta o início do casamento, havendo uma presunção relativa (*iuris tantum*), que admite prova em contrário, via exame de DNA.

Outra presunção relativa de paternidade consta do inciso II do art. 1.597, quanto aos filhos nascidos nos trezentos dias subsequentes à dissolução da sociedade conjugal por morte, separação judicial, nulidade ou anulação do casamento. A menção à separação judicial deve ser tida como não escrita, diante da Emenda Constitucional 66/2010, que retirou do sistema a sua possibilidade. Mais do que isso, como não há mais prazo mínimo para se divorciar, nos termos do atual art. 226, § 6.º, da Constituição Federal, pode-se substituir o termo *separação judicial* por *divórcio* na sua correta interpretação.

Nessa linha, vale repetir pela sua relevância, julgou o Supremo Tribunal Federal em 2023, em tese de repercussão geral assim ementada, que deve ser mais uma vez transcrita, para os fins de análise da temática deste capítulo: "após a promulgação da EC 66/10, a separação judicial não é mais requisito para o divórcio, nem subsiste como figura autônoma no ordenamento jurídico. Sem prejuízo, preserva-se o estado civil das pessoas que já estão separadas por decisão judicial ou escritura pública, por se tratar de ato jurídico perfeito" (STF, RE 1.167.478/RJ, Tribunal Pleno, Rel. Min. Luiz Fux, Tema n. 1.053, j. 08.11.2023).

Cumpre anotar que julgado do Superior Tribunal de Justiça concluiu que a presunção em questão tem incidência à união estável, desde que seja possível comprovar o seu término. O *decisum* foi assim publicado no *Informativo* n. 508 daquela Corte Superior:

> "Direito civil. União estável. Presunção de concepção de filhos. A presunção de concepção dos filhos na constância do casamento prevista no art. 1.597, II, do CC se estende à união estável. Para a identificação da união estável como entidade familiar, exige-se a convivência pública, contínua e duradoura estabelecida com o objetivo de constituição de família com atenção aos deveres de lealdade, respeito, assistência, de guarda, sustento e educação dos filhos em comum. O art. 1.597, II, do CC dispõe que os filhos nascidos nos trezentos dias subsequentes à dissolução da sociedade conjugal presumem-se concebidos na constância do casamento. Assim, admitida pelo ordenamento jurídico pátrio (art. 1.723 do CC), inclusive pela CF (art. 226, § 3.º), a união estável e reconhecendo-se nela a existência de entidade familiar, aplicam-se as disposições contidas no art. 1.597, II, do CC ao regime de união estável. Precedentes citados do STF: ADPF 132/RJ, *DJe* 14.10.2011; do STJ: REsp 1.263.015/RN, *DJe* 26.06.2012, e REsp 646.259/RS, *DJe* 24.08.2010" (STJ, REsp 1.194.059/SP, Rel. Min. Massami Uyeda, j. 06.11.2012).

A conclusão deve ser a mesma quanto ao inciso I do art. 1.597 do CC/2002. Eventualmente, o início da união estável pode ser provado por escritura pública, outro documento celebrado entre as partes ou por prova testemunhal. Em casos de dúvidas, o exame de DNA tem o condão de afastar a dúvida existente na situação fática. Ainda sobre a questão e sobre essa prova, na *I Jornada de Direito Notarial e Registral*, em agosto de 2022, aprovou-se ementa doutrinária prevendo que "a presunção de paternidade, prevista no art. 1.597 do Código Civil, aplica-se aos conviventes em união estável, desde que esta esteja previamente registrada no Livro E do Registro Civil das Pessoas Naturais da Sede, ou, onde houver, no 1.º Subdistrito da Comarca, nos termos do Provimento CNJ n. 37/2014" (Enunciado n. 7). Apesar do enunciado, penso que outras provas podem ser utilizadas para que a norma seja aplicada à união estável.

Em complemento ao inciso II do art. 1.597, a confusa redação do art. 1.598 dispõe que, salvo prova em contrário, se, antes de decorrido o prazo previsto no inc. II do art. 1.523 (dez meses depois da dissolução da conjugalidade anterior), a mulher contrair novas núpcias e lhe nascer algum filho, duas regras são aplicadas:

– Haverá presunção de que o filho é do primeiro marido, se nascer dentro dos trezentos dias a contar do falecimento deste primeiro marido.
– Haverá presunção de que o filho é do segundo marido se o nascimento ocorrer após esses trezentos dias da dissolução da primeira união e já decorrido o prazo de cento e oitenta dias do início do segundo casamento.

Pontue-se que, passados mais de quinze anos da vigência do Código Civil de 2002, não se conhece qualquer julgado aplicando o seu confuso art. 1.598, dispositivo que tem pouca eficiência prática. Por lógico que essas confusas regras retiradas do art. 1.598 do CC trazem presunções relativas que admitem prova em contrário, via exame de DNA, por exemplo. A par dessa realidade, no Projeto de Reforma do Código Civil, sugere-se a revogação expressa desse comando, que não tem qualquer incidência prática na atualidade.

Justamente diante dessa possibilidade de prova em contrário, os dois primeiros incisos do art. 1.597 do CC/2002 têm pouca relevância prática na atualidade. Isso, em face do exame de DNA, que traz certeza quase absoluta quanto à paternidade. Ora, qual aplicador do Direito fará uso dessas presunções relativas quando se tem prova das mais efetivas nas hipóteses em questão?

Diante também dessa realidade é que se tem afirmado que a presunção *pater is est* perdeu a força de outrora. Entre a adoção dessa presunção e a realização do exame, o juiz, com certeza, fará a opção pela segunda. Imagine-se um caso prático. Um ex-marido, na situação descrita no inc. II do art. 1.597, se nega a reconhecer um filho de sua ex-mulher.

Como já foi dito, e isso é comum, em vez de aplicar a presunção legal, o juiz da ação investigatória determinará a realização do exame. Ocorrendo a negativa, aplica-se a presunção judicial da Súmula 301 do STJ e da Lei 12.004/2009, presumindo-se relativamente à paternidade daquele que se nega a fazer o exame, o que acaba confirmando, por outra via, a presunção prevista do art. 1.597, inc. II, do mesmo CC/2002.

Mais uma vez, tendo sido enfraquecida a antiga máxima *pater is est*, no atual Projeto de Reforma do Código Civil sugere-se a revogação expressa dos dois primeiros incisos do art. 1.597, pois distantes da realidade contemporânea, do exame de DNA, da parentalidade socioafetiva e da multiparentalidade. Propõe-se, ainda, que o *caput* do comando tenha uma redação mais direta e objetiva, prevendo que "presumem-se filhos dos cônjuges ou conviventes os nascidos ou concebidos na constância do casamento ou da união estável registrada, conforme o § 1.º do art. 9.º deste Código, ou durante o convívio de fato dos conviventes".

Além dessas antigas deduções, os demais incisos do vigente art. 1.597 do CC tratam de presunções que decorrem de técnicas de reprodução assistida (R.A.). Interessante perceber que a norma civil brasileira não conceitua tais técnicas ou trata da filiação que delas se origina, estabelecendo apenas decorrências lógicas de sua utilização. A premissa adotada pelo Código Civil é que o vínculo de filiação se estabelece em relação àqueles que planejaram a técnica de reprodução assistida. Como bem pontua José de Oliveira Ascensão, "o Código Civil atual (de 2002) contém um preceito fundamental para esta matéria: o art. 1.597. Mas há que ter consciência que o objetivo deste não é qualificar diretamente a filiação, mas sim estabelecer a presunção de quais os filhos de mulher casada que se presumem concebidos na constância do casamento. Daí resultaria a presunção de provierem do casal. O preceito não dá pois diretamente o critério da filiação que se busca. Esse terá de ser procurado relacionando muitos preceitos, só do conjunto deles podendo resultar a resposta quanto à determinação da filiação" (ASCENSÃO, José de Oliveira. Procriação..., *Direito*..., 2009, p. 351).

Continuando o estudo do vigente art. 1.597, o seu inciso III determina que haverá presunção de paternidade dos filhos havidos por fecundação artificial homóloga, mesmo quando falecido o marido. A fecundação homóloga é aquela efetuada com o material genético dos próprios cônjuges.

O inciso IV consagra a presunção de paternidade a respeito dos filhos havidos, a qualquer tempo, quando se tratar de *embriões excedentários*, decorrentes também de concepção artificial homóloga. Esses embriões são aqueles decorrentes da manipulação genética, mas que não foram introduzidos no ventre materno, estando armazenados em entidades especializadas, em clínicas de reprodução assistida (LÔBO, Paulo Luiz Netto. *Código Civil*..., 2003, p. 51). A fecundação, em casos tais, ocorre *in vitro*, na proveta, por meio da técnica ZIFT, ou seja, a fecundação ocorre fora do corpo da mulher. Há ainda a técnica GIFT, que não é o caso, em que o gameta masculino é introduzido artificialmente no corpo da mulher, onde ocorre a fecundação (ALVES, Jones Figueirêdo; DELGADO, Mário Luiz. *Código Civil*..., 2005, p. 2).

Por fim, o inciso V traz a presunção de paternidade dos filhos havidos por inseminação artificial heteróloga, ou seja, com material genético de terceiro, desde que haja prévia autorização do marido. A situação é do marido que autoriza a mulher a fazer uma inseminação artificial com material genético que não lhe pertence. Para que exista a presunção de paternidade, há a necessidade dessa prévia autorização, caso contrário, esta não existe.

Várias dúvidas práticas envolvendo a bioética e o biodireito surgem do art. 1.597 do CC, particularmente dos seus últimos três incisos, que geram muita instabilidade e insegurança na sua aplicação. Não se pretende aqui esgotar esses temas, o que foge do objetivo desta obra de Direito Civil, mas apenas trazer as questões controvertidas mais discutidas, e que têm gerado amplos debates entre os profissionais do direito.

Anote-se que, quanto a Técnicas de Reprodução Assistida (T.R.A.), o Conselho Federal de Medicina editou, em 15 de dezembro de 2010, a Resolução 1.957/2010, em substituição à antiga Resolução 1.358/1992. A norma tratava de questões éticas relativas ao tema, tendo grande aplicação prática, por orientar os atos que poderiam ou não ser praticados pelos médicos que atuam nessa área.

Em 2013, essa resolução foi revogada pela Resolução 2.013/2013, do mesmo Conselho Federal de Medicina, que procurou aperfeiçoar o tratamento da matéria. Novamente, em setembro de 2015, foi publicada a Resolução 2.121, revogando a anterior e trazendo novas regras sobre a temática. Com publicação em novembro de 2017, a Resolução 2.168/2017 revogou a norma antecedente. Em junho de 2021, surgiu a Resolução 2.294, mas ela acabou sendo substituída pela Resolução 2.320, de setembro de 2022, sendo esta a que está em vigor no presente momento.

Em março de 2016, a Corregedoria-Geral do Conselho Nacional de Justiça editou o Provimento 52, regulamentando a conduta dos Cartórios de Registro Civil no tocante à reprodução assistida. Em 14 de novembro de 2017 surgiu o Provimento 63, do próprio CNJ, em substituição ao anterior, já sob influência da decisão do STF sobre a parentalidade socioafetiva (STF, RE 898.060/SC, Tribunal Pleno, Rel. Min. Luiz Fux, j. 21.09.2016).

Além de tratar da reprodução assistida, a última norma administrativa cuidou também da parentalidade socioafetiva, de forma inédita. Em 14 de agosto de 2019, a mesma Corregedoria-Geral de Justiça do CNJ editou o Provimento 83/2019, que altera o anterior Provimento 63/2017, em especial quanto ao tratamento do reconhecimento extrajudicial da parentalidade socioafetiva. A modificação se deu diante dos pedidos de providências 0006194-84.2016.2.00.0000 e 0001711.40.2018.2.00.0000, um deles instaurado de ofício pelo próprio Ministro Corregedor, Humberto Martins, e outro a pedido do Instituto dos Advogados de São Paulo (IASP). Não houve alterações quanto à reprodução assistida na última norma.

Em 2023, os dois provimentos tiveram os seus conteúdos incorporados ao Código Nacional de Normas do CNJ (CNN), entre os seus arts. 505 a 515, sem modificações. Suas regras serão analisadas mais à frente, ainda neste capítulo do livro.

Pois bem, são princípios gerais consagrados pela última Resolução do CFM (2.320/2022), destacando-se o que consta do seu item 3.2, a permitir a reprodução assistida para mulheres com idade superior a 50 anos, com mais detalhes; e uma maior amplitude do seu item 4, a respeito do consentimento livre e esclarecido, na linha do que já estava disposto nas duas resoluções anteriores, de 2017 e 2021:

"1. As técnicas de reprodução assistida (RA) têm o papel de auxiliar no processo de procriação.

2. As técnicas de reprodução assistida podem ser utilizadas para doação de gametas e para preservação de gametas, embriões e tecidos germinativos por razões médicas e não médicas.

3. As técnicas de reprodução assistida podem ser utilizadas, desde que exista possibilidade de sucesso e baixa probabilidade de risco grave à saúde do(a) paciente ou do possível descendente.

3.1. A idade máxima das candidatas à gestação por técnicas de reprodução assistida é de 50 anos.

3.2. As exceções a esse limite são aceitas com base em critérios técnicos e científicos, fundamentados pelo médico responsável, sobre a ausência de comorbidades não relacionadas à infertilidade da mulher e após esclarecimento ao(s) candidato(s) sobre os riscos envolvidos para a paciente e para os descendentes eventualmente gerados a partir da intervenção, respeitando a autonomia da paciente e do médico.

4. O consentimento livre e esclarecido é obrigatório para todos os pacientes submetidos às técnicas de reprodução assistida. Os aspectos médicos envolvendo a totalidade das circunstâncias da aplicação de uma técnica de RA devem ser detalhadamente expostos, bem como os resultados obtidos naquela unidade de tratamento com a técnica proposta. As informações devem também atingir dados de caráter biológico, jurídico e ético. O documento de consentimento livre e esclarecido deve ser elaborado em formulário específico e estará completo com a concordância, por escrito, obtida a partir de discussão entre as partes envolvidas nas técnicas de reprodução assistida.

5. As técnicas de reprodução assistida não podem ser aplicadas com a intenção de selecionar o sexo (presença ou ausência de cromossomo Y) ou qualquer outra característica biológica da criança, exceto para evitar doenças no possível descendente.

6. É proibida a fecundação de oócitos humanos com qualquer outra finalidade que não a procriação humana.

7. Quanto ao número de embriões a serem transferidos, determina-se, de acordo com a idade: a) mulheres com até 37 (trinta e sete) anos: até 2 (dois) embriões; b) mulheres com mais de 37 (trinta e sete) anos: até 3 (três) embriões; c) em caso de embriões euploides ao diagnóstico genético, até 2 (dois) embriões, independentemente da idade; e d) nas situações de doação de oócitos, considera-se a idade da doadora no momento de sua coleta.

8. Em caso de gravidez múltipla, decorrente do uso de técnicas de reprodução assistida, é proibida a utilização de procedimentos que visem a redução embrionária".

Aprofunde-se que a principal novidade desde a Resolução 2.168/2017, confirmada pela norma de 2021 e pela atual, foi de ampliar a utilização da reprodução assistida, não estando ela limitada a pessoas que tenham dificuldade em terem filhos pela via natural. Assim, pode ela ser utilizada por opção do casal ou da pessoa. Isso pode ser percebido pela nova redação dada aos itens 1 e 2 dos princípios gerais, desde a norma anterior. A resolução de 2015, previa no seu primeiro item que "as técnicas de reprodução assistida (RA) têm o papel de auxiliar na resolução dos problemas de reprodução humana, facilitando o processo de procriação", o que não é mais realidade ética.

A respeito da norma administrativa ora em vigor, sobre o limite de 50 anos para as mulheres que se submetam à reprodução assistida, já existiam julgados que afastavam tal limite de idade para as mulheres, por ser atentatório aos seus direitos (decisão do Tribunal Regional Federal da 1.ª Região, no Agravo de Instrumento 0055717-41.2014.4.01.0000/MG, Rel. Des. Federal Maria do Carmo Cardoso, prolatada em dezembro de 2014). O *decisum* estava fundamentado no Enunciado n. 41, aprovado na *I Jornada de Direito da Saúde* do Conselho Nacional de Justiça (CNJ), realizada em 15 de dezembro de 2014, segundo o qual, "o estabelecimento da idade máxima de 50 anos, para que mulheres possam submeter-se ao tratamento e à gestação por reprodução assistida, afronta o direito constitucional à liberdade de planejamento familiar".

A propósito, a questão foi debatida por duas professoras no Jornal do Advogado da OABSP, de março de 2015 (ano XL, n. 403, p. 12-13). Para a Professora da PUCSP Carolina Magnani Hiromoto, a limitação constante da resolução não se justificaria, eis que: "conquanto, do ponto de vista material, a mulher a partir dos 50 anos passa a ter violado o seu direito inalienável de buscar a maternidade, na exata razão que o CFM, sem se atentar às características peculiares da condição de saúde de cada paciente, proíbe que seus fiscalizados médicos as tratem. Retira-lhes o direito a uma possibilidade de alcançar a maternidade; ou impõe-lhes a solução de procurar tratamentos clandestinos ou, ainda, de recorrer à Justiça para que o médico assistente não sofra eventualmente sanção disciplinar".

Por outra via, a Professora da USP Silmara Chinellato pontuou de forma contrária, pois "a realidade embasa a norma que não se pode desconhecer. As Ciências biológicas fornecem elementos de ponderação ao legislador, o que se vê, por exemplo, na fixação da idade para casamento, no Código Civil e para esterilização voluntária (25 anos), conforme o art. 10, I, da Lei 9.263/1996 que traz outras limitações. Ainda que a restrição de idade se baseie em normas éticas do CFM que, no futuro poderão tornar-se normas jurídicas, não afronta o direito ao planejamento familiar. Antes, respeita e valoriza a pessoa humana, sua finitude e limites". A questão, como se vê, sempre foi de grande polêmica, tendo sido resolvida, no âmbito ético-médico, pela Resolução 2.121/2015 e confirmada pelas Resoluções 2.168/2017 e 2.294/2021, com textos mais elucidativos.

Exposta essa controvérsia, que foi solucionada pelas quatro últimas resoluções do CFM, e antes de analisar mais profundamente outras questões de bioética e de biodireito, devem ser comentados os enunciados doutrinários do Conselho da Justiça Federal e do Superior Tribunal de Justiça (CJF/STJ), aprovados nas *Jornadas de Direito Civil* e relacionados com os dispositivos em comento.

Esses enunciados doutrinários tentam solucionar parte dos inúmeros problemas surgidos desses novos incisos do art. 1.597 do CC/2002. Alguns desses enunciados doutrinários serão confrontados com as recentes resoluções do Conselho Federal de Medicina. Repise-se que tais propostas doutrinárias têm o importante papel didático e metodológico de reunir o pensamento majoritário da civilística nacional, eis que de tais eventos participam os principais expoentes do Direito Privado Brasileiro.

Inicialmente, determina o Enunciado n. 104, da *I Jornada de Direito Civil*, do ano de 2002, que, "no âmbito das técnicas de reprodução assistida envolvendo o emprego de material fecundante de terceiros, o pressuposto fático da relação sexual é substituído pela vontade (ou eventualmente pelo risco da situação jurídica matrimonial) juridicamente qualificada, gerando presunção absoluta ou relativa de paternidade no que tange ao marido da mãe da criança concebida, dependendo da manifestação expressa (ou implícita) da vontade no curso do casamento".

Desse modo, o que importa para a determinação da filiação é o ato de planejamento da técnica de reprodução assistida. Em outras palavras, o vínculo de parentesco, como regra, deve ser atribuído àqueles que tiveram a iniciativa de sua realização. Esse parece ter sido o espírito que guiou os Provimentos 52, 63 e 83 do Conselho Nacional de Justiça, estando os últimos em vigor, em substituição ao primeiro.

Ademais, no que tange ao inciso V do art. 1.597, a presunção pode ser absoluta ou relativa, o que depende da análise do caso concreto. De qualquer modo, outro enunciado, de número 258 e aprovado na *III Jornada*, do ano de 2004, considera a hipótese do inc. V como de presunção absoluta, em regra ("não cabe a ação prevista no art. 1.601 do Código Civil se a filiação tiver origem em procriação assistida heteróloga, autorizada pelo marido nos termos do inc. V do art. 1.597, cuja paternidade configura presunção absoluta").

Adota-se, mais uma vez, a premissa segundo a qual o vínculo de filiação é estabelecido quanto aos que planejam a reprodução assistida. Todavia, essa afirmação sobre o planejamento pode ser quebrada tendo em vista o julgamento do STF na repercussão geral sobre a parentalidade socioafetiva (STF, RE 898.060/SC, Tribunal Pleno, Rel. Min. Luiz Fux, j. 21.09.2016, publicado no seu *Informativo* n. *840*). Como se sabe, a tese ali fixada foi a seguinte: "a paternidade socioafetiva, declarada ou não em registro, não impede o reconhecimento do vínculo de filiação concomitante, baseada na origem biológica, com os efeitos jurídicos próprios".

Com essa posição, estaria aberta a possibilidade jurídica para se buscar o vínculo genético também com o doador do material genético, e para todos os fins jurídicos, como os alimentares e sucessórios. Pensamos que essa posição coloca em risco a efetividade da reprodução heteróloga, não se podendo aplicar a tese daquele julgamento superior para essa técnica de R. A.

Pode parecer que os dois enunciados doutrinários ora expostos estão em conflito, mas, na verdade, deve-se analisar o caso concreto. Muitas vezes poderá ocorrer falsidade dessa autorização do marido, sendo mais seguro percorrer o caminho de que a presunção é relativa (*iuris tantum*). Mas, no caso em que não há dúvida quanto a essa autorização do marido para a inseminação heteróloga, a presunção deve ser visualizada como absoluta (*iure et de iure*), o que veda o comportamento contraditório do esposo, que, se arrependendo da autorização concedida, não quer registrar o filho nascido da reprodução assistida.

Estar-se-á diante de claro comportamento contraditório que atenta contra a boa-fé (*venire contra factum proprium non potest*). Na *IV Jornada de Direito Civil*, realizada em 2006, a comissão de direito das obrigações aprovou o Enunciado n. 362 do CJF/STJ prevendo que "a vedação do comportamento contraditório (*venire contra factum proprium*) funda-se na proteção da confiança, tal como se extrai dos arts. 187 e 422 do Código Civil". Reafirma-se que essa vedação do comportamento contraditório não se aplica somente aos contratos, mas também ao Direito de Família, representando importante incidência do princípio da boa-fé objetiva nesse âmbito privado.

Com tom didático, o Enunciado n. 105 do CJF/STJ, da *I Jornada*, prescreve que "as expressões 'fecundação artificial', 'concepção artificial' e 'inseminação artificial' constantes, respectivamente, dos incs. III, IV e V do art. 1.597, deverão ser interpretadas como 'técnica de reprodução assistida'". Desse modo, os termos legais devem ser considerados espécies do mesmo gênero terminológico, conforme, aliás, consta das recentes resoluções do Conselho Federal de Medicina sobre a matéria e do Provimento 63/2017 do Conselho Nacional de Justiça. O enunciado doutrinário visa a esclarecer o texto legal, confuso pela diversidade utilizada nos seus incisos.

Complementando, o Enunciado n. 257, da *III Jornada de Direito Civil,* dispõe que: "as expressões 'fecundação artificial', 'concepção artificial' e 'inseminação artificial', constantes, respectivamente, dos incs. III, IV e V do art. 1.597 do Código Civil, devem ser interpretadas restritivamente, não abrangendo a utilização de óvulos doados e a gestação de substituição". O tema da *gestação de substituição* ainda será abordado no presente capítulo.

No que tange à inseminação homóloga (inc. III do art. 1.597), o Enunciado n. 106 do CJF/STJ preceitua que, para que seja presumida a paternidade do marido falecido, será obrigatório que a mulher, ao se submeter a uma das técnicas de reprodução assistida com o material genético do falecido, esteja na condição de viúva, sendo obrigatório, ainda, que haja autorização escrita do marido para que utilize seu material genético após sua morte. Caso contrário, não há que se falar em presunção da paternidade, não se aplicando a regra *pater is est*.

Do ponto de vista ético-médico, a Resolução 2.320/2022 do CFM estabelece, mantendo a regra das anteriores Resoluções 2.294/2021, 2.168/2017, 2.121/2015 e 2.013/2013 do CFM, no que diz respeito à reprodução assistida *post mortem*, que: "é permitida a reprodução *assistida post mortem* desde que haja autorização específica do(a) falecido(a) para o uso do material biológico criopreservados, de acordo com a legislação vigente".

O Provimento 63 do Conselho Nacional de Justiça preceituava o mesmo, conforme o seu art. 17, § 2.º, *in verbis*: "nas hipóteses de reprodução assistida *post mortem,* além dos documentos elencados nos incisos do *caput* deste artigo, conforme o caso, deverá ser apresentado termo de autorização prévia específica do falecido ou falecida para uso do material biológico preservado, lavrado por instrumento público ou particular com firma reconhecida". Houve uma redução de burocracias, pois o Provimento 52/2016 admitia apenas a escritura pública, lavrada em Tabelionato de Notas, para tais fins. Anote-se que, em 2023, o teor do citado provimento foi incorporado ao Código Nacional de Normas do CNJ, estando a previsão acima prevista no seu art. 513, § 2.º.

Também da *I Jornada de Direito Civil*, determina o Enunciado n. 107 que, "finda a sociedade conjugal, na forma do art. 1.571, a regra do inc. IV somente poderá ser aplicada se houver autorização prévia, por escrito, dos ex-cônjuges, para a utilização dos embriões excedentários, só podendo ser revogada até o início do procedimento de implantação desses embriões". Destaque-se, contudo, que o art. 1.571 do CC deve ser lido, para os presentes fins, apenas com a menção ao divórcio, à morte, à nulidade e à anulação do casamento, uma vez que a EC 66/2010 baniu do sistema a separação judicial.

Como visto, e vale repetir, no caso do marido que dá a autorização para a inseminação heteróloga e depois pretende revogá-la, deve ser aplicada a vedação do comportamento contraditório, a máxima *venire contra factum proprium non potest*, que é relacionada com a boa-fé objetiva. Para impossibilitar essa revogação, ainda podem ser invocados os princípios do maior interesse da criança (*best interest of the child*) e da proteção integral constante do ECA (Lei 8.069/1990), bem como a igualdade entre filhos, prevista na Constituição Federal (art. 227, § 6.º) e no próprio Código Civil (art. 1.596).

Partindo para a prática, em abril de 2017 surgiu sentença seguindo tais premissas, afastando a possibilidade de pai homoafetivo, que havia planejado e autorizado a técnica de reprodução assistida com seu companheiro, renunciar à paternidade. A decisão foi prolatada pelo juiz corregedor da 2.ª Vara de Registros Públicos da Comarca de São Paulo, Marcelo Benacchio. Segundo ele, citando a doutrina de Rodrigo da Cunha Pereira:

> "'A anuência do marido assume enorme relevância, funcionando como uma espécie de reconhecimento prévio de filho ou como uma adoção antenatal. (...) O vínculo paterno-filial se formou no instante em que se concedeu a aquiescência ao procedimento fertilizatório no cônjuge' (idem, fls. 266). Por fim, ressalta o autor: 'naturalmente, entendemos possível a realização da fertilização heteróloga, também, entre pessoas que vivem em união estável ou em união homoafetiva, não se subsumindo ao casamento' (idem, fls. 266). Portanto, incabível a renúncia à filiação com a qual o companheiro já havia concordado. O Sr. C. expressamente autorizou o procedimento (cf. contrato às fls. 11 a 15), bem como participou de todos os atos preparatórios gestacionais, conforme claramente se verifica pelos documentos juntados às fls. 05 a 24. Bem assim, assiste razão ao Sr. Oficial ao levantar óbice ao registro tal qual pleiteado e pugnar por determinação desta Corregedoria Permanente. Nessa linha, por tudo o que consta dos autos, acolhendo a cota ministerial de fls. 47/49 em sua integralidade, determino a lavratura do assento de nascimento de J. A. de O., no qual deverá constar como pais os Srs. P. A. S. e C. A. C. B" (Processo n.º 1010250-76.2017.8.26.0100).

Como outra concreção prática importante, em 2021, emergiu importante precedente a respeito da reprodução assistida no âmbito do Superior Tribunal de Justiça, especialmente sobre a autorização para o destino de embriões excedentários após a morte. Em votação apertada, a Corte decidiu que "a declaração posta em contrato padrão de prestação de serviços de reprodução humana é instrumento absolutamente inadequado para legitimar a implantação *post mortem* de embriões excedentários, cuja autorização, expressa e específica, deve ser efetivada por testamento ou por documento análogo".

Como justificativas principais do aresto, concluiu-se que "a decisão de autorizar a utilização de embriões consiste em disposição *post mortem*, que, para além dos efeitos patrimoniais, sucessórios, relaciona-se intrinsecamente à personalidade e dignidade dos seres humanos envolvidos, genitor e os que seriam concebidos, atraindo, portanto, a imperativa obediência à forma expressa e incontestável, alcançada por meio do testamento ou instrumento que o valha em formalidade e garantia" (STJ, REsp 1.918.421/SP, 4.ª Turma, Rel. Min. Marco Buzzi, Rel. p/ Acórdão Min. Luis Felipe Salomão, j. 08.06.2021, *DJe* 26.08.2021).

O *decisum* cita várias posições doutrinárias, inclusive as constantes deste livro. De todo modo, parece-me que houve um excesso de rigor formal no julgamento final. Por isso, estou filiado ao voto vencido, do Ministro Marco Buzzi, até porque entendo que no caso concreto os embriões teriam o direito de ser implantados.

Além dos citados enunciados doutrinários, de cunho científico muito interessante, quando da *I Jornada de Direito Civil* foram feitas algumas propostas de alteração do art. 1.597, que também representam a manifestação doutrinária.

De acordo com o Enunciado n. 127, há proposta de alterar o inciso III do art. 1.597 do Código Civil para constar "havidos por fecundação artificial homóloga". Foram as justificativas da proposta de alteração legal: "para observar os princípios da paternidade responsável e dignidade da pessoa humana, porque não é aceitável o nascimento de uma criança já sem pai".

Em suma, não se admitiria o nascimento da criança se falecido o marido. A proposta é polêmica, mas se encontra muito bem fundamentada em princípios que protegem a criança que nascerá. De forma indireta, há a tutela dos direitos do nascituro, o que confirma a *tese concepcionista*. Porém, há quem critique a proposta, por discriminar a mulher, supondo que ela não teria condições de criar o filho sozinha.

De fato, na doutrina há quem veja inconstitucionalidade na literalidade do art. 1.597, inc. III, diante da expressão "mesmo que falecido o marido", admitindo a inseminação *post mortem*. De acordo com José de Oliveira Ascensão, "entra-se aqui numa zona perigosamente problemática. Está-se 'produzindo' conscientemente um novo ser que nunca terá a possibilidade de um ambiente bipartido, ficando assim de fora do que é normal na formação humana. Os interesses da mãe prevalecem assim sobre o interesse do ser que ela concebe" (ASCENSÃO, José de Oliveira. Procriação..., *Direito...*, 2009, p. 355-356). Para Guilherme Calmon Nogueira da Gama, "ao menos no estágio atual da matéria no Direito brasileiro, não há como se admitir o acesso da ex-esposa ou da ex-companheira, mesmo com vontade expressa deixada pelo falecido, às técnicas de reprodução assistida homólogas, diante do princípio da igualdade em direito entre os filhos" (GAMA, Guilherme Calmon Nogueira da. *Direito...*, 2008, p. 369-370).

Destaque-se que o Estatuto das Famílias, no plural, pretende alterar a mesma norma, passando a prever que se presumem filhos os havidos por fecundação artificial homóloga, desde que a implantação do embrião tenha ocorrido antes do falecimento do genitor (art. 82). Em suma, a proposta segue a linha do Enunciado n. 127 do CJF/STJ.

De toda sorte, repise-se que a Resolução 2.320/2022 do Conselho Federal de Medicina não oferece óbice para que uma viúva faça uso da técnica de reprodução assistida, sendo fundamental, apenas, a autorização do falecido. O mesmo se dá com o Provimento 63 do CNJ, como visto anteriormente, depois incorporado ao Código Nacional de Normas do CNJ.

De acordo com o Enunciado n. 128 do CJF/STJ, deve-se revogar o inciso IV do art. 1.597 do CC. As justificativas da proposta merecem destaque:

"O fim de uma sociedade conjugal, em especial quando ocorre pela anulação ou nulidade do casamento, pela separação judicial ou pelo divórcio, é, em regra, processo de tal ordem traumático para os envolvidos que a autorização de utilização de embriões excedentários será fonte de desnecessários litígios. Além do mais, a questão necessita de análise sob o enfoque constitucional. Da forma posta e, não havendo qualquer dispositivo no novo Código Civil que autorize o reconhecimento da maternidade em tais casos, somente a mulher poderá se valer dos embriões excedentários, ferindo de morte o princípio da igualdade esculpido no *caput* e no inciso I do art. 5.º da Constituição da República. A título de exemplo, se a mulher ficar viúva, poderá, 'a qualquer tempo', gestar o embrião excedentário, assegurado o reconhecimento da paternidade, com as consequências legais pertinentes; porém, o marido não poderá valer-se dos mesmos embriões, para cuja formação contribuiu com o seu material genético, e gestá-lo em útero sub-rogado. Como o dispositivo é vago e diz respeito apenas ao estabelecimento da paternidade, sendo o novo Código Civil omisso quanto à maternidade, poder-se-ia indagar: se esse embrião vier a germinar em um ser humano, após a morte da mãe, ele terá a paternidade estabelecida e não a maternidade? Caso se pretenda afirmar que a maternidade será estabelecida pelo nascimento, como ocorre atualmente, a mãe será aquela que dará à luz, porém, neste caso, tampouco a paternidade poderá ser estabelecida, uma vez que a reprodução não seria homóloga. Caso a justificativa para a manutenção do inciso seja evitar a destruição dos embriões crioconservados, destaca-se que legislação posterior poderá autorizar que venham a ser adotados por casais inférteis. Assim, prudente seria que o inciso em análise fosse suprimido. Porém, se a supressão não for possível, solução alternativa seria determinar que os embriões excedentários somente poderão ser utilizados se houver prévia autorização escrita de ambos os cônjuges, evitando-se com isso mais uma lide nas varas de família".

Os fundamentos da proposta, mais uma vez, são bem plausíveis. Consigne-se, como *argumento de autoridade*, que da comissão de Direito de Família e das Sucessões da *I Jornada de Direito Civil* participaram juristas de renome, que chancelam as propostas, caso de expoentes da escola do Direito Civil Constitucional, como Ana Luiza Nevares, Anderson Schreiber, Bruno Lewicki, Guilherme Calmon Nogueira da Gama, Guilherme Couto de Castro, Gustavo Tepedino, Luiz Edson Fachin, Rosana Amaral Girardi Fachin, Rose Vencelau e Teresa Negreiros.

A proposta é louvável, mas ainda não está em vigor, sendo certo que o dispositivo deve ser considerado vigente. Anote-se que o Estatuto das Famílias do mesmo modo pretende suprimir a norma (art. 82). Concluindo, nota-se que o inc. IV do art. 1.597 do CC criou inúmeros problemas práticos que desafiam os aplicadores do Direito.

Há, também, pelo Enunciado n. 129 do CJF/STJ, proposição para inclusão de um dispositivo, nos seguintes termos: "Art. 1.597-A. A maternidade será presumida pela gestação. Parágrafo único. Nos casos de utilização das técnicas de reprodução assistida, a maternidade será estabelecida em favor daquela que forneceu o material genético, ou que, tendo planejado a gestação, valeu-se da técnica de reprodução assistida heteróloga". De acordo com a justificativa da Comissão de Família e Sucessões da *I Jornada de Direito Civil*:

"No momento em que o art. 1.597 autoriza que o homem infértil ou estéril se valha das técnicas de reprodução assistida para suplantar sua deficiência reprodutiva, não poderá o Código Civil deixar de prever idêntico tratamento às mulheres. O dispositivo dará guarida às mulheres que podem gestar, abrangendo quase todas as situações imagináveis, como as técnicas de reprodução assistida homólogas e heterólogas, nas quais a gestação será levada a efeito pela mulher que será a mãe socioevolutiva da criança que vier a nascer. Pretende-se, também, assegurar à mulher que produz seus óvulos regularmente, mas não pode levar a termo uma gestação, o direito à maternidade, uma vez que apenas a gestação caberá à mãe sub-rogada. Contempla-se, igualmente, a mulher estéril e que não pode levar a termo uma gestação. Essa mulher terá declarada sua maternidade em relação à criança nascida de gestação sub-rogada na qual o material genético feminino não provém de seu corpo. Importante destacar que, em hipótese alguma, poderá ser permitido o fim lucrativo por parte da mãe sub-rogada".

A proposta está antenada à igualdade entre homem e mulher, reconhecendo que a mãe, na *gestação de substituição*, será aquela que forneceu o material genético, em regra. Na verdade, seria interessante uma norma legal específica para regulamentar a questão, uma vez que a aplicação por analogia das mesmas regras de presunção de paternidade mostra-se inviável, na grande maioria das vezes.

Superada a análise dos enunciados doutrinários aprovados nas *Jornadas de Direito Civil*, que já ajudam no esclarecimento do tema, na presente obra serão discutidas outras questões práticas, que foram retiradas da obra *O estado atual do biodireito*, de Maria Helena Diniz (*O estado...*, 2002).

Procurei responder a tais questões com opiniões próprias, amparadas na melhor doutrina, na Resolução 2.320/2022 do Conselho Federal de Medicina e no Provimento 63/2017 do Conselho Nacional de Justiça.

QUESTÃO 1: As presunções dos incs. III, IV e V do art. 1.597 do atual CC devem ser aplicadas nos casos de união estável? Quais os argumentos a favor e contrários a esse entendimento?

Como Maria Helena Diniz (*O estado...*, 2002, p. 479), Paulo Lôbo (*Direito Civil. Famílias...*, 2008, p. 202) e Rodrigo da Cunha Pereira (*Código Civil...*, 2004, p. 1.129), deve-se concluir que a norma não só *pode* como *deve* ser aplicada à união estável. Primeiro, porque não há vedação de aplicação da norma por analogia, pois não se trata de norma restritiva da autonomia privada ou norma de exceção. Além disso, vale lembrar que a união estável, assim como o casamento, é entidade familiar protegida no Texto Maior, o que deve abranger os filhos havidos dessa união. Nessa linha, o *Estatuto das Famílias* – pretende introduzir previsão expressa a respeito da presunção na relação convivencial (art. 82).

Entendo que a Resolução 2.320/2022 do Conselho Federal de Medicina também consagra a possibilidade de companheiros fazerem uso de tais técnicas, pela menção a qualquer pessoa capaz no seu item II ("Todas as pessoas capazes que tenham solicitado o procedimento e cuja indicação não se afaste dos limites desta resolução podem ser receptoras das técnicas de reprodução assistida, desde que os participantes estejam de inteiro acordo e devidamente esclarecidos, conforme legislação vigente"). Outros preceitos da norma ética fazem menções aos companheiros e à união estável.

Igualmente, cite-se o Provimento 63 do Conselho Nacional de Justiça, que faz menção à união estável, de forma equiparada ao casamento. No mesmo caminho, doutrinariamente, o Enunciado n. 570, aprovado na *VI Jornada de Direito Civil*, *in verbis*: "o reconhecimento de filho havido em união estável fruto de técnica de reprodução assistida heteróloga 'a patre' consentida expressamente pelo companheiro representa a formalização do vínculo jurídico de paternidade-filiação, cuja constituição se deu no momento do início da gravidez da companheira".

Em reforço a essa tese, dando-lhe especial fundamento, frise-se que o Superior Tribunal de Justiça julgou que o inc. II do art. 1.597 do CC incide à união estável (STJ, REsp 1.194.059/SP, Rel. Min. Massami Uyeda, j. 06.11.2012); conclusão que deve ser a mesma para os demais incisos. Do Tribunal de Santa Catarina, julgando dessa forma, e admitindo uma reprodução assistida *post mortem* em decorrência de união estável:

"Apelação cível. Reconhecimento de paternidade *post mortem*. Casal que vivia em união estável. Filho nascido 134 dias após o falecimento do companheiro. Presunção de filiação. Artigo 226, § 3.º, da Constituição Federal. Entidade familiar. Aplicação do artigo

1.597 do Código Civil ao caso. Desnecessidade de ajuizamento de ação de investigação de paternidade. Recurso conhecido e improvido. Sob a ótica do artigo 226, § 3.º, da Constituição Federal, deve-se aplicar à união estável o disposto no artigo 1.597 do Código Civil. Assim, se o infante nasceu 134 após o rompimento da união, pela morte do companheiro, a paternidade deve ser presumida, e é dispensada a necessidade de propositura de ação para investigação de filiação" (TJSC, Apelação Cível 2007.011114-6, 2.ª Câmara de Direito Civil, Lages, Rel. Des. Jaime Luiz Vicari, *DJSC* 19.08.2008, p. 89).

Essa é, portanto, a posição que hoje prevalece, devendo ser levada em conta para os devidos fins práticos.

No entanto, um argumento em contrário pode ser levantado, uma vez que, pelo próprio art. 226, § 3.º, da CF/1988, a união estável não é igual ao casamento, pois institutos iguais não podem ser convertidos um no outro. Mesmo sendo plausível esse argumento, entende-se que aqui ele não pode ser utilizado, pois a norma do art. 1.597 do CC/2002 visa a proteger as entidades familiares, caso da união estável.

QUESTÃO 2: É possível a inseminação artificial heteróloga em caso de união homoafetiva? Fundamente.

Na doutrina jurídica, seguindo o entendimento segundo o qual a união homoafetiva não é entidade familiar, a resposta seria que não é possível a um casal homossexual fazer uso da inseminação heteróloga para ter filhos. Nesse sentido, opina Maria Helena Diniz, que lembra o fato de que na Suécia isso é vedado, enquanto nos Estados Unidos tal prática é permitida: "no Brasil, o Projeto de Lei 90/1999 veda o direito à reprodução assistida a mulheres solteiras e a casais homossexuais" (*O estado...*, 2002, p. 482).

Porém, em sentido contrário, Maria Berenice Dias aponta que: "é cada vez mais comum casais homossexuais fazerem uso de bancos de material reprodutivo, o que permite um do par ser o pai ou a mãe biológica, enquanto o outro fica excluído da relação de filiação. (...) Não há restrição alguma nem pode haver qualquer obstáculo legal para impedir o uso de tais práticas" (*Manual...*, 2007, p. 335). Entende a última doutrinadora que em situações tais deve-se considerar que a criança tem dois pais ou duas mães, pois, caso contrário, haverá preconceito. Esse posicionamento segue a linha de pensamento de que a união homoafetiva constitui uma entidade familiar, o que vem sendo confirmado pelos Tribunais Superiores nacionais (ver *Informativo* n. 625 do STF sobre a união homoafetiva; e *Informativo* n. 486 do STJ sobre o casamento homoafetivo).

Em verdade, como visto em capítulos anteriores desta obra, houve no passado um embate doutrinário e jurisprudencial no Brasil a respeito do reconhecimento da união homoafetiva como entidade familiar. Porém, se há consolidação no seu reconhecimento como família, esse deve ocorrer para todos os efeitos e todos os fins, inclusive para a filiação e o uso das técnicas de reprodução assistida.

Nessa linha de pensamento, a anterior Resolução 1.957/2010 do CFM parecia autorizar o uso da técnica por casais homoafetivos, pois, sem qualquer restrição, mencionava apenas as pessoas capazes.

A Resolução 2.294/2021, em substituição às Resoluções 2.168/2017, 2.121/2015 e 2.013/2013, que já traziam tal possibilidade, era clara, afastando qualquer dúvida, ao expressar que "2. É permitido o uso das técnicas de RA para heterossexuais, homoafetivos e transgêneros. 3. É permitida a gestação compartilhada em união homoafetiva feminina. Considera-se gestação compartilhada a situação em que o embrião obtido a partir da fecundação do(s) oócito(s) de uma mulher é transferido para o útero de sua parceira". Pontue-se que a última frase, a respeito do casal homoafetivo feminino e a definição da gestação compartilhada, não constava da anterior Resolução 2.121/2015, tendo sido incluída pela Resolução 2.168/2017 e sendo uma das principais novidades daquela norma ético-médica, visando explicar a ideia. Na Resolução 2.294/2021, a principal alteração sobre o tema dizia respeito à menção expressa aos transgêneros, conclusão que, no meu entender, já poderia ser retirada da norma anterior.

De todo modo, a Resolução 2.320/2022 não traz mais os trechos destacados, sobretudo a regra do item 2 suprarreferida, que menciona expressamente as pessoas homoafetivas e trans. De qualquer forma, diante do reconhecimento constitucional das uniões homoafetivas e da pluralidade das entidades familiares, não se pode afastar o direito dessas pessoas fazerem uso das técnicas de reprodução assistida, até porque a resolução em vigor menciona os casais homoafetivos femininos no seu item II.2 ("é permitida a gestação compartilhada em união homoafetiva feminina. Considera-se gestação compartilhada a situação em que o embrião obtido a partir da fecundação do(s) oócito(s) de uma mulher é transferido para o útero de sua parceira").

Concretizando essa tendência de reconhecimento da utilização das técnicas de reprodução assistida por casais homoafetivos, destaque-se *decisum* do Superior Tribunal de Justiça, do final do ano de 2012, julgando ser possível a adoção unilateral quando apenas uma das companheiras homoafetivas faz uso da técnica de reprodução assistida heteróloga. O acórdão foi assim publicado no *Informativo* n. 513 daquela Corte Superior:

"Direito civil. Adoção. Concessão de adoção unilateral de menor fruto de inseminação artificial heteróloga à companheira da mãe biológica da adotanda. A adoção unilateral prevista no art. 41, § 1.º, do ECA pode ser concedida à companheira da mãe biológica da adotanda, para que ambas as companheiras passem a ostentar a condição de mães, na hipótese em que a menor tenha sido fruto de inseminação artificial heteróloga, com doador desconhecido, previamente planejada pelo casal no âmbito de união estável homoafetiva, presente, ademais, a anuência da mãe biológica, desde que inexista prejuízo para a adotanda. O STF decidiu ser plena a equiparação das uniões estáveis homoafetivas às uniões estáveis heteroafetivas, o que trouxe, como consequência, a extensão automática das prerrogativas já outorgadas aos companheiros da união estável tradicional àqueles que vivenciem uma união estável homoafetiva. Assim, se a adoção unilateral de menor é possível ao extrato heterossexual da população, também o é à fração homossexual da sociedade. Deve-se advertir, contudo, que o pedido de adoção se submete à norma-princípio fixada no art. 43 do ECA, segundo a qual 'a adoção será deferida quando apresentar reais vantagens para o adotando'. Nesse contexto, estudos feitos no âmbito da Psicologia afirmam que pesquisas têm demonstrado que os filhos de pais ou mães homossexuais não apresentam comprometimento e problemas em seu desenvolvimento psicossocial quando comparados com filhos de pais e mães heterossexuais. Dessa forma, a referida adoção somente se mostra possível no caso de inexistir prejuízo para a adotanda. Além do mais, a possibilidade jurídica e a conveniência do deferimento do pedido de adoção unilateral devem considerar a evidente necessidade de aumentar, e não de restringir, a base daqueles que desejem adotar, em virtude da existência de milhares de crianças que, longe de quererem discutir a orientação sexual de seus pais, anseiam apenas por um lar" (STJ, REsp 1.281.093/SP, Rel. Min. Nancy Andrighi, j. 18.12.2012).

Merece destaque o trecho do acórdão que menciona a inexistência de prejuízo à criança no caso de ser ela criada por casais homoafetivos, tema que será abordado, quando do estudo da adoção.

Ainda a ilustrar, cite-se aresto do Tribunal de Justiça do Rio Grande do Sul que admitiu o registro de criança havida por técnica de reprodução assistida heteróloga em nome de duas mulheres. O julgamento acabou por rever incorreta decisão de primeira instância, que determinou a quebra do sigilo do doador do material genético, para que o filho fosse registrado em seu nome. Consta da ementa que "quebrar o anonimato sobre a pessoa do doador anônimo, ao fim e ao cabo, inviabilizaria a utilização da própria técnica de inseminação, pela falta de interessados. É corolário lógico da doação anônima o fato de que quem doa não deseja ser identificado e nem deseja ser responsabilizado pela concepção havida a partir de seu gameta e pela criança gerada. Por outro lado, certo é que o desejo do doador anônimo de não ser identificado se contrapõe ao direito indisponível e imprescritível de reconhecimento do estado de filiação, previsto no art. 22 do ECA. Todavia, trata-se de direito personalíssimo, que somente pode ser exercido por quem pretende investigar sua ancestralidade – e não por terceiros ou por atuação judicial de ofício".

Em complemento, concluem os magistrados, com precisão, que "o elemento social e afetivo da parentalidade sobressai-se em casos como o dos autos, em que o nascimento da menor decorreu de um projeto parental amplo, que teve início com uma motivação emocional do casal postulante e foi concretizado por meio de técnicas de reprodução assistida heteróloga. Nesse contexto, à luz do interesse superior da menor, princípio consagrado no art. 100, inciso IV, do ECA, impõe-se o registro de nascimento para conferir-lhe o reconhecimento jurídico do *status* que já desfruta de filha do casal agravante, podendo ostentar o nome da família que a concebeu" (TJRS, Agravo de instrumento 70052132370/RS, 8.ª Câmara Cível, Rel. Luiz Felipe Brasil Santos, j. 04.04.2013, *DJ* 09.04.2013). A ementa merece elogios, delineando o caminho jurídico a ser percorrido nos casos de efetivação de técnica de reprodução assistida por casais homoafetivos, realidade possível em nosso país.

No âmbito da doutrina, concluindo da mesma maneira, destaque-se enunciado aprovado na *VII Jornada de Direito Civil*, promovida em 2015, com a seguinte redação: "é possível o registro de nascimento dos filhos de pessoas do mesmo sexo originários de reprodução assistida, diretamente no Cartório de Registro Civil, sendo dispensável a propositura de ação judicial, nos termos da regulamentação da Corregedoria local" (Enunciado n. 608).

No mesmo sentido, e com tom até mais amplo, o Enunciado n. 12 do IBDFAM, aprovado no seu *X Congresso Brasileiro*, em outubro de 2015: "é possível o registro de nascimento dos filhos de casais homoafetivos, havidos de reprodução assistida, diretamente no Cartório do Registro Civil". Sobre a incidência da presunção prevista no art. 1.597, inc. V, do Código Civil, no *XIV Congresso Brasileiro* do IBDFAM, em 2023, aprovou-se, de forma correta, o Enunciado n. 54, segundo o qual "a presunção de filiação prevista no artigo 1.597, inciso V, do Código Civil, também se aplica aos casais homoafetivos".

Como se nota, os enunciados possibilitam o registro dos filhos havidos de técnica de reprodução assistida engendrada por casais homoafetivos, sem ação judicial, o que é um passo decisivo para a saudável *desjudicialização* das contendas, um dos nortes principiológicos do CPC/2015.

Nesse caminho, igualmente, o anterior Provimento 63/2017 do CNJ, que igualmente tratou e regulamentou o registro dos filhos havidos de técnica de reprodução assistida nas hipóteses de casais homoafetivos, o que já era admitido pelo Provimento 52/2016, do mesmo órgão. Anote-se que, em 2023, tais normas foram incorporadas ao Código Nacional de Normas do CNJ, estando a matéria tratada entre os seus arts. 512 a 515.

Nos termos do art. 512 da norma administrativa em vigor, "o assento de nascimento de filho havido por técnicas de reprodução assistida será inscrito no Livro A, independentemente de prévia autorização judicial e observada a legislação em vigor no que for pertinente, mediante o comparecimento de ambos os pais, munidos de documentação exigida por este Capítulo".

Também está previsto que, se os pais forem casados ou conviverem em união estável, poderá somente um deles comparecer ao ato de registro, desde que apresente a documentação exigida, comentada a seguir. No caso de filhos de casais homoafetivos, o assento de nascimento deverá ser adequado para que constem os nomes dos ascendentes, sem referência à distinção quanto à ascendência paterna ou materna.

Quanto aos documentos exigidos para fins de registro e de emissão da certidão de nascimento, o art. 513 do atual Código Nacional de Normas (CNN) elenca os seguintes: *a)* declaração de nascido vivo (DNV); *b)* declaração, com firma reconhecida, do diretor técnico da clínica, centro ou serviço de reprodução humana em que foi realizada a reprodução assistida, indicando que a criança foi gerada por reprodução assistida heteróloga, assim como o nome dos beneficiários; e *c)* certidão de casamento, certidão de conversão de união estável em casamento, escritura pública de união estável ou sentença em que foi reconhecida a união estável do casal.

Veda-se taxativamente aos oficiais registradores a recusa ao registro de nascimento e à emissão da respectiva certidão de filhos havidos por técnica de reprodução assistida, o que inclui os casais hétero ou homoafetivos (art. 514 do CNN, anterior art. 18 do Provimento 63 do CNJ). Tal recusa deverá ser comunicada ao juiz competente nos termos da legislação local, para as providências disciplinares cabíveis. Todos os documentos referidos na norma deverão permanecer arquivados no ofício em que foi lavrado o registro civil.

Como última nota sobre o tema, em paradigmático julgado do ano de 2024, o Superior Tribunal de Justiça admitiu a chamada *reprodução assistida caseira*, efetivada fora de clínica de reprodução assistida, em hipótese fática envolvendo um casal homoafetivo. O acórdão da Terceira Turma da Corte reconheceu a possibilidade de registro civil da criança nascida, aplicando a presunção prevista no inc. V do art. 1.597, a respeito da técnica de reprodução assistida heteróloga. Nos seus termos, "verificada a concepção de filho no curso de convivência pública, contínua e duradoura, com intenção de constituição de família, viável a aplicação análoga do disposto no art. 1.597, do Código Civil, às uniões estáveis hétero e homoafetivas, em atenção à equiparação promovida pelo julgamento conjunto da ADI 4.277 e ADPF 132 pelo Supremo Tribunal Federal". E mais, "conquanto o acompanhamento médico e de clínicas especializadas seja de extrema relevância para o planejamento da concepção por meio de técnicas de reprodução assistida, não há, no ordenamento jurídico brasileiro, vedação explícita ao registro de filiação realizada por meio de inseminação artificial 'caseira', também denominada 'autoinseminação'. Ao contrário, a interpretação do art. 1.597, V, do CC/2002, à luz dos princípios que norteiam o livre planejamento familiar e o melhor interesse da criança, indica que a inseminação artificial 'caseira' é protegida pelo ordenamento jurídico brasileiro" (STJ, REsp 2.137.415/SP, 3.ª Turma, Rel. Min. Nancy Andrighi, j. 15.10.2024, *DJe* 17.10.2024).

Não restam dúvidas de que o acórdão representa verdadeira *revolução* a respeito da temática, demandando uma apurada reflexão pelos aplicadores e estudiosos do Direito em geral.

QUESTÃO 3: O que fazer com os embriões não utilizados no processo de fertilização *in vitro*? Podem ser destruídos ou utilizados para fins científicos? Fundamente.

A questão era controvertida antes da entrada em vigor da Lei de Biossegurança (Lei 11.105/2005). Ficou mais ainda depois da emergência da nova norma, pelo que consta do art. 5.º da referida Lei. Por esse dispositivo, é permitida, para fins de pesquisa e terapia, a utilização de células-tronco embrionárias obtidas de embriões humanos produzidos por fertilização *in vitro* e não utilizados no respectivo procedimento.

Essa utilização, entretanto, não é a regra, mas a exceção, desde que preenchidos os seguintes requisitos: 1.º) sejam os embriões inviáveis; ou 2.º) sejam os embriões congelados há três anos ou mais, na data da publicação da Lei de Biossegurança (24 de março de 2005) ou que já congelados na data da publicação da mesma, depois de completarem três anos, contados a partir da data de congelamento.

Em qualquer um desses casos, é necessário o consentimento dos genitores para essa utilização para fins de pesquisa ou terapia (art. 5.º, § 1.º). Quanto às instituições de pesquisa e serviços de saúde que realizem pesquisa ou terapia com células-tronco embrionárias humanas, estas deverão submeter seus projetos à apreciação e aprovação dos respectivos comitês de ética em pesquisa (art. 5.º, § 2.º). Fica vedada qualquer forma de comercialização do material biológico aqui mencionado, implicando a sua prática em crime tipificado no art. 15 da Lei 9.434, de 4 de fevereiro de 1997 (art. 5.º, § 3.º).

A entrada em vigor da Lei de Biossegurança confirma as palavras do saudoso Miguel Reale, no sentido de que os assuntos ali tratados não deveriam ser objeto da codificação geral privada, mas de leis específicas. Nesse sentido, o Enunciado n. 2 do CJF/STJ, da *I Jornada de Direito Civil*: "sem prejuízo dos direitos da personalidade, nele assegurados, o art. 2.º do Código Civil não é a sede adequada para questões emergentes da reprogenética humana, que deve ser objeto de um estatuto próprio".

De todo modo, no Projeto de Reforma do Código Civil, há proposta de sua inclusão na Lei Geral Privada, sendo essa atualmente a melhor solução, para que a codificação volte a ter o seu protagonismo legislativo, premissa que inspirou a Comissão de Juristas nomeada no Senado Federal e que hoje representa a minha opinião doutrinária.

Em maio de 2008, o STF discutiu a constitucionalidade do dispositivo, em ação declaratória de inconstitucionalidade proposta pela Procuradoria-Geral da República (ADIn 3.510/DF). Seguindo a relatoria do Ministro Carlos Ayres Britto, por maioria de votos prevaleceu o entendimento de sua constitucionalidade, autorizando a pesquisa com células-tronco em nosso País.

No que toca à Resolução 2.320/2022 do Conselho Federal de Medicina, a questão da criopreservação de gametas e embriões está assim tratada no seu item V:

> "1. As clínicas, centros ou serviços podem criopreservar espermatozoides, oócitos, embriões e tecidos gonadais. 2. O número total de embriões gerados em laboratório será comunicado aos pacientes para que decidam quantos embriões serão transferidos a fresco, conforme determina esta Resolução. Os excedentes viáveis devem ser criopreservados. 3. Antes da geração dos embriões, os pacientes devem manifestar sua vontade, por escrito, quanto ao destino dos embriões criopreservados em caso de divórcio, dissolução de união estável ou falecimento de um deles ou de ambos, e se desejam doá-los".

Essa norma traz alterações consideráveis frente à regulamentação do Conselho Federal de Medicina de 2021. Primeiro, não há mais limitação ao número de embriões congelados, que era em oito. Além disso, foi retirado o seu item 4, segundo o qual, "os embriões criopreservados com três anos ou mais poderão ser descartados se essa for a vontade expressa dos pacientes, mediante autorização judicial". Também não há mais previsões a respeito do embrião abandonado e ao prazo de três anos, que estavam no item 5: "Os embriões criopreservados e abandonados por três anos ou mais poderão ser descartados, mediante autorização judicial. 5.1 Embrião abandonado é aquele em que os responsáveis descumpriram o contrato preestabelecido e não foram localizados pela clínica".

Diante da anterior Resolução 2.121/2015, o prazo para descarte dos embriões já havia sido reduzido de cinco para três anos, em 2017, o que foi confirmado em 2021 e, ademais, a norma ética anterior trazia o conceito de embrião abandonado, que não constava da resolução anterior de 2015, com mesmo prazo de três anos para descarte. Atualmente, essas regras não constam mais das normas éticas do Conselho Federal de Medicina, o que, no meu entender, não prejudica a correta interpretação que deve ser dada à matéria, pelo que está previsto na Lei de Biossegurança e na linha da decisão do Supremo Tribunal Federal.

QUESTÃO 4: Seria possível a criação de *cardápios de espermas* em bancos de sêmen, em que o casal escolhe o material genético de acordo com as características gerais dos doadores? Nesse sentido, seria possível criar um *ser humano geneticamente superior*? Por quê?

A resposta é NÃO para ambas as indagações e de forma contundente. Não seria possível ou mesmo recomendável no campo ético-jurídico a criação de *cardápios de espermas* em bancos de sêmen, na busca da criação de um *ser humano perfeito*. Vale ainda dizer que a clonagem ou reprodução equânime de seres humanos encontra-se vedada expressamente pelo art. 6.º, VI, da Lei de Biossegurança. Do ponto de vista ético, a Resolução 2.320/2022, do Conselho Federal de Medicina, na linha das anteriores Resoluções 2.294/2021, 2.168/2017, 2.121/2015 e 2.013/2013, é categórica: "as técnicas de RA não podem ser aplicadas com a intenção de selecionar o sexo (presença ou ausência de cromossomo Y) ou qualquer outra característica biológica do futuro filho, exceto para evitar doenças no possível descendente".

Em relação à presente indagação, filia-se às ponderações feitas por Maria Helena Diniz, que condena qualquer forma artificial de seleção, como se tornou prática nos Estados Unidos. São suas palavras:

> "Esse fato revela a intenção de inseminar mulheres com caracteres proeminentes, supondo que se logrará o nascimento de crianças dotadas de capacidades físicas intelectuais superiores ao normal, indicando a volta das experiências eugênicas e racistas, com o escopo de 'melhorar' os padrões da espécie humana, apresentando-se, como diz Roberto Pereira Lira, como uma prática revivida do nacional-socialismo de Hitler, inspirado na teoria de Gobineau, propugnando a pureza da raça ariana" (DINIZ, Maria Helena. *O estado...*, 2002, p. 499).

Como não poderia ser diferente, concordo totalmente com as lições transcritas.

QUESTÃO 5: Na hipótese prevista no art. 1.597, inc. V, do CC (inseminação heteróloga), falecendo tanto o pai quanto a mãe que fizeram a inseminação, e estando desamparado o filho nascido pela fecundação heteróloga, este poderá pleitear alimentos do pai biológico, que forneceu o material genético? Cabe investigação de paternidade contra o doador do material? O filho terá direitos sucessórios em relação a esse pai biológico?

A questão é demais controvertida, talvez a mais polêmica entre as aqui expostas. O entendimento majoritário da doutrina é aquele consubstanciado no Enunciado n. 111 do CJF/STJ: "a adoção e a reprodução assistida heteróloga atribuem a condição de filho ao adotado e à criança resultante de técnica conceptiva heteróloga; porém, enquanto na adoção haverá o desligamento dos vínculos entre o adotado e seus parentes consanguíneos, na reprodução assistida heteróloga sequer será estabelecido o vínculo de parentesco entre a criança e o doador do material fecundante".

Pelo que consta do enunciado doutrinário, aprovado na *I Jornada de Direito Civil*, as respostas às indagações formuladas serão todas negativas: não haverá direito a alimentos em relação ao pai biológico; a ação investigatória será improcedente; não haverá direitos sucessórios. Vale ainda lembrar do direito à intimidade da pessoa que forneceu o material genético ao banco de sêmen, protegido constitucionalmente como verdadeira cláusula pétrea – direito ao sigilo (art. 5.º, inc. X, da CF/1988).

A Resolução 2.320/2022 do Conselho Federal de Medicina, na linha das normas éticas que a antecederam, também protege esse sigilo, nos seguintes termos: "Deve ser mantido, obrigatoriamente, sigilo sobre a identidade dos doadores de gametas e embriões, bem como dos receptores, com a ressalva do item 2 do Capítulo IV. Em situações especiais, informações sobre os doadores, por motivação médica, podem ser fornecidas exclusivamente aos médicos, resguardando a identidade civil do(a) doador(a)".

A título de exemplo, imagine-se a hipótese em que um homem fornece material a um banco de sêmen e o fato narrado ocorre por cinco vezes e de forma sucessiva. Esse homem, assim, terá cinco novos filhos? Pelo enunciado doutrinário do Conselho da Justiça Federal transcrito, a resposta é *não*, mais uma vez.

Tal solução, contudo, não é pacífica. Em sentido contrário, destaque-se trabalho da Defensora Pública do Estado do Rio Grande do Sul Fernanda de Souza Moreira que, a partir do emprego da técnica de ponderação, conclui pela prevalência dos interesses dos filhos sobre o sigilo do doador do sêmen (MOREIRA, Fernanda de Souza. O direito..., *Revista Brasileira...*, 2010, p. 30-49).

A argumentação dessa corrente, tida como minoritária, é pela prevalência do direito do filho, diante dos princípios do melhor interesse da criança, da proteção integral, da igualdade entre filhos (art. 227, § 6.º, da CF/1988) e da dignidade da pessoa humana (art. 1.º, inc. III, da CF). Por esse caminho, eventual ação investigatória seria procedente e o filho teria direitos sucessórios e alimentares em relação ao pai biológico.

Pois bem, fazendo a ponderação entre os direitos fundamentais envolvidos (dignidade do pai biológico × dignidade do filho abandonado), ficamos com a *primeira dignidade*. Isso porque o segundo entendimento colocaria em total descrédito a teoria da paternidade socioafetiva, pois valoriza sobremaneira o vínculo biológico.

Conclui-se que, se quebrado o sigilo quanto ao suposto pai, a ação de investigação de paternidade até pode ser julgada procedente, mas somente para declarar que o pai biológico o é. Porém, o vínculo anterior não é aniquilado, não havendo qualquer direito do filho em relação àquele que forneceu o seu material genético.

Na verdade, o debate sobre a questão ficou mais intenso, por dois marcos importantes, surgidos no ano de 2016.

O primeiro deles foi o Provimento 52 do CNJ, de março de 2016, que acabou por quebrar o debatido sigilo, pois exigia a documentação relativa ao doador do material genético na reprodução assistida e também do seu cônjuge ou companheiro.

Conforme o seu art. 2.º, § 1.º, nas hipóteses de doação voluntária de gametas ou de gestação por substituição, deveriam ser igualmente apresentados: *a)* termo de consentimento prévio, por instrumento público, do doador ou doadora, autorizando, expressamente, que o registro de nascimento da criança a ser concebida se desse em nome de outrem; *b)* termo de aprovação prévia, por instrumento público, do cônjuge ou de quem convivesse em união estável com o doador ou doadora, autorizando, expressamente, a realização do procedimento de reprodução assistida; e *c)* termo de consentimento, por instrumento público, do cônjuge ou do companheiro da beneficiária ou receptora da reprodução assistida, autorizando expressamente a realização do procedimento.

Como sustentava na edição de 2017 deste livro, essas previsões, sem prejuízo de outras no mesmo sentido, deveriam ser revistas, pois a quebra do sigilo passou a ser a regra, o que representaria um risco à proteção da intimidade e à eficiência da própria reprodução assistida. A nossa preocupação era mantida, apesar de o art. 2.º, § 2.º, do dispositivo administrativo mencionar que, na hipótese de gestação por substituição, não constaria do registro o nome da parturiente, informado na declaração de nascido vivo; e do seu art. 2.º, § 4.º, enunciar que o conhecimento da ascendência biológica não importaria no reconhecimento de vínculo de parentesco e dos respectivos efeitos jurídicos entre o doador ou a doadora e o ser gerado por meio da reprodução assistida. Em suma, afirmávamos que tais previsões do Provimento 52 do Conselho da Justiça Federal deveriam ser repensadas.

O segundo marco que conduziria a uma mudança da posição anterior é a decisão do Supremo Tribunal Federal no julgamento da repercussão geral a respeito da parentalidade socioafetiva (STF, RE 898.060/SC, Tribunal Pleno, Rel. Min. Luiz Fux, j. 21.09.2016, publicado no seu *Informativo* n. *840*). Como aqui já se destacou, a tese ali fixada foi a seguinte: "a paternidade socioafetiva, declarada ou não em registro, não impede o reconhecimento do vínculo de filiação concomitante, baseada na origem biológica, com os efeitos jurídicos próprios".

Conjugando-se a tese com o teor parcial do anterior Provimento 52 do CNJ, os filhos havidos da técnica heteróloga poderiam buscar o seu vínculo genético em relação ao doador do material genético e para todos os fins, o que representava sérios riscos para a efetividade futura da reprodução assistida.

Entretanto, na linha do que aqui defendíamos, o Provimento 63/2017 do CNJ retirou todas essas menções à quebra do sigilo, o que veio em boa hora, tendo sido a norma administrativa anterior revogada expressamente. Reitere-se que a tese do julgamento do STF não pode incidir para a reprodução assistida, sob pena de inviabilizá-la. Frise-se que o Provimento 83/2019 do CNJ não trouxe qualquer alteração a respeito da reprodução assistida, tratando apenas da parentalidade socioafetiva. E também é importante ressaltar que, em 2023, tais regras foram incorporadas ao Código Nacional de Normas do próprio CNJ.

QUESTÃO 6: É possível a *barriga de aluguel*, particularmente com intuito oneroso? Em casos tais, havendo litígio, o vínculo de maternidade existirá em relação à mãe que forneceu o material biológico (*genetrix*) ou em relação à que forneceu o útero (*gestatrix*)? Fundamente.

Conforme ficou claro pela análise dos Enunciados aprovados nas *Jornadas de Direito Civil*, é admitida no Brasil a gestação de substituição, somente a título gratuito. O Provimento 63 do CNJ também admitiu a sua possibilidade, o que foi totalmente incorporado ao Código Nacional de Normas, em 2023 (art. 513, § 1.º).

Tal dedução decorre da Resolução 2.320/2022 do Conselho Federal de Medicina, segundo a qual "as clínicas, centros ou serviços de reprodução podem usar técnicas de reprodução assistida para criar a situação identificada como gestação de substituição, desde que exista uma condição que impeça ou contraindique a gestação". Apesar de não se mencionar mais nessa norma específica os casais homoafetivos femininos, há possibilidade expressa do uso da técnica por essas pessoas, pelo que está no item II.2 da atual norma do CFM ("é permitida a gestação compartilhada em união homoafetiva feminina. Considera-se gestação compartilhada a situação em que o embrião obtido a partir da fecundação do(s) oócito(s) de uma mulher é transferido para o útero de sua parceira").

Parte considerável da doutrina tem entendido pela possibilidade de emprego da gestação de substituição *post mortem*, desde que haja prévia autorização da esposa e companheira, o que conta com o nosso apoio. Nesse sentido, o Enunciado n. 633, da *VIII Jornada de Direito Civil* (2018): "é possível ao viúvo ou ao companheiro sobrevivente, o acesso à técnica de reprodução assistida póstuma – por meio da maternidade de substituição, desde que haja expresso consentimento manifestado em vida pela sua esposa ou companheira".

Ademais, enuncia-se, igualmente na Resolução 2.320/2022 e na linha das anteriores Resoluções 2.294/2021, 2.168/2017, 2.121/2015 e 2.013/2013, que a cedente temporária de útero deve ter ao menos um filho vivo. Também está expresso que a cedente temporária do útero deve pertencer à família de um dos parceiros em parentesco consanguíneo até o quarto grau (primeiro grau: pais e filhos; segundo grau: avós e irmãos; terceiro grau: tios e sobrinhos; quarto grau: primos). Na impossibilidade de se atender ao último item, deverá ser solicitada autorização do próprio Conselho Regional de Medicina.

Pontue-se que a Resolução 2.320/2022 manteve a novidade a respeito do limite do parentesco, uma vez que as resoluções anteriores à de 2013 estabeleciam o limite de parentesco ao segundo grau, englobando apenas mães e filhas e irmãs. Em tal aspecto, a ampliação foi considerável, chegando até o parentesco de quarto grau, de qualquer um dos parceiros.

Todavia, não há mais menção expressa, nesse item, ao limite de 50 anos de idade para as mulheres que se submetem às técnicas de reprodução assistida, sendo essa uma das principais novidades da regulamentação ética desde 2015, conforme antes pontuado.

Ademais, a inclusão a respeito dos demais casos, além do parentesco, abre a possibilidade de gestação de substituição planejada por casais homoafetivos femininos, na linha de regra anterior aqui antes comentada, o que é plenamente possível, no âmbito ético-médico. No âmbito jurídico, a resposta também parece ser positiva, pois a tendência doutrinária e jurisprudencial continua sendo a de admitir a família homoafetiva para todos os fins civis, na linha da tão comentada decisão do Supremo Tribunal Federal, do ano de 2011.

Em complemento, está estabelecido na atual resolução do CFM, de 2022, que "a cessão temporária do útero não pode ter caráter lucrativo ou comercial e a clínica de reprodução não pode intermediar a escolha da cedente". Como se nota, é vedado, no campo médico, qualquer tipo de pagamento, não havendo uma *barriga de aluguel* propriamente dita, ou seja, de forma onerosa. Melhor, então, falar em *barriga de comodato*, pois o caso é de empréstimo ou doação temporária do útero.

No caso em questão, deve-se entender que a mãe será aquela que forneceu o material genético, devendo com ela ser considerada a relação de parentesco (Enunciado n. 129 do CJF/STJ). Tudo isso em uma análise preliminar, pois a questão levanta outras polêmicas (DINIZ, Maria Helena. *O estado...*, 2002, p. 508).

Cabe demonstrar que a Resolução 2.320/2022 confirma, com aperfeiçoamentos frente às normas anteriores, alguns requisitos, sobretudo formais, para a gestação de substituição. Está previsto que nas clínicas de reprodução os seguintes documentos e observações deverão constar no prontuário do paciente:

"a) termo de consentimento livre e esclarecido assinado pelos pacientes e pela cedente temporária do útero, contemplando aspectos biopsicossociais e riscos envolvidos no ciclo gravídico-puerperal, bem como aspectos legais da filiação;
b) relatório médico atestando a adequação da saúde física e mental de todos os envolvidos;

c) termo de Compromisso entre o(s) paciente(s) e a cedente temporária do útero que receberá o embrião em seu útero, estabelecendo claramente a questão da filiação da criança;

d) compromisso, por parte do(s) paciente(s) contratante(s) de serviços de reprodução assistida, públicos ou privados, com tratamento e acompanhamento médico, inclusive por equipes multidisciplinares, se necessário, à mulher que ceder temporariamente o útero, até o puerpério;

e) compromisso do registro civil da criança pelos pacientes, devendo essa documentação ser providenciada durante a gravidez; e f) aprovação do(a) cônjuge ou companheiro(a), apresentada por escrito, se a cedente temporária do útero for casada ou viver em união estável".

Tal relação de documentos visa a dar maior certeza e segurança ao procedimento em questão, sendo elogiável, do ponto de vista jurídico. As informações relativas aos riscos e às condições do contrato de gestação estão totalmente alinhadas à boa-fé que se espera dos negócios jurídicos contemporâneos.

Merece ainda destaque o art. 17, § 1.º, do antigo Provimento 63 do CNJ e o art. 513, § 1.º, do Código Nacional de Normas (CNN), que afastam qualquer menção a respeito da mulher que gesta a criança, a *gestatrix*. Nos seus exatos termos, "na hipótese de gestação por substituição, não constará do registro o nome da parturiente, informado na declaração de nascido vivo, devendo ser apresentado termo de compromisso firmado pela doadora temporária do útero, esclarecendo a questão da filiação".

Como outro aspecto a ser pontuado sobre o tema, em importante precedente sobre a gestação de substituição, o Superior Tribunal de Justiça acabou por firmar a tese segundo a qual "é possível a inclusão de dupla paternidade em assento de nascimento de criança concebida mediante as técnicas de reprodução assistida heteróloga e com gestação por substituição, não configurando violação ao instituto da adoção unilateral". No caso, a técnica foi planejada por dois homens, que passaram a constar no registro civil, sem a inclusão da *gestatrix*, conclusão que nos parece correta tecnicamente. Citou-se, no conteúdo do acórdão, o antes mencionado Enunciado n. 111, da *I Jornada de Direito Civil*, que estabelece a diferença fundamental entre a reprodução assistida e a adoção. Conforme parte da ementa, "a doadora do material genético, no caso, não estabeleceu qualquer vínculo com a criança, tendo expressamente renunciado ao poder familiar. Inocorrência de hipótese de adoção, pois não se pretende o desligamento do vínculo com o pai biológico, que reconheceu a paternidade no registro civil de nascimento da criança. A reprodução assistida e a paternidade socioafetiva constituem nova base fática para incidência do preceito 'ou outra origem' do art. 1.593 do Código Civil" (STJ, REsp 1.6080.05/SC, 3.ª Turma, Rel. Min. Paulo de Tarso Sanseverino, j. 14.05.2019, *DJe* 21.05.2019).

Como restou claro, as questões formuladas trazem apenas alguns problemas em relação ao art. 1.597 do CC/2002, sendo certo que muitos outros podem surgir, sendo fundamental e necessária a regulamentação legal da parentalidade socioafetiva.

Nesse contexto, como não poderia ser diferente, no recente Projeto de Reforma e Atualização do Código Civil são propostas normas legais para a mínima regulamentação da reprodução assistida, em prol da segurança jurídica e da estabilidade. Nos debates do Anteprojeto, essas propostas sugiram na primeira audiência pública realizada na OABSP, em outubro de 2023, tendo sido entregues pela Professora Ana Cláudia Scalquette, que depois foi incorporada à Comissão de Juristas, como sua consultora. A jurista já havia atuado na elaboração do Estatuto da Reprodução Assistida, que ainda tramita na Câmara dos Deputados, sendo o seu número original o PL 4.892/2012.

De início, é incluído e em termos gerais, um art. 1.598-A, com a seguinte redação: "Presumem-se filhos dos cônjuges ou conviventes os havidos, a qualquer tempo, pela utilização de técnicas de reprodução humana assistida por eles expressamente autorizadas. Parágrafo único. A autorização para o uso, após a morte, do próprio material genético, em técnica de reprodução humana assistida, dar-se-á por manifestação inequívoca de vontade, por escritura pública ou testamento público, respeitado o disposto no art. 1.629-Q deste Código". Como se pode perceber, trata-se de regra de presunção que se aplica tanto ao casamento quanto à união estável, sendo admitida a reprodução assistida *post mortem*, como hoje se retira das normas administrativas do Conselho Federal de Medicina e do Conselho Nacional de Justiça.

Sobre a reprodução assistida, incluindo a gestação de substituição, almeja-se a sua regulamentação específica nos novos arts. 1.629 a 1.629-V. Pela projeção, o novo Capítulo V do livro de Direito de Família tratará da "filiação decorrente da reprodução assistida", com cinco seções tratando dos seguintes temas: disposições gerais, da doação de gametas, da cessão temporária de útero, da reprodução assistida *post mortem* e do consentimento informado.

Iniciando-se pelas disposições gerais, o primeiro dispositivo, art. 1.629-A, abrirá o tema, prevendo e conceituando que "a reprodução humana medicamente assistida decorre do emprego de técnicas médicas cientificamente aceitas que, ao interferirem diretamente no ato reprodutivo, viabilizam a fecundação e a gravidez". Todas as pessoas nascidas a partir da utilização de técnicas de reprodução humana assistida terão os mesmos direitos e deveres garantidos às pessoas concebidas naturalmente, vedada qualquer forma de discriminação, ressalvado o disposto no art. 1.798, ao tratar da legitimação sucessória dessas pessoas, com alguns requisitos que precisam ser observados e que são estudados no Volume 6 desta coleção. Essa é a previsão do novo art. 1.629-B do Código Civil, que especializa a igualdade entre os filhos, retirada do art. 227, § 6.º, da Constituição Federal e do art. 1.596 do Código Civil.

Quanto à submissão às técnicas de reprodução assistida, na linha da normatização administrativa consolidada pelo Conselho Federal de Justiça, o novo art. 1.629-C enunciará que "pode se submeter ao tratamento de reprodução humana assistida qualquer pessoa maior de dezoito anos, apta a manifestar, livremente, a sua inequívoca vontade". Portanto, nos termos da lei, será possível a utilização por casais heterossexuais, homoafetivos ou mesmo por pessoas solteiras, entendimento hoje já retirado da normatização administrativa em vigor, antes citada, e pela jurisprudência brasileira.

Consoante o projetado art. 1.629-D da codificação privada, com previsibilidade e segurança, na linha igualmente do entendimento hoje consolidado e pelo que está previsto na normatização do Conselho Federal de Medicina, "as técnicas reprodutivas não podem ser utilizadas para: I – fecundar ócitos humanos com qualquer outra finalidade que não o da procriação humana; II – criar seres humanos geneticamente modificados; III – criar embriões para investigação de qualquer natureza; IV – criar embriões com finalidade de escolha de sexo, eugenia ou para originar híbridos ou quimeras; V – intervir sobre o genoma humano com vista à sua modificação, exceto na terapia gênica para identificação e tratamento de doenças graves via diagnóstico pré-natal ou via diagnóstico genético pré-implantacional". Esclarecendo o seu teor, os *seres híbridos* são aqueles criados a partir de espécies diferentes. As *quimeras* são as hipóteses em que a pessoa tem dois DNAs distintos ou células que possuem material geneticamente distinto.

Todas as previsões, como se pode perceber, estão na linha da necessária tutela da dignidade da pessoa humana (art. 1.º, inc. III, da Constituição Federal), vedando-se um uso indevido e abusivo das técnicas de reprodução assistida, em atentado a valores intrínsecos à própria humanidade, como antes desenvolvi na resposta a uma das questões controvertidas aqui expostas.

Seguindo-se no estudo das proposições da Comissão de Juristas, o tratamento será indicado quando houver possibilidade razoável de êxito, não representar risco grave para a saúde física ou psíquica dos pacientes, incluindo a descendência, e desde que haja prévia aceitação livre e consciente de sua aplicação por parte dos envolvidos que deverão ser anterior e devidamente informados de sua possibilidade de êxito, assim como de seus riscos e de suas condições de indicação e aplicação (art. 1.629-E).

Além da necessária segurança para os pacientes, adota-se a premissa do *consentimento informado* para a utilização das técnicas de reprodução assistida, o que igualmente está de acordo com a regulamentação da atuação médica, sobretudo com o Código de Ética Médica, em várias de suas previsões. Destaco, entre tantas, a regra do seu art. 22, segundo a qual é vedado ao médico "deixar de obter consentimento do paciente ou de seu representante legal após esclarecê-lo sobre o procedimento a ser realizado, salvo em caso de risco iminente de morte". Existem normas específicas sobre o tema ora propostas, que serão ainda comentadas.

Iniciando-se a seção sobre a doação de gametas, admite-se apenas a sua doação pura e simples, sem condições ou termo, sendo vedada a comercialização a qualquer título (art. 1.629-F). Confirma-se, portanto, o que está previsto no antes comentado e projetado art. 1.511-A, § 1.º, segundo o qual "a potencialidade da vida humana pré-uterina e a vida humana pré-uterina e uterina são expressões da dignidade humana e de paternidade e maternidade responsáveis".

O doador deve ser maior de 18 anos e manifestar, por escrito, a sua vontade, livre e inequívoca, de doar material genético, o que mais uma vez é confirmação do consentimento informado (art. 1.629-G). Por questão ética indiscutível, veda-se ao médico responsável pelas clínicas, unidades ou serviços e aos integrantes da equipe multidisciplinar que nelas trabalham serem doadores de gametas na unidade ou rede que integram (art. 1.629-G, parágrafo único).

Igualmente na linha do que já está previsto em normas éticas do Conselho Federal de Medicina, a escolha dos doadores cabe ao médico responsável pelo tratamento e deverá garantir, sempre que possível, que o doador tenha semelhança fenotípica, imunológica e a máxima compatibilidade com os receptores (art. 1.629-H). Todos os dados relativos a doadores, receptores e demais recorrentes das técnicas de reprodução medicamente assistida devem ser tratados no mais estrito sigilo, não podendo ser facilitadas nem divulgadas informações que permitam a identificação do doador e do receptor (art. 1.629-I). Segue-se a necessária proteção do sigilo.

Ademais, na linha do que já comentei sobre o novo procedimento pré-nupcial ao casamento, propõe-se a inclusão na lei civil de regra segundo a qual "é obrigatório para as clínicas, hospitais e quaisquer centros médicos de reprodução medicamente assistida informar ao Sistema Nacional de Produção de Embriões os nascimentos de crianças com material genético doado, seus respectivos dados registrais e os dados do doador, a fim de viabilizar consulta futura pelos Ofícios de Registro Civil de Pessoas Naturais, em razão de verificação de impedimentos em procedimento pré-nupcial para o casamento" (art. 1.629-J). Isso para se evitar o casamento entre irmãos, havendo sugestão, ainda, de um parágrafo único no último preceito, segundo o qual "o Sistema Nacional de Produção de Embriões manterá arquivo atualizado, com informação de todos os nascimentos em consequência de processos de reprodução assistida heteróloga, sendo este arquivo perene".

Garante-se, no novo art. 1.629-K, "o sigilo ao doador de gametas, salvaguardado o direito da pessoa nascida com a utilização de seu material genético de conhecer sua origem biológica, mediante autorização judicial, para a preservação de sua vida, a manutenção de sua saúde física, a sua higidez psicológica ou por outros motivos justificados". Essa já é a conclusão majoritária da doutrina, da jurisprudência e o que está previsto na regulamentação do CFM.

O mesmo direito é garantido ao doador em caso de risco para sua vida, saúde ou por outro motivo relevante, a critério do juiz (proposta de § 1.º do art. 1.629-K). Nenhum vínculo de filiação será estabelecido entre o concebido com material genético doado e o respectivo doador, o que também está de acordo com a posição que hoje prevalece, no sentido de que, na reprodução assistida, prevalece a máxima do planejamento (proposta de § 2.º do art. 1.629-K).

Partindo-se para a Seção III, sobre a cessão temporária de útero, ou gestação de substituição, todas as propostas seguem a linha do entendimento majoritário, de enunciados aprovados em *Jornadas de Direito Civil*, e da regulamentação do CNJ e do CFM, em sua maioria. Nesse contexto, a cessão temporária de útero é permitida para casos em que a gestação não seja possível em razão de causa natural ou em casos de contraindicação médica (art. 1.629-L). A cessão temporária de útero não pode ter finalidade lucrativa ou comercial (art. 1.629-M).

Como outra projeção, a cedente temporária do útero deve, preferencialmente, ter vínculo de parentesco com os autores do projeto parental, não havendo, contudo, qualquer limitação nesse sentido, o que ainda poderá ser regulamentado posteriormente, inclusive pelo CFM (art. 1.629-N). Nesse ponto, como se pode perceber, não se seguiu a posição hoje consolidada nas normas éticas do Conselho Federal de Medicina, o que penderá de regulamentação posterior.

Consoante a proposta de art. 1.629-O para o Código Civil, mais uma vez consagrando o consentimento informado, a cessão temporária de útero deve ser formalizada em documento escrito, público ou particular, firmado antes do início dos procedimentos médicos de implantação, no qual deverá constar, obrigatoriamente, a quem se atribuirá o vínculo de filiação.

O registro de nascimento da criança nascida em gestação de substituição será levado a efeito em nome dos autores do projeto parental, assim reconhecidos pelo oficial do Registro Civil. Essa é a proposta de art. 1.629-P, *caput*, para a Lei Civil Brasileira, que contempla a máxima do *planejamento*, que orienta a reprodução assistida.

Além da declaração de nascido vivo (DNV) ou documento equivalente, é necessária a apresentação do termo de consentimento informado, firmado na clínica que realizou o procedimento, e do documento escrito, público ou particular, firmado antes do início dos procedimentos médicos de implantação com a cessionária de útero, no qual conste a quem se atribui o vínculo de filiação (projetado art. 1.629-P, § 1.º).

Em nenhuma hipótese, o Cartório de Registro Civil de Pessoas Naturais publicizará o assento de nascimento ou dados dos quais se possa inferir o caráter da gestação, tendo em vista o princípio da igualdade entre os filhos, de índole constitucional, valorizado pelo Projeto de Reforma em várias proposições (art. 1.629-P, § 2.º).

No que diz respeito à última seção, sobre a reprodução assistida *post mortem*, ela passará a ser expressamente admitida no novo art. 1.629-Q, encerrando polêmica anterior e trazendo certeza e estabilidade para a sua utilização. Nos termos da projeção, "é permitido o uso de material genético de qualquer pessoa após a sua morte, seja óvulo, espermatozoide ou embrião, desde que haja expressa manifestação, em documento escrito, autorizando o seu uso e indicando: I – a quem deverá ser destinado o gameta, seja óvulo ou espermatozoide, e quem o deverá gestar após a concepção; II – a pessoa que deverá gestar o ser já concebido, em caso de embrião. Parágrafo único. Em caso de filiação *post mortem*, o vínculo entre o filho concebido e o genitor falecido se estabelecerá para todos os efeitos jurídicos de uma relação paterno-filial". Sem dúvida, como antes exposto e por todas as incertezas que existem hoje sobre o tema, a proposição é mais do que necessária.

Como última previsão para o tratamento da gestação de reprodução no Código Civil, o novo art. 1.629-R, com vistas à proteção de valores éticos e da própria humanidade, preverá que "não serão permitidas a coleta e a utilização de material genético daquele que não consentiu expressamente, ainda que haja manifestação de seus familiares em sentido contrário". Vale a premissa da autonomia privada, para que seja possível a reprodução assistida na gestação por substituição.

Como última seção a respeito da matéria, trata-se especificamente do chamado *consentimento informado* para reprodução assistida, o que é igualmente fundamental. Consoante o art. 1.629-S, para "a realização do procedimento de reprodução assistida, todos os envolvidos terão de firmar o termo de consentimento informado". Com os fins de se atender ao dever de informação, a assinatura será precedida de todas as informações necessárias para propiciar o esclarecimento indispensável de modo a garantir a liberdade de escolha e adesão ao tratamento e às técnicas indicadas (art. 1.629-T).

Além disso, as informações quanto aos riscos conhecidos do procedimento escolhido serão fornecidas por escrito, juntamente com suas implicações éticas, sociais e jurídicas (art. 1.629-T, parágrafo único). No termo de consentimento informado, se os pacientes forem casados ou viverem em união estável, é necessária a manifestação do cônjuge ou convivente, concordando expressamente com o procedimento indicado e com o uso ou não de material genético de doador, o que é essencial para se resolver muitos problemas práticos e disputas que existem na atualidade (art. 1.629-U).

Com a mesma finalidade, em caso de vício de consentimento quanto ao uso de qualquer uma das técnicas de reprodução assistida heteróloga, como o erro, o dolo e a coação, será admitida ação negatória de parentalidade, mas subsistirá a relação parental se comprovada a socioafetividade (art. 1.629-U, parágrafo único).

Como última previsão dessa complexa e necessária proposta de regulamentação legal do tema, igualmente com a função de trazer mais segurança para o procedimento e preservar os vínculos parentais, tutelando-se os interesses do filho gerado, enuncia-se que, "no termo de consentimento deve, ainda, constar o destino a ser dado ao material genético criopreservado em caso de rompimento da sociedade conjugal ou convivencial, de doença grave ou de falecimento de um ou de ambos os autores do projeto parental, bem como em caso de desistência do tratamento proposto" (art. 1.692-V). O parágrafo único da última proposta, na linha do que está previsto na Lei de Biossegurança (Lei 11.101/2005), ainda prevê que "os embriões criopreservados poderão ser destinados à pesquisa ou entregues para outras pessoas que busquem tratamento e precisem de material genético de terceiros; e não poderão ser descartados".

Como se pode notar, a regulamentação ora proposta está em consonância com a posição hoje amplamente majoritária, da doutrina – sobretudo tendo em vista os enunciados aprovados nas *Jornadas de Direito Civil* antes comentados –, do Conselho Federal de Medicina e do Conselho Nacional de Justiça. Espera-se, portanto, a sua aprovação imediata pelo Parlamento Brasileiro.

Analisadas tais polêmicas e proposições legislativas a respeito da reprodução assistida, parte-se à abordagem das regras fundamentais relativas à filiação.

Dispõe o art. 1.599 da codificação material vigente que a prova de impotência do marido *para gerar*, à época da concepção, ilide ou afasta a presunção de paternidade. De imediato, entendemos que a norma também se aplica ao companheiro.

O dispositivo traz exceção à presunção de paternidade (*pater is est*) e é apenas aplicado à impotência *generandi*, como expressamente previsto (LÔBO, Paulo Luiz Netto. *Código Civil...*, 2003, p. 66; ALVES, Jones Figueirêdo; DELGADO, Mário Luiz. *Código Civil...*, 2005, p. 814). Todavia, há quem entenda que a regra se aplica à impotência *coeundi* (ou instrumental), para o ato sexual em si (DINIZ, Maria Helena. *Código Civil...*, 2005, p. 1.304). Filia-se à primeira corrente, sendo pertinente lembrar que, para a prova dessa impotência, há a necessidade de uma perícia médica, ônus que cabe a quem a alega (art. 373, inciso I, do CPC/2015, correspondente ao art. 333, inciso I, do CPC/1973). Ademais, pelos avanços médicos e terapêuticos, a impotência instrumental tem sido encarada como um *mito* na prática.

A verdade é que a norma está totalmente desatualizada, razão pela qual a Comissão de Juristas encarregada da Reforma do Código Civil sugere a sua revogação expressa. Como ponderaram os juristas que compuseram a Subcomissão de Direito de Família – Pablo Stolze Gagliano, Maria Berenice Dias, Rolf Madaleno e Marco Buzzi –, "dispensa maior digressão a revogação ora proposta, porquanto as referências normativas, a exemplo do adultério da mulher ou da impotência dos cônjuges, não se justificam". As razões de revogação apresentadas também dizem respeito aos arts. 1.600, 1.601, 1.602, estando as normas, de fato, alheias ao mundo contemporâneo, sobretudo tendo em vista realidades do exame de DNA, da parentalidade socioafetiva e da multiparentalidade. Além disso, acabam entrando em delicado debate sobre a integridade físico-psíquica e a privacidade das pessoas envolvidas.

Norma antiquada quanto à terminologia adotada, determina o art. 1.600 do CC/2002 que: "não basta o adultério da mulher, ainda que confessado, para ilidir a presunção legal da paternidade". Seria melhor que o dispositivo estabelecesse que não basta a *infidelidade* da mulher ou da companheira, ainda que confessada, para afastar a presunção de paternidade em relação ao marido ou companheiro.

Complementando esse dispositivo, enuncia o art. 1.602 do CC que também não basta a confissão materna para excluir a paternidade. Em síntese, não basta a declaração da mãe de que o seu marido não é o pai da criança, incidindo as presunções do art. 1.597 do CC.

De toda sorte, outras provas e outros fatos devem ser considerados no caso concreto, como, por exemplo, o sempre citado exame de DNA. Percebe-se aqui outro impacto gerado pelo exame de DNA, que traz certeza quase absoluta quanto à paternidade: em eventual ação investigatória ou negatória da paternidade a prova de infidelidade perde espaço para a prova biológica, muito mais eficaz do que aquilo que consta do dispositivo. Mesmo porque, se bastasse a declaração da mulher para se ilidir a paternidade, estariam seriamente comprometidos os interesses da criança. A criança até poderia ser *objeto de vingança* da mulher contra seu marido, o que revela sérios problemas no conteúdo das normas.

Ademais, os arts. 1.600 e 1.602 do CC/2002 devem ser abrandados em muitas situações fáticas. Imagine-se que uma mulher casada e separada de fato viva em união estável com outro homem, vindo a engravidar deste último. Quando do nascimento do filho, o companheiro declara ser o pai no Cartório de Registro Civil, pretendendo o registro do filho. Ora, se os dispositivos em comento forem levados à risca, o filho não será registrado em nome do convivente – verdadeiro pai biológico –, mas do marido, uma vez que o art. 1.597, I, do Código não menciona a separação de fato. Vigente a sociedade conjugal, a máxima *pater is est* imperaria, caminho que não deve ser seguido, eis que prevalece, naquele momento, a declaração do companheiro.

Valem as críticas feitas por Rolf Madaleno aos comandos em questão, normas que, para ele, trazem claras discriminações à mulher e aos filhos. Vejamos suas corretas palavras:

"O Direito deve se adequar à evolução social e acompanhar as reivindicações dos sujeitos e dos gêneros, nas suas novas modulações pessoais que vão surgindo com o passar do tempo e, embora essa evolução legal seja muita lenta, parece que a Carta Política de 1988 e na sua esteira, o Código Civil de 2002, não foram instrumentos suficientes para extirparem os profundos preconceitos culturais ainda presentes quanto aos direitos das mulheres, pois o princípio da isonomia segue sendo contrariado pelas leis ordinárias no Brasil. E ao lado de afirmações legais de igualdade dos direitos nos textos constitucionais, existem leis como a dos artigos 1.600 e 1.602 do Código Civil que acolhem abertamente o preconceito de inferioridade. Embora a Carta Política de 1988 externe a existência de três modalidades distintas dentre as tantas outras famílias existentes, o Código Civil ainda as diferencia tomando como parâmetro o casamento e, embora a Constituição Federal exalte a igualdade dos direitos dos filhos (art. 227, § 6.º) e o mesmo discurso reste expresso no artigo 1.596 do Código Civil, os artigos 1.600, 1.601 e 1.602, contraditoriamente, mantêm aceso o repugnante desajuste ao princípio da igualdade e continuam a tratar dos interesses dos filhos a partir do prisma do matrimônio. Até poderiam ser toleradas as usuais e morosas barreiras sociais, culturais, políticas e econômicas, mas é inadmissível lidar com uma barreira jurídica construída pelos vigentes e destacados dispositivos legais, que condicionam a sexualidade da mulher casada, embora não condicionem a sexualidade do homem na mesma condição" (MADALENO, Rolf. *Curso...*, 2011, p. 552).

Por tudo isso, sem dúvida, a melhor solução para os arts. 1.600 e 1.602 da Lei Privada é a sua revogação expressa, o que está sendo sugerido pela Comissão de Juristas nomeada no âmbito do Senado Federal para a Reforma do Código Civil. Espera-se, portanto, que o Parlamento Brasileiro siga essa recomendação doutrinária.

O art. 1.601 do CC/2002 é um dos dispositivos mais criticados da legislação emergente. É a sua redação:

"Art. 1.601. Cabe ao marido o direito de contestar a paternidade dos filhos nascidos de sua mulher, sendo tal ação imprescritível.

Parágrafo único. Contestada a filiação, os herdeiros do impugnante têm direito de prosseguir na ação".

Primeiramente, repise-se que o art. 173, §§ 3.º e 4.º, do CC/1916 previa um prazo decadencial de dois meses, ou três meses quando ausente o marido ou ocultado o nascimento, para a propositura da ação negatória de paternidade. A legislação privada de 2002 consagra a imprescritibilidade da demanda, ou seja, sua não sujeição à prescrição ou à decadência.

De início, pontue-se que o dispositivo atual não se aplica aos casos de inseminação artificial heteróloga autorizada pelo marido, até porque não há o vínculo biológico entre o pai que registrou e o filho. Repise-se que esse é o teor do Enunciado n. 258 do CJF/STJ, da *III Jornada de Direito Civil*: "não cabe a ação prevista no art. 1.601 do Código Civil se a filiação tiver origem em procriação assistida heteróloga, autorizada pelo marido nos termos do inciso V, do art. 1.597, cuja paternidade configura presunção absoluta".

A crítica mais contundente é muito bem sintetizada pelo presidente do IBDFAM, Rodrigo da Cunha Pereira, no sentido de que o comando legal, ao prever a imprescritibilidade da ação negatória de paternidade, despreza a *paternidade socioafetiva*, privilegiando o vínculo biológico (*Código Civil...*, 2004, p. 1.132). Ora, como é cediço, além da *verdade registral* e da *verdade biológica*, também merece alento a *verdade socioafetiva*, nos casos contemporâneos envolvendo a filiação. Por isso, e outros problemas, no Projeto de Reforma do Código Civil pretende-se a revogação expressa também desse art. 1.601.

Conforme apontado no primeiro capítulo deste livro, a tese da parentalidade socioafetiva remonta ao trabalho do saudoso Professor João Baptista Villela, que trata da "desbiologização da paternidade", tendo relação com a posse de estado de filhos.

Nesse contexto, para configuração dessa *posse de estado* são utilizados os clássicos critérios relativos à posse de estado de casados, conceito que constava do art. 203 do Código Civil de 1916 e que está no art. 1.545 do Código Civil de 2002. Da prova de estado de casados, igualmente decorre a posse de estado de filhos, não havendo qualquer documento que possa atestar o vínculo anterior. Os três critérios para tal configuração são bem delineados pela doutrina, tendo sido mencionados no emblemático julgamento do STF sobre a repercussão geral da parentalidade socioafetiva (Recurso Extraordinário 898.060/SC, Rel. Min. Luiz Fux, j. 21.09.2016, publicado no seu *Informativo* n. 840).

O primeiro deles é o tratamento (*tractatus* ou *tractatio*), relativo ao fato de que, entre si e perante a sociedade, as partes se relacionam como se fossem unidas pelo vínculo de filiação, ou seja, como pais e filhos.

A fama ou *reputatio*, segundo elemento, representa uma repercussão desse tratamento, constituindo o reconhecimento geral da situação que se concretiza. A entidade familiar é analisada de acordo com o meio social, como projeção natural da expressão base da sociedade, conforme consta do art. 226, *caput*, da Constituição Federal de 1988.

Como último elemento, com tom complementar e acessório, há o nome (*nomen* ou *nominatio*), presente quando a situação fática revela que o declarado filho utiliza o sobrenome do seu suposto pai. Alerte-se que é levado em conta não somente o nome registral civil, mas também o nome social, especialmente nos casos em que o filho é conhecido pelo nome do pai perante a comunidade onde vive, ou vice-versa. De toda sorte, deve-se atentar que esse último elemento não é primordial para que a posse de estado de filhos e a consequente parentalidade socioafetiva estejam reconhecidas.

Analisando um exemplo prático, se o marido, depois de quinze anos de convivência, descobre que o filho de sua mulher não é seu filho, diante de exame de DNA feito em laboratório extrajudicial, não poderá mais quebrar esse vínculo, pois a afetividade prevalece sobre o vínculo biológico. Nesse sentido, numerosas são as decisões dos Tribunais Estaduais. Do Tribunal de Justiça do Rio Grande do Sul, pioneiro na análise do tema, cumpre transcrever:

> "Apelação cível. Ação anulatória de registro civil. Conforme precedentes desta corte, o reconhecimento espontâneo no ato registral estabelece uma filiação socioafetiva, com os mesmos efeitos da adoção, e como tal irrevogável. Impossibilidade jurídica do pedido reconhecida. Recurso desprovido" (TJRS, Processo 70009804642, 8.ª Câmara Cível, Comarca de Tupancireta, Rel. Juiz Alfredo Guilherme Englert, 17.02.2005).

> "Apelação cível. Ação de anulação de registros de nascimentos. Paternidade socioafetiva. Em prevalecendo a paternidade socioafetiva entre o falecido pai registral e os réus, perfeitamente delineada nos autos, além de incomprovado defeito nos atos registrais, mantém-se a improcedência da ação. Precedentes doutrinários e jurisprudenciais. Preliminar de nulidade da sentença rejeitada. Apelação desprovida" (TJRS, Processo 70010450336, 8.ª Câmara Cível, Comarca de Porto Alegre, Rel. Juiz José Ataídes Siqueira Trindade, 17.02.2005).

Ainda ilustrando, o Tribunal de Justiça do Rio Grande do Sul determinou a reabertura da fase probatória para se verificar a existência da paternidade socioafetiva:

"Apelação. Ação negatória de paternidade. Exame de DNA. Alegação de erro. Paternidade socioafetiva. Havendo alegação de erro no registro de nascimento da ré, sem relato de 'adoção à brasileira', deve ser oportunizada a instrução do feito, até para que seja conferida, também, a comprovação da paternidade socioafetiva, embora o duplo exame de DNA que excluiu a paternidade biológica. Sentença desconstituída, para que seja reaberta a instrução e investigada a paternidade socioafetiva. Apelação provida, por maioria" (TJRS, Processo 70011086956, 8.ª Câmara Cível, Comarca de São Leopoldo, Rel. Juiz José Ataídes Siqueira Trindade, 05.05.2005).

A parentalidade socioafetiva do mesmo modo vem sendo reconhecida por decisões do Tribunal Paulista, merecendo destaque duas delas:

"Investigação de paternidade. Prova hematológica. Paternidade biológica reconhecida por exame de DNA. Criança, todavia, registrada anteriormente pelo companheiro de sua mãe. Paternidade socioafetiva ou adoção à brasileira configurada. Prevalecimento desta última pois a filha está perfeitamente integrada na família formada pela genitora biológica e o pai socioafetivo. Inconveniência para a criança, em prol de que existem normas de proteção de seu desenvolvimento socioafetivo, de se alterar a situação já existente e consolidada. Restrição da sentença aos efeitos meramente declaratórios, sem alterar o registro de nascimento da filha, com a observância do procedimento determinado pelo art. 47, § 2.º, do Estatuto da Criança e do Adolescente. Recurso provido em parte para esse fim" (TJSP, Apelação 369958-4/8-00, 9.ª Câmara de Direito Privado, Novo Horizonte, Rel. Des. João Carlos Garcia, 31.01.2006, v.u., Voto 9.975).

"Registro civil. Assento de nascimento. Ação de nulidade cumulada com declaração de inexistência de parentesco e de invalidade de cláusula testamentária que atribuiu à ré bens do acervo do espólio. Alegação de inexistência de consanguinidade entre 'pai' e 'filha' voluntariamente reconhecida em ato notarial. Não reconhecimento. Ausência de prova taxativa da paternidade pela recusa da ré a submeter-se à perícia técnica pelo sistema de 'DNA'. Ampla comprovação, porém, da relação de afeto e desvelos entre 'pai' e 'filha' suficientes para caracterizar a chamada paternidade socioafetiva. Evolução no Direito do conceito de paternidade, que em busca da formação de uma sociedade mais humana e solidária, erigiu à condição de pai, atribuindo-lhe direitos e obrigações, não só aquele que contribuiu geneticamente para o nascimento, mas também aquele que por seus atos revelem o desejo de sê-lo. Inequívoca intenção do falecido, ademais, de amparar financeiramente a recorrida após a sua morte. Sentença de improcedência mantida. Recurso não provido" (TJSP, Apelação Cível 370.957-4/6, 10.ª Câmara de Direito Privado, Comarca de São Paulo, Rel. Galdino Toledo Júnior, j. 05.09.2006, v.u., Voto 1.352).

Entre os vários acórdãos do Tribunal de Minas Gerais, cumpre transcrever também duas ementas:

"Ação de investigação de paternidade. Exame de DNA. Paternidade socioafetiva. Apesar do resultado negativo do exame de DNA, deve ser mantido o assento de paternidade no registro de nascimento, tendo em vista o caráter socioafetivo da relação que perdurou por aproximadamente vinte anos, como se pai e filha fossem" (TJMG, Apelação Cível 1.0105.02.060668-4/001, Comarca de Governador Valadares, Data do acórdão: 26.04.2007, Data da publicação: 05.07.2007).

"Apelação Cível. Ação de investigação de paternidade. Preponderância da paternidade socioafetiva sobre a biológica. Recurso provido. 1. É direito de todos buscar sua origem genética. 2. Entretanto, se a pessoa for menor, deve prevalecer a paternidade socioafetiva sobre a biológica, até que, atingida a maioridade, o filho decida qual das duas preferirá. 3. Apelação cível conhecida e provida" (TJMG, Apelação Cível 1.0024.02.826960-3/001, Comarca de Belo Horizonte, Data do acórdão: 31.01.2006, Data da publicação: 10.02.2006).

Não têm sido diferentes os julgamentos no Tribunal Fluminense, sendo pertinente expor os seguintes:

"Ação de adoção. Estatuto da Criança e do Adolescente. Adoção póstuma. Estatuto da Criança e do Adolescente, art. 42, par. 5. Interpretação extensiva. Abrandamento do rigor formal, em razão da evolução dos conceitos de filiação socioafetiva e da importância de tais relações na sociedade moderna. Precedentes do STJ. Prova inequívoca da posse do estado de filho em relação ao casal. Reconhecimento de situação de fato preexistente, com prova inequívoca de que houve adoção tácita, anterior ao processo, cujo marco inicial se deu no momento em que o casal passou a exercer a guarda de fato do menor. Princípio da preservação do melhor interesse da criança, consagrado pelo ECA. Reconhecimento da maternidade para fins de registro de nascimento. Provimento do recurso. Precedente citado: STJ REsp 457635/PB, Rel. Min. Ruy Rosado de Aguiar, julgado em 19/12/2002" (TJRJ, Apelação Cível 2007.001.16970, São João de Meriti, Rel. Des. Rogério de Oliveira Souza, j. 13.06.2007, *DORJ* 11.10.2007).

"Paternidade socioafetiva. Possibilidade jurídica de caracterizar obrigação alimentar. O indeferimento da inicial por impossibilidade jurídica do pedido caracteriza vedação de acesso ao Poder Judiciário o que não é admitido pela Constituição Federal. Os princípios da afetividade e da solidariedade encontram respaldo constitucional e ético e devem permear a conduta e as decisões da magistratura moderna e atenta à realidade do mundo atual" (TJRJ, Apelação Cível 2006.001.51839, 12.ª Câmara Cível, Rel. Des. Conv. Mauro Nicolau Junior, j. 30.01.2007).

No Superior Tribunal de Justiça, o tema da socioafetividade parental vem sendo debatido de forma crescente, o que pode ser percebido pelas várias decisões publicadas em seus informativos de jurisprudência. Para ilustrar, colaciona-se ementa do seu *Informativo* n. *414*, de novembro de 2009:

"Paternidade socioafetiva. Registro. Falecido o pai registral e diante da habilitação do recorrente como herdeiro, em processo de inventário, a filha biológica inventariante ingressou com ação de negativa de paternidade, ao buscar anular o registro de nascimento do recorrente sob alegação de falsidade ideológica. Anote-se, primeiramente, não haver dúvida sobre o fato de que o *de cujus* não é o pai biológico do recorrente. Quanto a isso, dispõe o art. 1.604 do CC/2002 que ninguém pode vindicar estado contrário ao que consta do registro de nascimento, salvo provando o erro ou a falsidade do registro. Assim, essas exceções só se dão quando perfeitamente demonstrado que houve vício de consentimento (erro, coação, dolo, fraude ou simulação) quando da declaração do assento de nascimento, particularmente a indução ao engano. Contudo, não há falar em erro ou falsidade se o registro de nascimento de filho não biológico decorre do reconhecimento espontâneo de paternidade mediante escritura pública (adoção 'à brasileira'), pois, inteirado o pretenso pai de que o filho não é seu, mas movido pelo vínculo socioafetivo e sentimento de nobreza, sua vontade, aferida em condições normais de discernimento, está materializada. Há precedente deste Superior Tribunal no sentido de que o reconhecimento de paternidade é válido se refletir a existência duradoura do vínculo socioafetivo entre pai e filho, pois a ausência de vínculo biológico não é fato que, por si só, revela a falsidade da declaração da vontade consubstanciada no ato de reconhecimento. Destarte, não dá ensejo à revogação do ato de registro de filiação, por força dos arts. 1.609 e 1.610 do CC/2002, o termo de nascimento fundado numa paternidade socioafetiva, sob posse de estado de filho, com proteção em recentes reformas do Direito contemporâneo, por denotar uma verdadeira filiação registral, portanto, jurídica, porquanto respaldada na livre e consciente intenção de reconhecimento voluntário. Precedente citado: REsp 878.941-DF, *DJ* 17.09.2007" (STJ, REsp 709.608/MS, Rel. Min. João Otávio de Noronha, j. 05.11.2009).

Não se olvide que na jurisprudência superior reconhece-se também a *maternidade socioafetiva*, merecendo colação decisão assim publicada no *Informativo* n. 436, de maio de 2010:

"Negatória. Maternidade socioafetiva. Trata-se, na origem, de ação negatória de maternidade cumulada com pedido de anulação de assento de nascimento ajuizada pela ora recorrente contra a ora recorrida, à época menor, representada por seu tutor. Alega, em seu pedido, falsidade ideológica perpetrada pela falecida mãe, que registrou filha recém-nascida de outrem como sua. O tribunal *a quo* afirmou como espontâneo o reconhecimento da maternidade, a anulação do assento de nascimento da criança apenas poderia ser feita na presença de prova robusta, qual seja, de que a mãe teria sido induzida a erro por desconhecer a origem genética da criança, ou, então, valendo-se de conduta reprovável e mediante má-fé, declarar como verdadeiro vínculo familiar inexistente. No caso, inexiste meio de desfazer um ato levado a efeito com perfeita demonstração de vontade da mãe, que um dia declarou, perante a sociedade, em ato solene e de reconhecimento público, ser mãe de criança, valendo-se, para tanto, da verdade socialmente construída com base no afeto, demonstrando, dessa forma, a efetiva existência de vínculo familiar. A diferença de registro de nascimento com a realidade biológica, em razão de conduta que desconsiderava a verdade sobre o aspecto genético, somente pode ser pleiteada por aquele que teve sua filiação falsamente atribuída, e os efeitos daí decorrentes apenas podem operar-se contra aquele que realizou o ato de reconhecimento familiar. Isso porque prevalece, na espécie, a ligação socioafetiva construída e consolidada entre mãe e filha, que tem proteção indelével conferida à personalidade humana, mediante cláusula geral que a tutela e encontra apoio na preservação da estabilidade familiar. Assim, a Turma negou provimento ao recurso" (STJ, REsp 1.000.356/SP, Rel. Min. Nancy Andrighi, j. 25.05.2010).

Do ano de 2016, merece relevo o acórdão superior que reconheceu a parentalidade socioafetiva *post mortem*. Vejamos a publicação constante do *Informativo* n. *581* do Tribunal da Cidadania:

"Será possível o reconhecimento da paternidade socioafetiva após a morte de quem se pretende reconhecer como pai. De fato, a adoção póstuma é prevista no ordenamento pátrio no art. 42, § 6.º, do ECA, nos seguintes termos: 'A adoção poderá ser deferida ao adotante que, após inequívoca manifestação de vontade, vier a falecer no curso do procedimento, antes de prolatada a sentença'. O STJ já emprestou exegese ao citado dispositivo para permitir como meio de comprovação da inequívoca vontade do *de cujus* em adotar as mesmas regras que comprovam a filiação socioafetiva, quais sejam: o tratamento do adotando como se filho fosse e o conhecimento público daquela condição. Portanto, em situações excepcionais em que fica amplamente demonstrada a inequívoca vontade de adotar, diante da sólida relação de afetividade, é possível o deferimento da adoção póstuma, mesmo que o adotante não tenha dado início ao processo formal para tanto (REsp 1.326.728/RS, 3.ª Turma, *DJe* 27/02/2014). Tal entendimento consagra a ideia de que o parentesco civil não advém exclusivamente da origem consanguínea, podendo florescer da socioafetividade, o que não é vedado pela legislação pátria, e, portanto, plenamente possível no ordenamento (REsp 1.217.415/RS, 3.ª Turma, *DJe* 28/06/2012; e REsp 457.635/PB, 4.ª Turma, *DJ* 17.03.2003)" (STJ, REsp 1.500.999/RJ, 3.ª Turma, Rel. Min. Ricardo Villas Bôas Cueva, j. 12.04.2016, *DJe* 19.04.2016).

Na sequência, o aresto cita o reconhecimento da socioafetividade como forma de parentesco civil, na linha do Enunciado n. 256, da *III Jornada de Direito Civil* e da doutrina de Luiz Edson Fachin.

Em 2018, a Quarta Turma da Corte confirmou essa possibilidade de reconhecimento da parentalidade socioafetiva *post mortem*, demonstrando estar o entendimento consolidado na Corte. Vejamos o trecho principal ementa, citando o julgado anterior:

"Em que pese o art. 42, § 6.º, do ECA estabelecer ser possível a adoção ao adotante que, após inequívoca manifestação de vontade, vier a falecer no curso do procedimento de adoção, a jurisprudência evoluiu progressivamente para, em situações excepcionais, reconhecer a possibilidade jurídica do pedido de adoção póstuma, quando, embora não tenha ajuizado a ação em vida, ficar demonstrado, de forma inequívoca, que, diante de longa relação de afetividade, o falecido pretendia realizar o procedimento. Segundo os precedentes desta Corte, a comprovação da inequívoca vontade do falecido em adotar segue as mesmas regras que comprovam a filiação socioafetiva: o tratamento do adotando como se filho fosse e o conhecimento público dessa condição. Nesse sentido: REsp 1.663.137/MG, Rel. Ministra Nancy Andrighi, Terceira Turma, julgado em 15.08.2017, *DJe* de 22.08.2017; REsp 1.500.999/RJ, Rel. Ministro Ricardo Villas Bôas Cueva, Terceira Turma, julgado em 12.04.2016, *DJe* de 19.04.2016" (STJ, Ag. Int. no REsp 1.520,454/RS, 4.ª Turma, Rel. Min. Lázaro Guimarães (Desembargador convocado do TRF 5.ª Região), j. 22.03.2018, *DJe* 16.04.2018).

De outubro de 2022, merece ser destacado, por sua grande relevância, o aresto da Quarta Turma, que reconheceu vínculo socioafetivo entre irmãos, utilizando o termo "fraternidade socioafetiva". Nos termos da publicação constante do *Informativo* n. 453 da Corte, que teve como Relator o Ministro Marco Buzzi, "inexiste qualquer vedação legal ao reconhecimento da fraternidade/irmandade socioafetiva, ainda que *post mortem*, pois a declaração da existência de relação de parentesco de segundo grau na linha colateral é admissível no ordenamento jurídico pátrio, merecendo a apreciação do Poder Judiciário". E mais, nos termos do julgamento cujo número do processo não foi divulgado por segredo de justiça:

"(...). Não há falar, portanto, em condição essencial à caracterização do parentesco colateral por afetividade, consistente em prévia declaração judicial de filiação (linha reta) socioafetiva, em demanda movida por pela *de cujus* em relação aos genitores dos requerentes. Desse modo, não se visualiza óbice, em tese, à pretensão autônoma deduzida, calcada na configuração da posse do estado de irmãos. Afigurou-se prematuro, portanto, o indeferimento da petição inicial, sem que pudessem os demandantes efetivamente demonstrar os requisitos necessários à caracterização do citado *status*. No âmbito das relações de parentesco, a ideia de posse de estado traduz-se em comportamentos reiterados, hábeis a constituírem situações jurídicas passíveis de tutela. Assim, além da própria aparência e reconhecimento social, o vínculo constituído qualifica a real dimensão da relação familiar/parentesco, erigida sobre a socioafetividade, a qual não pode ser ignorada pelo sistema jurídico. A partir desse pressuposto, infere-se que a citada relação/vínculo, identificada por meio da posse de estado, é passível de ser declarada judicialmente. Trata-se, com efeito, de objeto de declaração a existência de uma situação jurídica consolidada, da qual defluem efeitos jurídicos – pessoais e patrimoniais –, a exemplo do eventual direito sucessório alegado na exordial".

Como outro julgado importante a ser destacado sobre a temática, em novembro de 2024, a Terceira Turma admitiu o reconhecimento do vínculo socioafetivo entre avós e neto. Consoante esse importante decisum, "têm interesse de agir o neto e seus avós quando alegam ter desenvolvido relação de socioafetividade parental que excede a mera afetividade avoenga, e que demanda a declaração jurídica desse vínculo por meio da competente ação de reconhecimento, com efeitos diretos em seu registro civil". E mais, "é juridicamente possível o pedido de reconhecimento de filiação socioafetiva entre avós e neto, diante da possibilidade de reconhecimento de parentescos de outra origem, previstos no art. 1.593 do CC/2002, bem como tendo em vista não haver qualquer vedação legal expressa no ordenamento jurídico a esse respeito. Na espécie, é indevida a aplicação da vedação contida no § 1º do artigo 42 do Estatuto da Criança e do Adolescente, considerando que não se trata de hipótese de adoção, mas de reconhecimento de filiação socioafetiva em multiparentalidade" (STJ, REsp 2.107.638/SP, Rel. Min. Nancy Andrighi, 3.ª T., j. 12.11.2024, *DJe* de 14.11.2024). As conclusões do aresto me parecem perfeitas tecnicamente, contando com o meu apoio doutrinário.

No âmbito do Supremo Tribunal Federal, foi reconhecida a repercussão geral da matéria, especialmente a respeito da colisão entre o vínculo socioafetivo e o biológico. A ementa da decisão foi assim publicada:

"Recurso extraordinário com agravo. Direito civil. Ação de anulação de assento de nascimento. Investigação de paternidade. Imprescritibilidade. Retificação de registro. Paternidade biológica. Paternidade socioafetiva. Controvérsia gravitante em torno da prevalência da paternidade socioafetiva em detrimento da paternidade biológica. Art. 226, *caput*, da Constituição Federal. Plenário virtual. Repercussão geral reconhecida" (STF, ARE 692.186 RG/DF, Rel. Min. Luiz Fux, j. 29.11.2012 – Tema n. 622).

Como destacado, o Supremo Tribunal Federal julgou essa repercussão geral em setembro de 2016. Conforme a tese que foi ali fixada pela Corte Máxima brasileira, "a paternidade socioafetiva, declarada ou não em registro, não impede o reconhecimento do vínculo de filiação concomitante, baseada na origem biológica, com os efeitos jurídicos próprios" (Recurso Extraordinário 898.060/SC, com repercussão geral, Rel. Min. Luiz Fux, j. 21.09.2016, publicado no seu *Informativo* n. 840). Como impactos iniciais, tal *decisum* traz três consequências que merecem destaque.

A primeira delas é o reconhecimento expresso, o que foi feito por vários Ministros, no sentido de ser a afetividade um valor jurídico e um princípio inerente à ordem civil-constitucional brasileira.

A segunda consequência, repise-se, é a afirmação de ser a paternidade socioafetiva uma forma de parentesco civil (nos termos do art. 1.593 do CC), em situação de igualdade com a paternidade biológica. Em outras palavras, não há hierarquia entre uma ou outra modalidade de filiação, o que representa um razoável equilíbrio.

A terceira consequência é a vitória da multiparentalidade, que passou a ser admitida pelo Direito brasileiro, mesmo que contra a vontade do pai biológico. Ficou claro, pelo julgamento, que o reconhecimento do vínculo concomitante é para todos os fins, inclusive alimentares e sucessórios. Quanto aos efeitos sucessórios, na *VIII Jornada de Direito Civil*, promovida pelo Conselho da Justiça Federal em abril de 2018, aprovou-se o Enunciado n. 632, segundo o qual, "nos casos de reconhecimento de multiparentalidade paterna ou materna, o filho terá direito à participação na herança de todos os ascendentes reconhecidos". Sem dúvida, teremos grandes desafios com essas afirmações, mas é tarefa da doutrina, da jurisprudência e dos aplicadores do Direito resolver os problemas que surgem, de acordo com o caso concreto.

A respeito da possibilidade do vínculo concomitante, destaque-se que o Ministro Fux utilizou como paradigma um caso julgado nos Estados Unidos da América. Foram suas palavras:

> "A pluriparentalidade, no Direito Comparado, pode ser exemplificada pelo conceito de 'dupla paternidade' (*dual paternity*), construído pela Suprema Corte do Estado da Louisiana, EUA, desde a década de 1980 para atender, ao mesmo tempo, ao melhor interesse da criança e ao direito do genitor à declaração da paternidade. Doutrina. Os arranjos familiares alheios à regulação estatal, por omissão, não podem restar ao desabrigo da proteção a situações de pluriparentalidade, por isso que merecem tutela jurídica concomitante, para todos os fins de direito, os vínculos parentais de origem afetiva e biológica, a fim de prover a mais completa e adequada tutela aos sujeitos envolvidos, ante os princípios constitucionais da dignidade da pessoa humana (art. 1.º, III) e da paternidade responsável (art. 226, § 7.º)" (STF, RE 898.060/SC, Tribunal Pleno, Rel. Min. Luiz Fux, j. 21.09.2016, publicado no seu *Informativo* n. *840*).

A tese firmada também acaba por possibilitar que os filhos acionem os pais biológicos para obter o vínculo de filiação com intuitos alimentares e sucessórios, em claras *demandas frívolas*, com finalidade patrimonial pura. Segue-se, assim, o caminho que já vinha sendo percorrido pelo STJ, e que era por nós criticado. Esse foi um dos pontos negativos da premissa fixada, na minha opinião doutrinária. Em todos os casos, pensamos, tais demandas devem ser evitadas. Cite-se, a propósito, o caso de um pai biológico que pleiteia a paternidade para si de filho já registrado em nome de pai socioafetivo, com fins puramente econômicos.

Assim, merecendo críticas, o acórdão anterior publicado no *Informativo* n. *512* do STJ, com o seguinte trecho:

> "É possível o reconhecimento da paternidade biológica e a anulação do registro de nascimento na hipótese em que pleiteados pelo filho adotado conforme prática conhecida como 'adoção à brasileira'. A paternidade biológica traz em si responsabilidades que lhe são intrínsecas e que, somente em situações excepcionais, previstas em lei, podem ser afastadas. O direito da pessoa ao reconhecimento de sua ancestralidade e origem genética insere-se nos atributos da própria personalidade. A prática conhecida como 'adoção à brasileira', ao contrário da adoção legal, não tem a aptidão de romper os vínculos civis entre o filho e os pais biológicos, que devem ser restabelecidos sempre que o filho manifestar o seu desejo de desfazer o liame jurídico advindo do registro ilegalmente levado a efeito, restaurando-se, por conseguinte, todos os consectários legais da paternidade biológica, como os registrais, os patrimoniais e os hereditários. Dessa forma, a filiação socioafetiva desenvolvida com os pais registrais não afasta os direitos do filho resultantes da filiação biológica, não podendo, nesse sentido, haver equiparação entre a 'adoção à brasileira' e a adoção regular. Ademais, embora a 'adoção à brasileira', muitas vezes, não denote torpeza de quem a pratica, pode ela ser instrumental de diversos ilícitos, como os relacionados ao tráfico internacional de crianças, além de poder não refletir o melhor interesse do menor. Precedente citado: REsp 833.712-RS, *DJ* 4/6/2007" (STJ, REsp 1.167.993/RS, Rel. Min. Luis Felipe Salomão, j. 18.12.2012).

Com o devido respeito, entendemos que essa forma anterior de julgar representaria um retrocesso, uma volta ao passado, desprezando a posse de estado de filhos fundada na reputação social (*reputatio*) e no tratamento dos envolvidos (*tractatus*). Ademais, abria a possibilidade de um filho "escolher" o seu pai não pelo ato de afeto, mas por meros interesses patrimoniais, em uma clara *demanda frívola*.

De fato, a tese adotada pelo STF possibilita tal caminho, tendo sido utilizado como argumento o princípio constitucional da paternidade responsável. Nos termos do voto do Relator, Ministro Luiz Fux, "a paternidade responsável, enunciada expressamente no art. 226, § 7.º, da Constituição, na perspectiva da dignidade humana e da busca pela felicidade, impõe o acolhimento, no espectro legal, tanto dos vínculos de filiação construídos pela relação afetiva entre os envolvidos quanto daqueles originados da ascendência biológica, sem que seja necessário decidir entre um ou outro vínculo quando o melhor interesse do descendente for o reconhecimento jurídico de ambos" (decisão publicada no *Informativo* n. 840 do STF).

Ressalve-se, portanto, que deve ser mantido o vínculo com o pai socioafetivo, pelo que consta da tese ementada do julgamento. Em outras palavras, nota-se, mais uma vez, a possibilidade da multiparentalidade.

Igualmente a demonstrar a divergência anterior, existiam decisões superiores ainda mais recentes que afastavam a parentalidade socioafetiva em casos de engano quanto à prole. A ilustrar, vejamos julgado assim publicado no *Informativo* n. 555 do STJ:

"Direito civil. Desconstituição de paternidade registral. Admitiu-se a desconstituição de paternidade registral no seguinte caso: (a) o pai registral, na fluência de união estável estabelecida com a genitora da criança, fez constar o seu nome como pai no registro de nascimento, por acreditar ser o pai biológico do infante; (b) estabeleceu-se vínculo de afetividade entre o pai registral e a criança durante os primeiros cinco anos de vida deste; (c) o pai registral solicitou, ao descobrir que fora traído, a realização de exame de DNA e, a partir do resultado negativo do exame, não mais teve qualquer contato com a criança, por mais de oito anos até a atualidade; e (d) o pedido de desconstituição foi formulado pelo próprio pai registral. De fato, a simples ausência de convergência entre a paternidade declarada no assento de nascimento e a paternidade biológica, por si só, não autoriza a invalidação do registro. Realmente, não se impõe ao declarante, por ocasião do registro, prova de que é o genitor da criança a ser registrada. O assento de nascimento traz, em si, essa presunção. Entretanto, caso o declarante demonstre ter incorrido, seriamente, em vício de consentimento, essa presunção poderá vir a ser ilidida por ele. Não se pode negar que a filiação socioafetiva detém integral respaldo do ordenamento jurídico nacional, a considerar a incumbência constitucional atribuída ao Estado de proteger toda e qualquer forma de entidade familiar, independentemente de sua origem (art. 227 da CF). Ocorre que o estabelecimento da filiação socioafetiva perpassa, necessariamente, pela vontade e, mesmo, pela voluntariedade do apontado pai, ao despender afeto, de ser reconhecido como tal. Em outras palavras, as manifestações de afeto e carinho por parte de pessoa próxima à criança somente terão o condão de convolarem-se numa relação de filiação se, além da caracterização do estado de posse de filho, houver, por parte do indivíduo que despende o afeto, a clara e inequívoca intenção de ser concebido juridicamente como pai ou mãe da criança. Portanto, a higidez da vontade e da voluntariedade de ser reconhecido juridicamente como pai consubstancia pressuposto à configuração de filiação socioafetiva no caso aqui analisado. Dessa forma, não se concebe a conformação dessa espécie de filiação quando o apontado pai incorre em qualquer dos vícios de consentimento. Ademais, sem proceder a qualquer consideração de ordem moral, não se pode obrigar o pai registral, induzido a erro substancial, a manter uma relação de afeto igualmente calcada no vício de consentimento originário, impondo-lhe os deveres daí advindos sem que voluntária e conscientemente o queira. Além disso, como a filiação socioafetiva pressupõe a vontade e a voluntariedade do apontado pai de ser assim reconhecido juridicamente, caberá somente a ele contestar a paternidade em apreço. Por fim, ressalte-se que é diversa a hipótese em que o indivíduo, ciente de que não é o genitor da criança, voluntária e expressamente declara o ser perante o Oficial de Registro das Pessoas Naturais ('adoção à brasileira'), estabelecendo com esta, a partir daí, vínculo da afetividade paterno-filial. Nesta hipótese – diversa do caso em análise –, o vínculo de afetividade se sobrepõe ao vício, encontrando-se inegavelmente consolidada a filiação socioafetiva (hipótese, aliás, que não comportaria posterior alteração). A consolidação dessa situação – em que pese antijurídica e, inclusive, tipificada no art. 242 do CP –, em atenção ao melhor e prioritário interesse da criança, não pode ser modificada pelo pai registral e socioafetivo, afigurando-se irrelevante, nesse caso, a verdade biológica. Trata-se de compreensão que converge com o posicionamento perfilhado pelo STJ (REsp 709.608/MS, 4.ª Turma, *DJe* 23.11.2009; e REsp 1.383.408/RS, 3.ª Turma, *DJe* 30.05.2014)" (STJ, REsp 1.330.404/RS, Rel. Min. Marco Aurélio Bellizze, j. 05.02.2015, *DJe* 19.02.2015).

Como se nota, os casos de engano ou erro no registro também levantavam o questionamento sobre a prevalência da parentalidade socioafetiva. Todavia, sempre acreditei que deve prevalecer o melhor interesse da criança e do adolescente. Talvez, no caso anterior, o melhor caminho seria afastar o vínculo pela não consolidação da posse de estado de filho e não pura e simplesmente pela presença do engano.

De toda sorte, como o STF acabou por adotar o caminho da multiparentalidade, mesmo que contra a vontade das partes, o vínculo com o pai socioafetivo não poderá ser desfeito, sendo possível demandar o pai biológico. Sendo assim, penso que o STJ não mais decidirá como fez na última ementa, devendo seguir a nova orientação do STF, com repercussão geral.

Ao final, nota-se claramente que o julgamento do Supremo Tribunal Federal não estabeleceu a hierarquia entre a paternidade socioafetiva ou a biológica, devendo-se reconhecer a multiparentalidade como regra. Como sempre defendemos, não cabe um modelo fechado, uma *monossolução*, para resolver os conflitos familiares.

Pois bem, todos os julgados que reconheciam a relevância da posse de estado de filhos eram confirmados pelo Enunciado n. 339 do CJF/STJ da *IV Jornada de Direito Civil*, que veda o rompimento da paternidade socioafetiva em detrimento do melhor interesse do filho. No mesmo sentido, o seguinte enunciado, da *V Jornada de Direito Civil*, de 2011, "o conhecimento da ausência de vínculo biológico e a posse de estado de filho obstam a contestação da paternidade presumida" (Enunciado n. 520 do CJF/STJ).

Ainda em sede doutrinária, o tema sempre foi abordado e valorizado, entre outros, por Maria Helena Diniz, Giselda Hironaka, Gustavo Tepedino, Silmara Chinellato, Maria Berenice Dias, Paulo Lôbo, Rodrigo da Cunha Pereira, Rolf Madaleno, José Fernando Simão, Sílvio de Salvo Venosa, Carlos Roberto Gonçalves, Pablo Stolze Gagliano, Rodolfo Pamplona Filho, Cristiano Chaves de Farias e Nelson Rosenvald. Em suma, todos os principais *Manuais* de Direito de Família da atualidade vinham analisando a questão.

No que concerne ao tempo para a caracterização da parentalidade socioafetiva, dúvida que sempre surge na prática, destaca Leila Torraca de Brito, em sua tese de pós-doutorado, a existência de uma lei francesa (*Ordonnance 2005-759*) prevendo prazo de cinco anos de posse de estado de filhos, contados do nascimento ou do reconhecimento do filho, para que se impugne a parentalidade. Não havendo a posse de estado de filhos, o prazo para a impugnação é de dez anos (*Paternidades...*, 2008, p. 82).

Tal norma alterou o art. 333 do Código Civil Francês, ocorrendo novas modificações no ano de 2009, mantendo o prazo de cinco anos para a posse de estado de filhos. A experiência francesa serve como parâmetro para a realidade brasileira, cabendo apenas a ressalva de que a caracterização do vínculo de afetividade não leva em conta apenas fatores quantitativos, mas também qualitativos.

Atente-se ao fato de que parte da doutrina nacional apontava para a possibilidade de reconhecimento da *multiparentalidade*, o que reiteradamente contou com o meu total apoio doutrinário (TEIXEIRA, Ana Carolina Brochado; RODRIGUES, Renata de Lima. *Multiparentalidade*..., 2010, p. 190-218; ALMEIDA, Renata Barbosa de; RODRIGUES JR., Walsir Edson. *Direito*..., 2010, p. 381-383; PÓVOAS, Maurício Cavallazzi. *Multiparentalidade e parentalidade*..., 2012; CASSETTARI, Christiano. *Multiparentalidade*..., 2014). A *multiparentalidade*, de fato, parece ser a tese vitoriosa que se retira do julgamento do Supremo Tribunal Federal.

Nesse contexto, o que vinha prevalecendo na jurisprudência anterior era uma *escolha de Sofia*, entre o vínculo biológico e o socioafetivo, o que não poderia mais prosperar. Como interrogava a doutrina consultada, por que não seria possível a hipótese de a pessoa ter dois pais ou duas mães no registro, para todos os fins jurídicos, inclusive familiares e sucessórios? Como bem pontuava Maurício Bunazar, "a partir do momento em que a sociedade passa a encarar como pais e/ou mães aqueles perante os quais se exerce a posse do estado de filho, juridiciza-se tal situação, gerando, de maneira inevitável, entre os participantes da relação filial direitos e deveres; obrigações e pretensões; ações e exceções, sem que haja nada que justifique a ruptura da relação filial primeva" (BUNAZAR, Maurício. *Pelas portas*..., 2010, p. 63-73).

Reconhecendo tais premissas, anote-se a inédita sentença de 2012, prolatada pela magistrada Deisy Cristhian Lorena de Oliveira Ferraz, da Comarca de Ariquemes, Estado de Rondônia, determinando o duplo registro da criança, em nome do pai biológico e do pai socioafetivo, diante de pedido de ambos para que a multiparentalidade fosse reconhecida (disponível em: <www.flaviotartuce.adv.br/jurisprudencia>).

O tema igualmente ganhava relevo na questão relativa aos direitos e deveres dos padrastos e madrastas, com grande repercussão prática no meio social. Se a sociedade pós-moderna é pluralista, a família também o deve ser e para todos os fins, inclusive alimentares e sucessórios. Assim, na linha do exposto, o igualmente inédito acórdão do Tribunal de Justiça do Estado de São Paulo, que determinou o registro de madrasta como mãe civil de enteado, mantendo-se a mãe biológica, que havia falecido quando do parto. A ementa da emblemática decisão foi assim publicada:

> "Maternidade socioafetiva. Preservação da Maternidade Biológica. Respeito à memória da mãe biológica, falecida em decorrência do parto, e de sua família. Enteado criado como filho desde dois anos de idade. Filiação socioafetiva que tem amparo no art. 1.593 do Código Civil e decorre da posse do estado de filho, fruto de longa e estável convivência, aliado ao afeto e considerações mútuos, e sua manifestação pública, de forma a não deixar dúvida, a quem não conhece, de que se trata de parentes. A formação da família moderna não consanguínea tem sua base na afetividade e nos princípios da dignidade da pessoa humana e da solidariedade. Recurso provido" (TJSP, Apelação 0006422-26.2011.8.26.0286, 1.ª Câmara de Direito Privado, Itu, Rel. Des. Alcides Leopoldo e Silva Junior, j. 14.08.2012).

No ano de 2013, outras sentenças de primeira instância surgiram, como a prolatada pelo juiz de Direito Sérgio Luiz Kreuz, da Vara da Infância e da Juventude da Comarca de Cascavel, Paraná, em que se determinou a inclusão do registro do padrasto, pai socioafetivo, na documentação do enteado, para todos os fins, inclusive sucessórios e de alimentos.

Consta da decisão monocrática, de fevereiro de 2013, que "os fatos demonstram que ambos, o pai biológico e o requerente, exercem o papel de pai do adolescente. Excluir um deles da paternidade significaria privar o adolescente da convivência deste, pois certamente haveria um afastamento natural, o que só viria em prejuízo do próprio adolescente. Cabe agora traduzir esses fatos para a realidade jurídica, levando em consideração, em especial, os princípios que orientam o Direito de Família e o Direito da Criança e do Adolescente, em especial, o do melhor interesse da criança e do adolescente, tendo em vista que a legislação existente é lacunosa em relação a situações como a dos autos, o que, evidentemente, não significa que exista o Direito".

De 2014, outros três julgamentos de primeira instância merecem relevo. O primeiro foi pronunciado pela Vara da Família de Sobradinho, no Distrito Federal, atribuindo dupla paternidade, para todos os fins jurídicos, tanto para o pai biológico quanto para o socioafetivo (Processo 2013.06.1.001874-5, j. 06.06.2014). A segunda sentença é da 15.ª Vara da Família da Capital do Rio de Janeiro, prolatada pela magistrada e componente do IBDFAM Maria Aglae Vilardo, tendo reconhecido o direito de três irmãos terem duas mães, a biológica e a socioafetiva, em seus registros de nascimento (fevereiro de 2014). O último julgado é da 3.ª Vara Cível de Santana do Livramento, Rio Grande do Sul, decidindo a juíza Carine Labres que uma criança de cinco anos terá na certidão de nascimento o nome do pai biológico e do pai que a registrou e que com ela convive desde o nascimento (maio de 2014).

Do ano de 2015, merece relevo o acórdão prolatado pela Oitava Câmara Cível do Tribunal de Justiça do Rio Grande do Sul, na Apelação Cível 70062692876. O julgado reconheceu a multiparentalidade entre duas mães – que viviam em união estável e posteriormente se casaram –, e o pai biológico, amigo de ambas. Conforme se extrai de sua ementa:

> "A ausência de lei para regência de novos – e cada vez mais ocorrentes – fatos sociais decorrentes das instituições familiares, não é indicador necessário de impossibilidade jurídica do pedido. É que 'quando a lei for omissa, o juiz decidirá o caso de acordo com a analogia, os costumes e os princípios gerais de direito' (artigo 4.º da Lei de Introdução ao Código Civil). (...). Dito isso, a aplicação dos princípios da 'legalidade', 'tipicidade' e 'especialidade', que norteiam os 'Registros Públicos', com legislação originária pré-constitucional, deve ser relativizada, naquilo que não se compatibiliza com os princípios constitucionais vigentes, notadamente a promoção do bem de todos, sem preconceitos de sexo ou qualquer outra forma de discriminação (artigo 3.º, IV da CF/88), bem como a proibição de designações discriminatórias relativas à filiação (artigo 227, § 6.º, CF), 'objetivos e princípios fundamentais' decorrentes do princípio fundamental da dignidade da pessoa humana. Da mesma forma, há que se julgar a pretensão da parte, a partir da interpretação sistemática conjunta com demais princípios infraconstitucionais, tal como a doutrina da proteção integral e do princípio do melhor interesse do menor, informadores do Estatuto da Criança e do Adolescente (Lei 8.069/90), bem como, e especialmente, em atenção do fenômeno da afetividade, como formador de relações familiares e objeto de proteção Estatal, não sendo o caráter biológico o critério exclusivo na formação de vínculo familiar. Caso em que no plano fático, é flagrante o ânimo de paternidade e maternidade, em conjunto, entre o casal formado pelas mães e do pai, em relação à menor, sendo de rigor o reconhecimento judicial da 'multiparentalidade', com a publicidade decorrente do registro público de nascimento" (TJRS, Apelação Cível 70062692876, Relator Des. José Pedro de Oliveira Eckert, j. 12.02.2015).

Outras tantas decisões jurisprudenciais surgiram sucessivamente, e destacávamos ser a multiparentalidade um *caminho sem volta* do Direito de Família Contemporâneo, consolidando-se as novas teorias e os princípios constitucionais nesse campo do pensamento jurídico. A decisão do STF é o *fim do caminho*. A regra passou a ser a multiparentalidade, nos casos de dilemas entre a parentalidade socioafetiva e a biológica. Uma não exclui a outra, devendo ambas conviver em igualdade plena.

Como se nota, os julgados ora citados envolvem situações em que houve consenso para o duplo registro. A grande dúvida era saber se o vínculo poderia ser imposto pelo magistrado, caso não existisse tal acordo. Esse parecia ser o grande desafio que envolvia a matéria.

Aliás, no final de 2015, o Superior Tribunal de Justiça enfrentou a questão, entendendo pela impossibilidade de se impor a multiparentalidade, sem que exista a vontade expressa de todos os envolvidos. Conforme consta da publicação da ementa:

> "Cinge-se a controvérsia a verificar a possibilidade de registro de dupla paternidade, requerido unicamente pelo Ministério Público estadual, na certidão de nascimento do menor para assegurar direito futuro de escolha do infante. Esta Corte tem entendimento no sentido de ser possível o duplo registro na certidão de nascimento do filho nos casos de adoção por homoafetivos. Precedente. Infere-se dos autos que o pai socioafetivo não tem interesse em figurar também na certidão de nascimento da criança. Ele poderá, a qualquer tempo, dispor do seu patrimônio, na forma da lei, por testamento ou doação em favor do menor. Não se justifica o pedido do *Parquet* para registro de dupla paternidade quando não demonstrado prejuízo evidente ao interesse do menor" (STJ, REsp 1.333.086/RO, 3.ª Turma, Rel. Min. Ricardo Villas Bôas Cueva, j. 06.10.2015, *DJe* 15.10.2015).

No entanto, como destacado, essa posição anterior do STJ está superada pelo julgamento do STF de setembro de 2016 no Recurso Especial 898.060/SC. Fica claro, pela tese da repercussão geral, que é possível reconhecer o duplo vínculo mesmo contra a vontade das partes envolvidas. Sem dúvida, temos um novo paradigma para a matéria, o que deve influenciar todas as decisões judiciais que surgirem no futuro.

A propósito, já sob a égide da nova posição do Supremo Tribunal Federal, a mesma Terceira Turma do STJ proferiu *decisum* em sentido oposto à última e com mesma relatoria, reconhecendo ser possível a multiparentalidade, mesmo que contra a vontade dos envolvidos. Vejamos a sua ementa:

> "O Supremo Tribunal Federal, ao julgar o Recurso Extraordinário n.º 898.060, com repercussão geral reconhecida, admitiu a coexistência entre as paternidades biológica e a socioafetiva, afastando qualquer interpretação apta a ensejar a hierarquização dos vínculos. A existência de vínculo com o pai registral não é obstáculo ao exercício do direito de busca da origem genética ou de reconhecimento de paternidade biológica. Os direitos à ancestralidade, à origem genética e ao afeto são, portanto, compatíveis. O reconhecimento do estado de filiação configura direito personalíssimo, indisponível e imprescritível, que pode ser exercitado, portanto, sem nenhuma restrição, contra os pais ou seus herdeiros" (STJ, REsp 1.618.230/RS, 3.ª Turma, Rel. Min. Ricardo Villas Bôas Cueva, j. 28.03.2017, *DJe* 10.05.2017).

Em 2021, fez o mesmo a Quarta Turma do Tribunal, com destaque para o seguinte trecho do acórdão:

> "A possibilidade de cumulação da paternidade socioafetiva com a biológica contempla especialmente o princípio constitucional da igualdade dos filhos (art. 227, § 6º, da CF). Isso porque conferir 'status' diferenciado entre o genitor biológico e o socioafetivo é, por consequência, conceber um tratamento desigual entre os filhos. No caso dos autos, a instância de origem, apesar de reconhecer a multiparentalidade, em razão da ligação

afetiva entre enteada e padrasto, determinou que, na certidão de nascimento, constasse o termo 'pai socioafetivo', e afastou a possibilidade de efeitos patrimoniais e sucessórios. Ao assim decidir, a Corte estadual conferiu à recorrente uma posição filial inferior em relação aos demais descendentes do 'genitor socioafetivo', violando o disposto nos arts. 1.596 do CC/2002 e 20 da Lei n. 8.069/1990. Recurso especial provido para reconhecer a equivalência de tratamento e dos efeitos jurídicos entre as paternidades biológica e socioafetiva na hipótese de multiparentalidade" (STJ, REsp 1.487,596/MG, 4.ª Turma, Rel. Min. Antonio Carlos Ferreira, j. 28.09.2021, DJe 1.º.10.2021).

Acredito que essa posição deve se consolidar no âmbito da Segunda Seção do STJ.

Como outra anotação importante a respeito da multiparentalidade – e também sobre a parentalidade socioafetiva –, reitere-se que, em 14 de novembro de 2017, o Conselho Nacional de Justiça editou o Provimento 63, admitindo o seu reconhecimento no Cartório de Registro Civil, ao lado da própria parentalidade socioafetiva. Essa norma administrativa recebeu alterações pelo Provimento 83, de agosto de 2019, do mesmo CNJ, especialmente a respeito desses temas, o que merece a devida análise, para os devidos fins de atualização deste livro. Mais uma vez é importante ressaltar que, em 2023, tais previsões foram incorporadas ao Código Nacional de Normas do próprio CNJ (CNN).

O primeiro dispositivo alterado foi o art. 10 do Provimento 63, que passou a ter a seguinte redação: "o reconhecimento voluntário da paternidade ou da maternidade socioafetiva de pessoas acima de 12 anos será autorizado perante os oficiais de registro civil das pessoas naturais". Atualmente, no Código Nacional de Normas, trata-se do seu art. 505.

Eis aqui uma das principais modificações a ser destacada pelo Provimento 83, pois a regra anterior não limitava o reconhecimento extrajudicial quanto ao critério etário, atingindo agora apenas os adolescentes, assim definidos pelo art. 1.º da Lei 8.069/1990 como as pessoas com idade entre 12 e 18 anos, e adultos. Seguiu-se, assim, parcialmente o critério etário da adoção, que, como a parentalidade socioafetiva, constitui forma de parentesco civil.

Diz-se *parcialmente* pois, pelo art. 45, § 2.º, do mesmo Estatuto da Criança e do Adolescente, há necessidade apenas de ouvir a pessoa adotada que tenha essa idade ou mais, mas não há essa limitação de idade para a adoção, restrição que agora atinge a parentalidade socioafetiva extrajudicial. Como escreve Ricardo Calderón, que participou dos debates prévios que permearam a elaboração da nova norma, como representante do IBDFAM, quanto à ausência de limitação anterior:

> "Esta amplitude passou a sofrer alguns questionamentos, principalmente para se evitar que crianças muito pequenas (com meses de vida até cerca de 5 anos de idade) tivessem sua filiação alterada sem a chancela da via judicial. Para parte dos atores envolvidos com infância e juventude, os registros de filiações de crianças ainda na primeira infância (até 6 anos) deveriam remanescer com o Poder Judiciário. Uma das principais preocupações era que, como crianças de tenra idade podem vir a atrair o interesse de pessoas que pretendessem realizar 'adoções à brasileira' ou então 'furar a fila adoção', melhor seria deixar tal temática apenas para a via jurisdicional". Ainda segundo ele, em palavras às quais me filio, "a observação parece ter algum fundamento, visto que o intuito do CNJ é justamente deixar com as Serventias de Registros de Pessoas Naturais apenas os casos consensuais e incontroversos, sob os quais não pairem quaisquer dúvidas. Quanto aos casos litigiosos, complexos ou que possam ser objeto de alguma outra intenção dissimulada a ideia é que fiquem mesmo com o Poder Judiciário, que tem maiores condições de tratar destes casos" (CALDERÓN, Ricardo. Primeiras impressões... Disponível em: <http://ibdfam.org.br>. Acesso em: 23 ago. 2019).

Além dessa alteração no *caput*, o art. 10 do Provimento 63 do CNJ recebeu uma letra *a*, outra novidade, passando a estabelecer critérios para a configuração da parentalidade socioafetiva, que deve ser estável e exteriorizada socialmente (art. 10-A). Conforme o seu § 1.º, recomenda-se na norma que o registrador ateste a existência do vínculo socioafetivo mediante apuração objetiva, por intermédio da verificação de elementos concretos, a fim de demonstrar os três critérios da posse de estado de filhos citados no julgamento do STF: o tratamento (*tractatio*), a reputação (*reputatio*) e o nome (*nominatio*). Trata-se, atualmente, do art. 506 do Código Nacional de Normas.

O mesmo comando ainda estabelece que o ônus da prova da afetividade cabe àquele que requer o registro extrajudicial, sendo viáveis todos os meios em Direito admitidos, especialmente por documentos, tais como elencados em rol meramente exemplificativo ou *numerus apertus*: *a)* apontamento escolar como responsável ou representante do aluno em qualquer nível de ensino; *b)* inscrição do pretenso filho em plano de saúde ou em órgão de previdência privada; *c)* registro oficial de que residem na mesma unidade domiciliar; *d)* vínculo de conjugalidade, por casamento ou união estável, com o ascendente biológico da pessoa que está sendo reconhecida; *e)* inscrição como dependente do requerente em entidades associativas, caso de clubes recreativos ou de futebol; *f)* fotografias em celebrações relevantes; e *g)* declaração de testemunhas com firma reconhecida (art. 10-A, § 2.º, do Provimento 83 do CNJ, atualmente o art. 506, § 2.º, do Código Nacional de Normas).

Além desses documentos, cite-se a possibilidade de prova por escritura pública de reconhecimento da parentalidade socioafetiva, que chegou a ser lavrada em alguns poucos Tabelionatos de Notas do País, de forma corajosa, e que confirma que a relação descrita no dispositivo não é taxativa ou *numerus clausus*.

A ausência desses documentos não impede o registro do vínculo socioafetivo, desde que justificada a impossibilidade. No entanto, o registrador deverá atestar como apurou o vínculo socioafetivo (art. 10-A, § 3.º, do Provimento 83 do CNJ; atualmente, art. 506, § 3.º, do Código Nacional de Normas).

Percebe-se, desse modo, a existência de uma construção probatória extrajudicial e certo poder decisório atribuído ao Oficial de Registro Civil, o que representa passos avançados e importantes em prol da extrajudicialização, e conta com o meu total apoio. Todos esses documentos colhidos na apuração do vínculo socioafetivo deverão ser arquivados pelo registrador – em originais ou cópias –, juntamente com o requerimento (art. 10-A, § 4.º do Provimento 83 do CNJ e, atualmente, art. 506, § 4.º, do Código Nacional de Normas).

Feitas essas anotações, o art. 11 do Provimento 63 também recebeu modificações pelo Provimento 83 para se adequar a regulamentações anteriores. O dispositivo tratou do processamento do reconhecimento extrajudicial, enunciando o seu *caput* que será feito perante o Oficial de Registro Civil das Pessoas Naturais, ainda que diverso daquele em que foi lavrado o assento, mediante a exibição de documento oficial de identificação com foto do requerente e da certidão de nascimento do filho, ambos em original e cópia, sem constar do traslado menção à origem da filiação. Atualmente, essa é a previsão do art. 507 do Código Nacional de Normas.

Na dicção do § 4.º desse art. 11 do Provimento 63, se o filho for menor de 18 anos, o reconhecimento da paternidade ou maternidade socioafetiva exigirá o seu consentimento. A previsão anterior do § 4.º era a seguinte: "se o filho for maior de doze anos, o reconhecimento da paternidade ou maternidade socioafetiva exigirá seu consentimento". Atualmente, trata-se do § 5.º do art. 507 do CNN do CNJ. Como se percebe, o novo texto está de acordo com a vedação de reconhecimento extrajudicial do menor de 12 anos de idade.

Também foi incluído o § 9.º nesse art. 11 do Provimento 63, com menção expressa à atuação do Ministério Público, conforme justo pleito formulado pelas suas instituições representativas. Trata-se, atualmente, do § 9.º do art. 507 do Código Nacional de Normas. Nos termos do comando, atendidos os requisitos para o reconhecimento da paternidade ou maternidade socioafetiva, o registrador encaminhará o expediente ao representante local do Ministério Público para que elabore um parecer jurídico. O registro da paternidade ou maternidade socioafetiva será realizado pelo registrador somente após o parecer favorável do Ministério Público. Eventualmente, se o parecer for desfavorável, o registrador civil não procederá ao registro da paternidade ou maternidade socioafetiva e comunicará o ocorrido ao requerente, arquivando o expediente. Ainda está expresso nesse artigo que eventual dúvida referente ao registro deverá ser remetida ao juízo competente para dirimi-la, ou seja, não sendo viável o caminho da extrajudicialização, a solução está no Poder Judiciário.

Entendo que a atuação do Ministério Público nesse procedimento somente é necessária se a pessoa a ser reconhecida for menor de idade ou incapaz. Nesse sentido, prevê o Enunciado n. 121, aprovado na *II Jornada de Prevenção e Solução Extrajudicial de Litígios*, no ano de 2021, que "a manifestação do Ministério Público, nos autos do Procedimento Extrajudicial de Reconhecimento da Parentalidade Socioafetiva, é obrigatória quando a pessoa reconhecida contar com menos de 18 anos de idade na data do reconhecimento, ficando dispensada quando se tratar de pessoa reconhecida maior e capaz".

No mesmo sentido, o Enunciado n. 43 do IBDFAM, aprovado no seu *XIII Congresso Brasileiro de Direito de Família e das Sucessões*, em outubro do mesmo ano: "é desnecessária a manifestação do Ministério Público nos reconhecimentos extrajudiciais de filiação socioafetiva de pessoas maiores de dezoito anos".

De todo modo, a previsão da necessária atuação extrajudicial do Ministério Público tem, mais uma vez, o meu total apoio. Tanto isso é verdade que fiz sugestões de alterações legislativas para a *Comissão Mista de Desburocratização*, para que sejam viáveis juridicamente a alteração do regime de bens, o inventário e o divórcio extrajudiciais perante o Tabelionato de Notas – os dois últimos mesmo havendo herdeiros ou filhos menores ou incapazes –, sempre com a intervenção do MP. Os projetos de lei que tratam dessas possibilidades estão em trâmite no Congresso Nacional. O mesmo ocorre com o atual Projeto de Reforma do Código Civil.

Ainda a respeito dessa normatização administrativa, suspeitando de fraude, falsidade, má-fé, vício de vontade, simulação ou dúvida sobre a configuração do estado de posse de filho, o registrador fundamentará a recusa, não praticará o ato e encaminhará o pedido ao juiz competente nos termos da legislação local (art. 12 do Provimento 63 do CNJ, atual art. 508 do Código Nacional de Normas). Nos termos do Enunciado n. 6, da *I Jornada de Direito Notarial e Registral*, de agosto de 2022 e ao qual me filio, "o procedimento de reconhecimento de filiação socioafetiva não deve ser encaminhado para a análise do Judiciário, quando a ausência de consentimento do genitor ocorrer em razão de seu falecimento prévio".

A discussão judicial sobre o reconhecimento da paternidade ou de procedimento de adoção obstará o reconhecimento da filiação pela sistemática estabelecida neste provimento. O requerente deverá declarar o desconhecimento da existência de processo judicial em que se discuta a filiação do reconhecendo, sob pena de incorrer em ilícito civil e penal (art. 13 do anterior Provimento 63, atual art. 509 do Código Nacional de Normas). Ressalto que esse comando anterior não foi modificado pelo Provimento 83/2019 do CNJ.

Especificamente quanto ao reconhecimento extrajudicial da multiparentalidade, ela era retirada do art. 14 do Provimento 63/2017 do CNJ, que também foi alterado pelo

Provimento 83/2019. Eis o tema mais polêmico relativo a esse tratamento administrativo, estando atualmente no art. 509 do Código Nacional de Normas.

O preceito anterior recebeu novos parágrafos, a fim de cuidar da multiparentalidade extrajudicial, na linha do que foi decidido pelo Supremo Tribunal Federal no julgamento da repercussão geral sobre o tema, aqui antes mencionado e citado expressamente nos "considerandos" dos dois provimentos. Foi mantido o *caput* do então art. 14, *in verbis*: "o reconhecimento da paternidade ou maternidade socioafetiva somente poderá ser realizado de forma unilateral e não implicará o registro de mais de dois pais ou de duas mães no campo FILIAÇÃO no assento de nascimento". Atualmente, trata-se do art. 510 do Código Nacional de Normas do CNJ.

A previsão vinha gerando muitas dúvidas e incertezas a respeito da possibilidade ou não de reconhecimento extrajudicial da multiparentalidade e talvez poderia ser até aperfeiçoada, com mais clareza. Com o texto atual, depois de 2019, acrescido dos dois novos parágrafos, a minha resposta continua sendo positiva quanto a essa polêmica, apesar de o *caput* não ter sido modificado.

Na dicção do então novo § 1.º do art. 14 do Provimento 63 do CNJ, "somente é permitida a inclusão de um ascendente socioafetivo, seja do lado paterno ou do materno". Além disso, se o caso envolver a inclusão de mais de um ascendente socioafetivo, deverá tramitar pela via judicial (§ 2.º). Penso que está evidenciado e se confirma, portanto, o registro da multiparentalidade no cartório, afirmação que se mantém para o atual art. 510 do Código Nacional de Normas. Nesse sentido, merece destaque o Enunciado n. 29, aprovado no *XII Congresso Brasileiro do IBDFAM*, em outubro de 2019: "em havendo o reconhecimento da multiparentalidade, é possível a cumulação da parentalidade socioafetiva e da biológica no registro civil". Porém, tal reconhecimento fica limitado a apenas um pai ou mãe que tenha a posse de estado de filho.

Se o caso for de inclusão de mais um ascendente, um segundo genitor baseado na afetividade, será necessário ingressar com ação específica de reconhecimento perante o Poder Judiciário. Nota-se, assim, a preocupação de evitar vínculos sucessivos, que, aliás, são difíceis de se concretizar na prática, pois geralmente a posse de estado de filho demanda certo tempo de convivência.

De toda forma, pela redação mantida no comando normativo, e que continua em vigor, não é possível que alguém tenha mais de dois pais ou duas mães no registro, ou seja, três pais e duas mães ou até mais do que isso. Esclareceu-se o real sentido do termo "unilateral" que consta do *caput* e que era objeto dos citados calorosos debates. Exatamente como opina mais uma vez Ricardo Calderón, com palavras que merecem destaque:

> "A redação destes novos parágrafos deixa mais claro o sentido do termo unilateral utilizado na redação originária do respectivo artigo 14. Como se percebe, o que se quer limitar é apenas a inclusão de mais um ascendente socioafetivo, pela via extrajudicial. Esta opção parece pretender acolher as situações mais comuns e singelas que se apresentam na realidade concreta, que geralmente correspondem à existência de apenas mais um ascendente socioafetivo. Os casos com a presença de um pai e uma mãe socioafetivos, por exemplo, são mais raros e podem pretender mascarar 'adoções à brasileira' – o que não se quer admitir. Daí a opção do CNJ em limitar este expediente extrajudicial a apenas mais um ascendente socioafetivo. Dessa forma, eventual segundo ascendente socioafetivo terá que se socorrer da via jurisdicional. Em consequência, restou esclarecida com estes novos parágrafos a manutenção da admissão da multiparentalidade unilateral: ou seja, a inclusão de um ascendente socioafetivo ao lado de um outro biológico que já preexista, mesmo que

da mesma linha (dois pais, por exemplo)" (CALDERÓN, Ricardo. Primeiras Impressões... Disponível em: <http://ibdfam.org.br>. Acesso em: 23 ago. 2019).

Assim como ele, também elogio o aperfeiçoamento do texto, que deve trazer mais certeza a respeito do tema.

Em suma, tentando atender a vários pleitos e pedidos que foram formulados por entidades distintas, o então novo Provimento 83 do CNJ aperfeiçoou o anterior, firmando o caminho sem volta da redução de burocracias e da extrajudicialização. Em um momento de argumentos e teses radicais, parece trazer o bom senso e o consenso em seu conteúdo, ou seja, a afirmação de que muitas vezes a *solução está no meio do caminho*.

Por fim a respeito da regra administrativa, a norma estabelece que o reconhecimento espontâneo da paternidade ou maternidade socioafetiva não obstaculizará a discussão judicial sobre a verdade biológica, para os fins jurídicos próprios, inclusive familiares e sucessórios, na linha da tão comentada decisão do STF (art. 15 do anterior Provimento 63 do CNJ, atual art. 511 do Código Nacional de Normas). Aqui também não houve qualquer alteração provocada pelo Provimento 83/2019 no anterior Provimento 63.

Voltando à análise do criticável art. 1.601 do CC/2002, por ocasião do *III Congresso Brasileiro de Direito de Família*, do IBDFAM, foi apresentada em forma de monólogo pela Professora Giselda Hironaka a peça de teatro criada pelo saudoso Professor João Baptista Villela – que nos deixou no ano de 2021 –, e que trouxe inúmeras reflexões teóricas e práticas em relação ao comando legal em questão.

Justamente por tais críticas, há propostas de alteração do comando legal em comento, o que ganha força pelo julgamento do STF que deu *status* igualitário à parentalidade socioafetiva. O antigo PL 699/2011 pretendia alterá-lo no sentido de restringir a impugnação da paternidade, para que não caiba nos casos de inseminação heteróloga, registro do filho ou adoção.

No mesmo sentido, o antigo PL 4.946/2005, agora arquivado, adotando proposta da Diretoria do IBDFAM, pelo qual o dispositivo ficaria com a seguinte redação: "Art. 1.601. Cabe exclusivamente ao marido o direito de impugnar a paternidade dos filhos nascidos de sua mulher. § 1.º Impugnada a filiação, os descendentes ou ascendentes do impugnante têm direito de prosseguir na ação. § 2.º Não se desconstituirá a paternidade caso fique caracterizada a posse do estado de filiação, ou a hipótese do inciso V do art. 1.597".

O Estatuto das Famílias do IBDFAM (atual PL 470/2013) pretendia igualmente modificar sobremaneira o regime de impugnação da paternidade, incluindo o art. 85, com a seguinte redação: "Art. 85. Cabe a qualquer dos cônjuges ou companheiros o direito de impugnar a paternidade ou a maternidade que lhe for atribuída no registro civil. § 1.º Impugnada a filiação, se sobrevier a morte do autor os herdeiros podem prosseguir na ação. § 2.º Não cabe a impugnação da paternidade ou maternidade: I – em se tratando de inseminação artificial heteróloga, salvo alegação de dolo ou fraude; II – caso fique caracterizada a posse do estado de filho; III – oriunda de adoção". Como outrora explicado, *a posse de estado de filho constitui o âmago da parentalidade socioafetiva*.

No atual Projeto de Reforma do Código Civil elaborado pela Comissão de Juristas nomeada no Senado Federal, a proposição é ainda mais profunda, pois, como visto, sugere-se a revogação expressa do seu art. 1.601, o que atualmente parece ser a melhor solução.

Também se almeja regulamentar, no campo legislativo, o tratamento da parentalidade socioafetiva e da multiparentalidade, encerrando-se qualquer debate que possa haver quanto à temática. Como visto, confirmando-se toda a evolução doutrinária e jurisprudencial exposta nos meus comentários e anotações, a Comissão de Juristas propõe que todas as modalidades de parentesco sejam colocadas em um artigo inicial, com um sentido de equalização, sem que se reconheça qualquer hierarquia entre elas, exatamente como restou decidido pelo Supremo Tribunal Federal, no julgado aqui tão citado.

Por isso se justifica o novo art. 1.512-A, prevendo o seu caput que "a relação de parentesco pode ter causa natural ou civil". Ademais, "o parentesco é natural se resultar de consanguinidade, ainda que o nascimento tenha sido propiciado por cessão temporária de útero" (§ 1.º). Igualmente na linha da posição consolidada em doutrina e jurisprudência, inclui-se o § 2.º no art. 1.512-A, prevendo que "o parentesco é civil, conforme resulte de socioafetividade, de adoção ou de reprodução assistida em que há a utilização de material genético de doador". Retira-se, portanto, o termo "outra origem", que é genérico, sendo necessária a definição do que seja o parentesco civil.

Ademais, além dessas regras gerais, são incluídas previsões específicas sobre a parentalidade socioafetiva, entre os novos arts. 1.617-A e 1.617-C. De acordo com o novo 1.617-A, e na linha do entendimento jurisprudencial antes exposto, "a inexistência de vínculo genético não exclui a filiação se comprovada a presença de vínculo de socioafetividade". Em outras palavras, admite-se a multiparentalidade, com a presença de vínculos concomitantes, consanguíneo e socioafetivo, o que confirma tese julgada pelo STF, em repercussão geral, bem como o entendimento majoritário da doutrina e da jurisprudência.

A respeito dos deveres parentais advindos da parentalidade socioafetiva, o novo art. 1.617-B da Lei Geral Privada passará a prever que "a socioafetividade não exclui nem limita a autoridade dos genitores naturais, sendo todos responsáveis pelo sustento, zelo e cuidado dos filhos em caso de multiparentalidade".

Prevaleceu na Comissão de Juristas o entendimento, contra o meu voto, de que somente é possível o reconhecimento extrajudicial da parentalidade socioafetiva no âmbito judicial, o que afasta toda a regulamentação pelo Conselho Nacional de Justiça anterior, aqui antes comentada, consoante o novo art. 1.617-C, "o reconhecimento de filiação socioafetiva de crianças, de adolescentes, bem como de incapazes, será feito por via judicial".

Porém, para pessoas capazes e maiores de 18 anos, havendo a concordância dos pais naturais, dos pais socioafetivos e do filho, o reconhecimento poderá ser feito extrajudicialmente, cabendo ao oficial do Registro Civil reconhecer a existência do vínculo de filiação e levá-lo a registro (§ 1.º). Em casos de discordância de um ou de ambos os genitores naturais, o reconhecimento da multiparentalidade poderá ser buscado apenas judicialmente (§ 2.º).

Essas mudanças propostas, que acabaram prevalecendo pelo voto da maioria, no *espírito democrático* que imperou na Comissão de Juristas, farão que o Conselho Nacional de Justiça tenha que regulamentar novamente o tema.

De volta ao sistema em vigor, seguindo-se na análise da atual codificação material, o seu art. 1.603 estabelece que a filiação deve ser provada pela certidão do termo do nascimento registrada no Registro Civil. Igualmente fazendo referência à paternidade socioafetiva, determina o Enunciado n. 108 do CJF/STJ que "no fato jurídico do nascimento, mencionado no art. 1.603, compreende-se, à luz do disposto no art. 1.593, a filiação consanguínea e também a socioafetiva".

Como se pode perceber, a paternidade socioafetiva é um dos temas mais importantes do Direito de Família Brasileiro, surgindo como leme orientador desse último comando, sem prejuízo de outros. Como visto, com a decisão do STF de setembro de 2016, o parentesco socioafetivo passou a ter posição de igualdade perante o parentesco biológico ou natural (Recurso Extraordinário 898.060/SC).

No Projeto de Reforma do Código Civil, a Comissão de Juristas propõe que o seu art. 1.603 passe a ter a seguinte redação: "a filiação prova-se pelo registro de nascimento". Como bem esclareceu a Subcomissão de Direito de Família, "trata-se de mero ajuste redacional, sem perda da essência normativa. A prova da filiação, afinal, emana do próprio 'registro', e não da 'certidão do termo'". Quanto à parentalidade socioafetiva, pelo que está no Enunciado n. 108 da *III Jornada de Direito Civil*, não haverá mais necessidade de se incluir a ressalva no art. 1.603, pois ela já estará prevista em outras propostas de alteração do Código Civil.

Completando a norma, segundo o vigente art. 1.604 do CC: "ninguém pode vindicar estado contrário ao que resulta do registro do nascimento, salvo provando-se erro ou falsidade do registro". O dispositivo está a possibilitar a *ação vindicatória de filho* por terceiro, havendo erro ou falsidade. Ilustre-se com o caso do pai biológico que tem conhecimento imediato de que o seu filho foi registrado por terceiro, que se alegou pai.

Deve ficar claro, contudo, que a parte final do dispositivo não afasta a socioafetividade. Conforme ementa do Superior Tribunal de Justiça, "o artigo 1.604 do Código Civil não é suficiente para impedir a desconstituição do registro de nascimento porque, na hipótese, o Tribunal de origem reconheceu a existência de falsidade" (STJ, AgRg-REsp 1.231.119/RS, 3.ª Turma, Rel. Min. Sidnei Beneti, j. 11.10.2011, *DJE* 25.10.2011). Ou, mais recentemente, confirmando ser esse o entendimento do Tribunal:

> "Esta Corte consolidou orientação no sentido de que para ser possível a anulação do registro de nascimento, é imprescindível a presença de dois requisitos, a saber: (i) prova robusta no sentido de que o pai foi de fato induzido a erro, ou ainda, que tenha sido coagido a tanto e (ii) inexistência de relação socioafetiva entre pai e filho. Assim, a divergência entre a paternidade biológica e a declarada no registro de nascimento não é apta, por si só, para anular o registro. Precedentes. Na hipótese, o recorrente refletiu por tempo considerável e, findo esse período, procedeu à realização do registro de forma voluntária. Não há elementos capazes de demonstrar a existência de erro ou de outro vício de consentimento, circunstância que impede o desfazimento do ato registral. Não só, as provas examinadas pelo Tribunal local apontam para a existência de vínculo socioafetivo entre as partes, o que corrobora a necessidade de manutenção do registro tal qual realizado" (STJ, REsp 1.829.093/PR, 3.ª Turma, Rel. Min. Nancy Andrighi, j. 1.º.06.2021, *DJe* 10.06.2021).

Mais uma vez, cabe pontuar que, com a decisão do STF de análise da repercussão geral sobre a socioafetividade, a regra passou a ser o duplo vínculo ou a multiparentalidade. Em suma, sendo proposta a ação pelo pai biológico para vindicar o filho, seria viável juridicamente manter o pai socioafetivo no registro, e incluir o pai biológico.

Porém, a minha posição é no sentido de que não é possível desfazer o vínculo socioafetivo em casos tais. Também não é viável incluir o pai biológico se houver a comprovação do outro vínculo, especialmente em se tratando de filho menor de idade, o que pode lhe trazer prejuízos imensuráveis, de cunho psicológico e social. A opção para incluir o pai biológico no registro, nessas situações, deve ser do filho, e não do pai. Ademais, reitere-se que devem ser afastados os pedidos de *demandas frívolas*, com claro intuito patrimonial ou financeiro.

Pode-se, então, assim resumir a matéria trazida pelo dispositivo em comento, devidamente atualizada com aquela revolucionária decisão superior:

– *Regra*: não cabe a *quebra* do que consta do registro de nascimento.
– *Exceção*: o registro pode ser *quebrado* nos casos de erro ou falsidade do registro, por meio da ação vindicatória de filho.

- *Exceção da exceção*: a *quebra* do registro não pode afastar a parentalidade ou paternidade socioafetiva. Restará o debate sobre a possibilidade de incluir também o pai biológico no registro de nascimento do filho, para todos os fins jurídicos, inclusive sucessórios e alimentares. Na minha opinião doutrinária, tal opção somente cabe ao filho, e não ao pai, mormente em se tratando de demandas movidas por puros interesses patrimoniais do pai biológico, tidas como *demandas frívolas* – na expressão de Anderson Schreiber –, ou *argentárias* – conforme José Fernando Simão.

Observo que no recente Projeto de Reforma do Código Civil, tendo em vista todas as divergências existentes a respeito da *ação vindicatória de filhos* – eis que, quando incluída na lei, se desconsiderava a realidade posterior e vigente da parentalidade socioafetiva e da multiparentalidade –, a Comissão de Juristas sugere a revogação expressa do art. 1.604 do CC. Deixa-se, assim, a questão em aberto ao julgador, sem que se possa dar prioridade ao vínculo consanguíneo em detrimento do biológico, como acabou julgando o STF a respeito do tema e ao contrário do que parece induzir o dispositivo. Ademais, não se pode negar que o termo "vindicar" é impróprio para ser utilizado, pois geralmente é usado para ações relativas a coisas.

Voltando-se à norma em vigor, na falta ou defeito do termo de nascimento, a filiação pode ser provada por qualquer forma admitida em direito, conforme determina o art. 1.605, *caput*, do CC. Complementando o referido dispositivo, os seus incisos preveem que são admitidas como *provas supletivas da filiação*: *a)* prova por escrito, proveniente dos pais, de forma conjunta ou separada; *b)* existência de presunções relativas resultantes de fatos já certos, inclusive pela *posse de estado de filhos*, ou seja, pelo fato de o filho conviver há tempo com os supostos pai e mãe. Pela última previsão, há de se invocar, mais uma vez, a parentalidade socioafetiva.

Anotando novamente sobre o atual Projeto de Reforma do Código Civil, concluiu-se na Comissão de Juristas que não há mais qualquer razão em se trazer um rol ou uma relação meramente exemplificativa (numerus apertus) de como se pode provar o vínculo de filiação. Assim, propõe-se a revogação expressa dos incisos do dispositivo, que passará a prever apenas no seu caput em termos gerais o seguinte: "Art. 1.605. Na falta ou defeito do termo de nascimento, poderá provar-se a filiação natural ou civil por qualquer modo admissível em direito. I – revogado; II – revogado". Utiliza-se uma expressão mais aberta e eficiente para a prática, como já hoje se interpreta o comando, sem qualquer inovação de conteúdo.

Encerrando o tratamento da matéria, o art. 1.606 do CC/2002 vigente impõe que a ação de prova de filiação compete ao filho, enquanto ele viver (ação personalíssima). Essa ação, contudo, será transmitida aos herdeiros se o filho morrer menor ou incapaz. Iniciada a ação pelo filho, os seus herdeiros poderão continuá-la, salvo se o processo for julgado extinto (art. 1.606, parágrafo único, do CC).

A completar o sentido do comando, cumpre destacar o seguinte enunciado aprovado na *V Jornada de Direito Civil*: "qualquer descendente possui legitimidade, por direito próprio, para o reconhecimento do vínculo de parentesco em face dos avós ou qualquer ascendente de grau superior, ainda que o seu pai não tenha iniciado a ação de prova da filiação em vida" (Enunciado n. 521 do CJF/STJ). O enunciado doutrinário possibilita a *ação avoenga*, do neto contra o avô, que ainda será estudada na presente obra.

Adiante-se, contudo, que, no Projeto de Reforma do Código Civil, com a finalidade de se admitir expressamente a chamada *ação avoenga*, na linha da doutrina e da jurisprudência majoritárias, a Comissão de Juristas propõe alterar o art. 1.606 do Código Civil. Nesse sentido, em termos genéricos, e para qualquer ação fundada na filiação, o seu *caput* passará a prever que "a ação para constituir ou desconstituir a parentalidade em linha reta compete aos ascendentes e aos descendentes, sem limites de grau ou de linha". Mais, iniciada a ação e morto o seu autor, os herdeiros poderão continuá-la, salvo se julgado extinto o processo (§ 1.º). Por fim, sobre a não sujeição da ação de filiação a qualquer prazo, seja prescricional, seja decadencial, insere-se o § 2.º, o que vem em boa hora, confirmando-se a posição da jurisprudência superior, sobretudo da Súmula 149 do STF: "a ação de que trata o *caput* deste artigo não se sujeita à prescrição ou à decadência". Voltarei a esses temas mais à frente.

Superada a análise da filiação, passa-se à abordagem do tema reconhecimento de filhos.

6.3 RECONHECIMENTO DE FILHOS

6.3.1 Introdução

O tema reconhecimento de filhos, antes do Código Civil de 2002, estava regulamentado pela Lei 8.560/1992 (Lei da Investigação da Paternidade), norma que continua parcialmente em vigor, particularmente naqueles pontos que tratam da matéria processual. O reconhecimento de filhos no atual Código Civil consta dos seus arts. 1.607 a 1.617.

De acordo com o primeiro comando legal constante da codificação material vigente, o filho havido fora do casamento pode ser reconhecido pelos pais, de forma conjunta ou separada. O dispositivo não menciona mais o termo *filho ilegítimo*, como previa o art. 355 do CC/1916, norma esta que já não estava sintonizada com a igualdade entre filhos constante do Texto Maior (art. 227, § 6.º).

No atual Projeto de Reforma do Código Civil, a Subcomissão de Direito de Família orientou-se no sentido de revogação do dispositivo, com as seguintes justificativas: "a proposta pretende realizar a revogação de dispositivos que não se justificam mais, por implicar interpretação com viés discriminatório, e, ainda, proceder com atualização redacional". A Relatoria-Geral – composta pela Professora Rosa Maria de Andrade Nery e por mim – e também a Comissão de Juristas concordaram com a proposta, com a retirada do texto do art. 1.607 do Código Civil, pois não mais se justifica na contemporaneidade.

Em relação à maternidade, quando esta constar do termo de nascimento, como é comum, a mãe só poderá contestá-la, provando a falsidade do termo, ou das declarações nele contidas (art. 1.608 do CC). É o caso, por exemplo, da outrora citada troca de bebês em maternidade. Na verdade, a norma é aplicável em casos excepcionais diante da velha regra pela qual *a maternidade é sempre certeza (mater semper certa est)*. De qualquer modo, caso proposta uma ação de investigação de maternidade, mais uma vez a parentalidade socioafetiva deve ser levada em conta. Nessa esteira, o seguinte julgado do Tribunal Gaúcho:

> "Apelação cível. Ação negatória de maternidade. Ação anulatória do registro civil. Adoção à brasileira. Preliminar de ilegitimidade ativa. Ainda que intitulada de ação negatória de maternidade, cuja legitimidade ativa seria exclusiva da mãe (art. 1.608 do CC/02), se a ação intentada pelo próprio filho objetiva a declaração de inexistência de filiação e anulação do registro, o filho é parte legítima para intentar a ação. Preliminar rejeitada. Adoção à brasileira e filiação socioafetiva. Incontroversa a adoção à brasileira do autor pelos pais registrais, a exemplo da adoção legal, aquela é irrevogável. Existindo manifesta filiação socioafetiva por mais de três décadas entre autor e a ré (mãe registral), a pretensão de anulação não comporta acolhimento, nem mesmo diante de eventual rompimento de relações entre as partes – filho e mãe – cujos sentimentos em conflito, não têm o condão de desconstituir os vínculos de filiação entre eles. Rejeitaram a preliminar e desproveram

a apelação" (TJRS, Apelação Cível 70032889644, 7.ª Câmara Cível, Porto Alegre, Rel. Des. André Luiz Planella Villarinho, j. 07.07.2010, *DJERS* 15.07.2010).

Em realidade, as grandes discussões relativas à filiação referem-se ao reconhecimento da paternidade, justamente porque esta não é certa.

Também no que diz respeito ao art. 1.608 da codificação privada, no Projeto de Reforma do Código Civil, assim como o dispositivo anterior, a Subcomissão de Direito de Família sugeriu a sua revogação expressa, que perdeu sua razão de ser diante da posse de estado de filhos, da parentalidade socioafetiva e da multiparentalidade, além de ser discriminatório. A posição externada foi adotada pela Relatoria-Geral e pela Comissão de Juristas. De fato, a norma não mais se justifica nos tempos atuais, devendo-se aproveitar a oportunidade de uma ampla reforma para a retirada da norma do nosso sistema jurídico.

Feitas essas observações, de imediato, é interessante aqui apontar que o reconhecimento de filhos pode ocorrer de duas formas:

a) *Reconhecimento voluntário ou perfilhação* – nas situações descritas no art. 1.609 do CC.

b) *Reconhecimento judicial ou forçado* – nas hipóteses em que não há o reconhecimento voluntário, o mesmo devendo ocorrer de *forma coativa,* por meio da *ação investigatória,* cujo estudo será detalhado.

A matéria será dividida, didaticamente, nesses dois tópicos. Vejamos.

6.3.2 Reconhecimento voluntário

O art. 1.609 do CC/2002, repetindo basicamente o que constava do art. 1.º da Lei 8.560/1992, disciplina as hipóteses de reconhecimento voluntário de filhos ou *perfilhação,* a saber:

a) No registro do nascimento.

b) Por escritura pública ou escrito particular, a ser arquivado no cartório de registro das pessoas naturais. Tal procedimento deve ser adotado nos casos em que o reconhecimento não ocorreu no registro do nascimento.

c) Por testamento, ainda que a manifestação seja incidental. Quando a lei menciona o testamento, também estão abrangidos o legado (disposição testamentária específica) e o codicilo (disposição de pequena monta).

d) Por manifestação direta e expressa perante o juiz, ainda que o reconhecimento de filho não seja o objeto único e principal do ato que o contém. Vale aqui citar, como exemplo, a declaração feita por uma pessoa, como testemunha, em uma ação de despejo. Se o ato é de reconhecimento de filho, deve ser reputado como válido e eficaz, mesmo não sendo este o objeto da ação.

Como norma especial anterior, e diante de tratamento específico no Código Civil, continua em vigor a regra do art. 3.º da Lei 8.560/1992, que veda o reconhecimento de filho na ata do casamento. Pode surgir crítica quanto à vigência do dispositivo, pela alegação de que a interpretação deve ser guiada sempre pelo reconhecimento do filho, à luz da proteção da dignidade humana e do direito ao vínculo de parentalidade. Porém, abrandando o sentido da norma, anotam Theotonio Negrão e José Roberto F. Gouvêa que "a legitimação e o reconhecimento resultam automaticamente do casamento dos pais, se antes já não tiverem ocorrido" (*Código Civil...*, 2007, p. 1.036). Assim sendo, a norma tem reduzida aplicação prática.

Diante da vedação de qualquer forma de discriminação, logicamente, não pode constar referência alguma a respeito da natureza da filiação, ou seja, se o filho é havido ou não do casamento (art. 5.º da Lei 8.560/1992). Na verdade, a possibilidade de distinção não deveria ser sequer cogitada.

O reconhecimento pode preceder ao nascimento (reconhecimento de nascituro) ou ser posterior ao falecimento (reconhecimento *post mortem*), se o filho a ser reconhecido deixar descendentes (art. 1.609, parágrafo único, do CC). Esse dispositivo, ao prever a possibilidade de reconhecimento do filho não gerado, consagra direitos ao nascituro, que, para os concepcionistas, deve ser considerado pessoa, pois o nascituro tem direitos da personalidade (personalidade jurídica formal). A *teoria concepcionista* pode ser tida como majoritária na doutrina brasileira atual, conforme observei em artigo científico escrito há tempos sobre o tema (TARTUCE, Flávio. *A situação jurídica...*, 2007, v. 6, p. 83-104).

No que diz respeito ao Projeto de Reforma do Código Civil, são propostos ajustes no art. 1.609, que, em seu *caput*, continuará a enunciar que "o reconhecimento voluntário da filiação natural ou civil é irrevogável e será feito". No inc. I, passa-se a prever: "diretamente no Cartório do Registro Civil das Pessoas Naturais, ressalvado o disposto no § 2.º do art. 9.º deste Código". Faz-se a ressalva a respeito do reconhecimento de filiação socioafetiva de pessoa com menos de 18 anos de idade, que será necessariamente feito por sentença judicial e levado a registro.

Portanto, pela proposta e na linha do que antes comentei, prevaleceu na Comissão de Juristas, por voto da maioria e com a minha posição vencida, o entendimento segundo o qual o reconhecimento de filiação socioafetiva de pessoa com menos de 18 anos de idade somente poderá ser feito no âmbito judicial, não se admitindo o seu reconhecimento extrajudicial. Com essa nova realidade, todas as normas do Conselho Nacional de Justiça deverão ser revistas, somente se admitindo o reconhecimento extrajudicial da parentalidade socioafetiva para as pessoas com idade superior a 18 anos.

Seguindo com as proposições, o novo inc. II do art. 1.609 passará a mencionar, "por escritura pública ou documento particular, reconhecido por autenticidade, a ser arquivado no Cartório do Registro Civil das Pessoas Naturais". Passa-se, portanto, a se exigir a autenticidade nos casos de instrumento particular, aumentando a segurança jurídica.

O seu projetado inc. III, em termos gerais e na linha dos meus comentários, passará a prever expressamente o reconhecimento "por testamento, legado ou codicilo, ainda que incidentalmente manifestado". No inc. IV, novamente com os fins de deixar a norma mais clara, inclui-se a menção expressa ao Juiz de Direito: "por manifestação direta e expressa perante o Juiz de Direito, ainda que o reconhecimento não haja sido o objeto único e principal do ato que o contém".

Por fim, inclui-se uma nova previsão, um inc. V no art. 1.609 do CC, em atendimento à realidade das novas tecnologias e do incremento dos meios de comunicação, prevendo ser possível o reconhecimento de filhos, "por manifestação em veículos de comunicação, redes sociais ou outras espécies de mídia, inequivocamente documentada".

Em relação ao parágrafo único do dispositivo, é ele mantido, no sentido de que "o reconhecimento pode preceder o nascimento do filho ou ser posterior ao seu falecimento, se ele deixar descendentes". Vale lembrar, quanto ao nascituro, que vários dispositivos da

Reforma do Código Civil adotam a teoria concepcionista, reconhecendo a sua personalidade jurídica para os fins civis.

De todo modo, a grande novidade sobre o tema diz respeito à inclusão de um novo art. 1.609-A, que traz para a codificação privada o tratamento do reconhecimento oficioso da paternidade, hoje previsto na Lei 8.560/1992, mas com regra importante e diversa, a respeito da inversão do ônus da prova. Conforme as justificativas dos juristas da Subcomissão de Direito de Família – Pablo Stolze, Maria Berenice Dias, Rolf Madaleno e Ministro Marco Buzzi –, "adotou-se, aqui, regramento diverso daquele previsto na Lei 8.560/1992, para admitir diretamente o registro de nascimento em nome do pai, em caso de negativa injustificada de reconhecimento da paternidade, com a recusa ao exame de DNA. Em seguida, o expediente deverá ser encaminhado ao Ministério Público para a propositura de ação de alimentos e fixação do regime de convivência. Tal providência impede que mães aguardem anos ou meses o reconhecimento de um vínculo paterno-filial, frequentemente negado por mágoa, desconsideração ou capricho. Pelos dados Arpen, entre 2016 e 2021, 16 milhões de crianças foram registradas somente no nome da mãe (Fonte: https://www.correiobraziliense.com.br/brasil/2023/08/5116706-por-dia-quase-500-criancas-sao-registradas-sem-o-nome-do-pai-no-brasil.html#). Desse modo, diante da possibilidade de ser identificado o vínculo genético via exame de DNA, imperiosa a alteração legislativa".

Revoga-se expressamente, como consequência, toda a Lei 8.560/1992. Nos termos do *caput* do novo art. 1.609 do CC, "promovido o registro de nascimento pela mãe e indicado o genitor do seu filho, o oficial do Registro Civil deve notificá-lo pessoalmente para que faça o registro da criança ou realize o exame de DNA". Assegura-se, portanto, o contraditório e a ampla defensa com a notificação extrajudicial do suposto pai.

Seguindo, estabelecerá o § 1.º do projetado art. 1.609-A que, "em caso de negativa do indicado como genitor de reconhecer a paternidade, bem como de se submeter ao exame do DNA, o oficial deverá incluir o seu nome no registro, encaminhando a ele cópia da certidão". Como antes exposto, exatamente da linha das justificativas para a proposta, "após encaminhará o expediente ao Ministério Público ou à Defensoria Pública para propor ação de alimentos e a fixação do regime de convivência" (§ 2.º). Não sendo localizado o indicado como genitor, o expediente deverá ser encaminhado ao Ministério Público ou à Defensoria Pública para a propositura da ação declaratória de parentalidade, alimentos e regulamentação da convivência (§ 3.º).

Com vistas a manter novamente o contraditório e a ampla defesa, o § 4.º do novo art. 1.609-A preverá que, "a qualquer tempo, o pai poderá buscar a exclusão do seu nome do registro, mediante a prova da ausência do vínculo genético ou socioafetivo". Por fim, como última previsão, "se o suposto genitor houver falecido ou não existir notícia de seu paradeiro, o juiz determinará, às expensas do autor da ação, a realização do exame de pareamento do código genético (DNA) em parentes consanguíneos, preferindo-se os de grau mais próximo aos de grau mais remoto, importando a respectiva recusa em presunção relativa de paternidade, a ser apreciada em conjunto com o contexto probatório" (§ 5.º do novo art. 1.609-A do Código Civil).

Todas essas importantes inovações foram amplamente debatidas na Comissão de Juristas, especialmente pelo fato de ter sido exposta nas audiências públicas pelo Professor Pablo Stolze Gagliano, relator da Subcomissão de Direito de Família. Foram feitos ajustes pela Relatora-Geral, Professora Rosa Nery, submetidos a consenso com a respectiva subcomissão. Chegou-se, assim, ao texto final ora proposto, que foi aprovado de forma unânime perante todo o colegiado.

Trata-se, sem dúvida, de projeção de norma muito importante, que, além de atender ao *protocolo de gênero*, tutelando-se os interesses e direitos das mulheres, visa a afastar a triste realidade brasileira de pessoas sem o nome do pai no registro. A par dessa realidade, penso que a proposta é fundamental para alterar esse infeliz panorama social, esperando-se a sua aprovação pelo Congresso Nacional.

Feitas essas importantes observações sobre a necessidade de atualização da temática, o reconhecimento de filhos constitui um ato jurídico *stricto sensu*, ou em sentido estrito, justamente porque os seus efeitos são apenas aqueles decorrentes de lei. Não há, em regra, uma composição de vontades, a fazer com que o mesmo seja configurado como um negócio jurídico. Trata-se também de um ato unilateral e formal.

Entretanto, dúvidas surgem quanto ao que consta da primeira parte do art. 1.614 do CC/2002, segundo o qual "o filho maior não pode ser reconhecido sem o seu consentimento, e o menor pode impugnar o reconhecimento, nos quatro anos que se seguirem à maioridade, ou à emancipação". Essa primeira parte do dispositivo em questão, quanto ao reconhecimento de filho maior, reproduz o art. 4.º da Lei 8.560/1992.

Pelo que consta do Código Civil atual, fica a dúvida: o reconhecimento de filho maior passa a ser um ato bilateral? Para Silvio Rodrigues, em obra atualizada por Francisco José Cahali, a resposta é negativa. São suas palavras: "entretanto, temos que a referida circunstância não tira do ato seu caráter unilateral. A exigência do assentimento do filho maior reconhecido ou a permissão para o menor impugnar tempestivamente o ato que o reconheceu são medidas protetoras que se justificam no fato de o reconhecimento envolver efeitos morais e materiais de enorme relevância, que não podem ser provocadas pelo arbítrio de um só" (*Direito civil...*, 2006, p. 320).

Na mesma linha, como bem leciona Paulo Lôbo, "o reconhecimento é ato complexo, que apenas consuma seus efeitos quando é seguido de outro ato – o do consentimento. Atente-se para o fato de que não se converte em negócio jurídico, a que pode equivocadamente levar a obrigatoriedade do consentimento. São dois atos distintos e complementares" (LÔBO, Paulo. *Famílias...*, 2008, p. 244).

Filia-se integralmente aos juristas, sendo certo que o ato, no caso em questão, passa a ser um *ato unilateral receptício*, que apenas depende da recepção da outra parte, até porque o ato de reconhecimento é o que predomina nessas hipóteses.

Essa questão sobre a natureza jurídica do ato de reconhecimento do filho maior foi debatida em recente julgado do Superior Tribunal de Justiça, que cita a minha posição e afasta a possibilidade de reconhecimento *post mortem* da maternidade socioafetiva de filho maior, justamente pelo fato de ter ocorrido o seu falecimento e faltar o consenso. Vejamos trecho da ementa do acórdão:

> "A pretensão de reconhecimento da maternidade socioafetiva *post mortem* de filho maior é, em tese, admissível, motivo pelo qual é inadequado extinguir o feito em que se pretenda discutir a interpretação e o alcance da regra contida no art. 1.614 do CC/2002 por ausência de interesse recursal ou impossibilidade jurídica do pedido. Imprescindibilidade do consentimento do filho maior para o reconhecimento de filiação *post mortem* decorre da impossibilidade de se alterar, unilateralmente, a verdade biológica ou afetiva de alguém sem que lhe seja dada a oportunidade de se manifestar, devendo ser respeitadas a memória e a imagem póstumas de modo a preservar a história do filho e também de sua genitora biológica. Recurso especial conhecido e desprovido, por fundamentação distinta, a fim de julgar improcedente o pedido com resolução de mérito" (STJ, REsp 1.688.470/RJ, 3.ª Turma, Rel. Min. Nancy Andrighi, j. 10.04.2018, *DJe* 13.04.2018).

Ainda em relação ao art. 1.614 do CC, particularmente quanto ao prazo para impugnar o reconhecimento pelo menor, que é decadencial de quatro anos a contar da sua maioridade, a previsão é criticável. Isso porque o direito de impugnar a paternidade não estaria sujeito a prazo decadencial, nem prescricional, por envolver questão referente ao estado de pessoas e à dignidade humana (direito à verdade biológica).

Nesse contexto, concordava-se integralmente com a proposta de alteração do dispositivo constante do antigo *Projeto Ricardo Fiuza*, pelo qual o art. 1.614 do CC/2002 ficaria com a seguinte redação, sem a menção ao prazo decadencial: "o filho maior não pode ser reconhecido sem o seu consentimento, e o menor pode impugnar o reconhecimento após a sua maioridade".

Anote-se que o Superior Tribunal de Justiça não tem aplicado esse prazo de quatro anos no que tange à impugnação judicial, restringido a sua incidência. Vejamos três desses julgados:

"Agravo regimental. Ação de investigação de paternidade. Imprescritibilidade. Previdência privada. Anulação do registro anterior. Procedência pedido. Consequência. Lógica. Prazo de decadência. Não aplicação. 1. O prazo decadencial de 4 anos estabelecido nos arts. 178, § 9.º, inc. VI e 362 do Código Civil de 1916 (correspondente ao art. 1614 do Código Civil atual) aplica-se apenas aos casos em que se pretende, exclusivamente, desconstituir o reconhecimento de filiação, não tendo incidência nas investigações de paternidade, hipótese dos autos, nas quais a anulação do registro civil constitui mera consequência lógica da procedência do pedido. Precedentes da 2.ª Seção. 2. Agravo regimental a que se nega provimento" (STJ, AgRg no REsp 1259703/MS, 4.ª Turma, Rel. Min. Maria Isabel Gallotti, j. 24.02.2015, *DJe* 27.02.2015).

"Agravo regimental em agravo de instrumento. Manutenção da decisão hostilizada pelas suas razões e fundamentos. Agravo improvido. I – Não houve qualquer argumento capaz de modificar a conclusão alvitrada, que está em consonância com a jurisprudência consolidada desta Corte, devendo a decisão ser mantida por seus próprios fundamentos. II – O prazo do artigo 1.614 do Código Civil refere-se ao filho que deseja impugnar reconhecimento de paternidade, e não à ação de investigação desta. Ademais, o prazo previsto no artigo supracitado vem sendo mitigado pela jurisprudência desta Corte Superior. Agravo improvido" (STJ, AgRg no Ag 1.035.876/AP, Rel. Min. Sidnei Beneti, 3.ª Turma, j. 04.09.2008, *DJe* 23.09.2008).

"Família. Investigação de paternidade. Negatória de filiação. Petição de herança. Possibilidade jurídica do pedido. Prescrição. Decadência. ECA. O filho nascido na constância do casamento tem legitimidade para propor ação para identificar seu verdadeiro ancestral. A restrição contida no art. 340 do Código Beviláqua foi mitigada pelo advento dos modernos exames de DNA. A ação negatória de paternidade, atribuída privativamente ao marido, não exclui a ação de investigação de paternidade proposta pelo filho contra o suposto pai ou seus sucessores. A ação de investigação de paternidade independe do prévio ajuizamento da ação anulatória de filiação, cujo pedido é apenas consequência lógica da procedência da demanda investigatória. A regra que impõe ao perfilhado o prazo de quatro anos para impugnar o reconhecimento só é aplicável ao filho natural que visa afastar a paternidade por mero ato de vontade, a fim de desconstituir o reconhecimento da filiação, sem buscar constituir nova relação. É imprescritível a ação de filho, mesmo maior, ajuizar negatória de paternidade. Não se aplica o prazo do art. 178, § 9.º, VI, do Código Beviláqua" (STJ, REsp 765.479/RJ, 3.ª Turma, Rel. Min. Humberto Gomes de Barros, j. 07.03.2006, *DJ* 24.04.2006, p. 397).

Mesmo com a nova redação da proposta legislativa do antigo Projeto Ricardo Fiuza, é importante ficar claro que essa impugnação deve ser reputada improcedente nos casos em que estiver caracterizada a parentalidade socioafetiva, em decorrência da posse de estado de filhos e do vínculo de afeto formado. Mas entender que a imposição de prazo decadencial de quatro anos valoriza essa parentalidade socioafetiva, com devido respeito, parece um equívoco, pois a relação de afeto é, sobretudo, qualitativa e não quantitativa.

No Projeto de Reforma do Código Civil, elaborado pela Comissão de Juristas, acatando-se proposta da Professora Rosa Nery, em votação aberta e por maioria, a Comissão de Juristas sugere a inclusão de ressalva no art. 1.614 do Código Civil, a respeito do reconhecimento de filho com 18 anos ou mais, passando a prever que "o filho maior não pode ser reconhecido sem o seu consentimento, mas os genitores biológicos têm o direito de fazer a prova da parentalidade, caso tenham sido impedidos, por razões alheias à sua vontade de fazê-lo, se, logo de seu nascimento, o filho tenha sido arrebatado de seu convívio". A norma passará a admitir, portanto e a título de exemplo, o reconhecimento do vínculo parental, em momento posterior, nas hipóteses de subtração ou de troca de bebês em maternidade.

Retira-se, ainda, a menção final ao reconhecimento do vínculo em relação ao filho menor de 18 anos que, como visto dos meus comentários e anotações jurisprudenciais, tem redação anacrônica e com vários problemas práticos. Essa proposta é essencial para uma maior estabilidade das relações jurídicas familiares, em prol da segurança jurídica.

Ademais, com tom mais genérico e efetivo, sugere-se a inclusão de um novo art. 1.614-A, preceituando que "o filho pode impugnar o reconhecimento de parentalidade a qualquer tempo". Assim, não haverá qualquer prazo para a impugnação do vínculo pelo filho, pois, nas justificativas da Subcomissão de Direito de Família, "exclui-se um prazo decadencial anacrônico. A regra, no âmbito das ações de filiação, é a imprescritibilidade, tendo em vista, em especial, o direito constitucional à busca da identidade e origem de cada indivíduo. A proposta, portanto, assenta-se em uma premissa simples: extirpar um prazo injustificável".

Ainda com relação à análise do reconhecimento voluntário, trata-se de ato irrevogável, justamente porque envolve estado de pessoas. Pelo art. 1.610 do CC/2002, essa irrevogabilidade ocorre mesmo que o reconhecimento seja feito por testamento, que, como se sabe, é ato revogável. O conteúdo pessoal ou existencial do testamento relativo ao reconhecimento de filho não pode ser atingido pela revogação do seu conteúdo patrimonial.

O ato de reconhecimento de filhos é incondicional, não estando sujeito a condição (evento futuro e incerto). Também não pode estar sujeito a termo (evento futuro e certo). Nos dois casos, devem ser considerados sem efeito, ineficazes, somente a condição e o termo apostos no reconhecimento, aproveitando-se o restante do ato, o que é aplicação do *princípio da conservação do negócio jurídico* (art. 1.613 do CC). Em outras palavras, a condição e o termo, como elementos acidentais, não atingem a validade do ato referente ao reconhecimento. Vale o reconhecimento, sendo ineficazes os elementos acidentais apostos.

A título de exemplo, se alguém faz a seguinte declaração: "reconheço você como meu filho quando meu pai morrer"; a partir do termo (*quando*), as expressões devem ser excluídas. Em suma, vale o reconhecimento declarado, para todos os fins jurídicos.

Anote-se que no Projeto de Reforma do Código Civil, em relação ao seu art. 1.613, a Comissão de Juristas sugere a menção ao encargo no comando, único elemento acidental que o legislador se esqueceu de expressar, e que também deve ser tido como ineficaz quando inserido no ato ou negócio que traga o reconhecimento de filho. Também se inclui a expressão "quaisquer", para que qualquer um dos elementos acidentais não gere efeitos.

Nesse contexto, a norma passará a ter a seguinte redação: "são ineficazes quaisquer condições, termo ou encargo apostos ao ato de reconhecimento do filho". De acordo com a Subcomissão de Direito de Família, de forma correta e precisa, "procedeu-se com atualização redacional, agregando-se a referência ao 'encargo', ao lado do 'termo' e da 'condição', o que completa a menção aos denominados elementos acidentais, segundo a Teoria Geral do Direito Civil". De fato, é preciso ampliar o seu sentido, o que se espera seja aprovado no Parlamento Brasileiro.

O reconhecimento voluntário produz efeitos *erga omnes*, ou seja, contra todos, e *ex tunc* (efeitos retro-operantes ou retroativos). Trata-se de um ato personalíssimo que somente compete ao pai e à mãe.

O art. 1.611 do atual Código Civil tem redação polêmica, enunciando que o filho havido fora do casamento e reconhecido por um dos cônjuges não poderá residir no lar conjugal sem o consentimento do outro cônjuge. O dispositivo privilegia o casamento, mas, por outro lado, não deixa de discriminar o filho havido fora do casamento. Por isso, seria melhor que o Código Civil de 2002 não trouxesse o comando legal em questão, cabendo ao aplicador analisar as circunstâncias fáticas diante da nova principiologia do Direito de Família, particularmente tendo como fundamento o *princípio de maior interesse da criança* (*best interest of the child*).

Na verdade, como Paulo Lôbo, compreendo que o art. 1.611 deve ser harmonizado com o art. 1.612 do CC (*Código Civil...*, 2003, p. 118). Por esse último dispositivo, "o filho reconhecido, enquanto menor, ficará sob a guarda do genitor que o reconheceu, e, se ambos o reconhecerem e não houver acordo, sob a de quem melhor atender aos interesses do menor". O princípio de melhor interesse da criança é cristalino nesse comando legal, devendo prevalecer no caso concreto. Em síntese, como afirmam Pablo Stolze e Rodolfo Pamplona Filho, o art. 1.611 deve ser interpretado "*modus in rebus*, ou seja, em justa e ponderada medida, dentro dos parâmetros da razoabilidade" (*Novo Curso...*, 2011, p. 619).

Sem prejuízo de tais conclusões, anote-se que o dispositivo criticado não considera a questão de o filho reconhecido ser maior e capaz e, portanto, simplesmente não desejar morar no lar conjugal. Também não considera a situação em que o filho reconhecido pelo marido já é filho biológico de sua esposa. Imagine-se um caso prático em que nasce uma criança cuja mãe é solteira e, portanto, o pai não a reconhece. Posteriormente, casando-se com a mãe da criança, o pai biológico reconhece seu filho havido antes do casamento. Nessa situação, o filho reconhecido já reside no lar conjugal, não sendo o caso de incidir a norma.

Como não poderia ser diferente, no Projeto de Reforma do Código Civil, a Comissão de Juristas entendeu que não seria possível *salvar* o conteúdo do art. 1.611 do Código Civil, por ser ele claramente discriminatório em relação aos filhos havidos fora do casamento, violando o princípio constitucional da igualdade entre os filhos, retirado do art. 227, § 6.º, da Constituição Federal. Assim, sugere-se a sua revogação expressa.

A conclusão foi a mesma em relação ao art. 1.612, pois, como bem pontuaram os membros da Subcomissão de Direito de Família, "a proposta pretende realizar a revogação e o ajuste de dispositivos que não se justificam mais, por implicar interpretação com viés discriminatório". De fato, a melhor solução é retirar as duas normas do sistema jurídico nacional.

Encerrando a análise do reconhecimento voluntário da paternidade, determina o art. 1.617 do CC que a filiação materna ou paterna pode resultar de casamento declarado nulo, ainda que este não seja reconhecido como putativo.

Na verdade, a norma é mais sobre filiação do que sobre reconhecimento de filhos, estando mal colocada no Código Civil. Como visto, a putatividade ou não do casamento não atinge os direitos dos filhos (art. 1.561 do CC), espírito esse que é mantido no dispositivo em comento.

A norma é óbvia, e até desnecessária, uma vez que a nulidade ou anulabilidade do casamento não pode interferir na questão da filiação. Mais uma vez, o dispositivo parece ser resquício de outra época, em que existia discriminação quanto aos filhos havidos fora do casamento, podendo ser tido até como inconstitucional. Assim, a norma está fora da ordem jurídica atual, não tendo a devida aplicação prática.

Por isso, no Projeto de Reforma do Código Civil, sendo o dispositivo considerado hoje como anacrônico, a Comissão de Juristas sugere a sua revogação expressa.

Superada a análise das regras a respeito do reconhecimento voluntário, parte-se ao estudo detalhado do reconhecimento judicial.

6.3.3 Reconhecimento judicial

Antes do estudo dos principais pontos e das polêmicas acerca da ação de reconhecimento de filiação, é imperioso repetir que a ação mais comum é a de investigação de paternidade, nomenclatura que será utilizada diante dessa realidade prática. De qualquer forma, alguns pontos aqui discutidos igualmente são aplicados à ação de investigação de maternidade, que não é vedada, apesar da sua rara incidência nas situações fáticas.

Afirmava-se, no sistema processual anterior, que ambas as ações deveriam seguir o rito ordinário, que atualmente equivale ao procedimento comum (art. 318 do CPC/2015). Todavia, no sistema do CPC/2015, é perfeitamente possível sustentar a aplicação do procedimento especial relativo às ações contenciosas de família, constantes dos arts. 693 a 699 do Estatuto Processual em vigor. Isso porque o primeiro comando cita expressamente as demandas fundadas na filiação.

O art. 2.º da Lei 8.560/1992 trata da *averiguação oficiosa da paternidade*, com a possibilidade de medidas pelo Ministério Público para esse reconhecimento no plano judicial (LEITE, Eduardo de Oliveira. *Direito civil...*, 2005, p. 243). Vejamos a ordem lógica desses procedimentos:

1.º) Nos casos de registro de nascimento de menor apenas com a maternidade estabelecida, o oficial do registro civil remeterá ao juiz certidão integral do registro e o nome e prenome, profissão, identidade e residência do suposto pai, a fim de ser averiguada oficiosamente a procedência da alegação.

2.º) O juiz, sempre que possível, ouvirá a mãe sobre a paternidade alegada e mandará, em qualquer caso, notificar o suposto pai, independentemente de seu estado civil, para que se manifeste sobre a paternidade que lhe é atribuída.

3.º) O juiz, quando entender necessário, determinará que a diligência seja realizada em segredo de justiça.

4.º) No caso de o suposto pai confirmar expressamente a paternidade, será lavrado termo de reconhecimento e remetida certidão ao oficial do registro, para a devida averbação.

5.º) Se o suposto pai não atender no prazo de trinta dias, a notificação judicial, ou negar a alegada paternidade, o juiz remeterá os autos ao representante do Ministério Público para que este intente, havendo elementos suficientes, a ação de investigação de paternidade.

6.º) A iniciativa conferida ao Ministério não impede a de quem tenha legítimo interesse de intentar investigação, visando a obter o pretendido reconhecimento da paternidade. Assim, o próprio filho, representado, assistido ou por ele mesmo, poderá ingressar com a competente ação, com advogado ou defensor devidamente constituído para tanto. Parece-me que a iniciativa conferida ao MP não afasta eventual atuação do Defensor Público.

O Provimento 16, da Corregedoria Nacional de Justiça do CNJ, de fevereiro de 2012, procurou dar mais efetividade a essa *averiguação oficiosa*, o que era pleiteado por muitos profissionais da área do Direito de Família. O citado provimento teve como fulcro atender ao *"Programa Pai Presente"*, instituído por outra norma do mesmo Conselho Nacional de Justiça. Em 2023, assim com outros provimentos, esse também foi incorporado ao Código Nacional de Normas do CNJ (CNN), entre os seus arts. 496 e 504.

De acordo com o seu art. 496 do CNN, antigo art. 1.º, do anterior provimento, em caso de menor que tenha sido registrado apenas com a maternidade estabelecida – sem obtenção, à época, do reconhecimento de paternidade pelo modo descrito no art. 2.º, *caput*, da Lei 8.560/1992 –, este procedimento deverá ser observado, a qualquer tempo, sempre que, durante a menoridade do filho, a mãe comparecer pessoalmente perante o Oficial de Registro de Pessoas Naturais e apontar o suposto pai.

Poderá se valer de igual faculdade o filho maior, comparecendo pessoalmente perante o Oficial de Registro de Pessoas Naturais (art. 2.º do Provimento, atual art. 497 do Código Nacional de Normas). O Oficial do Registro providenciará o preenchimento de termo, conforme modelo juntado ao Provimento, do qual constarão os dados fornecidos pela mãe ou pelo filho maior, e colherá sua assinatura, firmando-o também e zelando pela obtenção do maior número possível de elementos para identificação do genitor, especialmente o seu nome, a sua profissão (se conhecida) e o seu endereço (art. 498 do CNN).

O Oficial perante o qual houver comparecido a pessoa interessada remeterá ao seu Juiz Corregedor Permanente, ou ao magistrado competente da respectiva Comarca, esse termo, acompanhado da certidão de nascimento, em original ou cópia (art. 499 do CNN).

O juiz, sempre que possível, ouvirá a mãe sobre a paternidade alegada e mandará, em qualquer caso, notificar o suposto pai, independentemente de seu estado civil, para que se manifeste sobre a paternidade que lhe é atribuída (art. 499, § 1.º). O magistrado, quando entender necessário, determinará que a diligência seja realizada em segredo de justiça e, se considerar conveniente, requisitará do Oficial, perante o qual realizado o registro de nascimento, a certidão integral (art. 499, § 2.º, do atual Código Nacional de Normas).

No caso de o suposto pai confirmar expressamente a paternidade, será lavrado termo de reconhecimento e remetida certidão ao Oficial da serventia em que originalmente feito o registro de nascimento, para a devida averbação de seu nome (art. 499, § 3.º, do atual Código Nacional de Normas do CNJ).

Porém, se o suposto pai não atender, no prazo de trinta dias, a notificação judicial, ou negar a alegada paternidade, o juiz remeterá os autos ao representante do Ministério Público ou da Defensoria Pública para que intente, havendo elementos suficientes, a ação de investigação de paternidade (art. 499, § 4.º). Como se nota, o Provimento anterior reconheceu a legitimidade à Defensoria Pública, na linha do que foi por mim defendido quando comentado o art. 2.º da Lei 8.560/1992; o que foi confirmado pelo atual Código Nacional de Normas. Tratou-se de inovação que veio em boa hora, ampliando as atribuições dos defensores públicos brasileiros. Em verdade, quando a lei foi elaborada, a Defensoria Pública não havia sido ainda instalada na grande maioria das unidades da Federação.

O Provimento do CNJ anterior considerou dispensável o ajuizamento de ação de investigação de paternidade pelo Ministério Público ou Defensoria se, após o não comparecimento ou a recusa do suposto pai em assumir a paternidade a ele atribuída, a criança for encaminhada para adoção, o que foi confirmado igualmente pelo Código Nacional de Normas (art. 499, § 5.º).

Obviamente, a iniciativa conferida ao Ministério Público ou Defensoria Pública não impede a quem tenha legítimo interesse de intentar investigação, visando a obter o pretendido reconhecimento da paternidade, representado por advogado (art. 499, § 5.º, do CNN).

Toda essa sistemática não será utilizada se já pleiteado em juízo o reconhecimento da paternidade, razão pela qual constará, ao final do termo antes referido, declaração da pessoa interessada que o reconhecimento não ocorreu da forma prevista no Provimento (art. 500 do atual Código Nacional de Normas, que corresponde ao art. 5.º do anterior provimento).

Sem prejuízo das demais modalidades legalmente previstas, o reconhecimento espontâneo de filho poderá ser feito perante Oficial de Registro de Pessoas Naturais, a qualquer tempo, por escrito particular, que será arquivado em cartório, não havendo qualquer questão prejudicial da averiguação oficiosa (art. 501 do CNN, equivalente ao art. 6.º, *caput*, do Provimento 16 do CNJ). Os seus parágrafos complementam as regras de procedimentos.

Para tal finalidade, a pessoa interessada poderá optar pela utilização de termo, cujo preenchimento será providenciado pelo Oficial e conforme modelo anexado ao Provimento, o qual será assinado por ambos (§ 1.º). A fim de efetuar o reconhecimento, o interessado poderá, facultativamente, comparecer a Ofício de Registro de Pessoas Naturais diverso daquele em que lavrado o assento natalício do filho, apresentando cópia da certidão de nascimento deste, ou informando em qual serventia foi realizado o respectivo registro e fornecendo dados para induvidosa identificação do registrado (§ 2.º). Esse Oficial perante o qual houver comparecido o interessado remeterá, ao registrador da serventia em que realizado o registro natalício do reconhecido, o documento escrito e assinado que consubstancia o reconhecimento, com a qualificação completa da pessoa que reconheceu o filho e com a cópia, se apresentada, da certidão de nascimento (§ 3.º).

Quanto ao reconhecimento de filho por pessoa relativamente incapaz, este independerá de assistência de seus pais, tutor ou curador, o que já era amplamente reconhecido pela doutrina (art. 501, § 4.º, do Código Nacional de Normas do CNJ).

A averbação do reconhecimento de filho realizado na forma das normas em estudo será concretizada diretamente pelo Oficial da serventia em que lavrado o assento de nascimento, independentemente de manifestação do Ministério Público ou decisão judicial, mas dependerá de anuência escrita do filho maior, ou, se menor, da mãe (art. 502 do CNN, que corresponde ao art. 7.º, *caput*, do anterior provimento). A necessidade de concordância do filho maior segue o modelo da primeira parte do art. 1.614 do CC/2002, dispositivo outrora comentado.

A colheita dessa anuência poderá ser efetuada não só pelo Oficial do local do registro, como também por aquele, se diverso, perante o qual comparecer o reconhecedor (§ 1.º). Na falta da mãe do menor, ou impossibilidade de manifestação válida desta ou do filho maior, o caso será apresentado ao juiz competente (§ 2.º).

Se o Oficial de Registro de Pessoas Naturais, ao atuar nos termos do Provimento do CNJ, suspeitar de fraude, falsidade ou má-fé, não praticará o ato pretendido e submeterá o caso ao magistrado, comunicando, por escrito, os motivos da suspeita § 3.º do art. 502 do Código Nacional de Normas). Isso, sob pena de sua responsabilização pessoal.

Nas hipóteses de indicação do suposto pai e de reconhecimento voluntário de filho, competirá ao Oficial a minuciosa verificação da identidade de pessoa interessada que perante ele comparecer, mediante colheita, no termo próprio, de sua qualificação e de sua assinatura, além de rigorosa conferência de seus documentos pessoais (art. 503 do Código Nacional de Normas).

Em qualquer caso, o Oficial perante o qual houver o comparecimento, após conferir o original, manterá em arquivo cópia de documento oficial de identificação do interessado, juntamente com cópia do termo, ou documento escrito, por este assinado (art. 503, § 1.º). No caso de comparecimento perante Oficial de Registro Civil diverso, este, sem prejuízo da observância do procedimento já descrito, remeterá ao registrador da serventia em que lavrado o assento de nascimento, também, cópia do documento oficial de identificação do declarante (art. 503, § 2.º).

Por fim, com conteúdo social indiscutível, o art. 9.º do antigo Provimento 16 do CNJ, atual art. 504 do Código Nacional de Normas, estabelece que haverá observância, no que couber, das normas legais referentes à gratuidade de atos.

Como visto, no Projeto de Reforma do Código Civil, há proposição de se facilitar o reconhecimento da paternidade, aperfeiçoando-se essa averiguação oficiosa e tratando-a na codificação privada, inclusive com a inversão do ônus da prova contra o suposto pai. Isso fará com que a matéria seja novamente regulamentada pelo Conselho Nacional de Justiça, com a aprovação do novo art. 1.609-A da codificação privada, o que virá em boa hora.

Superado esse estudo do Provimento anterior, que foi absorvido na integralidade pelo Código Nacional de Normas, a ação investigatória, por sua natureza declaratória e por envolver estado de pessoas e a dignidade humana, não está sujeita a prazos decadenciais, sendo um direito indisponível do investigante. Nos casos de menores é clara a norma do art. 27 do Estatuto da Criança e do Adolescente (Lei 8.069/1990): "o reconhecimento do estado de filiação é direito personalíssimo, indisponível e imprescritível, podendo ser exercitado contra os pais ou seus herdeiros, sem qualquer restrição, observado o segredo de Justiça".

Para as situações envolvendo maiores, igualmente, a inexistência de prazo decadencial ou prescricional para a propositura da ação de investigação do vínculo filial é confirmada pela Súmula 149 do Supremo Tribunal Federal, segundo a qual "é imprescritível a ação de investigação de paternidade, mas não o é a da petição de herança". Anote-se que o STJ continua aplicando esse antigo entendimento do STF. A título de exemplo:

"Processo civil. Investigação de paternidade. Ação de estado. Imprescritibilidade. Ascendência biológica comprovada. Súmula n.º 7/STJ. Recurso não provido. 1. A inexistência de vínculo afetivo entre a investigante e o investigado não afasta o direito indisponível e imprescritível de reconhecimento da paternidade biológica (Lei 8.069/90, art. 27). 2. Irrelevância da alegação – não comprovada nos autos, segundo a análise da prova feita pelas instâncias ordinárias (Súmula 7) – de que haveria vínculo socioafetivo, entre a investigante e o então companheiro de sua mãe, para afastar o direito ao reconhecimento da paternidade reconhecida por exame de DNA. 3. Agravo regimental a que se nega provimento" (STJ, AgRg no Ag 1.138.467/MG, 4.ª Turma, Rel. Min. Maria Isabel Gallotti, j. 17.11.2011, DJe 29.11.2011).

"Direito civil e processual civil. Recurso especial. Ação de investigação de paternidade c/c petição de herança e anulação de partilha. Decadência. Prescrição. Anulação da paternidade constante do registro civil. Decorrência lógica e jurídica da eventual procedência do pedido de reconhecimento da nova paternidade. Citação do pai registral. Não se extingue o direito ao reconhecimento do estado de filiação exercido com fundamento em falso registro. Na petição de herança e anulação de partilha o prazo prescricional é de vinte anos, porque ainda na vigência do CC/1916" (STJ, REsp 693.230/MG, 3.ª Turma, Rel. Min. Nancy Andrighi, j. 11.04.2006, *DJ* 02.05.2006, p. 307).

Todavia, na vigência do Código Civil de 2002, deve-se entender pela aplicação do prazo de dez anos, constante do art. 205 do CC/2002 (regra geral de prescrição) para a ação de petição de herança, prazo este que deve ser contado, segundo o entendimento majoritário, a partir da abertura da sucessão, com a morte do autor da herança (TJSP, Apelação com Revisão 405.141.4/0, Acórdão 2550972, 7.ª Câmara de Direito Privado, São Paulo, Rel. Des. Natan Zelinschi de Arruda, j. 26.03.2008, *DJESP* 18.04.2008).

Esse prazo não afasta o direito personalíssimo do filho de saber quem é o pai, tendo apenas efeitos patrimoniais relacionados com a herança, como é próprio da prescrição. O tema está aprofundado no Volume 6 desta coleção, inclusive com a minha insurgência doutrinária quanto ao prazo prescricional quanto à ação de petição de herança.

Superada essa questão, parte-se ao estudo dos tópicos principais da ação investigatória. Será aqui *montada* uma petição inicial da ação investigatória, visando à atuação na prática do Direito de Família.

6.3.3.1 Foro competente para apreciar a ação investigatória

Como a ação investigatória é uma ação pessoal, em regra será competente o foro de domicílio do réu (art. 46 do CPC/2015, correspondente ao art. 94 do CPC/1973). Mas se a ação estiver cumulada com a de alimentos, há reiterado entendimento do STJ no sentido de que será competente o foro de domicílio do autor que busca a investigação (art. 53, inc. II, do CPC/2015; reprodução do art. 100, inc. II, do CPC/1973).

Nesse sentido a Súmula 1 daquele Egrégio Tribunal: "o foro de domicílio ou residência do alimentando é o competente para a ação de investigação de paternidade, quando cumulada com a de alimentos". Isso porque prevalece a norma de proteção do vulnerável, qual seja, do alimentando ou credor. Essa posição deve ser mantida na vigência do Estatuto Processual emergente.

Se a ação for cumulada com petição de herança, surgia divergência jurisprudencial, se competente o mesmo foro onde correu ou corre o inventário ou do domicílio de qualquer herdeiro.

Forçoso concluir que, no caso de não estar encerrado o inventário, será competente o mesmo foro onde correu este, pelo que constava do art. 96 do CPC anterior. Nesse sentido:

"Conflito de competência. Inventário. Ação de investigação de paternidade com petição de herança. 1. A ação de investigação de paternidade foi proposta no Juízo de Morrinhos/GO, quando já estava sendo processado o inventário no Juízo de Londrina/PR. O inventário e a ação de investigação de paternidade c/c petição de herança devem ser processados no foro do domicílio do autor da herança, nos termos do artigo 96 do Código de Processo Civil. Já definida anteriormente por esta Corte, ante a aplicação do mencionado dispositivo do Código de Processo Civil, a competência do Juízo de Londrina/PR para o processamento e julgamento dos autos do inventário, deve a ação investigatória ser processada neste mesmo foro. 2. Conflito de competência conhecido para declarar a competência do Juízo de Direito da 7.ª Vara Cível de Londrina/PR" (STJ, CC 28.535/PR, 2.ª Seção, Rel. Min. Carlos Alberto Menezes Direito, j. 08.11.2000, *DJ* 18.12.2000, p. 152).

"Competência. Ação de anulabilidade de assento de nascimento, cumulada com investigação de paternidade e petição de herança. Demandas que interessam ao espólio. *Vis attractiva* do juízo do inventário. Exceção de incompetência julgada procedente. Agravo desprovido. Pelo regime adotado no art. 96 do CPC, qualquer ação em que o espólio seja réu e de competência do foro do inventário, máxime aquelas que dizem diretamente respeito à herança" (TJPR, Acórdão 12659, Agravo de Instrumento, 2.ª Câmara Cível, 3.ª Vara de Família, Curitiba, Rel. Juiz Munir Karam, publicação 12.08.1996).

Como a regra constante do art. 96 do CPC/1973 foi reproduzida pelo art. 48 do CPC/2015, essa posição deve ser mantida.

No entanto, encerrado o inventário, será competente o foro de domicílio de qualquer herdeiro, não se aplicando a regra anterior do art. 96 do Estatuto Processual de 1973; premissa que igualmente deve ser conservada na vigência do CPC/2015, pela última correspondência citada.

Porém, cabe anotar que, havendo pendência do julgamento da investigação de paternidade, a ação de petição de herança deve correr na mesma Vara da Família em que segue tal demanda declaratória, o que visa à facilitação de julgamento (STJ, CC 124.274/PR, 2.ª Seção, Rel. Min. Raul Araújo, j. 08.05.2013, publicado no seu *Informativo* n. 524).

Por fim, se a ação investigatória estiver cumulada com petição de herança e alimentos, o Superior Tribunal de Justiça entende pela competência do domicílio do alimentando, diante da corriqueira prevalência da norma que tutela o vulnerável, julgamento esse que é correto e que mais uma vez deve ser mantido sob a égide do Código de Processo Civil de 2015. Colaciona-se a ementa superior que confirma essa conclusão:

"Competência. Investigação. Paternidade. Herança. Alimentos. Inventário. Ao se encerrar o inventário com trânsito em julgado da respectiva sentença homologatória, o espólio deixa de existir e as ações propostas contra aqueles detentores dos bens inventariados não se subordinam mais aos ditames do art. 96 do CPC. Assim, a ação de investigação de paternidade cumulada com petição de herança e alimentos é da competência do foro do domicílio ou da residência do alimentando (Súm. 1-STJ). Há que prevalecer, no caso, a regra especial do art. 100, II, daquele código" (STJ, CC 51.061/GO, Rel. Min. Carlos Alberto Menezes Direito, j. 09.11.2005).

Como não poderia ser diferente, a posição constante do julgado tem o meu total apoio doutrinário.

6.3.3.2 Legitimidade ativa para a ação investigatória

Como ocorre com a maioria das ações fundadas no Direito de Família, a ação investigatória é personalíssima do filho investigante, o que justifica a inexistência de prazos decadenciais para a sua propositura. Sendo menor, este deverá ser representado (menor de 16 anos – absolutamente incapaz) ou assistido (menor entre 16 e 18 anos – relativamente incapaz), geralmente pela mãe. A ação também cabe ao filho maior de 18 anos, sem a necessidade de representação ou assistência, em razão de sua capacidade civil plena.

Como outrora exposto, o MP também pode agir como substituto processual, tendo legitimação extraordinária, conforme a Lei 8.560/1992. Entendo pela possibilidade de se reconhecer legitimidade à Defensoria Pública para tal intento, tema que está em grande debate na prática familiarista.

Seguindo a *corrente concepcionista*, deve-se entender que a ação igualmente cabe ao nascituro, que por si só pode promover a ação, devidamente representado. A questão divide o Tribunal de Justiça de São Paulo e o Tribunal de Justiça de Minas Gerais. Primeiramente, há julgados concluindo que o nascituro teria esta legitimidade:

"Família. Investigação de paternidade e alimentos. Natureza personalíssima da ação. Legitimidade ativa. Direito do nascituro. São legitimados ativamente para a ação de investigação de paternidade e alimentos o investigante, o Ministério Público, e também o nascituro, representado pela mãe gestante" (TJMG, Apelação Cível 1.0024.04.377309-2/001, 8.ª Câmara Cível, Belo Horizonte, Rel. Des. Duarte de Paula, j. 10.03.2005, *DJMG* 10.06.2005).

"Investigação de paternidade. Alimentos. Nascituro. Ação proposta pela gestante, em nome próprio, contra o suposto pai. Ilegitimidade de parte reconhecida. Ação personalíssima. Arts. 3.º e 6.º do CPC. Sentença mantida. Recurso desprovido" (TJSP, Apelação Cível 340.115-4/0, 5.ª Câmara de Direito Privado, Avaré, Rel. Silvério Ribeiro, 10.11.2004, v.u.).

Filia-se a essas ementas, pois já foi afirmado que a ação é personalíssima, e na vertente doutrinária por mim seguida o nascituro é pessoa humana (*teoria concepcionista*). Entretanto, para outra corrente, a ação deve ser proposta pela mãe, sendo substituído o polo ativo da ação após o nascimento da criança:

"Direito de nascituro. Investigação de paternidade. Legitimidade ativa da mãe. Nascimento superveniente. Sentença de extinção do processo. Provimento do recurso" (TJMG, Apelação Cível 1.0000.00.220849-4/000, 5.ª Câmara Cível, Belo Horizonte, Rel. Des. Aluízio Quintão, j. 11.10.2001, *DJMG* 01.02.2002).

"Investigação de paternidade. Nascituro. Possibilidade científica e jurídica. Extinção dos autos em primeira instância por falta de interesse. Descabimento. Possibilidade conferida pela lei processual à mãe para ser investida na posse dos direitos cabentes ao nascituro e a proteção legal da dignidade deste último, tudo aliado à ampla garantia constitucional da proteção à vida. Inclusão do nascituro no polo ativo, pois já deve ter nascido. Apelo provido" (TJSP, Apelação Cível 349.128-4/4, 5.ª Câmara de Direito Privado, Itaporanga, Rel. Dimas Carneiro, 02.02.2005, v.u.).

Como se nota, os acórdãos transcritos seguem a teoria natalista, que, com o devido respeito, não é mais o entendimento majoritário na doutrina contemporânea, sendo a vertente adotada pelo Projeto de Reforma do Código Civil.

Segundo o STJ, o que também quebra com o caráter personalíssimo da referida ação, a investigatória igualmente cabe do neto contra o avô, visando constituir, a título de exemplo, o vínculo do último em relação ao pai do primeiro. Essa ação é denominada *ação avoenga*:

"Agravo regimental. Agravo de instrumento. Direito de família. Relação avoenga. Reconhecimento judicial. Possibilidade jurídica do pedido. Legitimidade ativa dos netos. Pai já falecido. Recurso desprovido. (...). A Segunda Seção desta Corte Superior consagrou o entendimento de que é juridicamente possível e legítima a ação ajuizada pelos netos, em face do suposto avô, com a pretensão de que seja declarada relação avoenga, se já falecido o pai dos primeiros, que em vida não pleiteou a investigação de sua origem paterna. (...)" (STJ, AgRg no Ag 1.319.333/MG, 3.ª Turma, Rel. Min. Vasco Della Giustina (Desembargador convocado do TJRS), j. 03.02.2011, *DJe* 14.02.2011).

"Ação dos netos para identificar a relação avoenga. Precedente da Terceira Turma. Precedente da Terceira Turma reconheceu a possibilidade da ação declaratória 'para que diga o Judiciário existir ou não a relação material de parentesco com o suposto avô' (REsp 269/RS, Rel. Min. Waldemar Zveiter, *DJ* 07.05.1990). Recursos especiais conhecidos e providos" (STJ, REsp 603.885/RS, 3.ª Turma, Rel. Min. Carlos Alberto Menezes Direito, j. 03.03.2005, *DJ* 11.04.2005, p. 291).

Vale lembrar que, no Projeto de Reforma do Código Civil, essa ação passará a ser possível, pelo novo texto do seu art. 1.606, que passará a prever o seguinte: "a ação para constituir ou desconstituir a parentalidade em linha reta compete aos ascendentes e aos descendentes, sem limites de grau ou de linha". Adota-se, portanto, a posição jurisprudencial superior majoritária, o que visa a trazer segurança jurídica para as relações parentais.

Para findar este tópico, o desenho a seguir esquematiza a *ação avoenga:*

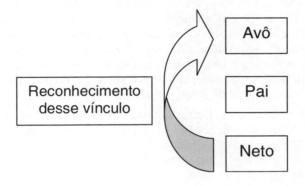

6.3.3.3 Legitimidade passiva para a ação investigatória

Em regra, a ação será proposta contra o suposto pai ou suposta mãe, diante do seu caráter pessoal.

Falecido este ou esta, a ação será proposta contra os herdeiros da pessoa investigada, não contra o espólio, justamente diante desse caráter pessoal. Lembre-se de que o espólio não tem personalidade jurídica, o que afasta a possibilidade de propositura da demanda contra este (TJRS, Apelação Cível 232698-85.2011.8.21.7000, 8.ª Câmara Cível, Soledade, Rel. Des. Rui Portanova, j. 18.08.2011, *DJERS* 25.08.2011; TJMG, Apelação Cível 1.0570.04.003751-9/001, 4.ª Câmara Cível, Salinas, Rel. Des. José Carlos Moreira Diniz, j. 30.06.2005, *DJMG* 09.08.2005; e TJGO, AR 1187-6/183, 2.ª Seção Cível, Anápolis, Rel. Des. Kisleu Dias Maciel Filho, j. 05.09.2001, *DJGO* 01.10.2001).

Nessa linha, do Superior Tribunal de Justiça, citando o meu entendimento doutrinário: "por se tratar de ação de estado e de natureza pessoal, a ação de investigação de paternidade em que o pretenso genitor biológico é pré-morto deve ser ajuizada somente em face dos herdeiros do falecido e não de seu espólio, sendo irrelevante o fato de se tratar de rediscussão da matéria no âmbito de ação rescisória, para a qual igualmente são legitimados passivos os sucessores do pretenso genitor biológico, na medida em que são eles as pessoas aptas a suportar as pretensões rescindente e rescisória deduzidas pelos supostos filhos" (STJ, REsp 1.66.7576/PR, 3.ª Turma, Rel. Min. Nancy Andrighi, j. 10.09.2019, *DJe* 13.09.2019).

Não havendo herdeiros e falecendo o suposto pai ou mãe, a ação será proposta contra o Estado (Município ou União), que receberá os bens vagos.

Como demonstrado, a ação também pode ser proposta contra o avô no caso de *ação avoenga*.

6.3.3.4 Fundamentos jurídicos do pedido

De início, a ação está hoje fundamentada no art. 2.º da Lei 8.560/1992 e na igualdade entre filhos constante do art. 227, § 6.º, da CF/1988 e do art. 1.596 do CC/2002. Podem ainda ser citados o art. 229 da CF ("os pais têm o dever de assistir, criar e educar os filhos menores") e o art. 1.º, III, do mesmo Texto Maior (proteção da dignidade da pessoa humana).

Em relação aos alimentos requeridos pelo filho havido fora do casamento, prevê o art. 1.705 do CC/2002 que ele tem o direito de pleiteá-los, podendo o juiz determinar, a pedido de qualquer das partes, que a ação se processe em segredo de justiça.

Toda essa fundamentação jurídica, no plano fático, está amparada na necessidade de realização de prova técnica efetiva para demonstrar a existência de vínculo entre as partes envolvidas. Diante das avançadas técnicas de engenharia genética, a prova mais efetiva é a realização de exame de DNA dos envolvidos, o que traz certeza quase absoluta quanto ao vínculo biológico. A jurisprudência do Superior Tribunal de Justiça tem entendido que o direito à verdade biológica é um direito fundamental, amparado na proteção da pessoa humana (STJ, REsp 833.712/RS, Proc. 2006/0070609-4, 3.ª Turma, Rel. Min. Fátima Nancy Andrighi, j. 17.05.2007, *DJU* 04.06.2007, p. 347).

Anote-se que, para a mesma jurisprudência superior, a prova pode ser obtida inclusive com a realização de exumação do cadáver do suposto pai e posterior exame de DNA, o que deve ser considerado como exceção e não como regra, caso os filhos do falecido se neguem a fazer o exame (STJ, AgRg no Ag 1.159.165/MG, *DJe* 04.12.2009; MC 17.554/DF, *DJe* 30.03.2011; AgRg no Ag 595.766/RJ, *DJ* 17.12.2004; Ag 436.704/SP, *DJ* 18.08.2003; AgRg na MC 2.430/PR, *DJ* 18.12.2000, e AgRg na Pet 7.942/DF, *DJe* 17.09.2010. Todos citados em STJ, AgRg na Pet 8.321/DF, Rel. Min. Massami Uyeda, j. 05.04.2011, publicado no *Informativo* n. 468).

6.3.3.5 Valor da causa e outros efeitos

Em regra, é atribuído um valor apenas para fins de alçada ou distribuição (*v.g.*, R$ 1.000,00). Entretanto, se a ação estiver cumulada com alimentos, como é comum, o valor da causa será correspondente a doze vezes o valor dos alimentos pleiteados, aplicando-se o art. 292, inciso III, do CPC/2015; reprodução do art. 259, inciso VI, do CPC/1973.

Na grande maioria das vezes, em razão da hipossuficiência econômica do autor da demanda, são concedidos os benefícios da justiça gratuita. Dispõe o art. 98, § 1.º, inciso V, do CPC/2015, que a gratuidade da justiça inclui as despesas com a realização de exame de DNA.

No que concerne à contestação da ação, estabelece o art. 1.615 do CC/2002 que esta cabe a qualquer pessoa que tenha justo motivo para tanto. Esse dispositivo não sofreu qualquer interferência pelo CPC/2015. Assim, deve-se entender que interessados são todas aquelas pessoas que possam vir a ser afetadas pela decisão, o que ocorre com o genitor biológico, o genitor que consta do registro, o genitor afetivo; bem como com o cônjuge ou companheiro do suposto genitor, os herdeiros do suposto genitor, dentre outros (LÔBO, Paulo Luiz Netto. *Código Civil...*, 2003, p. 137). A jurisprudência do Tribunal Mineiro, em decisão de 2008, muito bem reconheceu a legitimidade à herdeira para tal contestação:

> "Apelação cível. Ação constitutiva negatória de paternidade. Legitimidade ativa da neta. Ação de investigação de paternidade anteriormente ajuizada pela apelada julgada procedente.

Interesse moral ou material da herdeira em requerer a realização de exame de DNA. Artigo 1.615 do CC. Dar provimento ao apelo principal para determinar o prosseguimento do feito. Apelo adesivo. Litigância de má-fé. Inocorrência. Demais questões prejudicadas. Decorre da exegese do artigo 1.615 do Código Civil a possibilidade de impugnação da ação investigatória de paternidade por qualquer pessoa legitimamente interessada em demonstrar a irrealidade do estado de filho legítimo ostentado por alguém. A presença de interesse moral, bem como interesse patrimonial decorrente do direito sucessório, legitima a autora a pretender a declaração de inexistência de filiação legítima da apelada" (TJMG, Apelação Cível 1.0479.06.114117-8/0011, 1.ª Câmara Cível, Passos, Rel. Des. Armando Freire, j. 05.08.2008, *DJEMG* 12.09.2008).

Sobre a legitimidade do cônjuge do suposto pai, julgou recentemente o STJ, em decisão publicada no seu *Informativo* n. 578, que, "mesmo nas hipóteses em que não ostente a condição de herdeira, a viúva poderá impugnar ação de investigação de paternidade *post mortem*, devendo receber o processo no estado em que este se encontra". Ainda conforme a ementa, interpretando o art. 1.615 do Código Civil:

"O interesse em contestar não é privativo dos litisconsortes necessários. Esclareça-se, a propósito, que a doutrina – seja sob a égide do Código de 1916, seja do atual – orienta-se no sentido de que o 'justo interesse' pode ser de ordem econômica ou moral. De igual modo já decidiu o STF, em julgado no qual foi reconhecida a legitimidade da viúva do alegado pai para contestar ação de investigação de paternidade em hipótese em que não havia petição de herança (RE 21.182/SE, 1.ª Turma, j. 29/04/1954). Desta feita, o interesse puramente moral da viúva do suposto pai, tendo em conta os vínculos familiares e a defesa do casal que formou com o falecido, compreende-se no conceito de 'justo interesse' para contestar a ação de investigação de paternidade, nos termos do art. 365 do CC/1916 e do art. 1.615 do CC/2002. Não sendo herdeira, deve ela, todavia, receber o processo no estado em que este se encontrar, uma vez que não ostenta a condição de litisconsorte passiva necessária" (STJ, REsp 1.466.423/GO, Rel. Min. Maria Isabel Gallotti, j. 23.02.2016, *DJe* 02.03.2016).

No atual Projeto de Reforma do Código Civil, sugere-se manter o art. 1.615, mas incluir dois novos preceitos, como seus desdobramentos, necessários diante da realidade da posse de estado de filho, da parentalidade socioafetiva e da multiparentalidade. Nos termos do novo art. 1.615-A, com vistas a conservar ao máximo o vínculo parental já constituído, "a contestação do vínculo de parentalidade depende da prova da ocorrência do vício de vontade, falsidade do termo ou das declarações nele contidas". E mais, "não basta prova da inocorrência de vínculo genético para excluir a filiação, se for comprovada a existência da posse do estado de filho, nem a prova do estado de filho impede o reconhecimento da filiação natural" (art. 1.615-B).

De volta ao sistema em vigor, em relação à sentença que julgar procedente a ação investigatória, esta produzirá os mesmos efeitos do reconhecimento voluntário ou perfilhação (art. 1.616 do CC). Contudo, essa sentença poderá determinar que o filho seja criado e educado fora da companhia dos pais ou daquele que contestou essa qualidade, desde que isso não viole o princípio do maior interesse do menor ou da proteção integral da criança e do adolescente.

Anoto novamente que, no Projeto de Reforma do Código Civil, a Comissão de Juristas propõe a retirada da locução final do comando – "mas poderá ordenar que o filho se crie e eduque fora da companhia dos pais ou daquele que lhe contestou essa qualidade" –, que não tem qualquer aplicação prática na atualidade, tendo em vista o princípio do maior interesse da criança e do adolescente – e podendo ser tida até como discriminatória. Assim, o art. 1.616 do Código Civil passará a prever, tão somente, que "a sentença que julgar procedente a ação de prova de parentalidade produzirá os mesmos efeitos do reconhecimento voluntário". Essa parte do comando tem grande importância, teórica e prática, devendo ser mantida.

Superada a análise geral da ação investigatória, parte-se aos aprofundamentos do tema, com o exame de questões controvertidas que envolvem a ação investigatória de paternidade.

6.3.4 Questões controvertidas quanto à ação investigatória de paternidade

Visando a um aprofundamento maior do estudo da matéria, serão expostas algumas questões controvertidas em relação à ação investigatória de paternidade, temas que interessam diretamente à prática do Direito de Família. A divisão, mais uma vez, será pontual.

6.3.4.1   Os alimentos na ação investigatória

De início, quanto às polêmicas, surge a dúvida: qual seria o termo inicial para fixação dos alimentos na ação investigatória no caso de cumulação de pedidos? Em regra, o termo inicial é a sentença, mas, conforme jurisprudência do STJ, essa sentença deve retroagir à data da citação, se a ação investigatória é julgada procedente. Nesse sentido, prevê a Súmula 277 daquele Tribunal que "julgada procedente a investigação de paternidade, os alimentos são devidos a partir da citação". Isso vale se os alimentos não forem fixados provisoriamente, por meio de tutela antecipada ou em cautelar de alimentos provisionais.

À luz do Direito Civil Constitucional, o enunciado da súmula é perfeito. Isso porque, diante do princípio constitucional da isonomia e da igualdade entre filhos (arts. 5.º e 227, § 6.º, da CF/1988), todos têm direitos iguais. Se na hipótese de prova pré-constituída da relação de parentesco (certidão de nascimento) os alimentos são devidos desde a citação, pelo que prevê a Lei 5.478/1968, o mesmo pode ser dito quando não há essa prova inicial, comprovado o vínculo posteriormente. Entendimento em contrário traria a indesejada e inconstitucional discriminação de filhos.

Como reforço pode ser citado o outrora comentado art. 1.616 do CC/2002, pelo qual a sentença que julgar procedente a ação investigatória produzirá os mesmos efeitos do reconhecimento voluntário. Mais uma vez, acreditamos que o CPC/2015 nada muda a respeito dessas conclusões.

6.3.4.2   A discussão da parentalidade socioafetiva na ação investigatória

Outra questão polêmica que pode ser invocada é a de alegação de *paternidade socio-afetiva* em ação investigatória de paternidade. Imagine-se um caso prático analisado, tendo em vista a recente decisão do STF sobre o tema (RE 898.060/SC, Tribunal Pleno, Rel. Min. Luiz Fux, j. 21.09.2016).

Um casal tem um filho, que é devidamente registrado pelo marido, que pensa ser o seu filho. Trinta anos depois, após a morte do marido, a mulher conta ao seu filho que o seu pai não é aquele que faleceu, mas outra pessoa, com quem ela teve um relacionamento rápido quando era jovem. Ciente do fato, o filho resolve promover a ação contra o seu suposto pai verdadeiro.

Realizado o exame de DNA no curso da ação, constata-se que o pai biológico do autor é o réu e não aquele que o criou durante trinta anos. Há como desconstituir o vínculo de paternidade em relação àquele para que um novo seja constituído com o réu? Diante da *parentalidade socioafetiva*, mais especificamente, da *paternidade socioafetiva*, a resposta dada por mim era negativa.

No caso em questão, dever-se-ia concluir, como Maria Berenice Dias, que a ação somente declararia a existência do vínculo biológico, o que era reconhecido como um direito personalíssimo da parte. Porém, em relação ao vínculo de paternidade com todas as suas consequências, este permaneceria em relação ao falecido. Vejamos as suas palavras:

> "Em síntese, se o autor mantém com alguém – pai registral, adotivo ou outra pessoa – um vínculo de filiação socioafetiva, gozando da posse do estado de filho, ainda assim pode buscar a identificação da verdade biológica. A ação será acolhida, mas a sentença terá meramente conteúdo declaratório. Sem efeitos jurídicos outros, dando ao autor somente a segurança jurídica sobre a relação de paternidade. Ou seja, se for adotado, se estiver registrado por alguém ou mantiver com esses ou com outra pessoa que desempenhe o papel de pai um vínculo de filiação, goza do estado de filho afetivo. Já tem um pai. Por isso, a sentença de procedência não será levada a registro, não se alterando a filiação que se considerou pela convivência. Deve a Justiça privilegiar a verdade afetiva. A procedência da ação não terá efeitos constitutivos, mas meramente declaratórios, sem reflexos jurídicos ou de ordem patrimonial" (DIAS, Maria Berenice. *Manual...*, 2005, p. 363).

A própria jurista sempre destacou julgado interessante, do Tribunal Gaúcho, perfeitamente aplicável ao caso em análise, nos seguintes termos:

> "Ação de anulação de registro de nascimento movido por irmão do falecido *pai*. No conflito entre a verdade biológica e a verdade socioafetiva, deve esta prevalecer, sempre que resultar de espontânea materialização da posse de estado de filho. O falecido pai do demandado registrou-o, de modo livre, como filho, dando-lhe, enquanto viveu, tal tratamento, soando até mesmo imoral a pretensão dos irmãos dele (tios do réu) de, após seu falecimento, e flagrantemente visando apenas mesquinhos interesses patrimoniais, pretender desconstituir tal vínculo. Desacolheram os embargos" (TJRS, EI 70004514964, 4.º Grupo de Câmaras Cíveis, Rel. Des. Luiz Felipe Brasil Santos, j. 11.10.2002).

Mais recentemente, vejamos outro acórdão, do mesmo relator, muito claro quanto a essa solução anterior:

> "Apelação cível. Investigação de paternidade. Configuração do vínculo biológico. Alteração do registro civil. Impossibilidade. Filiação socioafetiva configurada pela adoção promovida pelos pais registrais há mais de 30 anos. Irrevogabilidade. 1. Assegurado o direito de investigar sua origem biológica e constatado o vínculo genético com o investigado, é parcialmente procedente a pretensão do autor, na medida em que o reconhecimento de paternidade não pode ter repercussões na esfera registral nem patrimonial, uma vez que encontra óbice na relação de filiação socioafetiva estabelecida pela adoção empreendida pelos pais registrais, que é irrevogável, e consolidada ao longo de 30 anos de posse de estado de filho. 2. Assim, dá-se provimento aos recursos dos herdeiros do investigado, afastando a possibilidade de alteração no registro civil e qualquer repercussão patrimonial decorrente da investigatória. Deram provimento. Unânime" (TJRS, Apelação Cível 498749-94.2011.8.21.7000, 8.ª Câmara Cível, Bagé, Rel. Des. Luiz Felipe Brasil Santos, j. 26.01.2012, *DJERS* 03.02.2012).

Destaque-se que esse mesmo entendimento era compartilhado por Maria Helena Diniz, merecendo transcrição: "a verdade real da filiação pode ser biológica ou socioafetiva;

o que importa é o laço que une pais e filhos, fundado no amor e na convivência familiar. Então, ser pai e ser mãe requer um ato de amor, e o amor não conhece fronteiras" (*Direito...*, 2006, p. 814).

Frise-se que o vínculo socioafetivo não afastaria a possibilidade de o filho buscar a sua ascendência genética, o que era concretização do princípio de proteção da dignidade humana. Porém, repise-se que essa ação seria julgada parcialmente procedente em relação ao pai biológico, somente para declarar tal vínculo. O vínculo de filiação, contudo, deveria ser mantido com o pai socioafetivo que também é pai registral, para todos os fins, inclusive de alimentos e de sucessão. Pontue-se que, no julgamento do Recurso Extraordinário 898.060/SC, assim votaram inicialmente os Ministros Luiz Edson Fachin e Teori Zavascki, que concluíram pela prevalência do vínculo socioafetiva.

No entanto, ao final, acabou por prevalecer a possibilidade de se demandar o pai biológico para todos os fins jurídicos, o que não afasta o vínculo socioafetivo. Em suma, repise-se que a regra, em casos tais, passou a ser a multiparentalidade, o que já era por nós aqui destacado como um caminho para resolver tal dilema.

Finalizando o tema, é pertinente apontar que a jurisprudência do Tribunal de Justiça do Rio Grande do Sul, sempre pioneira, foi a primeira a reconhecer a possibilidade de ingresso de uma ação de reconhecimento de paternidade, mesmo não havendo o vínculo registral como nos casos expostos. A decisão, que possibilita a *ação de declaração de paternidade socioafetiva*, é revolucionária, merecendo colação a sua ementa:

"Ação declaratória. Adoção informal. Pretensão ao reconhecimento. Paternidade afetiva. Posse do estado de filho afetivo. Investigação de paternidade socioafetiva. Princípios da solidariedade humana e da dignidade da pessoa humana. Ativismo judicial. Juiz de família. Declaração da paternidade. Registro. A paternidade sociológica é um ato de opção, fundando-se na liberdade de escolha de quem ama e tem afeto, o que não acontece, às vezes, com quem apenas é a fonte geratriz. Embora o ideal seja apenas a concentração entre as paternidades jurídicas, biológica e socioafetiva, o reconhecimento da última não significa o desapreço à biologização, mas atenção aos novos paradigmas oriundos da instituição das entidades familiares. Uma de suas formas é a 'posse de estado de filho', que é a exteriorização da condição *filia*, seja por levar o nome, seja por ser aceito como tal pela sociedade, com visibilidade notória e pública. Liga-se ao princípio da aparência, que corresponde a uma situação que se associa a um direito ou estado, e que dá segurança jurídica, imprimindo um caráter de seriedade à relação aparente. Isso ainda ocorre com o 'estado de filho afetivo', que além do nome, que não é decisivo, ressalta o tratamento e a reputação, eis que a pessoa é amparada, cuidada e atendida pelo indigitado pai, como se filho fosse. O ativismo judicial e a peculiar atuação do juiz de família impõem, em afago à solidariedade humana e veneração respeitosa ao princípio da dignidade da pessoa, que se supere a formalidade processual, determinando o registro da filiação do autor, com veredicto declaratório nesta investigação de paternidade socioafetiva e todos os seus consectários" (TJRS, Apelação provida por maioria. Apelação Cível 70008795775, 7.ª Câmara de Direito Privado, Rel. José Carlos Teixeira Giorgis, 23.06.2004).

Na mesma linha e mais recentemente, importante *decisum* do Superior Tribunal de Justiça, de relatoria da Ministra Nancy Andrighi, assim ementado:

"Civil e processual civil. Recurso especial. Família. Reconhecimento de paternidade e maternidade socioafetiva. Possibilidade. Demonstração. 1. A paternidade ou maternidade socioafetiva é concepção jurisprudencial e doutrinária recente, ainda não abraçada, expressamente, pela legislação vigente, mas a qual se aplica, de forma analógica, no que forem pertinentes, as regras orientadoras da filiação biológica. 2. A norma princípio estabelecida no art. 27, *in fine*, do ECA afasta as restrições à busca do reconhecimento de filiação e, quando conjugada com a possibilidade de filiação socioafetiva, acaba por reorientar, de forma ampliativa, os restritivos comandos legais hoje existentes, para assegurar ao que procura o reconhecimento de vínculo de filiação socioafetivo, trânsito desimpedido de sua pretensão. 3. Nessa senda, não se pode olvidar que a construção de uma relação socioafetiva, na qual se encontre caracterizada, de maneira indelével, a posse do estado de filho, dá a esse o direito subjetivo de pleitear, em juízo, o reconhecimento desse vínculo, mesmo por meio de ação de investigação de paternidade, a *priori*, restrita ao reconhecimento forçado de vínculo biológico. 4. Não demonstrada a chamada posse do estado de filho, torna-se inviável a pretensão. 5. Recurso não provido (REsp 1.189.663/RS, 3.ª Turma, Rel. Min. Nancy Andrighi, j. 06.09.2011, *DJe* 15.09.2011).

Os julgados merecem o meu apoio doutrinário, diante da clara ampliação do conceito de filiação, na linha do que foi defendido na presente obra, colocando-se a parentalidade socioafetiva em situação de igualdade perante a parentalidade biológica.

6.3.4.3 A relativização da coisa julgada na ação investigatória

O tema da relativização da coisa julgada é um dos mais controvertidos da ótica processual contemporânea. O assunto entra em cena no que concerne às ações relacionadas com a investigação de paternidade julgada improcedente por ausência de provas em situações em que o exame de DNA não foi realizado. Prevê o Enunciado n. 109 do CJF/STJ, da *I Jornada de Direito Civil*, que "a restrição da coisa julgada oriunda de demandas reputadas improcedentes por insuficiência de prova não deve prevalecer para inibir a busca da identidade genética pelo investigando". Sobre a relativização da coisa julgada, são recomendadas as obras de Humberto Theodoro Júnior e José Augusto Delgado (In: NASCIMENTO, Carlos Valder, *Coisa...*, 2005); bem como de Belmiro Pedro Welter (*Coisa...*, 2002).

Alguns juristas, entretanto, criticam tal possibilidade. Nelson Nery Jr., em suas brilhantes palestras e exposições, aponta que algo próximo da relativização da coisa julgada era utilizado na Alemanha nacional-socialista, cujo objetivo era que Adolfo Hitler impusesse e consolidasse o seu poder tirânico. Para esse renomado jurista, a dita relativização traria um precedente perigoso, atentatório ao Estado Democrático de Direito e à segurança jurídica. O que se percebe é que a ideia não é bem aceita entre os processualistas, justamente porque não há nada mais intocável para o processo civil do que a coisa julgada e a certeza das decisões judiciais.

Todavia, pela relativização em casos excepcionais, várias são as manifestações favoráveis entre os civilistas. Maria Helena Diniz sustenta que, "sem embargo, diante da quase certeza do DNA, dever-se-ia, ainda, admitir a revisão da coisa julgada para fins de investigação de paternidade, em casos de provas insuficientes, produzidas na ocasião da prolação da sentença, para garantir o direito à identidade genética e à filiação, sanando qualquer injustiça que tenha ocorrido em razão de insuficiência probatória" (DINIZ, Maria Helena. *Curso...*, 2002, p. 408). Segundo Cristiano Chaves de Farias e Nelson Rosenvald, "Não se pode canonizar o instituto da coisa julgada, de modo a afrontar a própria sociedade e o ser humano. Deve-se ponderar, pela *proporcionalidade*, qual dos interesses deve prevalecer no caso concreto: mais vale a *segurança* ou a *justiça*? (FARIAS, Cristiano Chaves de; Nelson, ROSENVALD. *Curso...*, 2012, p. 745).

Sobre o assunto, entende o Superior Tribunal de Justiça pela possibilidade de *relativização da coisa julgada material* em situações tais. Nesse sentido, cumpre transcrever o primeiro precedente relativo ao tema naquele Tribunal Superior:

> "Processo civil. Investigação de paternidade. Repetição de ação anteriormente ajuizada, que teve seu pedido julgado improcedente por falta de provas. Coisa julgada. Mitigação. Doutrina. Precedentes. Direito de família. Evolução. Recurso acolhido. I – Não excluída expressamente a paternidade do investigado na primitiva ação de investigação de paternidade, diante da precariedade da prova e da ausência de indícios suficientes a caracterizar tanto a paternidade como a sua negativa, e considerando que, quando do ajuizamento da primeira ação, o exame pelo DNA ainda não era disponível e nem havia notoriedade a seu respeito, admite-se o ajuizamento de ação investigatória, ainda que tenha sido aforada uma anterior com sentença julgando improcedente o pedido. II – Nos termos da orientação da Turma, 'sempre recomendável a realização de perícia para investigação genética (HLA e DNA), porque permite ao julgador um juízo de fortíssima probabilidade, senão de certeza' na composição do conflito. Ademais, o progresso da ciência jurídica, em matéria de prova, está na substituição da verdade ficta pela verdade real. III – A coisa julgada, em se tratando de ações de estado, como no caso de investigação de paternidade, deve ser interpretada *modus in rebus*. Nas palavras de respeitável e avançada doutrina, quando estudiosos hoje se aprofundam no reestudo do instituto, na busca, sobretudo, da realização do processo justo, 'a coisa julgada existe como criação necessária à segurança prática das relações jurídicas e as dificuldades que se opõem à sua ruptura se explicam pela mesmíssima razão. Não se pode olvidar, todavia, que numa sociedade de homens livres, a Justiça tem de estar acima da segurança, porque sem Justiça não há liberdade'. IV – Este Tribunal tem buscado, em sua jurisprudência, firmar posições que atendam aos fins sociais do processo e às exigências do bem comum" (STJ, REsp 226.436/PR, 4.ª Turma, Rel. Min. Sálvio de Figueiredo Teixeira, j. 28.06.2001, *DJ* 04.02.2002, p. 370, *RBDF* 11/73, *RDR* 23/354, *RSTJ* 154/403).

Pelo que consta da ementa do julgado, é possível uma nova ação para a prova da paternidade, se a ação anterior foi julgada improcedente em momento em que não existia o exame de DNA. A decisão traz conclusão interessante, no sentido de que a *justiça justa* deve prevalecer sobre a *justiça segura*. Por certo que o Século atual tem como prioridade a tutela de direitos e não a segurança por si só. Sobre a questão, são contundentes as críticas de Giselda Maria Fernandes Novaes Hironaka:

> "Acabamos por aprender que as *verdades inteiras* são perigosas, exatamente porque querem fechar suas muralhas sobre o construído, de molde a não permitir reorganizações, remodelações, rearranjos. É mais seguro, por certo, não mexer muito nas coisas ou nas ideias, pois tudo que se contém dentro de um formato imutável, tende a parecer mais seguro. Na percepção de justiça, por exemplo, aquilo que se apresentar de modo repetitivo, encaixado em formulações preestabelecidas, aquilo que se multiplicar tantas vezes quanto seja desejável fazê-lo, tende a parecer mais seguro e, daí então, deve decorrer a ideia de *segurança jurídica*, este padrão aprisionador de concepções, este denominador comum de repetição, este paradigma inacreditavelmente inamovível... Numa ideia assim – restrita e fechada, e por isso mesmo segura – não há lugar para se pensar o novo, para se adequar o tempo, para fazer fluir apenas o justo. Parece que, neste tipo de concepção mais restritiva de justiça, tenha sido preferível a *justiça segura* à *justiça justa*..." (HIRONAKA, Giselda Maria Fernandes Novaes. Sobre peixes..., *Família e dignidade*..., 2006, p. 426).

Em outro julgado, demonstrando que a tendência dessa relativização é realmente forte, o mesmo Tribunal Superior repetiu esse posicionamento anterior: "Paternidade. DNA.

Nova ação. A paternidade do investigado não foi expressamente afastada na primeva ação de investigação julgada improcedente por insuficiência de provas, anotado que a análise do DNA àquele tempo não se fazia disponível ou sequer havia notoriedade a seu respeito. Assim, nesse contexto, é plenamente admissível novo ajuizamento da ação investigatória. Precedentes citados: REsp 226.436/PR, *DJ* 04.02.2002; REsp 427.117/MS, *DJ* 16.02.2004; e REsp 330.172/RJ, *DJ* 22.04.2002" (STJ, REsp 826.698/MS, Rel. Min. Nancy Andrighi, j. 06.05.2008).

A tese também foi adotada no Tribunal de Justiça de São Paulo, em decisão da lavra do saudoso Desembargador e jurista Antônio Carlos Mathias Coltro:

"Ação negatória de paternidade. Sentença extintiva do processo sem julgamento do mérito, diante da existência de decisão procedente em ação de investigação de paternidade já transitada em julgado. Possibilidade de reabertura da discussão, com realização do exame de DNA. Considerações sobre a coisa julgada e a invalidade do processo em que se verifique, por fim, que o demandante, anteriormente demandado, não era parte legítima no polo passivo. Provimento do recurso" (TJSP, 5.ª Câmara – Seção de Direito Privado, Apelação 330.185.4/0-00, Voto 10.860, Comarca Bauru, 1.ª Vara Cível, Processo 1846/2003, apelante A R., apelado W. G. R. (menor rep. por sua mãe), natureza da ação: negatória de paternidade, Rel. A. C. Mathias Coltro).

Em momento ainda mais atual, decidiu o Supremo Tribunal Federal de maneira similar, conforme julgado publicado no seu *Informativo* n. 622, de abril de 2011. Merece destaque o seguinte trecho do voto do Ministro Dias Toffoli, assim publicado naquele *Informativo de Jurisprudência*:

"Reconheceu-se a repercussão geral da questão discutida, haja vista o conflito entre o princípio da segurança jurídica, consubstanciado na coisa julgada (CF, art. 5.º, XXXVI), de um lado; e a dignidade humana, concretizada no direito à assistência jurídica gratuita (CF, art. 5.º, LXXIV) e no dever de paternidade responsável (CF, art. 226, § 7.º), de outro. (...). A seguir, destacou a paternidade responsável como elemento a pautar a tomada de decisões em matérias envolvendo relações familiares. Nesse sentido, salientou o caráter personalíssimo, indisponível e imprescritível do reconhecimento do estado de filiação, considerada a preeminência do direito geral da personalidade. Aduziu existir um paralelo entre esse direito e o direito fundamental à informação genética, garantido por meio do exame de DNA. No ponto, asseverou haver precedentes da Corte no sentido de caber ao Estado providenciar aos necessitados acesso a esse meio de prova, em ações de investigação de paternidade. Reputou necessária a superação da coisa julgada em casos tais, cuja decisão terminativa se dera por insuficiência de provas (...). Afirmou que o princípio da segurança jurídica não seria, portanto, absoluto, e que não poderia prevalecer em detrimento da dignidade da pessoa humana, sob o prisma do acesso à informação genética e da personalidade do indivíduo. Assinalou não se poder mais tolerar a prevalência, em relações de vínculo paterno-filial, do fictício critério da verdade legal, calcado em presunção absoluta, tampouco a negativa de respostas acerca da origem biológica do ser humano, uma vez constatada a evolução nos meios de prova voltados para esse fim" (STF, RE 363.889/DF, Rel. Min. Dias Toffoli, 07.04.2011).

Ora, a premissa da relativização da coisa julgada justifica-se plenamente utilizando-se a técnica de ponderação, desenvolvida, entre outros, por Robert Alexy (*Teoria*..., 2008); e adotada expressamente pelo art. 489, § 2.º, do CPC/2015, *in verbis*: "no caso de colisão entre normas, o juiz deve justificar o objeto e os critérios gerais da ponderação efetuada, enunciando as razões que autorizam a interferência na norma afastada e as premissas fáticas que fundamentam a conclusão".

A propósito da utilização eficiente da técnica da ponderação para resolver os problemas relativos ao Direito de Família, cabe mencionar o Enunciado n. 17 do IBDFAM, aprovado no seu *X Congresso Brasileiro*, realizado em 2015: "a técnica de ponderação, adotada expressamente pelo art. 489, § 2.º, do Novo CPC, é meio adequado para a solução de problemas práticos atinentes ao Direito das Famílias e das Sucessões". Esse é justamente um caso em que a técnica da ponderação é meio mais do que adequado para resolver a questão de alta controvérsia.

Pode-se falar, ainda, em *escolha moral*, conforme difundido pelos juristas norte-americanos, caso de Michael Sandel, conhecido professor da Universidade de Harvard (SANDEL, Michael. *Justiça...*, 2011). Nos casos em questão, entendeu-se que a dignidade do suposto filho era constitucionalmente protegida como um direito fundamental (art. 1.º, inc. III, da CF/1988), devendo prevalecer sobre a proteção da coisa julgada, que igualmente tem amparo no Texto Maior (art. 5.º, XXXVI, da CF/1988).

A encerrar o presente tópico, cabe debater se é cabível a relativização da coisa julgada em hipótese fática em que o reconhecimento do vínculo se deu, exclusivamente, pela recusa do investigado ou de seus herdeiros em comparecer ao laboratório para a coleta do material biológico. O Superior Tribunal de Justiça, com razão, respondeu negativamente, pois os precedentes que admitem tal relativização têm aplicação bem restrita, o que deve ser mantido, sob pena de agressão desmedida à segurança jurídica. Como consta da ementa do acórdão:

"O Supremo Tribunal Federal, ao apreciar o RE 363.889/DF, com repercussão geral reconhecida, permitiu, em caráter excepcional, a relativização da coisa julgada formada em ação de investigação julgada improcedente por ausência de provas, quando não tenha sido oportunizada a realização de exame pericial acerca da origem biológica do investigando por circunstâncias alheias à vontade das partes. Hipótese distinta do caso concreto em que a ação de investigação de paternidade foi julgada procedente com base na prova testemunhal, e, especialmente, diante da reiterada recusa dos herdeiros do investigado em proceder ao exame genético, que, chamados à coleta do material por sete vezes, deixaram de atender a qualquer deles" (STJ, REsp 1562239/MS, 3.ª Turma, Rel. Min. Paulo de Tarso Sanseverino, j. 09.05.2017, *DJe* 16.05.2017).

O aresto também está bem fundamentado na vedação do comportamento contraditório (*venire contra factum proprium non potest*). Como consta do seu teor, houve conduta manifestamente contrária à boa-fé objetiva, diante da reiterada negativa, por parte da recorrente, de produzir a prova que traria certeza à controvérsia sobre a paternidade; para, depois, transitada em julgado a decisão que lhe foi desfavorável, ajuizar ação negatória de paternidade visando à realização do exame de DNA que se negara a realizar anteriormente. Eis mais um interessante caso de aplicação da boa-fé objetiva às relações de família, conforme desenvolvido no Capítulo 1 desta obra.

6.3.4.4   A obrigatoriedade do exame de DNA e a presunção de paternidade

Outro tema de importante relevo refere-se à obrigatoriedade da realização do exame de DNA. Conforme antes demonstrado, o exame de DNA vem sendo apontado pela doutrina e pela jurisprudência como meio de prova dos mais eficazes, justamente porque dá certeza quase absoluta da ausência ou da presença do vínculo biológico. O exame em questão veio a substituir a fragilidade da prova testemunhal que antes era produzida, baseada, sobretudo, no relacionamento sexual plúrimo da mãe do investigante, com vários homens (*exceptio plurium concubentium*). Na verdade, por vezes, essa prova até se revelava como violadora da intimidade e da dignidade humana, eis que era realizada uma verdadeira devassa na vida íntima dessa mãe. Atualmente, não há mais a necessidade dessa indesejada investigação, podendo-se até sustentar que cabe reparação por danos morais nos casos de sua utilização.

Contudo, as dúvidas que surgem são as seguintes: pode o réu da ação investigatória negar-se a fazer tal exame? Caso ocorra a negativa, caberá a prisão civil? Sobre esse tema, discorrem muito bem Pablo Stolze Gagliano e Rodolfo Pamplona Filho (*Novo curso*..., 2004, p. 455). Lembram esses doutrinadores que:

> "Em artigo publicado no *site* do Conselho da Justiça Federal, o Ministro Moreira Alves ponderou: 'No Supremo Tribunal Federal, não há muito, tivemos uma vasta discussão em *habeas corpus*, em que uma juíza havia determinado, debaixo de vara, a condução de um investigando de paternidade que se recusava a extrair sangue para efeito do exame de DNA. A juíza não teve dúvida e disse: conduza-se, ainda que à força. Ele alegava: tenho terror e pânico até de injeção, quanto mais de tirar sangue. Depois de uma vasta discussão no Plenário do Supremo Tribunal Federal, por 6 votos a 5, considerou-se que isso atingia um direito de personalidade dele de não querer tirar sangue, mas corria contra ele, obviamente, a presunção de que realmente fosse o pai'".

Na situação descrita, percebe-se um claro choque entre direitos da personalidade ou direitos fundamentais (direito ao reconhecimento do vínculo de paternidade × direito à integridade física e à intimidade). Qual desses direitos deve prevalecer? Deve-se adotar, mais uma vez, a técnica de ponderação entre esses direitos fundamentais, técnica essa muito bem desenvolvida por Robert Alexy e expressada pelo art. 489, § 2.º, do CPC/2015. Nesse sentido, vale citar o interessante Enunciado n. 274 do CJF/STJ, da *IV Jornada de Direito Civil*, pelo qual: "os direitos da personalidade, regulados de maneira não exaustiva pelo Código Civil, são expressões da cláusula geral de tutela da pessoa humana, contida no art. 1.º, III, da Constituição (princípio da dignidade da pessoa humana). Em caso de colisão entre eles, como nenhum pode sobrelevar os demais, deve-se aplicar a técnica da ponderação".

Pois bem, no caso descrito, de um lado está o direito do filho de saber quem é o seu pai, o que envolve a sua dignidade; do outro, o direito à integridade física e à intimidade do suposto pai, que também envolve a sua dignidade. Há um claro choque de normas de primeiro grau no plano hierárquico, tido como conflito propriamente dito, caso de antinomia real, envolvendo dois direitos da personalidade.

Nesse caso, por outro caminho de argumentação, pode o aplicador do direito buscar socorro nos arts. 4.º e 5.º da Lei de Introdução.

Aplicando de forma imediata o princípio de proteção da dignidade da pessoa humana (art. 4.º da Lei de Introdução c/c o art. 1.º, III, da CF/1988) e o fim social da norma (art. 5.º da Lei de Introdução), deve-se entender que a condução coercitiva do suposto pai não pode ocorrer, pela proteção indeclinável do direito à liberdade e à intimidade. Conforme aponta a melhor doutrina, "o pai pode se negar a fazer o teste, por ser um atentado à sua privacidade, imagem científica e intangibilidade corporal" (DINIZ, Maria Helena. *Curso*..., 2003, vol. 5).

Desse modo, há a proteção dos *direitos de quarta geração ou dimensão*, aqueles relacionados com o patrimônio genético da pessoa humana, valorizada a sua dignidade à luz do Texto Maior. Assim entendeu o Supremo Tribunal Federal, conforme a ementa a seguir transcrita:

> "Investigação de paternidade. Exame DNA. Condução do réu 'debaixo de vara'. Discrepa, a mais não poder, de garantias constitucionais implícitas e explícitas – preservação da dignidade humana, da intimidade, da intangibilidade do corpo humano, do império da

lei e da inexecução específica e direta de obrigação de fazer – provimento judicial que, em ação civil de investigação de paternidade, implique determinação no sentido de o réu ser conduzido ao laboratório, 'debaixo de vara', para coleta do material indispensável à feitura do exame DNA. A recusa resolve-se no plano jurídico-instrumental, consideradas a dogmática, a doutrina e a jurisprudência, no que voltadas ao deslinde das questões ligadas à prova dos fatos" (STF, HC 71.373/RS, Tribunal Pleno, Rel. Min. Francisco Rezek, Rel. p/ Acórdão Min. Marco Aurélio, j. 10.11.1994, *DJ* 22.11.1996, p. 45.686, *Ement*. Vol. 1.851/2002, p. 397).

Resumindo, ponderou-se a favor do direito do suposto pai, de forma majoritária.

Contudo, há quem entenda que deveria ter prevalecido o direito do filho. Nesse sentido, filia-se a renomada jurista Maria Celina Bodin de Moraes, que critica a decisão, pois haveria um abuso de direito por parte do suposto pai, réu no caso em questão. São suas palavras: "O direito à integridade física configura verdadeiro direito subjetivo da personalidade, garantido constitucionalmente, cujo exercício, no entanto, se torna abusivo se servir de escusa para eximir a comprovação, acima de qualquer dúvida, de vínculo genético, a fundamentar adequadamente as responsabilidades decorrentes da relação de paternidade" (MORAES, Maria Celina Bodin de. *Recusa...*, 1997, p. 194).

De qualquer forma, mesmo sendo esse o caminho de preservação do direito do investigado, caso o suposto pai se negue a fazer o exame, correrá contra ele a presunção de que mantém o vínculo, de acordo com as regras previstas nos arts. 231 e 232 do CC/2002, dispositivos que têm as seguintes redações, claramente influenciadas pela decisão do Supremo Tribunal Federal antes citada:

"Art. 231. Aquele que se nega a submeter-se a exame médico necessário não poderá aproveitar-se de sua recusa.

Art. 232. A recusa à perícia médica ordenada pelo juiz poderá suprir a prova que se pretendia obter com o exame".

Em complemento às normas, na jurisprudência, foi editada a Súmula 301 do Superior Tribunal de Justiça, que prescreve: "Em ação investigatória, a recusa do suposto pai a submeter-se ao exame de DNA induz presunção *juris tantum* de paternidade".

Em data sucessiva, entrou em vigor no Brasil a Lei 12.004/2009, que introduziu na Lei 8.560/1992 norma expressa a respeito da presunção pela negativa ao exame, no seguinte sentido:

"Art. 2.º-A. Na ação de investigação de paternidade, todos os meios legais, bem como os moralmente legítimos, serão hábeis para provar a verdade dos fatos. Parágrafo único. A recusa do réu em se submeter ao exame de código genético – DNA – gerará a presunção da paternidade, a ser apreciada em conjunto com o contexto probatório".

Em verdade, a norma era tida até como desnecessária, pela existência dos dispositivos do Código Civil transcritos e pela jurisprudência consolidada.

Exemplificando, se um suposto pai se nega a fazer o exame por cinco vezes, correrá contra ele tal presunção. Mesmo assim, uma vez que a presunção é relativa, deve o juiz analisar outras provas fáticas antes de sentenciar a ação de investigação de paternidade.

Por outra via, devido ao fato de essa presunção ser relativa, surge um problema prático. Imagine-se que, em uma ação de investigação de paternidade, o juiz da causa, de início, e como é comum, determine a realização do exame de DNA. O réu se nega a fazê-lo e, por certo, não pode ser obrigado a assim proceder. O juiz da causa, então, uma vez que a presunção é relativa, buscará outros meios probatórios.

Após a oitiva das partes e das testemunhas, bem como com a análise de provas documentais e tendo visto a criança, o juiz ainda não está convencido. Desse modo, determina, novamente, que o réu faça o referido exame. O réu, mais uma vez, nega-se a se submeter à perícia.

Como não há outros meios probatórios, é forçoso concluir que o juiz da causa deve sentenciar a demanda como procedente. Para tanto, deverá entender que a segunda negativa à realização da perícia gera presunção absoluta (*iure et de iure*), pois foram esgotados todos os meios probatórios no caso em questão. Agindo assim, o juiz estará punindo eventual má-fé do suposto pai, atuando o juiz em prol da dignidade do suposto filho.

Em continuidade de estudo, após uma longa tramitação no Congresso Nacional, foi promulgada e publicada a Lei 14.138/2021, que acrescenta um § 2.º ao art. 2.º-A da Lei 8.560/1992 para permitir, em sede de ação de investigação de paternidade, a realização do exame de pareamento do código genético (DNA) em parentes do suposto pai.

Conforme expressa o novo comando legal, "se o suposto pai houver falecido ou não existir notícia de seu paradeiro, o juiz determinará, a expensas do autor da ação, a realização do exame de pareamento do código genético (DNA) em parentes consanguíneos, preferindo-se os de grau mais próximo aos mais distantes, importando a recusa em presunção da paternidade, a ser apreciada em conjunto com o contexto probatório".

Parte da doutrina tratava da realização desse exame em relação aos parentes, sendo necessário destacar as palavras de Rolf Madaleno, especialmente quanto aos comentários ao projeto que gerou a Lei 14.138/2021:

> "A Súmula n. 301 do STJ é mais específica ainda, ao expor que 'em ação investigatória, a recusa do suposto pai em submeter-se ao exame de DNA, induz presunção juris tantum de paternidade', deixando evidente que apenas a recusa do indigitado pai induz à presunção, tanto que, por conta dessa omissão legal é que tramita pelo Congresso Nacional, o Projeto de Lei do Senado de n. 415/2009, com o propósito de alterar o artigo 2.º da Lei n. 8.560/1992, e nele acrescentar o § 7.º, que tem a seguinte redação: '§ 7.º Se o suposto pai houver falecido, ou não exista notícia do seu paradeiro, o juiz determinará a realização do exame de código genético – DNA em parentes consanguíneos, preferindo os de grau mais próximo, importando a recusa desses em presunção da paternidade'.
>
> Como deflui desse projeto de Lei 415/2009, em trâmite no Congresso Nacional, é justamente a ausência de lei regulando a presunção de paternidade diante da recusa dos parentes consanguíneos do investigado que infirma concluir seja inconstitucional presumir um elo de filiação, ou de confissão de negativa de paternidade, se o filho, ou os parentes do réu se negarem a realizar a perícia genética, sendo princípio constitucional intransponível, que ninguém está obrigado a fazer o que a lei não manda.
>
> A essa mesma conclusão chegou a Quarta Turma do Superior Tribunal de Justiça, no Recurso Especial n. 714.969/MS, ao afirmar que a presunção relativa gerada pela recusa em realizar o exame em DNA só deve incidir quando for originada pelo pretenso genitor, conforme a dicção da Súmula n. 301 do STJ, por se tratar de direito personalíssimo e indisponível, o que não impede, evidentemente, de o juiz apreciar a negativa como um indício, de acordo com o artigo 232 do Código Civil e as demais circunstâncias e provas.
>
> Existem posições divergentes nos tribunais estaduais, merecendo destaque o acórdão oriundo do Quarto Grupo Cível do TJ/RS, nos embargos infringentes n. 70.013.371.869, concluindo por ensejar a presunção de veracidade do vínculo de filiação pelo não com-

parecimento injustificado dos irmãos do falecido ao exame em DNA. Agora, em câmbio, não restam dúvidas de que os herdeiros do falecido e indigitado pai devem figurar no polo passivo da ação de investigação de paternidade, cumulada ou não, com petição de herança, pois como herdeiros universais respondem pessoalmente ao processo de investigação de paternidade (CPC, art. 43; CC, arts. 1.601, parágrafo único, e 1.606, parágrafo único)" (MADALENO, Rolf. Curso..., 4. ed. p. 549-550).

Além dos julgados mencionados, o doutrinador destacava, antes da alteração legislativa de 2021, que "o indício da omissão dos parentes, portanto, não se compara com a recusa do suposto pai, primeiro, porque as regras de presunção contidas na Lei n. 12.004/2009 e na Súmula n. 301 do STJ são endereçadas ao suposto pai renitente, e não para os seus parentes. Depois, diante do evento morte do indigitado genitor, o autor da ação dispõe de outras provas biológicas, que podem ser periciadas sobre os restos mortais do falecido com a exumação do cadáver, isso se o corpo não foi cremado, isto se não existir material biológico que ele tenha, ainda em vida, depositado em custódia em um laboratório ou banco genético, com a finalidade específica de esse material ser consultado pela autoridade competente e interferir positiva ou negativamente nos direitos constitucionais concernentes à identidade e origem genética de outras pessoas" (MADALENO, Rolf. Curso..., 4. ed. p. 550-551).

A Lei 14.138/2021 parece ter superado divergências anteriores, possibilitando de forma incontestável a realização do exame de DNA nos parentes do falecido investigado, gerando a sua recusa a presunção relativa ou *iuris tantum* do vínculo biológico, a ser analisada com outras provas. Assim, com o novo comando, passaram a ser úteis e necessárias as previsões anteriores do art. 2.º-A da lei 8.560/1992, introduzidas em 2009, que são completadas pela nova norma.

Anoto que julgados superiores já vinham entendendo dessa forma, pela presença de uma presunção relativa e aplicando o enunciado de súmula antes citado. Como se retira de acórdão da Quarta Turma do STJ, do ano de 2015 e de outros sucessivos, na mesma linha e com igual relator: "inexistindo a prova pericial capaz de propiciar certeza quase absoluta do vínculo de parentesco (exame de impressões do DNA), diante da recusa dos irmãos paternos do investigado em submeter-se ao referido exame, comprova-se a paternidade mediante a análise dos indícios e presunções existentes nos autos, observada a presunção *juris tantum*, nos termos da Súmula 301/STJ. Precedentes" (STJ, Ag. Rg. no AREsp 499.722/DF, 4.ª Turma, Rel. Min. Raul Araújo, j. 18.12.2014, *DJe* 06.02.2015).

Como palavras finais sobre a nova norma, na linha das lições de Rolf Madaleno, pode-se concluir que a Lei 14.138/2021 fez com que a negativa dos parentes do investigado falecido ao exame de DNA deixasse de ser um mero indício do vínculo biológico, passando a gerar uma presunção. Conforme se retira da doutrina processualista que sigo, a presunção representa uma relação entre o fato indiciário (provado) e o fato presumido (não provado), "decorrente da constatação lógica de que, se o primeiro ocorreu, muito provavelmente o segundo terá ocorrido" (NEVES, Daniel Amorim Assumpção. Manual..., 2019. p. 714). Sendo assim, não se pode negar que o impacto da negativa ao exame de pareamento genético pelo parente passa a gerar o mesmo efeito da negativa pelo próprio investigado.

A encerrar a análise do tema, destaco que o Superior Tribunal de Justiça passou a admitir a utilização de medidas previstas no art. 139, inc. IV, do Código de Processo Civil de 2015 em caso de negativa de realização do exame de DNA. Conforme esse preceito legal, o juiz poderá "determinar todas as medidas indutivas, coercitivas, mandamentais ou sub-rogatórias necessárias para assegurar o cumprimento de ordem judicial, inclusive nas ações que tenham por objeto prestação pecuniária".

O caso disse respeito a herdeiro que se negava a fazer o exame, tendo concluído a Corte o seguinte:

"A impossibilidade de condução do investigado 'debaixo de vara' para a coleta de material genético necessário ao exame de DNA não implica na impossibilidade de adoção das medidas indutivas, coercitivas e mandamentais autorizadas pelo art. 139, IV, do novo CPC, com o propósito de dobrar a sua renitência, que deverão ser adotadas, sobretudo, nas hipóteses em que não se possa desde logo aplicar a presunção contida na Súmula 301/STJ ou quando se observar a existência de postura anticooperativa de que resulte o *non liquet* instrutório em desfavor de quem adota postura cooperativa, pois, maior do que o direito de um filho de ter um pai, é o direito de um filho de saber quem é o seu pai". Assim, julgou-se que "aplicam-se aos terceiros que possam fornecer material genético para a realização do novo exame de DNA as mesmas diretrizes anteriormente formuladas, pois, a despeito de não serem legitimados passivos para responder à ação investigatória (legitimação *ad processum*), são eles legitimados para a prática de determinados e específicos atos processuais (legitimação *ad actum*), observando-se, por analogia, o procedimento em contraditório delineado nos arts. 401 a 404, do novo CPC, que, inclusive, preveem a possibilidade de adoção de medidas indutivas, coercitivas, sub-rogatórias ou mandamentais ao terceiro que se encontra na posse de documento ou coisa que deva ser exibida" (STJ, Rcl 37.521/SP, 2.ª Seção, Rel. Min. Nancy Andrighi, j. 13.05.2020, *DJe* 05.06.2020).

O acórdão destaca a possibilidade de se exigir a exibição de documento ou coisa que se encontre em poder do herdeiro, sob pena de busca e apreensão. Pelos interesses envolvidos, que dizem respeito à busca da verdade biológica, sou favorável à utilização de tais medidas nessas situações. Como outras medidas coercitivas podem ser citadas as apreensões do passaporte, da carteira de motorista e também de cartões bancários ou de crédito dos envolvidos.

Com esses interessantes debates, encerra-se o estudo do reconhecimento de filhos e passa-se à adoção.

6.4 ADOÇÃO

Como já apontava a obra clássica de Silvio Rodrigues, devidamente atualizada por Francisco José Cahali, a adoção talvez seja o instituto de Direito de Família que mais tenha sido objeto de alterações estruturais e funcionais com o passar do tempo, diante de várias leis que o regulamentaram (anteriormente, Código Civil de 1916, Lei 3.133/1957, Lei 4.655/1965, Código de Menores – Lei 6.697/1979, e Estatuto da Criança e do Adolescente – Lei 8.069/1990), o que acabou por gerar uma *colcha de retalhos legislativa* a respeito do tema (RODRIGUES, Silvio. *Direito civil...*, 2006, p. 336-339).

Além de tudo isso, contribuindo com a situação de dúvidas, o Código Civil de 2002 tratou do assunto. Como mais uma *peça da colcha*, foi promulgada a Lei 12.010, em 3 de agosto de 2009, então conhecida como *Lei Nacional da Adoção* ou *Nova Lei da Adoção*. No final de 2017, surgiu a Lei 13.509, trazendo amplas reformas a respeito do tema. O que se nota é que o tema adoção nunca teve no Brasil uma estabilidade legislativa consolidada, havendo ainda outros projetos de lei que pretendem tratar do tema, como o Estatuto da Adoção, idealizado pelo IBDFAM.

Sobre a norma de 2009, ela revogou vários dispositivos do Código Civil que tratavam da adoção (arts. 1.620 a 1.629), alterando, ainda, os arts. 1.618 e 1.619 da atual codificação privada. Em síntese, pode-se afirmar que com essa modificação anterior a matéria ficou consolidada no Estatuto da Criança e do Adolescente (Lei 8.069/1990), que também teve vários dos seus comandos alterados. Tal estruturação foi mantida com a Lei 13.509/2017.

Pois bem, antes da entrada em vigor do Código Civil de 2002, duas eram as formas de adoção previstas no ordenamento jurídico brasileiro:

a) *Adoção plena ou estatutária* – para os casos de menores, crianças e adolescentes – tratada pelo Estatuto da Criança e do Adolescente (ECA).

b) *Adoção simples, civil ou restrita* – para os casos envolvendo maiores – tratada pelo Código Civil de 1916.

O Código Civil de 2002 havia consolidado a matéria, não mais prevalecendo a divisão acima apontada, eis que o Código Civil de 1916, que tratava da adoção simples, foi totalmente revogado ou ab-rogado (art. 2.045 do CC). Assim sendo, o Código Civil de 2002 era tanto para a adoção de maiores quanto de menores de 18 anos.

Com a *Lei Nacional da Adoção*, de 2009, houve uma reviravolta no tratamento legal, eis que não há mais dispositivos no Código Civil regulamentando o instituto. O seu art. 1.618 determina que a adoção de crianças e adolescentes será deferida na forma prevista pela Lei 8.069, de 13 de julho de 1990 (ECA). Ato contínuo, o seu art. 1.619 modificado é claro ao estabelecer que a adoção de maiores de dezoito anos dependerá da assistência efetiva do poder público e de sentença constitutiva, aplicando-se, no que couber, as regras gerais da mesma Lei 8.069/1990.

Em suma, o que se percebe é que a matéria de adoção, relativa a menores e a maiores, passou a ser consolidada no Estatuto da Criança e do Adolescente. Conforme apontam Luciano Alves Rossato e Paulo Eduardo Lépore, "encerra-se a discussão existente em torno de se determinar qual é o documento legal regente das adoções. A partir de agora, todas as adoções, sejam de criança, adolescentes e adultos, serão regidas pelo Estatuto, guardadas as particularidades das adoções de adultos" (*Comentários...*, 2009, p. 43). A lei de 2009 representou mais uma tentativa de *descodificação*, ou seja, de retirada dos institutos privados do Código Civil. Todavia, não deixou de causar certo espanto, uma vez que uma típica norma de proteção de vulneráveis – o ECA – passa a regulamentar interesses de adultos, o que é criticável, do ponto de vista técnico-metodológico e estrutural.

Antes de adentrar na análise das regras relativas à adoção, é preciso conceituar o instituto. De acordo com Rubens Limongi França, a adoção é "um instituto de proteção à personalidade, em que essa proteção se leva a efeito através do estabelecimento, entre duas pessoas – o adotante e o protegido adotado – de um vínculo civil de paternidade (ou maternidade) e de filiação" (LIMONGI FRANÇA, Rubens. *Instituições...*, 1999, p. 310). A definição do jurista é interessante, por mencionar o amparo a direitos da personalidade.

Para Maria Helena Diniz, trata-se do "ato jurídico solene pelo qual, observados os requisitos legais, alguém estabelece, independentemente de qualquer relação de parentesco consanguíneo ou afim, vínculo fictício de filiação, trazendo para sua família, na condição de filho, pessoa que, geralmente, lhe é estranha" (*Curso...*, 2005, p. 484). Esse conceito de Maria Helena Diniz está baseado nas lições de Silvio Rodrigues, Antônio Chaves, Orlando Gomes, Tânia da Silva Pereira, dentre outros.

Segundo Maria Berenice Dias, a adoção é um "ato jurídico em sentido estrito, cuja eficácia está condicionada à chancela judicial. A adoção cria um vínculo fictício de paternidade--maternidade-filiação entre pessoas estranhas, análogo ao que resulta da filiação biológica"

(DIAS, Maria Berenice. *Manual...*, 2010, p. 476). Como bem pontua a autora, há na adoção um *parentesco eletivo*, decorrente exclusivamente de um ato de vontade.

A grande dúvida que decorre desse conceito, que é o majoritário entre os doutrinadores, é: a adoção seria um negócio jurídico ou um ato jurídico *stricto sensu*? Ficou claro, pelos doutrinadores citados, que acaba prevalecendo o entendimento de que a adoção é um ato jurídico *stricto sensu* (art. 185 do CC/2002), pois os seus efeitos são apenas fixados em lei, tese que deve ser tida como majoritária. Em reforço, valem as palavras de Paulo Lôbo, para quem "a adoção é ato jurídico em sentido estrito, de natureza complexa, pois depende de decisão judicial para produzir seus efeitos. Não é negócio jurídico unilateral. Por dizer respeito ao estado de filiação, que é indisponível, não pode ser revogado" (*Famílias...*, 2008, p. 248).

Entretanto, entendo que *há um quê* de negócio jurídico na adoção, eis que esta depende de iniciativa da parte, do exercício da autonomia privada pelo adotante. Para reforçar, lembre-se que a adoção não pode ser imposta, como ocorre com o reconhecimento de filho. Sem falar que, na adoção de pessoa com idade superior a 12 anos, há a necessidade de se ouvir o adotado. A questão, em suma, é controversa. Sendo assim, é melhor seguir o entendimento de Paulo Lôbo, no sentido de se tratar de um ato jurídico *stricto sensu* complexo.

Superado esse ponto, é interessante deixar claro que tanto a adoção de menores quanto a de maiores, com tratamento consolidado no ECA, dependem de ação judicial. Nesse sentido, não deixa dúvidas o seu art. 47, no sentido de que o vínculo da adoção se constitui por sentença judicial, que será inscrita no registro civil mediante mandado do qual não se fornecerá certidão.

Antes da nova lei, na *IV Jornada de Direito Civil* foi aprovado o Enunciado n. 272 do CJF/STJ, prevendo que "não é admitida em nosso ordenamento jurídico a adoção por ato extrajudicial, sendo indispensável a atuação jurisdicional, inclusive para a adoção de maiores de dezoito anos". O enunciado foi aprovado pela comissão da Parte Geral, esclarecendo o conteúdo do então art. 10, inc. III, do CC, pelo qual se faria a averbação no registro público dos atos judiciais e extrajudiciais de adoção. Por óbvio que não há mais atos extrajudiciais de adoção.

Esclareça-se que, também elucidando o conteúdo desse dispositivo da Parte Geral, foi aprovado o Enunciado n. 273 do CJF/STJ, com o seguinte sentido: "tanto na adoção bilateral quanto na unilateral, quando não se preserva o vínculo com qualquer dos genitores originários, deverá ser averbado o cancelamento do registro originário de nascimento do adotado, lavrando-se novo registro. Sendo unilateral a adoção, e sempre que se preserve o vínculo originário com um dos genitores, deverá ser averbada a substituição do nome do pai ou da mãe natural pelo nome do pai ou da mãe adotivos". Atente-se ao fato de que a Lei 12.010/2009 revogou expressamente o art. 10, inc. III, do Código Civil, sanando totalmente o equívoco anterior constante da codificação privada.

Quanto ao processo de adoção, este corre na Vara da Infância e Juventude nos casos de menores e na Vara da Família em casos de maiores, sempre com a intervenção do Ministério Público, pois se trata de questão envolvendo o estado de pessoas e a ordem pública.

A adoção passou a ser considerada pela lei de 2009 como uma medida excepcional e irrevogável, a qual se deve recorrer apenas quando esgotados os recursos de manutenção da criança ou adolescente na família natural ou extensa (art. 39, § 1.º, do ECA). Apesar da menção à sua irrevogabilidade, tem-se admitido a sua revogação em algumas situações especiais. Conforme recente aresto da Terceira Turma do Superior Tribunal de Justiça:

> "A interpretação sistemática e teleológica do disposto no § 1.º do art. 39 do ECA conduz à conclusão de que a irrevogabilidade da adoção não é regra absoluta, podendo ser afastada sempre que, no caso concreto, verificar-se que a manutenção da medida não

apresenta reais vantagens para o adotado, tampouco é apta a satisfazer os princípios da proteção integral e do melhor interesse da criança e do adolescente". E mais, "passando ao largo de qualquer objetivo de estimular a revogabilidade das adoções, situações como a vivenciada pelos adotantes e pelo adotado demonstram que nem sempre as presunções estabelecidas dogmaticamente, suportam o crivo da realidade, razão pela qual, em caráter excepcional, é dado ao julgador demover entraves legais à plena aplicação do direito e à tutela da dignidade da pessoa humana. A hipótese dos autos representa situação *sui generis* na qual inexiste qualquer utilidade prática ou reais vantagens ao adotado na manutenção da adoção, medida que sequer atende ao seu melhor interesse. Ao revés, a manutenção dos laços de filiação com os recorrentes representaria, para o adotado, verdadeiro obstáculo ao pleno desenvolvimento de sua personalidade, notadamente porque impediria o evolver e o aprofundamento das relações estabelecidas com os atuais guardiões, representando interpretação do § 1.º do art. 39 do ECA descolada de sua finalidade protetiva" (STJ, REsp 1.892.782/PR, 3.ª Turma, Rel. Min. Nancy Andrighi, j. 06.04.2021, *DJe* 15.04.2021).

Seguindo no estudo do tema, nos termos do art. 25 da mesma norma, entende-se por *família natural* a comunidade formada pelos pais ou qualquer deles e seus descendentes. Já a *família extensa* ou *ampliada,* conforme exposto no primeiro capítulo deste livro, é aquela que se estende para além da unidade pais e filhos ou da unidade do casal, formada por parentes próximos com os quais a criança ou adolescente convive e mantém vínculos de afinidade e afetividade. Em suma, a adoção deve ser encarada como a *ultima ratio*, sendo irrevogável assim como o reconhecimento de filhos.

Em relação à capacidade para adotar, o art. 42 do ECA dispõe que só a pessoa maior de 18 anos pode adotar, o que independe do estado civil. A norma foi alterada na linha do que já previa o antigo art. 1.618 do CC/2002 e da redução da maioridade civil de 21 para 18 anos. Consigne-se que a adoção realizada por somente uma pessoa é denominada *adoção unilateral*. Entre as suas múltiplas possibilidades, aresto do Superior Tribunal de Justiça concluiu da seguinte forma:

"A adoção unilateral, ou adoção por cônjuge, é espécie do gênero adoção, que se distingue das demais, principalmente pela ausência de ruptura total entre o adotado e os pais biológicos, porquanto um deles permanece exercendo o Poder Familiar sobre o menor, que será, após a adoção, compartilhado com o cônjuge adotante. Nesse tipo de adoção, que ocorre quando um dos ascendentes biológicos faleceu, foi destituído do Poder Familiar, ou é desconhecido, não há consulta ao grupo familiar estendido do ascendente ausente, cabendo tão só ao cônjuge supérstite decidir sobre a conveniência, ou não, da adoção do filho pelo seu novo cônjuge/companheiro" (STJ, REsp 1.545.959/SC, 3.ª Turma, Rel. Min. Ricardo Villas Bôas Cueva, Rel. p/ Acórdão Min. Nancy Andrighi, j. 06.06.2017, *DJe* 01.08.2017).

A antiga *adoção bilateral*, realizada por duas pessoas, passou a ser denominada como *adoção conjunta*, pelo art. 42, § 2.º, do ECA. Para essa adoção conjunta, é indispensável que os adotantes sejam casados civilmente ou mantenham união estável, comprovada a estabilidade da família. Diante da tendência inafastável de reconhecimento de novas entidades familiares, seguida por esta obra, o casamento e a união estável podem ser homoafetivos, sendo viável a adoção em casos tais, sem qualquer discriminação. Segundo a jurisprudência do STJ, apegada ao rigor formal:

"Se, no curso da ação de adoção conjunta, um dos cônjuges desistir do pedido e outro vier a falecer sem ter manifestado inequívoca intenção de adotar unilateralmente, não poderá ser deferido ao interessado falecido o pedido de adoção unilateral *post mortem*.

Tratando-se de adoção em conjunto, um cônjuge não pode adotar sem o consentimento do outro. Caso contrário, ferirá normas basilares de direito, tal como a autonomia da vontade, desatendendo, inclusive, ao interesse do adotando (se menor for), já que questões como estabilidade familiar e ambiência saudável estarão seriamente comprometidas, pois não haverá como impor a adoção a uma pessoa que não queira. Daí o porquê de o consentimento ser mútuo. Na hipótese de um casamento, se um dos cônjuges quiser muito adotar e resolver fazê-lo independentemente do consentimento do outro, haverá de requerê-lo como se solteiro fosse. Mesmo assim, não poderia proceder à adoção permanecendo casado e vivendo no mesmo lar, porquanto não pode o Judiciário impor ao cônjuge não concordante que aceite em sua casa alguém sem vínculos biológicos. É certo que, mesmo quando se trata de adoção de pessoa maior, o que pressupõe a dispensa da questão do lar estável, não se dispensa a manifestação conjunta da vontade. Não fosse por isso, a questão ainda passa pela adoção *post mortem*. Nesse aspecto, a manifestação da vontade apresentar-se-á viciada quando o *de cujus* houver expressado a intenção de adotar em conjunto, e não isoladamente. Isso é muito sério, pois a adoção tem efeitos profundos na vida de uma pessoa, para além do efeito patrimonial. Não se pode dizer que o falecido preteriria o respeito à opinião e vontade do cônjuge ou companheiro supérstite e a permanência da harmonia no lar, escolhendo adotar" (STJ, REsp 1.421.409/DF, Rel. Min. João Otávio de Noronha, j. 18.08.2016, *DJe* 25.08.2016, publicada no *Informativo* n. 588 da Corte).

Com o devido respeito, penso que, se a adoção unilateral atender ao melhor interesse da criança ou do adolescente, poderá ser deferida.

Como novidade interessante introduzida em 2009, o § 4.º do art. 42 do ECA passou a determinar que os divorciados, os judicialmente separados e os ex-companheiros podem adotar conjuntamente, contanto que acordem sobre a guarda e o regime de visitas e desde que o estágio de convivência tenha sido iniciado na constância do período de convivência.

Exige-se, ainda, que seja comprovada a existência de vínculos de afinidade e afetividade com aquele não detentor da guarda, que justifiquem a excepcionalidade da concessão. Diante da Emenda Constitucional 66/2010 a menção à separação judicial perdeu relevância, mais uma vez, na linha do entendimento por mim seguido e adotado pelo STF em 2023 (STF, RE 1.167.478/RJ, Tribunal Pleno, Rel. Min. Luiz Fux, Tema n. 1.053, j. 08.11.2023).

Na doutrina contemporânea, Luciano Alves Rossato e Paulo Eduardo Lépore veem com bons olhos a inovação então introduzida pela Lei 12.010/2009, pois, "ainda que possa parecer ínfima, trata-se de alteração substancial empreendida no instituto da adoção e que abre espaço, por exemplo, para a adoção por casais homossexuais, uma vez que não exige mais a formalização de uma união pelo casamento ou pela união estável em curso, para que se possa reconhecer a possibilidade de adoção bilateral" (*Comentários...*, 2009, p. 44).

O tema da *adoção homoafetiva* ainda continua levantando polêmicas. Segundo o entendimento considerado por tempos como majoritário, mas que mudou nos últimos anos, como não se trata de uma entidade familiar, não seria possível a adoção por um casal de homossexuais. De qualquer modo, o Tribunal de Justiça do Rio Grande do Sul vinha entendendo pela possibilidade dessa forma de adoção, podendo ser transcrita a seguinte ementa, a título ilustrativo:

"Apelação cível. Adoção. Casal formado por duas pessoas de mesmo sexo. Possibilidade. Reconhecida como entidade familiar, merecedora da proteção estatal, a união formada por pessoas do mesmo sexo, com características de duração, publicidade, continuidade e intenção de constituir família, decorrência inafastável é a possibilidade de que seus componentes possam adotar. Os estudos especializados não apontam qualquer inconveniente em que crianças sejam adotadas por casais homossexuais, mais importando a qualidade do vínculo e do afeto que permeia o meio familiar em que serão inseridas e que as liga aos seus cuidadores. É hora de abandonar de vez preconceitos e atitudes hipócritas desprovidas de base científica, adotando-se uma postura de firme defesa da absoluta prioridade que constitucionalmente é assegurada aos direitos das crianças e dos adolescentes (art. 227 da Constituição Federal). Caso em que o laudo especializado comprova o saudável vínculo existente entre as crianças e as adotantes" (TJRS, Apelação Cível 70013801592, 7.ª Câmara Cível, Comarca de Bagé, Rel. Luiz Felipe Brasil Santos, j. 05.04.2006).

A adoção a casal homoafetivo do mesmo modo foi concedida judicialmente e de forma então inédita na Comarca de Catanduva, no interior de São Paulo, conforme noticiado amplamente pela imprensa nacional, falada e escrita. E, pelas informações que são veiculadas, parece se tratar de uma adoção que atingiu pleno sucesso. Tanto isso é verdade que o casal em questão efetivou uma segunda adoção.

Como exposto anteriormente, demonstrando uma relevante evolução quanto à matéria, o Superior Tribunal de Justiça passou a admitir a *adoção homoafetiva* por volta do ano de 2010, consoante decisão assim publicada no seu *Informativo* n. *432*:

"Menores. Adoção. União homoafetiva. Cuida-se da possibilidade de pessoa que mantém união homoafetiva adotar duas crianças (irmãos biológicos) já perfilhadas por sua companheira. É certo que o art. 1.º da Lei n.º 12.010/2009 e o art. 43 do ECA deixam claro que todas as crianças e adolescentes têm a garantia do direito à convivência familiar e que a adoção fundada em motivos legítimos pode ser deferida somente quando presentes reais vantagens a eles. Anote-se, então, ser imprescindível, na adoção, a prevalência dos interesses dos menores sobre quaisquer outros, até porque se discute o próprio direito de filiação, com consequências que se estendem por toda a vida. Decorre daí que, também no campo da adoção na união homoafetiva, a qual, como realidade fenomênica, o Judiciário não pode desprezar, há que se verificar qual a melhor solução a privilegiar a proteção aos direitos da criança. Frise-se inexistir aqui expressa previsão legal a permitir também a inclusão, como adotante, do nome da companheira de igual sexo nos registros de nascimento das crianças, o que já é aceito em vários países, tais como a Inglaterra, País de Gales, Países Baixos, e em algumas províncias da Espanha, lacuna que não se mostra como óbice à proteção proporcionada pelo Estado aos direitos dos infantes. Contudo, estudos científicos de respeitadas instituições (a Academia Americana de Pediatria e as universidades de Virgínia e Valência) apontam não haver qualquer inconveniente na adoção por companheiros em união homoafetiva, pois o que realmente importa é a qualidade do vínculo e do afeto presente no meio familiar que ligam as crianças a seus cuidadores. Na específica hipótese, há consistente relatório social lavrado por assistente social favorável à adoção e conclusivo da estabilidade da família, pois é incontroverso existirem fortes vínculos afetivos entre a requerente e as crianças. Assim, impõe-se deferir a adoção lastreada nos estudos científicos que afastam a possibilidade de prejuízo de qualquer natureza às crianças, visto que criadas com amor, quanto mais se verificado cuidar de situação fática consolidada, de dupla maternidade desde os nascimentos, e se ambas as companheiras são responsáveis pela criação e educação dos menores, a elas competindo, solidariamente, a responsabilidade. Mediante o deferimento da adoção, ficam consolidados os direitos relativos a alimentos, sucessão, convívio com a requerente em caso de separação ou falecimento da companheira e a inclusão dos menores em convênios de saúde, no ensino básico e superior, em razão da qualificação da requerente, professora universitária. Frise-se, por último, que, segundo estatística do CNJ, ao consultar-se o Cadastro Nacional de Adoção, poucos são os casos de perfiliação de dois irmãos biológicos, pois há preferência por adotar apenas uma criança. Assim, por qualquer ângulo que se analise a questão, chega-se à conclusão de que, na hipótese, a adoção proporciona mais do que vantagens aos menores (art. 43 do ECA) e seu indeferimento resultaria verdadeiro prejuízo a eles" (STJ, REsp 889.852/RS, Rel. Min. Luis Felipe Salomão, j. 27.04.2010).

Com as decisões surgidas nos anos seguintes, mormente o julgado do Supremo Tribunal Federal que reconhece a união homoafetiva como família, foram atestadas juridicamente as premissas constantes do último acórdão, não parecendo existir qualquer óbice para a adoção por casais homoafetivos. Isso foi confirmado pelo próprio STF que, em março de 2015, manteve decisão que autorizou um casal homoafetivo a adotar uma criança, independentemente da sua idade. A situação fática foi levada a julgamento pelo Supremo Tribunal Federal após o Ministério Público do Paraná questionar o pedido de adoção feito pelo casal.

O pedido era no sentido de limitar a adoção a uma criança com pelo menos doze anos de idade, para que esta pudesse manifestar sua opinião sobre o pedido. A Relatora, Ministra Cármen Lúcia, citou aquele precedente anterior, ressaltando o direito subjetivo dos casais homoafetivos em formar uma autonomizada família, "entendida esta, no âmbito das duas tipologias de sujeitos jurídicos, como um núcleo doméstico independente de qualquer outro e constituído, em regra, com as mesmas notas factuais da visibilidade, continuidade e durabilidade" (STF, Recurso Extraordinário 846.102, j. 05.03.2015).

Fez o mesmo o STJ, em julgado publicado no seu *Informativo* n. 567, que admite a possibilidade de pessoa homoafetiva ser incluída na lista de adoção. Conforme se retira da publicação, que merece destaque:

> "A legislação não veda a adoção de crianças por solteiros ou casais homoafetivos, tampouco impõe, nessas hipóteses, qualquer restrição etária. Ademais, sendo a união entre pessoas do mesmo sexo reconhecida como uma unidade familiar, digna de proteção do Estado, não se vislumbra, no contexto do 'pluralismo familiar' (REsp 1.183.378/RS, DJe 1.º.02.2012), pautado nos princípios da igualdade e da dignidade da pessoa humana, a possibilidade de haver qualquer distinção de direitos ou exigências legais entre as parcelas homoafetiva (ou demais minorias) e heteroafetiva da população brasileira. Além disso, mesmo se se analisar sob o enfoque do menor, não há, em princípio, restrição de qualquer tipo à adoção de crianças por pessoas homoafetivas. Isso porque, segundo a legislação vigente, caberá ao prudente arbítrio do magistrado, sempre sob a ótica do melhor interesse do menor, observar todas as circunstâncias presentes no caso concreto e as perícias e laudos produzidos no decorrer do processo de adoção. Nesse contexto, o bom desempenho e bem-estar da criança estão ligados ao aspecto afetivo e ao vínculo existente na unidade familiar, e não à opção sexual do adotante" (STJ, REsp 1.540.814/PR, Rel. Min. Ricardo Villas Bôas Cueva, j. 18.08.2015, *DJe* 25.08.2015).

De toda sorte, não se pode negar que a questão aqui é até mais delicada do que o reconhecimento da união entre pessoas do mesmo sexo como entidade familiar, uma vez que entra em cena o princípio do maior interesse da criança. Na verdade, entendo que essa forma de adoção pode ser encarada como alternativa às situações de desamparo, ou seja, de crianças abandonadas. Entra em cena discussão relativa ao art. 43 do ECA, pelo qual a adoção será deferida quando apresentar reais vantagens para o adotando e fundar-se em motivos legítimos.

Entretanto, surge uma dúvida interdisciplinar, ventilada pelos julgados há pouco transcritos. Poder-se-ia afirmar que a *adoção homoafetiva* traz prejuízos à criança? Segundo a psicanalista Giselle Câmara Groeninga, em resposta à indagação formulada na *I Jornada Paulista de Direito Civil*, realizada em São Paulo, em outubro de 2005, não é possível fazer qualquer afirmação, pelo fato de, até o presente momento, não haver campo de pesquisa para tanto. Diz a renomada *juspsicanalista* que somente com o estudo dos impactos para os filhos daqueles que foram criados em ambiente homoafetivo é que se poderá concluir de uma forma ou de outra. Nota-se que a publicação do julgado do STJ ressalta a inexistência de comprovação de prejuízos sociais e psicológicos ao adotado.

Em reforço ao debate, Roger Raupp Rios apresenta argumentos científicos convincentes a respeito da possibilidade da *adoção homoafetiva*, merecendo transcrição integral as suas lições:

"De fato, as pesquisas psicológicas revelam que casais homossexuais não diferem de casais heterossexuais no que diz respeito à criação de seus filhos, além de rejeitar as hipóteses de confusão de identidade de gênero, de tendência à homossexualidade e de dificuldade no desenvolvimento psíquico e nas relações sociais de crianças cuidadas por casais homossexuais (neste sentido, por exemplo, Patterson, *Lesbian and gay arentes and their children: Summary of research findings*. In *Lesbian and gay parenting: A resource for psychologists*. Washington: American Psychological Association, 2004; Patterson, Gay fathers. In M. E. Lamb (Ed.), *The role of the father in child development*. New York: John Wiley, 2004; Perrin e Committee on Psychosocial Aspects of Child and Family Health, Technical Report: Coparent or second-parent adoption by same-sex parents. *Pediatrics*, 2002; Tasker, Children in lesbian-led families – A review. *Clinical Child Psychology and Psychiatry*, 4, 1999). Quanto à parentalidade, constata-se que Estudos como esses levaram a Associação Americana de Psicologia (APA) e a Associação Americana de Psicanálise a declararem apoio irrestrito às iniciativas de adoção por casais de pessoas do mesmo sexo, e a repudiar a negligência por parte das decisões legais às pesquisas a respeito de homoparentalidade. No Brasil, o Conselho Federal de Psicologia reforça que 'inexiste fundamento teórico, científico ou psicológico condicionando a orientação sexual como fator determinante para o exercício da parentalidade' (*Adoção: um direito de todos e todas*. Brasília: CFP, 2008). Dado que a finalidade da adoção é propiciar ao adotado as melhores condições de desenvolvimento humano e de realização pessoal, rejeitar esta possibilidade por casais homossexuais é restringir de modo injustificado o instituto da adoção. Esta diminuição das chances de encontrar ambiente familiar positivo viola frontalmente os deveres de cuidado e de proteção que a Constituição exige do Estado e da sociedade. Mais grave ainda: invoca-se a proteção da criança como pretexto para, em prejuízo dela mesma, fazer prevalecer mais uma das manifestações do preconceito heterossexista" (RIOS, Roger Raupp. Adoção..., *Jornal Carta...*, 2009. Disponível em: <http://www.cartaforense.com.br/Materia.aspx?id=4233>. Acesso em: 11 nov. 2009).

Em suma, não vejo problemas quanto à possibilidade da *adoção homoafetiva*, na linha das lições interdisciplinares aqui expostas. Ademais, consoante os julgados recentes transcritos, a tendência é o seu pleno deferimento, o que representa uma plena inclusão da família homoafetiva no cenário do Direito de Família brasileiro.

Voltando à questão da adoção por casal divorciado, desde que demonstrado efetivo benefício ao adotando, será assegurada a guarda compartilhada, conforme previsto no art. 1.584 do Código Civil (art. 42, § 5.º, do ECA). Essa outra inovação incluída pela Lei 12.010/2009 veio em boa hora, uma vez que, como antes exposto, a guarda compartilhada passou a ser a regra do Direito brasileiro.

Superado esse ponto, como requisito da adoção presente no art. 42, § 3.º, do ECA, o adotante há de ser pelo menos dezesseis anos mais velho do que o adotando. A norma não foi alterada, eis que constava do art. 1.619 do Código Civil. Antes mesmo da nova lei, já surgia questão polêmica, levantada por Gustavo Ferraz de Campos Mônaco em excelente artigo científico a respeito do tema. No caso de adoção por casal de cônjuges ou companheiros, qual idade deve ser utilizada como parâmetro para se aferir esse requisito mínimo de 16 anos de diferença? O próprio Mônaco responde à questão, argumento com o qual se concorda:

"Em que pesem posições divergentes, a maioria da doutrina nacional entende que a diferença de idade para se deferir a adoção há de ser verificada pela idade do *mais jovem* dos pretensos adotantes. Assim, se o cônjuge ou convivente mais jovem contar com 16 anos de idade, a única opção que lhes restará será a de adotar uma criança recém-nascida ou que conte com poucos meses (imaginando-se a adoção por alguém casado ou convivente e que tenha 16 anos e 4 meses, por exemplo, hipótese em que poderá adotar uma criança com até 4 meses de idade)" (destacamos) (MÔNACO, Gustavo Ferraz de Campos. Adoção: esquadrinhando... Disponível em: <www.flaviotartuce.adv.br>. Acesso em: 12 maio 2006).

De todo modo, mitigando a estrita observância a essa regra, aresto da Terceira Turma do Superior Tribunal de Justiça, de outubro de 2019, considerou que seria possível a adoção faltando apenas três meses para se completar a citada diferença de 16 anos entre o adotante e o adotado. A relativização se deu pela presença de vínculo socioafetivo entre as partes, entendimento que me parece correto (STJ, REsp 1.785.754/RS, Rel. Min. Ricardo Villas Bôas Cueva, j. 08.10.2019).

No mesmo sentido, em 2021, surgiu outro acórdão, da Quarta Turma do STJ com o seguinte trecho:

"O dispositivo legal atinente à diferença mínima etária estabelecida no art. 42, § 3.º, do ECA, embora exigível e de interesse público, não ostenta natureza absoluta a inviabilizar sua flexibilização de acordo com as peculiaridades do caso concreto, pois consoante disposto no artigo 6.º, do ECA, na interpretação da lei deve-se levar em conta os fins sociais a que se dirige, as exigências do bem comum, os direitos e deveres individuais e coletivos, e a condição peculiar da criança e do adolescente como pessoas em desenvolvimento". Sobre o caso concreto, observou-se que "o adotante é casado, por vários anos, com a mãe do adotando, razão por que esse se encontra na convivência com aquele desde tenra idade; o adotando possui dois irmãos que são filhos de sua genitora com o adotante, motivo pelo qual pode a realidade dos fatos revelar efetiva relação de guarda e afeto já consolidada no tempo, merecendo destaque a peculiaridade de tratar-se, na hipótese, de adoção unilateral, circunstância que certamente deve importar para a análise de uma possível relativização da referência de diferença etária" (STJ, REsp 1.338.616/DF, 4.ª Turma, Rel. Min. Marco Buzzi, v.u., j. 15.06.2021).

A relativização da regra de diferença de idades, portanto, é tendência na Segunda Seção da Corte Superior. A adoção também pode ser efetuada pelo tutor ou curador, que pode adotar o pupilo, tutelado ou curatelado.

Mas, enquanto não der contas de sua administração e não se saldar o débito, essa adoção não poderá ocorrer (art. 44 do ECA). A regra constava do art. 1.620 do Código Civil, revogado em 2009, tendo um senso ético indiscutível, mantendo relação direta com o princípio da eticidade, um dos baluartes da atual codificação, conforme ensinava o saudoso Miguel Reale, uma vez que visa a proteger o patrimônio administrado.

A adoção, em regra, depende de consentimento dos pais ou dos representantes legais, de quem se deseja adotar, segundo o art. 45, *caput*, do ECA. Se o adotado contar com mais de 12 anos de idade, terá que concordar com o ato para que ele seja válido e eficaz (art. 45, § 2.º, do ECA). Essas regras por igual estavam no Código Civil, no art. 1.621, também ora revogado.

Apesar da lei de 2009, permanece a dúvida em relação à necessidade desse consentimento dos pais nos casos de adoção de maiores. Como Maria Berenice Dias, deve-se concluir que, pelo fato de se tratar de interesse de maior, parece que a concordância é até dispensável; entretanto, deverá ocorrer pelo menos a citação dos pais biológicos, pois "a sentença terá profunda ingerência em suas vidas" (MORAES, Maria Celina Bodin de. *Manual...*, 2005, p. 434).

O consentimento dos pais ou representantes da criança ou adolescente será dispensado se os seus pais forem desconhecidos ou tiverem sido destituídos do poder familiar (art. 45, § 1.º, do ECA). Consigne-se que a Lei 12.010/2009 substituiu a expressão *pátrio poder* por *poder familiar*, na esteira da *despatriarcalização do Direito de Família* e da isonomia entre os genitores.

O art. 1.624 do CC/2002 determinava que não haveria necessidade do consentimento do representante legal do menor para a adoção, se provado que se tratava de *infante exposto*, ou de menor cujos pais fossem desconhecidos, estivessem desaparecidos, ou tivessem sido destituídos do poder familiar, sem a nomeação de tutor; ou de órfão não reclamado por qualquer parente, por mais de um ano.

A expressão era criticada por Wilson Donizeti Liberati, pois: "a nova lei criou mais uma categoria de criança em situação de risco pessoal e social: o infante exposto. Quem é, então, o infante exposto? Seria aquele que está abandonado em alguma instituição, abrigo ou orfanato e que estivesse 'exposto' a alguma situação de risco? Pela redação do citado artigo, o infante exposto é uma nova categoria, que, sinceramente, não precisava ser criada" (LIBERATI, Wilson Donizeti. *Comentários...*, 2003, p. 46). Diante dessas dificuldades pressentidas pela doutrina é que a categoria foi suprimida pela Lei 12.010/2009.

O art. 41 do ECA prevê que a adoção atribui a condição de filho ao adotado, com os mesmos direitos e deveres, inclusive sucessórios, desligando-o de qualquer vínculo com pais e parentes biológicos, salvo os impedimentos matrimoniais. Como ficou claro pela leitura da presente obra, vige o princípio da igualdade entre filhos, o que inclui os filhos adotivos. Quanto a esse dispositivo, repise-se o Enunciado n. 111 do CJF/STJ, pelo qual "a adoção e a reprodução assistida heteróloga atribuem a condição de filho ao adotado e à criança resultante da técnica conceptiva heteróloga; porém, enquanto na adoção haverá o desligamento dos vínculos entre o adotado e seus parentes consanguíneos, na reprodução assistida heteróloga sequer será estabelecido o vínculo de parentesco entre a criança e o doador do material fecundante".

De todo modo, com a tese firmada pelo STF no julgamento do Recurso Extraordinário 898.060/SC, ao possibilitar a ação judicial em face do pai biológico, para todos os fins jurídicos, havendo parentalidade socioafetiva, ficam em dúvida os limites jurídicos da regra prevista no art. 41 do ECA e a interpretação dada pelo citado enunciado doutrinário. Trata-se de tema que ainda demanda maiores reflexões da minha parte. *A priori*, opino que a premissa gerada naquele caso de repercussão geral não incide para a adoção.

Ato contínuo, determina o § 1.º do art. 41 do ECA que, se um dos cônjuges ou companheiro adota o filho do outro, mantêm-se os vínculos de filiação entre o adotado e o cônjuge ou companheiro do adotante e os respectivos parentes. Anote-se que a lei ainda fala em *concubinos*, devendo ser lido o termo como *companheiros*. Houve um *cochilo do legislador*, que deveria ter alterado os termos, atualizando-os.

Além disso, é recíproco o direito sucessório entre o adotado, seus descendentes, o adotante, seus ascendentes, descendentes e colaterais até o quarto grau, observada a ordem de vocação hereditária (art. 41, § 2.º, do ECA). A norma representa aplicação do princípio da igualdade entre os filhos, o que atinge o filho adotivo na questão sucessória. Assim, não há dúvidas a respeito do rompimento em relação à família biológica, com exceção do que tange aos impedimentos matrimoniais previstos no art. 1.521 do CC/2002, principalmente diante dos problemas congênitos que podem surgir à prole em casos tais.

Ainda quanto ao rompimento do vínculo, a decisão que defere a adoção confere ao adotado o sobrenome do adotante, podendo determinar a modificação de seu prenome a pedido do adotante ou do adotado (art. 47, § 6.º, do ECA). Como novidade introduzida pela Lei 12.010/2009, caso a modificação de prenome seja requerida pelo adotante, é obrigatória a oitiva do adotando que tenha mais de doze anos (art. 47, § 6.º, do ECA). Isso porque o nome, *sinal que representa a pessoa perante o meio social,* é reconhecido como um direito da personalidade pelo Código Civil de 2002, havendo uma ampla proteção de ordem pública (arts. 16 a 19), a justificar a sua oitiva.

Relembre-se de que, em todos os casos envolvendo a adoção, esta somente será admitida se constituir reais vantagens para o adotando e fundar-se em motivos legítimos (art. 43 do ECA). Essa regra de proteção deve ser atendida tanto pelo Poder Judiciário quanto pelo Ministério Público, que deve intervir no processo de adoção na qualidade de fiscal da lei. De qualquer forma, persiste o entendimento de que o MP não precisa atuar nos casos envolvendo maiores. Trazendo aplicação do art. 43 do ECA, transcreve-se interessante acórdão do Tribunal de Justiça de Minas Gerais:

> "Adoção. Família substituta. Possibilidade. Apelação. Direito de família. Adoção. Criança inserida no âmbito da família substituta. Interesse do menor. Possibilidade. Inteligência do art. 43 do ECA. Princípio Constitucional da Máxima Proteção à Criança e da Dignidade da Pessoa Humana. Recurso desprovido. A falta de recursos materiais não constitui pressuposto para a destituição do poder familiar, medida extrema a ser apurada em procedimento judicial amplo e irrestrito. Todavia, conforme orientação jurisprudencial dos Tribunais pátrios, o mesmo não ocorre acerca da carência de amor, afeto, atenção, cuidado, responsabilidade, compromisso e proteção para com o menor, pois tais sentimentos são imprescindíveis para o seu pleno desenvolvimento, especialmente se este já se encontra inserido em outra família, sendo certo que a adoção deve ser deferida quando apresentar reais vantagens para o adotando e fundar-se em motivos legítimos (art. 43 do ECA), o que efetivamente é o caso dos autos" (TJMG, Apelação Cível 1.0309.04.004465-8/001, 6.ª Câmara Cível, Inhapim, Rel. Des. Edilson Fernandes, j. 17.07.2007, v.u.).

No que concerne aos efeitos da adoção, estes começam a partir do trânsito em julgado da sentença (art. 47, § 7.º, do ECA). Exceção deve ser feita se o adotante vier a falecer no curso do procedimento, caso em que terá força retroativa à data do óbito. Nesse sentido, enuncia o art. 42, § 5.º, do ECA que a adoção poderá ser deferida ao adotante que, após inequívoca manifestação, vier a falecer no curso do processo, antes de prolatada a decisão. A última norma é aplicável à adoção *post mortem,* devendo os herdeiros do adotante dar seguimento ao processo. Em casos tais, as relações de parentesco se estabelecem não só entre o adotante e o adotado, como também entre aquele e os descendentes deste e entre o adotado e todos os parentes do adotante.

Vale deixar consignado, por oportuno, que a adoção de crianças e adolescentes com deficiência ou doença crônica tem prioridade de tramitação judicial, conforme o novo art. 47, § 9.º, do ECA, incluído pela Lei 12.955, de fevereiro de 2014, norma louvável e de relevante impacto social.

Seguindo no estudo do tema, o art. 39, § 2.º, do ECA veda a adoção por procuração, justamente diante do seu caráter personalíssimo. Havia dúvidas, com a entrada em vigor do Código Civil, se a norma teria sido revogada, havendo respostas positivas na doutrina (BARROS, Flávio Augusto Monteiro de. *Manual...*, 2005, p. 130). Todavia, a reafirmação do dispositivo pela Lei 12.010/2009 afasta qualquer dúvida a respeito de sua validade e eficácia.

Nos termos no § 3.º do art. 39 do ECA, incluído pela Lei 13.509/2017, em caso de conflito entre direitos e interesses do adotando e de outras pessoas, inclusive seus pais biológicos, devem prevalecer os direitos e os interesses do adotando. A título de exemplo, se houver uma situação de divergência entre os pais biológicos e a vontade do próprio adotado, ouvido a partir dos doze anos de idade, a vontade do último é que deve prevalecer.

Outra regra que continua em vigor, tendo sido confirmada pela alteração de 2009, é a vedação de adoção por ascendentes ou irmãos (art. 42, § 1.º, do ECA). De todo modo, não há vedação de adoção de sobrinhos por tios ou por primos, pois a autonomia privada não se encontra limitada pela lei.

Apesar das restrições anteriores, pontue-se que o Superior Tribunal de Justiça tem reconhecido a possibilidade de adoção de descendentes por ascendentes, notadamente por avós (*adoção avoenga*), diante das peculiaridades do caso concreto. Vejamos trecho da publicação constante do *Informativo* n. 551 do Tribunal da Cidadania, de um primeiro acórdão que gerou muitos debates entre os especialistas no tema:

> "Admitiu-se, excepcionalmente, a adoção de neto por avós, tendo em vista as seguintes particularidades do caso analisado: os avós haviam adotado a mãe biológica de seu neto aos oito anos de idade, a qual já estava grávida do adotado em razão de abuso sexual; os avós já exerciam, com exclusividade, as funções de pai e mãe do neto desde o seu nascimento; havia filiação socioafetiva entre neto e avós; o adotado, mesmo sabendo de sua origem biológica, reconhece os adotantes como pais e trata a sua mãe biológica como irmã mais velha; tanto adotado quanto sua mãe biológica concordaram expressamente com a adoção; não há perigo de confusão mental e emocional a ser gerada no adotando; e não havia predominância de interesse econômico na pretensão de adoção. De fato, a adoção de descendentes por ascendentes passou a ser censurada sob o fundamento de que, nessa modalidade, havia a predominância do interesse econômico, pois as referidas adoções visavam, principalmente, à possibilidade de se deixar uma pensão em caso de falecimento, até como ato de gratidão, quando se adotava quem havia prestado ajuda durante períodos difíceis. Ademais, fundamentou-se a inconveniência dessa modalidade de adoção no argumento de que haveria quebra da harmonia familiar e confusão entre os graus de parentesco, inobservando-se a ordem natural existente entre parentes. Atento a essas críticas, o legislador editou o § 1.º do art. 42 do ECA, segundo o qual 'Não podem adotar os ascendentes e os irmãos do adotando', visando evitar que o instituto fosse indevidamente utilizado com intuitos meramente patrimoniais ou assistenciais, bem como buscando proteger o adotando em relação a eventual confusão mental e patrimonial decorrente da transformação dos avós em pais e, ainda, com a justificativa de proteger, essencialmente, o interesse da criança e do adolescente, de modo que não fossem verificados apenas os fatores econômicos, mas principalmente o lado psicológico que tal modalidade geraria no adotado. No caso em análise, todavia, é inquestionável a possibilidade da mitigação do § 1.º do art. 42 do ECA, haja vista que esse dispositivo visa atingir situação distinta da aqui analisada. Diante da leitura do art. 1.º do ECA ('Esta Lei dispõe sobre a proteção integral à criança e ao adolescente') e do art. 6.º desse mesmo diploma legal ('Na interpretação desta Lei levar-se-ão em conta os fins sociais a que ela se dirige, as exigências do bem comum, os direitos e deveres individuais e coletivos, e a condição peculiar da criança e do adolescente como pessoas em desenvolvimento'), deve-se conferir prevalência aos princípios da proteção integral e da garantia do melhor interesse do menor. Ademais, o § 7.º do art. 226 da CF deu ênfase à família, como forma de garantir a dignidade da pessoa humana,

de modo que o direito das famílias está ligado ao princípio da dignidade da pessoa humana de forma molecular. É também com base em tal princípio que se deve solucionar o caso analisado, tendo em vista se tratar de supraprincípio constitucional. (...)" (STJ, REsp 1.448.969/SC, Rel. Min. Moura Ribeiro, j. 21.10.2014).

Em 2020, a Quarta Turma da Corte reafirmou tal possibilidade, trazendo outras exceções possíveis à vedação legal e concluindo o seguinte:

"É certo que o § 1º do artigo 42 do ECA estabeleceu, como regra, a impossibilidade da adoção dos netos pelos avós, a fim de evitar inversões e confusões (tumulto) nas relações familiares – em decorrência da alteração dos graus de parentesco –, bem como a utilização do instituto com finalidade meramente patrimonial. Nada obstante, sem descurar do relevante escopo social da norma proibitiva da chamada adoção avoenga, revela-se cabida sua mitigação excepcional quando: (i) o pretenso adotando seja menor de idade; (ii) os avós (pretensos adotantes) exerçam, com exclusividade, as funções de mãe e pai do neto desde o seu nascimento; (iii) a parentalidade socioafetiva tenha sido devidamente atestada por estudo psicossocial; (iv) o adotando reconheça os adotantes como seus genitores e seu pai (ou sua mãe) como irmão; (v) inexista conflito familiar a respeito da adoção; (vi) não se constate perigo de confusão mental e emocional a ser gerada no adotando; (vii) não se funde a pretensão de adoção em motivos ilegítimos, a exemplo da predominância de interesses econômicos; e (viii) a adoção apresente reais vantagens para o adotando" (STJ, REsp 1.587.477/SC, 4.ª Turma, Rel. Min. Luis Felipe Salomão, j. 10.03.2020, *DJe* 27.08.2020).

Em 2022, o entendimento foi confirmado novamente pela Terceira Turma, com as seguintes afirmações, a demonstrar que essa é posição consolidada na sua Segunda Seção:

"Conquanto a regra do art. 42, § 1.º, do ECA, vede expressamente a adoção dos netos pelos avós, o referido dispositivo legal tem sofrido flexibilizações nesta Corte, sempre excepcionais, por razões humanitárias e sociais, bem como para preservar situações de fato consolidadas. A partir do exame dos precedentes desta Corte a respeito da matéria, verifica-se que os elementos que justificam a vedação à adoção por ascendentes são: (i) a possível confusão na estrutura familiar; (ii) problemas decorrentes de questões hereditárias; (iii) fraudes previdenciárias; e (iv) a inocuidade da medida em termos de transferência de amor/afeto para o adotando. Dado que a vedação à adoção entre avós e netos não é absoluta, podendo ser flexibilizada a regra do art. 42, § 1.º, do ECA, em circunstâncias excepcionais, é imprescindível que haja exauriente instrução acerca da presença dos requisitos justificadores da destituição do poder familiar pelos genitores biológicos e da presença dos requisitos traçados pela jurisprudência desta Corte e que justificariam, excepcionalmente, a adoção entre avós e netos. Na hipótese, os fatos e as causas de pedir deduzidas na petição inicial apontam: (i) que a adotanda residiria com a avó desde tenra idade, uma vez que abandonada em definitivo pela mãe biológica alguns meses após o nascimento; (ii) que a paternidade biológica somente veio a ser reconhecida em ação investigatória *post mortem*; (iii) que a avó mantém a guarda da adolescente desde janeiro/2007, tudo a sugerir a possibilidade de, em princípio, existir um vínculo socioafetivo não apenas avoengo, mas materno-filial. Recurso especial conhecido e provido, a fim de, afastados os óbices da ilegitimidade ativa e da impossibilidade jurídica do pedido, anular a sentença e determinar que seja dado regular prosseguimento ao processo, com exauriente instrução acerca da matéria" (STJ, REsp 1.957.849/MG, 3.ª Turma, Rel. Min. Nancy Andrighi, j. 14.06.2022, *DJe* 21.06.2022).

De toda sorte, em 2024, outra situação fática foi analisada, em que se julgou na Corte que "o simples fato de o neto, concebido por inseminação artificial, coabitar residência com mãe e o avô materno e reconhecê-lo como pai, não é suficiente para afastar a proibição prevista no art. 42, § 1.º, do ECA, que veda a adoção por avô". Vejamos os termos da sua ementa:

> "Conquanto a regra do art. 42, § 1.º, do ECA vede expressamente a adoção dos netos pelos avós, fato é que o referido dispositivo legal tem sofrido flexibilizações nesta Corte, sempre excepcionais, por razões humanitárias e sociais, bem como para preservar situações de fato consolidadas. Nos termos da jurisprudência desta Corte, não é suficiente que a criança reconheça o avô como pai para superar o expresso óbice legal – em especial quando os demais requisitos para superação do art. 42, § 1.º, no ECA estão ausentes. No recurso sob julgamento, as particularidades da hipótese não admitem o contorno à expressa vedação legal de adoção de descendente por ascendente" (STJ, REsp 2.067.372/MT, 3.ª Turma, Rel. Min. Nancy Andrighi, j. 05.11.2024, *DJe* 07.11.2024).

De fato, a possibilidade de se admitir a *adoção avoenga* traz enormes desafios para o aplicador do Direito, sendo a análise casuística fundamental.

Superada essa questão instigante, o art. 46 do ECA enuncia que a adoção será precedida de estágio de convivência com a criança ou o adolescente, pelo prazo que a autoridade judiciária fixar, observadas as peculiaridades do caso. Os parágrafos do dispositivo foram alterados pela Lei 12.010/2009 e, mais recentemente, pela Lei 13.509/2017, com vistas que tornar mais efetivo o instituto.

Anteriormente, o estágio de convivência poderia ser dispensado se o adotando não tivesse mais de um ano de idade ou se, qualquer que fosse a sua idade, já estivesse na companhia do adotante durante tempo suficiente para que se pudesse avaliar a conveniência da constituição do vínculo. Em caso de adoção por estrangeiro residente ou domiciliado fora do País, o estágio de convivência, cumprido no território nacional, seria de, no mínimo, quinze dias para crianças de até dois anos de idade, e de, no mínimo, trinta dias quando se tratasse de adotando acima de dois anos de idade.

Desde a norma de 2009, o estágio de convivência poderá ser dispensado se o adotando já estiver sob a tutela ou guarda legal do adotante durante tempo suficiente para que seja possível avaliar a conveniência da constituição do vínculo (art. 46, § 1.º, do ECA). Como se nota, o critério para a dispensa foi substancialmente alterado. Ademais, a simples guarda de fato não autoriza, por si só, a dispensa da realização do estágio de convivência (art. 46, § 2.º).

A Lei 13.509/2017 incluiu outras regras importantes. A primeira delas consta do *caput* do art. 46 do ECA, que passou a consagrar um prazo máximo para o estágio de convivência de noventa dias. Conforme a sua redação atual, "a adoção será precedida de estágio de convivência com a criança ou adolescente, pelo prazo máximo de 90 (noventa) dias, observadas a idade da criança ou adolescente e as peculiaridades do caso". Esse prazo poderá ser o de ser prorrogado por até igual período, mediante decisão fundamentada da autoridade judiciária (§ 2.º-A do mesmo comando).

A respeito da adoção internacional, a norma de 2009 passou a enunciar que o prazo seria de trinta dias, no mínimo, sem qualquer ressalva. Com a Lei 13.509/2017 passou-se a preceituar que "em caso de adoção por pessoa ou casal residente ou domiciliado fora do País, o estágio de convivência será de, no mínimo, 30 (trinta) dias e, no máximo, 45 (quarenta e cinco) dias, prorrogável por até igual período, uma única vez, mediante decisão fundamentada da autoridade judiciária" (art. 46, § 3.º, do ECA). Ao final deste prazo, deverá ser apresentado laudo fundamentado por equipe multidisciplinar, que recomendará ou não o deferimento da adoção à autoridade judiciária (art. 46, § 3.º-A, do ECA).

Como novidade multidisciplinar introduzida em 2009, o estágio de convivência será acompanhado por essa equipe interprofissional a serviço da Justiça da Infância e da Juventude, preferencialmente com apoio dos técnicos responsáveis pela execução da política de garantia do direito à convivência familiar, que apresentarão relatório minucioso acerca da conveniência do deferimento da medida (art. 46, § 4.º, do ECA).

Por fim, quanto ao estágio de convivência, a norma de 2017 incluiu previsão no sentido de ser ele cumprido no território nacional, preferencialmente na Comarca de residência da criança ou adolescente, ou, a critério do juiz, em cidade limítrofe, respeitada, em qualquer hipótese, a competência do juízo da comarca de residência da criança (novo art. 46, § 5.º, do ECA). Tudo isso para atender ao melhor interesse da criança, notadamente para preservar a sua inserção social e seus vínculos de convivência.

Outras regras do ECA também são previstas para a *adoção internacional*. De início, o seu art. 51 foi substancialmente alterado em 2009 e 2017, prevendo atualmente que "considera-se adoção internacional aquela na qual o pretendente possui residência habitual em país-parte da Convenção de Haia, de 29 de maio de 1993, Relativa à Proteção das Crianças e à Cooperação em Matéria de Adoção Internacional, promulgada pelo Decreto no 3.087, de 21 junho de 1999, e deseja adotar criança em outro país-parte da Convenção".

O art. 2.º da Convenção de Haia, antes mencionado na lei brasileira, mas que ainda deve ser citado, determina que o Tratado será aplicado quando uma criança com residência habitual em um Estado (o Estado de origem) tiver sido, for, ou deva ser deslocada para outro Estado (o Estado de acolhida). Isso, quer após sua adoção no Estado de origem por cônjuges ou por uma pessoa residente habitualmente no Estado de acolhida, quer para que essa adoção seja realizada, no Estado de acolhida ou no Estado de origem. A Convenção Internacional somente abrange as adoções que estabeleçam um vínculo de filiação.

Regulamentando a adoção internacional, também com as inovações de 2017, o § 1.º do dispositivo exige a prova dos seguintes requisitos:

a) que a colocação em família adotiva – e não mais substituta, como estava previsto – é a solução adequada ao caso concreto;

b) que foram esgotadas todas as possibilidades de colocação da criança ou adolescente em família adotiva brasileira, com a comprovação, certificada nos autos, da inexistência de adotantes habilitados residentes no Brasil com perfil compatível com a criança ou adolescente, após consulta aos cadastros de adoção (*prioridade da adoção nacional*);

c) que, em se tratando de adoção de adolescente, este foi consultado, por meios adequados ao seu estágio de desenvolvimento, e se encontra preparado para a medida, mediante parecer elaborado por equipe interprofissional (aqui não houve alteração, com a norma de 2017).

De acordo com a norma em vigor, alterada em 2009, os brasileiros residentes no exterior terão preferência aos estrangeiros, nos casos de adoção internacional de criança ou adolescente brasileiro (art. 51, § 2.º, do ECA). Além disso, a adoção internacional pressupõe a intervenção das Autoridades Centrais Estaduais e Federal em matéria de adoção internacional (art. 51, § 3.º, do ECA).

Também a respeito da adoção internacional, o art. 52 do ECA previa originalmente que esta poderia ser condicionada ao estudo prévio e à análise de uma comissão estadual judiciária de adoção, que forneceria o respectivo laudo de habilitação para instruir o processo competente. Competiria a essa comissão manter registro centralizado de interessados estrangeiros em adoção, ou seja, uma lista de adoção internacional (art. 52, parágrafo único, do ECA). Agora não mais. O dispositivo que vigora determina que a adoção internacional seguirá os procedimentos previstos entre os arts. 165 e 170 do próprio ECA, com as adaptações previstas nos parágrafos do novo art. 52. O procedimento é bem complexo, cheio de detalhes e burocracias.

Voltando à adoção nacional, relembre-se que, nos termos do art. 47 do ECA, o vínculo da adoção constitui-se por sentença judicial, que será inscrita no registro civil mediante mandado do qual não se fornecerá certidão. O procedimento a respeito desse registro consta dos parágrafos do comando legal em questão, que sofreram pequenas alterações pela Lei Nacional da Adoção (Lei 12.010/2009).

Primeiro, a inscrição consignará o nome dos adotantes como pais, bem como o nome de seus ascendentes. Segundo, o mandado judicial, que será arquivado, cancelará o registro original do adotado. Terceiro, como novidade, a pedido do adotante, o novo registro poderá ser lavrado no Cartório do Registro Civil do Município de sua residência. Quarto, diante da dignidade humana e da igualdade entre filhos, nenhuma observação sobre a origem do ato poderá constar nas certidões do registro, o que tem relação com o *direito ao esquecimento*.

Quinto, como visto, a sentença conferirá ao adotado o nome do adotante e, a pedido deste, poderá determinar a modificação do prenome. Sexto, exige-se a oitiva do adotando maior de 12 anos se o pedido de alteração do prenome tiver sido feito pelo adotante. Sétimo, a adoção produz seus efeitos a partir do trânsito em julgado da sentença, exceto na hipótese prevista no art. 42, § 5.º (falecimento do adotante no curso do processo, antes de prolatada a sentença), caso em que terá força retroativa à data do óbito (efeitos *ex tunc*).

Oitavo, como inovação instituída pela Lei 12.010/2009, o processo relativo à adoção, assim como outros a ele relacionados, será mantido em arquivo, admitindo-se seu armazenamento em microfilme ou por outros meios, garantida a sua conservação para consulta a qualquer tempo. Segundo a doutrina, há aqui a tutela de dois novos princípios: o *princípio da obrigatoriedade da informação* e da *oitiva obrigatória e participação*, uma vez que "possibilita a publicidade, quando necessária, dos atos que ensejaram a adoção, possibilitando o saneamento de qualquer tipo de irregularidade e densificando o direito de identidade inerente a todas as pessoas em desenvolvimento" (ROSSATO, Luciano Alves; LÉPORE, Paulo Eduardo. *Comentários...*, 2009, p. 49).

Com vistas à sua melhor efetividade, pontue-se que a Lei 13.509/2017 introduziu um § 10 nesse art. 47 do ECA, expressando que o prazo máximo para conclusão da ação de adoção será de cento e vinte dias, prorrogável uma única vez por igual período, mediante decisão fundamentada da autoridade judiciária. Essa é uma das principais novidades dessa norma emergente.

Aspecto interessante introduzido pela Lei 12.010/2009 consta do art. 48 do ECA, que previa que a adoção seria irrevogável. Como visto, a previsão foi deslocada para o art. 39 da mesma lei. Atualmente, a norma passou a prever que o adotado tem o direito de conhecer sua origem biológica, bem como de obter acesso irrestrito ao processo no qual a medida foi aplicada e seus eventuais incidentes, após completar dezoito anos. A inovação deve ser vista com bons olhos, na esteira do entendimento de que o direito à verdade biológica é um direito fundamental.

Em complemento, enuncia o louvável parágrafo único do atual art. 48 do ECA que o acesso ao processo de adoção poderá ser também deferido ao adotado menor de dezoito anos, a seu pedido, assegurada orientação e assistência jurídica e psicológica. De toda sorte, a morte dos adotantes não restabelece o poder familiar dos pais naturais, biológicos (art. 49 do ECA).

A autoridade judiciária manterá, em cada Comarca ou Foro Regional, um registro de crianças e adolescentes em condições de serem adotados e outro de pessoas interessadas na adoção. São as conhecidas *listas de adoção*, previstas no art. 50 da Lei 8.069/1990, dispositivo que também recebeu alterações pela Lei 12.010/2009. Os parágrafos desse último comando legal do ECA consagram regulamentações de procedimentos.

De início, o deferimento da inscrição dar-se-á após prévia consulta aos órgãos técnicos do Juizado da Infância e da Juventude, ouvido o Ministério Público. Não será deferida a inscrição se o interessado não satisfizer os requisitos legais da adoção, ou verificada incompatibilidade entre adotado e adotante, ou que o último não ofereça ambiente familiar adequado. As duas previsões, constantes dos dois primeiros parágrafos, não foram alteradas pela novel legislação.

Todavia, foram incluídos novos parágrafos ao art. 50 do ECA pela Lei 12.010/2009 e pela Lei 13.509/2017, que merecem ser abordados. De início, a inscrição de postulantes à adoção será precedida de um período de preparação psicossocial e jurídica, orientado pela equipe técnica da Justiça da Infância e da Juventude, preferencialmente com apoio dos técnicos responsáveis pela execução da política municipal de garantia do direito à convivência familiar (§ 3.º).

Além disso, sempre que possível e recomendável, essa preparação incluirá o contato com crianças e adolescentes em acolhimento familiar ou institucional em condições de serem adotados, a ser realizado sob a orientação, supervisão e avaliação da equipe técnica da Justiça da Infância e da Juventude. Isso, com apoio dos técnicos responsáveis pelo programa de acolhimento e pela execução da política municipal de garantia do direito à convivência familiar (§ 4.º).

O § 5.º do art. 50 do ECA consagra a criação e implantação dos sempre solicitados *cadastros estaduais* e *nacional* de crianças e adolescentes em condições de serem adotados e de pessoas ou casais habilitados à adoção. A norma é vista com bons olhos, para que se efetive na prática a adoção, reduzindo-se as dificuldades existentes na prática. Devem ser criados cadastros distintos para pessoas ou casais residentes fora do País (*cadastros internacionais*), que somente serão consultados na inexistência de postulantes nacionais habilitados nos cadastros nacionais e estaduais (§ 6.º). As autoridades estaduais e federais em matéria de adoção terão acesso integral a tais cadastros, incumbindo-lhes a troca de informações e a cooperação mútua, para melhoria do sistema (§ 7.º).

Sem prejuízo de tais regras, a autoridade judiciária deve providenciar, no prazo de quarenta e oito horas, a inscrição das crianças e adolescentes em condições de serem adotados que não tiveram colocação familiar na Comarca de origem; bem como das pessoas ou casais que tiveram deferida sua habilitação à adoção nos cadastros estadual e nacional (art. 50, § 8.º). Compete à Autoridade Central Estadual zelar pela manutenção e correta alimentação dos cadastros, com posterior comunicação à Autoridade Central Federal Brasileira (art. 50, § 9.º).

Consultados os cadastros e verificada a ausência de pretendentes habilitados residentes no País com perfil compatível e interesse manifesto pela adoção de criança ou adolescente inscrito nos cadastros existentes, será realizado o encaminhamento da criança ou adolescente à adoção internacional (art. 50, § 10, na redação dada pela Lei 13.509/2017). A norma emergente, em boa hora, incluiu menção expressa ao *perfil compatível*, visando a atender ao melhor interesse do adotado. No mais, foi mantida a premissa segundo a qual a adoção nacional tem prioridade em relação à adoção internacional.

Enquanto não localizada pessoa ou casal interessado em sua adoção, a criança ou o adolescente, sempre que possível e recomendável, será colocado sob guarda de família cadastrada em programa de acolhimento familiar (§ 11). A alimentação do cadastro e a convocação criteriosa dos postulantes à adoção serão fiscalizadas pelo Ministério Público (§ 12).

Como exceção ao cadastro, determina o art. 50, § 13, do ECA, outra novidade, que somente poderá ser deferida adoção em favor de candidato domiciliado no Brasil não cadastrado previamente quando: *a)* se tratar de pedido de adoção unilateral; *b)* for formulada por parente com o qual a criança ou adolescente mantenha vínculos de afinidade e afetividade; *c)* for oriundo o pedido de quem detém a tutela ou guarda legal de criança maior de três anos ou adolescente, desde que o lapso de tempo de convivência comprove a fixação de laços de afinidade e afetividade, e não seja constatada a ocorrência de má-fé ou de práticas ilícitas de subtração de incapaz ou de promessa de recompensa mediante a sua entrega. Em casos tais, o candidato deverá comprovar, no curso do procedimento, que preenche os requisitos necessários à adoção, nos termos do previsto no ECA (art. 51, § 12).

A propósito do tema, existe um grande debate no Brasil sobre a possibilidade jurídica da *adoção dirigida* ou *intuitu personae*, em que os pais da criança indicam os adotantes. Admitindo a ideia, *no X Congresso Brasileiro* do IBDFAM, em outubro de 2015, aprovou-se o Enunciado n. 13, segundo o qual "na hipótese de adoção *intuitu personae* de criança e de adolescente, os pais biológicos podem eleger os adotantes". Entendo que não existem problemas em se admitir a hipótese, desde que atendido o melhor interesse da criança.

No âmbito da jurisprudência, os acórdãos procuram analisar a questão com zelo e cuidado, como deve mesmo ocorrer, conforme se retira da seguinte ementa: "estando a menor, criança de tenra idade, residindo com a madrinha de batismo, bem cuidada, não há razão para que ocorra, sem a oitiva da madrinha e genitores, o acolhimento institucional por alegada suspeita de 'adoção dirigida'. Medida extrema cujo implemento requer mais cautela tendo em vista o bem-estar da infante" (TJRS, Agravo de Instrumento 163336-25.2013.8.21.7000, 7.ª Câmara Cível, São Leopoldo, Rel. Des. Liselena Schifino Robles Ribeiro, j. 30.04.2013, *DJERS* 08.05.2013).

Merece aplausos o novo § 15 incluído no art. 50 do ECA pela Lei 13.509/2017, que assegura a prioridade no cadastro a pessoas interessadas em adotar criança ou adolescente com deficiência, com doença crônica ou com necessidades específicas de saúde, além de grupo de irmãos. A norma está em total sintonia com o Estatuto da Pessoa com Deficiência e com a Convenção de Nova Iorque, que trata dos direitos dessas pessoas, e que tem *status* de Emenda à Constituição. A menção à prioridade a quem deseja adotar irmãos é louvável pela busca de manutenção do vínculo de afeto e de convivência entre eles.

Também sobre a Lei 13.509/2017 devem ser comentados outros dispositivos aqui ainda não tratados e que contribuem sobremaneira para efetivar a adoção. O primeiro deles é o novo § 1.º do art. 19 do ECA. Nos termos do seu *caput*, é direito da criança e do adolescente ser criado e educado no seio de sua família e, excepcionalmente, em família substituta, assegurada a convivência familiar e comunitária, em ambiente que garanta seu desenvolvimento integral.

Em complemento, pela norma recentemente alterada, "toda criança ou adolescente que estiver inserido em programa de acolhimento familiar ou institucional terá sua situação reavaliada, no máximo, a cada 3 (três) meses, devendo a autoridade judiciária competente, com base em relatório elaborado por equipe interprofissional ou multidisciplinar, decidir de forma fundamentada pela possibilidade de reintegração familiar ou pela colocação em família substituta, em quaisquer das modalidades previstas no art. 28 desta Lei".

Pontue-se que o preceito havia sido vetado pela Presidência da República, pelos argumentos segundo os quais, "embora louvável, a redução do prazo para reavaliação da situação representaria sobrecarga às atividades das equipes interprofissionais dos Serviços de Acolhimento do SUAS, podendo comprometer a realização e a eficácia do trabalho em outras tarefas essenciais, e que também subsidiam a tomada de decisão pela autoridade judiciária. Não obstante, o acompanhamento sistemático não exclui a imediata comunicação à autoridade em prazo inferior, caso identificados fatos ou situações que a demandem". Porém, sucessivamente, o veto caiu no Congresso Nacional, cabendo ao Estado deve incrementar suas políticas públicas para possibilitar a redução das crianças em situação de abrigo.

Com o mesmo intuito, acrescentou-se um § 2.º no art. 19 do ECA, prevendo que a permanência da criança e do adolescente em programa de acolhimento institucional não se prolongará por mais de dezoito meses, salvo se comprovada necessidade que atenda ao seu superior interesse, devidamente fundamentada pela autoridade judiciária. Além disso, será garantida a convivência integral da criança com a mãe adolescente que estiver em acolhimento institucional, sendo essa mãe assistida por equipe especializada multidisciplinar (novos §§ 5.º e 6.º do art. 19 do ECA).

Sobre o tema, destaque-se a decisão de 2020 do STJ, que concluiu pela manutenção da criança em família substituta por conta da pandemia da Covid-19, julgamento que tem o meu apoio doutrinário. Conforme o aresto, "o Estatuto da Criança e do Adolescente – ECA –, ao preconizar a doutrina da proteção integral (art. 1º da Lei nº 8.069/1990), torna imperativa a observância do melhor interesse da criança. Ressalvado o risco evidente à integridade física e psíquica, que não é a hipótese dos autos, o acolhimento institucional não representa o melhor interesse da criança. A observância do cadastro de adotantes não é absoluta porque deve ser sopesada com o princípio do melhor interesse da criança, fundamento de todo o sistema de proteção ao menor. O risco de contaminação pela Covid-19 em casa de acolhimento justifica a manutenção da criança com a família substituta" (STJ, HC 572.854/SP, 3.ª Turma, Rel. Min. Ricardo Villas Bôas Cueva, j. 04.08.2020, *DJe* 07.08.2020).

Em 2022, a posição foi confirmada pela mesma Turma do Tribunal Superior: "primazia do acolhimento familiar em detrimento do acolhimento institucional, com a preservação de vínculos afetivos estabelecidos durante significativo período. Precedentes desta Corte Superior. O risco real de contaminação pelo coronavírus (Covid-19) em casa de abrigo justifica a manutenção de criança de tenra idade (atualmente com um ano) com a família substituta" (STJ, HC 735.525/SP, 3.ª Turma, Rel. Min. Paulo de Tarso Sanseverino, j. 21.06.2022, *DJe* 23.06.2022).

Outra novidade importante introduzida pela Lei 13.509/2017 diz respeito ao chamado programa *de apadrinhamento*, constante do novo art. 19-B do ECA, que atinge as crianças e os adolescentes que se encontram em acolhimento institucional, em abrigos, ou familiar. Nos termos da norma jurídica, esse apadrinhamento consiste em estabelecer e proporcionar à criança e ao adolescente vínculos externos à instituição para fins de convivência familiar e comunitária e colaboração com o seu desenvolvimento nos aspectos social, moral, físico, cognitivo, educacional e financeiro (§ 1.º).

Como outro veto que acabou caindo, o § 2.º do art. 19-B do ECA preceitua que podem ser padrinhos ou madrinhas pessoas maiores de dezoito anos não inscritas nos cadastros de adoção, desde que cumpram os requisitos exigidos pelo programa de apadrinhamento de que fazem parte. As razões de veto do Presidente de República apontavam que "a manutenção do dispositivo implicaria em prejuízo a crianças e adolescentes com remotas chances de adoção, ao vedar a possibilidade de serem apadrinhadas por quem está inscrito nos cadastros de adoção". Entretanto, o preceito acabou por ser mantido pelo Congresso Nacional, para que os padrinhos não se confundam com as pessoas que se encontram nas filas de adoção, o que possibilitaria até a burla da última ordem.

De todo modo, no *XII Congresso de Direito das Famílias e das Sucessões* do IBDFAM, realizado em outubro de 2019, foi aprovado o Enunciado n. 36, prevendo que "as famílias acolhedoras e os padrinhos afetivos têm preferência para adoção quando reconhecida a constituição de vínculo de socioafetividade". Assim, tem-se reconhecido a possibilidade de os padrinhos adotarem e até não seguirem as filas de adoção. No mesmo sentido, aliás, o Enunciado n. 35, aprovado no mesmo evento, segundo o qual "nas hipóteses em que o processo de adoção não observar o prévio cadastro, e sempre que possível, não deve a criança ser afastada do lar em que se encontra sem a realização de prévio estudo psicossocial que constate a existência, ou não, de vínculos de socioafetividade". O teor das ementas doutrinárias é polêmico.

As pessoas jurídicas, caso das fundações com fins filantrópicos, também podem apadrinhar criança ou adolescente a fim de colaborar para o seu desenvolvimento (art. 19-B, § 3.º, do ECA). O perfil da criança ou do adolescente a ser apadrinhado será definido no âmbito de cada programa de apadrinhamento, com prioridade para crianças ou adolescentes com remota possibilidade de reinserção familiar ou colocação em família adotiva, caso daquelas com idade avançada (§ 4.º).

Os programas ou serviços de apadrinhamento apoiados pela Justiça da Infância e da Juventude poderão ser executados por órgãos públicos ou por organizações da sociedade civil, caso de organizações não governamentais ou mesmo fundações instituídas para esse fim (§ 5.º). Por fim, se ocorrer violação das regras de apadrinhamento, os responsáveis pelo programa e pelos serviços de acolhimento deverão imediatamente notificar a autoridade judiciária competente (§ 6.º).

Espera-se que o instituto seja efetivado nos próximos anos, como uma alternativa à adoção e com vistas ao pleno desenvolvimento das crianças e adolescentes, especialmente daquelas que se encontram em situação de abrigo institucional.

Encerrado o estudo das regras teóricas básicas a respeito da adoção, com as inovações introduzidas pela Lei 12.010/2009 e pela Lei 13.509/2017, interessante aqui comentar outras duas questões controvertidas, de grande relevância prática, com o fito de encerrar o tema.

A primeira delas é a denominada *adoção à brasileira*. Para Maria Berenice Dias, a *adoção à brasileira* ocorre nas situações em que "o companheiro de uma mulher perfilhar o filho dela, simplesmente registrando a criança como se fosse seu descendente" (*Manual...*, 2005, p. 435). É comum também que os avós registrem netos como se fossem seus filhos, burlando a vedação da adoção constante do ECA. Como se vê, há uma *adoção simulada*, o que seria motivo de nulidade ou mesmo de anulação do registro por quem tivesse interesse.

Porém, a jurisprudência nacional tem aplicado o conceito de *parentalidade socioafetiva* em tais situações, de modo que aquele que reconheceu a criança como seu filho não possa mais quebrar esse vínculo depois de estabelecida a afetividade, o que comporta análise caso a caso. O ato nulo ou anulável acaba sendo convalidado pelo vínculo de afeto, entendimento este que tem um intuito social indiscutível.

Como entusiasta da tese da afetividade como vínculo que deve ser levado em conta, de forma relevante, estou filiado aos julgados a seguir transcritos:

"Negatória de paternidade. Adoção à brasileira. Confronto entre a verdade biológica e a socioafetiva. Tutela da dignidade da pessoa humana. Procedência. Decisão reformada. 1. A ação negatória de paternidade é imprescritível, na esteira do entendimento consagrado na Súmula 149/STF, já que a demanda versa sobre o estado da pessoa, que é emanação do direito da personalidade. 2. No confronto entre a verdade biológica, atestada em exame de DNA, e a verdade socioafetiva, decorrente da adoção à brasileira (isto é, da situação de um casal ter registrado, com outro nome, menor, como se deles filho fosse) e que perdura por quase quarenta anos, há de prevalecer a solução que melhor tutele a dignidade da pessoa humana. 3. A paternidade socioafetiva, estando baseada na tendência de personificação do direito civil, vê a família como instrumento de realização do ser humano; aniquilar a pessoa do apelante, apagando-lhe todo o histórico de vida e condição social, em razão de aspectos formais inerentes à irregular adoção à brasileira, não tutelaria a dignidade humana, nem faria justiça ao caso concreto, mas, ao contrário, por critérios meramente formais, proteger-se-ia as artimanhas, os ilícitos e as negligências utilizadas em benefício do próprio apelado" (TJPR, Apelação Cível 0108417-9, 2.ª Vara de Família, Curitiba, Rel. Accácio Cambi, *DJ* 04.02.2002).

"Ação negatória de paternidade. Adoção 'à brasileira'. Paternidade socioafetiva. O registro de nascimento realizado com o ânimo nobre de reconhecer a paternidade socioafetiva não merece ser anulado, nem deixado de se reconhecer o direito do filho assim registrado" (TJRS, 00502131NRO-PROC70003587250, 8.ª Câmara Cível, Rio Grande, Rel. Rui Portanova, 21.03.2002).

A outra questão polêmica refere-se à adoção do nascituro. Como se sabe, o nascituro é aquele que foi concebido, mas ainda não nasceu, sendo certo que deve ser considerado como pessoa humana, pela adesão à *corrente concepcionista*. Assim sendo, sou totalmente favorável à tese de Silmara Juny Chinellato pela possibilidade dessa adoção, como forma de tutela dos direitos de quarta geração da pessoa humana (*Adoção...*, 2003, p. 355).

De fato, se o nascituro é pessoa, tendo direitos da personalidade, não há que se afastar a possibilidade de sua adoção. Nesse sentido, repise-se que o nascituro tem direito aos alimentos, à imagem, à honra, à intimidade, à investigação da paternidade (TARTUCE, Flávio. A situação jurídica..., *Questões controvertidas...*, 2007, v. 6, p. 83-104).

Além disso, consigne-se que é possível o reconhecimento do nascituro como filho, como preceitua especificamente o art. 1.609, parágrafo único, do CC/2002. Ora, se é possível reconhecê-lo como filho, por que não seria possível adotá-lo? Entendo que haveria um contrassenso se a resposta fosse pela impossibilidade de adoção (TARTUCE, Flávio. A situação jurídica..., *Questões controvertidas...*, 2007, v. 6, p. 83-104).

Por isso, não se concordava com o entendimento de que a adoção a nascituro não seria possível, pois não havia norma autorizadora para tanto. Ora, a norma autorizadora sempre foi o ECA, conforme defende há tempos a Professora Silmara Chinellato. Houve um sério *cochilo* de esquecimento do legislador da Lei 12.010/2009, que deveria ter regulamentado a questão, deixando-a à mercê da variação doutrinária e jurisprudencial.

Por bem, a Lei 13.509/2017 acrescentou um art. art. 19-A no ECA, tratando da sua possibilidade, o que veio em boa hora. Segundo o seu *caput*, a gestante ou mãe que manifeste interesse em entregar seu filho para adoção, antes ou logo após o nascimento, será encaminhada à Justiça da Infância e da Juventude. Será ela ouvida pela equipe interprofissional da Justiça da Infância e da Juventude, que apresentará relatório à autoridade judiciária, considerando inclusive os eventuais efeitos do estado gestacional e puerperal.

De posse do relatório, a autoridade judiciária poderá determinar o encaminhamento da gestante ou mãe, mediante sua expressa concordância, à rede pública de saúde e assistência social para atendimento especializado. A busca à família extensa, para direcionamento da adoção a esta, respeitará o prazo máximo de noventa dias, prorrogável por igual período.

Na hipótese de não haver a indicação do genitor e de não existir outro representante da família extensa apto a receber a guarda, a autoridade judiciária competente deverá decretar a extinção do poder familiar e determinar a colocação da criança sob a guarda provisória de quem estiver habilitado a adotá-la ou de entidade que desenvolva programa de acolhimento familiar ou institucional.

O mesmo comando igualmente enuncia que, após o nascimento da criança, a vontade da mãe ou de ambos os genitores, se houver pai registral ou pai indicado, deve ser manifestada em audiência própria para tanto, garantido o sigilo sobre a entrega da criança. Na hipótese de não comparecerem à audiência o genitor nem representante da família extensa para confirmar a intenção de exercer o poder familiar ou a guarda, a autoridade judiciária suspenderá o poder familiar da mãe, e a criança será colocada sob a guarda provisória de quem esteja habilitado a adotá-la. Os detentores da guarda possuem o prazo de quinze dias para propor a ação de adoção, contado do dia seguinte à data do término do estágio de convivência. Na hipótese de desistência pelos genitores – manifestada em audiência ou perante a equipe interprofissional – da entrega da criança após o nascimento, esta será mantida com os genitores e será determinado pela Justiça da Infância e da Juventude o acompanhamento familiar pelo prazo de cento e oitenta dias. Está garantido à mãe o direito ao sigilo sobre o nascimento.

A lei prevê que serão cadastrados para adoção recém-nascidos e crianças acolhidas não procuradas por suas famílias no prazo de trinta dias, contado a partir do dia do acolhimento. Na verdade, já existiam trabalhos que defendem doutrinariamente não só a adoção de nascituro, mas também de embriões, caso do livro de Adriana Telles de Miranda, fruto de sua tese de doutorado defendida na FADISP, sob nossa orientação (MIRANDA, Adriana Augusta Telles de. *Adoção de Embriões...*, 2015). Espera-se que essa modalidade de adoção também seja regulamentada nos próximos anos.

Para encerrar o tópico, quanto ao atual Projeto de Reforma do Código Civil, sugere-se que a adoção de pessoas incapazes, mesmo que com idade superior a 18 anos, também seja regulada pelo sistema protetivo do Estatuto da Criança e do Adolescente, passando o art. 1.618 a prever que "a adoção de crianças, de adolescentes e de pessoas incapazes será deferida na forma prevista pela Lei 8.069, de 13 de julho de 1990 (Estatuto da Criança e do Adolescente)". A proposta tem total razão de ser, na medida da necessária tutela de vulnerabilidades.

Ademais, a subcomissão de Direito de Família fez proposta importante de *desjudicialização* da adoção de pessoas com idade superior a 18 anos. Como bem justificaram os juristas que a compuseram, "a partir do momento em que se tornou possível o reconhecimento da filiação socioafetiva bem como o estabelecimento da multiparentalidade extrajudicialmente, não se justifica manter a adoção de pessoas maiores de idade na esfera judicial. A desjudicialização dos procedimentos que não demandem a apreciação de controvérsia entre as partes é uma tendência cada vez mais saliente, como forma de desafogar o Poder Judiciário. De outro lado, a qualificação dos profissionais que desempenham funções registrais tem permitido delegar-lhes encargos certificatórios da ausência de fraude, falsidade, má-fé ou vício de vontade na manifestação das partes. Como se trata de procedimento que diz com o direito à identidade, a participação do Ministério Público garante a higidez do ato".

Nesse contexto, como primeira opção, a adoção extrajudicial das pessoas com mais de 18 anos poderá se dar por escritura pública, perante o Tabelionato de Notas. Haverá, ainda e como segunda opção, um procedimento extrajudicial de adoção, que se processará perante o Cartório de Registro Civil das Pessoas Naturais, com regras próximas ao que se tem hoje nos casos de parentalidade socioafetiva, segundo a regulamentação ora vigente pelo Conselho

Nacional de Justiça. Nos termos do projetado art. 1.619 do Código Civil, "a adoção de pessoas capazes e maiores de dezoito anos poderá ser feita extrajudicialmente, por escritura pública ou perante o oficial de Registro Civil de Pessoas Naturais da residência do adotando".

No caso do segundo procedimento, "o Oficial do Cartório de Registro Civil das Pessoas Naturais ouvirá as partes para identificar a legítima intenção de adoção e obterá a concordância dos genitores que constam do assento de nascimento do adotando, presencialmente ou formalizada por outro meio" (§ 1.º). Em caso de discordância de um ou de ambos os genitores naturais, o reconhecimento da adoção somente poderá ser efetivado no âmbito judicial, ou seja, somente será possível a via extrajudicial de forma consensual, havendo o pleno acordo entre todos os envolvidos (§ 2.º). Como não poderia ser diferente, a adoção extrajudicial não exclui, necessariamente, a multiparentalidade (§ 3.º).

Como última proposta, assim como se dá nos casos de reconhecimento extrajudicial da parentalidade socioafetiva pela normatização ora vigente, "suspeitando de fraude, falsidade, má-fé, vício de vontade, simulação ou havendo dúvida sobre a busca da adoção, o registrador encaminhará o pedido ao juízo competente, justificando a recusa" (§ 3.º do art. 1.619 do Código Civil).

As normas propostas são mais do que necessárias para o seguro caminho da *extrajudicialização*, um dos *nortes* da Reforma do Código Civil, não havendo qualquer razão para que a adoção da pessoa com mais de 18 anos seja apenas efetivada no âmbito judicial. Espera-se, por todos esses argumentos, a sua aprovação pelo Congresso Nacional.

6.5 PODER FAMILIAR

Encerrando o presente capítulo, é importante o estudo do poder familiar, conceituado como o poder exercido pelos pais em relação aos filhos, dentro da ideia de família democrática, do regime de colaboração familiar e de relações baseadas, sobretudo, no afeto. O instituto está tratado nos arts. 1.630 a 1.638 do CC/2002.

Destaque-se que parte da doutrina prefere o termo *autoridade parental*, constando proposta de alteração das expressões no anterior Estatuto das Famílias (sobre o tema: TEIXEIRA, Ana Carolina Brochado. *Família...*, 2009). Nessa linha, nas justificativas da proposição é expresso que o termo *autoridade* se coaduna com o princípio de melhor interesse dos filhos, além de contemplar a solidariedade familiar. O art. 87 do antigo projeto determina que "a autoridade parental deve ser exercida no melhor interesse dos filhos".

No atual Projeto de Reforma do Código Civil, ora em tramitação no Congresso Nacional e na linha dos meus comentários, a Comissão de Juristas sugere que o poder familiar seja substituído pela ideia de autoridade parental, passando o art. 1.630 do Código a prever o seguinte: "os filhos, enquanto com menos de dezoito anos de idade, estão sujeitos à autoridade parental". Não se utiliza mais a expressão "menor", na linha de outras propostas, não sendo mais considerada a chamada "menoridade". Nas justificativas da Subcomissão de Direito de Família, que também serviram para motivar as alterações dos dispositivos seguintes, "indispensável substituir a expressão 'poder familiar' por 'autoridade parental', como de há muito reclama a doutrina, por necessidade de eliminar que pais têm poder sobre os filhos, remetendo a uma hierarquização que afronta os direitos fundamentais de crianças e adolescentes. Ao depois esta é a expressão adotada pelo Estatuto da Criança e do Adolescente (ECA) sendo recomendável uma uniformidade terminológica no arcabouço legal. É urgente a necessidade de uma alteração significativa quanto aos papéis parentais, que ainda se encontram absolutamente hierarquizados".

De todo modo, reitero que não foram debatidas as propostas que mantinham relação com a guarda de filhos, diante de todas as enormes dificuldades encontradas pela Comissão de Juristas, como aqui antes exposto. Assim, o tema deve ser discutido no âmbito do Congresso Nacional, com a realização de novas audiências públicas para tanto.

Pois bem, nos termos do vigente Código Civil, o poder familiar será exercido pelo pai e pela mãe, não sendo mais o caso de se utilizar, em hipótese alguma, a expressão *pátrio poder,* totalmente superada pela *despatriarcalização do Direito de Família,* ou seja, pela perda do domínio exercido pela figura paterna no passado.

Segundo o art. 1.630 do CC, os filhos estão sujeitos ao poder familiar, enquanto menores. Quanto a esse comando legal, prescreve o Enunciado n. 112 do CJF/STJ que "em acordos celebrados antes do advento do novo Código, ainda que expressamente convencionado que os alimentos cessarão com a maioridade, o juiz deve ouvir os interessados, apreciar as circunstâncias do caso concreto e obedecer ao princípio *rebus sic stantibus*". O enunciado doutrinário visa a elucidar conflito de direito intertemporal que possa surgir.

Em síntese, com a redução da maioridade civil e com o fim do poder familiar aos 18 anos do filho, os alimentos também podem cessar antes do período fixado entre as partes. Para tanto, devem ser analisadas as circunstâncias fáticas que envolvem a lide. O enunciado é bom, apesar de não se concordar com a utilização da expressão *rebus sic stantibus,* expressão esta que é própria da teoria da imprevisão e do Direito Contratual; estando um tanto quanto superada mesmo neste último ramo do Direito Civil.

Durante o casamento e a união estável, compete o poder familiar aos pais e, na falta ou impedimento de um deles, o outro o exercerá com exclusividade (art. 1.631, *caput,* do CC). Divergindo os pais quanto ao exercício do poder familiar, é assegurado a qualquer deles recorrer ao juiz para a solução do desacordo (art. 1.631, parágrafo único, do CC).

Mais uma vez, o Código Civil atribui a solução ao Poder Judiciário, criando mais uma ação: a de solução de divergência quanto ao poder familiar. Para Jones Figueirêdo Alves e Mário Luiz Delgado, o dispositivo cria a possibilidade de um juizado de família, "como órgão judiciário não mais destinado apenas à solução de conflituosidades familiares, de paradigmas de rupturas sempre definitivas, oferecendo uma prestação de justiça destinada à composição das divergências episódicas, sem os estigmas de embates conjugais dilacerantes. Nessa nova dimensão, o Juizado de Família" (ALVES, Jones Figueirêdo; DELGADO, Mário Luiz. *Código Civil...,* 2005, p. 830). Também aqui a mediação familiar interdisciplinar pode entrar em cena para resolver as controvérsias.

Destaco que no Projeto de Reforma do Código Civil, na linha de uma necessária *extrajudicialização* de alguns institutos, a Subcomissão de Direito de Família sugeriu a desvinculação da conjugalidade com a parentalidade na autoridade parental, a desjudicialização de conflitos e a abertura para a atuação de padrastos e madrastas. Assim, o seu art. 1.631 passará a ter a seguinte redação: "A autoridade parental compete a ambos os pais, em igualdade de condições, quer eles vivam juntos ou tenham rompido a sociedade conjugal ou convivencial. Parágrafo único. Divergindo os pais quanto ao exercício da autoridade parental, devem eles, de preferência, buscar a mediação ou outras formas de soluções extrajudiciais, antes de recorrerem à via judicial". Como se pode perceber, a menção à mediação e aos meios extrajudiciais de controvérsias – como a negociação e a conciliação – é salutar e necessária, tendo prioridade em relação à via judicial, mas sem excluí-la.

Voltando-se ao sistema vigente, enuncia o art. 1.632 da atual codificação material que a separação judicial, o divórcio e a dissolução da união estável não alteram as relações entre pais e filhos senão quanto ao direito, que aos primeiros cabe, de terem em sua companhia os segundos. O dispositivo acaba trazendo um direito à convivência familiar e, ao seu lado, um dever dos pais de terem os filhos sob sua companhia. Nessa norma reside fundamento jurídico substancial para a *responsabilidade civil por abandono afetivo*, eis que a companhia inclui esse afeto. Anote-se, mais uma vez, que a menção à separação judicial deve ser vista com ressalvas, eis que a categoria foi extinta pela *Emenda do Divórcio* (Emenda Constitucional 66/2010), na linha do que julgou o Supremo Tribunal Federal em 2023 (Tema n. 1.053 de repercussão geral).

Acrescente-se que o Superior Tribunal de Justiça reconhece direito de indenização não somente nos casos de *abandono afetivo*, mas também havendo *abandono material* do filho pelo pai. Conforme aresto prolatado em 2017, publicado no *Informativo* n. 609 da Corte:

"O descumprimento da obrigação pelo pai, que, apesar de dispor de recursos, deixa de prestar assistência material ao filho, não proporcionando a este condições dignas de sobrevivência e causando danos à sua integridade física, moral, intelectual e psicológica, configura ilícito civil, nos termos do art. 186 do Código Civil de 2002. Estabelecida a correlação entre a omissão voluntária e injustificada do pai quanto ao amparo material e os danos morais ao filho dali decorrentes, é possível a condenação ao pagamento de reparação por danos morais, com fulcro também no princípio constitucional da dignidade da pessoa humana" (STJ, REsp 1.087.561/RS, 4.ª Turma, Rel. Min. Raul Araújo, j. 13.06.2017, *DJe* 18.08.2017).

Confirmou-se, ao final, a condenação do pai a pagar R$ 35.000,00 (trinta e cinco mil reais) a título de danos morais ao filho, sem prejuízo da imposição de condutas para a sua assistência econômica.

É pertinente também apontar que o dispositivo em comento, art. 1.632 do Código Civil, deve ser levado em conta na fixação da guarda, principalmente nos casos de guarda unilateral, no que tange à regulamentação de visitas em favor daquele genitor que não tem a guarda do filho.

Encerrando as regras gerais quanto ao poder familiar, enuncia o art. 1.633 do CC/2002 que o filho, não reconhecido pelo pai, fica sob o poder familiar exclusivo da mãe. Mas, se a mãe não for conhecida ou capaz de exercê-lo, o poder familiar será exercido por um tutor.

Não restam dúvidas de que é preciso atualizar a norma, para que se retirem os resquícios da odiosa discriminação dos filhos havidos fora do casamento, o que é inconstitucional, por força do art. 227, § 6.º, da Constituição Federal. Nesse contexto, no Projeto de Reforma do Código Civil, sugere-se a seguinte redação para o comando: "Art. 1.633. O filho reconhecido apenas pela mãe fica sob sua autoridade, mas caso a mãe não seja conhecida ou não seja capaz de exercer a autoridade parental, dar-se-á tutor à criança ou ao adolescente".

O exercício do poder familiar está hoje tratado no art. 1.634 da codificação privada, recentemente alterado pela Lei 13.058/2014, trazendo as atribuições desse exercício que compete aos pais, verdadeiros deveres legais, a saber:

a) Dirigir a criação e a educação dos filhos.

b) Exercer a guarda unilateral ou compartilhada, conforme alterado pela recente *Lei da Guarda Compartilhada (ou Alternada) Obrigatória*, tema tratado anteriormente nesta obra.

c) Conceder-lhes ou negar-lhes consentimento para casarem.

d) Conceder-lhes ou negar-lhes consentimento para viajarem ao exterior, o que também foi incluído pela Lei 13.058/2014.

e) Conceder-lhes ou negar-lhes consentimento para mudarem sua residência permanente para outro Município, outra inclusão legislativa recente, pela mesma norma citada.

f) Nomear-lhes tutor por testamento ou documento autêntico, se o outro dos pais não lhe sobreviver, ou o sobrevivo não puder exercer o poder familiar.

g) Representá-los, judicial ou extrajudicialmente até os 16 anos, nos atos da vida civil e assisti-los, após essa idade, nos atos em que forem partes, suprindo-lhes o consentimento. Aqui houve outra alteração pela Lei 13.058/2014, com a menção aos atos extrajudiciais.

h) Reclamá-los de quem ilegalmente os detenha.

i) Exigir que lhes prestem obediência, respeito e os serviços próprios de sua idade e condição.

Tais atribuições devem ser tidas como verdadeiros *deveres legais* dos pais em relação aos filhos. Assim, a sua violação pode gerar a responsabilidade civil da autoridade parental por ato ilícito, nos termos dos requisitos constantes do art. 186 do CC/2002.

Quanto à última atribuição, o preceito deve ser lido à luz da dignidade humana e da proteção integral da criança e do adolescente.

De início, porque a exigência de obediência não pode ser desmedida, sendo vedados maus-tratos e relação ditatorial. Havendo abusos nesse exercício, estará configurado o abuso de direito, o que pode repercutir, em casos de danos, na esfera da responsabilidade civil (arts. 187 e 927 do CC).

Como consequência, além da suspensão ou destituição do poder familiar, o pai ou a mãe poderá ser condenado a pagar indenização por danos morais aos filhos se os maus-tratos estiverem presentes. Lembre-se de que como parâmetros para o abuso de direito devem ser considerados os previstos no art. 187 do CC, que são verdadeiras cláusulas gerais: fim social, boa-fé objetiva e, principalmente, bons costumes; o que gera a responsabilidade objetiva do pai ou mãe abusador (Enunciado n. 37 do CJF/STJ).

Sobre tal delicada situação, entrou em vigor no Brasil a Lei 13.010/2014, conhecida como *Lei da Palmada* ou *Lei Menino Bernardo*, em homenagem a vítima de violências praticadas pelo pai e pela madrasta. A nova norma alterou dispositivos do Estatuto da Criança e do Adolescente, passando a prever o seu art. 18-A que a criança e o adolescente têm o direito de ser educados e cuidados sem o uso de castigo físico ou de tratamento cruel ou degradante, como formas de correção, disciplina, educação ou qualquer outro pretexto, pelos pais, pelos integrantes da família ampliada, pelos responsáveis, pelos agentes públicos executores de medidas socioeducativas ou por qualquer pessoa encarregada de cuidar deles, tratá-los, educá-los ou protegê-los.

A lei define as práticas que são vedadas. Assim, considera-se castigo físico a ação de natureza disciplinar ou punitiva aplicada com o uso da força física sobre a criança ou o adolescente que resulte em sofrimento físico ou em lesão. O tratamento cruel ou degradante é conceituado pela norma como a conduta, ou forma cruel de tratamento, em relação à criança ou ao adolescente que os humilhe, os ameace gravemente ou os ridicularize.

Em complemento, conforme o novo art. 18-B do ECA os pais, os integrantes da família ampliada, os responsáveis, os agentes públicos executores de medidas socioeducativas ou qualquer pessoa encarregada de cuidar de crianças e de adolescentes, de tratá-los, de educá-los ou de protegê-los que utilizarem castigo físico ou tratamento cruel ou degradante como formas de correção, disciplina, educação ou qualquer outro pretexto estarão sujeitos, sem prejuízo de outras sanções cabíveis, às seguintes medidas, que serão aplicadas de acordo com a gravidade do caso: *a)* encaminhamento a programa oficial ou comunitário de proteção à família; *b)* encaminhamento a tratamento psicológico ou psiquiátrico; *c)* encaminhamento a cursos ou programas de orientação; *d)* obrigação de encaminhar a criança a tratamento especializado; e *e)* advertência. Todas essas medidas serão aplicadas pelo Conselho Tutelar, sem prejuízo de outras providências legais, caso da responsabilização civil antes citada.

Voltando ao âmago do inciso VII do art. 1.634 da codificação material, os pais não podem explorar economicamente os filhos, exigindo-lhes trabalhos que não são próprios de sua idade ou formação. Como se sabe, a exploração do trabalho infantil é um mal que assola todo o País. Em casos de abuso, mais uma vez, o poder familiar pode ser suspenso ou extinto, cabendo também a aplicação das regras da responsabilidade civil (art. 187 c/c o art. 927 do CC).

Outra questão que tem sido muito debatida diz respeito à utilização da *imagem* dos filhos na internet, sobretudo em redes sociais, inclusive com fins econômicos. Sobre o tema, merece destaque o Enunciado n. 39 do IBDFAM, aprovado no seu *XIII Congresso Brasileiro*, em outubro de 2021. Consoante o seu teor, "a liberdade de expressão dos pais em relação à possibilidade de divulgação de dados e imagens dos filhos na internet deve ser funcionalizada ao melhor interesse da criança e do adolescente e ao respeito aos seus direitos fundamentais, observados os riscos associados à superexposição".

No recente Projeto de Reforma do Código Civil, segundo a Subcomissão de Direito de Família, é mais do que necessária a atualização do conteúdo do art. 1.634 do CC, no caput e em alguns de seus incisos. Assim, "cuidou-se de contemplar o princípio da igualdade, no exercício deste importante *munus*. Procedeu-se, pois, nessa linha, com a necessária atualização redacional". Dessa maneira, o dispositivo passará a prever, no inc. I, que compete a ambos os pais, qualquer que seja a situação conjugal, "prestar assistência material e afetiva aos filhos, acompanhando sua formação e desenvolvimento e assumindo os deveres de cuidado, criação e educação para com eles". A menção ao acompanhamento contínuo na formação e no desenvolvimento, a incluir a educação dos filhos, parece-me essencial, trazendo clareza à norma.

O inc. II desse art. 1.634 passará a prever como atributo da autoridade parental: "zelar pelos direitos estabelecidos nas leis especiais de proteção à criança e ao adolescente, compartilhando a convivência e as responsabilidades parentais de forma igualitária". Mais uma vez, em boa hora, haverá menção expressa ao compartilhamento da convivência e das responsabilidades parentais, como regra geral do sistema civilístico e com destaque para o que está já consagrado pelo ECA, como norma especial.

O seu inc. IV passará a prever a concessão e a negativa do consentimento para os filhos viajarem, em sentido amplo, a fim de incluir também as viagens nacionais, o que traz mais segurança para o tratamento do tema, em complemento ao que está no citado Estatuto. Como se sabe, na redação atual do art. 83 do ECA, dada pela Lei 13.182/2019, nenhuma criança ou adolescente menor de 16 anos pode viajar para fora da Comarca onde reside desacompanhado dos pais ou dos responsáveis sem expressa autorização judicial. Essa regra é excepcionada em alguns casos: "a) tratar-se de comarca contígua à da residência da criança ou do adolescente menor de 16 (dezesseis) anos, se na mesma unidade da Federação, ou incluída na mesma região metropolitana; (Redação dada pela Lei 13.812, de 2019); b) a criança ou o adolescente menor de 16 (dezesseis) anos estiver acompanhado: (Redação dada pela Lei 13.812, de 2019); 1) de ascendente ou colateral maior, até o terceiro grau, comprovado documentalmente o parentesco; 2) de pessoa maior, expressamente autorizada pelo pai, mãe ou responsável. § 2.º A autoridade judiciária poderá, a pedido dos pais ou responsável, conceder autorização válida por dois anos". Ora, não basta o Código Civil mencionar apenas as viagens para o exterior, sendo mais do que necessário atualizá-lo.

No que diz respeito ao inc. VI do art. 1.634, passará a preceituar como atributo dos pais: "nomear-lhes tutor por testamento ou documento autêntico, se o outro dos pais não lhe sobreviver ou se o sobrevivo não puder exercer a autoridade parental"; substituindo-se a expressão "poder familiar" por "autoridade parental", na linha de outras propostas.

Na sequência, o inc. IX passará a ter um tom mais genérico, deixando as questões de dúvidas a critério de eventual julgador, e a mencionar que os pais, em relação aos filhos, poderão "exigir que lhes prestem obediência e respeito".

São incluídos dois novos incisos no comando, muito necessários na contemporaneidade, sobretudo tendo em vista o incremento das novas tecnologias e o seu uso muitas vezes desenfreado, excessivo e até explosivo por crianças e adolescentes, como acabei de destacar.

Assim, pelo novo inc. X do art. 1.634, os pais poderão "evitar a exposição de fotos e vídeos em redes sociais ou a exposição de informações, de modo a preservar a imagem, a segurança, a intimidade e a vida privada dos filhos". Adota-se, portanto, o teor do Enunciado n. 39 do IBDFAM, aprovado no seu *XIII Congresso Brasileiro de Direito de Família e das Sucessões*, e por mim comentado.

Por fim, e na mesma linha de se evitar um uso excessivo das novas tecnologias pelos filhos, sobretudo das redes sociais, poderão os pais "fiscalizar as atividades dos filhos no ambiente digital" (art. 1.634, inc. XI, do CC). Como se pode perceber, são mais do que necessários, são urgentes os dois últimos incisos propostos pela Comissão de Juristas, na linha do necessário e novo tratamento do direito digital.

Vale lembrar que há propostas de inclusão de regras para a proteção da criança e do adolescente no ambiente digital, no novo livro sobre o *Direito Civil Digital* – no seu Capítulo VI, sobre "A presença e a identidade de crianças e adolescentes no ambiente digital" –, tendo a principal delas a seguinte redação: "Art. É garantida a proteção integral de crianças e adolescentes no ambiente digital, observado o seu melhor e superior interesse, nos termos do estatuto que os protege e deste Código, estabelecendo-se, no ambiente digital, um espaço seguro e saudável para sua utilização". Essas proposições hoje são mais do que necessárias, aguardando-se a sua aprovação pelo Parlamento Brasileiro.

Voltando-se ao texto em vigor, ainda relativamente aos efeitos do poder familiar, o pai e a mãe, enquanto no seu exercício, devem ser tratados como usufrutuários dos bens dos filhos (usufruto legal); e têm a administração dos bens dos filhos menores sob sua autoridade (art. 1.689 do CC). Esse usufruto legal visa a proteção dos interesses dos filhos menores, devendo ser analisado à luz do princípio do maior interesse.

Diante dessas regras e dessa afirmação, a jurisprudência superior entende o seguinte:

> "Partindo-se da premissa de que o poder dos pais, em relação ao usufruto e à administração dos bens de filhos menores, não é absoluto, deve-se permitir, em caráter excepcional, o ajuizamento de ação de prestação de contas pelo filho, sempre que a causa de pedir estiver fundada na suspeita de abuso de direito no exercício desse poder, como ocorrido na espécie. Com efeito, inviabilizar, de plano, o ajuizamento de ação de prestação de contas nesse tipo de situação, sob o fundamento de impossibilidade jurídica do pedido para toda e qualquer hipótese, acabaria por cercear o direito do filho de questionar judicialmente eventual abuso de direito de seus pais, no exercício dos encargos previstos no art. 1.689 do Código Civil, contrariando a própria finalidade da norma em comento (preservação dos interesses do menor)" (STJ, REsp 1.623.098/MG, 3.ª Turma, Rel. Min. Marco Aurélio Bellizze, j. 13.03.2018, *DJe* 23.03.2018).

Em continuidade, compete aos pais e, na falta de um deles, ao outro, com exclusividade, representar os filhos menores de 16 anos, bem como assisti-los até completarem a maioridade ou serem emancipados (art. 1.690 do CC). Os pais devem decidir em comum as questões relativas aos filhos e a seus bens. Havendo divergência quanto a essa administração, a lei prevê a possibilidade de qualquer um deles recorrer ao juiz para a solução necessária (art. 1.690, parágrafo único, do CC).

No plano dessa administração, os pais não podem alienar ou gravar de ônus real os imóveis dos filhos, nem contrair, em nome deles, obrigações que ultrapassem os limites da simples administração (art. 1.691 do CC). Isso, salvo por necessidade ou evidente interesse da prole (*best interest of the child* – maior interesse da criança), mediante prévia autorização do juiz.

Se tais atos de alienação ou disposição forem realizados sem autorização, deverão ser tidos como nulos, havendo previsão de *nulidade textual* (art. 1.691, parágrafo único, do CC). A norma é de ordem pública, tutelando os vulneráveis. Nesse sentido, com interessante aplicação, transcreve-se, do Tribunal Paulista:

"Alvará judicial. Requerimento por menor visando o recebimento dos saldos do FGTS e PIS-PASEP deixados pelo pai falecido em acidente de trânsito. Pedido, também, de alvará para recebimento do seguro obrigatório (DPVAT). Alvarás deferidos e cumpridos, com depósito dos valores em conta judicial. Pretensão dos advogados que patrocinaram os interesses do menor a levantar a parcela correspondente aos valores dos honorários contratados por escrito pelo menor representado pela mãe. Contratos nulos, posto celebrados em desacordo com a regra de ordem pública do artigo 1.691 do Código Civil, que exige prévia autorização judicial para os atos que ultrapassem os limites de simples administração dos direitos dos incapazes. Autorização que certamente não seria concedida já que o menor e sua mãe são pessoas muito pobres e seriam encaminhadas ao patrocínio da Defensoria Pública. Recurso prejudicado e anulação de ofício dos aludidos contratos" (TJSP, Agravo de Instrumento 589.120.4/9, Acórdão 3352934, 2.ª Câmara de Direito Privado, São Paulo, Rel. Des. Morato de Andrade, j. 18.11.2008, *DJESP* 14.01.2009).

O próprio art. 1.691 do Código Privado reconhece legitimidade dos filhos, herdeiros e representante legal do menor para propor a ação declaratória de nulidade absoluta do ato. Como a norma é especial quanto à legitimidade, compreendemos que o Ministério Público não a tem, não sendo o caso de se aplicar o art. 168 do CC.

Todavia, deve-se entender que essa ação declaratória não está sujeita à decadência ou à prescrição, eis que o negócio jurídico nulo não convalesce pelo decurso de tempo (art. 169 do CC). Além disso, a ação é essencialmente declaratória, o que justifica a sua não sujeição à prescrição ou à decadência (critério científico de Agnelo Amorim Filho).

Como outra ilustração importante, aplicando o art. 1.691 do Código Civil, julgado da Quarta Turma do STJ do ano de 2021 concluiu que "o fato de ter sido concedida a gestão da herança a terceiro não implica restrição do exercício do poder familiar do genitor sobrevivente para promover a contratação de advogado, em nome dos herdeiros menores, a fim de representar os interesses deles no inventário" (STJ, REsp 1.566.852/SP, 4.ª Turma, Rel. Min. Luis Felipe Salomão, Rel. p/ acórdão Min. Raul Araújo, por maioria, j. 17.08.2021).

Por outra via, sempre que no exercício do poder familiar colidir o interesse dos pais com o do filho, a requerimento deste ou do Ministério Público, o juiz lhe dará curador especial. Aqui a legitimidade do MP é clara e especificada em lei (art. 1.692 do CC).

No entanto, devem ser excluídos do usufruto legal e da administração dos pais: os bens adquiridos pelo filho havido fora do casamento, antes do reconhecimento pelo pai; os valores auferidos pelo filho maior de 16 anos, no exercício de atividade profissional, e os bens com tais recursos adquiridos; os bens deixados ou doados ao filho, sob a condição de não serem usufruídos, ou administrados, pelos pais; os bens que aos filhos couberem na herança, quando os pais forem excluídos da sucessão (art. 1.693 do CC).

Observo que, no Projeto de Reforma do Código Civil, também são feitas propostas de aprimoramento quanto a esse usufruto legal. Com a retirada da menção ao termo "menor" do Código Civil, a Comissão de Juristas sugere um novo título para o tratamento da matéria, a saber: "Do usufruto e da administração dos bens de filhos com menos de dezoito anos de idade". Além disso, o art. 1.689 passará a prever o seguinte: "os pais, enquanto no exercício da autoridade parental: I – são usufrutuários dos bens dos filhos; II – têm a administração dos bens dos filhos crianças e adolescentes sob sua autoridade". Como se nota, a expressão "poder familiar" é trocada para "autoridade parental", termo que prevalece no Anteprojeto, por razões já apontadas. Além disso, no inc. II, deixa-se novamente de se usar o termo "menor".

Em continuidade de estudo das propostas, a Subcomissão de Direito de Família sugeriu uma premente reforma do tratamento da gestão patrimonial dos bens dos filhos com menos de 18 anos por seus pais. Consoante as suas justificativas, na proposição: "o art. 1.691 proíbe os pais de renunciarem aos direitos de que seus filhos sejam titulares, alienarem, ou gravarem de ônus real os seus bens imóveis, sociedades empresárias, objetos preciosos e valores mobiliários, buscando evitar incidentes registrados na mídia de pais que se tornaram titulares das riquezas dos filhos mediante a articulação fraudatória de pessoas jurídicas. O juiz, por provocação do menor de idade ou do Ministério Público ou de qualquer parente do menor de idade, pode adotar providências que assegurem a preservação dos bens do menor de idade, podendo ser exigida caução ou fiança dos pais, ou ser nomeado um administrador judicial".

Nesse contexto, o *caput* do dispositivo passará a prever o seguinte, com regras mais claras e específicas quanto aos atos vedados: "não podem os pais renunciar aos direitos de que seus filhos sejam titulares nem alienar, ou gravar de ônus real os seus bens imóveis, sociedades empresárias, objetos preciosos e valores mobiliários nem contrair, em nome deles, obrigações que ultrapassem os limites da simples administração, salvo por necessidade ou evidente interesse da prole, mediante prévia autorização do juiz".

No que diz respeito à legitimidade para a ação declaratória de nulidade absoluta desses atos e negócios, o § 1.º do art. 1.691 passará a prever, sem alteração de conteúdo, que "podem pleitear a declaração de nulidade dos atos previstos neste artigo: I – os filhos; II – os herdeiros; III – o representante legal". Inclui-se um novo § 2.º, para expressar, quanto aos procedimentos, que: "quando a administração dos pais puser em perigo o patrimônio do filho, o juiz, a pedido do próprio filho, do Ministério Público ou de qualquer parente, poderá adotar as providências que estime necessárias para a segurança e conservação dos seus bens".

Como outra proposição, "para a continuação da administração dos bens da criança e do adolescente, o juiz pode exigir caução ou fiança, inclusive nomear um administrador" (§ 3.º do art. 1.691). Por fim, para trazer maior segurança jurídica, é incluído um § 4.º no preceito, prevendo a respeito da exigência de prestação de contas pelo filho e que, "ao término da autoridade parental, os filhos podem, no prazo de dois anos, exigir de seus pais a prestação de contas da administração que exerceram sobre os seus bens, respondendo os pais por dolo ou culpa, pelos prejuízos que sofreram" (§ 4.º do art. 1.691 do CC).

No que diz respeito ao art. 1.693, com meros ajustes redacionais, a Comissão de Juristas sugere que passe a prever o seguinte: "Excluem-se da administração e do usufruto dos pais: I – os bens adquiridos pelo filho, antes de ser reconhecida a relação de parentalidade". Diante da igualdade entre filhos, deixa-se de mencionar no inc. I o filho havido fora do casamento, o que não tem hoje qualquer justificativa, teórica ou prática. No inc. III, a norma preverá "os bens deixados ou doados ao filho, sob a condição de não serem usufruídos ou administrados pelos pais", havendo apenas a retirada de uma vírgula, mal posicionada, antes do "ou". O mesmo foi feito quanto ao inc. IV: "os bens que aos filhos couberem na herança quando os pais forem excluídos da sucessão".

Como se pode notar, as propostas são louváveis e necessárias, para uma maior estabilidade do instituto do usufruto legal, funcionalizando-o em prol dos interesses dos filhos.

Superada a análise do exercício do poder familiar, e retornando-se ao sistema vigente, o art. 1.635 do CC/2002 traz as hipóteses em que é extinto o poder familiar. Os casos são os seguintes:

a) Pela morte dos pais ou do filho, eis que o poder familiar tem caráter personalíssimo.
b) Pela emancipação, nos termos do art. 5.º, parágrafo único, do CC, já que emancipação antecipa os efeitos da maioridade para fins civis. No Projeto de Reforma do Código Civil, diante da falta de análise do tema da guarda de filhos, restou apenas a proposta de atualização desse inc. II do art. 1.635, que passará prever a extinção do poder familiar "pela emancipação, nos termos do inc. I do parágrafo único do art. 5.º deste Código". Como já era antes, apenas com ajustes redacionais e com menção à autoridade parental, trata-se da extinção do poder familiar, "pela concessão de emancipação pelos que tenham a autoridade parental, por instrumento público, independentemente de homologação judicial".
c) Pela maioridade, aos 18 anos, não havendo razão mais para o poder familiar, diante da independência obtida com a maioridade.
d) Pela adoção, diante do rompimento de vínculo em relação à família anterior.
e) Diante de decisão judicial, nos casos do art. 1.638 do CC.

Sobre essa norma e quanto à estudada a seguir, o Enunciado n. 673, aprovado na *IX Jornada de Direito Civil*, promovida em maio de 2022, prevê que, "na ação de destituição do poder familiar de criança ou adolescente que se encontre institucionalizado, promovida pelo Ministério Público, é recomendável que o juiz, a título de tutela antecipada, conceda a guarda provisória a quem esteja habilitado para adotá-lo, segundo o perfil eleito pelo candidato à adoção". A ementa doutrinária, assim, procura efetivar a adoção por meio da concessão de tutela de urgência, o que vem em boa hora.

Com relação ao art. 1.638 do CC, o comando legal em questão trata dos fundamentos da destituição do poder familiar por sentença judicial. Esses motivos para a destituição, na redação original do comando, são: *a)* o castigo imoderado do filho; *b)* o abandono do filho; *c)* a prática de atos contrários à moral e aos bons costumes; *d)* a incidência reiterada nas faltas previstas no art. 1.637 do CC; e *e)* a entrega, de forma irregular, do filho a terceiros para fins de adoção. A última previsão foi incluída pela Lei 13.509/2017, que trouxe alterações a respeito da adoção, como antes visto.

Como exemplo grave de incidência do dispositivo, o Superior Tribunal de Justiça concluiu que a negligência ou omissão dos genitores diante de grave abuso sexual praticado por terceiro configura hipótese excepcional de destituição do poder familiar. Sobre o caso concreto, restou demonstrado o seguinte:

> "O melhor interesse do menor está na destituição do poder familiar de seus genitores, tendo em vista que: a criança é acompanhada pelo Conselho Tutelar desde tenra idade, devido a conflitos familiares, havendo, inclusive, registro de procedimento para apuração de suposto abuso sexual praticado por um tio materno; os pais nunca exerceram de forma responsável o poder familiar, ante a negligência sistemática na criação do filho, a exposição frequente da criança a risco à sua integridade física e psíquica e a vulnerabilidade do menor, em razão de o pai estar cumprindo pena privativa de liberdade em regime fechado e a mãe fazer uso abusivo de drogas lícitas e ilícitas; o menor foi colocado em acolhimento institucional em 30.08.2017, iniciando-se a partir daí esforços constantes para a reintegração à família natural, os quais mostraram-se infrutíferos; os avós maternos e paternos desistiram de assumir a guarda, alegando dificuldade de cuidar da criança; o juiz da causa agiu com cautela, só autorizando a inscrição da criança no cadastro de adoção após um ano e meio de acolhimento institucional, por observar que não houve mudança de comportamento dos genitores ou a reaglutinação familiar; em 30.09.2019 foi deferida a guarda provisória aos interessados e iniciado o processo de adoção, já se encontrando o menor, desde tal data, inserido em família substituta que vai ao encontro dos seus interesses" (STJ, Ag. Int. no AREsp 2.023.403/DF, 4.ª Turma, Rel. Min. Raul Araújo, j. 25.04.2023, *DJe* 10.05.2023).

Não restam dúvidas de que, em situações similares, a melhor solução é a destituição do poder familiar.

Como outro caso concreto, sobre a última previsão citada da norma, incluída em 2017, a recente jurisprudência do STJ acabou por firmar a tese de que "na hipótese em que o reconhecimento de 'adoção à brasileira' foi fator preponderante para a destituição do poder familiar, à época em que a entrega de forma irregular do filho para fins de adoção não era hipótese legal de destituição do poder familiar, a realização da perícia se mostra imprescindível para aferição da presença de causa para a excepcional medida de destituição e para constatação de existência de uma situação de risco para a infante". Em suma, entendeu-se que a norma emergente não poderia pura e simplesmente retroagir, sendo necessário analisar as circunstâncias do caso concreto e a caracterização da adoção à brasileira (STJ, REsp 1.674.207/PR, 3.ª Turma, Rel. Min. Moura Ribeiro, j. 17.04.2018, *DJe* 24.04.2018).

Sucessivamente, também no ano de 2018, o art. 1.638 do CC/2002 recebeu um parágrafo único, trazendo novas hipóteses de destituição do poder familiar, por força da Lei 13.715. Assim, perderá também por ato judicial o poder familiar aquele que praticar contra outrem igualmente titular do mesmo poder familiar: *a)* homicídio, feminicídio ou lesão corporal de natureza grave ou seguida de morte, quando se tratar de crime doloso envolvendo violência doméstica e familiar ou menosprezo ou discriminação à condição de mulher; *b)* estupro ou outro crime contra a dignidade sexual sujeito à pena de reclusão. Da mesma forma, também gera a destituição do poder familiar o ato de praticar contra o filho, a filha ou outro descendente, caso de um neto ou neta, esses mesmos crimes.

Instituto relativo ao poder familiar como questão a ser ponderada em ações de destituição do poder familiar é a *alienação parental* ou *implantação das falsas memórias*. Sobre o tema, são as lições de Maria Berenice Dias:

> "A evolução dos costumes, que levou a mulher para fora do lar, convocou o homem a participar das tarefas domésticas e a assumir o cuidado com a prole. Assim, quando

da separação, o pai passou a reivindicar a guarda da prole, o estabelecimento da guarda conjunta, a flexibilização de horários e a intensificação das visitas. No entanto, muitas vezes a ruptura da vida conjugal gera na mãe sentimento de abandono, de rejeição, de traição, surgindo uma tendência vingativa muito grande. Quando não consegue elaborar adequadamente o luto da separação, desencadeia um processo de destruição, de desmoralização, de descrédito do ex-cônjuge. Ao ver o interesse do pai em preservar a convivência com o filho, quer vingar-se, afastando este do genitor. Para isso cria uma série de situações visando a dificultar ao máximo ou a impedir a visitação. Leva o filho a rejeitar o pai, a odiá-lo. A este processo o psiquiatra americano Richard Gardner nominou de 'síndrome de alienação parental': programar uma criança para que odeie o genitor sem qualquer justificativa. Trata-se de verdadeira campanha para desmoralizar o genitor. O filho é utilizado como instrumento da agressividade direcionada ao parceiro. A mãe monitora o tempo do filho com o outro genitor e também os seus sentimentos para com ele. A criança, que ama o seu genitor, é levada a afastar-se dele, que também a ama. Isso gera contradição de sentimentos e destruição do vínculo entre ambos. Restando órfão do genitor alienado, acaba identificando-se com o genitor patológico, passando a aceitar como verdadeiro tudo que lhe é informado. O detentor da guarda, ao destruir a relação do filho com o outro, assume o controle total. Tornam-se unos, inseparáveis. O pai passa a ser considerado um invasor, um intruso a ser afastado a qualquer preço. Este conjunto de manobras confere prazer ao alienador em sua trajetória de promover a destruição do antigo parceiro. Neste jogo de manipulações, todas as armas são utilizadas, inclusive a assertiva de ter sido o filho vítima de abuso sexual. A narrativa de um episódio durante o período de visitas que possa configurar indícios de tentativa de aproximação incestuosa é o que basta. Extrai-se deste fato, verdadeiro ou não, denúncia de incesto. O filho é convencido da existência de um fato e levado a repetir o que lhe é afirmado como tendo realmente acontecido. Nem sempre a criança consegue discernir que está sendo manipulada e acaba acreditando naquilo que lhes foi dito de forma insistente e repetida. Com o tempo, nem a mãe consegue distinguir a diferença entre verdade e mentira. A sua verdade passa a ser verdade para o filho, que vive com falsas personagens de uma falsa existência, implantando-se, assim, falsas memórias" (DIAS, Maria Berenice. Síndrome da alienação parental... Disponível em: <www.intelligentiajuridica.com.br>. Acesso em: 27 mar. 2007).

Além da perda da guarda em algumas situações, a jurisprudência nacional reconhecia que a utilização desses mecanismos também poderia provocar a entrada em cena de eventual ação em que se discutiria a destituição do poder familiar. Sobre o tema, é interessante a análise do seguinte julgado do próprio Tribunal de Justiça do Rio Grande do Sul:

"Destituição do poder familiar. Abuso sexual. Síndrome da alienação parental. Estando as visitas do genitor à filha sendo realizadas junto a serviço especializado, não há justificativa para que se proceda à destituição do poder familiar. A denúncia de abuso sexual levada a efeito pela genitora não está evidenciada, havendo a possibilidade de se estar frente à hipótese da chamada síndrome da alienação parental. Negado provimento" (TJRS, Agravo de Instrumento 70015224140, 7.ª Câmara de Direito Privado, Rel. Maria Berenice Dias, 12.06.2006).

O tema do mesmo modo havia sido apreciado pelo Tribunal de Justiça de São Paulo, cabendo a transcrição da seguinte ementa:

"Regulamentação de visitas. Guarda da criança concedida ao pai. Visitas provisórias da mãe. Necessidade. Preservação do superior interesse da menor. Síndrome da alienação parental. Sentença de improcedência mantida. Recurso improvido, com determinação" (TJSP, Apl-Rev 552.528.4/5, Ac. 2612430, 8.ª Câmara de Direito Privado, Guarulhos, Rel. Des. Caetano Lagrasta, j. 14.05.2008, *DJESP* 20.06.2008).

Acompanhando toda essa evolução da doutrina e da jurisprudência, foi promulgada a Lei 12.318, de 26 de agosto de 2010, conhecida como *Lei da Alienação Parental*. Nos termos do art. 2.º da norma, "considera-se alienação parental a interferência na formação psicológica da criança ou do adolescente promovida ou induzida por um dos genitores, pelos avós ou pelos que tenham a criança ou adolescente sob a sua autoridade, guarda ou vigilância para que repudie genitor ou que cause prejuízo ao estabelecimento ou à manutenção de vínculos com este".

Adiante-se que se trata de norma hoje considerada muito divergente, que acirrou as disputas familiares, havendo propostas de sua alteração ou mesmo de revogação, o que deve ser analisado pelo Congresso Nacional em breve.

O comando ora em vigor exemplifica algumas situações concretas de alienação parental:

a) Realizar campanha de desqualificação da conduta do genitor no exercício da paternidade ou maternidade.
b) Dificultar o exercício da autoridade parental.
c) Dificultar contato de criança ou adolescente com genitor.
d) Dificultar o exercício do direito regulamentado de convivência familiar.
e) Omitir deliberadamente a genitor informações pessoais relevantes sobre a criança ou adolescente, inclusive escolares, médicas e alterações de endereço.
f) Apresentar falsa denúncia contra genitor, contra familiares deste ou contra avós, para obstar ou dificultar a convivência deles com a criança ou adolescente.
g) Mudar o domicílio para local distante, sem justificativa, visando a dificultar a convivência da criança ou adolescente com o outro genitor, com familiares deste ou com avós.

Enuncia-se que "a prática de ato de alienação parental fere direito fundamental da criança ou do adolescente de convivência familiar saudável, prejudica a realização de afeto nas relações com genitor e com o grupo familiar, *constitui abuso moral contra a criança ou o adolescente* e descumprimento dos deveres inerentes à autoridade parental ou decorrentes de tutela ou guarda" (art. 3.º da Lei 12.318/2010, destaque feito por mim). Desse modo, não há dúvida de que, além das consequências para o poder familiar, a alienação parental pode gerar a responsabilidade civil do alienador, por abuso de direito (art. 187 do CC). Tal responsabilidade tem natureza objetiva, independendo de culpa, nos termos do Enunciado n. 37 do CJF/STJ.

Declarado indício de ato de alienação parental, a requerimento ou de ofício, em qualquer momento processual, em ação autônoma ou incidentalmente, o processo terá tramitação prioritária, e o juiz determinará, com urgência, ouvido o Ministério Público, as medidas provisórias necessárias para preservação da integridade psicológica da criança ou do adolescente (art. 4.º da Lei 12.318/2010). Isso, inclusive, para assegurar sua convivência com genitor ou viabilizar a efetiva reaproximação entre ambos, se for o caso.

Conforme decisão do Superior Tribunal de Justiça do ano de 2014, essa última norma gera a conclusão de incidência do Código de Processo Civil para os casos de alienação parental, o que deve ser mantido no que diz respeito ao CPC/2015. Nos termos da publicação constante do *Informativo* n. 538 do Tribunal da Cidadania, que merece destaque:

"A Lei 12.318/2010 prevê que o reconhecimento da alienação parental pode se dar em ação autônoma ou incidentalmente, sem especificar, no entanto, o recurso cabível, impondo, neste aspecto, a aplicação das regras do CPC. A decisão que, de maneira incidente, enfrenta e resolve a existência de alienação parental antes de decidir sobre o mérito da principal não encerra a etapa cognitiva do processo na primeira instância. Portanto, esse ato judicial tem natureza de decisão interlocutória (art. 162, § 2.º, do CPC) e, por consequência, o recurso cabível, nessa hipótese, é o agravo (art. 522 do CPC). Cabe ressaltar que seria diferente se a questão fosse resolvida na própria sentença, ou se fosse objeto de ação autônoma, como prevê a Lei 12.318/2010, hipóteses em que o meio de impugnação idôneo seria a apelação, porque, nesses casos, a decisão poria fim à etapa cognitiva do processo em primeiro grau" (STJ, REsp 1.330.172/MS, Rel. Min. Nancy Andrighi, j. 11.03.2014).

Ainda nos termos da legislação, recentemente alterada pela Lei 14.340/2022, deve-se assegurar à criança ou ao adolescente e ao genitor a garantia mínima de visitação assistida no Fórum em que tramita a ação ou em entidades conveniadas com o Poder Judiciário. Ficam ressalvados os casos em que há iminente risco de prejuízo à integridade física ou psicológica da criança ou do adolescente, atestado por profissional eventualmente designado pelo juiz para acompanhamento das visitas (art. 4.º, parágrafo único, da Lei 12.318/2010).

Havendo indício da prática de ato de alienação parental, em ação autônoma ou incidental, o juiz, se necessário, determinará perícia psicológica ou biopsicossocial (art. 5.º, *caput*, da Lei 12.318/2010). O laudo pericial terá base em ampla avaliação psicológica ou biopsicossocial, conforme o caso, compreendendo, inclusive, entrevista pessoal com as partes, exame de documentos dos autos, histórico do relacionamento do casal e da separação, cronologia de incidentes, avaliação da personalidade dos envolvidos e exame da forma como a criança ou adolescente se manifesta acerca de eventual acusação contra genitor (§ 1.º).

A perícia será realizada por profissional ou equipe multidisciplinar habilitados, exigida, em qualquer caso, aptidão comprovada por histórico profissional ou acadêmico para diagnosticar atos de alienação parental (§ 2.º). O perito ou equipe multidisciplinar designada para verificar a ocorrência de alienação parental terá prazo de 90 dias para apresentação do laudo, prorrogável exclusivamente por autorização judicial baseada em justificativa circunstanciada (§ 3.º). Foi incluído um § 4.º no comando, pela Lei 14.340/2022, estabelecendo que, na ausência ou insuficiência de serventuários responsáveis pela realização de estudo psicológico, biopsicossocial ou qualquer outra espécie de avaliação técnica exigida pela norma, ou por determinação judicial, a autoridade judiciária poderá proceder à nomeação de perito com qualificação e experiência pertinentes ao tema.

Essa norma específica é completada pelo art. 699 do CPC/2015, segundo o qual, quando o processo envolver discussão sobre fato relacionado a abuso ou a alienação parental, o juiz, ao tomar o depoimento do incapaz, deverá estar acompanhado por especialista. Merece destaque, ainda, o novo art. 8.º-A da Lei 12.318/2010, incluído pela Lei 14.342/2022, prevendo que, sempre que necessário, o depoimento ou a oitiva de crianças e de adolescentes em casos de alienação parental será realizado, obrigatoriamente, pelos procedimentos de proteção previstos na Lei 13.431/2017.

Confirmando a importância dessa previsão, na *III Jornada de Direito Processual Civil* foi aprovado o Enunciado n. 182, preceituando que, "quando o objeto do processo for relacionado a abuso ou alienação parental e for necessário o depoimento especial de criança ou adolescente em juízo, a escuta deverá ser realizada de acordo com o procedimento previsto na Lei n. 13.431/2017, sob pena de nulidade do ato". Nos termos dos arts. 7.º e 8.º da última norma, devem ser priorizados, portanto, a *escuta especializada* e o *depoimento especial*. A *escuta especializada* é o procedimento de entrevista sobre a situação de violência com criança ou adolescente perante órgão da rede de proteção, limitado o relato estritamente ao necessário para o cumprimento de suas finalidades. Já o *depoimento especial* é o procedimento de oitiva de criança ou adolescente vítima ou testemunha de violência perante autoridade policial ou judiciária

Tratando da efetividade dessas medidas, conforme o Enunciado n. 28 do IBDFAM, aprovado no seu *XII Congresso Brasileiro*, em outubro de 2019, "havendo indício de prática de ato de alienação parental, devem as partes ser encaminhadas ao acompanhamento diagnóstico, na forma da Lei, visando ao melhor interesse da criança. O Magistrado depende de avaliação técnica para avaliar a ocorrência ou não de alienação parental, não lhe sendo recomendado decidir a questão sem estudo prévio por profissional capacitado, na forma do § 2.º do art. 5.º da Lei 12.318/2010, salvo para decretar providências liminares urgentes". Do mesmo evento, também tratando do tema, destaque-se o Enunciado n. 27, segundo o qual "no caso de comunicação de atos de alienação parental nas ações de família, o seu reconhecimento poderá ocorrer na própria demanda, sendo desnecessária medida judicial específica para tanto".

No plano concreto, estabelece o art. 6.º da Lei da Alienação Parental que, estando caracterizada a alienação parental ou qualquer conduta que dificulte a convivência de criança ou adolescente com genitor, em ação autônoma ou incidental, poderá o juiz, cumulativamente ou não, sem prejuízo da decorrente responsabilidade civil ou criminal e da ampla utilização de instrumentos processuais aptos a inibir ou atenuar seus efeitos, segundo a gravidade do caso:

I) Declarar a ocorrência de alienação parental e advertir o alienador.
II) Ampliar o regime de convivência familiar em favor do genitor alienado.
III) Estipular multa ao alienador, o que já vem sendo aplicado pela melhor jurisprudência nacional. A título de ilustração: "Agravo de instrumento. Ação declaratória de alienação parental. Decisão [que] determinou o cumprimento do acordo de visitas. Prevalência do interesse do menor. Imposição de multa. Possibilidade. Certo é que o convívio da figura paterna é necessário para o desenvolvimento psicológico e social da criança, sendo assim, um contato físico maior entre pai e filho torna a convivência entre eles mais estreita, possibilitando o genitor dar carinho e afeto a seu filho, acompanhá-lo em seu crescimento e em sua educação. Deve-se impor multa à genitora pelo descumprimento do acordo de visitas, haja vista os indícios de alienação parental, visando, inclusive, que esta colabore à reaproximação de pai e filha" (TJMG, Agravo de Instrumento 10105120181281001, 4.ª Câmara Cível, Rel. Dárcio Lopardi Mendes, j. 23.01.2014).
IV) Determinar acompanhamento psicológico e/ou biopsicossocial.
V) Determinar a alteração da guarda para guarda compartilhada ou sua inversão.
VI) Determinar a fixação cautelar do domicílio da criança ou adolescente.

Anote-se que a Lei 14.340/2022 retirou da norma a sanção da suspensão da autoridade parental, prevista no inc. VII, do preceito, por considerá-la uma medida drástica.

Caracterizada a mudança abusiva de endereço, a inviabilização ou a obstrução à convivência familiar, o juiz também poderá inverter a obrigação de levar para ou retirar a criança ou adolescente da residência do genitor, por ocasião das alternâncias dos períodos de convivência familiar (art. 6.º, § 1º, da Lei 12.318/2010). Em continuidade de estudo, a Lei 14.340/2022 incluiu novo § 2.º nesse mesmo dispositivo, enunciado, com vistas a um aperfeiçoamento das medidas, que o acompanhamento psicológico ou o biopsicossocial deve ser submetido a avaliações periódicas, com a emissão, pelo menos, de um laudo inicial, que contenha a avaliação do caso e o indicativo da metodologia a ser empregada, e de um laudo final, ao término do acompanhamento.

Como se pode perceber, as medidas são bem mais amplas do que vinha entendendo a jurisprudência anterior, o que representa notável avanço. Nunca houve previsão da destituição total do poder familiar, mas apenas de sua suspensão, tendo sido a última retirada da norma, em 2022.

Apesar dos supostos avanços da nova lei, entendo, com base na minha experiência de atendimentos de casos concretos, que a imputação da alienação parental tornou as disputas judiciais sobre a guarda de filhos um ambiente ainda mais explosivo, diante de uma generalização de tal imputação. Talvez por isso a lei precise de alguns reparos, para evitar esse verdadeiro *duelo*, em que aquele que primeiro *saca* o argumento acaba muitas vezes vencendo a disputa. Ressalto, porém, que não sou favorável à sua revogação, como tem sido proposto em alguns meios jurídicos e não jurídicos, mas penso que a norma precisa de aprimoramentos urgentes. Depois dessas alterações, o tema da guarda de filhos, tratado no Código Civil, poderá ser alterado.

A respeito da atribuição ou alteração da guarda, deve-se dar preferência ao genitor que viabiliza a efetiva convivência da criança ou adolescente com o outro genitor nas hipóteses em que seja inviável a guarda compartilhada (art. 7.º). Desse modo, a solução passa a ser a *guarda unilateral*, quebrando-se a regra da guarda compartilhada constante dos arts. 1.583 e 1.584 do CC, talvez diante da impossibilidade de efetivação da última.

Enuncia-se processualmente que a alteração de domicílio da criança ou adolescente é irrelevante para a determinação da competência relacionada às ações fundadas em direito de convivência familiar, salvo se decorrente de consenso entre os genitores ou de decisão judicial (art. 8.º). Não se pode esquecer, no contexto processual, do teor da Súmula 383 do STJ, pela qual a competência para processar e julgar as ações conexas de interesse de menor é, em princípio, do foro do domicílio do detentor de sua guarda. Consigne-se que esse entendimento deve ser mantido sob a égide do CPC de 2015.

Superado o exame desse importante tema, destaque-se que a previsão a respeito das faltas reiteradas previstas no art. 1.637 do CC/2002 é a grande novidade da redação original do art. 1.638 da atual codificação privada. É de se concordar com Jones Figueirêdo Alves e Mário Luiz Delgado quando afirmam que o novo dispositivo veio alterar substancialmente o tratamento do tema, não havendo mais um rol taxativo (*numerus clausus*) a fundamentar a destituição do poder familiar (ALVES, Jones Figueirêdo; DELGADO, Mário Luiz. *Código Civil...*, 2005, p. 834). Como se sabe, é nova tendência do Direito Privado atual entender que as relações constantes em lei não são taxativas, mas exemplificativas (*numerus apertus*). Esse sistema aberto, aliás, está mais adequado à sistemática da operabilidade, baseada em cláusulas gerais.

Prosseguindo os estudos, analisando de forma detalhada o art. 1.637 do CC, enuncia esse dispositivo que: "Se o pai, ou a mãe, abusar de sua autoridade, faltando aos deveres a eles inerentes ou arruinando os bens dos filhos, cabe ao juiz, requerendo algum parente, ou o Ministério Público, adotar a medida que lhe pareça reclamada pela segurança do menor e seus haveres, até suspendendo o poder familiar, quando convenha. Parágrafo único.

Suspende-se igualmente o exercício do poder familiar ao pai ou à mãe condenados por sentença irrecorrível, em virtude de crime cuja pena exceda a dois anos de prisão".

O dispositivo transcrito trata da *suspensão* do poder familiar, que, se ocorrer de forma reiterada, conforme análise fática pelo juiz da causa, gera a extinção desse atributo familiar. Vale dizer que tanto o processo de suspensão quanto o de destituição correm na Vara da Infância e Juventude, sempre com a intervenção do Ministério Público. Essa intervenção, ou mesmo a possibilidade de o MP promover a ação de suspensão ou destituição do poder familiar, consta do art. 201, inc. III, do ECA (Lei 8.069/1990).

Como última regra a ser estudada, ainda quanto à extinção, o pai ou a mãe que contrair novas núpcias, ou estabelecer união estável, não perde, quanto aos filhos do relacionamento anterior, os direitos ao poder familiar (art. 1.636 do CC). Em relação ao seu exercício, por razões óbvias, não haverá qualquer interferência do novo cônjuge ou companheiro. A mesma regra vale para o pai ou a mãe solteiros, que tiverem filhos sob poder familiar e que casarem ou estabelecerem união estável (art. 1.636, parágrafo único, do CC).

Cabe anotar, para encerrar o capítulo, que, no Projeto de Reforma do Código Civil, para que a norma fique mais clara e adaptada a outras propostas, passará a prever o seguinte: "Art. 1.636. Qualquer dos pais que vier a se casar ou estabelecer união estável não perde quanto aos filhos de relacionamentos anteriores, os direitos e deveres decorrentes da autoridade parental".

Sugere-se a revogação expressa do parágrafo único do dispositivo, pois, além de ser óbvio, traz certa discriminação específica quanto aos pais solteiros, sendo necessário retirar o seu conteúdo do sistema jurídico, o que se espera seja acatado no Parlamento Brasileiro.

6.6 RESUMO ESQUEMÁTICO

– *Relações de parentesco:* três são as formas básicas de parentesco:

a) *Parentesco consanguíneo ou natural* – aquele existente entre pessoas que mantêm entre si um vínculo biológico ou *de sangue*, ou seja, que descendem de um ancestral comum, de forma direta ou indireta.

b) *Parentesco por afinidade* – existente entre um cônjuge ou companheiro e os parentes do outro cônjuge ou companheiro. Vale lembrar que marido e mulher e companheiros não são parentes entre si. A grande inovação do Código Civil de 2002 é reconhecer o parentesco de afinidade decorrente da união estável (art. 1.595 do CC). O parentesco por afinidade limita-se aos ascendentes, aos descendentes e aos irmãos do cônjuge ou companheiro (art. 1.595, § 1.º). Na linha reta, até o infinito, a afinidade não se extingue com a dissolução do casamento ou da união estável. Por isso é que se afirma que *sogra é para a vida inteira*!

c) *Parentesco civil* – aquele decorrente de outra origem, que não seja a consanguinidade ou a afinidade, conforme prevê o art. 1.593 do CC. Podemos citar aqui a adoção, a inseminação artificial heteróloga (com material genético de terceiro) e a *parentalidade socioafetiva*.

No que concerne ao parentesco consanguíneo, a tabela a seguir foi fornecida pela Professora Giselda Maria Fernandes Novaes Hironaka, no curso de graduação de Direito na USP, e recebeu novo dimensionamento.

A tabela analisava as relações colaterais até o sexto grau. Anote-se, mais uma vez, que com o Código Civil de 2002 o parentesco colateral deve ser limitado ao quarto grau.

CAP. 6 • DAS RELAÇÕES DE PARENTESCO | 583

Resolveu-se manter a tabela na íntegra para que o leitor analise todas as situações possíveis. Mas vale lembrar mais uma vez: o parentesco colateral está limitado ao quarto grau, o que está destacado no seu teor.

RESUMO – TABELA DE GRAUS DE PARENTESCO NATURAL

Linha reta

Linha Colateral Feminina				Trisavô 4.º grau				Linha Colateral Masculina
				Bisavô 3.º grau				
Tia-avó 4.º grau				Avô 2.º grau				Tio-avô 4.º grau
Filha da tia-avó 5.º grau	Tia 3.º grau			Pai/mãe 1.º grau		Tio 3.º grau		Filho do tio-avô 5.º grau
Neta da tia-avó 6.º grau	Prima 4.º grau	Irmã 2.º grau		*EU*	Irmão 2.º grau	Primo 4.º grau		Neto do tio-avô 6.º grau
Bisneta da tia-avó 7.º grau	Filha da prima 5.º grau	Sobrinha 3.º grau	Filho(a) 1.º grau		Sobrinho 3.º grau	Filho do primo 5.º grau		Bisneto do tio-avô 7.º grau
Trineta da tia-avó 8.º grau	Neta da prima 6.º grau	Neta da irmã 4.º grau	Neto 2.º grau		Neto do irmão 4.º grau	Neto do primo 6.º grau		Trineto do tio-avô 8.º grau
	Bisneta da prima 7.º grau	Bisneta da irmã 5.º grau	Bisneto 3.º grau		Bisneto do irmão 5.º grau	Bisneto do primo 7.º grau		
	Trineta da prima 8.º grau	Trineta da irmã 6.º grau	Trineto 4.º grau		Trineto do irmão 6.º grau	Trineto do primo 8.º grau		

– *Filiação:* a filiação pode ser conceituada como a relação jurídica decorrente do parentesco por consanguinidade ou outra origem, estabelecida particularmente entre os ascendentes e descendentes de primeiro grau. O dispositivo inaugural quanto ao tema, o art. 1.596 do CC, consagra o princípio da igualdade entre filhos, repetindo o que já constava no art. 227, § 6.º, da CF.

O art. 1.597 da atual codificação material é o dispositivo que traz as presunções de paternidade, e que gera uma série de polêmicas relacionadas com a bioética e o biodireito:

"Art. 1.597. Presumem-se concebidos na constância do casamento os filhos: I – nascidos cento e oitenta dias, pelo menos, depois de estabelecida a convivência conjugal; II – nascidos nos trezentos dias subsequentes à dissolução da sociedade conjugal, por morte, separação judicial, nulidade e anulação do casamento; III – havidos por fecundação artificial homóloga, mesmo que falecido o marido; IV – havidos, a qualquer tempo, quando se tratar de embriões excedentários, decorrentes de concepção artificial homóloga; V – havidos por inseminação artificial heteróloga, desde que tenha prévia autorização do marido". Diante da *Emenda do Divórcio*, a menção à *separação judicial* constante do inc. I do dispositivo deve ser substituída por *divórcio*.

– *Reconhecimento de filhos:* duas são as formas básicas de reconhecimento de filhos:

a) *Reconhecimento voluntário ou perfilhação* – nas situações descritas no art. 1.609 do CC.
b) *Reconhecimento judicial ou forçado* – nas hipóteses em que não há o reconhecimento voluntário, o mesmo devendo ocorrer de *forma coativa*, por meio da *ação investigatória*. Para as provas de procuradorias dos Estados, Ministérios Públicos e Defensorias Públicas, revisar os pontos principais dessa ação: imprescritibilidade, foro competente, legitimidade ativa e passiva, fundamentos jurídicos, prova e valor da causa.

– *Adoção:* para Maria Helena Diniz, trata-se do "ato jurídico solene pelo qual, observados os requisitos legais, alguém estabelece, independentemente de qualquer relação de parentesco consanguíneo ou afim, vínculo fictício de filiação, trazendo para sua família, na condição de filho, pessoa que, geralmente, lhe é estranha" (*Curso...*, 2005, p. 484). O Código Civil de 2002 havia consolidado a matéria da adoção. Entretanto, entrou em vigor a Lei 12.010/2009, conhecida como Lei Nacional da Adoção, estabelecendo o tratamento do tema no ECA, seja a adoção de menores ou de maiores.

– *Poder familiar:* o poder familiar será exercido pelo pai e pela mãe, não sendo mais o caso de se utilizar, em hipótese alguma, a expressão *pátrio poder,* totalmente superada pela *despatriarcalização do Direito de Família*, ou seja, pela perda do domínio exercido pela figura paterna no passado. O exercício do poder familiar está tratado no art. 1.634 do CC, que traz as atribuições desse exercício que compete aos pais, verdadeiros deveres legais, a saber: *a)* dirigir a criação e a educação dos filhos; *b)* ter os filhos em sua companhia e guarda; *c)* conceder-lhes ou negar-lhes consentimento para casarem; *d)* nomear-lhes tutor por testamento ou documento autêntico, se o outro dos pais não lhe sobreviver, ou o sobrevivo não puder exercer o poder familiar; *e)* representá-los, até os 16 anos, nos atos da vida civil, e assisti-los, após essa idade, nos atos em que forem partes, suprindo-lhes o consentimento; *f)* reclamá-los de quem ilegalmente os detenha; *g)* exigir que lhes prestem obediência, respeito e os serviços próprios de sua idade e condição.

6.7 QUESTÕES CORRELATAS

01. (MPE-SP – Promotor de Justiça – 2015) Aponte a alternativa correta:
(A) O Ministério Público não intervém nas ações de adoção entre partes maiores e capazes.
(B) A adoção de pessoa maior e capaz, firmada na relação socioafetiva entre adotante e adotado, não depende de consentimento dos pais biológicos.

(C) No caso de adoção póstuma, o juiz poderá suprir a vontade não manifestada em vida, por procedimento ou documento próprio, pelo pai de criação do adotando maior.

(D) Em situações excepcionais, o marido poderá adotar a sua mulher, desde que comprovada em ação judicial a necessidade dessa providência.

(E) Na adoção conjunta entre partes maiores e capazes, a lei dispensa a prova do casamento civil ou da união estável dos adotantes.

02. (MPE/BA – Promotor de Justiça Substituto – 2015) Assinale a alternativa INCORRETA acerca das relações de parentesco e adoção, segundo o Código Civil Brasileiro:

(A) Os filhos, havidos ou não da relação de casamento ou por adoção, terão os mesmos direitos e qualificações, proibidas quaisquer designações discriminatórias relativas à filiação.

(B) A filiação prova-se pela certidão do termo de nascimento no Registro Civil.

(C) O reconhecimento dos filhos havidos fora do casamento é irrevogável e será feito no registro do nascimento, por escritura pública ou escrito particular, a ser arquivado em cartório, por testamento, ainda que incidentalmente manifestado, dentre outros.

(D) Só a pessoa maior de 18 (dezoito) anos pode adotar.

(E) A adoção dispensa processo judicial.

03. (MPE-SC – Promotor de Justiça – 2016) A sentença que julgar procedente a ação de investigação de paternidade produzirá os mesmos efeitos do reconhecimento, podendo o Juiz ordenar que o filho se crie e eduque fora da companhia do progenitor que contestou essa qualidade.

( ) Certo
( ) Errado

04. (MPDFT – Promotor de Justiça Adjunto – 2015) Quanto à constituição da filiação, segundo disciplina o Código Civil atual, julgue os itens a seguir:

I. O filho reconhecido quando maior de idade não pode impugnar o reconhecimento, salvo por vício de consentimento.

II. É válido o reconhecimento de filho havido fora do casamento feito por carta informal, sem as formalidades devidas.

III. A adoção de maiores de dezoito anos obedece à disciplina própria do Código Civil e não usa regras do Estatuto da Criança e do Adolescente.

IV. A autoria da ação negatória de paternidade de filhos havidos na constância do casamento compete aos cônjuges, comprovada a paternidade por exame de DNA.

V. Ocorre a presunção da paternidade, em favor do marido, dos filhos havidos por inseminação artificial homóloga, quando vivo o marido. Se falecido, a presunção depende da existência de prévia autorização do marido.

A partir do julgamento das afirmações anteriores, escolha a alternativa CORRETA:

(A) Estão corretas somente as assertivas I e V.
(B) Estão corretas somente as assertivas I e II.
(C) Estão corretas somente as assertivas III e IV.
(D) Estão corretas somente as assertivas IV e V.
(E) Estão corretas todas as assertivas.

05. (TJ-RO – IESES Titular de Serviços de Notas e de Registros – Provimento – 2017) Presumem-se do marido de acordo com o Código Civil, os filhos:

I. Nascidos 180 dias, pelo menos, após o estabelecimento da sociedade conjugal.

II. Havidos, a qualquer tempo, quando se tratar de embriões excedentários, decorrentes de concepção artificial homóloga.

III. Havidos por inseminação artificial heteróloga, desde que tenha prévia autorização do marido.

Assinale a alternativa correta:

(A) Apenas a assertiva I é verdadeira.
(B) Apenas as assertivas I e III são verdadeiras.
(C) Apenas as assertivas I e II são verdadeiras.
(D) Todas as assertivas são verdadeiras.

06. **(TJMG – CONSULPLAN – Titular de Serviços de Notas e de Registros – Provimento – 2017) O reconhecimento de filho é ato personalíssimo. Sobre o tema marque a alternativa correta:**

(A) O reconhecimento dos filhos havidos fora do casamento poderá ser feito por escritura pública ou escrito particular, a ser arquivado em cartório; mas, este reconhecimento não pode preceder o nascimento do filho.
(B) O reconhecimento de filho não pode ser revogado, salvo quando feito em testamento.
(C) O reconhecimento de filho, sendo irrevogável, independe de consentimento do filho maior.
(D) O reconhecimento de filho por pessoa relativamente incapaz independe de assistência de seus pais, tutor ou curador.

07. **(IESES – 2018 – TJ-AM – Titular de Serviços de Notas e de Registros – Provimento) A respeito do reconhecimento de filhos, responda:**

I. O reconhecimento pode preceder o nascimento do filho ou ser posterior ao seu falecimento, se ele deixar descendentes.

II. O filho maior pode ser reconhecido independentemente do seu consentimento.

III. O reconhecimento não pode ser revogado, exceto quando feito em testamento.

Assinale a correta:

(A) Apenas a assertiva II é verdadeira.
(B) Apenas a assertiva I é verdadeira.
(C) Apenas as assertivas I e III são verdadeiras.
(D) Todas as assertivas são verdadeiras.

08. **(DPE-AP – Defensor Público – FCC – 2018) Um adolescente de 15 anos recebe da mãe a notícia de que aquele que como pai o criara, e assim consta de seu registro de nascimento, falecido no ano anterior, não é seu pai biológico. O pai biológico, a seu turno, embora reconheça o fato, não tem a intenção de se aproximar do adolescente, de modo a provê-lo de suporte emocional e material. Diante do impasse, o adolescente pretende socorrer-se das vias judiciais para ver comprovada e reconhecida formalmente a paternidade biológica, mas gostaria que fosse preservada em seu registro de nascimento a indicação de filiação daquele que como pai o criou. À luz da Constituição Federal e da jurisprudência do Supremo Tribunal Federal sobre a matéria, a pretensão do adolescente é**

(A) ilegítima, pois, em conformidade com o princípio constitucional da paternidade responsável, a paternidade biológica prevalece sobre a paternidade socioafetiva, para fins de registro, embora não impeça o reconhecimento do vínculo de filiação baseado na socioafetividade, com os efeitos jurídicos próprios desta.
(B) legítima, pois, em conformidade com o princípio constitucional da dignidade da pessoa humana, a paternidade socioafetiva prevalece sobre a paternidade biológica, para fins de registro, embora não impeça o reconhecimento do vínculo de filiação baseado na origem biológica, com os efeitos jurídicos próprios desta.
(C) legítima, pois, conforme julgamento em sede de repercussão geral, merecem tutela jurídica concomitante, para todos os fins de direito, os vínculos parentais de origem afetiva e biológica, a fim de prover a mais completa e adequada tutela aos sujeitos envolvidos, ante os princípios constitucionais da dignidade da pessoa humana e da paternidade responsável.
(D) legítima, pois, em conformidade com súmula vinculante, a paternidade socioafetiva, declarada ou não em registro público, não impede o reconhecimento do vínculo de filiação concomitante baseado na origem biológica, com os efeitos jurídicos próprios desta.

(E) ilegítima, pois não é consagrada, no ordenamento brasileiro, a pluriparentalidade, não sendo dado ao Judiciário, ainda que provocado, atuar de modo a permitir que a eleição individual dos objetivos de vida tenha preferência em relação a formulações legais definidoras de modelos destinados a produzir resultados eleitos a priori pelo legislador, em caráter geral.

09. (PUC-PR – 2017 – TJ-MS – Analista Judiciário – Área Fim) Avalie as assertivas relacionadas à investigação de paternidade (Lei 8.560/92) e, depois, assinale a alternativa CORRETA.

I. É possível a legitimação e o reconhecimento de filho mediante declaração expressa na ata do casamento.

II. Em ação investigatória, a recusa do suposto pai a submeter-se ao exame de DNA induz presunção juris et de jure de paternidade.

III. O filho maior não pode ser reconhecido sem o seu consentimento.

IV. Julgada procedente a ação de investigação de paternidade, os alimentos são devidos a partir da citação.

V. Sempre que na sentença de primeiro grau se reconhecer a paternidade, nela se fixarão os alimentos provisionais ou definitivos do reconhecido que deles necessite.

(A) Apenas as assertivas I, II e III estão corretas.
(B) Apenas as assertivas II, III e V estão corretas.
(C) Apenas as assertivas I, IV e V estão corretas.
(D) Apenas as assertivas III, IV e V estão corretas.
(E) Apenas as assertivas I, III e IV estão corretas.

10. (DPE-AM – Defensor Público – Reaplicação – FCC – 2018) Considerando-se os princípios atuais aplicáveis à família, inclusive sob o prisma constitucional,

(A) o casamento homoafetivo é possível, estabelecendo relações obrigacionais mútuas, mas por falta de previsão legal não estabelece relações sucessórias, devendo os cônjuges homoafetivos beneficiarem-se por meio de testamento.
(B) à união estável aplicam-se somente as normas do direito civil obrigacional, acrescidas daquelas que amparam a mulher previdenciariamente e no reconhecimento da constituição de patrimônio comum.
(C) nada obstante a igualdade jurídica entre homem e mulher, permanece o patriarcalismo, residualmente, na administração do patrimônio material do núcleo familiar.
(D) os filhos possuem direitos iguais, independentemente de sua origem, salvo aqueles adotados após a maioridade, em relação a restrições sucessórias, somente.
(E) a paternidade socioafetiva, declarada ou não em registro público, não impede o reconhecimento do vínculo de filiação concomitante baseado na origem biológica, com todas as suas consequências patrimoniais e extrapatrimoniais.

11. (MPE-PI – Analista Ministerial – Área Processual – CESPE – 2018) Determinado indivíduo deseja buscar, por via judicial, o reconhecimento de paternidade biológica, embora já possua vínculo de paternidade baseado em relação socioafetiva declarada em registro público.

Considerando essa situação hipotética, julgue o item subsequente de acordo com o entendimento do STF.

A paternidade socioafetiva, por estar declarada em registro público, impede o reconhecimento do vínculo de filiação baseado na origem biológica.

(   ) Certo
(   ) Errado

12. (DPE-AM – Defensor Público – Reaplicação – FCC – 2018) O Conselho Nacional de Justiça (CNJ) editou ato regulamentar por meio do qual institui modelo único de certidão de nascimento a ser adotada pelos ofícios de registro civil das pessoas naturais, estabelecendo procedimento para que se dê o reconhecimento voluntário e a respectiva averbação da

paternidade e maternidade socioafetiva perante os oficiais de registro. Seguindo referido procedimento, considere que um filho, em cuja certidão de nascimento não consta o nome do pai, e sua mãe biológica, juntamente com o atual marido, que foi e é o responsável desde o nascimento pela criação do filho, obtêm o reconhecimento da paternidade socioafetiva, sendo lançada a filiação na certidão respectiva. Ocorre que o filho pretende, agora, discutir e ver reconhecida, judicialmente, a paternidade biológica. Nessa hipótese, à vista da Constituição Federal e da jurisprudência do Supremo Tribunal Federal,

(A) o reconhecimento da paternidade socioafetiva e respectivo lançamento em certidão são nulos, ainda que não seja reconhecida a paternidade biológica, uma vez que baseados em procedimento estabelecido em ato do Conselho Nacional de Justiça, que não possui competência para expedir atos regulamentares em relação aos serviços notariais e de registro.

(B) o reconhecimento da paternidade socioafetiva e respectivo lançamento em certidão impedem o reconhecimento simultâneo de paternidade biológica, devendo ser desconstituída aquela, primeiramente, para então se pretender discutir judicialmente a biológica.

(C) é admissível a discussão judicial da paternidade biológica, para produção dos efeitos jurídicos próprios, mantendo-se concomitantemente à paternidade socioafetiva, ainda que esta tenha sido declarada em registro público.

(D) é admissível a discussão judicial da paternidade biológica, cujo reconhecimento, contudo, provocará a desconstituição do reconhecimento da paternidade socioafetiva, sobre a qual tem precedência.

(E) não é admissível a discussão judicial da paternidade biológica, sobre a qual tem precedência a paternidade socioafetiva, reconhecida e lançada em certidão em conformidade com procedimento estabelecido por órgão competente.

13. (Promotor de Justiça Substituto – MPE-MT – FCC – 2019) No que tange às relações de parentesco e à filiação, é correto afirmar:

(A) Em nenhuma hipótese pode alguém vindicar estado contrário ao que resulta do registro de nascimento.

(B) Contam-se, na linha reta, os graus de parentesco pelo número de gerações, e, na colateral, também pelo número delas, subindo de um dos parentes até ao ascendente comum, e descendo até encontrar o outro parente.

(C) É suficiente o adultério da mulher, desde que por ela confessado, para ilidir a presunção legal da paternidade.

(D) Na linha colateral, a afinidade entre parentes não se extingue com a dissolução do casamento ou da união estável.

(E) Presumem-se concebidos na constância do casamento os filhos havidos por fecundação artificial homóloga, salvo se falecido o marido.

14. (Assistente Social – Prefeitura de Teixeiras – MG – FUNDEP – 2019) Analise as afirmativas a seguir relativas à nova lei da adoção – Lei n.º 12.010/09.

I. O adotado tem direito de conhecer sua origem biológica, bem como de obter acesso irrestrito ao processo no qual a medida foi aplicada e seus eventuais incidentes, após completar 21 (vinte e um) anos de idade.

II. O acolhimento institucional e o acolhimento familiar são medidas provisórias e excepcionais, utilizáveis como forma de transição para reintegração familiar ou, não sendo esta possível, para colocação em família substituta, não implicando privação de liberdade.

III. A sentença que deferir a adoção produz efeito imediato, embora sujeita a apelação, que será recebida exclusivamente no efeito devolutivo, salvo se tratar de adoção internacional ou se houver perigo de dano irreparável ou de difícil reparação ao adotando.

Estão corretas as afirmativas

(A) I e II, apenas.
(B) I e III, apenas.
(C) II e III, apenas.
(D) I, II e III.

CAP. 6 • DAS RELAÇÕES DE PARENTESCO

15. (Promotor de Justiça – MPE-SC – 2019) De acordo com o Código Civil, cada cônjuge ou companheiro é aliado aos parentes do outro pelo vínculo da afinidade. Na linha reta, a afinidade se extingue com a dissolução do casamento ou da união estável.
( ) Certo
( ) Errado

16. (Titular de Serviços de Notas e de Registros – Remoção – TJ-DFT – CESPE – 2019) A adoção de pessoas maiores de dezoito anos de idade deverá ser realizada, necessariamente,
(A) por ato extrajudicial, mediante registro em registro público, sem necessidade de consentimento dos pais biológicos, ainda que estes sejam conhecidos.
(B) por ato extrajudicial, mediante averbação em registro público, sem necessidade de consentimento dos pais biológicos, ainda que estes sejam conhecidos.
(C) por sentença judicial, não sendo admissível a adoção por ato extrajudicial.
(D) por ato extrajudicial, mediante registro em registro público, se houver consentimento dos pais biológicos, caso estes sejam conhecidos.
(E) tanto por sentença judicial como por ato extrajudicial, mediante escritura em registro público, se houver consentimento dos pais biológicos, caso estes sejam conhecidos.

17. (Promotor Substituto – MPE-PR – 2019) Perderá por ato judicial o poder familiar aquele que:
I. castigar imoderadamente o filho.
II. entregar de forma irregular o filho a terceiros para fins de adoção.
III. praticar contra outrem igualmente titular do mesmo poder familiar estupro ou outro crime contra a dignidade sexual sujeito à pena de reclusão.
IV. praticar contra filho, filha ou outro descendente, homicídio, feminicídio ou lesão corporal de natureza grave ou seguida de morte, quando se tratar de crime doloso envolvendo violência doméstica e familiar.
(A) Estão corretas apenas I e II.
(B) Estão corretas apenas III e IV.
(C) Estão corretas apenas I, II e IV.
(D) Estão corretas apenas II, III e IV.
(E) Todas estão corretas.

18. (Promotor Substituto – MPE-PR – 2019) Não é tese de repercussão geral do STF:
(A) A paternidade socioafetiva, declarada ou não em registro público, impede o reconhecimento do vínculo de filiação concomitante baseado na origem biológica, com os efeitos jurídicos próprios.
(B) O transgênero tem direito fundamental subjetivo à alteração de seu prenome e de sua classificação de gênero no registro civil, não se exigindo, para tanto, nada além da manifestação de vontade do indivíduo, o qual poderá exercer tal faculdade tanto pela via judicial como diretamente pela via administrativa.
(C) A alteração do prenome do transgênero deve ser averbada à margem do assento de nascimento, vedada a inclusão do termo "transgênero".
(D) É inconstitucional a distinção de regimes sucessórios entre cônjuges e companheiros prevista no art. 1.790 do CC/2002, devendo ser aplicado, tanto nas hipóteses de casamento quanto nas de união estável, o regime do art. 1.829 do CC/2002.
(E) É constitucional a penhora de bem de família pertencente a fiador de contrato de locação, em virtude da compatibilidade da exceção prevista no art. 3.º, inciso VII, da Lei n. 8.009/1990 com o direito à moradia consagrado no art. 6.º da Constituição Federal, com redação da EC 26/2000.

19. (Procurador Jurídico – AVAREPREV– SP – VUNESP – 2020) Cristiano casou-se com Joana e com ela teve duas filhas antes de se divorciarem. Após o divórcio, Cristiano casou-se com Matilde e teve 1 filho, Leonardo, e, após dez anos de casamento, em meio a uma

discussão, Matilde afirmou que o filho do casal, Leonardo, era, na verdade, filho de João, colega de trabalho de Matilde.

Diante da situação hipotética e o previsto expressamente no Código Civil, assinale a alternativa correta.

(A) Basta a confissão de Matilde para excluir a paternidade de Cristiano.
(B) A prova da impotência de Cristiano, para gerar, à época da concepção, ilide a presunção da paternidade.
(C) Cabe a Cristiano contestar a paternidade de Leonardo e, no caso de morte de Cristiano, a ação será extinta, não sendo possível às filhas de Cristiano prosseguir com a ação.
(D) Contestada a filiação, os herdeiros do impugnante não têm direito de prosseguir na ação.
(E) Se iniciada a ação de prova de filiação por Leonardo, os eventuais herdeiros poderão continuá-la, mesmo após extinto o processo.

20. **(Analista Ministerial-Direito – MPE-CE – CESPE/CEBRASPE – 2020)** Considerando o casal hipotético Renato e Helena, casados sob o regime de comunhão parcial de bens e pais de um garoto de oito anos de idade, julgue o próximo item, à luz das disposições legais sobre direito de família.

Na hipótese de Renato comprovadamente deixar o filho em abandono, ato judicial determinará a perda do poder familiar.

( ) Certo
( ) Errado

21. **(Procurador do Município – PGM-Criciúma-SC – Unesc – 2021)** Marcelo e Camila convivem em união estável desde janeiro de 2005 e da relação nasceram os filhos Mauricio (15 anos) e Carla (10 anos). Marcelo sempre demonstrou sentir um ciúme desmedido de Camila, o que resultou em várias discussões entre o casal. Ocorre que, agravado pelo alcoolismo, Marcelo passou a agredir fisicamente Camila e, em março de 2021, veio a cometer feminicídio, o que causou a morte de Camila. Assim, em relação aos filhos Mauricio e Carla:

(A) Marcelo terá suspenso o poder familiar sobre os filhos, por ato de autoridade policial.
(B) Marcelo perderá o poder familiar sobre os filhos menores, por ato judicial.
(C) Marcelo terá suspenso o poder familiar sobre os filhos menores, por ato judicial.
(D) Marcelo perderá o poder familiar sobre os filhos, por ato de autoridade policial.
(E) Marcelo não perderá o poder familiar em relação a seus filhos menores.

22. **(Defensor Público – DPE-GO – FCC – 2021)** Ana e Flávia são casadas e pretendem ter um filho. Não dispondo de condições financeiras para arcar com os custos de tratamento de fertilização, realizaram inseminação caseira com material genético doado por um amigo do casal. A inseminação caseira teve êxito e Ana ficou grávida. Flávia acompanhou o trabalho de parto de Ana e ambas se identificaram na maternidade como casal, apresentando exames pré-natais, que contaram com o acompanhamento de Flávia, a demonstrar que a gravidez era fruto de projeto parental conjunto. Contudo, na declaração de nascido vivo do bebê, chamado de Arthur, constou apenas o nome de Ana, como "mãe solteira". Diante dessa situação,

(A) Flávia deverá ajuizar ação para reconhecimento da maternidade, com fundamento na igualdade de tratamento e direitos garantidos às famílias heteroafetivas pelo valor jurídico conferido à socioafetividade.
(B) considerando que o procedimento de inseminação se deu fora das clínicas ou centros de serviço de reprodução humana autorizados, o reconhecimento judicial dependerá da realização de contrato de doação do material válido realizado entre as partes.
(C) Flávia somente poderá ser reconhecida como mãe de Arthur por meio de ação de adoção, uma vez que o Supremo Tribunal Federal já reconhece amplamente a possibilidade de adoção por casais homoafetivos.

(D) Ana e Flávia poderão realizar diretamente o registro da criança em cartório, constando o nome das duas como mães; contudo o doador do material genético deverá ser registrado como pai da criança.

(E) como a inseminação caseira não possui respaldo jurídico, a maternidade agiu corretamente ao fazer constar na declaração de nascido vivo somente Ana, parturiente, como "mãe solteira" de Arthur.

23. (Defensor Público – DPE-BA – FCC – 2021) Carlos era casado com Márcia e registrou o filho, João, em seu nome, acreditando que fosse o pai da criança. Anos depois, Márcia relatou que, na época, mantinha relacionamento concomitante com outro homem e que João não é filho de Carlos. Considerando o caso concreto,

(A) o reconhecimento da multiparentalidade não atribui efeitos alimentares e sucessórios em relação ao pai biológico.

(B) a ação negatória de paternidade ajuizada pelo pai em face do filho é imprescritível, porém a ação para conhecimento da origem genética pelo filho prescreve em quatro anos, contados do momento em que atingida a maioridade.

(C) a declaração da mãe é suficiente para excluir a paternidade, de modo que as partes podem comparecer ao Cartório de Registro Civil para promover administrativamente a exclusão de Carlos, pai registral, da certidão de nascimento de João.

(D) a paternidade socioafetiva configura modalidade de parentesco civil e impede o reconhecimento do vínculo biológico, contudo é admissível a multiparentalidade, desde que haja consentimento de todos os envolvidos.

(E) ainda que registrado o filho em vício de consentimento, a afetividade possui valor jurídico e pode prevalecer em relação ao biológico, uma vez que construída com base na posse do estado de filho.

24. (Advogado – Prefeitura de Petrolina-PE – AEVSF/Facape – 2021) Com relação às relações de parentesco, indique a alternativa CORRETA:

(A) São parentes em linha colateral as pessoas que estão umas para com as outras na relação de ascendentes e descendentes.

(B) O parentesco por afinidade limita-se aos ascendentes, aos descendentes e aos irmãos do cônjuge ou companheiro.

(C) Na linha reta, a afinidade se extingue com a dissolução do casamento ou da união estável.

(D) São parentes em linha transversal, até o sexto grau, as pessoas provenientes de um só tronco, sem descenderem uma da outra.

(E) O Código Civil veda o reconhecimento dos filhos havido fora do casamento por meio de testamento.

25. (Promotor de Justiça substituto – MPE-MG – FUNDEP – 2022) Sobre o exercício do poder familiar, considere as assertivas a seguir:

I. Na fixação da guarda unilateral, afasta-se o titular do poder familiar que não detém a guarda, cabendo-lhe, apenas, o direito de visitas e o dever de alimentos.

II. Em hipótese de condenação criminal do pai ou da mãe, extingue-se o poder familiar, mas permanecem obrigatórios os alimentos, como dever de sustento.

III. Comprovado o inadimplemento da obrigação alimentar fixada judicialmente, o titular do poder familiar, enquanto devedor, tem suspenso o direito de convivência e de visitas.

IV. É permitido aos titulares do poder familiar, durante a convivência com os filhos menores, exigir-lhes obediência, respeito e prestação de serviços próprios de sua idade.

V. O múnus decorrente do poder familiar cabe aos seus titulares, independentemente da fixação unilateral ou compartilhada da guarda dos filhos.

Assinale a alternativa CORRETA:

(A) Apenas as assertivas I, III e IV são verdadeiras.
(B) Apenas as assertivas I, II, III e IV são verdadeiras.
(C) Apenas as assertivas IV e V são verdadeiras.
(D) Apenas as assertivas II, III e V são verdadeiras.

26. **(Defensor Público – DPE-PI – CESPE/CEBRASPE – 2022)** A relação de parentesco decorrente da adoção é de
    (A) transversalidade.
    (B) consanguinidade.
    (C) afinidade.
    (D) parentesco civil.
    (E) colateralidade.

27. **(Procurador do Município – Prefeitura de Teresina-PI – FCC – 2022)** Em relação ao parentesco em geral e à filiação:
    (A) Entre outras situações previstas legalmente, presumem-se concebidos na constância do casamento os filhos havidos, a qualquer tempo, quando se tratar de embriões excedentários, decorrentes de concepção artificial homóloga.
    (B) A prova da impotência do cônjuge para gerar, à época da concepção, não ilide a presunção da paternidade na constância do casamento.
    (C) Os filhos, havidos ou não da relação de casamento, terão os mesmos direitos e qualificações, proibidas quaisquer designações discriminatórias relativas à filiação, salvo as concernentes à adoção.
    (D) Na linha reta ou colateral, o parentesco por afinidade não se extingue com a dissolução do casamento ou da união estável.
    (E) Cabe ao marido o direito de contestar a paternidade dos filhos nascidos de sua mulher, sendo tal ação prescritível em dez anos.

28. **(TJRJ – Vunesp – Juiz Substituto – 2023)** José, com 18 anos, era registrado como filho de Pedro. Entretanto, descobriu que sua mãe Maria, no período de sua concepção, estava separada de fato de Pedro e teria tido um relacionamento amoroso com Isaías, falecido há dois anos. Isaías tinha características físicas muito semelhantes a José. Este, então, propôs ação de reconhecimento de paternidade contra os sucessores de Isaías, cumulada com petição de herança. Pedro subscreveu declaração escrita onde afirmou que concorda com a pretensão de José de buscar o seu verdadeiro vínculo biológico; declarou, ainda, que pretende manter sua condição de pai de José, em razão da afetividade que possui com ele. Acerca do caso narrado, pode-se corretamente afirmar que
    (A) deveria ter sido previamente proposta ação negatória de paternidade em face de Pedro, tendo em vista que, para todos os fins legais, é o pai de José e este não pode pretender o reconhecimento de paternidade se já possui um pai informado em seu registro.
    (B) a ação de investigação de paternidade é imprescritível, podendo ser mantido o nome de Pedro como pai de José, juntamente com o de Isaías, se procedente a ação.
    (C) a ação de investigação de paternidade não pode ser conhecida, tendo em vista que somente poderia ser proposta em até um ano após José ter completado 16 anos.
    (D) a ação de reconhecimento de paternidade é imprescritível, e a ação de petição de herança tem o seu prazo prescricional iniciado após o trânsito em julgado da decisão judicial que reconheceu a paternidade.
    (E) se ocorrer a confirmação que Isaías era o pai biológico de José, deve ser excluído o vínculo de paternidade de Pedro.

29. **(MPE-RR – Instituto AOCP – Promotor de Justiça substituto – 2023)** O Código Civil de 2002 determina que "Os filhos estão sujeitos ao poder familiar, enquanto menores" (art. 1.630). Em relação ao tema, é correto afirmar que
    (A) durante o casamento ou a união estável, o poder familiar é exercido pelos pais, em igualdade de condições; com a sua dissolução, será exercido pelo genitor que tiver a guarda unilateral.
    (B) a plena capacidade civil do filho menor de 18 anos extingue o poder familiar.
    (C) o exercício da tutela é incompatível com o poder familiar, cuja destituição dos pais de seu exercício será necessária para a nomeação de tutor.
    (D) a adoção extingue o poder familiar dos pais naturais, que se restabelece com a eventual morte dos pais adotantes.

CAP. 6 • DAS RELAÇÕES DE PARENTESCO | 593

30. **(MPE-RR – Instituto AOCP – Promotor de Justiça substituto – 2023) O parentesco entre as pessoas naturais poderá ser civil, natural ou por afinidade. Por isso, é correto afirmar que**
   (A) irmãos bilaterais são parentes na linha colateral ou transversal em primeiro grau; os unilaterais, em segundo grau.
   (B) por afinidade, o parentesco na linha colateral existe até o quarto grau.
   (C) os cônjuges são parentes entre si pelo casamento, constituindo vínculo de parentesco civil.
   (D) pela adoção, é constituído parentesco civil entre pais e filho na linha reta em primeiro grau.

31. **(TJDFT – Cespe/Cebraspe – Juiz de Direito substituto – 2023) Cada um dos itens a seguir apresenta uma situação hipotética seguida de uma assertiva a ser julgada conforme as disposições do Código Civil e da jurisprudência do STJ em relação à proteção da pessoa dos filhos em situações de multiparentalidade.**

   I – O pai biológico de Maria faleceu quando ela tinha apenas doze anos de idade. Dois anos depois, a mãe de Maria passou a viver em união estável com João. Desde então, João tomou para si o exercício da função paterna na vida de Maria, situação plenamente aceita por ela. Por essa razão, João e Maria decidiram tornar jurídica a situação fática então existente, para ser reconhecida a paternidade socioafetiva dele mediante sua inclusão no registro civil dela, sem exclusão do pai biológico falecido. Nessa situação hipotética, reconhecida a multiparentalidade em razão da ligação afetiva entre enteada e padrasto, Maria terá direitos patrimoniais e sucessórios em relação tanto ao pai falecido quanto a João.

   II – Regina namorava publicamente Adão e outros rapazes quando engravidou. Dois meses depois do nascimento de Felipe, fruto dessa gravidez, Adão o registrou e passou a tratá-lo publicamente como filho. Todavia, com dúvidas acerca da paternidade, Adão fez, extrajudicialmente, um exame de DNA e constatou que Felipe não era seu filho biológico. Nessa situação hipotética, a divergência entre a paternidade biológica e a declarada no registro de nascimento é suficiente para que Adão possa pleitear judicialmente a anulação do ato registral, mesmo configurada a paternidade socioafetiva.

   III – Daniel e Jonas convivem em união estável homoafetiva e resolveram ter um filho. Procuraram, então, uma clínica de fertilização na companhia de Marta, irmã de Jonas, para um programa de inseminação artificial. Daniel e Marta se submeteram ao ciclo de reprodução assistida, dando origem a Letícia. Marta foi somente a chamada barriga solidária. Nessa situação hipotética, o registro civil de Letícia deverá ser realizado pelo cartório, independentemente de prévia autorização judicial.

   IV – Quando Eva se casou com Ivo, já era mãe de Elias, fruto de um relacionamento anterior. Embora Elias seja filho biológico e registral de outro homem, perante a sociedade, o trabalho, os amigos e a escola, Ivo sempre o apresenta como seu filho, sem qualquer distinção. Nessa situação hipotética, depois do falecimento de Ivo, Elias poderá obter judicialmente o reconhecimento de Ivo como seu pai socioafetivo, incluindo-o no seu registro civil, sem a exclusão do pai biológico.

   Estão certos apenas os itens
   (A) I e II.
   (B) I e III.
   (C) II e IV.
   (D) I, III, e IV.
   (E) II, III e IV.

32. **(TJSP – Juiz substituto – VUNESP – 2024) Em relação à colocação da criança ou do adolescente em família substituta, é correto afirmar que:**
   (A) o estágio de convivência prévio à adoção terá prazo máximo de 180 dias, observada a idade da criança ou adolescente e as peculiaridades do caso, prorrogável por igual prazo, mediante decisão fundamentada e poderá ser dispensado se o adotando já estiver sob a guarda de fato do adotante há tempo suficiente para se avaliar a conveniência da constituição do vínculo.
   (B) a adoção é medida excepcional e irrevogável, à qual se deve recorrer apenas quando esgotados os recursos para manutenção do adotando na família natural (composta pelos pais ou qualquer deles e seus descendentes e ascendentes) ou extensa (aquela formada por parentes dos genitores, independentemente de convivência e de vínculos de afinidade e afetividade desses com o adotando).

(C) os pais da criança ou adolescente que estiverem no exercício do poder familiar poderão concordar com a colocação do filho em família substituta, inclusive na forma de adoção, bastando que manifestem tal consentimento consciente perante a equipe interprofissional a serviço da jurisdição da Infância e Juventude competente, dispensadas outras formalidades.

(D) sempre que possível, a criança ou o adolescente será previamente ouvido sobre a medida por equipe interprofissional, respeitado seu estágio de desenvolvimento e grau de compreensão sobre as implicações da medida e terá sua opinião devidamente considerada e, no caso de maior de 12 (doze anos) de idade, há necessidade de seu consentimento colhido em audiência.

GABARITO

01 – B	02 – E	03 – CERTO
04 – B	05 – D	06 – D
07 – B	08 – C	09 – D
10 – E	11 – ERRADO	12 – C
13 – B	14 – C	15 – ERRADO
16 – C	17 – E	18 – A
19 – B	20 – CERTO	21 – B
22 – A	23 – E	24 – B
25 – C	26 – D	27 – A
28 – B	29 – B	30 – D
31 – D	32 – D	

DOS ALIMENTOS

Sumário: 7.1 Conceito de alimentos e pressupostos da obrigação alimentar – 7.2 Características da obrigação alimentar e do direito aos alimentos – 7.3 Principais classificações dos alimentos – 7.4 Modalidades contemporâneas de alimentos. Alimentos compensatórios, gravídicos e *intuitu familiae* – 7.5 Outras regras previstas no Código Civil de 2002. Revisão e extinção da obrigação de alimentos. Culpa e alimentos – 7.6 Regras previstas na Lei 5.478/1968. Aspectos materiais e processuais atualizados perante o CPC/2015 – 7.7 Resumo esquemático – 7.8 Questões correlatas – Gabarito.

7.1 CONCEITO DE ALIMENTOS E PRESSUPOSTOS DA OBRIGAÇÃO ALIMENTAR

Desde a sua mais elementar existência, o ser humano sempre necessitou ser alimentado para que pudesse exercer suas funções vitais. A propósito, nas lições de Álvaro Villaça Azevedo, a palavra alimento vem do latim *alimentum*, "que significa sustento, alimento, manutenção, subsistência, do verbo *alo, is, ui, itum, ere* (alimentar, nutrir, desenvolver, aumentar, animar, fomentar, manter, sustentar, favorecer, tratar bem)" (AZEVEDO, Álvaro Villaça. *Curso...*, 2013, p. 304).

Nesse contexto, os chamados *alimentos familiares* representam uma das principais efetivações do princípio da solidariedade nas relações sociais, sendo essa a própria concepção da categoria jurídica.

Esclareça-se que os alimentos também permeiam outros ramos do Direito Privado, interessando a este estudo os alimentos que surgem do vínculo alimentar, a justificar a expressão antes destacada. A título de exemplo de alimentos relativos a outra seara privada, podem ser citados os *alimentos reparatórios* ou *indenizatórios*, devidos pelo responsável no caso de falecimento de alguém por ato ilícito, e pagos aos dependentes do falecido, nos termos do art. 948 do Código Civil. Essa última categoria está tratada no Volume 2 desta série bibliográfica.

Como se extrai da obra de Clóvis Beviláqua, os alimentos estão fundados em uma relação familial, mas interessam a toda a sociedade, o que justifica a existência de normas de ordem pública a respeito da matéria (BEVILÁQUA, Clóvis. *Código...*, 1977, p. 862).

Segundo Caio Mário da Silva Pereira, aquele que não pode prover o seu sustento pelo próprio trabalho não pode ser deixado à própria sorte, sendo dever da sociedade "propiciar-lhe sobrevivência através de meios e órgãos estatais ou entidades particulares". Nesse diapasão, "o direito não descura o fato da vinculação da pessoa ao seu próprio organismo familiar. E impõe, então, aos parentes do necessitado, ou pessoa a ela ligada por um elo civil, o dever de proporcionar-lhe as condições mínimas de sobrevivência, não como favor ou generosidade, mas como obrigação judicialmente exigível" (PEREIRA, Caio Mário da Silva. *Instituições...*, 2012, v. V, p. 527).

Com base nos ensinamentos de Orlando Gomes e Maria Helena Diniz, os alimentos podem ser conceituados como as prestações devidas para a satisfação das necessidades pessoais daquele que não pode provê-las pelo trabalho próprio (GOMES, Orlando. *Direito de família...*, 1978, p. 455 e DINIZ, Maria Helena. *Código Civil...*, 2005, p. 1.383). Aquele que pleiteia os alimentos é denominado *alimentando* ou *credor*; enquanto aquele que os deve pagar é o *alimentante* ou *devedor*.

O pagamento desses alimentos visa à pacificação social, estando amparado nos princípios da dignidade da pessoa humana e da solidariedade familiar, ambos de índole constitucional, conforme comentado no primeiro capítulo desta obra.

No plano conceitual e em sentido amplo, os alimentos devem compreender as necessidades vitais da pessoa, cujo objetivo é a manutenção da sua dignidade: a alimentação, a saúde, a moradia, o vestuário, o lazer, a educação, entre outros. Em breve síntese, os alimentos devem ser concebidos dentro da ideia de *patrimônio mínimo*, de acordo com a festejada tese construída pelo professor e Ministro do STF Luiz Edson Fachin (*Estatuto...*, 2001).

Diante dessa proteção máxima da pessoa humana, precursora da *personalização do Direito Civil*, e em uma perspectiva civil-constitucional, entendo que o art. 6.º da CF/1988 *serve como uma luva* para preencher o conceito atual dos alimentos. Esse dispositivo do Texto Maior traz como conteúdo os direitos sociais que devem ser oferecidos pelo Estado, a saber: a educação, a saúde, a alimentação, o trabalho, a moradia, o transporte, o lazer, a segurança, a previdência social, a proteção à maternidade e à infância, e a assistência aos desamparados.

Anote-se que a menção à alimentação foi incluída pela Emenda Constitucional 64, de 4 de fevereiro de 2010, o que tem relação direta com o tema aqui estudado. Ademais, destaque-se que, conforme a doutrina contemporânea constitucionalista, os direitos sociais também devem ser tidos como direitos fundamentais, tendo aplicação imediata nas relações privadas (SARMENTO, Daniel. *Direitos fundamentais...*, 2004, p. 331-350).

Assim sendo, aplicando-se a tese da *eficácia horizontal dos direitos fundamentais*, tais direitos existem e devem ser respeitados nas relações privadas particulares, no sentido de que os alimentos estão muito mais fundamentados na solidariedade familiar do que na própria relação de parentesco, casamento ou união estável.

Superada essa revisão conceitual, o pressuposto ou fundamento legal para o dever de prestar alimentos nas relações familiares consta do art. 1.694, *caput,* do CC/2002, que tem a seguinte redação: "podem os parentes, os cônjuges ou companheiros pedir uns aos outros os alimentos de que necessitem para viver de modo compatível com a sua condição social, inclusive para atender às necessidades de sua educação".

Diante dos reconhecimentos da união homoafetiva e do casamento homoafetivo como entidades familiares, de forma exaustiva demonstrados nesta obra, firme-se a premissa de que os alimentos também podem ser pleiteados em tais relacionamentos familiares, sem qualquer distinção. Nessa trilha, em acórdão do ano de 2015, julgou o Tribunal da Cidadania:

> "A legislação que regula a união estável deve ser interpretada de forma expansiva e igualitária, permitindo que as uniões homoafetivas tenham o mesmo regime jurídico protetivo conferido aos casais heterossexuais, trazendo efetividade e concreção aos princípios da dignidade da pessoa humana, da não discriminação, igualdade, liberdade, solidariedade, autodeterminação, proteção das minorias, busca da felicidade e ao direito fundamental e personalíssimo à orientação sexual. (...). O direito a alimentos do companheiro que se encontra em situação precária e de vulnerabilidade assegura a máxima efetividade do interesse prevalente, a saber, o mínimo existencial, com a preservação da dignidade do indivíduo, conferindo a satisfação de necessidade humana básica. O projeto de vida advindo do afeto, nutrido pelo amor, solidariedade, companheirismo, sobeja obviamente no amparo material dos componentes da união, até porque os alimentos não podem ser negados a pretexto de uma preferência sexual diversa. No caso ora em julgamento, a cautelar de alimentos provisionais, com apoio em ação principal de reconhecimento e dissolução de união estável homoafetiva, foi extinta ao entendimento da impossibilidade jurídica do pedido, uma vez que 'não há obrigação legal de um sócio prestar alimentos ao outro'. Ocorre que uma relação homoafetiva rompida pode dar azo ao pensionamento alimentar e, por conseguinte, cabível, em processo autônomo, que o necessitado requeira sua concessão cautelar com a finalidade de prover os meios necessários ao seu sustento durante a pendência da lide" (STJ, REsp 1.302.467/SP, 4.ª Turma, Rel. Min. Luis Felipe Salomão, j. 03.03.2015, *DJe* 25.03.2015).

O conteúdo dos alimentos visa, primeiramente, a manter o estado anterior (*status quo*), o que inclui, pelo sentido textual do dispositivo, a educação. Todavia, deve-se ter em mente que o pagamento dos alimentos deve ser analisado de acordo com o contexto social, não se admitindo exageros na sua fixação. Confrontando o atual texto com o dispositivo anterior (art. 396 do CC/1916), a mudança estrutural é imensa, pois a lei anterior apenas previa que: "de acordo com o prescrito neste capítulo podem os parentes exigir uns dos outros os alimentos de que necessitem para subsistir".

Em acórdão paradigmático, o Superior Tribunal de Justiça analisou os alimentos a partir dessa perspectiva social, merecendo destaque o seguinte trecho da decisão da Ministra Nancy Andrighi:

> "No que toca à genérica disposição legal contida no art. 1.694, *caput*, do CC/2002, referente à compatibilidade dos alimentos prestados com a condição social do alimentado, é de todo inconcebível que ex-cônjuge, que pleiteie alimentos, exija-os com base no simplista cálculo aritmético que importe no rateio proporcional da renda integral da desfeita família; isto porque a condição social deve ser analisada à luz de padrões mais amplos, emergindo, mediante inevitável correlação com a divisão social em classes, critério que, conquanto impreciso, ao menos aponte norte ao julgador que deverá, a partir desses valores e das particularidades de cada processo, reconhecer ou não a necessidade dos alimentos pleiteados e, se for o caso, arbitrá-los. Por restar fixado pelo Tribunal Estadual, de forma induvidosa, que a alimentanda não apenas apresenta plenas condições de inserção no mercado de trabalho como também efetivamente exerce atividade laboral, e mais, caracterizada essa atividade como potencialmente apta a mantê-la com o mesmo *status* social que anteriormente gozava, ou ainda alavancá-la a patamares superiores, deve ser julgado procedente o pedido de exoneração deduzido pelo alimentante em sede de reconvenção e, por consequência, improcedente o pedido de revisão de alimentos formulado pela então alimentada. Recurso especial conhecido e provido" (STJ, REsp 933.355/SP, 3.ª Turma, Rel. Min. Nancy Andrighi, j. 25.03.2008, *DJ* 11.04.2008, p. 1).

Tal decisão inaugurou, naquele Tribunal, a conclusão segundo a qual *os alimentos entre os cônjuges têm caráter excepcional*, pois aquele que tem condições laborais deve buscar o seu sustento pelo esforço próprio.

O caso ficou conhecido como *psicóloga dos Jardins*, sendo certo que uma ex-mulher recebia pensão do ex-marido por longos vintes anos, sendo o último valor pago de R$ 6.000,00. Ingressou ela em juízo para pleitear o aumento do valor, sustentando a falta de condições para manter o padrão de vida anterior com os rendimentos do seu trabalho. Almejava dobrar o valor da pensão alimentícia, sob a alegação de que não vinha mais aceitando convites para eventos sociais, que teve de dispensar seu caseiro, que não mais trocava de carro com a frequência anterior e que não viajava para o exterior anualmente. Além da contestação, o ex-marido apresentou reconvenção, sob a premissa de que a ex--mulher tinha condições de sustento próprio, notadamente por suas atividades como psicóloga em clínica própria e como professora universitária, bem como pela locação de dois imóveis de sua propriedade.

Após os trâmites no Tribunal Paulista, a Corte Estadual aumentou o valor da pensão para R$ 10.000,00, incidindo a ideia de manutenção do padrão social. Porém, de forma correta, a Ministra Nancy Andrighi acolheu o pleito de exoneração do ex-marido, julgando que, "não existindo nenhum tipo de dúvida quanto à capacidade da recorrida de prover, nos exatos termos do art. 1.695 do CC/02, sua própria mantença, impende, ainda, traçar considerações relativas ao teor do disposto no art. 1.694 do CC/02, do qual se extrai que os alimentos prestados devem garantir modo de vida 'compatível com a sua condição social'. A genérica disposição legal não pode ser entendida como parâmetro objetivo, mesmo porque seria virtualmente impossível o estabelecimento da exata condição socioeconômica anterior, para posterior reprodução por meio de alimentos prestados pelo ex-cônjuge devedor de alimentos. O conceito deve ser interpretado com temperança, fixando-se a condição social anterior dentro de patamares razoáveis, que permitam acomodar as variações próprias das escolhas profissionais, dedicação ao trabalho, tempo de atividade entre outras variáveis". A votação foi unânime, na linha da justa relatoria.

Outras decisões da Corte e de Tribunais Estaduais passaram a seguir tal correto entendimento, consentâneo com a plena inserção da mulher no mercado de trabalho e com o afastamento de alimentos com *caráter parasitário*.

Também com base no *trinômio alimentar*, na minha interpretação, recente acórdão do Superior Tribunal de Justiça considerou que os alimentos podem ser fixados de forma diferente com relação aos filhos, caso eles estejam em situação econômica discrepante, sem que isso represente violação ou desrespeito ao princípio da igualdade, previsto no art. 227, § 6.º, da CF/1988 e no art. 1.596 do CC/2002. Vejamos trecho dessa importante ementa:

> "Do princípio da igualdade entre os filhos, previsto no art. 227, § 6.º, da Constituição Federal, deduz-se que não deverá haver, em regra, diferença no valor ou no percentual dos alimentos destinados à prole, pois se presume que, em tese, os filhos – indistintamente – possuem as mesmas demandas vitais, tenham as mesmas condições dignas de sobrevivência e igual acesso às necessidades mais elementares da pessoa humana. A igualdade entre os filhos, todavia, não tem natureza absoluta e inflexível, devendo, de acordo com a concepção aristotélica de isonomia e justiça, tratar-se igualmente os iguais e desigualmente os desiguais, na medida de suas desigualdades, de modo que é admissível a fixação de alimentos em valor ou percentual distinto entre os filhos se demonstrada a existência de necessidades diferenciadas entre eles ou, ainda, de capacidades contributivas diferenciadas dos genitores. Na hipótese, tendo sido apurado que havia maior

capacidade contributiva de uma das genitoras em relação a outra, é justificável que se estabeleçam percentuais diferenciados de alimentos entre os filhos, especialmente porque é dever de ambos os cônjuges contribuir para a manutenção dos filhos na proporção de seus recursos" (STJ, REsp 1.624.050/MG, 3.ª Turma, Rel. Min. Nancy Andrighi, j. 19.06.2018, *DJe* 22.06.2018).

Pois bem, da leitura do vigente texto legal percebe-se que os companheiros também podem pleitear alimentos uns dos outros. Vale dizer, ainda, que a isonomia incide quanto a esse direito, ou seja, a mulher pode pleitear alimentos do marido e vice-versa; a companheira pode pleitear alimentos do companheiro e vice-versa.

A exemplo da lei anterior, os alimentos devem ser fixados dentro do binômio *necessidade de quem os pleiteia x possibilidade de quem os deve prestar*, ou nos termos da lei "na proporção das necessidades do reclamante e dos recursos da pessoa obrigada" (art. 1.694, § 1.º, do CC). Em tom didático e simplificado falaremos de forma continuada no *binômio necessidade/possibilidade*.

Para o Superior Tribunal de Justiça, não é possível rever o valor alimentar antes fixado pelas instâncias inferiores, por se tratar de matéria de fato, como estabelece a sua Súmula 7. Nessa esteira, a premissa número 18 da Edição n. 65 da *ferramenta Jurisprudência em Teses*, dedicada aos alimentos e publicada no ano de 2016. Conforme a afirmação: "a fixação da verba alimentar tem como parâmetro o binômio necessidade do alimentando e possibilidade do alimentante, insusceptível de análise em sede de recurso especial por óbice da Súmula 7/STJ". Foram citados como precedentes atuais: AgRg no AREsp 766.159/MS, 3.ª Turma, Rel. Min. Moura Ribeiro, j. 02.06.2016, *DJE* 09.06.2016; AgRg no AREsp 672.140/RJ, 4.ª Turma, Rel. Min. Marco Buzzi, j. 24.05.2016, *DJE* 31.05.2016; EDcl no REsp 1.516.739/RR, 4.ª Turma, Rel. Min. Luis Felipe Salomão, j. 23.02.2016, *DJE* 1.º.03.2016; e AgRg no AREsp 814.647/SP, 3.ª Turma, Rel. Min. Marco Aurélio Bellizze, j. 23.02.2016, *DJE* 07.03.2016.

Com relação à possibilidade de quem paga os alimentos, esclareça-se que na *VI Jornada de Direito Civil* foi aprovado o Enunciado n. 573, prescrevendo que "na apuração da possibilidade do alimentante, observar-se-ão os sinais exteriores de riqueza". Esses sinais exteriores de riqueza, geralmente, são colhidos em redes sociais na internet, caso do *Facebook* e do *Instagram*, servindo a ata notarial para demonstrar os fatos correlatos. Como é notório, o CPC/2015 tratou especificamente desse documento, estabelecendo o seu art. 384 que "a existência e o modo de existir de algum fato podem ser atestados ou documentados, a requerimento do interessado, mediante ata lavrada por tabelião. Parágrafo único. Dados representados por imagem ou som gravados em arquivos eletrônicos poderão constar da ata notarial". Essa previsão expressa deve incrementar o seu uso nos próximos anos, especialmente nas demandas de Direito de Família.

Cumpre destacar que a jurisprudência também já tem admitido provas extraídas de sites de relacionamentos e de redes sociais, como se retira do seguinte aresto, dentre muitos que poderiam ser trazidos à colação:

"Agravo de instrumento. Ação de alimentos. Elevação. Adolescente com treze anos de idade. Necessidades presumidas. Agravado que demonstra sinais exteriores de riqueza condizentes com a fixação de um salário mínimo para o dever alimentar. Afinal de contas, em redes sociais ele mesmo intitula-se sócio-proprietário de imobiliária, além de ser proprietário de dois veículos automotores. Parecer pelo improvimento. Agravo provido. Unânime" (TJRS, Agravo de Instrumento 0116433-24.2016.8.21.7000, 8.ª Câmara Cível, Gravataí, Rel. Des. Ivan Leomar Bruxel, j. 08.09.2016, *DJERS* 13.09.2016).

"Agravo de instrumento. Alimentos provisórios. Liminares. Majoração. Indeferimento. Caso de alguma prova de sinal exterior de riqueza exibido pelo alimentante em rede social que deve ser considerada. Alimentos liminares majorados para meio salário mínimo. Deram parcial provimento" (TJRS, Agravo de Instrumento 210386-13.2014.8.21.7000, 8.ª Câmara Cível, Capão da Canoa, Rel. Des. Rui Portanova, j. 21.08.2014, *DJERS* 26.08.2014).

O *binômio alimentar* é confirmado pelo art. 1.695 do Código Civil em vigor, que aduz: "são devidos os alimentos quando quem os pretende não tem bens suficientes, nem pode prover, pelo seu trabalho, à própria mantença, e aquele, de quem se reclamam, pode fornecê-los, sem desfalque dô necessário ao seu sustento". Deve-se compreender que o dispositivo inclui do mesmo modo aquele que pode trabalhar, mas não consegue emprego, conforme entendimento de Jones Figueirêdo Alves e Mário Luiz Delgado (*Código Civil*..., 2005, p. 865) e Inacio de Carvalho Neto e Érica Harumi Fugie (*Novo Código*..., 2002, p. 224). Para ilustração, a mulher que está fora do mercado de trabalho, enquanto busca a sua recolocação, terá direito aos alimentos por tempo razoável. Aqui, não há dúvidas de que está sendo aplicado o *princípio da função social da família*, analisando-se o núcleo familiar de acordo com o meio que o cerca.

O princípio da proporcionalidade ou da razoabilidade deve incidir na fixação desses alimentos no sentido de que a sua quantificação não pode gerar o enriquecimento sem causa. Por outro lado, os alimentos devem servir para a manutenção do estado anterior, visando ao patrimônio mínimo da pessoa humana. O aplicador do direito deverá fazer a devida ponderação entre princípios para chegar ao *quantum* justo. De um lado, leva-se em conta a vedação do enriquecimento sem causa; do outro, a dignidade humana, sendo esses os pesos fundamentais da balança. Em situações de dúvida, compreende-se que o último valor, de tutela da pessoa humana, deve prevalecer. O Tribunal de Justiça do Rio Grande do Sul entendeu dessa maneira no caso a seguir:

"Ação de alimentos. Autor portador de necessidades especiais. Réu com grande parte da renda comprometida, inclusive com mais quatro filhos. Consorte que afere renda. Possibilidade de fixação de pensão compatível com a necessidade do demandante em detrimento do demandado, frente à dignidade da pessoa humana e em busca de uma sociedade justa e igualitária. Mesmo diante de prova a embasar a pretensão do apelante-réu no tocante às suas possibilidades, diante do caso concreto em que a genitora estava arcando sozinha com as despesas do filho menor que necessita de atenção e atendimentos especiais, cuja renda estava comprometida em 2/3 exclusivamente com o tratamento do filho, é plausível que o réu alcance valor equivalente à metade das necessidades do menor, sacrificando parte de sua renda. No cotejo entre o sacrifício de certos gastos do autor (telefone, gasolina, etc.) E das necessidades do menor, frente ao que reza a Carta Magna, inclusive diante do princípio da proporcionalidade, prevalece o interesse do alimentado. Apelação do alimentante provida, em parte e apelo do alimentando desprovido" (TJRS, Processo 70009950445, 7.ª Câmara Cível, São Gabriel, Rel. Juiz José Carlos Teixeira Giorgis, 16.03.2005).

Anote-se que a proporcionalidade ou razoabilidade na fixação dos alimentos é de tamanha importância na atualidade, que alguns autores, caso de Maria Berenice Dias, falam na existência de um *trinômio* (*proporcionalidade/necessidade/possibilidade*) e não mais de um *binômio*, como dantes se concebia (DIAS, Maria Berenice. *Manual*..., 2007, p. 482). Em sentido próximo, Paulo Lôbo menciona a tríade *necessidade/possibilidade/razoabilidade* (*Famílias*..., 2008, p. 350). A jurisprudência também tem destacado a análise conjuntural desses três elementos:

"Alimentos. *Quantum*. Redução. Cabimento. Adequação ao trinômio necessidade/possibilidade/razoabilidade impossibilidade financeira do alimentante para o valor fixado. Apelo provido parcialmente" (TJSP, Apelação com Revisão 662.094.4/0, Acórdão 4160175, 7.ª Câmara de Direito Privado, São Paulo, Rel. Des. Dimas Carneiro, j. 04.11.2009, *DJESP* 07.12.2009).

"Agravo de instrumento. Alimentos provisórios. *Quantum* fixado conforme os elementos e provas dos autos. Trinômio: Necessidade, capacidade e proporcionalidade. Decisão mantida. Os alimentos provisórios contemplam cognição sumária e incompleta, sujeitando-se ao prudente arbítrio do juízo, razão pela qual recomendável a manutenção da objurgada decisão até o provimento definitivo de cognição ampla, pois não constam dos autos elementos e circunstâncias fático-jurídicas hábeis, nesta fase processual, à pleiteada redução do benefício, porquanto atendido. Com a superficialidade e provisoriedade imanentes à espécie. O trinômio que o justifica: Necessidade, capacidade e proporcionalidade" (TJMG, Agravo de Instrumento 1.0672.07.274160-2/0011, 5.ª Câmara Cível, Sete Lagoas, Rel. Des. Nepomuceno Silva, j. 29.05.2008, *DJEMG* 05.06.2008).

"Família. Ação de alimentos. Filha maior e portadora de Síndrome de Down. Readequação do *quantum* alimentar. Análise do chamado binômio alimentar (ou trinômio, para alguns). Necessidades/possibilidades, dependendo de cotejo pelo conjunto dos fatos. Circunstâncias que autorizam certa readequação da pensão. O dever de sustentar a prole compete a ambos os genitores, cada um concorrendo na medida de sua disponibilidade. Pedido de concessão de AJG. Descabimento. Recorrente que não se enquadra na condição de pobreza (Lei 1.060/1950). Verba honorária, redimensionamento. Apelação e recurso adesivo parcialmente providos" (TJRS, Apelação Cível 70022268874, 8.ª Câmara Cível, Porto Alegre, Rel. Des. Luiz Ari Azambuja Ramos, j. 24.01.2008, *DOERS* 01.02.2008, p. 35).

Parece-me existir realmente uma evolução conceitual, diferenciando-se o *trinômio* do mero *binômio* pela necessidade imperiosa de se analisar a verba alimentar de acordo com o contexto social. A esse propósito, pode ser citado o entendimento do Superior Tribunal de Justiça, antes destacado, segundo o qual os alimentos entre os cônjuges teriam um caráter excepcional. Ora, tal conclusão está fundada na posição que a mulher exerce na contemporaneidade, independente e procurando o seu sucesso profissional.

Também com base no *trinômio alimentar*, na nossa interpretação, recente acórdão do Superior Tribunal de Justiça considerou que os alimentos podem ser fixados de forma diferente com relação aos filhos, caso eles estejam em situação econômica discrepante, sem que isso represente violação ou desrespeito ao princípio da igualdade, previsto no art. 227, § 6.º, da CF/1988 e no art. 1.596 do CC/2002. Vejamos o que consta dessa importante ementa:

"Do princípio da igualdade entre os filhos, previsto no art. 227, § 6.º, da Constituição Federal, deduz-se que não deverá haver, em regra, diferença no valor ou no percentual dos alimentos destinados à prole, pois se presume que, em tese, os filhos – indistintamente – possuem as mesmas demandas vitais, tenham as mesmas condições dignas de sobrevivência e igual acesso às necessidades mais elementares da pessoa humana. A igualdade entre os filhos, todavia, não tem natureza absoluta e inflexível, devendo, de acordo com a concepção aristotélica de isonomia e justiça, tratar-se igualmente os iguais e desigualmente os desiguais, na medida de suas desigualdades, de modo que é admissível a fixação de alimentos em valor ou percentual distinto entre os filhos se demonstrada a existência de necessidades diferenciadas entre eles ou, ainda, de capacidades contributivas diferenciadas dos genitores. Na hipótese, tendo sido apurado que havia maior capacidade contributiva de uma das genitoras em relação a outra, é justificável que se estabeleçam percentuais diferenciados de alimentos entre os filhos, especialmente porque é dever de ambos os cônjuges contribuir para a manutenção dos filhos na proporção de seus recursos" (STJ, REsp 1.624.050/MG, 3.ª Turma, Rel. Min. Nancy Andrighi, j. 19.06.2018, *DJe* 22.06.2018).

De todo modo, acredito ser melhor falar em razoabilidade do que em proporcionalidade como componente da tríade alimentar. Isso porque a razoabilidade é mais guiada por elementos subjetivos; enquanto a proporcionalidade, por fatores objetivos. Em matéria alimentar, as questões pessoais são muito mais relevantes do que as pertinências objetivas. É o caso concreto que irá guiar não só a atribuição do dever de pagar os alimentos, como também o valor a ser pago, o *quantum debeatur*. De toda sorte, a utilização de uma ou outra expressão não parece trazer maiores prejuízos práticos.

Superado esse ponto, tornou-se comum, na jurisprudência, a fixação dos alimentos em um terço dos rendimentos do alimentando, proporção esta que não consta da lei, não sendo, portanto, obrigatória. O reconhecimento de tal fração ou percentual consta, aliás, da premissa n. 8 da Edição 77 da ferramenta *Jurisprudência em Teses* do STJ, denominada Alimentos II: "ante a natureza alimentar do salário e o princípio da razoabilidade, os empréstimos com desconto em folha de pagamento (consignação facultativa/voluntária) devem limitar-se a 30% (trinta por cento) dos vencimentos do trabalhador".

De qualquer forma, em casos envolvendo pessoas de baixa renda, aliás, essa fração, muitas vezes, constitui valor inalcançável. Justamente por isso, conforme a melhor jurisprudência, essa fração também deve ser analisada dentro da ideia do *binômio (ou trinômio)* outrora mencionado, amparado na proporcionalidade. Ademais, cabe a revisão desse montante, caso ocorra um fato novo que importe em alteração da correlação entre os requisitos:

"Apelação cível. Revisional de alimentos. Nascimento de nova filha após a constituição da obrigação revisanda. Pedido de redução. Cabimento. 1. No caso, a manutenção da obrigação revisanda, em 1/3 da renda líquida paterna, consagraria a inviabilidade da manutenção do alimentante e de sua nova família, especialmente o da de sua outra filha, de si dependente, nascida posteriormente à sua constituição. 2. Demonstrada a ocorrência de modificação nas possibilidades do alimentante, correta a redução procedida na origem da verba alimentar para o percentual de 20% dos rendimentos paternos, patamar que bem equaciona o binômio alimentar, não deixando de atender às necessidades da alimentada. Apelação desprovida" (TJRS, Apelação Cível 174275-98.2012.8.21.7000, 8.ª Câmara Cível, Osório, Rel. Des. Ricardo Moreira Lins Pastl, j. 28.06.2012, *DJERS* 04.07.2012).

"Ação revisional de alimentos. Obediência ao binômio necessidade/possibilidade. Manutenção de alimentos fixados em valor correspondente a um terço dos vencimentos líquidos do alimentante. Exclusão apenas de verbas não pactuadas no processo de separação, com natureza indenizatória ou decorrentes de excepcional esforço pessoal do alimentante. Recurso provido, em parte, com determinação" (TJSP, Apelação Cível 279.689-4/9, 4.ª Câmara de Direito Privado, Caçapava, Rel. Carlos Stroppa, 11.12.2003, v.u.).

Cumpre destacar que o próprio Tribunal Paulista já fixou os alimentos em 2/3 dos rendimentos do devedor, tendo como fundamento o citado trinômio alimentar:

"Alimentos. *Quantum* fixado e que comporta pequena redução, a 2/3 do salário mínimo montante que se adéqua ao trinômio necessidade/possibilidade/razoabilidade. Recurso provido em parte" (TJSP, Apelação com Revisão 636.646.4/5, Acórdão 3958276, 5.ª Câmara de Direito Privado, São Paulo, Rel. Des. A. C. Mathias Coltro, j. 29.07.2009, *DJESP* 30.10.2009).

Elucidando no campo prático, vejamos uma pequena história, geralmente utilizada em minhas aulas e palestras, para demonstrar que esse montante de um terço dos rendimentos do alimentando não é fixo, muito menos obrigatório.

Imagine-se um caso em que um cantor sertanejo está fazendo *shows* por todo o Brasil. Certo final de semana esse cantor vai até uma cidade do interior mineiro para uma apresentação e conhece uma fã muito bonita. Apaixonam-se por um instante e têm um relacionamento sexual sem as *devidas proteções*. Uma *aventura*...

No caso descrito a fã engravida. Nove meses depois do nascimento da criança e após a realização de um exame de DNA em laboratório privado o cantor reconhece o filho como seu, no cartório de Registro das Pessoas Naturais, no momento do nascimento. Entretanto, por um descuido de seus empresários, o pai não vem pagando os alimentos pactuados livremente, em acordo entre as partes, o que motiva a propositura de ação de alimentos com base na Lei 5.478/1968.

Para ilustrar, esse cantor tem um ganho mensal de cerca de R$ 240.000,00 e gasta cerca de R$ 5.000,00 mensais com a manutenção de um filho, havido de outra *aventura*, e que reside na Capital de São Paulo, cidade onde os gastos são maiores.

Surge então a pergunta: qual o valor dos alimentos definitivos a ser fixado nessa ação proposta pelo filho que reside no interior?

Logicamente, deve ser afastado de imediato o montante correspondente a um terço do salário do alimentante (R$ 80.000,00), o que é demais para manter essa criança, ainda mais em uma pequena cidade do interior mineiro. Essa fixação conduz ao enriquecimento sem causa do interessado, sendo, portanto, inadmissível, pela vedação constante do art. 884 do CC.

Alguns poderiam defender a fixação em R$ 5.000,00, assim como recebe o outro filho da Capital de São Paulo, diante da igualdade entre filhos constante do art. 227, § 6.º, da CF/1988 e do art. 1.596 do CC. Para afastar essa tese, atente-se que os dois filhos, no que tange à especial situação de necessidade alimentar, não estão em situação de igualdade estrita, pois residem em locais diversos, onde os gastos mensais são totalmente diferentes. Como visto anteriormente, a possibilidade de se analisar a situação alimentar dos filhos de maneira diferente foi reconhecida por recente julgado superior (STJ, REsp 1.624.050/MG, 3.ª Turma, Rel. Min. Nancy Andrighi, j. 19.06.2018, *DJe* 22.06.2018).

Concluindo, imperioso entender que o valor deve ser fixado com razoabilidade, uma vez que o montante de R$ 2.000,00 ou de R$ 2.500,00 mensais pode até ser justo e razoável para manter esse filho, residente na pequena cidade do interior mineiro, com o mesmo padrão do outro que reside na Capital de São Paulo. Razoabilidade e proporcionalidade sempre devem estar presentes, portanto. Não se pode admitir, em hipótese alguma, que os alimentos sejam utilizados como punição. Muito ao contrário, não é esse o seu fundamento, mas sim a manutenção das pessoas que deles necessitam.

Ainda no que concerne aos pressupostos para a obrigação alimentar, o Código Civil de 2002 introduziu outra feliz inovação, ao prever que mesmo o cônjuge ou companheiro culpado pelo fim do relacionamento pode pleitear os alimentos necessários ou indispensáveis à subsistência do inocente (art. 1.694, § 2.º, do CC). A questão, que mantém relação com a solidariedade familiar, é igualmente regulamentada pelo art. 1.704, parágrafo único, da atual codificação e será ainda aprofundada no presente capítulo.

De toda sorte, destaque-se que, com a aprovação da Emenda Constitucional 66/2010, é forte o entendimento segundo o qual tais dispositivos estão revogados, por incompatibilidade superveniente com o Texto Maior, eis que não há mais qualquer influência da culpa quanto aos alimentos. Essa a opinião, por exemplo, de Paulo Lôbo (LÔBO, Paulo. Divórcio... Disponível em: <http://www.ibdfam.org.br/?artigos&artigo=629>. Acesso em: 11 fev. 2010) e Maria Berenice Dias (*Manual...*, 2010, p. 519).

Na mesma linha, vejamos as palavras de Rodrigo da Cunha Pereira, presidente do IBDFAM:

"Com a Emenda Constitucional n.º 66/2010, que eliminou prazos para se requerer o divórcio, acabando com a prévia separação judicial, a discussão de culpa perdeu sentido no ordenamento jurídico brasileiro, deixando que a questão alimentar fique centrada apenas em seus pressupostos autênticos e essenciais, quais sejam: necessidade e possibilidade" (PEREIRA, Rodrigo da Cunha. *Divórcio...*, 2010, p. 120).

O tema está aprofundado mais à frente, com a exposição de três correntes de posicionamentos a respeito da questão.

Como outro tema relevante, é necessário lembrar que, na fixação dos alimentos, é necessário primeiro um olhar para as necessidades do credor, para depois então se analisar as possibilidades do devedor. Ainda nesse propósito, os montantes devem ser fixados de acordo com os valores fixos efetivamente recebidos pelo último.

Concretizando tal forma de entender o Direito, como bem concluiu o Superior Tribunal de Justiça, eventuais participações em lucros do devedor não entram na base de cálculo da verba alimentar:

"Os alimentos incidem sobre verbas pagas em caráter habitual, aquelas incluídas permanentemente no salário do empregado, ou seja, sobre vencimentos, salários ou proventos, valores auferidos pelo devedor no desempenho de sua função ou de suas atividades empregatícias, decorrentes dos rendimentos ordinários do devedor. A parcela denominada participação nos lucros (PLR) tem natureza indenizatória e está excluída do desconto para fins de pensão alimentícia, porquanto verba transitória e desvinculada da remuneração habitualmente recebida submetida ao cumprimento de metas e produtividade estabelecidas pelo empregador" (STJ, REsp 1.719.372/SP, 3.ª Turma, Rel. Min. Ricardo Villas Bôas Cueva, j. 05.02.2019, *DJe* 01.03.2019).

O mesmo deve ser dito quanto às parcelas denominadas como "diárias" ou relativas a "tempo de espera indenizado", que "possuem natureza indenizatória, restando excluídas do desconto para fins de pensão alimentícia, porquanto verbas transitórias" (STJ, REsp 1.747.540/SC, 3.ª Turma, Rel. Min. Ricardo Villas Bôas Cueva, j. 10.03.2020, *DJe* 13.03.2020).

Sobre o atual Projeto de Reforma e Atualização do Código Civil, são feitas propostas importantes a respeito dos dispositivos iniciais relativos aos alimentos, sendo importante analisá-las.

De início, seguindo sugestão da Relatora-Geral, Professora Rosa Maria de Andrade Nery, a Comissão de Juristas propõe a divisão do tratamento dos alimentos nos seguintes capítulos: "Subtítulo III. Dos alimentos. Capítulo I. Disposições gerais. Capítulo II. Dos alimentos devidos ao nascituro e à gestante. Capítulo III. Dos alimentos devidos às famílias conjugais e conviveciais. Capítulo IV. Dos alimentos compensatórios".

No que diz respeito ao seu art. 1.694, há proposta de menção aos conviventes, e não mais aos companheiros, pela opção feita à primeira expressão no Anteprojeto, tida como mais técnica pelos membros da Comissão. Também se limitam os parentes que podem pleitear os alimentos: em linha reta até o infinito e os colaterais de segundo grau, ou seja, os irmãos. Nesse contexto, o dispositivo passará a prever o seguinte: "podem os parentes em linha reta, os cônjuges ou conviventes e os irmãos pedir uns aos outros os alimentos de que necessitem para viver de modo compatível com a sua condição social, inclusive para atender às necessidades de sua educação".

Como outra proposição, não se denomina mais as partes como credor e devedor, diante das peculiaridades da obrigação alimentar, diferente de todas as demais, e passando o seu § 1.º a ter a seguinte redação: "os alimentos devem ser fixados na proporção das necessidades do reclamante e dos recursos da pessoa obrigada". Na sequência, insere-se no art. 1.694 previsão necessária, no sentido de que pode haver a obrigação de alimentos em qualquer modalidade de parentesco, inclusive havendo vínculo socioafetivo ou multiparentalidade: "§ 2.º A obrigação de prestar alimentos independe da natureza do parentesco e da existência de multiparentalidade".

Deve ficar claro, contudo, que, ao contrário do que foi afirmado de modo totalmente equivocado por alguns, não há vínculo alimentar entre padrastos, madrastas e enteados tão somente em virtude do parentesco por afinidade na linha reta, sendo necessária a comprovação dos elementos da posse de estado de filhos para que essa obrigação esteja presente.

Além da regra do *caput*, o binômio ou trinômio alimentar é mantido no § 3.º do art. 1.694, ao mencionar que, "para a manutenção dos filhos, os cônjuges ou conviventes contribuirão na proporção de seus recursos". Insere-se, ainda, regra relativa à possibilidade de o alimentante, aquele que paga os alimentos, solicitar esclarecimentos a respeito da utilização da verba alimentar, independentemente do pedido de prestação de contas: "§ 4.º Havendo fundados indícios sobre a adequada utilização da verba alimentar, o alimentante pode solicitar esclarecimentos, que não exigem a apresentação de prestação de contas".

Por fim, no que diz respeito a esse comando, atendendo-se à sugestão da Defensora Pública Fernanda Fernandes, membro consultora da Comissão de Juristas nomeada no âmbito do Senado Federal, foi incluído no art. 1.694 um § 5.º, segundo o qual "a violência doméstica impede o surgimento da obrigação de alimentos em favor de quem praticou a agressão". A regra terá aplicação não somente em relação a cônjuges e conviventes, mas também quanto aos parentes do alimentante, obstando o surgimento da obrigação alimentar em relação a filhos, pais, irmãos e outros. Atende-se mais uma vez ao protocolo de gênero, para a tutela e a proteção dos direitos das mulheres, um dos motes do Anteprojeto.

Seguindo no estudo das propostas, a Comissão de Juristas sugere regras mais claras a respeito dos alimentos entre parentes, com destaque para a inclusão da parentalidade socioafetiva e da multiparentalidade, desde que presentes os requisitos da posse de estado de filhos: tratamento, reputação e nome. Assim, propõe-se a seguinte redação para o seu art. 1.696: "O direito à prestação de alimentos é recíproco entre pais e filhos, e extensivo a todos os ascendentes e descendentes, recaindo a obrigação nos mais próximos em grau, uns em falta de outros. Parágrafo único. A regra prevista no *caput* aplica-se aos casos de parentalidade socioafetiva e de multiparentalidade".

Por sugestão da Professora Rosa Nery, também é incluída uma regra relativa à igualdade econômica entre os filhos, devendo ser essa a premissa geral a ser considerada pelo julgador, a saber: "Art. 1.696-A. Os filhos, qualquer que seja a origem da filiação, têm direito de postular situação de igualdade econômica com seus irmãos ou com as pessoas que vivem às expensas do genitor ou da genitora com quem não mais convive ou nunca conviveu". Ficará em dúvida se essa igualdade será aplicada em casos de filhos que têm situação fática totalmente distinta, como aqueles que vivem em cidades distintas e com realidades econômicas diferentes, tendo decidido o Superior Tribunal de Justiça que, em casos tais, é possível fixar verbas alimentares com valores que não são iguais, como visto (STJ, REsp 1.624.050/MG, 3.ª Turma, Rel. Min. Nancy Andrighi, j. 19.06.2018, *DJe* 22.06.2018).

No meu entender, confirma-se com a proposição o princípio da igualdade entre filhos, havendo uma presunção relativa de igualdade da verba alimentar em relação aos filhos e até mesmo a outros alimentandos. Porém, essa presunção *iuris tantum* pode ser afastada em casos específicos, e pelas peculiaridades do caso concreto, como está no acórdão destacado.

Diante do princípio constitucional da igualdade, retirado do art. 5.º da Constituição Federal de 1988, a Comissão de Juristas propõe também a exclusão de qualquer qualificação dos irmãos da codificação privada, passando o dispositivo em estudo a prever o seguinte: "Art. 1.697. Na falta dos ascendentes cabe a obrigação aos descendentes, guardada a ordem de sucessão e, faltando estes, aos irmãos". Em relação ao conteúdo da norma, portanto, não há qualquer modificação, presente apenas um necessário ajuste redacional. Destaco que não houve a ampliação da obrigação alimentar para tios, sobrinhos e outros parentes, como proposto por Maria Berenice Dias, o que consolida a posição ora vigente na codificação privada, que deve ser mantida.

A Comissão de Juristas propõe, ainda, a inclusão de um novo art. 1.697-A, prevendo o seguinte: "cabe aos filhos e a outros descendentes, maiores e capazes, solidariamente, o dever familiar de ajudar, amparar, assistir e alimentar genitores e outros ascendentes que na velhice ou enfermidade ficarem sem condições de prover o próprio sustento". Como se percebe, inclui-se expressamente uma necessária regra de proteção das pessoas idosas, confirmando-se, na codificação privada, a obrigação solidária já prevista no art. 12 do Estatuto da Pessoa Idosa (Lei 10.741/2003).

Amplia-se a solidariedade também em favor dos genitores e ascendentes que sejam enfermos, mas não necessariamente idosos, o que vem em boa hora, efetivando-se a solidariedade social e familiar, prevista no art. 3.º, inc. I, do Texto Maior. A proposta, mais uma vez, foi da Relatora-Geral, Professora Rosa Maria de Andrade Nery, que revelou muitas preocupações com a tutela de vulnerabilidades, outra marca do Anteprojeto enviado ao Congresso Nacional, em várias de suas proposições.

Superados esses pontos iniciais, inclusive com as propostas para reforma da legislação, vejamos as principais características da obrigação alimentar.

7.2 CARACTERÍSTICAS DA OBRIGAÇÃO ALIMENTAR E DO DIREITO AOS ALIMENTOS

A obrigação alimentar e o correspondente direito aos alimentos têm características únicas, que os distinguem de todos os outros direitos e obrigações, razão pela qual deve ser feito um estudo aprofundado dos seus conteúdos.

De início, pode-se dizer que a obrigação alimentar é exemplo típico de obrigação que somente decorre da lei, sendo esse o entendimento ainda majoritário na doutrina. Entretanto, por outra via, é igualmente correto afirmar que a obrigação alimentar decorre da lei somada à *autonomia privada*. Como antes demonstrado, essa última também existe no Direito de Família, quando a pessoa escolhe com quem ficar, com quem namorar, com quem ter união estável ou com quem se casar, o que está dentro do conceito de "escalada do afeto", criado de forma brilhante por Euclides de Oliveira (A escalada..., *Anais do V Congresso Brasileiro do IBDFAM*).

De forma pontual, as principais características da obrigação e do direito relacionadas com os alimentos estão elencadas a seguir.

a) Direito personalíssimo

No que tange ao credor ou alimentando, o direito aos alimentos é personalíssimo, uma vez que somente aquele que mantém relação de parentesco, casamento ou união estável com o devedor ou alimentante pode pleiteá-los, dentro do binômio *possibilidade/necessidade*, incidindo o princípio da proporcionalidade ou da razoabilidade.

Diante do seu caráter *intuitu personae* unilateral, a obrigação alimentar não se transmite aos herdeiros do *credor*, sendo intransmissível nesse ponto. Esse caráter personalíssimo justifica a natureza declaratória da ação de alimentos, a sua correspondente imprescritibilidade bem como outras características especiais, *sui generis*, estudadas a seguir.

b) Reciprocidade

A obrigação de alimentos é recíproca entre cônjuges e companheiros (art. 1.694 do CC). A reciprocidade da obrigação e do direito também existe entre pais e filhos, sendo extensivo a todos os ascendentes, recaindo a obrigação nos mais próximos em grau, uns na falta de outros (art. 1.696 do CC). Em complemento ao último dispositivo, na *IV Jornada de Direito Civil*, realizada em outubro de 2006, foi aprovado o Enunciado n. 341 do CJF/STJ, prevendo que "para os fins do art. 1.696, a relação socioafetiva pode ser elemento gerador de obrigação alimentar".

Como se percebe, trata-se de mais uma valorização da *parentalidade socioafetiva*, tema que foi a tônica naquele evento promovido pelo Superior Tribunal de Justiça. A jurisprudência mais avançada e atualizada vinha balizando esse entendimento doutrinário:

"Família. Negativa de paternidade. Retificação de assento de nascimento. Alimentos. Vício de consentimento não comprovado. Vínculo de parentalidade. Prevalência da realidade socioafetiva sobre a biológica. Reconhecimento voluntário da paternidade, declaração de vontade irretratável. Exegese do art. 1.609 do CCB/2002. Ação improcedente, sentença mantida. Apelação desprovida. (Segredo de Justiça)" (TJRS, Apelação Cível 70022450548, 8.ª Câmara Cível, Rel. Luiz Ari Azambuja Ramos, j. 24.01.2008).

Com a tão comentada decisão do STF, prolatada em 2016 e em sede de repercussão geral, não restam dúvidas quanto à plena possibilidade do filho socioafetivo pleitear alimentos do seu ascendente "de criação", e também vice-versa. Como visto, a tese firmada naquele julgamento foi a seguinte: "a paternidade socioafetiva, declarada ou não em registro, não impede o reconhecimento do vínculo de filiação concomitante, baseada na origem biológica, com os efeitos jurídicos próprios" (Recurso Extraordinário 898.060/SC, com repercussão geral, Rel. Min. Luiz Fux, j. 21.09.2016, publicado no *Informativo* n. 840 do STF).

Assim, será possível também pleitear alimentos do pai biológico juntamente com o pai socioafetivo, pois a multiparentalidade foi firmada para todos os fins jurídicos, inclusive alimentares e sucessórios. Como visto, o Projeto de Reforma do Código Civil pretende inserir regra nesse sentido, encerrando qualquer resistência que pode surgir a respeito do tema.

De qualquer forma, mesmo concordando com o julgamento, no que tange à obrigação decorrente de parentesco, o art. 1.696 do CC/2002 traz uma ordem lógica a ser seguida, em regra, quanto à sua satisfação. Portanto, os parentes de grau mais próximo excluem os de grau mais remoto. Em outras palavras, os pais excluem os avós, que excluem os bisavós e assim sucessivamente.

Complementando, determina o art. 1.697 da atual codificação material que, na falta de ascendentes, cabe a obrigação aos descendentes, guardada a ordem sucessória. Na falta de descendentes e ascendentes, os alimentos poderão ser pleiteados aos irmãos, germanos ou bilaterais (mesmo pai e mesma mãe) e unilaterais (mesmo pai ou mesma mãe).

Em resumo, ambos os dispositivos trazem ordem a ser seguida quando se pleiteia os alimentos decorrentes do parentesco, a saber:

1.º) Ascendentes: o grau mais próximo exclui o mais remoto.
2.º) Descendentes: o grau mais próximo exclui o mais remoto.
3.º) Irmãos: primeiro os bilaterais, depois os unilaterais.

Reafirme-se que, em todos os casos, há que se reconhecer a multiparentalidade, tanto quanto aos ascendentes como em relação aos descendentes.

Duas outras questões polêmicas surgem dos dois dispositivos, com grande repercussão para a prática dos alimentos familiares.

A primeira é saber se os tios, tios-avôs, sobrinhos, sobrinhos-netos e primos são obrigados a prestar alimentos, eis que são parentes colaterais. Como não há menção expressa na lei, não há que se falar em obrigação alimentar, segundo o posicionamento majoritário da doutrina e da jurisprudência, para os devidos fins práticos. A título de exemplo, a respeito dos tios e sobrinhos, com destaque especial para o teor da primeira decisão:

"Direito civil. Família. Recurso especial. Ação de alimentos ajuizada pelos sobrinhos menores, representados pela mãe, em face das tias idosas. Conforme se extrai da descrição dos fatos conferida pelo Tribunal de origem, que não pode ser modificada em sede de recurso especial, o pai sempre enfrentou problemas com alcoolismo, mostrando-se agressivo com a mulher e incapaz de fazer frente às despesas com a família, o que despertou nas tias o sentimento de auxiliar no sustento dos sobrinhos. Quanto à mãe, consta apenas que é do lar e, até então, não trabalhava. Se as tias paternas, pessoas idosas, sensibilizadas com a situação dos sobrinhos, buscaram alcançar, de alguma forma, condições melhores para sustento da família, mesmo depois da separação do casal, tal ato de caridade, de solidariedade humana, não deve ser transmutado em obrigação decorrente de vínculo familiar, notadamente em se tratando de alimentos decorrentes de parentesco, quando a interpretação majoritária da lei tem sido no sentido de que tios não devem ser compelidos a prestar alimentos aos sobrinhos. A manutenção do entendimento firmado, neste Tribunal, que nega o pedido de alimentos formulado contra tios deve, a princípio, permanecer, considerada a cautela que não pode deixar jamais de acompanhar o Juiz em decisões como a dos autos, porquanto os processos circunscritos ao âmbito do Direito de Família batem às portas do Judiciário povoados de singularidades, de matizes irrepetíveis, que absorvem o Julgador de tal forma, a ponto de uma jurisprudência formada em sentido equivocado ter o condão de afetar de forma indelével um sem número de causas similares com particularidades diversas, cujos desdobramentos poderão inculcar nas almas envolvidas cicatrizes irremediáveis. Condição peculiar reveste este processo ao tratar de crianças e adolescentes de um lado e, de outro, de pessoas idosas, duas categorias tuteladas pelos respectivos estatutos protetivos – Estatuto da Criança e do Adolescente, e Estatuto do Idoso, ambos concebidos em sintonia com as linhas mestras da Constituição Federal. Na hipótese em julgamento, o que se verifica ao longo do relato que envolve as partes é a voluntariedade das tias de prestar alimentos aos sobrinhos, para suprir omissão de quem deveria prestá-los, na acepção de um dever moral, porquanto não previsto em lei. Trata-se, pois, de um ato de caridade, de mera liberalidade, sem direito de ação para sua exigibilidade. O único efeito que daí decorre, em relação aos sobrinhos, é o de que, prestados os alimentos, ainda que no cumprimento de uma obrigação natural nascida de laços de solidariedade, não são eles repetíveis, isto é, não terão as tias qualquer direito de serem ressarcidas das parcelas já pagas. Recurso especial provido" (STJ, REsp 1.032.846/RS, 3.ª Turma, Rel. Min. Nancy Andrighi, j. 18.12.2008, *DJe* 16.06.2009).

"Ação de alimentos. Tio não está obrigado a sustentar sobrinha. Parentesco colateral em terceiro grau está excluído do *onus alimentorum*. Apelo desprovido" (TJSP, Apelação Cível 362.878-4/1, 4.ª Câmara de Direito Privado, Ribeirão Preto, Rel. Natan Zelinschi de Arruda, 06.01.2005, v.u.).

Porém, há que se mencionar, aqui, o entendimento minoritário de Maria Berenice Dias, que se posiciona pela viabilidade de se pleitear alimentos aos demais parentes colaterais. São suas palavras: "o silêncio não exclui os demais parentes do encargo alimentar. O silêncio não significa que tenham os demais sido excluídos do dever de pensionar. Os encargos alimentares seguem os preceitos gerais: na falta dos parentes mais próximos são chamados os mais remotos, começando pelos ascendentes, seguidos dos descendentes. Portanto, na falta de pais, avós e irmãos, a obrigação passa aos tios, tios-avós, depois aos sobrinhos, sobrinhos-netos e, finalmente, aos primos" (DIAS, Maria Berenice. *Manual...*, 2007, p. 475).

Sempre me pareceu ter razão a doutrinadora gaúcha, pois, se esses colaterais são herdeiros, tendo direitos, também têm obrigações, caso da de prestar alimentos. Em outras palavras, *se têm bônus, também têm ônus*. Filiava-me a esse posicionamento minoritário, mais adequado à realidade que o cerca.

Porém, com os debates para o Projeto de Reforma do Código Civil, acabei me filiando à posição majoritária, mudando a minha posição anterior, sendo certo que a proposição que prevaleceu foi no sentido de limitar os alimentos aos irmãos, como já é atualmente, o que está consolidado no nosso sistema e não deve ser revisto.

Seguindo no estudo do tema, interessante consignar que para Maria Berenice Dias o dever de prestar alimentos também inclui os parentes por afinidade (caso da sogra, do sogro, do genro e da nora, do padrasto e da madrasta, do enteado e da enteada), uma vez que a lei não faz qualquer distinção quanto à origem do parentesco, no seu art. 1.694 do CC. Destaca a autora que o vínculo por afinidade na linha reta nunca é extinto e, por isso, "remanescendo o vínculo jurídico, mantém-se a solidariedade familiar" (*Manual...*, 2007, p. 475).

O entendimento de Maria Berenice Dias acaba sendo o minoritário, mais uma vez, pelo que consta da lei, servindo como reforço o fato de que tais parentes não são herdeiros. Assim, *se não têm bônus, não têm ônus*.

Entretanto, a respeito da afinidade na linha reta descendente, há uma tendência há tempos de reconhecer alimentos, notadamente na relação entre padrasto ou madrasta e enteado ou enteada, caso exista vínculo socioafetivo entre eles. Isso porque, como se sabe, entrou em vigor no Brasil a Lei 11.924/2009, que possibilita que a enteada ou o enteado utilize o sobrenome do padrasto ou madrasta, desde que exista justo motivo para tanto (art. 57, § 8.º, da Lei 6.015/1973). Ora, parece insuficiente pensar que o vínculo estabelecido entre tais pessoas será apenas para os fins de uso do nome, principalmente em tempos de valorização da socioafetividade, presente muitas vezes em tais relacionamentos.

Desse modo, a tendência, é de se reconhecer dever de alimentos nessas relações, se houver a posse de estado de filhos, valorizando-se o princípio jurídico da afetividade.

Alguns poucos julgados trazem tal debate, podendo ser colacionado o seguinte, que reconhece esse direito:

"Agravo de instrumento. Ação de reconhecimento e dissolução de união estável c/c alimentos. Decisão que fixou o dever alimentar à ex-companheira e à enteada. Decisão *extra petita*. Tese rechaçada. Legitimidade ativa da genitora para requerer alimentos em prol da filha menor, ainda que esta não conste como parte no processo. Mera irregularidade processual. Nulidade afastada. A legitimidade ativa da genitora em pleitear alimentos, enquanto guardiã da menor, advém do próprio exercício do poder familiar e do dever de sustento e educação à descendente. Assim, o deferimento de alimentos em favor de menor quando requeridos por sua mãe, ainda que não seja parte do processo, não retrata decisão *extra petita*, representando simples irregularidade processual. União estável. Configuração demonstrada em cognição sumária. Coabitação, dependência financeira e intenção de constituir família evidenciadas. Exegese dos arts. 1.694 e 1.724 do Código Civil. Necessidade comprovada. Binômio necessidade x possibilidade. Ainda que em sede de cognição sumária, comprovada a existência de união estável entre as partes, devem ser fixados alimentos provisórios em prol da ex-companheira quando cabalmente demonstrada a sua necessidade, principalmente até a sua completa reinserção no mercado de trabalho, para que possibilite sua subsistência. Alimentos à enteada. Possibilidade. Vínculo socioafetivo demonstrado. Parentesco por afinidade. Forte dependência financeira observada. *Quantum* arbitrado compatível com as necessidades e as possibilidades das partes. Comprovado o vínculo socioafetivo e a forte dependência financeira entre padrasto e a menor, impõe-se a fixação de alimentos em prol do dever contido no art. 1.694 do Código Civil. Demonstrada a compatibilidade do montante arbitrado com a necessidade das alimentadas e a possibilidade do alimentante, em especial os sinais exteriores de riqueza em razão do elevado padrão de vida deste, não há que se falar em minoração da verba alimentar. Decisão mantida. Recurso improvido" (TJSC, Agravo de Instrumento 2012.073740-3, 2.ª Câmara de Direito Civil, São José, Rel. Des. João Batista Góes Ulysséa, j. 18.02.2013, *DJSC* 22.02.2013, p. 106).

Porém, em sentido contrário, já se pronunciou que "o padrasto não possui dever de sustento em relação aos enteados. A contribuição é fruto de ato volitivo de alimentante, fazendo presumir sua capacidade com os alimentos discutidos na ação" (TJRS, Apelação Cível 70029577913, 7.ª Câmara Cível, Rio Grande, Rel. Des. André Luiz Planella Villarinho, j. 28.10.2009, *DJERS* 09.11.2009, p. 40).

Penso que a decisão do STF, do ano de 2016, que reconheceu a possibilidade jurídica da multiparentalidade ou do duplo vínculo de filiação, dá amparo à tese do dever de prestar alimentos do padrasto ou madrasta, mas apenas se houver vínculo socioafetivo. E também do enteado ou enteada, o que depende da análise do binômio ou trinômio alimentar (Recurso Extraordinário 898.060/SC, Rel. Min. Luiz Fux, com repercussão geral, j. 21.09.2016, publicado no *Informativo* n. 840 do STF). Conforme a tese firmada, repise-se, "a paternidade socioafetiva, declarada ou não em registro, não impede o reconhecimento do vínculo de filiação concomitante, baseada na origem biológica, com os efeitos jurídicos próprios".

Lida ao contrário a afirmação, a existência de parentalidade biológica não afasta a parentalidade socioafetiva, para todos os fins, inclusive alimentares. Vale lembrar que o Projeto de Reforma do Código Civil, elaborado pela Comissão de Juristas, propõe incluir-se na lei a possibilidade de se pleitear alimentos em havendo parentalidade socioafetiva ou multiparentalidade. Todavia, pela norma projetada, o vínculo por afinidade entre padrastos, madrastas e enteados, por si só, não gera esse dever alimentar, sendo necessária a presença dos requisitos da posse de estado de filhos para que surja a obrigação.

Superada essa intrincada questão, outra dúvida que surge é a seguinte: no caso de coexistirem cônjuge ou companheiro e parentes, a obrigação deve ser pleiteada dos primeiros, para então depois dos segundos? Compreende-se que sim, pois é perfeitamente lógica a ordem prevista no Código Civil. O dever relacionado quanto aos cônjuges e companheiros consta do art. 1.694, enquanto os parentes estão mencionados nos arts. 1.696 e 1.697 do CC.

Como última nota sobre o tema, instigante ementa doutrinária aprovada no *XII Congresso Brasileiro do IBDFAM*, realizado em Belo Horizonte em outubro de 2019, estabelece que "é possível a relativização do princípio da reciprocidade, acerca da obrigação de prestar alimentos entre pais e filhos, nos casos de abandono afetivo e material pelo genitor que pleiteia alimentos, fundada no princípio da solidariedade familiar, que o genitor nunca observou" (Enunciado n. 34). O tema merece ser mais bem debatido pela comunidade jurídica nacional, tendo o seu conteúdo o meu apoio.

c) Irrenunciabilidade

O Código Civil de 2002, pelo menos aparentemente, sepultou a discussão anterior quanto à possibilidade de renúncia aos alimentos. Realmente o *sepultamento* foi somente na aparência.

O art. 1.707 do CC é claro ao preceituar que "pode o credor não exercer, porém lhe é vedado renunciar o direito a alimentos, sendo o respectivo crédito insuscetível de cessão, compensação ou penhora". Paulo Lôbo é jurista que elogia a inovação, explanando que "qualquer cláusula de renúncia, apesar da autonomia dos que a celebrarem, considera-se nula, podendo o juiz declará-la de ofício" (*Famílias*..., 2008, p. 348).

O dispositivo equivale parcialmente ao art. 404 do CC/1916, que tinha redação semelhante, dispondo que: "Pode-se deixar de exercer, mas não se pode renunciar o direito a alimentos". Esse também era o sentido da Súmula 379 do STF no que tange à separação judicial, antigo desquite ("no acordo de desquite não se admite renúncia aos alimentos, que poderão ser pleiteados ulteriormente, verificados os pressupostos legais"). Novamente, repise-se que a separação judicial não mais existe no sistema jurídico nacional, diante da *Emenda do Divórcio* (EC 66/2010).

Contudo, apesar do teor do dispositivo legal anterior e do entendimento sumulado, a jurisprudência e a doutrina vinham entendendo, quase que com unanimidade, pela possibilidade de renúncia aos alimentos quando da separação judicial, do divórcio ou da dissolução da união estável.

Justamente por isso, parcela considerável e respeitável da doutrina aponta que a primeira parte do art. 1.707 do atual Código Civil, ao vedar a renúncia aos alimentos, constitui um total retrocesso, não devendo ser aplicado às renúncias estabelecidas nesses casos, mas somente nas relações de parentesco (RODRIGUES, Silvio. *Direito*..., 3. tir., 2006, p. 379, obra atualizada por Francisco José Cahali; MADALENO, Rolf. *Curso*..., 2008, p. 668).

Balizando esse entendimento majoritário da doutrina, foi aprovado enunciado na *III Jornada de Direito Civil* com o seguinte teor: "o art. 1.707 do Código Civil não impede que seja reconhecida válida e eficaz a renúncia manifestada por ocasião do divórcio (direto ou indireto) ou da dissolução da 'união estável'. A irrenunciabilidade do direito a alimentos somente é admitida enquanto subsista vínculo de Direito de Família" (Enunciado n. 263 do CJF/STJ). O autor do enunciado é o respeitado doutrinador fluminense Guilherme Calmon Nogueira da Gama, não havendo menção na ementa a respeito da separação judicial diante de debate anterior mais profundo quanto à renunciabilidade nesses casos. De qualquer forma, as discussões relativas à separação judicial perdem relevo, em razão de sua extinção pela *Emenda do Divórcio,* tese adotada pela STF em novembro de 2023, quando do julgamento do seu Tema n. 1.053 de repercussão geral, que baniu a separação judicial do ordenamento jurídico brasileiro.

Como se observa, a polêmica está formada. A lei consagra uma regra clara, mas a doutrina se divide. E a jurisprudência, consolidada na vigência do Código Civil de 2002, o que entende? Primeiramente, o STJ concluiu ser válida e eficaz a cláusula de renúncia a alimentos constante da separação judicial:

> "Direito civil e processual civil. Família. Recurso especial. Separação judicial. Acordo homologado. Cláusula de renúncia a alimentos. Posterior ajuizamento de ação de alimentos por ex-cônjuge. Carência de ação. Ilegitimidade ativa. A cláusula de renúncia a alimentos, constante em acordo de separação devidamente homologado, é válida e eficaz, não permitindo ao ex-cônjuge que renunciou, a pretensão de ser pensionado ou voltar a pleitear o encargo. Deve ser reconhecida a carência da ação, por ilegitimidade ativa do ex-cônjuge para postular em juízo o que anteriormente renunciara expressamente" (STJ, REsp 701.902/SP, 3.ª Turma, Rel. Min. Nancy Andrighi, j. 15.09.2005, *DJ* 03.10.2005, p. 249).

O Tribunal de Justiça de São Paulo tem acompanhado há tempos esse entendimento. A título de exemplo, transcreve-se:

> "Alimentos. Renúncia por ex-cônjuge. Validade, mesmo após o advento do art. 1.707 do CC de 2002, dada a ausência de relação de parentesco. Autora, ademais, que é jovem e apta para o trabalho. Ação julgada improcedente. Recurso improvido" (TJSP, Apelação Cível 338.067-4/0/SP, 3.ª Câmara de Direito Privado, Rel. Waldemar Nogueira Filho, 18.05.2004, v.u.).

Em data mais recente, admitindo implicitamente essa renúncia aos alimentos, o STJ editou a Súmula 336, prevendo que "a mulher que renunciou aos alimentos na separação judicial tem direito à pensão previdenciária por morte do ex-marido, comprovada a necessidade econômica superveniente" (7 de maio de 2007).

Porém, diante da emergência da *Emenda do Divórcio,* a súmula perdeu em parte a sua eficácia. Isso porque não há mais no sistema a separação judicial e, no caso de divórcio, não há que se falar em benefício previdenciário. Na verdade, somente subsiste a súmula para o caso das pessoas separadas judicialmente antes da entrada em vigor da Emenda Constitucional 66/2010, havendo direito adquirido em relação ao citado benefício, também na linha da tese final adotada pelo STF quando do julgamento do Tema n. 1.053 de repercussão geral.

Por outra via, o STJ também conclui em alguns julgados justamente o contrário, aplicando a irrenunciabilidade consagrada no art. 1.707 do CC. Vejamos: "a mulher que recusa os alimentos na separação judicial pode pleiteá-los futuramente, desde que comprove a sua dependência econômica" (STJ, AgRg no Ag 668.207/MG, 5.ª Turma, Rel. Min. Laurita Vaz, j. 06.09.2005, *DJ* 03.10.2005, p. 320). Ou, do ano de 2020, restringindo a renúncia apenas às parcelas vencidas: "É irrenunciável o direito aos alimentos presentes e futuros (art. 1.707 do Código Civil), mas pode o credor renunciar aos alimentos pretéritos devidos e não prestados, isso porque a irrenunciabilidade atinge o direito, e não o seu exercício" (STJ, REsp 1.529.532/DF, 3.ª Turma, Rel. Min. Ricardo Villas Bôas Cueva, j. 09.06.2020, *DJe* 16.06.2020).

Da mesma forma, o Tribunal de Justiça de São Paulo, adotando as lições constantes da presente obra:

"Alimentos. Renúncia no divórcio. Pretensão posterior de pleiteá-los que encontra amparo no art. 1.707 do CC. Sentença de extinção afastada. Prosseguimento da instrução determinado. Recurso provido" (TJSP, Apelação Cível 646.228-4/6, 8.ª Câmara de Direito Privado, Comarca Presidente Prudente, Rel. Caetano Lagrasta, j. 17.06.2009, registro em 24.06.2009).

Apesar desse choque doutrinário e da jurisprudência, é forçoso concluir que, realmente, os alimentos são irrenunciáveis, pois o art. 1.707 está em sintonia com o art. 11 do CC/2002. Ora, os alimentos são inerentes à dignidade da pessoa humana, sendo o direito aos mesmos um verdadeiro direito da personalidade. Adotando essa afirmação, de importante aresto do STJ, extrai-se o seguinte:

"(...). Em conformidade com o direito civil constitucional – que preconiza uma releitura dos institutos reguladores das relações jurídicas privadas, a serem interpretados segundo a Constituição Federal, com esteio, basicamente, nos princípios da proteção da dignidade da pessoa humana, da solidariedade social e da isonomia material –, o direito aos alimentos deve ser concebido como um direito da personalidade do indivíduo. Trata-se, pois, de direito subjetivo inerente à condição de pessoa humana, imprescindível ao seu desenvolvimento, à sua integridade física, psíquica e intelectual e, mesmo, à sua subsistência. Os alimentos integram o patrimônio moral do alimentando, e não o seu patrimônio econômico, ainda que possam ser apreciáveis economicamente. Para efeito de caracterização da natureza jurídica do direito aos alimentos, a correlata expressão econômica afigura-se *in totum* irrelevante, apresentando-se de modo meramente reflexo, como ocorre com os direitos da personalidade" (STJ, REsp 1.771.258/SP, 3.ª Turma, Rel. Min. Marco Aurélio Bellizze, j. 06.08.2019, *DJe* 14.08.2019).

Ao final, firmou-se a tese segundo a qual sendo extinta a obrigação alimentar pela exoneração do alimentante – no caso concreto, diante da alteração da guarda do menor em favor do executado –, a mãe não tem legitimidade para prosseguir na execução dos alimentos vencidos, em nome próprio, pois não há sub-rogação da obrigação, diante do citado caráter personalíssimo do direito aos alimentos.

A par dessa estrutura de *direito subjetivo inato* da pessoa humana, também são irrenunciáveis, pelo que consta no último dispositivo citado da codificação privada. Isso é igualmente confirmado pelos comandos legais que possibilitam hoje os alimentos pós-divórcio, caso do arts. 1.708 e 1.709 do CC, que ainda serão comentados. Pontue-se que recente aresto do Superior Tribunal de Justiça seguiu essa forma de pensar o Direito de Família. Conforme publicação constante do *Informativo* n. 553 daquela Corte:

"Tendo os conviventes estabelecido, no início da união estável, por escritura pública, a dispensa à assistência material mútua, a superveniência de moléstia grave na constância do relacionamento, reduzindo a capacidade laboral e comprometendo, ainda que temporariamente, a situação financeira de um deles, autoriza a fixação de alimentos após a dissolução da união. De início, cabe registrar que a presente situação é distinta daquelas tratadas em precedentes do STJ, nos quais a renúncia aos alimentos se deu ao término da relação conjugal. Naqueles casos, o entendimento aplicado foi no sentido de que, 'após a homologação do divórcio, não pode o ex-cônjuge pleitear alimentos se deles desistiu expressamente por ocasião do acordo de separação consensual' (AgRg no Ag 1.044.922-SP, Quarta Turma, *DJe* 02.08.2010). No presente julgado, a hipótese é de prévia dispensa dos alimentos, firmada durante a união estável, ou seja, quando ainda existentes os laços conjugais que, por expressa previsão legal, impõem aos companheiros, reciprocamente, o dever de assistência. Observe-se que a assistência material mútua constitui tanto um direito como uma obrigação para os conviventes, conforme art. 2.º, II, da Lei 9.278/1996 e arts. 1.694 e 1.724 do CC. Essas disposições constituem normas de interesse público e, por isso, não admitem renúncia, nos termos do art. 1.707 do CC: 'Pode o credor não exercer, porém lhe é vedado renunciar o direito a alimentos, sendo o respectivo crédito insuscetível de cessão, compensação ou penhora'. Nesse contexto, e não obstante considere-se válida e eficaz a renúncia manifestada por ocasião de acordo de separação judicial ou de divórcio, nos termos da reiterada jurisprudência do STJ, não pode ela ser admitida na constância do vínculo familiar. Nesse sentido há entendimento doutrinário e, de igual, dispõe o Enunciado 263, aprovado na *III Jornada de Direito Civil*, segundo o qual: 'O art. 1.707 do Código Civil não impede seja reconhecida válida e eficaz a renúncia manifestada por ocasião do divórcio (direto ou indireto) ou da dissolução da 'união estável'. A irrenunciabilidade do direito a alimentos somente é admitida enquanto subsista vínculo de Direito de Família'. Com efeito, ante o princípio da irrenunciabilidade dos alimentos, decorrente do dever de mútua assistência expressamente previsto nos dispositivos legais citados, não se pode ter como válida disposição que implique renúncia aos alimentos na constância da união, pois esses, como dito, são irrenunciáveis" (STJ, REsp 1.178.233/RJ, Rel. Min. Raul Araújo, j. 18.11.2014, *DJe* 09.12.2014).

Como não poderia ser diferente, o *decisum* tem o nosso apoio, especialmente por reconhecer o pagamento da verba alimentar após o fim do relacionamento, com fulcro no princípio da solidariedade social, de índole constitucional.

Insta verificar que alguns doutrinadores contemporâneos fundamentam a impossibilidade de se pleitear os alimentos renunciados em posterior momento no princípio da boa-fé objetiva, especialmente na máxima que veda o comportamento contraditório (*venire contra factum proprium non potest*).

De acordo com as lições de Cristiano Chaves de Farias e Nelson Rosenvald, "com efeito, não é razoável que um cônjuge, companheiro ou parceiro homoafetivo venha a renunciar à prestação alimentícia no acordo de dissolução consensual da conjugalidade, criando no outro uma expectativa, e posteriormente, de forma surpreendente, venha a pleitear os alimentos, com base em interpretação literal do texto legal. Trata-se de típica hipótese de *nemo venire contra factum proprium* (proibição de comportamento contraditório), caracterizando um ato ilícito objetivo, também chamado de abuso de direito (CC, art. 187)" (FARIAS, Cristiano Chaves; ROSENVALD, Nelson. *Curso...*, 2012, p. 764-765).

Bem, em verdade, a boa-fé objetiva não é um argumento que consegue *vencer* todas as ponderações e escolhas morais. Em algumas hipóteses, deve tal princípio contemporâneo sucumbir, especialmente quando estiverem presentes interesses maiores, tutelados constitucionalmente na dignidade humana e na solidariedade. É justamente o que ocorre na hipótese em questão, uma vez que a vedação do comportamento contraditório não pode prevalecer sobre a manutenção da vida digna da pessoa humana por meio da obrigação alimentar.

Como se verá em capítulo próprio, a própria jurisprudência do STJ tem feito a escolha moral por valores superiores à boa-fé em casos relativos ao bem de família, em que a tutela da moradia se faz presente. Nas situações concretas em que o próprio devedor oferece o bem de família para depois embargar processualmente, o Superior Tribunal de Justiça conclui pela não prevalência do *venire contra factum proprium*, diante da irrenunciabilidade absoluta do bem de família. Tutela-se a pessoa humana, no sentido de se admitir que o ser humano possa cair em contradição, notadamente em casos envolvendo valores maiores, de ordem pública e tutelados constitucionalmente. Afinal de contas, contraditórios, todos somos.

De qualquer forma, é importante aqui apontar que a mera dispensa dos alimentos não implica a sua renúncia, podendo tais valores ser pleiteados posteriormente nessas situações e não havendo a discussão acima em casos tais. Para ilustrar:

"Alimentos. Dispensa na ação de separação. Possibilidade de pedido posterior, em razão de necessidade econômica superveniente. Não equiparação à renúncia aos alimentos, que impedem que sejam pedidos posteriormente. Recurso provido" (TJSP, Apelação Cível 374.150-4/2, 4.ª Câmara de Direito Privado, Taubaté, Rel. Maia da Cunha, 07.04.2005, v.u.).

Esclareça-se que, com o intuito de encerrar o debate a respeito da possibilidade de renúncia ou não aos alimentos, quatro projetos de lei pretendem alterar o art. 1.707 do atual CC para aí sim sepultar o debate.

O primeiro deles é o antigo Projeto Deputado Ricardo Fiuza, pelo qual o dispositivo ficaria com a seguinte redação: "Art. 1.707. Tratando-se de alimentos devidos por relação de parentesco, pode o credor não o exercer, porém lhe é vedado renunciar ao direito a alimentos. Parágrafo único. O crédito de pensão alimentícia oriundo de relação de parentesco, de casamento ou de união estável, é insuscetível de cessão, penhora ou compensação".

O segundo é o antigo PL 4.947/2005, agora arquivado, de autoria do Deputado Antonio Carlos Biscaia, seguindo sugestão do IBDFAM: "Art. 1.707. O credor pode renunciar o direito a alimentos, salvo quando a obrigação decorrer de relação de parentesco. Parágrafo único. O crédito a alimentos é insuscetível de cessão, compensação ou penhora".

Como terceira proposição, o *Estatuto das Famílias* do IBDFAM tende a suprimir a previsão quanto à irrenunciabilidade dos alimentos, não havendo sua menção no título que trata do tema.

As três propostas, na essência, pretendem o mesmo, seguindo aquele entendimento doutrinário majoritário segundo o qual os alimentos são renunciáveis no divórcio e na dissolução da união estável. Em outras palavras, a irrenunciabilidade estaria presente somente nos casos envolvendo o parentesco, em qualquer das suas formas. Como não poderia ser diferente, posiciono-me de forma contrária às inovações, uma vez que os direitos inerentes à dignidade humana, mesmo de cunho patrimonial, não podem ser renunciados.

Justamente por isso, após intensos debates, na Comissão de Juristas nomeada para a Reforma do Código Civil, acabou por prevalecer solução diversa. Sugere-se, de início, a revogação do dispositivo, deslocando-se o seu conteúdo para as regras gerais relativas aos alimentos, seguindo-se a nova sistemática proposta pela Comissão de Juristas.

Almeja-se, ainda, o aperfeiçoamento do texto, para afastar as polêmicas relativas ao preceito, havendo muitas contradições, anacronismos, falta de segurança jurídica e instabilidade a respeito do conteúdo do art. 1.707 do CC. Assim, o novo art. 1.700-C, de forma bem clara, objetiva e peremptória, vedará a renúncia, a repetição do indébito, a compensação, a alienação e a penhora dos alimentos da seguinte forma: "Os alimentos são absolutamente irrenunciáveis, mesmo nas hipóteses envolvendo cônjuges ou conviventes. § 1.º Os alimentos são irrepetíveis e absolutamente incompensáveis, mesmo nos casos de pagamento de valores a mais pelo devedor. § 2.º Os alimentos são inalienáveis e não podem ser objeto de cessão de crédito ou de assunção de dívida. § 3.º Os alimentos são impenhoráveis, observado o previsto na legislação processual".

Como se pode concluir, as propostas de modificação são mais do que necessárias, tanto do ponto de vista teórico quanto prático, atingindo outras características que serão estudadas a seguir.

d) Obrigação divisível ou solidária

Conforme ainda aponta a doutrina, a obrigação alimentar é, em regra, divisível, o que pode ser retirado dos outrora comentados arts. 1.696 e 1.697 do Código Civil.

Para que não pairem dúvidas, confirmando a premissa, no âmbito doutrinário, leciona Maria Helena Diniz que a obrigação de alimentos "é divisível entre os parentes do necessitado, encarregados da prestação alimentícia, salvo se o alimentando for idoso, visto que a obrigação passará, então, a ser solidária *ex lege*, cabendo-lhe optar entre os prestadores (Lei n. 10.741/2003, art. 12)" (DINIZ, Maria Helena. *Curso*..., 2007, v. 5, p. 550). Com mesmo sentir, Yussef Said Cahali conclui que "o caráter divisível da obrigação representa o entendimento doutrinário dominante; excepcionando a lei o caso em que o credor é idoso" (CAHALI, Yussef Said. *Dos alimentos*..., 2009, p. 138).

De fato, como a solidariedade não se presume, por força do art. 265 do Código Civil, haveria a necessidade de a lei prever em sentido geral que a obrigação não seria fracionária, cabendo sempre uma *opção de demanda* em relação aos devedores, o que não ocorre. Tal *opção de demanda* possibilita que o credor ingresse com ação em face de um, alguns ou todos os devedores, estando prevista no art. 275 do Código Civil: "O credor tem direito a exigir e receber de um ou de alguns dos devedores, parcial ou totalmente, a dívida comum; se o pagamento tiver sido parcial, todos os demais devedores continuam obrigados solidariamente pelo resto. Parágrafo único. Não importará renúncia da solidariedade a propositura de ação pelo credor contra um ou alguns dos devedores".

De qualquer maneira, sempre me pareceu que a solução de divisibilidade afronta a solidariedade constitucional. Dessa forma, a melhor solução seria a solidariedade civil, o que facilitaria o recebimento do crédito alimentar pelo credor. Justamente nesse sentido, fiz proposta para o Projeto de Reforma do Código Civil, o que acabou não prevalecendo na Comissão de Juristas, após intensos debates e votação entre os seus membros.

Em verdade, o sistema jurídico nacional parece desequilibrado, ao proteger pela solidariedade passiva alimentar apenas o idoso. Não se justifica a falta de proteção de outros vulneráveis, caso das crianças e dos adolescentes, de pessoas com deficiência e das mulheres sob violência doméstica. E não se olvide que o alimentando constitui um vulnerável por excelência, o que justifica a existência de todo o aparato legal protetivo e o fundamento da matéria em normas de ordem pública e interesse social.

Sendo assim, a título de exemplo, se um pai não idoso necessita de alimentos e tem quatro filhos em condições de prestá-los e quer receber a integralidade do valor alimentar, a ação deverá ser proposta em face de todos, em *litisconsórcio passivo necessário*. Porém, como a obrigação é divisível, esse pai pode optar em receber de um ou alguns dos filhos, havendo *litisconsórcio passivo facultativo*, até porque cabem ações em separado.

Também a título de exemplo, com a vitória da multiparentalidade no julgamento do STF sobre a repercussão geral da parentalidade socioafetiva, o filho terá que promover a ação de alimentos contra o pai biológico e o pai socioafetivo, havendo vínculo com ambos e condições iguais em prestar os alimentos. Reitere-se o voto do relator:

> "A pluriparentalidade, no Direito Comparado, pode ser exemplificada pelo conceito de 'dupla paternidade' (*dual paternity*), construído pela Suprema Corte do Estado da Louisiana,

EUA, desde a década de 1980 para atender, ao mesmo tempo, ao melhor interesse da criança e ao direito do genitor à declaração da paternidade. Doutrina. Os arranjos familiares alheios à regulação estatal, por omissão, não podem restar ao desabrigo da proteção a situações de pluriparentalidade, por isso que merecem tutela jurídica concomitante, para todos os fins de direito, os vínculos parentais de origem afetiva e biológica, a fim de prover a mais completa e adequada tutela aos sujeitos envolvidos, ante os princípios constitucionais da dignidade da pessoa humana (art. 1.º, III) e da paternidade responsável (art. 226, § 7.º)" (STF, RE 898.060/SC, Tribunal Pleno, Rel. Min. Luiz Fux, j. 21.09.2016, publicado no *Informativo* n. *840* do STF).

Pela tese firmada, fica cristalina essa possibilidade de demanda alimentar contra os dois ou mais pais, a saber: "a paternidade socioafetiva, declarada ou não em registro, não impede o reconhecimento do vínculo de filiação concomitante, baseada na origem biológica, com os efeitos jurídicos próprios".

Nas situações descritas, caso a ação seja proposta em face de apenas um dos filhos ou um dos pais (socioafetivo ou biológico), caberá a aplicação do polêmico e tão criticado art. 1.698 do CC, que tem a seguinte redação: "se o parente, que deve alimentos em primeiro lugar, não estiver em condições de suportar totalmente o encargo, serão chamados a concorrer os de grau imediato; sendo várias as pessoas obrigadas a prestar alimentos, todas devem concorrer na proporção dos respectivos recursos, e, intentada ação contra uma delas, poderão as demais ser chamadas a integrar a lide".

A segunda parte do comando deixa clara a divisibilidade da obrigação, aplicando-se a máxima *concursu partes fiunt*, de divisão igualitária de acordo com o número de devedores. Tal dedução de fracionamento é retirada do art. 258 do CC/2002, *in verbis*: "havendo mais de um devedor ou mais de um credor em obrigação divisível, esta presume-se dividida em tantas obrigações, iguais e distintas, quantos os credores ou devedores".

Na *IV Jornada de Direito Civil*, foi aprovado o Enunciado n. 342 do CJF/STJ, tratando da responsabilidade subsidiária dos demais parentes, casos dos avós, com a seguinte redação: "observadas as suas condições pessoais e sociais, os avós somente serão obrigados a prestar alimentos aos netos em caráter exclusivo, sucessivo, complementar e não solidário, quando os pais destes estiverem impossibilitados de fazê-lo, caso em que as necessidades básicas dos alimentandos serão aferidas, prioritariamente, segundo o nível econômico-financeiro dos seus genitores".

Na jurisprudência do STJ podem ser encontrados julgados entendendo pela responsabilidade subsidiária, sucessiva e complementar dos avós (cite-se: STJ, REsp 579.385/SP, 3.ª Turma, Rel. Min. Nancy Andrighi, j. 26.08.2004, *DJ* 04.10.2004, p. 291). Na mesma linha é a afirmação número 15, constante da Edição n. 65 da ferramenta *Jurisprudência em Teses*, da Corte Superior: "a responsabilidade dos avós de prestar alimentos aos netos apresenta natureza complementar e subsidiária, somente se configurando quando demonstrada a insuficiência de recursos do genitor". Exatamente no mesmo sentido da tese, a Súmula 596 da Corte, aprovada em novembro de 2017.

Sem prejuízo dessa questão, dúvidas fulcrais surgem do art. 1.698 do CC, especialmente no que toca a essa responsabilidade subsidiária de outros devedores, caso dos avós. A quem cabe a convocação? Qual o instrumento jurídico cabível para tanto?

Como Rodrigo Reis Mazzei, deve-se concluir que a hipótese é de um litisconsórcio sucessivo-passivo (MAZZEI, Rodrigo Reis. *Litisconsórcio...*, 2009, p. 223-246). Para o autor capixaba, argumento com o qual se concorda, o litisconsórcio é sucessivo-passivo, pois se trata de uma situação de *responsabilidade subsidiária especial*. Sendo assim, na linha da melhor doutrina, tais *convocações* dos demais parentes devedores serão formuladas pelo autor da ação e não pelo réu, presente um litisconsórcio facultativo (DIDIER JR., Fredie. *Regras...*, 2004, p. 125).

A título de exemplo, um filho pede alimentos ao pai. Após a contestação por este, mencionando que não tem condições de arcar integralmente com os alimentos, o autor da ação poderá requerer a inclusão do avô no polo passivo, com base no que consta do art. 1.698 do CC. Parece ser um equívoco dizer que a convocação dos demais devedores cabe ao réu, pois a legislação processual – seja a anterior ou a nova –, não consagra essa forma de intervenção de terceiro.

Em reforço, o atual Código Civil não menciona que a referida *convocação* cabe ao demandado. Em complemento, do ponto de vista funcional, verifica-se que, por razões óbvias, se a convocação coubesse ao réu, não iria ele indicar os avós paternos, mas, sim, os maternos.

Em verdade, parece-me que a tese de convocação pelo autor da ação de alimentos ganha força com o CPC/2015. Tal conclusão é retirada da leitura do art. 238 do Estatuto Processual emergente, segundo o qual a citação é o ato pelo qual são *convocados* o réu, o executado ou o interessado para integrar a relação processual. Consigne-se que o termo *convocados* não constava do art. 213 do CPC/1973, seu correspondente, que utilizava a expressão *se chama*.

De toda sorte, é forte o entendimento de que a convocação caberia ao réu, por meio de uma forma de intervenção de terceiros *sui generis*, atípica ou especial. Essa é a opinião de Daniel Amorim Assumpção Neves, citando os posicionamentos, na mesma linha, de Sílvio de Salvo Venosa e Luiz Felipe Brasil Santos (NEVES, Daniel Amorim Assumpção. *Manual...*, 2009, p. 179). Com mesma dedução, a obra de Theotonio Negrão, devidamente atualizada (*Código Civil...*, 2011, p. 574).

Destaque-se, ainda, existir corrente que sustenta pela extensão da regra de solidariedade, sendo cabível o chamamento ao processo tratado pelo art. 130, inc. III, do CPC de 2015, equivalente ao art. 77, inc. III, do Código de Processo Civil de 1973 (BUENO, Cassio Scarpinella. *Chamamento...*, 2004, p. 88). Em síntese, nota-se uma *torre de babel doutrinária* a respeito da matéria.

Na jurisprudência, o Superior Tribunal de Justiça vinha entendendo que cabe aos réus da demanda – no caso, os pais – chamar ou convocar os avós. Vejamos duas ementas:

> "Civil. Alimentos. Responsabilidade dos avós. Obrigação complementar e sucessiva. Litisconsórcio. Solidariedade. Ausência. 1. A obrigação alimentar não tem caráter de solidariedade, no sentido que 'sendo várias pessoas obrigadas a prestar alimentos todos devem concorrer na proporção dos respectivos recursos'. 2. O demandado, no entanto, terá direito de chamar ao processo os corresponsáveis da obrigação alimentar, caso não consiga suportar sozinho o encargo, para que se defina quanto caberá a cada um contribuir de acordo com as suas possibilidades financeiras. 3. Neste contexto, à luz do novo Código Civil, frustrada a obrigação alimentar principal, de responsabilidade dos pais, a obrigação subsidiária deve ser diluída entre os avós paternos e maternos na medida de seus recursos, diante de sua divisibilidade e possibilidade de fracionamento. A necessidade alimentar não deve ser pautada por quem paga, mas sim por quem recebe, representando para o alimentado maior provisionamento tantos quantos coobrigados houver no polo passivo da demanda. 4. Recurso especial conhecido e provido" (STJ, REsp 658.139/RS, 4.ª Turma, Rel. Min. Fernando Gonçalves, j. 11.10.2005, *DJ* 13.03.2006, p. 326).

"Filhos maiores e capazes. Obrigação alimentar. Responsabilidade dos pais. Genitora que exerce atividade remunerada. Chamamento ao processo. Art. 1.698 do Código Civil. Iniciativa do demandado. Ausência de óbice legal. Recurso provido. 1. A obrigação alimentar é de responsabilidade dos pais, e, no caso de a genitora dos autores da ação de alimentos também exercer atividade remuneratória, é juridicamente razoável que seja chamada a compor o polo passivo do processo a fim de ser avaliada sua condição econômico-financeira para assumir, em conjunto com o genitor, a responsabilidade pela manutenção dos filhos maiores e capazes. 2. Segundo a jurisprudência do STJ, 'o demandado (...) terá direito de chamar ao processo os corresponsáveis da obrigação alimentar, caso não consiga suportar sozinho o encargo, para que se defina quanto caberá a cada um contribuir de acordo com as suas possibilidades financeiras' (REsp n. 658.139/RS, Quarta Turma, relator Ministro Fernando Gonçalves, DJ de 13.03.2006). 3. Não obstante se possa inferir do texto do art. 1.698 do CC – norma de natureza especial – que o credor de alimentos detém a faculdade de ajuizar ação apenas contra um dos coobrigados, não há óbice legal a que o demandado exponha, circunstanciadamente, a arguição de não ser o único devedor e, por conseguinte, adote a iniciativa de chamamento de outro potencial devedor para integrar a lide. 4. Recurso especial provido" (STJ, REsp 964.866/SP, 4.ª Turma, Rel. Min. João Otávio de Noronha, j. 1.º.03.2011, DJe 11.03.2011).

Como se percebe, as decisões transcritas tendem a seguir a terceira corrente antes exposta, o que me parece ser um equívoco, pelas razões outrora esposadas.

Anote-se a aprovação de enunciado, na *V Jornada de Direito Civil*, evento promovido em 2011, visando a facilitar a compreensão da matéria, possibilitando a citada *convocação* tanto pelo autor quanto pelo réu: "o chamamento dos codevedores para integrar a lide, na forma do art. 1.698 do Código Civil pode ser requerido por qualquer das partes, bem como pelo Ministério Público, quando legitimado" (Enunciado n. 523 do CJF). A proposta é louvável, por viabilizar a ampla tutela do alimentando, vulnerável na relação jurídica. O proponente do enunciado, Daniel Ustarroz, argumentou muito bem que "essa solução privilegia o princípio do melhor interesse do menor e o ideal de celeridade processual, tornando desnecessária a propositura de outra ação de alimentos".

No final de 2018, surgiu outro julgado superior, expondo todo o debate doutrinário – inclusive com a posição sustentada e por mim seguida –, e decidindo, pelo menos em parte, na linha desse Enunciado n. 523 da *V Jornada de Direito Civil*, que "em ação de alimentos, quando se trata de credor com plena capacidade processual, cabe exclusivamente a ele provocar a integração posterior no polo passivo". Ainda nos termos do aresto, "nas hipóteses em que for necessária a representação processual do credor de alimentos incapaz, cabe também ao devedor provocar a integração posterior do polo passivo, a fim de que os demais coobrigados também componham a lide, inclusive aquele que atua como representante processual do credor dos alimentos, bem como cabe provocação do Ministério Público, quando a ausência de manifestação de quaisquer dos legitimados no sentido de chamar ao processo os demais coobrigados possa causar prejuízos aos interesses do incapaz" (STJ, REsp 1.715.438/RS, 3.ª Turma, Rel. Min. Nancy Andrighi, j. 13.11.2018, DJe 21.11.2018).

Como nele consta, explicando o teor do dispositivo em estudo, e confirmando o que foi aqui antes exposto:

"A regra do art. 1.698 do CC/2002, por disciplinar questões de direito material e de direito processual, possui natureza híbrida, devendo ser interpretada à luz dos ditames da lei instrumental e, principalmente, sob a ótica de máxima efetividade da lei civil. A definição acerca da natureza jurídica do mecanismo de integração posterior do polo passivo previsto no art. 1.698 do CC/2002, por meio da qual são convocados os coobrigados a prestar alimentos no mesmo processo judicial e que, segundo a doutrina, seria hipótese de intervenção de terceiro atípica, de litisconsórcio facultativo, de litisconsórcio necessário ou de chamamento ao processo, é relevante para que sejam corretamente delimitados os poderes, ônus, faculdades, deveres e responsabilidades daqueles que vierem a compor o polo passivo, assim como é igualmente relevante para estabelecer a legitimação para provocar e o momento processual adequado para que possa ocorrer a ampliação subjetiva da lide na referida hipótese" (STJ, REsp 1.715.438/RS, 3.ª Turma, Rel. Min. Nancy Andrighi, j. 13.11.2018, DJe 21.11.2018).

Em arremate final, julgou-se que "no que tange ao momento processual adequado para a integração do polo passivo pelos coobrigados, cabe ao autor requerê-lo em sua réplica à contestação; ao réu, em sua contestação; e ao Ministério Público, após a prática dos referidos atos processuais pelas partes, respeitada, em todas as hipóteses, a impossibilidade de ampliação objetiva ou subjetiva da lide após o saneamento e organização do processo, em homenagem ao contraditório, à ampla defesa e à razoável duração do processo" (STJ, REsp 1.715.438/RS, 3.ª Turma, Rel. Min. Nancy Andrighi, j. 13.11.2018, DJe 21.11.2018).

Não se pode negar que esse último acórdão representa um notável avanço, por afastar a possibilidade de convocação exclusiva pelo réu, tutelando efetivamente o direito a alimentos. Espera-se, portanto, que a questão seja pacificada nesse sentido no âmbito da Segunda Seção da Corte, seguindo-se as premissas constantes do enunciado doutrinário ou a posição por nós sustentada, de que a convocação dos demais responsáveis pela obrigação alimentar seja feita pelo autor da ação.

Vale lembrar que, nos casos em que quem pleiteia os alimentos é idoso, com idade superior a 60 anos, o art. 12 do Estatuto da Pessoa Idosa (Lei 10.741/2003) estabelece que a obrigação é solidária. Para essas hipóteses, no exemplo analisado, se o pai que irá pleitear os alimentos dos filhos tiver aquela idade poderá fazê-lo contra qualquer um dos filhos e de forma integral, o que visa proteger o vulnerável, no caso, o idoso. Como visto, um dos efeitos da solidariedade passiva é trazer ao credor uma opção de demanda, em face de qualquer um ou alguns dos devedores (art. 275 do CC). Aqui, o chamamento ao processo, próprio da solidariedade, poderá ser utilizado pelos réus.

Justamente por isso é que se afirma que a obrigação alimentar é divisível em regra, mas solidária tratando-se de alimentando idoso, e, portanto, a natureza jurídica da obrigação alimentar dependerá de análise do caso concreto, e da verificação de quem está pleiteando os alimentos.

Por tudo o que foi aqui exposto, sem dúvida que há necessidade de se rever, *de lege ferenda*, todo esse sistema de recebimento do crédito pelo credor de alimentos. Infelizmente, constata-se que as armas materiais e processuais não estão bem dispostas para efetiva tutela do vulnerável. A melhor solução, definitiva, seria prever que a obrigação alimentar é sempre solidária, não importando quem seja o credor, idoso ou não.

Mais do que isso, deveriam ser vedadas as formas de intervenção de terceiros em casos tais, institutos que, na maioria das vezes, somente dificultam para que o credor receba o que lhe é devido. Com tais medidas de alteração do sistema, a solidariedade constitucional estaria devidamente amparada para a real tutela do alimentando, propiciando maior celeridade e efetividade para recebimento do débito alimentar.

Diante dessa minha posição doutrinária, defendida há tempos, sugeri, para o Projeto de Reforma do Código Civil, que o dispositivo passasse a prever a solidariedade da obrigação alimentar quanto aos devedores com uma redação bem sintética e objetiva: "a obrigação de prestar alimentos é solidária em relação aos devedores".

Entretanto, infelizmente, acabou prevalecendo, na votação final de abril de 2024, a posição da Subcomissão de Direito de Família, com contribuições do Professor Fredie Didier Jr. e da Relatora Rosa Maria de Andrade Nery, para que a divisibilidade da obrigação de alimentos seja mantida, mas com aperfeiçoamentos necessários ao art. 1.698 do CC. Foram as justificativas da citada subcomissão, que tinha outra proposta original:

> "Considerando que no artigo em questão existe multiplicidade de normas, para fins diversos, buscou-se fracionar estas normas incluindo-as em parágrafos, de sorte a melhorar a técnica legislativa. O *caput* e o § 1.º são mero desdobramento da parte inicial do texto atualmente em vigor. O § 2.º busca positivar a interpretação jurisprudencial a respeito da obrigação alimentar dos avós, hoje prevista na Súmula 596 do STJ, *verbis*: 'A obrigação alimentar dos avós tem natureza complementar e subsidiária, somente se configurando no caso de impossibilidade total ou parcial de seu cumprimento pelos pais'. Em relação aos §§ 3.º e 4.º, muito se discute na doutrina civilista e processualista sobre o conteúdo da parte final do artigo hoje em vigor: 'intentada ação contra uma delas, poderão as demais ser chamadas a integrar a lide'. Há interpretações em vários sentidos, inclusive a respeito da modalidade de intervenção de terceiros aí prevista. Atualmente, há precedentes do STJ entendendo que tal não se cuida de uma espécie de intervenção de terceiros, mas sim de um litisconsórcio ulterior facultativo. Portanto, tanto o § 3.º quanto o 4.º são sugeridos a fim de acolher a atual jurisprudência em torno do tema, visando a garantir maior segurança jurídica às lides que envolvem alimentos".

Ao final, foram feitos reparos nas propostas iniciais da Subcomissão de Direito de Família e o dispositivo ora proposto pela Comissão de Juristas é o seguinte, vencida a minha posição: "Art. 1.698. Se o parente, que deve alimentos em primeiro lugar, não estiver em condições de suportar totalmente o encargo por incapacidade financeira total ou parcial, poderá o credor reclamá-los aos de grau imediato. § 1.º Sendo várias as pessoas obrigadas a prestar alimentos, concorrerão na proporção dos respectivos recursos. § 2.º É direito do alimentando demandar diretamente o obrigado sucessivo ou incluí-lo, a qualquer tempo, no polo passivo no curso da ação proposta contra o obrigado antecedente, desde que esteja comprovada a incapacidade financeira deste último".

Com o devido respeito, penso que a proposta resolve alguns dos dilemas hoje existentes, atribuindo ao alimentando, e somente a ele, a prerrogativa de indicar os demais parentes que devem suportar o encargo alimentar ou colocá-los no polo passivo, como verdadeiras opções que lhe são atribuídas.

Todavia, a proposição ainda oferece entraves materiais e processuais para o alimentando receber imediatamente o valor que lhe é devido. A existência de uma obrigação divisível, no meu entender, somente atrasa esse recebimento.

De toda sorte, tendo prevalecido pelo voto da maioria, a proposição destacada é a que foi enviada para o Congresso Nacional, cabendo a ele analisá-la, dentro dos *ditames democráticos*, que guiaram a nossa Comissão de Juristas.

e) *Obrigação imprescritível, ou melhor, não sujeita a prescrição*

Como se sabe, a pretensão aos alimentos é imprescritível, podendo ser mencionadas três razões para essa não sujeição à prescrição e à decadência: 1.ª) a ação de alimentos envolve estado de pessoas; 2.ª) a ação de alimentos é ação de Direito de Família; 3.º) a ação de alimentos tem natureza predominantemente declaratória, levando-se em conta os critérios científicos desenvolvidos por Agnelo Amorim Filho (*RT* 300/7 e 744/725).

Não se pode esquecer que a pretensão para a cobrança de alimentos já fixados em sentença ou ato voluntário prescreve em dois anos, contados a partir da data em que se vencerem (art. 206, § 2.º, do CC). Há, assim, uma *prescrição parcial* ou *parcelar*, que atinge as dívidas à medida que transposto o prazo, contado dos respectivos vencimentos das parcelas. Como leciona Nestor Duarte, "o direito de alimentos é imprescritível, alcançando a prescrição, apenas, as respectivas parcelas, ou seja, não existe prescrição nuclear ou de fundo de direito, mas, somente, a prescrição parcelar, como já vinha dispondo a Lei n. 5.478/68 (art. 23), cujo prazo foi reduzido de cinco para dois anos" (DUARTE, Nestor. *Código*..., 2010, p. 162).

Deve-se salientar, ato contínuo, que, se o alimentando for absolutamente incapaz (menores de 16 anos, na nova redação do art. 3.º do CC, alterado pela Lei 13.146/2015), contra ele não corre a prescrição (art. 198, inc. I, do CC). Trata-se de hipótese de impedimento da prescrição. Desse modo, todos os alimentos fixados em sentença e vencidos só terão a prescrição iniciada quando o menor completar 16 anos. Antes disso, a prescrição simplesmente fica paralisada.

Entretanto, mais uma regra referente à prescrição da pretensão deve ser lembrada. Se o pai ou a mãe forem os devedores dos alimentos, a prescrição não começa a correr quando o filho se torna relativamente capaz (aos 16 anos), porque, por expressa disposição de lei, a prescrição não corre entre ascendentes e descendentes durante o poder familiar (art. 197, inc. II, do CC). Assim sendo, na hipótese de alimentos devidos pelos pais aos filhos, a prescrição de dois anos só se inicia, em regra, quando o menor se tornar capaz aos 18 anos.

Caso o menor se emancipe antes de atingir os 18 anos; quer pela vontade dos pais (emancipação voluntária, que pode ocorrer a partir dos 16 anos completos); quer por determinação legal (em razão do casamento, colação de grau em curso superior, entre outras hipóteses), a prescrição inicia seu curso de imediato, pois a emancipação extingue o poder familiar.

Um quadro esquemático ajudará a entender a matéria:

	Direito aos alimentos	Prestação alimentícia já fixada	Prestação alimentícia já fixada em favor de absolutamente incapaz	Prestação alimentícia devida pelos pais aos filhos
Prazos	Não há prazo para se pleitear.	A pretensão para cobrança prescreve em dois anos.	A pretensão para cobrança prescreve em dois anos.	A pretensão para cobrança prescreve em dois anos.
Início do prazo prescricional	—	A prescrição se inicia com o vencimento.	A prescrição não corre contra absolutamente incapaz (art. 198, I, do CC). Só se iniciará quando o menor completar 16 anos.	A prescrição não corre entre ascendentes e descendentes durante o poder familiar (art. 197, II, do CC). Só se iniciará quando o menor completar 18 anos ou ocorrer a emancipação.

A ilustrar, imagine-se um filho de 5 anos de idade que pleiteia alimentos de seu pai, que tem a pensão fixada judicialmente em cinco salários mínimos. Vencidas as pensões, o pai nunca pagou o valor determinado. Passados 13 anos, o menor completa

18 anos e termina o poder familiar. Note-se que, então, inicia-se o prazo de dois anos para exercício da pretensão referente a todas as pensões vencidas neste longo período de tempo. Isso porque até o fim do poder familiar a prescrição estava impedida. Em suma, a pretensão prescreverá quando o menor completar a idade de 20 anos (dois anos após a maioridade).

Encerrando o tema, frise-se a seguinte oração, fulcral para o tema em estudo: a ação de alimentos é imprescritível, mas prescreve em dois anos a pretensão de cobrar alimentos já fixados, a partir do seu respectivo vencimento, não se podendo esquecer das regras relativas ao impedimento e à suspensão da prescrição.

f) Obrigação incessível e inalienável

Diante do seu caráter personalíssimo, o art. 1.707 do CC/2002 enuncia que a obrigação alimentar não pode ser objeto de cessão gratuita ou onerosa. Essa cessão deve ser lida em sentido amplo, a englobar a cessão de crédito (arts. 286 a 298 do CC), a cessão de débito ou assunção de dívida (arts. 299 a 303 do CC) e mesmo a cessão de contrato, se excepcionalmente for o caso.

Anote-se que os contratos de transmissão ou cessão não podem ter como objeto direitos essencialmente pessoais ou existenciais, principalmente aqueles relacionados com a própria dignidade humana, caso dos alimentos. Isso justifica também a inalienabilidade dos alimentos, ou seja, que eles não podem ser "vendidos" ou "doados".

Aplicando a norma, do Tribunal de Justiça do Rio Grande do Sul, é interessante acórdão que afasta a possibilidade de sub-rogação do crédito do filho em favor da mãe. Vejamos a ementa, que cita o dispositivo em análise como fundamento para a correta dedução:

"Execução de alimentos. Desistência do credor. Sub-rogação da genitora no crédito alimentar. Descabimento. 1. Incontroverso que o devedor proporcionou ao filho 'viagens pelo país e exterior, assim como presentes variados e de valor, inclusive um automóvel', verificou-se o efetivo pagamento da dívida de alimentos diretamente a quem efetivamente deles faz jus, sendo válida e eficaz a desistência da ação e do crédito alimentar eventualmente existente feita pelo filho, que é maior e capaz. 2. Não existe mais dívida de alimentos, quando se vê que o devedor cumpriu a sua obrigação de pai e não apenas pagou uma conta, mas está resgatando um vínculo. 3. Descabe incluir a genitora do credor de alimentos no polo ativo da ação, pois ela não é credora de valor algum, já que a obrigação alimentar é divisível, ou seja, a obrigação de prover o sustento da prole comum é do pai e da mãe, isto é, de um e de outro, de um ou do outro. 4. Não há possibilidade jurídica de um genitor buscar indenização do outro nem mesmo quando assume o sustento da prole comum, o que não é o caso, quando o genitor sempre pagou a verba alimentar e a execução discute apenas diferenças de valor. 5. Segundo expressa dicção do art. 1.707 do Código Civil, o crédito alimentar é insuscetível de cessão, compensação ou penhora, não havendo sub-rogação de crédito alimentar pela mãe em relação ao filho. Recurso provido" (TJRS, Agravo de Instrumento 164402-74.2012.8.21.7000, 7.ª Câmara Cível, Porto Alegre, Rel. Des. Sérgio Fernando de Vasconcellos Chaves, j. 25.07.2012, *DJERS* 31.07.2012).

Como reforço para essa impossibilidade de cessão contratual, seja gratuita, seja onerosa, pode ser mencionado o princípio da função social do contrato e o teor do Enunciado n. 23 do CJF/STJ, segundo o qual o princípio em questão limita a autonomia contratual quando presente interesse individual relativo à dignidade humana. O enunciado doutrinário *serve como luva* para o que aqui está sendo estudado.

Além disso, repise-se a regra do art. 11 do CC/2002, segundo o qual os direitos da personalidade são, como regra, intransmissíveis e irrenunciáveis, não podendo o seu exercício sofrer limitação voluntária. E não se olvide que os alimentos se situam entre esses direitos.

g) Obrigação incompensável

O mesmo art. 1.707 do Código Civil veda que a obrigação alimentar seja objeto de compensação, forma de pagamento indireto que gera a extinção de dívidas mútuas ou recíprocas, entre pessoas que são, ao mesmo tempo, credoras e devedoras entre si (arts. 368 a 380 do CC).

A atual codificação afasta a polêmica anterior a respeito da possibilidade de compensação de alimentos, principalmente nos casos de reciprocidade de dívidas entre alimentante-devedor e alimentando-credor, não importando a sua natureza. Ora, não há dúvidas quanto a essa impossibilidade. *Primeiro*, pelo teor taxativo do atual texto legal, que visa a proteger o alimentando. *Segundo*, pelo comentado caráter personalíssimo da obrigação alimentar. *Terceiro*, porque a compensação acaba sendo, de forma indireta, uma forma de repetição da dívida de alimentos já paga.

Contudo, consigne-se que na jurisprudência podem ser encontrados julgados que concluem pela possibilidade de compensação dos alimentos pagos a mais pelo devedor, o que seria plenamente justo diante da vedação do enriquecimento sem causa (art. 884 do CC). As principais ementas são do Tribunal Paulista, a exemplificar:

> "Alimentos. Irrepetibilidade. Possibilidade, porém, de efetuar-se a compensação excepcional dos alimentos recebidos a mais, para evitar o enriquecimento sem causa do favorecido. Orientação doutrinária e jurisprudencial. Recurso provido" (TJSP, Agravo de Instrumento 394.691-4/7-00/SP, 5.ª Câmara de Direito Privado, Rel. Silvério Ribeiro, 06.07.2005, v.u.).

> "Execução. Pensão alimentícia reduzida em segundo grau, retroagindo sua eficácia à data da citação (art. 13, § 2.º da Lei n.º 5.478/68). Valores pagos a mais pelo alimentante. Pleito de compensação e realização de novo cálculo do débito alimentar. Deferimento. Possibilidade no caso. Decisão mantida. Recurso desprovido" (TJSP, Agravo de Instrumento 377.745-4/0, 1.ª Câmara de Direito Privado, Birigui, Rel. Des. De Santi Ribeiro, j. 31.05.2005).

> "Alimentos. Compensação. Pagamento a maior em razão de inclusão indevida do 13.º salário. Necessidade de aplicação ponderada do princípio da não compensação. Possibilidade dos valores pagos a maior serem computados nas prestações vincendas. Recurso provido para que sejam abatidos mensalmente 20% sobre a pensão devida, até ser completado o valor do crédito" (TJSP, Agravo de Instrumento 257.458-4/4/SP, 4.ª Câmara de Direito Privado, Rel. Armindo Freire Mármora, 06.02.2003, v.u.).

Outra justificativa utilizada para tal conclusão é que não há uma compensação propriamente dita, mas sim um abatimento do valor que foi pago a maior anteriormente, pois as dívidas não são recíprocas.

Não se filia a tal forma de julgar. Se os alimentos foram pagos a mais, não caberá a sua repetição. Não cabendo a repetição do indébito, por óbvio não cabe a sua compensação. Nota-se que a possibilidade de compensação, nos casos aqui citados, acaba sendo utilizada como forma de reaver o que foi pago, o que é vedado quando se trata de obrigação de alimentos.

No que concerne ao afastamento do enriquecimento sem causa, este deve ceder espaço para uma proteção maior do alimentando, com fundamento constitucional na dignidade humana (art. 1.º, inc. III, da CF/1988 e art. 8.º do CPC/2015), utilizando-se a técnica de ponderação (art. 489, § 2.º, do CPC/2015). Concluindo pura e simplesmente pela impossibilidade de compensação dos alimentos, colaciona-se dos Tribunais Estaduais, para ilustrar:

"Agravo de instrumento. Execução de alimentos. Justificativa apresentada pelo executado não aceita. Descabimento da compensação de valor pago a maior, por equívoco da empregadora. Considerando que os alimentos são incompensáveis e irrepetíveis, inviável a compensação de valores pagos a maior postulada pelo devedor. Arts. 373, II, e 1.707 do Código Civil. Agravo de instrumento desprovido, de plano" (TJRS, Agravo de Instrumento 508158-94.2011.8.21.7000, 7.ª Câmara Cível, São Leopoldo, Rel. Des. Jorge Luís Dall'Agnol, j. 10.01.2012, DJERS 23.01.2012).

"Alimentos. Compensação. Impossibilidade. Decisão mantida. A norma insculpida no art. 333, I, do CPC obriga o embargante a provar os fatos constitutivos de seu direito. Não estando sobejamente comprovados, considera-se regular a penhora realizada, afastando-se a desconstituição pretendida. A intenção compensatória, ainda que tenha lhe dado outro nome o apelante, é incabível, uma vez que não se permite compensar créditos que provêm de execuções diversas, ainda mais se tratando de obrigação alimentar. Há, inclusive, expresso óbice legal, conforme a clara dicção do art. 1.707 do Código Civil. (...)" (TJMG, Apelação Cível 0168486-18.2008.8.13.0878, 1.ª Câmara Cível, Camanducaia, Rel. Des. Geraldo Augusto de Almeida, j. 22.02.2011, DJEMG 08.04.2011).

No mesmo sentido é a premissa n. 16, publicada na Edição n. 65 da ferramenta *Jurisprudência em Teses* do STJ (Alimentos I, de 2016): "não é possível a compensação dos alimentos fixados em pecúnia com parcelas pagas *in natura*". São citados os seguintes precedentes superiores: AgRg no AREsp 586.516/SP, Rel. Min. Marco Buzzi, 4.ª Turma, j. 17.03.2016, DJE 31.03.2016; AgRg no REsp 1.257.779/MG, 4.ª Turma, Rel. Min. Antonio Carlos Ferreira, j. 04.11.2014, DJE 12.11.2014; HC 297.951/SP, 4.ª Turma, Rel. Min. Maria Isabel Gallotti, j. 23.09.2014, DJE 29.09.2014; HC 109.416/RS, 3.ª Turma, Rel. Min. Massami Uyeda, j. 05.02.2009, DJE 18.02.2009).

Todavia, em março de 2017, surgiu uma aparente contradição, perante outra premissa, agora publicada na Edição 77 da *Jurisprudência em Teses* (Alimentos II). Conforme a afirmação número 13, os valores pagos a título de alimentos são insuscetíveis de compensação, salvo quando configurado o enriquecimento sem causa do alimentando. As teses parecem conflitantes, necessitando de uma pacificação, na minha opinião doutrinária.

Na verdade, a possibilidade de compensação de alimentos parece prevalecer na jurisprudência atual do STJ. A propósito, em 2018, a sua Quarta Turma prolatou decisão contrária à tese n. 16, constante da Edição n. 65 da citada ferramenta e acima aposta, com o seguinte teor:

"Controvérsia em torno da possibilidade, em sede de execução de alimentos, de serem deduzidas da pensão alimentícia fixada exclusivamente em pecúnia as despesas pagas 'in natura' referentes a aluguel, condomínio e IPTU do imóvel onde residia o exequente. Esta Corte Superior de Justiça, sob o prisma da vedação ao enriquecimento sem causa, vem admitindo, excepcionalmente, a mitigação do princípio da incompensabilidade dos alimentos. Precedentes. Tratando-se de custeio direto de despesas de natureza alimentar, comprovadamente feitas em prol do beneficiário, possível o seu abatimento no cálculo da dívida, sob pena de obrigar o executado ao duplo pagamento da pensão, gerando enriquecimento indevido do credor. No caso, o alimentante contribuiu por cerca de dois anos, de forma efetiva, para o atendimento de despesa incluída na finalidade da pensão alimentícia, viabilizando a continuidade da moradia do alimentado" (STJ, REsp 1.501.992/RJ, 3.ª Turma, Rel. Min. Paulo de Tarso Sanseverino, j. 20.03.2018, *DJe* 20.04.2018).

De qualquer forma, fazendo um contraponto doutrinário à minha posição aqui manifestada, Rolf Madaleno é a favor da compensação das dívidas alimentares, pois "a proibição da compensação alimentar vem repetida no Código Civil de 2002, mostrando-se como um dos exemplos que reclamam uma profunda reformulação do direito familista, diante da evolução dos costumes e da libertação econômica dos cônjuges e conviventes, já apartados dos tradicionais papéis dedicados exclusivamente aos afazeres domésticos" (MADALENO, Rolf. *Curso...*, 2008, p. 668).

Em sentido contrário, como réplica, na linha do defendido nesta obra, vale a argumentação de Paulo Lôbo, para quem, "quando a dívida for de alimentos e o alimentante for, ao mesmo tempo, credor do alimentando em virtude de alguma dívida que este tenha contraído com ele, não pode ser pleiteada a compensação porque não se compensa dívida de natureza econômica com dívida de natureza existencial" (LÔBO, Paulo. *Famílias...*, 2008, p. 349).

Como antes pontuado, trata-se de outro dilema que precisa ser resolvido por alteração legislativa, urgentemente. Por isso, no Projeto de Reforma do Código Civil elaborado pela Comissão de Juristas sugere-se a inclusão do § 1.º no novo art. 1.700-C da Lei Civil, prevendo que "os alimentos são irrepetíveis e absolutamente incompensáveis, mesmo nos casos de pagamento de valores a mais pelo devedor".

Com isso, o debate exposto estará encerrado, em prol da certeza, da segurança e da estabilidade das relações civis, esperando-se a sua aprovação pelo Parlamento Brasileiro.

h) *Obrigação impenhorável*

Por ser personalíssima, inacessível, inalienável, a obrigação alimentar é ainda impenhorável (arts. 1.707 do CC; 833, inc. IV, do CPC/2015 e 649, inc. IV, do CPC/1973). Essa impenhorabilidade mantém relação com o tão mencionado *Estatuto Jurídico do Patrimônio Mínimo*, de Luiz Edson Fachin, por vezes invocado em nossos trabalhos.

Observe-se, ao viés, que a *quebra de impenhorabilidades* se dá justamente diante da obrigação alimentar. A título de exemplo, o art. 3.º, inc. III, da Lei 8.009/1990 determina que uma das exceções à impenhorabilidade do bem de família legal ocorre nos casos de obrigação de alimentos, sendo cobrados de um ou mais integrantes da entidade familiar. Em complemento, acrescente-se que os alimentos têm o condão de quebrar a impenhorabilidade dos salários e rendas em geral, conforme o art. 833, § 2.º, do CPC/2015; correspondente ao art. 649, § 2.º, do CPC/1973, com ampliações.

i) *Obrigação irrepetível*

A irrepetibilidade dos alimentos é conceito antigo relacionado com a obrigação em questão, no sentido de que, sendo pagos, em hipótese alguma caberá ação de repetição de indébito (*actio de in rem verso*). O fundamento para tal dedução, segundo Pontes de Miranda, estaria na existência de uma *obrigação moral* (PONTES DE MIRANDA, Francisco Cavalcanti. *Tratado...*, 1971, t. IX, p. 209).

Segundo Yussef Said Cahali, "ainda que não haja em nosso direito disposição semelhante à do art. 2007, n. 2, do CC português, expresso no sentido de 'não há lugar, em caso algum, à restituição dos alimentos provisórios recebidos', considera-se pacífica a jurisprudência de nossos tribunais a irrepetibilidade das pensões ou de parcelas pagas pelo obrigado"

(CAHALI, Yussef Said. *Dos alimentos...*, 2009, p. 106). O fundamento dessa obrigação na personalidade e na tutela do indivíduo pode ser utilizado como suporte para afastar eventual repetição de indébito.

Sendo dessa forma, a alegação de pagamento indevido ou enriquecimento sem causa *não consegue vencer* a obrigação alimentar, diante da tão costumeira proteção da dignidade humana relacionada com o instituto.

A título de exemplo, se proposta ação de investigação de paternidade cumulada com alimentos e fixados alimentos provisionais e depois ficar comprovado que o réu não é pai da criança, não caberá a devolução dos valores pagos.

Em outro caso, imagine-se um homem enganado por uma mulher, que disse que estava esperando um filho seu; sendo depois constatado, via exame de DNA, que o filho não é do sujeito e que a mulher assim o fez por má-fé. Ora, os alimentos eventualmente pagos pelo enganado, aqui, também são irrepetíveis. Entretanto, deve-se entender que, nesse caso, caberá indenização por danos morais pelo engano, desde que evidenciados os prejuízos imateriais, diante de flagrante abuso de direito por desrespeito à boa-fé objetiva, que também deve estar presente nas relações familiares, conforme exposto no Capítulo 1 desta obra.

O fundamento para a ilicitude está no art. 187 do CC/2002, que consagra a vedação do abuso de direito, enunciando que também comete ato ilícito o titular de direito que, ao exercê-lo, excede manifestamente os limites impostos pelo seu fim social ou econômico, pela boa-fé ou pelos bons costumes. Ressalte-se que, na jurisprudência do STJ, há julgados reconhecendo expressamente esse dever de indenizar o marido enganado quanto à prole. Para exemplificar:

> "Recurso especial. Direito civil e processual. Danos materiais e morais. Alimentos. Irrepetibilidade. Descumprimento do dever de fidelidade. Omissão sobre a verdadeira paternidade biológica de filho nascido na constância do casamento. Dor moral configurada. Redução do valor indenizatório. 1. Os alimentos pagos a menor para prover as condições de sua subsistência são irrepetíveis. 2. O elo de afetividade determinante para a assunção voluntária da paternidade presumidamente legítima pelo nascimento de criança na constância do casamento não invalida a relação construída com o pai socioafetivo ao longo do período de convivência. 3. O dever de fidelidade recíproca dos cônjuges é atributo básico do casamento e não se estende ao cúmplice de traição a quem não pode ser imputado o fracasso da sociedade conjugal por falta de previsão legal. 4. O cônjuge que deliberadamente omite a verdadeira paternidade biológica do filho gerado na constância do casamento viola o dever de boa-fé, ferindo a dignidade do companheiro (honra subjetiva) induzido a erro acerca de relevantíssimo aspecto da vida que é o exercício da paternidade, verdadeiro projeto de vida. 5. A família é o centro de preservação da pessoa e base mestra da sociedade (art. 226 CF/88) devendo-se preservar no seu âmago a intimidade, a reputação e a autoestima dos seus membros. 6. Impõe-se a redução do valor fixado a título de danos morais por representar solução coerente com o sistema. 7. Recurso especial do autor desprovido; recurso especial da primeira corré parcialmente provido e do segundo corréu provido para julgar improcedente o pedido de sua condenação, arcando o autor, neste caso, com as despesas processuais e honorários advocatícios" (STJ, REsp 922.462/SP, 3.ª Turma, Rel. Min. Ricardo Villas Bôas Cueva, j. 04.04.2013, *DJe* 13.05.2013).

> "Responsabilidade civil. Dano moral. Marido enganado. Alimentos. Restituição. A mulher não está obrigada a restituir ao marido os alimentos por ele pagos em favor da criança que, depois se soube, era filha de outro homem. A intervenção do Tribunal

para rever o valor da indenização pelo dano moral somente ocorre quando evidente o equívoco, o que não acontece no caso dos autos. Recurso não conhecido" (STJ, REsp 412.684/SP (200200032640), 4.ª Turma, Rel. Min. Ruy Rosado de Aguiar, j. 20.08.2002, Publicação 25.11.2002).

Por fim, deve-se refletir sobre a ressalva apresentada por Yussef Said Cahali, no sentido de serem repetíveis os alimentos nos casos de cessação *ope legis* da obrigação alimentar, como quando "a divorciada oculta dolosamente seu novo casamento, beneficiando-se ilicitamente das pensões que continuaram sendo pagas: com o novo casamento, a divorciada perde, automaticamente, o direito à pensão que vinha recebendo do ex-marido, sem necessidade de ação exoneratória; as pensões acaso recebidas a partir do novo casamento deixam de ter caráter alimentar e, resultando de omissão dolosa, sujeitam-se à repetição" (*Dos alimentos...*, 2009, p. 106).

j) Obrigação intransacionável e não sujeita à arbitragem

Por todas as características demonstradas incansavelmente, a obrigação alimentar não pode ser objeto de transação, ou seja, de um contrato pelo qual a dívida é extinta por concessões mútuas ou recíprocas (arts. 840 a 850 do CC). Cite-se, aqui, a regra do art. 841 da codificação material pela qual apenas quanto a direitos patrimoniais de caráter privado se permite a transação. E como se sabe, a natureza alimentar é especial, *sui generis*, fundada na própria dignidade humana. Nesse sentido:

> "Direito processual civil. Direito de família. Apelação. Execução de alimentos. Sentença. Fundamentação sucinta. Nulidade. Inocorrência. Acordo. Homologação. Impossibilidade. Recurso provido. Decisão sucinta, desde que contenha os requisitos processuais, não enseja nulidade por falta de fundamentação, ainda mais quando se cuida de homologação de acordo. O magistrado não pode homologar acordo onde há renúncia de crédito alimentar, porque o direito a alimentos, por ser absoluto e, consequentemente, indisponível, não pode ser objeto de dispensa ou transação, nos termos do artigo 841 do Código Civil; e, mais, quando o acordo levado à homologação vem firmado por pessoa que, ante a maioridade da credora dos alimentos, já não poderia assisti-la, menos ainda representá-la" (TJMG, Apelação Cível 1.0071.07.032087-5/0011, 4.ª Câmara Cível, Boa Esperança, Rel. Des. Moreira Diniz, j. 14.08.2008, *DJEMG* 09.09.2008).

De toda sorte, cumpre salientar que é admitida a transação em relação ao *quantum* alimentar, o que não pode representar renúncia, pela dicção do art. 1.707 do CC/2002. O aplicador do Direito – especialmente o juiz da Vara da Família – deve sempre estar atento a tais acordos, para que o valor fixado não gere afronta ao patrimônio mínimo das partes envolvidas.

Além de ser intransacionável na essência, a obrigação alimentar não pode ser objeto de compromisso ou arbitragem. Nesse sentido, prevê o art. 852 do CC/2002 que está vedado o compromisso para solução de questões de estado e de direito pessoal de família, caso dos alimentos.

De qualquer modo, os alimentos podem ser objeto de mediação familiar, que não se confunde com a arbitragem, pois os mediadores apenas tentam conduzir as partes à composição amigável, não decidindo sobre qualquer questão técnica. A utilização da mediação é incentivada pelo CPC/2015, em vários de seus dispositivos; regulamentada, ainda, pela Lei 13.140/2015.

k) Obrigação transmissível

Outro dispositivo polêmico da atual codificação material é o seu art. 1.700, *in verbis*: "a obrigação de prestar alimentos transmite-se aos herdeiros do devedor, na forma do art. 1.694". De acordo com o comando legal, em relação ao devedor, está consagrada a *transmissibilidade da obrigação alimentar*.

O atual Código Privado, assim, supostamente, encerraria polêmica anterior. Isso porque, quanto às relações de parentesco, havia norma expressa no art. 402 do CC/1916 no sentido de que a obrigação seria intransmissível. No que toca ao casamento, ou mesmo à união estável, a obrigação era considerada transmissível segundo o art. 23 da Lei do Divórcio. De todo modo, como se verá a seguir, a aplicação da norma foi esvaziada na prática, nos mais de vinte anos de vigência da atual Lei Geral Privada.

Aplicando o novo dispositivo e responsabilizando o espólio, da jurisprudência do STJ, cabe destacar:

"Direito civil e processual civil. Execução. Alimentos. Transmissibilidade. Espólio. Transmite-se, aos herdeiros do alimentante, a obrigação de prestar alimentos, nos termos do art. 1.700 do CC/02. O espólio tem a obrigação de continuar prestando alimentos àquele a quem o falecido devia. Isso porque o alimentado e herdeiro não pode ficar à mercê do encerramento do inventário, considerada a morosidade inerente a tal procedimento e o caráter de necessidade intrínseco aos alimentos. Recurso Especial provido" (STJ, REsp 1.010.963/MG, 3.ª Turma, Rel. Min. Fátima Nancy Andrighi, j. 26.06.2008, *DJE* 05.08.2008).

A respeito dessa responsabilidade do espólio, concluiu o próprio Superior Tribunal de Justiça pela necessidade de condenação prévia do falecido para que o espólio responda. A decisão foi assim publicada no *Informativo* n. 420 do STJ:

"Alimentos. Espólio. Legitimidade. Trata-se de REsp em que se discute a legitimidade do espólio para figurar como réu em ação de alimentos e a possibilidade de ele contrair obrigação de alimentar, mesmo que inexistente condenação antes do falecimento do autor da herança. A Turma entendeu que, inexistindo condenação prévia do autor da herança, não há por que falar em transmissão do dever jurídico de prestar alimentos em razão de seu caráter personalíssimo, portanto intransmissível. Assim, é incabível, no caso, ação de alimentos contra o espólio, visto que não se pode confundir a regra do art. 1.700 do CC/2002, segundo a qual a obrigação de prestar alimentos transmite-se aos herdeiros do devedor, com a transmissão do dever jurídico de alimentar, utilizada como argumento para a propositura da referida ação. Trata-se de coisas distintas. O dever jurídico é abstrato e indeterminado e a ele se contrapõe o direito subjetivo, enquanto a obrigação é concreta e determinada e a ela se contrapõe uma prestação. Ressaltou-se que, na hipótese, as autoras da ação eram netas do *de cujus* e, já que ainda vivo o pai, não eram herdeiras do falecido. Assim, não há sequer falar em alimentos provisionais para garantir o sustento enquanto durasse o inventário. Por outro lado, de acordo com o art. 1.784 do referido código, aberta a sucessão, a herança é transmitida, desde logo, aos herdeiros legítimos e testamentários. Dessa forma, o pai das alimentandas torna-se herdeiro e é a sua parte da herança que deve responder pela obrigação de alimentar seus filhos, não o patrimônio dos demais herdeiros do espólio" (STJ, REsp 775.180/MT, Rel. Min. João Otávio de Noronha, j. 15.12.2009).

Em data mais próxima, a premissa foi aplicada em caso envolvendo a ex-estudante de Direito Suzane von Richthofen, condenada a 38 anos de reclusão pelo envolvimento no homicídio dos pais, e que pleiteava o pagamento de verbas alimentares ao espólio de seus genitores. Consta da ementa desse julgamento que "embora a jurisprudência desta Corte Superior admita, nos termos dos arts. 23 da Lei do Divórcio e 1.700 do Código Civil, que, caso exista obrigação alimentar preestabelecida por acordo ou sentença – por ocasião do falecimento do autor da herança –, possa ser ajuizada ação de alimentos em face do Espólio – de modo que o alimentando não fique à mercê do encerramento do inventário para que perceba as verbas alimentares –, não há cogitar em transmissão do dever jurídico de prestar alimentos, em razão de seu caráter personalíssimo e, portanto, intransmissível". Em complemento, deduziram os julgadores que "igualmente, ainda que não fosse a ação de alimentos ajuizada em face de espólio, foi manejada quando a autora já havia alcançado a maioridade e extinto o poder familiar. Assim, não há cogitar em concessão dos alimentos vindicados, pois não há presunção de dependência da recorrente, nos moldes dos precedentes desta Corte Superior" (STJ, REsp 1.337.862/SP, 4.ª Turma, Rel. Min. Luis Felipe Salomão, j. 11.02.2014, *DJe* 20.03.2014).

Pontuou, ainda, o Ministro Relator que "o preso tem direito à alimentação suficiente, assistência material, saúde e ao vestuário, enquanto que a concessão de alimentos demanda a constatação ou presunção legal de necessidade daquele que os pleiteia; todavia, na exordial, em nenhum momento a autora afirma ter buscado trabalhar durante o período em que se encontra reclusa, não obstante a atribuição de trabalho e a sua remuneração sejam, conforme disposições da Lei de Execução Penal, simultaneamente um direito e um dever do preso" (STJ, REsp 1.337.862/SP, 4.ª Turma, Rel. Min. Luis Felipe Salomão, j. 11.02.2014, *DJe* 20.03.2014).

A tese foi reafirmada em julgado publicado em 2015, até com maior contundência. Vejamos o aresto constante do *Informativo* n. 555 do Tribunal da Cidadania:

"Extingue-se, com o óbito do alimentante, a obrigação de prestar alimentos a sua ex-companheira decorrente de acordo celebrado em razão do encerramento da união estável, transmitindo-se ao espólio apenas a responsabilidade pelo pagamento dos débitos alimentares que porventura não tenham sido quitados pelo devedor em vida (art. 1.700 do CC). De acordo com o art. 1.700 do CC, 'A obrigação de prestar alimentos transmite-se aos herdeiros do devedor, na forma do art. 1.694'. Esse comando deve ser interpretado à luz do entendimento doutrinário de que a obrigação alimentar é fruto da solidariedade familiar, não devendo, portanto, vincular pessoas fora desse contexto. A morte do alimentante traz consigo a extinção da personalíssima obrigação alimentar, pois não se pode conceber que um vínculo alimentar decorrente de uma já desfeita solidariedade entre o falecido-alimentante e a alimentada, além de perdurar após o término do relacionamento, ainda lance seus efeitos para além da vida do alimentante, deitando garras no patrimônio dos herdeiros, filhos do *de cujus*. Entender que a obrigação alimentar persiste após a morte, ainda que nos limites da herança, implicaria agredir o patrimônio dos herdeiros (adquirido desde o óbito por força da *saisine*). Aliás, o que se transmite, no disposto do art. 1.700 do CC, é a dívida existente antes do óbito e nunca o dever ou a obrigação de pagar alimentos, pois personalíssima. Não há vínculos entre os herdeiros e a ex-companheira que possibilitem se protrair, indefinidamente, o pagamento dos alimentos a esta, fenecendo, assim, qualquer tentativa de transmitir a obrigação de prestação de alimentos após a morte do alimentante. O que há, e isso é inegável, até mesmo por força do expresso texto de lei, é a transmissão da dívida decorrente do débito alimentar que porventura não tenha sido paga pelo alimentante enquanto em vida. Essa limitação de efeitos não torna inócuo o texto legal que preconiza a transmissão, pois, no âmbito do STJ, se vem dando interpretação que, embora lhe outorgue efetividade, não descura dos comandos macros que regem as relações das obrigações alimentares" (STJ, REsp 1.354.693/SP, Rel. originário Min. Maria Isabel Gallotti, voto vencedor Min. Nancy Andrighi, Rel. para acórdão Min. Antonio Carlos Ferreira, j. 26.11.2014, *DJe* 20.02.2015).

Sucessivamente, a posição se consolidou de tal forma que passou a constituir a ferramenta *Jurisprudência em Teses* da Corte. Conforme a premissa n. 7, publicada na sua Edição 77 (Alimentos II), "a obrigação de prestar alimentos é personalíssima, intransmissível e extingue-se com o óbito do alimentante, cabendo ao espólio saldar, tão somente, os débitos alimentares preestabelecidos mediante acordo ou sentença não adimplidos pelo devedor em vida, ressalvados os casos em que o alimentado seja herdeiro, hipóteses nas quais a prestação perdurará ao longo do inventário" (março de 2017).

Nota-se, portanto, que, além de todas as ressalvas relativas ao comando, apesar de o art. 1.700 do Código Civil afirmar a transmissibilidade da obrigação em relação aos herdeiros do devedor, a jurisprudência superior tem entendimento em sentido oposto, pela sua intransmissibilidade, como premissa geral.

Pois bem, em sentido contrário a todos esses arestos e posições, anotam Jones Figueirêdo Alves e Mário Luiz Delgado que os herdeiros não respondem somente até os limites das dívidas do alimentante vencidas enquanto este era vivo, havendo uma assunção total da obrigação alimentar, de forma continuada, "figurando a remissão ao art. 1.694 no sentido de a obrigação ser assumida pelos herdeiros, em conformidade com os seus recursos pessoais, o que pode implicar revisionamento da obrigação" (*Código Civil...*, 2005, p. 868). Para os doutrinadores citados, a norma está de acordo com o *princípio da socialidade*, argumento ao qual se filia. Maria Helena Diniz, do mesmo modo, entende que a transmissão abrange as dívidas vincendas, pois o art. 1.700 do CC refere-se à obrigação de prestar alimentos (*Código Civil...*, 2005, p. 1.392). Por óbvio, essa transmissão também deve ser encarada sob o binômio *necessidade/possibilidade*, apesar de haver uma assunção integral.

Entretanto, no âmbito doutrinário, vale dizer que para Maria Berenice Dias a transmissão da obrigação vai apenas até os limites da herança, não havendo uma assunção integral (*Manual...*, 2007, p. 458). Assim entendeu a 7.ª Câmara do Tribunal de Justiça do Rio Grande do Sul, em acórdão de junho de 2006 (Proc. 70014861744). Do mesmo modo, decisão do Tribunal de Justiça de São Paulo do ano de 2009 (TJSP, Apelação com revisão 566.878.4/9, Acórdão 3361037, 3.ª Câmara de Direito Privado, Itatiba, Rel. Des. Jesus de Nazareth Lofrano, j. 18.11.2008, *DJESP* 15.01.2009). Essa também é a conclusão a que se chegou na *IV Jornada de Direito Civil*, com a aprovação do Enunciado n. 343 do CJF/STJ, prevendo que "a transmissibilidade da obrigação alimentar é limitada às forças da herança". Em suma, este último parece ser o entendimento majoritário, para os devidos fins práticos, que esvazia novamente o conteúdo do art. 1.700 do CC/2002.

Destaque-se que havia proposta de alteração do art. 1.700 do CC/2002, voltando ao sistema anterior, pelo antigo Projeto Ricardo Fiuza. Pelo projeto, a obrigação somente seria transmissível nos casos de casamento e união estável, e não nos casos de parentesco ("Art. 1.700. A obrigação de prestar alimentos decorrente do casamento e da união estável transmite-se aos herdeiros do devedor, nos limites das forças da herança, desde que o credor da pensão alimentícia não seja herdeiro do falecido"). A proposta de alteração foi formulada por Regina Beatriz Tavares da Silva, que tem entendimento doutrinário nesse sentido (*Novo Código...*, 2004, p. 1.557).

Para encerrar o estudo do tema, importante também pontuar que, no Projeto de Reforma do Código Civil, a Comissão de Juristas pretende resolver as polêmicas expostas nos meus comentários doutrinários, e seguindo a posição que hoje é majoritária na jurisprudência superior e constante de Enunciado n. 343 da *IV Jornada de Direito Civil*. Por esse caminho, o art. 1.700 do CC/2002 passará a prever que "a morte do devedor extingue a obrigação de prestar alimentos, transmitindo-se aos herdeiros a obrigação de pagar eventuais prestações vencidas, respeitada a força da herança".

Em tom complementar, com a finalidade de proteger o filho com menos de 18 anos de idade, e para a tutela de vulnerabilidades, o novo art. 1.700-A enunciará o seguinte: "ocorrendo a morte do devedor e em caso de ser o alimentando também seu herdeiro com menos de dezoito anos de idade, terá o direito de obter, antes da partilha e a título de antecipação do seu quinhão hereditário, bens suficientes para prover a própria subsistência".

Com isso, todos os debates hoje existentes, na doutrina e na jurisprudência, a respeito da transmissão dos alimentos aos herdeiros do devedor estarão definitivamente encerrados, resolvendo-se os problemas práticos advindos da norma.

7.3 PRINCIPAIS CLASSIFICAÇÕES DOS ALIMENTOS

Superada a análise das principais características da obrigação alimentar, é preciso estudar as suas diversas classificações, o que é fundamental para a categorização jurídica do tema. Vejamos quais são essas modalidades apresentadas pela doutrina que serviu como referência para este trabalho.

I – Classificação dos alimentos quanto às fontes:

a) *Alimentos legais*: são os alimentos decorrentes de lei, fundamentados no Direito de Família e relacionados com o casamento, com a união estável ou com uma relação de parentesco, nos termos do art. 1.694 do CC. Podem também ser denominados de *alimentos familiares*. Somente na falta de pagamento desses alimentos, fundamentados na dignidade humana, é que cabe a prisão civil.

b) *Alimentos convencionais*: são aqueles fixados por força de contrato, testamento ou legado, ou seja, que decorrem da autonomia privada do instituidor. Esses alimentos não necessariamente decorrem de obrigação alimentar fixada em lei. Desse modo, não cabe prisão civil pela falta do seu pagamento, a não ser que sejam legais.

c) *Alimentos indenizatórios, ressarcitórios* ou *indenitários*: são aqueles devidos em virtude da prática de um ato ilícito como, por exemplo, o homicídio, hipótese em que as pessoas que do morto dependiam podem pleiteá-los. Estão previstos no art. 948, inc. II, do CC, tendo fundamento a responsabilidade civil e lucros cessantes, conforme exposto no volume 2 da presente coleção. Também não cabe prisão civil pela falta de pagamento desses alimentos, conforme a correta interpretação jurisprudencial (STJ, HC 92.100/DF, 3.ª Turma, Rel. Min. Ari Pargendler, j. 13.11.2007, *DJ* 01.02.2008, p. 1; STJ, REsp 93.948/SP, 3.ª Turma, Rel. Min. Eduardo Ribeiro, j. 02.04.1998, *DJ* 01.06.1998, p. 79). Acredito que essa posição deva ser mantida na vigência do CPC/2015, até porque os alimentos indenizatórios estão tratados em dispositivo próprio, sem qualquer menção à prisão civil (art. 533).

II – Classificação dos alimentos quanto à extensão:

a) *Alimentos civis* ou *côngruos*: visam à manutenção do *status quo antes*, ou seja, a condição anterior da pessoa, tendo um conteúdo mais amplo, nos termos do art. 1.694 do CC. Em regra, os alimentos são devidos dessa forma, especialmente quanto aos filhos.

b) *Alimentos indispensáveis, naturais* ou *necessários*: visam somente ao indispensável à sobrevivência da pessoa, também com dignidade. Englobam alimentação, saúde, moradia e vestuário, sem exageros, dentro do princípio da proporcionalidade. Eventualmente, também se inclui a educação de menores. Esse conceito ganhou importância com o Código Civil de 2002, pois o culpado pelo fim da união somente poderá pleitear esses alimentos do inocente (art. 1.694, § 2.º, do CC). Todavia, há quem entenda, como Paulo Lôbo, que tal dispositivo está revogado pela alteração do art. 226, § 6.º, da CF/1988 pela *Emenda do Divórcio*, perdendo importância a presente categorização (LÔBO, Paulo. Divórcio... Disponível em: <http://www.ibdfam.org.br/?artigos&artigo=629>. Acesso em: 11 fev. 2010). Essa é a principal polêmica envolvendo a EC 66/2010 e os alimentos, tema que será devidamente aprofundado neste capítulo.

III – *Classificação dos alimentos quanto ao tempo:*

a) *Alimentos pretéritos*: são aqueles que ficaram no passado e que não podem mais ser cobrados, via de regra, eis que o princípio que rege os alimentos é o da *atualidade*. Repise-se que somente podem ser cobrados os alimentos fixados por sentença ou acordo entre as partes, no prazo prescricional de dois anos, contados dos seus respectivos vencimentos (art. 206, § 2.º, do CC).

b) *Alimentos presentes*: são aqueles que estão sendo exigidos no momento, e que pela atualidade da obrigação alimentar podem ser cobrados mediante ação específica.

c) *Alimentos futuros*: são os alimentos pendentes, como aqueles que vão vencendo no curso da ação e que podem ser cobrados quando chegar o momento próprio, mais uma vez diante da atualidade da obrigação alimentar.

IV – *Classificação quanto à forma de pagamento:*

a) *Alimentos próprios* ou *in natura*: são aqueles pagos em espécie, ou seja, por meio do fornecimento de alimentação, sustento e hospedagem, sem prejuízo do dever de prestar o necessário para a educação dos menores (art. 1.701, *caput*, do CC). Conforme a premissa número 7, publicada na Edição n. 65 da ferramenta Jurisprudência em Teses, do STJ: "é possível a modificação da forma da prestação alimentar (em espécie ou *in natura*), desde que demonstrada a razão pela qual a modalidade anterior não mais atende à finalidade da obrigação, ainda que não haja alteração na condição financeira das partes nem pretensão de modificação do valor da pensão".

b) *Alimentos impróprios*: são aqueles pagos mediante pensão. Cabe ao juiz da causa, de acordo com as circunstâncias do caso concreto, fixar qual a melhor forma de cumprimento da prestação (art. 1.701, parágrafo único, do CC). Tornou-se comum a sua fixação em salários mínimos, sendo esse utilizado como índice de correção monetária, o que se admite, pois os alimentos não representam *dívida de dinheiro*, e sim *dívida de valor*, pois são fixados para a aquisição de certos bens da vida. Esse critério, contudo, não é obrigatório. Vale dizer que a Lei 11.232/2005 introduziu alteração no art. 475-Q do CPC/1973, que passou a preceituar que os alimentos indenizatórios podem ser fixados em salários mínimos. A premissa foi confirmada pelo art. 533 do CPC/2015, seu correspondente. Apesar dessas previsões processuais, há quem entenda que essa fixação em salários mínimos é inconstitucional, pois não se pode utilizar esse parâmetro para outros fins que não seja o de pagamento de salário aos trabalhadores (art. 7.º, inc. IV, da CF/1988). Não se filia a esse último argumento, pois o dispositivo constitucional invocado somente se aplica às relações entre empregadores e trabalhadores, não prejudicando em nada o trabalhador a fixação dos alimentos por essa forma. Afastando essa última posição, a premissa n. 17 constante da Edição n. 65 da ferramenta *Jurisprudência em Teses*, do STJ, *in verbis*: "é possível a fixação da pensão alimentícia com base em determinado número de salários-mínimos". Essa afirmação deve, portanto, ser considerada obrigatória, para os devidos fins práticos.

V – *Classificação dos alimentos quanto à finalidade:*

a) *Alimentos definitivos* ou *regulares*: são aqueles fixados definitivamente, por meio de acordo de vontades ou de sentença judicial já transitada em julgado. A Lei 11.441/2007 possibilitou que esses alimentos sejam fixados quando da celebração do divórcio por escritura pública, no Tabelionato de Notas; regra confirmada pelo art. 733 do CPC/2015. É importante ressaltar que embora recebam a denominação "definitivos", os alimentos podem ser revistos se sobrevier mudança na situação financeira de quem os supre, ou na de quem os recebe, podendo o interessado reclamar ao juiz, conforme as circunstâncias, a sua exoneração, redução ou majoração do encargo (art. 1.699 do CC).

b) *Alimentos provisórios*: são aqueles fixados de imediato na ação de alimentos que segue o rito especial previsto na Lei 5.478/1968 (Lei de Alimentos), norma que não foi totalmente revogada pelo CPC/2015, permanecendo em vigor na maioria dos seus dispositivos. Em outras palavras, estão fundados na obrigação alimentar e, por isso, exigem prova pré-constituída do parentesco (certidão de nascimento) ou do casamento (certidão de casamento). São frutos da cognição sumária do juiz antes mesmo de ouvir o réu da demanda.

c) *Alimentos provisionais*: são aqueles fixados em outras ações que não seguem o rito especial mencionado, visando manter a parte que os pleiteia no curso da lide, por isso a sua denominação *ad litem*. Na vigência do CPC/1973, eram fixados por meio de antecipação de tutela ou em liminar concedida em medida cautelar de separação de corpos em ações em que não houvesse a mencionada prova pré-constituída, caso da ação de investigação de paternidade ou da ação de reconhecimento e dissolução da união estável. Nesse sentido, dispõe o art. 1.706 do atual CC que "os alimentos provisionais serão fixados pelo juiz, nos termos da lei processual". Pontue-se que o CPC/2015 não reproduziu as antigas regras dos arts. 852 a 854 do CPC/1973, que tratavam dos alimentos provisionais, em sede de medida cautelar específica. Sendo assim, acredito que os alimentos provisionais estarão enquadrados em algumas das regras relativas à tutela provisória, de urgência ou de evidência, entre os arts. 300 a 311 do CPC/2015. Somente a prática familiarista poderá demonstrar qual a categoria em que se situará o instituto. Entretanto, diante do costume jurisprudencial anterior, possivelmente o enquadramento se dará no procedimento cautelar de caráter antecedente, nos termos dos arts. 305 a 310 do Estatuto Processual em vigor.

d) *Alimentos transitórios*: como visto, reconhecidos pela jurisprudência do STJ, são aqueles fixados por determinado período de tempo, a favor de ex-cônjuge ou ex-companheiro, para que volte ao mercado de trabalho, e fixando-se previamente o seu termo final. Conforme se extrai de importante ementa daquele Tribunal Superior, na presente obra antes mencionada, "a obrigação de prestar alimentos transitórios – a tempo certo – é cabível, em regra, quando o alimentando é pessoa com idade, condições e formação profissional compatíveis com uma provável inserção no mercado de trabalho, necessitando dos alimentos apenas até que atinja sua autonomia financeira, momento em que se emancipará da tutela do alimentante – outrora provedor do lar –, que será então liberado da obrigação, a qual se extinguirá automaticamente" (STJ, REsp 1.025.769/MG, 3.ª Turma, Rel. Min. Nancy Andrighi, j. 24.08.2010, *DJe* 01.09.2010, ver *Informativo* n. 444). Em 2016, a premissa passou a compor a Edição

n. 65 da ferramenta *Jurisprudência em Teses do* Tribunal da Cidadania, com uma ressalva importante. Nos termos da afirmação número 14, "os alimentos devidos entre ex-cônjuges devem ter caráter excepcional, transitório e devem ser fixados por prazo determinado, exceto quando um dos cônjuges não possua mais condições de reinserção no mercado do trabalho ou de readquirir sua autonomia financeira". No Projeto de Reforma do Código Civil, a Comissão de Juristas sugere a inclusão desses alimentos transitórios de forma expressa na norma. Assim, no novo capítulo relativo aos "alimentos devidos às famílias conjugais e convivenciais", o art. 1.702 da Lei Geral Privada preverá que, "em caso de dissolução do casamento, da sociedade conjugal ou convivencial, sendo um dos cônjuges desprovido de recursos, prestar-lhe-á o outro a pensão alimentícia que o juiz fixar, obedecidos os critérios estabelecidos no art. 1.694". E mais, nos termos do seu projetado parágrafo único, "verificando-se que o credor reúne aptidão para obter, por seu próprio esforço, renda suficiente para a sua mantença, poderá o juiz fixar a pensão alimentícia com termo final, observado o lapso temporal necessário e razoável para que ele promova a sua inserção, recolocação ou progressão no mercado de trabalho". Mais uma vez, a proposição é de se inserir, na norma jurídica, o entendimento hoje considerado como majoritário, em prol da segurança jurídica, retirando-se qualquer influência da culpa a respeito dos alimentos.

A última classificação esposada é a mais importante de todas, diante de suas repercussões práticas. Conforme sempre advertiu Flávio Augusto Monteiro de Barros a diferenciação é importante no que tange ao prazo da prisão civil do alimentante-devedor (*Manual...*, 2005, p. 141). Apontava o autor que, quanto aos alimentos provisionais, o prazo máximo de prisão seria de três meses (art. 733, § 1.º, do CPC/1973). Em relação aos definitivos e provisórios, a prisão não pode ultrapassar sessenta dias (art. 19 da Lei 5.478/1968).

Essa diferenciação parece estar mantida na vigência do CPC/2015. Isso porque não foi revogado o art. 19 da Lei de Alimentos. No novo sistema processual, o prazo de prisão civil é de um a três meses, passando a ser aplicado aos alimentos definitivos e provisórios, por expressa previsão do seu art. 531, *caput*. Em relação aos alimentos provisionais, não há qualquer disposição no Estatuto Processual emergente, o que pode levantar dúvida de sua retirada do sistema.

Todavia, reafirme-se que tais alimentos são utilizados para satisfazer os interesses de filhos não reconhecidos, que ainda não têm a prova pré-constituída da obrigação alimentar, ou seja, que ainda não têm a certidão de nascimento para a prova do vínculo de filiação. Ora, soaria como inconstitucional a não possibilidade de prisão em casos tais, por infringência ao princípio da igualdade entre os filhos, retirado do art. 227, § 6.º, da Constituição Federal.

Sendo assim, parece-me que os alimentos provisionais continuam no sistema, aplicando-se para tais verbas a antiga regra do art. 19 da Lei de Alimentos, especialmente pelo uso do termo para a instrução da causa. Em apurada síntese, a nosso ver, para os alimentos provisionais a prisão deve ser de até 60 dias.

De qualquer forma, continuará forte o entendimento segundo o qual o prazo máximo para a prisão civil, em qualquer situação, é de sessenta dias, por tratar-se de lei especial. Além disso, pode-se sustentar a aplicação da norma mais favorável ao réu ou executado. Essa última tese vem crescendo na jurisprudência brasileira, podendo ser transcritas as seguintes ementas, para exemplificar:

"*Habeas corpus*. Prisão civil. Dívida de alimentos. Decreto de prisão. Ausência de ilegalidade. Manutenção. Prazo máximo. 60 (sessenta) dias. Lei de alimentos. Concessão parcial do *writ*. Tratando-se de dívida alimentar correspondente aos três meses anteriores à propositura da ação acrescidos das parcelas vincendas, perfeitamente aplicável a execução nos termos do art. 733 do CPC. – O prazo máximo para a prisão civil por débito alimentar é de 60 dias, por força do disposto no art. 19, da Lei n. 5.478/68 (Lei de alimentos). – Ordem concedida parcialmente" (TJMG, HC 1.0000.09.490625-2/0001, 7.ª Câmara Cível, Belo Horizonte, Rel. Desig. Des. Heloisa Combat, j. 24.03.2009, *DJEMG* 22.05.2009).

"Agravo de instrumento. Execução de alimentos. Prisão civil decretada pelo prazo de 90 dias. Maioridade do alimentando. Cessação imediata. Impossibilidade. A maioridade civil do filho, por si só, não acarreta a imediata cessação do dever de prestar alimentos. Limite máximo de 60 dias previsto na Lei Especial n.º 5.478/68 que deve prevalecer. Redução do prazo de prisão para 30 dias determinado de ofício. Recurso parcialmente provido para esse fim" (TJSP, Agravo de Instrumento 582.353.4/0, Acórdão 3302923, 3.ª Câmara de Direito Privado, General Salgado, Rel. Des. Egidio Jorge Giacoia, j. 21.10.2008, *DJESP* 25.11.2008).

"*Habeas corpus*. Prisão civil. Prazo de noventa dias. Ilegalidade. 1. Apesar do disposto no art. 733 do CPC, o prazo máximo de prisão civil por dívida de alimentos continua sendo regulado pela Lei 5.478/1968, que contém regra mais favorável ao paciente da medida excepcional. 2. É ilegal a prisão civil por dívida alimentar por prazo superior a sessenta dias. Ordem concedida" (TJRS, Processo 70011535630, 7.ª Câmara Cível, Comarca de Santa Maria, Rel. Juiz Sérgio Fernando de Vasconcellos Chaves, 10.06.2005).

Realmente, a tese constante dos julgados transcritos parece ser o melhor caminho, à luz de uma visão mais humanitária do Direito Civil e de um *Direito Privado Personalizado*, que busca de forma incessante a proteção da dignidade humana, nos termos do que consta dos arts. 1.º e 8.º do CPC/2015. A par dessas ideias, entendo que é plenamente justificável uma interpretação mais favorável ao réu devedor.

Destaque-se, por fim, que a tendência é a de abolir a prisão civil por dívidas ou torná-la a *ultima ratio*, a última medida a ser tomada, conforme parece constar do Código de Processo Civil de 2015, como se verá ainda neste capítulo.

7.4 MODALIDADES CONTEMPORÂNEAS DE ALIMENTOS. ALIMENTOS COMPENSATÓRIOS, GRAVÍDICOS E *INTUITU FAMILIAE*

Analisadas as principais classificações dos alimentos, resolveu-se abrir um novo tópico nesta obra, para estudo específico de modalidades contemporâneas de alimentos. Três dessas novas categorias serão estudadas nesta seção, com o acréscimo futuro de institutos que emergirem da legislação, da doutrina e da jurisprudência nacionais.

Como primeiro instituto a ser abordado, vejamos a matéria relativa aos *alimentos compensatórios*, construção desenvolvida no Brasil por Rolf Madaleno, a partir de estudos do Direito Espanhol e Argentino. A partir das lições de Jorge O. Azpiri, leciona o jurista brasileiro que os alimentos compensatórios constituem "uma prestação periódica em dinheiro, efetuada por um cônjuge em favor do outro na ocasião da separação ou do divórcio vincular, onde se produziu um desequilíbrio econômico em comparação com o estilo de vida experimentado durante a convivência matrimonial, compensando deste modo, a disparidade social e econômica com a qual se depara o alimentando em função da separação, comprometendo suas obrigações materiais, seu estilo de vida e a sua subsistência pessoal" (*Curso...*, 2008, p. 725).

Desse modo, ainda de acordo com o doutrinador, os citados alimentos visam a indenizar, "por determinado tempo ou não, o desequilíbrio econômico causado pela repentina redução do padrão socioeconômico do cônjuge desprovido de bens e meação, sem pretender a igualdade econômica do casal que desfez sua relação, mas que procura reduzir os efeitos deletérios surgidos da súbita indigência social, causada pela ausência de recursos pessoais, quando todos os ingressos eram mantidos pelo parceiro, mas que deixaram de suportar com a separação ou o divórcio" (MADALENO, Rolf. *Curso...*, 2008, p. 726).

A hipótese típica é de escolha pelas partes do regime de separação convencional de bens, em que não há a comunicação de qualquer bem. Finda a sociedade conjugal ou convivencial, é possível que um dos consortes pleiteie do outro uma *verba extra*, a título de alimentos compensatórios.

Na doutrina contemporânea, outros juristas veem com bons olhos a sua fixação. Nessa linha está Maria Berenice Dias, para quem, com o casamento, surge para os cônjuges a condição de consortes, decorrendo daí verdadeiro vínculo de solidariedade, "devendo o cônjuge mais afortunado garantir ao ex-consorte alimentos compensatórios, visando a ajustar o desequilíbrio econômico e a reequilibrar suas condições sociais" (DIAS, Maria Berenice. *Manual...*, 2010, p. 540). Cristiano Chaves de Farias e Nelson Rosenvald acrescem o fundamento na boa-fé objetiva, eis que, "durante o relacionamento, um dos cônjuges acaba criando no outro a justa expectativa de manutenção do mesmo padrão de vida, caso o relacionamento seja dissolvido" (FARIAS, Cristiano Chaves; ROSENVALD, Nelson. *Curso...*, 2012, v. 6, p. 791).

A tese é interessante, pois traz para o Direito de Família a experiência do direito obrigacional a respeito da vedação da onerosidade excessiva ou desequilíbrio negocial. Por isso, há uma clara interação com os princípios da boa-fé objetiva e da função social, em salutar diálogo entre livros diversos do Código Civil. Em reforço, há um fundamento na responsabilidade civil, com proximidade conceitual em relação aos alimentos indenizatórios, tratados pelo art. 948, inc. II, do CC/2002.

A jurisprudência tem debatido e aplicado o conceito dos *alimentos compensatórios*, podendo ser destacadas duas ementas, dos Tribunais de Santa Catarina e Distrito Federal:

"Agravo de instrumento. Cautelar de arrolamento de bens c/c guarda, visitas e alimentos. Decisão *a quo* que fixou em 3,5 salários mínimos a pensão alimentícia em favor do menor e em 2 salários mínimos a título de alimentos compensatórios à ex-esposa, face à empresa pertencente a ambos encontrar-se sob administração exclusiva do agravante. Alegação de formação superior e trabalho com remuneração fixa. Irrelevância. Pleito de minoração da verba alimentar fixada em favor do filho. Conjunto probatório inconclusivo. Inexistência de comprovação da modificação na situação financeira do recorrente e na necessidade do alimentando. Redução indevida. Manutenção dos alimentos nos termos fixados. Recurso desprovido. Cabe a concessão de alimentos compensatórios quando os bens do casal que produzem rendimentos permanecem na administração de um do par. (DIAS, Maria Berenice. *Manual de Direito das Famílias*. 7.ª ed. rev., atual e ampl. São Paulo: Revista dos Tribunais, 2010, p. 537). Ausentes elementos indicativos da alteração na situação econômica do alimentante para pior e da dispensabilidade dos alimentos à subsistência do alimentando, mantém-se a obrigação de prestar alimentos nos termos incialmente fixados" (TJSC, Agravo de Instrumento 2011.005966-7, 6.ª Câmara de Direito Civil, Joinville, Rel. Des. Subst. Stanley da Silva Braga, j. 22.09.2011, *DJSC* 14.10.2011, p. 148).

"Agravo de Instrumento. Ação de dissolução de união estável. Alimentos compensatórios. Parágrafo único do art. 4.º da Lei n.º 5.478/66 c/c art. 7.º da Lei n.º 9.278/96. Verossimilhança das Alegações. Lesão grave e difícil reparação. 1. Se os documentos juntados com a petição inicial parecem, efetivamente, indicar que as partes conviveram em regime de união estável e que pode haver efetivo desequilíbrio na partilha do patrimônio, isso é suficiente para dar suporte ao pedido de fixação de alimentos que a doutrina vem chamando de 'compensatórios', que visam à correção do desequilíbrio existente no momento da separação, quando o juiz compara o *status* econômico de ambos os cônjuges e o empobrecimento de um deles em razão da dissolução da sociedade conjugal. A própria tese acerca da possibilidade de fixação de alimentos compensatórios – bem como a da prevalência do princípio da dignidade da pessoa humana sobre o da irrepetibilidade dos alimentos – insere-se no contexto da verossimilhança, emprestando relevância aos fundamentos jurídicos expendidos na peça de recurso. 2. A alegação de ocorrência de desequilíbrio na equação econômico-financeira sugere, de forma enfática, a potencialidade de causação de lesão grave e de difícil reparação, a demandar atuação jurisdicional positiva e imediata por meio do recurso de agravo. 3. Demonstrada a verossimilhança dos fatos alegados na petição do agravo, bem como o fundado receio de dano irreparável ou de difícil reparação, deve ser mantida a liminar deferida. 4. Recurso provido" (TJDF, Recurso 2011.00.2.003519-3, Acórdão 508.103, 4.ª Turma Cível, Rel. Des. Arnoldo Camanho de Assis, *DJDFTE* 03.06.2011, p. 148).

Releve-se ainda decisão do Superior Tribunal de Justiça, que admitiu a fixação dos alimentos compensatórios, mas afastou a possibilidade de prisão pela falta de seu pagamento. Conforme se extrai da ementa do *decisum*:

"No caso dos autos, executa-se a verba correspondente aos frutos do patrimônio comum do casal a que a autora faz jus, enquanto aquele se encontra na posse exclusiva do ex-marido. Tal verba, nestes termos reconhecida, não decorre do dever de solidariedade entre os cônjuges ou da mútua assistência, mas sim do direito de meação, evitando-se, enquanto não efetivada a partilha, o enriquecimento indevido por parte daquele que detém a posse dos bens comuns. A definição, assim, de um valor ou percentual correspondente aos frutos do patrimônio comum do casal a que a autora faz jus, enquanto aquele encontra-se na posse exclusiva do ex-marido, tem, na verdade, o condão de ressarci-la ou de compensá-la pelo prejuízo presumido consistente na não imissão imediata nos bens afetos ao quinhão a que faz jus. Não há, assim, quando de seu reconhecimento, qualquer exame sobre o binômio 'necessidade-possibilidade', na medida em que esta verba não se destina, ao menos imediatamente, à subsistência da autora, consistindo, na prática, numa antecipação da futura partilha. Levando-se em conta o caráter compensatório e/ou ressarcitório da verba correspondente à parte dos frutos dos bens comuns, não se afigura possível que a respectiva execução se processe pelo meio coercitivo da prisão, restrita, é certo, à hipótese de inadimplemento de verba alimentar, destinada, efetivamente, à subsistência do alimentando" (STJ, RHC 28.853/RS, 3.ª Turma, Rel. Min. Nancy Andrighi, Rel. p/ Acórdão Min. Massami Uyeda, j. 01.12.2011, *DJe* 12.03.2012).

Não obstante o certo apreço doutrinário que tenho pelo conceito de alimentos compensatórios, especialmente por eventual fundamento na solidariedade, a adesão à ideia merece as devidas ressalvas. Isso porque os alimentos entre os cônjuges devem ser analisados socialmente, de acordo com a emancipação da mulher e com a sua plena inserção no mercado de trabalho.

A Constituição Federal de 1988 estabelece a isonomia entre o homem e a mulher em seu art. 5.º, inc. I. E, apesar da existência de verdadeiros *precipícios* de diferenças em algumas situações concretas, deve a sociedade buscar a diminuição das discrepâncias. O Direito deve cumprir um papel de aproximação, o que parece ter sido tentado pelo CPC/2015, ao abolir o antigo foro privilegiado da mulher nas ações de extinção do casamento (art. 100, inciso

I, do CPC/1973). Ao contrário, não se pode, pura e simplesmente, assumir uma eventual posição de inferioridade, o que tende a perpetuá-la, e não a extingui-la.

A fixação dos alimentos compensatórios não pode ser desmedida ou exagerada, de modo a gerar o ócio permanente do ex-cônjuge, ou uma espécie de *parasitismo* amparado pelo Poder Judiciário. Em outras palavras, a sua fixação não pode perpetuar a figura da *dondoca*, que não trabalha ou desenvolve qualquer atividade, vivendo às custas da profissão de ex-cônjuge. Tal figura, aliás, está bem distante da personificação da mulher contemporânea, pós-moderna, empreendedora e independente.

Nesse contexto, deve ser vista com ressalvas a ideia de que os alimentos compensatórios visam a manter o *status quo* de alto padrão da ex-mulher que não trabalhava quando casada, e que continuará sem trabalhar após o fim da união. Em casos tais, o fundamento para tais alimentos deixa de ser o princípio da solidariedade, passando a ser o enriquecimento sem causa, vedado expressamente pelo art. 884 do Código Civil de 2002 e pelos princípios adotados pelo Direito Civil Contemporâneo, notadamente o da eticidade.

Ainda a propósito do tema, existem propostas de inclusão de três regras a respeito dos alimentos compensatórios no atual Projeto de Reforma do Código Civil, o que é mais do que necessário, é fundamental. Com a inclusão do instituto na lei civil, todas as resistências a respeito dessa categoria desaparecerão, diante do seu amparo legal.

Nesse contexto, conforme o novo art. 1.709-A do CC, "o cônjuge ou convivente cuja dissolução do casamento ou da união estável produza um desequilíbrio econômico que importe em uma queda brusca do seu padrão de vida, terá direito aos alimentos compensatórios que poderão ser por prazo determinado ou não, pagos em uma prestação única, ou mediante a entrega de bens particulares do devedor". Trata-se de norma clara a respeito da sua definição, sendo necessária para a prática.

Além disso, sugere-se a inclusão do art. 1.709-B, prevendo que "o cônjuge ou convivente, cuja meação seja formada por bens que geram rendas, e que se encontrem sob a posse e a administração exclusiva do seu parceiro, poderá requerer que lhe sejam pagos mensalmente pelo outro consorte ou convivente, parte da renda líquida destes bens comuns, a título de *alimentos compensatórios patrimoniais*, e que serão devidos até a efetiva partilha dos bens comuns". Inclui-se na norma legal, portanto, o tratamento dos alimentos compensatórios patrimoniais, que, segundo a Subcomissão de Direito de Família e seguindo a doutrina de Rolf Madaleno, "têm sua gênese no parágrafo único do art. 4.º da Lei 5.478/1968, e que consiste na entrega de parte da renda líquida dos bens comuns, que geram renda e que estão sendo administrados pelo outro consorte ou companheiro, permitindo, também, a aceleração do processo de partilha dos bens comuns".

Como última proposição, na linha da jurisprudência superior hoje consolidada, é incluída previsão que veda a prisão civil do devedor dos alimentos compensatórios: "Art. 1.709-C. A falta de pagamento dos alimentos compensatórios não enseja a prisão civil do seu devedor". A ressaltar a sua importância, a inclusão dos alimentos compensatórios no Código Civil atende ao *protocolo de gênero*, para a tutela dos direitos das mulheres, sobretudo das esposas e conviventes, sendo mais do que necessária essa mudança legislativa.

Superado esse tema, entrou em vigor no Brasil a Lei 11.804, de 5 de novembro de 2008, conhecida como *Lei dos Alimentos Gravídicos*, disciplinando o direito de alimentos da mulher gestante e do nascituro (art. 1.º).

Os citados *alimentos gravídicos*, nos termos da lei, devem compreender os valores suficientes para cobrir as despesas adicionais do período de gravidez e que sejam dela decorrentes, da concepção ao parto, inclusive as referentes a alimentação especial, assistência médica e psicológica, exames complementares, internações, parto, medicamentos e demais prescrições preventivas e terapêuticas indispensáveis, a juízo do médico, além de outras que o juiz considere como pertinentes (art. 2.º, *caput*). Em complemento, tais alimentos referem-se à parte das despesas que deverá ser custeada pelo futuro pai, considerando-se a contribuição que também deverá ser dada pela mulher grávida, na proporção dos recursos de ambos (art. 2.º, parágrafo único).

Em verdade, a norma emergente em nada inova, diante dos numerosos julgados que deferiam alimentos durante a gravidez ao nascituro. Entre os vários julgados, podemos transcrever o seguinte, do Tribunal Mineiro:

> "Direito civil. Alimentos. Provisórios. Redução. Inconveniência. Profissional liberal. Dificuldade na produção de prova robusta. Credora que aguarda nascimento do filho do devedor. Necessidade de assegurar conforto à mãe e ao nascituro. Tratando-se de profissional liberal, não se há exigir a produção de prova robusta a alicerçar a fixação dos alimentos sob pena de se inviabilizar o seu recebimento por aquele que deles necessita, isentando o devedor da obrigação que o ordenamento jurídico lhe impõe. A credora dos alimentos, que aguarda o nascimento de uma criança, filha do devedor, precisa de um mínimo de conforto material para que sua saúde e a do nascituro não sejam comprometidas. Logo, reduzir a verba alimentar que, em princípio, não se apresenta elevada, é colocar em risco a vida de duas pessoas. Nega-se provimento ao recurso" (TJMG, Agravo 1.0000.00.207040-7/000, 4.ª Câmara Cível, Araxá, Rel. Des. Almeida Melo, j. 01.03.2001, *DJMG* 05.04.2001).

Merecem ser destacadas, igualmente, as manifestações doutrinárias de tutela dos direitos do nascituro, como é o caso da pioneira Silmara Juny Chinellato (*A tutela...*, 2001). A professora da Universidade de São Paulo, uma das maiores especialistas no assunto em língua portuguesa, critica a criação do neologismo *alimentos gravídicos*, merecendo relevo as suas palavras para as devidas reflexões:

> "A recente Lei n.º 11.804, de 5 de novembro de 2008, que trata dos impropriamente denominados 'alimentos gravídicos' – desnecessário e inaceitável neologismo, pois alimentos são fixados para uma pessoa e não para um estado biológico da mulher – desconhece que o titular do direito a alimentos é o nascituro, e não a mãe, partindo de premissa errada, o que repercute no teor da lei" (CHINELLATO, Silmara Juny. *Código Civil...*, 2009, p. 29).

Tem razão a jurista, uma vez que a norma despreza toda a evolução científica e doutrinária no sentido de reconhecer os direitos do nascituro, principalmente aqueles de natureza existencial, fundados na sua personalidade. Desse modo, seria melhor que a lei fosse denominada *lei dos alimentos do nascituro*, ou algo próximo. O Projeto de Reforma do Código Civil pretende fazer essa alteração no sistema jurídico, como se verá a seguir.

Acrescente-se que o Superior Tribunal de Justiça concluiu, recentemente, que a lei visa à proteção do nascituro. Nos termos da ementa de julho de 2017, entendeu a sua Terceira Turma que "os alimentos gravídicos, previstos na Lei n.º 11.804/2008, visam a auxiliar a mulher gestante nas despesas decorrentes da gravidez, da concepção ao parto, sendo, pois, a gestante a beneficiária direta dos alimentos gravídicos, ficando, por via de consequência, resguardados os direitos do próprio nascituro" (STJ, REsp 1629423/SP, 3.ª Turma, Rel. Min. Marco Aurélio Bellizze, j. 06.06.2017, *DJe* 22.06.2017).

Diante dessas afirmações, aduziu a Corte Superior, corretamente, que, com o nascimento da criança, os citados alimentos concedidos à gestante serão convertidos automaticamente em pensão alimentícia em favor do recém-nascido, sem que, para tanto, seja necessário pronunciamento judicial ou pedido expresso da parte, nos termos do parágrafo único do art. 6.º da Lei n.º 11.804/2008.

Desse modo, em regra, a ação de alimentos gravídicos não se extingue ou perde seu objeto com o nascimento da criança, pois os referidos alimentos ficam convertidos em pensão, até eventual ação revisional em que se solicite a exoneração, redução ou majoração do valor dos alimentos; ou mesmo até quando se obtenha o resultado sobre o eventual vínculo que une as partes em ação de investigação ou negatória de paternidade (STJ, REsp 1.629.423/SP, publicado no *seu Informativo* n. 606).

Quanto à legitimidade para a propositura da ação, diante da minha adesão à *teoria concepcionista* – segundo a qual o nascituro é pessoa humana –, é forçoso concluir que a demanda deve ser proposta pelo próprio nascituro – devidamente representado – e pela mulher grávida, eis que os valores visam à manutenção de ambos, pela dicção legal. De toda sorte, este parece não ser o entendimento majoritário, especialmente diante das restrições que se percebe à teoria que reconhece personalidade civil ao nascituro.

Para Maria Berenice Dias, "descabe cumular a ação de alimentos gravídicos com alimentos a favor do nascituro, uma vez que ocorre a transformação do encargo quando do nascimento. A legitimidade ativa para a ação é da gestante, que promove a ação em nome próprio. Não é necessário cumular a ação investigatória de paternidade. O foro competente é o do seu domicílio (CPC 100 II). O rito é da lei de alimentos" (DIAS, Maria Berenice. *Manual...*, 2010, p. 529). A respeito do foro competente a favor do alimentante, vale lembrar que o art. 100, inc. II, do CPC/1973 foi repetido pelo art. 53, II, do CPC/2015.

Na mesma linha, no que diz respeito à legitimidade ativa do nascituro, leciona Fernanda Tartuce que, "deixando de lado as discussões sobre a personalidade jurídica do nascituro, verifica-se que a posição que predomina é a de que, ao menos para efeitos de aplicação da Lei n. 11.804/2008, a titularidade dos alimentos é da gestante, sendo o polo ativo da demanda composto por ela. Apenas após o nascimento é que a criança assume a titularidade e a legitimidade" (TARTUCE, Fernanda. *Processo...*, 2012, p. 172).

Ato contínuo de estudo, a Lei 11.804/2008 estabelece em seu art. 6.º que, "convencido da existência de indícios da paternidade, o juiz fixará alimentos gravídicos que perdurarão até o nascimento da criança, sopesando as necessidades da parte autora e as possibilidades da parte ré. Parágrafo único. Após o nascimento com vida, os alimentos gravídicos ficam convertidos em pensão alimentícia em favor do menor até que uma das partes solicite a sua revisão". Esses *alimentos gravídicos provisórios*, como não poderia ser diferente, devem ser fixados de acordo com o binômio ou trinômio alimentar.

Nos termos da melhor jurisprudência, "o requisito exigido para a concessão dos alimentos gravídicos, qual seja, 'indícios de paternidade', nos termos do art. 6.º da Lei n.º 11.804/08, deve ser examinado, em sede de cognição sumária, sem muito rigorismo, tendo em vista a dificuldade na comprovação do alegado vínculo de parentesco já no momento do ajuizamento da ação, sob pena de não se atender à finalidade da Lei, que é proporcionar ao nascituro seu sadio desenvolvimento" (TJRS, Agravo de Instrumento 130546-22.2012.8.21.7000, 8.ª Câmara Cível, Santa Vitória do Palmar, Rel. Des. Ricardo Moreira Lins Pastl, j. 24.05.2012, *DJERS* 30.05.2012).

Em suma, não há necessidade de citação do réu para a determinação do pagamento dos alimentos, como constava do art. 9.º da lei, dispositivo que foi vetado, pelas seguintes razões: "O art. 9.º prevê que os alimentos serão devidos desde a data da citação do réu. Ocorre que a prática judiciária revela que o ato citatório nem sempre pode ser realizado com a velocidade que se espera e nem mesmo com a urgência que o pedido de alimentos requer. Determinar que os alimentos gravídicos sejam devidos a partir da citação do réu é condená-lo, desde já, à não existência, uma vez que a demora pode ser causada pelo próprio réu, por meio de manobras que visam impedir o ato citatório. Dessa forma, o auxílio financeiro devido à gestante teria início no final da gravidez, ou até mesmo após o nascimento da criança, o que tornaria o dispositivo carente de efetividade".

Consigne-se que Caetano Lagrasta, seja como doutrinador ou julgador, sempre utilizou tais fundamentos do veto para afastar a necessidade de audiência de justificação a fim de fixar os alimentos gravídicos provisórios, o que parece ser a melhor conclusão (LAGRASTA NETO, Caetano. Registro..., *Direito*..., 2012, p. 385).

Na jurisprudência podem ser encontrados acórdãos que apontam terem esses alimentos gravídicos provisórios natureza liminar, o que predomina nos Tribunal Estaduais (por todos: TJRS, Agravo de Instrumento 375759-67.2012.8.21.7000, 8.ª Câmara Cível, Canoas, Rel. Des. Rui Portanova, j. 01.11.2012, *DJERS* 08.11.2012; TJES, Agravo de Instrumento 14119000025, 1.ª Câmara Cível, Rel. Des. William Couto Gonçalves, *DJES* 16.11.2011; e TJMG, Agravo de Instrumento 0201080-32.2010.8.13.0000, 4.ª Câmara Cível, Belo Horizonte, Rel. Des. José Carlos Moreira Diniz, j. 15.07.2010, *DJEMG* 10.08.2010).

Outros arestos concluem pela natureza de antecipação dos efeitos da sentença (TJRS, Agravo de Instrumento 494128-20.2012.8.21.7000, 7.ª Câmara Cível, Caxias do Sul, Rel. Des. Sandra Brisolara Medeiros, j. 07.11.2012, *DJERS* 13.11.2012; TJMG, Agravo de Instrumento 0257775-69.2011.8.13.0000, 4.ª Câmara Cível, Poços de Caldas, Rel. Des. Heloisa Combat, j. 18.08.2011, *DJEMG* 05.09.2011; e TJSP, Agravo de Instrumento 994.09.321277-4, Acórdão 4756527, 10.ª Câmara de Direito Privado, Taubaté, Rel. Des. Testa Marchi, j. 31.08.2010, *DJESP* 17.12.2010). A segunda corrente parece ser a mais correta, diante do claro caráter satisfativo dos alimentos em questão, premissa a ser mantida na vigência do CPC/2015.

Fernanda Tartuce aduz que os Tribunais vêm entendendo pela necessidade de a gestante demonstrar concretos indícios para a concessão da liminar, "pois é considerada impossível a prova negativa por parte do suposto pai" (TARTUCE, Fernanda. *Processo*..., 2012, p. 172). De fato, tal dedução pode ser retirada de várias ementas, merecendo destaque a seguinte: "deve ser mantida a decisão que indefere o pedido de alimentos gravídicos ante a inexistência de indícios convincentes para imputar a provável paternidade ao requerido" (TJMG, Agravo de Instrumento 0395097-34.2011.8.13.0000, 2.ª Câmara Cível, Ipanema, Rel. Des. Afrânio Vilela, j. 04.10.2011, *DJEMG* 04.11.2011).

Com base em Ênio Zulliani e no próprio Caetano Lagrasta, experientes julgadores do Tribunal Paulista, a autora cita indícios baseados em correspondências eletrônicas trocadas entre as partes, em telefonemas, em doações ou empréstimos de dinheiro do suposto pai à mãe da criança, na compra de bens duráveis pelo suposto réu, na convivência com parentes ou amigos ou na exposição pública do relacionamento que gerou o filho.

O art. 7.º da norma em estudo estabelece que o réu da ação será citado para apresentar resposta em cinco dias. O prazo é curto justamente para a efetivação dos interesses e direitos do nascituro e da mulher grávida, ambos em situação de vulnerabilidade, o que justificou a criação da norma jurídica. Maria Berenice Dias critica a previsão, existindo uma inadequada *intromissão processual*, o que ampararia o veto da norma pelo então Presidente da República, como fez com outros preceitos da lei (DIAS, Maria Berenice. *Manual*..., 2010, p. 529). Sendo assim, conclui pela possibilidade de o juiz fixar outro prazo para resposta, o que encontra resistência no fundamento cogente das normas processuais relativas a prazos.

Ainda sobre os alimentos gravídicos, anote-se a plena possibilidade de prisão pela falta de pagamento dos alimentos gravídicos. Nesse sentido, o enunciado aprovado na *V Jornada de Direito Civil*, de autoria de Jones Figueirêdo Alves: "cabe prisão civil do devedor nos casos de não prestação de alimentos gravídicos estabelecidos com base na Lei 11.804/2008, inclusive deferidos em qualquer caso de tutela de urgência" (Enunciado n. 522 do CJF/STJ).

Ainda sobre essa temática, conforme o Enunciado n. 675, da *IX Jornada de Direito Civil*, em 2022, "as despesas com doula e consultora de amamentação podem ser objeto de alimentos gravídicos, observado o trinômio da necessidade, possibilidade e proporcionalidade para sua fixação". A doula é uma profissional que acompanha a gestante durante todo o período de gravidez, o parto e o pós-parto, oferecendo suporte emocional nesses momentos. Na mesma linha, há a atuação da consultora de amamentação. As justificativas da proposta doutrinária estão baseadas em recomendações da Organização Mundial da Saúde e do Ministério da Saúde, para a efetivação do que se denomina *parto humanizado*, havendo nesse ponto razões para que as despesas com sua contratação recaiam sobre os alimentos gravídicos.

Quanto ao Projeto de Reforma do Código Civil, almeja-se incluir na Lei Geral Privada o tratamento do tema, com outra denominação, incluindo-se, no Subtítulo dos alimentos o Capítulo II, referente aos "alimentos devidos ao nascituro e à gestante".

Com isso, revoga-se expressamente a Lei dos Alimentos Gravídicos (Lei 11.804/2008), que utiliza uma expressão incorreta, relativa ao estado da mãe, como antes pontuado. Como a Reforma do Código Civil reforça a teoria concepcionista (art. 2.º do CC), em especial para os fins do Direito Civil e do próprio Código Civil, reconhece-se a personalidade jurídica do nascituro desde a sua concepção, sendo fundamental a alteração do nome dessa categoria de alimentos.

No mais, a essência das suas regras ora vigentes é mantida, mas com a inclusão no Código Civil, que deve retomar a sua posição de grande *protagonista legislativo* em matéria de Direito Privado. São sugeridos aperfeiçoamentos necessários ao texto, sobretudo para reconhecer o nascituro como sujeito de direitos. Nesse contexto, nos termos do emergente art. 1.701-A, "havendo indícios da paternidade, serão fixados alimentos, devidos pelo genitor ao outro parceiro, com a finalidade de contribuir para o sustento do nascituro e da gestante durante a gravidez. § 1.º Os alimentos devem ser fixados de acordo com as necessidades da gestação e as possibilidades do alimentante. § 2.º Os alimentos serão devidos desde a concepção, independente da data de sua fixação e perdurarão até o fim da gestação, observado o art. 1.701-C". Há, assim, uma maior clareza quanto aos termos inicial e final do seu pagamento.

Também com um texto mais didático em relação ao atual art. 2.º da Lei 11.804/2008, mas sem mudanças no seu conteúdo para a proteção tanto do nascituro como da mulher grávida, o novo art. 1.701-B preverá o seguinte: "os alimentos durante a gestação compreenderão os valores suficientes para cobrir as despesas adicionais ao período de gravidez, especialmente: I – alimentação, para garantia da subsistência de gestante e de nascituro; II – assistência médica, incluindo exames complementares, internações, parto, medicamentos e demais prescrições preventivas e terapêuticas; III – assistência psicológica; IV – outras despesas que o juiz considere como pertinentes".

Como última proposição, na mesma linha do atual art. 6.º da norma especial, mas com complementações necessárias, o art. 1.701-C do Código Civil terá a seguinte dicção: "com o nascimento, os alimentos serão convertidos integralmente em pensão alimentícia em favor do filho. § 1.º Poderá o juiz, ao fixar os alimentos, arbitrar valor diverso para os futuros alimentos que serão devidos após o nascimento. § 2.º Caso não haja o arbitramento de valor nos termos do § 1.º, os alimentos continuarão a ser devidos, na forma prevista no *caput*, até que uma das partes solicite a sua revisão".

Como se pode notar, todas as proposições trazem mais efetividade prática e segurança para a aplicação desse importante instituto, sendo imperiosa a sua aprovação pelo Parlamento Brasileiro.

Como última categoria a ser abordada neste tópico, vejamos os alimentos *intuitu familiae* ou *globais*, abordados por mim em parecer jurídico apresentado em caso concreto, no ano de 2014.

Yussef Said Cahali foi um dos primeiros juristas a analisar a categoria, demonstrando sua origem na criação jurisprudencial brasileira. O ex-magistrado e professor pondera, a respeito do instituto, que "a pensão do marido à mulher e aos filhos pode ter sido fixada englobadamente, sem que isto represente óbice à homologação do acordo" (CAHALI, Yussef Said. *Dos alimentos...*, 2009, p. 221).

Em complemento, de acordo com as lições de Rolf Madaleno, "alimentos *intuitu familiae* são aqueles arbitrados, ou acordados de forma global, para todo o grupo familiar, sem pormenorizar e separar as quotas de cada integrante da célula familiar, destinatária coletiva da pensão alimentar. O montante dos alimentos é estabelecido em prol de todos os familiares, e quando um deles deixa de ser credor dos alimentos pode até ocorrer uma pequena redução da pensão, mas não uma divisão proporcional ao número de alimentandos, sucedendo, se for o caso, um ajuste com a simples readequação do valor dos alimentos" (MADALENO, Rolf. *Curso...*, 2011, p. 946). Maria Berenice Dias também aborda a categoria, expondo o caráter global de sua fixação, "sem individualizar a proporção de cada beneficiário. Normalmente são estipulados em benefício da entidade familiar – ex-mulher e filhos –, sem ser indicado o percentual em favor de cada um deles" (DIAS, Maria Berenice. *Manual...*, 2011, p. 550).

Desse modo, na linha da doutrina exposta, a fixação dos alimentos com intuito familiar (*intuitu familiae*) tem como escopo atender às finalidades de determinado grupo de pessoas que compõe a entidade familiar. Em realidade, a fixação alimentar *intuitu familiae* não tem qualquer amparo legal, não havendo norma jurídica que lhe dê fundamento. No plano doutrinário, o instituto sequer é tratado pela maioria dos doutrinadores contemporâneos do Direito de Família Brasileiro.

Em reforço, a sua atribuição pode conduzir a injustiças e a situações indesejáveis, especialmente tendo em vista o binômio ou trinômio alimentar. Foi exatamente o que ocorreu no caso levado a consulta a mim, com o desenvolvimento de parecer que acabou por ser vencedor no Tribunal de Justiça de São Paulo (Apelação 0010386--95.2013.8.26.0564, 4.ª Câmara de Direito Privado, Rel. Des. Natan Zelinschi de Arruda, j. 27.11.2014). O valor alimentar foi fixado inicialmente em cerca de 20 salários mínimos para a ex-esposa e três filhos do alimentante.

Porém, sucessivamente, houve a exoneração alimentar da esposa e de dois filhos que atingiram a maioridade, sem que houvesse a revisão do montante global. Ao final, conforme condenação de primeira instância, a filha menor do devedor estava recebendo uma verba alimentar de cerca de R$ 15.000,00 (quinze mil reais), bem acima de suas necessidades, mesmo em se mantendo um altíssimo padrão de vida, sob os pontos de vista econômico e social.

Ora, conforme exposto nesta obra, constitui premissa antiga a afirmação de que os alimentos têm caráter personalíssimo em favor do credor da pensão. Desse modo, a fixação dos alimentos deve levar em conta as características de quem os pleiteia, tendo natureza essencialmente *intuitu personae*. Essa premissa, aliás, é essencial para a atribuição da pensão alimentícia, tendo como parâmetro a necessidade do credor. No âmbito da jurisprudência, vários arestos reconhecem tal caráter pessoal e infungível, tanto em relação ao credor quanto no que diz respeito ao devedor (por todos: STJ, AgRg no REsp 981.180/RS, 3.ª Turma, Rel. Min. Paulo de Tarso Sanseverino, j. 07.12.2010, *DJe* 15.12.2010).

Além do caráter personalíssimo, reafirme-se que a obrigação de alimentos é divisível, em regra, o que é retirado de vários diplomas do sistema legal da codificação material de 2002, especialmente da segunda parte do art. 1.698, que prescreve: "sendo várias as pessoas obrigadas a prestar alimentos, todas devem concorrer na proporção dos respectivos recursos, e, intentada ação contra uma delas, poderão as demais ser chamadas a integrar a lide".

A fixação dos alimentos *intuitu familiae* quebra com essas características técnicas consolidadas da pensão alimentícia. Em casos de sua atribuição, o grupo familiar passa a ser dotado de uma solidariedade ativa convencional, pois, como elucida Maria Berenice Dias, "como o crédito é em prol de todos, dispõe cada um de legitimidade para cobrança da integralidade de seu valor. Ainda que um ou mais filhos atinjam a maioridade, pode a genitora propor a execução para cobrança da totalidade do débito" (*Manual...*, 2011, p. 550-551). O caráter personalíssimo da pensão é igualmente quebrado diante do fato de ser o montante fixado a favor de um grupo de pessoas, com características próprias analisadas em conjunto, e não isoladamente.

Não me parece haver qualquer ilicitude na fixação dos alimentos *intuitu familiae*, pois a solidariedade pode ter origem na lei ou na vontade das partes, na esteira do art. 265 do Código Civil. Em outras palavras, é perfeitamente possível afastar, por convenção, o caráter personalíssimo e divisível da obrigação de alimentos. Todavia, em casos de exagero, é viável rever o valor antes fixado a título de alimentos.

A propósito da possibilidade dessa diminuição a partir de uma mudança estrutural no binômio ou trinômio, mesmo que fixada a verba *intuitu familiae*, cabe trazer à colação *decisum* do Tribunal de Justiça de São Paulo. Trata-se de acórdão da sua 6.ª Câmara de Direito Privado, proferido em 22.10.2009, na Apelação com revisão 680.852-4/2-00, que teve como relator o Desembargador Vito Guglielmi. No caso, houve a exoneração da pensão alimentar quanto a uma filha maior do alimentante, então com 26 anos de idade, que havia se graduado no curso de Direito e obtido a carteira de advogada.

Conforme consta da ementa do aresto, foi reconhecida a exoneração parcial subjetiva da pensão, o que deveria ser reconhecido mesmo se os alimentos fossem fixados *intuitu familiae*. Merece ser citado o seguinte trecho do julgamento, que analisa o tema relativo ao binômio ou trinômio alimentar:

> "Nesse tema dos alimentos, como venho sustentando, o dever deve ser lido, sempre, na perspectiva da dupla análise da necessidade daquele que pleiteia o auxílio e da possibilidade daquele que o presta, fatores amalgamados sobre a denominação, já consagrada pela jurisprudência, de 'binômio necessidade-possibilidade', o qual deve nortear, em qualquer caso, a determinação, revisão ou exoneração da prestação fixada. Sob essa ótica, de um lado, tem-se que, no caso, as necessidades da ré devem ser rigorosamente comprovadas. No tocante ao aspecto prático da exoneração, sobreleva que os presentes alimentos, embora fixados em valor único para os três coalimentados, guardam nítida relação de proporção e divisibilidade, não se podendo falar que a fixação haja se dado *intuitu familiae* a impedir a pleiteada exoneração parcial subjetiva. Assim, pelos termos da própria sentença originária que os fixou (fls. 81) e bem das decisões posteriores de revisão (fls. 85/105). Aliás, ainda que houvessem sido os alimentos fixados *intuitu familiae*, tal atributo não impediria a procedência do pedido de exoneração do dever alimentar em relação a um dos coalimentados

e tampouco a redução proporcional da prestação global fixada. Como se vem entendendo, a divisibilidade da prestação alimentar é característica presente até mesmo quando não há menção expressa à destinação" (TJSP, Apelação com Revisão 680.852-4/2-00, 6.ª Câmara de Direito Privado, Des. Vito Guglielmi, j. 22.10.2009).

Sucessivamente, o Desembargador Relator Vito Guglielmi cita decisão do Tribunal de Justiça de Minas Gerais no mesmo sentido, que concluiu: "a obrigação alimentar, ainda que arbitrada *intuitu familiae*, não perde seu caráter de divisibilidade. Não havendo previsão em contrário, na obrigação subjetivamente divisível, deve prevalecer a presunção legal de igualdade das quotas (art. 257 do Código Civil de 2002). A exoneração dos alimentos, ante a ausência de convenção em contrário, deve ocorrer somente quanto às quotas dos ex-credores, em igual proporção, remanescendo o crédito proporcional da credora remanescente" (TJMG, Apelação Cível 1.0016.07.076039-8/001, 2.ª Câmara Cível, Alfenas, Rel. Caetano Levi Lopes, j. 24.03.2009).

Cabe ainda destacar, do acórdão paulista, o trecho em que se analisa a necessidade de diminuição do *quantum* global, a partir do binômio alimentar, tendo em vista a exoneração parcial de uma das filhas do alimentante: "Destarte, a exoneração do dever alimentar em relação à demanda, com a consequente redução proporcional do valor global da prestação, revela-se mesmo adequada ante a comprovação da ausência de necessidade da alimentada de um lado e, ainda, da prova indiciária, de outra banda, da redução da capacidade financeira do autor, consubstanciada na existência de diversas restrições de crédito em seu nome".

Conforme se verifica, os dois arestos citados seguem a linha de necessidade de revisão dos alimentos com função familiar, na esteira das premissas-regras do caráter personalíssimo e da divisibilidade da obrigação de alimentos.

Em resumo, é imperioso rever o valor alimentar *intuitu familiae* quando há alteração substancial do binômio ou trinômio alimentar, especialmente tendo como pano de fundo fundamental as necessidades do alimentante. Eis, na minha opinião doutrinária, uma correta e justa aplicação do princípio da razoabilidade em sede de alimentos, a demonstrar a evolução do binômio para o trinômio, conforme antes exposto neste livro.

7.5 OUTRAS REGRAS PREVISTAS NO CÓDIGO CIVIL DE 2002. REVISÃO E EXTINÇÃO DA OBRIGAÇÃO DE ALIMENTOS. CULPA E ALIMENTOS

Sem prejuízo das regras materiais previstas no Código Civil neste livro analisadas, outros dispositivos previstos na codificação privada devem ser estudados, mormente aqueles que têm relação com a extinção da obrigação de alimentos.

Começaremos com o outrora comentado art. 1.694, § 2.º, cuja redação é muito interessante: "os alimentos serão apenas os indispensáveis à subsistência quando a situação de necessidade resultar de culpa de quem os pleiteia". A norma relaciona a culpa com a fixação do *quantum* alimentar.

O comando legal está prevendo expressamente que em casos de dissolução do casamento, da sociedade conjugal ou da união estável, aquele que foi o culpado pelo fim do relacionamento, o que acabou por causar eventual situação de necessidade, terá direito aos alimentos necessários ou indispensáveis, visando à manutenção da sua dignidade. O dispositivo deve ser analisado em confronto com outros, que também constam da atual codificação privada e, em especial, com a aprovação da Emenda Constitucional 66/2010, conhecida como *Emenda do Divórcio*.

Como regra, o cônjuge (ou eventualmente o companheiro) culpado não poderá pleitear alimentos do inocente, o que pode ser percebido pelo teor do art. 1.704, *caput,* do atual CC: "se um dos cônjuges separados judicialmente vier a necessitar de alimentos, será o outro obrigado a prestá-los mediante pensão a ser fixada pelo juiz, caso não tenha sido declarado culpado na ação de separação judicial".

Por outra via, enuncia de forma textual o Código Civil de 2002 que na separação judicial litigiosa, sendo um dos cônjuges inocente e desprovido de recursos, o outro, culpado será obrigado a prestar os alimentos, obedecidos os critérios legais (art. 1.702 do CC).

O art. 1.694, § 2.º, do CC, como se nota, quebra a regra geral, consagrada há tempos, de que o culpado não pode pleitear alimentos do inocente, abrandando o impacto da culpa na separação judicial litigiosa e, eventualmente, na ação de dissolução de união estável, para aqueles que entendem pela possibilidade de discussão da culpa nestas ações, o que é o meu caso.

Nesse contexto, o parágrafo único do art. 1.704 do CC complementa aquele último dispositivo ao enunciar que se o cônjuge declarado culpado vier a necessitar de alimentos, e não tiver parentes em condições de prestá-los, nem aptidão para o trabalho, o outro cônjuge será obrigado a assegurá-los, fixando o juiz o valor indispensável à sobrevivência. Assim, somente serão devidos os alimentos indispensáveis ou necessários ao culpado se preenchidos esses últimos requisitos, ou seja, se o culpado não tiver parentes em condições de fazê-lo, nem condições de trabalho, tudo dentro do *binômio necessidade/possibilidade* (ou *trinômio,* para alguns).

Esses critérios também servem para a ação de reconhecimento e dissolução de união estável, se a culpa eventualmente for discutida nesta última demanda. As normas já vinham recebendo a devida aplicação pela jurisprudência nacional, cabendo a transcrição das seguintes ementas, para ilustrar:

"Separação judicial. Culpa da ré verificada. Demonstração da relação extraconjugal bastante suspeita mantida entre a ré e terceiro, com as características do denominado 'quase adultério', que constitui injúria grave. Alimentos. Ausência de comprovação de não ter parentes em condições de prestá-los. Inteligência do art. 1.704, parágrafo único, do Código Civil. Encargo indevido. Valores depositados em conta vinculada ao Fundo de Garantia por Tempo de Serviço (FGTS) do autor. Adoção do regime de comunhão parcial de bens. Partilha indevida, por não integrar o patrimônio comum. Recurso desprovido" (TJSP, Apelação com Revisão 566.291.4/0, Acórdão 3642822, 1.ª Câmara de Direito Privado, Rosana, Rel. Des. Luiz Antonio de Godoy, j. 19.05.2009, *DJESP* 08.07.2009).

"Alimentos. Inexistência da obrigação de prestar alimentos decorrente de vínculo matrimonial, em razão da existência de filhas maiores e capazes. Dever de sustento previsto no parágrafo único do art. 1.704 do Novo Código Civil. 1. Em suas razões a autora sustenta sua necessidade de perceber alimentos e a possibilidade da ré em prestá-los, o que não afasta a obrigatoriedade proveniente do vínculo de parentesco existente com suas filhas. 2. Embora seja questão incontroversa o vínculo matrimonial ainda existente entre as partes, vigorando, em tese, o dever de mútua assistência entre os cônjuges, na forma do art. 1.566 do CC, também é fato incontroverso que a autora é mãe de filhas maiores, as quais teriam o dever de auxílio no seu sustento, em razão do vínculo de parentesco, afastando a obrigação por parte do apelado, nos termos do que dispõe o parágrafo único do art. 1.704 do Código Civil vigente. 3. Desprovimento do recurso. Precedente citado: TJRJ Acórdão n. 2006.001.59227, rel. Des. José de Samuel Marques, julgado em 10/01/2007 e Acórdão n. 2006.001.65409, Rel. Des. Rogério de Oliveira Souza, julgado em 27/03/2007" (TJRJ, Acórdão 2007.001.32813, Rio de Janeiro, Rel. Des. Letícia de Faria Sardas, j. 09.08.2007, *DORJ* 05.03.2008, p. 312).

Pois bem, a respeito da fixação dos alimentos pela culpa (arts. 1.702 e 1.704, *caput*, do CC), e da atribuição dos alimentos necessários (arts. 1.694, § 2.º, e art. 1.704, parágrafo único), diante da aprovação da Emenda Constitucional 66/2010 surgem três correntes doutrinárias, que devem ser devidamente analisadas pela jurisprudência no futuro. Vejamos novamente esses três posicionamentos, antes expostos no Capítulo 4 da presente obra.

A primeira corrente sustenta a total impossibilidade de discussão de culpa para a dissolução do casamento, incluindo a questão de alimentos, estando revogados tacitamente os arts. 1.702 e 1.704, *caput*, do CC. Do mesmo modo, desaparece a relevância jurídica dos arts. 1.694, § 2.º e 1.704, parágrafo único, do CC, devendo os alimentos ser fixados de acordo com o binômio ou trinômio alimentar. Essa corrente é encabeçada por Paulo Lôbo, merecendo destaque as suas palavras: "quanto aos alimentos, o art. 1.694 prevê o direito ao cônjuge de pedir alimentos ao outro, desaparecendo a modalidade de alimentos de subsistência, pois estava vinculado à culpa pela separação" (LÔBO, Paulo. Divórcio... Disponível em: <http://www.ibdfam.org.br/?artigos&artigo=629>. Acesso em: 15 fev. 2010).

Entendem do mesmo modo Rodrigo da Cunha Pereira, Maria Berenice Dias, Rolf Madaleno, Giselda Hironaka, Pablo Stolze Gagliano e Rodolfo Pamplona Filho. Esse é o entendimento que prevalece entre os juristas que compõem a Diretoria do IBDFAM.

Na jurisprudência paulista podem ser encontradas ementas que seguem tal solução, como a seguinte: "no mais, sabe-se que, com a alteração da redação do art. 226, § 6.º, da Constituição Federal pela Emenda Constitucional n.º 66/2010, a separação judicial deixou de existir, tornando-se desnecessários o transcurso do tempo para a decretação do divórcio e a discussão sobre culpa. Desta forma, não se cogita mais da culpa na análise da obrigação de prestar alimentos, que serão definidos pela necessidade do outro cônjuge em hipóteses excepcionais, do que não se trata o caso" (TJSP, Agravo 0060840-25.2013.8.26.0000, 4.ª Câmara de Direito Privado, Rel. Des. Maia da Cunha, j. 09.05.2013). Essa posição também tem prevalecido no Superior Tribunal de Justiça, como antes exposto, o que deve ser levado em conta para os devidos fins práticos (por todos, ver: STJ, Resp 1.720.337/PR, 4.ª Turma, Rel. Min. Luis Felipe Salomão, j. 15.05.2018, *DJe* 29.05.2018, p. 6.774).

Para a *segunda corrente*, não há possibilidade de se discutir a culpa para a dissolução do casamento em sede de ação de divórcio. Todavia, a culpa pode ser debatida em sede de ação especial de alimentos, podendo os alimentos ser fixados nos parâmetros dos arts. 1.694, § 2.º e 1.704, *caput* e parágrafo único, do Código Civil. Assim, não haveria revogação de tais comandos legais. Esse é o entendimento de José Fernando Simão. Com mesma opinião, Cristiano Chaves de Farias e Nelson Rosenvald lecionam que "o único espaço que fica reservado para a discussão da culpa no direito brasileiro é a alteração da natureza da pensão alimentícia devida por um dos cônjuges ao outro" (FARIAS, Cristiano Chaves; ROSENVALD, Nelson. *Curso*..., 2012, p. 456). Na sequência, os doutrinadores citam o art. 1.694, § 2.º, do CC, concluindo que "a parte interessada em ver reconhecida a culpa para essa finalidade deverá alegar a culpa na sua defesa na ação de alimentos contra si ajuizada. O que não pode é discutir culpa nos estreitos limites cognitivos de uma ação de divórcio".

Por fim, *a terceira corrente* alega que em algumas situações, de maior gravidade, a culpa pode ser debatida em sede de ação de divórcio, inclusive para a análise da fixação dos alimentos necessários. Destaque-se que tais alimentos também podem ser pleiteados em ação autônoma, o que depende da *opção processual* dos requerentes. Do mesmo modo, não houve revogação dos arts. 1.694, § 2.º, e 1.704, *caput* e parágrafo único, do Código Civil. Mantém-se um *sistema dual*, com e sem culpa, podendo esta ser mitigada em algumas situações. O art. 1.702 do CC somente terá aplicação aos separados judicialmente até a *Emenda do Divórcio*, eis que a separação jurídica foi banida do sistema. Pode-se até ler no dispositivo menção à ação de divórcio e não mais à separação judicial. Esta é a minha opinião doutrinária.

Vale ressaltar que o Projeto de Reforma do Código Civil pretende resolver mais essa polêmica, retirando de forma definitiva qualquer influência da culpa a respeito dos alimentos. Como visto, no novo tópico relativo aos "alimentos devidos às famílias conjugais e convivenciais", o caput do art. 1.702 passará a prever que, em "caso de dissolução do casamento, da sociedade conjugal ou convivencial, sendo um dos cônjuges desprovido de recursos, prestar-lhe-á o outro a pensão alimentícia que o juiz fixar, obedecidos os critérios estabelecidos no art. 1.694".

De todo modo, os alimentos serão fixados de forma transitória ou a termo entre os cônjuges e conviventes, nos termos do seu projetado parágrafo único, "verificando-se que o credor reúne aptidão para obter, por seu próprio esforço, renda suficiente para a sua manutenção, poderá o juiz fixar a pensão alimentícia com termo final, observado o lapso temporal necessário e razoável para que ele promova a sua inserção, recolocação ou progressão no mercado de trabalho".

São revogados expressamente os seus arts. 1.703, 1.705, 1.706 e 1.707, com alguns dos seus temas deslocados para outros comandos. Sem qualquer menção à culpa, assim como a nova redação do art. 1.694, o art. 1.704 da Lei Geral Privada, de forma bem objetiva, passará a prever o seguinte: "o fim da sociedade conjugal ou convivencial do devedor com o credor de alimentos extingue o dever alimentar".

Como se pode notar, mais uma vez, prestigia-se a estabilidade e a segurança das relações privadas, sanando-se dilema existente nos mais de vinte anos de vigência do atual Código Civil.

Superado esse debate, no presente ponto da matéria, surge outra polêmica interessante. Esses alimentos indispensáveis podem ser pleiteados após o divórcio ou dissolvida a união estável, caso não fixados anteriormente? Trata-se do que se denomina, em sentido genérico, como *alimentos pós-divórcio*.

Repise-se que o entendimento majoritário, e que deve ser levado em conta para a prática atual, responde negativamente, eis que não há mais o vínculo de família, que dá sustentáculo à obrigação alimentar. Muitos julgados seguem esse caminho de conclusão (a ilustrar: TJSC, Apelação Cível 2012.056464-2, 5.ª Câmara de Direito Civil, Blumenau, Rel. Des. Henry Petry Junior, j. 20.09.2012, *DJSC* 09.10.2012, p. 189; TJMG, Apelação Cível 2304865-12.2007.8.13.0313, 8.ª Câmara Cível, Ipatinga, Rel. Des. Edgard Penna Amorim, j. 27.01.2011, *DJEMG* 14.03.2011; TJRS, Apelação Cível 70028862530, 8.ª Câmara Cível, Pelotas, Rel. Des. Claudir Fidelis Faccenda, j. 16.04.2009, *DOERS* 24.04.2009, p. 65; e TJSP, Apelação com Revisão 638.056.4/7, Acórdão 3983616, 3.ª Câmara de Direito Privado, Sumaré, Rel. Des. Jesus Lofrano, j. 04.08.2009, *DJESP* 24.08.2009).

Entretanto, filiado parcialmente à corrente encabeçada por Maria Berenice Dias, entendo ser possível pleitear os alimentos após a dissolução do vínculo, se configurada a situação descrita nos arts. 1.694, § 2.º, e 1.704, parágrafo único, o que está amparado no princípio da solidariedade social, de índole constitucional, previsto no art. 3.º, I, da CF/1988 (DIAS, Maria Berenice. *Manual de direito...*, 2007, p. 466). Ensina a doutrinadora que "mesmo findo o matrimônio, perdura o dever de mútua assistência, permanecendo a obrigação após a dissolução do vínculo conjugal. Apesar de a lei não mencionar isso expressamente, não se pode chegar a conclusão diversa. O dever alimentar cessa somente pelo novo casamento do beneficiário. Como só há a possibilidade de novo matrimônio após o divórcio, claro está que persiste o encargo mesmo estando os cônjuges divorciados" (DIAS, Maria Berenice. *Manual...*, 2007, p. 465).

Esclareça-se que alguns poucos julgados seguiam o entendimento da autora, cabendo a colação dos seguintes:

"Civil e processual civil. Divórcio direto consensual. Ex-mulher. Ação de alimentos. Possibilidade × necessidade. Requisitos presentes. Sentença mantida. 1. Tem direito a postular alimentos do ex-cônjuge, mesmo após o divórcio direto consensual, a ex-mulher que, com idade avançada (49 anos), durante a constância do matrimônio não exerceu atividade profissional, dedicando-se exclusivamente a cuidar do lar e da família, além de apresentar recentes problemas de saúde, com a observância ao binômio necessidade × possibilidade, requisitos presentes na hipótese vertente. 2. Recurso conhecido e não provido" (TJDF, Recurso 2009.01.1.136964-2, Acórdão 432.049, 3.ª Turma Cível, Rel. Des. Humberto Adjuto Ulhôa, *DJDFTE* 12.07.2010, p. 104).

"Ação de alimentos. Ex-mulher. Divórcio. Dependência econômica. Honorários. Art. 20, CPC. I – Tem direito a postular alimentos do ex-cônjuge, mesmo após o divórcio, a ex-mulher que, com 65 anos, dele depende economicamente por nunca ter exercido atividade profissional. Sempre se dedicou às atividades do lar. Os honorários de sucumbência devem ser fixados de acordo com o estatuído no art. 20, §§ 3.º e 4.º, do Código de Processo Civil. II – Apelação desprovida. Unânime" (TJDF, Recurso 2002.01.1.039360-3, Acórdão 344.470, 5.ª Turma Cível, Rel. Des. Romeu Gonzaga Neiva, *DJDFTE* 05.03.2009, p. 60).

No ano de 2013, surgiu ementa do Superior Tribunal de Justiça dando fundamento à tese dos alimentos pós-divórcio, o que pode até representar um *giro de cento e oitenta graus* na maneira de como a jurisprudência analisa o tema. Conforme se extrai do julgamento, "em atenção ao princípio da mútua assistência, mesmo após o divórcio, não tendo ocorrido a renúncia aos alimentos por parte do cônjuge que, em razão dos longos anos de duração do matrimônio, não exercera atividade econômica, se vier a padecer de recursos materiais, por não dispor de meios para suprir as próprias necessidades vitais (alimentos necessários), seja por incapacidade laborativa, seja por insuficiência de bens, poderá requerê-la de seu ex-consorte, desde que preenchidos os requisitos legais" (STJ, Resp 1.073.052/SC, 4.ª Turma, Rel. Min. Marco Buzzi, j. 11.06.2013, *DJe* 02.09.2013).

Filio-me a esse posicionamento, que está em sintonia com a proteção da dignidade humana e do Direito Civil Constitucional. Ademais, destaque-se que tal entendimento ganhou força com a Emenda Constitucional 66/2010, diante da prioridade que deve ser dada à decretação do divórcio do casal, postergando-se o debate dos alimentos para posterior momento. Ora, caso não admitidos os *alimentos pós-divórcio*, a Emenda do Divórcio teria retirado em parte a eficácia concreta dos alimentos entre os cônjuges, o que não é o caso.

Anoto que, no Projeto de Reforma do Código Civil, o tema chegou a ser debatido na Comissão de Juristas, mas não se aprovou qualquer proposta a possibilitar expressamente na lei os *alimentos pós-divórcio*. Muito ao contrário, a proposição feita para o art. 1.704, no sentido de que o fim da sociedade conjugal ou convivencial do devedor com o credor de alimentos extingue o dever alimentar, encerrará qualquer possibilidade do seu pleito, como na Comissão de Juristas foi debatido.

Quanto aos alimentos devidos aos filhos, visando à sua manutenção digna, determina o art. 1.703 do CC que, "para a manutenção dos filhos, os cônjuges separados judicialmente contribuirão na proporção de seus recursos". Repetindo o art. 20 da Lei do Divórcio, percebe-se que o dispositivo não menciona a culpa no que tange aos alimentos devidos aos filhos, devendo-se levar em conta os rendimentos e o patrimônio dos genitores, incidindo a proporcionalidade e o tão aclamado binômio *possibilidade/necessidade*. Diante da *Emenda do Divórcio*, que retirou do sistema a separação judicial, o art. 1.703 do CC deve ser lido com menção aos "cônjuges divorciados".

No que concerne à extinção dos alimentos, foi visto que esta ocorre com a morte do devedor-alimentando, uma vez que se trata de um direito personalíssimo. A extinção também pode ocorrer havendo uma mudança estrutural drástica no binômio *ou trinômio alimentar*, a fundamentar ação de exoneração de alimentos, que será estudada no próximo tópico.

Essa ação, ao lado da ação revisional de alimentos, está autorizada pelo art. 1.699 da atual codificação privada, que dispõe: "se, fixados os alimentos, sobrevier mudança na situação financeira de quem os supre, ou na de quem os recebe, poderá o interessado reclamar ao juiz, conforme as circunstâncias, exoneração, redução ou majoração do encargo". Tem-se entendido que a sentença de exoneração ou revisão do valor alimentar retroage à data da citação na ação correspondente. Nessa linha, a Súmula 621 do STJ, editada ao final de 2018: "os efeitos da sentença que reduz, majora ou exonera o alimentante do pagamento retroagem à data da citação, vedadas a compensação e a repetibilidade".

Ademais, a simples alteração do binômio ou trinômio alimentar, por si só, não enseja a modificação do valor alimentar ou a sua atribuição posterior ao cônjuge. Nesse sentido, entende o STJ que "a concessão do pensionamento não está limitada somente à prova da alteração do binômio necessidade-possibilidade, devendo ser consideradas outras circunstâncias, tais como a capacidade potencial para o trabalho e o tempo decorrido entre o seu início e a data do pedido de desoneração" (STJ, Resp 1.829.295/SC, 3.ª Turma, Rel. Min. Paulo de Tarso Sanseverino, j. 10.03.2020, *DJe* 13.03.2020).

Debateu-se muito intensamente, a respeito dessa alteração do binômio ou trinômio alimentar nos últimos anos, diante dos graves problemas econômicos advindos da pandemia de Covid-19.

Com o fim de evitar demandas oportunistas, o julgador deve estar atento a tal alegação, sendo necessária a prova efetiva da alteração do potencial econômico do alimentante e também das necessidades do alimentado, diante das peculiaridades do caso concreto, o que foi enfrentado nesses tempos de crise. Assim concluindo e afastando a revisão dos alimentos, vejamos dois acórdãos, somente a ilustrar:

"Apelação. Ação revisional de alimentos. Pretensão à redução dos alimentos de 2 para 1 salário mínimo, sob invocação de nova família e incapacidade de pagamento frente a seus ganhos. Sentença de improcedência. Insurgência pelo autor. Descabimento. Revisão que tem por limites os parâmetros estabelecidos pelo art. 1.699 CC, reportando-se a fatos supervenientes à fixação da obrigação alimentar. Ausência de comprovação de que a constituição de nova família foi posterior à fixação dos alimentos e tenha resultado em situação de penúria e desequilíbrio financeiro capaz de afetar o sustento de um filho em detrimento do outro. Alegação de incapacidade financeira inconsistente e sem prova de redução. Autor que declarou rendimentos de US$ 3.000.00, o que resultou, por força da simples desvalorização do Real em relação ao Dólar, em constante e sistemática diminuição do valor de seu comprometimento mensal para pagamento da pensão, que foi estabelecida em moeda nacional com equivalência em salários mínimos, passando de aproximadamente 25% para 12% de seus rendimentos, o que alcançou seu maior patamar justamente no período da COVID 19, que tem interferido na maior queda do Real frente à moeda americana. Ausência dos requisitos da modificação da obrigação alimentar. Sentença mantida. Recurso improvido" (TJSP, Apelação Cível 1010847-68.2014.8.26.0482, Acórdão 13528308,

9.ª Câmara de Direito Privado, Presidente Prudente, Rel. Des. Mariella Ferraz de Arruda Pollice Nogueira, j. 04.05.2020, *DJESP* 08.05.2020, p. 2.406).

"Agravo de instrumento. Alimentos. Revisional. Tutela provisória. Indeferida. Binômio necessidade e possibilidade. Mudança na situação financeira do alimentante. Não demonstrada. Pandemia. Covid-19. Reflexos na economia. Necessidade de substrato mínimo para atestar a redução da capacidade contributiva. Decisão mantida. 1. Agravo de instrumento interposto contra decisão que, apreciando pedido de tutela provisória no bojo da ação de revisão de alimentos, indeferiu a redução do encargo alimentar. 2. Para o atendimento ao pleito de revisão de alimentos, incumbe ao autor da ação comprovar os requisitos do art. 1.699 do Código Civil, demonstrando a mudança da situação financeira do requerente ou das necessidades do alimentando. 3. Embora a pandemia provocada pelo Coronavírus (Covid-19) tenha o potencial de comprometer as obrigações alimentares, haja vista a crise econômica decorrente, persiste a necessidade de comprovação da alteração no binômio possibilidade/necessidade. Ainda que de forma mais superficial, inabitual, haja vista a excepcionalidade da situação. 4. A mera referência do alimentante, empresário, à pandemia enquanto fato novo, público e notório não constitui, por si, fundamento para a redução da verba alimentar, sendo pertinente, na falta de maiores elementos, a manutenção da decisão agravada até a análise definitiva da controvérsia. 5. Recurso conhecido e desprovido" (TJDF, Recurso 07185.30-44.2020.8.07.0000, Acórdão 128.0587, 2.ª Turma Cível, Rel. Des. Sandoval Oliveira, j. 02.09.2020, *Pje* 17.09.2020).

Porém, em sentido contrário, julgando pela possibilidade de revisão do *quantum* alimentar, pelas provas construídas nos feitos e pela grave crise que enfrentamos em virtude da pandemia:

"Apelação cível. Revisão de alimentos. O fato de o alimentante não possuir mais vínculo empregatício, ao contrário do que sucedia quando da estipulação da verba alimentar, configura, sem dúvida, modificação para pior de sua condição financeira, apta a justificar a redução da verba, nos limites postulados. Mormente considerando a notória crise econômica de âmbito nacional, que mais se agrava no atual quadro de pandemia de Covid-19. Alimentos reduzidos de 30% para 22% do salário mínimo. Deram provimento. Unânime" (TJRS, Apelação 0025512-77.2020.8.21.7000, Processo 70083871533, 8.ª Câmara Cível, Veranópolis, Rel. Des. Luiz Felipe Brasil Santos, j. 28.05.2020, *DJERS* 15.09.2020).

"Agravo de instrumento. Alimentos provisórios. Verba fixada em oito salários mínimos para dois filhos menores. Alimentante dentista autônomo. Superveniência da pandemia da Covid-19. Acolhimento parcial do pedido de redução em primeiro grau. Revisão da pensão provisória para cinco salários mínimos. Inconformismo dos alimentandos. Rejeição. Capacidade financeira do alimentante drasticamente atingida pelos efeitos econômicos da quarentena da Covid-19. Decisão que reduziu a pensão de modo razoável, até o final da quarentena. Decisão mantida. Negaram provimento ao recurso" (TJSP, Agravo de Instrumento 2126524-13.2020.8.26.0000, Acórdão 13742197, São Paulo, 8.ª Câmara de Direito Privado, Rel. Des. Alexandre Coelho, j. 13.07.2020, *DJESP* 16.07.2020, p. 2.148).

Feita essa nota e voltando-se ao tema da extinção dos alimentos, no caso de menores, a obrigação alimentar é extinta quando esses atingem a maioridade. Porém, essa extinção não ocorre de forma automática, sendo necessária uma ação de exoneração para tanto. Nessa linha de pensamento, o Superior Tribunal de Justiça editou a Súmula 358, estabelecendo que "o cancelamento de pensão alimentícia de filho que atingiu a maioridade está sujeito à decisão judicial, mediante contraditório, ainda que nos próprios autos".

Pontue-se que a obrigação alimentar do genitor pode continuar, tratando-se de filho universitário, até que o mesmo encerre os seus estudos e a situação de dependência. Nesse sentido, consolidou-se o Superior Tribunal de Justiça:

"Agravo regimental. Civil. Família. Exoneração de alimentos. Maioridade. Universitário. Extinção automática. Impossibilidade. O STJ já proclamou que o advento da maioridade extingue o pátrio poder, mas não revoga, automaticamente, o dever de prestar alimentos, que passam a ser devidos por efeito da relação de parentesco. A teor dessa orientação, antes de extinguir o encargo de alimentar, deve-se possibilitar ao alimentado demonstrar, nos mesmos autos, que continua a necessitar de alimentos" (STJ, AGA 655.104/SP, 3.ª Turma, Rel. Min. Humberto Gomes de Barros, j. 28.06.2005. Sucessivos: AgRg no Ag 489.253/RS 2002/0156209-3, decisão 02.08.2005, DJ 29.08.2005, p. 329, AgRg no Ag 508.365/SP 2003/0019831-5, decisão 02.08.2005, DJ 29.08.2005, p. 329, AgRg no Ag 568.775/SP 2003/0225083-6, decisão 04.10.2005, DJ 24.10.2005, p. 308, AgRg no Ag 692.788/RS 2005/0116567-5, decisão 25.10.2005, DJ 14.11.2005, p. 319, AgRg no Ag 701.463/RJ 2005/0137714-1, decisão 25.10.2005, DJ 14.11.2005, p. 320, AgRg no Ag 692.157/RS 2005/0115131-1, decisão 25.10.2005, DJ 14.11.2005, p. 318, AgRg no Ag 672.870/DF 2005/0059212-9, decisão 25.10.2005, DJ 14.11.2005, p. 316, DJ 22.08.2005, p. 267).

O último julgado é muito interessante, apenas lamentando-se o fato de o mesmo ainda trazer a expressão "pátrio poder", totalmente superada e substituída por *poder familiar*. Consigne-se que, no mesmo sentido, na *IV Jornada de Direito Civil* foi aprovado o Enunciado n. 344 do CJF/STJ, determinando que "a obrigação alimentar originada do poder familiar, especialmente para atender às necessidades educacionais, pode não cessar com a maioridade". O enunciado acaba confirmando o entendimento majoritário do STJ, sumulado e constante do item 4 da Edição n. 65 da ferramenta *Jurisprudência em Teses* ("são devidos alimentos ao filho maior quando comprovada a frequência em curso universitário ou técnico, por força da obrigação parental de promover adequada formação profissional").

Todavia, ressalve-se que o mesmo Superior Tribunal de Justiça entende que o pai não é obrigado a custear o ensino pós-universitário do filho, como no caso de curso de especialização, mestrado ou doutorado. Conforme se extrai de decisão publicada no *Informativo* n. *484* daquela Corte:

"O estímulo à qualificação profissional dos filhos não pode ser imposto aos pais de forma perene, sob pena de subverter o instituto da obrigação alimentar oriunda das relações de parentesco, que objetiva preservar as condições mínimas de sobrevida do alimentado. Em rigor, a formação profissional completa-se com a graduação, que, de regra, permite ao bacharel o exercício da profissão para a qual se graduou, independentemente de posterior especialização, podendo assim, em tese, prover o próprio sustento, circunstância que afasta, por si só, a presunção *iuris tantum* de necessidade do filho estudante. Assim, considerando o princípio da razoabilidade e o momento socioeconômico do país, depreende-se que a missão de criar os filhos se prorroga mesmo após o término do poder familiar, porém finda com a conclusão, pelo alimentado, de curso de graduação. A partir daí persistem as relações de parentesco que ainda possibilitam a busca de alimentos, desde que presente a prova da efetiva necessidade. Com essas e outras considerações, a Turma deu provimento ao recurso para desonerar o recorrente da obrigação de prestar alimentos à sua filha" (STJ, Resp 1.218.510/SP, Rel. Min. Nancy Andrighi, j. 27.09.2011).

Por outra via, se o filho atingir a maioridade, mas for diagnosticado com graves problemas mentais incapacitantes, a obrigação alimentar deve subsistir, conforme reconheceu recente julgado superior.

Conforme a sua ementa, confirmando muitas das premissas aqui expostas, "o advento da maioridade não extingue, de forma automática, o direito à percepção de alimentos, mas esses deixam de ser devidos em face do Poder Familiar e passam a ter fundamento nas relações de parentesco, em que se exige a prova da necessidade do alimentado. No entanto, quando se trata de filho com doença mental incapacitante, a necessidade do alimentado se presume, e deve ser suprida nos mesmos moldes dos alimentos prestados em razão do Poder Familiar" (STJ, REsp 1.642.323/MG, 3.ª Turma, Rel. Min. Nancy Andrighi, j. 28.03.2017, DJe 30.03.2017).

O acórdão está baseado no Estatuto da Pessoa com Deficiência, em especial pelo que consta do seu art. 8.º, segundo o qual é dever do Estado, da sociedade e da família assegurar à pessoa com deficiência, com prioridade, a efetivação dos direitos referentes à vida, à saúde, à sexualidade, à paternidade e à maternidade, à alimentação, entre outros.

Tudo o que foi aqui exposto revela uma situação insegura a respeito do pagamento dos alimentos aos filhos, sobretudo quando atingem a maioridade, mas ainda necessitam de ajuda financeira de seus ascendentes. Por isso, é preciso melhorar o texto da lei, com o fim de se trazer mais segurança jurídica e estabilidade a respeito do tema, o que está sendo proposto pelo atual Projeto de Reforma do Código Civil elaborado pela Comissão de Juristas.

Nesse contexto, sugere-se a manutenção do caput do art. 1.699, com a inclusão de dois novos parágrafos. Nos termos do § 1.º, "nas hipóteses de alimentos pleiteados por crianças e adolescentes, cessa a obrigação alimentar com a maioridade, mas é do alimentante o ônus de pleitear a cessação do pagamento". Portanto, como hoje já entende a jurisprudência superior, e como está na Súmula 358 do STJ, a maioridade cessa a obrigação de alimentos, mas não de forma automática. Ademais, consoante o projetado § 2.º, "atingida a maioridade por pessoa apta ao trabalho, o direito de pleitear alimentos será prorrogado por tempo razoável para que encerre a sua formação educacional, compreendida como aquela necessária à conclusão de curso de ensino superior, técnico ou profissionalizante".

Confirma-se, portanto, o entendimento majoritário da doutrina e da jurisprudência, aqui antes exposto em minhas anotações, assegurando-se o pagamento dos alimentos ao filho até o encerramento de curso de ensino superior, e não além disso.

Sem prejuízo de todos esses aspectos, estabelece o *caput* do art. 1.708 do Código Civil ora em vigor que o casamento, a união estável ou o concubinato do credor-alimentando faz cessar o dever de prestar alimentos. Como exposto, citando Maria Berenice Dias, o comando legal em questão fundamenta a tese de que são devidos os *alimentos pós-divórcio*.

Existe um enunciado doutrinário do Conselho da Justiça Federal e do Superior Tribunal de Justiça totalmente justo e lógico, previsto para essa ordem legal, o de número 265, que determina: "na hipótese de concubinato, haverá necessidade de demonstração de assistência material pelo concubino a quem o credor de alimentos se uniu" (*III Jornada de Direito Civil*, do ano de 2004). Como se percebe, o próprio ordenamento jurídico acaba por reconhecer efeitos jurídicos para o concubinato, tratado pelo art. 1.727 do CC. O que o enunciado doutrinário ressalva é que a sua mera existência em relação ao credor de alimentos não tem o condão de gerar a extinção da obrigação alimentar. Por óbvio, é necessário provar o sustento por parte do concubino, caso, por exemplo, de um homem casado.

O parágrafo único do art. 1.708 do Código Privado tem redação muito interessante, com relação direta ao princípio da boa-fé objetiva, tema abordado no primeiro capítulo deste livro. Enuncia o comando legal em questão que: "com relação ao credor cessa, também, o direito a alimentos, se tiver *procedimento indigno* em relação ao devedor" (com destaque).

A previsão a ser debatida é a destacada no texto citado, que faz cessar a obrigação alimentar. A grande dúvida é saber o que é *procedimento indigno*. Por óbvio, trata-se de uma cláusula geral, um conceito legal indeterminado a ser preenchido pelo aplicador do Direito caso a caso, de acordo com as circunstâncias que envolvem a lide. Por tal conceito aberto é que se percebe a relação direta entre o comando e a boa-fé objetiva.

Partindo para a prática, surgem entendimentos que pretendem interpretar restritivamente a referida previsão. Nesse sentido, foi aprovado na *III Jornada de Direito Civil* o Enunciado n. 264, em que se estabelece: "na interpretação do que seja procedimento indigno do credor, apto a fazer cessar o direito a alimentos, aplicam-se, por analogia, as hipóteses dos incisos I e II do art. 1.814 do Código Civil".

A partir desse enunciado doutrinário, interpretado restritivamente, apenas gerariam a extinção da obrigação alimentar o homicídio doloso, ou sua tentativa, praticado pelo credor contra o devedor, a calúnia ou outro crime contra a honra. É a exata previsão do art. 1.814, I e II, do CC: "São excluídos da sucessão os herdeiros ou legatários: I – que houverem sido autores, coautores ou partícipes de homicídio doloso, ou tentativa deste, contra a pessoa de cuja sucessão se tratar, seu cônjuge, companheiro, ascendente ou descendente; II – que houverem acusado caluniosamente em juízo o autor da herança ou incorrerem em crime contra a sua honra, ou de seu cônjuge ou companheiro".

Por uma questão lógica, o inc. III do comando legal em comento foi excluído de aplicação pelo Enunciado n. 264 do CJF/STJ ("III – que, por violência ou meios fraudulentos, inibirem ou obstarem o autor da herança de dispor livremente de seus bens por ato de última vontade").

Outro dispositivo do Código Civil que também trata da indignidade de forma indireta, utilizando a palavra *ingratidão*, é o art. 557, que enuncia a revogação da doação se o donatário: *a)* atentar contra a vida do doador ou cometer crime de homicídio doloso contra ele; *b)* cometer ofensa física contra o doador; *c)* injuriar gravemente ou caluniar o doador; *d)* recusar-se a prestar alimentos ao doador, que deles necessitava. Substituindo as expressões *doador* por *credor* e *donatário* por *devedor*, defendem alguns autores a possibilidade de também aplicar esse comando legal a fim de complementar a previsão do art. 1.708, parágrafo único, do CC (CHINELLATO, Silmara Juny. *Comentários...*, 2004, p. 519).

Percebe-se que, basicamente, os casos são os mesmos tratados no art. 1.814 do CC/2002, com exceção do último deles. Vale citar que alguns doutrinadores entendem ser o rol constante do art. 557 do CC exemplificativo e não taxativo, ao contrário do que está previsto no art. 1.814 do mesmo Código (Enunciado n. 33 do CJF/STJ).

Pois bem, o objetivo de uma interpretação restritiva é impedir a aplicação do parágrafo único do art. 1.708 do CC em hipóteses nas quais o ex-cônjuge ou ex-companheiro que recebe os alimentos tenha relacionamentos amorosos com outras pessoas após a dissolução da união com a pessoa que lhe paga os alimentos.

Nessa linha, comenta Carlos Roberto Gonçalves que "Francisco Cahali mostra preocupação com a redação do mencionado parágrafo único do art. 1.708 do novo diploma, a merecer enorme dose de cautela para evitar perplexidade. Aguarda-se, neste contexto, complementa o autor: 'seja prudente e razoável o aplicador da norma, para não transformar o conceito vago em perseguição do ex diante do ponderado exercício da liberdade afetiva do credor, valendo-se do permissivo legal apenas para evitar abusos, rechaçando, o quanto possível, eventual parasitismo possível de ser criado pelo recebimento da pensão'" (GONÇALVES, Carlos Roberto. *Direito civil...*, 2005, p. 486, vol. VI).

Maria Berenice Dias ensina que o "conceito de indignidade deve ser buscado nas causas que dão ensejo à revogação da doação (557) ou à declaração de indignidade do herdeiro para afastar o direito à herança (1.814). O exercício da liberdade afetiva do credor não pode ser considerado postura indigna, a dar ensejo à exoneração da obrigação alimentar em favor do ex-cônjuge, mormente quando considerado que, com o término da relação, não mais persiste o dever de fidelidade" (*Manual...*, 2005, p. 496).

Com todo o respeito, seguindo outra corrente doutrinária, entendo que em alguns casos deve-se ampliar a concepção de *procedimento indigno* de forma extensiva, principalmente em hipóteses de notória gravidade (ALVES, Jones Figueirêdo; DELGADO, Mário Luiz. *Código Civil...*, 2005, p. 874). Para tanto, entra em cena a boa-fé objetiva.

Imagine-se um caso concreto. Em uma pacata e pequena cidade do interior de Minas Gerais, onde uma ex-mulher paga cerca de R$ 2.000,00 (dois mil reais) por mês a título de alimentos ao ex-marido, que vive exclusivamente com o montante que lhe é pago pela ex-esposa. O ex-marido não trabalha, bebe todos os dias, é viciado em jogo, boêmio notório, violeiro cantador e diz a todos, com ares de sarcasmo, que a *outra* é quem lhe mantém. Tem duas amantes e vive fazendo escândalos nos botecos da cidade. Nesse caso, não seria aplicado o art. 1.708, parágrafo único, do atual Código Civil? Não cessaria o dever alimentar da credora? Acredito que sim, desde que seja formulado pedido exoneratório e seja construída a prova desse *comportamento indigno*. Nesse sentido, é pertinente destacar as palavras de Arnaldo Rizzardo, com quem se concorda de forma integral:

> "O procedimento desrespeitoso se revela em vários matizes, ou se desdobra através de atos de cunho moral e pessoal negativo à pessoa do ex-cônjuge. Assim, os costumes desregrados; o indisfarçado e aberto relacionamento sexual com várias pessoas; a difamação da pessoa do ex-cônjuge ou de parentes próximos ao mesmo; a prostituição; o enveredar para a criminalidade; a dilapidação do patrimônio granjeado mais pela profissão e qualidades do ex-cônjuge; a agressão física ou moral e outros atos atentatórios à pessoa daquele que foi seu cônjuge arrolam-se como exemplos de situação aptas a desencadear a cessação dos alimentos" (RIZZARDO, Arnaldo. *Direito...*, 2004, p. 777).

Para a caracterização desse procedimento desrespeitoso, entra em cena a *tese dos deveres anexos*, a qual se relaciona com a boa-fé objetiva, particularmente no que toca ao dever de respeito, que igualmente deve estar presente após a dissolução da união estável, da sociedade conjugal ou mesmo do casamento.

Desse modo, acredito que o art. 1.708, parágrafo único, do Código Civil está a apresentar uma espécie de *responsabilidade pós-negocial casamentária ou convivencial* ou *pós-contratual* – para aqueles que defendem a tese pela qual o casamento e a união estável são contratos –, decorrente da boa-fé que também é exigida em todas as fases do casamento, negócio jurídico por excelência.

Interessante deixar claro que a dissolução da sociedade conjugal e do casamento não põe fim aos deveres de mútua assistência, de sustento, guarda e educação dos filhos e ao dever de respeito e consideração mútuos. Os deveres de respeito e consideração por iguais são mantidos com a dissolução da união estável, o que constitui interpretação do art. 1.724 do CC. Tanto no casamento como na união estável esses últimos deveres não podem ser quebrados, sendo inerentes à eticidade que regulamenta o Direito Privado, sob pena de caracterização do comportamento indigno e aplicação do art. 1.708, parágrafo único, do atual Código Civil.

Porém, deve ficar claro que é preciso prudência do magistrado quanto ao preenchimento da cláusula geral contida no comando legal em comento. Mero exercício de um direito afetivo ou amoroso, por si só, não gera a quebra da boa-fé. Como sempre, recomenda-se a análise caso a caso das relações familiares.

Além disso, saliente-se que o art. 1.708, parágrafo único, do atual CC pode gerar tanto a extinção total como parcial da obrigação alimentar, de modo a manter o patrimônio mínimo do credor. Nesse sentido, na *IV Jornada de Direito Civil*, foi aprovado o Enunciado n. 345 do CJF/STJ, com a seguinte redação: "o 'procedimento indigno' do credor em relação ao devedor, previsto no parágrafo único do art. 1.708 do Código Civil, pode ensejar a exoneração ou apenas a redução do valor da pensão alimentícia para quantia indispensável à sobrevivência do credor".

O citado enunciado doutrinário foi debatido em sede de acórdão do Tribunal Catarinense, que traz, ainda, interessante debate a respeito da caracterização do comportamento indigno. Consta de trecho de sua ementa:

"Não obstante o abandono material e moral da prole possa caracterizar o 'procedimento indigno' a que alude o parágrafo único do art. 1.708 do Código Civil, por analogia ao art. 1.638, II, também do Diploma Civil, não há falar na cessação da obrigação alimentar das filhas aos pais quando as particularidades do caso mitigam tal ausência, recomendando no caso apenas a limitação aos alimentos necessários, a teor do Enunciado n. 345 das Jornadas de Direito Civil. Demonstradas, ainda que minimamente, as necessidades do alimentando em razão da incapacidade laboral decorrente dos sérios problemas de saúde por que passou (principalmente o derrame cerebral), e as possibilidades das filhas alimentantes que, embora tenham gastos próprios relevantes, percebem pensão previdenciária em valor considerável, mostra-se razoável a fixação de alimentos em 7% (sete por cento) de tais proventos, de forma a garantir os alimentos necessários e preservar o pouco que resta da solidariedade familiar entre as partes" (TJSC, Apelação Cível 2010.046709-8, 5.ª Câmara de Direito Civil, Santo Amaro da Imperatriz, Rel. Des. Henry Petry Junior, j. 16.08.2012, *DJSC* 05.09.2012, p. 126).

Como outra concreção, debateu-se a aplicação do preceito à união estável no seguinte julgado do STJ:

"Discute-se a obrigação de prestar alimentos entre companheiros, com a peculiaridade de que o recorrente fundamenta suas razões recursais: I) em alegada quebra, por parte da recorrida, dos deveres inerentes às relações pessoais entre companheiros, notadamente o dever de respeito (art. 1.724 do CC/02); II) no suposto 'procedimento indigno' da ex-companheira em relação ao credor de alimentos (art. 1.708, parágrafo único, do CC/02); e, acaso não acolhidos os pleitos antecedentes, III) na redução dos alimentos para apenas os indispensáveis à subsistência da alimentanda, sob a perspectiva de que a situação de necessidade resultaria de culpa da pleiteante (art. 1.694, § 2.º, do CC/02). Contudo, muito embora a tese apresentada pelo recorrente seja compatível com o ordenamento jurídico vigente, verifica-se, que o TJ/AC, em sua versão dos fatos imutável nesta sede especial, não imputou, à recorrida, qualquer comportamento indigno ou que tenha desrespeitado os deveres entre companheiros, tampouco declarou que a situação de necessidade resultaria de culpa da alimentanda, de modo que se mostra inviável a análise da lide sob os contornos apresentados pelo recorrente. Fundamentado no princípio da solidariedade familiar, o dever de prestar alimentos entre cônjuges e companheiros reveste-se de caráter assistencial, em razão do vínculo conjugal ou de união estável que um dia uniu o casal, não obstante o rompimento do convívio, encontrando-se subjacente o dever legal de mútua assistência. Considerando-se que o TJ/AC revisou, em termos fáticos, a questão, reduzindo o valor a patamar compatível com as necessidades e possibilidades ostentadas pelas partes, nada há para retocar no acórdão recorrido, que assegurou à ex-companheira o direito de receber alimentos, com base na situação de dependência por ela vivenciada, ao longo de aproximadamente 29 anos, em relação ao recorrente, forte no art. 7.º da Lei n. 9.278/96, vigente na época do rompimento da união estável, reputando o percentual de 8% sobre os vencimentos do ex-companheiro, como suficiente para a manutenção e sobrevivência da recorrida. Assinale-se, por fim, que o revolvimento do substrato fático do processo, circunscrito ao que se extrai do acórdão recorrido, que definiu as variáveis extraídas das necessidades da credora e possibilidades do devedor de alimentos, é vedado na via recursal eleita, a teor da Súmula n. 7 do STJ. Mantém-se, portanto, o acórdão recorrido, sem descurar que, pautada a fixação de alimentos nos vetores da necessidade e possibilidade estabelecidos no art. 1.694, § 1.º, do CC/02, e sendo esses dois elementos variáveis com o passar dos tempos, a revisão é permitida a qualquer momento, desde que evidenciada a mudança na capacidade econômica das partes" (STJ, REsp 995.538/AC, 3.ª Turma, Rel. Min. Fátima Nancy Andrighi, j. 04.03.2010, *DJe* 17.03.2010).

Como se pode perceber, no último acórdão confirmou-se a inexistência de comportamento indigno, como foi feito na segunda instância, o que demonstra as dificuldades de aplicação concreta da regra, pois tem-se julgado que essa indignidade deve estar dotada de especial gravidade.

De todo modo, muito além de se considerar a existência de qualquer relação fechada para o preenchimento dessa cláusula geral, o Tribunal de Justiça do Rio Grande Sul considerou haver comportamento indigno da credora na seguinte hipótese fática, que conta com o meu apoio:

> "O fato da alimentada ter induzido em erro o alimentante, ao dizer que estava grávida de um filho seu e, em razão disso, ensejado que ele contraísse casamento com ela, omitindo durante mais três décadas a verdadeira paternidade do filho mais velho, constitui comportamento indigno em relação ao alimentante, tendo violado o dever de lealdade e boa-fé, ferindo a dignidade (honra subjetiva) do varão, e configura, com todas as letras a hipótese de cessação do dever de prestar alimentos de que trata o art. 1.708, parágrafo único, do CCB" (TJRS, Agravo 0022288-73.2016.8.21.7000, 7.ª Câmara Cível, Santa Maria, Rel. Des. Sérgio Fernando de Vasconcellos Chaves, j. 16.03.2016, *DJERS* 29.03.2016).

Sobre o ônus da prova do comportamento indigno, por óbvio, cabe a quem alega, como se retira do seguinte aresto estadual: "cabe ao autor/alimentante o ônus de comprovar que a ré/alimentada teve 'procedimento indigno' apto a determinar a cessação dos alimentos, como prevê o artigo 1.708, parágrafo único, do Código Civil, o que não ocorreu no caso concreto" (TJMT, Apelação 85149/2011, 1.ª Câmara Cível, Nobres, Rel. Des. Orlando de Almeida Perri, j. 15.02.2012, *DJMT* 28.02.2012, p. 9).

Diante de todas as divergências expostas, novamente em prol da segurança jurídica, a Comissão de Juristas nomeada para a Reforma do Código Civil propõe mudanças substanciais no art. 1.708 do CC, que hoje são mais do que necessárias, diante das dificuldades e dos intensos debates práticos sobre o preenchimento da cláusula geral "comportamento indigno". Também se retira a atual redação do *caput*, para que não haja qualquer possibilidade do pleito dos *alimentos pós-divórcio*, o que é igualmente consagrado pela projeção de novo art. 1.704, como antes pontuei. Nesse contexto, o novo art. 1.708 passará a ter a seguinte redação: "O direito de receber alimentos poderá ser extinto ou reduzido, caso o credor tenha causado ou venha a causar ao devedor danos psíquicos ou grave constrangimento, incluindo as hipóteses de violência doméstica, perda da autoridade parental e abandono afetivo e material. Parágrafo único. A extinção total ou parcial do direito aos alimentos dependerá da gravidade dos atos praticados".

De acordo com a Subcomissão de Direito de Família, também houve o objetivo de se afastar qualquer debate sobre a culpa na questão de alimentos, pois houve o objetivo de "reunir em uma normativa conjunta os casos que determinam a perda do direito alimentar, por indignidade, ou mesmo a fixação de alimentos naturais, por força de alguma conduta praticada pelo credor contra o devedor. Evita-se a indesejável menção a 'culpa', adotando-se redação mais objetiva. A ideia proposta está prevista atualmente no parágrafo único do art. 1.708 do CC, de forma bastante incipiente. Por outro lado, o Código trata da culpa do cônjuge pelo fim de relacionamento conjugal como uma hipótese de 'redução' do direito de alimentos, prevendo que o culpado receberá os alimentos naturais, ou seja, somente recursos necessários à sua subsistência, o que, como dito, não é adequado. Tendo em mente a premente necessidade de se afastar a questão da culpa pelo fim de relacionamento conjugal como fato a ser valorado na fixação de alimentos, busca-se então substituir tal regime por uma cláusula mais objetiva, passível de abarcar melhor uma vasta gama de casos, a serem analisados ao prudente critério do julgado". De fato, têm total razão os juristas.

A menção à violência doméstica como geradora da extinção dos alimentos atende, mais uma vez, ao *protocolo de gênero*, um dos fundamentos do Anteprojeto. Por seu turno, a redução do valor dos alimentos, de acordo com a gravidade da conduta, é retirada do antes citado Enunciado n. 345 da *IV Jornada de Direito Civil*. Pelas razões expostas, e sobretudo para tornar o instituto dos alimentos mais efetivo na prática, espera-se a aprovação das proposições pelo Congresso Nacional.

Ainda no estudo das formas de extinção dos alimentos, devidamente confrontado com o *caput* do último dispositivo estudado, o art. 1.709 da atual codificação privada determina que o novo casamento do cônjuge devedor não extingue a obrigação constante da sentença de divórcio. Quando a sentença de divórcio determina o seu pagamento, nota-se, novamente, a presença dos *alimentos pós-divórcio* por imposição judicial. Isso comprova que o próprio sistema legal admite hoje essa modalidade de alimentos, amplamente debatida no *meio familiarista* na atualidade.

Porém, vale dizer que uma alteração econômica diante desse novo casamento pode ser motivo para a revisão dos alimentos, de acordo com a análise do caso concreto. Se a mudança for drástica, caberá até exoneração dos alimentos, o que necessita de uma ação específica para tanto. Atente-se, contudo, na linha de aresto do Superior Tribunal de Justiça:

> "A constituição de nova família pelo devedor de alimentos não acarreta, por si só, revisão da quantia estabelecida a título de alimentos em favor dos filhos advindos de anterior unidade familiar formada pelo alimentante, sobretudo se não houver prova da diminuição da capacidade financeira do devedor em decorrência da formação do novo núcleo familiar. Precedentes citados: REsp 703.318/PR, 4.ª Turma, *DJ* 1.º.08.2005; e REsp 1.027.930/RJ, 3.ª Turma, *DJe* 16.03.2009" (STJ, REsp 1.496.948/SP, Rel. Min. Moura Ribeiro, j. 03.03.2015, *DJe* 12.03.2015).

No Projeto de Reforma do Código Civil, sugere-se também a modificação do seu art. 1.709, para se retirar a possibilidade de pleito dos *alimentos pós-divórcio*, mais uma vez. A Subcomissão de Direito de Família assim justificou a necessidade de alteração do dispositivo: "adaptação dos termos do artigo para abranger também a união estável e não apenas o casamento. Retira-se, ademais, a menção à sentença de divórcio como fonte da obrigação alimentar, porquanto após o rompimento da relação conjugal existem diversos outros meios para firmar essa obrigação, como acordo, escritura de divórcio e partilha etc.". Ao final, após alteração efetivada pela Relatora-Geral, Professora Rosa Maria de Andrade Nery, e análise pela Comissão de Juristas, a proposição final ficou assim: "Art. 1.709. O casamento ou a constituição de união estável do alimentante não extingue, somente por isso, a obrigação alimentar".

A encerrar o estudo das normas do Código Civil em vigor, o seu art. 1.710 enuncia que as prestações alimentícias, de qualquer natureza, serão atualizadas segundo índice oficial regularmente determinado. Como anotam Jones Figueirêdo e Mário Delgado, o comando legal em questão substitui o teor do art. 22 da Lei do Divórcio, que previa os índices das ORTNs para a atualização. Alertam esses doutrinadores que não há índice regularmente estabelecido como quer o Código, cabendo a fixação do índice de correção pelo juiz da causa (ALVES, Jones Figueirêdo; DELGADO, Mário Luiz. *Código Civil...*, 2005, p. 876).

Como se tornou comum, o salário mínimo é o índice geralmente aplicado para essa correção. Adotando esse caminho, a premissa número 17 da Edição n. 65 da ferramenta *Jurisprudência em Teses* do STJ, citando precedentes recentes: "é possível a fixação da pensão alimentícia com base em determinados números de salários mínimos". Não sendo o valor fixado dessa forma, por se tratar de *dívida de valor*, o montante deve ser corrigido automaticamente, com o fim de se evitar o enriquecimento sem causa.

Considerando como mais correto o índice do INPC (Índice Nacional de Preços ao Consumidor), do Superior Tribunal de Justiça e traduzindo a posição que parece ser a mais correta e majoritária:

> "Por ser a correção monetária mera recomposição do valor real da pensão alimentícia, é de rigor que conste, expressamente, da decisão concessiva de alimentos, sejam provisórios ou definitivos, o índice de atualização monetária, conforme determina o art. 1.710 do Código Civil. Diante do lapso temporal transcorrido, deveria ter havido incidência da correção monetária sobre o valor dos alimentos provisórios, independentemente da iminência da prolação de sentença, na qual seria novamente analisado o binômio necessidade-possibilidade para determinação do valor definitivo da pensão. A hipótese, para a correção monetária, faz-se mais adequada a utilização do INPC, em consonância com a jurisprudência do STJ, no sentido da utilização do referido índice para correção monetária dos débitos judiciais" (STJ, REsp 1.258.824/SP, 3.ª Turma, Rel. Min. Nancy Andrighi, DJe 30.05.2014).

Como último aspecto a ser pontuado e analisado, no ano de 2019, concluiu a Terceira Turma da mesma Corte Superior que, "embora legalmente determinada a atualização monetária da obrigação alimentar por 'índice oficial regularmente estabelecido', a ausência de contratação expressa afasta a possibilidade de atualização automática do débito, impondo-se uma interpretação sistemática e harmônica entre a regra do Código Civil (art. 1.710) e a disposição específica acerca da correção monetária (art. 1.º da Lei n. 10.192/2001). Diferentemente, a prestação alimentar não cumprida a tempo e modo está sujeita à imposição da correção monetária, a qual deve incidir desde a data do vencimento da obrigação, por força da responsabilização do devedor pelos danos decorrentes de sua mora ou inadimplemento (art. 395 do CC/2002)" (STJ, REsp 1.705.669/SP, 3.ª Turma, Rel. Min. Marco Aurélio Bellizze, j. 12.02.2019, DJe 15.02.2019).

O aresto, assim, afastou a incidência de correção monetária automática pelo fato de os alimentos terem sido fixados por acordo entre os cônjuges. Em certa medida, acabou por afastar a afirmação de haver uma *dívida de valor* em casos tais, o que não conta com o meu apoio doutrinário, diante do caráter especial da dívida de alimentos, que visa à manutenção da vida digna do alimentante.

De todo modo, a questão demandará novas reflexões, pois a Lei 14.905/2024 passou a prever que o índice oficial, regra geral, será o IPCA (art. 389, parágrafo único do CC).

Aguardamos, assim, novos posicionamentos sobre a nova Lei.

7.6 REGRAS PREVISTAS NA LEI 5.478/1968. ASPECTOS MATERIAIS E PROCESSUAIS ATUALIZADOS PERANTE O CPC/2015

Além das normas previstas no Código Civil, importante também o estudo das regras constantes da Lei 5.478/1968, a Lei de Alimentos, cujo conteúdo é fundamental à prática familiarista. O presente estudo deve ser atualizado perante o tratamento constante do CPC/2015.

De início, adiante-se que as principais inovações processuais relativas aos alimentos dizem respeito ao sistema de cumprimento de sentença e de execução dos alimentos. Há um *duplo tratamento* dessa satisfação na nova legislação processual, tendo sido revogados expressamente os arts. 16 a 18 da Lei de Alimentos (Lei 5.478/1969), pelo art. 1.072, inciso V, do CPC/2015.

De toda sorte, antes de se adentrar em tais questões, é fundamental lembrar que o alimentando-credor, diante da conhecida presunção de vulnerabilidade, tem foro privilegiado para propor a ação de alimentos, segundo constava no art. 100, inc. II, do CPC/1973; dispositivo repetido pelo art. 53, inc. II, do CPC/2015, como antes destacado. A premissa é a mesma se a ação de alimentos estiver cumulada com a investigação de paternidade, conforme a outrora citada Súmula 1 do Superior Tribunal de Justiça; também mantida no sistema.

Quanto ao polo ativo da ação de alimentos, o menor de 16 anos (absolutamente incapaz) que pleiteia tais alimentos, deve ser representado, geralmente pela mãe. Quanto ao menor entre 16 e 18 anos (relativamente incapaz), este será assistido, também geralmente pela mãe. No caso de filho maior, este promove a demanda em nome próprio.

A ação de alimentos pode ainda ser proposta pelo Ministério Público em caso de criança ou adolescente. Nesse sentido, destaque-se a premissa número 3, publicada na Edição n. 65 da ferramenta *Jurisprudência em Teses*, do STJ: "o Ministério Público tem legitimidade ativa para ajuizar ação/execução de alimentos em favor de criança ou adolescente, nos termos do art. 201, III, da Lei 8.069/1990".

Em relação aos alimentos do nascituro, considera-se, por analogia, como uma pessoa absolutamente incapaz, por ser menor de 16 anos, devendo o mesmo ser representado (TJMG, Acórdão 1.0024.04.377309-2/001, 8.ª Câmara Cível, Belo Horizonte, Rel. Des. Duarte de Paula, j. 10.03.2005, *DJMG* 10.06.2005). De qualquer forma, surge a idêntica controvérsia que foi estudada quando do tratamento da ação de investigação de paternidade quanto a essa legitimidade. Vale ainda dizer que o ECA estabelece a competência do Ministério Público para promover e acompanhar ações de alimentos envolvendo menores (art. 201, inc. III), o que deve ser aplicado ao nascituro, na minha opinião doutrinária.

Com exceção das revogações antes mencionadas, destaque-se que o CPC/2015 procurou manter as regras especiais quanto a ação de alimentos, notadamente aquelas constantes da Lei 5.478/1968. Conforme o art. 693 do Estatuto Processual emergente, primeiro dispositivo que trata dos procedimentos especiais a respeito das ações de alimentos, as normas nele previstas aplicam-se aos processos contenciosos de divórcio, separação, reconhecimento e extinção de união estável, guarda, visitação e filiação. Porém, conforme o seu parágrafo único, a ação de alimentos e a que versar sobre interesse de criança ou de adolescente observarão o procedimento previsto em legislação específica, aplicando-se, no que couber, as disposições especiais do Código de Processo Civil quando não conflitantes.

Feita tal importante anotação, dispõe o art. 1.º da Lei 5.478/1968 que a ação de alimentos é de rito especial, independentemente de prévia distribuição e de anterior concessão do benefício de gratuidade. Para que a ação de alimentos siga esse rito especial, é preciso a existência de prova pré-constituída da relação de parentesco ou casamento, pela certidão de nascimento ou casamento. Não havendo prova pré-constituída, o pedido de alimentos constará em ação que segue o rito ordinário, como se verifica, por exemplo, no caso da ação de investigação de paternidade cumulada com alimentos. Como este tratamento consta em lei especial, continuará a ter aplicação, não tendo sido atingido, na essência, pelo CPC de 2015.

Uma primeira dúvida pode surgir quanto à possibilidade de se pleitear alimentos pelo rito especial havendo uma prova escrita e pública da união estável, caso de um contrato de convivência celebrado por escritura pública. A jurisprudência vem entendendo que não há a possibilidade de ingresso de ação por esse rito especial em casos tais, cabendo somente os alimentos provisionais e não os provisórios. Nesse sentido:

> "Agravo de instrumento. União estável. Alimentos. Decisão que indeferiu o arbitramento de alimentos provisórios. Inexistência de prova pré-constituída da união estável. Impossibilidade de fixação dos alimentos, nesta fase processual. Situação fática envolvida na espécie que demanda instrução probatória. Recurso não provido" (TJSP, Agravo de Instrumento 631.504.4/1, Acórdão 3610340, 2.ª Câmara de Direito Privado, Praia Grande, Rel. Des. José Carlos Ferreira Alves, j. 28.04.2009, *DJESP* 28.05.2009).

> "Tutela antecipada. Alimentos provisórios reclamados por companheira. Insuficiência da prova da existência de união estável. Medida negada. Exigem a Lei 5.478, de 1968, e a Lei 8.971, de 1994, prova pré-constituída da obrigação alimentar do devedor, para a concessão dos alimentos provisórios em favor da companheira" (TJSP, Agravo de Instrumento 264.149-4/0/SP, 6.ª Câmara de Direito Privado, Rel. Ernani de Paiva, 06.02.2003, v.u.).

Com o devido respeito, entendo que, havendo prova robusta e confiável da existência da união estável, é plenamente possível seguir o rito especial da Lei de Alimentos. Cite-se a hipótese de existência de uma escritura pública válida e eficaz que reconhece a união estável entre as partes. Pensamos que tal documento pode fundamentar ação de alimentos com base no rito da lei, pois concluir o contrário representaria tratar a união estável como uma *família de segunda classe* no tocante aos alimentos, o que é inadmissível.

Em complemento, o Código de Processo Civil de 2015 parece dar amparo a essas afirmações. Primeiro, pela repetida valorização da *desjudicialização*. Segundo, por ter procurado facilitar os procedimentos, deixando de lado o rigor formal em vários de seus institutos. Terceiro, por ter tutelado a pessoa humana, em especial no seu art. 8.º. Quarto, e principalmente, por ter equiparado a união estável ao casamento para todos os fins processuais.

Prosseguindo o estudo do tema, a distribuição da ação de alimentos será determinada posteriormente por ofício do juízo, inclusive para o fim de registro do feito (art. 1.º, § 1.º, da Lei 5.478/1968). A parte que não estiver em condições de pagar as custas do processo, sem prejuízo do sustento próprio ou de sua família, gozará do benefício da gratuidade. Basta, para tanto, uma simples afirmativa dessas condições perante o juiz (art. 1.º, § 2.º). A lei presume pobre, até prova em contrário, quem afirmar essa condição (art. 1.º, § 3.º), presunção essa que é relativa ou *iuris tantum*. Havendo impugnação do direito à gratuidade, este não suspende o curso do processo de alimentos, sendo feito em autos apartados (art. 1.º, § 4.º). Essa não suspensão tem o objetivo justamente de não prejudicar a parte que está pleiteando os alimentos.

Todas as normas citadas visam a proteger o alimentando-credor, parte vulnerável da relação jurídica estabelecida. Este, pessoalmente, ou por intermédio de advogado, dirigir-se-á ao juiz competente, qualificando-se, e exporá suas necessidades, provando, apenas, o parentesco ou a obrigação de alimentar do devedor (art. 2.º da Lei 5.478/1968).

Em 2024 houve intenso debate a respeito dessa previsão, tendo em vista o julgamento do Supremo Tribunal Federal, nos autos da Arguição de Descumprimento de Preceito Fundamental n. 591 e originária do Distrito Federal, em que se debateu a necessidade da presença obrigatória de advogado para a ação de alimentos. A ação foi proposta pelo Conselho Federal da OAB e a resposta dada foi negativa, concluindo a Corte Suprema, por maioria, pela possibilidade de o credor comparecer pessoalmente em juízo, sem advogado, garantindo-se ums suposta celeridade processual e acesso à justiça, em casos de menor complexidade.

Seguiu-se, portanto, o volto do Ministro Relator Cristiano Zanin, mas foi vencido o Ministro Luiz Edson Fachin, que julgou em sentido contrário. Segundo ele, "a Lei de Alimentos foi promulgada antes da vigência não apenas da Constituição Federal, mas também do Código de Processo Civil (1973) e do Código Civil (2002). Entendo, portanto, que na ordem constitucional e legal vigente a dispensa da participação do advogado, ainda que em momento inicial, da ação de alimentos não encontra abrigo, não é o meio mais proporcional e adequado para garantir acesso à justiça. Seja a Advocacia, a Defensoria Pública ou o Ministério Público, todos funções essenciais à justiça, dispõem de competência e instrumentos adequados para atuar com celeridade em favor do credor de alimentos".

Estou filiado a esse último entendimento, que acabou sendo derrotado, e espero que a questão seja resolvida no plano legislativo, como está sendo proposto pela própria Ordem dos Advogados do Brasil, com os fins de se efetivar o texto do art. 133 da Constituição Federal.

Ainda nos termos da norma em vigor, deverá também indicar seu nome e sobrenome, residência ou local de trabalho, profissão e naturalidade, quanto ganha aproximadamente ou os recursos de que dispõe.

Estabelece o § 1.º desse último dispositivo que será dispensada a produção inicial desses documentos probatórios, nos seguintes casos:

– quando existentes em notas, registros, repartições ou estabelecimentos públicos e ocorrer impedimento ou demora em extrair certidões;
– quando estiverem em poder do obrigado, as prestações alimentícias ou de terceiro residente em lugar incerto ou não sabido.

Anotam Nelson Nery Jr. e Rosa Maria Andrade Nery que o rol constante desse dispositivo é taxativo (*numerus clausus*), não sendo admitida a dispensa de tais documentos em outros casos (NERY JR. Nelson; NERY, Rosa Maria Andrade. *Código Civil comentado...*, 2005, p. 926). No entanto, em relação aos documentos públicos apresentados junto com a exordial, estes ficam isentos de reconhecimento de firma (art. 2.º, § 2.º, da Lei de Alimentos), o que visa à celeridade processual, diante da redução da burocracia, premissa confirmada pelo CPC/2015.

O valor da causa da ação de alimentos será correspondente a doze vezes o valor pleiteado pelo autor por mês, a título de alimentos provisórios ou definitivos (art. 292, inc. III, do CPC/2015; correspondente ao art. 259, inc. VI, do CPC/1973).

Se o credor comparecer pessoalmente e não indicar profissional que haja concordado em assisti-lo em juízo, ou seja, um advogado, o juiz designará desde logo quem o deva fazer (*advogado dativo*), que pode ser um procurador do Estado – nos Estados que ainda não tenham organizado a defensoria pública –, ou um defensor público.

O pedido de alimentos deverá ser apresentado por escrito, em três vias, e deverá conter a indicação do juiz a quem for dirigido, os elementos outrora expostos e um histórico sumário dos fatos (art. 3.º da Lei de Alimentos). Se um defensor houver sido designado pelo juiz para assistir o autor da ação, na forma antes analisada, formulará o designado, dentro de vinte e quatro horas da nomeação, o pedido, por escrito, podendo, se achar conveniente, indicar seja a solicitação verbal reduzida a termo (art. 3.º, § 1.º). Eventualmente, esse termo previsto também será apresentado em três vias, datadas e assinadas pelo escrivão (art. 3.º, § 2.º). Todos esses procedimentos, vistos até o presente momento, são mantidos sob a vigência do CPC/2015, sem qualquer interferência ou alteração legislativa.

Prescreve o tão aclamado art. 4.º da Lei de Alimentos que, ao despachar o pedido, o juiz fixará desde logo alimentos provisórios a serem pagos pelo devedor, salvo se o credor expressamente declarar que deles não necessita, hipótese em que se presume a sua desnecessidade.

Como se vê, trata-se da fixação dos *alimentos provisórios*, havendo prova pré-constituída da obrigação alimentar. Cite-se, mais uma vez, o entendimento anterior de Nelson Nery e Rosa Maria Andrade Nery, no sentido de que tais alimentos seriam fixados de ofício, tendo natureza de adiantamento da sentença de mérito, ou seja, de tutela antecipatória; enquanto os alimentos provisionais têm natureza cautelar (NERY JR. Nelson; NERY, Rosa Maria Andrade. *Código Civil comentado*, ob. cit., p. 926). Conforme foi mencionado, os alimentos provisórios não se confundem com os provisionais, fixados em outras ações, em que não há a prova pré-constituída da obrigação alimentar, por meio de antecipação de tutela ou medida cautelar de alimentos provisionais, na vigência do Código de Processo Civil de 1973.

Reafirme-se, quanto aos alimentos provisionais, não reproduziu as antigas regras dos arts. 852 a 854 CPC/1973, que tratavam dos alimentos provisionais, em sede de medida cautelar específica. Sendo assim, acreditamos que os alimentos provisionais estarão enquadrados em algumas das regras relativas à tutela provisória, entre os arts. 300 e 311 do CPC/2015. Somente a prática familiarista poderá demonstrar qual a categoria em que se situará o instituto. Entretanto, diante do costume jurisprudencial anterior, possivelmente o enquadramento se dará no procedimento cautelar de caráter antecedente, nos termos dos arts. 305 a 310 do Estatuto Processual emergente.

No que diz respeito aos alimentos provisórios, sempre houve controvérsia entre os processualistas sobre a sua natureza, se constituem antecipação da tutela final ou se têm natureza cautelar. Alexandre Freitas Câmara, por exemplo, sempre entendeu que tanto os alimentos provisórios quanto os provisionais têm a mesma natureza, ou seja, de tutela antecipada (*Lições...*, 2006, p. 199-203). Também assim se posicionava Daniel Amorim Assumpção Neves, para quem "a medida que concede os alimentos tem natureza satisfativa, antecipando os efeitos práticos de uma futura decisão condenatória definitiva ao pagamento dos alimentos" (NEVES, Daniel Amorim Assumpção. *Manual...*, 2009, p. 1150). Concorda-se com esses últimos doutrinadores, devendo este entendimento ser adotado como majoritário, pois de melhor técnica, apesar da controvérsia existente.

Para a recente jurisprudência do Superior Tribunal de Justiça, a fixação dos alimentos provisórios não pode se dar de forma ilíquida, o que estaria vedado pelo art. 491 do CPC/2015, correspondente ao art. 459, parágrafo único, do CPC/1973. Nos termos do comando instrumental em vigor, "a ação relativa à obrigação de pagar quantia, ainda que formulado pedido genérico, a decisão definirá desde logo a extensão da obrigação, o índice de correção monetária, a taxa de juros, o termo inicial de ambos e a periodicidade da capitalização dos juros, se for o caso, salvo quando: I – não for possível determinar, de modo definitivo, o montante devido; II – a apuração do valor devido depender da produção de prova de realização demorada ou excessivamente dispendiosa, assim reconhecida na sentença". A ementa destaca, com razão, a necessidade de se proferirem decisões e sentenças líquidas nas ações de alimentos, "para se atender às necessidades prementes do alimentando, principalmente quando se trata de menor". Ao final, foi reconhecida a nulidade do acórdão de segundo grau, diante da iliquidez que ali foi estabelecida (STJ, REsp 1.442.975/PR, 3.ª Turma, Rel. Min. Paulo de Tarso Sanseverino, j. 27.06.2017, *DJe* 01.08.2017).

Complementando, determina o parágrafo único do art. 4.º da referida lei especial que se os alimentos provisórios forem pedidos pelo cônjuge, casado pelo regime da comunhão universal de bens, o juiz determinará igualmente que seja entregue ao credor, mensalmente, parte da renda líquida dos bens comuns, administrados pelo devedor.

O preceito está justificado na existência de um amplo condomínio entre os cônjuges, a englobar tanto os bens anteriores como os posteriores à união. De qualquer forma, constata-se a falta de atualização da norma, eis que o regime da comunhão parcial de bens passou a ser o legal ou supletório desde a entrada em vigor da Lei do Divórcio, em dezembro de 1977. Assim, talvez a norma precise ser alterada ou mesmo revogada, perdendo o CPC/2015 a oportunidade de fazê-lo.

Ainda no tocante aos alimentos provisórios, após a sua fixação, também seguindo a ideia de *possibilidade/necessidade/razoabilidade*, o escrivão, dentro de 48 horas, remeterá ao devedor a segunda via da petição ou do termo, juntamente com a cópia do despacho do juiz, e a comunicação do dia e hora da realização da audiência de conciliação e julgamento, que será una (art. 5.º da Lei 5.478/1968). Sobre a questão da citação e sua forma, o tema será explicado detalhadamente a seguir.

Na designação dessa audiência, o juiz fixará o *prazo razoável* que possibilite ao réu-devedor apresentar a contestação da ação proposta e, eventualmente, a citação por edital (art. 5.º, § 1.º, da Lei 5.478/1968). Comenta Fernanda Tartuce que a expressão *prazo razoável* não encontra parâmetro e costuma ser analisada em cada caso: "sua delimitação é de extrema relevância porque a falta de prazo razoável entre a citação e a audiência de alimentos é causa de nulidade por ensejar cerceamento de defesa do réu. A jurisprudência, via de regra, utiliza o parâmetro de dez dias de lapso entre a citação e a audiência; para tanto, vale-se da analogia para chegar ao critério delineado na norma sobre o rito sumário previsto no CPC" (TARTUCE, Fernanda. *Processo*..., 2012, p. 192). De toda sorte, vale lembrar que o CPC/2015 não trata mais do antigo rito sumário, podendo surgir tese de afastamento desse prazo de dez dias.

Seguindo no estudo da norma, a comunicação do réu, que será feita mediante registro postal isento de taxas e com aviso de recebimento, importa em citação, para todos os efeitos legais (art. 5.º, § 2.º, da Lei 5.478/1968). Se o réu criar embaraços ou obstáculos ao recebimento da citação, ou não for encontrado, a diligência será repetida por intermédio do oficial de justiça, servindo de mandado a terceira via da petição ou do termo (art. 5.º, § 3.º, da Lei 5.478/1968).

Impossibilitada a citação do réu, por qualquer dos modos previstos, será ele citado por edital afixado na sede do juízo e publicado três vezes consecutivas no órgão oficial do Estado. Nesse último caso, as despesas para tanto correrão por conta do vencido ao final, sendo a conta juntada previamente aos autos, o que tende a proteger o alimentando vulnerável (art. 5.º, § 4.º). Esse edital de citação deverá conter um resumo do pedido inicial, a íntegra do despacho nele exarado, bem como a data e a hora da audiência (art. 5.º, § 5.º). O autor será notificado da data e hora da audiência no ato de recebimento da petição, ou da lavratura do termo, para que também possa a ela comparecer (art. 5.º, § 6.º, da Lei 5.478/1968).

Sendo o caso, o juiz, ao marcar a audiência, oficiará ao empregador do réu, ou, se o mesmo for funcionário público, ao responsável por sua repartição, solicitando o envio, no máximo até a data marcada para a audiência, de informações sobre o salário ou os vencimentos do devedor, sob as penas da lei (art. 5.º, § 7.º, da Lei de Alimentos). Isso se faz para eventuais descontos do salário ou em folha de pagamento de funcionário público, para que o credor alimentando receba o que lhe for devido. Conforme a jurisprudência superior, a base de cálculo da pensão alimentícia fixada sobre o percentual do vencimento do alimentante abrange o décimo terceiro salário e o terço constitucional de férias, salvo disposição expressa em contrário (afirmação número 10 da Edição n. 65, da ferramenta *Jurisprudência em Teses*, do STJ, publicada em 2016, Alimentos I).

Por fim, a citação do réu, mesmo no caso dos arts. 200 e 201 do CPC/1973 (carta precatória ou rogatória), será feita por via postal (art. 5.º, § 8.º, da Lei 5.478/1968), o que visa a acelerar os procedimentos. Onde se lê, no último comando especial, arts. 200 e 201 do CPC/1973, entenda-se arts. 236 e 237 do CPC/2015, seus correspondentes.

Após a citação, será designada a audiência de conciliação, instrução e julgamento e nesta deverão estar presentes autor e réu, independentemente de intimação e de comparecimento de seus representantes, conforme prevê o art. 6.º da Lei 5.478/1968.

Eventual não comparecimento do autor, que se denomina *contumácia*, determina o arquivamento do pedido, mas não a extinção do processo. De toda sorte, a jurisprudência tem afastado o rigor da lei em algumas situações, como naquelas em que o autor está em local remoto ou longínquo, não podendo chegar a tempo. Nessa linha, vejamos salutar decisão publicada no *Informativo* n. 471 do STJ:

> "Alimentos. Audiência. Autor. Não comparecimento. A Turma negou provimento ao RHC por entender que o não comparecimento do autor da ação de alimentos à audiência de conciliação não determina, necessariamente, o arquivamento do pedido, conforme estabelece o art. 7.º da Lei n. 5.478/1968. Ressaltou-se que a peculiaridade do caso – menor residente fora do país – tem o condão de afastar a incidência do referido dispositivo. Consignou-se, ademais, que a alegação única de que o alimentante estava preso quando da intimação para cumprir voluntariamente a obrigação alimentícia não retira seu ônus de demonstrar a impossibilidade de adimpli-la. Para o Min. Relator, essa circunstância, apesar de representar especial dificuldade, não obsta o dever de pagar o débito, tendo em vista a necessidade de subsistência do filho. Reiterou, ainda, que a atual situação de desemprego não basta para eximir o pai da obrigação e que cabe a ele comprovar a falta de patrimônio suficiente para saldar a dívida" (STJ, RHC 29.777/MG, Rel. Min. Paulo de Tarso Sanseverino, j. 05.05.2011).

Por outra via, a ausência do réu importa em revelia, além de confissão quanto à matéria de fato (art. 7.º da Lei 5.478/1968). Segundo Nelson Nery Jr. e Rosa Maria Andrade Nery, a revelia também ocorrerá se o réu for à audiência sem advogado, a não ser que esteja advogando em causa própria (NERY JR. Nelson; NERY, Rosa Maria Andrade. *Código Civil...*, 2005, p. 928). Ensinam os doutrinadores que mesmo havendo essa revelia, a audiência deve ser realizada. Pensamos que tais regras e posição doutrinária não sofreram qualquer interferência pelo Novo CPC.

Ainda no que concerne a essa importantíssima audiência, tanto o autor quanto o réu comparecerão acompanhados de suas testemunhas, três no máximo, apresentando, nessa ocasião, as demais provas que pretendam produzir, sob pena de preclusão (art. 8.º da Lei 5.478/1968). Isso porque a audiência é *una,* conforme antes apontado.

Aberta a audiência, e lida a petição, o termo e a resposta do réu, se houver, ou dispensada a leitura, o juiz ouvirá as partes litigantes e o representante do Ministério Público, propondo a conciliação entre as partes (art. 9.º, *caput,* da Lei de Alimentos). Segundo doutrina e jurisprudência ainda majoritárias, essa audiência é obrigatória; afirmação também a ser mantida. No entanto, aqui, no presente e no futuro, também deverá entrar em cena a mediação familiar interdisciplinar, incentivada pelo CPC/2015 e regulamentada pela Lei 13.140/2015.

No que diz respeito ao Estatuto Processual emergente, merece destaque o seu art. 694, segundo o qual, nas ações de família, todos os esforços serão empreendidos para a solução consensual da controvérsia, devendo o juiz dispor do auxílio de profissionais de outras áreas de conhecimento para a mediação e conciliação.

Em complemento, a requerimento das partes, o juiz pode determinar a suspensão do processo enquanto os litigantes se submetem à mediação extrajudicial ou a atendimento multidisciplinar. Entendo que a mediação não só pode, como deve ser aplicada à ação de alimentos, diante da não regulamentação em lei específica.

Restará a discussão a respeito da aplicação do procedimento previsto no art. 695 do CPC/2015 para as ações de alimentos. Como visto, tal dispositivo enuncia que, recebida a petição inicial e, se for o caso, tomadas as providências referentes à tutela provisória, o juiz ordenará a citação do réu para comparecer à audiência de mediação e conciliação.

Com o intuito de não acirrar os ânimos das partes, o mandado de citação conterá apenas os dados necessários à audiência e deverá estar desacompanhado de cópia da petição inicial, assegurado ao réu o direito de examinar seu conteúdo a qualquer tempo (§ 1.º). A citação ocorrerá com antecedência mínima de quinze dias da data designada para a audiência (§ 2.º). A citação será feita na pessoa do réu (§ 3.º). Por fim, está previsto que na audiência, as partes deverão estar acompanhadas de seus advogados ou de defensores públicos (§ 4.º). Acreditamos que a tendência é que a norma não seja aplicada, pela existência de regras específicas, seguindo o que consta do art. 693, parágrafo único, do mesmo *Codex.*

Nessa audiência, voltando às regras específicas da Lei 5.478/1968, presente o acordo entre as partes, será lavrado o respectivo termo, que será assinado pelo juiz, escrivão, partes e representantes do Ministério Público (art. 9.º, § 1.º). Se não houver acordo, o juiz tomará o depoimento pessoal das partes e das testemunhas, ouvidos os peritos se houver, podendo julgar o feito sem a mencionada produção de provas, desde que as partes concordem (art. 9.º, § 2.º).

Mais uma vez demonstrando a unicidade da audiência, preconiza o art. 10 da Lei 5.478/1968 que esta será contínua. Contudo, se não for possível, por motivo de força maior, concluí-la no mesmo dia, o juiz marcará a sua continuação para o primeiro dia desimpedido, independentemente de novas intimações. Terminada a instrução, poderão as partes e o Ministério Público aduzir alegações finais, em prazo não excedente de dez minutos para cada um (art. 11 da Lei de Alimentos). Em seguida, o juiz renovará a proposta de conciliação, o que também é obrigatório, sob pena de nulidade (*RT* 511/243) e, não sendo aceita, ditará sua sentença, que conterá sucinto relatório do ocorrido na audiência.

Dessa sentença serão as partes intimadas, pessoalmente ou por meio de seus representantes, na própria audiência, ainda quando ausentes, desde que intimadas de sua realização (art. 12 da Lei 5.478/1968).

Todo esse procedimento deve ser aplicado igualmente, no que couber, às ações de separação judicial, de nulidade e anulação de casamento, à revisão de sentenças proferidas em pedidos de alimentos e respectivas execuções (art. 13, *caput*, da Lei 5.478/1968). A título de exemplo, todo esse procedimento deve subsumir às ações revisionais de alimentos, em que se busca aumentar o valor pleiteado.

Quanto à ação de separação judicial, prevê a antiga Súmula 226 do STF (com redação atualizada), que os alimentos são devidos desde a inicial e não da data da decisão que a concede. Mais uma vez, o dispositivo e a súmula devem ser vistos com ressalvas, diante da Emenda Constitucional 66/2010, que baniu do sistema a separação judicial, na minha opinião doutrinária e conforme decidiu o Supremo Tribunal Federal em novembro de 2023, no julgamento do Tema n. 1.053 de repercussão geral. A afirmação é mantida, mesmo tendo sido a separação judicial tratada e regulada pelo CPC/2015, dispositivos agora tidos como inconstitucionais na menção à separação judicial e à extrajudicial. Assim, somente têm aplicação para as pessoas separadas antes da entrada em vigor da *Emenda do Divórcio*.

Aqui, surge uma dúvida atroz, que permanece na vigência do CPC/2015. Esses procedimentos citados do mesmo modo são aplicados à ação revisional de alimentos em que se busca a redução do valor pago e à ação de exoneração de alimentos?

De início, a resposta pode ser tida como negativa, pois todos esses procedimentos foram criados para proteger o credor-alimentante, parte vulnerável da relação jurídica estabelecida. Mas surge um argumento em contrário, pela sua aplicação, eis que quem pleiteia a revisão ou a exoneração o faz, pois também pode estar em situação de vulnerabilidade. A questão é respondida e esclarecida por Yussef Said Cahali, um dos grandes especialistas do assunto no Brasil, para quem devem ser aplicados os procedimentos previstos na lei especial a essas ações sempre que houver prova pré-constituída, sendo o fundamento desse entendimento justamente o já citado art. 13 da lei especial (CAHALI, Yussef Said. *Dos alimentos...*, 1999, p. 956).

Para o renomado professor, em reforço, é possível a fixação de alimentos provisórios na ação revisional de alimentos que busca a diminuição do valor pago anteriormente, diante de mudança da situação econômica das partes e em situações excepcionais, observados os antigos requisitos do art. 273 do CPC/1973 (CAHALI, Yussef Said. *Dos alimentos...*, 1999, p. 963-965). Sob a égide do CPC/2015, acredito que devem ser observados os requisitos da tutela provisória, tratados a partir do seu art. 300.

Isso é confirmado, em parte, pelo § 1.º do art. 13 da Lei 5.478/1968, segundo o qual "os alimentos provisórios fixados na inicial poderão ser revistos a qualquer tempo, se houver modificação na situação financeira das partes, mas o pedido será sempre processado em apartado". Na verdade, o dispositivo trata da revisão dos alimentos provisórios fixados na própria ação de alimentos, mas por igual acaba por amparar a fixação de novos alimentos provisórios em ação revisional.

Ato contínuo, tratando-se de alimentos provisórios, a sua fixação retroage à data da citação do réu, tendo essa decisão eficácia *ex tunc* (art. 13, § 2.º, da Lei 5.478/1968). Esses alimentos serão devidos até a decisão final, inclusive em casos de julgamento de recurso extraordinário (art. 13, § 3.º).

Aplicando os dois últimos preceitos, aresto do Superior Tribunal de Justiça, publicado no seu *Informativo* n. 543, concluiu, com precisão:

> "Os efeitos da sentença proferida em ação de revisão de alimentos – seja em caso de redução, majoração ou exoneração – retroagem à data da citação (art. 13, § 2.º, da Lei 5.478/1968), ressalvada a irrepetibilidade dos valores adimplidos e a impossibilidade de compensação do excesso pago com prestações vincendas" (STJ, EREsp 1.181.119/RJ). Ainda conforme se retira do julgado, "os alimentos pagos presumem-se consumidos, motivo pelo

qual não podem ser restituídos, tratando-se de princípio de observância obrigatória e que deve orientar e preceder a análise dos efeitos das sentenças proferidas nas ações de revisão de verbas alimentares. Ademais, convém apontar que o ajuizamento de ação pleiteando exoneração/revisão de alimentos não exime o devedor de continuar a prestá-los até o trânsito em julgado da decisão que modifica o valor da prestação alimentar ou exonerá-lo do encargo alimentar (art. 13, § 3.º, da Lei 5.478/1968). Da sentença revisional/exoneratória caberá apelação com efeito suspensivo e, ainda que a referida decisão seja confirmada em segundo grau, não haverá liberação da prestação alimentar se for interposto recurso de natureza extraordinária. (...) Nesse passo, transitada em julgado a sentença revisional/exoneratória, se, por qualquer motivo, não tiverem sido pagos os alimentos, a exoneração ou a redução terá efeito retroativo à citação, por força do disposto no art. 13, § 2.º, da Lei 5.478/1968, não sendo cabível a execução de verba já afirmada indevida por decisão transitada em julgado" (STJ, EREsp 1.181.119/RJ, 2.ª Seção, Rel. Min. Luis Felipe Salomão, Rel. p/ Acórdão Min. Maria Isabel Gallotti, j. 27.11.2013, *DJe* 20.06.2014).

O *decisum* segue a linha de outros precedentes da mesma Corte Superior, analisando muito bem a natureza jurídica da verba alimentar e as correspondentes consequências para o campo processual. A propósito, tal posição se consolidou de tal forma na Corte que passou a fazer parte da ferramenta *Jurisprudência em Teses* do Tribunal, conforme premissa n. 1, da sua Edição 77, publicada em março de 2017 (Alimentos II).

Determina o art. 14 da Lei de Alimentos que da sentença da ação de alimentos que segue esse rito especial caberá recurso de apelação somente no efeito devolutivo. Na esteira do entendimento de Yussef Cahali antes mencionado, o dispositivo também deve ser aplicado às ações revisionais e exoneratórias de alimentos.

A possibilidade de revisão ou mesmo de exoneração de alimentos, prevista no Código Civil é confirmada pelo art. 15 da lei especial, que tem a seguinte redação: "a decisão judicial sobre alimentos não transita em julgado e pode a qualquer tempo ser revista, em face da modificação da situação financeira dos interessados". Doutrina e jurisprudência majoritárias apontam que se trata da aplicação da cláusula *rebus sic stantibus* para a sentença da ação de alimentos, uma vez que, "Enquanto permanecerem as circunstâncias de fato e de direito da forma como afirmadas na sentença, esta permanece com sua eficácia inalterável. Modificadas as circunstâncias sob as quais foi proferida a sentença, é possível o ajuizamento de nova ação de alimentos (revisão ou exoneração)" (NERY, Nelson; NERY, Rosa Maria Andrade. *Código Civil*..., 2005, p. 931).

Apesar de ser esse o entendimento majoritário, com ele não se pode concordar. Isso porque a cláusula *rebus sic stantibus* foi criada para o Direito Contratual (direito patrimonial), não sendo conveniente aplicá-la ao Direito de Família, que lida com o direito existencial.

Em complemento, conforme posição consolidada da jurisprudência superior, que tem o meu apoio doutrinário, "a constituição de nova família pelo alimentante não acarreta a revisão automática da quantia estabelecida em favor dos filhos advindos de união anterior". Essa a afirmação número 13, publicada na Edição n. 65 da ferramenta *Jurisprudência em Teses* do STJ, com citação de precedentes (por todos: AgRg no AREsp 452.248/SP, 4.ª Turma, Rel. Min. Raul Araújo, j. 16.06.2015, *DJE* 03.08.2015; REsp 1.496.948/SP, 3.ª Turma, Rel. Min. Moura Ribeiro, j. 03.03.2015, *DJE* 12.03.2015; e REsp 1.027.930/RJ, 3.ª Turma, Rel. Min. Nancy Andrighi, j. 03.03.2009). Assim, deve a parte que pleiteia a revisão do valor a ser pago provar que a constituição dessa nova família gerou uma modificação substancial no *binômio* ou *trinômio alimentar*.

No que diz respeito aos arts. 16 a 18 da Lei 5.478/1968, aprofunde-se que foram revogados expressamente pelo art. 1.072, inciso V, do Código de Processo Civil de 2015, que passou a trazer um tratamento duplo a respeito dos alimentos, concernentes ao *cumprimento de sentença* e de *execução dos alimentos*. Cabe transcrever tais normas revogadas, que tratavam da execução de alimentos, para os devidos fins didáticos e de esclarecimento:

> "Art. 16. Na execução da sentença ou do acordo nas ações de alimentos será observado o disposto no artigo 734 e seu parágrafo único do Código de Processo Civil. (Redação dada pela Lei 6.014, de 27.12.1973)".
>
> "Art. 17. Quando não for possível a efetivação executiva da sentença ou do acordo mediante desconto em folha, poderão ser as prestações cobradas de alugueres de prédios ou de quaisquer outros rendimentos do devedor, que serão recebidos diretamente pelo alimentando ou por depositário nomeado pelo juiz."
>
> "Art. 18. Se, ainda assim, não for possível a satisfação do débito, poderá o credor requerer a execução da sentença na forma dos artigos 732, 733 e 735 do Código de Processo Civil. (Redação dada pela Lei 6.014, de 27.12.1973.)"

Repise-se que, curiosamente, não foi revogada a regra do art. 19 da Lei de Alimentos, que trata da prisão civil, também regulamentada pelo CPC/2015. Voltemos à controvérsia que essa manutenção desperta, para os devidos fins de aprofundamento.

Por esse preceito, ainda vigente, o juiz, para instrução da causa ou na execução da sentença ou do acordo relativo aos alimentos familiares, poderá tomar todas as providências necessárias para seu esclarecimento ou para o cumprimento do julgado ou do acordo, inclusive a decretação de prisão do devedor até 60 (sessenta) dias (*caput*). O cumprimento integral da pena de prisão não eximirá o devedor do pagamento das prestações alimentícias, vincendas ou vencidas e não pagas (§ 1.º). Ademais, da decisão que decretar a prisão do devedor caberá agravo de instrumento. Essa interposição do agravo de instrumento não suspende a execução da ordem de prisão (§ 3.º do art. 19 da Lei 5.478/1968). Esses preceitos devem *dialogar* com as novas normas processuais, que passam a ser analisadas.

Iniciaremos pelas regras que tratam do "cumprimento da sentença que reconheça a exigibilidade de obrigação de prestar alimentos" (arts. 528 a 533 do Código de Processo Civil de 2015).

Conforme o primeiro preceito relativo ao tema, no cumprimento de sentença que condene ao pagamento de prestação alimentícia ou de decisão interlocutória que fixe alimentos, o juiz, a requerimento do exequente, mandará intimar o executado pessoalmente para, em três dias, pagar o débito, provar que o fez ou justificar a impossibilidade de efetuá-lo. Como se percebe, o prazo é bem reduzido, visando à agilização dos procedimentos. Tem-se entendido que o prazo conta-se em dias úteis, com o intuito de amenizar um pouco a situação do devedor de alimentos.

Nessa linha, o Enunciado n. 146, aprovado na *II Jornada de Direito Processual Civil*, promovida pelo Conselho da Justiça Federal em setembro de 2018. Conforme o seu teor, "o prazo de 3 (três) dias previsto pelo art. 528 do CPC conta-se em dias úteis e na forma dos incisos do art. 231 do CPC, não se aplicando seu § 3.º". Afasta-se a última norma, novamente pelo fato de colocar o devedor de alimentos em situação desprivilegiada, ao preceituar que, "quando o ato tiver de ser praticado diretamente pela parte ou por quem, de qualquer forma, participe do processo, sem a intermediação de representante judicial, o dia do começo do prazo para cumprimento da determinação judicial corresponderá à data em que se der a comunicação".

Caso o executado, nesse prazo de três dias úteis, não efetue o pagamento, não prove que o efetuou ou não apresente justificativa da impossibilidade de efetuá-lo, o juiz mandará protestar o pronunciamento judicial, aplicando-se, no que couber, as mesmas regras do protesto de sentença transitada em julgado, constante do art. 517 do CPC/2015.

Assim, a primeira medida a ser tomada é o protesto judicial da sentença, o que ocasionará restrições creditícias ao devedor. Acredita-se que essa possibilidade de protesto ocasionará também a inscrição do devedor no *cadastro negativo*, como já vinham admitindo alguns Tribunais Estaduais (ver: TJSP, Agravo 990.10.152783-9/50000, Acórdão 4653433, 3.ª Câmara de Direito Privado, São Paulo, Rel. Des. Adilson de Andrade, j. 17.08.2010, *DJESP* 09.09.2010; e TJSP, Agravo 990.10.088682-7/50000, Acórdão 4525237, 3.ª Câmara de Direito Privado, São Paulo, Rel. Des. Egidio Giacoia, j. 25.05.2010, *DJESP* 12.07.2010).

No mesmo sentido, aliás, aresto do STJ prolatado dias antes da entrada em vigor do CPC/2015, com o seguinte teor de destaque, mencionados o art. 43 do CDC e o Estatuto Processual emergente:

"(...). É possível, à luz do melhor interesse do alimentando, na execução de alimentos de filho menor, o protesto e a inscrição do nome do devedor de alimentos nos cadastros de proteção ao crédito. Não há impedimento legal para que se determine a negativação do nome de contumaz devedor de alimentos no ordenamento pátrio. O mecanismo de proteção que visa salvaguardar interesses bancários e empresariais em geral (art. 43 da Lei n.º 8.078/90) pode garantir direito ainda mais essencial relacionado ao risco de vida, que violenta a própria dignidade da pessoa humana e compromete valores superiores a mera higidez das atividades comerciais. O legislador ordinário incluiu a previsão de tal mecanismo no Novo Código de Processo Civil, como se afere da literalidade dos artigos 528 e 782" (STJ, REsp 1.469.102/SP, 3.ª Turma, Rel. Min. Ricardo Villas Bôas Cueva, j. 08.03.2016, *DJe* 15.03.2016).

Destaque-se, em complemento, a premissa número 2 da Edição n. 65 da ferramenta *Jurisprudência em Teses*, do STJ e do ano de 2016, a saber: "na execução de alimentos, é possível o protesto (art. 526, § 3.º, do NCPC) e a inscrição do nome do devedor nos cadastros de proteção ao crédito".

Consigne-se a existência anterior de provimentos dos Tribunais Estaduais regulamentando a inscrição, caso dos Tribunais de Justiça de Pernambuco e de Goiás, o que deve ser ampliado nos próximos anos, na linha do último *decisum* e da última tese do Tribunal da Cidadania.

Como bem aponta o Desembargador do Tribunal Paulista Caetano Lagrasta Neto, um dos precursores da tese, "a insatisfação do credor, em geral filhos menores, ante a utilização de expedientes processuais colocados à disposição do devedor, com prejuízo aos princípios da rapidez e economia processuais, impede o regular acesso a uma ordem jurídica justa, ante a reiteração dos recursos, ao demonstrar a inviabilidade da ameaça à prisão (art. 733 do CPC) e forrar-se o devedor ao pagamento durante anos, com prejuízo à subsistência da família. Ao cabo, enfatiza-se a necessidade de cadastrar e dificultar movimentação do devedor de alimentos, equiparando-o a qualquer devedor da esfera cível" (LAGRASTA NETO, Caetano. *Inserção...*, 2011, p. 311).

Para Lagrasta, o fundamento constitucional de tal possibilidade está no art. 6.º da Constituição Federal, que faz menção ao direito social e fundamental aos alimentos, por força da Emenda Constitucional 64. O magistrado idealizou projeto de lei sobre a possibilidade de inscrição, com Silvânio Covas, superintendente jurídico do SERASA. A proposição foi apresentada pelo então Senador Eduardo Suplicy, por meio do Projeto de Lei 405/2008. Talvez o projeto de lei ainda seja necessário para completar o sentido do que consta do CPC/2015, não deixando qualquer dúvida quanto à possibilidade de inscrição.

Seguindo no estudo do procedimento relativo à prisão civil, estabelece o § 1.º do art. 528 do CPC/2015 que somente a comprovação de fato que gere a impossibilidade absoluta de pagar justificará o inadimplemento. A título de exemplo, pode ser citada a hipótese de um devedor doente, hospitalizado, com doença grave. Mencione-se, ainda, o desemprego absoluto do devedor, em momento de crise notória e generalizada. O bom senso do juiz e as máximas de experiência devem ser guias na aplicação desse comando.

Eventualmente, se o executado não pagar ou se a justificativa apresentada não for aceita, o juiz, além de mandar protestar o pronunciamento judicial, decretar-lhe-á a prisão pelo prazo de um a três meses (art. 528, § 3.º, do CPC/2015). Dessa forma, a prisão civil, prevista no art. 5.º, inciso LXVII, da Constituição Federal de 1988, permanece consagrada no Estatuto Processual, ampliada para os casos de cumprimento de sentença dos alimentos familiares.

Uma das discussões que permearam o então projeto de CPC/2015 foi a sua retirada do sistema, na linha de alguns debates de convenções internacionais de direitos humanos, o que não acabou por prosperar. Um desses debates, sobre a extinção da prisão civil do devedor de alimentos, ocorreu quando da realização de oficina pela Escola da Defensoria Pública de São Paulo, sobre o *Novo Código de Processo Civil e a assistência judiciária*, em 3 de agosto de 2012. O evento foi realizado em convênio com a Secretaria de Reforma do Judiciário do Ministério da Justiça, tendo sido convidados membros do Instituto Brasileiro de Direito de Família (IBDFAM). Participei do evento representando o instituto, ao lado dos Professores Maria Berenice Dias, Christiano Cassettari e Viviane Girardi.

De imediato, apesar da contrariedade à prisão do depositário infiel, manifestada nos Volumes 3 e 4 desta coleção, continuo sendo favorável, até o presente momento, à prisão do devedor de alimentos. *Primeiro*, por estar a obrigação alimentícia fundamentada em direitos da personalidade e na dignidade humana e decorrer diretamente do direito à vida. *Segundo*, porque não há vedação de tal prisão no Pacto de São José da Costa Rica, tratado internacional de direitos humanos do qual nosso país é signatário.

De toda sorte, é forçoso concluir que a prisão deve sempre ser a *ultima ratio*, o último caminho a ser percorrido, o que parece ter sido adotado pelo CPC/2015, e na linha de várias manifestações doutrinárias e jurisprudenciais. A propósito, conforme se retira de recente decisão superior:

> "A prisão civil é medida coercitiva extrema, aplicável apenas em situações de débito de pensão alimentícia, em razão da premissa de que a liberdade do alimentante deve ser constrangida para garantir a sobrevivência do alimentando. Por isso, ao decretar a prisão civil do devedor de alimentos, devem-se considerar as peculiaridades do caso concreto, adequando-o à correta compreensão da norma jurídica. Deve-se considerar, nesse contexto, que, por ocasião do arbitramento dos alimentos provisórios, o binômio necessidade e possibilidade é examinado sumariamente, mediante análise de cognição perfunctória. Já na prolação da sentença, o referido binômio é apreciado sob um juízo cognitivo exauriente. Assim, a medida da prisão civil, por ser extrema, não se revela como a via executiva adequada (razoabilidade/proporcionalidade) para coagir o alimentante ao pagamento de um valor fixado em sede de cognição perfunctória e correspondente a montante superior ao arbitrado definitivamente em sentença, após ampla análise do conjunto probatório. Portanto, a prisão civil de devedor de alimentos, no caso de fixação pela sentença de alimentos definitivos em valor inferior aos provisórios, somente poderá ser admitida diante do não pagamento com base no novo valor estabelecido pela sentença. A diferença deve ser buscada nos termos do art. 732 do CPC" (STJ, HC 271.637/RJ, Rel. Min. Sidnei Beneti, j. 24.09.2013, publicada no seu *Informativo* n. *531*).

Em verdade, apesar dos debates ao então projeto de lei, muito ao contrário, o CPC/2015 passou a estabelecer, com mais rigidez em certo sentido e menos rigidez em outro, que a prisão será cumprida em regime fechado, devendo o preso ficar separado dos presos comuns (art. 528, § 4.º, do CPC/2015).

No que diz respeito à possibilidade de prisão civil dos avós, quando da *VII Jornada de Direito Civil*, realizada em 2015, aprovou-se enunciado no sentido de se analisar a citada restrição de liberdade com parcimônia, diante da proteção constante do Estatuto da Pessoa Idosa. Conforme a sua redação, "deve o magistrado, em sede de execução de alimentos avoengas, analisar as condições do(s) devedor(es), podendo aplicar medida coercitiva diversa do regime fechado (prisão em regime aberto ou prisão domiciliar), se o executado comprovar situações que contraindiquem o rigor na aplicação desse meio coercitivo e o torne atentatório à sua dignidade, como corolário do princípio de proteção aos idosos e garantia à vida" (Enunciado n. 599).

No mesmo sentido, a premissa n. 4 publicada na Edição 77 da ferramenta *Jurisprudência em Teses* do STJ, de março de 2017 (Alimentos II): "o cumprimento da prisão civil em regime semiaberto ou em prisão domiciliar é excepcionalmente autorizado quando demonstrada a idade avançada do devedor de alimentos ou a fragilidade de sua saúde" (precedentes: HC 327.445/SP, 3.ª Turma, Rel. Min. Paulo de Tarso Sanseverino, j. 17.12.2015, *DJe* 03.02.2016; HC 320.216/RS, 3.ª Turma, Rel. Min. Moura Ribeiro, j. 18.06.2015, *DJe* 01.07.2015; e HC 312.800/SP, 4.ª Turma, Rel. Min. Raul Araújo, j. 02.06.2015, *DJe* 19.06.2015).

Também do ano de 2017, seguindo a mesma forma de pensar o Direito, destaque-se julgado do próprio Tribunal da Cidadania afastando a prisão civil e concluindo que, "havendo meios executivos mais adequados e igualmente eficazes para a satisfação da dívida alimentar dos avós, é admissível a conversão da execução para o rito da penhora e da expropriação, que, a um só tempo, respeita os princípios da menor onerosidade e da máxima utilidade da execução, sobretudo diante dos riscos causados pelo encarceramento de pessoas idosas que, além disso, previamente indicaram bem imóvel à penhora para a satisfação da dívida" (STJ, HC 416.886/SP, 3.ª Turma, Rel. Min. Nancy Andrighi, j. 12.12.2017, *DJe* 18.12.2017).

Outra ressalva importante surgiu em meio à pandemia de Covid-19, o que teve início no âmbito da jurisprudência, notadamente do Superior Tribunal de Justiça, que afastou a prisão civil do devedor de alimentos em regime fechado, possibilitando apenas a prisão domiciliar. A ilustrar, vejamos três desses acórdãos, que seguem recomendação do Conselho Nacional de Justiça, do ano de 2020:

"*Habeas corpus*. Prisão civil. Devedor de alimentos. Pedido de substituição da medida por prisão domiciliar. Superação do óbice previsto na Súmula n.º 691/STF. Recomendação n.º 62/2020 do CNJ. Pandemia do coronavírus (Covid 19). Situação excepcional a autorizar a concessão da ordem. Suspensão do cumprimento da prisão civil. 1. Controvérsia em torno da regularidade da prisão civil do devedor inadimplente de prestação alimentícia, bem como acerca da forma de seu cumprimento no momento da pandemia pelo coronavírus (Covid 19). 2. Possibilidade de superação do óbice previsto na Súmula n.º 691 do STF, em casos de flagrante ilegalidade ou quando indispensável para garantir a efetividade da prestação jurisdicional, o que não ocorre no caso dos autos. 3. Considerando a gravidade do atual momento, em face da pandemia provocada pelo coronavírus (Covid-19), a exigir medidas para contenção do contágio, foi deferida parcialmente a liminar para assegurar ao paciente o direito à prisão domiciliar, em atenção à Recomendação CNJ nº 62/2020. 4. Esta Terceira Turma do STJ, porém, recentemente, analisando pela primeira vez a questão em colegiado, concluiu que a melhor alternativa, no momento, é apenas a suspensão da execução das prisões civis por dívidas alimentares durante o período da pandemia, cujas condições serão estipuladas na origem pelos juízos da execução da prisão civil, inclusive com relação à duração, levando em conta as determinações do Governo Federal e dos Estados quanto à decretação do fim da pandemia (HC n.º 574.495/SP). 5. Ordem de *habeas corpus* concedida" (STJ, HC 580.261/MG, 3.ª Turma, Rel. Min. Paulo de Tarso Sanseverino, j. 02.06.2020, *DJe* 08.06.2020).

"Decretação. Pandemia. Súmula nº 309/STJ. Art. 528, § 7º, do CPC/2015. Prisão civil. Pandemia (Covid-19). Suspensão temporária. Possibilidade. Diferimento. Provisoriedade. 1. Em virtude da pandemia causada pelo coronavírus (Covid-19), admite-se, excepcionalmente, a suspensão da prisão dos devedores por dívida alimentícia em regime fechado. 2. Hipótese emergencial de saúde pública que autoriza provisoriamente o diferimento da execução da obrigação cível enquanto pendente a pandemia. 3. Ordem concedida" (STJ, HC 574.495/SP, 3.ª Turma, Rel. Min. Ricardo Villas Bôas Cueva, j. 26.05.2020, *DJe* 01.06.2020).

"*Habeas corpus* substitutivo de recurso ordinário. Família. Alimentos. Filhos menores. Admissibilidade em hipóteses excepcionais. Prisão civil na execução de alimentos. Inadimplemento de obrigação alimentar atual (Súmula 309/STJ). Pandemia de Covid-19. Risco de contágio. Prisão domiciliar. Ordem parcialmente concedida. 1. O presente *habeas corpus* foi impetrado como substitutivo do recurso ordinário cabível, o que somente é admitido excepcionalmente pela jurisprudência desta Corte de Justiça e do egrégio Supremo Tribunal Federal quando constatada a existência de flagrante ilegalidade no ato judicial impugnado, podendo-se, em tais hipóteses, conceder-se a ordem de ofício. 2. O pagamento parcial do débito não afasta a regularidade da prisão civil, porquanto as quantias inadimplidas caracterizam-se como débito atual, que compreende as três prestações anteriores à citação e as que vencerem no curso do processo, nos termos da Súmula 309/STJ. 3. Diante do iminente risco de contágio pelo Covid-19, bem como em razão dos esforços expendidos pelas autoridades públicas em reduzir o avanço da pandemia, é recomendável o cumprimento da prisão civil por dívida alimentar em regime diverso do fechado. 4. Ordem de *habeas corpus* parcialmente concedida para que o paciente, devedor de alimentos, cumpra a prisão civil em regime domiciliar" (STJ, HC 561.257/SP, 4.ª Turma, Rel. Min. Raul Araújo, j. 05.05.2020, *DJe* 08.05.2020).

Sucessivamente, veio a Lei 14.010/2020, que instituiu um regime transitório em matéria de Direito Privado em tempos de pandemia (RJET), e que teve a minha atuação em sua elaboração, sob a liderança do Professor Otávio Luiz Rodrigues. Conforme o seu art. 15, até 30 de outubro de 2020 – data considerada como de fim de abrangência da nova norma –, "a prisão civil por dívida alimentícia, prevista no art. 528, § 3.º e seguintes, da Lei 13.105, de 16 de março de 2015 (Código de Processo Civil), deverá ser cumprida exclusivamente sob a modalidade domiciliar, sem prejuízo da exigibilidade das respectivas obrigações".

O conteúdo da norma teve o meu total apoio, desde o início da crise pandêmica, concretizando a proteção da vida, da saúde e da dignidade humana, com o fim de evitar a propagação do vírus. Além da viabilidade da prisão domiciliar, a norma não afasta a possibilidade de outras medidas para a efetivação do recebimento da dívida de alimentos, estudadas a seguir.

Cumpre acrescentar, a propósito, outro julgado superior, que considerou não ser possível a prisão civil do devedor de alimentos em regime fechado em momento anterior ou posterior à referida lei, o que pode, na minha opinião doutrinária, ser aplicado até para datas posteriores a 30 de outubro de 2020. Nos termos da tese firmada no acórdão, "é ilegal/teratológica a prisão civil do devedor de alimentos, sob o regime fechado, no período de pandemia, anterior ou posterior à Lei n. 14.010/2020" (STJ, HC 569.014/RN, 3.ª Turma, Rel. Min. Marco Aurélio Bellizze, j. 06.10.2020, *DJe* 14.10.2020).

Finda a primeira onda da pandemia, no âmbito da jurisprudência estadual já existiam divergências sobre a possibilidade de se manter ou não a prisão civil do devedor de alimentos em regime fechado, em momentos posteriores a 30 de outubro de 2020.

De início, entendendo que a prisão em regime fechado não deve ser aplicada até o fim das medidas de distanciamento social, do Tribunal Paulista: "impetração em face de decisão que decretou a prisão do paciente e a inscrição no cartório de protestos do pronunciamento judicial. Prisão que, por conta da excepcionalidade do momento com a pandemia da Covid-19, deve ser suspensa até o encerramento das medidas de isolamento social. Decisão judicial mantida, quanto ao protesto, não sendo desnecessário pedido da parte (art. 528, § 1.º, CPC). Expedição de salvo conduto determinado. Ordem concedida para esse fim". (TJSP, HC 2213075-93.2020.8.26.0000, Acórdão n. 14190576, Presidente Prudente, 3.ª Câmara de Direito Privado, Rel. Des. Carlos Alberto de Salles, j. 28.11.2020, *DJESP* 04.12.2020, p. 2404). Ou, ainda, na mesma linha: "Ordem de prisão civil do devedor, com cumprimento suspenso enquanto pendentes as medidas de contenção social decorrentes da pandemia de Covid-19. Cabimento" (TJSP, Agravo de instrumento 2141712-46.2020.8.26.0000, Acórdão 14194762, Monte Alto, 9.ª Câmara de Direito Privado, Rel. Des. Galdino Toledo Júnior, j. 30.11.2020, *DJESP* 04.12.2020, p. 2.627).

Porém, na própria Corte Paulista havia divergência a respeito do tema, podendo ser destacado o seguinte acórdão, que possibilitou a prisão civil em regime fechado do devedor de alimentos, tendo em vista o término do prazo previsto no RJET:

> "Cumprimento de sentença. Conversão do regime de prisão do devedor em domiciliar diante da pandemia de coronavírus. Irresignação. Acolhimento parcial. Fundamentos e natureza jurídica da ordem que impedem, como regra, a prisão domiciliar do devedor de alimentos. Término do prazo estabelecido na Lei nº 14.010/2020 que afasta a imposição legal dessa espécie de prisão. Ordem, ao que consta, ainda pendente. Cabimento do cumprimento do saldo de prisão mediante o encarceramento do executado. Agravo provido em parte". (TJSP, Agravo de instrumento 2144146-08.2020.8.26.0000, Acórdão 14194763, São Paulo, 9.ª Câmara de Direito Privado, Rel. Des. Galdino Toledo Júnior, j. 30.11.2020, *DJESP* 04.12.2020, p. 2.628).

Em 2021, infelizmente, tivemos a segunda onda da pandemia, muito pior do que a primeira, e o Superior Tribunal de Justiça voltou a se pronunciar, no sentido de afastar a prisão civil do devedor de alimentos em regime fechado mesmo após o fim de vigência do RJET, desde que presentes os efeitos sociais decorrentes da pandemia. Conforme preciso acórdão da sua Terceira Turma, que aponta a necessidade de se verificar os momentos diferentes da crise, e prolatado no início de 2021, em meio à gravíssima segunda onda pandêmica:

> "A experiência acumulada no primeiro ano de pandemia revela a necessidade de afastar uma solução judicial apriorística e rígida para a questão, conferindo o protagonismo, quanto ao ponto, ao credor dos alimentos, que, em regra, reúne melhores condições de indicar, diante das inúmeras especificidades envolvidas e das características peculiares do devedor, se será potencialmente mais eficaz o cumprimento da prisão em regime domiciliar ou o diferimento para posterior cumprimento da prisão em regime fechado, ressalvada, em quaisquer hipóteses, a possibilidade de serem adotadas, inclusive cumulativa e combinadamente, as medidas indutivas, coercitivas, mandamentais ou sub-rogatórias, nos termos do art. 139, IV, do CPC, de ofício ou a requerimento do credor. Ordem parcialmente concedida, apenas para impedir, por ora, a prisão civil do devedor de alimentos sob o regime fechado, mas facultando ao credor indicar, no juízo da execução de alimentos, se pretende que a prisão civil seja cumprida no regime domiciliar ou se pretende diferir o

seu cumprimento, sem prejuízo da adoção de outras medidas indutivas, coercitivas, mandamentais ou sub-rogatórias" (STJ, HC 645.640/SC, 3.ª Turma, Rel. Min. Nancy Andrighi, j. 23.03.2021, *DJe* 26.03.2021).

Ainda em 2021, o próprio Superior Tribunal de Justiça publicou a Edição 178 da ferramenta Jurisprudência em Teses, com orientações jurisprudenciais sobre a Covid-19. De acordo com a tese n. 1, "durante a pandemia da Covid-19, faculta ao credor indicar, no juízo da execução de alimentos, se pretende que a prisão civil seja cumprida no regime domiciliar ou se prefere diferir o seu cumprimento". E, consoante a tese n. 2, "é possível a penhora de bens do devedor de alimentos, sem que haja a conversão do rito da prisão para o da constrição patrimonial, enquanto durar a suspensão de todas as ordens de prisão civil, em decorrência da pandemia da Covid-19".

Todavia, ao novembro de 2021, o Conselho Nacional de Justiça voltou a recomendar a prisão civil do devedor de alimentos em regime fechado, fazendo com que a Terceira Turma do STJ se pronunciasse novamente. Vejamos esse novo acórdão, com citação em destaque:

"Civil. Processual civil. *Habeas corpus*. Execução de alimentos. Cabimento contra decisão denegatória de liminar na origem. Súmula 691/STF. Possibilidade de concessão da ordem de ofício. Excepcionalidade. Modificação de capacidade econômica do devedor. Pagamento parcial dos alimentos. Irrelevância. Ausência de impedimento absoluto que justifique a inadimplência. Impossibilidade de cumprimento da prisão civil do devedor de alimentos em regime fechado durante a pandemia causada pelo coronavírus. Evolução jurisprudencial desta corte. cumprimento em regime domiciliar, diferimento do cumprimento e escolha pelo credor da medida concretamente mais adequada. Revisitação do tema a partir do atual cenário da pandemia no Brasil. Necessidade. Retomada de atividades econômicas, comerciais, sociais, culturais e de lazer. Avanço substancial da vacinação em todo o país. Superação das circunstâncias que justificaram a impossibilidade de prisão civil do devedor de alimentos em regime fechado. Retomada da adoção dessa medida coercitiva. Possibilidade. 1. O propósito do habeas corpus é definir se, no atual momento da pandemia causada pelo coronavírus, é admissível a retomada da prisão civil do devedor de alimentos em regime fechado. 2. É incabível, por força da Súmula 691/STF, a impetração de habeas corpus contra decisão denegatória de liminar proferida pelo Relator no Tribunal de origem, sem que a questão tenha sido apreciada pelo órgão colegiado, ressalvada a excepcional superação desse entendimento diante da possibilidade de concessão da ordem de ofício. 3. A jurisprudência desta Corte se consolidou no sentido de que é inviável a apreciação de fatos e provas relacionadas à capacidade econômica ou financeira do devedor dos alimentos e de que o pagamento apenas parcial das parcelas vencidas ou vincendas no curso da execução é insuficiente, por si só, para impedir a prisão civil do alimentante. Precedentes. 4. Desde o início da pandemia causada pelo coronavírus, observa-se que a jurisprudência desta Corte oscilou entre a determinação de cumprimento da prisão civil do devedor de alimentos em regime domiciliar, a suspensão momentânea do cumprimento da prisão em regime fechado e a possibilidade de escolha, pelo credor, da medida mais adequada à hipótese, se diferir o cumprimento ou cumprir em regime domiciliar. Precedentes. 5. Passados oito meses desde a última modificação de posicionamento desta Corte a respeito do tema, é indispensável que se reexamine a questão à luz do quadro atual da pandemia no Brasil, especialmente em virtude da retomada das atividades econômicas, comerciais, sociais, culturais e de lazer e do avanço da vacinação em todo o território nacional. 6. Diante do cenário em que se estão em funcionamento, em níveis próximos ao período pré-pandemia, os bares, restaurantes, eventos, shows, boates e estádios, e no qual quase três quartos da população brasileira já tomou a primeira dose e quase um terço se encontra totalmente imunizada, não mais subsistem as razões de natureza humanitária e de saúde pública que justificaram a suspensão do cumprimento das prisões civis de devedores de alimentos em regime fechado. 7. Na hipótese, a devedora de alimentos é empresária, jovem e não informa possuir nenhuma espécie de problema de saúde ou comorbidade que impeça o cumprimento da prisão civil em regime fechado, devendo ser considerado, ademais, que nas localidades em que informa possuir domicílio, o percentual da população totalmente imunizada supera 80%. 8. *Habeas corpus* não conhecido. Ordem denegada de ofício" (STJ, HC 706.825/SP, 3.ª Turma, Rel. Min. Nancy Andrighi, j. 23.11.2021, *DJe* 25.11.2021).

Por tudo o que foi aqui demonstrado, portanto, julgou-se ser preciso verificar o momento ou a fase pandêmica, para se concluir se é viável a prisão civil do devedor de alimentos em regime fechado ou não. Essas deduções são fundamentais para o enfrentamento de novas crises pandêmicas que podem surgir no futuro.

Demonstradas essas ressalvas sobre a medida, reafirme-se que confrontando essa prisão com a que consta do art. 19 da Lei de Alimentos, constata-se a permanência de dois prazos distintos de prisão civil, a exemplo do que ocorria no sistema anterior, diante da regra do antigo art. 733 do CPC/1973. A Lei 5.478/1968 impõe prazo de prisão de até 60 dias; o Código de Processo Civil de 2015, entre um a três meses. Anteriormente, entendia-se que o prazo do antigo art. 733 teria incidência apenas para os *alimentos provisionais*, fixados no curso da lide, nos casos de ausência de prova pré-constituída para a sua fixação, especialmente de uma certidão de casamento ou de nascimento. Por outra via, para os alimentos provisórios – com a citada prova pré-constituída –, ou definitivos, o prazo seria o da Lei de Alimentos.

Novamente, vejamos que no novo sistema, o prazo de prisão civil do CPC/2015 – reafirme-se, de um a três meses –, passa a ser aplicado aos alimentos definitivos e provisórios, por expressa previsão do seu art. 531, *caput*.

Em relação aos alimentos provisionais, não há qualquer disposição no Estatuto Processual emergente, o que pode levantar dúvida de sua retirada do sistema. Todavia, em muitos casos, tais alimentos são utilizados para satisfazer os interesses de filhos não reconhecidos, que ainda não têm a prova pré-constituída da obrigação alimentar, ou seja, que ainda não têm a certidão de nascimento para a prova do vínculo de filiação.

Ora, repito que soaria inconstitucional a não possibilidade de prisão em casos tais, por infringência ao princípio da igualdade entre os filhos, retirado do art. 227, § 6.º, da Constituição Federal. Sendo assim, parece-me que os alimentos provisionais continuam no sistema, aplicando-se para tais verbas a regra do art. 19 da Lei de Alimentos, especialmente pelo uso do termo *para a instrução da causa*.

Em apurada síntese, a meu ver, para os alimentos provisionais, a prisão deve ser de até 60 dias. Porém, como visto e na linha de julgados anteriores, continuará forte a tese de unificação dos prazos para a prisão civil do devedor, incidindo o prazo menor, no caso de até 60 dias, nos termos do *ainda sobrevivente* art. 19 da Lei de Alimentos.

Voltando ao art. 528 do CPC/2015, prescreve o seu § 5.º que o cumprimento da pena não exime o executado do pagamento das prestações vencidas e vincendas, ou seja, a prisão civil não tem o caráter de satisfazer a obrigação, gerando sua extinção, como já estava no antigo art. 733, § 2.º, do CPC/1973.

Por outra via, se for paga a prestação alimentícia, o juiz suspenderá o cumprimento da ordem de prisão, conforme o § 6.º do novo art. 528 do CPC/2015; reprodução do art. 733, § 3.º, da norma instrumental anterior, com a ressalva sempre importante de que essa última era incidente para os casos da então execução de sentença.

Nos termos do que estava na Súmula 309 do Superior Tribunal de Justiça, o § 7.º do art. 528 do CPC/2015 estatui que o débito alimentar que autoriza a prisão civil do alimentante é o que compreende até as três prestações anteriores ao ajuizamento da execução e as que se vencerem no curso do processo. Vale lembrar que a citada sumular teve sua redação original alterada pelo próprio Tribunal da Cidadania.

A alteração da redação se deu porque a súmula falava *em citação*, e não em *ajuizamento da execução*. Isso gerou contundentes críticas da doutrina, como no caso de Maria Berenice Dias, pois seria comum ao devedor furtar-se à citação para afastar a possibilidade de prisão futura, o que realmente acabaria por acontecer. Nesse contexto, graças à consciência dos Ministros daquele Tribunal, a súmula foi por bem alterada, e teve o seu texto modificado confirmado pelo Novo Código de Processo Civil.

Para o próprio Superior Tribunal de Justiça, em decisão do ano de 2018, a norma tem aplicação imediata, inclusive para as execuções de alimentos iniciadas e processadas, em parte, na vigência do CPC/1973. Como consta do seu corpo, "a regra do art. 528, § 7.º, do CPC/15, apenas incorpora ao direito positivo o conteúdo da preexistente Súmula 309/STJ, editada na vigência do CPC/73, tratando-se, assim, de pseudonovidade normativa que não impede a aplicação imediata da nova legislação processual, como determinam os arts. 14 e 1.046 do CPC/15" (STJ, RHC 92.211/SP, 3.ª Turma, Rel. Min. Nancy Andrighi, j. 27.02.2018, *DJe* 02.03.2018).

Destaque-se outro julgado superior, do mesmo ano, no sentido de que o teor da Súmula 309 e também o do novo preceito processual têm incidência a qualquer verba alimentar, inclusive tratando-se de alimentos fixados entre os cônjuges e com caráter transitório. Nos seus termos, o que conta com o meu total apoio:

> "O alimento devido entre cônjuges, decorrentes de obrigação na linha horizontal, tem como fundamento o princípio da solidariedade social e familiar (CF, art. 3.º, I) e, mesmo que transitórios, uma vez fixados pelo magistrado, depois da comprovação de sua necessidade, devem ser tidos, ao menos durante esse período, como indispensáveis à sobrevivência humana. Na execução de alimentos devidos entre cônjuges – mesmo quando estipulados na forma transitória – incide, de forma plena, a técnica executiva da coação prisional quando a verba alimentar se enquadrar na tipicidade normativa das 3 (três) prestações anteriores ao seu ajuizamento e das que se vencerem no curso do processo, já que se trata de alimentos legítimos e necessários. A restrição da execução aos valores das últimas três parcelas atrairia o efeito deletério de obrigar o credor alimentar a ajuizar várias execuções paralelas pelo rito prisional, acarretando, inevitavelmente, a acumulação de prazos de prisão decretados em diversos processos distintos. A lei não faz distinção, para fins de prisão, entre a qualidade da pessoa que necessita de alimentos – maior, menor, capaz, incapaz, cônjuge, filho, neto –, mas, tão somente, se o débito é atual ou pretérito, até porque o que se mostra decisivo é a real necessidade do alimentado, mesmo que se trate de ex-consorte" (STJ, HC 413.344/SP, 4.ª Turma, Rel. Min. Luis Felipe Salomão, j. 19.04.2018, *DJe* 07.06.2018).

A jurisprudência tem determinado a prisão quando o devedor tem o costume de não pagar integralmente os alimentos devidos, sem deixar caracterizar os três meses de inadimplência, visando a furtar-se à prisão. É o caso, por exemplo, do devedor que costuma deixar de pagar dois meses consecutivos do valor devido, mas paga a dívida no terceiro mês. Para esses casos, vale transcrever o seguinte julgado do Tribunal Capixaba:

> "*Habeas corpus*. Prisão civil. Alimentos. Débito atual e pretérito. Devedor contumaz. Circunstâncias do caso concreto. Constrangimento ilegal. Inocorrência. 1. O entendimento do Colendo Superior Tribunal de Justiça no sentido de afastar o decreto de prisão civil com

relação a dívida alimentar antiga, só se impondo a custódia do alimentando relativamente à falta de pagamento das três últimas pensões alimentícias, não constitui regra absoluta. 2. Inexiste constrangimento ilegal no decreto de prisão fundado em débito alimentar atual e pretérito, quando evidenciada a busca imediata da satisfação do seu crédito por parte do alimentado e a utilização de manobras para procrastinar o feito executório, por parte do alimentante, devedor contumaz" (TJES, Processo 100010015749, 1.ª Vara de Família, 1.ª Câmara Cível, Vitória, Des. Titular Annibal de Rezende Lima, j. 18.12.2002).

Esse entendimento deve ser mantido sob a égide do Estatuto Processual de 2015. A contumácia do devedor, a reiteração de inadimplência alimentar, aliás, sempre foi motivo para novas prisões, conforme vem entendendo o Superior Tribunal de Justiça: "Civil. Execução de alimentos. Prisão. Sessenta dias. Cumprimento. Contumácia do devedor. Novo decreto. Possibilidade. Limite" (STJ, RHC 17.541/RJ, 4.ª Turma, Rel. Min. Aldir Passarinho Junior, j. 04.08.2005, *DJ* 26.09.2005, p. 378).

Seguindo, é preciso interpretar o novo preceito, na linha do que se fazia com a Súmula 309 do STJ, no sentido de não ser necessário que o devedor complete os três meses para que a prisão seja deferida. Um mês de inadimplência pode gerar a prisão do devedor, sendo os três meses apenas um *parâmetro* para a execução por meio da prisão. Nessa linha, cite-se a premissa número 6, publicada na recente Edição n. 65 da ferramenta *Jurisprudência em Teses* da Corte, no ano de 2016: "o atraso de uma só prestação alimentícia, compreendida entre as três últimas atuais devidas, já é hábil a autorizar o pedido de prisão do devedor, nos termos do artigo 528, § 3.º, do NCPC (art. 733, § 1.º, do CPC/73)". No mesmo sentido, o Enunciado n. 147, aprovado na *II Jornada de Direito Processual Civil* do Conselho da Justiça Federal, em setembro de 2018: "basta o inadimplemento de uma parcela, no todo ou em parte, para decretação da prisão civil prevista no art. 528, § 7.º, do CPC".

O conteúdo da sumular, aliás, sempre foi passível de várias críticas. Como bem resume Fernanda Tartuce, "afirmam os precedentes que originaram a súmula que os alimentos antigos teriam perdido o caráter de urgência alimentar. Este entendimento, porém, merece ser submetido a certos questionamentos. Por que apenas o último trimestre de inadimplência autorizaria a pena de prisão? O débito perderia o caráter alimentar no quarto mês, por exemplo? Justifica-se que o intérprete faça tal distinção, se a lei não fez" (TARTUCE, Fernanda. *Processo civil...*, 2012, p. 206). A distinção, agora, foi feita pela lei, sendo interessante observar, no futuro, se as críticas persistirão ou não.

Prosseguindo no estudo do art. 528 do CPC de 2015, enuncia o seu § 8.º que o exequente pode optar por promover o cumprimento da obrigação alimentar por meio do capítulo relativo ao "cumprimento definitivo de sentença que reconheça a exigibilidade de obrigação de pagar quantia certa" (arts. 523 a 527 do Novo CPC). Uma das vantagens desse caminho é a incidência de multas, como a correspondente a dez por cento da dívida, em caso de não pagamento inicial, no prazo de quinze dias. Essa multa parece ser a mesma que estava prevista no art. 475-J do CPC/1973, existindo polêmica anterior de sua incidência quanto aos alimentos, agora aparentemente sanada.

A propósito, no sistema anterior, alguns processualistas sempre entenderam pela aplicação das regras de cumprimento de sentença para os alimentos (TARTUCE, Fernanda. *Alimentos...*, 2007, v. II; e NEVES, Daniel Amorim Assumpção. *Reforma...*, 2006, p. 274). Para o último autor, "torna-se tal circunstância irrelevante diante das modificações legislativas, devendo o processo ou a fase procedimental de execução de alimentos passar a ser tratada como qualquer outro que tenha como objeto uma obrigação de pagar quantia certa, com a aplicação do art. 475-P, parágrafo único, do CPC".

Realmente, sempre tiveram razão os juristas citados, que sustentavam a aplicação do art. 475-J do CPC/1973, equivalente ao art. 523 do CPC/2015, *in verbis*:

> "Art. 523. No caso de condenação em quantia certa, ou já fixada em liquidação, e no caso de decisão sobre parcela incontroversa, o cumprimento definitivo da sentença far-se-á a requerimento do exequente, sendo o executado intimado para pagar o débito, no prazo de 15 (quinze) dias, acrescido de custas, se houver.
>
> § 1.º Não ocorrendo pagamento voluntário no prazo do *caput*, o débito será acrescido de multa de dez por cento e, também, de honorários de advogado de dez por cento.
>
> § 2.º Efetuado o pagamento parcial no prazo previsto no *caput*, a multa e os honorários previstos no § 1.º incidirão sobre o restante.
>
> § 3.º Não efetuado tempestivamente o pagamento voluntário, será expedido, desde logo, mandado de penhora e avaliação, seguindo-se os atos de expropriação".

O pagamento parcial do valor devido não impede a prisão civil do devedor de alimentos. Nesse sentido, a premissa número 9 da Edição n. 65 da ferramenta *Jurisprudência em Teses*, do Superior Tribunal de Justiça, do ano de 2016 (alguns precedentes: HC 350.101/MS, 3.ª Turma, Rel. Min. Paulo de Tarso Sanseverino, j. 14.06.2016, *DJE* 17.06.2016; HC 312.551/SP, 4.ª Turma, Rel. Min. Raul Araújo, Rel. p/ Acórdão Min. Luis Felipe Salomão, j. 12.04.2016, *DJE* 11.05.2016; e RHC 067.645/MG, 3.ª Turma, Rel. Min. Moura Ribeiro, j. 23.02.2016, *DJE* 29.02.2016).

A incidência do regime de cumprimento de sentença também poderia ser justificada, no aspecto material, por ser mais interessante ao alimentando, parte vulnerável da relação jurídica. O Superior Tribunal de Justiça concluiu nessa linha, utilizando como fundamento complementar a celeridade processual. Vejamos, nesse ínterim, a publicação de julgado acórdão constante do *Informativo* n. 503 da Corte:

> "Execução de alimentos. Aplicabilidade do art. 475-J do CPC. A Turma decidiu ser possível a cobrança de verbas alimentares pretéritas mediante cumprimento de sentença (art. 475-J do CPC). Sustentou-se que, após a reforma processual promovida pela Lei n. 11.232/2005, em que se buscou a simplificação do processo de execução, há de se conferir ao art. 732 do CPC – que prevê rito especial para a satisfação de créditos alimentares – interpretação consoante a urgência e a importância da execução de alimentos. Assim, tendo como escopo conferir maior celeridade à entrega na prestação jurisdicional, devem ser aplicadas às execuções de alimentos as regras do cumprimento de sentença estabelecidas no art. 475-J do CPC" (STJ, REsp 1.177.594/RJ, Rel. Min. Massami Uyeda, j. 21.06.2012).

A questão restou pacificada pelo CPC/2015, como se nota. Todavia, ressalve-se que, havendo opção por esse caminho processual, não será admissível a prisão civil. Ademais, recaindo a eventual penhora em dinheiro, a concessão de efeito suspensivo à impugnação do débito não obsta que o exequente levante mensalmente a importância da prestação, tendo em vista a natureza emergencial e satisfativa dos alimentos. Tudo isso consta do art. 528, § 8.º, do CPC/2015.

Como última nota quanto a esse comando, prevê o § 9.º do art. 528 do CPC/2015 que o exequente pode promover o cumprimento da sentença ou decisão que condena ao pagamento de prestação alimentícia no juízo de seu domicílio. Eis mais uma *vis atrativa* em favor do credor de alimentos, considerado vulnerável para esses fins.

O CPC ora em vigor continua a elencar medidas administrativas para o recebimento desse débito alimentar. Desse modo, na esteira do que estava no art. 734 do Estatuto Processual anterior, o novo art. 529 expressa que, quando o executado for funcionário público, militar, diretor ou gerente de empresa ou empregado sujeito à legislação do trabalho, o exequente poderá requerer o desconto em folha de pagamento da importância da prestação alimentícia. Conforme o seu § 1.º, ao proferir a decisão, o juiz oficiará à autoridade, à empresa ou ao empregador, determinando, sob pena de crime de desobediência, o desconto a partir da primeira remuneração posterior do executado, a contar do protocolo do ofício.

O novo preceito foi ampliado, inclusive quanto à menção ao crime de desobediência. Em verdade, o parágrafo único do art. 734 do CPC/1973 se resumia a prever que a comunicação seria feita à autoridade, à empresa ou ao empregador por ofício, de que constariam os nomes do credor, do devedor, a importância da prestação e o tempo de sua duração. O novo § 2.º do art. 529 do CPC/2015, seu correspondente, também estendeu a necessidade de informações dessa comunicação, prescrevendo que "o ofício conterá o nome e o número de inscrição no cadastro de pessoas físicas do exequente e do executado, a importância a ser descontada mensalmente, o tempo de sua duração e a conta na qual deve ser feito o depósito".

Como inovação, sem precedentes, o § 3.º do art. 529 do CPC/2015 consagra que, sem prejuízo do pagamento dos alimentos vincendos, o débito objeto de execução pode ser descontado dos rendimentos ou rendas do executado, de forma parcelada, contanto que, somado à parcela devida, não ultrapasse *cinquenta por cento* de seus ganhos líquidos. O objetivo é a satisfação do credor, sem que isso atinja o *patrimônio mínimo* do devedor, seu *mínimo vital*. Mesmo com a revogação expressa do art. 17 da Lei de Alimentos é possível a satisfação sobre aluguéis recebidos pelo devedor, pois a nova norma menciona *rendas* e *rendimentos* do executado, sem qualquer ressalva.

Sobre a questão dos descontos, na *VI Jornada de Direito Civil*, evento promovido no ano de 2013, aprovou-se o Enunciado n. 572, estabelecendo que, "mediante ordem judicial, é admissível, para a satisfação do crédito alimentar atual, o levantamento do saldo de conta vinculada ao FGTS". Conforme as justificativas da proposta, existem justos motivos para o citado levantamento, merecendo destaque o seguinte trecho: "embora admitida a coerção pessoal, muitas vezes os alimentandos encontram dificuldades em receber o que lhes é de direito. Em algumas oportunidades, o próprio devedor resiste de boa-fé, por não possuir os recursos suficientes para adimplir a pensão. Em tal contexto, uma alternativa viável seria a retirada dos valores depositados na conta vinculada ao FGTS para a satisfação do crédito. Muitos princípios poderiam ser invocados em prol dessa solução. Inicialmente, ambas as partes terão a sua dignidade reconhecida, pois o credor receberá a pensão, enquanto o devedor se livrará do risco de prisão civil. A menor onerosidade da medida é nítida. A jurisprudência do STJ orienta-se pela admissão da orientação do enunciado: AgRg no RMS n. 34.708/SP, AgRg no RMS n. 35.010/SP e AgRg no RMS n. 34.440/SP".

Acrescente-se que no mesmo sentido está a premissa n. 12, publicada na Edição 77 da ferramenta *Jurisprudência em Teses* do STJ: "admite-se, na execução de alimentos, a penhora de valores decorrentes do Fundo de Garantia por Tempo de Serviço – FGTS, bem como do Programa de Integração Social – PIS (Alimentos II, de março de 2017). De todo modo, cumpre destacar que a mesma jurisprudência superior conclui que tais encargos trabalhistas não responderão pela dívida alimentar em caso de fixação em valores fixos e em sentença transitada em julgado. Nesse contexto, merece destaque o seguinte aresto:

"Os alimentos arbitrados em valor fixo devem ser analisados de forma diversa daqueles arbitrados em percentuais sobre 'vencimento', 'salário', 'rendimento', 'provento', dentre outros *ad valorem*. No primeiro caso, a dívida se consolida com a fixação do valor e periodicidade em que deve ser paga, não se levando em consideração nenhuma outra base de cálculo.

O débito alimentar arbitrado em valor fixo – por sentença transitada em julgado – deve ser pago pelo montante e na exata periodicidade constante no título judicial, revelando-se ofensa à coisa julgada a determinação para que o valor arbitrado seja pago a propósito do recebimento de outras verbas pelo devedor" (STJ, REsp 1.091.095/RJ, 4.ª Turma, Rel. Min. Luis Felipe Salomão, j. 16.04.2013, *DJe* 25.04.2013).

O julgado fica em xeque por adotar interpretação contrária ao alimentando, vulnerável da relação jurídica em apreço. Acreditamos que esse debate deve permanecer na vigência do CPC de 2015.

Igualmente com o objetivo de obter a satisfação patrimonial, continua em vigor o art. 20 da Lei 5.478/1968, que deve *dialogar* com tais regras instrumentais emergentes, ao prescrever que as repartições públicas, civis ou militares, inclusive do Imposto de Renda, darão todas as informações necessárias à instrução das ações de alimentos e à execução do que for decidido ou acordado em juízo.

Seguindo no estudo do Código de Processo Civil de 2015, determina o seu art. 530 que, não sendo cumprida a obrigação, devem ser observadas as regras relativas à penhora, elencadas entre os seus arts. 831 e seguintes.

Em casos tais, incidirá o art. 833 do mesmo *Codex*, antes comentado. Como visto, todas essas regras de cumprimento de sentença são incidentes para os alimentos definitivos ou provisórios (art. 531, *caput*, do CPC/2015).

Em relação aos alimentos provisionais, mesmo com a sua retirada do CPC/2015 – inclusive no tocante à antiga medida cautelar correspondente –, surgirá debate sobre sua persistência. A execução dos alimentos provisórios, bem como a dos alimentos fixados em sentença ainda não transitada em julgado, se processa em autos apartados, o que visa a clarear a questão relativa aos procedimentos (art. 531, § 1.º, do CPC/2015).

Por outra via, o Estatuto Processual emergente determina que o cumprimento definitivo da obrigação de prestar alimentos será processado nos mesmos autos em que tenha sido proferida a sentença (art. 531, § 2.º, do CPC/2015). A regra é salutar, distante do rigor formal e em prol da efetividade do processo, nos termos do que consta do art. 8.º do CPC.

Como últimos assuntos do capítulo, tem-se entendido que todas essas medidas para a efetivação do recebimento do crédito alimentar estão em rol meramente *exemplificativo* (*numerus apertus*), admitindo-se medidas coercitivas atípicas, retiradas do art. 139 do CPC/2015, *in verbis*: "o juiz dirigirá o processo conforme as disposições deste Código, incumbindo-lhe: (...). IV – determinar todas as medidas indutivas, coercitivas, mandamentais ou sub-rogatórias necessárias para assegurar o cumprimento de ordem judicial, inclusive nas ações que tenham por objeto prestação pecuniária". Sobre o tema, vejamos importante precedente superior que trata de execução de alimentos e da combinação das medidas executórias:

"Diferentemente do CPC/73, em que vigorava o princípio da tipicidade dos meios executivos para a satisfação das obrigações de pagar quantia certa, o CPC/15, ao estabelecer que a satisfação do direito é uma norma fundamental do processo civil e permitir que o juiz adote todas as medidas indutivas, coercitivas, mandamentais ou sub-rogatórias para assegurar o cumprimento da ordem judicial, conferiu ao magistrado um poder geral de efetivação de amplo espectro e que rompe com o dogma da tipicidade. Respeitada a necessidade de fundamentação adequada e que justifique a técnica adotada a partir de critérios objetivos de ponderação, razoabilidade e proporcionalidade, conformando os princípios da máxima efetividade da execução e da menor onerosidade do devedor, permite-se, a partir do CPC/15, a adoção de técnicas executivas apenas existentes em outras modalidades de execução, a criação de técnicas executivas mais apropriadas para cada situação concreta e a combinação de técnicas típicas e atípicas, sempre com o objetivo de conferir ao credor o bem da vida que a decisão judicial lhe atribuiu. Na hipótese, pretende-se o adimplemento de obrigação de natureza alimentar devida pelo genitor há mais de 24 (vinte e quatro) anos, com valor nominal superior a um milhão e trezentos mil reais e que já foi objeto de sucessivas impugnações do devedor, sendo admissível o deferimento do desconto em folha de pagamento do débito, parceladamente e observado o limite de 10% sobre os subsídios líquidos do devedor, observando-se que, se adotada apenas essa modalidade executiva, a dívida somente seria inteiramente quitada em 60 (sessenta) anos, motivo pelo qual se deve admitir a combinação da referida técnica sub-rogatória com a possibilidade de expropriação dos bens penhorados" (STJ, REsp 1.733.697/RS, 3.ª Turma, Rel. Min. Nancy Andrighi, j. 11.12.2018, *DJe* 13.12.2018).

Sobre essa possibilidade de combinação dos ritos de execução, de prisão e de penhora ou expropriação, vale destacar o Enunciado n. 32 do IBDFAM, aprovado no seu *XII Congresso Brasileiro*, realizado em outubro de 2019: "é possível a cobrança de alimentos, tanto pelo rito da prisão como pelo da expropriação, no mesmo procedimento, quer se trate de cumprimento de sentença ou de execução autônoma". Como não poderia ser diferente, em prol da efetividade e da instrumentalidade, e visando também ao recebimento do crédito pelo alimentando, o enunciado doutrinário teve o meu total apoio naquele evento.

Acrescento que, em 2022, a Quarta Turma do Superior Tribunal de Justiça também passou a admitir a combinação dos ritos, desde que não haja tumulto processual, a demonstrar ser essa a posição consolidada na Corte. Vejamos esse importante aresto, que cita a posição doutrinária da minha irmã, Professora Fernanda Tartuce, e o enunciado do IBDFAM:

"Processo civil. Recurso especial. Execução de alimentos. Cumulação de técnicas executivas: coerção pessoal (prisão) e coerção patrimonial (penhora). Possibilidade, desde que não haja prejuízo ao devedor nem ocorra nenhum tumulto processual *in concreto*. 1. Diante da flexibilidade normativa adotada pelo CPC/2015 e do tratamento multifacetado e privilegiado dos alimentos, disponibilizou o legislador diversas medidas executivas em prol da efetividade da tutela desse direito fundamental. 2. Cabe ao credor, em sua execução, optar pelo rito que melhor atenda à sua pretensão. A escolha de um ou de outro rito é opção que o sistema lhe confere numa densificação do princípio dispositivo e do princípio da disponibilidade, os quais regem a execução civil. 3. É cabível a cumulação das técnicas executivas da coerção pessoal (prisão) e da coerção patrimonial (penhora) no âmbito do mesmo processo executivo de alimentos, desde que não haja prejuízo ao devedor (a ser devidamente comprovado) nem ocorra nenhum tumulto processual no caso em concreto (a ser avaliado pelo magistrado). 4. Traz-se, assim, adequação e efetividade à tutela jurisdicional, tendo sempre como norte a dignidade da pessoa do credor necessitado. No entanto, é recomendável que o credor especifique, em tópico próprio, a sua pretensão ritual em relação aos pedidos, devendo o mandado de citação/intimação prever as diferentes consequências de acordo com as diferentes prestações. A defesa do requerido, por sua vez, poderá ser ofertada em tópicos ou separadamente, com a justificação em relação às prestações atuais e com a impugnação ou os embargos a serem opostos às prestações pretéritas. 5. Na hipótese, o credor de alimentos estabeleceu expressamente a sua 'escolha' acerca da cumulação de meios executivos, tendo delimitado de forma adequada os seus requerimentos. Por conseguinte, em princípio, é possível o processamento em conjunto dos requerimentos de prisão e de expropriação, devendo os respectivos mandados citatórios/intimatórios se adequar a cada pleito executório. 6. Recurso especial provido" (STJ, REsp 1.930.593/MG, 4.ª Turma, Rel. Min. Luis Felipe Salomão, j. 09.08.2022, *DJe* 26.08.2022).

Além da combinação de medidas executórias, tem-se debatido a viabilidade jurídica da apreensão de passaporte ou de carteira de motorista do devedor, como medida coercitiva atípica para o recebimento da dívida, nos termos do art. 139, inc. IV, do CPC. Em outro importante e primeiro precedente, que não dizia respeito a dívida de alimentos, a Corte Superior acabou por não admitir a sua possibilidade no caso concreto, apesar de não afastar a sua viabilidade jurídica, em termos gerais, e analisar importante questão procedimental. Nos termos do aresto que merece destaque especial em um dos seus trechos:

> "O CPC de 2015, em homenagem ao princípio do resultado na execução, inovou o ordenamento jurídico com a previsão, em seu art. 139, IV, de medidas executivas atípicas, tendentes à satisfação da obrigação exequenda, inclusive as de pagar quantia certa. As modernas regras de processo, no entanto, ainda respaldadas pela busca da efetividade jurisdicional, em nenhuma circunstância, poderão se distanciar dos ditames constitucionais, apenas sendo possível a implementação de comandos não discricionários ou que restrinjam direitos individuais de forma razoável. Assim, no caso concreto, após esgotados todos os meios típicos de satisfação da dívida, para assegurar o cumprimento de ordem judicial, deve o magistrado eleger medida que seja necessária, lógica e proporcional. Não sendo adequada e necessária, ainda que sob o escudo da busca pela efetivação das decisões judiciais, será contrária à ordem jurídica. Nesse sentido, para que o julgador se utilize de meios executivos atípicos, a decisão deve ser fundamentada e sujeita ao contraditório, demonstrando-se a excepcionalidade da medida adotada em razão da ineficácia dos meios executivos típicos, sob pena de configurar-se como sanção processual. A adoção de medidas de incursão na esfera de direitos do executado, notadamente direitos fundamentais, carecerá de legitimidade e configurar-se-á coação reprovável, sempre que vazia de respaldo constitucional ou previsão legal e à medida em que não se justificar em defesa de outro direito fundamental. A liberdade de locomoção é a primeira de todas as liberdades, sendo condição de quase todas as demais. Consiste em poder o indivíduo deslocar-se de um lugar para outro, ou permanecer cá ou lá, segundo lhe convenha ou bem lhe pareça, compreendendo todas as possíveis manifestações da liberdade de ir e vir. Revela-se ilegal e arbitrária a medida coercitiva de suspensão do passaporte proferida no bojo de execução por título extrajudicial (duplicata de prestação de serviço), por restringir direito fundamental de ir e vir de forma desproporcional e não razoável. Não tendo sido demonstrado o esgotamento dos meios tradicionais de satisfação, a medida não se comprova necessária. O reconhecimento da ilegalidade da medida consistente na apreensão do passaporte do paciente, na hipótese em apreço, não tem qualquer pretensão em afirmar a impossibilidade dessa providência coercitiva em outros casos e de maneira genérica. A medida poderá eventualmente ser utilizada, desde que obedecido o contraditório e fundamentada e adequada a decisão, verificada também a proporcionalidade da providência. A jurisprudência desta Corte Superior é no sentido de que a suspensão da Carteira Nacional de Habilitação não configura ameaça ao direito de ir e vir do titular, sendo, assim, inadequada a utilização do *habeas corpus*, impedindo seu conhecimento. É fato que a retenção desse documento tem potencial para causar embaraços consideráveis a qualquer pessoa e, a alguns determinados grupos, ainda de forma mais drástica, caso de profissionais, que têm na condução de veículos, a fonte de sustento. É fato também que, se detectada esta condição particular, no entanto, a possibilidade de impugnação da decisão é certa, todavia por via diversa do *habeas corpus*, porque sua razão não será a coação ilegal ou arbitrária ao direito de locomoção, mas inadequação de outra natureza" (STJ, RHC 97.876/SP, 4.ª Turma, Rel. Min. Luis Felipe Salomão, j. 05.06.2018, *DJe* 09.08.2018).

No caso dos alimentos familiares, o debate ganha especial magnitude, uma vez que é possível medida até mais severa, qual seja a prisão civil do devedor. Desse modo, se é viável o *mais* é possível o *menos*, qual seja a apreensão de documentos, o que acaba sendo medida até menos onerosa e alternativa à restrição da liberdade.

Assim, não vejo qualquer óbice para que a apreensão do passaporte ou da carteira de motorista do devedor de alimentos seja efetivada em casos excepcionais, observados os parâmetros constantes do último acórdão. Em complemento, com a crise decorrente da pandemia de Covid-19 e o afastamento da prisão civil em regime fechado antes exposta, essas medidas ganharam força, inclusive com a possibilidade de se interromper o acesso do devedor de alimentos à *internet*.

Importante pontuar que a Segunda Seção do Superior Tribunal de Justiça, em 2020, passou a admitir tais medidas coercitivas no âmbito da ação de investigação de paternidade, o que reforçou a sua aplicação aos alimentos. Conforme a tese fixada, "o juiz deve adotar todas as medidas indutivas, mandamentais e coercitivas, como autoriza o art. 139, IV, do CPC, com vistas a refrear a renitência de quem deve fornecer o material para exame de DNA, especialmente quando a presunção contida na Súmula 301/STJ se revelar insuficiente para resolver a controvérsia" (STJ, Rcl 37.521/SP, 2.ª Seção, Rel. Min. Nancy Andrighi, j. 13.05.2020, *DJe* 05.06.2020). Além disso, sucessivamente, após a pandemia de Covid-19, admitindo tais medidas, destaco novamente:

> "Em virtude da pandemia causada pelo coronavírus (Covid19), a atual jurisprudência da Terceira Turma do STJ, vem decidindo que a experiência acumulada no primeiro ano de pandemia revela a necessidade de afastar uma solução judicial apriorística e rígida para a questão, conferindo o protagonismo, quanto ao ponto, ao credor dos alimentos, que, em regra, reúne melhores condições de indicar, diante das inúmeras especificidades envolvidas e das características peculiares do devedor, se será potencialmente mais eficaz o cumprimento da prisão em regime domiciliar ou o diferimento para posterior cumprimento da prisão em regime fechado, ressalvada, em quaisquer hipóteses, a possibilidade de serem adotadas, inclusive cumulativa e combinadamente, as medidas indutivas, coercitivas, mandamentais ou sub-rogatórias, nos termos do art. 139, IV, do CPC, de ofício ou a requerimento do credor (HC nº 645.640/SC, Relatora Ministra Nancy Andrighi, *DJe* de 26/3/2021). Contudo, considerando o cenário atual da pandemia, que apresenta significativo aumento do número de imunizados pela vacina contra o Covid-19, a redução do número de novos casos e de óbitos no país, a flexibilização das regras de isolamento social e a inadequação de se continuar penalizando o alimentando menor, impedindo o cumprimento da prisão do devedor de alimentos no regime fechado, impõe-se a revisão da jurisprudência destacada com a retomada gradual do uso da medida coercitiva para dobrar a renitência do devedor, de modo a efetivamente proteger e observar o melhor interesse da criança e do adolescente" (STJ, HC 693.268/GO, 3.ª Turma, Rel. Min. Moura Ribeiro, j. 14.12.2021, *DJe* 17.12.2021).

Em fevereiro 2023, o Supremo Tribunal Federal julgou a constitucionalidade do art. 139, inc. IV, na ADI 5.941, em acórdão em que foi Relator o Ministro Luiz Fux. Entendeu-se, assim, como possível, de acordo com a Constituição Federal de 1988, a apreensão do passaporte, da carteira de motorista e de outros documentos do devedor, inclusive em casos de dívidas de alimentos. Sucessivamente, no mesmo ano de 2023, já se pronunciou o Superior Tribunal de Justiça, em acórdão com o seguinte trecho:

> "O Supremo Tribunal Federal, por ocasião do julgamento da ADI 5.941, firmou posição no sentido de que restrições impostas ao devedor, como a apreensão do passaporte, são constitucionais, desde que respeitados os critérios e requisitos da fundamentação adequada, do contraditório, ainda que diferido, e da proporcionalidade. Hipótese em que a situação financeira privilegiada do devedor de alimentos foi demonstrada, bem como

foram suficientemente evidenciados os indícios de ocultação de patrimônio, mostrando-se razoável e proporcional a medida, especialmente após o esgotamento das medidas executivas típicas" (STJ, AgInt no HC 712.901/SP, 3.ª Turma, Rel. Min. Nancy Andrighi, j. 13.03.2023, *DJe* 15.03.2023).

Como não poderia ser diferente, esses entendimentos das Cortes têm o meu total apoio doutrinário, demonstrando a consolidação da temática em nosso País.

7.7 RESUMO ESQUEMÁTICO

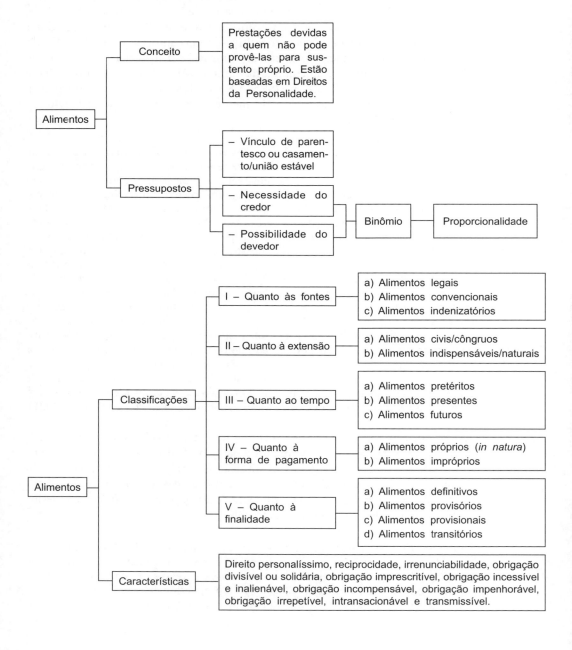

7.8 QUESTÕES CORRELATAS

01. (TJSP – VUNESP – Juiz Substituto – 2015) Acerca dos alimentos, é correto afirmar que:

(A) considerando que se extingue o poder familiar pela maioridade (art. 1.635 do Código Civil), cessa desde logo o dever de prestar alimentos, dispensada decisão judicial a esse respeito.

(B) a obrigação alimentar dos ascendentes é subsidiária à obrigação alimentar entre irmãos, germanos ou unilaterais.

(C) o débito alimentar que autoriza a prisão civil do alimentante é o que compreende as prestações que se vencerem no curso do processo.

(D) se o cônjuge declarado culpado pela separação judicial vier a necessitar de alimentos e não tiver aptidão para o trabalho, o outro cônjuge será obrigado a assegurá-los, desde que inexistam parentes na condição de prestá-los, limitados ao quantum indispensável à sobrevivência.

02. (MPE/SP – Promotor de Justiça – 2015) Sobre as pessoas obrigadas a prestar alimentos, é correto afirmar que:

(A) o alimentando poderá escolher livremente o parente que deverá prover o seu sustento.

(B) somente pessoas que procedem do mesmo tronco ancestral devem alimentos, incluindo-se os afins.

(C) na falta dos ascendentes, a obrigação alimentícia cabe aos descendentes, guardada a ordem de sucessão e, na falta destes, aos irmãos, assim germanos como unilaterais.

(D) os tios poderão ser convocados a suprir alimentos em ação proposta pela sobrinha que deles necessitar.

(E) os pais consanguíneos do adotado são obrigados a prestar-lhe alimentos, se o adotante não tiver recursos suficientes para tanto.

03. (TJRR – Juiz Substituto – 2015) O direito a alimentos que têm os filhos é

(A) renunciável, se tiverem, comprovadamente, recursos financeiros decorrentes de sucessão hereditária.

(B) irrenunciável, embora possam não exercê-lo, sendo o respectivo crédito insuscetível de cessão, compensação ou penhora.

(C) irrenunciável, mas pode ser objeto de cessão, para atender a obrigações assumidas com sua educação ou tratamento de saúde.

(D) renunciável, quando se tornarem relativamente incapazes, porque a partir dos dezesseis anos lhes é permitido o exercício de trabalho ou profissão.

(E) irrenunciável e o respectivo crédito insuscetível de cessão, embora possa ser compensado com suas dívidas ao alimentante.

04. (TJGO – Juiz Substituto – 2015) Considere as proposições abaixo, a respeito dos alimentos:

I. Cabe em regra ao credor escolher a forma como a prestação alimentícia será paga, se em dinheiro ou *in natura*.

II. Os cônjuges divorciados contribuirão sempre em partes iguais para a manutenção dos filhos.

III. Com o casamento do credor, cessa o dever do ex-cônjuge de pagar alimentos.

Está correto o que se afirma em

(A) I, II e III.
(B) II, apenas.
(C) III, apenas.
(D) I, apenas.
(E) I e III, apenas.

05. (MPE-GO – Promotor de Justiça Substituto – 2016) Sobre os alimentos, é incorreto afirmar:
(A) Presentes os requisitos legais ínsitos à espécie, o direito de obter, judicialmente, o estabelecimento de pensão alimentícia não está sujeito a prazo prescricional.
(B) Em se tratando de filho menor, ainda sob o poder familiar do genitor alimentante, fixados judicialmente os alimentos em seu favor, não haverá fluência do prazo prescricional para execução de parcelas vencidas e não pagas.
(C) Como os alimentos destinam-se à manutenção do alimentando no tempo presente e futuro, não são exigíveis quanto ao passado.
(D) Face a vedação constitucional do uso do salário mínimo como fator de indexação obrigacional, a pensão alimentícia não pode ser fixada pelo juiz com base no salário mínimo, seguindo a orientação da Súmula Vinculante 4 do STF.

06. (DPE-BA – FCC – Defensor Público – 2016) A respeito dos alimentos, é correto afirmar que:
(A) por expressa disposição de lei, somente incidem sobre a gratificação natalina e o terço de férias se constar expressamente no título que estipulou o direito aos alimentos.
(B) diante do inadimplemento do pai, a obrigação é transmitida imediatamente aos avós.
(C) cessam automaticamente com a maioridade do alimentando, salvo determinação judicial expressa em sentido contrário.
(D) cessam com o casamento ou a união estável do credor, assim como no caso de o credor portar-se de maneira indigna contra o alimentante.
(E) a prova do desemprego do devedor de alimentos é suficiente para afastar possibilidade de prisão civil.

07. (DPE-MT – UFMT – Defensor Público – 2016) Considerada a obrigação alimentar no ordenamento jurídico pátrio, analise as assertivas abaixo.
Estão corretas as assertivas:
I. É possível a imposição de obrigação alimentar aos parentes por afinidade, em linha reta ou transversal, por expressa previsão legal. Doutrina e jurisprudência avalizam a regra codificada, ratificando a obrigação alimentar em tais casos.
II. Após o nascimento com vida, os alimentos gravídicos ficam convertidos em pensão alimentícia em favor do menor até que uma das partes solicite a sua revisão.
III. Observadas as suas condições pessoais e sociais, os avós somente serão obrigados a prestar alimentos aos netos em caráter sucessivo, complementar e não solidário, quando os pais destes estiverem impossibilitados de fazê-lo.
IV. Os alimentos compensatórios, ou prestação compensatória, não têm por finalidade suprir as necessidades de subsistência do credor, mas corrigir e atenuar grave desequilíbrio econômico financeiro ou abrupta alteração de padrão de vida.
V. A pensão alimentícia fixada em percentual sobre o salário do alimentante incide sobre o décimo terceiro salário e terço constitucional de férias.
(A) II, III, IV e V, apenas.
(B) I, II, III e IV, apenas.
(C) II, III e V, apenas.
(D) I e IV, apenas.
(E) IV e V, apenas.

08. (MPE-SC – Promotor de Justiça – 2016) De acordo com a Lei n. 5.478/68 (Ação de Alimentos), na ação de alimentos, o Juiz ao despachar o pedido fixará desde logo alimentos provisórios a serem pagos pelo devedor, salvo se o credor expressamente declarar que deles não necessita.
( ) Certo
( ) Errado

09. **(MPE-RS – Promotor de Justiça Substituto – Reaplicação – 2017) Assinale a alternativa INCORRETA quanto à obrigação alimentar.**
   (A) Julgada procedente a investigação de paternidade, os alimentos são devidos a partir da citação, isso se os alimentos não forem fixados provisoriamente, por meio de tutela antecipada ou em cautelar de alimentos provisionais.
   (B) Se o alimentando for absolutamente incapaz, contra ele não corre a prescrição. Os alimentos fixados na sentença e vencidos só terão a prescrição iniciada quando o alimentando se tornar relativamente capaz. Todavia, sendo o pai ou a mãe os devedores dos alimentos, a prescrição, de dois anos, só se inicia quando o menor se tornar capaz, salvo se emancipado.
   (C) Paulo, com 52 anos de idade e necessitando de alimentos para viver, ingressou em juízo buscando alimentos de seus irmãos Maria e Sérgio. Não demandou contra seu outro irmão Marcos. Todavia, a cota de Marcos deve ser distribuída entre os outros dois irmãos. A cota de Sérgio pode ser superior à de Maria, se este dispuser de melhores condições econômicas para suportá-la.
   (D) Considerando as modalidades de alimentos, cabe ser dito que nem todas ensejam a prisão civil, todavia, somente as três últimas prestações inadimplidas antes da execução e as que porventura venham a vencer ensejam a decretação de prisão do devedor de alimentos.
   (E) A cessação da obrigação alimentar no procedimento indigno do credor não se limita unicamente às relações entre cônjuges e companheiros.

10. **(MPE-MG – FUNDEP (Gestão de Concursos) – Promotor de Justiça Substituto – 2017) Assinale a alternativa correta:**
   (A) Na disposição gratuita do próprio corpo para depois da morte, com objetivo altruístico, a vontade contrária dos familiares invalida a manifestação, em vida, do doador.
   (B) É solidária a obrigação alimentar devida ao idoso, que poderá optar pelo prestador.
   (C) A incapacidade relativa do agente é exceção arguível pela outra parte ou cointeressados para a anulação do negócio jurídico.
   (D) A fluência do prazo prescricional pode ser obstada por convenção das partes.

11. **(Defensoria Pública do Mato Grosso – 2016 – UFMT). Considerada a obrigação alimentar no ordenamento jurídico pátrio, analise as assertivas abaixo.**
   I. É possível a imposição de obrigação alimentar aos parentes por afinidade, em linha reta ou transversal, por expressa previsão legal. Doutrina e jurisprudência avalizam a regra codificada, ratificando a obrigação alimentar em tais casos.
   II. Após o nascimento com vida, os alimentos gravídicos ficam convertidos em pensão alimentícia em favor do menor até que uma das partes solicite a sua revisão.
   III. Observadas as suas condições pessoais e sociais, os avós somente serão obrigados a prestar alimentos aos netos em caráter sucessivo, complementar e não solidário, quando os pais destes estiverem impossibilitados de fazê-lo.
   IV. Os alimentos compensatórios, ou prestação compensatória, não têm por finalidade suprir as necessidades de subsistência do credor, mas corrigir e atenuar grave desiquilíbrio econômico financeiro ou abrupta alteração de padrão de vida.
   V. A pensão alimentícia fixada em percentual sobre o salário do alimentante incide sobre o décimo terceiro salário e terço constitucional de férias.
   Estão corretas as assertivas
   (A) II, III, IV e V, apenas.
   (B) I, II, III e IV, apenas.
   (C) II, III e V, apenas.
   (D) I e IV, apenas.
   (E) IV e V, apenas.

12. **(Câmara Legislativa do Distrito Federal – Procurador Legislativo – FCC – 2018)** Sentença judicial condenou o Distrito Federal a pagar gratificação a servidor público titular de cargo público, devida desde 2017, incidente sobre o total de sua remuneração. Para fins de determinação do valor devido, a sentença converteu a remuneração do servidor em 5 salários mínimos, ordenando que a vantagem fosse paga sobre essa base de cálculo. Esse mesmo servidor foi réu em ação de alimentos, em que foi proferida sentença condenando-o ao pagamento de pensão alimentícia em 2 salários mínimos a seu filho adolescente. Considerando as normas da Constituição Federal e a jurisprudência do Supremo Tribunal Federal,
    (A) ambas as decisões estão juridicamente corretas, uma vez que o salário mínimo pode ser utilizado como indexador de vantagem que tenha natureza alimentícia.
    (B) ambas as decisões estão juridicamente corretas, uma vez que é apenas vedada a utilização do salário mínimo como indexador de obrigações contratuais.
    (C) ambas as decisões estão juridicamente incorretas, uma vez que é vedada a vinculação do salário mínimo para qualquer fim.
    (D) somente a vinculação ao salário mínimo imposta pela decisão condenatória no pagamento da gratificação está juridicamente correta, dada sua natureza remuneratória.
    (E) somente a vinculação ao salário mínimo imposta pela decisão condenatória no pagamento de pensão alimentícia está juridicamente correta, dado que tem por objetivo a preservação da subsistência humana e o resguardo do padrão de vida daquele que a percebe.

13. **(TJ-MG – Juiz de Direito Substituto – CONSULPLAN – 2018)** Quanto ao direito de família, analise as afirmativas a seguir.

    I. A guarda compartilhada não exclui a fixação do regime de convivência e não implica ausência do pagamento de pensão alimentícia.

    II. Qualquer descendente possui legitimidade, por direito próprio, para propor o reconhecimento do vínculo de parentesco em face dos avós ou de qualquer ascendente de grau superior, ainda que o pai não tenha iniciado a ação de prova da filiação em vida.

    III. A obrigação alimentar dos avós tem natureza subsidiária, somente se configurando no caso de impossibilidade total de seu cumprimento pelos pais.

    IV. O cancelamento do pagamento de pensão alimentícia a filho que atingiu a maioridade está sujeito à decisão judicial, mediante contraditório, ainda que nos próprios autos.

    Estão corretas as afirmativas
    (A) I, II, III e IV.
    (B) I, II e III, apenas.
    (C) I, II e IV, apenas.
    (D) II, III e IV, apenas.

14. **(FCC – 2018 – TRT – 2.ª REGIÃO (SP) – Analista Judiciário – Área Judiciária)** Em sede de ação de alimentos ajuizada pelos filhos em face do pai, a pensão alimentícia respectiva é fixada em 3 salários mínimos para cada um, por decisão de primeira, confirmada em segunda instância. Por discordar da fixação do valor de modo atrelado ao salário-mínimo, o pai deixa de efetuar o pagamento, por meses consecutivos, o que enseja o requerimento e consequente decretação de prisão pelo inadimplemento de obrigação alimentícia. Nesse caso, à luz dos elementos fornecidos e consideradas a disciplina constitucional e a jurisprudência do Supremo Tribunal Federal pertinentes,
    (A) a fixação da pensão alimentícia deu-se de modo irregular, uma vez que a Constituição veda expressamente a vinculação do salário-mínimo para qualquer fim, embora seja lícita a decretação da prisão pelo inadimplemento de obrigação alimentar, por se tratar de hipótese de prisão civil expressamente admitida pela Constituição.
    (B) tanto a fixação da pensão alimentícia quanto a decretação da prisão pelo respectivo inadimplemento são legítimas, não havendo que se falar em coação à liberdade de locomoção por ilegalidade ou abuso de poder.

(C) a fixação da pensão alimentícia deu-se de modo irregular, uma vez que a Constituição veda expressamente a vinculação do salário-mínimo para qualquer fim, razão pela qual é justificada a recusa ao pagamento e, consequentemente, ilícita a decretação da prisão pelo inadimplemento de obrigação alimentar, cabendo ao pai impetrar habeas corpus em face da decisão que a determinou.

(D) apenas a decretação da prisão pelo inadimplemento da obrigação alimentícia é ilegítima, pois, apesar de ser hipótese de prisão civil admitida expressamente pelo texto constitucional, é considerada ilícita, pelo Supremo Tribunal Federal, em virtude de tratado internacional em matéria de direitos humanos do qual a República Federativa do Brasil é signatária, cabendo ao pai impetrar habeas corpus em face da decisão que a determinou.

(E) apenas a decretação da prisão pelo inadimplemento da obrigação alimentícia é ilegítima, pois, apesar de ser hipótese de prisão civil admitida expressamente pelo texto constitucional, é considerada ilícita, conforme súmula vinculante editada pelo Supremo Tribunal Federal, cabendo ao pai ajuizar reclamação perante aquela Corte pelo seu descumprimento.

15. **(MPE-AL – Analista do Ministério Público – Área Jurídica – FGV – 2018)** Shirley e Henrique, universitários, os dois com 19 anos, tiveram uma filha, fruto de um rápido namoro. Após o nascimento de Kátia, Shirley estabeleceu união estável com sua amiga de infância Carla, próspera e jovem empresária, com quem reside junto com sua filha. Shirley, embora trabalhe, não aufere renda suficiente para o sustento de Kátia, que não recebe qualquer contribuição de Henrique, visto que desempregado. Inconformada por não contar com Henrique na divisão das despesas de Kátia, Shirley resolve propor ação de alimentos em face dos avós paternos da criança, já que não conta com a ajuda de seus falecidos pais. Quanto ao pedido de alimentos, assinale a afirmativa correta.

(A) Procede a cobrança, uma vez que os avós são responsáveis subsidiários.
(B) Deve ser acolhido, pois os avós são solidários com Henrique na dívida alimentar.
(C) Não deve ser acolhido, uma vez que os avós não são os pais de Kátia.
(D) Não tem cabimento, pois Carla deverá auxiliar nas despesas de Kátia.
(E) Pode ser acolhido, desde que os alimentos sejam proporcionais ao auxílio prestado por Carla.

16. **(FCC – 2018 – DPE-AM – Defensor Público – Reaplicação)** Em relação a alimentos,

(A) com o nascimento com vida da criança, os alimentos gravídicos concedidos à gestante serão convertidos automaticamente em pensão alimentícia em favor do recém-nascido, com mudança, assim, da titularidade dos alimentos, sem que, para tanto, seja necessário pronunciamento judicial ou pedido expresso da parte.
(B) uma vez tendo o alimentante sido preso pelo inadimplemento das prestações alimentícias, estará isento de nova prisão por inadimplemento futuro, nesse caso sendo possível apenas penhora em bens de que seja proprietário ou possuidor.
(C) o direito à prestação de alimentos é recíproco entre pais e filhos, e extensivo a todos os ascendentes, recaindo a obrigação nos parentes consanguíneos ou afins até o terceiro grau, inclusive.
(D) o inadimplemento de prestações alimentícias que justifica a prisão civil do alimentante é o que se refere aos últimos seis meses vencidos, em razão da finalidade do crédito, de resguardo à sobrevivência do alimentando.
(E) ao completar 18 anos, pode o alimentante deixar de pagar automaticamente os alimentos, haja vista a maioridade atingida pelo alimentando, a quem caberá a prova da permanência da necessidade à pensão.

17. **(TJ-CE – Titular de Serviços de Notas e de Registros – Provimento – IESES – 2018)** Sobre alimentos, responda:

I. Com relação ao credor cessa o direito a alimentos, se tiver procedimento indigno em relação ao devedor.

II. Com o casamento, a união estável ou o concubinato do credor, cessa o dever de prestar alimentos.

III. Os alimentos serão apenas os indispensáveis à subsistência, quando a situação de necessidade resultar de culpa de quem os pleiteia.

Assinale a correta:
(A) Todas as assertivas são verdadeiras.
(B) Apenas a assertiva II é verdadeira.
(C) Apenas a assertiva I é verdadeira.
(D) Apenas as assertivas I e III são verdadeiras.

18. (MPE-MS – Promotor de Justiça Substituto – MPE-MS – 2018) Assinale a alternativa incorreta.
    (A) A obrigação alimentar dos avós tem natureza complementar e subsidiária, somente se configurando no caso de impossibilidade total ou parcial de seu cumprimento pelos pais.
    (B) O Ministério Público tem legitimidade ativa para ajuizar ação de alimentos em proveito de criança ou adolescente, independentemente do exercício do poder familiar dos pais, ou do fato de o menor se encontrar nas situações de risco descritas no art. 98 do Estatuto da Criança e do Adolescente, ou de quaisquer outros questionamentos acerca da existência ou eficiência da Defensoria Pública na comarca.
    (C) Parentes colaterais são legitimados ativos para a ação de anulação de adoção proposta após o falecimento do adotante, em virtude da inconstitucionalidade do art. 1.790 do Código Civil declarada pelo Supremo Tribunal Federal.
    (D) Se, no curso da ação de adoção conjunta, um dos cônjuges desistir do pedido e outro vier a falecer sem ter manifestado inequívoca intenção de adotar unilateralmente, não poderá ser deferido ao interessado falecido o pedido de adoção unilateral *post mortem*.
    (E) Ante o abandono do adotando pelo pai biológico e o estabelecimento de relação paterno-filial (vínculo afetivo) entre adotante e adotando, a adoção de pessoa maior de idade não pode ser refutada sem apresentação de justa causa por parte do pai biológico.

19. (Promotor de Justiça – MPE-SC – 2019) Quanto à sua natureza, os alimentos naturais são aqueles destinados à manutenção da condição social do credor de alimentos. Já os alimentos civis dizem respeito ao estritamente necessário à sobrevivência do alimentando.
    ( ) Certo
    ( ) Errado

20. (Promotor de Justiça – MPE-SC – 2019) A Súmula n. 596 do STJ enuncia que "A obrigação alimentar dos avós tem natureza complementar e subsidiária, somente se configurando no caso de impossibilidade total de seu cumprimento pelos pais".
    ( ) Certo
    ( ) Errado

21. (Defensor Público – DPE-MA – FCC – 2018) Os alimentos gravídicos
    (A) dependem de prova da paternidade para a aferição da legitimidade passiva do devedor dos alimentos.
    (B) devem ser automaticamente convertidos em pensão alimentícia em favor do recém-nascido, independentemente de pedido expresso ou de pronunciamento judicial.
    (C) por se tratar de alimentos deferidos com base em juízo de probabilidade, não autorizam a prisão civil do devedor.
    (D) deve ser fixado diante de mero indício de gravidez.
    (E) geram efeitos imediatamente a partir da data em que foram fixados.

22. (Advogado I – CRA-PR – Quadrix – 2019) No que tange ao direito de família, julgue o item a seguir.
    O cancelamento de pensão alimentícia de filho que atingiu a maioridade está sujeito à decisão judicial, mediante contraditório, ainda que nos próprios autos.
    ( ) Certo
    ( ) Errado

CAP. 7 • DOS ALIMENTOS | 693

23. **(Procurador – Prefeitura de Conceição de Macabu – RJ – GUALIMP – 2020)** Leia o trecho a seguir, extraído do Código Civil e assinale ao que segue: "Se o parente, que deve alimentos em primeiro lugar, não estiver em condições de suportar totalmente o encargo, _____ a concorrer os de grau imediato; sendo várias as pessoas obrigadas a prestar alimentos, todas devem concorrer na proporção dos respectivos recursos, e, intentada ação contra uma delas, poderão as demais ser chamadas a integrar a lide."

    Assinale a alternativa que preenche corretamente a lacuna:
    - (A) Podem ou não ser chamados.
    - (B) Devem obrigatoriamente ser chamados.
    - (C) Serão chamados.
    - (D) Podem, mas não devem ser chamados.

24. **(Procurador – TC-DF – Cespe/Cebraspe – 2021)** Da união entre Tiago, condenado criminalmente pela prática do crime de furto, e Daniela, desempregada, casados sob o regime de separação legal de bens, nasceram dois filhos, atualmente com cinco e dez anos de idade.

    No que se refere a essa situação hipotética, julgue o item a seguir, à luz do disposto no Código Civil e no Estatuto da Criança e do Adolescente e do entendimento jurisprudencial dos tribunais superiores.

    Caso Daniela requeira o divórcio, ela poderá requerer aos pais de Tiago a prestação de alimentos para os seus filhos.
    ( ) Certo
    ( ) Errado

25. **(Defensor Público de Entrância Inicial – DPE-CE – FCC – 2022)** De acordo com entendimento sumular do Superior Tribunal de Justiça, a obrigação alimentar dos avós em relação aos netos possui natureza complementar e
    - (A) subsidiária em relação aos pais, somente se configurando no caso de impossibilidade total ou parcial de seu cumprimento por estes.
    - (B) solidária em relação aos pais, somente se configurando no caso de impossibilidade total ou parcial de seu cumprimento por estes.
    - (C) alternativa em relação aos pais, somente se configurando na proporção dos respectivos recursos.
    - (D) solidária em relação aos pais, somente se configurando no caso de impossibilidade total de seu cumprimento por estes.
    - (E) solidária em relação aos pais, somente se configurando na proporção dos respectivos recursos.

26. **(Defensor Público – DPE-PI – CESPE/CEBRASPE – 2022)** Acerca do direito de receber e do dever de pagar alimentos, assinale a opção correta.
    - (A) A redução de alimentos fixados em juízo somente poderá ser solicitada após o decurso do primeiro ano a contar da decisão.
    - (B) Os alimentos devem ser fixados na proporção das necessidades do reclamante e dos recursos da pessoa obrigada.
    - (C) O direito à prestação de alimentos dá-se em linha reta, do ascendente para o descendente.
    - (D) A prestação de alimentos limita-se à subsistência de quem os pleitear.
    - (E) A obrigação de prestar alimentos é personalíssima, ou seja, não se transmite aos herdeiros do devedor.

27. **(TJSC – Cespe/Cebraspe – Titular de Serviços de Notas e de Registros – 2023)** Carlos é um homem viúvo de sessenta e quatro anos de idade e, durante alguns anos, recebeu mesada do seu filho Pedro, porque não desenvolvia trabalhos remunerados por questões de saúde. No ano corrente, Pedro faleceu, o que causou a drástica diminuição de renda de Carlos, que passou a auferir somente a pensão por morte de sua esposa, o que o deixou em situação de miserabilidade. Após o falecimento da esposa e do filho,

restaram como familiares de Carlos somente dois irmãos unilaterais um pouco mais novos e de idades distintas e sobre os quais sabe, embora não tenha com eles contato próximo há alguns anos, que gerenciam conjuntamente uma fábrica de embalagens que gera bastante lucro.

Em relação a essa situação hipotética, é correto afirmar, à luz da legislação de regência, que

(A) cabe o ajuizamento de ação judicial de alimentos em desfavor dos dois irmãos de Carlos, os quais teriam uma obrigação subsidiária entre eles, sendo preferencialmente obrigado o mais velho.

(B) cabe o ajuizamento de ação judicial de alimentos em desfavor dos dois irmãos de Carlos, que teriam uma obrigação solidária entre eles.

(C) não cabe o ajuizamento de ação judicial de alimentos em desfavor dos dois irmãos de Carlos dado o parentesco unilateral.

(D) não cabe o ajuizamento de ação judicial de alimentos em desfavor dos dois irmãos de Carlos porque este recebe uma pensão por morte.

(E) não cabe o ajuizamento de ação judicial de alimentos em desfavor dos dois irmãos de Carlos porque esse tipo de demanda recai somente a ascendentes e descendentes diretos.

28. (TJAP – Analista Judiciário – FGV – 2024) Cecília é filha de Eric, que não trabalha nem recebe qualquer renda. Em execução de alimentos, depois de anos tentando forçar Eric ao pagamento da pensão, pretende redirecionar a cobrança a seus avós paternos.

Nesse caso, é correto afirmar que a pretensão deve ser:

(A) rechaçada, porque o ordenamento brasileiro não contempla os alimentos avoengos.

(B) acolhida, cabendo aos avós paternos obrigação solidária e no mesmo valor imposto a Eric.

(C) acolhida, com a ressalva de que cabe aos avós paternos obrigação subsidiária e complementar.

(D) acolhida, com a ressalva de que cabe aos avós paternos obrigação subsidiária e no mesmo valor imposto a Eric (integral).

(E) acolhida, com a ressalva de que cabe aos avós paternos obrigação solidária e no mesmo valor imposto a Eric (integral).

29. (MPE-RJ – Promotor de Justiça substituto – VUNESP – 2024) De acordo com o atual entendimento do Superior Tribunal de Justiça, assinale a alternativa correta.

(A) O cancelamento de pensão alimentícia de filho que atingiu a maioridade é automático, sendo necessária decisão judicial, mediante contraditório, nos próprios autos, para a sua manutenção.

(B) O Ministério Público não tem legitimidade ativa para ajuizar ação/execução de alimentos em favor de criança ou adolescente.

(C) Cabe prisão civil do inventariante em virtude do descumprimento pelo espólio do dever de prestar alimentos.

(D) É possível a modificação da forma da prestação alimentar (em espécie ou in natura), desde que haja alteração na condição financeira das partes.

(E) Os valores pagos a título de alimentos são insuscetíveis de compensação, salvo quando configurado o enriquecimento sem causa do alimentando.

30. (TJSC – Juiz substituto – FGV – 2024) Os alimentos compensatórios e indenizatórios:

(A) designam o mesmo instituto, isto é, a pensão paga em decorrência de ato ilícito que resulte em redução da capacidade laboral.

(B) prescindem da prova de atividade laboral anterior pelo alimentando e podem ser cumulados com pensão previdenciária.

(C) são informados pelo trinômio necessidade, possibilidade e razoabilidade.

(D) têm por finalidade atender a necessidade de subsistência do credor.

(E) podem ser prestados em parcelas ou em pagamento único, mesmo quando os alimentos indenizatórios decorrerem de falecimento (dano-morte).

GABARITO

01 – D	02 – C	03 – B
04 – C	05 – D	06 – D
07 – A	08 – CERTO	09 – C
10 – B	11 – A	12 – E
13 – C	14 – B	15 – A
16 – A	17 – A	18 – C
19 – ERRADO	20 – ERRADO	21 – B
22 – CERTO	23 – C	24 – CERTO
25 – A	26 – B	27 – B
28 – C	29 – E	30 – B

DO BEM DE FAMÍLIA

Sumário: 8.1 Introdução. O bem de família na perspectiva civil-constitucional – 8.2 O bem de família convencional ou voluntário – 8.3 Bem de família legal – 8.4 Resumo esquemático – 8.5 Questões correlatas – Gabarito.

8.1 INTRODUÇÃO. O BEM DE FAMÍLIA NA PERSPECTIVA CIVIL-CONSTITUCIONAL

De imediato, informa-se que o assunto *Bem de Família* será mais uma vez abordado neste volume da coleção, sendo certo que o tema já foi estudado no Volume 1. A nova abordagem tem razões didáticas e metodológicas. Isso porque o tema é tanto solicitado em provas de graduação e em concursos públicos em que o Direito de Família faz parte do programa do curso e do edital como naqueles em que o Direito de Família não consta desses.

Ainda, é importante frisar que a matéria do bem de família era tratada pelo Código Civil de 1916 em sua Parte Geral, e pelo Código Civil de 2002 em seu livro de Direito de Família. Desse modo, alguns programas de cursos e editais que ainda seguem a ordem do revogado diploma alocam o tema junto à Parte Geral e não junto ao Direito de Família.

Justificado o porquê de estarmos estudando novamente sobre o tema, é de se lembrar que o Código Civil de 2002 traz um capítulo específico a tratar dos direitos da personalidade, o que não constitui qualquer novidade. Na verdade, o previsto nos arts. 11 a 21 da atual codificação material apenas reafirma a proteção da pessoa natural consolidada na Constituição Federal, particularmente nos seus arts. 1.º a 5.º, que consagram, respectivamente, os princípios da dignidade da pessoa humana, da solidariedade social e da igualdade *lato sensu*, também denominado princípio da isonomia. Esses são os princípios do direito civil constitucional, *novo caminho hermenêutico*, de interpretação dos institutos privados a partir do Texto Maior e dos princípios constitucionais (cf. TEPEDINO, Gustavo. Premissas metodológicas..., *Temas*..., 2004, p. 1).

Pontue-se, mais uma vez, que esse caminho de interpretação constitucional foi confirmado pelo Código de Processo Civil de 2015 que, além de expressar a dignidade humana como norte de aplicação do ordenamento jurídico (art. 8.º), estabelece que "o processo civil será ordenado, disciplinado e interpretado conforme os valores e as normas fundamentais estabelecidos na Constituição da República Federativa do Brasil, observando-se as disposições deste Código" (art. 1.º do CPC/2015). Acredito que a aplicação dos princípios constitucionais nas relações privadas seja incrementada nos próximos anos, diante desses mandamentos legais.

Atualmente, percebe-se que o rol dos direitos da personalidade ganha outro cunho, recebendo a matéria um tratamento específico em dispositivos legais que regulamentam direitos eminentemente patrimoniais. Na *IV Jornada de Direito Civil*, no ano de 2006, foi aprovado o Enunciado n. 274, prevendo que os direitos da personalidade estão elencados de maneira não exaustiva pelo Código Civil, constituindo expressão da *cláusula geral de tutela da pessoa humana*, contida no art. 1.º, inc. III, da CF/1988.

No que concerne a essa proteção, que coloca os direitos da personalidade e os direitos patrimoniais no mesmo plano, é consulta obrigatória todo o trabalho doutrinário construído pelo Ministro do STF Luiz Edson Fachin, na sua tão aclamada obra *Estatuto jurídico do patrimônio mínimo*, em que é apontada a tendência de *repersonalização do Direito Civil*, de valorização da pessoa humana como cerne do Direito Privado (2001). Sobre o tema, ensina o Ministro Fachin:

> "A 'repersonalização' do Direito Civil recolhe, com destaque, a partir do texto constitucional, o princípio da dignidade da pessoa humana. Para bem entender os limites propostos à execução à luz do princípio constitucional da dignidade da pessoa humana, têm sentido verificações preliminares. A dignidade da pessoa é princípio fundamental da República Federativa do Brasil. É o que chama de princípio estruturante, constitutivo e indicativo das ideias diretivas básicas de toda a ordem constitucional. Tal princípio ganha concretização por meio de outros princípios e regras constitucionais formando um sistema interno harmônico, e afasta, de pronto, a ideia de predomínio do individualismo atomista no Direito. Aplica-se como leme a todo o ordenamento jurídico nacional compondo-lhe o sentido e fulminando de inconstitucionalidade todo preceito que com ele conflitar. É de um princípio emancipatório que se trata" (FACHIN, Luiz Edson. *Estatuto...*, 2001, p. 190).

A proteção do *homestead*, do bem de família, está apontada por Luiz Edson Fachin, na obra transcrita, como precursora dessa *personalização*. O jurista ensina que a impenhorabilidade do bem de família legal constitui uma previsão do Código Civil, fora da codificação, um "oásis no meio do transcurso" (FACHIN, Luiz Edson. *Estatuto...*, 2001, p. 141-165).

Destaque-se que a proteção do bem de família legal, constante na Lei 8.009/1990, nada mais é do que a proteção do direito social e fundamental à moradia (art. 6.º da CF/1988), seguindo a tendência de valorização da pessoa, bem como a solidariedade estampada no art. 3.º, inc. I, da CF/1988.

Entendo que o Superior Tribunal de Justiça tem adotado a tese do "patrimônio mínimo", ao reconhecer que o imóvel em que reside pessoa solteira estaria protegido pela impenhorabilidade prevista na Lei 8.009/1990 (Súmula 364 do STJ). Assim, como foi exposto no capítulo introdutório da presente obra, compreende-se que o Superior Tribunal de Justiça tem entendimento atual pelo qual a impenhorabilidade do bem de família não visa a proteger a família em si. O objetivo da proteção é a pessoa humana, a premente necessidade do direito à moradia. Nesse contexto, valoriza-se a dignidade da pessoa humana e a solidariedade social, seguindo a aqui já citada tendência de "repersonalização" do Direito Civil.

A doutrina contemporânea manifesta-se com concordância em relação a esse posicionamento do Superior Tribunal de Justiça, como fazem Pablo Stolze Gagliano e Rodolfo Pamplona Filho. Para os juristas baianos, "o conceito legal de entidade familiar não poderia ser tão duro, sob pena de se coroarem injustiças". Assim, seriam "inatacáveis as palavras do culto Min. Luiz Vicente Cernicchiaro: '... a Lei 8.009/1990 não está dirigida a um número de pessoas. Mas à pessoa. Solteira, casada, viúva, desquitada, divorciada, pouco importa. O sentido social da norma busca garantir um teto para cada pessoa. Só essa finalidade, *data venia*, põe sobre a mesa a exata extensão da lei. Caso contrário, sacrificar-se-á a interpretação teleológica para prevalecer a insuficiente interpretação literal'" (GAGLIANO, Pablo Stolze; PAMPLONA FILHO, Rodolfo. *Novo curso...*, 2003, p. 290-291).

Filia-se integralmente às palavras transcritas, em prol da proteção da pessoa, tendência do *Direito Civil Contemporâneo* que emerge à luz do direito civil constitucional. Há uma nova dimensão dada à ideia de patrimônio, com vistas à proteção da pessoa, que está no centro do Direito Privado. Nesse sentido é que se verifica a *despatrimonialização* e a *personalização*.

Ainda ilustrando a respeito da célebre tese, o patrimônio mínimo foi mencionado expressamente pelo Superior Tribunal de Justiça, em julgado que reconheceu que a proteção da Lei 8.009/1990 pode ser estendida a imóveis de propriedade de pessoas jurídicas:

"Processual civil. Embargos de terceiro. Execução fiscal movida em face de bem servil à residência da família. Pretensão da entidade familiar de exclusão do bem da execução fiscal. Possibilidade jurídica e legitimidade para o oferecimento de embargos de terceiro. É bem de família o imóvel pertencente à sociedade, dês que o único servil à residência da mesma. *Ratio essendi* da Lei 8.009/90. 1. A Lei deve ser aplicada tendo em vista os fins sociais a que ela se destina. Sob esse enfoque a impenhorabilidade do bem de família visa a preservar o devedor do constrangimento do despejo que o relegue ao desabrigo. 2. Empresas que revelam diminutos empreendimentos familiares, onde seus integrantes são os próprios partícipes da atividade negocial, mitigam o princípio *societas distat singulis*, peculiaridade a ser aferida *cum granu salis* pelas instâncias locais. 3. Aferida à sociedade que a família reside no imóvel sede de pequena empresa familiar, impõe-se exegese humanizada, à luz do fundamento da república voltado à proteção da dignidade da pessoa humana, por isso que, expropriar em execução por quantia certa esse imóvel, significa o mesmo que alienar bem de família, posto que, muitas vezes, *lex dixit minus quam voluit*. 4. *In casu*, a família foi residir no único imóvel pertencente à família e à empresa, a qual, aliás, com a mesma se confunde, quer pela sua estrutura quer pela conotação familiar que assumem determinadas pessoas jurídicas com patrimônio mínimo. 5. É assente em vertical sede doutrinária que 'A impenhorabilidade da Lei n.º 8.009/90, ainda que tenha como destinatários as pessoas físicas, merece ser aplicada a certas pessoas jurídicas, às firmas individuais, às pequenas empresas com conotação familiar, por exemplo, por haver identidade de patrimônios' (FACHIN, Luiz Edson. 'Estatuto Jurídico do Patrimônio Mínimo', Rio de Janeiro, Renovar, 2001, p. 154). 6. Em consequência '(...) Pequenos empreendimentos nitidamente familiares, onde os sócios são integrantes da família e, muitas vezes, o local de funcionamento confunde-se com a própria moradia, devem beneficiar-se da impenhorabilidade legal.' [grifo nosso] 7. Aplicação principiológica do direito infraconstitucional à luz dos valores eleitos como superiores pela Constituição Federal que autoriza excluir da execução da sociedade bem a ela pertencente mas que é servil à residência como único da família, sendo a empresa multifamiliar. 8. Nessas hipóteses, pela *causa petendi* eleita, os familiares são terceiros aptos a manusear os embargos de terceiro pelo título que pretendem desvincular, o bem da execução movida pela pessoa jurídica. 9. Recurso especial provido" (STJ, REsp 621399/RS, 1.ª Turma, Rel. Min. Luiz Fux, j. 19.04.2005, *DJU* 20.02.2006, p. 207).

A propósito, mais recentemente, seguindo a mesma trilha fundada no patrimônio mínimo, o Tribunal da Cidadania concluiu que "a impenhorabilidade do bem de família no qual reside o sócio devedor não é afastada pelo fato de o imóvel pertencer à sociedade empresária" (STJ, EDcl no AREsp 511.486/SC, Rel. Min. Raul Araújo, j. 03.03.2016, *DJe* 10.03.2016, publicado no seu *Informativo* n. *579*).

Tradicionalmente, o bem de família pode ser conceituado como o imóvel utilizado como residência da entidade familiar, decorrente de casamento, união estável, entidade monoparental ou outra manifestação familiar, protegido por previsão legal específica. Cite-se, nesse contexto, a proteção das uniões homoafetivas, várias vezes citada no presente livro.

A esse propósito, decidiu o Tribunal de Justiça de São Paulo, a respeito da proteção legal, que "norma que não excepciona nenhum devedor, colhendo todos, seja solteiro, casado, concubinato, em união estável, heterossexual ou homoafetiva. A lei é a mesma para todos; todos são iguais perante ela. Arts. 5.º, *caput*, e 6.º da Constituição Federal. Direito social. Direito à moradia. Direito natural que deve ser preservado com a exclusão da interpretação restritiva para colher tão só o devedor casado, em afronta à interpretação teleológica do seu art. 1.º" (TJSP, Apelação Cível 991.07.058288-3, Acórdão 4610251, 19.ª Câmara de Direito Privado, Boituva, Rel. Des. Conti Machado, j. 30.06.2010, *DJESP* 20.08.2010).

Duas são as formas de bem de família previstas no ordenamento jurídico brasileiro, o que merece um estudo pontual e separado, como está estruturado no presente capítulo do livro.

Inicialmente, podem os cônjuges ou entidade familiar – famílias decorrentes do casamento, uniões estáveis entre homem e mulher, uniões homoafetivas ou famílias monoparentais e outras –, mediante escritura pública ou testamento, destinar fração de seu patrimônio para instituir o *bem de família convencional* (arts. 1.711 a 1.722 do CC).

Além desse bem de família convencional, a Lei 8.009/1990, baseada no trabalho acadêmico do Professor Álvaro Villaça Azevedo, nosso mestre na Faculdade de Direito da USP, dispõe sobre a impenhorabilidade do *bem de família legal*, que passou a ser o imóvel residencial (rural ou urbano) próprio do casal ou da entidade familiar, protegido pela impenhorabilidade, independentemente de inscrição no Registro de Imóveis (*proteção automática*). Originariamente, ensina o Professor do Largo de São Francisco que "pode-se dizer, seguramente, que o bem de família nasceu com tratamento jurídico específico, na República do Texas, sendo certo que, no Direito Americano, desponta ele como uma pequena propriedade agrícola, residencial, da família, consagrada à proteção desta" (AZEVEDO, Álvaro Villaça. *Bem de Família...*, 1974, p. 19). Trata-se da proteção do *homestead*, o que significa *local do lar*.

Portanto, as duas modalidades de bem de família coexistem no sistema jurídico brasileiro, como está publicado na Edição n. 200 da ferramenta *Jurisprudência em Teses*, do STJ: "os bens de família legal (Lei n. 8.009/1990) e voluntário/convencional (arts. 1.711 a 1.722 do Código Civil) coexistem de forma harmônica no ordenamento jurídico; o primeiro tem como instituidor o próprio Estado e volta-se para o sujeito de direito (entidade familiar) com o propósito de resguardar-lhe a dignidade por meio da proteção do imóvel que lhe sirva de residência; já o segundo decorre da vontade de seu instituidor (titular da propriedade) e objetiva a proteção do patrimônio eleito contra eventual execução forçada de dívidas do proprietário do bem" (tese 1). Como está na mesma publicação, a segunda modalidade dispensa qualquer ato formal ou de registro: "o bem de família legal dispensa a realização de ato jurídico para sua formalização, basta que o imóvel se destine à residência familiar; o voluntário, ao contrário, condiciona a validade da escolha do imóvel à formalização por escritura pública ou por testamento" (Edição n. 200, tese 2).

Passa-se à análise das duas formas de imóveis protegidos pela lei, desse *tratamento dualista* do ordenamento jurídico brasileiro.

8.2 O BEM DE FAMÍLIA CONVENCIONAL OU VOLUNTÁRIO

A matéria antes estava prevista na Parte Geral do Código Civil de 1916 (arts. 70 a 73), estando agora inserida no livro que trata do Direito de Família (arts. 1.711 a 1.722). Isso porque o instituto mantém relação direta com o direito familiar, sendo tendência da proteção dos direitos da personalidade, a partir de uma concepção social e axiológica.

O bem de família convencional ou voluntário pode ser instituído pelos cônjuges, pela entidade familiar ou por terceiro, mediante escritura pública ou testamento, não podendo ultrapassar essa reserva um terço do patrimônio líquido das pessoas que fazem a instituição (art. 1.711 do CC). O limite estabelecido pela legislação visa a proteger eventuais credores. Também pelo que consta da parte final desse dispositivo, o bem de família convencional não revogou o bem de família legal, coexistindo ambos em nosso ordenamento jurídico. No caso de instituição por terceiro, devem os cônjuges aceitar expressamente a instituição.

É preciso ter em mente que as regras constantes do Código Civil não se aplicam, pelo menos a princípio, ao bem de família legal, tratado especificamente pela Lei 8.009/1990. Invocando o *diálogo das fontes*, o diálogo é de exclusão ou de coerência, ou seja, aplica-se uma lei ou outra.

Em verdade, a modalidade em estudo é de pouca relevância prática, até porque a Lei 8.009/1990 consagra a impenhorabilidade automática do imóvel destinado para residência da família ou da pessoa. Assim sendo, desnecessária se torna a instituição por escritura pública ou testamento, o que gera gastos, inclusive de registro do bem de família. Ademais, como se verá, o bem de família voluntário tem o inconveniente de ser inalienável, além de ser impenhorável. Diante de sua pouca relevância, o Projeto de Lei conhecido como *Estatuto das Famílias* do IBDFAM pretendia suprimir a categoria e o duplo tratamento, o que conta com o meu apoio.

Seguindo a mesma linha, a Comissão de Juristas instituída no Senado Federal, para a Reforma e Atualização do Código Civil, propõe a revogação expressa dos arts. 1.711 a 1.722 do Código Civil, que tratam do bem de família voluntário ou convencional. Como consequência, deve também ser revogado expressamente o seu tratamento na Lei de Registros Públicos (Lei 6.015/1973, art. 167, inc. II, item 85, e o seu Capítulo XI, com os arts. 260 a 265). Os motivos apontados pela Subcomissão de Direito de Família foram os seguintes: "a) pequena incidência prática (baixo uso) do instituto; b) existência da Lei 8.009/1990, que dispensa tratamento mais eficaz e automático ao bem de família; c) cuidar-se de instrumento jurídico muito complexo, acessível mormente por famílias abastadas". A proposição foi aceita com unanimidade pela Relatoria-Geral e por todos os membros da comissão, não tendo havido qualquer resistência em sentido contrário.

Feita essa observação, e voltando-se ao tratamento legal e atual do instituto, lembra Rodrigo da Cunha Pereira que "as entidades familiares constitucionalizadas não são *numerus clausus*. Portanto, devem ser consideradas também as entidades unipessoais" (*Código Civil...*, 2004, p. 1.184). Isso justifica a possibilidade de instituição do bem de família voluntário por membros de outras manifestações familiares, caso da *família anaparental*, constituída por parentes que não são ascendentes e descendentes e até da *família homoafetiva*, entre pessoas do mesmo sexo.

Para que haja a proteção prevista em lei, é necessário que o bem seja imóvel residencial, rural ou urbano, incluindo a proteção a todos os bens acessórios que o compõem, caso, inclusive, das pertenças (art. 1.712 do CC). A proteção poderá ainda abranger valores mobiliários, cuja renda seja aplicada na conservação do imóvel e no sustento da família.

Constituindo novidade, pelo art. 1.713 do CC tais valores mobiliários não poderão exceder o valor do prédio instituído, diante da sua flagrante natureza acessória. Tais valores, ademais, devem ser individualizados no instrumento de instituição do bem de família convencional (art. 1.713, § 1.º, do CC). Se se tratar de títulos nominativos, a sua instituição como bem de família também deverá constar dos respectivos livros de registro (art. 1.713, § 2.º, do CC). Eventualmente, o instituidor da proteção pode determinar que a administração desses valores seja confiada a uma instituição financeira, bem como disciplinar a forma de pagamento das rendas a todos os beneficiários (art. 1.713, § 3.º, do CC). Em casos tais, a responsabilidade dos administradores obedecerá às regras previstas para o contrato de depósito voluntário (arts. 627 a 646 do CC).

A instituição do bem de família convencional deve ser efetuada por escrito e registrada no Cartório de Registro de Imóveis do local em que o mesmo está situado (art. 1.714 do CC). Em todos os casos, pela regra especial e expressa do art. 1.711 do CC, há necessidade de escritura pública ou testamento, não importando o valor do imóvel. Assim, não merecerá aplicação o art. 108 do CC, que dispensa a elaboração de escritura pública nos negócios envolvendo imóveis com valor igual ou inferior a trinta salários mínimos.

Com a instituição do bem de família convencional ou voluntário, o prédio se torna inalienável e impenhorável, permanecendo isento de execuções por dívidas posteriores à instituição. Entretanto, tal proteção não prevalecerá nos casos de dívidas com as seguintes origens (art. 1.715 do CC):

a) dívidas anteriores à sua constituição, de qualquer natureza;
b) dívidas posteriores, relacionadas com tributos relativos ao prédio, caso do IPTU (obrigações *propter rem* ou ambulatórias);
c) despesas de condomínio (outra típica obrigação *propter rem* ou *ambulatórias*), mesmo posteriores à instituição.

Como se percebe, são apenas *três* as exceções à impenhorabilidade do bem de família convencional. Essas previsões não se confundem com as *sete* exceções previstas para a impenhorabilidade do bem de família legal, o que merece a devida atenção pelo intérprete.

Talvez no tratamento das exceções estivesse a única vantagem de constituição do bem de família em apreço. De toda sorte, a referida instituição teria o intuito de fraudar o sistema jurídico, estando carregado de ilicitude, por lesão à boa-fé e aos bons costumes (art. 187 do CC).

Também pode ser arguida eventual ilicitude por fraude à lei imperativa (art. 166, inc. VI, do CC), o que depende da análise do caso concreto. Cite-se, a título de exemplo, o devedor de alimentos que constitui bem de família voluntário, antes do inadimplemento da dívida, visando de forma premeditada à proteção de imóvel determinado, o que não pode prevalecer. Como se nota, a previsão da exceção dos alimentos consta apenas da Lei 8.009/1990, e não do Código Civil de 2002, o que abre margem para manobras jurídicas indesejadas. A penhora deve ser admitida, pois a proteção teve como objetivo fraudar a norma de ordem pública que consagra o dever alimentar, no caso o art. 1.694 do CC.

A propósito dessa distinção dos modelos de impenhorabilidade, merece destaque a publicação constante da Edição n. 200 da ferramenta *Jurisprudência em Teses do STJ*: "a impenhorabilidade conferida ao bem de família legal alcança todas as obrigações do devedor indistintamente, ainda que o imóvel tenha sido adquirido no curso de demanda executiva, diversamente, no bem de família convencional, a impenhorabilidade é relativa, visto que o imóvel apenas estará protegido da execução por dívidas subsequentes à sua constituição" (tese n. 3).

O parágrafo único do art. 1.715 do CC/2002 está em sintonia com a proteção da pessoa, estabelecendo que, no caso de execução dessas dívidas, o saldo existente deva ser aplicado em outro prédio, como bem de família, ou em títulos da dívida pública, para sustento familiar, a não ser que motivos relevantes aconselhem outra solução, a critério do juiz.

A inalienabilidade, como regra geral, está prevista no art. 1.717 do CC, sendo somente possível a alienação do referido bem mediante consentimento dos interessados (membros da entidade familiar), e de seus representantes, ouvido o Ministério Público. Como fica claro pelo dispositivo, a possibilidade de alienação depende de autorização judicial, sendo relevantes os motivos para tanto. A alienação do bem de família voluntário ou convencional, não havendo preenchimento dos requisitos legais, é nula, por fraude à lei imperativa (art. 166, inc. VI, do CC).

Eventualmente, comprovada a impossibilidade de manutenção do bem de família convencional, poderá o juiz, a requerimento dos interessados, extingui-lo ou autorizar a sub-rogação real de bens que o constituam em outros, ouvido o instituidor e o Ministério Público. Trata-se de uma hipótese de dissolução judicial do bem protegido (art. 1.719 do CC). De acordo com a jurisprudência estadual, havendo sub-rogação, os efeitos são produzidos após o registro da substituição e não da instituição do bem anterior (TJMG, Apelação Cível 1.0024.07.775606-2/0011, 18.ª Câmara Cível, Belo Horizonte, Rel. Des. Guilherme Luciano Baeta Nunes, j. 19.08.2008, *DJEMG* 29.08.2008).

No que concerne à sua administração, salvo previsão em contrário, cabe a ambos os cônjuges, sendo possível a intervenção judicial, em caso de divergência (art. 1.720 do CC). Esse comando legal, que constitui novidade, está em total sintonia com a igualdade consagrada no art. 226 da CF/1988 e no art. 1.511 do CC. Traz também uma tendência de *judicialização dos conflitos conjugais*, pois o juiz irá decidir sobre a questão que interessa aos membros da entidade familiar. É importante a constatação de que essa tendência não é a atual, de *fuga do Judiciário*, o que pode ser captado pela leitura do Código de Processo Civil de 2015, pela valorização da *desjudicialização* em vários de seus comandos.

No caso de falecimento de ambos os cônjuges, a administração caberá ao filho mais velho, se este for maior. Caso contrário, a administração caberá a seu tutor (art. 1.720, parágrafo único, do CC).

A instituição dura até que ambos os cônjuges faleçam, sendo que, se restarem filhos menores de 18 anos, mesmo falecendo os pais, a instituição perdura até que todos os filhos atinjam a maioridade (art. 1.716 do CC). Mais uma vez se percebe a intenção do legislador de proteger a célula familiar. Todavia, a extinção do bem de família convencional não afasta a impenhorabilidade prevista na Lei 8.009/1990.

A dissolução da sociedade conjugal, seja por separação, divórcio, morte, inexistência, nulidade ou anulabilidade do casamento, não extingue o bem de família convencional. Dissolvida a sociedade conjugal por morte de um dos cônjuges, o sobrevivente poderá pedir a extinção da proteção, se for o único bem do casal. É essa a redação do art. 1.721 do CC. É de se concordar com Rodrigo da Cunha Pereira quando lembra que tal dispositivo também se aplica, igualmente, aos conviventes, ou outras entidades familiares (*Código Civil...*, 2004, p. 1.189).

Porém, mais uma vez, a extinção do bem de família voluntário ou convencional não afasta a proteção da lei específica. Atualizando a obra, fica em dúvida a eficácia do dispositivo quando faz menção à separação jurídica e à correspondente dissolução da sociedade conjugal, eis que a *Emenda do Divórcio* (Emenda Constitucional 66/2010) extingue todas as modalidades de separação jurídica, incluindo a separação judicial e a extrajudicial, na minha opinião doutrinária, insistida nos últimos treze anos.

No mesmo sentido é o parecer de Paulo Lôbo, com menção expressa ao comando relativo ao bem de família (LÔBO, Paulo. Divórcio... Disponível em: <http://www.ibdfam.org.br/?artigos&artigo=629>. Acesso em: 11 fev. 2010). Reafirme-se que essa nossa posição foi mantida mesmo tendo o CPC/2015 tratado da separação jurídica ou de direito em vários de seus comandos. Em 2023, como já demonstrado em outros trechos deste livro, acabou sendo adotada pelo Supremo Tribunal Federal, quando do julgamento do Tema n. 1.053 de repercussão geral, banindo a separação judicial do sistema jurídico brasileiro.

Por fim, determina o art. 1.722 do CC que se extingue o bem de família convencional com a morte de ambos os cônjuges e a maioridade dos filhos, desde que não sujeitos à curatela. Pela terceira vez, anote-se que essa extinção não impede a aplicação da proteção constante da Lei 8.009/1990, sobre a qual se começa a tratar.

8.3 BEM DE FAMÍLIA LEGAL

A Lei 8.009/1990 traça as regras específicas quanto à proteção do bem de família legal, prevendo o seu art. 1.º que "o imóvel residencial próprio do casal, ou da entidade familiar, é impenhorável e não responderá por qualquer tipo de dívida civil, comercial, fiscal, previdenciária ou de outra natureza, contraída pelos cônjuges ou pelos pais ou filhos que sejam seus proprietários e nele residam, salvo nas hipóteses previstas na lei". Trata-se de importante norma de ordem pública que protege tanto a família quanto a pessoa humana.

Isso justifica a Súmula 205 do STJ, segundo a qual a Lei 8.009/1990 tem eficácia retroativa, atingindo as penhoras constituídas antes da sua entrada em vigor. A hipótese é do que denominamos *retroatividade motivada ou justificada*, em prol das normas de ordem pública, justificadas na *justiça social* e na dignidade humana.

Sendo norma de ordem pública, cabe o reconhecimento de ofício dessa impossibilidade de penhora (entre os numerosos julgados: STJ, AgRg no AREsp 140.598/SP, 4.ª Turma, Rel. Min. Luis Felipe Salomão, j. 24.06.2014, *DJe* 01.08.2014; TJDF, Recurso 2012.00.2.001863-5, Acórdão 584.350, 3.ª Turma Cível, Rel. Des. Mario-Zam Belmiro, *DJDFTE* 11.05.2012, p. 157; TJRS, Agravo de Instrumento 185133-28.2011.8.21.7000, 1.ª Câmara Cível, Porto Alegre, Rel. Des. Carlos Roberto Lofego Canibal, j. 20.07.2011, *DJERS* 23.08.2011; TJMG, Apelação Cível 5393636-72.2008.8.13.0702, 6.ª Câmara Cível, Uberlândia, Rel. Des. Edivaldo George dos Santos, j. 09.11.2010, *DJEMG* 19.11.2010; TJSP, Apelação sem Revisão 772.559.5/4, Acórdão 3237978, 15.ª Câmara de Direito Público B, São Bernardo do Campo, Rel. Des. Paulo Roberto Fadigas Cesar, j. 15.08.2008, *DJESP* 01.10.2008; TJSP, Apelação 1104728-2, Acórdão 2723519, 15.ª Câmara de Direito Privado, Barretos, Rel. Des. Edgard Jorge Lauand, j. 08.07.2008, *DJESP* 06.08.2008; e TRT 9.ª R., Proc. 17606-2001-651-09-00-6, Ac. 34972-2007, Seção Especializada, Rel. Des. Marlene Teresinha Fuverki Suguimatsu, *DJPR* 27.11.2007).

De toda sorte, nos termos do Estatuto Processual em vigor, antes do conhecimento de ofício, o julgador deve ouvir as partes, instaurando o contraditório. Como é notório, o art. 10 do CPC/2015 veda as chamadas *decisões-surpresa* em prol da boa-fé objetiva processual, estabelecendo que "o juiz não pode decidir, em grau algum de jurisdição, com base em fundamento a respeito do qual não se tenha dado às partes oportunidade de se manifestar, ainda que se trate de matéria sobre a qual deva decidir de ofício".

Ato contínuo de estudo, antes de arrematação do bem, a alegação de impenhorabilidade cabe por simples petição, não sendo o caso de preclusão processual (STJ, AgRg no REsp 292.907/RS, 3.ª Turma, Rel. Min. Humberto Gomes de Barros, j. 18.08.2005, *DJ* 12.09.2005, p. 314). Como se percebe, a jurisprudência nacional vem entendendo que o bem de família legal acaba por quebrar alguns paradigmas processuais, premissa que deve ser mantida com a emergência do Novo CPC, especialmente pela regra contida no seu sempre citado art. 8.º, que determina ao julgador levar em conta a dignidade da pessoa humana ao aplicar o ordenamento jurídico. Ora, reafirme-se que uma das aplicações desse princípio constitucional nas relações privadas diz respeito à proteção do bem de família.

Em regra, a impenhorabilidade somente pode ser reconhecida se o imóvel for utilizado para residência ou moradia permanente da entidade familiar, não sendo admitida a tese do simples domicílio (art. 5.º, *caput*, da Lei 8.009/1990). O Superior Tribunal de Justiça, contudo, vem entendendo que, no caso de locação do bem, utilizada a renda do imóvel para a mantença da entidade familiar, a proteção permanece, conforme o teor da ementa a seguir transcrita:

> "Processual civil. Execução. Penhora de imóvel. Bem de família. Locação a terceiros. Renda que serve a aluguel de outro que serve de residência ao núcleo familiar. Constrição. Impossibilidade. Lei 8.009/1990, art. 1.º. Exegese. Súmula 7-STJ. I. A orientação predominante no STJ é no sentido de que a impenhorabilidade prevista na Lei 8.009/1990 se estende ao único imóvel do devedor, ainda que este se ache locado a terceiros, por gerar frutos que possibilitam à família constituir moradia em outro bem alugado. II. Caso, ademais, em que as demais considerações sobre a situação fática do imóvel encontram obstáculo ao seu reexame na Súmula 7 do STJ. III. Agravo improvido" (STJ, AGA 385692/RS, 4.ª Turma, Rel. Min. Aldir Passarinho Junior, j. 09.04.2002, *DJ* 19.08.2002, p. 177. Veja: STJ, REsp 114.119/RS, 302.781/SP, 159.213/ES (*RDR* 15/385) e 183.042/AL).

Filia-se plenamente ao julgado transcrito, pois, na verdade, ele nada mais faz do que proteger a moradia de forma indireta, conforme ordena o art. 6.º da CF/1988. A situação pode ser denominada como do *bem de família indireto*. A questão consolidou-se de tal modo que, em 2012, foi editada a Súmula 486 do STJ, *in verbis*: "é impenhorável o único imóvel residencial do devedor que esteja locado a terceiros, desde que a renda obtida com a locação seja revertida para a subsistência ou a moradia da sua família". Entende-se, ainda, que a premissa igualmente vale para o caso de único imóvel do devedor que esteja em usufruto, para destino de moradia de sua mãe, pessoa idosa (STJ, REsp 950.663/SC, 4.ª Turma, Rel. Min. Luis Felipe Salomão, j. 10.04.2012). No último *decisum*, além da proteção da moradia, julgou-se corretamente com base no sistema de tutela constante do Estatuto da Pessoa Idosa.

Essa tendência de ampliação da tutela da moradia também pode ser retirada de aresto mais recente, publicado no *Informativo* n. 543 do STJ, de 2014, ao deduzir que "constitui bem de família, insuscetível de penhora, o único imóvel residencial do devedor em que resida seu familiar, ainda que o proprietário nele não habite". Nos termos da publicação desse acórdão, que conta com o meu total apoio, "deve ser dada a maior amplitude possível à proteção consignada na lei que dispõe sobre o bem de família (Lei 8.009/1990), que decorre do direito constitucional à moradia estabelecido no *caput* do art. 6.º da CF, para concluir que a ocupação do imóvel por qualquer integrante da entidade familiar não descaracteriza a natureza jurídica do bem de família" (STJ, EREsp 1.216.187/SC, Rel. Min. Arnaldo Esteves Lima, j. 14.05.2014). O excelente julgado menciona, ainda, a proteção constitucional da família, encartada no art. 226, *caput*, do mesmo Texto Maior.

Na mesma esteira, igualmente dando uma interpretação extensiva à tutela da moradia, entende o Tribunal da Cidadania que "o fato do terreno encontrar-se desocupado ou não edificado são circunstâncias que sozinhas não obstam a qualificação do imóvel como bem de família, devendo ser perquirida, caso a caso, a finalidade a este atribuída" (tese 10, publicada na ferramenta *Jurisprudência em Teses*, Edição n. 44). Trata-se do que se pode denominar *bem de família vazio*.

A análise de um dos acórdãos que gerou a afirmação jurisprudencial resumida merece ser depurada. Nos termos do julgamento constante do Recurso Especial 825.660/SP, de relatoria do Ministro João Otávio de Noronha, julgado em 1.º de dezembro de 2009:

"Ocorreram danos no imóvel causados pelo transbordamento das águas da rede de águas pluviais. A referida ação foi julgada procedente, e a Prefeitura Municipal de Osasco foi condenada: a) a providenciar o desvio da rede canalizada e a reparar o imóvel; b) a reembolsar despesas com correspondências e aluguéis; e c) a pagar danos morais. A impenhorabilidade do bem de família serve para assegurar a propriedade da residência da entidade familiar de modo a assegurar-lhe uma existência digna. Verifica-se, no caso, que os devedores tiveram que desocupar o imóvel em razão do dano causado por fato de terceiro que o tornou inabitável. Ora, não se pode afastar a impenhorabilidade do imóvel em razão de os devedores nele não residirem por absoluta ausência de condições de moradia. A parte recorrida não teve opção. A desocupação do imóvel era medida que se impunha. Não pode agora os devedores sofrerem a perda de seu único imóvel residencial, quando já estão sendo privados de utilizá-lo em razão de fato de terceiro. Assim, incabível a penhorabilidade de imóvel, quando os devedores, por fato alheio a sua vontade, deixam de nele residir em razão da falta de serviço estatal" (STJ, REsp 825.660/SP, 4.ª Turma, Rel. Min. João Otávio de Noronha, j. 01.12.2009, *DJe* 14.12.2009).

De fato, não se pode impor a penhorabilidade em casos semelhantes ou próximos ao do julgamento, pois o fato de o imóvel encontrar-se vazio, desocupado, inabitado, não é imputável à conduta do devedor, mas a ato ou omissão da administração pública. Sendo assim, a impenhorabilidade é medida que se impõe, com vistas à proteção de um direito à moradia potencial, que se encontra dormente no momento da discussão da penhora, mas que pode voltar a ter incidência concreta a qualquer momento.

Como outra hipótese de interpretação extensiva da norma jurídica para a tutela da moradia, o Superior Tribunal de Justiça concluiu ser impenhorável o imóvel objeto de alienação fiduciária em garantia, em financiamento que ainda está sendo pago pelo devedor. Nos seus termos, que contam com o meu apoio:

"A regra da impenhorabilidade do bem de família legal também abrange o imóvel em fase de aquisição, como aqueles decorrentes da celebração do compromisso de compra e venda ou do financiamento de imóvel para fins de moradia, sob pena de impedir que o devedor (executado) adquira o bem necessário à habitação da entidade familiar. Na hipótese, tratando-se de contrato de alienação fiduciária em garantia, no qual, havendo a quitação integral da dívida, o devedor fiduciante consolidará a propriedade para si, deve prevalecer a regra de impenhorabilidade" (STJ, REsp 1.677.079/SP, 3.ª Turma, Rel. Min. Ricardo Villas Bôas Cueva, j. 25.09.2018, *DJe* 01.10.2018).

Fala-se nesse contexto em um *bem de família considerado antecipadamente*, afirmação retirada de outro aresto da Corte, da sua Quarta Turma e do ano de 2022. Cosoante o acórdão, publicado no Informativo n. 453 do STJ, "o terreno cuja unidade habitacional está em fase de construção, para fins de residência, está protegido pela impenhorabilidade por dívidas, por se considerar antecipadamente bem de família" (STJ, REsp 1.960.026/SP, 4.ª Turma, Rel. Min. Marco Buzzi, j. 11.10.2022, v.u.).

Nos termos do voto do Ministro Relator, "obra inacabada presume-se residência e será protegida, pois a interpretação finalística e valorativa da Lei n. 8.009/1990, considerando o contexto sociocultural e econômico do País, permite concluir que o imóvel adquirido para o escopo de moradia futura, ainda que não esteja a unidade habitacional pronta – por estar em etapa preliminar de obra, sem condições para qualquer cidadão nela residir –, fica excluído da constrição judicial, uma vez que a situação econômico-financeira vivenciada por boa parte da população brasileira evidencia que a etapa de construção imobiliária, muitas vezes, leva anos de árduo esforço e constante trabalho para a sua concretização, para fins residenciais próprios ou para obtenção de frutos civis voltados à subsistência e moradia em imóvel locado". Estou totalmente filiado às conclusões e à fundamentação do acórdão.

Seguindo no estudo do tema, a residência da entidade familiar pode ser comprovada pela juntada de comprovantes de pagamento de contas de água, luz, gás e telefone, sendo certo que outros meios probatórios podem conduzir o magistrado ao reconhecimento da penhorabilidade ou não (TJRS, AC 70006884670, 18.ª Câmara Cível, Torres, Rel. Des. Mario Rocha Lopes Filho, j. 11.12.2003).

Consigne-se que o STJ tem entendimento reiterado, segundo o qual é irrelevante o valor do bem para a devida proteção. Todavia, conclui-se pela possibilidade de penhora parcial do imóvel em casos de bem de alto valor, desde que possível o seu desmembramento. Por todas as decisões, transcreve-se a seguinte, publicada no *Informativo* n. 455 daquele Tribunal Superior:

> "Bem de família. Elevado valor. Impenhorabilidade. A Turma, entre outras questões, reiterou que é possível a penhora de parte ideal do imóvel caracterizado como bem de família quando for possível o desmembramento sem que, com isso, ele se descaracterize. Contudo, para que seja reconhecida a impenhorabilidade do bem de família, de acordo com o art. 1.º da Lei n. 8.009/1990, basta que o imóvel sirva de residência para a família do devedor, sendo irrelevante o valor do bem. O referido artigo não particulariza a classe, se luxuoso ou não, ou mesmo seu valor. As exceções à regra de impenhorabilidade dispostas no art. 3.º da referida lei não trazem nenhuma indicação no que se refere ao valor do imóvel. Logo, é irrelevante, para efeito de impenhorabilidade, que o imóvel seja considerado luxuoso ou de alto padrão. Assim, a Turma conheceu em parte do recurso e, nessa extensão, deu-lhe provimento. Precedentes citados: REsp 326.171/GO, *DJ* 22.10.2001; REsp 139.010/SP, *DJ* 20.05.2002, e REsp 715.259/SP, *DJe* 09.09.2010" (STJ, REsp 1.178.469/SP, Rel. Min. Massami Uyeda, j. 18.11.2010).

De toda sorte, em setembro de 2016, o Ministro Luis Felipe Salomão levantou divergência sobre essa posição anterior da Corte, quando do julgamento do Recurso Especial 1.351.571/SP. Segundo o julgador, "o princípio da isonomia se vê afrontado por situação que privilegia determinado sujeito sem a corresponde razão que justifica esse privilégio. A questão exige muito mais que a simples interpretação literal da norma legal". E mais: "a proposta é de afastamento da absoluta impenhorabilidade, e da possibilidade de ser afastada diante do caso concreto e da ponderação dos direitos em jogo. Não a imposição de nova sistemática. Se o objetivo da lei é garantir a dignidade humana e direito à moradia, acaso deferida, os bens jurídicos manterão incólumes. Ela continua morando em local com dignidade, superior à média".

Todavia, por maioria, o Tribunal da Cidadania acabou por confirmar a posição anterior, tendo votado pela manutenção da impenhorabilidade do bem de família de alto valor os Ministros Marco Buzzi, Raúl Araújo, Maria Isabel Gallotti e Antonio Carlos Ferreira.

No caso de a pessoa não ter imóvel próprio, a impenhorabilidade recai sobre os bens móveis quitados que guarneçam a residência e que sejam da propriedade do locatário (art. 1.º, parágrafo único, da Lei 8.009/1990).

Por outra via, os veículos de transporte, obras de arte e adornos suntuosos estão excluídos da impenhorabilidade (art. 2.º). Em complemento à previsão dos veículos de transporte, o STJ editou no ano de 2010 a Súmula 449, prevendo que "a vaga de garagem que possui matrícula própria no registro de imóveis não constitui bem de família para efeito de penhora".

A ementa merece críticas, pois, diante do *princípio da gravitação jurídica* (o acessório segue o principal), se a impenhorabilidade atinge o imóvel, do mesmo modo deve atingir a vaga de garagem. Em reforço, lembre-se que a falta de vaga de garagem pode tirar a *funcionalidade* do imóvel, caso de um apartamento localizado em uma grande cidade. Além disso, a sumular dá uma interpretação restritiva à proteção da moradia, na contramão de todos os arestos antes destacados, que seguem o caminho totalmente inverso.

Nos casos de imóvel locado, a impenhorabilidade atinge também os bens móveis do locatário, quitados, que guarneçam a sua residência (art. 2.º, parágrafo único, da lei específica). Leciona Theotonio Negrão que, de acordo com a Lei 8.009/1990, a jurisprudência tem considerado impenhoráveis, quando guarnecem a residência do devedor, os seguintes bens: aparelhos de som e de televisão; armários de cozinha; dormitório; estofados; fogão; *freezer* e geladeira; guarda-roupas; jogo de jantar; máquina de lavar louças e roupas; passadora e secadora de roupas; micro-ondas, microcomputador, teclado musical (NEGRÃO, Theotonio. *Código de Processo Civil...*, 2007, p. 1.310). Por outro lado, são considerados penhoráveis: aparelho de ar-condicionado, telefone sem fio, filmadora, máquina fotográfica, aparelhos elétricos e eletrônicos sofisticados, bicicletas e piscina de fibra de vidro. Alguns desses bens são reputados como *bens suntuosos* pela jurisprudência.

Os posicionamentos jurisprudenciais variam de Tribunal a Tribunal. De qualquer forma, as referências do saudoso processualista paulista servem como base segura, inclusive porque a sua obra é usualmente utilizada pelos magistrados.

Em complemento sobre o tema, o que se deve levar em conta, em todos os casos, é a manutenção de um padrão normal no nível de vida. Nesse sentido, cabe destacar a premissa número 3, publicada na Edição n. 44 da ferramenta *Jurisprudência em Teses*, do STJ: "a proteção contida na Lei 8.009/1990 alcança não apenas o imóvel da família, mas também os bens móveis indispensáveis à habitabilidade de uma residência e os usualmente mantidos em um lar comum".

Nos termos de um dos precedentes que gerou a tese, "o aparelho de televisão e outros utilitários da vida moderna atual, em regra, são impenhoráveis quando guarnecem a residência do devedor, exegese que se faz do art. 1.º, parágrafo único, da Lei 8.009/90" (STJ, (REsp 875.687/RS, 4.ª Turma, Rel. Min. Luis Felipe Salomão, j. 09.08.2011, *DJe* 22.08.2011). Ou ainda, também servindo como ilustração, tratando da possibilidade de penhora de bens que estão em duplicidade: "os bens que guarnecem a residência são impenhoráveis, a teor da disposição da Lei 8.009/90, excetuando-se aqueles encontrados em duplicidade, por não se tratar de utensílios necessários à manutenção básica da unidade familiar" (STJ, AgRg no REsp 606.301/RJ, 4.ª Turma, Rel. Min. Raul Araújo, j. 27.08.2013, *DJe* 19.09.2013).

O art. 3.º da Lei 8.009/1990 consagra exceções à impenhorabilidade, a saber, de forma detalhada, atualizada e comentada:

a) O inciso I do preceito tratava dos créditos de trabalhadores da própria residência e das respectivas contribuições previdenciárias. Aqui, deveriam ser incluídos os empregados domésticos e empregados da construção civil, no caso de aumento da área construída do imóvel, desde que houvesse vínculo de emprego. Não havendo tal vínculo, o STJ já entendeu que a exceção não se aplicaria: "Processual civil. Bem impenhorável. Artigo 3.º, inciso I, da Lei 8.009/1990. Mão de obra empregada na construção de obra. Interpretação extensiva. Impossibilidade. A impenhorabilidade do bem de família, oponível na forma da lei à execução fiscal previdenciária, é consectário do direito social à moradia. Consignada a sua eminência constitucional, há de ser restrita a exegese da exceção legal. Consectariamente, não se confundem os serviçais da residência, com empregados eventuais que trabalham na construção ou reforma do imóvel, sem vínculo empregatício, como o exercido pelo diarista, pedreiro, eletricista, pintor, vale dizer, trabalhadores em geral. A exceção prevista no artigo 3.º, inciso I, da Lei 8.009, de 1990, deve ser interpretada restritivamente. Em consequência, na exceção legal da 'penhorabilidade' do bem de família não se incluem os débitos previdenciários que o proprietário do imóvel possa ter, estranhos às relações trabalhistas domésticas (STJ, REsp 644.733/SC, 1.ª Turma, Rel. Min. Francisco Falcão, Rel. p/ acórdão Min. Luiz Fux, j. 20.10.2005, DJ 28.11.2005, p. 197). Cabe destacar que esse dispositivo foi revogado expressamente pelo art. 46 da Lei Complementar 105/2015, que regulamentou os direitos trabalhistas dos trabalhadores domésticos. Na minha opinião doutrinária, a inovação veio em boa hora, pois a tutela da moradia deve, de fato, prevalecer sobre os créditos trabalhistas de qualquer natureza.

b) Pelo titular do crédito decorrente de financiamento destinado à construção ou aquisição do imóvel, no limite dos créditos e acréscimos decorrentes do contrato. A exceção se justificaria pelo fato de a dívida ter origem na própria existência da coisa. Para o Superior Tribunal de Justiça, com base nessa exceção, deve-se afastar a impenhorabilidade do bem de família em obrigação assumida para obras de condomínio. No caso concreto julgado, "hipótese em que a recorrida é titular de crédito vinculado a negócio jurídico que, embora não implique a transmissão da propriedade, está estritamente ligado à sua aquisição, na medida em que o aporte financeiro vertido à associação é indispensável à efetiva construção do imóvel de todos os associados com suas respectivas áreas comuns, aporte esse sem o qual os recorrentes sequer teriam a expectativa de concretizar a titularidade do bem de família, tendo em vista a falência da construtora originariamente contratada para aquela finalidade. Se todos os associados se obrigaram perante a associação a custear o término da construção do todo, isso é, das três torres que compõem o condomínio, não há como imputar os pagamentos realizados por cada um dos associados a uma determinada torre ou unidade. Assim como outros associados cumpriram a obrigação de contribuir para a construção da torre onde se localiza a unidade dos recorrentes, estão estes igualmente obrigados a contribuir para a construção das demais torres e devidas unidades, sendo inadmissível, à luz da boa-fé objetiva, que, a pretexto de proteger o bem de família dos recorrentes, se sacrifique outros possíveis bens de família de tantos outros associados" (STJ, REsp 1.658.601/SP, 3.ª Turma, Rel. Min. Nancy Andrighi, j. 13.08.2019). Em outro entendimento que merece ser citado, a Quarta Turma do Superior Tribunal de Justiça concluiu, por outra via, que entre as exceções à impenhorabilidade do bem de família previstas nesse comando incluem-se as dívidas relativas à empreitada para construção parcial do imóvel. Como constou de sua ementa, com importante interpretação do comando, "para os efeitos estabelecidos no dispositivo legal (inciso II do art. 3.º da Lei 8.009/90), o financiamento referido pelo legislador abarca operações de crédito destinadas à aquisição ou construção do imóvel residencial, podendo essas serem *stricto sensu* – decorrente de uma operação na qual a financiadora, mediante mútuo/empréstimo, fornece recursos para outra a fim de que essa possa executar benfeitorias ou aquisições específicas, segundo o previamente acordado – como aquelas em sentido amplo, nas quais se inclui o contrato de compra e venda em prestações, o consórcio ou a empreitada com pagamento parcelado durante ou após a entrega da obra, pois todas essas modalidades viabilizam a aquisição/construção do bem pelo tomador que não pode ou não deseja pagar o preço à vista" (STJ, REsp 1.221.372/RS, 4.ª Turma, Rel. Min. Marco Buzzi, j. 15.10.2019, *DJe* 21.10.2019). Julgado de 2022 confirmou a premissa, aplicando esta exceção para a empreitada global: "da exegese comando do art. 3.º, II, da Lei 8.009/90, fica evidente que a finalidade da norma foi coibir que o devedor se escude na impenhorabilidade do bem de família para obstar a cobrança de dívida contraída para aquisição, construção ou reforma do próprio imóvel, ou seja, de débito derivado de negócio jurídico envolvendo o próprio bem. Portanto, a dívida relativa a contrato de empreitada global, porque viabiliza a construção do imóvel, está abrangida pela exceção prevista no art. 3.º, II, da Lei nº 8.009/90" (STJ, REsp 1.976.743/SC, 3.ª Turma, Rel. Min. Nancy Andrighi, j. 08.03.2022, *DJe* 11.03.2022). Nota-se que aquele debate anterior relativo ao antigo inciso I recebeu um novo dimensionamento quanto à presente previsão, que me parece correto no enquadramento da presente previsão. Como última nota a respeito desse inciso, tem-se entendido que a exceção à impenhorabilidade do bem de família prevista para o crédito decorrente do financiamento destinado à construção ou à aquisição do imóvel estende-se ao imóvel adquirido com os recursos oriundos da venda daquele bem (STJ, REsp. 1.935.842/PR, 3.ª Turma, Rel. Min. Nancy Andrighi, j. 22.06.2021, *DJe* 25.06.2021).

c) Pelo credor de pensão alimentícia, seja ela decorrente de alimentos convencionais, legais (de Direito de Família) ou indenizatórios (nos termos do art. 948, inc. II, do CC). A respeito dos alimentos indenizatórios como exceção à proteção do bem de família, do STJ, veja-se: AgRg-Ag 772.614/MS, 3.ª Turma, Rel. Min. Sidnei Beneti, j. 13.05.2008, *DJE* 06.06.2008; e REsp 1.186.228/RS, Rel. Min. Massami Uyeda, j. 04.09.2012, publicado no seu *Informativo* n. 503. Cumpre anotar, ainda, que o STJ não inclui entre tais débitos alimentares os honorários advocatícios, conforme se extrai de julgado publicado no seu *Informativo* n. 469, de abril de 2011 (STJ, REsp 1.1826.108/MS, Rel. Min. Aldir Passarinho, j. 12.04.2011). Mais uma vez atualizando a obra, esse inciso foi alterado pela Lei 13.144, de 6 de julho de 2015, passando a mencionar a proteção dos direitos, sobre o bem de família, do seu coproprietário que, com o devedor, integre união estável ou conjugal, observadas as hipóteses em que ambos responderão pela dívida. Em suma, em casos tais as dívidas alimentares não têm o condão de quebrar a impenhorabilidade do bem de família. Fica em xeque a necessidade da nova lei, pois essa proteção da meação do cônjuge e do companheiro já era retirada das regras relativas ao regime de bens.

d) Para a cobrança de impostos, predial ou territorial, taxas e contribuições devidas em relação ao imóvel familiar. Aqui se enquadra, de início, o IPTU, desde que proveniente do próprio imóvel que se pretende penhorar (STJ, REsp 1.332.071/SP, 3.ª Turma, Rel. Min. Marco Aurélio Bellizze, j. 18.02.2020, *DJe* 20.02.2020). Quando há menção às contribuições relativas ao imóvel, segundo a remota jurisprudência superior, estão incluídas as dívidas decorrentes do condomínio, eis que esse inciso trata das obrigações *propter rem* ou ambulatórias (*RSTJ* 107/309). Esse entendimento foi confirmado pelo Supremo Tribunal Federal, que entendeu que o caso é de *interpretação declarativa* e não extensiva: "Bem de Família: Despesas Condominiais e Penhorabilidade. A Turma negou provimento a recurso extraordinário em que se sustentava ofensa aos artigos 5.º, XXVI, e 6.º, ambos da CF, sob a alegação de que a penhorabilidade do bem de família prevista no art. 3.º, IV, da Lei 8.009/1990 não compreenderia as despesas condominiais ('Art. 3.º: A impenhorabilidade é oponível em qualquer processo de execução civil, fiscal, previdenciária, trabalhista ou de outra natureza, salvo se movido: ... IV – para cobrança de impostos, predial ou territorial, taxas e contribuições devidas em função do imóvel familiar'). Entendeu-se que, no caso, não haveria que se falar em impenhorabilidade do imóvel, uma vez que o pagamento de contribuição condominial (obrigação *propter rem*) é essencial à conservação da propriedade, isto é, à garantia da subsistência individual e familiar – dignidade da pessoa humana. Asseverou-se que a relação condominial tem natureza tipicamente de uma relação de comunhão de escopo, na qual os interesses dos contratantes são paralelos e existe identidade de objetivos, em contraposição à de intercâmbio, em que cada parte tem por fim seus próprios interesses, caracterizando-se pelo vínculo sinalagmático" (STF, RE 439.003/SP, Rel. Eros Grau, j. 06.02.2007, *Informativo* n. 455, 14 de fevereiro de 2007). Realmente, se o caso fosse de interpretação extensiva, a exceção não se aplicaria, pois não se pode sacrificar a moradia, valor constitucional, com tal técnica de interpretação. Nessa trilha, entendeu o Superior Tribunal de Justiça que a exceção não se aplica no caso de dívidas de associações de moradores em condomínios fechados de casas, hipótese não abarcada na previsão em comento, não cabendo a ampliação do texto legal em casos tais, até porque a norma é de exceção (STJ, REsp 1.324.107/SP, Rel. Min. Nancy Andrighi, j. 13.11.2012, publicado no seu *Informativo* n. 510). Porém, ainda mais recentemente, entendeu-se na Corte que o bem de família dos condôminos deve responder por dívidas relativas à responsabilidade civil do condomínio, quando este último não tiver bens suficientes para a satisfação da obrigação. Nos termos do aresto, que cita a minha posição, "as despesas condominiais, inclusive as decorrentes de decisões judiciais, são obrigações *propter rem* e, por isso, será responsável pelo seu pagamento, na proporção de sua fração ideal, aquele que detém a qualidade de proprietário da unidade imobiliária ou seja titular de um dos aspectos da propriedade (posse, gozo, fruição), desde que tenha estabelecido relação jurídica direta com o condomínio, ainda que a dívida seja anterior à aquisição do imóvel. Portanto, uma vez ajuizada a execução em face do condomínio, se inexistente patrimônio próprio para satisfação do crédito, podem os condôminos ser chamados a responder pela dívida, na proporção de sua fração ideal. O bem residencial da família é penhorável para atender às despesas comuns de condomínio, que gozam de prevalência sobre interesses individuais de um condômino, nos termos da ressalva inserta na Lei n. 8.009/1990 (art. 3.º, IV)" (STJ, REsp 1.473.484/RS, 4.ª Turma, Rel. Min. Luis Felipe Salomão, j. 21.06.2018, *DJe* 23.08.2018). Como última nota sobre esse inciso, merece ser destacado o entendimento da Corte no sentido de que a dívida de aluguel existente entre condôminos constitui obrigação *propter rem*, quebrando com a proteção relativa ao bem de família: "é dominante a jurisprudência no STJ que a natureza *propter rem* da obrigação afasta a impenhorabilidade do bem de família. Precedentes. Constituem determinantes da obrigação de natureza propter rem: a vinculação da obrigação com determinado direito real; a situação jurídica do obrigado; e a tipicidade da conexão entre a obrigação e o direito real. A primazia da posse sobre a forma de exercício da copropriedade e a vedação do enriquecimento ilícito são dois fatores que geram dever e responsabilidade pelo uso exclusivo de coisa comum. Precedentes. A posse exclusiva (uso e fruição), por um dos coproprietários, é fonte de obrigação indenizatória aos demais coproprietários, porque fundada no direito real de propriedade. A obrigação do coproprietário de indenizar os demais que não dispõe da posse, independe sua declaração de vontade, porque, decorre tão somente da cotitularidade da propriedade" (STJ, REsp 1.888.863/SP, 3.ª Turma, Rel. Min. Ricardo Villas Bôas Cueva, Rel. p/ Acd. Min. Nancy Andrighi, j. 10.05.2022, *DJe* 20.05.2022).

e) Para a execução de hipoteca sobre o imóvel, oferecido como garantia real pelo casal ou pela entidade familiar. O STJ tem afastado a penhora do bem de família nos casos de hipoteca oferecida por membro da entidade familiar, visando a garantir dívida de sua empresa individual e apenas no seu interesse: "Agravo regimental. Bem de família. Impenhorabilidade. Dívida contraída pela empresa familiar. A exceção do inciso V do art. 3.º da Lei 8.009/1990 deve se restringir às hipóteses em que a hipoteca é instituída como garantia da própria dívida, constituindo-se os devedores em beneficiários diretos, situação diferente do caso sob apreço, no qual a dívida foi contraída pela empresa familiar, ente que não se confunde com a pessoa dos sócios. Agravo regimental improvido" (STJ, AgRg no Ag 597.243/GO, 4.ª Turma, Rel. Min. Fernando Gonçalves, j. 03.02.2005, *DJ* 07.03.2005, p. 265). A interpretação, assim, é que a exceção somente se aplica se a hipoteca for constituída no interesse de ambos os cônjuges ou de toda a entidade familiar. Na mesma linha, a Corte Superior, dando interpretação restritiva à exceção, concluiu que a norma não alcança os casos em que a pequena propriedade rural é dada como garantia de dívida. Sustentou-se que tal propriedade encontra proteção contra a penhora no art. 5.º, inc. XXVI, da CF/1988, dispositivo que deve prevalecer na espécie, não sendo o caso de incidir a norma excepcional ora em estudo (STJ, REsp 1.115.265/RS, Rel. Min. Sidnei Beneti, j. 24.04.2012, *Informativo* n. 496). Para o mesmo STJ, a exceção aplica-se mesmo se a hipoteca não estiver registrada: "a ausência de registro da hipoteca em cartório de registro de imóveis não afasta a exceção à regra de impenhorabilidade prevista no art. 3.º, V, da Lei n. 8.009/1990, a qual autoriza a penhora de bem de família dado em garantia hipotecária na hipótese de dívida constituída em favor de entidade familiar". Isso porque, "se a ausência de registro da hipoteca não a torna inexistente, mas apenas válida *inter partes* como crédito pessoal, a ausência de registro da hipoteca não afasta a exceção à regra de impenhorabilidade prevista no art. 3.º, V, da Lei n.º 8.009/1990" (STJ, REsp 1.455.554/RN, Rel. Min. João Otávio de Noronha, j. 14.06.2016, *DJe* 16.06.2016, publicado no seu *Informativo* n. 585). De todo modo, se a hipoteca for dada em garantia de dívida de pessoa jurídica da qual ambos os cônjuges são os únicos sócios, presume-se o interesse de ambos no gravame, aplicando-se a exceção. Em resumo, consolidou-se na Segunda Seção do Tribunal da Cidadania que: "a) o bem de família é impenhorável, quando for dado em garantia real de dívida por um dos sócios da pessoa jurídica devedora, cabendo ao credor o ônus da prova de que o proveito se reverteu à entidade familiar; e b) o bem de família é penhorável, quando os únicos sócios da empresa devedora são os titulares do imóvel hipotecado, sendo ônus dos proprietários a demonstração de que a família não se beneficiou dos valores auferidos" (STJ, EAREsp 848.498/PR, 2.ª Seção, Rel. Min. Luis Felipe Salomão, j. 25.04.2018, *DJe* 07.06.2018). Como última hipótese a ser abordada, a hipoteca não se confunde com a caução dada no âmbito da locação imobiliária, especialmente a caução em dinheiro ou de bem imóvel, não se aplicando a presente exceção à penhorabilidade do bem de família em casos tais. Essa é posição consolidada no âmbito do Superior Tribunal de Justiça, podendo ser transcrito, por todos: "em se tratando de caução, em contratos de locação, não há que se falar na possibilidade de penhora do imóvel residencial familiar" (STJ, REsp. 1.887.492/SP, 3.ª Turma, Rel. Min. Nancy Andrighi, j. 13.04.2021, *DJe* 15.04.2021).

f) No caso de o imóvel ter sido adquirido como produto de crime ou para a execução de sentença penal condenatória de ressarcimento, indenização (inclusive por ato ilícito ou abuso de direito) ou perdimento de bens. Consigne-se que, conforme decisões do STJ, há a necessidade de uma expressa e prévia sentença penal condenatória para que a indenização por ato ilícito quebre com a proteção do bem de família (por todas: STJ, REsp 1.823.159/SP, 3.ª Turma, Rel. Min. Nancy Andrighi, j. 13.10.2020, *DJe* 19.10.2020; e REsp 711.889/PR, Rel. Min. Luis Felipe Salomão, j. 22.06.2010, *Informativo* n. *440* do STJ). Todavia, em 2016 foi publicado *decisum* em sentido diverso quanto ao bem adquirido como produto de crime, deduzindo que, "à incidência da norma inserta no inciso VI do art. 3.º da Lei n.º 8.009/1990, isto é, da exceção à impenhorabilidade do bem de família em virtude de ter sido adquirido com o produto de crime, forçoso reconhecer a dispensa de condenação criminal transitada em julgado, porquanto inexiste determinação legal neste sentido. Afinal, caso fosse a intenção do legislador exigir sentença penal condenatória para a exceção prevista na primeira parte do inciso VI, teria assim feito expressamente, como o fez com a segunda parte do referido dispositivo. Logo, não havendo determinação expressa na lei no sentido de que a exceção (bem adquirido com produto de crime) exija a existência de sentença penal condenatória, temerário seria adotar outra interpretação, sob pena de malograr o propósito expressamente almejado pela norma, direcionado a não estimular a prática ou reiteração de ilícitos. Assim, o cometimento de crime e o fato de o imóvel ter sido adquirido com seus proveitos é suficiente para afastar a impenhorabilidade do bem de família" (STJ, REsp 1.091.236/RJ, Rel. Min. Marco Buzzi, j. 15.12.2015, *DJe* 1.º.02.2016). Como se pode perceber, há divergência na Corte Superior a respeito do tema, com a necessidade de se pacificar a questão. O meu entendimento está na linha da primeira conclusão, pela necessidade do trânsito em julgado da decisão condenatória para se aplicar a exceção à tutela do bem de família.

g) Por obrigação decorrente de fiança concedida em contrato de locação de imóvel urbano, exceção que foi introduzida pelo art. 82 da Lei 8.245/1991.

Em relação a essa última exceção (art. 3.º, inc. VII, da Lei 8.009/1990), sempre divergiram doutrina e jurisprudência a respeito de sua suposta inconstitucionalidade. Contudo, sempre prevaleceu no Superior Tribunal de Justiça, salvo alguns poucos julgados, o entendimento pela penhorabilidade, tese também acolhida em São Paulo pelo extinto Segundo Tribunal de Alçada Civil em sua maioria. Nesse sentido, vale transcrever:

"Locação. Fiança. Penhora. Bem de família. Sendo proposta a ação na vigência da Lei 8.245/1991, válida é a penhora que obedece seus termos, excluindo o fiador em contrato locatício da impenhorabilidade do bem de família. Recurso provido" (STJ, REsp 299663/RJ, 5.ª Turma, Rel. Min. Felix Fischer, j. 15.03.2001, *DJ* 02.04.2001, p. 334).

"Execução. Penhora. Bem de família. Fiador. Inconstitucionalidade do art. 3.º, inciso VII, da Lei 8.009/1990. Não reconhecimento. Não é inconstitucional a exceção prevista no inciso VII do art. 3.º, da Lei 8.009/1990, que autorizou a penhora do bem de família para a satisfação de débitos decorrentes de fiança locatícia" (2.º TACSP, Ap. c/ Rev. 656.658-00/9, 1.ª Câm., Rel. Juiz Vanderci Álvares, j. 27.05.2003, Anotação no mesmo sentido: *JTA (LEX)* 149/297, AI 496.625-00/7, 3.ª Câm., Rel. Juiz João Saletti, j. 23.09.1997, Ap. c/ Rev. 535.398-00/1, 3.ª Câm., Rel. Juiz João Saletti, j. 09.02.1999, Ap. c/ Rev. 537.004-00/2, 4.ª Câm., Rel. Juiz Mariano Siqueira, j. 15.06.1999, Ap. c/ Rev. 583.955-00/9, 12.ª Câm., Rel. Juiz Arantes Theodoro, j. 29.06.2000, Ap. c/ Rev. 593.812-00/1, 10.ª Câm., Rel. Juiz Soares Levada, j. 07.02.2001, Ap. c/ Rev. 605.973-00/3, 8.ª Câm., Rel. Juiz Renzo Leonardi, j. 26.04.2001, Ap. c/ Rev. 621.136-00/1, 10.ª Câm., Rel. Juiz Irineu Pedrotti, j. 12.12.2001, Ap. c/ Rev. 621.566-00/7, 10.ª Câm., Rel. Juiz Soares Levada, j. 12.12.2001, AI 755.476-00/1, 6.ª Câm., Rel. Juiz Lino Machado, j. 16.10.2002, Ap. c/ Rev. 628.400-00/7, 3.ª Câm., Rel. Juiz Ferraz Felisardo, j. 26.11.2002, Ap. c/ Rev. 760.642-00/0, 9.ª Câm., Rel. Juiz Claret de Almeida, j. 27.11.2002, AI 777.802-00/4, 3.ª Câm., Rel. Juiz Ribeiro Pinto, j. 11.02.2003, AI 780.849-00/0, 12.ª Câm., Rel. Juiz Arantes Theodoro, j. 27.02.2003).

Contudo, parte da doutrina, principalmente formada por civilistas da geração contemporânea, sustenta ser essa previsão inconstitucional, por violar a isonomia. Isso porque o devedor principal (locatário) não pode ter o seu bem de família penhorado, enquanto o fiador (em regra, devedor subsidiário) pode suportar a constrição.

Pablo Stolze Gagliano e Rodolfo Pamplona Filho assim concluem, sustentando que: "à luz do Direito Civil Constitucional – pois não há outra forma de pensar modernamente o Direito Civil –, parece-nos forçoso concluir que este dispositivo de lei viola o princípio da isonomia insculpido no art. 5.º da CF, uma vez que trata de forma desigual locatário e fiador, embora as obrigações de ambos tenham a mesma causa jurídica: o contrato de locação" (*Novo...*, 2003, v. I, p. 289). No mesmo sentido, esse é o posicionamento de Cristiano Chaves de Farias e Nelson Rosenvald (Direito civil... *Teoria geral...*, 2006, p. 357). Mais uma vez filia-se a essa tese minoritária, que, infelizmente, não prevalece em nossos tribunais.

Mas esse entendimento minoritário foi reconhecido pelo Ministro Carlos Velloso, ora aposentado, em decisão monocrática pronunciada em sede de recurso extraordinário em curso perante o Supremo Tribunal Federal, nos seguintes termos:

> "Em trabalho doutrinário que escrevi 'Dos Direitos Sociais na Constituição do Brasil', texto básico de palestra que proferi na Universidade de Carlos III, em Madri, Espanha, no Congresso Internacional de Direito do Trabalho, sob o patrocínio da Universidade Carlos III e da ANAMATRA, em 10.03.2003, registrei que o direito à moradia, estabelecido no art. 6.º, CF, é um direito fundamental de 2.ª geração – direito social que veio a ser reconhecido pela EC 26, de 2000".

O bem de família – a moradia do homem e sua família – justifica a existência de sua impenhorabilidade: Lei 8.009/1990, art. 1.º. Essa impenhorabilidade decorre de constituir a moradia um direito fundamental.

Posto isso, veja-se a contradição: a Lei 8.245, de 1991, excepcionando o bem de família do fiador, sujeitou o seu imóvel residencial, imóvel residencial próprio do casal, ou da entidade familiar, à penhora. Não há dúvida que ressalva trazida pela Lei 8.245, de 1991, inciso VII do art. 3.º, feriu de morte o princípio isonômico, tratando desigualmente situações iguais, esquecendo-se do velho brocardo latino: *ubi eadem ratio, ibi eadem legis dispositio*, ou em vernáculo: onde existe a mesma razão fundamental, prevalece a mesma regra de Direito. Isto quer dizer que, tendo em vista o princípio isonômico, o citado dispositivo do inciso VII do art. 3.º, acrescentado pela Lei 8.245/1991, não foi recebido pela EC 26, de 2000" (STF, RE 352940/SP, Rel. Min. Carlos Velloso, j. 25.04.2005, pendente de publicação).

Portanto, a tese defendida já na primeira edição do Volume 1 desta coleção ganhou força, tendo sido a questão amplamente discutida no meio jurídico nacional no ano de 2005. Vale citar que há julgado do TJSP adotando parcialmente a tese, entendendo que o imóvel de residência do fiador, no caso de fiança prestada em locação não residencial, não pode ser penhorado (Processo 789.652.0/6. Rel. Des. Lino Machado, decisão de 2005).

Esclareça-se que o principal argumento para a inconstitucionalidade do dispositivo é a lesão à isonomia e à proporcionalidade. O fiador perde o bem de família e, em direito de regresso, não conseguirá penhorar o imóvel de residência do locatário, que é o devedor principal.

Mas, infelizmente, o plenário do Supremo Tribunal Federal julgou a questão no dia 8 de fevereiro de 2006. Por maioria de votos, o STF entendeu ser constitucional a previsão do art. 3.º, VII, da Lei 8.009/1990. Segundo o relator da decisão, Ministro Cezar Peluso, a lei do bem de família é clara ao prever a possibilidade de penhora do imóvel de residência de fiador de locação de imóvel urbano, sendo esta regra inafastável. Entendeu, ainda, que a pessoa tem plena liberdade de querer ou não assumir a condição de fiadora, devendo subsumir a norma infraconstitucional se assim o faz, não havendo qualquer lesão à isonomia constitucional. Por fim, alegou que a norma protege o mercado imobiliário, devendo ainda ter aplicação, nos termos do art. 170 da CF/1988. Votaram com ele os Ministros Joaquim Barbosa, Gilmar Mendes, Ellen Gracie, Marco Aurélio, Sepúlveda Pertence e Nelson Jobim.

A votação não foi unânime, pois entenderam pela inconstitucionalidade os Ministros Eros Grau, Ayres Britto e Celso de Mello. Em seu voto, o Ministro Eros Grau ressaltou a grande preocupação dos civilistas em defender os preceitos constitucionais apontando que a previsão do art. 3.º, VII, da Lei 8.009/1990 violaria a isonomia constitucional. Isso, vale repetir, porque a fiança é um contrato acessório, que não pode trazer mais obrigações que o contrato principal.

Resumindo, o debate jurídico parecia ter sido encerrado com essa primeira decisão do STF, cuja ementa é a seguinte:

"Fiador. Locação. Ação de despejo. Sentença de procedência. Execução. Responsabilidade solidária pelos débitos do afiançado. Penhora de seu imóvel residencial. Bem de família. Admissibilidade. Inexistência de afronta ao direito de moradia, previsto no art. 6.º da CF. Constitucionalidade do art. 3.º, VII, da Lei 8.009/1990, com a redação da Lei 8.245/1991. Recurso extraordinário desprovido. Votos vencidos. A penhorabilidade do bem de família do fiador do contrato de locação, objeto do art. 3.º, VII, da Lei 8.009, de 23 de março de 1990, com a redação da Lei 8.245, de 15 de outubro de 1991, não ofende o art. 6.º da Constituição da República" (STF, RE 407688/SP, São Paulo, Recurso Extraordinário, Rel. Min. Cezar Peluso, j. 08.02.2006).

Ledo engano. Não se deveria entender dessa forma, o que poderia ser percebido pela divergência gerada no próprio STF. Em reforço, cumpre destacar que existem proposições legislativas de revogação do inc. VII do art. 3.º da Lei 8.009/1990, norma essa que é totalmente incompatível com a Constituição Federal.

Ademais, não obstante a decisão do STF, alguns Tribunais Estaduais, caso do Tribunal de Justiça de Minas Gerais, vinham entendendo pela inconstitucionalidade da previsão, pela flagrante lesão à isonomia e à proteção da moradia:

"Agravo de instrumento. Embargos à execução julgados improcedentes. Apelação. Efeito suspensivo. Penhora. Imóvel do fiador. Bem de família. Direito à moradia. Violação aos princípios da dignidade humana e igualdade. Irrenunciabilidade. A partir da Emenda Constitucional 26/2000, a moradia foi elevada à condição de direito fundamental, razão pela qual a regra da impenhorabilidade do bem de família foi estendida ao imóvel do fiador, caso este seja destinado à sua moradia e à de sua família. No processo de execução, o princípio da dignidade humana deve ser considerado, razão pela qual o devedor, principalmente o subsidiário, não pode ser levado à condição de penúria e desabrigo para que o crédito seja satisfeito. Em respeito ao princípio da igualdade, deve ser assegurado tanto ao devedor fiador quanto ao devedor principal do contrato de locação o direito à impenhorabilidade do bem de família. Por tratar-se de norma de ordem pública, com *status* de direito social, a impenhorabilidade não poderá ser afastada por renúncia do devedor, em detrimento da família" (TJMG, Processo 1.0480.05.076516-7/002(1), Rel. D. Viçoso Rodrigues, Rel. do acórdão Fabio Maia Viani, j. 19.02.2008, publ. 13.03.2008).

Merecem destaque os argumentos do Des. Elpídio Donizetti, terceiro juiz no julgamento supratranscrito:

"Por razões ético-sociais e até mesmo humanitárias, houve por bem o legislador brasileiro prever algumas hipóteses em que, embora disponíveis, certos bens pertencentes ao patrimônio do devedor não são passíveis de penhora.

Assim, a Lei 8.009/1990, ao dispor sobre bem de família, vedou a penhora não apenas do imóvel residencial do casal ou da entidade familiar, mas também definiu como impenhoráveis os móveis que guarneçam a residência. Desse modo, desde que não constituam adornos suntuosos, são impenhoráveis os bens necessários à regular utilização da moradia.

Todavia, o mesmo diploma normativo, Lei 8.009/1990, retira, no seu art. 3.º, a garantia de impenhorabilidade dos citados bens em algumas situações específicas. É o caso dos objetos que garantem obrigação decorrente de fiança prestada em contrato de locação, conforme inciso acrescentado ao art. 3.º pela Lei 8.245/1991, senão vejamos: (...).

Com base em tal dispositivo legal, o entendimento que tem prevalecido nos tribunais é de que, em se tratando de obrigação decorrente de fiança concedida em contrato de locação, deve-se afastar a impenhorabilidade dos bens de família prevista pelo art. 1.º da Lei 8.009/1990.

Conforme decidiu recentemente o STF, no RE 407.688/SP, da relatoria do Ministro Cézar Peluso, o bem de família pertencente ao fiador em contrato de locação é passível de ser penhorado, ao fundamento de que não existe violação ao direito social à moradia, previsto no art. 6.º da CF, porquanto este não se confunde com o direito à propriedade imobiliária. Ademais, a possibilidade de penhora do bem de família do fiador estimula e facilita o acesso à habitação arrendada, porquanto afasta a necessidade de garantias mais onerosas. Conquanto o próprio STF tenha decidido, conforme já ressaltado, pela aplicação do art. 3.º, VII, da Lei 8.009/1990, penso que a solução deva se dar em sentido oposto.

Em primeiro lugar, verifica-se que a Emenda Constitucional n. 26, de 14 de fevereiro de 2000, incluiu a moradia entre os direitos sociais previstos no art. 6.º da CF/1988, o qual constitui norma ordem pública. Ora, ao proceder de tal maneira, o constituinte nada mais fez do que reconhecer o óbvio: a moradia como direito fundamental da pessoa humana para uma vida digna em sociedade.

Com espeque na alteração realizada pela Emenda Constitucional n. 26 e no próprio escopo da Lei 8.009/1990, resta claro que as exceções previstas no art. 3.º dessa lei não podem ser tidas como irrefutáveis, sob pena de dar cabo, em alguns casos, à função social que exerce o bem de família, o que não pode ser admitido. Na esteira de tal entendimento, já se pronunciou o STJ:

'Recurso especial. Processual civil e constitucional. Locação. Fiador. Bem de família. Impenhorabilidade. Art. 3.º, VII, da Lei 8.009/1990. Não recepção. Com respaldo em recente julgado proferido pelo Pretório Excelso, é impenhorável bem de família pertencente a fiador em contrato de locação, porquanto o art. 3.º, VII, da Lei 8.009/1990 não foi recepcionado pelo art. 6.º da Constituição Federal (redação dada pela Emenda Constitucional n. 26/2000). Recurso desprovido' (STJ, 5.ª Turma, REsp 699837/RS, Rel. Min. Félix Fischer, j. 02.08.2005).

Ademais, a prevalecer o entendimento segundo o qual o direito à moradia não se confunde com o direito à propriedade imobiliária, o que se verá é o insensato desalojamento de inúmeras famílias ao singelo argumento de que subsiste o direito à moradia arrendada, como se a ordem econômica excludente sob a qual vivemos não trouxesse agruras bastantes à classe média. Em outras palavras, com efeito, facilita-se a moradia do locatário e subtrai-a do fiador.

Não se olvida que a penhorabilidade do bem de família do fiador, além de afrontar o direito à moradia, fere os princípios constitucionais da isonomia e da razoabilidade. Isso devido ao fato de que não há razão para estabelecer tratamento desigual entre o locatário e o seu fiador, sobretudo porque a obrigação do fiador é acessória à do locatário, e, assim, não há justificativa para prever a impenhorabilidade do bem de família em relação a este e vedá-la em relação àquele.

Por derradeiro, insubsistente é o argumento de que a possibilidade de penhora do bem de família do fiador estimula e facilita o acesso à habitação arrendada. É que, diante tal possibilidade, poucos se aventurarão a prestar fiança, o que dificultará sobremaneira o cumprimento de tal requisito por parte do locatário, que terá a penosa tarefa de conseguir um fiador.

Destarte, entende-se que a exceção à impenhorabilidade do bem de família prevista no art. 3.º, VII, da Lei 8.009/1990 não deve ser aplicada ao caso sob julgamento".

O voto sintetizou com precisão como deve ser encarada a proteção da moradia que consta do art. 6.º da CF/1988 nas relações privadas. Destaque-se que no mesmo sentido foram encontrados acórdãos de outros Tribunais Estaduais concluindo do mesmo modo. Nessa linha, há decisões do Tribunal de Justiça do Mato Grosso do Sul (TJMS, Agravo Regimental 2011.019868-4/0001-00, 5.ª Turma Cível, Campo Grande, Rel. Des. Vladimir Abreu da Silva, *DJEMS* 08.09.2011, p. 34; e TJMS, Acórdão 2008.025448-7/0000-00, 5.ª Turma Cível, Campo Grande, Rel. Des. Vladimir Abreu da Silva, *DJEMS* 08.06.2009, p. 36), do Tribunal de Sergipe (TJSE, Agravo de Instrumento 010208597, Acórdão 7899/2010, Rel. Juíza Conv. Iolanda Santos Guimarães, *DJSE* 24.08.2010, p. 34; e TJSE, Agravo de Instrumento 2008203947, Acórdão 3.245/2009, 1.ª Câmara Cível, Rel. Des. Cláudio Dinart Déda Chagas, *DJSE* 11.05.2009, p. 11), do Tribunal de Santa Catarina (TJSC, Embargos de Declaração 2006.027903-6, 2.ª Câmara de Direito Civil, Blumenau, Rel. Des. Salete Silva Sommariva, *DJSC* 19.03.2008, p. 139), do Tribunal do Paraná (TJPR, Agravo de Instrumento 352151-1, Acórdão 4.269, 16.ª Câmara Cível, Curitiba, Rel. Des. Maria Mercis Gomes Aniceto, j. 16.11.2006, *DJPR* 1.º.12.2006) e do Tribunal do Rio Grande do Sul (TJRS, Apelação Cível 251772-57.2013.8.21.7000, 15.ª Câmara Cível, Porto Alegre, Rel. Des. Otávio Augusto de Freitas Barcellos, j. 11.09.2013, *DJERS* 18.09.2013).

Ao final de 2014, o Superior Tribunal de Justiça julgou a questão em sede de incidente de recursos repetitivos, diante dessa tendência dos Tribunais Estaduais em não seguir a decisão do STF. Conforme publicação constante do *Informativo* n. 552 daquela Corte:

"É legítima a penhora de apontado bem de família pertencente a fiador de contrato de locação, ante o que dispõe o art. 3.º, VII, da Lei 8.009/1990. A Lei 8.009/1990 institui a proteção legal do bem de família como instrumento de tutela do direito fundamental à moradia da entidade familiar e, portanto, indispensável à composição de um mínimo existencial para uma vida digna. Nos termos do art. 1.º da Lei 8.009/1990, o bem imóvel destinado à moradia da entidade familiar é impenhorável e não responderá pela dívida contraída pelos cônjuges, pais ou filhos que sejam seus proprietários e nele residam, salvo nas hipóteses previstas no art. 3.º da aludida norma. Nessa linha, o art. 3.º excetua, em seu inciso VII, a obrigação decorrente de fiança concedida em contrato de locação, isto é, autoriza a constrição de imóvel – considerado bem de família – de propriedade do fiador de contrato locatício. Convém ressaltar que o STF assentou a constitucionalidade do art. 3.º, VII, da Lei 8.009/1990 em face do art. 6.º da CF, que, a partir da edição da Emenda Constitucional 26/2000, incluiu o direito à moradia no rol dos direitos sociais (RE 407.688/AC, Tribunal Pleno, *DJ* 06.10.2006 e RE 612.360/RG, Tribunal Pleno, *DJe* 03.09.2010)" (STJ, REsp 1.363.368/MS, Rel. Min. Luis Felipe Salomão, j. 12.11.2014).

Em outubro de 2015, também infelizmente, tal posição foi resumida na Súmula n. 549 da Corte, segundo a qual "é válida a penhora de bem de família pertencente a fiador de contrato de locação".

Com a última sumular, a questão parecia ter sido resolvida mais uma vez, pois o CPC/2015 estabelece que as decisões ementadas do Superior Tribunal de Justiça vinculam os advogados (art. 332, inciso I) e os juízes de primeira e segunda instância (art. 489, § 1.º, VI). Porém, nota-se a presença no nosso sistema de uma súmula que dá fundamento a um dispositivo totalmente ilógico e inconstitucional, criticado por toda a doutrina contemporânea, formada pela nova geração de civilistas.

A demonstrar toda a instabilidade jurisprudencial a respeito do tema, em 2018 surgiu nova decisão do Supremo Tribunal Federal concluindo pela inconstitucionalidade da previsão a respeito da penhora do bem de família do fiador, em caso de locação não residencial e retomando os argumentos do Ministro Carlos Velloso. A ementa é da Primeira Turma do Tribunal, tendo sido prolatada por maioria e assim publicada no *Informativo* n. 906 da Corte Suprema:

> "Impenhorabilidade do bem de família e contratos de locação comercial. Não é penhorável o bem de família do fiador, no caso de contratos de locação comercial. Com base neste entendimento, a Primeira Turma, por maioria e em conclusão de julgamento, deu provimento a recurso extraordinário em que se discutia a possibilidade de penhora de bem de família do fiador em contexto de locação comercial. Vencidos os Ministros Dias Toffoli (relator) e Roberto Barroso que negaram provimento ao recurso. Ressaltaram que o Supremo Tribunal Federal pacificou o entendimento sobre a constitucionalidade da penhora do bem de família do fiador por débitos decorrentes do contrato de locação. A lógica do precedente é válida também para os contratos de locação comercial, na medida em que – embora não envolva o direito à moradia dos locatários – compreende o seu direito à livre-iniciativa. A possibilidade de penhora do bem de família do fiador – que voluntariamente oferece seu patrimônio como garantia do débito – impulsiona o empreendedorismo, ao viabilizar a celebração de contratos de locação empresarial em termos mais favoráveis. Por outro lado, não há desproporcionalidade na exceção à impenhorabilidade do bem de família (Lei n.º 8.009/1990, art. 3.º, VII). O dispositivo legal é razoável ao abrir a exceção à fiança prestada voluntariamente para viabilizar a livre-iniciativa" (STF, RE 605.709/SP, Rel. Min. Dias Toffoli, Red. p/ ac. Min. Rosa Weber, j. 12.06.2018, *Informativo* n. *906* do STF).

Diante dessa decisão, e de outras, o Pleno do Supremo Tribunal Federal reconheceu a repercussão geral a respeito do assunto, em março de 2021. Isso se deu nos autos do Recurso Extraordinário 1.307.334 (Tema n. 1.127). Em março de 2022, o STF julgou a questão, reafirmando sua posição anterior – em prol da livre-iniciativa e da proteção do mercado –, no sentido de ser constitucional essa previsão legal a respeito da penhora do bem de família do fiador.

Votaram nesse sentido os Ministros Roberto Barroso, Nunes Marques, Dias Toffoli, Gilmar Mendes, André Mendonça e Luiz Fux, seguindo-se ainda o argumento de que a Lei de Locação não faz distinção entre fiadores de locações residenciais e comerciais em relação à possibilidade da penhora do seu bem de família.

Em sentido contrário votaram os Ministros Edson Fachin, Ricardo Lewandowski, Rosa Weber e Cármen Lúcia, pois o direito constitucional à moradia deveria prevalecer sobre os princípios da livre-iniciativa e da autonomia contratual, que podem ser resguardados de outras formas. Ao final, foi ementada a seguinte tese em repercussão geral, que deve ser adotada para os devidos fins práticos: "é constitucional a penhora de bem de família pertencente a fiador de contrato de locação, seja residencial, seja comercial".

Acrescente-se que, na sequência, o Superior Tribunal de Justiça cristalizou a mesma posição em julgamento de recursos repetitivos, ementando que a "tese definida no Tema n. 1.127 foi a de que 'é constitucional a penhora de bem de família pertencente a fiador de contrato de locação, seja residencial, seja comercial'. Nessa perspectiva, a Segunda Seção do STJ, assim como o fez o STF, deve aprimorar os enunciados definidos no REsp Repetitivo 1.363.368/MS e na Súmula 549 para reconhecer a validade da penhora de bem de família pertencente a fiador de contrato de locação comercial. Isso porque a lei não distinguiu entre os contratos de locação para fins de afastamento do bem de família (art. 3.º, inciso VII, da Lei n. 8.009/1990)" (STJ, REsp 1.822.040/PR, 2.ª Turma, Rel. Min. Luis Felipe Salomão, j. 08.06.2022 – Tema n. 1.091, v.u.).

Por todo esse panorama de dúvidas e incertezas no âmbito da jurisprudência, continuo a entender que a melhor solução para a temática, de fato, é que a norma seja revogada, resolvendo-se definitivamente a questão e afastando-se a grande instabilidade que existe sobre o tema.

Superada a análise dessa instigante discussão, preceitua o art. 4.º da Lei 8.009/1990 que "não se beneficiará do disposto nesta lei aquele que, sabendo-se insolvente, adquire de má-fé imóvel mais valioso para transferir a residência familiar, desfazendo-se ou não da moradia antiga". Em casos tais, poderá o juiz, na respectiva ação do credor, transferir a impenhorabilidade para a moradia familiar anterior, ou anular-lhe a venda, liberando a mais valiosa para execução ou concurso, conforme a hipótese (art. 4.º, § 1.º).

Já quando a residência familiar for imóvel rural, a impenhorabilidade restringir-se-á à sede de moradia, com os respectivos bens móveis e, nos casos do art. 5.º, inciso XXVI, da Constituição, à área limitada como pequena propriedade rural (§ 2.º do art. 4.º da Lei 8.009/1990). Nota-se que a norma visa a punir aquele que age de má-fé, preservando a proteção da pequena propriedade rural.

Ainda no que concerne ao bem de família legal, se o casal ou entidade familiar for possuidor de vários imóveis, a impenhorabilidade recairá sobre o de menor valor (art. 5.º, parágrafo único, da Lei 8.009/1990), norma essa que protege o credor. Aplicando o preceito, destaque-se: "a jurisprudência deste Tribunal é firme no sentido de que a Lei 8.009/1990 não retira o benefício do bem de família daqueles que possuem mais de um imóvel. O parágrafo único do artigo 5.º da Lei n.º 8.009/1990 dispõe expressamente que a impenhorabilidade recairá sobre o bem de menor valor na hipótese em que a parte possuir vários imóveis utilizados como residência, o que não ficou demonstrado nos autos" (STJ, REsp 1.608.415/SP, 3.ª Turma, Rel. Min. Ricardo Villas Bôas Cueva, j. 02.08.2016, *DJe* 09.08.2016).

Ainda sobre essa regra, destaque-se a seguinte publicação na ferramenta *Jurisprudência em Teses* do STJ, que demonstra a posição majoritária da Corte: "nas situações em que o devedor possua vários imóveis utilizados como residência, a impenhorabilidade poderá incidir sobre imóvel de maior valor caso tenha sido instituído, formalmente, como bem de família, no Registro de Imóveis (art. 1.711 do CC/2002) ou, na ausência de instituição voluntária, automaticamente, a impenhorabilidade recairá sobre o imóvel de menor valor (art. 5.º, parágrafo único, da Lei n. 8.009/1990)" (Edição n. 200, tese 4).

Seguindo no estudo da matéria, vejamos a polêmica hipótese fática do *bem de família ofertado*. Melhor explicando, imagine-se o caso em que um devedor, executado, ainda sem advogado constituído ou que lhe oriente, ofereça o próprio bem de família, imóvel de sua residência, à penhora. Depois, devidamente orientado por seu procurador, o próprio devedor opõe embargos à penhora, alegando tratar-se de um imóvel impenhorável, por força da Lei 8.009/1990.

Surgem duas correntes bem definidas em relação ao tema.

Para uma primeira corrente, os embargos opostos pelo devedor devem ser rejeitados de imediato. O primeiro argumento que surge está relacionado com aquela antiga regra pela qual ninguém pode se beneficiar da própria torpeza, corolário da boa-fé subjetiva, aquela que existe no plano psicológico, intencional (*nemo auditur propriam turpitudinem allegans*). Como reforço para esse primeiro argumento, surge a tese pela qual se deve dar interpretação restritiva à Lei 8.009/1990. Entre os doutrinadores que propõem essa interpretação restritiva, pode ser citado Daniel Amorim Assumpção Neves. É até interessante a simbologia por ele utilizada:

> "Há aspecto ainda pior; penhorado o bem, abre-se discussão sobre sua impenhorabilidade em sede de embargos de execução ou mesmo 'exceção de pré-executividade', o que pode significar anos de debates para que no fim se determine que o credor deve voltar a 'estaca zero', já que aquele bem que garantia o juízo era impenhorável. A tristeza e melancolia com que o credor recebe tal informação de seu patrono só são comparáveis às perplexas faces dos torcedores derrotados em final de campeonato com gol impedido e de mão nos descontos" (Impenhorabilidade de bens... Disponível em: <http://www.flaviotartuce.adv.br/secoes/artigosf/Daniel_impenhorabil.doc>. Acesso em: 17 out. 2007).

O segundo argumento utilizado por aqueles que sustentam que os embargos do devedor devem ser rejeitados se houver o oferecimento do bem de família e posterior insurgência está fundado na alegação da vedação do comportamento contraditório (*venire contra factum proprium*), que também mantém relação com a boa-fé, mas aquela de natureza objetiva, que existe no plano da lealdade dos participantes da relação negocial. Esse entendimento chegou a ser adotado pelo Superior Tribunal de Justiça para que os embargos do devedor fossem repelidos: "Civil. Bem de família. Lei 8.009, de 1990. A impenhorabilidade resultante do art. 1.º da Lei 8.009, de 1990, pode ser objeto de renúncia válida em situações excepcionais; prevalência do princípio da boa-fé objetiva. Recurso especial não conhecido" (STJ, REsp 554.622/RS, 3.ª Turma, Rel. Min. Ari Pargendler, j. 17.11.2005, *DJ* 01.02.2006, p. 527).

Da ementa transcrita, aliás, decorre o terceiro argumento para se penhorar o *bem de família ofertado*, o de que a proteção constante da Lei 8.009/1990 é passível de renúncia, pois está na parte disponível dos direitos pessoais (no mesmo sentido: STJ, REsp 249.009/SP, 3.ª Turma, Rel. Min. Antônio de Pádua Ribeiro, j. 16.08.2001, *DJ* 17.03.2003, p. 225). Em suma e em outras palavras, trata-se de um justo e legal exercício da autonomia privada a renúncia à impenhorabilidade do bem de família, o que ocorre quando o devedor o oferece à excussão.

Apesar dos notáveis esforços para amparar esses três argumentos, não há como com eles concordar, em hipótese alguma. E a premissa basilar para a tese contrária é aquela pela qual o *bem de família legal* envolve um direito fundamental da pessoa humana: o direito à moradia.

Muito se tem dito a respeito da dignidade humana como propulsora da tendência de constitucionalização do Direito Civil e da possibilidade de aplicação das normas constitucionais protetivas da pessoa nas relações privadas (*eficácia horizontal*). Em realidade, parece-nos que um dos modos de especializar essa máxima proteção se dá justamente pela proteção da moradia como ocorre nos casos envolvendo o *Bem de Família Ofertado*. A amplitude de proteção, para esses casos, é justa, razoável e proporcional, *concretizando o Texto Constitucional* (SARLET, Ingo Wolfgang. *A Constituição*..., 2000).

Assim, nos dizeres de Ingo Sarlet, um dos atributos da dignidade é o de dotar a pessoa de direitos mínimos (As dimensões..., *Dimensões da dignidade*..., 2005, p. 37).

Do ponto de vista *constitucional*, esse feixe de *direitos mínimos* ou *mínimo existencial* mantém relação com o direito à moradia, previsto no art. 6.º da Constituição, um direito social e fundamental. Sob o prisma *civil*, esse feixe de direitos representa o direito à *propriedade mínima*: o direito ao imóvel próprio como um direito mínimo para o livre desenvolvimento da pessoa. Como se sabe, nos meios populares, o *sonho da casa própria* povoa a mente de milhões de brasileiros. É na casa própria que a pessoa humana se concretiza, se aperfeiçoa e se relaciona; é *nela* que exerce plenamente a sua dignidade.

A partir dessa ideia, que serve como *tronco fundamental*, decorrem os contra-argumentos ao que antes foi exposto, para gerar a conclusão de que os embargos à penhora devem ser acolhidos na hipótese do oferecimento do *bem de família*.

Como *primeiro contra-argumento*, quanto à alegação de que ninguém pode se beneficiar da própria torpeza, não se pode atribuir má-fé presumida àquele que oferece o bem de família à penhora. O Direito, em certo sentido, acaba por ser uma *ciência endêmica*, que surge para solucionar conflitos humanos. Sendo assim, não se pode presumir que as mentes das pessoas também estão doentes. Ademais, o argumento de torpeza, baseado na boa-fé subjetiva e, por isso, essencialmente privado, não pode prevalecer sobre a proteção do *bem de família legal*, que envolve ordem pública (STJ, AgRg no REsp 813.546/DF, 1.ª Turma, Rel. Min. Francisco Falcão, Rel. p/ acórdão Min. Luiz Fux, j. 10.04.2007, *DJ* 04.06.2007, p. 314).

Segundo, a prevalência do direito à moradia sobre a boa-fé também serve para afastar o argumento de aplicação da vedação do comportamento contraditório (*venire contra factum proprium*). A partir da ideia de *ponderação* ou *pesagem*, deve-se entender que o primeiro direito tem prioridade e prevalência sobre a boa-fé objetiva.

Como terceiro contra-argumento e por fim, não restam dúvidas de que a renúncia ao *bem de família legal* é inválida e ineficaz, pois constitui um exercício inadmissível da autonomia privada por parte do devedor. Eis aqui mais um exemplo possível de dirigismo negocial nas relações subjetivas. Desse modo, a suposta *renúncia* não afasta a possibilidade de ser arguir posteriormente a impenhorabilidade do imóvel de residência. Nesse sentido vem entendendo, felizmente, o Superior Tribunal de Justiça:

"Bem de família. Impenhorabilidade. Negativa de prestação jurisdicional. Inocorrência. Violação à coisa julgada. Inocorrência. Renúncia ao benefício assegurado pela Lei n. 8.009/90. Impossibilidade. Destinação residencial dada ao imóvel posteriormente à penhora. Determinação de remessa dos autos à origem para análise da questão à luz da jurisprudência desta Corte. (...) Esta Corte possui entendimento firmado no sentido de que a proteção legal conferida ao bem de família pela Lei n. 8.009/90 não pode ser afastada por renúncia ao privilégio pelo devedor, constituindo princípio de ordem pública, prevalente sobre a vontade manifestada, que se tem por viciada *ex vi legis* (REsp 805.713/DF, Rel. Min. Aldir Passarinho Junior, 4.ª Turma, j. 15.03.2007, *DJ* 16.04.2007 p. 210). (...)" (STJ, REsp 714.858/RS, 3.ª Turma, Rel. Min. Sidnei Beneti, j. 08.11.2011, *DJe* 25.11.2011).

"Agravo regimental. Ausência de argumentos capazes de infirmar os fundamentos da decisão agravada. Execução. Bem de família. Indicação à penhora. Não merece provimento recurso carente de argumentos capazes de desconstituir a decisão agravada. O fato de o executado oferecer à penhora o imóvel destinado à residência da família não o impede de arguir sua impenhorabilidade (Lei 8.009/1990)" (STJ, AgRg no REsp 888.654/ES, 3.ª Turma, Rel. Min. Humberto Gomes de Barros, j. 03.04.2007, *DJ* 07.05.2007, p. 325).

"Recurso especial. Embargos de terceiro. Desconstituição da penhora do imóvel no qual residem os embargantes. Legitimidade ativa *ad causam*. Membros integrantes da entidade familiar. Nomeação à penhora do bem de família. Inexistência de renúncia ao benefício previsto na Lei 8.009/1990. Medida cautelar. Efeito suspensivo a recurso especial. Julgamento deste. Perda de objeto. Prejudicialidade. Extinção do processo sem exame do mérito. 1. Os filhos da executada e de seu cônjuge têm legitimidade para a apresentação de embargos de terceiro, a fim de desconstituir penhora incidente sobre o imóvel no qual residem, pertencente a seus genitores, porquanto integrantes da entidade familiar a que visa proteger a Lei 8.009/1990, existindo interesse em assegurar a habitação da família diante da omissão dos titulares do bem de família. Precedentes (REsp 345.933/RJ e 151.238/SP). 2. Esta Corte de Uniformização já decidiu no sentido de que a indicação do bem de família à penhora não implica renúncia ao benefício garantido pela Lei 8.009/1990. Precedentes (REsp 526.460/RS, 684.587/TO, 208.963/PR e 759.745/SP). 3. Recurso conhecido e provido para julgar procedentes os embargos de terceiro, afastando a constrição incidente sobre o imóvel, invertendo-se o ônus da sucumbência, mantido o valor fixado na r. sentença. 4. Tendo sido julgado, nesta oportunidade, o presente recurso especial, a Medida Cautelar 2.739/PA perdeu o seu objeto, porquanto foi ajuizada, exclusivamente, para conferir-lhe efeito suspensivo. 5. Prejudicada a Medida Cautelar 2.739/PA, por perda de objeto, restando extinta, sem exame do mérito, nos termos do art. 808, III, c/c o art. 267, IV, ambos do CPC. Este acórdão deve ser trasladado àqueles autos" (STJ, REsp 511.023/PA, 4.ª Turma, Rel. Min. Jorge Scartezzini, j. 18.08.2005, *DJ* 12.09.2005, p. 333).

A impossibilidade de renúncia, destaque-se, consta da premissa número 17 da Edição n. 44 da ferramenta *Jurisprudência em Teses*, do STJ: "a impenhorabilidade do bem de família é questão de ordem pública, razão pela qual não admite renúncia pelo titular".

Servem como sustento para a afirmação as palavras de Jorge Miranda e Rui Medeiros, para quem "a dignidade humana é da pessoa concreta, na sua vida real e quotidiana; não é de um ser ideal e abstracto. É o homem ou a mulher, tal como existe, que a ordem jurídica considera irredutível, insubsistente e irrepetível e cujos direitos fundamentais a Constituição enuncia e protege" (MIRANDA, Jorge; MEDEIROS, Rui. *Constituição portuguesa*..., 2005, t. I, p. 53). Essa dignidade humana é que ampara a proteção da habitação como um direito fundamental e social no sistema português.

A conclusão deve ser a mesma no sistema brasileiro, pois interesses essenciais ao desenvolvimento social do nosso país devem prevalecer sobre interesses formais, antenados à rigidez do processo. O dogma da *justiça segura* cede espaço à *justiça justa*. Com essa ideia de justiça está se construindo o Direito Contemporâneo, sempre a partir de um diálogo interdisciplinar (HIRONAKA, Giselda Maria Fernandes Novaes. Sobre peixes..., *Anais do V Congresso...*, 2006, p. 426).

Encerrando o estudo do instituto do bem de família, cumpre relevar que o Superior Tribunal de Justiça tem entendido reiteradamente que a boa-fé deve sim ser levada em conta na análise da tutela do bem de família, o que representa mitigação parcial da última conclusão exposta a respeito da penhora do bem de família ofertado.

Em julgado do ano de 2012, concluiu a Corte que a impenhorabilidade não prevalece nas hipóteses em que o devedor atua de má-fé, alienando todos os seus bens e fazendo restar apenas o imóvel de residência. Conforme voto da Ministra Nancy Andrighi:

"Não há, em nosso sistema jurídico, norma que possa ser interpretada de modo apartado aos cânones da boa-fé. Todas as disposições jurídicas, notadamente as que confiram excepcionais proteções, como ocorre com a Lei 8.009/1990, só têm sentido se efetivamente protegerem as pessoas que se encontram na condição prevista pelo legislador. Permitir que uma clara fraude seja perpetrada sob a sombra de uma disposição legal protetiva implica, ao mesmo tempo, promover uma injustiça na situação concreta e enfraquecer, de maneira global, todo o sistema especial de proteção objetivado pelo legislador" (STJ, REsp 1.299.580/RJ, 3.ª Turma, Rel. Min. Nancy Andrighi, j. 20.03.2012).

A premissa tem sido confirmada em decisões posteriores, uma vez que "deve ser afastada a impenhorabilidade do único imóvel pertencente à família na hipótese em que os devedores, com o objetivo de proteger o seu patrimônio, doem em fraude à execução o bem a seu filho menor impúbere após serem intimados para o cumprimento espontâneo da sentença exequenda" (STJ, REsp 1.364.509/RS, Rel. Min. Nancy Andrighi, j. 10.06.2014, publicada no seu *Informativo* n. 545).

Ainda mais recentemente, deduziu-se que: "a regra de impenhorabilidade do bem de família trazida pela Lei 8.009/90 deve ser examinada à luz do princípio da boa-fé objetiva, que, além de incidir em todas as relações jurídicas, constitui diretriz interpretativa para as normas do sistema jurídico pátrio. Nesse contexto, caracterizada fraude à execução na alienação do único imóvel dos executados, em evidente abuso de direito e má-fé, afasta-se a norma protetiva do bem de família, que não pode conviver, tolerar e premiar a atuação dos devedores em desconformidade com o cânone da boa-fé objetiva. Precedentes" (STJ, REsp 1.575.243/DF, 3.ª Turma, Rel. Min. Nancy Andrighi, j. 22.03.2018, *DJe* 02.04.2018).

Já no âmbito da Quarta Turma, releve-se o julgado que admitiu que o bem de família seja objeto de alienação fiduciária em garantia, hipótese em que não se admite a alegação da impenhorabilidade, novamente com base no argumento da má-fé. Como consta dos seus termos:

"A proteção legal conferida ao bem de família pela Lei n. 8.009/90 não pode ser afastada por renúncia do devedor ao privilégio, pois é princípio de ordem pública, prevalente sobre a vontade manifestada (AgRg nos EREsp 888.654/ES, Rel. Ministro João Otávio de Noronha, Segunda Seção, julgado em 14.03.2011, *DJe* 18.03.2011). Nada obstante, à luz da jurisprudência dominante das Turmas de Direito Privado: (a) a proteção conferida ao bem de família pela Lei n. 8.009/90 não importa em sua inalienabilidade, revelando-se possível a disposição do imóvel pelo proprietário, inclusive no âmbito de alienação fiduciária; e (b) a utilização abusiva de tal direito, com evidente violação do princípio da boa-fé objetiva, não deve ser tolerada, afastando-se o benefício conferido ao titular que exerce o direito em desconformidade com o ordenamento jurídico. No caso dos autos, não há como afastar a validade do acordo de vontades firmado entre as partes, inexistindo lastro para excluir os efeitos do *pacta sunt servanda* sobre o contrato acessório de alienação fiduciária em garantia, afigurando-se impositiva, portanto, a manutenção do acórdão recorrido no ponto, ainda que por fundamento diverso" (STJ, REsp 1.595.832/SC, 4.ª Turma, Rel. Min. Luis Felipe Salomão, j. 29.10.2019, *DJe* 04.02.2020).

Em 2022, publicou-se a Edição n. 200 da ferramenta *Jurisprudência em Teses* do STJ, com a seguinte afirmação: "é válido acordo judicial homologado no qual devedor oferta bem de família como garantia de dívida, portanto a posterior alegação de impenhorabilidade do imóvel prevista na Lei n. 8.009/1990 contraria a boa-fé e a eticidade".

Como se pode observar, os últimos acórdãos superiores abrem mais uma exceção, além do rol previsto no art. 3.º da Lei 8.009/1990, tratado como meramente exemplificativo. As decisões são sociológicas, apesar de encontrarem obstáculo da antiga máxima segundo a qual as normas de exceção não admitem interpretação extensiva. Penso haver certa instabilidade a respeito do tema na Corte, pois o próprio STJ tem entendido que o rol das exceções ao bem de família é taxativo e não exemplificativo, não se admitindo essa forma de interpretação (Tese n. 9, constante da Edição n. 200 da ferramenta *Jurisprudência em Teses*). O tema fica em aberto para as devidas reflexões.

8.4 RESUMO ESQUEMÁTICO

Bem de Família Voluntário ou Convencional	Bem de Família Legal
Previsto nos arts. 1.711 a 1.722 do CC.	Previsto na Lei 8.009/1990.
Instituído por ato voluntário de membros da entidade familiar.	Proteção automática.
Máximo: 1/3 do patrimônio.	Não há limites fixados em lei, por regra. Proteção do único imóvel em que reside a entidade familiar.
Exceções – casos de penhorabilidade: a) dívidas anteriores à instituição; b) dívidas de impostos prediais; c) dívidas de condomínio.	Exceções – casos de penhorabilidade listados no art. 3.º da norma específica: a) pelo titular do crédito decorrente de financiamento destinado à construção ou aquisição do imóvel; b) pelo credor de pensão alimentícia, resguardados os direitos, sobre o bem, do seu coproprietário que, com o devedor, integre união estável ou conjugal, observadas as hipóteses em que ambos responderão pela dívida; c) para cobrança de impostos, predial ou territorial, taxas e contribuições devidas em relação ao imóvel familiar, inclusive despesas de condomínio; d) para a execução de hipoteca sobre o imóvel, oferecido como garantia real pelo casal ou pela entidade familiar; e) no caso do imóvel ter sido adquirido como produto de crime ou para a execução de sentença penal condenatória; f) por obrigação decorrente de fiança concedida em contrato de locação urbana. Obs. Foi revogado o inciso I do art. 3.º da Lei 8.009/1990, que previa como exceção o crédito de trabalhadores da própria residência.

8.5 QUESTÕES CORRELATAS

01. (TJPA – IESES – Titular de Serviços de Notas e de Registros – Provimento – 2016) O bem de família convencional:
 (A) Não é requisito essencial para a instituição a condição de titular de domínio, com título aquisitivo devidamente registrado.
 (B) Não se exige que o bem esteja a salvo de ônus e gravames.
 (C) Diante da nova dimensão do conceito de entidade familiar, pode ser instituído pelos cônjuges, pelo separado judicialmente ou de fato, pelo viúvo ou por solteiro.
 (D) É possível a constituição por condômino, qualquer que seja a modalidade de condomínio.

CAP. 8 • DO BEM DE FAMÍLIA

02. (TJAM – CESPE – Juiz Substituto – 2016) A respeito do direito de família, assinale a opção correta.

(A) Dos nubentes que optam pelo regime de comunhão universal de bens não se exige a formulação de pacto antenupcial, ato solene lavrado por escritura pública.

(B) É considerado bem de família, insuscetível de penhora, o único imóvel residencial do devedor no qual resida seu familiar, ainda que ele, proprietário, não habite no imóvel.

(C) O fato de um casal de namorados projetar constituir família no futuro caracteriza a união estável se houver coabitação.

(D) O casamento putativo não será reconhecido de ofício pelo juiz.

(E) Se não houver transação em sentido contrário, as verbas indenizatórias integram a base de cálculo da pensão alimentícia.

03. (TJSP – VUNESP – Titular de Serviços de Notas e de Registros – Remoção – 2016) A instituição do bem de família sobre um terço do patrimônio líquido, por ato de vontade, nos moldes do Código Civil,

(A) deverá ser formalizada necessariamente por escritura pública, levada a registro no Registro de Imóveis.

(B) afasta as regras sobre a impenhorabilidade do imóvel residencial estabelecidas em lei especial.

(C) produz efeitos temporalmente ilimitados, salvo se novo título for levado ao Registro, modificando o conteúdo anterior.

(D) terá forma solene e dependerá do registro do título no Registro de Imóveis para sua constituição.

04. (IESES – 2018 – TJ-CE – Titular de Serviços de Notas e de Registros – Provimento) Sobre a instituição do bem de família, responda as questões:

I. O terceiro poderá instituir bem de família por testamento ou doação, dependendo a eficácia do ato da aceitação expressa de ambos os cônjuges beneficiados ou da entidade familiar beneficiada.

II. Dissolvida a sociedade conjugal pela morte de um dos cônjuges, o sobrevivente poderá pedir a extinção do bem de família, se for o único bem do casal.

III. Extingue-se, igualmente, o bem de família com a morte de ambos os cônjuges e a maioridade dos filhos, desde que não sujeitos a curatela.

Assinale a correta:

(A) Apenas a assertiva II é verdadeira.

(B) Apenas as assertivas I e II são verdadeiras.

(C) Todas as assertivas são verdadeiras.

(D) Todas as assertivas são falsas.

05. (STJ – Analista Judiciário – Judiciária – CESPE – 2018) Em relação ao direito de família e ao direito das sucessões, julgue o item subsequente.

O bem de família é constituído voluntariamente e visa proteger o ente familiar, de maneira que, se dissolvida a sociedade conjugal, fica extinto o bem de família.

( ) Certo
( ) Errado

06. (CFO-DF – Quadrix – Procurador Jurídico – 2017) Julgue o item subsecutivo com base em conhecimentos relativos ao direito civil.

Apesar das disposições legais sobre a impenhorabilidade do bem de família, o STJ enunciou que é válida a penhora de bem de família pertencente a fiador de contrato de locação.

( ) Certo
( ) Errado

07. (Advogado I – CRA-PR – Quadrix – 2019) No que tange ao direito de família, julgue o item a seguir.

O bem de família voluntário somente pode ser instituído por testamento ou instrumento particular, desde que não ultrapasse um terço do patrimônio líquido existente ao tempo da instituição.

( ) Certo
( ) Errado

08. (Titular de Serviços de Notas e de Registros – Remoção – TJ-RS – VUNESP – 2019) Pode-se corretamente afirmar, sobre o bem de família, que

(A) o fato de o terreno encontrar-se desocupado ou não edificado são circunstâncias que sempre obstam a qualificação do imóvel como bem de família.
(B) a impenhorabilidade do bem de família abrange o imóvel objeto do contrato de promessa de compra e venda inadimplido, mas não abrange os bens móveis, mesmo que indispensáveis à habitabilidade de uma residência ou usualmente mantidos em um lar comum.
(C) a impenhorabilidade do bem de família é matéria disponível, razão pela qual admite renúncia pelo titular e não abrange o imóvel pertencente a pessoas solteiras, separadas e viúvas.
(D) é impenhorável o único imóvel residencial do devedor que esteja locado a terceiros, desde que a renda obtida com a locação seja revertida para a subsistência ou a moradia da sua família; a vaga de garagem que possui matrícula própria no registro de imóveis constitui bem de família para efeito de penhora.
(E) a impenhorabilidade do bem de família não pode ser oposta ao credor de pensão alimentícia decorrente de vínculo familiar ou de ato ilícito; entretanto, é oponível às execuções de sentenças cíveis decorrentes de atos ilícitos, salvo se decorrente de ilícito previamente reconhecido na esfera penal.

09. (Procurador do Município – Prefeitura de São José do Rio Preto – SP – VUNESP – 2019) Assinale a alternativa correta no que diz respeito ao entendimento legal e sumulado sobre bem de família.

(A) O conceito de impenhorabilidade de bem de família abrange também o imóvel pertencente a pessoas solteiras, mas não abrange o imóvel pertencente a pessoas separadas e viúvas.
(B) É penhorável o único imóvel residencial do devedor que esteja locado a terceiros, ainda que a renda obtida com a locação seja revertida para a subsistência ou a moradia da sua família.
(C) A vaga de garagem que possui matrícula própria no registro de imóveis não constitui bem de família para efeito de penhora.
(D) Não é válida a penhora de bem de família pertencente a fiador de contrato de locação.
(E) São impenhoráveis os veículos de transporte, as obras de arte e os adornos suntuosos.

10. (Titular de Serviços de Notas e de Registros – Provimento – TJ-SC – IESES – 2019) Com relação ao bem de família:

I. Podem os cônjuges, ou a entidade familiar, mediante escritura pública ou testamento, destinar parte de seu patrimônio para instituir bem de família, podendo o terceiro igualmente instituir bem de família por testamento ou doação, independentemente da aceitação expressa de ambos os cônjuges beneficiados ou da entidade familiar beneficiada.
II. Os cônjuges, ou a entidade familiar, podem destinar parte de seu patrimônio para instituir bem de família, desde que não ultrapasse um terço do patrimônio bruto existente ao tempo da instituição.
III. O bem de família é isento de execução por dívidas posteriores à sua instituição, salvo as que provierem de tributos relativos ao prédio, ou de despesas de condomínio.
IV. O bem de família, quer instituído pelos cônjuges, ou pela entidade familiar, quer por terceiro, constitui-se pelo registro de seu título no Registro de Imóveis. Aponte as afirmativas corretas:

Aponte as afirmativas corretas:

(A) I e IV.
(B) II e III.
(C) III e IV.
(D) I e II.

11. **(Advogado – Prefeitura de Bom Jesus dos Perdões-SP – ABCP – 2020)** João e Rosana, estudantes do 7° período do curso de direito da Universidade XPTO, estavam em análise do tema "Bem de Família", previsto nos arts. 1.711 a 1.722 do Código Civil Brasileiro. Durante a análise, surgiu um impasse de opinião entre João e Rosana, tendo em vista que João sustentou que o bem de família é isento de execução por dívidas posteriores à sua instituição, salvo as que provierem de tributos relativos ao prédio, ou de despesas de condomínio. Rosana, por outro lado, sustentava que o bem de família é isento de execução por dívidas posteriores à sua instituição, salvo inclusive as que provierem de tributos relativos ao prédio, ou de despesas de condomínio. De acordo com o Código Civil Brasileiro, assinale a alternativa correta:

(A) Rosana tem razão.
(B) Ambos têm razão.
(C) João tem razão.
(D) Ambos estão equivocados.

12. **(Promotor de Justiça – MPE-CE – Cespe/Cebraspe – 2020)** De acordo com a jurisprudência do STJ, a proteção dada à impenhorabilidade do bem de família se aplica a

(A) imóvel único do devedor que esteja alugado a terceiros, se for demonstrado que a renda da locação é utilizada para subsistência ou moradia da família do devedor.
(B) vaga de garagem residencial que pertença ao executado e possua matrícula própria em registro de imóveis.
(C) bem dado em garantia hipotecária por cônjuges, caso eles sejam os únicos sócios de pessoa jurídica devedora que esteja sendo executada.
(D) imóvel único de fiador dado como garantia de locação residencial.
(E) bem imóvel do devedor em execução promovida para o pagamento de dívidas oriundas de despesas condominiais do próprio bem que originou o débito.

13. **(Analista Judiciário – TJGO – CS-UFG – 2021)** O instituto da fiança consiste em um sujeito, denominado de fiador, que garante satisfazer ao outro sujeito, denominado de credor, uma obrigação assumida por um terceiro outro sujeito, denominado de devedor. Por tal razão é um instituto que deve manter a forma escrita e a interpretação não extensiva a fim de garantir os direitos patrimoniais envolvidos. O fiador, por sua vez, disponibiliza patrimônio como forma de obrigação fidejussória a relação obrigacional. Conforme a Lei n. 8.009/1990 e o CC/2002, no contrato de locação, a penhora do bem de família do fiador é

(A) nula.
(B) anulável.
(C) válida.
(D) ilícita.

14. **(MPE-AM – CESPE – Promotor de Justiça Substituto – 2023)** Conforme a jurisprudência atualmente dominante no Supremo Tribunal Federal (STF), a penhora de bem de família pertencente a fiador de contrato de locação

(A) é inconstitucional em qualquer hipótese.
(B) é inconstitucional, e eventual controvérsia jurídica sobre essa matéria deve ser resolvida pelo STJ.
(C) encontra amparo constitucional somente no caso de locação residencial.
(D) encontra amparo constitucional somente no caso de locação comercial.
(E) encontra amparo constitucional no caso de locação residencial ou comercial.

15. **(TJAC – Analista Judiciário – IV-UFG – 2024)** Leia o caso a seguir.

Uma pessoa possui patrimônio líquido de R$ 2.100.000,00 (dois milhões e cem mil reais), dentro do qual se insere um imóvel residencial no valor de R$ 500.000,00 (quinhentos mil reais) e ativos financeiros diversos no valor de R$ 1.600.000,00 (um milhão e seiscentos mil reais).

Considerando o disposto no Código Civil e na Lei 8.009/1990 (Lei do Bem de Família), além das súmulas do Superior Tribunal de Justiça sobre o tema, a impenhorabilidade do bem de família recairá:

(A) sobre nenhum dos bens descritos, pois deve ser afastado o reconhecimento da família unipessoal como entidade familiar.
(B) sobre o imóvel e até R$ 900.000,00 (novecentos mil reais) dos ativos financeiros, desde que assim estabelecido em escritura pública ou testamento, ou apenas sobre o imóvel, independentemente de qualquer ato institutivo voluntário.
(C) sobre o imóvel, independentemente de qualquer ato institutivo voluntário, salvo se ele for alugado para terceiros, ainda que a renda obtida com a locação seja revertida para a subsistência ou a moradia da entidade familiar.
(D) sobre o imóvel e até R$ 200.000,00 (duzentos mil reais) dos ativos financeiros, desde que assim estabelecido em escritura pública ou testamento, ou apenas sobre o imóvel, independentemente de qualquer ato institutivo voluntário.

16. (TJMA – Oficial de Justiça – Instituto Consulplan – 2024) De acordo com a Lei 8.009/1990, que dispõe sobre a impenhorabilidade do bem de família, considera-se que a impenhorabilidade compreende:

(A) as obras de arte.
(B) os veículos de transporte.
(C) as plantações e as benfeitorias de qualquer natureza.
(D) os móveis que guarnecem a casa, mesmo que financiados.

GABARITO

01 – C	02 – B	03 – D
04 – B	05 – ERRADO	06 – CERTO
07 – ERRADO	08 – E	09 – C
10 – C	11 – C	12 – A
13 – C	14 – E	15 – D
16 – C		

DO DIREITO ASSISTENCIAL – DA TUTELA, DA CURATELA E DA GUARDA. ESTUDO ATUALIZADO PERANTE O CPC/2015 E O ESTATUTO DA PESSOA COM DEFICIÊNCIA

Sumário: 9.1 Introdução – 9.2 Da tutela – 9.3 Da curatela – 9.4 Da guarda – 9.5 Resumo esquemático – 9.6 Questões correlatas – Gabarito.

9.1 INTRODUÇÃO

Encerrando o estudo do Direito de Família, é preciso discorrer a respeito do que se denomina *direito assistencial*, ou seja, sobre os institutos jurídicos criados pela lei visando à proteção pessoal e patrimonial de determinadas pessoas. No presente capítulo, serão estudadas as categorias da tutela (arts. 1.728 a 1.766 do CC), da curatela (arts. 1.767 a 1.783 do CC) e da guarda regida pelo Estatuto da Criança e do Adolescente, existente fora do exercício do poder familiar.

Antes de mais nada, mesmo havendo em tais institutos um flagrante conteúdo patrimonial, é interessante perceber que, em sua análise, não se pode perder de vista a proteção máxima da pessoa humana prevista no Texto Maior (art. 1.º, inc. III), bem como outros princípios relativos ao Direito Civil Constitucional.

A diferença substancial entre as duas figuras é que a tutela resguarda os interesses de menores não emancipados, não sujeitos ao poder familiar, com o intuito de protegê-los. Por seu turno, a curatela é categoria assistencial para a defesa dos interesses de maiores incapazes, devidamente interditados.

Vejamos, no presente capítulo, as regras materiais fundamentais dos dois institutos e o necessário *diálogo* com o CPC em vigor, ao tratar da interdição. Ademais, frise-se que o art. 1.072, inc. II, do CPC/2015 revogou expressamente os arts. 1.768 a 1.773 do Código Civil, que tratavam da curatela.

Importante também perceber que a recente Lei 13.146/2015, que instituiu o Estatuto da Pessoa com Deficiência (EPD), alterou artigos do Código Civil sobre a matéria. Todavia, alguns desses dispositivos foram revogados pelo Código de Processo Civil, em um verdadeiro *cochilo do legislador* que gerou o *atropelamento* de uma norma jurídica por outra.

Tais normas do citado Estatuto tiveram vigência por curto período de tempo, a partir da sua entrada em vigor, no início do mês de janeiro de 2016, até o dia 18 de março de 2016, quando passou a vigorar o CPC/2015. Penso que é necessário um trabalho legislativo para sanar tal impasse, não pensado pelas autoridades competentes do Legislativo e do Executivo quando da elaboração do EPD. Nesse sentido, o Projeto de Lei 757/2015, originário do Senado Federal, pretende adequar o CPC de 2015 ao EPD, contando com o parecer e o meu apoio parcial. Na Câmara dos Deputados, o número dessa projeção é 11.091/2018, novamente com a minha atuação, com sugestões feitas ao saudoso Deputado Luiz Flávio Gomes no ano de 2019. No Projeto de Reforma e Atualização do Código Civil, elaborado pela Comissão de Juristas nomeada no âmbito do Senado Federal, também são feitas propostas necessárias para os institutos, sobretudo para a sua desjudicialização.

Ademais, sem qualquer *atropelamento legislativo*, cabe lembrar e aprofundar que o citado Estatuto da Pessoa com Deficiência alterou de forma substancial o tratamento relativo aos absoluta e relativamente incapazes, previstos nos arts. 3.º e 4.º do Código Civil. O objetivo foi a plena inclusão social das pessoas que apresentem algum tipo de deficiência.

Quanto aos absolutamente incapazes, passaram a ser apenas os menores de 16 anos, não havendo mais menção aos enfermos e deficientes mentais sem discernimento para a prática dos atos da vida civil (antigo inc. II do art. 3.º do Código Civil). Além disso, as pessoas que por causa transitória ou definitiva não puderem exprimir vontade deixaram de compor o inciso III do art. 3.º, e agora constam do art. 4.º, inc. III, como relativamente incapazes. Em suma, não existem mais pessoas maiores que são incapazes.

Pontue-se que o Projeto de Lei 757/2015 pretendia originalmente retomar a regra a respeito de pessoas absolutamente incapazes que não têm qualquer condição de exprimir vontade, sem que isso tenha relação com a deficiência, o que tem o meu apoio doutrinário. Cite-se, a título de exemplo, a pessoa que se encontra em coma profundo.

Porém, destaque-se que no parecer final originário do Senado Federal a proposta de retorno de regra a respeito de maiores absolutamente incapazes acabou por não prosperar, infelizmente. Conforme constou do relatório da então Senadora Lídice da Mata, "as tentativas presentes no PLS 757 de se retomar o critério da 'ausência ou insuficiência de discernimento' (previsto na redação original do Código Civil), em detrimento do critério da 'impossibilidade de manifestação de vontade' (eleito pelo EPD), representam um grave retrocesso no tocante ao direito de fazer as próprias escolhas. Sim, é possível que o discernimento de certas pessoas com deficiência seja bem diferente ou até questionável diante de padrões comuns, mas isto não significa que o discernimento não exista e que a vontade manifestada possa ser ignorada".

Na tramitação na Câmara dos Deputados, fiz sugestão de emenda ao Deputado Luiz Flávio Gomes, exatamente no sentido do sugerido no Senado Federal. Acompanharei o trâmite dessa projeção, sendo fundamental e necessário o retorno de alguma regra a respeito da incapacidade absoluta das pessoas sem qualquer discernimento para exprimir vontade.

Igualmente, o tão citado Projeto de Reforma do Código Civil, elaborado pela Comissão de Juristas, almeja que o seu art. 3.º volte a mencionar como absolutamente incapazes as pessoas que não tenham qualquer condição de exprimir vontade. Nos termos do proposto art. 3.º, inc. II, devem ser considerados como absolutamente incapazes de exercer pessoalmente os atos da vida civil "aqueles que por nenhum meio possam expressar sua vontade, em caráter temporário ou permanente". Existe ainda proposta de se desvincular a deficiência da situação de incapacidade, consoante o projetado art. 4.º-A, o que virá em boa hora: "a deficiência física ou psíquica da pessoa, por si só, não afeta sua capacidade civil".

Ainda, em relação às pessoas com deficiência, no sistema em vigor, reafirme-se que são plenamente capazes, em especial para atos existenciais de natureza familiar. Conforme o art. 6.º da Lei 13.146/2015, a deficiência não afeta a plena capacidade civil da pessoa, inclusive para: *a)* casar-se e constituir união estável; *b)* exercer direitos sexuais e reprodutivos; *c)* exercer o direito de decidir sobre o número de filhos e de ter acesso a informações adequadas sobre reprodução e planejamento familiar; *d)* conservar sua fertilidade, sendo vedada a esterilização compulsória; *e)* exercer o direito à família e à convivência familiar e comunitária; e *f)* exercer o direito à guarda, à tutela, à curatela e à adoção, como adotante ou adotando, em igualdade de oportunidades com as demais pessoas.

Esse novo tratamento legislativo a respeito dos atos familiares, sem dúvida, é impactante. Entretanto, como afirmou a professora e magistrada uruguaia Mara del Carmen Díaz Sierra, quando do Congresso Euro-americano de Direito de Família, realizado em São Paulo em agosto de 2017, não é a pessoa com deficiência quem deve se adaptar à sociedade, mas vice-versa.

Eventualmente, para negócios jurídicos mais complexos, de cunho patrimonial, a pessoa com deficiência poderá fazer uso da *tomada de decisão apoiada*, instituto que ainda será aqui estudado, igualmente incluído pela Lei 13.146/2015. A nomeação de curador – ou interdição – somente será possível em casos excepcionais. Nesse sentido, cabe trazer à colação alguns julgados, já prolatados sob a égide do Estatuto da Pessoa com Deficiência:

"Ação de interdição. Pretensão do genitor em face da filha. Sentença de improcedência. Apela o autor sustentando haver laudo apresentando anomalia ou anormalidade psíquica da ré; não tem como gerir a sua vida e os atos da vida civil. Descabimento. Não caracterizada a incapacidade. Ausentes requisitos do artigo 84, § 3.º, do Estatuto da Pessoa com Deficiência e artigo 1.767 do Código Civil. A apelada se encontra apta a praticar os atos da vida civil e capacidade de administrar sua vida e seus bens. Recurso improvido" (TJSP, Apelação 0002366-75.2013.8.26.0642, Acórdão 9667362, 5.ª Câmara de Direito Privado, Ubatuba, Rel. Des. James Siano, j. 06.08.2016, *DJESP* 20.09.2016).

"Civil e processo civil. Interdição. Curatela. Medida excepcional. Aplicação restrita. Atos relacionados aos direitos de natureza patrimonial e negocial. Novas diretrizes principiológicas. 1. A proteção à dignidade da pessoa humana se materializa na concessão de tratamento isonômico a todos os indivíduos, excepcionando-se esse padrão somente quando não restar outra alternativa para garantir a igualdade e a dignidade humana, de modo que somente se admite o rompimento da igualdade jurídico-formal quando se objetivar a garantia da igualdade material. 2. O Estatuto da Pessoa com Deficiência, Lei n.º 13.146/15, em seus artigos 84 e seguintes, disciplina a curatela e seu exercício, estabelecendo sua adoção como medida protetiva extraordinária e que afeta, tão somente, os atos relacionados aos direitos de natureza patrimonial e negocial. 3. Estando, pois, a r. Sentença de acordo com as novas diretrizes principiológicas adotadas pelo Código Civil e Estatuto da Pessoa com Deficiência, negou-se provimento ao recurso" (TJDF, Apelação 2015.06.1.010882-8, Acórdão 964.739, 3.ª Turma Cível, Rel. Des. Flavio Renato Jaquet Rostirola, j. 31.08.2016, *DJDFTE* 14.09.2016).

"Agravo de instrumento. Curatela. Pedido de nomeação de curador provisório. Inexistência de prova inequívoca acerca da relevância e urgência da submissão do demandado à curatela provisória. Indeferimento do pleito. De acordo com o art. 87 da Lei n.º 13.146/2015 – o Estatuto da Pessoa com Deficiência – e os arts. 749 e 750 do CPC/15, somente em casos de relevância e urgência, e a fim de proteger os interesses da pessoa com deficiência em situação de curatela, é cabível a nomeação de curador provisório, competindo à parte autora especificar os fatos que demonstram a necessidade de sujeição da parte requerida à curatela, bem como juntar laudo médico para fazer prova de suas alegações, ou mesmo informar a impossibilidade de fazê-lo. Não havendo prova inequívoca que respalde a pretensão de nomeação de curador provisório, porquanto o único documento que instrui a petição inicial apenas indica as enfermidades que acometem o requerido e refere a necessidade de tratamento com psicofármacos, é de rigor o indeferimento do pleito. Negaram provimento. Unânime" (TJRS, Agravo de Instrumento 0100740-97.2016.8.21.7000, 8.ª Câmara Cível, Canoas, Rel. Des. Luiz Felipe Brasil Santos, j. 11.08.2016, DJERS 17.08.2016).

No que diz respeito aos relativamente incapazes, repise-se que não houve alteração nos incisos I (menores entre 16 e 18 anos) e IV (pródigos) do art. 4.º do CC/2002. Porém, foi retirada a menção às pessoas com discernimento mental reduzido do seu inciso II. Agora somente estão expressos na norma os ébrios habituais (alcoólatras) e os viciados em tóxicos. Ademais, não há previsão quanto aos excepcionais sem desenvolvimento completo (inc. III do art. 4.º, o que tinha aplicação às pessoas com *Síndrome de Down*. O preceito passou a mencionar as pessoas que por causa transitória ou definitiva não puderem exprimir sua vontade, conforme antes estava no art. 3.º, inc. III, da codificação material. Eventualmente, como qualquer outra pessoa, o deficiente poderá até se enquadrar em qualquer um desses incisos do art. 4.º da codificação material. Todavia, em regra, é considerado como plenamente capaz para os atos civis.

Na linha dessa reafirmação da capacidade como premissa geral, sobre a pessoa de idade avançada, que sofreu acidente vascular cerebral, cabe trazer a lume outra decisão do Tribunal Paulista, igualmente prolatada sob a vigência do EPD:

"Curatela. Interditanda idosa, deficiente física, com sequelas de AVC. Ausência de incapacidade permanente ou transitória que afete a manifestação da vontade. Laudo pericial que aponta pela habilidade de prática dos atos da vida civil. Caso em que não se verifica incapacidade relativa, o que desautoriza o estabelecimento de curatela. Limitação de direitos da pessoa sobre sua própria gestão que, com a introdução das alterações realizadas pelo Estatuto da Pessoa com Deficiência, se tornou medida excepcionalíssima. Hipótese em que outros meios jurídicos, como o mandato ou tomada de decisão apoiada, se mostram mais adequados à pretensão da filha sobre a genitora e gestão de seus negócios. Sentença mantida. Recurso improvido" (TJSP, Apelação 0006290-33.2013.8.26.0242, Acórdão 9478873, 6.ª Câmara de Direito Privado, Igarapava, Rel. Des. Eduardo Sá Pinto Sandeville, j. 02.06.2016; DJESP 02.08.2016).

E, ainda, sobre a pessoa cega, por conta de doença crônica, afastando o enquadramento como relativamente incapaz e também sob a vigência da nova lei:

"Curatela. Interditando cego, em decorrência de diabete *mellitus*. Ausência de incapacidade permanente ou transitória que afete a manifestação da vontade. Laudo pericial que aponta pelo discernimento do periciando. Caso em que não se verifica incapacidade relativa, o que desautoriza o estabelecimento de curatela. Limitação de direitos da pessoa sobre sua própria gestão que, com a introdução das alterações realizadas pelo Estatuto da Pessoa com Deficiência, se tornou medida excepcionalíssima. Termo de curatela de beneficiário com deficiência que não mais pode ser exigido pelo INSS. Art. 110-A da Lei n.º 8.213/91.

Hipótese em que outros meios jurídicos, como o mandato ou tomada de decisão apoiada, se mostram mais adequados. Sentença mantida. Recurso improvido" (TJSP, Apelação 0056408-81.2012.8.26.0554, Acórdão 9479530, 6.ª Câmara de Direito Privado, Santo André, Rel. Des. Eduardo Sá Pinto Sandeville, j. 02.06.2016, *DJESP* 06.07.2016).

Em suma, houve uma verdadeira *revolução* na *teoria das incapacidades*, o que repercute diretamente nos institutos de direito assistencial, em especial para a curatela.

Percebe-se, pela leitura de textos publicados na *internet* em 2015, que duas correntes se formaram a respeito da norma.

A primeira – à qual estão filiados José Fernando Simão e Vitor Kümpel – condena as modificações, pois a dignidade de tais pessoas deveria ser resguardada por meio de sua proteção como vulneráveis (*dignidade-vulnerabilidade*).

A segunda vertente – liderada por Joyceane Bezerra, Paulo Lôbo, Nelson Rosenvald, Jones Figueirêdo Alves, Rodrigo da Cunha Pereira e Pablo Stolze – aplaude a inovação, pela tutela da *dignidade-liberdade* das pessoas com deficiência, evidenciada pelos objetivos de sua inclusão.

Entre uma ou outra visão, *a priori*, estou alinhado aos segundos juristas citados. Porém, vejo graves problemas técnicos no Estatuto, que devem ser resolvidos por alteração legislativa, por gerarem sérios problemas práticos.

A propósito, cabe lembrar que o Estatuto da Pessoa com Deficiência regulamenta a Convenção de Nova York, tratado de direitos humanos do qual o Brasil é signatário, e que gera efeitos como emenda constitucional (art. 5.º, § 3.º, da CF/1988 e Decreto 6.949/2009). Assim sendo, não é possível sustentar que o EPD é inconstitucional, mas muito ao contrário. Nos termos do seu art. 1.º, o propósito da Convenção "é promover, proteger e assegurar o exercício pleno e equitativo de todos os direitos humanos e liberdades fundamentais por todas as pessoas com deficiência e promover o respeito pela sua dignidade inerente".

Todavia, ressalte-se que somente o tempo e a prática poderão demonstrar se o melhor caminho é mesmo a *dignidade-liberdade*, ao invés da anterior *dignidade-vulnerabilidade*. Ademais, alguns reparos precisam ser feitos na lei, como propõe o citado Projeto de Lei 757/2015, aqui comentado em alguns de seus aspectos e ora em tramitação na Câmara dos Deputados, sob o número 11.091/2018; e também o Projeto de Reforma do Código Civil, da Comissão de Juristas nomeada no âmbito do Senado Federal.

Feitas tais considerações, vejamos, então, o estudo dos institutos assistenciais, tendo em vista a emergência do Código de Processo Civil de 2015 e do Estatuto da Pessoa com Deficiência.

9.2 DA TUTELA

Começando o estudo dos institutos pela *tutela*, reafirme-se que o seu grande objetivo é a administração dos bens patrimoniais do menor. Enuncia o art. 1.728 do Código Civil que os filhos menores são postos sob tutela com o falecimento dos pais, ou sendo estes julgados ausentes ou em caso de os pais decaírem do poder familiar. Conforme leciona Maria Helena Diniz, há na tutela um *munus* público, ou seja, uma atribuição imposta pelo Estado para atender a interesses públicos e sociais (DINIZ, Maria Helena. *Código Civil*..., 2010, p. 1.229).

Sem prejuízo do que consta do CC/2002, o ECA (Lei 8.069/1990) consagra no seu art. 28 que a tutela é uma das formas de inserção da criança e do adolescente em família substituta. São partes da tutela: o *tutor*, aquele que exerce o *munus* público; e o *tutelado* ou *pupilo*, menor a favor de quem os bens e interesses são administrados.

Como é notório, não se pode confundir a tutela com a *representação* e a *assistência*. A tutela tem sentido genérico, sendo prevista para a administração geral dos interesses de menores, sejam eles absolutamente (menores de 16 anos, art. 3.º, do CC) ou relativamente incapazes (menores entre 16 e 18 anos, art. 4.º, inc. I, do CC).

Por outra via, a *representação* é o instituto que busca atender aos interesses dos menores de 16 anos em situações específicas, para a prática de determinados atos da vida civil. Assim também o é a *assistência*, mas em relação aos menores entre 16 e 18 anos. Premissa fundamental que deve ser sempre reafirmada é a conclusão de que a tutela e o poder familiar não podem coexistir, eis que a tutela visa justamente substituí-lo.

No atual Projeto de Reforma do Código Civil, sugere-se uma melhora na redação do art. 1.728 do Código Civil, que, de forma mais eficiente e objetiva, passará a prever que, no caso de falecimento, ausência ou quando os genitores forem desconhecidos, tiverem sido suspensos ou forem destituídos da autoridade parental, os filhos crianças ou adolescentes, que tenham menos de 18 anos de idade, serão postos sob tutela ou outro regime de colocação familiar, previsto na legislação especial. No trecho final, há alusão à guarda prevista no Estatuto da Criança e do Adolescente, o ECA.

Ademais, como já outrora exposto neste livro, pelo Projeto, a menoridade é retirada do tratamento do Código, passando ele a mencionar as crianças e os adolescentes que tenham menos de 18 anos.

Por proposição da Subcomissão de Direito de Família, é também incluído um novo art. 1.728-A, "criado no intuito de reforçar a doutrina da proteção integral, colocando o interesse do menor acima de qualquer outro relacionado ao tema. Embora haja certa redundância na fixação da observância ao melhor interesse do menor, externando-se a necessidade de observar a existência de prévios vínculos de convivência, afinidade e afeto do tutelado em relação aos pretensos tutores, entende-se que se cuida de providência pertinente servindo para fins didáticos ao intérprete do texto. Cria-se ainda o parágrafo segundo, prevendo a possibilidade da instituição da tutela conjunta".

Assim sendo, nos termos do que está sendo proposto para o seu caput, "na atribuição da tutela, o juiz deverá levar em consideração o princípio do melhor interesse da criança e do adolescente a existência de prévios vínculos de convivência, afinidade e afeto com o tutor". O seu § 1.º irá expressar que, "sempre que possível, a criança ou o adolescente será ouvido, levando-se em consideração sua manifestação de vontade". Como pontuado, o § 2.º do preceito preverá, em boa hora, que "é possível a instituição de dois ou mais tutores para exercício de tutela conjunta". Por fim, é incluído um § 3.º no art. 1.728 da Lei Civil, para expressar que, na tutela conjunta, "havendo divergência entre os tutores acerca de questões fundamentais ao exercício da tutela, o juiz decidirá".

Voltando-se ao sistema vigente, *quanto à origem*, a tutela é dividida em três categorias, que merecem análise pontual, inclusive com o estudo das propostas para a Reforma do Código Civil.

A primeira delas é *tutela testamentária*, instituída por ato de última vontade, por testamento, legado ou mesmo por codicilo (art. 1.729, parágrafo único, do CC/2002). Essa nomeação de tutor compete aos pais, em conjunto, devendo constar em testamento ou em qualquer outro documento autêntico. Há nulidade absoluta da tutela testamentária se feita por pai ou mãe que não tinha o poder familiar no momento da sua morte (art. 1.730 do CC).

Quanto ao art. 1.729, no Projeto de Reforma do Código Civil, há outra proposta que veio da Subcomissão de Direito de Família – composta por Pablo Stolze Gagliano, Maria Berenice Dias, Rolf Madaleno e Ministro Marco Buzzi –, e que almeja deixar o dispositivo mais eficiente e com redação condizente com os nossos tempos. Segundo eles, em suas justificativas, "cria-se parágrafo único, de sorte a compatibilizar o texto da lei civil ao quanto previsto no art. 37 do ECA. Ao fim, aglutina-se no *caput* do artigo o disposto no atual texto do parágrafo único do art. 1.729 do CC, por questão de melhor técnica legislativa". O art. 37 do ECA, como se sabe, tem a seguinte dicção: "o tutor nomeado por testamento ou qualquer documento autêntico, conforme previsto no parágrafo único do art. 1.729 da Lei 10.406, de 10 de janeiro de 2002 – Código Civil, deverá, no prazo de 30 (trinta) dias após a abertura da sucessão, ingressar com pedido destinado ao controle judicial do ato, observando o procedimento previsto nos arts. 165 a 170 desta Lei. Parágrafo único. Na apreciação do pedido, serão observados os requisitos previstos nos arts. 28 e 29 desta Lei, somente sendo deferida a tutela à pessoa indicada na disposição de última vontade, se restar comprovado que a medida é vantajosa ao tutelando e que não existe outra pessoa em melhores condições de assumi-la".

A par dessas justificativas, a norma civil passará a prever o seguinte: "aos pais, em conjunto ou separadamente, é dado o direito de nomear tutor em testamento ou outro documento autêntico. Parágrafo único. A nomeação será confirmada pelo juiz quando comprovada ser a escolha a mais benéfica ao tutelado".

No que diz respeito ao art. 1.730, a proposta da Comissão de Juristas é de substituição do termo "poder familiar" por "autoridade parental", na linha de outras projeções de alteração do texto civil: "é nula a nomeação de tutor feita pelos pais que, ao tempo de sua morte, não exerciam a autoridade parental". Além disso, "pai" e "mãe" são alterados para "pais", a fim de a norma atender às realidades das famílias homoafetivas e pluriparentais, como se dá na multiparentalidade.

Como segunda categoria vigente, a *tutela legítima* é a concretizada na falta de tutor nomeado pelos pais, nos termos do art. 1.731 do CC/2002; incumbe-a aos parentes consanguíneos do menor, por esta ordem: 1.º) aos ascendentes, preferindo o de grau mais próximo ao mais remoto; 2.º) aos colaterais até o terceiro grau (irmãos, tios e sobrinhos), preferindo os mais próximos aos mais remotos, e, no mesmo grau, os mais velhos aos mais moços. Em uma dessas situações, o juiz escolherá entre eles o mais apto a exercer a tutela em benefício do menor, tendo em vista o princípio do melhor ou maior interesse da criança. Não se trata, assim, de uma ordem obrigatória ou peremptória, a ser seguida pelo magistrado.

Quanto a esse art. 1.731 e a Reforma do Código Civil, nas palavras da Subcomissão de Direito de Família, "o texto atual do CC estabelece uma ordem hierárquica entre os parentes consanguíneos do menor, a fim de que o juízo determine a quem recairá o encargo da tutoria. Tal normativa não mais se coaduna com a ordem constitucional, e em especial ao ECA. A proposta busca compatibilizar os textos reforçando a possibilidade, e a preferência, de que o menor seja tutelado por quem mantenha certa afinidade, guardando assim maior afinidade com uma estrutura familiar". Como antes pontuado, não se trata de uma ordem peremptória, o que esvazia o texto da lei. Ademais, com toda a razão, a proposta da subcomissão foi mantida, tendo a proposição o seguinte texto, revogando-se expressamente os incisos do dispositivo legal: "Art. 1.731. Na falta da nomeação pelos pais, a tutela deverá ser atribuída, prioritariamente, aos parentes que mantenham vínculos de convivência e afetividade com o tutelado. I – Revogado; II – Revogado".

Por fim, na classificação ora estudada, há a *tutela dativa*, presente na falta de tutela testamentária ou legítima e preceituando o art. 1.732 do Código Civil que o juiz nomeará tutor idôneo e residente no domicílio do menor. Essa mesma forma de tutela é prevista para os casos de exclusão do tutor, escusa da tutela ou quando removidos os tutores legítimos ou testamentários por não serem idôneos.

Mais uma vez, no Projeto de Reforma, a Subcomissão de Direito de Família sugere a extinção da figura do tutor dativo, pouco aplicada na realidade jurídica nos mais de vinte anos do Código Civil. Nos termos das suas justificativas, cria-se a figura do *tutor patrimonial*, tendo havido "proposta de artigo em substituição ao atual 1.732 do CC, o qual previa a figura do tutor dativo para os casos em que não houvesse parentes ou tutores testamentários aptos à assunção da tutela. Busca-se adequar o texto do CC à sistemática de colocação do menor em família substituta previsto no ECA, aplicável, em simetria, nos casos em que é impossível a sua recolocação em família extensa. Por outro lado, objetivando resguardar o patrimônio do menor de idade, que esteja na condição de recolocação em família substituta, cria-se o parágrafo único, possibilitando que o juiz nomeie um tutor patrimonial, com poderes exclusivos de administração dos bens enquanto perdurar esta situação, cessando, portanto, assim que terminado o procedimento de recolocação. Essa nomenclatura, tutor patrimonial, tem em mira evidenciar que existem duas espécies de tutela, a 'existencial' e a 'patrimonial'. A primeira, amoldada aos deveres de convivência e cuidado que recaem sobre o tutor para com o tutelado. A segunda, com o desiderato de estabelecer um gestor ao patrimônio do menor".

Nesse contexto, nos termos do novo e projetado art. 1.732, *caput*, do CC, "na ausência de parentes em condições de assumirem a tutela, ou de pessoa que se disponha a aceitar a função de tutor, a criança ou o adolescente será incluído em programa de colocação familiar, na forma prevista na legislação específica". Sobre o tutor patrimonial, estará em seu parágrafo único que, "na hipótese de a criança ou o adolescente ser encaminhado ao programa de colocação familiar e sendo titular de patrimônio, poderá o juízo nomear tutor patrimonial, com poderes exclusivos de administração dos bens, enquanto não houver a colocação familiar definitiva". As mudanças são importantes, para tornar o texto da lei mais efetivo diante da realidade prática, tendo o meu total apoio, como Relator-Geral na Comissão de Juristas.

Em todas as situações expostas no sistema vigente, havendo irmãos órfãos, dar-se-á um só tutor comum (art. 1.733 do CC), o que representa a consolidação do *princípio da unicidade da tutela*.

No entanto, se for nomeado mais de um tutor por disposição testamentária e sem indicação de precedência dos irmãos, entende-se que a tutela foi cometida ao primeiro que constar no testamento. Os demais lhe sucederão pela ordem de nomeação, se ocorrer morte, incapacidade, escusa do tutor ou qualquer outro impedimento (art. 1.733, § 1.º, do CC).

Além da instituição testamentária, é possível também nomear o menor como herdeiro ou legatário, pelo próprio testamento ou legado de nomeação. Nesse diapasão, caberá ainda a nomeação de um *curador especial* para os bens deixados, ainda que o beneficiário se encontre sob o poder familiar, ou mesmo sob tutela (art. 1.733, § 2.º, do CC).

Sobre esse último preceito, julgou o Superior Tribunal de Justiça, em 2023, que "é válida a disposição testamentária que institui filha coerdeira como curadora especial dos bens deixados à irmã incapaz, relativamente aos bens integrantes da parcela disponível da herança, ainda que esta se encontre sob o poder familiar ou tutela" (STJ, REsp 2.069.181/SP, 4.ª Turma, Rel. Min. Marco Buzzi, j. 10.10.2023, v.u.). O *decisum* reformou acórdão do Tribunal Paulista que havia considerado como ineficaz a previsão testamentária deduzindo, de forma correta na minha opinião, que "a circunstância de a descendente, ainda criança, manter a posição de herdeira legítima e testamentária, simultaneamente, não conduz ao afastamento da disposição relacionada à instituição de curadora especial para administrar os bens integrantes da parcela disponível da testadora, expressamente prevista em lei, sem que haja qualquer necessidade de aferir a inidoneidade do detentor do poder familiar ou tutor".

Quanto à reforma do art. 1.733, assim como as proposições anteriores sobre a tutela, mais uma vez, a Subcomissão de Direito de Família orienta a adaptação do texto do Código Civil ao ECA, visando à funcionalização do instituto, em prol dos interesses do tutelado. Vejamos as suas corretas justificativas:

"Primeiramente, procede-se, nessa proposta, à adaptação do *caput* do artigo ao disposto no Estatuto da Criança e do Adolescente, art. 28, § 4.º. Assim, os grupos de irmãos serão colocados sob adoção, tutela ou guarda da mesma família substituta, ressalvada a comprovada existência de risco de abuso ou outra situação que justifique plenamente a excepcionalidade de solução diversa, procurando-se, em qualquer caso, evitar o rompimento definitivo dos vínculos fraternais. Por outro lado, promove-se adaptação da redação do § 1.º à possibilidade da instituição da tutela conjunta, facultada no texto sugerido ao art. 1.728-A, § 2.º. Por fim, altera-se a nomenclatura prevista no § 2.º, de 'curador' para 'tutor patrimonial'. Tal alteração tem em mira evidenciar que existem duas espécies de tutela, a 'existencial' e a 'patrimonial'. A primeira amoldada aos deveres de convivência e cuidado que recaem sobre o tutor para com o tutelado. A segunda com o desiderato de estabelecer um gestor ao patrimônio do menor".

Por tudo isso, com vistas a uma necessária funcionalização da tutela, o art. 1.733 passará a prever o seguinte: "Os grupos de irmãos, preferencialmente, deverão ser mantidos juntos sob a mesma tutela existencial, salvo se comprovada situação que justifique a excepcionalidade de solução diversa, procurando-se, em qualquer caso, evitar o rompimento definitivo dos vínculos fraternais. § 1.º No caso de ser nomeado mais de um tutor pelos pais, sem ordem de preferência, a tutela será prioritariamente conjunta. § 2.º Quem institui pessoa com menos de dezoito anos de idade como herdeiro ou legatário, poderá nomear-lhe tutor patrimonial para os bens deixados, ainda que o beneficiário se encontre sob a autoridade parental ou tutela existencial".

Mais uma vez, penso que as mudanças propostas são mais do que necessárias, sendo até urgentes a sua aprovação pelo Parlamento Brasileiro.

De volta ao sistema em vigor, o art. 1.734 do CC/2002 tratava, na redação original, da *tutela do menor abandonado*, que teria *tutor dativo*, ou seja, nomeado pelo juiz. Sendo impossível a nomeação desse tutor dativo, o menor abandonado seria recolhido a estabelecimento público para esse fim destinado. Na falta desse estabelecimento, o menor ficaria sob a tutela das pessoas que, voluntária e gratuitamente, se encarregariam da sua criação, havendo uma inserção em família substituta.

O dispositivo foi alterado pela Lei 12.010, de 2009, então conhecida como *Nova Lei da Adoção*, passando a prescrever que as crianças e os adolescentes cujos pais forem desconhecidos, falecidos ou que tiverem sido suspensos ou destituídos do poder familiar terão tutores nomeados pelo Juiz ou serão incluídos em programa de colocação familiar, na forma prevista pela Lei 8.069, de 13 de julho de 1990 (*família substituta*). Em suma, não se menciona mais o *menor abandonado*, substituindo-se a expressão por outras mais amplas e genéricas. No Projeto de Reforma do Código Civil, propõe-se a revogação do dispositivo, para que o tema seja tratado no novo art. 1.728, aqui antes comentado.

Seguindo no estudo do tema, o Código Civil de 2002, assim como o seu antecessor, continua prevendo aqueles que são incapazes de exercer tutela (art. 1.735), bem como aqueles que podem escusá-la, ou seja, não a aceitar ou pedir dispensa (art. 1.736).

Pelo primeiro dispositivo, não podem ser tutores e serão exonerados da tutela: *a)* aqueles que não tiverem a livre administração de seus bens, como no caso dos menores ou dos pródigos; *b)* aqueles que, no momento de lhes ser deferida a tutela, se acharem constituídos em obrigação para com o menor, ou tiverem que fazer valer direitos contra este, e aqueles cujos pais, filhos ou cônjuges tiverem demanda contra o menor; *c)* os inimigos do menor, ou de seus pais, ou aqueles que tiverem sido por estes expressamente excluídos da tutela; *d)* os condenados por crime de furto, roubo, estelionato, falsidade, contra a família ou os costumes, tenham ou não cumprido pena; *e)* as pessoas de mau procedimento, ou falhas em probidade, e as culpadas de abuso em tutorias anteriores, cabendo análise caso a caso; e *f)* aqueles que exercerem função pública incompatível com a boa administração da tutela, caso de um juiz, de um promotor de justiça ou de um delegado de polícia.

Sobre a previsão relativa aos condenados por crime, o Enunciado n. 636, aprovado na *VIII Jornada de Direito Civil* (2018), admite a sua mitigação, o que conta com o meu apoio. Nos seus termos, "o impedimento para o exercício da tutela do inc. IV do art. 1.735 do Código Civil pode ser mitigado para atender ao princípio do melhor interesse da criança".

As hipóteses expostas, como se pode perceber, são de *falta de legitimação* para o ato, para o exercício da tutela. Por outra via, as hipóteses de *escusa*, a seguir demonstradas, são situações em que a dispensa pode ou não ocorrer, havendo um direito potestativo das pessoas elencadas. O procedimento de escusa corre perante a Vara da Infância e da Juventude, se houver. Não havendo esse juízo especializado, a competência será da Vara da Família ou da Vara Cível, pela ordem.

De acordo com o art. 1.736 do CC/2002, podem *escusar-se* da tutela, inicialmente, as mulheres casadas. Há proposta de revogação do dispositivo, conforme o Enunciado n. 136 do CJF/STJ, da *I Jornada de Direito Civil*. Isso porque "não há qualquer justificação de ordem legal para legitimar que mulheres casadas, apenas por essa condição, possam se escusar da tutela". Realmente, é de se concordar com a proposta, pois o dispositivo parece ser herança da perversa distinção entre homens e mulheres, que não mais existe no nosso sistema jurídico.

Também cabe a escusa da tutela aos maiores de 60 anos. Igualmente nesse ponto há que se discutir se a norma é ou não discriminatória, como acontece com o art. 1.641, inc. II, do CC/2002, que continua a discriminar o idoso, impondo-lhe o regime da separação obrigatória de bens, agora com 70 anos de idade.

Seguindo, o inc. III do art. 1.736 do Código Civil estabelece que podem escusar-se da tutela aqueles que tiverem sob sua autoridade mais de três filhos. A ideia é que há um excesso de responsabilidades nessas hipóteses, o que pode fundamentar a declinação do *munus*. Por fim, existem outras situações que dizem respeito a motivos relevantes nos quatro últimos incisos do preceito material. Assim é o caso dos impossibilitados por enfermidade; daqueles que habitarem longe do lugar onde se haja de exercer a tutela; daqueles que já exercem uma tutela ou curatela e dos militares em serviço (art. 1.735, incs. IV a VII, do CC/2002).

Ainda no que diz respeito à escusa, aquele que não for parente do menor não poderá ser obrigado a aceitar a tutela, se houver no lugar parente idôneo, consanguíneo ou afim, em condições de exercê-la (art. 1.737 do CC). Trata-se de mais uma situação de dispensa pessoal, o que a doutrina denomina como *recusa da tutela por estranho* (DINIZ, Maria Helena. *Código Civil...*, 2010, p. 1.235).

Em verdade, as regras relativas à incapacidade para a tutela e à sua escusa são tidas hoje por parte considerável da doutrina como desatualizadas e distantes das recentes mudanças que atingiram a família brasileira. Por isso, a Comissão de Juristas nomeada para a Reforma do Código Civil sugere mudanças consideráveis no atual sistema.

Como pontuou a Subcomissão de Direito de Família, "o atual art. 1.735 prevê uma série de situações que obstam a pessoa nelas enquadrada de exercer a tutela. São hipóteses atreladas, de regra, a conflitos de interesses entre o tutor e o tutelado, a comportamentos do tutor aptos a demonstrar sua incapacidade moral de exercer o múnus. Visando a modernizar o dispositivo, buscou-se criar cláusulas abertas, em detrimento das situações específicas antes previstas, permitindo que o juiz examine de forma mais adequada cada caso concreto, à luz do princípio da operabilidade ou concretude (Miguel Reale)". As proposições foram aceitas pela Relatoria-Geral e pelos demais membros da Comissão de Juristas.

Ao final, sugere-se a manutenção do inc. I, a alteração com abertura do texto dos incs. II e III e a revogação dos demais, passando o dispositivo a prever o seguinte: "Art. 1.735. Não podem ser tutores e serão exonerados da tutela, caso a exerçam: I – aqueles que não tiverem a livre administração de seus bens; II – mantiverem conflito de interesses com o tutelado; III – tenham comportamento contrário ao melhor interesse da pessoa com menos de dezoito anos de idade. IV – Revogado; V – Revogado; VI – Revogado". De fato, as previsões hoje presentes no texto não mais se justificam, tendo sido mitigadas, como antes exposto.

No que diz respeito ao art. 1.736, como se retira dos meus comentários doutrinários, trata-se de norma que precisa ser reformada urgentemente, tendo tom hoje considerado discriminatório em algumas de suas previsões. De toda sorte, a Subcomissão de Direito de Família não propôs apenas a revogação de alguns dos incisos tidos como problemáticos, mas, sim, uma nova roupagem para a tutela e para a sua escusa, funcionalizando o instituto:

"Com a nova roupagem da tutela, decorrente da instituição do Estatuto da Criança e do Adolescente, que prevê a doutrina da proteção integral e o resguardo ao melhor interesse da criança e do adolescente, não mais se justifica tratar o instituto como uma forma de obrigação imposta ao tutor, visando essencialmente à obrigação de administrar os bens do tutelado. Nesse panorama, impor a obrigação de que alguém sirva como tutor, independente de sua vontade, torna-se medida vetusta e que se afasta dos objetivos precípuos da mencionada doutrina da proteção integral, bem como dos próprios interesses mais imediatos da criança e do adolescente. Portanto, propõe-se a alteração legislativa para que a recusa à tutoria decorra de simples manifestação de vontade do tutor. Entende-se que, se o tutor não estiver disposto a exercer a tutoria, certamente os interesses do menor de idade ficarão comprometidos, porque sujeito ao convívio com pessoa que não está imbuída da intenção de bem cuidar".

Nesse contexto, com a revogação de todos os seus incisos, a norma passará a prever pura e simplesmente o seguinte: "Art. 1.736. O tutor pode escusar-se do exercício da tutela mediante declaração expressa e motivada". Essa simplificação, no meu entender, tornará o instituto da tutela mais funcionalizado e efetivo.

Em complemento, diante da alteração proposta do texto do art. 1.736 do CC, e tendo em vista as suas justificativas, o art. 1.737 perde a sua razão de ser, tendo sido recomendada a sua revogação expressa pela Subcomissão de Direito de Família, sugestão acatada pela Relatoria-Geral e por toda a Comissão de Juristas. Como se verá, é feita proposta de alteração também do texto do art. 1.765, e segundo a citada subcomissão, "diante dessa lógica, justifica-se a mudança de redação do art. 1.765, que previa hipóteses específicas que permitiam a recusa à tutela, contemplando agora a possibilidade de recusa por simples manifestação de vontade. Pela mesma linha de raciocínio, justifica-se também a revogação do art. 1.737 e, por fim, a revogação do art. 1.765, o qual estabelecia um prazo mínimo de dois anos para o exercício da tutela".

Voltando-se ao sistema atual, o art. 1.738 da codificação material de 2002 consagra prazo decadencial de dez dias, contados da sua designação, para a manifestação da escusa pelo tutor. Não havendo essa manifestação expressa, deve-se entender que a parte renunciou ao direito potestativo de alegar essa dispensa pessoal. No entanto, se o motivo escusatório ocorrer depois de aceita a tutela, os dez dias serão contados a partir do momento em que sobrevier esse motivo.

O prazo para a manifestação da escusa era de cinco dias, conforme o art. 1.192 do CPC/1973. Pelo mesmo dispositivo, contar-se-ia o prazo: *a)* antes de aceitar o encargo, da intimação para prestar compromisso; *b)* depois de entrar em exercício, do dia em que sobrevier o motivo da escusa. Não sendo requerida a escusa no prazo estabelecido neste artigo, reputar-se-ia renunciado o direito de alegá-la (art. 1.192, parágrafo único, do CPC/1973).

Como o Código Civil de 2002 regulamentou igual e inteiramente a matéria relativa ao prazo de escusa na tutela, sempre sustentei que prevaleceria o seu art. 1.738 em relação ao CPC de 1973. Todavia, a norma processual ainda prevaleceria no seguinte ponto, por não ter sido tratada pelo Código Civil: o juiz deveria decidir de plano esse pedido de escusa. Se não a admitisse, exerceria o nomeado a tutela ou curatela enquanto não fosse dispensado por sentença transitada em julgado (art. 1.193 do CPC/1973).

Pois bem, o Código de Processo Civil de 2015 tratou do tema no seu art. 760, estabelecendo que "o tutor ou o curador poderá eximir-se do encargo apresentando escusa ao juiz no prazo de 5 (cinco) dias contado: I – antes de aceitar o encargo, da intimação para prestar compromisso; II – depois de entrar em exercício, do dia em que sobrevier o motivo da escusa. § 1.º Não sendo requerida a escusa no prazo estabelecido neste artigo, considerar-se-á renunciado o direito de alegá-la. § 2.º O juiz decidirá de plano o pedido de escusa, e, não o admitindo, exercerá o nomeado a tutela ou a curatela enquanto não for dispensado por sentença transitada em julgado".

Como a norma é posterior e mais especial do que o Código Civil, ela hoje prevalece, havendo uma revogação tácita, nos termos do art. 2.º da Lei de Introdução, notadamente por tratar inteiramente da mesma matéria. Como aspecto de organização do dispositivo, sem modificação de conteúdo, o teor do antigo art. 1.193 do Estatuto Processual de 1973 passou a compor um parágrafo do novo preceito. No mais, os conteúdos foram mantidos, devendo agora prevalecer.

De todo modo, com o fim de se resolver essa antinomia ou conflito de normas de forma definitiva, no Projeto de Reforma do Código Civil, propõe-se a revogação expressa do seu art. 1.738, pois, de fato, já houve a sua revogação tácita pelo Código de Processo Civil. Também é feita sugestão para alteração do art. 760 do CPC, na linha lógica das sugestões das anteriores e passando ele a prever o seguinte: "O tutor ou o curador poderá eximir-se do encargo no prazo de 5 (cinco) dias contado da intimação para prestar compromisso. I – Revogado. II – Revogado. § 1.º Revogado. § 2.º Revogado". Nas justificativas da Subcomissão de Direito de Família, "propõe-se a mudança de redação do *caput* do art. 760 do CPC, para que a recusa (agora baseada apenas na manifestação de vontade do tutor) seja manifestada da intimação para prestar compromisso. Por consequência direta dessa mesma mudança, revogam-se os parágrafos e demais incisos do mesmo dispositivo, visto que estavam estruturados a partir da *mens legis* anterior, a qual contemplava os casos de recusa de forma específica". As propostas são louváveis e, assim como outras, funcionalizam a tutela, de acordo com o que está previsto no ECA e em prol do maior interesse do tutelado.

Retornando-se ao sistema vigente e por fim no que concerne à escusa, se o juiz não a admitir, o nomeado exercerá a tutela enquanto o recurso interposto não tiver provimento (art. 1.739 do CC/2002). Além disso, responderá desde logo pelas perdas e danos o tutor nomeado que não atua nesse lapso temporal, como determina a lei, em relação aos prejuízos que o menor venha a sofrer.

Mais uma vez, na atual Reforma do Código Civil, a Subcomissão de Direito de Família propõe a revogação expressa do art. 1.739, pois ele já estaria revogado tacitamente pelo art. 640 do CPC/2015. Com o devido respeito, não concordo com a tese da sua atual revogação tácita, pois o atual dispositivo processual não trata das perdas e danos mencionados na norma civil. De todo modo, com a alteração que é proposta para o art. 640 do Estatuto Processual, de fato, a norma terá que ser revogada expressamente, mas por outra razão. Em suma, concordei com a proposta de revogação, mas com motivação diversa, o que acabou prevalecendo na Relatoria-Geral e na Comissão de Juristas.

Voltando-se ao Código de Processo Civil ora em vigor, ele continua a estabelecer que o tutor ou curador será intimado a prestar compromisso no prazo de cinco dias contados: *a)* da nomeação feita na conformidade da lei civil; e *b)* da intimação do despacho que mandar cumprir o testamento ou o instrumento público que o houver instituído. Trata-se do novo art. 759 do CPC/2015, reprodução integral do art. 1.187 do CPC/1973.

O Código de Processo Civil anterior cuidava da *hipoteca legal* quando da nomeação do tutor, categoria que foi extinta pelo CC/2002, o que trazia – e ainda traz – a dedução de que tais normas anteriores foram totalmente prejudicadas (arts. 1.188 a 1.191 do CPC/1973). O Código de Processo Civil não cuidou dessa hipoteca imposta pela norma, o que não poderia ser diferente. Em verdade, a citada hipoteca legal foi substituída por uma *caução*, regulamentada pelo Código Civil, como ainda será exposto neste capítulo.

A hipoteca legal constava da mesma forma dos arts. 37 e 38 do ECA (Lei 8.069/1990). Todavia, tais dispositivos foram alterados pela Lei 12.010/2009, passando a tratar de procedimentos da tutela testamentária. É a redação atual do art. 37 do ECA:

> "O tutor nomeado por testamento ou qualquer documento autêntico, conforme previsto no parágrafo único do art. 1.729 da Lei 10.406, de 10 de janeiro de 2002 – Código Civil, deverá, no prazo de 30 dias após a abertura da sucessão, ingressar com pedido destinado ao controle judicial do ato, observando o procedimento previsto nos arts. 165 a 170 desta Lei. Parágrafo único. Na apreciação do pedido, serão observados os requisitos previstos nos arts. 28 e 29 desta Lei, somente sendo deferida a tutela à pessoa indicada na disposição de última vontade, se restar comprovado que a medida é vantajosa ao tutelando e que não existe outra pessoa em melhores condições de assumi-la".

Feitas tais considerações, nota-se que o Código Civil possui normas que disciplinam o exercício da tutela. A primeira delas é o art. 1.740, que traz as incumbências do tutor no exercício do seu *munus* público, a saber: *a)* dirigir a educação do menor, defendê-lo e lhe prestar os alimentos, conforme os seus haveres e condição; *b)* reclamar do juiz que tome as providências necessárias para a correção do menor, caso essa seja necessária; e *c)* cumprir com os demais deveres que normalmente cabem aos pais, sempre ouvida a opinião do menor, se este já contar 12 anos de idade. Sem prejuízos desses deveres, que serão exercidos sem a inspeção judicial, incumbe ao tutor, agora sob a referida intervenção do juiz, administrar os bens do tutelado, sempre em proveito deste, cumprindo seus deveres com zelo e boa-fé (art. 1.741 do CC/2002).

Tendo em vista a fiscalização dos atos do tutor, o CC/2002 admite a nomeação pelo juiz de um *protutor* (art. 1.742), que igualmente assumirá um *munus* público, norteado pelas mesmas atribuições que tem o tutor, inclusive guiado pela boa-fé e pela eticidade. Anotam Jones Figueirêdo Alves e Mário Luiz Delgado que se trata de uma "forma de inspeção judicial delegada, no sentido de monitoramento da tutela, em sua função de proteger o menor tutelado" (ALVES, Jones Figueirêdo; DELGADO, Mário Luiz. *Código Civil...*, 2005, p. 894. Aplicando o preceito, o Tribunal de Justiça do Distrito Federal admitiu a nomeação de padrasto como protutor, "no objetivo de resguardar o melhor interesse da criança, nomeia-se seu pai afetivo (ex-companheiro da sua mãe) protutor para ajudar na administração de seus bens" (TJDF, Recurso 2009.05.1.006057-5, Acórdão 586.569, 2.ª Turma Cível, Rel. Des. Sérgio Rocha, *DJDFTE* 17.05.2012, p. 89).

De acordo com o art. 1.743 da norma material geral, se os bens e os interesses administrativos exigirem conhecimentos técnicos, forem complexos, ou realizados em lugares distantes do domicílio do tutor, poderá este, mediante aprovação judicial, delegar a outras pessoas físicas ou jurídicas o exercício parcial da tutela. Como comenta Maria Helena Diniz, o poder do tutor é uno e *indivisível*, sendo o encargo pessoal. Entretanto, isso não obsta a cessão da tutela, uma concessão parcial do encargo, o que se denomina *tutela parcial* ou *cotutoria* (DINIZ, Maria Helena. *Código Civil...*, 2010, p. 1.238). Como se percebe, a última hipótese não se confunde com a atuação do *protutor*, pois aqui a tutela é exercida de forma concomitante, nos limites do que for determinado pelo juiz da Vara da Infância e da Juventude.

Como não poderia ser diferente, também quanto ao exercício da tutela, a Comissão de Juristas sugere modificações importantes quanto ao sistema em vigor. Iniciando-se pelo art. 1.740 da Lei Geral Privada, de acordo com a Subcomissão de Direito de Família, "coloca-se a expressão tutor no plural, a fim de melhor adequar o texto à possibilidade de instituição de tutela conjunta. Em segundo plano, revoga-se o inc. II, visto que não mais se revela consentânea a possibilidade de o juiz aplicar métodos de correção em relação ao menor. No lugar disso, cria-se o parágrafo único, dispondo que poderá o juiz valer-se de métodos adequados ou equipe interdisciplinar, voltados a providenciar a adequação do menor ao convívio no lar dos tutores. Por fim, revoga-se o inc. III, diante da criação do inc. IV, o qual moderniza a redação da norma, prevendo que caberá ao tutor assumir os deveres inerentes à autoridade parental, atentando à manifestação de vontade do tutelado".

Com todas essas necessárias alterações, o dispositivo passará a ter a seguinte redação: "incumbe aos tutores quanto à pessoa do tutelado: I – dirigir-lhe a educação, defendê-lo e prestar-lhe alimentos, conforme os seus haveres e condição; II – Revogado. III – Revogado. IV – assumir os deveres inerentes à autoridade parental, atentando, sempre que possível, à manifestação de vontade do tutelado. Parágrafo único. Poderá o juiz valer-se de equipe interdisciplinar ou outros métodos de apoio sempre que houver dificuldade de adaptação de convívio entre tutores e tutelados". Como não poderia ser diferente, as proposições formuladas pelos especialistas foram totalmente aceitas pela Relatoria-Geral e pela Comissão de Juristas.

Quanto ao art. 1.741, a Subcomissão de Direito de Família sugeriu que a fiscalização das tutelas – no plural, já que se insere no sistema a tutela conjunta – seja feita pelo Ministério Público, uma vez que, "seguindo a tendência do moderno direito de família, que busca a desjudicialização de várias situações litigiosas, tais como o divórcio, inventário e partilha, reconhecimento de filiação socioafetiva etc., retira-se do juízo e fixa-se com o Ministério Público a incumbência direta de fiscalizar as prestações de contas e demais atividades do tutor". Assim, "tal medida tem por objetivo tornar mais célere e menos burocrática a atuação do tutor, visto que bastará a aprovação do órgão ministerial para desincumbir o tutor de suas obrigações. Por outro lado, nos casos em que não houver a possibilidade de o Ministério Público resguardar integralmente os interesses do menor de idade, ficará aberta a via judicial, dado o princípio da inafastabilidade da jurisdição. Mas agora como via alternativa e excepcional".

Nesse contexto, seguindo a linha de *extrajudicialização* proposta pela Reforma, com o apoio unânime de todos os membros da Comissão de Juristas, o dispositivo será redigido do seguinte modo: "incumbe aos tutores, sob a inspeção do Ministério Público, administrar os bens do tutelado, em proveito deste, cumprindo seus deveres com zelo e boa-fé". Trata-se de mais uma modificação necessária, a fim de retirar do juiz incumbência que pode ser perfeitamente exercida por outro integrante do sistema de Justiça, sem que haja qualquer prejuízo e até de forma mais eficiente.

Seguindo-se com a análise das proposições para a Reforma do Código Civil, propõe-se incluir no seu art. 1.742 a menção a uma remuneração módica do protutor, com os fins de deixar a norma mais clara, a saber: "para fiscalização dos atos dos tutores, pode o juiz nomear protutor e fixar-lhe remuneração módica". E, quanto ao dispositivo seguinte, seguindo-se as proposições feitas ao art. 1.741, retira-se do comando a incumbência que era do Poder Judiciário, atribuída agora ao Ministério Público, em prol da *desjudicialização* e da *extrajudicialização*, diretrizes que orientaram o Anteprojeto de Reforma.

Nesse contexto, o art. 1.743 do CC passará a ter a seguinte dicção: "se os bens e interesses administrativos do tutelado exigirem conhecimentos técnicos, forem complexos ou realizados em lugares distantes do domicílio dos tutores, poderão estes, mediante aprovação do Ministério Público, delegar a outras pessoas físicas ou jurídicas o exercício parcial da tutela". A proposta, que veio da Subcomissão de Direito de Família, foi integralmente aceita pelos Relatores-Gerais e pelos demais membros da Comissão de Juristas, em prol de uma melhor funcionalização da tutela. Somente em casos excepcionais, a questão será levada ao Poder Judiciário.

Em complemento, é incluído no Código Civil um novo art. 1.743-A, prevendo que, "verificando que a criança ou o adolescente mantém vínculos de afinidade e afetividade com algum parente que não reúne condições de exercer a administração do patrimônio do tutelado, poderá o juiz nomeá-lo como tutor existencial e nomear outrem como tutor patrimonial para gestão dos seus bens". Nesse caso, para a nomeação do chamado tutor existencial, exige-se a atuação do Poder Judiciário. Vejamos o que ponderou e justificou a Subcomissão de Direito de Família a respeito dessa proposição:

> "Nem sempre a pessoa com a qual o menor já tem estabelecidos vínculos de afinidade ou afetividade será capacitada para gestão de um patrimônio mais complexo, situação reconhecida, inclusive, no atual texto do art. 1.743. Entende-se, todavia, que essa falta de conhecimento não pode impedir que se mantenha o menor em convívio com aquele que melhor lhe ofereça condições de aporte moral, familiar e espiritual. Cria-se, assim, a possibilidade de conservar os interesses do menor, mantendo a tutela com determinada pessoa (tutela existencial), mas desdobrando eventuais poderes de gestão, de parte ou da totalidade, do patrimônio, para terceiro, o qual se denomina tutor patrimonial, em simetria com o art. 1.733, § 2.º, do CC. Essa nomenclatura, tutor patrimonial, tem em mira evidenciar que existem duas espécies de tutela, a 'existencial' e a 'patrimonial'. A primeira amoldada aos deveres de convivência e cuidado que recaem sobre o tutor para com o tutelado. A segunda com o desiderato de estabelecer um gestor ao patrimônio do menor".

A proposta de criação das duas categorias é salutar, mais uma vez visando à funcionalização do instituto da tutela.

De volta ao sistema em vigor, o Código Civil de 2002, a exemplo do anterior, continua trazendo a responsabilidade do juiz quanto à tutela havendo prejuízos ao tutelado, podendo essa responsabilidade ser direta ou subsidiária em relação ao tutor (art. 1.744 do CC).

A responsabilidade do juiz será direta e pessoal quando não tiver nomeado o tutor ou não o houver feito oportunamente. Por outra via, essa responsabilidade do magistrado será subsidiária quando não tiver exigido garantia legal do tutor, nem o removido, tanto que se tornou suspeito. Nos dois casos, exige-se apenas culpa do juiz, e não o dolo, que era regra geral contida no art. 133 do CPC/1973, repetida pelo art. 143 do CPC/2015.

Há quem entenda que a norma civil está prejudicada, tendo sido revogada tacitamente pelo último comando instrumental, uma vez que a responsabilidade civil do juiz é sempre subsidiária pelo Estatuto Processual em vigor. Nesse sentido, as palavras, de Fernando Gajardoni, que merecem destaque:

"Seguindo a tendência jurisprudencial formada a partir da interpretação antes existente do art. 133 do CPC/1973, e do art. 49 e incisos da Lei Orgânica da Magistratura Nacional (art. 49 da LC 35/1979), o art. 143 do CPC/2015 explicita que a responsabilização do magistrado se dá, apenas, de modo regressivo (STF, 2.ª T., RE 228.977-2/SP, Rel. Min. Néri da Silveira, j. 05.03.2002, DJ 12.04.2002). Trata-se de interpretação que objetiva, à luz das garantias constitucionais da magistratura (art. 95 da CF), proteger os juízes contra investidas temerárias das partes e advogados, eventualmente prejudicados por decisões proferidas. Exigindo-se que, primeiramente, a ação civil de responsabilização seja dirigida contra a União (magistrados federais e do Distrito Federal) e Estados (magistrados estaduais), na forma do art. 37, § 6.º, da CF/1988, tem-se um filtro que possibilita aos juízes julgarem com independência, cientes de que só serão responsabilizados civilmente caso o Poder Público tenha condições de afirmar que a conduta se enquadra nas duas situações do art. 143 do CPC/2015). Note-se, assim, que o art. 1.744 do CC (que responsabiliza o juiz, direta e pessoalmente, quando não houver nomeado tutor), está superado" (GAJARDONI, Fernando de Fonseca. *Comentários...* In: CABRAL, Antonio do Passo; CRAMER (Coord.), 2015, p. 266).

Parece-me que, de fato, o objetivo do legislador foi de consagrar uma responsabilidade regressiva, subsidiária e excepcional do juiz. Porém, tal opção é altamente prejudicial aos direitos das vítimas, diante das comuns dificuldades de demandar o Estado. Os casos de reconhecimento do dever de indenizar de magistrados são raríssimos, especialmente diante da adoção de um modelo fundado em atos dolosos dos julgadores. De todo modo, em relação ao art. 1.744 do Código Civil, entendo ainda estar em vigor, diante de seu caráter excepcional, aplicável à tutela.

Seja como for, no Projeto de Reforma do Código Civil, a Comissão de Juristas sugere a revogação expressa do art. 1.744 do Código Civil, para que o tema fique concentrado no Código de Processo Civil, na linha dos meus comentários doutrinários. Consoante justificaram os membros da Subcomissão de Direito de Família, "entende-se que o CPC, em seu art. 143, regulamenta genericamente a matéria, abarcando as hipóteses do artigo em questão, sendo despicienda a menção junto ao CC. Outrossim, a disposição legal conflita com a hodierna interpretação do STF em relação ao disposto no art. 37, § 6.º, da CF. Assim, não se justifica a manutenção das hipóteses de responsabilização pessoal e direta do magistrado, nos casos de trato da tutela de menor de idade". De fato, a revogação expressa da norma afastará as dúvidas ainda existentes a respeito do conflito entre as duas normas, material e processual.

Ainda no que tange ao exercício do *munus*, os bens do menor serão entregues ao tutor mediante termo especificado desses bens e seus valores, mesmo que os pais o tenham dispensado, o que se denomina *inventário de bens* (art. 1.745 do CC).

Entretanto, se o patrimônio do menor for de valor considerável, poderá o juiz condicionar o exercício da tutela à prestação de uma *caução* bastante para tanto, podendo dispensá-la se o tutor for de reconhecida idoneidade (art. 1.745, parágrafo único, do CC). Como exposto anteriormente, essa caução substituiu a hipoteca legal que era conferida ao tutelado ou curatelado em razão dos bens imóveis do tutor ou curador, nos termos do art. 827, inc. IV, do CC/1916.

Tanto isso é verdade que o art. 2.040 do CC/2002, norma de direito intertemporal, enuncia que "a hipoteca legal dos bens do tutor ou curador, inscrita em conformidade com o inciso IV do art. 827 do Código Civil anterior, Lei 3.071, de 1.º de janeiro de 1916, poderá ser cancelada, obedecido o disposto no parágrafo único do art. 1.745 deste Código". Em suma, todas essas hipotecas legais devem ser substituídas pela caução, sob pena de não mais valerem, o que também pode atingir a validade da própria tutela.

Para o art. 1.745 do CC, na Reforma do Código Civil sugere-se um mero ajuste redacional, substituindo a expressão "menor" por "tutelado", na linha de outras proposições do Anteprojeto. Assim, sem qualquer mudança de conteúdo, a norma passará a prever o seguinte: "os bens do tutelado serão entregues ao tutor mediante termo especificado deles e seus valores, ainda que os pais o tenham dispensado. Parágrafo único. Se o patrimônio do tutelado for de valor considerável, poderá o juiz condicionar o exercício da tutela à prestação de caução bastante, podendo dispensá-la se o tutor for de reconhecida idoneidade".

Se o menor possuir bens, será sustentado e educado a expensas desses bens existentes, arbitrando o juiz, para tal fim, as quantias que lhe pareçam necessárias (art. 1.746 do CC). Por conseguinte, o juiz deve considerar o rendimento da fortuna do pupilo quando o seu pai ou a sua mãe não as houver fixado.

Também quanto a esse comando, na atual Reforma do Código Civil, há proposição de trocar o termo "menor" por "criança e adolescente" seguindo outras propostas da Comissão de Juristas para a Reforma do Código Civil, a saber: "Art. 1.746. Se a criança ou o adolescente possuir bens, será sustentado e educado a expensas deles, arbitrando o juiz para tal fim as quantias que lhe pareçam necessárias, considerado o rendimento da fortuna do pupilo quando o pai ou a mãe não as houver fixado". Por um lapso, faltou também trocar "pai" e "mãe" por "pais", diante do reconhecimento das famílias homoafetivas e multiparentais pelo Projeto, o que deve ser corrigido no âmbito do Congresso Nacional.

Além daquelas atribuições constantes do art. 1.740 da norma geral material, no seu art. 1.747, o Código Civil de 2002 traz outras funções do tutor que também independem de autorização judicial, a saber.

A primeira delas é a de representar o menor, até os 16 anos, nos atos da vida civil, e assisti-lo, após essa idade, nos atos em que for parte. Deve também o tutor receber as rendas e pensões do menor e as quantias a ele devidas, sempre guiado pela boa-fé nesse recebimento. O tutor tem, ainda, a atribuição de fazer as despesas de subsistência e educação em proveito do menor, bem como as de administração, conservação e melhoramentos de seus bens. Pode, também, alienar os bens do menor destinados à venda. Ademais, cabe ao tutor promover, mediante preço conveniente, o arrendamento de bens de raiz, ou seja, dos imóveis do menor que possam ser locados.

No Projeto de Reforma, novamente, sugere-se que a norma não use mais a expressão "menor", mas "criança e adolescente", nos seus incs. I, II e IV, sem alteração de conteúdo: "Art. 1.747. [...] I – representar a criança ou o adolescente, até os dezesseis anos, nos atos da vida civil, e assisti-lo, após essa idade, nos atos em que for parte; II – receber as rendas e pensões da criança ou do adolescente e as quantias a ele devidas; [...] IV – alienar os bens da criança ou do adolescente destinados a venda". Sugestões semelhantes são feitas aos preceitos seguintes, em todas as menções a "menor", pois a menoridade deixará de ser uma condição jurídica, mas sem alteração dos seus conteúdos.

Retornando-se às normas em vigor, enquanto nos casos anteriormente listados a autorização judicial não se faz necessária, o art. 1.748 do CC/2002 consagra outras incumbências, que necessitam da anuência do juiz.

O primeiro inciso prevê a hipótese de pagamento das dívidas do menor, o que tem natureza onerosa, justificando essa fiscalização. Compete também ao tutor, com autorização do juiz, aceitar pelo menor as heranças, os legados ou as doações, ainda que com encargos (doações modais, de caráter oneroso). A ele cabe, com chancela judicial, transigir, ou seja, celebrar contratos visando à extinção de dívidas. O mesmo se diga quanto ao ato de vender os bens móveis do menor, cuja conservação não convier, e os imóveis nos casos em que for permitido. Por fim, a última atribuição do tutor que necessita de autorização do juiz é a de propor em juízo as ações, ou nelas assistir o menor, e promover todas as diligências a bem deste, assim como defendê-lo nos pleitos contra ele movidos.

As últimas hipóteses apontadas são de *outorga judicial*, e a falta desta gera a *ineficácia* do ato, até que ocorra a confirmação posterior (art. 1.748, parágrafo único, do CC). Anote-se que a opção legislativa, aqui, não foi pela invalidade do ato, como ocorre com a outorga conjugal, geradora de sua nulidade relativa (arts. 1.647 e 1.649 do CC/2002).

Sem prejuízo dessas situações, há atos que o tutor não pode praticar mesmo com autorização judicial, sob pena de sua nulidade absoluta, conforme disciplina o art. 1.749 do Código Civil. O primeiro deles é de adquirir por si, ou por interposta pessoa, mediante contrato particular, bens móveis ou imóveis pertencentes ao menor. A segunda vedação diz respeito a dispor dos bens do menor a título gratuito. Ao tutor, por fim, é vedado constituir-se cessionário de crédito ou de direito, contra o menor. Como os casos são de nulidade absoluta, cabe reconhecimento de ofício da nulidade e a ação correspondente é imprescritível (art. 169 do CC/2002), de acordo com a corrente seguida por mim.

Em relação aos bens imóveis dos menores sob tutela, estes podem ser vendidos quando houver manifesta vantagem ao menor, mediante prévia avaliação judicial e aprovação do juiz, por meio de alvará judicial (art. 1.750 do CC/2002). Havendo a venda sem essa vantagem e aprovação do juiz, o negócio jurídico é nulo de pleno direito, pois a situação é de *nulidade virtual*, eis que a lei acaba proibindo o ato de forma inversa, sem, contudo, cominar sanção (art. 166, inc. VII, segunda parte, do CC/2002). A ilustrar, imagine-se uma situação concreta em que o menor mudou sua residência, estando em local diverso daquele onde está o imóvel de sua propriedade. Nessa outra cidade, vive ele de aluguel, havendo interesse plausível para a venda do seu imóvel, para que os seus representantes comprem outro naquele lugar onde agora mora o incapaz.

Antes de assumir a tutela, e diante do dever de informar anexo à boa-fé objetiva, o tutor declarará tudo o que o menor lhe deva, sob pena de não lhe poder cobrar, enquanto exerça a tutoria, salvo provando que não conhecia o débito quando a assumiu (art. 1.751 do CC/2002).

Se o tutor não cumprir esse seu dever em momento oportuno, perderá um direito de cobrança, o que é aplicação do conceito de *supressio*, relacionado à boa-fé, constituindo esta a perda de um direito ou de uma posição jurídica pelo seu não exercício no tempo. Todavia, é importante ressaltar que esse último dispositivo é aplicado aos casos excepcionais em que o tutor é credor do tutelado, cabendo um aditivo ou adendo do inventário dos bens do menor, com a inclusão das dívidas em relação ao tutor.

Ainda a respeito do exercício da tutela, dispõe o art. 1.752 do Código Civil que o tutor responde pelos prejuízos que, por culpa, ou dolo, causar ao tutelado (responsabilidade civil subjetiva). Consigne-se, contudo, que pelo ato do tutelado a responsabilidade do tutor é objetiva, notadamente se houver prejuízo a terceiros, pelo que consta dos arts. 932, inc. II, e 933 do CC/2002. Há, assim, uma *responsabilidade objetiva indireta* ou *impura*, que depende da prova de culpa do tutelado. Por outra via, o tutor tem direito a ser pago pelo que despender no exercício do *munus*, o que é um direito de reembolso, salvo nos casos descritos no art. 1.734 do CC/2002, diante da sua flagrante atuação por liberalidade ou gentileza.

Além desse direito de reembolso, o art. 1.752 do Código de 2002 consagra a favor do tutor um montante pela sua atuação, proporcional ao valor dos bens administrados. Quanto ao *protutor*, o *tutor do tutor*, será arbitrada uma gratificação módica pela fiscalização efetuada (art. 1.752, § 1.º, do CC). Como alerta Maria Helena Diniz, e com razão, essa gratificação do tutor não é uma contraprestação pela sua atuação, mas sim uma espécie de indenização ou compensação diante da sua atuação (DINIZ, Maria Helena. *Código Civil...*, 2010, p. 1.244).

Em complemento, determina o § 2.º do art. 1.752 do CC/2002 que são solidariamente responsáveis pelos prejuízos às pessoas às quais competia fiscalizar a atividade do tutor e as que concorreram para o dano. Essa hipótese de solidariedade legal, a respeito dos danos de qualquer natureza – materiais e morais, nos termos da Súmula 37 do Superior Tribunal de Justiça –, atinge o protutor, o juiz ou qualquer pessoa que tenha concorrido culposamente para o prejuízo, o que é subsunção da regra do art. 942 do CC/2002.

Na atual Reforma do Código Civil, conforme propostas que vieram da Subcomissão de Direito de Família, é preciso modificar esse seu art. 1.752. Primeiro, como justificaram os juristas que a compuseram, "altera-se a remissão ao disposto no art. 1.734, visto que o artigo agora foi incorporado, na sugestão, ao art. 1.728. Ademais, utiliza-se a expressão 'salvo no caso em que o menor não possuir patrimônio a ser gerido', uma vez que a tutela não poderá implicar a criação de crédito a ser exigido do menor após o encerramento do exercício da tutela, no caso de o menor não ser titular de patrimônio. Com efeito, a remuneração destinada ao tutor tem como pressuposto a administração do patrimônio do menor, não sendo ético exigi-la nos casos em que a atividade da tutela está baseada apenas no acolhimento da criança e adolescente ao lar dos tutores".

Além disso, "por fim, como foi incluída no art. 1.742 a previsão de que a remuneração devida ao protutor será módica, propõe-se, como consequência, a revogação do art. 1.752, § 1.º, o qual prevê esta mesma norma". Com todas essas alterações, o dispositivo será assim redigido: "O tutor responde pelos prejuízos que, por culpa ou dolo, causar ao tutelado, mas tem direito de ser pago pelo que realmente despender no exercício da tutela e a perceber remuneração proporcional à importância dos bens administrados, salvo no caso em que o tutelado não possua patrimônio a ser gerido. 1.º Revogado. § 2.º São solidariamente responsáveis pelos prejuízos as pessoas às quais competia fiscalizar a atividade do tutor e as que concorreram para o dano".

As propostas foram muito bem aceitas pela Relatoria-Geral e pela Comissão de Juristas, com vistas a funcionalizar o instituto da tutela, em prol dos interesses do tutelado.

O Código Civil, ainda quanto à tutela, traz na atualidade também regras quanto aos bens do tutelado e a prestação de contas pelo tutor. De início, em relação aos bens dos tutelados, os tutores não podem conservar em seu poder dinheiro dos tutelados além do necessário para as despesas ordinárias com o seu sustento, a sua educação e a administração de seus bens (art. 1.753).

Em havendo necessidade, os objetos de ouro e prata, pedras preciosas e móveis serão avaliados por pessoa idônea e, após autorização judicial, alienados, e o seu produto convertido em títulos, obrigações e letras de responsabilidade direta ou indireta da União ou dos Estados (art. 1.753, § 1.º, do CC).

Nesses casos, deve-se atender preferentemente à rentabilidade, e recolhidos ao estabelecimento bancário oficial ou aplicados na aquisição de imóveis, conforme for determinado pelo juiz. Esse mesmo destino terá o dinheiro proveniente de qualquer outra procedência, caso de bens recebidos pelo tutelado por herança (art. 1.753, § 2.º). A lei enuncia ainda que os tutores respondem pela demora na aplicação dos valores antes referidos, pagando os juros legais desde o dia em que deveriam dar esse destino, o que não os exime da obrigação, que o juiz fará efetiva, da referida aplicação (art. 1.753, § 3.º).

No que concerne aos valores que existirem em estabelecimento bancário oficial, na forma do que estatui o art. 1.754 do CC/2002, estes não poderão ser retirados senão com autorização judicial e somente para as seguintes destinações: *a)* para as despesas com o sustento e educação do tutelado, ou a administração de seus bens; *b)* para a compra de bens imóveis e títulos, obrigações ou letras, nas condições previstas no § 1.º do art. 1.753; *c)* para o emprego em conformidade com o disposto por quem os houver doado, ou deixado, havendo, por exemplo, uma doação com encargo; e *d)* para a entrega a órfãos, quando emancipados, ou maiores, ou, mortos eles, aos seus herdeiros.

O diploma material em questão trata do levantamento das quantias depositadas durante o exercício da tutela. O pedido de tal levantamento deve ser bem fundamentado, sendo certo que meras alegações genéricas, sem qualquer prova, não dão ensejo ao deferimento do requerido. Essa tem sido a melhor conclusão jurisprudencial (TJSP, Agravo de Instrumento 528.683.4/0, Acórdão 2606430, 10.ª Câmara de Direito Privado, São Paulo, Rel. Des. Ana de Lourdes, j. 08.04.2008, *DJESP* 06.06.2008).

No que tange à prestação de contas, trata-se de um dever decorrente da tutela, conforme reconhece o art. 1.755 do Código Civil, e que subsiste mesmo que haja uma disposição em contrário feita pelos pais, quando, por exemplo, da tutela testamentária. A prestação de contas visa justamente àquilo que busca o *munus*, qual seja, a proteção do tutelado ou pupilo. A lei exige nessa prestação de contas um *balanço anual* (art. 1.756 do CC), a ser apresentado pelo tutor ao juiz, que deverá aprová-lo, anexando aos autos do inventário dos bens do menor. Sem prejuízo disso, os tutores prestarão contas de dois em dois anos, e também quando, por qualquer motivo, deixarem o exercício da tutela ou toda vez que o juiz achar conveniente (art. 1.757 do CC).

Essas contas serão prestadas em juízo e julgadas depois da audiência dos interessados, recolhendo o tutor imediatamente a estabelecimento bancário oficial os saldos, ou adquirindo bens imóveis, títulos, obrigações ou letras, na forma daquele já comentado § 1.º do art. 1.753 do CC/2002. A prestação de contas será processada em juízo, nos próprios autos em que ocorreu a nomeação do tutor (Vara da Infância, da Família ou Cível, pela ordem, se houver). Há necessidade de intervenção do MP, diante do interesse de incapazes.

Havia um procedimento especial para a ação de prestação de contas entre os arts. 914 a 919 do Código de Processo anterior. Como visto em capítulo anterior, o CPC/2015 trata apenas, entre os procedimentos especiais, da ação de se exigir contas, a favor daquele que pode exigi-las (arts. 550 a 553). Nas situações envolvendo o que tem obrigação de prestá-las, essa medida segue o procedimento comum e não mais o especial.

Finda a tutela pela emancipação ou maioridade, a quitação do menor não produzirá efeito antes de aprovadas as contas pelo juiz, permanecendo integral, até então, a responsabilidade do tutor (art. 1.758 do CC/2002). Nos casos de morte, ausência, ou interdição do tutor, as contas serão prestadas por seus herdeiros ou representantes (art. 1.759 do CC/2002). Serão levadas a crédito do tutor todas as despesas justificadas e reconhecidamente proveitosas ao menor (art. 1.760 do CC/2002), devendo as despesas com a prestação das contas ser pagas pelo tutelado (art. 1.761 do CC/2002).

O art. 1.762 da Norma Geral Privada trata do *alcance do tutor*, que vem a ser "a diferença para menos verificada na prestação de contas do exercício da tutela" (ASSUNÇÃO, Alexandre Guedes Alcoforado. *Código...*, 2008, p. 1.925). Tanto esse *alcance* quanto o saldo contra o tutelado são considerados pelo dispositivo como dívidas de valor, vencendo juros legais e correção monetária pelo índice oficial desde o julgamento definitivo das contas.

Para encerrar o estudo da tutela, os arts. 1.763 a 1.766 do Código Civil em vigor tratam das situações de *extinção da tutela*.

A primeira delas é relacionada com a maioridade ou a emancipação do menor, uma vez que cessa a sua condição de incapaz. Essas hipóteses independem de intervenção judicial. A tutela é igualmente extinta ao cair o menor sob o poder familiar, na hipótese de reconhecimento de paternidade, maternidade ou adoção (parentesco civil), o que também independe de atuação do juiz. A terceira hipótese é relativa ao termo final da tutela, em que era obrigado a servir o tutor, sem que haja ação judicial. Como quarta situação, a tutela é extinta havendo escusa legítima prevista nas situações especificadas em lei, conforme decisão do juiz. Por derradeiro, ocorrerá o seu fim havendo remoção do tutor pelo juiz, caso não exerça a tutoria como estatui a lei.

São feitas propostas de alteração do art. 1.763 do CC, que tratam de algumas dessas situações, pelo Projeto de Reforma do Código Civil. Retira-se o termo "menor" e a menção ao "poder familiar", passando o dispositivo a prever o seguinte: "Art. 1.763. Cessa a condição de tutelado: I – com sua maioridade ou emancipação; II – no caso de reconhecimento ou adoção".

No que concerne ao termo final, o prazo para a atuação do tutor é de dois anos, cabendo exoneração após esse lapso temporal (art. 1.765 do CC/2002). Entretanto, pode o tutor continuar no exercício da tutela, além desse prazo, desde que o queira e o juiz entenda que isso é conveniente ao menor, tendo como parâmetro os princípios do melhor interesse e da proteção integral do menor (art. 1.765, parágrafo único, do CC/2002).

Como se pontuou, e por outras propostas que vieram da Subcomissão de Direito de Família, não há mais razão de se manter no sistema o art. 1.765 do CC, propondo a Reforma do Código Civil a sua revogação expressa. Consoante as suas precisas justificativas, "se o tutor não estiver disposto a exercer a tutoria, certamente os interesses do menor de idade ficarão comprometidos, porque sujeito ao convívio com pessoa que não está imbuída da intenção de bem cuidar. Diante dessa lógica, justifica-se a mudança de redação do art. 1.735, que previa hipóteses específicas que permitiam a recusa à tutela, contemplando agora a possibilidade de recusa por simples manifestação de vontade.

Pela mesma linha de raciocínio, justifica-se também a revogação do art. 1.737 e, por fim, a revogação do art. 1.765, o qual estabelece um prazo mínimo de dois anos para o exercício da tutela". De fato, a melhor solução, com o novo sistema de funcionalização da tutela, em prol do tutelado, é a revogação expressa do art. 1.765 do Código Civil.

No sistema vigente, a remoção ou destituição do tutor cabe quando este for negligente, prevaricador ou incurso em incapacidade (art. 1.766 do CC/2002). Esse procedimento de remoção pode ter iniciativa do MP ou de quem tenha justo interesse. No Código de Processo Civil de 1973, tal procedimento específico constava entre os arts. 1.194 a 1.198. No CPC/2015, essas antigas regras correspondem aos arts. 761 a 763, com modificações, especialmente porque não há mais um tópico especial a respeito do processo.

Nos termos do art. 761 do vigente *Codex*, "incumbe ao Ministério Público ou a quem tenha legítimo interesse requerer, nos casos previstos em lei, a remoção do tutor ou do curador. Parágrafo único. O tutor ou o curador será citado para contestar a arguição no prazo de 5 (cinco) dias, findo o qual observar-se-á o procedimento comum". O prazo de cinco dias já estava no art. 1.195 do CPC/1973. O art. 1.196 do CPC/1973 estabelecia a incidência de regras relativas a cautelar ao final do prazo. Assim, a conversão ao procedimento comum é inovação.

Na linha do que enunciava o antigo art. 1.197 do CPC/1973, o art. 762 do CPC/2015 estatui que, em caso de extrema gravidade, o juiz poderá suspender o tutor ou o curador do exercício de suas funções, nomeando substituto interino. Igualmente, sem qualquer novidade. Aqui não houve qualquer modificação substancial.

Por derradeiro, conforme o art. 763, *caput*, do CPC/2015, correspondente ao art. 1.198 do CPC/1973, cessando as funções do tutor ou do curador pelo decurso do prazo em que era obrigado a servir, ser-lhe-á lícito requerer a exoneração do encargo. Não o fazendo dentro dos dez dias seguintes à expiração do termo, entender-se-á reconduzido, salvo se o juiz o dispensar (art. 763, § 1.º, do Novo CPC). A única inovação, que já era exigida na prática, consta do § 2.º do preceito, pelo qual, cessada a tutela ou curatela, é indispensável a prestação de contas pelo tutor ou curador, na forma da lei civil.

Encerrando o tópico e o estudo do instituto, e última nota sobre a Reforma do Código Civil, com a funcionalização da tutela proposta pela Subcomissão de Direito de Família, e a sua adaptação aos ditames do ECA, será preciso também alterar o art. 1.766 do CC. Como bem justificaram os membros desse grupo de especialistas, "com a nova roupagem da tutela, decorrente da instituição do Estatuto da Criança e do Adolescente, que prevê a doutrina da proteção integral e o resguardo ao melhor interesse da criança e do adolescente, não mais se justifica tratar o instituto como uma forma de obrigação imposta ao tutor, visando essencialmente à obrigação de administrar os bens do tutelado. A tutela, assim como as outras formas de colocação familiar, deve ter por objetivo criar um ambiente saudável entre o menor de idade e o tutor, propiciando a geração de laços de afinidade e afeto. Portanto, propõe-se a alteração do dispositivo, atrelando como causa de destituição da tutela a hipótese em que a convivência se torne prejudicial ao tutelado, privilegiando o princípio da proteção ao melhor interesse da criança e do adolescente".

Por tudo isso, de forma correta, o dispositivo terá outra redação, com um sentido mais aberto e que conta com o meu total apoio, a saber: "Art. 1.766. Será destituído o tutor quando não mais reunir as condições necessárias ao exercício da função ou quando a convivência se tornar prejudicial ao tutelado. Parágrafo único. Para os fins deste artigo, sempre que possível, a vontade do tutelado será levada em conta pelo juiz".

A oitiva do tutelado, no meu sentir, vem em boa hora, em prol da tão citada funcionalização da tutela e da proteção integral da criança e do adolescente, sendo imperiosa a aprovação das proposições pelo Parlamento Brasileiro.

9.3 DA CURATELA

Vistas as regras a respeito da tutela, a *curatela* igualmente é instituto de direito assistencial, para a defesa dos interesses de maiores incapazes. Assim como ocorre com a tutela, há um *munus* público, atribuído pela lei. São partes da curatela o *curador* e o *curatelado*. A curatela também é conceituada como um instituto que visa à representação de maiores incapazes, havendo um "encargo público cometido, por lei, a alguém para reger e defender uma pessoa e administrar os bens de maiores incapazes, que, por si sós, não estão em condições de fazê-lo, em razão de enfermidade ou deficiência mental" (DINIZ, Maria Helena. *Código Civil...*, 2005, p. 1.444). A categoria é tratada tanto pelo Código Civil quanto pelo Código de Processo Civil, cujas regras serão aqui analisadas.

Estão sujeitos à curatela os maiores incapazes. Como visto, não existem mais absolutamente incapazes maiores, por força das alterações que foram feitas no art. 3.º do Código Civil pelo Estatuto da Pessoa com Deficiência (Lei 13.146/2015). Nessa linha, a curatela somente incide para os maiores relativamente incapazes que, na nova redação do art. 4.º da codificação material, são os ébrios habituais (no sentido de alcoólatras), os viciados em tóxicos, as pessoas que por causa transitória ou definitiva não puderem exprimir vontade e os pródigos. Como antes exposto, não há mais a menção às pessoas com discernimento mental reduzido e aos excepcionais, tidos agora como plenamente capazes pelo sistema.

Apesar dessas constatações, fica a dúvida se não seria interessante retomar alguma previsão a respeito de maiores absolutamente incapazes, especialmente para as pessoas que não têm qualquer condição de exprimir vontade e que não são necessariamente pessoas deficientes. Reitere-se que entendo que sim, havendo proposição nesse sentido no texto original do Projeto de Lei 757/2015, com o meu apoio e parecer, o que infelizmente acabou por não ser adotado no parecer final da proposição legislativa.

Cite-se, novamente e a esse propósito, a pessoa que se encontra em coma profundo, sem qualquer condição de exprimir o que pensa. No atual sistema, será enquadrada como relativamente incapaz, o que parece não ter sentido jurídico. Justamente por isso acompanharemos o seu trâmite legislativo na Câmara dos Deputados, com o fim de incluir previsão nessa linha (PL 11.091/2018).

De igual modo, no Projeto de Reforma e Atualização do Código Civil, elaborado pela Comissão de Juristas, reitere-se, há proposta no sentido de se voltar a previsão a respeito dos absolutamente incapazes que não tenham qualquer condição de exprimir vontade, no seu art. 3.º, inc. II, sendo mais do que necessária e fundamental a sua aprovação pelo Parlamento Brasileiro.

De toda sorte, reafirme-se, como dito quanto à tutela, que a curatela não se confunde com a representação e com a assistência, por ser instituto geral de administração de interesses de outrem. A curatela também não se confunde com a tutela, pois a última visa à proteção de interesses de menores; enquanto a primeira, à proteção dos maiores.

Entretanto, pontue-se a existência de posição anterior, segundo a qual ocorrendo a interdição de menor, em razão de certas doenças, por exemplo, este passaria a ser sujeito à curatela, o que seria melhor para a defesa dos interesses do vulnerável (nesse sentido, ver: TJRJ, Acórdão 6.043/1997, 4.ª Câmara Cível, Duque de Caxias, Rel. Des. Wilson Marques, j. 15.06.1999). Todavia, a questão já não era pacífica, visto que existiam julgados que entendem serem melhores caminhos o poder familiar e a tutela para o menor interditado (TJMG, Acórdão 1.0000.00.304048-2/000, 8.ª Câmara Cível, Uberlândia, Rel. Des. Pedro Henriques, j. 27.12.2002, *DJMG* 30.05.2003). Trata-se, portanto, de questão polêmica. Anote-se que, na nova teoria das incapacidades, somente caberá tal discussão em caso de interdição relativa, pois os únicos absolutamente incapazes são os menores de 16 anos.

O art. 1.767 do CC/2002 traz o rol taxativo dos *interditos*, ou seja, daqueles que estão sujeitos à curatela. Como não poderia ser diferente, a norma foi modificada pelo Estatuto da Pessoa com Deficiência, diante da revolução que atingiu a teoria das incapacidades. Curioso perceber que a Lei 13.146/2015 traz a ideia não de interdição, mas de uma ação judicial em que haverá a nomeação de um curador. Por outra via, o CPC vigente está todo baseado no processo de interdição. O originário Projeto de Lei 757/2015 pretende reparar esse conflito, introduzindo uma expressão única não só no CPC/2015, mas em toda a legislação, que passa a ser *ação de pedido de curatela*.

Segundo o atual Projeto de Reforma do Código Civil elaborado pela Comissão de Juristas, de início, é preciso alterar a nomenclatura da Seção do Capítulo, para adaptá-la à Convenção de Nova York: "Capítulo II. Da Curatela. Seção I. Das pessoas sujeitas à curatela". Vejamos, a esse propósito, as palavras dos juristas que compuseram a Subcomissão de Direito de Família – Professores Pablo Stolze Gagliano, Maria Berenice Dias, Rolf Madaleno e Ministro Marco Buzzi:

> "Modernamente, há forte tendência dos ordenamentos jurídicos ocidentais, no sentido de facilitar o exercício da capacidade civil. Tanto assim que o Brasil, signatário da Convenção de Nova York de 2007, introduziu-a em seu ordenamento jurídico, com força de Emenda Constitucional, por se tratar de texto garantidor de direitos fundamentais. Inspirando-se nela, editou-se a Lei 13.146/2015, a qual, dentre outras providências, promoveu ampla reforma no que tange ao direito das pessoas com deficiência. Nesse sentido, propõe-se a alteração da expressão 'interdito' por 'pessoas sujeitas à curatela', uma vez que o uso dos termos incapaz e interdito exprimem um caráter pejorativo em relação às pessoas sujeitas ao regime de curatela, em descompasso com a Convenção de Nova York. Busca-se prestigiar o direito humano à capacidade civil das pessoas com deficiência, em consonância com os princípios da não discriminação, da plena e efetiva participação e inclusão na sociedade, da igualdade de oportunidades, da autonomia, da independência e da dignidade humana, todos eles contemplados na Convenção de Nova York".

Ademais, com as modificações propostas para a teoria das incapacidades pela Reforma, o art. 1.767 do CC passará a prever o seguinte: "estão sujeitos a curatela as pessoas maiores de idade na hipótese dos arts. 3.º e 4.º deste Código". Por um lapso, faltou propor a alteração dos dispositivos do Código de Processo Civil que ainda tratam do processo de interdição, o que ainda poderá ser feito no âmbito do Congresso Nacional, inclusive apensando-se ao Anteprojeto o antigo PL 757/2015.

Seguindo com o estudo dos temas, constata-se que o citado Estatuto altera o art. 1.768 do Código Civil, deixando de mencionar que "a interdição será promovida"; e passando a enunciar que "o processo que define os termos da curatela deve ser promovido". O grande problema é que esse dispositivo material foi revogado expressamente pelo art. 1.072, inc. II, do CPC/2015. Sendo assim, a norma ficou em vigor por pouco tempo, entre janeiro e março de 2016, quando o Estatuto Processual passou a ter vigência.

Penso que será necessária uma nova norma, no caso o PL 757/2015, que deve ser aprovado, fazendo com que o dispositivo trazido pelo EPD volte a vigorar, afastando-se esse *primeiro atropelamento legislativo*. Até que isso ocorra, uma alternativa viável para fazer prevalecer o *espírito* do Estatuto é a utilização das suas regras com alento doutrinário na Convenção de Nova York, tratado internacional de direitos humanos que tem força de Emenda à Constituição.

De qualquer modo, reafirme-se que só a edição de uma terceira norma apontando qual das duas deve prevalecer não basta, pois o CPC/2015 é inteiramente estruturado no processo de interdição, como se nota do tratamento constante entre os seus arts. 747 a 758. Sendo assim, parece-nos que será imperiosa uma reforma considerável do CPC/2015, deixando-se de lado a antiga possibilidade da interdição e substituindo-a pelos termos antes propostos.

A propósito da superação desse tradicional modelo, pontua Paulo Lôbo que "não há que se falar mais de 'interdição', que, em nosso direito, sempre teve por finalidade vedar o exercício, pela pessoa com deficiência mental ou intelectual, de todos os atos da vida civil, impondo-se a mediação de seu curador. Cuidar-se-á, apenas, de curatela específica, para determinados atos" (LÔBO, Paulo. Com os avanços legais... Disponível em: <http://www.conjur.com.br/2015-ago-16/processo-familiar-avancos-pessoas-deficiencia-mental-nao-sao--incapazes>. Acesso em: 21 ago. 2015).

Feitas tais considerações fundamentais, e voltando ao art. 1.767 do Código Civil, o seu inc. I mencionava aqueles que, por enfermidade ou deficiência mental, não tivessem o necessário discernimento para os atos da vida civil, tendo sido alterada, pois equivalia ao art. 3.º, inc. II, da própria norma material, ora revogado. Agora passou a mencionar as pessoas que, por causa transitória ou definitiva, não puderem exprimir vontade, tidas como relativamente incapazes no novo sistema. Como consequência, foi revogado o inc. II do art. 1.767, que mencionava as últimas. Continuam podendo ser citadas as situações dos surdos-mudos, que não têm qualquer condição de exprimir sua vontade, e das pessoas que se encontram em coma profundo.

Os ébrios habituais (alcoólatras viciados) e os toxicômanos (viciados em tóxicos) igualmente são, em tese, interditados por força do art. 1.767, inc. III, do Código Civil, ora alterado, pois não há mais a previsão a respeito das pessoas com desenvolvimento reduzido. Também não se interditam mais os excepcionais sem completo desenvolvimento mental, caso do acometido por Síndrome de Down, tendo sido revogado o art. 1.767, inc. IV, do CC).

Julgado anterior do Superior Tribunal de Justiça, do ano de 2014, entendeu que essa previsão englobaria o *sociopata*, que também poderia ser interditado:

"A possibilidade de interdição de sociopatas que já cometeram crimes violentos deve ser analisada sob o mesmo enfoque que a legislação dá à possibilidade de interdição – ainda que parcial – dos deficientes mentais, ébrios habituais e os viciados em tóxicos (art. 1.767, III, do CC/2002). Em todas essas situações o indivíduo tem sua capacidade civil crispada, de maneira súbita e incontrolável, com riscos para si, que extrapolam o universo da patrimonialidade, e que podem atingir até a sua própria integridade física, sendo também *ratio* não expressa, desse excerto legal, a segurança do grupo social, mormente na hipótese de reconhecida violência daqueles acometidos por uma das hipóteses anteriormente descritas, tanto assim que, não raras vezes, sucede à interdição, pedido de internação compulsória. Com igual motivação, a medida da capacidade civil, em hipóteses excepcionais, não pode ser ditada apenas pela mediana capacidade de realizar os atos da vida civil, mas, antes disso, deve ela ser aferida pelo risco existente nos estados crepusculares de qualquer natureza, do interditando, onde é possível se avaliar, com precisão, o potencial de autolesividade ou de agressão aos valores sociais que o indivíduo pode manifestar, para daí se extrair sua capacidade de gerir a própria vida, isto porque a mente psicótica não pendula entre sanidade e demência, mas há perenidade etiológica nas ações do sociopata" (STJ, REsp 1.306.687, 3.ª Turma, Rel. Min. Nancy Andrighi, j. 18.03.2014).

Todavia, com as mudanças ocorridas no sistema, esse entendimento parece ter caído por terra, devendo tais pessoas ser consideradas plenamente capazes para o Direito Civil, em especial para os atos existenciais familiares.

Aliás, aqui pode ser feita uma crítica em relação ao novo sistema de interdição inaugurado pelo Estatuto da Pessoa com Deficiência. Isso porque, não só o sociopata, como também o psicopata, anteriormente enquadrados como absolutamente incapazes, deveriam continuar a ser interditados ou sujeitos à curatela. Por isso, opinei quando da tramitação do Projeto de Lei 757/2015 do Senado Federal que é necessária a volta de dispositivo tratando como absolutamente incapazes as pessoas que não têm qualquer condição de exprimir sua vontade.

Ora, com a mudança engendrada pela Lei 13.146/2005, reafirme-se que somente são absolutamente incapazes os menores de 16 anos, não sendo possível enquadrar tais pessoas no rol dos relativamente incapazes do art. 4.º do CC/2002. Em suma, serão tais pessoas plenamente capazes, para os fins civis, o que não parece fazer sentido. Infelizmente, o legislador pensou apenas na pessoa com deficiência, deixando de lado outras situações concretas.

Em relação aos pródigos, pessoas que gastam de maneira destemperada o próprio patrimônio, o que pode levá-los à penúria, são os últimos interditos, expressos no art. 1.767, inc. V, do CC/2002. Em relação à sua interdição relativa, enuncia o art. 1.782 do próprio Código Civil que esta só os privará de, sem curador, emprestar, transigir, dar quitação, alienar, hipotecar, demandar ou ser demandado, e praticar, em geral, os atos que não sejam de mera administração. Nesse contexto, o pródigo pode, livremente, casar-se – sem a imposição de qualquer regime legal ou obrigatório –, fazer testamento, reconhecer filhos e ser empregado.

Como última anotação sobre o art. 1.767 do CC/2002, o polêmico Enunciado n. 637, aprovado na *VIII Jornada de Direito Civil,* realizada no ano de 2018, preceitua que "admite-se a possibilidade de outorga ao curador de poderes de representação para alguns atos da vida civil, inclusive de natureza existencial, a serem especificados na sentença, desde que comprovadamente necessários para proteção do curatelado em sua dignidade". A proposta doutrinária hoje causa perplexidade, uma vez que não existem mais restrições para atos existenciais familiares, como está previsto no arts. 6.º e 83 do Estatuto da Pessoa com Deficiência. Nessa realidade, por entrar em colisão com o texto legal, votei contrariamente ao seu conteúdo quando daquele evento.

De todo modo, decisão do Superior Tribunal de Justiça seguiu o teor do que consta do enunciado doutrinário, a demonstrar uma contradição frente ao EPD e as dificuldades de sua aplicação concreta:

> "(...). A Lei 13.146/2015 alterou o Código Civil e, em seus arts. 3.º e 4.º, passou a dispor que aqueles que por causa transitória ou permanente não puderem exprimir sua vontade serão considerados relativamente incapazes. Na hipótese, foi reconhecida a incapacidade relativa da curatelada e, a partir do seu quadro de comprometimento global, decidiu-se, em caráter excepcional e de forma fundamentada, que os poderes conferidos ao curador deveriam ser estendidos para outros atos da vida civil que não apenas os de caráter patrimonial e negocial, o que não se confunde com a declaração de incapacidade absoluta. A interpretação conferida aos arts. 84 e 85 da Lei 13.146/2015 objetiva impedir distorções que a própria Lei buscou evitar. Na situação sob exame, reconhece-se que a curatela, embora constitua medida excepcional, tem por objetivo a proteção proporcional às necessidades do curatelado, observadas as peculiaridades do caso concreto" (STJ, REsp 1.998.492/MG, 3.ª Turma, Rel. Min. Ricardo Villas Bôas Cueva, j. 13.06.2023, *DJe* 19.06.2023).

Com o devido respeito, parece-me que a restrição para atos negociais e existenciais em muitas situações equivalerá, sim, à incapacidade absoluta do maior de idade, o que representa uma negação da essência do Estatuto da Pessoa com Deficiência, sobretudo à impossibilidade de se reconhecer como absolutamente incapazes os maiores de idade, como se retira do art. 3.º do Código Civil.

Sabe-se que a incapacidade não se presume, havendo a necessidade do referido processo de interdição, para dele decorrer a curatela. Desse modo, é fundamental o estudo das regras relativas a esse processo, constantes do Código de Processo Civil, confrontadas com a Lei 13.146/2015.

Iniciando-se pelos legitimados para a demanda, o art. 1.768 do Código Civil foi expressamente revogado pelo art. 1.072, inc. II, do Código de Processo Civil de 2015. Previa esse comando: "a interdição deve ser promovida: I – pelos pais ou tutores; II – pelo cônjuge, ou por qualquer parente; III – pelo Ministério Público". O motivo de revogação foi o de concentrar os legitimados para a ação de interdição no Estatuto Processual. Ademais, a expressão *deve* era criticada por ser peremptória, tendo sido substituída pelo termo *pode*.

Conforme o art. 747 do CPC/2015, que unificou o tratamento do tema, "a interdição pode ser promovida: I – pelo cônjuge ou companheiro; II – pelos parentes ou tutores; III – pelo representante da entidade em que se encontra abrigado o interditando; IV – pelo Ministério Público. Parágrafo único. A legitimidade deverá ser comprovada por documentação que acompanhe a petição inicial". Vejamos a confrontação desse comando com o antigo art. 1.177, seu correspondente na codificação instrumental anterior.

O inc. I do art. 747 do CPC/2015 menciona o cônjuge ou companheiro, enquanto o inc. II do art. 1.177 apenas expressava o cônjuge. Como visto, o vigente CPC procurou dar um tratamento uniforme ao casamento e à união estável, o que, em regra, veio em boa hora. Existia proposta no antigo projeto de Ricardo Fiuza (PL 699/2011) de inclusão expressa da convivente, o que acabou prejudicado. A jurisprudência já vinha seguindo essa lógica (nessa linha: TJMG, Embargos de Declaração 1.0024.06.033131-1/0031, 2.ª Câmara Cível, Belo Horizonte, Rel. Des. Brandão Teixeira, j. 23.09.2008, *DJEMG* 22.10.2008; e TJRJ, Acórdão 4.035/1993, 1.ª Câmara Cível, Rio de Janeiro, Rel. Des. Paulo Sergio Fabião, j. 20.09.1994).

O inc. II do art. 747 do CPC/2015 reconhece a legitimidade aos parentes e tutores. Existe, desse modo, correspondência ao art. 1.177, incs. I e II, que expressava o pai, a mãe, o tutor e algum parente próximo. Deve-se entender pela inclusão de todas as formas de parentesco, seja por consanguinidade (todos os ascendentes e descendentes, colaterais até quarto grau, inclusive), por afinidade (sogra, sogro, nora, genro, enteado, enteada, padrasto, madrasta) ou em decorrência de parentesco civil (adoção, técnica de reprodução assistida heteróloga e parentalidade socioafetiva).

Ainda no que diz respeito ao art. 1.768 do Código Civil, consigne-se que ele foi alterado pela Lei 13.146/2015, com a inclusão da possibilidade de interdição pela própria pessoa com deficiência (*autointerdição* ou *autocuratela*). Ademais, o dispositivo não trata propriamente de um processo de interdição, mas de uma demanda em que se nomeia um curador. Como estamos aqui demonstrando, o Novo CPC, adotando outro caminho, está todo estruturado na ação de interdição, na contramão do Estatuto da Pessoa com Deficiência.

Todavia, pelo menos *a priori*, como o dispositivo foi revogado pelo CPC/2015, somente teve aplicação a redação renovada entre a entrada em vigor do Estatuto da Pessoa com Deficiência (janeiro de 2016), até a vigência do CPC/2015 (18 de março). Esperamos que esse problema de direito intertemporal seja definitivamente solucionado com a emergência de uma nova norma, no caso originário do PL 757/2015, até porque vemos com bons olhos essa possibilidade de *autointerdição*. Nesse sentido foi o meu parecer dado no Senado Federal quanto à última proposição, que acabou por ser acatado parcialmente e agora segue para debates na Câmara dos Deputados.

Em reforço, a nova norma será necessária para esclarecer se cabe a ação de interdição ou uma demanda com nomeação de um curador (*pedido de curatela*), como antes exposto. De toda sorte, pensamos mais uma vez que, doutrinariamente, enquanto a nova norma processual não surge para resolver o dilema, pode-se sustentar que a autointerdição ou autocuratela é viável juridicamente, diante da força constitucional da Convenção de Nova York, e por estar de acordo com o *espírito* do EPD. Adotando tal caminho, na *I Jornada de Direito Processual Civil*, em agosto de 2017, aprovou-se o Enunciado n. 57, segundo o qual a própria pessoa a ser curatelada tem legitimidade para promover a medida. A proposta doutrinária contou com o meu total apoio, devendo ser seguida pela jurisprudência.

Em relação à legitimidade do Ministério Público, esse órgão somente promoveria a interdição em caso de doença mental grave, se não existisse ou não requeresse a interdição alguma das pessoas designadas pela lei ou, ainda, se existindo tais pessoas, fossem elas incapazes. Essa era a regra do art. 1.769 do CC/2002, revogada expressamente pelo vigente Código de Processo Civil (art. 1.072, inc. II, do CPC/2015).

Aperfeiçoando a redação do art. 1.178 do CPC/1973, o art. 748 do *Codex* de 2015 passou a estabelecer que o Ministério Público só promoverá interdição em caso de doença mental grave: *a)* se as pessoas designadas nos incisos I, II e III do art. 747 não existirem ou não promoverem a interdição; e *b)* se, existindo, forem incapazes as pessoas mencionadas nos incisos I e II do art. 747. O que se percebe é que a legitimidade do MP é somente *subsidiária* e *extraordinária*, funcionando como substituto processual. Pontue-se que a matéria passou a ser concentrada somente no estatuto processual.

Mais uma vez, nota-se um *atropelamento legislativo* do CPC de 2015 em relação ao Estatuto da Pessoa com Deficiência. Diante da Lei 13.146/2015, o art. 1.769 do Código Civil passou a prever que o Ministério Público somente promoverá o processo que define os termos da curatela: *a)* nos casos de deficiência mental ou intelectual; *b)* se não existir ou não promover a interdição alguma das pessoas designadas nos incs. I e II do art. 1.768; e *c)* se, existindo, forem incapazes as pessoas mencionadas no inciso antecedente. Novamente, será necessária uma norma emergente para apontar qual terá prevalência. Se isso não ocorrer, parece-nos que prevalecerá o CPC/2015.

Estabelecia o art. 1.770 do Código Civil que, sendo a interdição promovida pelo MP, o juiz nomearia um defensor ao suposto incapaz, que era denominado *curador especial*. No mesmo sentido era a norma do art. 1.179 do CPC anterior. Todavia, o último preceito não foi reproduzido pelo Estatuto Processual emergente, que revogou também o dispositivo material (art. 1.072, inc. II, do CPC/2015).

Desse modo, está prejudicado o entendimento anterior, segundo o qual, nos demais casos, ou seja, sendo a interdição promovida pelas outras pessoas elencadas pela lei, o próprio MP seria o defensor do interdito. Isso porque o art. 752, § 1.º, do CPC/2015 passou a determinar que o Ministério Público intervirá como *fiscal da ordem jurídica* nas ações de interdição que não propõe. No sistema anterior, alguns doutrinadores defendiam, pelo menos em parte, essa tese, pela desnecessidade de atuação do Ministério Público em casos tais. Nesse sentido, Euclides de Oliveira comentava decisão do Tribunal de Justiça de São Paulo, que assim concluiu:

"Interdição. Pedido do Ministério Público para nomeação de curador especial para defesa dos interesses do interditando. Não possibilidade de a função ser exercida pelo MP, sob pena de conflito de interesses, se o caso. Agravo acolhido" (TJSP, Agravo de Instrumento 485.078-4/8, agravante o Ministério Público, agravada JGS, 4.ª Câmara de Direito Privado, recurso provido por maioria, Rel. José Geraldo de Jacobina Rabello, j. 19.07.2007).

São as conclusões do jurista e doutrinador, demonstrando interessante contraponto ao entendimento que antes era majoritário:

"Em suma, lembrando que o Ministério Público tem sua atuação pautada pela defesa de interesses indisponíveis do indivíduo e da sociedade, bem como ao zelo dos interesses sociais, coletivos ou difusos, resta imprópria sua investidura para tarefas de outra ordem, especialmente quando conflitantes com sua necessária intervenção como fiscal da lei. É o que sucede nos processos de interdição com objetivo de curatela de pessoa declarada incapaz para a regência de sua pessoa e para a administração de seus bens. Servirá outro, e não o Ministério Público, como curador especial do interditando, conforme bem reconhecido no acórdão da lavra do eminente Des. José Geraldo de Jacobina Rabello, que tem apoio na correta exegese do perfil institucional daquele órgão e da sua relevante atuação no encargo de fiscalizar o exato cumprimento da lei" (OLIVEIRA, Euclides de. Decisão comentada..., p. 83, out.-nov. 2007).

Os argumentos são louváveis e fizeram-me refletir profundamente sobre a questão no passado. Em certo sentido, parece ter sido essa a lógica adotada pelo CPC/2015, em seu art. 752, § 1.º, e pela revogação do antigo art. 1.770 do Código Civil. A propósito dessa conclusão, em julgado do ano de 2017, o Superior Tribunal de Justiça acabou por concluir que, "diante da incompatibilidade entre o exercício concomitante das funções de *custos legis* e de curador especial, cabe à Defensoria Pública o exercício de curadoria especial nas ações de interdição" (STJ, REsp 1.651.165/SP, 3.ª Turma, Rel. Min. Nancy Andrighi, j. 19.09.2017).

De toda sorte, a atuação do MP como fiscal da lei é essencial para que o incapaz não sofra prejuízos. Nesse sentido, decisão da mesma Terceira Turma do STJ, do ano de 2022, concluiu pela nulidade do processo de interdição, justamente pela falta de intimação do Ministério Público, para o exercício dessa função. Consoante o acórdão, que merece destaque:

"A regra do art. 178, II, do CPC/15, ao prever a necessidade de intimação e intervenção do Ministério Público no processo que envolva interesse de incapaz, refere-se não apenas ao juridicamente incapaz, mas também ao comprovadamente incapaz de fato, ainda que não tenha havido prévia declaração judicial da incapacidade. Na hipótese, a indispensabilidade da intimação e da intervenção do Ministério Público se justifica pelo fato incontroverso de que a parte possui doença psíquica grave, aliado ao fato de que todos os legitimados ordinários à propositura de eventual ação de interdição (art. 747, I a III, do CPC/15) não existem ou possuem conflito de interesses com a parte enferma, de modo que a ausência de intimação e intervenção do *Parquet* teve, como consequência, prejuízo concreto à parte. Inaplicabilidade, na hipótese, do entendimento segundo o qual não há nulidade do processo em virtude da ausência de intimação e de intervenção do Ministério Público em 1.º grau de jurisdição quando houver a atuação ministerial em 2.º grau, uma vez que a ciência do *Parquet* acerca da ação e da situação da parte ainda em 1.º grau poderia, em tese, conduzir à ação a desfecho substancialmente diferente" (STJ, REsp 1.969.217/SP, 3.ª Turma, Rel. Min. Nancy Andrighi, j. 08.03.2022, *DJe* 11.03.2022).

Como se percebe, a ementa já foi prolatada em análise do conteúdo do CPC/2015, devendo ser essa a posição a ser considerada para os devidos fins práticos.

No que concerne aos procedimentos de interdição, o art. 749 do CPC/2015 preceitua que incumbe ao autor, na petição inicial, especificar os fatos que demonstram a incapacidade do interditando para administrar seus bens e, se for o caso, para praticar atos da vida civil, bem como o momento em que a incapacidade se revelou. Não há mais necessidade de prova da legitimidade, conforme estava no art. 1.180 do CPC/1973, presumindo-se esta das condições pessoais descritas pelo novo art. 747 do CPC/2015.

Como inovação louvável, a Norma Instrumental passou a estabelecer que, justificada a urgência, o juiz pode nomear curador provisório ao interditando para a prática de determinados atos (art. 749, parágrafo único, do CPC/2015). Cite-se, por exemplo, a necessidade de um curador para gerir a empresa do interditando.

Além disso, no que concerne a uma prova inicial mínima, o art. 750 do CPC em vigor passou a determinar que o requerente deverá juntar laudo médico para fazer prova de suas alegações, ou, pelo menos, informar a impossibilidade de fazê-lo, dentro dos ditames de boa-fé e de colaboração processual, comentados no primeiro capítulo deste livro. Julgado do Superior Tribunal de Justiça, do ano de 2021, concluiu que esse laudo médico, como elemento necessário à propositura da ação de interdição, pode ser dispensado na hipótese em que o interditando resiste em se submeter ao exame. Definiu-se, assim, a sua substituição por uma audiência de justificação posterior. Vejamos o que consta do aresto:

> "Antes de extinguir o processo sem resolução do mérito, é sempre desejável que o julgador leve em consideração as especificidades da causa e o contexto social em que se inserem os litigantes. Finalmente, anote-se que, na hipótese, diante da inexistência do laudo médico, pleiteou-se na petição inicial a designação de audiência de justificação prévia, nos termos do art. 300, § 2º, do CPC/2015, o que foi negado, a despeito de se tratar de providência suficiente para impedir a extinção do processo sem resolução do mérito. Com efeito, é bastante razoável compreender que, na ausência de laudo médico, deva o juiz, antes de indeferir a petição inicial, designar a referida audiência" (STJ, REsp 1.933.597/RO, 3.ª Turma, Rel. Min. Nancy Andrighi, j. 26.10.2021, DJe 03.11.2021).

Seguindo no estudo dos procedimentos, o interditando será citado para, em dia designado, comparecer perante o juiz, que o entrevistará minuciosamente acerca de sua vida, negócios, bens, vontades, preferências e laços familiares e afetivos e sobre o que mais lhe parecer necessário para convencimento quanto à sua capacidade para praticar atos da vida civil. As perguntas e respostas devem ser reduzidas a termo (art. 751, *caput*, do CPC de 2015).

No mesmo sentido, previa o art. 1.771 do CC/2002 que, antes de pronunciar-se acerca da interdição, o juiz, assistido por especialistas, examinaria pessoalmente o arguido de incapacidade. Todavia, esse último comando material também foi revogado expressamente pelo art. 1.072, inc. II, do CPC/2015; estando a matéria concentrada no estatuto processual. Pontue-se que o dispositivo processual emergente é mais minucioso do que o art. 1.181 do CPC anterior, seu correspondente, ao fazer menção às preferências, aos laços familiares e afetivos.

Mais uma vez, será necessário adaptar o CPC em vigor frente ao Estatuto da Pessoa com Deficiência, que alterou o art. 1.771 do Código Civil, passando este a prever que "antes de se pronunciar acerca dos termos da curatela, o juiz, que deverá ser assistido por equipe multidisciplinar, entrevistará pessoalmente o interditando". Aliás, afastando a possibilidade dessa entrevista, justamente por conta da revogação feita pelo CPC/2015, do Tribunal Paulista:

"Ação de interdição. Pretensão à realização de entrevista multidisciplinar com fundamento no art. 1.771 do Código Civil, reformado pelo Estatuto da Pessoa com Deficiência. Dispositivo expressamente revogado pelo inciso II do art. 1.072 do CPC/2015 (Lei posterior). Inexistência de determinação legal à realização de entrevista multidisciplinar. Recurso desprovido" (TJSP, Agravo de Instrumento 2087238-67.2016.8.26.0000, Acórdão 9667462, 1.ª Câmara de Direito Privado, Limeira, Rel. Des. Alcides Leopoldo e Silva Júnior, j. 07.08.2016, *DJESP* 12.08.2016).

De toda sorte, há julgado do STJ, de setembro de 2017, que considera que a entrevista – chamada no aresto de *interrogatório* –, é essencial para o processo de interdição, e a sua falta gera a nulidade do procedimento. Vejamos o que consta da sua ementa, que merece destaque:

"A questão que exsurge nesse recurso é julgar se a ausência de nomeação de curador à lide e de interrogatório do interditando dão ensejo à nulidade do processo de interdição. A participação do Ministério Público como *custos legis* em ação de interdição não supre a ausência de nomeação de curador à lide, devido à antinomia existente entre as funções de fiscal da lei e o representante dos interesses do interditando. O interrogatório do interditando é medida que garante o contraditório e a ampla defesa de pessoa que se encontra em presumido estado de vulnerabilidade. São intangíveis as regras processuais que cuidam do direito de defesa do interditando, especialmente quando se trata de reconhecer a incapacidade e restringir direitos" (STJ, REsp 1.686.161/SP, Rel. Min. Nancy Andrighi, 3.ª Turma, j. 12.09.2017, *DJe* 15.09.2017).

Porém, observe-se que o acórdão leva em conta a realidade legislativa antes do CPC/2015, na vigência dos arts. 1.181 do CPC/1973 e 1.771 do CC/2002, ora revogados.

Como outra inovação, prescreve o § 1.º do art. 751 do CPC/2015 que, não podendo o interditando deslocar-se, o juiz o ouvirá no local onde estiver. Esse deslocamento já ocorria na prática, sendo costume no Poder Judiciário, inclusive em demanda da qual participei no passado, como advogado. Ademais, como outra nova previsão na lei instrumental, prevê o § 2.º do art. 751 do CPC/2015 que a entrevista poderá ser acompanhada por especialista. Essa última regra era retirada do art. 1.771 do CC/2002.

Outra novidade é que, durante a entrevista, é assegurado o emprego de recursos tecnológicos capazes de permitir ou auxiliar o interditando a expressar suas vontades e preferências e a responder às perguntas formuladas (art. 751, § 3.º, do CPC/2015). Imagine-se, por exemplo, o caso de um interditando que não consegue falar, mas sim digitar em um computador, podendo fazer uso deste.

Por fim, estabelece o mesmo art. 751 do CPC/2015, em seu § 4.º, que, a critério do juiz, poderá ser requisitada a oitiva de parentes e pessoas próximas, o que também era praxe, mas não estava expressamente regulamentado no preceito instrumental.

Após todos esses trâmites legais, dentro do prazo de 15 dias, contado da entrevista, o interditando poderá impugnar o pedido (art. 752, *caput*, do CPC/2015). Como antes visto, o Ministério Público intervirá como *fiscal da ordem jurídica* (art. 752, § 1.º, do CPC/2015). Ademais, o interditando poderá constituir advogado para defender-se. Não tendo sido constituído advogado pelo interditando, nomear-se-á curador especial (art. 752, § 2.º, do CPC/2015). Caso o interditando não constitua advogado, o seu cônjuge, companheiro ou qualquer parente sucessível poderá intervir como assistente (art. 752, § 3.º, do CPC/2015).

Confrontando o novel artigo com o seu correspondente no Código de Processo Civil de 1973 (art. 1.182), algumas modificações podem ser observadas. O interditando seria representado nos autos pelo órgão do Ministério Público ou, quando este fosse o requerente, pelo curador especial especificamente designado. Agora, o MP passa a atuar como *fiscal da ordem jurídica*. Sem prejuízo disso, o interditando poderia constituir advogado para formular a sua defesa, não havendo menção anterior ao curador especial. Ademais, qualquer parente sucessível poderia constituir-lhe advogado, com os poderes judiciais que o interditando teria transmitido, respondendo esse parente pelos correspondentes honorários advocatícios. No novel preceito, apenas se menciona o cônjuge ou companheiro, atuando como assistentes.

Decorrido esse prazo de 15 dias do art. 752 do CPC/2015, estabelece a norma seguinte que o juiz determinará a produção de prova pericial para avaliação da capacidade do interditando para praticar atos da vida civil (*caput* do art. 753 do CPC). A perícia pode ser realizada por equipe composta por expertos com formação multidisciplinar (§ 1.º). O laudo pericial indicará especificamente, se for o caso, os atos para os quais haverá necessidade de curatela (§ 2.º).

Em alguns casos, contudo, visando à própria proteção da pessoa incapaz e a sua dignidade, a perícia pode ser dispensada. Nesse sentido, enunciado aprovado na *III Jornada de Direito Processual Civil*, em 2023: "em casos excepcionais, o juiz poderá dispensar a prova pericial nos processos de interdição ou curatela, na forma do art. 472 do CPC e ouvido o Ministério Público, quando as partes juntarem pareceres técnicos ou documentos elucidativos e houver entrevista do interditando" (Enunciado n. 178). Como não poderia ser diferente, fui um dos defensores da ementa doutrinária quando da plenária do evento.

Mais uma vez são notadas mudanças do art. 753 do CPC/2015 perante o art. 1.183 do CPC/1973. Essa norma previa que, decorrido o prazo de cinco dias mencionado no *caput* do art. 1.182 do antigo CPC, o juiz nomearia um perito, um especialista, para proceder ao exame do interditando. Apresentado o laudo, o juiz designaria a audiência de instrução e julgamento. Pelo parágrafo único do próprio art. 1.183, sendo decretada a interdição, o juiz nomearia *curador definitivo* ao interdito. Como se observa, os procedimentos foram aperfeiçoados para a devida cautela que deve ser tomada na interdição.

A menção à formação interdisciplinar é louvável, apesar de já ocorrer na prática da interdição. Também deve ser elogiada a referência expressa aos limites da curatela constante do novo art. 753 do CPC/2015, especialmente no seu § 2.º, segundo o qual, "o laudo pericial indicará especificamente, se for o caso, os atos para os quais haverá necessidade de curatela".

Isso porque, como se sabe, nos casos de interdição de relativamente incapazes, como a interdição é relativa, deve o juiz determinar os limites da curatela, ou seja, da *curatela parcial*. Essa era a regra retirada do art. 1.772 do CC/2002; também revogada pelo art. 1.072, II, do CPC/2015. Todavia, o objetivo da revogação foi apenas de concentrar o tema no diploma instrumental, sendo esse o mesmo sentido do art. 753, § 2.º, do CPC/2015.

De novo, será imperioso compatibilizar o CPC/2015 frente ao Estatuto da Pessoa com Deficiência, que alterou o art. 1.772 do CC/2002, passando este a enunciar que "o juiz determinará, segundo as potencialidades da pessoa, os limites da curatela, circunscritos às restrições constantes do art. 1.782, e indicará curador. Parágrafo único. Para a escolha do curador, o juiz levará em conta a vontade e as preferências do interditando, a ausência de conflito de interesses e de influência indevida, a proporcionalidade e a adequação às circunstâncias da pessoa".

A principal novidade diz respeito à inclusão do parágrafo único, o que vem em boa hora, dando preferência à vontade da pessoa com deficiência. Assim, espera-se, como nos casos anteriores, que esse problema de direito intertemporal seja solucionado com a edição de uma nova norma, originária do Projeto de Lei 757/2015, em curso inicial no Senado Federal, ora em tramitação na Câmara dos Deputados (PL 11.091/2018).

A propósito, conforme já prescrevia o excelente Enunciado 574 do CJF/STJ, aprovado na *VI Jornada de Direito Civil*, em 2013, a decisão judicial de interdição deverá fixar os limites da curatela para todas as pessoas a ela sujeitas, sem distinção, a fim de resguardar os direitos fundamentais e a dignidade do interdito. A proposta foi formulada pela Professora Célia Barbosa Abreu, da Universidade Federal Fluminense, sendo uma das premissas fundamentais defendidas em sua tese de doutorado (ABREU, Célia Barbosa. *Curatela...*, 2009).

As justificativas do enunciado doutrinário explicam muito bem o seu conteúdo, contando com o meu total apoio anterior, o que acabou sendo previsto no CPC de 2015 e no Estatuto da Pessoa com Deficiência:

"O CC/2002 restringiu a norma que determina a fixação dos limites da curatela para as pessoas referidas nos incisos III e IV do art. 1.767. É desarrazoado restringir a aplicação do art. 1.772 com base em critérios arbitrários. São diversos os transtornos mentais não contemplados no dispositivo que afetam parcialmente a capacidade e igualmente demandam tal proteção.

Se há apenas o comprometimento para a prática de certos atos, só relativamente a estes cabe interdição, independentemente da hipótese legal específica. Com apoio na prova dos autos, o juiz deverá estabelecer os limites da curatela, que poderão ou não ser os definidos no art. 1.782.

Sujeitar uma pessoa à interdição total quando é possível tutelá-la adequadamente pela interdição parcial é uma violência à sua dignidade e a seus direitos fundamentais. A curatela deve ser imposta no interesse do interdito, com efetiva demonstração de incapacidade. A designação de curador importa em intervenção direta na autonomia do curatelado.

Necessário individualizar diferentes estatutos de proteção, estabelecer a graduação da incapacidade. A interdição deve fixar a extensão da incapacidade, o regime de proteção, conforme averiguação casuística da aptidão para atos patrimoniais/extrapatrimoniais".

Feita tal importante consideração quanto à ordem para nomeação do curador, dispõe o *caput* do art. 1.775 do Código Civil que o cônjuge ou companheiro, não separado judicialmente ou de fato, é, de direito, o curador do outro, quando interdito (*curador legal legítimo*). Sendo o curador o cônjuge e o regime de bens do casamento o de comunhão universal, não será obrigado à prestação de contas, salvo determinação judicial (art. 1.783 do CC). A norma é especial e não se aplica aos demais casos de regime de bens e à união estável.

Ainda de acordo com o art. 1.775 do CC/2002, na falta do cônjuge ou do companheiro, será curador legítimo o pai ou a mãe. Na ausência destes, será nomeado como curador o descendente que se demonstrar mais apto. Entre os descendentes, os mais próximos precedem aos mais remotos. Finalmente, na falta das pessoas mencionadas neste artigo, compete ao juiz a escolha do *curador dativo*, que deve ser pessoa capaz e idônea para exercer a função.

Deve-se entender que a ordem descrita não é obrigatória, prevalecendo sempre o melhor interesse do curatelado. Nessa linha, concluiu julgado do Tribunal Gaúcho que:

"Ex-cunhado e irmãos concorrendo para o exercício do múnus. Prevalência do melhor interesse do interditado. No que se refere à nomeação do curador, sabido é que esta deve recair na pessoa do cônjuge ou companheiro e, na falta desses, ascendentes ou descendentes (art. 1.775, §§ 1.º e 2.º, do Código Civil). Caberá ao juiz, ainda, a escolha de um terceiro como curador (art. 1.775, § 3.º, do Código Civil), quando da impossibilidade daqueles contidos nos parágrafos anteriores. Elementos de prova que indicam que o curador nomeado de forma provisória vem exercendo de forma responsável o encargo, desmerecendo qualquer alteração. Sentença reformada. Apelação cível provida" (TJRS, Apelação Cível 70059203711, 7.ª Câmara Cível, Rel. Jorge Luís Dall'Agnol, j. 28.05.2014).

Essas posições devem ser mantidas com a emergência do Código de Processo Civil de 2015, conforme consta do Enunciado n. 638, aprovado na *VIII Jornada de Direito Civil*, do ano de 2018: "a ordem de preferência de nomeação do curador do art. 1.775 do Código Civil deve ser observada quando atender ao melhor interesse do curatelado, considerando suas vontades e preferências, nos termos do art. 755, II, e § 1.º, do CPC".

Observo que no Projeto de Reforma do Código Civil, seguindo-se proposições da Subcomissão de Direito de Família e da Relatoria-Geral, formada pela Professora Rosa Maria de Andrade Nery e por mim, são sugeridas alterações importantes no art. 1.775 do Código Civil, para se manter a coerência sistemática com outras propostas e se chancelar a posição majoritária da doutrina e da jurisprudência.

De início, substitui-se o termo "companheiro" por "convivente", além de se mencionar o separado extrajudicialmente no *caput*: "o cônjuge ou convivente, não separado judicialmente, extrajudicialmente ou de fato, é, de direito, curador do outro, quando interdito". No mesmo sentido, de alteração do termo ora em vigor por expressão mais técnica a respeito da união estável, o novo § 1.º do art. 1.775 do CC/2002: "na falta do cônjuge ou convivente, serão curadores legítimos os pais e, na falta destes, o descendente que se demonstrar mais apto".

Mantém-se a regra do § 3.º – "na falta das pessoas mencionadas neste artigo, compete ao juiz a escolha do curador" –, mas é incluído um novo § 4.º, consagrando a premissa de que a ordem e a própria nomeação não são obrigatórias, mas facultativas, como se retira do atual Enunciado n. 638 da *VIII Jornada de Direito Civil*: "poderá o juiz afastar a ordem prevista neste artigo e nomear como curador pessoa com quem o curatelado mantenha maior vínculo de convivência e afetividade, ainda que não seja parente".

Confirma-se, portanto, a jurisprudência consolidada, no sentido de sempre se atender ao princípio do melhor interesse do curatelado. Consoante as corretas justificativas da Subcomissão de Direito de Família, "a criação do parágrafo quarto objetiva tutelar situações concretas, nas quais o curatelado mantém laços de afinidade e afeto com pessoas com que, todavia, não guarda relação de parentesco. Trata-se de situação muitas vezes vivenciada na prática, razão pela qual propõe-se a permissão a que o juízo, observando que o curatelado será mais bem cuidado por terceiros, afaste a ordem taxativa que determina a atribuição da curatela ao cônjuge, companheiros ou parentes mais próximos em grau. Tudo no intuito de conceber um sistema que melhor resguarde os seus interesses".

A proposta, como não poderia ser diferente, teve apoio unânime na Comissão de Juristas nomeada no âmbito do Senado Federal.

Voltando-se ao sistema em vigor, o Estatuto da Pessoa com Deficiência, agora sem qualquer atropelamento legislativo pelo CPC/2015, incluiu o art. 1.775-A na codificação material, segundo o qual, na nomeação de curador para a pessoa com deficiência, o juiz poderá estabelecer *curatela compartilhada* a mais de uma pessoa.

A norma segue a linha de alguns julgados anteriores. Vejamos, a título de ilustração, o conteúdo de dois arestos, que viabilizam tal forma de curatela, visando a atender aos interesses da pessoa com deficiência.

"Apelação cível. Curatela compartilhada. Interdição. Nomeação de curador. Interdito portador de Síndrome de Down. Pretensão dos genitores do interdito de exercer a curatela de forma compartilhada. Possibilidade. Medida que se coaduna com a finalidade precípua do instituto da curatela. Proteção dos interesses do incapaz. Precedentes. 1. A curatela, assim como a tutela, é um *munus* público a ser exercido na proteção dos interesses do curatelado e de seus bens, incumbindo aos curadores, por exemplo, o dever de defesa, sustento e representação do interdito. Assim, a designação de curador deve se pautar pela prevalência dos interesses do incapaz. 2. Nessa perspectiva, revela-se possível o exercício da curatela compartilhada, conforme postulado pelos autores, que são pais do interdito, considerando que, embora não haja regra expressa que a autorize, igualmente não há vedação à pretensão. Em situações como a dos autos, em que expressamente requerido o exercício da curatela compartilhada e que não há, sob qualquer perspectiva, conflito entre os postulantes, nada obsta que seja ela concedida, notadamente por se tornar, na espécie, uma verdadeira extensão do poder familiar e da guarda – que, como sabido, pode ser compartilhada. 3. Além de se mostrar plausível e conveniente, no caso, a curatela compartilhada bem atende à proteção do interdito, tratando-se de medida que vai ao encontro da finalidade precípua do instituto da curatela, que é o resguardo dos interesses do incapaz, razão pela qual é de ser deferido o pleito" (TJRS, Apelação Cível 70054313796, 8.ª Câmara Cível, Pelotas, Rel. Des. Luiz Felipe Brasil Santos, j. 1.º.08.2013).

"Curatela compartilhada. Interdição. Interdito portador de Síndrome de Down. Inexistência de bens. Para o desenvolvimento do portador da Síndrome de Down, e sua inserção na sociedade e no próprio mercado de trabalho, exige-se muito mais do que vencer o preconceito e a discriminação, mas a dedicação incansável de pais e irmãos na educação e estimulação, desde o nascimento, e o acompanhamento em cursos e atividades especiais, e os cuidados perenes, havendo atualmente sobrevida até os 50 anos, mas com uma série de problemas, como o Mal de Alzheimer, de forma, até a recomendar, no caso específico, que a curatela seja compartilhada entre os genitores, e, eventualmente, pelos irmãos. Divergências podem surgir, como, também, ocorrem no exercício do poder familiar e da guarda compartilhada, e se for necessário, caberá ao juiz dirimir a questão. Ausência de vedação legal, recomendando-a a experiência no caso concreto. Recurso parcialmente provido" (TJSP, Agravo de Instrumento 0089340-38.2012.8.26.0000, 1.ª Câmara de Direito Privado, Rel. Des. Alcides Leopoldo e Silva Júnior, j. 02.10.2012).

De toda sorte, cabe observar que os acórdãos dizem respeito a pessoas com Síndrome de Down, que não são mais relativamente incapazes pelo Código Civil, pelo menos em regra, justamente pelas alterações que foram feitas pelo citado Estatuto da Pessoa com Deficiência. Em complemento, já prolatado na vigência da nova legislação do Tribunal Paulista, destaque-se:

"Agravo de instrumento. Interdição. Curatela provisória. Possibilidade de nomeação simultânea de mais de um curador. Precedentes. Art. 1.775-A do CC, incluído pelo Estatuto da Pessoa com Deficiência, que reforça a possibilidade de curatela compartilhada. Compartilhamento do encargo entre as duas irmãs que parece já ocorrer de fato, bem como, por ora, consta atender ao melhor interesse do interditando. Decisão reformada. Recurso provido" (TJSP, Agravo de Instrumento 2191636-02.2015.8.26.0000, Acórdão 9172666, 1.ª Câmara de Direito Privado, Barueri, Rel. Des. Claudio Godoy, j. 16.02.2016, *DJESP* 26.02.2016).

Regulamentando a decisão de interdição, houve revogação expressa, mais uma vez pelo art. 1.072, inc. II, do CPC, do art. 1.773 do Código Civil, cuja redação era a seguinte: "a sentença que declara a interdição produz efeitos desde logo, embora sujeita a recurso". Esse também era o sentido do art. 1.184 do CPC anterior, igualmente sem mais aplicação. A norma processual ainda estabelecia que essa sentença seria inscrita no Registro de Pessoas Naturais e publicada pela imprensa local e pelo órgão oficial por três vezes, com intervalo de dez dias, constando do edital os nomes do interdito e do curador, a causa da interdição e os limites da curatela.

Em verdade, o sistema relativo à sentença de interdição foi aperfeiçoado pelo Estatuto Processual em vigor. De início, passou o seu art. 754, mais didaticamente, a enunciar que, apresentado o laudo, produzidas as demais provas e ouvidos os interessados, o juiz proferirá sentença.

Nessa decisão, o juiz deve atender a alguns requisitos que estão previstos no art. 755 do CPC/2015. Assim, deverá, inicialmente, nomear curador, que poderá ser o requerente da interdição. O magistrado também fixará os limites da curatela, segundo o estado e o desenvolvimento mental do interdito.

Em complemento, conforme o inciso II do comando, o julgador considerará as características pessoais do interdito, observando suas potencialidades, habilidades, vontades e preferências, o que serve para a determinação de uma *curatela parcial*, como antes se expôs. A curatela deve ser atribuída a quem melhor possa atender aos interesses do curatelado, o principal interessado, que merece a devida proteção (art. 755, § 1.º, do CPC/2015).

Eventualmente, havendo, ao tempo da interdição, pessoa incapaz sob a guarda e a responsabilidade do interdito, o juiz atribuirá a curatela a quem melhor puder atender aos interesses do interdito e do incapaz, ao mesmo tempo (art. 755, § 2.º, do CPC/2015). Na verdade, essa regra já era retirada, pelo menos parcialmente, do art. 1.778 do CC/2002, segundo o qual, a autoridade do curador estende-se à pessoa e aos bens dos filhos do curatelado, observados os casos de emancipação.

O dispositivo foi repetido e ampliado pelo CPC em vigor, consoante o seu art. 757, que não constava na lei processual anterior, *in verbis*: "a autoridade do curador estende-se à pessoa e aos bens do incapaz que se encontrar sob a guarda e a responsabilidade do curatelado ao tempo da interdição, salvo se o juiz considerar outra solução como mais conveniente aos interesses do incapaz". Constata-se, dessa forma, uma *unicidade da curatela* nessas situações e como premissa geral, assim como ocorre com a tutela, por dicção do art. 1.733 do Código Civil.

De qualquer modo, nota-se pelos comandos transcritos que essa regra pode ser quebrada para atender aos interesses do incapaz.

Na linha parcial do que estava na lei processual anterior, rege o § 3.º do art. 755 do CPC/2015 que a sentença de interdição será inscrita no registro de pessoas naturais e imediatamente publicada na rede mundial de computadores, no sítio do tribunal a que estiver vinculado o juízo e na plataforma de editais do Conselho Nacional de Justiça, onde permanecerá por seis meses. Essas formas de comunicação do público são inovações que vêm em boa hora. A norma continua a mencionar, ainda, a publicação na imprensa local, uma vez, e no órgão oficial, por três vezes, com intervalo de dez dias, constando do edital os nomes do interdito e do curador, a causa da interdição, os limites da curatela e, não sendo total a interdição, os atos que o interdito poderá praticar autonomamente.

Pois bem, como se percebe, tanto pelo dispositivo material revogado expressamente (art. 1.773 do CC/2002) quanto pelo processual anterior (art. 1.184 do CPC/1973), os efeitos da sentença de interdição, cuja natureza é predominantemente constitutiva, seriam *ex nunc*, o que não dependia de qualquer ato de publicidade. Isso porque as normas expressavam que a sentença de interdição produziria efeitos desde logo. Essas previsões sempre geraram muita polêmica, o que parece ter sido solucionado pelo CPC/2015, silente a respeito desses efeitos, e deixando a sua determinação nas mãos do julgador. Vejamos.

No sistema anterior, existia uma séria dúvida quanto aos atos praticados pelo interditado antes da interdição, ou seja, se estes permaneciam válidos ou se deveriam ser tidos como nulos. Na doutrina, a questão quanto aos efeitos da sentença de interdição sempre foi muito bem explicada por Maria Helena Diniz:

"Após sua prolatação, por confirmar a suposição da incapacidade, nulos ou anuláveis serão os atos praticados pelo interdito (*RT* 468:112) conforme a gradação da sua interdição, sendo que os atos anteriores àquela sentença serão apenas anuláveis se se comprovar, judicialmente, que sua incapacidade já existia no momento da realização do negócio (*RF* 81:213 e 152:176; *RT* 539:149 e 183, 537:74, 506:75, 503:93, 436:74, 280:252, 365:93, 415:358, 483:71, 489:75 e 505:82; *RTJ* 102:359), caso em que produz efeito *ex tunc*. Durante a pendência do recurso interposto válidos serão os atos praticados entre o curador e terceiros, mesmo que a sentença venha a ser reformada em instância superior" (DINIZ, Maria Helena. *Código Civil...*, 2010, p. 1.258).

O entendimento constante dos julgados citados era tido como clássico e majoritário. Entretanto, levando-se em conta a eticidade e a valorização da boa-fé, marcos teóricos importantes do Direito Civil Contemporâneo, ficava a dúvida se os anteriores negócios celebrados pelo interditado com terceiros de boa-fé deveriam ou não permanecer válidos. Sempre entendi que, em regra, a boa-fé deve prevalecer, sendo tendência do CC/2002 – e agora do CPC/2015 – a proteção de terceiros guiados por uma boa conduta.

Cite-se, por oportuno e no sistema material, a previsão do art. 167, § 2.º, do CC, que consagra *inoponibilidade do ato simulado perante terceiros de boa-fé*, bem como a não prevalência do casamento nulo perante negócios celebrados com boa-fé (art. 1.563 do CC). No campo processual, podem ser mencionadas as mudanças realizadas quanto à caracterização da fraude de execução, presumindo-se a boa-fé dos terceiros adquirentes. De fato, se terceiro que negociou com o incapaz antes de sua interdição não percebeu nem poderia perceber a incapacidade, o negócio deve ser tido como válido.

Continuo a entender, portanto, que aquele posicionamento anterior tende a ser alterado, o que, parece-me, deverá ocorrer na vigência do CPC/2015. Adotando-se em parte a tese por mim seguida e defendida, o Superior Tribunal de Justiça postergou a decretação de nulidade, justamente para proteger terceiro que agiu de boa-fé na realização do negócio jurídico.

"Nulidade de ato jurídico praticado por incapaz antes da sentença de interdição. Reconhecimento da incapacidade e da ausência de notoriedade. Proteção do adquirente de boa-fé. Precedentes da Corte. 1. A decretação da nulidade do ato jurídico praticado pelo incapaz não depende da sentença de interdição. Reconhecida pelas instâncias ordinárias a existência da incapacidade, impõe-se a decretação da nulidade, protegendo-se o adquirente de boa-fé com a retenção do imóvel até a devolução do preço pago, devidamente corrigido, e a indenização das benfeitorias, na forma de precedente da Corte. 2. Recurso especial conhecido e provido" (STJ, REsp 296.895/PR, 3.ª Turma, Rel. Min. Carlos Alberto Menezes Direito, j. 06.05.2004, *DJ* 21.06.2004, p. 214; Veja: Incapaz. Ato praticado antes da interdição. Prova: STJ, REsp 9.077/RS; Compra e venda. Incapaz. Boa-fé da outra parte: STJ, REsp 38.353/RJ – *LEXSTJ* 144/63).

Aguardemos qual será a posição jurisprudencial a ser consolidada sobre o tema, havendo otimismo da minha parte, pois acredito ter sido muito boa a alteração engendrada pelo Estatuto Processual emergente em tal ponto da matéria.

Anoto, a esse propósito, que o Projeto de Reforma e Atualização do Código Civil pretende seguir o caminho por mim defendido, em prol da boa-fé e da plena circulação dos negócios jurídicos em geral, incluindo-se dois novos parágrafos no seu art. 171, que trata da nulidade relativa ou anulabilidade. Nos termos do seu projetado § 1.º, "ressalvados os direitos de terceiros de boa-fé, caso demonstrada a preexistência de incapacidade relativa, a anulabilidade pode ser arguida, mesmo que o ato tenha sido realizado antes da sentença de interdição ou da instituição de curatela parcial". Além disso, subsistirá "o negócio jurídico, se ficar demonstrado que não era razoável exigir que a outra parte soubesse do estado de incapacidade relativa daquele com quem contratava" (§ 2.º).

Em prol da certeza, da segurança e da necessária estabilidade das relações civis, aguarde-se a aprovação das propostas, resolvendo-se um dilema prático que já se arrasta há anos.

Seguindo no estudo do tema e do sistema ainda vigente, previa o art. 1.777 do CC/2002 que os enfermos, deficientes mentais, ébrios habituais, toxicômanos e excepcionais sem desenvolvimento completo, devidamente interditados, deveriam ser tratados em estabelecimento apropriado, desde que não fosse possível o seu convívio doméstico.

Esse dispositivo também foi alterado pela Lei 13.146/2015, passando a estabelecer que as pessoas referidas no inc. I do art. 1.767 – aquelas que por causa transitória ou definitiva não puderem exprimir vontade –, receberão todo o apoio necessário para ter preservado o direito à convivência familiar e comunitária, sendo evitado o seu recolhimento em estabelecimento que os afaste desse convívio.

Como já defendiam alguns, e essa também era a nossa posição, a internação em estabelecimento especializado passou a ser claramente uma exceção, inclusive pela ordem nominada no novo comando. A esse propósito, aliás, cabe trazer para exposição aresto do Superior Tribunal de Justiça, publicado no *Informativo* n. 533 do STJ, de 2013:

> "É claro o caráter excepcional da medida, exigindo-se, portanto, para sua imposição, laudo médico circunstanciado que comprove a necessidade da medida diante da efetiva demonstração de insuficiência dos recursos extra-hospitalares. A internação compulsória deve, quando possível, ser evitada, de modo que a sua adoção apenas poderá ocorrer como última opção, em defesa do internado e, secundariamente, da própria sociedade. Nesse contexto, resguarda-se, por meio da interdição civil com internação compulsória, a vida do próprio interditando e, secundariamente, a segurança da sociedade. Além disso, deve-se ressaltar que não se pretende, com essa medida, aplicar sanção ao interditado seja na espécie de pena, seja na forma de medida de segurança, haja vista que a internação compulsória em ação de interdição não tem caráter penal, não devendo, portanto, ser comparada à medida de segurança ou à medida socioeducativa" (STJ, HC 169.172/SP, Rel. Min. Luis Felipe Salomão, j. 10.12.2013).

Essa mudança não sofreu qualquer *atropelamento legislativo* do CPC em vigor, não havendo qualquer problema de direito intertemporal quanto a ela. De todo modo, no Projeto de Reforma do Código Civil, propõe-se que o dispositivo passe a mencionar a "institucionalização", termo que é mais adequado e atende melhor à cláusula geral de tutela da pessoa humana: "Art. 1.777. As pessoas sob curatela receberão todo o apoio necessário para ter preservado o direito à convivência familiar e comunitária, sendo evitada, sempre que possível, a sua institucionalização".

Também será incluída a expressão "sempre que possível", pois, segundo a Subcomissão de Direito de Família, ela "tem em mira resguardar situações concretas, em que a manutenção do curatelado fora de ambiente médico adequado possa causar risco direto ao próprio curatelado, aos seus familiares, ao titular da curatela ou a terceiros. Basta pensar em situação de grave estado psicótico do curatelado, no qual o convívio dele com terceiros possa representar risco de acidentes ou mesmo de vida, não só ao curatelado como aos demais. Assim, embora se entenda que a não institucionalização do incapaz deva ser a regra (o que fica claro pela redação do dispositivo), abre-se a possibilidade para o juiz, no prudente exame do caso concreto, determinar de forma excepcionalíssima essa institucionalização na hipótese em que evidenciado o já aludido risco ao curatelado ou a terceiros". Há, assim, outra proposta de uma funcionalização maior da curatela, em prol da máxima proteção do curatelado.

Por outra via, previa o art. 1.776 do CC/2002 que havendo meios de recuperar o interdito, o curador promoveria o seu tratamento em estabelecimento apropriado. Esse dispositivo foi revogado expressamente pelo Estatuto da Pessoa com Deficiência.

Todavia, a lógica do seu conteúdo foi adotada pelo novo art. 758 do CPC/2015, preceito claramente material, segundo o qual o curador deverá buscar tratamento e apoio apropriados à conquista da autonomia pelo interdito. Esses tratamentos não podem perder de vista a dignidade da pessoa humana, ao contrário do que muito ocorre na prática. O tratamento também pode ser efetuado na própria residência do interditado, junto à sua família, o que é até preferível, não sendo a última regra obrigatória (PEREIRA, Rodrigo da Cunha. *Comentários...*, 2003, v. XX, p. 495). Eis aqui mais um problema de colisão de normas que deverá ser resolvido nos próximos anos, pois o Estatuto da Pessoa com Deficiência não alterou ou revogou qualquer comando do Estatuto Processual emergente.

Em havendo a recuperação do interdito, ocorreria o *levantamento da interdição*, agora tratada como *levantamento da curatela*, uma vez que cessada a causa que a determinou. Existiram também alterações a respeito do tema, sendo interessante a confrontação dos seguintes comandos:

Código de Processo Civil de 2015	Código de Processo Civil de 1973
"Art. 756. Levantar-se-á a curatela quando cessar a causa que a determinou.	"Art. 1.186. Levantar-se-á a interdição, cessando a causa que a determinou.
§ 1.º O pedido de levantamento da curatela poderá ser feito pelo interdito, pelo curador ou pelo Ministério Público e será apensado aos autos da interdição.	§ 1.º O pedido de levantamento poderá ser feito pelo interditado e será apensado aos autos da interdição. O juiz nomeará perito para proceder ao exame de sanidade no interditado e após a apresentação do laudo designará audiência de instrução e julgamento.
§ 2.º O juiz nomeará perito ou equipe multidisciplinar para proceder ao exame do interdito e designará audiência de instrução e julgamento após a apresentação do laudo.	
§ 3.º Acolhido o pedido, o juiz decretará o levantamento da interdição e determinará a publicação da sentença, após o trânsito em julgado, na forma do art. 755, § 3.º, ou, não sendo possível, na imprensa local e no órgão oficial, por 3 (três) vezes, com intervalo de 10 (dez) dias, seguindo-se a averbação no registro de pessoas naturais. § 4.º A interdição poderá ser levantada parcialmente quando demonstrada a capacidade do interdito para praticar alguns atos da vida civil."	§ 2.º Acolhido o pedido, o juiz decretará o levantamento da interdição e mandará publicar a sentença, após o trânsito em julgado, pela imprensa local e órgão oficial por três vezes, com intervalo de 10 (dez) dias, seguindo-se a averbação no Registro de Pessoas Naturais."

Confrontando-se as regras, além da alteração das denominações no *caput,* nota-se que o Ministério Público poderá requerer o citado levantamento, o que não estava antes previsto, apesar de teses que admitiam a hipótese. Segundo o Enunciado n. 57, aprovado na *I Jornada de Direito Processual Civil,* antes destacado, a pessoa sob curatela também tem o direito de fazer esse levantamento, apesar de não constar expressamente na lei. Mais uma vez, repise-se, a afirmação está amparada no *espírito* do Estatuto da Pessoa com Deficiência e da Convenção de Nova York, sendo um interessante caminho de solução prática.

Importante decisão do Superior Tribunal de Justiça traz a conclusão segundo a qual o rol dos legitimados para tal levantamento da interdição não é realmente taxativo, mas exemplificativo. Vejamos o aresto:

"O art. 756, § 1.º, do CPC/15, ampliou o rol de legitimados para o ajuizamento da ação de levantamento da curatela previsto no art. 1.186, § 1.º, do CPC/73, a fim de expressamente permitir que, além do próprio interdito, também o curador e o Ministério Público sejam legitimados para o ajuizamento dessa ação, acompanhando a tendência doutrinária que se estabeleceu ao tempo do Código revogado. Além daqueles expressamente legitimados em lei, é admissível a propositura da ação por pessoas qualificáveis como terceiros juridicamente interessados em levantar ou modificar a curatela, especialmente àqueles que possuam relação jurídica com o interdito, devendo o art. 756, § 1.º, do CPC/15, ser interpretado como uma indicação do legislador, de natureza não exaustiva, acerca dos possíveis legitimados. Hipótese em que a parte foi condenada a reparar danos morais e pensionar vitaliciamente o interdito em virtude de acidente automobilístico do qual resultou a interdição e que informa que teria obtido provas supervenientes à condenação de que o interdito não possuiria a doença psíquica geradora da incapacidade – transtorno de estresse pós-traumático – ou, ao menos, que o seu quadro clínico teria evoluído significativamente de modo a não mais se justificar a interdição, legitimando-a a ajuizar a ação de levantamento da curatela" (STJ, REsp 1.735.668/MT, 3.ª Turma, Rel. Min. Nancy Andrighi, j. 11.12.2018, *DJe* 14.12.2018).

Além disso, ainda sobre o art. 756 do CPC/2015, atualmente há menção a uma equipe interdisciplinar para analisar o interdito, visando torná-lo incapaz. Por fim, como passou a ser possível a *curatela parcial,* admite-se, agora, o *levantamento parcial da interdição,* para determinados atos, o que demandará análise casuística.

E como fica a situação das pessoas que já se encontravam interditadas na entrada em vigor do Estatuto da Pessoa com Deficiência? Na doutrina, existem duas correntes sobre o tema, havendo uma grande estabilidade jurídica sobre o assunto no momento.

Para a primeira corrente, tais pessoas, especialmente aquelas com deficiência, passam a ser plenamente capazes com a emergência do EPD. Nessa esteira, opina José Fernando Simão:

"Todas as pessoas que foram interditadas em razão de enfermidade ou deficiência mental passam, com a entrada em vigor do Estatuto, a ser consideradas plenamente capazes. Trata-se de lei de estado. Ser capaz ou incapaz é parte do estado da pessoa natural. A lei de estado tem eficácia imediata e o levantamento da interdição é desnecessário. Ainda, não serão mais considerados incapazes, a partir da vigência da lei, nenhuma pessoa enferma, nem deficiente mental, nem excepcional (redação expressa do artigo 6.º do Estatuto)" (SIMÃO, José Fernando. *Estatuto...* Disponível em: <http://www.conjur.com.br/2015-ago-6/jose-simao-estatuto-pessoa-deficiencia-causa-perplexidade>. Acesso em: 26 maio 2016).

De outra banda, pelo menos parcialmente e na minha leitura, posiciona-se Pablo Stolze Gagliano no sentido de ser necessária uma ação de levantamento da interdição com tais fins. De acordo com as suas palavras: "não sendo o caso de se intentar o levantamento da interdição ou se ingressar com novo pedido de tomada de decisão apoiada, os termos de curatela já lavrados e expedidos continuam válidos, embora a sua eficácia esteja limitada aos termos do Estatuto, ou seja, deverão ser interpretados em nova perspectiva, para justificar a legitimidade e autorizar o curador apenas quanto à prática de atos patrimoniais. Seria temerário, com sério risco à segurança jurídica e social, considerar, a partir do Estatuto, 'automaticamente' inválidos e ineficazes os milhares – ou milhões – de termos de curatela existentes no Brasil. Até porque, como já salientei, mesmo após o Estatuto, a curatela não deixa de existir" (GAGLIANO, Pablo Stolze. É o fim da interdição? Disponível em: <http://flaviotartuce.jusbrasil>. Acesso em: 31 out. 2016).

Entre uma corrente e outra, estou filiado àquela que sustenta a necessidade de uma ação de levantamento para as pessoas que se encontram interditadas quando da entrada em vigor do EPD, diante da proteção constitucional do ato jurídico perfeito (art. 5.º, inc. XXXVI, da CF/1988). Assim, sugeri a introdução do seguinte dispositivo no Código Civil, em parecer dado perante o Projeto de Lei 757/2015, originário no Senado Federal, com tal finalidade. A propósito, analisando a necessidade do levantamento da interdição e ressaltando o caráter excepcional da medida, do Tribunal Gaúcho:

"Apelação cível. Levantamento de interdição. Descabimento. Estatuto da Pessoa com Deficiência. Reconhecimento da incapacidade relativa, e não mais absoluta, do apelante. Limites da curatela. Diante das alterações feitas no Código Civil pelo estatuto da pessoa com deficiência (Lei n.º 13.146/2015), o apelante não pode ser mais considerado absolutamente incapaz para os atos da vida civil. A sua patologia psiquiátrica – Cid 10 f20.0, esquizofrenia – configura hipótese de incapacidade relativa (arts. 4.º, inciso III, e 1.767, inciso I, do CC, com a nova redação dada pelo Estatuto da Pessoa com Deficiência), não sendo caso de curatela ilimitada. Caso em que o recurso vai parcialmente provido, para reconhecer a incapacidade relativa do apelante, mantendo-lhe o mesmo curador e fixando-se a extensão da curatela, nos termos do artigo 755, inciso I, do CPC/15, à prática de atos de conteúdo patrimonial e negocial, bem como ao gerenciamento de seu tratamento de saúde. Deram parcial provimento" (TJRS, Apelação Cível 0181562-73.2016.8.21.7000, 8.ª Câmara Cível, Sapucaia do Sul, Rel. Des. Rui Portanova, j. 15.09.2016, *DJERS* 21.09.2016).

No mesmo sentido, aliás, enunciado doutrinário proposto por mim e aprovado no *XI Congresso de Direito das Famílias e Sucessões do IBDFAM*, no final de outubro de 2017: "Enunciado 25 – Depende de ação judicial o levantamento da curatela de pessoa interditada antes da vigência do Estatuto da Pessoa com Deficiência".

Seguindo no estudo da curatela, em situações de dúvidas, o Código Civil de 2002 continua determinando a aplicação residual à curatela das regras previstas para a tutela (art. 1.774 do CC), particularmente a respeito do seu exercício, com as devidas restrições (art. 1.781 do CC). A título de exemplo, pode-se dizer que o curador também é obrigado a prestar contas, salvo a já analisada hipótese do curador cônjuge casado pelo regime da comunhão universal com o interditado (art. 1.783 do CC).

Além disso, é importante salientar que a grande novidade trazida pelo Código Civil de 2002 no tocante à curatela referia-se a novas formas de *curatela especial* previstas nos arts. 1.779 e 1.780 do CC. Não houve qualquer alteração provocada pelo Código de Processo Civil de 2015 a respeito dessas categorias. Todavia, o art. 1.780 do Código Civil acabou por ser revogado pela Lei 13.146/2015, que instituiu o Estatuto da Pessoa com Deficiência.

O primeiro dispositivo trata da *curatela do nascituro*, possível se o seu suposto pai falecer e estando grávida a mulher, esta não possui o poder familiar. Eventualmente, se a mulher estiver interditada, seu curador será também o do nascituro (art. 1.779, parágrafo único, do CC). O dispositivo reforça a *teoria concepcionista*, pela qual o nascituro é pessoa, seguida por mim. Na verdade, ao admitir a curatela do nascituro, o Código Civil de 2002 dá a este o tratamento de uma pessoa absolutamente incapaz.

A outra forma de *curatela especial* era a deferida a favor do enfermo ou pessoa com deficiência física, mediante o seu expresso requerimento (art. 1.780 do CC). Não sendo possível esse requerimento, poderia ele ser formulado por qualquer pessoa elencada no art. 1.768 do CC, ou seja, pelos pais, pelos tutores, pelo cônjuge, por qualquer outro parente ou pelo Ministério Público. Porém, essa modalidade não é mais possível, substituída que foi pela *tomada de decisão apoiada*.

No passado, ilustrava-se essa curatela com o caso de uma pessoa com deficiência física que necessitava da nomeação de um curador visando a administrar uma empresa de sua propriedade, que se encontrava em local de difícil acesso ao deficiente. Em casos tais, seria plausível a nomeação de um curador, por seu próprio pedido.

Essa curatela era denominada por alguns julgadores de *curatela-mandato*, bastando a atribuição de poderes para a mera administração dos negócios e dos bens do curatelado. Também segundo algumas decisões, seria dispensável a "autorização para a transferência ou renúncia de direitos, o que continuará dependendo da expressa manifestação de vontade da curatelada" (TJMG, Apelação Cível 10024096395116001, 7.ª Câmara Cível, Rel. Peixoto Henriques, j. 15.10.2013). Reafirme-se que a figura desapareceu do sistema, diante da emergência do Estatuto da Pessoa com Deficiência.

Anoto que no Projeto de Reforma do Código Civil, seguindo-se proposta da Subcomissão de Direito de Família, "uma vez que o art. 1.780, que tratava da curatela da pessoa com deficiência física, foi revogado pela Lei 13.146/2015, não mais se justifica a respectiva menção ao título da Seção", que passará a ser assim denominado, após ajuste feito pela Relatora-Geral, Professora Rosa Maria de Andrade Nery: "Da curatela do nascituro e da gestante". Também se revoga a regra do *caput*, que não se justifica na atualidade, pois não há a necessidade de curatela do nascituro se a mãe, grávida, puder exercer o *munus*. Com isso, transporta-se o que está previsto no parágrafo único para o *caput*, e com ajustes redacionais diante de outras proposições, a saber: "Art. 1.779. Se a mulher grávida estiver sob curatela ou tiver menos de 16 (dezesseis) anos de idade, o seu curador ou representante será o do nascituro. Parágrafo único. Revogado".

Prevaleceu na Comissão de Juristas, após intensos debates, a afirmação segundo a qual a regra proposta ainda se justifica, especialmente porque o Anteprojeto adota a teoria concepcionista, para os fins do Direito Civil, com o tratamento do nascituro como pessoa humana.

Seguindo no estudo do tema no atual sistema jurídico, além de todas essas alterações e confusas revogações, o art. 115 do Estatuto da Pessoa com Deficiência determinou que o Título IV do Livro IV, da Parte Especial do Código Civil passe a vigorar com a seguinte redação: "Da Tutela, da Curatela e da Tomada de Decisão Apoiada". Com isso, foi acrescentado um art. 1.783-A no Código Civil, tratando dos procedimentos relativos a essa *tomada de decisão apoiada*. A categoria visa ao auxílio da pessoa com deficiência para a celebração de atos mais complexos, caso dos contratos. Foi ela inspirada na *amministratore di sostegno*, da Itália, e na *Betreuung*, da Alemanha.

De início, conforme o *caput* da norma, a tomada de decisão apoiada é o processo judicial pelo qual a pessoa com deficiência elege pelo menos duas pessoas idôneas, com as quais mantenha vínculos e que gozem de sua confiança, para prestar-lhe apoio na tomada de decisão sobre atos da vida civil, fornecendo-lhes os elementos e informações necessários para que possa exercer sua capacidade. Parece-me que a tomada de decisão apoiada tem a função de trazer acréscimos ao antigo regime de incapacidades dos maiores, sustentado pela representação, pela assistência e pela curatela.

Esclareça-se que, havendo falta de discernimento da pessoa, não é possível a opção pela tomada da decisão apoiada. Nesse sentido, recente julgado do Tribunal do Paraná que afastou a sua possibilidade fática. Como consta de sua ementa, "tomada de decisão apoiada que só pode ser requerida por pessoa com plena capacidade e discernimento, porém vulnerável por alguma circunstância pessoal, física, psíquica ou intelectual. Agravada que sofre do mal de Alzheimer e não comprovou, ao menos neste momento, que a doença não afetou seu discernimento. Necessidade de investigação mais aprofundada pela equipe multidisciplinar e por médicos psiquiatras. Decisão nomeando dois apoiadores revogada" (TJPR, Agravo de Instrumento 1688539-5, 11.ª Câmara Cível, Curitiba, Rel. Des. Sigurd Roberto Bengtsson, j. 28.02.2018, *DJPR* 15.03.2018, p. 118). Na mesma linha, o Enunciado n. 640, aprovado na *VIII Jornada de Direito Civil*, de 2018: "a tomada de decisão apoiada não é cabível, se a condição da pessoa exigir aplicação da curatela". A ementa doutrinária também traz em si a conclusão pela inviabilidade de cumulação da tomada de decisão apoiada e da curatela.

Nos termos do § 1.º do novo art. 1.783-A da codificação material, para formular pedido de tomada de decisão apoiada, a pessoa com deficiência e os apoiadores devem apresentar termo em que constem os limites do apoio a ser oferecido e os compromissos dos apoiadores. Desse termo devem constar, ainda, o prazo de vigência do acordo e o respeito à vontade, aos direitos e aos interesses da pessoa que devem apoiar.

O pedido de tomada de decisão apoiada será requerido pela pessoa a ser apoiada, com indicação expressa das pessoas aptas a o prestarem (art. 1.783-A, § 2.º, do CC/2002). Essa iniciativa não pode ser atribuída a outrem, havendo legitimidade exclusiva apenas da própria pessoa com deficiência, conforme consta do Enunciado n. 639, também da *VIII Jornada de Direito Civil*. Nos seus exatos termos, "a opção pela tomada de decisão apoiada é de legitimidade exclusiva da pessoa com deficiência". A ementa também admite que a pessoa que requer o apoio manifeste antecipadamente a sua vontade de que um ou ambos os apoiadores se tornem, em caso de curatela, seus curadores.

Há, claramente, um procedimento judicial para tanto, pois o preceito seguinte determina que antes de se pronunciar sobre o pedido de tomada de decisão apoiada, o juiz, assistido por equipe multidisciplinar e após oitiva do Ministério Público, ouvirá pessoalmente o requerente e as pessoas que lhe prestarão apoio (art. 1.783-A, § 3.º, do CC/2002). Como reconheceu acórdão do Tribunal de Justiça de Santa Catarina, a medida não pode ser instituída de ofício pelo julgador. Nos seus exatos termos:

> "Tomada de decisão apoiada que não pode ser aplicada de ofício. Necessário que o pedido seja formulado pela própria pessoa a ser apoiada, com a nomeação daqueles que ela eleger. Inteligência do art. 1.783-A do CC. Ausência, no mais, de elementos capazes de convencer acerca da necessidade de interdição. Interditando que, segundo consta dos autos, tem plenas condições de exercer sozinho os atos da vida civil. Sentença reformada. Apelação do réu provida, prejudicado o recurso adesivo interposto pela autora" (TJSC, Apelação Cível 0001812-05.2004.8.24.0031, 3.ª Câmara de Direito Civil, Indaial, Rel. Des. Maria do Rocio Luz Santa Ritta, *DJSC* 25.05.2017, p. 72).

A decisão tomada por pessoa apoiada terá validade e efeitos sobre terceiros, sem restrições, desde que esteja inserida nos limites do apoio acordado (art. 1.783-A, § 4.º, do CC/2002). Assim, presente a categoria, desaparece toda aquela discussão aqui exposta a respeito da validade e eficácia dos atos praticados por incapazes, como vendas de imóveis, frente a terceiros de boa-fé. Havendo uma *tomada de decisão apoiada*, não se cogitará mais sua nulidade absoluta, nulidade relativa ou ineficácia, o que vem em boa hora, na minha opinião doutrinária.

Em complemento, o terceiro com quem a pessoa apoiada mantenha relação negocial pode solicitar que os apoiadores contra-assinem o contrato ou acordo, especificando, por escrito, sua função em relação ao apoiado (art. 1.783-A, § 5.º, do CC/2002). Isso para que não pairem dúvidas sobre a idoneidade jurídica do ato praticado, o que tem relação direta com o princípio da boa-fé objetiva.

Entretanto, em caso de negócio jurídico que possa trazer risco ou prejuízo relevante a qualquer uma das partes, havendo divergência de opiniões entre a pessoa apoiada e um dos apoiadores, deverá o juiz, ouvido o Ministério Público, decidir sobre a questão (art. 1.783-A, § 6.º, do CC/2002). Eventualmente, poderá ele suprir a vontade de uma parte discordante.

Além disso, se o apoiador agir com negligência, exercer pressão indevida ou não adimplir as obrigações assumidas, poderá a pessoa apoiada ou qualquer pessoa apresentar denúncia ao Ministério Público ou ao juiz, especialmente com o intuito de evitar a prática de algum negócio jurídico que possa lhe trazer prejuízo (art. 1.783-A, § 7.º, do CC/2002). Se o ato for praticado, é possível cogitar a sua invalidade.

Se procedente a denúncia, o juiz destituirá o apoiador e nomeará, ouvida a pessoa apoiada e, se for de seu interesse, outra pessoa para prestação de apoio (art. 1.783-A, § 8.º, do CC/2002). A pessoa apoiada pode, a qualquer tempo, solicitar o término de acordo firmado em processo de tomada de decisão apoiada, inclusive para os fins de tomada de novas decisões, de acordo com a sua autonomia privada (art. 1.783-A, § 9.º, do CC/2002).

O apoiador pode solicitar ao juiz a exclusão de sua participação do processo de tomada de decisão apoiada, sendo seu desligamento condicionado à manifestação do juiz sobre a matéria (art. 1.783-A, § 10, do CC/2002). Por derradeiro, está previsto que se aplicam à tomada de decisão apoiada, no que couber, as disposições referentes à prestação de contas na curatela (art. 1.783-A, § 11, do CC/2002).

A norma é cheia de detalhes e desperta muitas dúvidas práticas nos aplicadores do Direito, notadamente quanto à sua efetividade. Como há um processo judicial de nomeação de apoiadores, com burocracias e entraves, fica em xeque a possibilidade fática de uma pessoa com deficiência percorrer tal caminho, havendo outros disponíveis, como uma procuração firmada em Cartório ou mesmo por instrumento particular. Assim, até o presente momento, a categoria parece ser de pouca utilidade prática. Justamente por isso, a Comissão de Juristas encarregada da Reforma do Código Civil sugere reparos no instituto, *desjudicializando* a sua aplicação.

Nos debates ocorridos diante da citada Comissão, sempre se afirmou a necessidade de sua *extrajudicialização*, para que passe a ser requerida também perante o oficial do Cartório de Registro Civil das Pessoas Naturais, que receberá mais uma atribuição. Nos termos das justificativas iniciais da Subcomissão de Direito de Família, ao tratar do instituto, "embora se cuide de um procedimento de jurisdição voluntária, observe-se que há forte burocracia para sua homologação, pois está prevista a participação do Ministério

Público, de equipe interdisciplinar, oitiva do interessado e dos apoiadores por ele indicados etc. Bem por esse motivo, não se tem verificado maior repercussão prática do instituto, que, nos moldes vigentes, tem sido muito pouco utilizado, gerando críticas e sugestões da doutrina especializada e de parte da sociedade. Entre estas sugestões, recebida inclusive pela Comissão de Reforma do Código Civil, está a possibilidade de o ato de tomada de decisão apoiada ser realizado na via extrajudicial, mediante registro direto no Registro Civil". Ainda de acordo com os seus argumentos, "a boa-fé deve ser presumida, daí por que não se pode ter o preconceito de que os apoiadores terão sempre a predisposição de aproveitar-se da pessoa com deficiência, o que justificaria a impreterível intervenção judicial para homologação do ato de apoiamento. Por outro lado, como dito, há tendência de desjudicialização de vários institutos jurídicos, notadamente no Direito de Família, razão pela qual a consagração da tomada de decisão apoiada, no campo extrajudicial, atende à necessidade da sociedade moderna de garantir maior liberalidade aos sujeitos de direito e de simplificar os atos e negócios jurídicos".

Ainda segundo eles, a tomada de decisão extrajudicial (TDA) teria os seguintes moldes, conforme as suas propostas iniciais: "a) registro do ato de apoiamento perante o Cartório de Registro Civil – uma vez que diz com o estado da pessoa, após parecer favorável do Ministério Público; b) manutenção da possibilidade de a TDA ocorrer no âmbito judicial, a critério do interessado em obter o ato de apoiamento; ou, ainda, nos casos em que o Registrador se deparar com dúvida quanto à livre vontade do apoiado ou não houver aprovação do Ministério Público, hipótese na qual remeterá o pedido ao juízo competente para análise". Também foi sugerida a possibilidade de indicação de um ou mais apoiadores, "e, por fim, facilita-se o meio de encerramento da TDA, autorizando que, tanto o apoiado como o apoiador ou apoiadores promovam-na mediante simples requerimento ao Cartório de Registro Civil de Pessoas Naturais, preservados, claro, os efeitos jurídicos já produzidos".

Todas essas proposições foram debatidas amplamente com os Relatores-Gerais e, após aprimoramentos e mudanças nos textos, a Comissão de Juristas sugere que a tomada de decisão apoiada, judicial ou extrajudicial, passe a ser tratada em cinco comandos, de forma mais clara, objetiva e didática.

Nesse sentido, em termos gerais, o novo art. 1.783-A enunciará, em seu *caput* e em termos gerais, que "a tomada de decisão apoiada é o procedimento, judicial ou extrajudicial, pelo qual a pessoa capaz, mas deficiente ou com alguma limitação física, sensorial ou psíquica, bem como as declaradas relativamente incapazes, na forma do inc. II do art. 4.º, que tenham dificuldades para a prática pessoal de atos da vida civil, elegem uma ou mais pessoas idôneas com as quais mantenham vínculos e que gozem de sua confiança para prestar-lhes apoio na tomada de decisões sobre atos da vida civil". Vale lembrar que pelo projeto, como relativamente incapazes, o art. 4.º, inc. II, elencará "aqueles cuja autonomia estiver prejudicada por redução de discernimento, que não constitua deficiência, enquanto perdurar esse estado".

Para a formalização do ato, o solicitante e os apoiadores devem apresentar requerimento em que constem os limites do apoio a ser oferecido e os compromissos dos apoiadores, inclusive o prazo de vigência do acordo e o respeito à vontade, aos direitos e interesses da pessoa que devam apoiar (proposta de § 1.º do art. 1.783-A). A decisão tomada por pessoa apoiada terá validade e efeitos quanto a terceiros, sem restrições, desde que esteja inserida nos limites do apoio acordado, premissa que traz a presunção de boa-fé, como propôs a subcomissão (§ 2.º). No mesmo sentido de se proteger o tráfego negocial, o novo § 3.º do art. 1.783-A enunciará que "terceiros com quem a pessoa apoiada mantenha relação negocial ou pessoal podem solicitar que os apoiadores contra-assinem contratos ou acordos especificando, por escrito, sua função com relação ao apoiado".

De forma sucessiva, são revogados expressamente os §§ 4.º a 11 do atual art. 1.783, para que, reitere-se, o tratamento do instituto fique mais claro, didático e objetivo, prevendo-se parte de seu conteúdo, mas com melhoramentos e acréscimos necessários, nos dispositivos seguintes.

No que diz respeito à *tomada de decisão apoiada extrajudicial*, ela passará a ser tratada expressamente no novo art. 1.783-B, ao lado da judicial, em seus quatro parágrafos. Nesse contexto, "a tomada de decisão apoiada poderá ser requerida diretamente no Cartório de Registro Civil das Pessoas Naturais ou judicialmente" (*caput*). A via extrajudicial é, portanto, facultativa, e não obrigatória. Será ela pedida pela pessoa a ser apoiada, judicial ou extrajudicialmente, com a indicação expressa das pessoas aptas a prestarem o apoio (§ 1.º). Do procedimento extrajudicial ou judicial de tomada de decisão apoiada, participará o Ministério Público, que verificará a adequação do pedido aos requisitos legais (§ 2.º). Antes de se pronunciar sobre o pedido de tomada de decisão apoiada, o juiz ou o registrador civil, assistido por equipe multidisciplinar e após oitiva do Ministério Público, ouvirá pessoalmente o requerente e as pessoas que lhe prestarão apoio (§ 3.º).

Como se percebe, o Anteprojeto, em várias de suas propostas, traz a atuação do Ministério Público nos Cartórios, assim como se dá em outros Países como Portugal. Em caso de dúvidas sobre a viabilidade da tomada de decisão apoiada, o oficial do Cartório de Registro Civil poderá negar seguir com o procedimento extrajudicial, remetendo as partes para o âmbito judicial (§ 4.º do art. 1.783-B).

No que diz respeito à eventual má atuação do apoiador, nos termos do novel art. 1.783-C do CC, se ele "agir com negligência, exercer pressão indevida sobre o apoiado ou não adimplir as obrigações assumidas, poderá a pessoa apoiada ou qualquer interessado levar o fato ao Ministério Público ou ao juiz". Se comprovados os fatos narrados, o juiz destituirá o apoiador e nomeará outra pessoa para prestação de apoio, após ouvidos a pessoa apoiada e o Ministério Público (§ 1.º). Em caso de negócio jurídico que possa trazer à pessoa apoiada risco ou prejuízo relevante, havendo divergência de opiniões entre a pessoa apoiada e um dos apoiadores, deverá o juiz, ouvido o Ministério Público, decidir sobre a questão (§ 2.º).

Sobre a revogação da tomada de decisão apoiada, de forma unilateral e sem motivação, o projetado art. 1.783-D preceitua que "a pessoa com deficiência pode, a qualquer tempo, revogar a tomada de decisão apoiada, independentemente do consentimento dos seus apoiadores, mediante simples requerimento ao Cartório de Registro Civil de Pessoas Naturais ou ao juiz, preservados os efeitos jurídicos já produzidos". Como *outro lado da moeda*, o parágrafo único desse comando preverá que "os apoiadores podem também, a qualquer tempo, renunciar à incumbência para a qual foram designados".

Seguindo no estudo das proposições, assim como se dá com a curatela, inclui-se proposta segundo a qual a tomada de decisão apoiada também pode estar relacionada a atos existenciais, além dos patrimoniais. Como se retira da proposta de novo art. 1.783-E, "o procedimento de tomada de decisão apoiada pode ser utilizado pelas pessoas relativamente incapazes, referidas no inc. II do art. 4.º do Código Civil, quando ela tiver de decidir-se sobre os atos de cunho existencial de sua vida civil". A eleição de pessoas para tomada de decisão apoiada nesses casos não prejudica a atuação do curador para os atos de cunho patrimonial da vida civil do curatelado (§ 1.º). Em suma, será possível a convivência e a concomitância dos dois institutos na mesma situação concreta: uma tomada de decisão apoiada para os atos existenciais e uma curatela – sempre com caráter excepcional, como visto – para os atos patrimoniais. Sem dúvida, trata-se de proposta que igualmente funcionaliza os institutos, em prol da proteção e da tutela da pessoa humana.

Como última sugestão formulada pela Comissão de Juristas a respeito desse instituto, o § 2.º do novo art. 1.783-E preverá, para trazer mais certeza quanto ao tema, que, "para a celebração de casamento das pessoas mencionadas no *caput* deste artigo, a tomada de decisão apoiada será realizada perante o Oficial de Registro Civil das Pessoas Naturais no procedimento anterior ao casamento, desde que o ato nupcial se inclua no termo em que constem os limites do apoio a ser oferecido".

Como se pode notar, todas as propostas são mais do que necessárias, para afastar dúvidas hoje existentes sobre o instituto, tornando-o muito mais viável na prática do Direito Civil. Espera-se, portanto, a sua aprovação integral pelo Congresso Nacional.

Como última observação a respeito da curatela e o Projeto de Reforma do Código Civil, a Comissão de Juristas propõe a inclusão de uma nova e necessária seção no Capítulo, a saber: "Seção I-A. Da diretiva antecipada de curatela".

Segundo a Subcomissão de Direito de Família, a proposição chancela, mais uma vez, a necessidade de se facilitar o exercício da capacidade civil e da autonomia privada, na linha do previsto na Convenção de Nova York, que, no Brasil, tem força de Emenda à Constituição. Vejamos as suas justificativas:

> "Propõe-se a criação da diretiva antecipada de curatela, que se trata de um 'testamento para a vida', em que o interessado delineia a forma como deseja ser tratado, no caso de perda de seu discernimento. O dispositivo, portanto, prestigia a autonomia privada da pessoa quanto a quem deve ser nomeado curador e quanto ao modo como deverá dar-se as gestões patrimonial e existencial em eventual perda de lucidez. É uma espécie de 'testamento' para essa hipótese. Trata-se de regra fundamental. Busca-se também prestigiar o direito humano à capacidade civil das pessoas com deficiência, em consonância com os princípios da não discriminação, da plena e efetiva participação e inclusão na sociedade, da igualdade de oportunidades, da autonomia, da independência e da dignidade humana, todos eles contemplados na Convenção de Nova York".

Nesse contexto, de acordo com o novo art. 1.778-A, "a vontade antecipada de curatela deverá ser formalizada por escritura pública ou por instrumento particular autêntico". Em complemento, nos termos do art. 1.778-B, "o juiz deverá conferir prioridade à diretiva antecipada de curatela relativamente: I – a quem deva ser nomeado como curador; II – ao modo como deva ocorrer a gestão patrimonial e pessoal pelo curador; III – a cláusulas de remuneração, de disposição gratuita de bens ou de outra natureza".

Ademais, conforme o parágrafo único, proposto para o último preceito, "não será observada a vontade antecipada do curatelado quando houver elementos concretos que, de modo inequívoco, indiquem a desatualização da vontade antecipada, inclusive considerando fatos supervenientes que demonstrem a quebra da relação de confiança do curatelado com a pessoa por ele indicada".

As propostas são louváveis, sendo há tempos pleiteadas por parte considerável da doutrina brasileira, inclusive pelos juristas que compuseram a Subcomissão de Direito de

Família. Espera-se, portanto, a sua aprovação pelo Congresso Nacional, a fim de resolver muitos dos problemas teóricos e práticos verificados a respeito dessa importante categoria.

9.4 DA GUARDA

Além da guarda exercida sob o poder familiar, antes analisada, é preciso aqui comentar, como instituto de direito assistencial, a guarda existente fora do âmbito familiar, tratada nos arts. 33 a 35 do Estatuto da Criança e do Adolescente (Lei 8.069/1990). Alguns comandos relativos ao assunto foram alterados pela Lei 12.010, de 2009 (então *Nova Lei da Adoção*).

De imediato, prescreve o art. 28 do ECA que a guarda é uma das formas de colocação da criança e do adolescente em *família substituta*, possível quando a família, por algum motivo, "desintegra-se, colocando em risco a situação de crianças e adolescentes" (LIBERATI, Wilson Donizeti. *Comentários...*, 2003, p. 30). Esse procedimento de guarda tramita perante a Vara da Infância e da Juventude, seguindo as regras de jurisdição voluntária.

Para a devida tutela dos vulneráveis, o Superior Tribunal de Justiça editou, em junho de 2009, a Súmula 383, prevendo que "a competência para processar e julgar ações conexas de interesse do menor é, em princípio, do foro do domicílio do detentor de sua guarda". Consigne-se que essa competência se aplica tanto para as questões de regulamentação da guarda quanto para a adoção.

Nessa guarda, sempre que possível, a criança ou adolescente deverá ser previamente ouvido por equipe interprofissional, respeitado seu estágio de desenvolvimento e grau de compreensão sobre as implicações da medida, e terá sua opinião devidamente considerada (art. 28, § 1.º, do ECA). A menção à equipe multidisciplinar é a novidade na previsão introduzida pela então chamada *Nova Lei da Adoção*.

Como outra novidade, a Lei 12.010/2009 introduziu a previsão de que, em se tratando de maior de doze anos de idade, será necessário seu consentimento, colhido em audiência (art. 28, § 2.º, do ECA). A nova regra foi introduzida para que a guarda siga o mesmo procedimento previsto para a adoção.

Além disso, na apreciação do pedido, levar-se-á em conta o grau de parentesco e a relação de afinidade ou de afetividade, a fim de evitar ou minorar as consequências decorrentes da medida (art. 28, § 3.º, do ECA). O próprio ECA reconhece a afetividade como elemento essencial para uma boa convivência, tendo como base a proteção integral da criança, ou seja, o seu melhor interesse (art. 227 da Constituição Federal).

Pois bem, a Lei 12.010, por igual, introduziu outras inovações importantes a respeito da família substituta, que podem ser aplicadas, além da adoção, à guarda.

Assim, o art. 28, § 4.º, do ECA passou a prever que os grupos de irmãos serão colocados sob adoção, tutela ou guarda da mesma família substituta, ressalvada a comprovada existência de risco de abuso ou outra situação que justifique plenamente a excepcionalidade de solução diversa. Deve-se procurar, em qualquer caso, evitar o rompimento definitivo dos vínculos fraternais. Desse modo, procura-se valorizar os vínculos de sangue, deferindo-se uma guarda composta.

Ademais, a colocação da criança ou adolescente em família substituta será precedida de sua preparação gradativa e acompanhamento posterior, realizados pela equipe interprofissional a serviço da Justiça da Infância e da Juventude, preferencialmente com o apoio dos técnicos responsáveis pela execução da política municipal de garantia do direito à convivência familiar (art. 28, § 5.º, do ECA).

Mais uma vez, deve-se elogiar a menção à equipe multidisciplinar, o que vem em boa hora em tempos pós-modernos de hipercomplexidade, em que o aplicador do direito não pode, sozinho, resolver as questões e contendas atuais. Destaque-se que a visão multidisciplinar para as questões familiares é defendida há tempos pelo Instituto Brasileiro de Direito de Família (IBDFAM), relevando-se os trabalhos de Águida Arruda Barbosa, Fernanda Tartuce e Giselle Câmara Groeninga. O CPC/2015 e o Estatuto da Pessoa com Deficiência também valorizam essa atuação multidisciplinar em vários de seus dispositivos.

Outra norma elogiável, porque tutela os vulneráveis, é a introduzida no § 6.º do art. 28 do ECA, pelo qual, em se tratando de criança ou adolescente indígena ou proveniente de comunidade remanescente de quilombo, é ainda obrigatório, na determinação da família substituta:

a) Que sejam consideradas e respeitadas sua identidade social e cultural, os seus costumes e tradições, bem como suas instituições, desde que não sejam incompatíveis com os direitos fundamentais reconhecidos pelo próprio ECA e pela Constituição Federal.

b) Que a colocação familiar ocorra prioritariamente no seio de sua comunidade ou junto a membros da mesma etnia.

c) A intervenção e oitiva de representantes do órgão federal responsável pela política indigenista, no caso de crianças e adolescentes indígenas, e de antropólogos, perante a equipe interprofissional ou multidisciplinar que irá acompanhar o caso.

Superada a abordagem de tais inovações, a guarda não será deferida a favor de pessoa que revele, por qualquer modo, incompatibilidade com a natureza da medida ou não ofereça ambiente familiar adequado. É o que determina o art. 29 do ECA, também baseado nessa proteção integral. Justamente por isso, ao assumir a guarda ou a tutela, o responsável prestará compromisso de bem e fielmente desempenhar o encargo, mediante termo nos autos (art. 32 do ECA).

Essa colocação em família substituta também não admitirá transferência da criança ou adolescente a terceiros ou a entidades governamentais ou não governamentais, sem a devida autorização judicial (art. 30 do ECA). Nos casos de colocação da criança ou adolescente em família substituta estrangeira, trata-se de medida excepcional, somente admissível na modalidade de adoção e nunca por meio da guarda (art. 31 do ECA). Todas essas normas não sofreram qualquer alteração pela Lei 12.010, de agosto de 2009.

Regulamentando especificamente essa guarda especial, enuncia o art. 33 da Lei 8.069/1990 que ela obriga à prestação de assistência material, moral e educacional à criança ou adolescente, conferindo a seu detentor o direito de opor-se a terceiros, inclusive aos pais. Aqui está consagrado o exercício de verdadeiro poder familiar, devendo o detentor da guarda fazê-lo como fariam os pais, tendo como norte a manutenção da dignidade humana.

A guarda destina-se a regularizar a posse de fato da criança ou adolescente, podendo ser deferida, liminar ou incidentalmente, nos procedimentos de tutela e adoção, exceto nos processos de adoção por estrangeiros (art. 33, § 1.º, do ECA).

Excepcionalmente, deferir-se-á a guarda, fora dos casos de tutela e adoção, para atender a situações peculiares ou suprir a falta eventual dos pais ou responsável, podendo ser deferido o direito de representação para a prática de atos determinados (art. 33, § 2.º, do ECA).

A guarda confere à criança ou adolescente a condição de dependente, para todos os fins e efeitos de direito, inclusive previdenciários (art. 33, § 3.º, do ECA).

Além dessas previsões, a Lei 12.010/2009 introduziu uma nova regra, no sentido de que, salvo expressa e fundamentada determinação em contrário da autoridade judiciária competente, ou quando a medida for aplicada em preparação para adoção, o deferimento da guarda de criança ou adolescente a terceiros não impede o exercício do direito de visitas pelos pais.

Ademais, a guarda não impede o dever de prestar alimentos, que será objeto de regulamentação específica, a pedido do interessado ou do Ministério Público. Ao se reconhecer o direito de visita aos pais, ampara-se um direito fundamental à convivência, se ainda houver interesse. A menção aos alimentos visa à proteção da dignidade humana, que constitui o seu principal fundamento.

O Poder Público estimulará, por meio de assistência jurídica, incentivos fiscais e subsídios, o acolhimento, sob a forma de guarda, de criança ou adolescente órfão ou abandonado. Essa é a regra do art. 34, *caput*, do ECA, que traz, segundo a doutrina, uma forma de *guarda especial*, destinada a crianças e adolescentes de difícil colocação, excluídos ordinariamente da adoção e da tutela (LIBERATI, Wilson Donizeti. *Comentários...*, 2003, p. 32). A Lei 12.010/2009 procurou regulamentar essa *guarda especial*.

De início, a inclusão da criança ou adolescente em programas de acolhimento familiar terá preferência a seu acolhimento institucional, observado, em qualquer caso, o caráter temporário e excepcional da medida (art. 34, § 1.º, do ECA). Em casos tais, a pessoa ou casal cadastrado no programa de acolhimento familiar poderá receber a criança ou adolescente mediante guarda, observado o disposto a respeito da inclusão em família substituta (art. 34, § 2.º, do ECA). A prioridade dada ao programa de acolhimento familiar é outra inovação elogiável, pois no afeto da família a criança ou o adolescente se sente melhor do que em uma instituição. Além disso, procura-se dar uma função social da família incontestável, atendendo às suas finalidades coletivas.

Por fim, sem qualquer alteração, determina o art. 35 da Lei 8.069/1990 que a guarda poderá ser revogada a qualquer tempo, mediante ato judicial fundamentado, ouvido o Ministério Público, sempre tendo como parâmetro o princípio de proteção integral ou de melhor interesse da criança. Justamente por isso é que a jurisprudência tem apontado que a decisão quanto à guarda não faz coisa julgada material. A título de exemplo, transcreve-se, para encerrar o capítulo:

> "Guarda de menores. Agravo de instrumento. Inocorrência de coisa julgada. Comprovação de circunstância diversa da indicada pelo autor. Reforma da decisão anteriormente concedida. I – Concessão de antecipação de tutela em ação cautelar de guarda de menores pleiteada pelo genitor. Agravo de instrumento que mantém a decisão não faz coisa julgada material, tornando-a imutável. II – Audiência de instrução com oitiva de testemunhas. Pedido de reforma da decisão que concedeu a antecipação fundada em situação fática diversa. Possibilidade de reforma daquela decisão nos termos do art. 273, § 4.º, do CPC. III – Agravo improvido" (TJDF, Agravo de Instrumento 20040020053033AGI/DF, Acórdão 204773, 4.ª Turma Cível, 04.11.2004, Rel. Vera Andrighi, *DJ* 16.12.2004, p. 64).

A conclusão do acórdão, como não poderia ser diferente, tem o meu total apoio doutrinário.

9.5 RESUMO ESQUEMÁTICO

Tutela	Curatela	Guarda do ECA
Munus público existente para a administração de interesses de menores absoluta ou relativamente incapazes. O Código Civil em vigor disciplina o instituto com detalhes quanto à capacidade para exercer o encargo, o seu exercício, a prestação de contas, a administração, entre outros efeitos jurídicos.	*Munus* público existente para a administração de interesses de maiores incapazes (ébrios habituais, toxicômanos, pessoas que por causa transitória ou definitiva não puderem exprimir vontade e pródigos, na redação atual do art. 4.º do Código Civil). O Código Civil de 2002 criou também a curatela do nascituro e do deficiente físico. A curatela do deficiente físico foi extinta pelo Estatuto da Pessoa com Deficiência (Lei 13.146/2015). Atentar para as mudanças engendradas por esta lei e pelo Código de Processo Civil de 2015.	Além da guarda exercida sob o poder familiar, temos ainda a guarda como instituto de direito assistencial, existente fora do âmbito familiar, tratada pelo Estatuto da Criança e do Adolescente (Lei 8.069/1990). Prevê o art. 28 do ECA que a guarda é uma das formas de colocação da criança e do adolescente em *família substituta*, possível quando a família se desintegrou por algum motivo.

9.6 QUESTÕES CORRELATAS

01. (TRF – 4.ª Região – Juiz Federal Substituto – 2016) Assinale a alternativa correta.

A respeito da capacidade civil, levando em conta a Lei n.º 13.146/2015:

(A) O direito ao recebimento de atendimento prioritário da pessoa com deficiência não abrange a tramitação processual e os procedimentos judiciais em que for parte ou interessada.

(B) A pessoa com deficiência – assim entendida aquela que tem impedimento de longo prazo de natureza física, mental, intelectual ou sensorial, o qual, em interação com uma ou mais barreiras, pode obstruir sua participação plena e efetiva na sociedade em igualdade de condições com as demais pessoas – é considerada capaz para casar-se e constituir união estável, exercer direitos sexuais e reprodutivos e conservar sua fertilidade, mas não para exercer o direito à guarda, à tutela, à curatela e à adoção.

(C) A menoridade cessa aos dezoito anos completos, quando a pessoa fica habilitada à prática de todos os atos da vida civil. Contudo, a incapacidade cessará, para os menores, dentre outras hipóteses legalmente elencadas, pelo desempenho de funções inerentes a cargo público comissionado ou de provimento efetivo.

(D) Qualquer pessoa com mais de dezesseis anos pode casar, independentemente de autorização de seus pais e representantes legais.

(E) A curatela de pessoas com deficiência afetará tão somente os atos relacionados aos direitos de natureza patrimonial e negocial, isto é, sua definição não alcança o direito ao próprio corpo, à sexualidade, ao matrimônio, à privacidade, à educação, à saúde, ao trabalho e ao voto.

02. (DPE-SC – FCC – Defensor Público Substituto – 2017) Sobre tutela, curatela e tomada de decisão apoiada, é correto afirmar:

(A) Caso algum ascendente do menor se recuse a exercer a sua tutela, o juiz sempre poderá nomeá-lo com ou sem a sua anuência.

(B) O tutor pode, com autorização judicial, dispor de bens do menor a título gratuito.

(C) A curatela é instituto social de proteção dos absolutamente incapazes para a prática de atos da vida civil.

(D) A tomada de decisão apoiada pode ser requerida pela pessoa com deficiência ou por qualquer das pessoas legitimadas para promover a interdição.

(E) Para que o apoiador seja desligado a seu pedido do processo de tomada de decisão apoiada, é imprescindível a manifestação judicial sobre o pedido.

03. (TJRO – IESES – Titular de Serviços de Notas e de Registros – Remoção – 2017) Tutela é o encargo atribuído pela Justiça a um adulto capaz, para que proteja, zele, guarde, oriente, responsabilize-se e administre os bens de crianças e adolescentes cujos pais são falecidos ou estejam ausentes até que completem 18 anos de idade. A este respeito é correto afirmar:

(A) O direito de nomear tutor compete a qualquer um dos pais, separadamente.
(B) Aos irmãos órfãos dar-se-ão tantos tutores quanto bastarem.
(C) É anulável a nomeação de tutor pelo pai ou pela mãe que, ao tempo de sua morte, não tinha o poder familiar.
(D) As crianças e os adolescentes cujos pais forem desconhecidos, falecidos ou que tiverem sido suspensos ou destituídos do poder familiar terão tutores nomeados pelo Juiz ou serão incluídos em programa de colocação familiar.

04. (MPE-MG – FUNDEP (Gestão de Concursos) – Promotor de Justiça Substituto – 2017) Assinale a alternativa correta:

(A) Em caso de necessidade, a pessoa capaz, com deficiência, pode sujeitar-se à curatela relativamente aos atos patrimoniais e negociais.
(B) A prestação de contas das fundações ao Ministério Público poderá ser suprida pelo juiz, a requerimento do interessado.
(C) A confissão feita pelo representante obriga necessariamente o representado.
(D) A contestação da paternidade fundada em erro é privativa do pai registral.

05. (ITJ-AM – Titular de Serviços de Notas e de Registros – Provimento – IESES – 2018) A respeito da curatela, responda:

I. Não corre prescrição entre curatelados e seus curadores, durante a curatela.

II. Há impedimento matrimonial entre o tutor e os seus descendentes, ascendentes, irmãos, cunhados ou sobrinhos, com a pessoa curatelada, enquanto não cessar a curatela, e não estiverem saldadas as respectivas contas.

III. Quando o curador for o cônjuge e o regime de bens do casamento for de comunhão universal, não será obrigado à prestação de contas, salvo determinação judicial.

Assinale a correta:

(A) Apenas as assertivas I e III são verdadeiras.
(B) Apenas a assertiva II é verdadeira.
(C) Todas as assertivas são verdadeiras.
(D) Apenas as assertivas I e II são verdadeiras.

06. (MPE-SP – Promotor de Justiça Substituto – MPE-SP – 2017) Com relação à capacidade para o exercício da tutela, a legislação civil brasileira estabelece que não poderão ser tutoras, ou serão da tutela exoneradas, algumas pessoas que estejam ou que venham a estar em determinadas situações consideradas impeditivas para o exercício de tal atribuição. Para qual grupo de pessoas a seguir haveria a possibilidade de exercício de tutela?

(A) Pessoas que não sejam probas.
(B) Pessoas exercendo função pública incompatível com a administração da tutela.
(C) Pessoas que não tenham a livre administração de seus bens.
(D) Pessoas sob investigação em inquérito policial.
(E) Pessoas que estejam constituídas em obrigação para com o menor.

07. (TJ-PE – Analista Judiciário – Função Judiciária – BFC – 2017) Sobre os institutos da tutela e da curatela, assinale a alternativa que contém a resposta incorreta:

(A) A tutela se verifica quando da decadência do poder familiar.
(B) Na falta de tutor legítimo, o juiz nomeará um tutor idôneo residente no domicílio do menor.
(C) Aos irmãos órfãos serão estabelecidos mais de um tutor.

(D) Os ébrios habituais e os viciados em tóxico estão sujeitos a curatela.
(E) A autoridade do curador estende-se à pessoa e aos bens dos filhos do curatelado.

08. **(Juiz Substituto – TJ-PR – CESPE – 2019) Após o falecimento dos pais, uma criança de dez anos de idade foi colocada sob tutela de sua avó, de sessenta e cinco anos de idade, já que constitui parente de grau mais próximo. Em relação à tutela dessa criança, considerando-se as disposições legais, é correto afirmar que a avó**
(A) poderá se escusar da tutela, sob a alegação de ser aposentada.
(B) poderá se escusar da tutela, sob o fundamento de ser maior de sessenta anos.
(C) não poderá se escusar da tutela, já que é o parente de grau mais próximo da criança.
(D) não poderá se escusar da tutela, uma vez que tal ato é vedado pela legislação vigente.

09. **(Promotor Substituto – MPE-PR – 2019) Sobre *tomada de decisão apoiada*, assinale a alternativa *incorreta*:**
(A) Antes de se pronunciar sobre o pedido de tomada de decisão apoiada, o juiz, assistido por equipe multidisciplinar, após oitiva do Ministério Público, ouvirá pessoalmente o requerente e as pessoas que lhe prestarão apoio.
(B) A decisão tomada por pessoa apoiada terá validade e efeitos sobre terceiros, sem restrições, desde que esteja inserida nos limites do apoio acordado.
(C) Terceiro com quem a pessoa apoiada mantenha relação negocial pode solicitar que os apoiadores contra-assinem o contrato ou acordo, especificando, por escrito, sua função em relação ao apoiado.
(D) Em caso de negócio jurídico que possa trazer risco ou prejuízo relevante, se houver divergência de opiniões entre a pessoa apoiada e um dos apoiadores, prevalecerá a opinião do apoiador.
(E) O apoiador pode solicitar ao juiz a exclusão de sua participação do processo de tomada de decisão apoiada, sendo seu desligamento condicionado à manifestação do juiz sobre a matéria.

10. **(Analista Ministerial – Área Jurídica – MPE-PE – FCC – 2018) De acordo com a atual redação do Código Civil, estão sujeitos à curatela:**
(A) aqueles que, por causa transitória ou permanente, não puderem exprimir sua vontade; os ébrios habituais e os viciados em tóxico; os deficientes mentais; e os deficientes visuais.
(B) aqueles que, por enfermidade ou deficiência mental, não tiverem o necessário discernimento para os atos da vida civil; aqueles que, por outra causa duradoura, não puderem exprimir a sua vontade; os deficientes mentais, os ébrios habituais e os viciados em tóxicos; os excepcionais sem completo desenvolvimento mental; os filhos menores de dezoito anos.
(C) aqueles que, por enfermidade ou deficiência mental, não tiverem o necessário discernimento para os atos da vida civil, desde que não se trate de fato transitório; e os ébrios habituais e os viciados em tóxicos.
(D) os excepcionais sem completo desenvolvimento mental; aqueles que, por outra causa duradoura, não puderem exprimir a sua vontade; os surdos, ainda que possam exprimir sua vontade; e os pródigos.
(E) aqueles que, por causa transitória ou permanente, não puderem exprimir sua vontade; os ébrios habituais e os viciados em tóxico; e os pródigos.

11. **(Juiz substituto – TJGO – FCC – 2021) Compete ao tutor, independentemente de autorização do juiz,**
(A) receber as rendas e pensões do menor e transigir.
(B) vender os bens móveis e imóveis do menor, cuja conservação não convier, aplicando os respectivos preços na sua educação.
(C) representar o menor até os dezesseis anos nos atos da vida civil e, após essa idade, assisti-lo nos atos em que for parte, bem como promover-lhe, mediante preço conveniente, o arrendamento de bens imóveis.
(D) pagar as dívidas do menor e alienar seus bens destinados à venda.
(E) aceitar, pelo menor, heranças, legados ou doações com ou sem encargo.

12. **(Promotor de Justiça substituto – MPE-MG – FUNDEP – 2022)** Considerando a regulamentação da tomada de decisão apoiada disposta no Código Civil de 2002, analise as assertivas a seguir:

I. A pessoa com deficiência poderá eleger pelo menos 2 (duas) pessoas, com as quais mantenha fidúcia e vínculos, para prestar-lhe apoio na tomada de decisão sobre atos da vida civil.

II. Se o apoiador agir com negligência, exercer pressão indevida ou não adimplir as obrigações assumidas, cabe somente ao Ministério Público denunciar tais fatos.

III. Não é exigível prestação de contas na tomada de decisão apoiada, mas somente na curatela.

IV. O apoiador pode apresentar requerimento ao juiz para a exclusão de sua participação do processo de tomada de decisão apoiada, porém o seu desligamento é condicionado à manifestação do juiz sobre a matéria.

Assinale a alternativa CORRETA:

(A) Apenas as assertivas I, II e III são verdadeiras.
(B) Apenas as assertivas I, III, IV são verdadeiras.
(C) Apenas as assertivas I e IV são verdadeiras.
(D) Apenas as assertivas II e IV são verdadeiras.

13. **(Procurador do Distrito Federal – PG-DF – CESPE/CEBRASPE – 2022)** À luz do Código Civil e do Código de Processo Civil, e considerando a jurisprudência do STJ naquilo a que ela for pertinente, julgue o item que se segue.

As pessoas com enfermidade ou deficiência mental, quando excepcionalmente forem submetidas a curatela, não poderão ser declaradas como absolutamente incapazes.

( ) Certo
( ) Errado

14. **(Oficial de Justiça estadual – TJRS – IBADE – 2022)** A respeito da tutela e da curatela, à luz do Código Civil:

(A) é válida a nomeação de tutor pelo pai ou pela mãe que, ao tempo de sua morte, não tinha o poder familiar.
(B) não podem ser tutores e serão exonerados da tutela, caso exerçam, aqueles que tiverem a livre administração de seus bens.
(C) os imóveis pertencentes aos menores sob tutela somente podem ser vendidos quando houver manifesta vantagem, mediante prévia avaliação judicial e aprovação do juiz.
(D) quando o curador for o cônjuge e o regime de bens do casamento for da comunhão parcial de bens, não será obrigado à prestação de contas, salvo determinação judicial.
(E) ainda que com a autorização judicial, poderá o tutor dispor dos bens do menor a título gratuito.

15. **(Promotor de Justiça substituto – MPE-AC – CESPE/CEBRASPE – 2022)** A curatela afetará os atos relacionados aos direitos de natureza

(A) negocial e laboral.
(B) patrimonial e negocial.
(C) patrimonial e laboral.
(D) eleitoral e matrimonial.
(E) educacional e eleitoral.

16. **(CRC-RJ – Instituto Consulplan – Advogado – 2023)** A tutela e a curatela são institutos legais que têm grande importância na proteção dos direitos e interesses de pessoas que, por alguma razão, não possuem capacidade plena para cuidar de si mesmas ou de seus bens. Considerando que estes institutos têm como objetivo garantir o bem-estar e a dignidade das pessoas vulneráveis, como menores de idade ou adultos com incapacidade,

assegurando que suas necessidades sejam atendidas e que seus direitos sejam protegidos, analise as afirmativas a seguir.

I. Os filhos menores são postos em tutela com o falecimento dos pais, ou sendo eles julgados ausentes.

II. A nomeação do tutor deve constar de testamento ou de qualquer outro documento autêntico.

III. Quem não for parente do menor não poderá ser obrigado a aceitar a tutela, se houver no lugar parente idôneo, consanguíneo ou afim, em condições de exercê-la.

IV. O cônjuge ou companheiro, não separado judicialmente ou de fato, é, de direito, curador do outro, quando interdito.

Está correto o que se afirma em

(A) I, II, III e IV.
(B) I e III, apenas.
(C) II e IV, apenas.
(D) III e IV, apenas.

17. **(MPE-MG – Promotor de Justiça substituto – IBGP – 2024)** Sobre a curatela, assinale a alternativa CORRETA, nos termos da legislação civil vigente:

(A) Considerando o princípio do melhor interesse do incapaz, o contexto do caso e as necessidades do curatelado, o curador poderá alienar bens móveis e imóveis, independentemente de autorização judicial.
(B) Considerando o princípio do melhor interesse do incapaz, o contexto do caso e o comportamento do curatelado, não é imprescindível o laudo médico para o deferimento da curatela definitiva.
(C) Considerando o princípio do melhor interesse do incapaz, o contexto do caso e as necessidades do curatelado, o curador poderá doar bens móveis e imóveis, desde que seja para os descendentes do curatelado.
(D) Considerando o princípio do melhor interesse do incapaz, o contexto do caso e as necessidades do curatelado, a nomeação de curador poderá estabelecer curatela compartilhada a mais de uma pessoa.
(E) Considerando o princípio do melhor interesse do incapaz, a curatela definitiva julgada por sentença não pode ser revista.

18. **(TJSP – Titular de Serviços de Notas e de Registros – VUNESP – 2024)** Não é atribuição de tutor:

(A) autorizar casamento de tutelado.
(B) receber as rendas e pensões do menor e as quantias a ele devidas.
(C) conceder emancipação ao tutelado por escritura pública.
(D) pagar as dívidas do menor com autorização judicial.

19. **(TJSP – Titular de Serviços de Notas e de Registros – VUNESP – 2024)** A legitimidade para eleger apoiadores para auxiliarem pessoa deficiente nos atos da vida civil é:

(A) do Ministério Público.
(B) dos parentes do deficiente em linha reta.
(C) de qualquer pessoa com a qual o deficiente mantenha vínculo.
(D) do próprio deficiente.

20. **(1.º Exame Nacional da Magistratura – ENAM – FGV – 2024)** Mário, depois de receber diagnóstico de enfermidade que poderia comprometer seu discernimento, convidou seus irmãos, João e Rita, para auxiliá-lo na tomada de decisões que envolvessem negócios jurídicos de certo valor. Depois de reduzirem a termo particular a disciplina do apoio, Mário pediu ajuda a seus irmãos acerca da locação do imóvel de sua titularidade. Rita aconselhou que fosse contratada a locação, à qual João se opôs, por considerar o aluguel baixo. Mário acolheu o conselho de Rita e decidiu realizar a contratação.

De forma a precaver o prejuízo do irmão, João propôs uma medida judicial para obstar a locação e requereu que fosse fixado um valor mínimo para a locação.

Acerca do pleito de João, é correto afirmar que o juízo deve:

(A) respeitar a decisão da maioria e não acolher o pleito.
(B) acolher o pedido ante a ausência de unanimidade dos apoiadores.
(C) acolher o pedido, pois a decisão apoiada depende de homologação judicial.
(D) não conhecer o pedido, pois a tomada de decisão apoiada requer forma pública.
(E) não acolher o pleito, visto que não houve autorização judicial para a tomada de decisão apoiada.

21. **(TJSC – Juiz substituto – FGV – 2024)** Enfiteutis, diagnosticado com psicopatia grave, foi autor de diversos crimes violentos, até mesmo contraparentes seus que o abandonaram por medo e até mesmo raiva.

Em razão disso, sua filha, Laudêmia, busca sua curatela judicialmente.

O Ministério Público, em parecer lançado nos autos, opina, em preliminar, nos seguintes termos: i) a filha não pode postular a medida quando há ascendentes vivos de Enfiteutis que possam desempenhar o encargo, consoante ordem do art. 1.775 do Código Civil; e ii) a psicopatia não enseja a curatela, na medida em que não se pode falar em incapacidade civil. No mérito, se superados esses pontos, pede que a curatela se estenda também aos atos existenciais de Enfiteutis.

As ponderações do Ministério Público:

(A) são todas procedentes.
(B) são todas improcedentes.
(C) procedem quanto ao mérito, mas não quanto às preliminares.
(D) procedem quanto à primeira preliminar, mas não quanto ao mérito.
(E) só procedem quanto à segunda preliminar.

GABARITO

01 – E	02 – E	03 – D
04 – A	05 – A	06 – D
07 – C	08 – B	09 – D
10 – E	11 – C	12 – C
13 – CERTO	14 – C	15 – B
16 – A	17 – D	18 – C
19 – D	20 – E	21 – C

BIBLIOGRAFIA

ABREU, Célia Barbosa. *Curatela e interdição civil*. Rio de Janeiro: Lumen Juris, 2009.

AGUIAR DIAS, José de. *Da responsabilidade civil*. Rio de Janeiro: Forense, 1944. t. I.

AGUIAR DIAS, José de. *Da responsabilidade civil*. Rio de Janeiro: Forense, 1944. t. II.

AKEL, Ana Carolina Silveira. *Guarda compartilhada*. São Paulo: Atlas, 2008.

ALEXY, Robert. *Teoria dos direitos fundamentais*. Trad. Virgílio Afonso da Silva. São Paulo: Malheiros, 2008.

ALMEIDA, Renata Barbosa de; RODRIGUES JR., Walsir Edson. *Direito das famílias*. Rio de Janeiro: Lumen Juris, 2010.

ALPA, Guido; BESSONE, Mario. *Trattado di diritto privado*. Obbligazione e contratti. Torino: UTET, Ristampa, 1987.

ALVES, Jones Figueirêdo. Abuso de direito no direito de família. *Anais do V Congresso Brasileiro de Direito de Família*, 2006.

ALVES, Jones Figueirêdo; DELGADO, Mário. *Código Civil anotado*. São Paulo: Método, 2005.

ALVES, Leonardo Barreto Moreira. O fim da culpa na separação judicial. *Temas Atuais de Direito de Família*. Rio de Janeiro: Lumen Juris, 2010.

ASCENSÃO, José de Oliveira. *Introdução à ciência do direito*. 3. ed. Rio de Janeiro: Renovar, 2005.

ASCENSÃO, José de Oliveira. Procriação medicamente assistida e relação de paternidade. In: HIRONAKA, Giselda Maria Fernandes Novaes; TARTUCE, Flávio; SIMÃO, José Fernando (Coord.). *Direito de família e das sucessões*. Temas atuais. São Paulo: Método, 2009.

ASSUNÇÃO, Alexandre Guedes Alcoforado. *Código Civil comentado*. Coordenação: Ricardo Fiuza e Regina Beatriz Tavares da Silva. 6. ed. São Paulo: Saraiva, 2008.

ASSUNÇÃO, Alexandre Guedes Alcoforado. *Novo Código Civil comentado*. In: FIUZA, Ricardo. 2. ed. São Paulo: Saraiva, 2004.

AZEVEDO, Álvaro Villaça. *Bem de família*. São Paulo: José Bushatsky, 1974.

AZEVEDO, Álvaro Villaça. Emenda Constitucional do Divórcio. Disponível em: <http://www.flaviotartuce.adv.br/secoes/artigosc/villaca_emenda.doc.>. Acesso em: 10 jan. 2011.

AZEVEDO, Álvaro Villaça. *Comentários ao Código Civil*. In: AZEVEDO, Antonio Junqueira de. São Paulo: Saraiva, 2003. v. 19.

AZEVEDO, Álvaro Villaça. *Estatuto da família de fato*. 2. ed. São Paulo: Atlas, 2002.

AZEVEDO, Álvaro Villaça. *Estatuto da família de fato*. São Paulo: Atlas, 2005.

AZEVEDO, Álvaro Villaça. *Teoria geral do direito civil*. São Paulo: Atlas, 2012.

BARBOSA, Águida Arruda. Mediação familiar: instrumento para a reforma do Judiciário. Congresso Brasileiro de Direito de Família, IV, Belo Horizonte. *Anais*. Belo Horizonte: IBDFAM, Del Rey, 2004.

BARBOZA, Heloísa Helena; MORAES, Maria Celina Bodin de; TEPEDINO, Gustavo. *Código Civil interpretado conforme a Constituição da República*. Rio de Janeiro: Renovar, 2004. v. 1.

BARROS, Flávio Augusto Monteiro de. *Manual de direito civil*. São Paulo: Método, 2005. v. 4.

BARROS, Sérgio Resende de. Direitos humanos da família: principiais e operacionais. Disponível em: <http://www.srbarros.com.br/artigos.php?TextID=86>. Acesso em: 20 mar. 2007.

BEDAQUE, José Roberto dos Santos. In: MARCATO, Antonio Carlos. *Código de Processo Civil interpretado*. São Paulo: Atlas, 2004.

BEVILÁQUA, Clóvis. *Código dos Estados Unidos do Brasil*. Edição histórica. 3. tir. Rio de Janeiro: Editora Rio, 1977.

BEVILÁQUA, Clóvis. *Direito da família*. 3. ed. São Paulo: Saraiva, 1916.

BRANCO, Gerson Luiz Carlos; MARTINS-COSTA, Judith. *Diretrizes teóricas do novo Código Civil brasileiro*. São Paulo: Saraiva, 2002.

BRANDÃO, Débora Vanessa Caús. *Regime de bens no novo Código Civil*. São Paulo: Saraiva, 2007.

BRITO, Leila Torraca de. *Paternidades contestadas*. Belo Horizonte: Del Rey, 2008.

BRITO, Rodrigo Toscano de. Compromisso de compra e venda e as regras de equilíbrio contratual do CC/2002. In: DINIZ, Maria Helena. *Atualidades jurídicas*. São Paulo: Saraiva, 2004, n. 5.

BUENO, Cassio Scarpinella. Chamamento ao processo. In: DIDIER JR., Fredie; WAMBIER, Teresa Arruda Alvim (Coord.). *Aspectos polêmicos e atuais sobre os terceiros no processo civil e assuntos afins*. São Paulo: RT, 2004.

BUNAZAR, Maurício. Pelas portas de Villela: um ensaio sobre a pluriparentalidade como realidade sociojurídica. *Revista IOB de Direito de Família*, n. 59, p. 63-73, abr.-maio 2010.

CAHALI, Francisco José. A Súmula 377 e o novo Código Civil e a mutabilidade do regime de bens. *Revista do Advogado*. Homenagem ao professor Silvio Rodrigues, São Paulo, Associação dos Advogados de São Paulo, ano XXIV, n. 76, jun. 2004.

CAHALI, Francisco José. *Contrato de convivência*. São Paulo: Saraiva, 2003.

CAHALI, Francisco José. *Dos alimentos*. 6. ed. São Paulo: RT, 2009.

CAHALI, Francisco José. *Dos alimentos*. 3. ed. São Paulo: RT, 1999.

CAHALI, Francisco José. *Família e sucessões no Código Civil de 2002*. São Paulo: RT, 2004.

CAHALI, Francisco José. *Família e sucessões no Código Civil de 2002*. São Paulo: RT, 2005. v. II.

CAHALI, Francisco José. *Separação e divórcio*. 11. ed. São Paulo: RT, 2005.

CALDERON, Ricardo Lucas. O percurso construtivo do princípio da afetividade no Direito de Família Brasileiro contemporâneo: contexto e efeitos. Disponível em: <http://dspace.c3sl.ufpr.br/dspace/bitstream/handle/1884/26808/dissertacao%20FINAL%2018-11-2011%20pdf.pdf?sequence=1>. Acesso em: 23 set. 2012.

CALDERON, Ricardo Lucas. Primeiras impressões sobre o Provimento 83 do CNJ. Disponível em: <http://ibdfam.org.br>. Acesso em: 23 ago. 2019.

CALDERON, Ricardo Lucas. *Princípio da afetividade no Direito de Família*. 2. ed. Rio de Janeiro: Forense, 2017.

CÂMARA, Alexandre Freitas. *Lições de direito processual civil*. 10. ed. Rio de Janeiro: Lumen Juris, 2006. v. III.

CAMARGO NETO, Mário de Carvalho. Lei 12.133 de 17 de dezembro de 2009 – A Habilitação para o Casamento e o Registro Civil. Disponível em: <http://www.ibdfam.org.br/?artigos&artigo=570>. Acesso em: 12 fev. 2010.

CANEZIN, Claudete Carvalho. Da culpa no direito de família. In: TARTUCE, Flávio; CASTILHO, Ricardo. *Direito civil. Direito patrimonial. Direito existencial*. Estudos em homenagem à professora Giselda Maria Fernandes Hironaka. São Paulo: Método, 2006.

CANOTILHO, J. J. Gomes. *Direito constitucional e teoria da Constituição*. 7. ed. 3. reimpr. Coimbra: Almedina.

CANUTO, Érica Verícia de Oliveira. A mutabilidade do regime patrimonial de bens no casamento e na união estável. In: DELGADO, Mário Luiz; ALVES, Jones Figueirêdo. *Questões controvertidas no novo Código Civil*. São Paulo: Método, 2005. v. 3.

CARVALHO NETO, Inácio de. A recusa do tabelião em lavrar escritura de separação ou de divórcio. *Separação, divórcio, partilhas e inventários extrajudiciais*. Questionamentos sobre a Lei 11.441/2007. São Paulo: Método, 2007.

CARVALHO NETO, Inácio de. A Súmula 377 do Supremo Tribunal Federal e o novo Código Civil, ano IV, n. 49, dez. 2004. Disponível em: <http://www.intelligentiajuridica.com.br>. Acesso em: 11 jan. 2005.

CARVALHO NETO, Inácio de. *Abuso do direito*. 4. ed. Curitiba: Juruá, 2006.

CARVALHO NETO, Inácio de. Incapacidade e impedimentos matrimoniais no novo Código Civil. In: DELGADO, Mário Luiz; ALVES, Jones Figueirêdo. *Questões controvertidas no novo Código Civil*. São Paulo: Método, 2004. v. 2.

CARVALHO NETO, Inácio de. *Responsabilidade civil no direito de família*. 2. ed. Curitiba: Juruá, 2004.

CARVALHO NETO, Inácio de; FUGIE, Érica Harumi. *Novo Código Civil comparado e comentado*. Direito de Família. Curitiba: Juruá, 2002. v. VI.

CARVALHO SANTOS, João Manuel. *Código Civil brasileiro interpretado*. 2. ed. Rio de Janeiro: Freitas Bastos, 1937. v. 6.

CASSETTARI, Christiano. *Multiparentalidade e parentalidade socioafetiva*. Efeitos jurídicos. São Paulo: Atlas, 2014.

CASSETTARI, Christiano. *Separação, divórcio e inventário por escritura pública*: teoria e prática. São Paulo: Método, 2007.

CERQUEIRA, Thales Tácito de Pontes Luz de Pádua. A Lei 11.106 de 2005 e polêmicas. Disponível em: <http://www.ammp.com.br/headerCanal.php?IdCanal=MjM&id=Mg=>. Acesso em: 6 mar. 2006.

CHINELLATO, Silmara Juny. *A tutela civil do nascituro*. São Paulo: Saraiva, 2001.

CHINELLATO, Silmara Juny. Adoção de nascituro e a quarta era dos direitos: razões para se alterar o *caput* do artigo 1.621 do novo Código Civil. In: DELGADO, Mário Luiz; ALVES, Jones Figueirêdo. *Questões controvertidas no novo Código Civil*. São Paulo: Método, 2003. v. 1.

CHINELLATO, Silmara Juny (Coord.). *Código Civil interpretado*. Artigo por Artigo. Parágrafo por Parágrafo. 2. ed. São Paulo: Manole, 2009.

CHINELLATO, Silmara Juny. *Comentários ao Código Civil*. In: AZEVEDO, Antonio Junqueira de. São Paulo: Saraiva, 2004. v. 18.

CHINELLATO, Silmara Juny. Direito de autor e direitos da personalidade: reflexões à luz do Código Civil. Tese para concurso de Professor Titular de Direito Civil da Faculdade de Direito da Universidade de São Paulo: 2008.

CHINELLATO, Silmara Juny; HERKENHOFF, Henrique Geaquinto. A recusa do tabelião em lavrar escritura de separação ou de divórcio. *Separação, divórcio, partilhas e inventários extrajudiciais*. Questionamentos sobre a Lei 11.441/2007. São Paulo: Método, 2007.

CHIRONI, G. P. *La colpa nel diritto civile odierno*. Colpa contratualle. 2. ed. Torino: Fatelli Bocca, 1925.

COLTRO, Antônio Carlos Mathias; MAFRA, Tereza Cristina Monteiro; TEIXEIRA, Sálvio de Figueiredo (Coord.). *Comentários ao novo Código Civil*. 2. ed. Rio de Janeiro: Forense, 2005. v. XVII.

CUNHA, Rogério Sanches; PINTO, Ronaldo Batista. *Violência doméstica* – Lei Maria da Penha (Lei n. 11.340/2006) comentada artigo por artigo. 2. ed. São Paulo: RT, 2008.

CZAPSKI, Aurélia Lizete Barros. *Código Civil interpretado*. Silmara Juny Chinellato (Coord.). 3. ed. São Paulo: Manole.

DELGADO, Mário Luiz. A nova redação do § 6.º do art. 226 da CF/1988: por que a separação de direito continua a vigorar no ordenamento jurídico brasileiro. In: COLTRO, Antonio Carlos Mathias; DELGADO, Mário Luiz (Coord.). *Separação, divórcio, partilha e inventários extrajudiciais*. Questionamentos sobre a Lei 11.441/2007. 2. ed. São Paulo: Método, 2011.

DELGADO, Mário Luiz. *Código Civil comentado* – Doutrina e jurisprudência. Rio de Janeiro: Forense, 2019.

DIAS, Maria Berenice. Direito das famílias: um ano sem grandes ganhos. Disponível em: <www.professorflaviotartuce.blogspot.com>. Acesso em: 12 fev. 2010.

DIAS, Maria Berenice. *Divórcio já!* São Paulo: RT, 2010.

DIAS, Maria Berenice. *Manual de direito das famílias*. Porto Alegre: Livraria do Advogado, 2005.

DIAS, Maria Berenice. *Manual de direito das famílias*. 3. ed. São Paulo: RT, 2006.

DIAS, Maria Berenice. *Manual de direito das famílias*. 4. ed. São Paulo: RT, 2007.

DIAS, Maria Berenice. *Manual de direito das famílias*. 5. ed. São Paulo: RT, 2009.

DIAS, Maria Berenice. *Manual de direito das famílias*. 6. ed. São Paulo: RT, 2010.

DIAS, Maria Berenice. *Manual de direito das famílias*. 8. ed. São Paulo: RT, 2011.

DIAS, Maria Berenice. Síndrome da alienação parental: o que é isso? Disponível em: <www.intelligentiajuridica.com.br>, ano IV, n. 64, out. 2006. Acesso em: 27 mar. 2007.

DIDIER JR., Fredie. *Regras processuais no novo Código Civil*. São Paulo: Saraiva, 2004.

DINIZ, Maria Helena. *Código Civil anotado*. 11. ed. São Paulo: Saraiva, 2005.

DINIZ, Maria Helena. *Código Civil anotado*. 15. ed. São Paulo: Saraiva, 2010.

DINIZ, Maria Helena. *Curso de direito civil brasileiro*. Direito de família. 17. ed. São Paulo: Saraiva, 2002. v. 5.

DINIZ, Maria Helena. *Curso de direito civil brasileiro*. 19. ed. São Paulo: Saraiva, 2004. v. 5.

DINIZ, Maria Helena. *Curso de direito civil brasileiro*. 20. ed. São Paulo: Saraiva, 2005. v. 5.

DINIZ, Maria Helena. *Curso de direito civil brasileiro*. 22. ed. São Paulo: Saraiva, 2007. v. 5.

DINIZ, Maria Helena. *Dicionário jurídico*. 2. ed. São Paulo: Saraiva, 2005. v. 1.

DINIZ, Maria Helena. Direito à convivência familiar. In: TARTUCE, Flávio; CASTILHO, Ricardo. *Direito civil*. Direito patrimonial. Direito existencial. Estudos em homenagem à professora Giselda Maria Fernandes Novaes Hironaka. São Paulo: Método, 2006.

DINIZ, Maria Helena. *Manual de direito civil*. São Paulo: Saraiva, 2011.

DINIZ, Maria Helena. *O estado atual do biodireito*. 2. ed. São Paulo: Saraiva, 2002.

DIREITO, Carlos Alberto Menezes. Da união estável no novo Código Civil. In: FRANCIULLI NETO, Domingos; MENDES, Gilmar Ferreira; MARTINS FILHO, Ives Gandra da Silva. *O novo Código Civil*. Estudos em homenagem ao Prof. Miguel Reale. São Paulo: LTr, 2003.

DONNINI, Rogério Ferraz. Dissolução do vínculo conjugal: Divórcio e suas modalidades – A proposta de Emenda à Constituição para extinção da separação. *Revista Brasileira de Direito Civil Constitucional e Relações de consumo*, São Paulo: Fiuza, v. 4, out.-dez. 2009.

DUARTE, Nestor. *Código Civil comentado*. Coord. Ministro Cezar Peluso. 4. ed. São Paulo: Manole, 2010.

FACHIN, Luiz Edson. *Estatuto jurídico do patrimônio mínimo*. Rio de Janeiro: Renovar, 2001.

FACHIN, Luiz Edson. *Estatuto jurídico do patrimônio mínimo*. 2. ed. Rio de Janeiro: Renovar, 2006.

FACHIN, Luiz Edson; RUZYK, Carlos Eduardo Pianovski. *Código Civil comentado*. In: AZEVEDO, Álvaro Villaça. São Paulo: Atlas, 2003. v. XV.

FALAVIGNA, Maria Clara Osuna Diaz. Quais as consequências da não intervenção do advogado? *Separação, divórcio, partilhas e inventários extrajudiciais*. Questionamentos sobre a Lei 11.441/2007. São Paulo: Método, 2007.

FARIAS, Cristiano Chaves de. A desnecessidade de procedimento judicial para as ações de separação e divórcio consensuais e a nova sistemática da Lei 11.441/2007: o bem vencendo o mal. Disponível em: <www.juspodivm.com.br>. Acesso em: 13 mar. 2007.

FARIAS, Cristiano Chaves de. Direito constitucional à família – ou famílias sociológicas *versus* famílias reconhecidas pelo direito: um bosquejo para uma aproximação conceitual à luz da legalidade constitucional. *Direito e processo de família*. Rio de Janeiro: Lumen Juris, 2004.

FARIAS, Cristiano Chaves de. Redesenhando os contornos da dissolução do casamento. Congresso Brasileiro de Direito de Família. IV, Belo Horizonte. *Anais*. Belo Horizonte: IBDFAM, Del Rey, 2004.

FARIAS, Cristiano Chaves de; ROSENVALD, Nelson. *Curso de direito civil*. Famílias. 4. ed. Salvador: Juspodivm, 2012. v. 6.

FARIAS, Cristiano Chaves de; ROSENVALD, Nelson. *Direito civil*. Teoria geral. Rio de Janeiro: Lumen Juris, 2006.

FARIAS, Cristiano Chaves de; ROSENVALD, Nelson. *Direito das famílias*. Rio de Janeiro: Lumen Juris, 2008.

FERREIRA, Jussara Suzi Assis Borges Nasser; RÖRHMANN, Konstanze. As famílias pluriparentais ou mosaicos. *Anais do V Congresso Brasileiro de Direito de Família*, 2006.

FIUZA, Ricardo. *O novo Código Civil e as propostas de aperfeiçoamento*. São Paulo: Saraiva, 2004.

FUJITA, Jorge Shiguemitsu. *Direito civil*. Direito de família. Orientação: Giselda M. F. Novaes Hironaka. São Paulo: RT, 2008. v. 7.

GAGLIANO, Pablo Stolze. A nova emenda do divórcio: primeiras reflexões. Disponível em: <http://www.flaviotartuce.adv.br/secoes/artigosc/pablo_pecdiv.doc>. Acesso em: 13 jul. 2010.

GAGLIANO, Pablo Stolze. Contrato de namoro. Disponível em: <www.flaviotartuce.adv.br>, Seção artigos de convidados. Acesso em: 31 dez. 2012.

GAGLIANO, Pablo Stolze. *É o fim da interdição?* Disponível em: <http://flaviotartuce.jusbrasil>. Acesso em: 31 out. 2016.

GAGLIANO, Pablo Stolze; PAMPLONA FILHO, Rodolfo. *Novo curso de direito civil*. 4. ed. São Paulo: Saraiva, 2003. v. I.

GAGLIANO, Pablo Stolze; PAMPLONA FILHO, Rodolfo. *Novo curso de direito civil*. São Paulo: Saraiva, 2011. v. VI. Direito de Família.

GAGLIANO, Pablo Stolze; PAMPLONA FILHO, Rodolfo. *Novo curso de direito civil*. Direito de família. 2. ed. São Paulo: Saraiva, 2012. v. 6.

GAJARDONI, Fernando de Fonseca. *Comentários ao novo Código de Processo Civil*. In: CABRAL, Antonio do Passo; CRAMER (Coord.). Rio de Janeiro: Forense, 2015.

GAMA, Guilherme Calmon Nogueira da. *Direito civil*. Família. São Paulo: Atlas, 2008.

GODOY, Cláudio Luiz Bueno de. *Função social do contrato*. De acordo com o novo Código Civil. São Paulo: Saraiva, 2004.

GOMES, Orlando. *Direito de família*. 3. ed. Rio de Janeiro: Forense, 1978.

GONÇALVES, Carlos Roberto. *Direito civil brasileiro*. São Paulo: Saraiva, 2005. v. VI.

GOZZO, Débora. *Pacto antenupcial*. São Paulo: Saraiva, 1992.

GRECO FILHO, Vicente. O divórcio tornou-se potestativo. In: FERRAZ, Carolina Valença; LEITE, George Salomão; LEITE, Glauber Salomão (Coord.). *O novo divórcio no Brasil*. Salvador: Juspodivm, 2011.

GROENINGA, Giselle Câmara. A razão tem razões que a própria razão desconhece. In: *Boletim do Instituto Brasileiro de Direito de Família (IBDFAM)*, Belo Horizonte, ano 10, n. 64, set.-out. 2010.

GROENINGA, Giselle Câmara. *Direito civil*. Direito de família. Orientação: Giselda M. F. Novaes Hironaka. Coordenação: Aguida Arruda Barbosa e Cláudia Stein Vieira. São Paulo: RT, 2008. v. 7.

GROENINGA, Giselle Câmara. Sem mais desculpas – é tempo de responsabilidade. In: DIAS, Maria Berenice (Org.). *Direito das Famílias*. Contributo do IBDFAM em homenagem a Rodrigo da Cunha Pereira. São Paulo: IBDFAM-RT, 2010.

GURGEL, Fernanda Pessanha do Amaral. *Direito de família e o princípio da boa-fé objetiva*. Curitiba: Juruá, 2009.

HIRONAKA, Giselda Maria Fernandes Novaes. Famílias paralelas. *Revista Magister de Direito Civil e Direito Processual Civil*, Porto Alegre: Magister, n. 50, set.-out. 2012. Edição eletrônica para assinantes.

HIRONAKA, Giselda Maria Fernandes Novaes. Os contornos jurídicos da responsabilidade afetiva nas relações entre pais e filhos – Além da obrigação legal de caráter material. Disponível em: <www.flaviotartuce.adv.br>. Acesso em: 10 ago. 2006.

HIRONAKA, Giselda Maria Fernandes Novaes. Sobre peixes e afeto – um devaneio sobre a ética no Direito de Família. Família e dignidade humana. In: PEREIRA, Rodrigo da Cunha. *Anais do V Congresso Brasileiro de Direito de Família*. Belo Horizonte: IBDFAM, 2006.

JAYME, Erik. Identité cuturelle et integration: le droit internacional privé postmoderne. *Recueil des Corus de l'Académie de Droit International de la Haye*. Haia: Kluwer, 1995.

LAGRASTA NETO, Caetano. Inserção do nome do devedor de alimentos nos órgãos de proteção ao crédito. In: LAGRASTA NETO, Caetano; TARTUCE, Flávio; SIMÃO, José Fernando. *Direito de família*. Novas tendências e julgamentos emblemáticos. São Paulo: Atlas, 2011.

LAGRASTA NETO, Caetano. Registro do nascimento a alimentos gravídicos. In: LAGRASTA NETO, Caetano; TARTUCE, Flávio; SIMÃO, José Fernando. *Direito de família*. Novas tendências e julgamentos emblemáticos. 2. ed. São Paulo: Atlas, 2012.

LEITE, Eduardo de Oliveira. *Direito civil aplicado*. São Paulo: RT, 2005. v. 5.

LEITE, Eduardo de Oliveira. *Famílias monoparentais*. 2. ed. São Paulo: RT, 2003.

LÉPORE, Paulo Eduardo; ROSSATO, Luciano Alves. *Comentários à Lei Nacional da Adoção – Lei 12.010, de 3 de agosto de 2009*. São Paulo: RT, 2009.

LIBERATI, Wilson Donizeti. *Comentários ao Estatuto da Criança e do Adolescente*. 7. ed. São Paulo: Malheiros, 2003.

LIMA, Márcia Fidelis. Lei n. 14.382/2002 – primeiras reflexões interdisciplinares do registro civil das pessoas naturais e o direito das famílias. *Revista IBDFAM – Famílias e Sucessões*, Belo Horizonte, n. 51, p. 35, maio/jun. 2022.

LIMONGI FRANÇA, Rubens. *Enciclopédia Saraiva de Direito*. São Paulo: Saraiva, 1977. v. 2.

LIMONGI FRANÇA, Rubens. *Enciclopédia Saraiva de Direito*. São Paulo: Saraiva, 1977. v. 22.

LIMONGI FRANÇA, Rubens. *Enciclopédia Saraiva de Direito*. São Paulo: Saraiva, 1977. v. 34.

LIMONGI FRANÇA, Rubens. *Enciclopédia Saraiva de Direito*. São Paulo: Saraiva, 1977. v. 37.

LIMONGI FRANÇA, Rubens. *Instituições de direito civil*. 5. ed. São Paulo: Saraiva, 1999.

LIPTON, Judith Eve; BARASH, David P. *O mito da monogamia*. Lisboa: Sinais de Fogo Publicações, 2002.

LISBOA, Roberto Senise. *Manual de direito civil*. Direito de família e das sucessões. 3. ed. São Paulo: RT, 2004. v. 5.

LÔBO, Paulo Luiz Netto. *Código Civil comentado*. In: AZEVEDO, Álvaro Villaça. São Paulo: Atlas, 2003. v. XVI.

LÔBO, Paulo Luiz Netto. Novo CPC não recriou ou restaurou a separação judicial. Disponível em: <http://www.conjur.com.br/2015-nov-08/processo-familiar-cpc-nao-recriou--ou-restaurou-separacao-judicial>. Acesso em: 9 nov. 2015.

LÔBO, Paulo Luiz Netto. Com os avanços legais, pessoas com deficiência mental não são mais incapazes. Disponível em: <http://www.conjur.com.br/2015-ago-16/processo-familiar--avancos-pessoas-deficiencia-mental-nao-sao-incapazes>. Acesso em: 21 ago. 2015.

LÔBO, Paulo Luiz Netto. Divórcio: Alteração constitucional e suas consequências. Disponível em: <http://www.ibdfam.org.br/?artigos&artigo=629>. Acesso em: 15 fev. 2010.

LÔBO, Paulo Luiz Netto. Divórcio e separação convencionais. *Boletim do IBDFAM* 42, ano 7, jan.-fev. 2007.

LÔBO, Paulo Luiz Netto. *Direito Civil*: Famílias. 9. ed. São Paulo: Saraiva, 2019. v. 5.

LÔBO, Paulo Luiz Netto. *Famílias*. São Paulo: Saraiva, 2008.

LÔBO, Paulo Luiz Netto. Princípio jurídico da afetividade na filiação. Disponível em: <http://www.ibdfam.com.br/public/artigos.aspx?codigo=109>. Acesso em: 24 jan. 2006.

LORENZETTI, Ricardo. *Fundamentos do direito privado*. São Paulo: RT, 1998.

MADALENO, Rolf. A união (ins)estável (relações paralelas). Disponível em: <www.flaviotartuce.adv.br>. Acesso em: 10 abr. 2006.

MADALENO, Rolf. Conduta conjugal culposa. *Direito de família*. Aspectos polêmicos. Porto Alegre: Livraria do Advogado, 1998.

MADALENO, Rolf. *Curso de direito de família*. Rio de Janeiro: Forense, 2008.

MADALENO, Rolf. *Curso de direito de família*. 4. ed. Rio de Janeiro: Forense, 2011.

MADALENO, Rolf. *Direito de família em pauta*. Porto Alegre: Livraria do Advogado, 2004.

MADALENO, Rolf. O fantasma processual da separação. In: TARTUCE, Fernanda; MAZZEI, Rodrigo; CARNEIRO, Sérgio Barradas (Coord.). *Família e sucessões*. Salvador: JusPodivm, 2016.

MARQUES, Claudia Lima. *Contratos no Código de Defesa do Consumidor*. 5. ed. São Paulo: RT, 2005.

MARTINS-COSTA, Judith. *A boa-fé no direito privado*. São Paulo: RT, 1999.

MAZZEI, Rodrigo Reis. Litisconsórcio sucessivo: breves considerações. In: WAMBIER, Teresa Arruda Alvim; RAMOS, Glauco Gumerato; SHIMURA, Sergio. *Atualidades do processo civil de conhecimento*. São Paulo: RT, 2006. No prelo em julho de 2008.

MAZZEI, Rodrigo Reis. Litisconsórcio sucessivo: breves considerações. In: DIDIER JR., Fredie; MAZZEI, Rodrigo (Org.). *Processo e direito material*. Salvador: JusPodivm, 2009.

MELO, Marco Aurélio Bezerra de. *Código Civil comentado* – Doutrina e jurisprudência. Rio de Janeiro: Forense, 2019.

MENEZES CORDEIRO, António Manuel da Rocha. *Da boa-fé no direito civil*. Coimbra: Almedina, 2001.

MENGER, Antonio. *El derecho civil y los pobres*. Madrid: Libreria General de Victoriano Suárez, 1898.

MIRANDA, Adriana Augusta Telles de. *Adoção de Embriões Excedentários à Luz do Direito Brasileiro*. São Paulo: Método, 2005.

MIRANDA, Jorge; MEDEIROS, Rui. *Constituição Portuguesa anotada*. Coimbra: Coimbra, 2005. t. I.

MÔNACO, Gustavo Ferraz de Campos. Adoção, esquadrinhando o instituto à luz do sistema vigente. Disponível em: <www.flaviotartuce.adv.br>. Acesso em: 12 maio 2006.

MORAES, Maria Celina Bodin de. A família democrática. *Anais do V Congresso Brasileiro do IBDFAM*. In: PEREIRA, Rodrigo da Cunha, 2006.

MORAES, Maria Celina Bodin de. Danos morais e relações de famílias. In: PEREIRA, Rodrigo da Cunha (Coord.). *Anais do IV Congresso Brasileiro de Direito de Família*. Belo Horizonte: Del Rey, 2004.

MORAES, Maria Celina Bodin de. Recusa à realização do exame de DNA na investigação de paternidade e direitos da personalidade. In: BARRETO, Vicente. *A nova família*: problemas e perspectivas. Rio de Janeiro: Renovar, 1997.

MORAES, Maria Celina Bodin de. BARBOZA, Heloísa Helena; TEPEDINO, Gustavo. *Código Civil interpretado conforme a Constituição da República*. Rio de Janeiro: Renovar, 2004. v. 1.

MORAIS, Ezequiel. O procedimento extrajudicial previsto na Lei 11.441/2007, para as hipóteses de que trata, é obrigatório ou facultativo? Poderão ou deverão? In: DELGADO, Mário Luiz; COLTRO, Antônio Carlos Mathias. *Separação, divórcio, partilhas e inventário extrajudiciais*. Questionamentos sobre a Lei 11.441/2007. São Paulo: Método, 2007.

MOREIRA, Fernanda de Souza. O direito a alimentos do nascido do banco de sêmen e a legitimação passiva do doador na inseminação artificial heteróloga: uma colisão de direitos fundamentais. *Revista Brasileira de Direito das Famílias e das Sucessões*, Porto Alegre: Magister, ano XII, n. 15, abr.-maio 2010.

MOREIRA ALVES, Leonardo Barreto. O Ministério Público nas Ações de Separação e Divórcio. *Revista De Jure* – Ministério Público de Minas Gerais. Disponível em: <https://aplicacao.mpmg.mp.br/xmlui/bitstream/handle/123456789/242/ensaio%20sobre%20a%20efetividade_Diniz.pdf?sequence=1>. Acesso em: 23 dez. 2014.

NALIN, Paulo. *Do contrato*: conceito pós-moderno. Curitiba: Juruá, 2005.

NAMUR, Cássio S. É possível praticar o ato mediante procuração? In: DELGADO, Mário Luiz; COLTRO, Antônio Carlos Mathias. *Separação, divórcio, partilhas e inventário extrajudiciais*. Questionamentos sobre a Lei 11.441/2007. São Paulo: Método, 2007.

NASCIMENTO, Carlos Valder. *Coisa julgada inconstitucional*. Rio de Janeiro: América Jurídica, 2005.

NEGRÃO, Theotonio. *Código Civil e legislação civil em vigor*. Theotônio Negrão, José Roberto F. Gouvêa e Luis Guilherme A. Bondioli. 30. ed. São Paulo: Saraiva, 2011.

NEGRÃO, Theotonio. *Código de Processo Civil anotado*. 35. ed. São Paulo: Saraiva, 2003.

NEGRÃO, Theotonio. *Código de Processo Civil e legislação processual em vigor*. 39. ed. São Paulo: Saraiva, 2007.

NEGRÃO, Theotonio; GOUVÊA, José Roberto F. *Código Civil e legislação em vigor*. 26. ed. São Paulo: Saraiva, 2007.

NERY JR., Nelson; NERY, Rosa Maria de Andrade. *Código Civil anotado*. 2. ed. São Paulo: RT, 2003.

NERY JR., Nelson; NERY, Rosa Maria de Andrade. *Código Civil comentado*. 3. ed. São Paulo: RT, 2005.

NEVES, Daniel Amorim Assumpção. *Competência no processo civil*. São Paulo: Método, 2005.

NEVES, Daniel Amorim Assumpção. Impenhorabilidade de bens. Análise com vistas à efetivação da tutela jurisdicional. Disponível em: <http://www.flaviotartuce.adv.br/secoes/artigosf/Daniel_impenhorabil.doc>. Acesso em: 17 out. 2007.

NEVES, Daniel Amorim Assumpção. *Novo CPC comentado*. Salvador: JusPodivm, 2016.

NEVES, Daniel Amorim Assumpção. *Manual de direito processual civil*. São Paulo: Método, 2009.

NEVES, Daniel Amorim Assumpção. *Manual de direito processual civil*: volume único. 11. ed. Salvador: JusPodivm, 2019.

NEVES, Daniel Amorim Assumpção. *Reforma do CPC*. São Paulo: RT, 2006.

NICOLAU, Gustavo Rene. *União estável e casamento*. Diferenças práticas. São Paulo: Atlas, 2011.

OLIVEIRA, Euclides de. A escalada do afeto no Direito de Família: ficar, namorar, conviver, casar. *Anais do V Congresso Brasileiro de Direito de Família*. In: PEREIRA, Rodrigo da Cunha. Belo Horizonte: IBDFAM, 2006.

OLIVEIRA, Euclides de. Alteração do regime de bens no casamento. In: DELGADO, Mário Luiz; ALVES, Jones Figueirêdo. *Questões controvertidas no novo Código* Civil. São Paulo: Método, 2003. v. 1.

OLIVEIRA, Euclides de. Decisão comentada. Ministério Público na Interdição. *Revista Brasileira de Direito das Famílias e Sucessões*, Porto Alegre: IBDFAM-Magister, Edição de Lançamento, n. 00, out.-nov. 2007.

OLIVEIRA, Euclides de. Separação extrajudicial: partilha de bens, alimentos e outras cláusulas obrigatórias. *Separação, divórcio, partilhas e inventários extrajudiciais*. Questionamentos sobre a Lei 11.441/2007. São Paulo: Método, 2007.

OLIVEIRA, Euclides de. *União estável* – Do concubinato ao casamento. 6. ed. São Paulo: Método, 2003.

OLIVEIRA, Euclides de; HIRONAKA, Giselda M. F. N. Distinção jurídica entre união estável e concubinato. In: DELGADO, Mário Luiz; ALVES, Jones Figueirêdo. *Questões controvertidas no novo Código Civil*. São Paulo: Método, 2004. v. 3.

PAPA DOS SANTOS, Regina Beatriz Tavares da Silva. *Reparação civil na separação e no divórcio*. São Paulo: Saraiva, 1999.

PENTEADO, Luciano de Camargo. *Efeitos contratuais perante terceiros*. São Paulo: Quartier Latin, 2007.

PEREIRA, Caio Mário da Silva. *Instituições de direito civil*. 20. ed. atual. por Maria Celina Bodin de Moraes. Rio de Janeiro: Forense, 2004. v. I.

PEREIRA, Caio Mário da Silva. *Instituições de direito civil*. 20. ed. rev. e atual. por Tânia da Silva Pereira. Rio de Janeiro: Forense, 2012. v. V.

PEREIRA, Caio Mário da Silva. *Responsabilidade civil*. 5. ed. Rio de Janeiro: Forense, 1994.

PEREIRA, Rodrigo da Cunha. *Código Civil anotado*. Porto Alegre: Síntese, 2004.

PEREIRA, Rodrigo da Cunha. *Comentários ao novo Código Civil*. In: TEIXEIRA, Sálvio de Figueiredo. Rio de Janeiro: Forense, 2003. v. XX.

PEREIRA, Rodrigo da Cunha. *Concubinato e união estável*. 7. ed. Belo Horizonte: Del Rey, 2004.

PEREIRA, Rodrigo da Cunha. *Divórcio*. Teoria e Prática. Rio de Janeiro: GZ, 2010.

PEREIRA, Rodrigo da Cunha. *Princípios fundamentais norteadores do direito de família*. Belo Horizonte: Del Rey, 2006.

PERLINGIERI, Pietro. *Perfis do direito civil*. Introdução ao direito civil constitucional. 3. ed. Rio de Janeiro: Renovar, 2007.

PIANOVISK, Carlos Eduardo. Famílias simultâneas e monogamia. In: PEREIRA, Rodrigo da Cunha (Coord.). *Anais do V Congresso Brasileiro de Direito de Família*. Belo Horizonte, IBDFAM, 2006.

PINHEIRO, Patrícia Peck. *Direito digital*. 2. ed. São Paulo: Saraiva, 2008.

PONTES DE MIRANDA, Francisco Cavalcanti. *Tratado de direito privado*. 4. ed. São Paulo: RT, 1974. t. II.

PONTES DE MIRANDA, Francisco Cavalcanti. *Tratado de direito privado*. 4. ed. São Paulo: RT, 1974. t. III.

PONTES DE MIRANDA, Francisco Cavalcanti. *Tratado de direito privado*. 4. ed. São Paulo: RT, 1974. t. IV.

PONTES DE MIRANDA, Francisco Cavalcanti. *Tratado de direito privado*. 4. ed. São Paulo: RT, 1974. t. V.

PONTES DE MIRANDA, Francisco Cavalcanti. *Tratado de direito privado*. Rio de Janeiro: Borsoi, 1971. t. IX.

PÓVOAS, Maurício Cavallazzi. *Multiparentalidade*. A possibilidade de múltipla filiação registral e seus efeitos. Florianópolis: Conceito Editorial, 2012.

PRADO, Lídia Reis de Almeida. *O juiz e a emoção*: aspectos da lógica da decisão judicial. 2. ed. Campinas: Millenium, 2003.

REALE, Miguel. *História do novo Código Civil*. São Paulo: RT, 2005. v. 1. (Biblioteca de Direito Civil – Estudos em homenagem ao Prof. Miguel Reale.)

RIOS, Roger Raupp. Adoção por casais homossexuais: admissibilidade. *Jornal Carta Forense*, São Paulo, jun. 2009. Matéria de capa. Disponível em: <http://www.cartaforense.com.br/Materia.aspx?id=4233>. Acesso em: 11 nov. 2009.

RIZZARDO, Arnaldo. *Direito de família*. 2. ed. Rio de Janeiro: Forense, 2004.

RODRIGUES, Silvio. *Comentários ao Código Civil*. In: AZEVEDO, Antônio Junqueira de. São Paulo: Saraiva, 2003. v. 17.

RODRIGUES, Silvio. *Direito civil*. 24. ed. São Paulo: Saraiva, 1994. v. 1.

RODRIGUES, Silvio. *Direito civil*. Direito de família. 27. ed. atual. por Francisco Cahali. São Paulo: Saraiva, 2002. v. 6.

RODRIGUES, Silvio. *Direito civil*. Direito de família. 28. ed. atual. por Francisco Cahali. São Paulo: Saraiva, 2004. v. 6.

RODRIGUES, Silvio. *Direito civil*. Direito de família. 28. ed. 3. tir. atual. por Francisco Cahali. São Paulo: Saraiva, 2006.

RODRIGUES JÚNIOR, Walsir Edson. *Código das Famílias comentado*. Coord. Leonardo Barreto Moreira Alves. 2. ed. Belo Horizonte: Del Rey/IBDFAM, 2011.

ROSSATO, Luciano Alves; LÉPORE, Paulo Eduardo. *Comentários à Lei Nacional da Adoção – Lei 12.010, de 03 de agosto de 2009*. São Paulo: RT, 2009.

SANDEL, Michael. *Justiça*. O que é fazer a coisa certa. São Paulo: Civilização Brasileira, 2011.

SANTOS, Antonio Jeová. *Dano moral na internet*. São Paulo: Método, 2001.

SANTOS, Luiz Felipe Brasil. Emenda do Divórcio: cedo para comemorar. Disponível em: <http://www.ibdfam.org.br/?artigos&artigo=648>. Acesso em: 15 dez. 2010.

SANTOS, Romualdo Baptista dos. A aplicabilidade da Lei 11.441/2007 aos pedidos de divórcio por conversão. *Separação, divórcio, partilhas e inventários extrajudiciais*. Questionamentos sobre a Lei 11.441/2007. São Paulo: Método, 2007.

SARLET, Ingo Wolfgang. *A Constituição concretizada*. Porto Alegre: Livraria do Advogado, 2005.

SARLET, Ingo Wolfgang. *A eficácia dos direitos fundamentais*. 5. ed. Porto Alegre: Livraria do Advogado, 2005.

SARLET, Ingo Wolfgang. As dimensões da dignidade da pessoa humana: construindo uma compreensão jurídico-constitucional necessária e possível. *Dimensões da dignidade*. Ensaios de Filosofia do Direito e Direito Constitucional. Porto Alegre: Livraria do Advogado, 2005.

SARMENTO, Daniel. *Direitos fundamentais e relações privadas*. Rio de Janeiro: Lumen Juris, 2004.

SARMENTO, Daniel. *Direitos fundamentais e relações privadas*. Rio de Janeiro: Lumen Juris, 2005.

SARTORI, Fernando. A invalidade do casamento. Casamento nulo e anulável. In: HIRONAKA, Giselda Maria Fernandes Novaes; TARTUCE, Flávio; SIMÃO, José Fernando (Coord.). *Direito de famílias e das sucessões*. Temas atuais. São Paulo: Método, 2009.

SCHREIBER, Anderson. *A proibição do comportamento contraditório*. Tutela de confiança e venire contra factum proprium. Rio de Janeiro: Renovar, 2005.

SCHREIBER, Anderson. *Código Civil comentado* – Doutrina e jurisprudência. Rio de Janeiro: Forense, 2019.

SCHREIBER, Anderson. *Novos paradigmas da responsabilidade civil*. São Paulo: Atlas, 2007.

SCHREIBER, Anderson. O princípio da boa-fé objetiva no Direito de Família. *Anais do V Congresso Brasileiro de Direito de Família*, 2006.

SILVA, Regina Beatriz Tavares da. *Novo Código Civil comentado*. In: FIUZA, Ricardo. São Paulo: Saraiva, 2004.

SILVA, Regina Beatriz Tavares da. *A Emenda Constitucional do Divórcio*. São Paulo: Saraiva, 2011.

SIMÃO, José Fernando. A PEC do Divórcio e a culpa: impossibilidade. *Jornal Carta Forense*. São Paulo: fev. 2010, p. B-28.

SIMÃO, José Fernando. *Código Civil comentado* – Doutrina e jurisprudência. Rio de Janeiro: Forense, 2019.

SIMÃO, José Fernando. Efeitos patrimoniais da união estável. In: SIMÃO, José Fernando; CHINELLATO, Silmara Juny de Abreu; FUJITA, Jorge Shiguemitsu; ZUCCHI, Maria Cristina (Coord.). *Direito de família no novo milênio*: estudos em homenagem ao Professor Álvaro Villaça Azevedo. São Paulo: Atlas, 2010.

SIMÃO, José Fernando. Estatuto da Pessoa com Deficiência causa perplexidade (Parte I). Disponível em: <http://www.conjur.com.br/2015-ago-6/jose-simao-estatuto-pessoa--deficiencia-causa-perplexidade>. Acesso em: 26 maio 2016.

SIMÃO, José Fernando. Guarda compartilhada obrigatória. Mito ou realidade? O que muda com a aprovação do PL 117/2013. Disponível em: <www.professorsimao.com.br>. Acesso em: 28 nov. 2014.

SIMÃO, José Fernando. Poligamia, casamento homoafetivo, escritura pública e dano social: uma reflexão necessária. Disponível em: <www.cartaforense.com.br>.

SIMÃO, José Fernando. *Responsabilidade civil do incapaz*. São Paulo: Atlas, 2008.

SIMÃO, José Fernando; RODRIGUES, Silvio. *Direito civil*. Direito de família. 28. ed. 3. tir. São Paulo: Saraiva, v. 6.

TARTUCE, Fernanda. Alimentos via cumprimento de sentença: novo regime de execução? In: BRUSCHI, Gilberto Gomes; SHIMURA, Sérgio. *Execução civil e cumprimento de sentença*. São Paulo: Método, 2007. v. 2.

TARTUCE, Fernanda. *Mediação dos conflitos civis*. São Paulo: Método, 2008.

TARTUCE, Fernanda. *Mediação dos conflitos civis*. 2. ed. São Paulo: Método, 2015.

TARTUCE, Fernanda. *Processo civil aplicado ao direito de família*. São Paulo: Método, 2012.

TARTUCE, Flávio. A boa-fé objetiva no direito de família. *Revista Brasileira de Direito de Família*, n. 35, abr. 2006.

TARTUCE, Flávio. *Código Civil comentado* – Doutrina e jurisprudência. 5. ed. Rio de Janeiro: Forense, 2024.

TARTUCE, Flávio. A PEC do Divórcio e a culpa: possibilidade. *Jornal Carta Forense*, São Paulo: fev. 2010, p. A-28.

TARTUCE, Flávio. A situação jurídica do nascituro: uma página a ser virada no Direito Brasileiro. In: DELGADO, Mário Luiz; ALVES, Jones Figueirêdo. *Questões controvertidas no novo Código Civil*. São Paulo: Método, 2007. v. 6.

TARTUCE, Flávio. As verdades parentais e a ação vindicatória de filho. *Revista Brasileira de Direito das Famílias e das Sucessões*, Porto Alegre: Magister, n. 4, p. 29-49, 2008.

TARTUCE, Flávio. *Direito civil*. Lei de introdução e parte geral. 21. ed. Rio de Janeiro: Forense, 2025. v. 1.

TARTUCE, Flávio. *Direito civil*. Direito das obrigações e responsabilidade civil. 20. ed. Rio de Janeiro: Forense, 2025. v. 2.

TARTUCE, Flávio. *Direito civil*. Teoria geral dos contratos. 20 ed. Rio de Janeiro: Forense, 2025. v. 3.

TARTUCE, Flávio. *Direito civil*. Direito das coisas. 17. ed. Rio de Janeiro: Forense, 2025. v. 4.

TARTUCE, Flávio. *Direito civil*. Direito das sucessões. 18. ed. Rio de Janeiro: Forense, 2025. v. 6.

TARTUCE, Flávio. *Função social dos contratos*. Do Código de Defesa do Consumidor ao novo Código Civil. São Paulo: Método, 2005.

TARTUCE, Flávio. *Manual de direito civil*. 15. ed. São Paulo: Método, 2025.

TARTUCE, Flávio. *Manual de responsabilidade civil*. 6. ed. São Paulo: Método, 2025.

TARTUCE, Flávio. *O Novo CPC e o direito civil*. Impactos, diálogos e interações. 2. ed. São Paulo: Método, 2016.

TARTUCE, Flávio; ASSUMPÇÃO NEVES, Daniel Amorim. *Manual de direito do consumidor*. 14. ed. São Paulo: Método, 2025.

TARTUCE, Flávio; OLIVEIRA, Carlos E. Elias de. *Lei do Sistema Eletrônico de Registros Públicos*. Rio de Janeiro: Forense: 2023.

TARTUCE, Flávio; SALOMÃO, Luis Felipe (Coord.). *Direito civil. Diálogos entre a doutrina e a jurisprudência*. São Paulo: Atlas, 2018.

TARTUCE, Flávio; OPROMOLLA, Mário Araújo. Direito civil e Constituição. In: TAVARES, André Ramos; FERREIRA, Olavo Augusto Vianna Alves; LENZA, Pedro. *Constituição Federal* – 15 anos. São Paulo: Método, 2003.

TARTUCE, Flávio; SIMÃO, José Fernando. *Direito civil*. Direito das coisas. 2. ed. São Paulo: Método, 2010. v. 4.

TARTUCE, Flávio; SIMÃO, José Fernando. *Direito civil*. Direito das coisas. 3. ed. São Paulo: Método, 2011. v. 4.

TARTUCE, Flávio; SIMÃO, José Fernando. *Direito civil*. Direito das sucessões. 2. ed. São Paulo: Método, 2008. v. 6.

TARTUCE, Flávio; SIMÃO, José Fernando. *Direito civil*. Direito das sucessões. 3. ed. São Paulo: Método, 2010. v. 6.

TARTUCE, Flávio; SIMÃO, José Fernando. *Direito civil*. Direito de família. 8. ed. São Paulo: Método, 2013. v. 5.

TARTUCE, Flávio; SIMÃO, José Fernando. *Direito civil*. Direito das sucessões. 4. ed. São Paulo: Método, 2011. v. 6.

TARTUCE, Flávio; SIMÃO, José Fernando; TARTUCE, Fernanda. Lei 11.441/2007: Diálogos entre direito civil e direito processual civil quanto à separação e ao divórcio extrajudiciais. Disponível em: <www.flaviotartuce.adv.br>. Acesso em: 2 jul. 2008.

TEIXEIRA, Ana Carolina Brochado. *Família, guarda e autoridade parental*. 2. ed. Rio de Janeiro: Renovar, 2009.

TEIXEIRA, Ana Carolina Brochado; RODRIGUES, Renata de Lima. Multiparentalidade como efeito da socioafetivade nas famílias recompostas. *O direito das famílias entre a norma e a realidade*. São Paulo: Atlas, 2010.

TEPEDINO, Gustavo. A disciplina civil-constitucional das relações familiares. *Temas de direito civil*. 3. ed. Rio de Janeiro: Renovar, 2004.

TEPEDINO, Gustavo. Premissas metodológicas para a constitucionalização do Direito Civil. *Temas de direito civil*. 3. ed. Rio de Janeiro: Renovar, 2004.

TEPEDINO, Gustavo; BARBOZA, Heloísa Helena; MORAES, Maria Celina Bodin de. *Código Civil interpretado conforme a Constituição da República*. Rio de Janeiro: Renovar, 2004.

TEPEDINO, Gustavo; BARBOZA, Heloísa Helena; MORAES, Maria Celina Bodin de. *Código Civil interpretado*. Rio de Janeiro: Renovar, 2014. v. IV.

VELOSO, Zeno. Casal quer afastar a Súmula 377. Disponível em: <http://flaviotartuce.jusbrasil.com.br/artigos/333986024/ casal-quer-afastar-a-sumula-377-artigo-de-zeno-veloso>. Acesso em: 15 maio 2016.

VELOSO, Zeno. *Direito brasileiro da filiação e paternidade*. São Paulo: Malheiros, 1997.

VELOSO, Zeno. *Direito hereditário do cônjuge e do companheiro*. São Paulo: Saraiva, 2010.

VELOSO, Zeno. Estatuto da Pessoa com Deficiência. Uma nota crítica. Disponível em: <http://flaviotartuce.jusbrasil.com.br/artigos/338456458/estatuto-da-pessoa-com-deficiencia-uma-nota-critica>. Acesso em: 20 maio 2015.

VELOSO, Zeno. *Invalidade do negócio jurídico*. 2. ed. Belo Horizonte: Del Rey, 2005.

VELOSO, Zeno. Novo casamento do cônjuge do ausente. Disponível em: <www.flaviotartuce.adv.br>. Acesso em: 5 fev. 2006.

VELOSO, Zeno. União estável e o chamado namoro qualificado no Brasil – equiparação entre cônjuge e companheiros. *Direito civil – Temas*. Belém: Anoreg/PA, 2018.

VENOSA, Sílvio de Salvo. *Código Civil interpretado*. São Paulo: Atlas, 2010.

VENOSA, Sílvio de Salvo. *Direito civil*. Direito de família. 3. ed. São Paulo: Atlas, 2003.

VENOSA, Sílvio de Salvo. *Direito civil*. 4. ed. São Paulo: Atlas. 2004. v. VI.

VENOSA, Sílvio de Salvo. *Direito civil*. 5. ed. São Paulo: Atlas, 2005. v. VI.

VILELLA, João Baptista. Art. 1.601. Monólogo apresentado no III Congresso Brasileiro de Direito de Família. *Anais do III Congresso do IBDFAM*. Disponível para os associados em: <www.ibdfam.com.br>. Acesso em: 10 jun. 2006.

VILELLA, João Baptista. Desbiologização da paternidade. Separata da *Revista da Faculdade de Direito da Universidade Federal de Minas Gerais*, Belo Horizonte, ano XXVII, n. 21 (nova fase), maio 1979. Disponível em: <http://www.ibdfam.com.br/ public/artigos.aspx?codigo=150>. Acesso em: 31 jul. 2007.

VILELLA, João Baptista. *Jornal Carta Forense*: Emenda do Divórcio. Outras impressões. Disponível em: <http://www.cartaforense.com.br/Materia.aspx?id=6075>. Acesso em: 15 dez. 2010.

VON TUR, A. *Tratado de las obligaciones*. Traduzido para o espanhol por W. Roces. Madrid: Editorial Reus, 1934. t. I.

WELTER, Belmiro Pedro. *Coisa julgada na investigação de paternidade*. Porto Alegre: Síntese, 2002.

ZAMUMER, Luiz Augusto. A Lei 11.106/2005, de 28 de março de 2005, e o art. 1.520 do Código Civil. Disponível em: <www.flaviotartuce.adv.br>. Seção Artigos de Convidados. Acesso em: 7 fev. 2006.

ZARZUELA, José Lopes. *Enciclopédia Saraiva de Direito*. In: LIMONGI FRANÇA, Rubens. São Paulo: Saraiva, 1977. v. 34.